JAKOB SEIBERT

HANNIBAL

WISSENSCHAFTLICHE BUCHGESELLSCHAFT
DARMSTADT

Die Deutsche Bibliothek – CIP-Einheitsaufnahme

Seibert, Jakob:
Hannibal / Jakob Seibert. – Darmstadt:
Wiss. Buchges., 1993
ISBN 3-534-12029-9

Gedruckt auf säurefreiem und alterungsbeständigem Offsetpapier
Gesamtherstellung: Wissenschaftliche Buchgesellschaft, Darmstadt
Printed in Germany
Schrift: Times, 9.5/11

ISBN 3-534-12029-9

Inhalt

Vorwort

Warum verloren Hannibal und die Karthager, überlegene Sieger über die Römer in drei Schlachten innerhalb von drei Jahren, dennoch den Krieg? War Hannibal vielleicht nicht der überragende Feldherr und bedeutende Politiker, für den ihn die Nachwelt hielt? Oder waren die Römer Gegner, die zwar in einzelnen Schlachten besiegt werden konnten, in einem langen Krieg aber nicht niederzuringen waren? Fragen nach den Gründen von Hannibals Scheitern standen am Anfang meiner Beschäftigung mit seiner Geschichte. Es zeigte sich bald, daß die vielen Probleme, die mit ihm und seiner Zeit verbunden sind, nur im Rahmen einer Gesamtdarstellung seines Lebens einer Lösung nähergebracht werden können.

Trotz der vielen Veröffentlichungen gibt es noch keine wissenschaftlich dokumentierte Biographie des Karthagers. Die Angabe der Quellen und der modernen Literatur ist aber unerläßlich, um die eigene Deutung zu begründen und dem Leser die Möglichkeit zu geben, die gebotene Interpretation zu überprüfen. Die Diskussion der vielen, in der Forschung umstrittenen Detailfragen, die nur den Fachmann interessieren, hätte indessen die fortlaufende Darstellung immer wieder unterbrochen. Deshalb werden im vorliegenden Band nur die Quellen und die wichtigste Literatur angegeben. Die Erörterung der wissenschaftlichen Forschung sowie eigene Beiträge werden getrennt als ›Forschungen zu Hannibal‹ (zitiert: Seibert 1993) gleichzeitig erscheinen und sind als Ergänzung zur Biographie gedacht. Der Wissenschaftlichen Buchgesellschaft, die diese Lösung ermöglichte, danke ich sehr für ihr Entgegenkommen, besonders Herrn P. Heitmann für die sorgfältige Betreuung beider Bände.

Frau Dr. Dorothee Schäfer danke ich für die Kartenvorlagen, Herrn R. Hose und Herrn U. Ritter für ihre unermüdliche Unterstützung beim Beschaffen der Literatur und Einrichten einer Datenbank, Herrn N. Prack für die Erstellung des Registers. Meine Kollegen Herr Dr. W. Günther und Herr Dr. K. Brodersen halfen mir dankenswerterweise beim Korrekturenlesen.

Maisach/Oberbayern — Jakob Seibert

Abkürzungsverzeichnis

1. Quellen

App Ann	Appian, Annibaiké
App Ib	Appian, Iberiké
App Lib	Appian, Libyké
App Mak	Appian, Makedoniké
App Sik	Appian, Sikeliké
App Syr	Appian, Syriaké
Cass	Cassius Dio, Römische Geschichte
D	Diodor, Historische Bibliothek
Dion Hal ant Rom	Dionysios v. Halikarnaß, antiquitates Romanae
Eu	Eutrop, Breviarium ab urbe condita
Fl	Florus, Bellorum omnium libri
Frontin	Frontin, strategemata („Kriegslisten")
Gellius n A	Gellius, noctes Atticae
Iustin	Iustin, Historiae Philippicae
L	Livius, ab urbe condita libri
L per	Livius, ab urbe condita librorum periochae
Nep Ham	Nepos, Biographie Hamilkars
Nep Hann	Nepos, Biographie Hannibals
Or	Orosius, Historia adversus paganos
P	Polybios, Historien
Plin n h	Plinius, naturalis historia
Plu Fab	Plutarch, Biographie des Q. Fabius Maximus
Plu Flam	Plutarch, Biographie des T. Quinctius Flamininus
Plu Marc	Plutarch, Biographie des M. Claudius Marcellus
Plu mor	Plutarch, moralia
Polyain	Polyain, strategemata („Kriegslisten")
Sil	Silius Italicus, Punica
Val Max	Valerius Maximus, Memorabilia
Z	Zonaras, Epitome des Cassius Dio

2. Zeitschriften, Reihen, Sammelwerke

AA	Archäologischer Anzeiger
AC	L'Antiquité Classique
AHB	The Ancient History Bulletin

AIIN	Annali dell'Istituto Italiano di Numismatica
AJPh	American Journal of Philology
ANRW	Aufstieg und Niedergang der römischen Welt, hrsg. v. H. Temporini
ANS MN	American Numismatic Society Museum Notes
A & R	Atene e Roma
AW	The Ancient World
BPhW	Berliner Philologische Wochenschrift
CAH	The Cambridge Ancient History
CIL	Corpus Inscriptionum Latinarum
CISA	Contributi dell'Istituto di Storia Antica dell'Università del Sacro Cuore Milano, a cura di Marta Sordi
CJ	The Classical Journal
CPh	Classical Philology
CQ	Classical Quarterly
CR	Classical Review
CRAI	Comptes Rendus de l'Académie des Inscriptions et Belles Lettres
CWe	Classical Weekly
CWo	Classical World
Diss	Dissertation
EAA	Enciclopedia dell'Arte Antica e Orientale
EdF	Erträge der Forschung
FGrHist	F. Jacoby, Fragmente griechischer Historiker
GB	Grazer Beiträge
GIF	Giornale Italiano di Filologia
G & R	Greece and Rome
HRR	Historicorum Romanorum Reliquiae, ed. H. Peter
HZ	Historische Zeitschrift
IG	Inscriptiones Graecae
IGCH	An Inventory of Greek Coin Hoards, ed. by C. H. Kraay, O. Mørkholm, M. Thompson, New York 1973
ILS	Dessau, Inscriptiones Latinae Selectae
JDAI	Jahrbuch des Deutschen Archäologischen Instituts
JNG	Jahrbuch für Numismatik und Geldgeschichte
JRH	Journal of Religious History
JRS	Journal of Roman Studies
LCM	Liverpool Classical Monthly
LEC	Les Etudes Classiques
MAAG	Münchener Arbeiten zur Alten Geschichte
MCV	Mélanges de la Casa de Velázques
MEFRA	Mélanges d'Archéologie et d'Histoire de l'Ecole Française de Rome, Antiquité
MH	Museum Helveticum
NC	Numismatic Chronicle
PACA	Proceedings of the African Classical Association
PBSR	Papers of the British School of Rome

PCPhS	Proceedings of the Cambridge Philological Society
PP	Parola del Passato
RA	Revue Archéologique
RBN	Revue Belge de Numismatique
RE	Paulys Realencyclopädie der classischen Altertumswissenschaft
REA	Revue des Etudes Anciennes
REL	Revue des Etudes Latines
RF	Rivista di Filologia
RhM	Rheinisches Museum für klassische Philologie
RHR	Revue de l'Histoire des Religions
RPh	Revue de Philologie
RSA	Rivista Storica dell'Antichità
SCO	Studi Classici e Orientali
SEG	Supplementum Epigraphicum Graecum
SNR	Schweizerische Numismatische Rundschau
Studi Annibalici 1964	Studi Annibalici. Atti del Convegno svoltosi a 1964 Cortona-Tuoro sul Trasimeno-Perugia 1961, Cortona 1964.
Syll.[3]	W. Dittenberger, Sylloge Inscriptionum Graecarum, 3. Aufl. Leipzig 1915
TAPhA	Transactions of the American Philological Association
WdF	Wege der Forschung
WdF 371	Hannibal, hrsg. v. K. Christ, Darmstadt 1974. Die Aufsätze werden mit ihrem tatsächlichen Erscheinungsjahr zitiert.
WJA	Würzburger Jahrbücher für Altertumswissenschaft
WS	Wiener Studien

3. Literatur

Astin 1967 — A. E. Astin, Saguntum and the Origins of the Second Punic War, Latomus 26, 1967, 577–596 = Sagunt und die Vorgeschichte des Zweiten Punischen Krieges, WdF 371, Darmstadt 1974, 167–191.

Astin 1978 — A. E. Astin, Cato the Censor, Oxford 1978.

Badian 1958 — E. Badian, Foreign Clientelae (264–70 B.C.), Oxford 1958.

Baltrusch 1989 — E. Baltrusch, Regimen morum. Die Reglementierung des Privatlebens der Senatoren und Ritter in der römischen Republik und frühen Kaiserzeit, Vestigia 41, München 1989.

Beversdorff 1910 — G. Beversdorff, Die Streitkräfte der Karthager und Römer im zweiten punischen Krieg, Diss. Berlin 1910.

Bleicken 1968 — J. Bleicken, Das Volkstribunat der klassischen Republik, Zetemata 13, 1955, 2. Aufl. München 1968.

Bonnefond-Coudry 1989 — Marianne Bonnefond-Coudry, Le sénat de la république romaine de la guerre d'Hannibal à Auguste, Rom 1989.

Bossi 1888ff.	G. Bossi, La guerra annibalica in Italia da Canne al Metauro, Studi e Documenti di storia e diritto 9, 1888, 427–452; 10, 1889, 153–183, 303–343, 417–447; 11, 1890, 67–97; 12, 1891, 57–106.
Brewitz 1914	W. Brewitz, Scipio Africanus Maior in Spanien, 210–206 v. Chr., Diss. Tübingen 1914.
Briscoe I 1973	J. Briscoe, A Commentary on Livy, Books 31–33, Oxford 1973.
Briscoe II 1981	J. Briscoe, A Commentary on Livy, Books 34–37, Oxford 1981.
Brizzi 1982	G. Brizzi, I sistemi informativi dei Romani. Principi e realità nell'età delle conquiste oltremare, Historia-Einzelschriften 39, Wiesbaden 1982.
Brizzi 1984	G. Brizzi, Studi di Storia Annibalica (Epigrafia e Antichità 6), Faenza 1984.
Broughton 1951	T. R. S. Broughton, The Magistrates of the Roman Republic, New York I 1951.
Brunt 1971	P. A. Brunt, Italian Manpower, 225 B. C.–A. D. 14, Oxford 1971.
Cassola 1962	F. Cassola, I gruppi politici romani nel III secolo a. C., Triest 1962.
Caven 1980	B. Caven, The Punic Wars, New York 1980.
Christ 1968	K. Christ, Zur Beurteilung Hannibals, Historia 17, 1968, 461–495 = WdF 371, Darmstadt 1974, 361–407.
Cimma 1976	Maria Rosa Cimma, Reges socii et amici populi Romani, Mailand 1976.
Crake 1963	J. E. A. Crake, Roman Politics from 215 to 209 B. C., Phoenix 17, 1963, 123–130.
Crawford 1974	M. H. Crawford, Roman Republican Coinage, Cambridge 1974.
Crawford 1985	M. H. Crawford, Coinage and Money under the Roman Republic, Berkeley 1985.
Deininger 1971	J. Deininger, Der politische Widerstand gegen Rom in Griechenland 217–86 v. Chr., Berlin 1971.
Delbrück I 1920	H. Delbrück, Geschichte der Kriegskunst, I: Das Altertum, Berlin 3. Aufl. 1920, ND 1964.
De Martino 1985	F. De Martino, Wirtschaftsgeschichte des alten Rom, München 1985.
De Sanctis III, 2, 1916	G. De Sanctis, Storia dei Romani, III 2: L'età delle guerre puniche, 1. Aufl. Turin 1916, 2. Aufl. Florenz 1968. Die Angaben werden nach der Paginierung der 2. Auflage gemacht, die tatsächlich den Forschungsstand von 1916 repräsentiert, da nur wenige Verbesserungen des Autors aus seinem Handexemplar (letzter Eintrag von 1927) übernommen wurden.
Develin 1985	R. Develin, The Practice of Politics at Rome, 366–167 B. C., Collection Latomus 188, Brüssel 1985.

Dumézil 1970	G. Dumézil, Archaic Roman Religion, Chicago 1970.
Dyson 1985	S. L. Dyson, The Creation of the Roman Frontier, Princeton 1985.
Eckstein 1987	A. M. Eckstein, Senate and General. Individual Decision-Making and Roman Foreign Relations, 264–194 B.C., Berkeley 1987.
Epstein 1987	D. F. Epstein, Personal Enmity in Roman Politics, 218–43 B.C., London 1987.
Errington 1970	R. M. Errington, Rome and Spain before the Second Punic War, Latomus 29, 1970, 25–57.
Eucken 1968	H. Chr. Eucken, Probleme der Vorgeschichte des Zweiten Punischen Krieges, Diss. Freiburg i. Br. 1968.
Fowler 1911	W. Warde Fowler, The Religious Experience of the Roman People from the Earliest Times to the Age of Augustus, London 1911.
Frank I 1933	T. Frank, An Economic Survey of Ancient Rome, I: Rome and Italy of the Republic, Baltimore 1933.
Frantz 1883	J. Frantz, Die Kriege der Scipionen in Spanien 536–548 a. u. c., München 1883.
Frederiksen 1984	M. Frederiksen, Campania, Oxford 1984.
Fröhlich 1884	F. Fröhlich, Die Bedeutung des 2. Punischen Krieges für die Entwicklung des römischen Heerwesens, Leipzig 1884.
Galsterer 1976	H. Galsterer, Herrschaft und Verwaltung im republikanischen Italien, München 1976.
Giannelli 1938	G. Giannelli, Roma nell'età delle guerre puniche, Rom 1938.
Gilbert 1876	G. Gilbert, Rom und Karthago in ihren gegenseitigen Beziehungen, 513–536 a. u. c. (241–218 v. Chr.), Leipzig 1876.
Griffith 1935	G. T. Griffith, The Mercenaries of the Hellenistic World, Cambridge 1935.
Groag 1929	E. Groag, Hannibal als Politiker, Wien 1929.
Gruen 1984	E. S. Gruen, The Hellenistic World and the Coming of Rome, Berkeley 1984.
Gsell 1918	S. Gsell, Histoire ancienne de l'Afrique du Nord, Paris III 1918.
Hammond III 1988	N. G. L. Hammond, A History of Macedonia, Oxford III 1988.
Hantos 1983	Theodora Hantos, Das römische Bundesgenossensystem in Italien (Vestigia 34), München 1983.
Harris 1979	W. V. Harris, War and Imperialism in Republican Rome, 327– 70 B. C., Oxford 1979.
Harrison 1988	R. J. Harrison, Spain at the Dawn of History, London 1988.
Hartfield 1982	Marianne Elizabeth Hartfield, The Roman Dictatorship. Its Character and Its Evolution, Diss. Univ. of California, Berkeley 1982.
Haywood 1933	R. M. Haywood, Studies on Scipio Africanus, Baltimore 1933.

Hesselbarth 1889	H. Hesselbarth, Historisch-kritische Untersuchungen zur dritten Dekade des Livius, Halle 1889.
Heyge 1924	D. Heyge, Beiträge zur Geschichte des 2. punischen Krieges, 216–207, masch. Diss. Jena 1924.
Hoffmann 1942	W. Hoffmann, Livius und der Zweite Punische Krieg, Hermes Einzelschr. 8, Berlin 1942.
Hoffmann 1951	W. Hoffmann, Die römische Kriegserklärung an Karthago im Jahr 218, RhM 94, 1951, 69–88 = WdF 371, Darmstadt 1974, 134–155.
Hoffmann 1957	W. Hoffmann, Hannibal und Rom, Antike und Abendland 6, 1957, 7–26 = WdF 371, Darmstadt 1974, 40–74.
Hoffmann 1961	W. Hoffmann, Hannibal und Sizilien, Hermes 89, 1961, 478–494 = WdF 371, Darmstadt 1974, 335–357.
Hoffmann 1962	W. Hoffmann, Hannibal, Göttingen 1962.
Holleaux 1921	M. Holleaux, Rome, la Grèce et les monarchies hellénistiques, Paris 1921.
Horsmann 1991	G. Horsmann, Untersuchungen zur militärischen Ausbildung im republikanischen und kaiserzeitlichen Rom, Militärgeschichtl. Studien 35, Boppard 1991.
Huß 1976	W. Huß, Untersuchungen zur Außenpolitik Ptolemaios' IV., München 1976.
Huß 1978	W. Huß, Der Senat von Karthago, Klio 60, 1978, 327–329.
Huß 1983	W. Huß, Der karthagische Sufetat, Festschrift H. Bengtson, Wiesbaden 1983, 24–43.
Huß 1985	W. Huß, Geschichte der Karthager, München 1985.
Huß 1986	W. Huß, Hannibal und die Religion, in: Studia Phoenicia 4, Namur 1986, 223–238.
Ilari 1974	V. Ilari, Gli Italici nelle strutture militari romane, Mailand 1974.
Jahn 1970	J. Jahn, Interregnum und Wahldiktatur, Frankfurter Althist. Studien 3, Kallmünz 1970.
Jumpertz 1892	M. Jumpertz, Der römisch-karthagische Krieg in Spanien, 211–206, Diss. Berlin 1892.
Kahrstedt 1913	U. Kahrstedt, Geschichte der Karthager von 218–146, Berlin 1913 (= Bd. 3 von O. Meltzer, Geschichte der Karthager).
Kienast 1979	D. Kienast, Cato der Zensor, Heidelberg 1954, 2. Aufl. Darmstadt 1979.
Kloft 1977	H. Kloft, Prorogation und außerordentliche Imperien 326–81 v. Chr., Beiträge zur Klass. Philologie 84, Meisenheim am Glan 1977.
Klotz 1933	A. Klotz, Die römische Wehrmacht im 2. punischen Krieg, Philologus 88, 1933, 42–89.
Kromayer 1909	J. Kromayer, Hannibal als Staatsmann, HZ 102, 1909, 237–273 = WdF 371, Darmstadt 1974, 241–274.
Kromayer III 1, 1912 III 2, 1912	J. Kromayer/G. Veith, Antike Schlachtfelder. Bausteine einer antiken Kriegsgeschichte, Berlin III 1 u. 2, 1912.

Kukofka 1990 D.-A. Kukofka, Süditalien im Zweiten Punischen Krieg, Frankfurt a. M. 1990.

Lazenby 1978 J. F. Lazenby, Hannibal's War. A Military History of the Second Punic War, Warminster 1978.

Latte 1960 K. Latte, Römische Religionsgeschichte, München 1960.

Lehmann 1894 K. Lehmann, Der letzte Feldzug des Hannibalischen Krieges, Jahrbuch für Philologie, Suppl. 21, 1894, 527–616.

Lehmann 1905 K. Lehmann, Die Angriffe der drei Barkiden auf Italien, Leipzig 1905.

Lehmann 1967 G. A. Lehmann, Untersuchungen zur historischen Glaubwürdigkeit des Polybios, Münster 1967.

Lippold 1963 A. Lippold, Consules. Untersuchungen zur Geschichte des römischen Konsulates von 264–201 v. Chr., Bonn 1963.

Livius 1983 Livius. Werk und Rezeption. Festschrift für E. Burck, hrsg. v. E. Lefèvre und E. Olshausen, München 1983.

Mac Bain 1982 B. Mac Bain, Prodigy and Expiation: A Study in Religion and Politics in Republican Rome, Collection Latomus 177, Brüssel 1982.

Mantel 1991 N. Mantel, Poeni foedifragi. Untersuchungen zur Darstellung römisch-karthagischer Verträge zwischen 241 und 201 v. Chr. durch die römische Historiographie, MAAG 4, München 1991.

Marchetti 1971 P. Marchetti, La datation du denier romain et les fouilles de Morgantina, RNB 117, 1971, 81–114.

Marchetti 1972 P. Marchetti, La deuxième guerre punique en Sicile. Les années 215–214 et le récit de Tite-Live, Bulletin de l'Institut historique Belge de Rome 42, 1972, 5–26.

Marchetti 1978 P. Marchetti, Histoire économique et monétaire de la deuxième guerre punique, Brüssel 1978.

Meltzer II 1896 O. Meltzer, Geschichte der Karthager, Berlin II 1896.

Meyer II 1924 Ed. Meyer, Untersuchungen zur Geschichte des zweiten punischen Krieges, Kleine Schriften, Halle 2. Aufl. 1924, II 331–461.

Miltner 1943 F. Miltner, Wesen und Gesetz römischer und karthagischer Kriegführung, in: Rom und Karthago, hrsg. v. J. Vogt, Leipzig 1943, 203–261.

Münzer 1920 F. Münzer, Römische Adelsparteien und Adelsfamilien, Stuttgart 1920.

Nicolet 1963 C. Nicolet, A Rome pendant la seconde guerre punique. Techniques financières et manipulations monétaires, Annales (ESC) 18, 1963, 417–436.

Nicolet I 1979 II 1989 C. Nicolet, Rome et la conquète du monde méditerranéen, Paris 2. Aufl. I 1979, II 1989.

Niese II 1899 III 1903 B. Niese, Geschichte der griechischen und makedonischen Staaten seit der Schlacht bei Chaironeia, Gotha II 1899, III 1903.

Patterson 1942 — Marcia L. Patterson, Rome's Choice of Magistrates During the Hannibalic War, TAPhA 73, 1942, 319–340.

Picard 1967 — G. Charles-Picard, Hannibal, Paris 1967.

Proctor 1971 — D. Proctor, Hannibal's March in History, Oxford 1971.

Punic Wars 1989 — Punic Wars. Proceedings of the Conference held in Antwerpen from the 23th to the 26 Nov. 1988, ed. by H. Devijver and E. Lipinski, Studia Phoenicia 10, Löwen 1989.

Radke 1980 — G. Radke, Anmerkungen zu den kultischen Maßnahmen in Rom während des zweiten punischen Krieges, WJA N. F. 6, 1980, 105–121.

Rich 1976 — J. W. Rich, Declaring War in the Roman Republic in the Period of Transmarine Expansion, Collection Latomus 149, Brüssel 1976.

Rich 1984 — J. W. Rich, Roman Aims in the First Macedonian War, PCPhS 30, 1984, 126–180.

Richardson 1986 — J. S. Richardson, Hispaniae. Spain and the Development of Roman Imperialism, 218–82 B. C., London 1986.

Rilinger 1976 — R. Rilinger, Der Einfluß des Wahlleiters bei den römischen Konsulwahlen von 366 bis 50 v. Chr., Vestigia 24, München 1976.

Ritter 1987 — H. W. Ritter, Rom und Numidien, Lüneburg 1987.

Robinson 1956 — E. S. G. Robinson, Punic Coins of Spain and their Bearing on the Roman Republican Series, in: Essays in Roman Coinage pres. to H. Mattingly, Oxford 1956, 34–53.

Rosenstein 1990 — N. S. Rosenstein, Imperatores victi. Military Defeat and Aristocratic Competition in the Middle and Late Republic, Berkeley 1990.

Rüpke 1990 — J. Rüpke, Domi Militiae. Die religiöse Konstruktion des Krieges in Rom, Stuttgart 1990.

Sanchez 1975 — R. C. Sanchez, La segunda guerra punica en la Betica, Habis 6, 1975, 213–240.

Scardigli 1991 — I trattati romano-cartaginesi, a cura di Barbara Scardigli, Pisa 1991.

Schleußner 1978 — B. Schleußner, Die Legaten der römischen Republik, Vestigia 26, München 1978.

Schmitt 1957 — H. H. Schmitt, Rom und Rhodos, München 1957.

Schmitt III 1969 — H. H. Schmitt, Die Verträge der griechisch-römischen Welt von 338 bis 200 v. Chr., in: Die Staatsverträge des Altertums, München III 1969.

Schur 1927 — W. Schur, Scipio Africanus und die Begründung der römischen Weltherrschaft, Leipzig 1927.

Schwarte 1983 — K. H. Schwarte, Der Ausbruch des Zweiten Punischen Krieges. Rechtsfrage und Überlieferung, Historia Einzelschriften 43, Wiesbaden 1983.

Scullard 1930 — H. H. Scullard, Scipio Africanus in the Second Punic War, Cambridge 1930.

Scullard 1951	H. H. Scullard, Roman Politics, 220–150 B.C., Oxford 1951, 2. Aufl. Oxford 1973.
Scullard 1970	H. H. Scullard, Scipio Africanus: Soldier and Politician, Ithaca, N. Y. 1970.
Scullard 1974	H. H. Scullard, The Elephant in the Greek and Roman World, London 1974.
Seibert 1988	J. Seibert, Der Alpenübergang Hannibals. Ein gelöstes Problem?, Gymnasium 95, 1988, 21–73.
Seibert 1989	J. Seibert, Zur Logistik des Hannibal-Feldzuges: Nachschub über die Alpen?, in: Punic Wars 1989, 213–221.
Seibert 1993	J. Seibert, Forschungen zu Hannibal, Darmstadt 1993.
Staude 1911	G. Staude, Untersuchungen zum zweiten punischen Krieg, Diss. Jena 1911.
Streit 1887	W. Streit, Zur Geschichte des zweiten Punischen Krieges in Italien nach der Schlacht bei Cannae, Berlin 1887, ND 1975.
Sumner 1966	G. V. Sumner, The Chronology of the Outbreak of the Second Punic War, PACA 9, 1966, 5–30.
Sumner 1968	G. V. Sumner, Roman Policy in Spain before the Hannibalic War, Harvard Studies in Class. Philology 72, 1968, 205–245.
Sumner 1972	G. V. Sumner, Rome, Spain and the Outbreak of the Second Punic War. Some Clarifications, Latomus 31, 1972, 469–480.
Szemler 1972	G. J. Szemler, The Priests of the Roman Republic. A Study of Interactions between Priesthoods and Magistracies, Collection Latomus 127, Brüssel 1972.
Tammler 1971	U. Tammler, Der römische Senat in der Zeit des Zweiten Punischen Krieges (218–201), Diss. Bonn 1971.
Täubler 1921	E. Täubler, Die Vorgeschichte des zweiten Punischen Krieges, Berlin 1921.
Thiel 1946	J. H. Thiel, Studies on the History of Roman Sea-Power in Republican Times, Amsterdam 1946.
Thomsen 1957, 1961	R. Thomsen, Early Roman Coinage, Kopenhagen 3 Bde., 1957–1961.
Tovar 1989	A. Tovar, Iberische Landeskunde. II: Las tribus y las ciudades de la antigua Hispania, Bd. III, Baden-Baden 1989.
Toynbee 1965	A. J. Toynbee, Hannibal's Legacy, London 2 Bde., 1965.
Ungern-Sternberg 1975	J. v. Ungern-Sternberg, Capua im Zweiten Punischen Krieg. Untersuchungen zur römischen Annalistik, Vestigia 23, München 1975.
Urban 1966	F. Urban, Belagerungsschilderungen. Untersuchungen zu einem Topos der antiken Geschichtsschreibung, Diss. Göttingen 1966.
Veith III 2 1912	G. Veith/J. Kromayer, Antike Schlachtfelder. Bausteine einer antiken Kriegsgeschichte, Berlin III 2, 1912.
Vogt 1953	J. Vogt, Das Hannibalporträt im Geschichtswerk des T. Livius und seine Ursprünge, masch. Diss. Freiburg i. Br. 1953.

Vollmer 1990	D. Vollmer, Symploke. Das Übergreifen der römischen Expansion auf den griechischen Osten, Hermes Einzelschr. 54, Stuttgart 1990.
Walbank 1940	F. W. Walbank, Philip V of Macedon, Cambridge 1940.
Walbank I 1957, II 1967, III 1979	F. W. Walbank, A Historical Commentary on Polybius, Oxford I 1957, II 1967, III 1979.
Walbank 1985	F. W. Walbank, Selected Papers. Studies on Greek and Roman History and Historiography, Cambridge 1985.
Will II 1982	Ed. Will, Histoire politique du monde hellénistique, 323 – 30 av. J.-C., Nancy 2. Aufl. II 1982.
Wollner 1987	B. Wollner, Die Kompetenzen der karthagischen Feldherrn, Frankfurt a. M. 1987.
Zielinski 1880	Th. Zielinski, Die letzten Jahre des 2. punischen Krieges, Leipzig 1880.

Einleitung

Wer das Leben einer historischen Persönlichkeit darstellen will, muß möglichst umfassend alle Quellen und Unterlagen zur Person und zu ihrer Zeit sammeln und kritisch verwerten. Alle Akten, Urkunden, Sitzungsprotokolle und Verträge müssen in Publikationen oder in Archiven gesucht und überprüft werden. Ganz besonders wichtig sind die persönlichen Unterlagen wie Tagebücher, Briefe, Memoranden und sonstige Veröffentlichungen. Auch das Urteil und die Aussagen von Zeitgenossen, vielleicht auch die Befragung noch lebender Freunde oder Gegner können wichtige Informationen vermitteln.

Den Althistorikern sind die meisten Möglichkeiten versagt. Wir besitzen weder die Akten des römischen Senates noch Unterlagen über die Beschlüsse des karthagischen Rates. Ebenso vermissen wir die ausführlichen Berichte Hannibals wie die seiner Gegner, mit denen sie ihre Regierungen informierten. Abgesehen von Münzen sind keine zeitgenössischen Dokumente erhalten.

Den Feldzug Hannibals begleiteten zwei griechische Historiker, Silenos von Kaleakte und Sosylos aus Sparta. Der Senator Q. Fabius Pictor schrieb zum ersten Mal die Geschichte seiner Heimatstadt auf, ebenfalls in griechischer Sprache, um die römische Auffassung einer breiten Öffentlichkeit nahezubringen. Alle zeitgenössischen Werke[1] sind verloren und liegen nur in wenigen Fragmenten in späteren Werken vor.

Bei der Rekonstruktion der Ereignisse muß man deshalb auf Geschichtswerke zurückgreifen, die erst viele Jahrzehnte oder sogar Jahrhunderte später verfaßt wurden. Im Laufe dieser langen Zeit wurden viele Vorgänge umgebildet und umgeschrieben, um die Ereignisse ausschließlich aus einer für den Sieger günstigen Perspektive erscheinen zu lassen. Viele Legenden wurden ersonnen und weitergesponnen. Von karthagischer Seite sind keine Geschichtswerke erhalten. Nur die Sieger, die Römer, bewahrten die Tradition und bestimmten das äußere Bild, das der moderne Historiker mit größter Vorsicht und schärfster Kritik überprüfen muß.

Von den erhaltenen Quellen stehen die ›Historien‹ des Polybios[2] aus Me-

[1] Einen ausführlichen Überblick über die antiken Quellen und die moderne Literatur bietet Seibert 1993, 1ff., 57ff.

[2] Edition des Textes von Th. Buettner-Wobst, 5 Bde., Leipzig 1889–1904, die deut-

galopolis (ca. 200–120 v. Chr.) den Ereignissen am nächsten. Er wollte seinen Landsleuten zeigen, wie die Römer innerhalb von 53 Jahren (220–167 v. Chr.) die Herrschaft im Mittelmeerraum erringen konnten. Als Grieche wäre er ein neutraler Beobachter für die Auseinandersetzung zwischen Karthagern und Römern gewesen. Seine Objektivität wurde durch seine eigene politische Betätigung und sein besonderes Schicksal – er mußte viele Jahre zwangsweise in Rom verbringen – eingeschränkt. Sein vertrauter Umgang mit Scipio Aemilianus machte ihn zu einem Bewunderer der Römer, besonders des älteren Scipio. Er bewahrte sich aber genügend Selbständigkeit, um römische Rechtsbrüche beim Namen zu nennen. Der Feldherr Hannibal, dessen Führungsqualitäten er lobte, fand seine volle Bewunderung, wenngleich er charakterliche Schwächen, besonders Habgier festzustellen glaubte.[3]

Die einzige vollständig erhaltene Darstellung des zweiten Krieges wurde erst zwei Jahrhunderte später von dem Römer Titus Livius aus Patavium (ca. 59 v.–17 n. Chr.) im Rahmen seiner Geschichte Roms (142 Bücher ›ab urbe condita‹) in der 3. Dekade (Bücher 21–30) niedergeschrieben.[4] Er schrieb als Römer für Römer, davon überzeugt, daß sie das erste Volk auf Erden waren, daß ihr Kriegsruhm ebenso selbstverständlich anerkannt wurde wie ihre Herrschaft. Er stützte sich auf verschiedene Vorgänger, die in unterschiedlichem Maße an der Umformung der römischen Geschichte mitgewirkt hatten.[5] Die militärischen Fähigkeiten Hannibals anerkannte er ohne Einschränkung, über seinen Charakter fällte er ein vernichtendes Urteil. Seine unmenschliche Grausamkeit und seine Treulosigkeit, die alles Punische in den Schatten stellte, wurden gerügt. Nichts gelte ihm die Wahrheit, nichts sei ihm heilig, er kenne keine Furcht vor den Göttern, ein Eid sei ihm nichts wert, er empfinde keine religiöse Verpflichtung.[6]

sche Übersetzung von H. Drexler, Polybios, Geschichte, 2 Bde., Zürich 1961, 1963. Das gesamte Werk wurde von F. W. Walbank, A Commentary on Polybius, Oxford I 1957, II 1967, III 1979 vorzüglich kommentiert.

[3] Vgl. K. Christ, Zur Beurteilung Hannibals, Historia 17, 1968, 461 ff. = WdF 371, 1974, 363 ff.

[4] Texteditionen: T. Livius, ab urbe condita, libri XXI–XXII ed. T. A. Dorey, Leipzig 1971, libri XXIII–XXV ed. T. A. Dorey, Leipzig 1976, libri XXVI–XXVII ed. P. G. Walsh, Leipzig 1982, libri XXVIII–XXX ed. P. G. Walsh, Leipzig 1986. Ein moderner wissenschaftlicher Kommentar, vergleichbar dem Walbanks zu Polybios, fehlt bisher. Man muß immer noch auf den Kommentar von W. Weissenborn/H. J. Müller, Leipzig 1872 ff. zurückgreifen. Eine zweisprachige Ausgabe mit einer deutschen Übersetzung von J. Feix ist im Erscheinen (bis jetzt XXI–XXIII, München 1974, XXIV–XXVI, München 1977).

[5] Zur Quellenforschung vgl. Seibert 1993, 44 ff.

[6] L 21, 4, 9: *has tantas viri virtutes ingentia vitia aequabant: inhumana crudelitas, perfidia plus quam Punica, nihil veri, nihil sancti, nullus deum metus, nullum ius*

Livius bietet wichtige Informationen über die Vorgänge in Rom und gestattet – im Gegensatz zu Karthago –, das Bild einer Stadt im Krieg mit Maßnahmen zur Krisenbewältigung auf politischem, militärischem, religiösem und wirtschaftlichem Gebiet nachzuzeichnen.

Die Geschichte des Hannibalkrieges beschrieb in der 2. Hälfte des 2. Jh. n. Chr. Appian aus Alexandrien im Rahmen seiner römischen Geschichte, in der abweichend vom üblichen Verfahren die Geschichte der einzelnen Völker und Landschaften vom Beginn ihrer ersten Kontakte mit den Römern bis zu ihrer Eingliederung in das Imperium Romanum dargestellt wurde. Entsprechend ist die Darstellung des 2. Punischen Krieges auf verschiedene Bücher verteilt. Die Kämpfe in Spanien sind in der Iberiké 7, 25–38, 158, die Ereignisse in Italien in der Annibaiké, die Kämpfe auf Sizilien in der nur fragmentarisch erhaltenen Sikeliké und der Ausgang des Krieges in Afrika in der Libyké 6, 24–66, 300, der Aufenthalt Hannibals am Hof des Antiochos III. und sein Lebensende in der Syriaké 7, 25–11, 45 behandelt.[7] Die Annibaiké bietet nur bis zur Schlacht bei Cannae eine chronologisch fortlaufende Darstellung und zerfällt dann in einzelne Episoden.

Nur fragmentarisch erhalten ist die Darstellung des 2. Punischen Krieges im Geschichtswerk des Cassius Dio (3. Jh. n. Chr.). Als Ergänzung sind die Exzerpte des Zonaras zu verwenden.[8] Die Bewertung Hannibals ist wesentlich positiver als die des Livius.[9] Die Schärfe seines Verstandes und sein Reaktionsvermögen werden gerühmt. Seine Führungsqualitäten werden voll anerkannt. Auffallend ist das Lob, das seiner Bildung, die phoinikisch und griechisch war, gezollt wurde. Im Gegensatz zu dem üblichen Klischee eines habgierigen Hannibal zeichnete er einen großzügigen Feldherrn, der freiwillig auf Gewinne zugunsten seiner Soldaten verzichtete.

Die Zeit des Krieges mit den Römern war ein wichtiger Abschnitt im Leben Hannibals, aber dennoch nur eine Phase von 17 Jahren. Auf seine Jugendzeit, auf seine Tätigkeit nach Kriegsende und auf sein Leben im Exil bis zu seinem freiwilligen Tod im Jahr 183 gehen die Geschichtsdarstellungen

iurandum, nulla religio. Die Paraphrase kann nur ungenügend das Staccato des römischen Verdammungsurteils wiedergeben. Zum Hannibalbild des Livius vgl. J. Vogt, Das Hannibalporträt im Geschichtswerk des Livius und seine Ursprünge, masch. Diss. Freiburg/Br. 1953, K. Christ, 1968 = WdF 371, 1974, 372 ff., W. Will, Mirabilior adversis quam secundis rebus. Zum Bild Hannibals in der 3. Dekade des Livius, WJA 9, 1983, 157–171.

[7] Text in der Ausgabe von P. Viereck/A. G. Roos, Bd. I, Leipzig 1962, die deutsche Übersetzung von O. Veh, Appian von Alexandria, Stuttgart I 1987 mit Erläuterungen von K. Brodersen.

[8] Text: U. P. Boissevain, Cassii Dionis Cocceiani historiarum quae supersunt, vol. I, Berlin 1895, die deutsche Übersetzung von O. Veh, Cassius Dio, Römische Geschichte, Zürich I 1985.

[9] Frg. 54, vgl. K. Christ, 1968 = WdF 371, 1974, 387 ff.

nicht ein. Hier könnte nur eine antike Biographie Ersatz bieten. Es ist nur ein kurzgefaßtes Exemplar von Cornelius Nepos (1. Jh. v. Chr.) in der Sammlung ›de viris illustribus‹ zusammen mit der seines Vaters Hamilkar erhalten.[10]

Wesentlich ausführlicher sind die Biographien des Plutarch von Chaironeia, der leider keine Beschreibung des Lebens Hannibals verfaßte. Für eine Geschichte des Karthagers enthalten die Lebensbeschreibungen des Q. Fabius Maximus, des M. Claudius Marcellus und teilweise des T. Quinctius Flamininus wichtige Informationen.[11] Die Biographie des P. Cornelius Scipio ist leider nicht erhalten. Historische Ereignisse sind in der Antike immer wieder in epischer Form behandelt worden. In der frühen Kaiserzeit, als diese Kunstgattung eine neue Blüte erlebte, dichtete Silius Italicus (cos. 68 n. Chr.) die ›Punica‹ in 17 Büchern, das umfangreichste lateinische Epos mit 12202 Versen.[12] Sein Werk steht in den Traditionen des historischen Epos, in dem die Götter auf beiden Seiten in das Geschehen eingreifen und es zugunsten ihrer Lieblinge lenken, und ist nur von sekundärem Wert für den Historiker.

Dies sind die Grundlagen, die für eine Biographie Hannibals zur Verfügung stehen. Sie muß fast ausschließlich aus der Sicht seiner Gegner geschrieben werden. Trotz dieser ungünstigen Voraussetzungen soll der Versuch gewagt werden, in kritischer Auseinandersetzung mit den antiken Quellen den Lebensweg Hannibals nachzuzeichnen. Vieles muß dabei offenbleiben. Im Gegensatz zu anderen großen Persönlichkeiten der Antike (Alexander, Caesar, Augustus u. a.) läßt sich von seinem Äußeren keine annähernd gesicherte Vorstellung gewinnen.[13]

Schillers Ausspruch über Wallenstein: „von der Parteien Gunst und Haß verwirrt, schwankt sein Charakterbild in der Geschichte", trifft auf die mei-

[10] Text P. K. Marshall, Cornelius Nepos, Vitae, Leipzig 3. Aufl., 1991, mit Kommentar von K. Nipperdey, Berlin 1913. Eine deutsche Übersetzung von G. Wirth, Cornelius Nepos, Berühmte Männer, München o. J.

[11] Text der Vita des Q. Fabius Maximus ed. Cl. Lindskog/K. Ziegler, Plutarchi vitae parallelae, Leipzig I 2, 1964, des M. Claudius Marcellus und des T. Quinctius Flamininus, 20–21, Leipzig II 2, 1968. Die deutsche Übersetzung von K. Ziegler, Plutarch, Große Griechen und Römer, Zürich II 1965 (Fabius Maximus), III (Marcellus), VI (Flamininus).

[12] Text: ed. J. Delz, Sili Italici Punica, Teubner Stuttgart 1987, eine deutsche Übersetzung von H. Rupprecht, Mitterfels, 1991, eine englische Übersetzung von J. Duff in der Ausgabe von Loeb Classical Library, 2 Bde., Cambridge 1934, eine französische in der Ausgabe von Miniconi/G. Devallet u. a., Les Belles Lettres, 4 Bde., Paris 1979–1992, F. Spaltenstein, Commentaire des Punica de Silius Italicus, 1–8, Lausanne 1986, 9–17, Genf 1990.

[13] Zu den modernen Identifizierungsversuchen antiker Porträts mit Hannibal vgl. Seibert 1993, 42.

sten Persönlichkeiten der Geschichte zu. Hannibal ist eine rühmliche Ausnahme. Während die antiken Geschichtsschreiber weitgehend in den negativen Charaktereigenschaften des Puniers einig waren, aber ebenso seine Fähigkeiten als Feldherr anerkannten, bewies die moderne Forschung, daß sich über Hannibal eigentlich nur Lobenswertes aussagen läßt. „Über keinen großen Mann der Weltgeschichte steht das allgemeine Urteil so fest, wie über Hannibal."[14]

Ein Überblick über die Forschung seit Mommsens ›Römischer Geschichte‹[15] ergibt, daß Hannibal als einer der größten Feldherrn aller Zeiten und als ein bedeutender Staatsmann und Politiker bewertet wird. Gewisse Differenzierungen lassen sich feststellen: Seine Bewertung hängt sowohl von der persönlichen Einstellung des Autors als auch von der Art der Darstellung ab. Je nach Temperament und Veranlagung des Verfassers wird ein überschwengliches, sich in den höchsten Tönen des Lobes und Preises ergehendes Bild des Puniers gezeichnet oder nur eine sachlich distanzierte Darstellung geboten, die die Leistungen ohne Einschränkung anerkennt und auch gewisse Fehler feststellt, die aber das Gesamtbild in keiner Weise trüben können. Während sich die panegyrische Beschreibung meistens in den biographischen Darstellungen findet, zeigen die Abhandlungen im Rahmen der römischen und karthagischen Geschichte gewisse Auswirkungen der besonderen Perspektive. In den Hannibalbiographien, die nach dem 2. Weltkrieg publiziert wurden, wurde der Karthager vor allem als Repräsentant der hellenistischen Welt gezeichnet. Diese besondere Sicht änderte nichts an der allgemein positiven Bewertung.[16]

Trotz der jahrzehntelangen Beschäftigung ist bis heute keine wissenschaftliche Darstellung einschließlich Dokumentation der antiken Quellen und kritischer Auseinandersetzung mit der wichtigsten modernen Literatur pu-

[14] G. Egelhaaf, Hannibal. Ein Charakterbild, Stuttgart 1922, 3. Diese Feststellung gilt auch heute noch.

[15] 1. Auflage Leipzig 1854, 2. wesentl. erweiterte Auflage 1856, zum Hannibalbild vgl. Seibert 1993, 57ff.

[16] Allgemein sind Defizite in der Bewertungsskala und ihrer Anwendung erkennbar, die auf ungenügender Reflexion beruhen. Allzu leichtfertig werden die höchsten Prädikate verliehen, ohne sich Rechenschaft über die Berechtigung abzulegen. Schwächen Hannibals werden festgestellt, aber in der Endbeurteilung selten berücksichtigt. Bei einem Vergleich von Hannibal und Scipio sollten gleiche Maßstäbe angelegt werden. Dieselbe Forderung gilt aber auch für Hannibal und den Rat in Karthago. Wenn möglich, lastete man den Karthagern in Afrika alle Fehlentscheidungen an. Wichtig: Ist ein objektiver Maßstab für die Bewertung zu finden? Welche Kriterien muß ein genialer Feldherr erfüllen? Genügen verschiedene Siege in Schlachten? Oder ist der Enderfolg entscheidend? Sollten nicht die politischen Konsequenzen des Mißerfolges für die Geschichte Karthagos bedacht werden? Nach welchen Maßstäben ist der Politiker oder der Staatsmann zu bemessen?

bliziert worden. Es soll versucht werden, möglichst unvoreingenommen sich der Person Hannibals zu nähern. In dem Karthager ausschließlich einen Repräsentanten der hellenistischen Welt zu sehen, ist zu einseitig, zumal diese Betrachtungsweise sehr schwach dokumentiert ist.

Wenn der Mensch ein Produkt seiner Abstammung, Erziehung, Tätigkeit und Umwelt ist, dann wird evident, daß eine einseitige Betrachtungsweise der Persönlichkeit des Barkiden nicht gerecht werden kann. Der Abstammung nach ein Karthager, erhielt er eine karthagische Erziehung und später auch eine griechische Ausbildung. Die für die Prägung eines jungen Menschen entscheidenden Lebensjahre verbrachte er in Iberien im Heerlager seines Vaters. In den besten Mannesjahren führte er in Italien als Feldherr Krieg. Sein Zuhause war das Feldlager. Seine Umgebung waren Soldaten der verschiedensten Stämme des Mittelmeerraumes. Sein letzter Lebensabschnitt war keineswegs beschaulich, sondern angefüllt mit neuer Tätigkeit in Karthago und im Exil an den Herrscherhöfen des Ostens.[17]

Schon sein Werdegang allein läßt die komplexe Persönlichkeit deutlich werden. Er selbst bewies eine erstaunliche Vielseitigkeit als Militär und Politiker. Leider liegen nur wenige Hinweise von seinen Gefühlen und Empfindungen, von seinen Gedanken und seinen Plänen vor.[18] Vor allem seine Taten, und die aus der Sicht seiner Gegner niedergeschrieben, sind überliefert, woraus wir unsere Schlüsse ziehen müssen.

[17] Vgl. Karte Nr. 10.

[18] Moderne Theorien zur Biographik können, wo die Quellen fehlen, auch nicht weiterhelfen. Vgl. A. Gestrich, Sozialhistorische Biographieforschung, in: Biographie-sozialgeschichtlich, A. Gestrich/P. Kuch/Helga Merkel, Göttingen 1988, 5–28, anderer Auffassung ist Chr. Meier, Von der Schwierigkeit ein Leben zu erzählen. Zum Projekt einer Caesar-Biographie, in: Theorie und Erzählung in der Geschichte, hrsg. v. J. Kocka/Th. Nipperdey, München 1979, 229–258. So interessant tiefenpsychologische Deutungen, etwa auf Grund von Hannibals Kindheitserlebnis, als ihn sein Vater einen Eid schwören ließ (vgl. u. S. 26 ff.), sein könnten, so sollten doch quellenkritische Kriterien vor Theorien Vorrang haben. Vgl. H. Soell, Zur Bedeutung der politischen Biographie in der zeitgeschichtlichen Forschung, Exkurs in: ders., Fritz Erler. Eine politische Biographie, Bonn II 1976, 987 ff., Th. Kornbichler, Tiefenpsychologische Biographik, Füssen 1987, 305.

Kindheit: 247–238 v. Chr.

Hannibal („die Gnade Baals")[1] wurde im Jahr 247 v. Chr.[2] als Sohn des karthagischen Feldherrn Hamilkar (Abd Melqart = „Diener Melqarts") mit dem Beinamen Barkas („Blitz") geboren.[3] Der Name seiner Mutter ist nicht bekannt. Nach zwei Töchtern[4] war Hannibal der erste Sohn und wurde nach seinem Großvater benannt.[5] Das Geschlecht des Hamilkar gehörte sicher zu den alten Adelsgeschlechtern Karthagos, die ihre Abstammung von den Gründervätern[6] ableiteten, die Ende des 9. Jh. unter Führung der sagen-

[1] Viele karthagische Namen geben die Tätigkeit oder das Verhalten eines Gottes zum Träger des Namens wieder, vgl. Huß 1985, 525 ff.

[2] Das genaue Datum ist nicht bekannt. Es muß aus verschiedenen Angaben erschlossen werden, die entweder das Jahr 247 oder 246 ergeben. Als Hannibal mit seinem Vater nach Iberien ging (237 v. Chr.), war er 9 Jahre alt (P 3, 11, 5, L 21, 1, 4, Nep Hann 2, 3). Nach der Schlacht bei Zama sagte Hannibal von sich, er habe als Neunjähriger seine Heimat verlassen und kehre als ein Mann von mehr als 45 Jahren zurück (P 15, 19, 3, vgl. L 30, 35, 10; 37, 9; 35, 19, 4), d. h. er war 247 geboren. Nach Nep Hann 3, 2 soll Hannibal beim Tod Hasdrubals (222/21) 25 Jahre alt gewesen sein, nach Z 8, 21, 3 hingegen 26 Jahre. Dieses Datum wird rechnerisch durch die Angaben des Polybios bestätigt: Mit 9 Jahren ging Hannibal nach Spanien (3, 11, 5), 9 Jahre war Hamilkar dort tätig (2, 1, 7) und Hasdrubal 8 Jahre (2, 36, 1, vgl. L 21, 2, 3, anders D 25, 12: 9 Jahre). Abweichende Angaben bei D 25, 19 – Tzetzes, Hist. 1, 27, 700 ff., wonach Hannibal beim Tod seines Vaters im Jahr 229 15 Jahre alt gewesen sei. Ebenso unzutreffend ist die Altersangabe des Eu 3, 7, 2 (bei der Belagerung von Sagunt 20 Jahre alt).

[3] Barkas wird von *baraq* abgeleitet, vgl. Huß 1985, 246 A 230. Im karthagischen Bereich waren Beinamen selten, vgl. M. Sznycer, in: C. Nicolet, Rome et la conquête du monde méditerranéen, Paris 1989, II 552–553. Zur Familie Hannibals vgl. auch Picard 1967, 13 ff., 63 ff.

[4] Ihre Namen werden nicht überliefert. Die eine wurde während des Libyschen Krieges dem Numiderfürsten Naravas versprochen (P 1, 78, 8), die andere mit Hasdrubal verheiratet (App Ib 4, 16), wohl um dieselbe Zeit. Sie dürften 12 Jahre oder etwas älter gewesen und damit Ende der fünfziger/Anfang der vierziger Jahre geboren sein.

[5] Nep Ham 1, 1.

[6] Sil 1, 72 ff. Vgl. Picard 1967, 17–18, dessen Vermutungen über die Vorfahren des Hamilkar Barkas zu hypothetisch sind. Sicherheit könnten wir nur durch einen Inschriftenfund mit der Genealogie der Barkiden erlangen. Die Karthager hatten die Gewohnheit, die lange Reihe ihrer Ahnen in ihren Inschriften zu verewigen. Aus der

haften Königin Elissa aus Tyros gekommen waren und die Stadt Qarthadast (= Neustadt, gr. Karchedon, lat. Carthago) gegründet hatten.

Als Hannibal geboren wurde, führten die Karthager bereits seit 17 Jahren Krieg mit den Römern. Der Konflikt hatte sich an einem zunächst nichtig erscheinenden Anlaß entzündet. Die Mamertiner in Messina, kampanische Söldner, hatten sich sowohl an die Karthager als auch an die Römer gewandt, um Hilfe gegen Hieron II. von Syrakus zu finden. Die Karthager sicherten Messina durch eine Besatzung. Als sich auch die Römer zur Unterstützung entschieden und die karthagische Besatzung vertrieben, entstand aus einem lokalen Konflikt ein Krieg (264–241), der schließlich um den Besitz Siziliens geführt wurde.[7]

Mit wechselndem Erfolg waren die Kämpfe bis zum Jahr 247 verlaufen. Die Römer hatten, um der Seemacht Karthago entgegentreten zu können, zum ersten Mal eine Flotte gebaut und als Landmacht ihre Soldaten dem schwankenden Element anvertraut. Als Neulinge waren sie frei von taktischen Zwängen der Seekriegführung und übertrugen den Landkampf aufs Wasser. Mit ihrer Neuschöpfung, den Enterbrücken (*corvi*), überraschten sie ihre Feinde und schlugen sie vernichtend in der Seeschlacht bei Mylai (260 v. Chr.).[8]

Die Karthager erlebten noch weitere unangenehme Überraschungen. Im Jahr 256 landete ein römisches Expeditionsheer unter dem Konsul Regulus in Nordafrika (bei Aspis/Cap Bon). Nach einer Niederlage in einer Schlacht spürten sie am eigenen Leib, was es bedeutete, den Feind im eigenen Land zu haben. Die Landbevölkerung flüchtete in die Stadt, wo bald Hungersnot herrschte, da die Zufuhr ausblieb.[9] Die Karthager waren zu Friedensverhandlungen bereit. Doch Regulus stellte übertriebene Bedingungen[10] und provozierte ihren hartnäckigen Widerstand.

Der griechische Söldnerführer Xanthippos aus Sparta lehrte die Karthager den richtigen Einsatz der Elefanten und brachte Regulus eine vernichtende Niederlage (255 v. Chr.) bei. Damit fand die Invasion ein Ende.

Die weiteren Kämpfe beschränkten sich auf Sizilien. Bis zum Jahr 250

Mitte des 3. Jh. sind zwei Weihinschriften erhalten, die eine aus Terranova-Pausania/Sardinien (Kanaanäische und aramäische Inschriften, hrsg. v. H. Donner/W. Röllig, Wiesbaden I 1971 [KAI], Nr. 68) und die andere aus Karthago (Nr. 78) mit einer Länge von 16 Gliedern. Wenn man eine Generation zu 30 Jahren rechnet, reicht man mit 480 Jahren in die Gründergeneration zurück.

[7] Die Einzelheiten des ersten Krieges sollen hier nicht behandelt werden. Vgl. Meltzer II 1896, 248 ff., De Sanctis III 1, 1916, 89 ff., Huß 1985, 216–251.

[8] P 1, 22, 3–10, Walbank I 1957, 77–78.

[9] P 1, 31, 3. Zu den karthagischen Münzprägungen dieser Zeit vgl. H. R. Baldus, Unerkannte Reflexe der römischen Nordafrika-Expedition von 256/55 v. Chr. in der karthagischen Münzprägung, Chiron 12, 1982, 163–190.

[10] Schmitt III 1969, Nr. 483.

wurde der größte Teil der karthagischen Epikratie erobert und die Städte Drepana und Lilybaion belagert. Endlich konnten die Karthager 249 unter ihrem Kommandanten Adherbal wieder einen Seesieg über die Römer erringen. Als ihre restliche Flotte von einem Sturm vernichtet wurde, gaben die Römer entmutigt den Kampf zur See auf. Die Aussichten für eine erfolgreiche Beendigung des Krieges waren damals für die Karthager günstiger als für die Römer.[11]

Dies war die Lage im Jahr 247, als Hannibal zur Welt kam. Im selben Jahr wurde sein Vater zum Oberbefehlshaber der Flotte ernannt.[12] Er leitete die karthagischen Operationen bis zum Kriegsende 241. Nachdem er mit der Flotte verschiedene Küstenorte Italiens ohne nachhaltige Erfolge angegriffen und ausgeplündert hatte, setzte er sich mit seinem Heer auf dem Berg Heirkte (h. Mte. Castellacio) fest[13] und führte von hier aus drei Jahre lang Krieg gegen die Römer in Panormos. Es war ein verbissener Stellungskrieg, in dem die Gegner versuchten, sich gegenseitig zu überlisten und eine Schlappe beizubringen. Doch Entscheidendes vollbrachte Hamilkar nicht. Er konnte weder die Belagerungen der Städte Drepana und Lilybaion aufheben noch die Römer aus Panormos vertreiben. Die Schilderungen des Polybios erwecken den Eindruck, daß Barkas ein Meister des Kleinkrieges war, aber kein Stratege großer Schlachten. Nie forderte er die Römer zu einer entscheidenden Schlacht heraus.

Um 244/43 dürfte ihm sein zweiter Sohn Hasdrubal geboren sein.[14] Wohl im Frühjahr 243 verlagerte er – ohne erkennbaren Grund – den Kriegsschauplatz zum Berg Eryx.[15] Er eroberte die Stadt Eryx, die zwischen der Burg

[11] P 1,55,1.

[12] Der Zeitpunkt im Kommandowechsel wird unterschiedlich tradiert. Nach P 1,56,2 startete Hamilkar im 18. Kriegsjahr = 247/46 nach Sizilien, nach Z 8,16,2 gegen Ende des Konsulatsjahres des C. Aurelius und P. Servilius = 248/47. Ein Termin im Frühjahr mit Beginn der neuen Kampfsaison dürfte naheliegend sein. Wenn Hannibal erst im Herbst 247 geboren wurde, dann wäre es möglich, daß er im Feldlager seines Vaters auf Sizilien das Licht der Welt erblickte (so G. Egelhaaf, Hannibal, Stuttgart 1922, 8) und die ersten Jahre seines Lebens fern der Heimat verbrachte, ein Schicksal, das ihm für den größten Teil seines Lebens bestimmt sein sollte.

[13] P 1,56ff. Vgl. J. Kromayer III 1, 1912, 3ff.

[14] Nach D 25,19 war Hasdrubal drei Jahre jünger als Hannibal, allerdings mit falscher Angabe des Lebensalters beim Tod Hamilkars (Hannibal 15 Jahre und Hasdrubal 12 Jahre). Für das Geburtsjahr des jüngsten Barkiden, Mago, liegen keine Angaben vor. Falls seine Familie nicht auf Sizilien weilte, muß man annehmen, daß Hamilkar sich zwischenzeitlich in Karthago aufhielt, vielleicht während der Winterpausen.

[15] P 1,58ff. Vgl. J. Kromayer, Eryx. Die Kämpfe des Hamilkar Barkas und die Auffindung der Stadt, Klio 9, 1909, 461ff. Während er am Berg Heirkte noch einen Zugang zur See gehabt hatte, fehlte ihm jetzt diese Möglichkeit. Deshalb schickte er

auf dem Gipfel mit einer römischen Besatzung und dem römischen Lager am Fuß des Berges an der Straße nach Drepana lag. Der Belagerer wurde selbst zum Belagerten. Hamilkar wird als ein tollkühner, wagemutiger Mann geschildert. Nur so läßt sich erklären, daß er sich freiwillig in eine äußerst gefährliche Situation brachte. Während der zweijährigen Kämpfe gelang es ihm nicht, die römische Besatzung aus der Burg zu vertreiben. Seine Söldner bereiteten ihm manche Schwierigkeit. Teils liefen sie zum Feind über, teils meuterten sie. Ihr Kampfeseifer konnte nur durch zusätzliche Geldversprechungen geweckt werden, über deren Bezahlung er sich wenig Kopfzerbrechen machte.

Trotz der günstigen Ausgangsposition bei seiner Ankunft auf der Insel hatte Hamilkar dem Krieg keine neuen Impulse gegeben. Die Lage stagnierte. Die entscheidende Wende führten die Römer herbei. Einer genauen Analyse der militärischen Situation verdankten sie die Erkenntnis, daß die Entscheidung zur See gesucht werden mußte. Mit einer neuen Flotte[16] sollten die Verbindungen Hamilkars zu seiner Heimat unterbrochen werden. Ohne Nachschub aus Nordafrika wäre er auf Sizilien isoliert und müßte über kurz oder lang kapitulieren.

Erst nachdem die römische Flotte in den Gewässern vor Sizilien (242) aufgekreuzt war, begannen die Karthager ihre Schiffe seeklar zu machen. Mit Nachschub für Hamilkar schwer beladen fuhren sie im Frühjahr 241 unter dem Kommando des Hanno nach Sizilien. Lutatius griff sie bei den Ägatischen Inseln an und vernichtete sie großenteils.

Die Nachricht von der Niederlage löste in Karthago Entsetzen aus. Die Finanzen waren erschöpft. Eine neue Flotte konnte nicht auf Kiel gelegt werden. Damit war das Heer auf der Insel hilflos dem Feind ausgeliefert. So blieb nur die Möglichkeit, den Krieg durch Verhandlungen zu beenden. Die karthagische Regierung erteilte Hamilkar Vollmacht. Auch er mußte sich zu der Einsicht bequemen, daß ein Weiterkämpfen aussichtslos war.[17]

Hamilkar war für die verfahrene Situation mitverantwortlich. Er hatte weder die maritime Überlegenheit der Karthager ausgenutzt, solange die Römer vom Meer verschwunden waren, noch sie mit belagerungstechnischen Mitteln zur Aufgabe ihrer Positionen gezwungen. Sein langjähriges

die Flotte nach Karthago zurück, da er keine Verwendung für sie hatte, eine verhängnisvolle Entscheidung, wie sich bald herausstellen sollte.

16 Da die Staatskasse der Römer leer war, wurden die erforderlichen Mittel von Privatleuten aufgebracht. Je nach Vermögenslage übernahmen ein oder mehrere Römer zusammen den Bau und die Ausrüstung eines Kriegsschiffes. Es handelte sich um eine Staatsanleihe, die zurückgezahlt werden mußte (P 1,59,6ff.).

17 P 1,62,6 lobt Hamilkar deswegen als guten und einsichtigen Feldherrn. Er habe solange gekämpft, solange Hoffnung auf Erfolg war. Als sich aber die Lage änderte, habe er die rechte Zeit zum Nachgeben gewußt. Vgl. auch Nep Ham 1.

Verharren in Heirkte und Eryx lassen eine verbissene, ja starrsinnige Einstellung erkennen. Zähigkeit und Ausdauer, wichtige Eigenschaften bei der Verfolgung eines Zieles, können auch Zeichen des Unvermögens sein, Bilanz über Erfolg oder Mißerfolg zu ziehen. Auch bei Hannibal lassen sich während seines langjährigen Feldzuges in Italien solche Beobachtungen machen.

Die Bedingungen des Friedensvertrages (Lutatiusvertrag) waren hart.[18] Die Karthager mußten ihre Besitzungen auf Sizilien abtreten, eine Kriegskostenentschädigung in Höhe von 1000 Talenten sofort und weitere 2200 Talente in 10 Jahresraten zahlen. Die Vertragsschließenden verpflichteten sich, den Machtbereich des anderen zu respektieren, dort keine Truppen anzuwerben und mit Bundesgenossen des anderen kein Bündnis abzuschließen.[19] Für das wirtschaftlich und finanziell erschöpfte Karthago bedeuteten die Zahlungen eine große Belastung, zumal auf Einkünfte aus der sizilischen Epikratie verzichtet werden mußte. Auch die auf der Insel stationierten Söldner warteten seit geraumer Zeit auf ihren Sold.

Nach Friedensschluß legte Hamilkar den Oberbefehl nieder, übergab sein Heer Gisgo, dem Kommandanten von Lilybaion, und kehrte nach Karthago zurück, zwar unbesiegt, aber ohne den Siegeslorbeer, den er sich bei seiner Ausfahrt vor sechs Jahren sicher erhofft hatte.[20] Hannibal war damals in einem Alter, in dem er bereits bleibende Erinnerungen behalten konnte. Wenn er mit auf der Insel gewesen ist, dürfte ihn das Ende des Krieges weniger berührt haben. Hatte er seine Jugend bisher in Karthago verbracht, dann könnte das Kriegsende für ihn eher Anlaß zur Freude gewesen sein. Endlich konnte ihm sein Vater alle Heldentaten berichten, von denen ihm bisher seine Mutter erzählt hatte. Natürlich wies jener jede Verantwortung für die Niederlage zurück. Wenn es nach ihm gegangen wäre, dann hätte er noch jahrelang weiterkämpfen können. Aber die Versager von der Marine hatten das Ende erzwungen.

Diese Einstellung könnte in der antiken Tradition zur Entstehung der Version geführt haben, daß Barkas eigentlich sofort den Krieg wiederbegonnen hätte, wenn nicht der Söldnerkrieg dazwischengekommen wäre,[21] eine evi-

18 Schmitt III 1969, Nr. 493, Scardigli 1991, 205 ff., Mantel 1991, 29–33.

19 Das Verhältnis beider Staaten wurde durch das römische Verhalten beim Abschluß des Vertrages ungünstig beeinflußt. Die römische Volksversammlung lehnte den ersten Vertragsentwurf ab und forderte eine beträchtliche Erhöhung der Kriegsentschädigungen. Statt der ursprünglich vereinbarten 2200 Talente in 20 Jahresraten wurde eine Erhöhung um 1000 Talente, die sofort fällig waren, und eine Reduzierung der Tilgung auf 10 Annuitäten vorgenommen. Vermutlich setzten die Finanziers der Flotte ihre Interessen durch. Geldinteressen sollten auch weiterhin das römisch-karthagische Verhältnis belasten.

20 P 1, 66.

21 P 3, 9, 7 f.; Nep Ham 1, 4; L 21, 1, 5.

dente Erfindung, um Hamilkars Kriegsabsichten, die er angeblich auf seine Nachfolger vererbte, zu belegen und ihm die alleinige Schuld am Ausbruch des zweiten Krieges zuzuweisen. Sicher dürfte er verärgert gewesen sein und bei anderen die Schuld für das Kriegsende gesucht haben. Das beweist aber nicht, daß er sofort einen neuen Krieg plante. Dem widersprechen alle bekannten Fakten.[22]

Gisgo schickte die Söldner nur in kleinen Kontingenten und in größeren zeitlichen Abständen nach Afrika, um seinen Landsleuten Zeit zum Aufbringen der Gelder zu verschaffen. Sie sollten sie nach Auszahlung des Soldes in ihre Heimat entlassen, bevor der nächste Schub eintraf.[23] Doch die Ratsherrn entschieden sich für ein anderes Verfahren. Sie versammelten alle Söldner in den Mauern Karthagos[24] und wollten sie gemeinsam auszahlen.

Einem Jungen im Alter Hannibals dürfte die schwierige Lage seiner Heimatstadt nicht bewußt geworden sein. Er fand die Anwesenheit der vielen Soldaten, die mit seinem Vater in Sizilien gekämpft hatten, interessant. Aller Herren Völker waren hier versammelt: Iberer, Kelten, Ligurer, Balearen, Griechen und Libyer. Das bunte Bild einer Hafenstadt wurde noch viel lebhafter. Es herrschte eine „babylonische“ Sprachverwirrung. Alle Sprachen des Mittelmeerraumes drangen an sein Ohr, aber man konnte sich auch mit allen verständigen, denn das lange gemeinsame Lagerleben unter karthagischem Kommando hatte ihnen die wichtigsten Kenntnisse dieser Sprache vermittelt. Sie verständigten sich untereinander in einem Kauderwelsch aus Punisch, Griechisch und ihrer eigenen Sprache.[25]

Die Kehrseite des bunten Treibens dürfte der Knabe wohl kaum wahrgenommen haben. Die Gewalttaten der Soldaten, die gewohnt waren, sich zu nehmen, was immer sie wünschten, griffen um sich. Sie führten sich auf, als

[22] Hamilkar war ohne Kommando und ohne Heer. An der Ausgangslage – Fehlen einer Flotte und leere Kassen – hatte sich nach seiner Rückkehr nichts geändert. Seine spätere Hinwendung nach Iberien und die Vernachlässigung des Flottenbaues in Karthago, der unerläßliche Voraussetzung für einen erneuten Waffengang mit Rom war – zumindestens im Jahr 241 –, belegen, daß Hamilkar keine derartigen Pläne hatte. P 1,62 lobte den Hamilkar für seine Einsicht in die Umstände, die eine Fortführung der Kämpfe ausschlossen. Damit widersprach er sich selbst, wenn er ihm 3,9,7 Kriegsvorbereitungen unterstellte.

[23] P 1,66,1ff.

[24] Die Unterbringung der Söldner mit ihren Frauen und Kindern war kein Problem. In den Kasematten der Mauern Karthagos war genügend Raum vorhanden. Die Söldner waren es auch gewöhnt, im Freien zu kampieren. Die Vorstadt (Megara) bot dazu ausreichend Platz. Zur Topographie vgl. Huß, 1985, 44–51 mit Karte 45. Eine eingehende Beschreibung der Mauern bei App Lib 95, 448ff. Die Mauern waren zwei Stockwerke hoch, im ersten Stock war Raum für 300 Elefanten einschließlich der Vorratsräume, Ställe für 4000 Pferde sowie Speicher für Futter. Darüber waren Wohnungen für 20000 Infanteristen und 4000 Reiter.

[25] P 1,67,7ff.

wären sie immer noch im Feindesland. Die Ratsherrn konnten diesen Zustand nicht länger hinnehmen. Jetzt dürften sie wohl den Fehler eingesehen haben, den sie mit der Aufnahme der Soldaten in die Stadt gemacht hatten. Für die dringendsten Bedürfnisse zahlten sie jedem Söldner ein Goldstück[26] aus und bewogen sie zum Abzug nach Sikka (h. El Kef), einer Stadt rund 150km südwestlich von Karthago im Landesinneren gelegen, mitsamt ihren Frauen, Kindern und Gepäck.[27] Im langweiligen Lagerleben in Sikka hatten die Söldner genügend Zeit, den ausstehenden Sold zu berechnen. Von Mal zu Mal kamen sie auf höhere Summen. Sie erinnerten sich der vielen Versprechungen ihres Feldherrn in Krisensituationen, die dann später „vergessen" worden waren.[28] Hanno der Große, der vom Rat mit den Verhandlungen beauftragt worden war, wollte die Söldner unter Hinweis auf die finanzielle Notlage Karthagos herunterhandeln. So war keine Einigung zu erzielen, zumal sie dem Karthager nicht trauten. Es kam zu Meuterei und Aufruhr.

Sie marschierten, insgesamt 20000 Mann,[29] von Sikka nach Karthago zurück und schlugen bei Tunis (ca. 120 Stadien = ca. 18,5km von Karthago entfernt) ein Lager auf.

Die neue Situation versetzte die Karthager in Schrecken. Jetzt erwies es sich als Nachteil, daß sie sich ganz auf ein Söldnerheer verlassen hatten. Ein einsatzfähiges Bürgerheer war nicht vorhanden. Die militärische Schwäche, die von den Söldnern schamlos zu immer neuen und höheren Forderungen ausgenutzt wurde, zwang die Ratsherrn zu Zugeständnissen. Die Entscheidung sollte einem Feldherrn, unter dem sie in Sizilien gekämpft hatten, übertragen werden. Den Hamilkar lehnten sie mit Entschiedenheit ab. Ihn machten sie für die schäbige Behandlung verantwortlich. Vor allem lasteten sie ihm an, daß er den Oberbefehl – nach ihrer Ansicht freiwillig – niedergelegt hatte und bisher auch nicht als Unterhändler zu ihnen gekommen war.[30]

Hamilkar befand sich damals in einer schwierigen Situation. Die Karthager machten ihn für die jetzige Krise verantwortlich. Er hatte den Söldnern die hohen Versprechungen gemacht, die sie nicht erfüllen konnten. Seine innenpolitischen Gegner erhoben gegen ihn Klage.[31] Hamilkar

[26] Zu dieser Sonderemission vgl. H.R. Baldus, Zwei Deutungsvorschläge zur punischen Goldprägung im mittleren 3. Jh. v. Chr., Chiron 18, 1988, 176–179.

[27] M.H. Fantar, A propos d'Ashtart en Méditerranée Occidentale, Rivista di Studi Fenici 1, 1973, 23ff. vermutete, daß Sikka in Friedenszeiten eine karthagische Militärbasis war, wo Soldaten stationiert waren.

[28] P 1,66,10ff.

[29] Nep Ham 2,2.

[30] P 1,68,11ff.

[31] App Ib 4,16. Die Klage gegen Hamilkar gehört in diese frühe Phase, vgl. De Sanctis III 1, 1916, 377 A 16, Huß 1985, 253 A 4. Es ist eine Vermutung, daß als Folge der politischen Unterstützung die Ehe einer Tochter mit Hasdrubal verein-

schwebte in größter Gefahr. Denn solche Anklagen endeten in Karthago meistens mit einem Todesurteil.[32] Doch er erwies sich als geschickter Taktiker auch im politischen Kampf. Er sicherte sich die Unterstützung Hasdrubals, der als Führer des Volkes galt. Mit seiner Hilfe entging er der Verurteilung und verheiratete eine seiner Töchter mit ihm.

Hannibal war damals alt genug (7–8 Jahre), um begreifen zu können, welche Gefahr seinem Vater drohte. Die Bedeutung eines starken politischen Anhanges und die Unterstützung durch mächtige Freunde im Rat und der Volksversammlung dürften ihm für immer bewußt geworden sein. Solche Freundschaften mußten gepflegt werden, ein Grundsatz, den Barkas immer befolgte und seinen Söhnen beibrachte.[33]

Die Söldner hatten nur zu Gisgo, der sich in Lilybaion um ihre Rückführung gekümmert hatte, Vertrauen. Dieser begann in Tunis mit der Auszahlung des Soldes,[34] getrennt nach Volksstämmen. Doch ein Teil der Söldner, angestachelt durch den Kampaner Spendios und den Libyer Mathos, war an einer Aussöhnung nicht interessiert. Vor allem die libyschen Soldaten fürchteten den Zorn der Karthager nach Abzug der übrigen Söldner. Hysterie griff um sich. Wer für die Aussöhnung sprach, wurde kurzerhand gesteinigt. Gisgo und seine Begleitung wurden gefangengesetzt und in Ketten gelegt.

Damit begann der Söldnerkrieg, der sich bald durch die Beteiligung der libyschen Bevölkerung zum Libyschen Krieg ausweitete. Mehr als drei Jahre (241–238) sollte es dauern, bis die Karthager wieder Frieden im eigenen Land hatten.[35] Die Libyer schlossen sich dem Aufruf der Söldner zur Frei-

bart wurde. Natürlich könnte es auch umgekehrt gewesen sein. Nähere Angaben fehlen in den Quellen.

[32] Vgl. Hanno, der karthagische Kommandant von Messina, vgl. Daebritz, RE 7,2, 1912, 2354 s. v. Hanno 6, Hanno, der Admiral der karthagischen Flotte in der Seeschlacht bei den Ägatischen Inseln, vgl. Daebritz, a. a. O., 2355 s. v. Hanno 12 und Hasdrubal, vgl. Th. Lenschau, RE 7,2 (1912), 2469 s. v. Hasdrubal 4. Die Römer sahen dies als ein typisch karthagisches Verhalten an, vgl. L 22,61,15.

[33] Seine Gegner nannten die intensive Pflege von Freundschaften und Beziehungen aus ihrer Sicht Bestechung. Vgl. App Ib 5,18; 8,30 ff., Ann 2,4.

[34] P 1,69,1 ff. Es muß sich um beträchtliche Mengen gehandelt haben. Die Goldmünzen, die im Typ älteren Prägungen entsprachen, waren mit Silber legiert und leichter. Vgl. H. R. Baldus, Zwei Deutungsvorschläge zur punischen Goldprägung im mittleren 3. Jh. v. Chr., Chiron 18, 1988, 176–179.

[35] P 1,65–88, vgl. dazu Walbank I 1957, 130 ff., D 25,2–9, App Ib 4,15–16, Lib 5,18–22. Die Aktionen des Krieges, der mehr als drei Jahre dauerte, lassen sich, da bei Polybios entsprechende Angaben fehlen, nicht auf die einzelnen Jahre verteilen. Es sollen nicht alle Einzelheiten des Söldner- bzw. Libyschen Krieges dargestellt werden, sondern nur die wichtigsten Züge, die für die Familie Hannibals von Bedeutung waren und die evidente Schwächen im politischen wie militärischen System Karthagos offenlegten und evtl. Aufschlüsse für künftige Maßnahmen oder Handlungen

heit an und unterstützten sie mit Geldern. Dadurch erhielt die Krise völlig neue Dimensionen. Was zunächst als ein ephemeres Problem einer Stadt mit ihren Söldnern erschien, das sich durch Geld lösen ließ, geriet unversehens zu einem regelrechten Krieg, der den karthagischen Staat in seinen Grundfesten erschütterte und ihn an den Rand des Verderbens brachte. Es rächte sich nun, daß man während des vergangenen Krieges die Libyer mit harten Abgaben belegt und diese unbarmherzig eingetrieben hatte.[36]

Hannibal erlebte, wie seine Heimatstadt in größter Notlage alle Kräfte mobilisieren mußte. Nichts war vorhanden, was man zum Kriegführen benötigte: keine Waffen, keine Schiffe und keine Soldaten. Vor allem fehlte es an Geld. Doch die Karthager bewiesen, daß sie gerade in Zeiten größter Not zu höchsten Leistungen fähig waren.[37]

Hanno der Große wurde mit dem Oberbefehl beauftragt.[38] Neue Söldner wurden angeworben, die Bürger im waffenfähigen Alter wurden bewaffnet, eine Reiterei aus Bürgern geschaffen und exerziert. Auch der Kriegshafen, der nach der Vernichtung der karthagischen Flotte in den Gewässern vor Sizilien verwaist dalag und in dem die wenigen Schiffe ohne Pflege und Wartung verrotteten, erwachte zu neuem Leben. Auf den Werften und in den Schiffshäusern wurde gehämmert und alle vorhandenen Schiffe instandgesetzt. Gegenüber dem früheren Bestand waren nur noch wenige Kriegs-

Hannibals erkennen lassen. Lit.: V. Seibel, Der Söldner-Krieg der Karthager. Ein historischer Versuch, Programm Dillingen 1847/48, F. Unger, Polybios und Diodor über den Söldnerkrieg, RhM 34, 1879, 90–105, Meltzer II 1896, 357–391, Veith III 2, 1912, 519–571, De Sanctis III 1, 1916, 371–389, Gsell III 1918, 100–128, Huß 1985, 252–268. W. E. Thompson, The Battle of the Bagradas, Hermes 114, 1986, 111–117. Münzfunde vermitteln zusätzliche Kenntnisse über die schlechte wirtschaftliche Lage Karthagos (Verschlechterung der Münzprägungen) und Unabhängigkeitsbewegung der Aufständischen (Prägungen mit der Aufschrift LIBYON). Vgl. E. S. G. Robinson, The Coinage of the Libyans and Kindred Sardinian Issues, NC 1943, 1–13 (= IGCH 2281), ders., A Hoard of Coins of the Libyans, NC 1953, 27–32, ders., The Libyan Hoard, NC 1956, 9–14 (= IGCH 2282), W. Huß, Die Libyer Mathos und Zarzas und der Kelte Autaritos als Prägeherrn, Schweizer Münzblätter 38, 1988, 30–33, H. R. Baldus, a. a. O., 176–179, I. A. Carradice/S. La Niece, The Libyan War and Coinage: A New Hoard and the Evidence of Metal Analysis, NC 1988, 33–52, E. Aquaro, Les émissions du soulèvement libyen. Types, ethnies et rôles politiques, in: Punic Wars 1989, 137–144 (mit anderer Datierung).

[36] P 1, 72, 1 ff. Das karthagische Land reichte zwar für den Eigenbedarf der Stadt aus, aber für alle weiteren Ausgaben wie Flotte, Söldner, Kriegsrüstungen, vor allem die Kriegskontributionen waren die Karthager auf die Einkünfte aus dem libyschen Untertanenland angewiesen, P 1, 71, 1 ff.

[37] Man vergleiche die Situation vor Ausbruch des 3. Punischen Krieges (149 v. Chr.). Huß 1985, 439 ff.

[38] P 1, 73, 1 ff.

schiffe vorhanden, einige Trieren und Fünfzigruderer. Deshalb rüstete man auch größere Boote auf.

Dies alles konnte praktisch unter Ausschluß der Öffentlichkeit geschehen, d. h. vor Spionen der Feinde geheimgehalten werden. Die Werften waren von einer doppelten Mauer umgeben. Der Kriegshafen war so angelegt, daß man aus dem Handelshafen, der vor ihm lag und mit ihm durch eine ca. 6 m breite Einfahrt verbunden war, nicht in den Kriegshafen einsehen konnte. Insgesamt hatten 220 Schiffe in den Schiffshäusern des Kriegshafens Platz, die in einem Kreis um das Hafenbecken angelegt waren, in dessen Mitte sich die Admiralsinsel erhob.[39] Die Kaufleute und auch die neu angeworbenen Söldner trafen im Handelshafen ein, der durch eine 21 m breite Zufahrtsrinne mit dem Meer verbunden war, die im Bedarfsfall durch eine Eisenkette gesperrt werden konnte. Auch dieser Bereich war so geplant worden, daß die Kaufleute und Händler durch Tore vom Handelshafen direkt in die Stadt gelangten, ohne die Docks durchqueren zu müssen.

Von Hamilkar hören wir in dieser Phase nichts. Er war wohl Mitglied des Rates und unterstützte die Planungen und Vorbereitungen. Er kannte am besten die Stärken und Schwächen der Söldner, die viele Jahre unter ihm gedient hatten. Beim Exerzieren der Bürgertruppen dürfte sein Rat gefragt und seine Mithilfe willkommen gewesen sein.

Die aufständischen Söldner und Libyer begannen mit einer Offensive. Sie belagerten die Städte Utika und Hippakra.[40] Die Verbindung Karthagos mit dem Hinterland – die Stadt lag an der Spitze einer Halbinsel, auf drei Seiten von Wasser umgeben, der Isthmos war nur 25 Stadien = ca. 4,7 km breit[41] – blockierten sie mit einem Heer. Hanno konnte mit seinen Truppen dennoch vom Feind ungehindert abziehen. Doch er allein konnte gegen die Übermacht der Feinde, die zeitweise drei Heere aufboten, nicht ankommen.[42] Da in der Zwischenzeit weitere Söldnertruppen in Karthago eingetroffen waren, auch immer mehr Bürger als Soldaten ausgebildet wurden, wurde

[39] Eine Beschreibung der Häfen Karthagos vgl. bes. App Lib 96, 452ff. Im Rahmen der internationalen Ausgrabungen in Karthago wurde das Hafengebiet von den Engländern ausgegraben. Einen Überblick über die internationalen Ausgrabungen in Karthago vgl. F. Rakob, Die internationalen Ausgrabungen in Karthago, Gymnasium 92, 1985, 489–513. Zu den Ergebnissen der Engländer u. a. H. Hurst, The War Harbour of Carthage, Atti del I Congresso intern. di Studi Fenici e Punici 1979, Rom 1983, III 609ff. Weitere Literatur bei Huß 1985, 47ff.

[40] P 1,73,3ff.

[41] Vgl. die Karte bei Huß 1985, 45.

[42] Über seine Unternehmungen liegt der Schatten der hamilkarfreundlichen Überlieferung, die wegen des späteren Zerwürfnisses zwischen beiden Feldherrn die Operationen Hannos herabsetzte, sogar lächerlich machte. Statt zu kämpfen, soll er sich der Pflege seines Körpers gewidmet haben, P 1,74,8.

Hamilkar zum Befehlshaber einer zweiten Armee bestellt.[43] In alter Manier führte er sein Heer in den Krieg, wagemutig und tollkühn. Das Glück des Tüchtigen blieb ihm hold, er konnte die Feinde in einer Schlacht am Bagradas[44] schlagen und anschließend die Sperre der Landverbindung aufheben. In Karthago begann man aufzuatmen. Der Jubel im Hause des Hamilkar dürfte besonders groß gewesen und bald durch weitere Siegesmeldungen noch gesteigert worden sein. Boten verkündeten in Karthago einen gewaltigen Sieg Hamilkars über Spendios und seine Truppen.[45] Eine weitere freudige Nachricht betraf die Familie selbst. Der Vater teilte mit, daß er eine Tochter dem angesehenen Numiderfürsten Naravas zur Frau versprochen hatte.[46] Die Freude über den Erfolg drängte die Tatsache in den Hintergrund, daß damals Hamilkar und sein Heer beinahe vernichtet worden wären, wenn nicht der Numiderfürst die Fronten gewechselt und dem bereits von allen Seiten eingeschlossenen Hamilkar die Möglichkeit zur Schlacht mit seiner Hilfe gegeben hätte. Nur der Übertritt des Numiders und ein unverzeihlicher Fehler des Spendios glichen die Fahrlässigkeit Hamilkars aus, der sich in eine so bedrohliche Situation hatte manövrieren lassen.

Im Sieg zeigte er sich großmütig. Jedem Aufständischen und Söldner bot er die Aufnahme in sein Heer an. Wer dies ablehnte, konnte dennoch frei abziehen. Eine solche Haltung entsprach keineswegs den Gepflogenheiten. Seine Feinde hielten sie für gefährlich. Um alle Brücken abzubrechen, folterten sie Gisgo und seine Begleitung und brachten sie um.[47] Die Aufständischen wünschten keine Versöhnung, und in der Folge fanden sie auch bei Hamilkar keine Gnade mehr. In den Kämpfen wurden möglichst viele getötet. Gefangene wurden den Elefanten zum Niedertrampeln vorgeworfen. Die brutale Kriegführung wurde zusätzlich durch die Nachricht vom Aufstand der Söldner auf Sardinien angeheizt.[48]

Der bisherige Verlauf des Krieges konnte nicht darüber hinwegtäuschen, daß die getrennt operierenden Heere der Karthager den Gegner nicht entscheidend geschwächt hatten. Deshalb forderte Hamilkar den Hanno auf, die Truppen zu vereinigen und mit einem einzigen Heer den Krieg weiterzuführen.[49] Was in der Theorie so günstig und hoffnungsvoll aussah, erwies

[43] Nach P 1,75,1ff. waren dafür natürlich andere Gründe ausschlaggebend, im wesentlichen das Versagen des Hanno.

[44] W. E. Thompson, The Battle of the Bagradas, Hermes 114, 1986, 111–117.

[45] Zu dem Bewegungskrieg im Landesinneren vgl. P 1,77,4–78,15.

[46] Sollte Naravas identisch sein mit dem *Nrwt* einer Inschrift (KAI 141), dann könnte er ein Bruder des Numiderkönigs Gaia, des Vaters des Massinissa, sein.

[47] P 1,79,1–80,13.

[48] Zwischen den Aufständischen in Nordafrika und denen auf Sardinien bestanden Kontakte. Zum Briefverkehr vgl. P 1,79,9.

[49] P 1,82,1ff.

sich in der Praxis als wirkungslos. Vielleicht waren die Kompetenzen nicht klar abgesprochen worden. Die beiden Feldherrn zerstritten sich bald – Gründe werden in den Quellen nicht genannt – mit der Folge, daß sich ihre Aktionen paralysierten und dem Feind sogar die Möglichkeit zum Zuschlagen boten.

In dieser mißlichen Lage häuften sich die Unglücksbotschaften: Nach dem Verlust Sardiniens ging ein Schiffstransport mit Nachschub in einem Sturm verloren. Noch schlimmer war der Abfall von Utika und Hippakra zu den Aufständischen. Damit hatten sie endlich Seestädte in ihrem Besitz und konnten den dringend benötigten Nachschub beziehen. Die römischen und italischen Kaufleute hatten diese Verdienstmöglichkeit schon lange entdeckt und machten mit den Aufständischen beste Geschäfte.[50] Die Karthager konnten nur versuchen, durch Kaperschiffe den Nachschub zu unterbinden. Mit der Zeit gelang es ihnen, eine beträchtliche Anzahl (500 Mann) von Kaufleuten aufzubringen und gefangenzusetzen. Dennoch konnten sie diese Verbindung zu den Aufständischen nicht vollständig unterbinden, die nun zum entscheidenden Angriff auf Karthago ansetzten. Sie rückten an die Mauern heran und begannen mit der Belagerung der Stadt.

Die Ratsherrn mußten als erstes die Führungskrise im Heer beilegen. Ihr Verfahren überrascht: Sie trafen keine Entscheidung zugunsten des einen oder anderen, vielleicht weil im Rat die Anhänger beider Feldherrn sich die Waage hielten, sondern überließen sie den Soldaten, die für Hamilkar votierten. Hanno mußte weichen. Sein Nachfolger, wohl aber als Unterfeldherr, wurde ein sonst unbekannter Hannibal.

Ermutigend war auch die Unterstützung von Hieron II., der nicht daran interessiert war, daß die Karthager als politische Macht untergingen und die Römer übermächtig würden. Seinen Vorstellungen entsprach eher ein Gleichgewicht der Kräfte im westlichen Mittelmeerraum.[51] Auch das Verhältnis zu den Römern gestaltete sich besser. Diese protestierten zunächst gegen die Gefangennahme ihrer Kaufleute. Die Karthager waren aber eindeutig im Recht und erreichten für deren Freilassung im Gegenzug die Freigabe ihrer Mitbürger, die noch in römischer Gefangenschaft waren. Polybios lobte die Römer für ihre Haltung in dieser Angelegenheit. In Wirklichkeit war ihre „Großzügigkeit“ von reinen Nützlichkeitsüberlegungen bestimmt.[52]

[50] Man darf sich von den beschönigenden Worten des P 1,83,5ff., daß sich die Römer strikt an die Vertragsbestimmungen hielten, nicht täuschen lassen. Die römischen Kaufleute witterten das Geschäft und kümmerten sich keinen Deut um den Vertrag.

[51] H.H. Schmitt, Polybios und das Gleichgewicht der Mächte, in: Polybe, Entretiens sur l'Antiquité Classique XX, Vandœuvres 1974, 81–82.

[52] P 1,83,1ff. Die römische Tradition baute den Vorgang ganz zum Ruhm der Römer aus, vgl. Val Max 5,1,1a, Eu 2,27,4. Die Karthager traten als Bittsteller in

Sie konnten an einer Niederlage der Karthager nicht interessiert sein. Wer sollte ihnen dann die Kriegsentschädigungen zahlen?[53]

Für eine Belagerung war Karthago durch eine mächtige Befestigungsanlage – auf der Seeseite durch eine einfache Mauer, zur Landseite durch eine dreifache „Isthmosmauer" – bestens geschützt.[54] Solange der Feind nicht über eine Flotte verfügte, den Hafen und damit die Zufuhr sperren konnte, drohte der Stadt keine ernsthafte Gefahr. Ängstliche Gemüter dürften dennoch in Schrecken geraten sein.

In der Antike betrachteten die Menschen schwere Schicksalsschläge oft als Strafe der Götter. Wie konnte es geschehen, daß die Karthager in solche Bedrängnis gerieten? Hatten sie die fälligen Opfer nicht dargebracht und die Götter dadurch verletzt? Wie konnten sie ihre Gnade zurückgewinnen? Von alters her brachten sie dem Hauptgott ihrer Mutterstadt Tyros, Melqart, Weihgeschenke dar. Hatten sie vielleicht diese Beziehungen in den letzten Jahren, besonders während des Krieges, vernachlässigt?[55] Möglicherweise ging damals eine Festgesandtschaft nach Tyros ab, um durch besondere Weihgeschenke den Zorn des Gottes zu beschwichtigen.

Vor allem aber mußten sie den Unwillen des Gottes Baal Hammon besänftigen. Er war – in unseren Augen – ein grausamer Gott, forderte er doch, daß ihm die Kinder der vornehmsten Karthager geopfert werden.[56] Viele Karthager dürften diesen Kult ebenfalls als grausam und unbarmherzig angesehen haben. Solange es ihnen gut ging, versuchten sie, den religiösen Gesetzen Genüge zu tun und den Gott durch Substitutionsopfer (Tiere) oder

Rom auf. Nach App Lib 5,18ff. erlaubten ihnen die Römer sogar, in Italien Söldner anzuwerben, was nach dem Friedensvertrag verboten war, vgl. auch Z 8,17,9. Die Römer bemühten sich sogar als Friedensvermittler, aber die Aufständischen lehnten ab. Ganz zum Nachteil der Karthager wurde die Geschichte mit den gefangenen Kaufleuten umgedeutet. Die Karthager ließen sie einfach umbringen (welch Undank!). Als die Römer Genugtuung forderten, zögerten die Karthager. Deshalb wurde ihnen der Krieg erklärt. Als Entschädigung mußten sie Sardinien abtreten.

[53] Vgl. Meyer II 1924, 383.

[54] D 32,14, App Lib 95,448, Huß 1985, 49, S. Lancel, L'enceinte périurbaine de Carthage lors de la troisième guerre punique: réalités et hypothèses, in: Punic Wars 1989, 251ff. Die Mauern waren jeweils 30 Ellen (ca. 15m) hoch und 30 Fuß (ca. 9m) dick, mit Brustwehren und Türmen in einem Abstand von zwei Plethren (ca. 60m), die vier Stockwerke hoch waren.

[55] Als Agathokles im Jahr 310 in Afrika landete und den Karthagern eine Niederlage beibrachte, hielten sie ihr militärisches Mißgeschick für eine Strafe der Götter (D 20,14). Obgleich für die Zeit des Libyschen Krieges nichts überliefert ist, ist in Analogie zu vermuten, daß die Karthager auch damals Zuflucht bei ihren Göttern suchten.

[56] Kinderopfer für die Zeit des ersten Krieges mit Rom bestätigt Ennius, ann. 214 Skutsch.

fremde Kinder zufriedenzustellen. Aber nach solchen Schicksalsschlägen dürften die Priester darauf gedrungen haben, daß jetzt die Vorschriften genauestens eingehalten wurden. Das Molk-Opfer mußte dargebracht werden.[57]

Am Rande des „Heiligen Grabens" im Tofet stand die große Bronzestatue des Gottes Baal Hammon. Die Eltern übergaben das Opfer dem Priester, der das Kind tötete und den Leichnam auf die ausgestreckten Arme der Statue legte, von wo er in die Flammen herabglitt. Die gespenstische Szene, die bei Nacht erfolgte, unter dem beschwörenden Klang von Flöten und Tamburinspielern, ergriff die betroffenen Eltern, die dennoch nicht weinen und klagen durften. Mußte auch die Frau Hamilkars diesen schweren Gang zum Tofet, der Opferstätte, die ganz in der Nähe des Handelshafens hinter einer hohen Mauer verborgen lag, gehen?[58] Eine solche Vermutung erscheint nicht unbegründet. Möglicherweise brachte sie dem Gott ihren jüngsten Sohn dar, dessen Existenz antike Quellen zwar bezeugen, dessen Namen sie aber verschweigen und von dem auch keine weiteren Zeugnisse vorliegen.[59] Hannibal erlebte dieses Opfer der Familie mit vollem Bewußtsein. Welche Gefühle er empfand, vermag man nicht zu sagen. Vielleicht fügten sich seine Eltern nur widerwillig dem religiösen Zwang und übertrugen ihre Abneigung und Erkenntnis von der Sinnlosigkeit solcher Opfer auf ihren ältesten Sohn.[60]

[57] Den Vorgang des Molk-Opfers rekonstruierte J. G. Février, Essai de reconstitution du sacrifice Molek, Journal Asiatique 1960, 167–187. Vgl. Huß 1985, 533–535, E. Lipinski, Sacrifices d'enfants à Carthage et dans le monde sémitique, in: Carthage, ed. E. Lipinski, Studia Phoenicia VI, Löwen 1988, 151 ff., Seibert 1993, 112.

[58] Zu den Ausgrabungen im Tophet von Karthago vgl. L. Stager, Carthage: A View from the Tofet, in: Phönizier im Westen, hrsg. v. H. G. Niemeyer, Madrider Beiträge 8, 1982, 155–166.

[59] Hamilkar soll seine vier Söhne als seine „Löwenbrut" bezeichnet haben. Vgl. Val Max 9,3 ext. 2, Cassiodor, Chronica a. u. c. 524. Namentlich sind nur Hannibal, Hasdrubal und Mago bekannt. L 29,34,1 erwähnt einen Hanno, Sohn des Hamilkar. Bei der Häufigkeit des Namens Hamilkar ist aber eine Gleichsetzung mit Barkas ungewiß. Sollte es einen vierten Sohn gegeben haben, könnte er nach der Rückkehr Hamilkars aus Sizilien gezeugt sein, d. h. vielleicht noch 241/40 oder 239 geboren sein. Er dürfte dann nur wenige Monate alt gewesen sein. Seibert 1993, 108 ff.

[60] Nur Sil 4,765 ff. bewahrt die Geschichte, daß auch an Hannibal die Aufforderung vom karthagischen Rat herangetragen wurde, seinen (einzigen) Sohn dem Gott zu opfern. Diese Episode wird meistens als eine dichterische Erfindung des Silius abgetan. Möglicherweise enthält sie dennoch einen historischen Kern. Denn die Einzelheiten des Verfahrens und des Ortes der Opferhandlung konnte Silius aus Livius nicht entnehmen. Möglicherweise enthielt eine uns unbekannte Vorlage des Silius über den 2. Punischen Krieg einen entsprechenden Hinweis. Zur Verwertung des Silius vgl. R. T. Bruère, CPh 47, 1952, 219–227 und G. Charles-Picard, Le Tophet de Carthage dans Silius Italicus, in: Festschrift P. Boyancé, Paris 1974, 569–577.

Über den Verlauf der Belagerung erfahren wir keine Einzelheiten. Jetzt war es ein Vorteil, daß die Söldner die Belagerungstechnik (Poliorketik) unter Hamilkar in Sizilien nie richtig gelernt hatten. Möglicherweise fehlten ihnen neben den Kenntnissen auch die materiellen Voraussetzungen zum Bau der Belagerungsmaschinen. Ohne Flotte war die Stadt nicht zu nehmen. Hamilkar[61] sperrte dem Belagerungsheer unter Spendios und Mathos die Zufuhr aus dem Landesinneren und zwang es zum Abzug.

Der Stellungskrieg wurde wieder zum Bewegungskrieg. Beide Heere zogen durchs Land, sich gegenseitig eifrig beobachtend und darauf bedacht, dem Feind eine Falle zu stellen und selbst nicht in eine ungünstige Lage zu geraten. Vor den Elefanten und den Reitern des Naravas hatten die Aufständischen höllische Angst. Durch einen Zufall gelang es Hamilkar, die Feinde einzukreisen. Erst nach längerer Zeit, als im Lager der Aufständischen bereits höchste Not herrschte und sie ihre Sklaven schlachteten, waren sie zu Verhandlungen bereit. Hamilkar versprach ihnen freien Abzug, wenn er sich 10 Mann unter ihnen auswählen dürfe. Unter dieser Bedingung kam es zum Abschluß. Er entschied sich für die Unterhändler, was diese kaum erwartet hatten. Die Aufständischen waren damit ohne Führung, glaubten sich verraten und griffen zu den Waffen. So kam es zu einer Schlacht, in der sie keine Chance hatten. Sie wurden vollständig vernichtet.[62]

Dieser Erfolg ließ die Karthager wieder hoffen.[63] Immer mehr libysche Orte ergaben sich. Schließlich rückte das Heer auf Tunis vor, wo immer noch eine bedeutende aufständische Armee unter Mathos lagerte. Der Ort lag zwischen der Lagune El Bahira im Nordosten und dem See Sebka es Sedjoumi im Südwesten und war zur Kontrolle der Zufahrtswege nach Karthago aus dem Landesinneren sowie der Stadt selbst bestens geeignet.[64] Die günstige Lage konnte zur Falle werden, wenn ein Feind auf beiden Landseiten im Nordwesten und im Südosten die Stadt einschloß und die Zufahrt über die Lagune sperrte.

Der Feldherr Hannibal, der mit einem Teil des Heeres Stellung auf der nach Karthago gelegenen Seite bezogen hatte, vernachlässigte den Wachdienst. Die Aufständischen konnten bei einem Ausfall das Lager einnehmen, viele Karthager töten, die übrigen in die Flucht schlagen, den gesamten Troß erobern und sogar den Feldherrn lebend gefangennehmen. Mathos ließ ihn kreuzigen und über der Leiche des Spendios weitere 30 Karthager als Opfer darbringen. Nach dieser Schlappe gab Hamilkar die Belagerung auf und schlug weitab von jedem Feind ein Lager an der Bagradasmündung auf.

Die Freunde Hannos dürften sich mit Anklagen und Vorwürfen gegen

[61] P 1, 84, 1.
[62] P 1, 84, 9–85, 7.
[63] P 1, 86 ff.
[64] Eine Karte vgl. bei Walbank I 1957, 138.

Hamilkar nicht zurückgehalten haben. Für eine Absetzung fehlte ihnen eine Mehrheit im Rat. Denn auch Hamilkar hatte seine Anhänger. Die beiden Gruppen einigten sich auf einen Kompromiß. Hamilkar sollte aufgefordert werden, die persönlichen Streitigkeiten im Interesse des Staates beizulegen. Alle zur Verfügung stehenden Bürger wurden zu den Waffen gerufen, um die jüngst erlittenen Verluste auszugleichen. Eine Kommission von 30 Ratsherrn[65] kam zu Hamilkar ins Lager und nötigte die beiden Streithähne zur Beilegung ihres Zwistes.[66]

Dieses Mal funktionierte die Zusammenarbeit. Die Erfolge stellten sich bald ein, zunächst nur in kleineren Gefechten. Schließlich konnten sie Mathos in einer Schlacht endgültig bezwingen. Er geriet lebend in die Hände der Karthager.[67] Bald mußten auch Utika und Hippakra kapitulieren und sich den Befehlen der Sieger beugen.[68]

Damit war der Söldner- und Libysche Krieg nach mehr als dreijähriger Dauer[69] beendet, der nach dem Urteil des Polybios alle anderen Kriege an Grausamkeiten und Rechtsverletzungen übertraf.[70]

Hamilkars Freude über die Beendigung des langen Krieges war wohl nicht ganz ungetrübt. Den Siegesruhm mußte er mit Hanno teilen. Das dürfte aber die Bewunderung Hannibals für seinen Vater nicht im geringsten gemindert haben. Vielleicht beteiligte er sich auch an dem würdelosen, im Jubel über die Beendigung des Krieges aber verständlichen Spiel der Jugendlichen[71] Karthagos, das sie mit Mathos und seinen Genossen trieben. Sie wurden im Triumphzug durch die Straßen und Gassen Karthagos geführt und auf jede erdenkliche Art verspottet, gequält und gefoltert.

Trotz der Belastungen, die der Krieg für die Bevölkerung Karthagos mit sich gebracht hatte, dürfte das Leben Hannibals in ruhigen Bahnen verlaufen sein. Man kann sich gut vorstellen, wie Kinder seines Alters in den Gassen Karthagos „Krieg gegen die Söldner" spielten. Einige Stunden des Tages mußte er aber auch bei seinen Lehrern verbringen. Er wurde sowohl nach traditioneller phönikischer Art als auch auf griechische Weise ausge-

65 P 1,87,1 ff.

66 Wie die Kompetenzen verteilt wurden, wird nicht erwähnt. Es ist schwer vorstellbar, daß sich Hanno unter den gegebenen Umständen Hamilkar untergeordnet haben sollte. Ebensowenig ist dies von Hamilkar anzunehmen. Offenbar waren sie beide gleichberechtigt.

67 P 1,87, 6–10.

68 P 1,88,1–4.

69 Nach P 1,88,7 dauerte der Krieg drei Jahre und vier Monate. Andere Angaben haben D 25,6: vier Jahre vier Monate, L 21,2,1: fünf Jahre. Vgl. Walbank I 1957, 148 ff., Huß 1985, 266 A 105.

70 P 1,88,7.

71 P 1,88,6, anders Walbank I 1957, 148.

bildet.[72] Unsere Kenntnisse der karthagischen Erziehung sind spärlich.[73] Nach einem späten Zeugnis[74] erzogen die Karthager ihre Kinder praxisnahe und frühzeitig zur Selbständigkeit. Ihr Handeln sollte sich am phoinikischen Sittenkodex orientieren. Bei einem Feldherrn als Vater liegt die Vermutung nahe, daß der junge Hannibal frühzeitig Reiten und Fechten lernte.

Die vordringlichste Aufgabe für die Karthager war die Rückgewinnung der Insel Sardinien. Auch hier hatten die Söldner gemeutert und ihren Kommandanten Bostar und alle Karthager getötet. Der erste Versuch während des Söldnerkrieges war gescheitert.[75] Die Söldner konnten sich nicht lange ihrer Herrschaft erfreuen. Sie wurden von den Sarden vertrieben, suchten Zuflucht bei den Römern und forderten sie zur Rückführung auf.[76] Doch diese verweigerten damals die Unterstützung.

Als Ende 238 v. Chr.[77] die Karthager Vorbereitungen zur Rückgewinnung Sardiniens trafen, folgten die Römer plötzlich dem Ruf der Söldner und besetzten die Insel. Die Rüstungen der Karthager als Vorwand nehmend, erklärten sie ihnen den Krieg.[78] Vergebens hofften diese, von der Gerechtigkeit ihrer Sache überzeugt, in Verhandlungen Mißverständnisse ausräumen zu können.[79] Da sie nach den Belastungen des Söldner- und Libyschen Krieges nicht einen neuen Waffengang auf sich nehmen konnten, mußten sie sich den römischen Forderungen beugen und ein Zusatzabkommen zum Ver-

[72] Cass Dio 13,54,3. Zur griechischen Erziehung vgl. allgemein H. I. Marrou, Geschichte der Erziehung im klassischen Altertum, 7. Aufl., München 1977.

[73] Vgl. Gilbert und Colette Charles-Picard, Karthago, Stuttgart 1983, 171 ff.

[74] Julian, oratio I 15 B.

[75] P 1,79,1 ff. Huß 1985, 260–261.

[76] P 1,83,11.

[77] Die Datierung ist unsicher. Vgl. Huß 1985, 266–267. Zu den Vorgängen vgl. C. Bellieni, La Sardegna e i Sardi nella civiltà del mondo antico, Cagliari I 1928, 91 ff., P. Meloni, La Sardegna Romana, Sassari 1975, 35–37, Dyson 1985, 245 ff. (verteidigt die römische Haltung), L. Loretto, Il conflitto romano-falisco del 241/40 a. C. e la politica romana degli anni successivi, MEFRA 101, 1989, 734.

[78] P 1,88,8 ff. Rich 1976, 64 ff. Über die Gründe der Römer läßt sich nur spekulieren. Dokumentiert sich hier „das allmähliche Heranreifen des neuen politischen Programms zur Erschließung der tyrrhenischen See" (Täubler 1921, 21), setzte sich hier nackte Gewinnsucht durch (Meyer II 1924, 384), ebenso J. H. Thiel, Punica fides, Mededelingen der Koninklijke Nederlandse Akademie van Wetenschapen 1954, 7 oder hatten „offensivfreudige Kräfte in Rom" (Lippold 1963, 123) die Oberhand gewonnen? Eine monokausale Erklärung dürfte wohl nicht das Richtige treffen. Wahrscheinlich kamen mehrere Gründe zusammen, wobei das wirtschaftliche Motiv wohl am gewichtigsten war.

[79] P 3,10,1–3. Vgl. M. Dubuisson, Procédés de la diplomatie romaine: L'annexion de la Sardaigne et le sens de *synkatabainein* (Polybe III 10,1), REL 57, 1979, 114–125.

trag von 241 abschließen, in dem sie Sardinien abtraten und sich zu einer weiteren Zahlung von 1200 Talenten verpflichteten.[80] Es war ein „Knechtungsvertrag", der ihnen von den Römern aufgezwungen worden war.[81]

Warum hielten sich diese nicht mehr an die Bestimmungen des Lutatiusvertrages, was Polybios während des Söldnerkrieges so gelobt hatte?[82] Jetzt mußten sie nicht mehr um die Bezahlung der Reparationen bangen und zeigten den Karthagern ihr wahres Gesicht. Sie nutzten die Gelegenheit, um neben territorialen Forderungen weitere Kriegsentschädigungen zu erheben.[83] Es war ein bewährtes Mittel, den Gegner durch den Entzug finanzieller Mittel zu schwächen. Den Römern war bekannt, daß die Karthager die Einkünfte aus dem libyschen Untertanengebiet, über die sie nun wieder verfügen konnten, gewöhnlich zur Kriegführung außer Landes verwandten.[84] Deshalb wollten sie das Entstehen eines neuen Kriegsfonds im Keim unterbinden, auch wenn es ein evidenter Vertragsbruch war.

Die Karthager waren empört. In ihren Augen war dies nichts anderes als Betrug („*perfidia romana*").[85] Nur der griechische Historiker Polybios geißelte das römische Verhalten als Vertragsbruch.[86] Die Tradition des Siegers bestimmte das Bild der Karthager für die Nachwelt. Nicht die Römer waren vertragsbrüchig, sondern die Karthager. „*Poeni foedifragi*" war eine geläufige Bezeichnung.[87] Um ja keine Zweifel an der Rechtmäßigkeit des römischen Vorgehens aufkommen zu lassen, nahmen römische Geschichtsschreiber eine kleine Änderung im Vertragstext von 241 vor und erklärten nachträglich die Abtretung Sardiniens zu einer Bestimmung des Friedensvertrages von 241.[88]

[80] P 1,88,8–12, vgl. Schmitt III 1969, Nr. 497, Scardigli 1991, 231 ff. Ob diese Summe sofort oder in jährlichen Raten fällig war, läßt sich nicht mit Sicherheit entscheiden. In Analogie zum Vertrag von 241 könnte man an zehn Annuitäten à 120 Talente denken, die bis zum Jahr 228/27 zu begleichen waren. L 21,40,5 spricht von 20jährigen Tributzahlungen der Karthager.

[81] Z 8,22,5, Sil 11,527: „*servilia foedera*".

[82] P 1,83,11.

[83] Zu den wirtschaftlichen Motiven der römischen Politik vgl. Seibert 1993, 340 ff.

[84] P 1,71,1.

[85] L 21,1,5 hat diese Sicht der Karthager tradiert, allerdings in einer Form, daß dem römischen Leser klar war, die Karthager irrten sich mit dieser Deutung.

[86] P 3,15,10; 30,4. Während sich die moderne Forschung weitgehend dem Urteil des Polybios anschließt, verteidigten Giannelli 1938, 107–108 und Dyson 1985, 246 aus römischer Sicht das Vorgehen.

[87] Mantel 1991, 35 ff.

[88] L 21,40,5; 41,14; 22,54,11; Eu 3,2,2; Or 4,11,2; Auctor de viris ill. 41,2; Ampelius, liber memorialis 46,2; von Eutrop und Orosius werden die Karthager als Friedensbrecher bezeichnet. Nach App Ib 4,15 und Z 8,18,3 mußten die Karthager Sardinien als Entschädigung für die Gefangennahme römischer Kaufleute abtreten.

Jugend: 237–229/28 v. Chr.

Die Lage für die Karthager war sehr schwierig. Sie hatten die wichtigsten Außenbesitzungen verloren. Zusätzlich mußten sie Jahr für Jahr enorme Zahlungen an die Römer abliefern. Wie sollte es weitergehen? Als erste Maßnahme bot sich an, in den früheren Besitzungen im westlichen Nordafrika und im südlichen Spanien nach dem Rechten zu sehen und hier die karthagische Oberhoheit wiederherzustellen.

Die Rivalitäten Hamilkars und Hannos waren in der Endphase des Söldnerkrieges nur oberflächlich übertüncht worden. Vielleicht konnte Hamilkar nicht verwinden, daß er den Ruhm, den Söldnerkrieg beendet zu haben, mit seinem Intimfeind teilen mußte. Im politischen Intrigenspiel blieb er Sieger. Hanno wurde vom Kommando abberufen und Hamilkar zum Strategen der libyschen und iberischen Gebiete ernannt.[1]

Auch dieser Vorgang wurde von der antiken Tradition verfälscht und umgeformt. Sie unterstellte ihm, er habe diesen Feldzug gegen den Willen der karthagischen Regierung unternommen.[2] Sie wollte in Hamilkar den Mann sehen, der von einem unstillbaren Haß gegen die Römer beseelt war und nach Befriedigung seiner selbstsüchtigen Motive suchte. In Spanien habe er sich die Basis für einen neuen Angriffskrieg gegen die Römer schaffen wollen.[3] Wahrscheinlich wirkten auch die Karthager nach ihrer Niederlage im zweiten Krieg bereitwillig an dieser Legende mit, um sich selbst von aller Mitverantwortung freizusprechen.

[1] P 2,1,5; D 25,8; App Ib 5,17ff. Zur karthagischen Strategie vgl. H. Bengtson, Aegyptus 32, 1952, 378–382 = Kleine Schriften zur Alten Geschichte, München 1974, 110–114, zu den Vorgängen in Karthago vgl. Huß 1985, 270ff.

[2] Vgl. ebenso Hoffmann 1962, 24, vermittelnd Groag 1929, 25.

[3] App Ib 5, 17ff. und Z 8, 17, 10 gegen den Willen der karthagischen Regierung, zum Haßmotiv und zu Hamilkar als Initiator eines erneuten Krieges gegen Rom vgl. P 3, 9, 6, L 21, 1, 5–2, 2, Nep Hann 1, 3. Doch damit sei er nicht zufrieden gewesen, sondern habe seinen Sohn Hannibal eidlich zu derselben Einstellung verpflichtet. Obgleich diese Deutung eine faszinierende Erklärung für den Konflikt bietet und seit Mommsen viele Forscher in ihren Bann zog, ist sie unzutreffend, wie Kromayer 1909 = WdF 371, 1974, 243ff., Hoffmann 1957, 7ff. = WdF 371, 1974, 42ff., Errington 1970, 26ff. bewiesen haben. Zum Leitmotiv des Hasses vgl. F. Hampl, Zur Vorgeschichte des ersten und zweiten Punischen Krieges, ANRW I 1, 1972, 437.

Hamilkar erhielt vom Rat den Auftrag,[4] die Besitzungen in Iberien „wiederzugewinnen“[5], d.h. Gebiete zurückzuerobern, auf die die Karthager einen Herrschaftsanspruch hatten, der wohl in den vorausgegangenen Wirren verlorengegangen war.[6]

Hannibals Schwur

Als das karthagische Heer im Frühjahr 237 abmarschbereit war, brachte Hamilkar als Oberbefehlshaber ein Opfer dar. Hannibal war damals neun Jahre alt und durfte der Zeremonie beiwohnen. Er stand neben dem Altar und schaute der Opferhandlung zu. Nach Abschluß des Opfers rief ihn sein Vater zu sich und fragte ihn, ob er mit nach Iberien gehen wolle. Erfreut stimmte der Junge zu. Er mußte zum Altar vortreten, die Opfer berühren und feierlich schwören, „niemals den Römern ein Freund zu sein“.[7] Für Polybios war der Schwur ein unanfechtbares Zeugnis für den Haß Hamilkars, was aber der Wortlaut keineswegs bestätigt. Man würde eine wesentlich stärkere, eindeutigere Formulierung erwarten. Spätere Historiker verbreiteten Versionen, die an der Aussage keine Zweifel ließen: Hannibal

[4] Die nachträgliche Verformung wird bei Appian offenkundig. Obgleich Hamilkar ohne Einwilligung der Karthager nach Spanien zieht, sendet er gewaltige Beute nach Karthago (App Ann 2,4; Ib 5,18).

[5] P 2,1,6. Vgl. auch Iustin 44,5,4. Die übliche Deutung einer „Wiedergewinnung“, die frühere karthagische Herrschaft voraussetzt, wurde von P.A. Barcelò, Karthago und die iberische Halbinsel vor den Barkiden, Bonn 1988, 72ff. bestritten. (Zustimmend C. Gonzalez Wagner, The Carthaginians in Ancient Spain, in: Punic Wars 1989, 145–156.) Er folgte Schwarte 1983, 56ff., der diese Angabe als eine Erfindung des Polybios abtat. Damit habe der Herrschaftsanspruch der Karthager gegen evtl. römische Einsprüche legitimiert werden sollen. Die Römer hätten sich allerdings kaum durch derartige verbale Vorbehalte zurückschrecken lassen. M.E. sind die Einwände gegen die Polybiosstelle nicht überzeugend. Vgl. auch Huß 1985, 271 A 18 mit Lit. Damit will ich nicht ausschließen, daß Barcelò mit der These recht hat, die Karthager hätten erst mit den Barkiden einen Herrschaftsbereich auf der Halbinsel errichtet. Bei den früheren Besitzungen dürfte es sich wohl nur um vereinzelte Handelsniederlassungen gehandelt haben.

[6] M.E. war das iberische Unternehmen keinesfalls Ausdruck einer imperialistischen Politik, so aber Huß 1985, 271. Nach App Ib 5,17 plünderte Hamilkar das Gebiet der Iberer, ohne daß sie ihm etwas zuleid getan hätten. Darin ist der Vorwurf enthalten, er habe kein *bellum iustum* geführt, wodurch der römische Hintergrund der Beschuldigung deutlich wird.

[7] P 3,11, nach L 21,1,4 bat Hannibal seinen Vater um die Erlaubnis zur Teilnahme. Zum Verhältnis beider Texte vgl. J.-A. de Foucault, Tite-Live traducteur de Polybe, REL 46, 1968, 214–219 und R. Girod, Les origines de la deuxième guerre punique chez Polybe (III 1–12) et Tite-Live (XXI 1–5), Aiôn. Le temps chez les Romains, Caesarodunum X bis, Paris 1976, 123ff., G. Cipriani, Il nemico iurato, in: L'epifania di Annibale, Bari 1984, 15–32.

habe geschworen, „Feind der Römer" oder „unversöhnlicher Feind der Römer" zu sein oder sogar „ewigen Haß gegen die Römer" zu hegen bzw. „Krieg gegen die Römer" zu führen.[8] Die Fassung, Hamilkar habe seinen Sohn schwören lassen, er solle möglichst bald Feind des römischen Volkes sein,[9] setzt voraus, daß er bereits 237 wußte, er selbst werde den Krieg nicht mehr erleben und deshalb seinem Sohn den Auftrag erteilte.

Auffallend ist, daß die Szene von den antiken Historikern nicht zum Jahr 237 berichtet wird, sondern erst aus den letzten Lebensjahren. Hannibal soll sie dem König Antiochos III. im Jahr 193 erzählt haben, als er wegen eines Gespräches mit römischen Gesandten in den Verdacht geriet, mit den Römern zu sympathisieren und deshalb von den Beratungen mit Antiochos ausgeschlossen wurde. In einer Unterredung mit dem König habe sich Hannibal mit vielen Worten verteidigt, ihn aber nicht überzeugen können. Deshalb habe er als letzten Trumpf dieses Kindheitserlebnis mit Erfolg erzählt.[10] Es überrascht, daß nur der Schwur, „niemals den Römern Freund zu sein", den Seleukidenkönig von seinem Argwohn befreien konnte, obgleich Hannibal gewichtigere Argumente wie seinen langjährigen Krieg und seine Flucht vor den Römern vorbringen konnte. Soll man den König für so einfältig halten, daß er sich von einer rührseligen Geschichte überzeugen ließ?[11] Es wäre verständlich, daß ein Vater seinen Sohn, wenn er ihn in der Heimat zurückläßt, einen Eid leisten läßt, um sich seiner künftigen Gesinnung zu versichern, da

[8] L 21,1,4: *hostem fore populo Romano*; 35,19,3–5: *numquam amicum fore populi Romani*; Nep Ham 2,4: *numquam me in amicitia cum Romanis fore*; App Ann 3,10: „den Römern nachzustellen"; Ib 9,34: „sobald er ins öffentliche Leben trete, ein unversöhnlicher Feind der Römer zu sein"; Val Max 9,3 ext. 3: *acerrimum hostem populi Romani futurum*; Fl 1,22,2: *ultionem... iuraverat*; Or 4,14,3: *odio Romani nominis ... iuraverat;* auctor de viris illustribus 42: *odium in Romanos perenne iuravit*; Z 8,21,2: Krieg. Mit zunehmendem zeitlichen Abstand wird auch der Wortlaut stärker.

[9] L 21,1,4. Zur literarischen Gestaltung vgl. Gärtner 1975, 7–12. Auch nach Sil 1,81 ff. rechnete Hamilkar mit seinem vorzeitigen Ende. Zur Rolle des Schwures in der Komposition der Punica vgl. Anne-Marie Tupet, Le serment d'Hannibal chez Silius Italicus, Bulletin de l'Association G. Budé 1980, 186–193.

[10] P 3,11,1–12,1, vgl. Walbank I 1957, 315, L 35,19,1–7 (vgl. Briscoe II 1981, 173); zum angeblichen Gespräch mit Scipio (L35,14, 1–12) vgl. u. S. 511.

[11] Wenn Hannibal sich dem König anvertraute, wie konnte diese Story an die Öffentlichkeit gelangen und Eingang in die Geschichtsschreibung finden? In der Forschung tut man sich schwer, eine geeignete Erklärung zu finden. Man vermutet, Polybios habe die Geschichte in Rom im Scipionenkreis erfahren (Meltzer 1896, 399 und P. Bung, Fabius Pictor. Der erste römische Annalist, Diss. Köln 1950, 12, dagegen O. Leuze, Hermes 1923, 247–268). Komplizierter ist die Ansicht von Walbank I 1957, 314: Polybios habe die Story von einem ätolischen Verbannten in Italien gehört. Errington 1970, 29 ist der Ansicht, daß sie bereits von der römischen Gesandtschaft verbreitet wurde. Nach Mantel 1991, 52 habe sie Polybios aus Unterlagen der Scipionen gekannt.

er keinen direkten Einfluß mehr auf seine Erziehung hat. Die Szene in Karthago setzt demnach eine Situation voraus, die tatsächlich nicht eintrat, da Hannibal seinen Vater nach Iberien begleitete.[12] Den Zeitgenossen war der Schwur wohl nicht bekannt.[13] Seine Umgestaltungen, der Widerspruch von Situation und Handlung sowie die Umstände seiner „Bekanntgabe" machen m. E. die Erfindung evident,[14] die symptomatisch für die tendenziösen Verfälschungen zum Nachteil Hamilkars und seines Sohnes ist.

Im Frühjahr 237 verließ Hamilkar mit seinem Heer Karthago, zog an der Küste Nordafrikas entlang und setzte mit Schiffen nach Gades über.[15] In seiner Begleitung befanden sich neben Hannibal die gesamte Familie mit den beiden kleineren Brüdern Hasdrubal und Mago. Auch seine ältere Schwester, die mit Hasdrubal verheiratet war, dürfte ihrem Gatten, der Hamilkar als Befehlshaber der Flotte und auch des Landheeres zuverlässige Dienste leisten sollte, gefolgt sein.

In Gades (h. Cadiz), einem ursprünglich phoinikischen Handelsplatz,

[12] Nach den meisten Quellen verließ Hannibal mit seinem Vater im Jahr 237 seine Heimat und kehrte erst im Jahr 203 zurück. Es gab aber auch eine andere Tradition, die mit einer zeitweiligen Anwesenheit in Karthago rechnete. Nach L 21,3,1–4,1 habe Hasdrubal beim karthagischen Rat angefragt, ob er Hannibal erlaube, zu ihm nach Iberien zu kommen. W. Ihne, Über Hannibals Abwesenheit von Karthago, RhM 28, 1873, 478–480 versuchte beide Traditionen zu verbinden, vgl. dagegen Gilbert 1876, 94ff., der allerdings auch mit einer zeitlichen Anwesenheit rechnet. Diese Episode ist aus mehreren Gründen äußerst suspekt und wird überwiegend in der Forschung abgelehnt. Vgl. Hesselbart 1889, 114ff., Meltzer 1896, 592, 594, De Sanctis III 1, 1916, 404 A. 69, Walbank I 1957, 214. Th. Lenschau, RE 7, 2, 1912, 2323–2324 lehnte die Anwesenheit Hannibals in Karthago wegen der „inneren chronologischen Unwahrscheinlichkeit" ab, während Huß 1985, 278 A 79 für die Historizität eintrat, weil sie die „innere Wahrscheinlichkeit für sich" habe.

[13] Q. Fabius machte nur Hasdrubal, nicht aber Hamilkar für den Ausbruch des Krieges verantwortlich. Hätte er die Schwurgeschichte gekannt, dann hätte er wohl wie Polybios bereits Barkas als den Schuldigen angesehen.

[14] Im allgemeinen wird die Historizität des Schwures angenommen, vgl. Meltzer 1896, 399, De Sanctis III 1, 1916, 394, IV 1, 1923, 128 A; 47, Gsell III 1918, 128, W. Otto, Eine antike Kriegsschuldfrage, HZ 145, 1932 = WdF 371, 1974, 82, Walbank I 1957, 314, Sumner 1972, 473, Briscoe II 1981, 172–173. Während überwiegend der „schwächeren" Version des Polybios der Vorzug gegeben wird, hält J. Carcopino, Profils des Conquérants, Paris 1968, 118 die Version des Valerius Maximus (ewigen Haß) für die richtige. Abgelehnt wurde die Glaubwürdigkeit von Groag 1929, 20 A 1 und Hoffmann 1957 = WdF 371, 1974, 46ff. Errington 1970, 26–31 hält den Schwur für eine Erfindung Hannibals selbst, der mit dieser romantischen Geschichte den König überzeugen konnte. Huß 1985, 271 spricht von der „angeblichen" Forderung Hamilkars.

[15] P 2, 1, 6, App Ib 5, 17, Ann 2, 4; anders D 25, 10, 1, Iustin 44, 5, 4. Huß 1985, 270 mit Lit.

waren sie gut aufgehoben. Die Stadt lag auf einer Insel vor der Küste Iberiens. Hier sollte Hannibal die nächsten Jahre verbringen.[16] Was den neunjährigen Jungen sicher am meisten beeindruckte, waren Ebbe und Flut, die er aus seiner Heimat Karthago nicht kannte, eine Erscheinung, die die Anrainer des Mittelmeeres immer wieder in Staunen versetzte. Überhaupt dürfte die neue Umgebung auf Hannibal stark eingewirkt haben. Wenngleich Gades eine typisch phoinikische Stadt gewesen ist, so lernte er in Iberien eine völlig neue Welt kennen.

Das Land und seine Bewohner dürften neben der militärischen Schulung durch seinen Vater und der Erziehung durch den Spartaner Sosylos entscheidenden Anteil an der Entwicklung Hannibals gehabt haben. Die jungen Aristokratensöhne, die als Geiseln in karthagischer Obhut waren, dürften seine Spielgefährten gewesen sein. Als er älter wurde und bereits an den Feldzügen teilnehmen durfte, lernte er die iberischen Soldaten im Lagerleben und im Krieg kennen. Viele persönliche Beziehungen dürften hier entstanden sein.

Die Iberer waren ein Volk, das eine eigenständige kulturelle Entwicklung besaß, wenngleich die phoinikischen und griechischen Siedler des Landes und ihre Landsleute, die in den Heeren der Griechen und der Karthager gekämpft hatten, ihre Zivilisation beeinflußt hatten. Sie galten allgemein als kriegstüchtige, stolze Menschen, die ihre Unabhängigkeit liebten.[17] Treue und Dankbarkeit wurden als typische iberische Eigenschaften gerühmt.[18]

Im Süden der Halbinsel bewohnten die Turdetaner die weiten Ebenen des Baetis (h. Guadalquivir). Sie waren ein kultiviertes Volk unter der Herrschaft von Königen mit eigener Schrift und Sprache, in der sie ihre Geschichte und ihre Gesetze niederschrieben. Ihr Gebiet gehörte zu den wirtschaftlich stärksten Landesteilen.[19] Der Boden war sehr fruchtbar. Die Erzeugnisse konnten über die weit ins Landesinnere schiffbaren Flüsse leicht exportiert werden, vor allem Getreide, Wein, Öl, Wachs und Honig. Für den Schiffsbau war genügend Holz vorhanden. Besonders wird aber der Metallreichtum der Gegend gerühmt: Gold, Silber, Kupfer und Eisen wurden gefördert.

[16] Literatur zu den Barkiden in Iberien, zu dem Land und seinen Bewohnern vgl. Seibert 1993, 114ff.

[17] Vgl. A. Schulten, RE 8,2, 1913, 2013ff. s. v. Hispania.

[18] F. Rodriguez Adrados, La „fides“ iberica, Emerita 14, 1946, 128–209.

[19] Strabon III 2,4–8 (142–146) beschreibt die wirtschaftliche Blüte dieser Landschaft nach Poseidonios. Man kann diese Angaben aber auf die Verhältnisse zur Zeit der Barkiden übertragen. Die Römer dürften höchstens die Bergwerke stärker ausgebeutet haben. Strukturell führten sie aber keine Neuerung in der Wirtschaft ein. Zur Beschreibung des Landes durch Strabon vgl. J. M. Blazquez, La Iberia de Estrabón, Hispania Antigua 1, 1971, 11–94, außerdem J. M. Alonso Nunez, Das Bild der iberischen Halbinsel bei Polybios, AC 54, 1985, 259–266.

Den Karthagern waren die politischen und wirtschaftlichen Verhältnisse Iberiens von ihren früheren Handelsbeziehungen und Niederlassungen her bekannt und für ihre Ziele bestens geeignet.[20] Die Unfähigkeit der Iberer, sich politisch zu einem Staat zusammenzuschließen, kam den Wünschen eines Eroberers entgegen. Trotzdem war ein behutsames Vorgehen angesagt. Nicht ausschließlich mit Gewalt, vielmehr mit diplomatischem Geschick wollte Hamilkar die iberischen Stämme für die Karthager gewinnen.[21]

Über seine Unternehmungen von 237 bis zu seinem Tod im Winter 229/28 liegen nur spärliche Nachrichten vor. Wo die Mittel der Diplomatie versagten, wandte er Gewalt an und zwang die Iberer durch Krieg zur Anerkennung der karthagischen Oberhoheit, so in einer Schlacht gegen Turdetaner und Iberer, deren Befehlshaber fielen. Die Gefangenen wurden ins karthagische Heer eingegliedert.[22] Dieses Verfahren verdeutlicht seine auf Ausgleich bedachte Politik, die er auch im Krieg gegen Indortes anwandte. Zwar wurde der Fürst wohl wegen seines Wortbruches[23] grausam gefoltert und hingerichtet, aber Hamilkar ließ 10000 Gefangene frei, ein für antike Verhältnisse ungewöhnliches Verhalten.[24] Barkas konnte den karthagischen Einflußbereich im Süden Iberiens allmählich ausdehnen, vor allem fand er Zugang zu den wichtigen Bergwerken in der Baetica. Der neugewonnene Reichtum an Edelmetallen spiegelte sich in den Münzprägungen, die er wohl in Gades vornehmen ließ.[25] Schließlich schuf er sich in Akra Leuke ein neues Verwaltungszentrum.[26]

Hannibal durfte mit zunehmendem Alter seinen Vater auf dessen Feldzügen begleiten. Manchmal war er wohl auch bei den Verhandlungen mit den iberischen Fürsten und Stammeshäuptlingen zugegen. Auf diese Art erhielt er praktischen Unterricht im Militärwesen und in Diplomatie. Er

[20] Zu den früheren Beziehungen vgl. C. G. Wagner, The Carthaginians in Ancient Spain from Administrative Trade to Territorial Annexation, in: Punic Wars 1989, 145–156.

[21] P 2,1,7.

[22] D 25,10,1, vgl. Eucken 1968, 82–84.

[23] So die Vermutung von Huß 1985, 272.

[24] D 25,10,2.

[25] Vgl. Robinson 1956, 35ff., der auf den qualitativen Unterschied zwischen der ersten und zweiten Serie hinweist. Die zweite Serie wurde in Gold, Silber und Bronze von guter Qualität ausgeprägt und dürfte den Besitz der Metallvorkommen des Turdetanischen Gebiets zur Voraussetzung haben.

[26] Die Lokalisierung von Akra Leuke ist umstritten. Häufig wird der Ort mit Lucentum = Alicante identifiziert, vgl. A. Schulten, RE 13,2, 1927, 1563. Sumner 1968, 209ff. wollte die Stadt nicht an der Küste suchen, sondern im Landesinneren am Oberlauf des Baetis in der Umgebung des Bergbaugebietes von Castulo. P. A. Barcelò, Karthago und die iberische Halbinsel vor den Barkiden, Bonn 1988, 120 vermutete die Stadt im Süden von Cartagena, allerdings ohne genauere Lokalisierung und Identifizierung, vgl. auch Vollmer 1990, 120ff.

machte die Erfahrung, daß mit Entgegenkommen oft mehr zu erreichen war als mit Härte, eine Politik, die in noch größerem Maße später Hasdrubal praktizierte und von Hannibal gegenüber den Bundesgenossen der Römer zum Grundprinzip erklärt wurde.

Die Beziehungen zur Heimatregierung mußten ebenfalls gepflegt werden. Auch die Verbindungen zu den eigenen Anhängern waren wichtig. Wir wüßten gern, wer Hamilkars „Mann in Karthago" war, der seine Interessen gegenüber dem Rat vertrat, die Anhänger lenkte und die Gegner in Schach hielt. Einem erfolgreichen Feldherrn fiel dies nicht schwer. Solange er Beute und Geldmittel nach Hause sandte, dürfte sich kein Widerstand geregt haben.[27] Hannibal konnte bei seinem Vater den nicht immer leichten Umgang mit den Ratsherrn in Karthago lernen, eine Erfahrung, die für ihn um so wichtiger war, als er später selbst jahrelang von zu Hause weg sein sollte.

Zunächst stand die praktische Ausbildung im Vordergrund. Hamilkar gestattete seinen Söhnen keine Vorzugsstellung. Seine „Löwenbrut" mußte eine harte militärische Erziehung durchmachen. Hannibals Liebe gehörte den Pferden und dem Dienst in der Reiterei, eine Vorliebe, die sich entscheidend auf seine spätere Schlachtentaktik auswirken sollte. Die Ausbildung als Infanterist wurde aber nicht vernachlässigt. Seine Leistungen waren so überragend, daß er weithin als der beste Soldat zu Fuß und zu Pferd galt.[28] Dennoch scheint Hamilkar seine Söhne nicht in allen Disziplinen des Militärwesens in gleicher Weise ausgebildet zu haben. Gewisse Defizite im Bereich der Flotte und vor allem der Poliorketik sind zu erkennen.[29]

Die geistige Schulung des jungen Hannibal wurde in gleichem Maße gefördert. Wer sein phoinikischer Erzieher war, ist nicht bekannt.[30] Sein Griechischlehrer war Sosylos aus Sparta, der ihn sein ganzes Leben begleitete und seine Geschichte niederschrieb. Wir wüßten gern, was er dem Jungen beibrachte. Erzog er ihn nach den besonderen Vorschriften der Spartaner

[27] Nach Nep Ham 4,1 bestanden die Sendungen aus Pferden, Waffen, Männern und Geld. Nach App Ib 5,17ff. wollte sich Hamilkar mit diesen Sendungen sowohl den Rat als auch seine Gefolgsleute verpflichten, die nach D 25,10 zum Abschaum der karthagischen Gesellschaft gehörten. Ein natürlicher Vorgang, daß ein Feldherr aus einem überseeischen Krieg Gewinne in die Heimat entsendet, wird hier völlig umgedeutet. Hamilkar habe damit erreichen wollen, daß man in Karthago den Unmut über seine Kriegsführung vergaß, da er nach Appian einen ungerechten Krieg führte.

[28] L 21,4,8, Z 8,21,2.

[29] Man muß allerdings berücksichtigen, daß die Karthager damals eine starke Flotte nicht benötigten. Die vorhandenen Kriegsschiffe reichten für den Schutz der Transporte nach Karthago aus.

[30] Ebensowenig kennen wir die Grundlagen der karthagischen Ausbildung. Picard 1967, 114 denkt vor allem an das Studium heiliger Bücher. Nach Cass frg. 54,3 war Hannibal in die Opferschau eingeweiht und konnte die Zukunft deuten.

(„Agoge“)? Oder hielt er sich an den „Lehrplan“ des hellenistischen Gymnasiums? Ob er mit ihm griechische Klassiker las? Den Jungen dürften die Epen und Mythen der Griechen ebenso begeistert haben, wie dies von Alexander d. Gr. bezeugt ist.[31]

Sosylos dürfte ihm die Heldentaten des Herakles, die in unmittelbarer Nähe von Gades spielten, erzählt haben. Hier hatte Herakles den Geryon besiegt und dann seine Herde durch Iberien über die Alpen nach Italien getrieben, wo er in der Gegend des späteren Rom einen frechen Dieb mit Namen Cacus bestrafte. Vielleicht erzählte er ihm auch die „militärische“ Version,[32] in der Herakles als bedeutender Feldherr mit einem Heer in die Gegend von Gades kam und dort die Söhne des Chrysaor – so hieß in dieser Version sein Gegner – besiegte, anschließend ganz Iberien unterwarf, dann das Keltenland, sich einen Weg über die Alpen bahnte und die dortigen Bewohner an Gesetz und Ordnung gewöhnte, so daß diese Strecke nach dem Gott ›Heraklesstraße‹ *(Hodos Herakleia)* genannt und immer noch von den Kaufleuten als sicherer Übergang benutzt wurde.[33] Dieser Gott war ihm nicht fremd. Seine Landsleute verehrten ihn als Melqart. Hannibal durfte wohl an den Feierlichkeiten teilnehmen, die im Tempel des Gottes drei Tage lang zelebriert wurden.[34]

Als der Junge verständiger wurde, lehrte Sosylos mehr militärisch-historische Ereignisse. Wen dürfte es wundern, daß ein Junge, der in einer völlig von Soldaten geprägten Umgebung aufwuchs, sich besonders für die Feldzüge Alexanders des Großen interessierte. Es kursierten eine Fülle von Darstellungen seiner Taten, die auch manche Wundergeschichte zu berichten wußten und einen Jungen in seinen Bann schlugen. Je mehr sein Verständnis und militärisches Wissen zunahmen, um so intensiver dürfte er sich mit Fachliteratur beschäftigt haben. Für den begeisterten Reiter dürften die Schlachtberichte mit den Siegen des großen Makedonen dank seiner überlegenen Reiterabteilungen eine fesselnde Lektüre gewesen sein. Sie könnten ihn später dazu angeregt haben, die starken infanteristischen Heere der

[31] Vgl. S. Lauffer, Alexander der Große, München 1981, 24ff. Die Aussage, die Lukian, Nekrikoi Dialogoi 25 (384/85) Hannibal in den Mund legte, er sei ein Barbar ohne griechische Bildung, habe weder Homer noch Aristoteles studiert, verdient kein Vertrauen.

[32] Vgl. D 4, 18, 2ff., Dion Halant Rom 1, 34–44, P. M. Martin, Athenaeum 50, 1972, 252ff.

[33] Vgl. Pseudo-Aristoteles, Peri Thaumasion Akousmaton 85.

[34] „Das Fest der Auferstehung“ *(egersis)*. Am 1. Tag wurde der Gott auf einem Scheiterhaufen verbrannt, am 2. Tag bestattet und am 3. Tag fand seine Auferstehung statt. Vgl. E. Lipinski, La fête de l'ensevelissement et de la résurrection de Melqart, Actes de la XVIIe Rencontre Assyriologique Internationale, Ham-sur-Heure 1970, 30–58, Corinne Bonnet, Melqart. Cultes et mythes de l'Héraclès tyrien en Méditerranée, Löwen 1988, 33–40, 104–112.

Römer mit denselben Mitteln zu schlagen.[35] Auch die Memoiren des Königs Pyrrhos dürfte er gern gelesen haben. Er schätzte den Epirotenkönig als einen bedeutenden Feldherrn, vielleicht sogar als den größten ein.[36] Nicht nur dessen generöses Verhalten gegenüber den römischen Gefangenen, sondern auch dessen Zusammengehen mit den von Rom abgefallenen Griechen könnten ihm Anregungen für seinen eigenen Kriegsplan vermittelt haben. Er studierte aber auch „trockene" Fachliteratur wie die Schriften des Xanthippos aus Sparta, der in Karthago wegen seiner militärischen Leistungen im Abwehrkampf gegen Regulus in höchstem Ansehen stand.[37]

Im Umgang mit iberischen und keltischen Soldaten dürfte Hannibal ihre Sprache gelernt haben. Offenbar besaß er eine natürliche Sprachbegabung, die sich auch sonst bei den Karthagern feststellen läßt.[38] Während seines Aufenthaltes in Italien lernte er auch die Sprache seiner Feinde, Latein.

Abgesehen vom theoretischen Unterricht und der praktischen Ausbildung nahm der junge Hannibal alles, was er von seinem Vater und seinem Schwager Hasdrubal hörte und erfuhr, mit großer Wißbegier auf. Ihre Gespräche dürften ihn nachhaltig geprägt haben. Es wäre sonderbar, wenn sie nicht die vergangenen Kriege analysiert und diskutiert hätten. Sicher suchten sie die Fehler bei den anderen. Welcher Soldat schimpft nicht auf die Zivilisten, die kein Verständnis für die militärischen Erfordernisse haben? Hamilkar als Spezialist des Landkrieges schob die Hauptschuld der karthagischen Flottenführung zu.

Einige Fakten waren unübersehbar und forderten zu Maßnahmen für die Zukunft auf: Erneut hatte sich die Schwäche Karthagos bei einer feindlichen Invasion im eigenen Land gezeigt. Noch verheerender war der Aufstand der Libyer gewesen. Daraus war die Konsequenz abzuleiten, daß bei einem künftigen Krieg die Karthager ihr eigenes Land vor einer Invasion schützen und ihrerseits versuchen mußten, den Krieg ins Feindesland zu tragen. Der Söldnerkrieg hatte die Problematik eines bezahlten Heeres nachdrücklich vor Augen geführt. In Zukunft mußten die Karthager große Schwierigkeiten bei der Anwerbung befürchten, da sie auf den Inseln und in Italien keine Soldaten mehr anwerben durften. Es blieben nur Iberien, das Keltengebiet und

35 Das Umgehungsmanöver beim Übergang über die Rhone, Kopie der Operationen Alexanders am Hydaspes, ist der beste Beweis für die Nachahmung Alexanders.

36 Vgl. das fingierte Gespräch mit Scipio, dazu u. S. 511.

37 Vgl. Flavius Vegetius, Epitoma rei militaris, Buch 3, praefatio. Zu Xanthippos vgl. H. Schaefer, RE 9 A 2, 1967, 1348 ff. s. v. Xanthippos 9, der allerdings auf die Militärschriftstellerei nicht eingeht. Vgl. P 1,32 zu den Reformvorschlägen des Xanthippos für das karthagische Heer.

38 Vgl. Z 8,24,8 zur Beherrschung mehrerer Sprachen, darunter Latein. Zur Sprachbegabung der Karthager vgl. Plautus, Poenulus, Prolog 112.

Ligurien übrig. Deshalb dürfte Hamilkar die Lösung in der Aufstellung eines „Untertanenheeres" gesehen haben. Diese Umstellung des karthagischen Heeres leitete er in diesen Jahren in die Wege.[39]

Waren seine Überlegungen auch von dem Gedanken bestimmt, den Krieg gegen Rom zu erneuern? Über die Niederlage und vor allem über den Vertragsbruch der Römer war er sicher sehr verbittert. Während seiner neunjährigen Tätigkeit und der anschließenden achtjährigen Hasdrubals ist keine Maßnahme festzustellen, die auf irgendeine kriegerische Absicht gegen Rom deuten könnte und die Behauptungen antiker Historiker bestätigen würde.[40]

Auch ohne konkrete Kriegsabsichten beobachteten die Karthager die Römer argwöhnisch.[41] Deren schändliches Verhalten in der Sardinienangelegenheit hatte ihre Skepsis gegenüber allem, was die Römer unternahmen, verstärkt. Hannibals Einstellung und seine Bewertung römischen Verhaltens dürften durch die Äußerungen der Älteren nachhaltig beeinflußt worden sein.

Es gab eine Tradition, die den Eindruck erwecken wollte, als hätten die Römer nach der Wegnahme Sardiniens die Karthager in Ruhe gelassen und überhaupt nicht beachtet. Als sie sich dann wieder um sie kümmerten, da hätten sie die Entwicklung bereits „verschlafen" gehabt. Karthago habe zu diesem Zeitpunkt bereits ein mächtiges Reich in Iberien besessen.[42] Tatsächlich liegen genügend Beweise vor, die diese Verfälschung zugunsten der Römer widerlegen.[43]

[39] Diese Veränderungen werden allerdings erst unter Hannibal deutlich, da aus den Zeiten Hamilkars und Hasdrubals keine detaillierten Schlachtberichte vorliegen. Es ist aber klar, daß Hannibal in den zwei Jahren vor Beginn des Krieges nicht das neue Heer schaffen konnte, sondern hier auf die Aufbauarbeit seines Vaters und seines Schwagers zurückgreifen konnte.

[40] Für die Rückeroberung der Inseln Sizilien und Sardinien war eine große Kriegsflotte unerläßliche Voraussetzung. Diese Flotte wurde niemals gebaut. Bei Kriegsausbruch im Jahr 218 war in Iberien nur eine Flotte vorhanden, die zum Küstenschutz dienen konnte, vgl. u. S. 77.

[41] Zur römischen Politik zwischen 241 und 218 vgl. Meyer II 1924, 375–401, Lippold 1963, 122ff.

[42] P 2,13,3–4. Eine ähnlich einseitige Überlieferung liegt bei P 2,36,5–7 vor mit der Behauptung, erst als Hannibal in Iberien die Herrschaft übernommen habe, seien Spannungen und Mißtrauen zwischen Rom und Karthago entstanden.

[43] Vgl. die Berichte des Cassius Dio/Zonaras, die allgemein als annalistische Erfindungen abgetan werden, vgl. Täubler 1921, 24 und Eucken 1968, 3ff. Als einziges Zeugnis des Cassius Dio wird die Gesandtschaft der Römer im Jahr 231 als glaubwürdig angenommen (anders Eucken). Cato (origines IV frg. 84 Peter, HRR I frg. 84, Lit. vgl. Seibert 1993, 18 A 71) zählt 6 Vertragsverletzungen zwischen 241 und 219 und bestätigt, daß die Vorwürfe, die Cassius Dio überliefert, zumindest in römischen Kreisen als glaubwürdig angesehen wurden.

Die Römer hatten an ihrer Neuerwerbung wenig Freude. Sie wurden in dauernde Kämpfe mit der einheimischen Bevölkerung verwickelt.[44] Als die Sarden im Jahr 235 versuchten, die ungeliebte Herrschaft abzuschütteln, beschuldigten die Römer die Karthager, den Aufstand angestiftet zu haben und Krieg gegen Rom zu planen. Sie warfen ihnen Vertragsverletzung vor und erklärten den Krieg.[45] Wie im Jahr 238 wurden die Karthager in ungünstiger Situation getroffen. Sie waren gerade in eine Auseinandersetzung mit Nachbarvölkern verwickelt.[46] Da das Hauptheer unter Hamilkar in Iberien weilte, hatten sie nicht die geringste Chance, sich zu wehren. Erst nach mehreren Gesandtschaften stimmten die Römer der Beilegung des Konfliktes zu. Die Karthager mußten sich den römischen Forderungen beugen und den Frieden mit einer weiteren Geldzahlung erkaufen.[47]

Wen wundert es, daß die Abneigung der Karthager noch gesteigert wurde? Sie konnten nur zu *einer* Einschätzung kommen: Die Römer waren vertragsbrüchig und geldgierig.[48] Die späteren Sieger bestimmten die Tradition und belegten die Karthager mit den Epitheta, die eigentlich sie selbst verdienten. Die Karthager waren nicht lange vor römischen Beschuldigungen und Forderungen sicher. Als die Sarden und Korsen sich im Jahr 233 erneut gegen die römische Herrschaft auflehnten, war für die Römer klar, daß nur die Karthager dahinterstecken konnten. Eine Gesandtschaft ersch

[44] Vgl. C. Bellieni, La Sardegna e i Sardi nella civiltà del mondo antico, Cagliari I 1928, 92ff., P. Meloni, Sei anni di lotte di Sardi e Corsi contro i Romani (236–231 a. C.), Studi Sardi 9, 1950, 121–141, P. Meloni, La Sardegna romana, Sassari 1975, 39ff., 382–383, Dyson 1985, 246ff., R. Zucca, Le civitates barbaricae e l'occupazione militare della Sardegna: aspetti e confronti con l'Africa, in: Africa Romana V, Atti del V Convegno di Studio Sassari, Sassari 1987, 352ff.

[45] Cass 12 frg. 46, 1, Z 8, 18, 9, Or 4, 12, 2, Eu 3, 2. Täubler 1921, 29–30.

[46] Bei diesem Krieg dürfte es sich um denselben Aufstand handeln, zu dessen Unterdrückung Hamilkar seinen Schwiegersohn Hasdrubal nach Afrika entsandte, vgl. Huß 1985, 272 A 27.

[47] Die Höhe des neuen Tributs ist nicht bekannt, sie dürfte aber die bereits bekannte Höhe (1200 Talente) betragen haben.

[48] Die Römer machten gern anderen Völkern den Vorwurf, sie seien geldgierig (u. a. auch den Kelten). Dabei spielte Geld eine beachtliche Rolle im römischen Leben. Beute als Anreiz zur Kampfbereitschaft der römischen Soldaten wird immer wieder bezeugt (P 1, 11, 2; 20, 1; 49, 5). Das Gold der Kelten war ein besonderer Ansporn in der Schlacht bei Telamon (P 2, 29, 9), man verbot sogar den Handel mit Gold und Silber mit den Kelten (Z 8, 19, 2). Kein Volk der Antike verlangte so horrende Kriegsentschädigungen wie die Römer, vgl. die entsprechenden Bestimmungen in den Verträgen bei Schmitt III 1969, Nr. 435, 439, 461, 462, 479, 483, 493, 497, 500, 544, 548. Es gehörte zum Selbstverständnis römischer Senatoren, hohen materiellen Gewinn gemacht zu haben, wie die *laudatio funebris* auf L. Caecilius Metellus (Plin n h 7, 139–140) beweist. Zum Problem Wirtschaft und Politik vgl. Seibert 1993, 340ff.

Karthago und trug die bekannten Beschuldigungen vor.[49] Die Karthager wurden zu Feinden erklärt, weitere Geldzahlungen verlangt, dazu das Gebot erlassen, die Schiffe von allen Inseln abzuziehen.

Dieses Mal hatten sie den Bogen überspannt. Die Karthager waren nicht mehr gewillt, die Demütigungen hinzunehmen. Sie fielen auch nicht auf den Trick der Römer herein, die ihnen einen Speer und einen Heroldstab geschickt hatten mit der Aufforderung, ihre Wahl zu treffen. Welche Entscheidung sie auch trafen, sie würden die Schuldigen sein. Nahmen sie den Speer an, konnten die Römer gegen sie einen „gerechten Krieg" führen. Entschieden sie sich für den Heroldstab, gestanden sie ein, daß die römischen Vorwürfe berechtigt waren. Zur Überraschung der Römer wiesen sie die Wahl zurück und überließen den Gesandten die Entscheidung,[50] die ihre Forderung fallen ließen.

Was hatte die Veränderung ausgelöst? Ihre politische und wirtschaftliche Lage hatte sich wesentlich verbessert. Der Krieg gegen die Numider war erfolgreich beendet worden.[51] Die Erfolge Hamilkars in Iberien hatten die Kassen der Karthager trotz der gewaltigen Entschädigungszahlungen an die Römer wieder gefüllt. Dem gestiegenen Selbstbewußtsein der Karthager kam auf römischer Seite ein vorsichtigeres Taktieren entgegen. Einer der Konsuln des Jahres 233 war Q. Fabius Maximus, den die Nachwelt als Cunctator kannte, den seine Zeitgenossen aber treffender als das „Schäfchen" bezeichneten.[52] Er war kein Draufgänger und wollte keinen Krieg vom Zaun brechen. Obgleich in den folgenden Jahren erneut Aufstände auf den Inseln ausbrachen, hatten die Karthager nun Ruhe vor den unberechtigten Anschuldigungen.

Die Römer dürften sich aber Gedanken gemacht haben, was die karthagische „Renaissance" verursacht hatte. Ihre Kaufleute, besonders aber ihre Freunde in Massilia[53] dürften sie auf die Ausdehnung des karthagischen Ein-

[49] Z 8,18,12, Gellius n A 10,27,3. Täubler 1921, 31–32, Lippold 1963, 127ff., Eucken 1968, 13–18.

[50] Eucken 1968, 15 ist durchaus zuzustimmen, daß manches Detail der Geschichte verdächtig ist, bes. die Geschichte mit dem Speer und dem Heroldstab. Der Vorfall endete aber mit einem Mißerfolg der Römer. Weshalb sollte ein römischer Geschichtsschreiber dies erfinden?

[51] Hamilkar hatte seinen Schwiegersohn Hasdrubal nach Afrika entsandt. D 25,10,3, Frontin 4,7,18. Gilbert 1876, 119–127, Meltzer 1896, 593, Täubler 1921, 32ff., Huß 1985, 272. Der Krieg gegen die numidischen Mikataner (D 26,23) wird ebenfalls in diese Zeit datiert.

[52] Plu Fab 1,4 wegen seines Sanftmutes und seiner Milde. Auf den entscheidenden Einfluß des Fabius auf die Gestaltung der römischen Politik verweist zu Recht Lippold 1963, 129.

[53] Zu den Beziehungen Rom und Massilia vgl. F. R. Kramer, Massilian Diplomacy before the Second Punic War, AJPh 69, 1948, 1–26, Errington 1970, 39ff., Monique

flußbereiches in Iberien hingewiesen haben. Um sich genauere Informationen zu verschaffen, schickten sie im folgenden Jahr eine Gesandtschaft zu Hamilkar nach Iberien (232 oder 231 v. Chr.).[54] Sie wollten wissen, weshalb Hamilkar in Iberien Krieg führe. Ihre Frage war eine unverschämte und anmaßende Provokation, als ob die Römer die Herren der Welt seien und für alles Rechenschaft verlangen könnten. Barkas reagierte diplomatisch und antwortete ihnen freundlich. Er müsse hier Krieg führen, um die Gelder für die Zahlungen an die Römer aufzubringen.[55] Er verwies geschickt auf die unersättliche Geldgier der Römer, die immer neue Forderungen erhoben hatten. Hätte Hamilkar wirklich nichts anderes im Sinne gehabt als den Krieg gegen die Römer, dann hätte sich ihm damals eine günstige Gelegenheit geboten, den Affront der Römer als Vorwand zum Krieg zu benutzen. Das Auftreten der Gesandten dürfte nicht dazu beigetragen haben, daß Hamilkar und seine Freunde die Römer sympathischer fanden. Der 15jährige Hannibal dürfte beim Empfang der Römer dabei gewesen sein und zum ersten Mal die ungeliebten Feinde kennengelernt haben. Wir wüßten gern Genaueres über seine Empfindungen und seine Reaktion. Konnte er seinem Vater zustimmen, der ihm eine Lehrstunde in praktischer Diplomatie erteilt hatte? Es wäre verständlich, daß bei einem Jugendlichen Emotionen überwogen und Hannibal kein Verständnis für die kühle, abgeklärte Haltung seines Vaters aufbringen konnte.

Clavel-Lévèque, Das griechische Marseille, in: Hellenische Poleis, hrsg. v. E. Welskopf, Berlin 1974, 913ff.

[54] Cass 12 frg. 48. Eucken 1968, 3ff. bestritt die Historizität der Gesandtschaft. Er machte allerdings nicht verständlich, weshalb die römische Geschichtsschreibung diese Gesandtschaft erfunden haben soll, zumal die Römer keine gute Figur machen; ablehnend auch Errington 1970, 32–34. Im allgemeinen wird die Glaubwürdigkeit der Gesandtschaft angenommen, vgl. Huß 1985, 273. Die Ansicht von F. R. Kramer, daß die römische Iberienpolitik im wesentlichen von Massilia beeinflußt worden sei, ist wohl zu weitgehend. Die Datierung der Gesandtschaft ins Jahr 231 beruht auf einer Ergänzung im Text. Mit gewichtigen Gründen wandte sich Vollmer 1990, 111–115 gegen diese Datierung. Der erhaltene Name C. Papirius sei nicht der des Konsuls von 231, sondern eines der Gesandten. Seinem zeitlichen Ansatz (in der Nähe von 237) kann ich indessen nicht zustimmen. Die Ansicht von A. Barzanò, Il confine romano-cartaginese in Spagna dal 348 varr. al 218 a. C., in: Marta Sordi (Hrsg.), Il confine nel mondo classico, CISA 13, Mailand 1987, 178ff., daß damals Hamilkar mit den Römern eine Zusatzklausel zum Lutatiusvertrag vereinbart habe, in der der Ebro als Grenze festgelegt worden sei, ist nicht überzeugend.

[55] Das Argument gegen die Historizität der Gesandtschaft, daß im Jahr 231 die letzte Ratenzahlung fällig gewesen wäre, berücksichtigt nicht die Kriegsentschädigungen der Jahre 238 und 235, für die sicher ebenfalls Annuitäten festgesetzt worden waren.

In den nächsten Jahren hatten die Karthager vor den Römern Ruhe,[56] die ihre Aufmerksamkeit den Gebieten jenseits der Adria zuwandten und dort den sog. 1. Illyrischen Krieg führten, der mit der Errichtung eines Protektorates endete.[57] Auch diese günstige Gelegenheit benutzte Hamilkar nicht zu einem Krieg gegen die Römer, ein weiterer Beweis, daß ihre Beschuldigungen unberechtigt waren. Seine Interessen konzentrierten sich ausschließlich auf Iberien und den Ausbau des karthagischen Einflußbereiches.

Kurz vor Jahresende 229 belagerte er die Stadt Helike (h. Elche).[58] Den größten Teil seines Heeres hatte er bereits nach Akra Leuke ins Winterlager entlassen. Da überfiel ihn der König der Orisser, der zwar einen Vertrag mit ihm geschlossen hatte, in Wirklichkeit aber die Belagerten unterstützte. Barkas konnte noch vielen seiner Soldaten, unter denen sich auch seine beiden Söhne Hannibal und Hasdrubal befanden, den Rückzug sichern. Er selbst fand in den reißenden Fluten eines Flusses den Tod.[59]

So endete der Mann, der sein ganzes Leben dem Krieg gewidmet hatte, auf dem Schlachtfeld.[60] Die Behauptung, sein einziges Lebensziel sei der Krieg gegen die Römer gewesen, ist eine Verleumdung der späteren

[56] Die von Eucken 1968, 18ff. behandelte Krise des Jahres 230 beruht m. E. auf einer Textverderbnis. Bei Z 8, 19, 2 ist statt KARCHEDONIOI GALATAI zu lesen. Vgl. De Sanctis III 1, 1916, 411 A 59, Lippold 1963, 129 A 214.

[57] Vgl. G. Walser, Die Ursachen des ersten römisch-illyrischen Krieges, Historia 2, 1953/54, 308–318, K. Petzold, Rom und Illyrien. Ein Beitrag zur römischen Außenpolitik im 3. Jh., Historia 20, 1971, 199–223, Gruen II 1984, 359ff., G. Marasco, Interessi commerciali e fattori politici nella condotta romana in Illiria, SCO 36, 1986, 35–112. Zu dem Protektorat gehörten die griechischen Städte Epidamnos und Apollonia sowie das Gebiet der einheimischen Stämme der Atintani und Parthini, vgl. N. G. L. Hammond, The Illyrian Atintani, the Epirotic Atintanes and the Roman Protectorate, JRS 79, 1989, 23–25 mit Karte, Vollmer 1990, 14ff.

[58] Zur Lokalisierung von Helike vgl. Huß 1985, 273 A 39. Zu der iberischen Siedlung „La Alcudia" vgl. R. Ramos Fernandez, La Alcudia de Elche, Elche 1983.

[59] Die antiken Berichte differieren. D 25, 10, 3ff. berichtet die Belagerung und den Tod Hamilkars in einem Fluß (= Segura?). Nach App Ib 5, 19–21, Frontin 2, 4, 17, Z 8, 19, 1, Nep Ham 4, 2 soll er in einer offenen Schlacht gefallen sein. Beiden Versionen ist gemeinsam, daß der „listige Karthager" selbst Opfer einer List wird. Die günstigere Version liegt bei Diodor vor, denn Hamilkar als Opfer eines Betruges kann das Leben seiner Soldaten und seiner Söhne retten. In der anderen Version (Appian) erinnert der Trick der Iberer (brennende Wagen) stark an den „Ochsentrick" Hannibals im Jahr 217. Hamilkar durchschaute nicht die Absicht des Feindes und wurde überlistet. Auch die Version des Iustin 44, 5, 5 läßt eine ungünstige Bewertung erkennen. Hamilkar wurde in einem Hinterhalt getötet. Zum Ort des Geschehens vgl. A. Beltran, Algunos datos para el estudio del lugar de la muerte de Amilcar Barca, Caesaraugusta 23–24, 1964, 87–94.

[60] Hamilkar Barkas dürfte mit dem Hamilkar identisch sein, der seit den Anfangsjahren des 1. Punischen Krieges als Feldherr tätig war. Vgl. Th. Lenschau, RE 7, 2, 1912, 2302–2303 s. v. Hamilkar 6, anders Meltzer II 1896, 570.

Sieger.[61] Seine Erfolge im Krieg gegen die Römer waren bescheiden, auch als Befehlshaber im Kampf gegen die Söldner und Libyer zeichnete er sich nicht besonders aus, wenngleich eine ihm gewogene Tradition seine Meriten rühmte.[62] Sein Verdienst war es zweifellos, nach den schweren Gebietsverlusten seiner Heimat eine neue machtpolitische und finanzielle Basis geschaffen zu haben, die er so weit entfernt glaubte, daß sie mit römischen Interessen nicht kollidieren konnte. Doch darin sollte er sich täuschen. Vor römischer Habgier war nichts sicher.

[61] Zu dieser Legende gehörte auch der angebliche Rat an Hannibal, sich von Sagunt fernzuhalten, vgl. P 3, 14, 10.

[62] Mit dieser Beurteilung weiche ich erheblich von der allgemeinen Bewertung ab, vgl. Seibert 1993, 83–107. Zum Lob des alten Cato vgl. L.-M. Hans, L'immagine di Amilcare Barca presso i Romani, in: Atti del II Congresso Intern. di Studi Fenici e Punici, Rom I 1991, 113–116.

Lehrjahre: 229/28–222/21 v. Chr.

Als Hamilkar fiel, war Hannibal erst 18 Jahre alt und noch zu jung, um die Nachfolge als Stratege von Libyen und Iberien antreten zu können.[1] Sein Schwager Hasdrubal, der nicht an dem Unternehmen gegen Helike teilgenommen hatte, war eilends nach Akra Leuke aufgebrochen, nachdem er von dem Unglück erfahren hatte.[2] Das Heer in Iberien rief ihn zu seinem Befehlshaber aus. Das Volk in Karthago bestätigte diese Entscheidung.[3] Die innenpolitischen Gegner versuchten vergeblich, die Bestätigung zu hintertreiben.[4]

Zunächst mußte Hasdrubal den Tod des Feldherrn an dem wortbrüchigen Könige der Orisser rächen und die Niederlage wiedergutmachen. Mit einem gewaltigen Heer – die Verluste waren durch die Entsendung eines neuen Heeres aus Karthago ausgeglichen worden[5] – fiel er in die Stammlande der Orisser ein, die das mittlere und obere Guadianatal und Teile der Sierra Morena bewohnten.[6] Zwölf Städte wurden eingenommen.[7]

Dieser Feldzug sollte nicht der Auftakt zur militärischen Unterwerfung der übrigen iberischen Stämme werden. Der neue Befehlshaber war kriegerischen Unternehmungen abgeneigt und bevorzugte diplomatische Mittel. Durch freundschaftliche Beziehungen zu den Stammesfürsten und Königen konnte er den karthagischen Einflußbereich weitaus stärker fördern und

[1] Hannibal kehrte nach dem Tod seines Vaters nicht nach Karthago zurück. Die Tradition, die mit einer zeitweiligen Anwesenheit in seiner Heimatstadt rechnet (L 21, 3, 1–4, 1, vgl. dazu o. S. 28 A 12), verdient kein Vertrauen.

[2] D 25, 12. Er brachte zur Verstärkung 100 Elefanten mit. Hamilkar und Hasdrubal prägten Münzen mit dem Bild eines Elefanten, das auch auf Bronzemünzen der kleinen Stadt Lascuta, die in Abhängigkeit von Gades war, erscheint. Scullard 1974, 156 u. Taf. XXII a vermutet, daß dort die Stallungen der Karthager waren.

[3] D 25, 12, App Ib 6, 22.

[4] L 21, 2, 4 führt an, daß die Bestellung zum Feldherrn nicht nach dem Willen der *„principes“* in Karthago erfolgt sei, während neben der Barkidischen Gruppe die Soldaten und das Volk die wesentliche Stütze Hasdrubals gewesen seien.

[5] App Ib 6, 22.

[6] Zum Gebiet der Orisser = Oretani vgl. A. Schulten, RE 18, 1, 1939, 1018–1019.

[7] Als Städte der Oretani sind bekannt Castulo und Oria. Aus Castulo stammte die Gemahlin Hannibals. Zur Lokalisierung der Stadt vgl. P. Spranger, Zur Lokalisierung der Stadt Castulo und des Saltus Castulonensis, Historia 7, 1958, 95–112.

ausdehnen als mit Feldzügen.[8] Er bewies großes Verständnis für die Eigenarten der Stämme, deren Stolz und Wunsch nach Unabhängigkeit er respektierte.[9] Die Gastfreundschaft hatte einen hohen Stellenwert in der iberischen Gesellschaft. Mit ihrer Hilfe knüpfte er viele persönliche Bande und verpflichtete sich die Fürsten.[10] Durch die Heirat mit einer iberischen Fürstentochter[11] trat er in direkte verwandtschaftliche Beziehungen und führte sich nicht als Eroberer, sondern als einer der Ihren auf.

Die Könige und Fürsten des Landes honorierten seine Politik und ernannten Hasdrubal zu ihrem „bevollmächtigten Feldherrn" *(strategos autokrator)*, womit wohl auch die Verfügungsgewalt über ihre Truppenaufgebote verbunden war. War dies der erste Schritt zur Unabhängigkeit von Karthago?[12] Wollte er sich in Iberien ein Königreich nach hellenistischem Vorbild schaffen?

Der Römer Fabius Pictor berichtete, er sei nach Karthago gekommen, habe dort einen Verfassungsumsturz geplant und die Monarchie errichten wollen.[13] Sein Vorhaben sei aber von den Aristokraten durchschaut worden. Deshalb habe er unverrichteter Dinge nach Iberien zurückkehren müssen und dort nach eigenem Gutdünken gehandelt, ohne sich um die Regierung in Karthago zu kümmern. Hannibal habe an diesen Bestrebungen teilgenommen und ihm nachgeeifert.[14] Den Vorwurf, sich eine eigene Herrschaft aufbauen zu wollen, hatten seine Gegner bereits Hamilkar gemacht.[15]

Da Fabius Pictor in Hasdrubal den eigentlichen Schuldigen am Ausbruch des 2. Punischen Krieges sah und ihm Herrschsucht und Machtgier vorwarf,[16] muß diese Geschichte sehr kritisch beurteilt werden, zumal sie in

[8] P 2,36,2, D 25,11,1, L 21,2,5, App Ib 6,24. Abweichend von der allgemeinen Charakteristik zeichnete Sil 1,144 ff. das Bild eines grausamen Feldherrn.

[9] Vgl. A. Schulten, Numantia I: Die Keltiberer und ihre Kriege gegen Rom, München 1914, 252–260.

[10] Besonders L 21,2,5 weist auf diesen wichtigen Umstand hin. Zur Bedeutung des *hospitium* in der iberischen und keltiberischen Gesellschaft D 5,34, vgl. J. M. Ramos y Loscertales, Hospicio y clientela en la Espana celtica, Emerita 10, 1942, 308 ff., F. Javier Lomas, Historia de Espana Antigua, Madrid I 1980, 111–126, anders Maria Dolores Dopico Caínzos, El hospitium celtibérico. Un mito que se desvanece, Latomus 48, 1989, 19–35.

[11] D 25,12.

[12] So etwa Eucken 1968, 81 ff.

[13] P 3,8,2 ff.; 10,10,9.

[14] Zustimmung fand die Version des Fabius bei C. Neumann, Zeitalter der Punischen Kriege, 1883, 251, Groag 1929, 27 (Verfassungsänderung im radikal-demokratischen Sinn), Picard 1967, 86, ders., RSA 13–14, 1983–84, 78–81, E. Acquaro, Sui „ritratti Barcidi" delle monete puniche, RSA 13–14, 1983–84, 83–86.

[15] Vgl. Hanno in seiner Rede L 21,3,5.

[16] P 3,8,1. Zustimmend allerdings Eucken 1968, 74 ff., m. E. zu unkritisch gegen-

mehreren Punkten fragwürdig erscheint. Soll man die Karthager für so töricht halten, daß sie ihrem Feldherrn in Spanien den gescheiterten Umsturzversuch verziehen und ihm die Möglichkeit gaben, sein Vorhaben in der Fremde zu verwirklichen? Ein karthagischer Feldherr konnte bei oberflächlicher Betrachtung leicht in den (unberechtigten) Ruf geraten, eine (fast) monarchische Stellung innezuhaben oder anzustreben. Er hatte im Feld eine ziemlich unabhängige Stellung von der Heimatregierung.[17]

Wenn Hasdrubal eine den iberischen Fürsten übergeordnete Stellung als *strategos autokrator* einnahm, lag es nahe, ihm eine von Karthago unabhängige Stellung nachzusagen.[18] Wenn er auf seinen Münzen, die in Iberien kursierten, möglicherweise sein eigenes Porträt[19] mit einem Diadem, dem Herrscherzeichen der hellenistischen Könige, prägen ließ, so kommt darin nur seine Stellung gegenüber den Königen und Fürsten in dem Gebiet, für das sie geprägt wurden, zum Ausdruck.[20] Trotz der scheinbar unabhängigen Stellung des karthagischen Feldherrn waren ständig Ratsherrn als Berater und Kontrolleure in seiner Umgebung.[21] Es ist keine Maßnahme bekannt, die eine illoyale Haltung erkennen läßt. Ein ungünstiger Einfluß auf Hannibals Einstellung zu seiner Heimatstadt, auf die er keine Rücksicht nehmen

über Fabius. Eine noch ungünstigere Überlieferung liegt bei Sil 1,144ff. vor, der Hasdrubal rechtloses Wüten gegen die iberischen Völker, unversöhnlichen Zorn und schrecklichen Blutdurst andichtete.

[17] Vgl. allgemein B. Wollner, Die Kompetenzen der karthagischen Feldherrn, Frankfurt a. M. 1987, 95ff. mit Lit. In den Quellen werden die gleichen Bezeichnungen für die einheimischen iberischen Fürsten und für den karthagischen Feldherrn und Oberbeamten (Sufet), nämlich *basileis* oder *reges*, verwandt. Vgl. dazu Huß 1983, 25ff. Das konnte leicht zu einer Verwechslung oder irrigen Deutung der tatsächlichen Machtstellung führen.

[18] Auch sein Regierungssitz in der neu gegründeten Stadt Qarthadasht (Neukarthago, Cartago Nova) konnte leicht als Königsburg mißdeutet werden, so P 10,10,9. Vgl. Groag 1929, 29: „So residierte er wie ein waffenmächtiger und unermeßlich reicher König in der Hauptstadt des neugewonnenen Reiches." Ähnlich Picard 1967, 86ff., der in der Benennung der Neugründung einen Akt erblickte, der einem Sakrileg gleiche. Hasdrubal habe in der Königsburg wie ein hellenistischer König gelebt. Vgl. ebenso Eucken 1968, 74–86.

[19] So Picard 1967, 86ff. Die Münzen mit einem Diadem dürften viel eher seine Stellung als „Oberkönig" gegenüber den Königen der iberischen Stämme zum Ausdruck gebracht haben, vgl. Huß 1985, 275. Zur Frage, ob es sich um das Porträt Hasdrubals oder um den Melqartkopf handelt, vgl. Seibert 1993, 42.

[20] Vgl. zutreffend W. Huß, Kleines Wörterbuch des Hellenismus, Wiesbaden 1988, 336 s. v. Karthago, anders J. M. Blazquez, Die Metallgewinnung in den Bergwerken der iberischen Halbinsel der Barkidischen Zeit, in: Punic Wars, 1989, 165 („sie akzeptierten sogar die Monarchie als Regierungsform"), allerdings ohne Begründung.

[21] Vgl. dazu u. S. 63.

mußte, läßt sich ebenfalls nicht nachweisen.[22] Auch das homosexuelle Verhältnis, das ihre Gegner ihnen nachsagten,[23] entbehrt jeder Grundlage und gehört zu den üblichen Verleumdungen, mit denen man politische Gegner in der Antike herabzusetzen versuchte.

Hannibal erhielt in diesen Jahren praktischen Unterricht im Umgang mit den iberischen Stämmen. Er machte die Erfahrung, daß man mit Entgegenkommen und Verständnis für die Gegenseite mehr erreichen konnte als mit Gewalt. Seine Heirat mit Himilke, einer Tochter des Fürsten von Castulo, sollte die politischen Verbindungen stärken.[24]

Dennoch konnte auch Hasdrubal bei der Erweiterung seines Einflußbereiches[25] nicht völlig auf militärische Mittel verzichten, wo die Diplomatie versagte oder Stämme abtrünnig wurden. Er kannte das Naturell seines jungen Verwandten, der draufgängerisch, verwegen und mutig war. Überall dort, wo entschlossenes und kühnes Eingreifen gefordert war, setzte er ihn ein.[26] Seit 224 übertrug er ihm auch ein selbständiges Kommando über die Reiterei.[27]

Als neues Verwaltungszentrum legte er die Stadt Qarthadasht (= Neustadt, ›Neukarthago‹, h. Cartagena) an.[28] Die Wahl des Ortes war hervorragend. In

[22] Vgl. auch B. Wollner, a. a. O., 1987, 106ff. mit der Literatur, die für eine unabhängige Stellung der Barkiden eintritt.

[23] L 21,3,2ff. Bereits Hamilkar soll Hasdrubal als seinen jugendlichen Liebhaber mißbraucht haben.

[24] L 24,41,7, Sil 3,97; 4,775. R.T. Bruère, Silius Italicus, Punica 3, 62–162 and 4,763–822 CPh 47, 1952, 219–227, bezweifelt die Richtigkeit des Namens, da es kein iberischer Name sei, sondern sich von dem punischen Namen Himilko ableite. Das punische Präfix i- oder hi- bedeute „Bruder von...", anders Huß 1985, 280 A 103.

[25] Wie weit der karthagische Einflußbereich – ich vermeide bewußt den Ausdruck „Herrschaft", der sich nach den besonderen gastfreundlichen Beziehungen zu den Iberern von selbst ausschließt – beim Tod Hamilkars reichte und von Hasdrubal bis zu seinem eigenen Tod ausgedehnt wurde, ist in der Forschung umstritten. P. A. Barceló, Karthago und die iberische Halbinsel vor den Barkiden, Bonn 1988, 120 erschließt aus der Tatsache, daß Hasdrubal seine Hauptstadt in Cartagena anlegte, daß unter Hamilkar der karthagische Einflußbereich nicht bis zum Cap de la Nao gereicht haben könne. Verbreitet ist die Ansicht, wegen der Ebroklausel anzunehmen, daß damals die Karthager noch weit von diesem Fluß entfernt waren, sonst hätte für Hasdrubal kein Anreiz zum Abschluß des Abkommens mit den Römern bestanden. Andere Annahmen bei Sumner 1968, 215ff. (bis zum mittleren Tagus), Errington 1970, 37. Sichere Rückschlüsse lassen sich m. E. nur aus den Unternehmungen Hannibals in den Jahren 221 und 220 ziehen. Vgl. u. S. 50ff.

[26] L 21,4, App Ib 6,24. Wagemut und Umsicht bestätigt auch P 2,36,3 den Unternehmungen Hannibals.

[27] Nep Hann 3,1, L 21,4,10, App Ib 6,23.

[28] Das genaue Gründungsdatum ist nicht bekannt. Es ist anzunehmen, daß die Gründung in die Anfangsjahre Hasdrubals fällt und die Errichtung der Anlage län-

der Nähe lagen bedeutende Silberminen.[29] Die Stadt besaß den einzigen geschützten Naturhafen an der Ostküste Iberiens.[30] Die Seeverbindung nach Karthago war wesentlich günstiger als von Gades aus.[31]

In der Verlegung des Verwaltungszentrums an die Ostküste des Landes sahen die Römer eine neue Ausrichtung karthagischer Politik. Der große Hafen, der einer gewaltigen Kriegsflotte Schutz bieten konnte, bedeutete eine Gefährdung ihrer Besitzungen in Sizilien, Sardinien und Korsika. Als Präventivmaßnahme verdoppelten sie die Prätorenstellen und wiesen den neuen Magistraten als Amtsbereiche Sizilien und Sardinien/Korsika zu.[32] Durch die Einsetzung militärischer Befehlshaber, die über römische und bundesgenössische Truppen verfügten, wollten sie wohl einer militärischen Gefährdung aus dem Westen vorbeugen.

Noch im selben Jahr (227) (oder erst 226) reiste eine römische Gesandtschaft zu Hasdrubal, um sich vor Ort zu informieren und mit ihm zu verhandeln.[33] Wenn man dem Bericht des Polybios[34] folgen will, dann hatten die Römer die Entwicklung in Iberien verschlafen. Sie machten sich den Vorwurf, sie hätten die Karthager zu lange ungestört wirken lassen. Am liebsten

gere Zeit in Anspruch nahm. Der Name der Stadt war Qarthadasht = griechisch Karchedon oder (übersetzt) Kaine polis (P 2,13,1) oder auch Nea Karchedon (D 25,12) = Carthago Nova zur Unterscheidung von Carthago in Afrika, vgl. Walbank I 1957, 167. Diese Unterscheidung wurde aber nicht konsequent beibehalten. Vgl. Vollmer 1990, 117 A 6. Zu Recht verweist Huß 1985, 276 darauf, daß die Wahl desselben Namens wie die Mutterstadt die enge Verbindung zu Afrika unterstreichen sollte und nicht eine Loslösung bedeutete. P 10,10 mit einer genauen Beschreibung der Anlage, vgl. Walbank II 1967, 205ff. mit Plan, A. Tovar, Iberische Landeskunde II 3, Baden-Baden 1989, 190–197, zur Identifizierung der Kultstätten vgl. M. Koch, ALETES, Mercurius und das phönikisch-punische Pantheon in Neukarthago, Madrider Mitteilungen 23, 1982, 101–113.

[29] Strabon 3,4,6 (158).

[30] Erst nördlich von Tarraco gab es wieder Flottenstützpunkte, Strabon 3,4,8.

[31] Die Straße von Gibraltar mit ihren gefährlichen Strömungen konnte gemieden werden. Zu den schwierigen Strömungsverhältnissen vgl. M. Ponsich, La navigation antique dans le détroit de Gibraltar, Mélanges R. Dion, Paris 1974, 257–273.

[32] L per 20, Solinus 5,1, Z 8,19,10. Vgl. W. Dahlheim, Gewalt und Herrschaft, Berlin 1977, 48ff., der zu Recht in dieser Maßnahme die Etablierung einer Militärgewalt auf den Inseln betont, ohne allerdings die mögliche Gefahr aus dem Westen in Erwägung zu ziehen.

[33] Das Datum der Reise ist nicht genau bekannt. Terminus ante quem ist der Beginn des Keltenkrieges, mit dem sie durch Polybios in kausalen Zusammenhang gebracht wurde. Für einen früheren Zeitpunkt trat Vollmer 1990, 115, für einen späteren Huß 1985, 277 (zwischen Herbst 226 und Frühjahr 225) ein.

[34] P 2,13,5ff. Nach App Ib 7,25 ging die Initiative von Sagunt und den übrigen Griechen in Iberien aus, die um ihre Sicherheit bangten. Vgl. P. Bender, Untersuchungen zur Vorgeschichte des 2. Punischen Krieges, Diss. Hamburg 1954, 21ff.

hätten sie ihnen den Krieg erklärt oder direkt Befehle erteilt. Doch das verbot die damalige Lage. Wenn es auch keineswegs glaubhaft ist, daß die Römer die Entwicklung „verschlafen“ hatten, so ist ihr eigentlicher Wunsch für die Gestaltung des römisch-karthagischen Verhältnisses sehr aufschlußreich. Offener könnte der aggressive Charakter römischer Politik nicht ausgesprochen werden. Sie betrachteten diplomatische Verhandlungen nur als Verlegenheitslösung, denen sie kriegerische Maßnahmen zur Konfliktbewältigung vorzogen.

Die Gesandten zeigten sich in Neukarthago sehr freundlich und entgegenkommend.[35] Mußte Hasdrubal sich nicht wundern, daß die Römer plötzlich nicht mehr herrisch und arrogant auftraten? Wollten sie sich nur vor Ort informieren oder etwas Bestimmtes erreichen? Die antiken Historiker berichten, es sei ein Vertrag vereinbart worden, über dessen Inhalt sehr unterschiedliche Angaben vorliegen (sog. Hasdrubal- oder Ebrovertrag).[36]

Nach Polybios hätte der Vertrag nur die Bestimmung enthalten, daß die Karthager den Iber-Fluß nicht zu Kriegszwecken überschritten.[37] Das übrige Iberien sei nicht erwähnt worden. Nach Livius handelte es sich um eine Erneuerung des Vertrages von 241, in dem für beide Vertragspartner Grenzen (Ebro) festgelegt wurden. Zusätzlich sei eine Bestimmung über Sagunt vereinbart worden, das frei sein sollte und aus dem Herrschaftsbereich ausgenommen war.[38] Auch Appian überlieferte,[39] als Grenze des karthagischen Bereiches sei der Ebro festgelegt und den Römern verboten worden, Krieg gegen Völker jenseits des Ebro zu führen, die Untertanen der Karthager waren. Den Karthagern sei untersagt worden, den Ebro in kriegerischer Absicht zu überschreiten. Auch über Sagunt soll eine Klausel vereinbart worden sein. Die Saguntiner – Appian bzw. seine Vorlage hatte die irrige Vorstellung, sie seien Griechen – und die anderen Griechen sollten autonom und frei sein.[40]

Welche Version ist richtig? In der Forschung wurden sehr unterschiedliche Ansichten geäußert.[41] Wer Polybios allein als glaubwürdig ansah, lehnte die anderen Traditionen ab. Ist es wirklich glaubhaft, daß Hasdrubal zu einem einseitigen Abkommen bereit gewesen wäre? Ist es nicht direkt eine zwin-

[35] P 2,13,6.

[36] Schmitt III 1969, Nr. 503, Scardigli 1991, 245 ff.

[37] P 2,13,7, vgl. 3,6,1; 15,5; 27,9; 29,3; 30,3; 15,17,3.

[38] L 21,2,7. Vgl. 21,10,5; 18,9; 44,5; 28,39,14; 34,13,7.

[39] App Ib 7,25, vgl. Ib 11,40–41; 11,43; Ann 3,10; Lib 6,23.

[40] Nach Fl 1,22,4 wurde die Freiheit der Saguntiner in einem Vertrag eigens bestätigt. Ganz allgemein ist Z 8,21,3–4, nach dem die Saguntiner nicht weit vom Ebro entfernt wohnten und von den Römern in den Verträgen mit den Karthagern ausgenommen worden waren. Nach Anonymus, de viris illustribus 41,2 war die Ebroklausel bereits Bestandteil des Lutatiusfriedens.

[41] Seibert 1993, 121 ff.

gende Notwendigkeit, eine entsprechende Verpflichtung für die Römer anzunehmen, falls überhaupt ein Abkommen geschlossen wurde? Die Quellen lassen keinen überzeugenden Grund erkennen, der den Karthager dazu veranlaßt haben könnte, eine territoriale Begrenzung seines Einflußbereiches mit den Römern zu vereinbaren, die in diesem Gebiet überhaupt nichts zu suchen hatten.[42] Die „Arbeit“ der antiken Historiker an dem Thema wird in den Abweichungen und „Ergänzungen“ evident. Die Klauseln lassen sich durch die Rolle, die sie bei der Zuweisung der Kriegsschuld an die Karthager spielte, erklären und machen sie damit auch unglaubwürdig.

Durch die „Saguntklausel“ sollte die Stadt eindeutig geschützt und der Angriff Hannibals als Vertragsbruch und *casus belli* gebrandmarkt werden. Zusätzlich wird das Bestreben deutlich, die Römer vor dem Vorwurf, Sagunt bei der Belagerung nicht unterstützt zu haben, in Schutz zu nehmen. Die Ebroklausel hätte das angebliche Ziel der Römer, die Expansion karthagischer Herrschaft zu begrenzen und eine Koalition mit den Kelten zu verhindern, tatsächlich nicht erreicht, da Hasdrubal, wie römische Quellen betonen, mehr auf Diplomatie als auf Gewalt setzte, aber nur diese allein ausgeschlossen wurde. Doch diese besondere Stipulation gab den Römern später die Möglichkeit, Hannibal, der den Fluß bei seinem Marsch nach Italien überschritt, des Vertragsbruchs zu bezichtigen.[43]

An historisch gesicherten Vorgängen bleibt wenig übrig. Ausgelöst durch die Neugründung von Qarthadasht erschien bei Hasdrubal eine römische Gesandtschaft, die sich über die allgemeine Lage in Iberien und über seine Pläne informieren wollte. Ihr Ziel war es vielleicht, die weitere Ausdehnung des karthagischen Einflußbereiches durch die Festlegung einer Grenze (Iber-Fluß), analog den Fahrtgrenzen in den älteren karthagisch-römischen Verträgen, zu verhindern. Der Diplomat Hasdrubal ging auf diese Forderung nicht ein. Dies könnte Fabius Pictor, der den „Ebrovertrag“ nicht kannte, da er den Übergang Hannibals über den Ebro nicht als Kriegsgrund nannte, zu seiner ungünstigen Einschätzung Hasdrubals als eines von Machtgier und Herrschsucht besessenen Menschen veranlaßt haben. Spätere Historiker, vielleicht Cato, machten aus dem Wunsch ein Faktum

[42] Die Cui-bono-Frage wurde je nach Einstellung des modernen Betrachters sehr unterschiedlich beantwortet. Angeblich sollen die Römer Hasdrubal freie Hand bei der Eroberung Iberiens bis zum Ebro gewährt haben. Man dachte sogar daran, daß Hasdrubal die offizielle Anerkennung seiner Herrschaft durch die Römer erreichte. Doch beiden Erklärungen liegen moderne Ansichten von der Abgrenzung gegenseitiger Interessensphären oder offizieller Anerkennung einer Herrschaft durch eine fremde Macht zugrunde. Eine andere Ansicht lautete, die Römer hätten materielle Zugeständnisse etwa durch Verzicht auf noch ausstehende Kontributionen gemacht. Zu Einzelheiten vgl. Seibert 1993, 124–125.

[43] Die Begründung für die Ablehnung des Hasdrubalvertrages vgl. Seibert 1993, 130–135.

und führten den Ebrovertrag in die Annalen Roms ein. Wer konnte die Fälschung beweisen? Der Vertragspartner war schon lange tot. Der Verlierer konnte sich dagegen nicht mehr wehren. Der Sieger bestimmte die Überlieferung.

Die Römer waren in den nächsten Jahren (225–222) durch die Kriege mit den Kelten Oberitaliens beschäftigt.[44] Sie hielten die Lösung des Keltenproblems für vorrangiger als die Eindämmung des karthagischen Einflusses in Iberien.[45] Hasdrubal und Hannibal dürften den Verlauf des Krieges, der ihnen wichtige Informationen über die römische Militärmacht und ihr Bundesgenossensystem lieferte, aufmerksam beobachtet haben.

Damals forderten die Römer ihre Bundesgenossen auf, Listen der wehrfähigen Männer *(formula togatorum)* einzureichen.[46] Es war eine beeindruckende Streitmacht, die sie ins Feld führen konnten. Insgesamt konnten sie ca. 700000 Mann aufbieten, davon stellten sie selbst etwa ein Drittel (250000 Fußsoldaten und 23000 Reiter).

Die detaillierte Liste[47] bot interessante Aufschlüsse. Von der Gesamt-

[44] P 2,23,5ff., Walbank I 1957, 196ff., Cassola 1962, 218ff., Lippold 1963, 135ff., B.D. Hoyos, Roman Strategy in the Cisalpina, 224–222 and 203–191 B.C., Antichthon 10, 1976, 44–55, Dyson 1985, 29ff., 51ff., Eckstein 1987, 7ff. Die Kämpfe des Krieges sollen hier nicht behandelt werden.

[45] P 2,22,10.

[46] Zur *formula togatorum* vgl. P 2,23,8–24,17 mit detaillierten Angaben über die Truppenaufgebote der Römer, Latiner und ihrer *socii*, vgl. außerdem D 25,13; Plin nh 3,138; L per 20; Eu 3,5; Or 4,13,6–7. Vgl. J. Beloch, Der italische Bund unter Roms Hegemonie, Leipzig 1880, 93ff., Th. Mommsen, Hermes 11, 1876, 49–60 = Römische Forschungen, II 1879, 382–406, G. Veith, in: J. Kromayer/G. Veith, Heerwesen und Kriegführung der Griechen und Römer, München 1928, 305–307, A. Afzelius, Die römische Eroberung Italiens (340–264 v. Chr.), Kopenhagen 1942, 98–135, Walbank I 1957, 196–203, Toynbee I 1965, 424–437, 479–505, Brunt 1971, 44–60, 545–548, D.W. Baronowski, The formula togatorum, Historia 33, 1984, 248–252. Die Streitfrage, ob die in den Listen bezeugten Zahlen die maximalen Angaben sind, die die *socii* zu stellen hatten, spielt in diesem Zusammenhang keine Rolle ebenso wie weitere Fragen (u. a. Rechnungsprobleme, Verhältnis der Gesamtsumme zu den Einzelbeiträgen: Ist die von Polybios überlieferte Gesamtzahl richtig [so Mommsen und Veith], oder muß sie korrigiert werden [so Beloch, Afzelius, Walbank und Brunt]? Bedeutung der Zahlen: Sind damit alle männlichen Erwachsenen gemeint [so Beloch und Brunt] oder nur die *iuniores* ohne die *proletarii* und die *seniores* [so De Sanctis und Toynbee]).

[47] Die Zahlen des Polybios sind im einzelnen etwas zu korrigieren. Für die *socii* lege ich folgende Annahme zugrunde: Latini 80000 *pedites*, 5000 *equites*, Samnium 70000 *pedites*, 7000 *equites*, Apulien 50000 *pedites*, 6000 *equites* (korrigiert), Lukanien 30000 *pedites*, 3000 *equites*, Abruzzenvölker 40000 *pedites* (korrigiert), 4000 *equites*, Etrusker 50000 *pedites*, 4000 *equites*, Umbrien 20000 *pedites*, 2000 *equites* (korrigiert), Bruttium 30000 *pedites* (korr.), 3000 *equites* (korr.), Griechenstädte

stärke dürften Hasdrubal und Hannibal wohl kaum sehr beeindruckt gewesen sein. Es war eine beliebte Methode, je nach Situation die eigenen Truppenstärken entweder viel höher oder wesentlich niedriger anzugeben. Wollte man seine Macht demonstrieren, dann neigte man leicht zu maßlosen Übertreibungen, wollte man hingegen die Größe seines Sieges herausstreichen, dann schrieb man gern dem Gegner eine gewaltige numerische Überlegenheit zu, während man die Zahl der eigenen Truppen stark verniedlichte.

Die detaillierten Zahlenangaben waren für einen Militärfachmann aufschlußreich und wiesen einen Weg, wie er dieser gewaltigen Streitmacht zu Leibe rücken konnte. Wenn ein Teil der Bundesgenossen, etwa die südlichen Stämme der Samniten, Apulier, Lukaner und Bruttier oder im Norden die Etrusker, Umbrer u. a., ausfiel, dann sah die Übermacht Roms schon nicht mehr so erdrückend aus.

Der Reitergeneral Hannibal konnte aus der Relation von Fußtruppen zur Reiterei wichtige Schlüsse für die römische Kampfestaktik ziehen.[48] Aus der geringen Zahl der Reiter wurde deutlich, daß die Römer in ihren Schlachten das Hauptgewicht auf die Fußtruppen legten und der Reiterei nur sekundäre Bedeutung zukam. Ein Feind, der an Kavallerie überlegen war, konnte sie leicht schlagen.[49]

Die Stationierung von zwei Legionen auf Sizilien und in Tarent zu Beginn

15000 *pedites* (korr.), 1500 *equites* (korr.). Bruttium und die Griechenstädte fehlen in der Liste des Polybios. Sie dürften aber ebenso Truppenaufgebote gestellt haben. Die Zahl der Reiter bei Apulien erscheint mit 16000 zu hoch. Die verbesserten Zahlen ergeben ein Gesamtaufgebot der *socii* von 385000 *pedites* und 35500 *equites*, zusammen mit den 250000 *pedites* der Römer und ihren 23000 *equites* eine Gesamtstärke von 635000 *pedites* und 58500 *equites*. Diese Schätzungen weichen geringfügig von den Zahlen Toynbees I 1965, 495 ab. Geringere Ansätze bieten K. J. Beloch, Die Bevölkerung der griech.-röm. Welt, Leipzig 1886, 304ff. und Brunt 1971, 45 Tafel 4b. Beide berücksichtigen aber nicht die Bruttier und die Griechenstädte. Daß die Bruttier zur Truppenstellung herangezogen worden sind, ergibt sich m. E. aus der Bestrafung nach dem 2. Punischen Krieg: Sie durften keine Truppen mehr stellen (Gellius n A 10, 3, 19).

48 Die Reiter stellten etwa ein Zehntel des Aufgebotes. Doch dieses Verhältnis täuschte. Entscheidend war das Zahlenverhältnis in den römischen Legionen, die die Kampftaktik bestimmten. Zu einer Legion von normaler Sollstärke (4200 *pedites*) gehörten 200 Reiter *(equites)*, bei einer verstärkten Legion (5200 *pedites*) wurde die Zahl der Reiter auf 300 erhöht.

49 Die Taktik war folgende: Man griff den Feind mit der Waffe, in der man selbst überlegen war, an und überwältigte ihn, während man die Entscheidung in der unterlegenen hinauszögerte. Wenn Hannibal die Römer mit überlegener Reiterei angriff, hatten sie nichts Vergleichbares entgegenzusetzen. Mit taktischen Mitteln mußte der Kampf gegen die überlegenen Fußsoldaten der Römer so lange zurückgehalten werden, bis die eigene überlegene Reiterei die feindliche in die Flucht geschlagen hatte und im Rücken des feindlichen Fußvolkes angreifen konnte.

des Krieges verriet dem aufmerksamen Beobachter, wo die Römer im Konfliktfall einen Angriff der Karthager erwarteten. Wie man ihnen eine unangenehme Überraschung bereiten konnte, zeigte der Verlauf des Keltenkrieges. In den Jahren 225 und 222 überschritten die sog. Gaesaten aus dem Rhonetal die Alpen und unterstützten ihre Stammesgenossen.[50] Was Hannibal bereits von karthagischen Kaufleuten wußte, daß die Alpen zu überqueren waren, wurde hier sogar für Heere bestätigt.

Der Versuch der Römer, den Einfall der Kelten in Italien zu verhindern, scheiterte kläglich. Diese konnten bis Clusium (h. Chiusi) vorstoßen[51] und schlugen die Römer in einer Schlacht vernichtend. Trotz ihrer Niederlage bei Telamon (225), wo sie in ungünstiger Position mit zwei Fronten antreten mußten, kämpften sie hervorragend. Der antike Schlachtenbericht bestätigte ihnen trotz eindeutig prorömischer Färbung kluge taktische Maßnahmen, persönliche Tapferkeit und Ausdauer im Kampf.[52] Für einen Feldherrn, der mit einem Krieg gegen die Römer rechnete, eröffneten sich hier vielversprechende Aussichten. Die Kelten könnten geeignete Verbündete und die erwünschte Basis für den Angriff gegen Rom werden.

In den Jahren der Keltenkriege dürfte Hannibal solche Folgerungen aus seinen Beobachtungen gezogen haben, die in Verbindung mit weiteren Überlegungen allmählich sein Konzept eines neuen Waffenganges gegen Rom entstehen ließen.[53] Bei der Analyse mag er einen wichtigen Punkt übersehen oder ihm nicht so entscheidende Bedeutung zugemessen haben: Die Kelten bildeten keinen einheitlichen Staat. Es waren einzelne Stämme, die sich nur in Notsituationen je nach Interessenlage zu einem

[50] P 2,22,1; 23,1ff. Der Name ist nicht von ihrer Tätigkeit (als Söldner) (so Or 4,13,5) abzuleiten, sondern von ihrer besonderen Waffe, dem *gaesum* = Wurfspeer. Ihre Wohnsitze waren im Rhonetal. Doch die genaue Lokalisierung ist umstritten. Entweder wohnten sie im Vallis Poenina (F. Stähelin, Die Schweiz in römischer Zeit, Basel 1948, 33 A 1) oder im mittleren bzw. unteren Rhonetal (so R. Heuberger, Die Gaesaten, Klio 31, 1938, 60–80).

[51] P 2,25,2.

[52] P 2,28,6; 30, 6–7. Die angebliche Überlegenheit römischer Waffen (P 2,30,8; 33,3; 3,114,2, vgl. Walbank I 1957, 206, 209) wird durch Funde keltischer Waffen nicht bestätigt.

[53] Die Invasion Hannibals von Oberitalien nach Etrurien im Jahr 217 ist eine getreue Kopie des Kelten-Einfalls von 225. Der Keltenkrieg von 225–222 als Vorbild der Hannibalinvasion im Jahr 218/17 wurde unter diesem Gesichtspunkt bisher in der Forschung nicht gesehen. Ursache dafür dürfte die römische Geschichtsschreibung sein, die lieber Hannibal als den ersten Menschen feierte, der mit einem Heer die Alpen überquerte, als zuzugeben, daß die Senatoren nach dem Übergang der Gaesaten an diese Möglichkeit hätte denken müssen, sie aber übersahen und keine geeigneten Abwehrmaßnahmen trafen. Die Legende von der ersten Alpenüberquerung durch Hannibal erweist sich somit als reine Schutzbehauptung.

Bund zusammenschlossen. Die Römer hatten diese Zersplitterung für ihre Zwecke ausgenutzt.[54]

Über die Vorgänge in Spanien liegen, abgesehen von einem kurzen Hinweis, keine Nachrichten vor. Hasdrubal konnte in diesen Jahren fast die gesamte Küstenregion bis zum Ebro unter seine Kontrolle[55] bringen.

[54] Die Cenomanen schlossen sich dem Bündnis der Insubrer und Boier nicht an. Deshalb konnten die Kelten nicht ihre gesamten Streitkräfte gegen die Römer ins Feld führen, sondern mußten zum Schutz des eigenen Landes Truppen zurücklassen und so ihre Kampfkraft entscheidend schwächen, P 2,23,2–3.

[55] P 2,22,11 übertreibend, sie hätten ungestört Iberien unterworfen. App Ib 6,24. M.E. ergibt sich dieser Schluß aus den Unternehmungen Hannibals nach Übernahme des Kommandos. Seine Feldzüge waren ins Landesinnere gerichtet, nicht der Küste entlang. P 3,14,9ff. stellt nach Abschluß dieser Feldzüge fest, daß zu diesem Zeitpunkt kein Volk südlich des Ebro Widerstand gegen die Karthager wagte. Anderer Ansicht sind P. Barcelò, Beobachtungen zur Entstehung der barkidischen Herrschaft in Hispanien, in: Punic Wars 1989, 168ff. und Vollmer 1990, 119ff. im wesentlichen aufgrund ihrer Identifizierung des Iberflusses mit dem Segura.

Der junge Feldherr: 221–220 v. Chr.

Im Sommer 221 wurde Hasdrubal von einem keltischen Sklaven ermordet.[1] Damit war Hannibals Stunde gekommen. Er war ein Feldherr ganz nach dem Geschmack der Soldaten, mutig und draufgängerisch, und er liebte den Kampf.[2] Überhaupt war er ein „Abziehbild" seines Vaters: der gleiche lebhafte Blick, das gleiche Feuer in den Augen, die gleichen Gesichtszüge. In vielen Feldzügen hatten die Soldaten seinen Mut und seine Ausdauer in Hitze und Kälte kennengelernt. Er beanspruchte keine Vorrechte für sich. Als erster ging er in die Schlacht, als letzter verließ er den Kampfplatz. Für die Aufgabe eines Oberbefehlshabers war er bestens vorbereitet. Unter seinem Vater hatte er eine harte militärische Schulung durchgemacht, unter Hasdrubal sich als selbständiger Befehlshaber bewährt. Die Soldaten riefen ihn sofort zu ihrem neuen Befehlshaber aus.[3]

Die Ratsherrn schlossen sich dem Votum an und ließen die Bestallung zum Strategen von Libyen und Iberien durch die Volksversammlung bestätigen.[4] Die innenpolitischen Widersacher der Barkiden jedoch, Hanno an ihrer Spitze, wollten die Gunst der Stunde nutzen. Der Tod des politischen

[1] Das Ende Hasdrubals wird von den antiken Quellen unterschiedlich überliefert. Nach P 2,36,1 wurde er von einem keltischen Sklaven wegen eines privaten Unrechts in seiner Unterkunft ermordet. Von dieser Version unterscheiden sich die übrigen Traditionen ganz erheblich (vgl. Walbank I 1957, 214): D 25,12, L 21,2,6, Val Max 3,3 ext. 7, App Ib 8,28, Ann 2,8, Iustin 44,5,5, allgemein Nep Hann 3,1. Hasdrubal soll von einem iberischen Sklaven (Iustin) wegen der Ermordung seines Herrn durch Hasdrubal auf der Jagd (Appian) getötet worden sein. Der Sklave soll lächelnd und unter Foltern hingerichtet worden sein. Walbank hält diese zweite Version für weniger glaubwürdig.

[2] P 2,36,3; 3,15,6, L 21,4,4.

[3] P 3,13,3–4, Nep Hann 3,1, L 21,3,1, App Ib 8,29, Z 8,21,3.

[4] Die Bestätigung erfolgte entweder durch das Volk (P 3,13,4, L 21,3,1, App Ann 3,8) oder durch den Rat (App Ib 8,29), unklar D 25,15, nach Z 8,21,3 durch die „Behörden". Nicolet II 1978, 612–613. Dieser Vorgang beweist, daß Hamilkar und Hasdrubal in Iberien keine selbständige Herrschaft errichtet hatten, sonst hätte Hannibal eine Bestätigung aus Karthago nicht benötigt. Er blieb stets ein loyaler Stratege. Moderne Deutungen auf eine selbständige und unabhängige Herrschaft sind irrig, so G. Ch.-Picard, Carthage au temps d'Hannibal, Studi Annibalici 1964, 12ff. und F. Cassola, Il diadema di Annibale, ebd., 1964, 191–194.

Führers bedeutet immer eine Schwächeperiode für seine Freunde und Anhänger. Hinzu kam, daß für antike Verhältnisse der damals 26jährige Hannibal noch ein junger Mann[5] war, den die alten Herrn im karthagischen Rat nicht ernst nahmen. Anklagen und Beschuldigungen waren schnell gefunden. Alle Zuwendungen und Geschenke, die die Barkiden bisher aus Iberien an ihre Anhänger gesandt hatten, gehörten eigentlich dem Staat. Sie seien Kriegsbeute und sollten an die Staatskasse abgeliefert werden.[6] Gelang dieser Coup, dann waren die Barkiden und ihre Anhänger wirtschaftlich und damit auch politisch ruiniert. Denn in Karthago war materieller Reichtum für die Bekleidung politischer Ämter ausschlaggebend.[7] Das Volk, das noch Hannibal in seinem Amt bestätigt hatte und bisher die wichtigste Stütze der Barkiden war, erwies sich als unzuverlässig. Bereitwillig unterstützte es die Forderungen der Gegner. Eilig sandten die Barkidenfreunde ein Hilfeersuchen an Hannibal, er möge sie in ihrer Not nicht im Stich lassen.

Hannibal erkannte klar, daß die Anklagen gegen seine Freunde tatsächlich den Angriff auf ihn einleiten sollten. Um sich Respekt bei seinen Gegnern zu verschaffen, war die beste Methode, militärische Erfolge vorzuweisen. Damit konnte er sich gegenüber seinen Soldaten als selbständiger Feldherr profilieren und gleichzeitig die finanziellen Mittel zur Unterstützung seiner Freunde in der Heimat beschaffen.

Solche Überlegungen dürften ihn zu den Kriegen in den nächsten zwei Jahren veranlaßt haben. Die romfreundliche Tradition unterstellte seinen Unternehmungen die Absicht, er habe von der ersten Minute seines selbständigen Kommandos an nur den Krieg gegen Rom geplant und bei diesen Feldzügen die finanziellen Voraussetzungen schaffen wollen.[8] Vordergründig fügte sie sich gut in das Bild des kriegslüsternen Karthagers.[9] Aber nur ein oberflächlicher Betrachter konnte sich von solchen Anschuldigungen überzeugen lassen. Die Kriege im Inneren Iberiens[10] haben mit der späteren Entwicklung nichts zu tun und dienten ausschließlich der Abrundung des karthagischen Einflußbereiches.

Noch im selben Sommer (221) unternahm Hannibal seinen ersten Feldzug

[5] Auf die Jugend Hannibals weisen in diesem Zusammenhang P 2,36,3 und App Ib 8,29–30, Ann 3,9 hin. Nach Z 8,21,3 war Hannibal damals 26 Jahre alt.

[6] App Ib 8,30 ff., Ann 3,9 ff.

[7] Vgl. Aristoteles, Politik II 1273 a 20 ff., P 6,56,1 ff.

[8] P 2,36,4–6, L 21,5,1, Z 8,21,3. Nach App Ib 9,34–35, Ann 3,9–10 verstrickte Hannibal seine Heimatstadt Karthago in den Krieg mit Rom, um seinen innenpolitischen Schwierigkeiten zu entgehen.

[9] Vgl. P 3,15,6.

[10] Zu diesen Kriegen vgl. Meltzer 1896, 419–422, Meyer II 1924, 401–406, Walbank I 1957, 316 ff., Huß 1985, 278–280, Scullard, CAH 8, 1989, 32 ff., Vollmer 1990, 126 ff.

gegen den Stamm der Olkaden,[11] die wohl bereits zu dem Einflußbereich, aber nicht zum Herrschaftsgebiet der Karthager gehörten[12] und sich den Forderungen Hannibals nach Tributzahlungen widersetzten. Althia – nach Livius Cartala –, vielleicht identisch mit dem heutigen Altea[13] ca. 144 km nördlich von Cartagena, wurde mit Gewalt eingenommen.[14] Mit riesiger Beute marschierte er ins Winterlager nach Neukarthago zurück. Der frisch gewonnene Ruhm als erfolgreicher Feldherr und die reichlich fließenden Geldmittel nach Karthago dürften die Klagen seiner Gegner endgültig zum Verstummen gebracht haben.

Im nächsten Jahr (220) griff Hannibal den Stamm der Vakkäer an, die ihre Siedlungen am Mittellauf des Durius (h. Duero) hatten.[15] Ihre Hauptstadt Helmantike (h. Salamanca) wurde beim ersten Angriff genommen.[16] Nach einer anderen Version[17] wurde die Belagerung durch einen Kapitulationsvertrag beendet, in dem die Bewohner sich zur Zahlung von 300 Talenten Silber und zur Stellung von 300 Geiseln verpflichteten. Da sie sich aber nicht

[11] P 3, 13, 5–14, 8, L 21, 5, 3–17, vgl. A. Tovar, Iberische Landeskunde II 3, Baden-Baden 1989, 94–95.

[12] L 21, 5, 3.

[13] Die Lokalisierung der Olkaden ist nicht gesichert. Meyer II 1924, 401 geht von dem Truppenverzeichnis des P 3, 33, 9 aus, in dem die Olkaden neben den Oreten = Oretani aufgeführt werden. Er hält sie deshalb für Nachbarn der Oretani und siedelt sie im Quellgebiet des Guadiana/La Mancha an. Eine andere Lokalisierung vertritt Sumner 1968, 216 aufgrund einer Angabe des Stephanus s. v. Althaia, der die Olkaden als Nachbarn von Neukarthago bezeichnete.

[14] Wenn man die Angabe (P 3, 13, 6), daß die Stadt durch wuchtige und schreckenerregende Angriffe erobert wurde, wörtlich nehmen kann, dann läßt dies erkennen, daß Hannibal nicht mit den modernsten Methoden der Poliorketik die iberische Stadt belagerte, sondern sie auf „altmodische Weise" durch Sturmangriffe der Soldaten eroberte.

[15] Zu diesem Feldzug vgl. bes. Concepcion Fdez.-Chicarro, Valor de las mujeres salmantinas en las campanas contra Hanníbal, Helmantica 5, 1954, 257–264 zu der von Polyain 7, 48 und Plu mor 248 E–249 B berichteten Tapferkeit der Frauen von Helmantike, H. M. Hine, Hannibal's Battle on the Tagus (Polybius 3, 14 and Livy 21, 5), Latomus 38, 1979, 891–901 zu den Manövern, die der Schlacht am Tagus vorausgingen, und A. J. Dominguez-Monedero, La campana de Anibal contra los Vacceos: sus objetivos y su relación con el inicio de la segunda guerra púnica, Latomus 45, 1986, 241–258. Seine These, daß Hannibal mit der Unterwerfung der Vakkäer, die einen agrarischen Kommunismus pflegten und als Getreidelieferanten bekannt waren, den Krieg gegen Rom vorbereiten wollte, überzeugt nicht. Der Vf. bedenkt nicht, daß der Transport von Getreide auf dem Landweg äußerst schwierig, langwierig und teuer war. Die Nahrungsmittel für ein Heer mußten immer aus dem Land selbst beschafft werden. Zur Lokalisierung vgl. A. Tovar, a. a. O., 1989, 98–103.

[16] P 3, 14, 1.

[17] Polyain 7, 48, Plu mor 248 E–249 B.

an die Abmachung hielten, kehrte Hannibal wieder zurück und übergab die Stadt seinen Soldaten zur Plünderung. Ihrem erneuten Ersuchen um ein Abkommen gab er nach und gestattete ihnen den freien Abzug aus der Stadt mit ihren Frauen und einem Gewand. Waffen, Geld und Sklaven sollten sie in der Stadt zurücklassen.

Die Frauen verbargen Dolche in ihren Gewändern und verließen mit ihren Männern die Stadt, die mit den Waffen die plündernden Soldaten überfielen, sie töteten oder vertrieben. Hannibal bewunderte den Mut der Frauen und gab ihnen ihre Stadt und die Gelder zurück. Wahrscheinlich wollte er mit seinem Entgegenkommen weiteren Widerstand im Land vermeiden. Doch darin sollte er sich täuschen. Die Stadt Arbukale (h. Toro am Duero in der Nähe von Salamanca, östlich von Zamora) leistete erbitterten Widerstand. Nach heftiger Belagerung konnte sie im Sturm genommen werden. Auf dem Rückmarsch nach Neukarthago stieß er am Tagus-Fluß (h. Tejo), nicht weit von Toledo,[18] auf ein Heer der Karpessier (Carpetani), die ihre Wohnsitze in der Sierra de Guadarrama hatten. Flüchtlinge aus dem Stamm der Olkaden und aus Helmantike, die sich in ihrem Gefolge befanden, hatten sie zum Krieg gegen die Karthager aufgestachelt.

In dieser ersten großen Schlacht zeigte Hannibal bereits seine Fähigkeiten als genialer Taktiker. Trotz zahlenmäßiger Unterlegenheit konnte er durch geschickte Manöver und taktisch klugen Einsatz seiner Elefanten und Reiter die Schlacht für sich entscheiden.[19] Anschließend kehrte er nach Neukarthago ins Winterquartier zurück (220/19).

Die Bilanz der ersten 18 Monate seiner Tätigkeit als Feldherr konnte sich sehen lassen. Er hatte den karthagischen Herrschaftsbereich weiter ausgebaut und gefestigt. Der Versuch, seine Stellung und die seiner Freunde zu erschüttern, war gescheitert. Für das kommende Jahr bahnten sich neue Verwicklungen mit den Saguntinern an, die seine Abwesenheit zu Übergriffen auf Verbündete der Karthager genutzt hatten. Durch Intervention der Römer komplizierte sich die Lage unerwartet.[20]

[18] Zur Strecke vgl. Walbank I 1957, 317: durch den südlichen Teil der Guadarrama über Segovia und Madrid in Richtung Toledo zum Tejo. Zur Lokalisierung der Karpessier vgl. A. Tovar, a. a. O., 1989, 96–98.

[19] Zur Anlage der Schlacht vgl. H. M. Hine, a. a. O. Die Bemerkungen der antiken Quellen (P 3, 14, 4, L 21, 5, 11), Hannibal sei in offener Feldschlacht gegen seine Feinde unterlegen, dienen nur dazu, seinen Sieg abzuwerten. Den Feinden war es nicht gelungen, Hannibal im offenen Feld zu stellen. Deshalb gehen solche Andeutungen an der Sache vorbei.

[20] Die Entwicklung des karthagisch-römischen Verhältnisses nach dem Amtsantritt Hannibals liegt für uns weitgehend im Dunkeln. Die antiken Quellen berichten ausschließlich über Ereignisse, die unmittelbar zum Krieg führen und Hannibal eindeutig als den Schuldigen und Kriegstreiber hinstellen. Die Einseitigkeit der Berichterstattung mahnt zur Vorsicht. Zur Forschungslage vgl. Seibert 1993, 135 ff.

Im Jahr 221 oder 220 brachen in Sagunt Streitigkeiten innerhalb der Bürgerschaft aus.[21] Als Schiedsrichter holten sie die Römer, die einige der führenden Persönlichkeiten der Stadt hinrichten ließen[22] und ihre Freunde an die Macht brachten, die hinfort glaubten, sich auf die Unterstützung Roms auch gegenüber den Karthagern verlassen zu können. Da Hannibal in Mittelspanien, weitab vom Schauplatz dieser Vorfälle, weilte, wähnten sie sich sicher und fielen in das Gebiet ihrer Nachbarn, die Untertanen der Karthager waren, ein.[23]

Für die Beurteilung der weiteren Entwicklung sind diese Ereignisse wichtig. Die Saguntiner waren die Angreifer. Daß diese Vorfälle ein ungünstiges Licht auf die Politik Roms und ihres Schutzbefohlenen warfen, war auch der romfreundlichen Tradition klar, die sie deshalb zu Erfindungen eines jungen Mannes erklärte, der als einziges Ziel den Krieg mit Rom erstrebt habe.[24]

Hannibal ergriff Partei für seine Schutzbefohlenen. Zu kriegerischen Verwicklungen scheint es noch nicht gekommen zu sein. Aber Sagunt fühlte sich von ihm bedroht. Es schickte mehrere Gesandtschaften nach Rom und bat um Unterstützung.[25]

Die Römer schätzten die Situation nicht so gravierend wie die Saguntiner

[21] Über die Ursachen für den Bürgerzwist lassen sich nur Vermutungen anstellen. Vielleicht wurde manchem Saguntiner die Dominanz der Karthager zu gefährlich für die eigene Unabhängigkeit. Auch soziale Spannungen sind prinzipiell nicht auszuschließen. Huß 1985, 290, Seibert 1993, 125–129.

[22] P 3, 15, 7. Dieser Vorfall ereignete sich kurze Zeit vor der ersten römischen Gesandtschaft an Hannibal im Winter 220/19.

[23] Der Name des Nachbarstammes wird unterschiedlich überliefert. P 3, 15, 8 gibt überhaupt keinen Namen an. L 21, 6, 1 nennt die Turdetani, die er 28, 39, 8–12 mit den Turduli gleichsetzt, die am Guadalquivir wohnen. App Ib 10, 36 nennt sie Torboletai, die man entweder bei Castellon de la Plana oder Teruel ansiedelt. Sumner 1968, 234ff. möchte die Turdetani in Sedetani/Edetani emendieren, die in der Nähe von Liria ihre Wohnsitze hatten. Zu den Torboleten vgl. V. Caioli, Il significato di un'ironia liviana e l'importanza dei Turdetano (Torboleti), nel conflitto tra Roma e Cartagine, Atene e Roma 13, 1932, 197–211, J. Uroz Saez, Turbuletas o Turdetanos, en la guerra de Sagunto?, Lucentum 1, 1982, 173–182, M. Koch, Tarschisch und Hispanien, Berlin 1984, 120, Agnès Pelletier, Sagontins et Turdétans à la veille de la IIème guerre punique, REA 88, 1986, 307–315.

[24] P 3, 15, 9 bezeichnete diese Vorgänge, die Hannibal in einem Brief an die Regierung Karthagos schilderte, als reine Erfindungen. Nach L 21, 6, 1 diente dies als Vorwand für den Angriff auf Sagunt. App Ib 10, 36ff. vertiefte die Version. Hannibal habe die Torboleten überredet, solche Einfälle der Saguntiner zu erfinden und die Saguntiner wegen dieser Schädigungen anzuklagen. Die Torboleten gingen als Gesandte sogar nach Karthago. Aus reiner „Polybiosgläubigkeit" überging man diese Vorfälle in der modernen Forschung.

[25] P 3, 15, 1.

ein, die im Vertrauen auf römische Unterstützung wohl aggressiver gegenüber Hannibal reagiert hatten, als es den Römer im Augenblick lieb war.[26] Schließlich gaben sie doch ihren Bitten nach und schickten im Winter 220/19 eine Gesandtschaft (P. Valerius Flaccus und Q. Baebius Tamphilus)[27] zu Hannibal nach Neukarthago, die die Berichte an Ort und Stelle überprüfen sollte.[28]

Es waren wohl weniger die Bitten der Saguntiner als die veränderte politische Situation, die die Römer zu einer Änderung ihrer Haltung veranlaßte. Die Lage im Norden Italiens war nach dem Ende der Keltenkriege und nach der Unterwerfung Istriens beruhigt.[29] Jetzt konnten sie sich wieder den Verhältnissen in Iberien zuwenden, die sie 227/26 nur notgedrungen zurückgestellt hatten. Auch hier war eine Veränderung eingetreten. Hannibal hatte seine Feldzüge nach Mittelspanien beendet. Den Saguntinern drohte für die nächste Zeit unmittelbare Gefahr.

Der karthagische Stratege empfing die Gesandten in Neukarthago. Ihr Auftreten deutete bereits den Umschlag im politischen Klima an. Nicht mehr freundlich und entgegenkommend, wie noch wenige Jahre zuvor gegenüber Hasdrubal, sondern fordernd und gebietend trugen sie ihre Warnungen vor[30]: Hannibal solle sich von Sagunt fernhalten, denn diese Stadt befinde sich in einem Treue*(fides)*-Verhältnis zu Rom.[31] Andernfalls drohten sie mit Krieg.[32] Hannibal wies die Intervention der Römer zurück. Im Gegenzug warf er ihnen Bruch des Vertrages vor. Sie hätten zu Unrecht führende Persönlichkeiten von Sagunt ermorden lassen. Ebenso klagte er die Saguntiner an, das Gebiet karthagischer Untertanen überfallen und geschädigt zu haben.[33]

[26] P 3, 15, 8.

[27] Die Namen der Gesandten werden bei Polybios nicht genannt. Für die von L 21, 6, 8 bezeugte Gesandtschaft während der Belagerung Sagunts, die wohl nur zur Entschuldigung der Untätigkeit Roms erfunden wurde und wohl mit der des Jahres 220/19 identisch ist, werden P. Valerius Flaccus, der im Jahr 227 Konsul war, und Q. Baebius Tamphilus genannt. Diese Gesandtschaft wurde von A. Klotz, Die beiden römischen Gesandtschaften bei Beginn des Zweiten Punischen Krieges, WJA 1, 1946, 155–156 und Schwarte 1983, 3–13, 61 ff. für unhistorisch gehalten, m. E. zu Unrecht, vgl. Seibert 1993, 135–136.

[28] P 3, 15, 2.

[29] Die Konsuln von 221, P. Cornelius Asina und M. Minucius Rufus, waren mit dieser Aktion beschäftigt, Eu 3, 7, Or 4, 13, 16, Z 8, 20, L per 20. Vgl. G. Bandelli, La guerra istriaca del 221 a. C. e la spedizione alpina del 220 a. C., Athenaeum 59, 1981, 3–28.

[30] P 3, 15, 4 ff.

[31] Eine weitere Forderung soll gelautet haben: Hannibal solle den Ebro entsprechend der Bestimmung des mit Hasdrubal abgeschlossenen Vertrages nicht überschreiten. Vgl. dazu Seibert 1993, 134.

[32] P 3, 20, 2.

[33] Dieser Punkt wird in der antiken Tradition als Verhandlungspunkt völlig über-

Der Bericht über die Verhandlungen ist einseitig hannibalfeindlich.[34] Der junge Mann sei voller Kriegslust gewesen, erfolgreich in seinen Unternehmungen und bereits seit langem feindlich gegen die Römer eingestellt.[35] Jetzt gebe er nur vor, sich um die Saguntiner zu sorgen. Damit werden für einen römischen Leser die Argumente Hannibals unbedeutend. Seine Anklagen waren offenkundig unberechtigt.

Hannibal dürfte empfindlich reagiert haben, als die Römer sich plötzlich auf ein *fides*-Verhältnis zu Sagunt beriefen. Das weckte unangenehme Erinnerungen. Hatten sie nicht auch ihre Intervention in Messina im Jahr 264 und ihr Eingreifen auf Sardinien im Jahr 238 ähnlich begründet? Hier war Vorsicht angebracht. Er konnte sich auf den Lutatiusvertrag von 241 berufen, in dem vereinbart worden war, daß keiner der Vertragspartner in der „Eparchie" (Herrschaftsbereich) des anderen von Staats wegen bauen, Söldner anwerben oder die Bundesgenossen des anderen in die Freundschaft aufnehmen durfte.[36] Sagunt lag innerhalb der Eparchie der Karthager, wenngleich es kein Bundesgenosse der Karthager war. Aber mit der Intervention in Sagunt sowie der Aufnahme der Stadt in das *fides*-Verhältnis hatten die Römer gegen die Bestimmungen des Lutatius-Friedens verstoßen.

Eine Reaktion der Römer auf die Vorhaltungen Hannibals wird nicht überliefert. Wir erfahren nur, wie die Gesandten die politische Lage einschätzten: Der Widerspruch Hannibals und sein Verhalten ließen es zur Gewißheit werden, daß es zum Krieg kommen würde. Sagunt sollte als römische Basis dienen. Es ist bemerkenswert, daß die hannibalfeindliche Tradition die Gewißheit eines baldigen Krieges so offen ausspricht, obgleich die Karthager noch keine einzige Bestimmung eines Vertrages gebrochen hatten. Die Bereitschaft der Römer, auch ohne einen Vertragsbruch der anderen Seite, ausschließlich aus politischen Erwägungen, einen Krieg anzu-

gangen. Nach P3,15,11 handelte es sich um eine Erfindung Hannibals. L21,6,1 bestätigte indessen, daß es tatsächlich zu Kämpfen gekommen war, die nach seiner Version aber von Hannibal provoziert worden waren, um einen Vorwand zum Krieg gegen Sagunt zu finden. Vgl. auch die Tradition bei App Ib 10,36–38, nach der es sich ebenfalls um eine Erfindung Hannibals handelte (vgl. App Ann 3,10). Daß tatsächlich dieser Vorwurf gegen die Saguntiner von den Karthagern erhoben wurde, ergibt sich aus L21,11,2 als Antwort der karthagischen Regierung auf die erste römische Gesandtschaft.

[34] Vgl. A. M. Eckstein, Hannibal at New Carthage. Polybius 3.15 and the Power of Irrationality, CPh 84, 1989, 1–15.

[35] Hannibal als ein kriegslüsterner Mensch *(philopolemos)* vgl. P2,36,3; 3,15,6, Nep Hann 3,2, L21,2,3; 5,1–2, App Ib 6,23, Ann 8,77, Syr 4,15, Sil 1,56ff., Z8,21,3–4 sprach deutlich aus, daß Hannibal nur nach einem Vorwand für einen Krieg mit Rom suchte.

[36] P3,27,4, vgl. Schmitt III 1969, Nr. 493, Scardigli 1991, 205ff.

fangen, wird evident. Selbstverständlich hätte kein Römer dies als Zugeständnis gewertet, daß sie einen ungerechten Krieg anfingen.

Die römischen Gesandten reisten von Neukarthago nach Karthago weiter, um dort Verhandlungen mit der Regierung zu führen. Hannibal schickte einen Bericht an den Rat, in dem er seine Eindrücke mitteilte, die Entwicklung in Iberien skizzierte und um weitere Instruktionen nachsuchte.[37] Diesen selbstverständlichen Vorgang deutete die antike Geschichtsschreibung um. Hannibal sei nicht an einer objektiven Aufklärung und an einem Tatsachenbericht interessiert gewesen, sondern habe die Ratsherrn durch seine Kuriere in seinem Sinn, d.h. Krieg gegen Rom, instruieren wollen. Deshalb habe er die saguntinischen Übergriffe erfunden.[38]

Es handelte sich aber nicht um die Hirngespinste eines jungen, kriegslüsternen Feldherrn. Konkret konnte er auf die Übergriffe der Saguntiner hinweisen, die karthagische Untertanen zum Abfall bringen wollten.[39] Würde er ihnen nicht sofort Einhalt gebieten, bestünde die Gefahr, daß sie im Vertrauen auf Roms Unterstützung immer frecher würden. Ebenso besorgniserregend sei die Intervention der Römer, die sich auf das *fides*-Verhältnis zu Sagunt beriefen – eine Argumentation, die bisher immer zum Krieg geführt hatte. Wenn er sie jetzt nicht in ihre Schranken weise und ihnen klarmache, daß sie mit ihrer Intervention in Sagunt den Vertrag des Lutatius gebrochen und überhaupt nichts in Iberien zu suchen hätten, müßten die Karthager für die Zukunft eine ständige Gängelei und Bevormundung befürchten. Entschiedenes Auftreten – das hatte die Vergangenheit gezeigt – könnte allein vor römischer Anmaßung schützen. Gegebenenfalls müßten sie auch bereit sein, Krieg gegen die Römer zu führen, da diese einen Angriff auf Sagunt als *casus belli* betrachteten. Das weitere Vorgehen gegenüber Sagunt konnte also erhebliche Folgen haben. Deshalb verlangte Hannibal genaue Anweisungen.

Die römischen Gesandten trugen den Ratsherrn in Karthago ihre Warnungen vor. Ein Angriff auf Sagunt würde Krieg bedeuten.[40]

Über das Ergebnis der Verhandlungen überlieferte Polybios nichts.[41] Das regte die Phantasie der modernen Forschung an: Welche Antworten erteilten die Ratsherrn den Römern? Gingen sie auf die römischen Beschwerden ein und teilten ihre Sorgen wegen eines möglichen Konfliktes um Sagunt? Gaben sie ihnen beschwichtigende Zusagen mit auf den Weg?[42]

[37] P3,15,8ff., L21,9,4, App Ib 10,37.

[38] Damit seine „Lügen" nicht in der Öffentlichkeit bekannt werden konnten, erklärte App Ib 10,37 das Schreiben Hannibals zu einem Geheimschreiben. Woher konnte er dann seinen Inhalt kennen?

[39] App Ib 10,37.

[40] P 3,20,2.

[41] P 3,15,12. Vgl. Seibert 1993, 135ff.

[42] Nach Fabius Pictor = P3,8,7 habe keine der führenden Persönlichkeiten der

Oder kann man die Antworten, die nach Polybios der zweiten römischen Gesandtschaft bei der Kriegserklärung gegeben wurden, auf die erste übertragen?[43] M. E. machte sich der karthagische Rat die Entgegnungen Hannibals zu eigen.[44] Der Eindruck, den die römischen Gesandten in Iberien gewonnen hatten, wurde in Karthago bestätigt. Die Ratsherrn waren ebenfalls unnachgiebig.

Der Bericht Hannibals und der Auftritt der römischen Gesandten löste eine heftige Debatte über den zukünftigen Kurs der karthagischen Politik aus.[45] Die Ratsherrn mußten die Anfrage ihres Strategen beantworten, wie er sich gegenüber Sagunt verhalten sollte. Wenn sie sich für einen Angriff entschieden, bedeutete dies Krieg mit Rom.[46] Kein Karthager war seit den Vertragsbrüchen von 238 auf die Römer gut zu sprechen. Viele sahen in den Verträgen, die sie seither hatten abschließen müssen, Knechtungsverträge.[47] Allzuoft hatten sie den maßlosen römischen Vorwürfen nachgeben müssen, weil es die Umstände verlangten. Wenn sie immer nur nachgaben, war kein Ende der Nötigungen abzusehen. Sicher brachten Hanno und seine Freunde ihre Einwände vor. Die Freunde der Barkiden[48] konnten die Mehr-

Karthager das Vorgehen Hannibals gegen Sagunt gebilligt, vgl. dagegen die Einwände des Polybios ebd.

[43] So Täubler 1921, 57ff., Otto 1932 = WdF 371, 1974, 100.

[44] Bei dieser Annahme ist auch verständlich, daß Polybios keine Details über die Verhandlungen in Karthago berichtete. Schließlich mußte er sich nicht wiederholen. Die Frage, ob Sagunt unter den Schutz des Lutatius-Friedens fiel, dürfte erst bei der Kriegserklärung durch die Karthager vorgebracht worden sein.

[45] Die folgenden Ausführungen sind in dieser Form in den Quellen nicht direkt bezeugt. Sie finden m. E. aber ihre Berechtigung in einigen bekannten Fakten. L 21, 10–11, 1 bezeugt eine Diskussion im Zusammenhang mit der Gesandtschaft während der Belagerung Sagunts, vgl. ebenso Z 8, 21, 9. Ebenso ist sicher, daß die römischen Gesandten mit Krieg drohten und aus der Reaktion Hannibals und der Ratsherrn mit baldigem Krieg rechneten. Ihre Einschätzung wird durch den Beschluß des Rates, Hannibal in Iberien freie Hand zu geben (App Ib 10, 37, Ann 3, 11), bestätigt. Dieser Entschluß setzt aber voraus, daß Hannibal und die Ratsherrn bereits Überlegungen für den Kriegsfall anstellten.

[46] Die römische Überlieferung sah in dieser Diskussion eine günstige Gelegenheit, ihre eigene Position durch den Mund der Karthager bestätigen zu lassen. Vor allem L 21, 10, 1 ff. Rede Hannos, vgl. dazu G. Cipriani, L'epifania di Annibale, Bari 1984, 58ff., L 21, 18, 3 ff. (Entgegnung eines Karthagers im Sinne der Barkiden), vgl. auch die Rede bei Sil 2, 276ff., Z 8, 22, 6. Die Hanno-Rede knüpft inhaltlich an die Auslieferungsforderung der Römer an. Sie gehört demnach zu der zweiten Gesandtschaft mit der Kriegserklärung. Es dürfte aber zweifelsfrei sein, daß Hanno nicht nur bei der zweiten Gesandtschaft, sondern ebenso bei der ersten seine Meinung kundtat. Der Inhalt der überlieferten Rede ist Fiktion.

[47] *servilia foedera*, Sil 11, 527.

[48] Wer war Hannibals „Mann in Karthago"? Z 8, 22, 5 ff. überliefert anläßlich der

heit überreden, Hannibal die entsprechenden Vollmachten zu erteilen, selbst auf die Gefahr einer Verwicklung mit Rom. Vielleicht würden die Römer vor einem Krieg zurückschrecken. Die Ratsherrn beschlossen, Hannibal solle gegenüber Sagunt die Maßnahmen ergreifen, die er für nötig erachte.[49]

Die römischen Gesandten kehrten nach Rom zurück und erstatteten dem Senat Bericht[50] über ihre Eindrücke, die sie in Neukarthago und in Karthago gewonnen hatten. In Spanien würde es zum Krieg kommen, denn Hannibal sei nicht zum Nachgeben bereit. Sagunt sei eine geeignete Basis für die Kriegführung in Iberien.[51] Auch die Stimmung in Karthago sei feindlich.[52]

In der anschließenden Debatte[53] wurden unterschiedliche Ansichten geäußert. Die einen traten entschieden für Krieg ein, die anderen befürworteten eine vorsichtige Politik und wollten nochmals durch eine Gesandtschaft die Situation vor Ort überprüfen. Sicher verwiesen sie auf die Tatsache, daß die Römer zu keiner Bundesgenossenhilfe für die Saguntiner verpflichtet waren, mit denen sie nur ein informelles *amicitia*-Verhältnis hatten.[54] Sie sollten sich nicht gegen ihren Willen von den Saguntinern in einen Krieg verwickeln lassen.

Auch in der Frage der künftigen Strategie wurden unterschiedliche Ansichten vertreten. Die entschiedenen Kriegsbefürworter schlugen einen gleichzeitigen Angriff zu Wasser und zu Land in Iberien und in Afrika vor. Einige schreckten vor einem derartigen gewaltigen Unternehmen zurück

Debatte im Jahr 218 ein Rededuell zwischen Hanno und Hasdrubal, der die Interessen der Barkidengruppe vertrat. Huß 1985, 294 A 4 möchte ihn mit Hasdrubal, Sohn des Gisgo, identifizieren.

[49] P 3, 15, 8 erwähnt nur die Anfrage Hannibals, die Antwort des karthagischen Rates übergeht er. So erweckt das anschließende Vorgehen Hannibals gegen Sagunt den Eindruck, als handle er in eigener Vollmacht und ohne Rückendeckung. Die Antwort ist bei App Ib 10, 37, Ann 3, 11 überliefert: Hannibal solle tun, was er für richtig halte. Anders Fabius Pictor, P 3, 8, 7.

[50] P 3, 16, 1. Der Inhalt ergibt sich aus 3, 15, 12–13. Tammler 1971, 12–15.

[51] Diese Erkenntnis deutet auf eine evidente Fehleinschätzung hin. Denn Sagunt hatte keinen Hafen, lag mehrere Kilometer landeinwärts und war überhaupt keine allzu bedeutende Stadt. Für ein römisches Invasionsheer war der Besitz eines winterfesten Hafens unerläßliche Voraussetzung. An der iberischen Küste verdienten aber nur Neukarthago und Tarraco dieses Prädikat. Die Eroberung der Stadt durch Hannibal bewahrte die Römer davor, ihr Fehlurteil einsehen zu müssen.

[52] So der Eindruck nach L 21, 16, 1.

[53] Auch ohne ausdrücklichen Hinweis in den Quellen ist dies nach den Gepflogenheiten des Senats anzunehmen, vgl. A. O'Brien Moore, RE Suppl. 6, 1935, 707 ff. s. v. *senatus*.

[54] Vgl. Seibert 1993, 129.

und schlugen vor, nur in Iberien gegen Hannibal Krieg zu führen. Für beide Strategien ließen sich Argumente vorbringen. Bei einem gleichzeitigen Angriff in Iberien und in Afrika konnten sich die Karthager nicht gegenseitig Hilfe leisten. Diesem Vorteil standen große Nachteile gegenüber. Gleichzeitige Kriegführung in Iberien und Afrika verlangte die Bereitstellung von vielen Legionen, Schiffen, Verpflegung, Ausrüstung usw.[55] Außerdem hatte Rom in Afrika keinen Brückenkopf wie in Iberien. Deshalb erschien der andere Vorschlag, den Krieg auf einen Schauplatz zu beschränken, sinnvoll. Doch es war zweifelhaft, ob sich dieses Vorhaben verwirklichen ließ. Die Karthager würden sicher ihrem Feldherrn zu Hilfe kommen. Eine Entscheidung war schwierig. Keine Gruppe fand mit ihrer Ansicht eine Mehrheit.

Vordringlicher und im Augenblick günstiger schien den Senatoren eine Intervention in Illyrien,[56] wo sie seit dem 1. Illyrischen Krieg ein Protektorat besaßen. Ihrem Bundesgenossen Demetrios von Pharos, der sich allzu stark an Makedonien angelehnt hatte, warfen sie Vertragsbruch vor[57] und entschieden sich, gegen ihn vorzugehen.[58] Sie waren fest überzeugt, daß sie den Handlungsablauf bestimmten.[59] Wie konnten sie zu einer so gravierenden Fehleinschätzung kommen?[60] Die Vernachlässigung der karthagischen Flotte dürfte sie in trügerischer Sicherheit gewogen haben, die sie zu der Ansicht verführte, daß die Karthager keine Offensive starten könnten, während ihnen selbst alle operativen Möglichkeiten offenstanden. Außerdem schätzten sie die Karthager als militärische Gegner sehr gering

[55] P3, 16, 1 läßt klar erkennen, daß solche Fragen erörtert worden sind. Er weist allgemein auf zwei Punkte hin: Es dürfte sich um einen langwierigen Krieg handeln, und er mußte weit von der heimatlichen Basis entfernt geführt werden.

[56] Dies ergibt sich m. E. aus der Bemerkung des P3, 16, 1, daß die Römer von der Notwendigkeit eines Krieges mit Karthago überzeugt waren, diese Auseinandersetzung für langwierig ansahen und deshalb zunächst die Sicherung Illyriens für vordringlicher hielten. Zum römischen Protektorat vgl. o. S. 38 A 57. Seit 221 regierte in Makedonien Philipp V., ein junger Mann von 17 Jahren (bei Herrschaftsantritt), der seit 220 in den sog. Bundesgenossenkrieg verwickelt war. Walbank 1940, 24ff., J. v. Antwerp Fine, The Background of the Social War, AJPh 61, 1940, 129–165, Will II 1982, 59ff., Hammond III 1988, 369ff., Vollmer 1990, 70ff.

[57] P3, 16, 1ff. Demetrios soll mit 50 Lemben die festgelegte Fahrtgrenze von Lissos überquert haben.

[58] Vgl. J. van Antwerp Fine, Macedon, Illyria, and Rome, 220–219 B. C., JRS 26, 1936, 24–39.

[59] Die Entscheidung, zuerst in Illyrien für Ruhe und Ordnung zu sorgen, wurde in engem ursächlichen Zusammenhang mit der anstehenden karthagischen Frage getroffen. Dies geht aus P3, 15, 13 und 3, 16, 5ff. eindeutig hervor. Da das karthagische Vorhaben, sollte es zu einem Krieg kommen, langwieriger und schwieriger war, sollte zunächst im Osten eingegriffen werden.

[60] Da in den Quellen Hinweise fehlen, lassen sich nur Vermutungen anstellen.

ein.[61] Sie hielten ihre Legionen einer „Söldnertruppe“ für weit überlegen.[62] Abgesehen von deren starker Physis[63] sei ihre Motivation höher. Sie kämpften für ihre Heimat und ihre Familien und deren Freiheit, die Soldaten der Karthager täten alles nur für Geld. Die Senatoren übersahen, daß sich die Struktur des karthagischen Heeres in den letzten Jahren grundlegend gewandelt hatte.

Was sie bisher von dem jungen Feldherrn gehört hatten, konnte sie weder ängstigen noch ihnen Ehrfurcht abverlangen. Es hätte prophetischer Gaben bedurft, um die künftigen Erfolge Hannibals vorausahnen zu können. Der junge Mann, erst 27 Jahre alt, gerade zwei Jahre als Feldherr tätig, war ein unbeschriebenes Blatt. Von den Senatoren hatten viele als Konsuln Heere kommandiert, Feinde in offenen Schlachten besiegt und dafür Triumphe gefeiert, auf die sie mit Stolz zurückblickten. So gesehen wird ihre Einschätzung verständlich. Doch Fehleinschätzung, gepaart mit Überheblichkeit, zeugt nicht von Einsicht und Klugheit, obgleich beide Eigenschaften auch zu den Idealen der Römer zählten.

[61] Die Verachtung der Römer kommt in der Rede des P. Cornelius Scipio vor der Schlacht am Ticinus deutlich zum Ausdruck, P 3, 64, 3 ff., L 21, 40, 1 ff.

[62] Bezeichnend sind die negativen Urteile des P 6, 52 beim Vergleich des römischen mit dem karthagischen Heerwesen. Polybios gibt hier die römische Anschauung wieder. Vgl. Scipio in einer Rede bei L 28, 44, 5; 29, 3, 12 ff.

[63] Nach P 6, 52, 10 waren die Bewohner Italiens den Phönikern und Libyern körperlich überlegen.

Das Vorspiel: 219 v. Chr.

Die Antwort des karthagischen Rates ließ Hannibal die freie Entscheidung gegenüber Sagunt.[1] Das bedeutete aber keineswegs, daß er nach eigenem Belieben in Iberien schalten und walten konnte, wie er wollte.[2] Wenn die antiken Quellen fast ausschließlich von ihm sprechen und ihn als den hinstellen, der allein das Sagen hatte, so handelt es sich um eine einseitige Personifizierung, die keineswegs den tatsächlichen Verhältnissen entsprach.[3] In Wirklichkeit stand ihm ein Beratergremium (Synedrion)[4] aus Ratsherrn und Befehlshabern der einzelnen Heeresabteilungen zur Seite.[5] Seine Beteiligung am Entscheidungsprozeß, so bei Vertragsabschlüssen, aber auch bei der Kriegsplanung ist erwiesen,[6] die personelle Zusammensetzung aber weitgehend unbekannt.[7] Wie stark sein Einfluß auf Hannibals Entscheidung

[1] App Ib 10,37, Ann 3,11.

[2] Zu den Kompetenzen und den Einschränkungen, denen die karthagischen Feldherrn seit dem 1. Punischen Krieg durch die Anwesenheit eines Rates von Synhedroi unterworfen waren, vgl. allgemein B. Wollner, Die Kompetenzen der karthagischen Feldherrn, Frankfurt a. M. 1987.

[3] Cato bezeichnete Hannibal als *dictator* (frg. 86 Peter = Gellius n A 10,24,7). Aus römischer Sicht schrieb er ihm eine Machtstellung zu, die seine unumschränkten Vollmachten und seine Unabhängigkeit von Karthago zum Ausdruck bringen sollte. Griechische Quellen, wie App Lib 31 und Z 9,13,10 bezeichnen ihn entsprechend als *strategos autokrator.* Vgl. dazu C. Nicolet, Dictateurs romains, *strategoi autokratores*, grecs et généraux carthaginois, in: Dictatures, hrsg. v. F. Hinard, Paris 1988, 43 ff.

[4] Die Bezeichnung dieses Gremiums ist nicht einheitlich. Teils werden sie von Polybios *synedroi, philoi* oder *gerousiastai*, von L 21,54,2 *praetorium* = Kriegsrat genannt. Vgl. Groag 1929, 29 A 5. Zu Unrecht lehnte Gsell III 1918, 220 ein Beratergremium ab.

[5] Es wird nur gelegentlich in den Quellen erwähnt. P 10,18,1: Bei der Einnahme von Neukarthago gerieten zwei Mitglieder des Rates der Alten *(gerousia* bzw. *sanctius consilium)* und 15 Mitglieder des Großen Rates *(synkletos)* in römische Gefangenschaft, vgl. Huß 1985, 462 A 42, ebenso nach der Schlacht bei Ilipa L 28,4,4.

[6] Der Rat tagte vor der Schlacht an der Trebia (P 3,71,5, L 21,54,2), nach der Schlacht am Trasimener See (P 3,85,6). Vgl. ihre namentliche Erwähnung im Vertrag mit Philipp V., P 7,9,1 und 4. Vgl. Walbank II 1967, 44 mit Überblick über andere Deutungen.

[7] Namentlich genannt wird Hannibal Monomachos, der den barbarischen Vorschlag machte, man sollte die Soldaten an den Verzehr von Menschenfleisch ge-

war, läßt sich nur gelegentlich feststellen.[8] Seine Bedeutung unterstreicht die Forderung der Römer, nicht nur Hannibal wegen seines Angriffes auf Sagunt auszuliefern, sondern auch die Ratsherrn in seiner Umgebung.[9]

Hannibal und seine Berater diskutierten die Lage. Es bestand Einigkeit, daß sie gegen die Übergriffe Sagunts vorgehen mußten. Nach den Ankündigungen der römischen Gesandten bedeutete dies Krieg mit Rom. Für diesen Fall mußten sie rechtzeitig Vorbereitungen[10] treffen und Strategie und Taktik des Krieges festlegen.[11]

Das erste und wichtigste Ziel dürfte die Revision der „Knechtungsverträge" von 241, 238 und 235 mit der Rückgabe der verlorenen Gebiete auf Sizilien und Sardinien gewesen sein.[12] Die Macht Roms sollte so geschmälert

wöhnen, sollte es beim Alpenübergang zu Versorgungsschwierigkeiten kommen (P9,24,6). Selbstverständlich gehörten die beiden Brüder Hannibals, Hasdrubal und Mago, dazu. Auch der Jugendfreund Hannibals, Mago, der später den Beinamen der Samnite erhalten sollte, dürfte an den Beratungen teilgenommen haben (P9,25,4). Er soll mit seiner habgierigen Veranlagung Hannibal negativ beeinflußt haben. V. Ehrenberg, RE 14, 1, 1928, 505–506 s. v. Mago 9. Im Vertrag mit Philipp werden Mago, Myrkan und Barmokar wohl als Vertreter des karthagischen Rates beim Feldherrn (P7,9,1) genannt.

[8] Bezeichnend für den Einfluß der Berater ist der Versuch des Polybios, einen Teil der Hannibal angelasteten Grausamkeiten auf das Konto seiner Berater, etwa des Hannibal Monomachos, zu verbuchen, P9,24,1ff.

[9] P3,20,8; 34,8, vgl. Walbank I 1957, 331, 334, B. Wollner, a. a. O., 1987, 111 mit Lit.

[10] Nach P3,33,5 begann Hannibal mit den Kriegsvorbereitungen erst nach Rückkehr von der Eroberung Sagunts ins Winterlager, ca. Dezember 219/Januar 218, nach L21,21,1ff. und App Ib 13,51–52 erst nach der Kriegserklärung durch die Römer. Die karthagischen Gesandten sollen in ca. drei bis vier Monaten während des tiefsten Winters (Sumner 1960, 12) einen Alpenpaß zweimal überquert, die Verhandlungen mit den Kelten erfolgreich geführt haben und zu Frühlingsbeginn (P3,34,6) nach Neukarthago zurückgekehrt sein. Dies war in der kurzen Zeit nicht zu bewältigen. Allgemeine Überlegungen sprechen dafür, daß Hannibal gleichzeitig mit dem Beginn der Belagerung von Sagunt auch die Vorbereitungen für den Krieg gegen die Römer begonnen hat. Die Ansicht, die Invasion Hannibals sei ohne jede Vorbereitung unternommen worden (Hoffmann 1951 = WdF 371, 1974, 146ff., zustimmend Vollmer 1990, 140), ist m. E. nicht überzeugend.

[11] In der heutigen Zeit orientieren sich Strategie und Taktik an den Kriegszielen. In der Forschung ist umstritten, ob die moderne Praxis auf antike Verhältnisse übertragen werden darf. Direkte Hinweise in den antiken Quellen fehlen. Nur aus späteren Hinweisen lassen sich Rückschlüsse ziehen. Die gewaltigen Erfolge Hannibals in den Anfangsjahren könnten die Ziele weiter gesteckt haben, als ursprünglich vorgesehen war. Vgl. Seibert 1993, 158ff. Für einen frühzeitigen Beginn der Vorbereitungen vgl. Picard 1967, 163: Winter 220/19.

[12] Der Verzicht der Karthager auf die karthagische Epikratie im Vertrag mit Hie-

werden, daß die dauernden Einmischungsversuche ein Ende hatten. Karthago wollte als souveräner Staat voll anerkannt werden.[13] Um dieses Ziel erreichen zu können, sollte die Herrschaft Roms über Italien beseitigt, d. h. das römisch-italische Bundesgenossensystem aufgelöst werden. Wenn das Versprechen Hannibals, die Italiker von römischer Herrschaft zu befreien und ihnen ihre von Rom okkupierten Gebiete zurückzugeben, in vollem Umfang verwirklicht werden konnte, dann fiel Rom auf den Stand eines Kleinstaates zurück.[14]

Die Gestaltung des künftigen Italien läßt sich an den Verträgen Hannibals mit den Städten und Stämmen der Halbinsel ablesen, denen er volle Autonomie ohne jede Verpflichtung zu finanziellen und militärischen Leistungen für die Karthager zusicherte.[15] Die politische Landkarte Italiens hätte ein buntes Mosaik vieler autonomer Städte und Stämme gezeigt.[16] Ehrgeizige Lokalpolitiker, die vom Glanz vergangener Zeiten träumten, dürften von dieser Vision entzückt gewesen sein. Tatsächlich hätte dieser Zustand zum politischen Chaos geführt. Es wurde auch behauptet, er habe an die Stelle Roms eine andere Macht von seinen Gnaden setzen wollen und versprochen, Capua zur Hauptstadt Italiens zu machen, in der sich die Römer und alle anderen Völker Italiens ihr Recht holen sollten.[17]

Hannibal plante, weite Gebiete in Italien seinen Soldaten zur Ansiedlung zu überlassen, für die Römer eine Schreckensvision.[18] Teile Italiens sollten zu einer „Provinz Karthagos" werden, wo barbarische Numider und Mauren hausten, die sogar vor dem Verzehr von Menschenfleisch nicht zurückschreckten.[19] Er wollte sicher Rom nicht auslöschen, wie die römischen Ge-

ronymos (Schmitt III 1969, 529) beweist ihre Flexibilität. Ihre Politik wurde nicht von starren Gebietsansprüchen bestimmt.

[13] Dieses Ziel läßt sich meines Erachtens L 22, 58, 3 entnehmen. Hannibal erklärte den römischen Gefangenen nach Cannae, es gehe ihm nicht um die Vernichtung Roms, sondern um seine Ehre und Herrschaft.

[14] Wie stark bzw. wie schwach Rom am Ende des Krieges dastehen sollte, darüber läßt sich natürlich nur spekulieren. Vgl. Seibert 1993, 158ff.

[15] Zu den Verträgen Hannibals vgl. Schmitt III 1969, 524, 527, 531, 532, 533.

[16] Vgl. Hoffmann 1957 = WdF 371, 1974, 59–60.

[17] L 23, 6, 2; 10, 1–3. Es dürfte sich wohl um eine Erfindung der römischen Geschichtsschreibung handeln, um die Maßlosigkeit und Hybris campanischer Ansprüche zu dokumentieren.

[18] Vgl. die Vision, die Hannibal seinen Soldaten vor der Schlacht am Ticinus über ihr Leben nach dem Krieg entwickelte. Er versprach ihnen Landbesitz in Italien, Afrika und Iberien, wo immer sie es wünschten. Der Besitz sollte für sie und ihre Nachkommen abgabenfrei sein. Auch die Verleihung des karthagischen Bürgerrechtes stellte er in Aussicht, L 21, 45, 4–7. Vor der Schlacht bei Cannae stellte Hannibal seinen Soldaten im Falle eines Sieges die Herrschaft über Italien vor Augen. Sie würden sich den Wohlstand der Römer aneignen und Führer und Herren aller sein, P 3, 111, 8.

[19] L 23, 5, 13.

schichtsschreiber behaupteten.[20] Sein Bekenntnis vor den Cannaegefangenen, er führe keinen Vernichtungskrieg gegen die Römer, ist durchaus glaubwürdig und wird durch seine Taten bestätigt,[21] überstieg aber ihr Vorstellungsvermögen.[22]

Der Kriegsplan[23] mußte nach Möglichkeit auch die Absichten des Gegners berücksichtigen. Im ungünstigsten Fall würden sie gleichzeitig in Iberien und in Afrika angreifen. Hannibal wollte durch eine Offensive ihnen zuvorkommen. Die bitteren Erfahrungen des Söldner- und Libyschen Krieges hatten ihn gelehrt, daß der Krieg im Feindesland geführt werden mußte. Da die karthagische Kriegsflotte zum Transport eines Heeres nicht ausreichte,[24] außerdem die Risiken einer Invasion zur See zu groß schienen,[25] bot sich der Landweg von selbst an. Die Route von Iberien durch Südfrankreich über die Alpen nach Oberitalien – die Hodos Herakleia – wurde von den Kaufleuten viel benutzt.[26] Der Keltenkrieg hatte gezeigt, daß man mit einem Heer die Alpen überqueren konnte. Hier bot sich die Möglichkeit, die Römer zu überraschen, die mit einem karthagischen Angriff nur im Süden Italiens rechneten.

[20] App Lib. 53, 231 im Falle eines Sieges sollte nicht einmal mehr der Name Römer bestehen bleiben, vgl. 64, 283. Groag 1929, 79 ff.

[21] L 22, 58, 3.

[22] Subjektiv ist ihre Sicht durchaus verständlich. Kein Römer konnte sich vorstellen, daß der Feind nicht die Vernichtung Roms wünschte. Ihre Voreingenommenheit wird in der Version über den Vertrag Hannibals mit Philipp V. erkennbar, die Hannibal die Absicht unterstellte, die Welt (Hannibal in Italien und Philipp in Griechenland) teilen zu wollen (L 23, 33, 11, App Mak 1, Z 9, 4). Tatsächlich rechnete Hannibal nach einem Sieg über die Römer mit deren Ersuchen um einen Freundschaftsvertrag, vgl. P 7, 9, 12. Zu dem Vertrag vgl. Schmitt III 1969, Nr. 528.

[23] Vgl. Seibert 1993, 152 ff.

[24] Man wundert sich, daß eine Seefahrernation wie die Karthager ihr ganzes Gewicht auf ein Landunternehmen konzentrierte. Wurde im Rat Hannibals die Alternative, mit einer Flotte das Heer nach Italien zu transportieren, nicht erwogen? Tatsache ist, daß die verfügbaren Kriegsschiffe für eine Invasion über See nicht ausreichten. Innerhalb eines Jahres konnten allerdings genügend Schiffe auf Kiel gelegt werden.

[25] Vor dem Transport des Heeres auf dem Seeweg nach Ligurien oder Etrurien – das hätte den Anmarsch über die Alpen erspart – dürften die karthagischen Seeleute gewarnt haben. Diese Strecke war durch die starken, lang wehenden Mistralwinde im Golfe du Lion besonders gefährlich. Vgl. A. Trevor Hodge, Massilia, Meteorology and Navigation, AW 7, 1983, 67–88. Der Mistral weht aus nordwestlicher Richtung durchschnittlich an 136 Tagen im Jahr, und zwar in Serien von 3, 6 und sogar 9 Tagen mit Windgeschwindigkeiten bis zu 90 km/h.

[26] Zur „Heraklesstraße" vgl. R. Dion, La voie héracléenne et l'itinéraire transalpin d'Hannibal, in Hommages à A. Grenier, Brüssel I 1962, 527–543, N. J. De Witt, Rome and the Road of Hercules, TAPhA 72, 1941, 59–69, R. C. Knapp, La via Heraclea en el Occidente, Emerita 54, 1986, 103–122.

Wenn Hannibal von Norden angriff, konnte er die Kelten, die, erst kürzlich unterworfen, am ehesten geneigt waren, die ungeliebte Herrschaft abzuschütteln, als Verbündete und als Operationsbasis gewinnen. Die übrigen Bundesgenossen der Römer wollte er durch das Versprechen, ihnen die Freiheit und den von Rom okkupierten Besitz zurückzugeben, zum Abfall von Rom und zum Anschluß an die Karthager bewegen. Um die Offensive des Feindes zu verhindern, plante er, ihn zur Verteidigung seines Landes zu zwingen. Er wollte die Kelten in Oberitalien zu einem Aufstand veranlassen. Dadurch würden die Römer gezwungen, wenigstens einen Konsul mit einem Heer nach Oberitalien zu entsenden.[27] Durch Angriffe der karthagischen Flotte auf Gebiete in Sizilien und Unteritalien könnte der andere Konsul von einer Invasion in Afrika abgehalten werden.

Die Kriegsplanung sah auch einen defensiven Teil vor, um eine eventuelle. Invasion der Römer in Iberien und in Afrika abzuwehren. In beiden Gebieten sollten starke Heere stationiert werden. Wie in Iberien wurden an der Küste Afrikas Nachrichtenstationen angelegt.[28] Die Planungen und ihre Ausführung wurden mit dem Rat in der Heimat abgesprochen.[29]

Umfangreiche Vorbereitungen waren notwendig, sollte der Feldzug nicht mit einem Fiasko enden.[30] Nur wenn der Einmarsch in Oberitalien mit einem intakten Heer gelang, konnte Hannibal den Krieg gegen die Römer erfolgreich beginnen. Der Krieg würde lange dauern. Selbst bei günstigster

[27] P 3,40,7.

[28] Für Spanien bezeugt L 22,19,6 diese Beobachtungstürme, für Afrika und Spanien Plin n h 2, 181; 35, 169. Vgl. P. Moret, MCV 26, 1990, 5–43. Für die Gegend um Hadrumetum erwähnt Caesar, bellum Africanum 37,4, die Existenz solcher Beobachtungstürme aus „sehr alter" Zeit, d.h. vorrömisch. Die Errichtung der Türme geht wohl auf Hannibal zurück, da sie mit seinem Namen verbunden sind. Archäologische Funde haben die Existenz von Verteidigungsanlagen mit kleinen Forts an der Küste in der Gegend von Karthago und von Kap Bon nachgewiesen, u.a. in Ksar el Ashur, Henshir Torba und Ksar el-Kebsh sowie am Kap Bon. Vgl. P. Bartoloni, Fortificazioni puniche nel mediterraneo, Cultura e Scuola 37, 1971, 193–198, S. Moscati, Le basi militari di Cartagine, in: *Philias charin*. Miscellanea di studi classici in onore di E. Manni, Rom 1980, V 1595–1601, F. Barreca, Le fortificazioni puniche sul Capo Bon, Prospezione Archeologica al Capo Bon II (Collezione di Studi Fenici 14), Rom 1983, 13ff., F. Barreca, Gli Eserciti annibalici, Studi Annibalici, RSA 13–14, 1983–1984 (ersch. 1985), 54, Maya Gharbi, Les fortifications préromaines de Tunisie: le cas de Kélibia, in: Africa Romana, Atti del VII Convegno di Studio Sassari 1989, ed. A. Mastino, Sassari VI 1, 1990, 187–198.

[29] Dies ergibt sich u.a. aus den gleichzeitigen Flottenoperationen von Karthago gegen Sizilien und dem vereinbarten Treffen Hannibals mit der Flotte vor der Küste Etruriens im nächsten Frühjahr, vgl. P 3,96,9.

[30] Bezeichnend für den umsichtigen Planer Hannibal ist, daß er nicht nur die Route über die Alpen bis Oberitalien erkunden ließ, sondern ebenso den Weitermarsch über den Apennin, vgl. P 3,61,3.

Prognose mußte er erhebliche Verluste einkalkulieren. Um den dringend benötigten Nachschub und Ersatz zu sichern, mußte eine logistische Linie von Iberien durch Südfrankreich über die Alpen nach Oberitalien aufgebaut werden.

Hannibal schickte Gesandte zu den Völkern und Stämmen der Gegenden, die er mit seinem Heer passieren wollte. Seine Beauftragten hatten detaillierte Anweisungen in ihrem Gepäck, nach denen sie ihre Verhandlungen führen sollten. Der wichtigste Auftrag lautete, den einheimischen Völkern zu versichern, daß Hannibal mit seinem Heer friedliche Absichten hatte und nur durchmarschieren wollte. Mit viel Geschick gelang es, ihnen den naheliegenden Verdacht, die Karthager wollten sie unterwerfen, auszureden und die Erlaubnis zum Durchzug gegen entsprechende Zahlungen abzukaufen.[31]

Die Gesandten brachten sogar das Kunststück fertig, den Stämmen die Erlaubnis für die Stationierung von karthagischen Truppen zur Sicherung der Nachschubverbindungen abzuhandeln,[32] und vereinbarten Verträge, die eventuelle Streitigkeiten regelten. Bei Klagen gegen die Karthager sollten sich die Kelten an die karthagischen Befehlshaber in Iberien, die Karthager sich an die keltischen Frauen wenden.[33]

Die einheimischen Völker sollten gegen Bezahlung die Verpflegung[34] des durchziehenden Heeres besorgen und Führer besonders für die Alpenüberquerung zur Verfügung stellen, für die die Soldaten auch mit geeigneten Schuhen und Bekleidung vor Ort ausgerüstet werden sollten. Entsprechende Vereinbarungen wurden getroffen.[35] Vertreter der Kelten-

[31] Die antike Tradition stellt den Vorgang so dar, als habe Hannibal den Durchzug teils mit Geld, teils mit Gewalt erzwungen (P 3, 41, 7, L 21, 26, 6). In den Augen eines Römers war dieses Verhalten unwürdig. Die Kelten werden als ein unzuverlässiges und geldgieriges Volk charakterisiert, dessen Wohlwollen man immer mit Geldzahlungen erkaufen mußte (L 21, 20, 8). Römischem Selbstverständnis war die Vorstellung zuwider, daß man sich Souveränitätsrechte abkaufen ließ, vgl. Caesar, bellum Gallicum 1, 8, 3. Auch in den Alpen war es üblich für die Benutzung der Wege „Maut" zu kassieren (Strabon 4, 6, 7 [205]). Vgl. G. Walser, Die militärische Bedeutung der Alpen in der Antike, in: Krieg und Gebirge, Revue Internationale d'Histoire Militaire 65, 1988, 18–19.

[32] Vgl. dazu Seibert 1989, 213–221.

[33] Vgl. Schmitt III 1969, Nr. 519, vgl. auch J. Weisweiler, Die Stellung der Frau bei den Kelten und das Problem des keltischen „Mutterrechtes", Zeitschrift für Celtische Philologie 21, 1939, 205–279, bes. 212.

[34] Im Kriegsrat Hannibals soll Hannibal Monomachos zur Lösung der Versorgung den Vorschlag gemacht haben, notfalls sollten die Soldaten Menschenfleisch essen (P 9, 24, 1 ff., Cass frg. 57, 3). Diese Schauermär wurde verbreitet, um das Bild des grausamen Karthagers *(crudelissimus Hannibal)*, der mehr Tier als Mensch war, zu stützen. Polybios nahm ihn zu Recht gegen diese Vorwürfe in Schutz.

[35] Im Gebiet der Allobroger, vor Beginn des Alpenanstiegs, wurde das gesamte

stämme sollten nach Neukarthago kommen und ihr Einverständnis bekunden.[36]

Die „Spionageabteilung" hatte den Auftrag, die Einstellung der italischen Bevölkerung zu den Römern genauestens auszuforschen.[37] Hannibals Konzept basierte auf der Erwartung, daß die *socii* der Römer zu ihm abfielen. Deshalb benötigte er genaue Informationen, wie die Stimmung in den Städten und bei den Stämmen war. Viele Nachrichten dürfte er von karthagischen Kaufleuten erhalten haben, die unauffällig in den Hafenstädten die Lage sondieren konnten. Noch besser waren Informanten in der Schaltzentrale des Gegners.[38]

Diese Vorbereitungen waren nicht in wenigen Wochen zu bewältigen. Der Krieg gegen die Römer konnte erst im nächsten Jahr begonnen werden. Hannibal stand nicht unter Zeitdruck, als er sich an die Aufgabe machte, die er vor seinem Aufbruch aus Spanien lösen mußte: die Eroberung von Sagunt. Bevor er die Stadt mit einem Heer angriff, versuchte er den Konflikt zwischen den Torboleten und den Saguntinern durch Verhandlungen beizulegen. Er lud beide Parteien zu sich und forderte sie auf, ihre strittigen Punkte vor ihm als Schiedsrichter vorzutragen. Die Saguntiner schickten zwar eine Gesandtschaft, waren aber nicht bereit, ihm die Entscheidung zu überlassen, sondern erklärten, sie wollten sich nur den Römern anvertrauen.[39] Hannibal hatte seinen Willen nach Ausgleich bekundet und konnte die Saguntiner als diejenigen hinstellen, die eine friedliche Lösung zurückwiesen.

Im Frühjahr 219 marschierte er mit seinem Heer von Neukarthago nach Sagunt. Nach der Verwüstung des umliegenden Gebietes begann die Belagerung.[40] Arse – wie die Stadt nach Ausweis ihrer Münzen hieß – oder Saguntum, wie es die Römer nannten, lag ca. 4,5 km vom Meer entfernt[41] in ge-

Heer der Karthager mit Kleidung und Schuhwerk ausgerüstet (P 3, 49, 11, L 21, 31, 8). Da man in der Antike nicht auf Halde produzierte, hätte man ein ganzes Heer (ca. 38000 Mann zu Fuß und 8000 Reiter) niemals aus den vorhandenen Beständen ausrüsten können. Da dies aber tatsächlich geschehen konnte, ist der Schluß berechtigt, daß die Gesandten entsprechende Lieferungen vorher vereinbart hatten.

[36] Hannibal brach mit seinem Heer erst auf, als diese Abgesandten bei ihm in Neukarthago im Frühjahr 218 eintrafen, vgl. P 3, 34, 1.

[37] P 3, 34, 3 nur für die Kelten.

[38] Bis 216 war ein karthagischer Spion in Rom tätig, L 22, 33, 1.

[39] App Ib 10, 38.

[40] P 3, 17, L 21, 7–9, 2; 11, 3–15, App Ib 11, 40–12, 47, D 25, 15, Z 8, 21, Fl 1, 22, 6, Eu 3, 7, 2, Or 4, 14, 1, Sil 1, 296–563, 576–583; 2, 25–269, 391–474, Augustin, de civitate dei 3, 20. Seibert 1993, 136 ff.

[41] Die Entfernungsangaben schwanken. Nach P 3, 17, 2 waren es 7 Stadien bis zum Meer = ca. 1,3 km, nach L 21, 7, 2 *mille passuum* = 1,5 km, anders Plin n h 3, 20 drei Meilen = 4,5 km. Heute beträgt die Entfernung ca. 6 km. Die Unterschiede werden

sicherter Lage auf einem Plateau (ca. 170 m hoch am rechten Ufer des Rio Palancia), das nach allen Seiten steil abfällt.[42] Die iberische Siedlung dürfte den heute noch von imponierenden Mauern mit Resten aus iberischer, karthagischer, römischer, arabisch-maurischer und späterer Zeit eingerahmten Burgberg eingenommen haben. Nur im Westen ist der Zugang weniger steil. Hier konnten die Belagerungsmaschinen an die Mauer herangeführt werden.[43]

Die Bewohner waren bereit, ihre Stadt bis zum Äußersten zu verteidigen. Hannibals persönlicher Einsatz war vorbildlich.[44] Bei einer unvorsichtigen Attacke wurde er schwer verwundet.[45] Im Belagerungsbericht werden alle modernen Belagerungsmaschinen wie Sturmdächer und Sturmböcke, Rolltürme, Geschütze und Wurfmaschinen erwähnt. Die Verteidiger wurden aber weniger mit poliorketischen Mitteln bezwungen als durch langsames Aushungern so geschwächt, daß sie schließlich dem Sturmangriff der Karthager zum Opfer fielen. Dies soll aber auch erst geglückt sein, als die Saguntiner bei einer Versammlung waren und einen Vermittlungsvorschlag[46] zur Übergabe der Stadt diskutierten. Hannibal nutzte angeblich die Gelegenheit, als die Mauern von Verteidigern entblößt waren.[47] Mit großer Grausamkeit wurde alles in der Stadt, Männer, Frauen und Kinder, niederge-

in der Forschung mit den alluvialen Anschwemmungen des Rio Pallancia erklärt. Dies könnte bei der Angabe des Plinius durchaus zutreffen, allerdings nicht die Differenz zu Polybios und Livius für das Ende des 3. Jh. erklären. Zum Namen vgl. F. Villaronga, Las monedas de Arse-Saguntum, Barcelona 1967.

[42] Vgl. A. Balil, EAA 6, 1965, 1064 s. v. Sagunto mit Lit., D. Fletcher, Princeton Encyclopedia of Classical Sites, Princeton 1979, 782–783 mit Lit.

[43] Vgl. den Plan in Guia de los monumentos romanos y del castillo de Sagunto.

[44] P 3, 17, 8.

[45] L 21, 7, 10, vgl. Z 8, 21, 10.

[46] Zuvor war der Vermittlungsversuch des Saguntiners Alco an den harten Bedingungen Hannibals gescheitert. Die Saguntiner sollten den Besitz der Torboleten und ihren gesamten Gold- und Silbervorrat abgeben. Dafür sollte ihnen erlaubt werden, mit einem Gewand die Stadt zu verlassen. Sie sollten sich dort ansiedeln, wo Hannibal es ihnen gestatte (L 21, 12, 4–5). Alco blieb im Lager Hannibals, da er sicher war, daß diese Bedingungen abgelehnt würden. Der neue Vermittlungsvorschlag ging auf die Initiative des Iberers Alorcus zurück, der im Heer Hannibals war und gleichzeitig auch mit Sagunt in gastfreundschaftlichem Verhältnis stand (L 21, 12, 6). Den Saguntinern wurde angeboten, mit Frauen, Kindern und zwei Kleidungsstücken unversehrt ihre Stadt verlassen zu können. Auch ihr Grundbesitz sollte ihnen bewahrt bleiben. Allerdings sollte ihnen ein anderer Platz für die Anlage ihrer Stadt zugewiesen werden (L 21, 13, 6–7).

[47] L 21, 14, 2. Diese Version diente offensichtlich zur Herabsetzung Hannibals und sollte das Bild des hinterlistigen Karthagers stützen. Frontin 3, 10, 4 bewahrte eine andere Version: Die Saguntiner seien bei einem Ausfall in einer Zangenbewegung von Hannibals Truppen niedergemacht worden.

macht, soweit diese nicht die Selbstverbrennung vorgezogen hatten.[48] Die Beute war riesig, die teils den Soldaten zugeteilt, teils nach Karthago übersandt wurde.

Die Belagerung hatte acht Monate gedauert.[49] Das war eine lange Zeit und stellt nur den Verteidigern, aber nicht dem Angreifer ein gutes Zeugnis aus, zumal Livius ausdrücklich auf die geringe Zahl der Verteidiger hinwies und ihre Mauer als nicht sehr widerstandsfähig bezeichnete.[50] Die Verwundung Hannibals kann ebensowenig ein Verzögerungsgrund gewesen sein wie sein Feldzug gegen die Oretaner und Carpetaner während der Belagerung. War er nicht in der Lage, die Stadt in kürzerer Zeit zur Übergabe zu zwingen, oder wollte er sie ohne große Anstrengung durch Aushungern einnehmen?[51] Zweifellos stand er nicht unter Zeitdruck. Doch die achtmonatige Belagerung steigerte vor allem den Ruhm der Verteidiger, deren tapferes Ausharren und Treue als hochgelobtes Beispiel in die römische Literatur einging.[52]

Die Belagerung erwies sich als ein langwieriges, kostspieliges und wenig effektives Unternehmen, für die schnelle Unterwerfung einer ganzen Landschaft ungeeignet.[53] Hannibal machte auch die Erfahrung, daß sein Heer für eine Belagerung ungeeignet war. Die Reiterei, seine größte und wichtigste Waffe in den Schlachten, war für die Poliorketik nicht nur nutzlos, sondern sogar hinderlich.[54]

Das erste Kriegsziel, den Römern die Basis in Iberien wegzunehmen,

[48] Vgl. auch Val Max 6,6, ext. 1. Zu Kollektivselbstmorden, einem in der antiken Literatur beliebten Thema, vgl. L. Voisin, Capoue et les Bacchanales, MEFRA 96,2, 1984, 618–623.

[49] P 3,17,9, L 21,15,3; 30,9, Z 8,21,10, Or 4,14,1. Fl 1,22,6 gibt neun Monate, Auctor de viris illustr. 42,2 sechs Monate, Augustin, de civitate dei 3,20 im achten oder neunten Monat. Zum Datum vgl. Summer 1966, 8 und Proctor 1971, 17.

[50] L 21,8,4; 11,8.

[51] Angeblich soll die Lage der Belagerten so schlimm gewesen sein, daß sie sich zu Formen des Kannibalismus hinreißen ließen. Vgl. Petronius 141,9, Iuvenal V 15,93–115. Möglicherweise deutet auch Sil 2,461–474, bes. 472 *(nil temerare piget)* diese Auswüchse an.

[52] Vgl. Sallust, hist. II frg. 64, Plin n h 3,20, Mela II 92, Sil 1,332ff., Fl 1,22,3, Iuvenal V 15,114ff., Ammian 15, 10,10, Augustin, de civ. dei 3,20, Or 4,14,1.

[53] Die lange Dauer des Unternehmens dürfte sich auf Hannibals Einstellung zur Belagerung als militärisches Kampfmittel ungünstig ausgewirkt haben. Vgl. auch K. Christ, WdF 371, 1974, 28. Man vergleiche die Empfehlung des chinesischen Militärtaktikers Sunzi, Die Kunst des Krieges, hrsg. v. J. Clavell, München 1988, 35, der als die schlechteste militärische Führerschaft bezeichnete, befestigte Städte zu belagern, da die Vorbereitungen zu viel Zeit in Anspruch nähmen.

[54] Vgl. P 9,4,1ff. bei dem vergeblichen Versuch Hannibals, mit seiner Reiterei den Belagerungsring der Römer um Capua aufzuheben. Vgl. u. S. 303.

hatte er mit der Einnahme von Sagunt dennoch erreicht.[55] Gleichzeitig wurde ein Unruhestifter und Feind der Karthager beseitigt. Es wäre verantwortungslos gewesen, ohne das Saguntproblem gelöst zu haben, in den Krieg gegen Italien zu ziehen. Die materiellen Gewinne waren zur Finanzierung des Krieges nur zweitrangig.

Zu seiner Überraschung hatten die Römer ihre Drohung bisher nicht wahrgemacht. Wo waren sie geblieben? Die Saguntiner dürften sich diese Frage oft gestellt haben, eingedenk der entschiedenen Worte der römischen Gesandten. Galt die römische *fides* nichts? Nur Zorn über die unzuverlässigen Römer herrschte vor.[56] Polybios[57] entschuldigte das Ausbleiben römischer Hilfe mit dem Feldzug gegen Demetrios von Pharos. Die moderne Forschung sah dagegen in der Uneinigkeit der Senatoren über das weitere Vorgehen den eigentlichen Grund.[58] Livius empfand Roms Verhalten als beschämend und versuchte es zu verdecken. Die römische Geschichtsschreibung erfand eine Gesandtschaft, die zu Hannibal kam, von ihm aber nicht empfangen wurde[59], was als Verstoß gegen das Völkerrecht und Bruch des Vertrages angesehen wurde. Schließlich verkürzte Livius den zeitlichen Ablauf der Ereignisse so, daß die Römer scheinbar sofort mit dem Heereszug nach Iberien begannen, ihnen aber der Fall der Stadt zuvorkam.

Nüchterne Überlegungen[60] zeigen, daß die Senatoren zu Recht die Konsuln L. Aemilius Paullus und M. Livius Salinator, die mit dem Krieg in Illyrien beschäftigt waren, nicht zurückbeorderten.[61] Sie hätten zwar ein neues

[55] Nach P 3, 17, 1 ff., Walbank I 1957, 329, soll Hannibal mit dem Angriff auf Sagunt vier Ziele verbunden haben. Er wollte den Römern die Hoffnung nehmen, in Iberien selbst Krieg zu führen. Außerdem erwartete er eine günstige Wirkung auf die unterworfenen iberischen Stämme. Bei seinem Abzug wollte er keinen Gegner zurücklassen, und schließlich plante er mit der Einnahme der reichen Stadt, die materielle Voraussetzung für den Kriegszug nach Italien zur Entlohnung seiner Soldaten und für Bestechungssendungen nach Karthago zu schaffen. Während die militärischen Motive durchaus einleuchtend sind, sind am letzten Punkt erhebliche Zweifel angebracht. Zwar wird in den antiken Quellen der Reichtum der Stadt besonders hervorgehoben (L 21, 7, 2, Fl 1, 22, 3, App Ib 12, 44, Z 8, 21, 4, Or 4, 14, 1, Augustin, de civitate dei 3, 20), aber gerade ein Historiker wie Polybios mit großer militärischer Erfahrung hätte wissen müssen, daß eine einzelne Stadt nie so reich sein konnte, daß damit ein ganzer Feldzug zu finanzieren war. Die wirtschaftliche Bedeutung der Stadt wird stark übertrieben. Dem Punier soll als Motiv Habgier unterstellt werden, die ihn allein zum Ausharren bei der langen Belagerung angetrieben habe.

[56] Fl 1, 22, 6.

[57] P 3, 16, 4–5.

[58] Seibert 1993, 144.

[59] So bereits Cicero, Philippicae 5, 27, L 21, 6, 8, App Ib 11, 40, Z 8, 21, 8, Or 4, 14, 2.

[60] K.-W. Welwei, Die Belagerung Sagunts und die römische Passivität im Westen 219 v. Chr., TALANTA 8–9, 1977, 156–173 mit älterer Literatur.

[61] P 3, 16; 18–19. Büttner-Wobst, RE Suppl. 1, 1903, 342–345 s. v. Demetrios 44a,

Heer ausheben und einen Prätor mit dem Kommando beauftragen können. Das wäre aber ein gefährliches Vorhaben gewesen, da das römische Heer keinen sicheren Landungsplatz hatte, ohne den das Unternehmen leicht mit einer völligen Niederlage enden konnte. Ein gleichzeitiger Angriff in Afrika und Iberien war im Jahr 219 völlig ausgeschlossen. Für das römische Ansehen war die Passivität zwar abträglich, aber insgesamt ein Gebot der Vernunft.

Die Senatoren blieben dennoch nicht untätig,[62] als sie von der Belagerung Sagunts erfuhren. Die Aktivitäten karthagischer Gesandter dürften ihnen nicht verborgen geblieben sein und forderten zu einer Reaktion auf. Für Sagunt mußte unverzüglich ein Ersatz gefunden werden. Deshalb schickten sie eine Gesandtschaft nach Iberien und Gallien, um dort Verbündete zu gewinnen.[63] Bei den Bargusiern waren sie erfolgreich. Durch Vermittlung ihres Verbündeten Massilia fanden die Gesandten auch wohlwollende Auf-

Walbank I 1957, 324ff., 330–331, Gabriele Marasco, Interessi commerciali e fattori politici nella condotta romana in Illiria (230–219 a.C.), SCO 36, 1986, 98ff.

[62] Die römische Überlieferung will den Eindruck erwecken, als sei der Entschluß zum Krieg erst nach Bekanntwerden der Einnahme Sagunts getroffen worden. Auch dann habe man nicht sofort mit den Rüstungen begonnen, sondern erst alle Formalien, die für eine ordentliche und rechtmäßige Kriegserklärung nach römischem Recht *(ius fetiale)* vorgeschrieben waren, zu erfüllen versucht. Nach Livius kehrte diese Gesandtschaft aber nicht direkt von Karthago nach Rom zurück, sondern fuhr noch nach Iberien und Gallien weiter, um hier Unterstützung im Krieg gegen die Karthager zu finden (L21,19,6 – 20,9, vgl. Cass frg. 56).

[63] Diese Gesandtschaft wird von L21,19,6–20,9 für das Jahr 218 im Anschluß an die Kriegserklärung in Karthago überliefert, vgl. Cass frg. 56. Meines Erachtens gehört sie bereits ins Jahr 219, da die Tendenz der Stelle evident ist. P3,35,4 bestätigt indirekt, daß die Römer bereits vor 218 Kontakte zu iberischen Völkern aufgenommen hatten. Denn als Hannibal bei seinem Vormarsch über den Ebro ins Gebiet der Bargusier vorstieß, führt Polybios an, daß Hannibal diesem Volk besonders wegen seiner wohlwollenden Einstellung zu den Römern mißtraute. Daraus folgt, daß die von Livius erst in das Jahr 218 datierte Gesandtschaft bereits ins Vorjahr gehört. Vielleicht wurde diese Gesandtschaft mit derjenigen, die angeblich während der Belagerung Sagunts erschien, verwechselt. Die Historizität dieser Gesandtschaft wurde von Kahrstedt 1913, 160, De Sanctis III 2,1916,174, A. Klotz, Livius und seine Vorgänger, Stuttgart 1940, 124, Errington 1970, 51 A 1 abgelehnt, während sie von H. Hesselbarth 1889, 12 wegen P3,35,4, von Sumner 1968, 241–242 (Datierung ins Jahr 220/19 [= erste römische Gesandtschaft zu Hannibal, die nicht nach Karthago, sondern nach Gallien weiterreiste], Ch. Ebel, Transalpine Gaul, Leiden 1976, 24–25, Vollmer 1990, 139 [im Jahr 218]) als glaubwürdig angesehen wurde. Für die Glaubwürdigkeit spricht m.E. auch, daß den römischen Gesandten von den Volciani in Iberien einige Wahrheiten gesagt wurden, die wohl kaum ein Annalist gefälscht hätte. Allerdings enthält der Bericht auch Angaben, die mit äußerster Skepsis, wenn nicht sogar mit Ablehnung aufzunehmen sind.

nahme in Emporion und in Tarraco und die Zusicherung, ihr Heer an Land setzen zu können.[64] Zur Sicherung des Keltengebietes in Oberitalien sollten zwei latinische Kolonien in verkehrsgünstiger Lage am Po, Placentia im Gebiet der Anaren und Cremona im Gebiet der Cenomanen mit je 6000 Siedlern, angelegt werden.[65] Die ungewöhnlich große Zahl von Kolonisten in der Stärke von 1 1/2 Legionen läßt den militärischen Charakter des Unternehmens erkennen.

Mit diesen militärischen und diplomatischen „Vorbereitungen" auf beiden Seiten ging das Jahr 219 vorüber. Es sollte der Auftakt zu einem langen Krieg werden, dem schwersten Krieg, den die Römer in ihrer Geschichte durchstehen mußten. Als ihre Konsuln im feierlichen Triumphzug nach ihrem Sieg über Demetrios von Pharos und die Illyrer im Spätsommer in Rom einzogen, ahnten sie wohl kaum, daß dies für viele Jahre der letzte Triumph über einen Feind sein sollte.[66]

64 P 3, 76, 1; 76, 12, L 21, 60, 3; 61, 11.

65 Die Deduktion ist erst für das Jahr 218 bezeugt, vgl. P 3, 40, 4 ff., L 21, 25, 3 ff. Das Gründungsdatum der Kolonien ist der 31. Mai 219, vgl. Asconius, Comm. zu Cicero, in Pisonem 23, 53. A. M. Eckstein, Two Notes on the Chronology of the Outbreak of the Hannibalic War, RhM 126, 1983, 257–268. Der Beschluß zur Gründung muß aber bereits vor 218 gefaßt worden sein, da er noch bei L per 20 steht. Vgl. Eckstein 1987, 327–329.

66 Erst Q. Fabius Maximus konnte nach der Einnahme von Tarent im Jahr 209 einen Triumph feiern. Vgl. u. S. 359.

Das 1. Kriegsjahr: 218 v. Chr.[1]

Spanien

Hannibal kehrte Ende Dezember 219/Anfang 218 von der Belagerung Sagunts nach Neukarthago zurück[2] und entließ seine Truppen für den Rest des Winters in die Heimat. Die Gelegenheit war günstig, sie bereits auf die Pläne des nächsten Jahres vorzubereiten und sie auf eine längere Abwesenheit von der Heimat einzustimmen.[3] Die Voraussetzungen waren bestens. Die Soldaten waren großzügig an der Beute beteiligt worden.[4] Das wirkte besser als wortreiche Versprechungen auf künftige Gewinne. Für das kommende Frühjahr wurde ihnen ein Tag bestimmt, an dem sie sich in Neukarthago einfinden sollten.

Dann[5] unternahm Hannibal eine Wallfahrt nach Gades, um dem Gott Melqart seine Gelübde einzulösen und ihn sich für die Zukunft durch neue Versprechungen zu verpflichten.[6] Im Frühjahr feierten die Karthager das Fest der Auferstehung des Gottes, das Hannibal wohl zum Anlaß nahm, dem Gott seinen Dank abzustatten. Der Tempel Melqarts lag weit außerhalb der Stadt Gades am anderen Ende der Insel (h. Isla S. Petri) direkt am Meer. Es war ein von Säulen umgebener Hof ohne ein Kultbild. Ein Grieche, der an die Prachtbauten seiner Götter gewohnt war, dürfte von dem bescheidenen Äußeren enttäuscht gewesen sein. Die Priester des Gottes, die in dauernder Keuschheit leben mußten, versahen ihren Gottesdienst barfuß, das

[1] Kahrstedt 1913, 365ff., De Sanctis III 2, 1916, 1ff., 229ff., Thiel 1946, 35ff., Lazenby 1978, 29ff., 125ff., Huß 1985, 294ff., Karte Nr. 1.

[2] P 3,33,5, L 21,21,1. Sumner 1966, 8, Proctor 1971, 17ff. Die Angabe des Livius, daß Hannibal damals bereits von der Kriegserklärung der Römer informiert worden wäre, ist verfrüht, sie fällt nach P 3,34,6 um den Frühjahrsbeginn.

[3] L 21,21,2ff., P 3,33,5.

[4] P 3,17,10, L 21,15,1: Verteilung der Gefangenen unter die Soldaten. Auch nach Karthago flossen reichlich Gelder.

[5] Nach L 21,21,9 war die Wallfahrt Hannibals erst nach der Rückkehr der Soldaten aus dem Winterlager. Die Reise dürfte mindestens einen Monat, wenn nicht länger gedauert haben. Es ist unwahrscheinlich, daß Hannibal erst so spät nach Gades reiste. Meines Erachtens datierte Sil 3,1–4, 14–218 im Anschluß an die Eroberung Sagunts zutreffend.

[6] L 21,21,9. Lit. zum Herakleion vgl. Seibert 1993, 115.

Haupthaar kahl geschoren und bekleidet mit einem einfarbigen, ungegürteten Gewand. Sie mußten dafür sorgen, daß das Feuer auf dem Altar nie erlosch, und den Altar selbst täglich mit Opferblut besprengen.[7] Zu diesem phoinikischen Ritual[8] fühlte sich Hannibal hingezogen und dem Gott Melqart besonders verpflichtet.[9] Ständig führte er eine kleine Statue des Gottes mit sich, die früher Alexander dem Großen gehört hatte.[10]

Das Vorbild des großen Makedonen könnte ihn angeregt haben, die Taten des Gottes „nachzuahmen". Herakles galt als der beste Feldherr seiner Zeit, der mit seinem Heer Iberien unterwarf, über die Alpen marschierte und Italien eroberte.[11] Was Hannibal plante, war nichts anderes als den Spuren des Gottes zu folgen. Wie dieser Gott wollte er mit einem Heer über die Alpen ziehen und gegen Rom marschieren. Wie Herakles den Fürsten Cacus für den Raub seiner Rinder bestraft hatte, so sollten die Römer für den Raub Siziliens und Sardiniens büßen.[12] Wie Herakles seinen Gefährten als Preis für ihre Taten die Gegenden geschenkt hatte, wo heute Rom stand, so versprach auch Hannibal seinen Soldaten italischen Boden als Siegespreis.[13]

Als seine Soldaten aus ihrer Heimat wieder zum festgesetzten Termin in Neukarthago eintrafen, verkündete ihnen ihr Feldherr: Wir eifern den Taten des Herakles nach.[14] Als „Beweis" erzählte er einen Traum, den er jüngst hatte.[15] Der höchste Gott habe ihn in die Versammlung der Götter gerufen

[7] Das Ritual nach Sil 3, 1ff., vgl. Corinne Bonnet, Melqart, Leiden 1988, 221–225.

[8] Es war ein rein phoinikischer, kein griechischer Kult, vgl. D 5, 20, 3, Arrian, anabasis Alexandron 2, 16, 4, App Ib 2, 8.

[9] Zur Religiosität Hannibals gibt es nur wenige Zeugnisse, vgl. J. Carcopino, Profils des conquérants, Paris 1968, 120–133, Picard 1967, 26ff., W. Huß, Hannibal und die Religion, Studia Phoenicia IV: Religio Phoenicia, Namur 1986, 223–238, zur Religion der Karthager vgl. Huß 1985, 511–546.

[10] Es handelte sich um die berühmte Statuette des Herakles epitrapezios, die Lysippos für Alexander angefertigt hatte, vgl. Martial IX 43, 44, Statius, Silvae IV 6, 38ff., vgl. den Kommentar von K. M. Coleman, Statius Silvae IV, Oxford 1988, 173–194. Aus der reichhaltigen Literatur vgl. Ch. Picard, L'Héraclès epitrapezios de Lysippe, Revue Archéologique, 1911, 257–270, F. de Visscher, Héraklès epitrapezios, AC 30, 1961, 67–129, N. Scivoletto, L'„Alcestis" di Euripide e l'Heracles epitrapezios di Lisippo, Giornale Italiano di Filologia 15, 1962, 97–104.

[11] Dion Hal ant Rom 1, 41–43.

[12] Zur karthagischen Überzeugung, daß Sizilien und Sardinien ihnen von den Römern geraubt worden waren, vgl. L 21, 1, 5; 43, 6; 44, 7.

[13] Vgl. die Versprechungen Hannibals an seine Soldaten vor der Schlacht am Ticinus L 21, 45, 4–7 oder vor Cannae P 3, 111, 8.

[14] Der Konsul P. Cornelius Scipio verhöhnte in seiner Rede an seine Soldaten vor der Schlacht am Ticinus Hannibal als „Nacheiferer des Hercules", wie er selbst sich rühme (L 21, 41, 6–7).

[15] Silenos, FGrHist 175 F 2 = Cicero, de divinatione I 49, L 21, 22, 5–9, Val Max 1, 7 ext. 1, Sil 3, 163ff., Z 8, 22, 9. Nach Silenos hatte Hannibal den Traum „nach der Ein-

und befohlen, er solle gegen Italien Krieg führen. Er werde ihm einen Führer aus der Versammlung der Götter zur Verfügung stellen.

Mit dieser Erzählung gab Hannibal vor, daß er in göttlichem Auftrag gegen die Römer Krieg führe. Sollten die Römer auch behaupten, er und die Karthager seien am Kriegsausbruch schuld, so konnte das seine Soldaten nicht beeindrucken. Ihr Befehlshaber hatte den Auftrag von dem höchsten Gott, der ihm sogar die Ehre erwiesen hatte, ihn in die Versammlung der Götter einzuladen. Und für den langen, ihnen noch unbekannten Weg, die *Hodos Herakleia*, hatte er ihnen einen Gott, Herakles, zur Verfügung gestellt, der sie sicher führen sollte.[16]

Die Vorbereitungen für den Feldzug liefen auf vollen Touren.[17] Die Truppen mußten gemustert und entsprechend ihrer Verwendung disloziert werden. Aus dem Gesamtheer wurden die Truppen zum Schutz Iberiens und Afrikas ausgesondert.[18] Seinem Bruder Hasdrubal übertrug er das Kommando in Iberien mit dem Auftrag, das Land vor einer feindlichen Invasion zu schützen, die Rüstungen für den Nachschub zu überwachen und den Transport auf dem Landweg zu organisieren.[19] Eine Flotte von 57 Schiffen stand ihm für den Küstenschutz zur Verfügung, von denen aber nur 37 einsatzbereit waren. Auch in Afrika und Karthago wurden Truppen stationiert.[20] Das Heer in Afrika bestand aus iberischen Soldaten, das in Iberien aus libyschen und numidischen Truppen. Die Schutztruppe in Karthago kam aus der Metagonia (Mauretanien). Neben ihrer militärischen Aufgabe hatten die Soldaten gleichzeitig die Funktion von Geiseln, die die Treue ihrer Heimat gewährleisten sollten. Das Heer für den Krieg in Italien war riesig.[21]

nahme Sagunts", nach Livius vor dem Ebroübergang. Zu den verschiedenen Versionen vgl. Seibert 1993, 184ff.

[16] Die römische Geschichtsschreibung konnte den Traum in dieser Form nicht übernehmen. Sie veränderte ihn, um Hannibal als einen Menschen zu zeigen, der vor dem Befehl eines Gottes – er solle sich auf dem Weg nach Italien nicht umsehen, was Hannibal doch tat – keinen Respekt hatte.

[17] P 3,33,5ff., L21,21,1ff.

[18] P 3,33,17–18 entnahm die detaillierten Zahlenangaben der Inschriftenstele Hannibals, die er im Tempel der Hera Lakinia bei Kroton zweisprachig aufstellte. Zu den Truppenverteilungen vgl. P3,33,6ff., L21,21,10ff.

[19] Sein Heer war 12000 Fußsoldaten, 2500 Reiter und 21 Elefanten stark. Die genauen Zahlen sind (P3,33,15–16, L21,22,2–3): Reiter: 450 Libyphoiniker und Libyer, 300 Ilergeten, 1800 Numider, und zwar Massylier, Masaisylier, Makkoier und Marusier, Fußsoldaten: 11850 Libyer, 300 Ligurer, 500 Balearen.

[20] P 3,33,9ff., L21,21,12ff.: 13850 Fußsoldaten und 1200 Reiter aus den Stämmen der Thersiten, Mastianer, Oreten und Olkaden, dazu 870 Balearen, in Karthago 4000 Mann.

[21] 90000 Mann zu Fuß, 12000 Reiter, 37 Elefanten. P3,35,1, L21,23,2, App Ann 4,13, tatsächlich wohl nur 70000 Mann insgesamt, vgl. Seibert 1993, 179ff.

Hannibal plante aber, größere Truppenkontingente unterwegs zu stationieren, um die rückwärtigen Linien zu sichern und den Nachschub an Truppen zu gewährleisten.[22]

Dann traf aus Karthago die Nachricht ein, die Römer hätten seine Auslieferung und die seiner Berater gefordert. Da dies abgelehnt worden war, hatten sie den Krieg erklärt. Hannibal bog die römische Forderung geschickt etwas um und machte aus den Beratern Truppenbefehlshaber.[23] Die Soldaten waren empört über die römische Anmaßung und solidarisierten sich um so bereitwilliger mit ihrem Feldherrn und ihren Kommandanten.

Noch zögerte er mit dem Aufbruch des Heeres. Er war kein Hasardeur, der das Leben seiner Soldaten leichtsinnig aufs Spiel setzte.[24] Sehnlichst erwartete er die Rückkehr seiner Gesandten mit Zusagen über die getroffenen Vereinbarungen.[25] Erst als die Abgesandten der Insubrer[26] bei ihm eintrafen, die über die Schwierigkeit des Vorhabens keine Illusionen aufkommen ließen, es aber für realisierbar hielten, gab er das Zeichen zum Aufbruch.

Welche Gefuhle hatte er, als er Abschied nahm von dem Land, das ihm zur zweiten Heimat geworden war?[27] Sicher war er zuversichtlich und rechnete fest mit einem Sieg.[28] Doch auch bei optimistischer Einschätzung konnte er

[22] Seibert 1989, 213–221.

[23] Vgl. P3,20,8 die Forderung der Römer, 3,34,8 die Ausweitung auf alle Befehlshaber.

[24] P3,34,1ff. bestätigte ihm mit lobenden Worten, daß er die Fruchtbarkeit der zu durchziehenden Gebiete, die Zahl der Bewohner, ihre militärischen Qualitäten und ihre Einstellung zu den Römern genauestens erkundet hatte. Trotzdem soll Hannibal beim Alpenübergang und bei der Durchquerung der Sümpfe in Etrurien rücksichtslos das Leben seiner Soldaten riskiert haben, m.E. eine bewußte Verzerrung der hannibalfeindlichen Quellen. Vgl. Seibert 1993, 200–213.

[25] Nur P3,34,1ff. bewahrte diese wichtige Nachricht. Denn dadurch wird verständlich, warum Hannibal erst verhältnismäßig spät von Neukarthago aufbrach.

[26] Die Insubrer und die Boier waren die ersten Verbündeten Hannibals. Gesandte der Boier stießen erst an der Rhone zum karthagischen Heer. Deshalb ist der Schluß naheliegend, daß es sich bei den allgemein als Kelten bezeichneten Gesandten um Insubrer handelte.

[27] Sil 3,62–162 (vgl. R.T. Bruère, Silius Italicus Punica 3.62–161 and 4.763–822, CPh 47, 1952, 219–227) bewahrte eine rührende Abschiedsszene. Hannibal habe seine Frau Himilke mit dem kleinen Sohn zu ihrer eigenen Sicherheit nach Karthago zurückgeschickt. Der Knabe sollte einmal seinen Vater rächen, d.h. Hannibal habe bereits geahnt, daß er keinen Erfolg haben werde. Diese Szene verdient keinen Glauben. Sie ist, abgesehen vom Inhalt, im wesentlichen von literarischen Traditionen (Vorbild: Abschied Hektors von seiner Frau) geprägt.

[28] Anders urteilte Groag 1929, 78. Trotz allem Optimismus der Jugend sei ihm wohl nicht allzu sieges- und hoffnungsfroh ums Herz gewesen. Dieser Einschätzung

nicht mit einem kurzen Feldzug rechnen. Da alle Berichte aus seiner nächsten Umgebung verloren sind, müssen uns seine wirklichen Empfindungen beim Aufbruch zu seinem kühnsten Vorhaben ebenso unbekannt bleiben wie im Jahr 203, als er – zwar unbesiegt, aber dennoch kein Sieger – Italien verließ. Der historischen Bedeutung seines Vorhabens war er sich bewußt. Nach dem Vorbild Alexanders begleiteten ihn die Geschichtsschreiber Sosylos und Silenos und sollten seine Taten für die Nachwelt bewahren.

Rom

Es vergingen einige Wochen, bis die Nachricht von der Einnahme Sagunts in Rom eintraf, wohl erst gegen Ende Februar, kurz vor Amtsantritt der neuen Konsuln P. Cornelius Scipio und Ti. Sempronius Longus.[29] Die erste

kann ich nicht zustimmen. Hannibal war ein junger Feldherr, der bisher nur Erfolge zu verzeichnen hatte. Ängstlichkeit lag ihm fern.

[29] P 3,20,6–21,8; 33,1–4, L 21, 18,1–19,5, D25,16, App Ib 13,48–50, Fl 1,22,7, Z8,22, Cass frg. 55,1–10. Ein schwieriges, in der Forschung umstrittenes Problem bleibt die chronologische Abfolge, da ein Teil der römischen Überlieferung bestrebt gewesen ist, bewußt eine konzise Aufeinanderfolge der Maßnahmen zu suggerieren, um das Bild eines geschlossen handelnden Senats und Volks von Rom zu zeichnen. Zu den unterschiedlichen Versuchen, die zeitliche Abfolge der Ereignisse des Jahres 218 festzulegen, vgl. Sumner 1966, 5–30, bes. 16–24 ("The Roman Declaration of War"), der bei der Datierung der Vorgänge in Rom davon ausgeht, daß zwischen der *rogatio* des Krieges bis zum Votum der Comitien ein *trinundinum* (= Dauer von 3 Wochen = 24 Tage, vgl. W. Kroll, RE 17,1, 1937, 1471–1472 s. v. *nundinae*) sein mußte. Wenn also unmittelbar nach den Iden des März 218 der Antrag auf Krieg veröffentlicht wurde, so konnte der Antrag frühestens am 20. April, wahrscheinlicher erst am 22. April behandelt werden, entsprechend den Angaben des Kalenders von Antium über *dies comitialis*. Daß aber damals bereits ein *trinundinum* zwischen Promulgation und Abstimmung erforderlich war, bestritt Errington 1970, 56–57, worauf Sumner 1972, 478–480 seine Auffassung verteidigte. Nach E. S. Staveley, Greek and Roman Voting and Elections, 1972, 144 könnte das *trinundinum* gegen Ende des 3. Jh. in Anwendung gekommen sein. Ob es dann aber bereits im Jahr 218 strikt eingehalten wurde, ist fraglich. Mit der Chronologie des Jahres 218 insgesamt befaßte sich Proctor 1971, der zu einer „Spätdatierung" der Ereignisse neigt, ausgehend von dem einzigen bezeugten absoluten Datum des Jahres, dem Untergang der Pleiaden, der eigenartigerweise in den meisten Darstellungen nach eigenem Gutdünken verschoben wird. Zur Chronologie der Kriegserklärung und den damit zusammenhängenden Fragen vgl. Rich 1976, 28–44, 57ff., 110ff. Zum Procedere der römischen Kriegserklärung vgl. vor allem die Untersuchungen von F. W. Walbank, The Origins of the Second Macedonian War, JRS 27, 1937, 192ff., ders., A Note on the Embassy of Q. Marcius Philippus, 172 B. C., JRS 31, 1941, 86ff., ders., Roman Declaration of War in the Third and Second Centuries, CPh 44, 1949, 15ff. = 1985, 101ff., ders., I 1957, 333ff.,

Senatssitzung stand ganz unter dem Eindruck der neuen Situation. Man kann sich gut vorstellen, daß die Senatoren eine erregte Debatte, in der mit gegenseitigen Vorwürfen und Schuldzuweisungen nicht gespart wurde, führten.[30]

L. Cornelius Lentulus plädierte nachdrücklich für die sofortige Kriegserklärung an die Karthager.[31] Nach seiner Ansicht zahlten sich Nachgiebigkeit und Milde nicht aus und seien für die Sicherheit der Römer nicht ausreichend. Den Karthagern warf er Verheimlichungen, Betrug und Gewalttaten vor. Nur durch Siege könnten sie niedergehalten und die Römer zugleich gerettet werden. Seine Rede schloß er mit der Feststellung: „Der Krieg bewahrt das Eigentum und gewinnt fremden Besitz hinzu, während der Friede nicht nur das durch den Krieg Erworbene, sondern auch sich selbst dazu vernichtet.“ Deshalb setzte er sich dafür ein, einen Konsul nach Spanien, den anderen nach Afrika zu senden, um durch einen gleichzeitigen Angriff die Gebiete der Feinde und ihrer Bundesgenossen zu zerstören und eine gegenseitige Unterstützung auszuschließen.

Dieser Ansicht widersprach Q. Fabius Maximus. Dem provozierenden Ausspruch des Lentulus über den Nutzen des Krieges stellte er die Behauptung entgegen: „Frieden schafft und bewahrt den Wohlstand, der Krieg aber verzehrt und vernichtet ihn.“[32] Er rief zu Bedachtsamkeit auf. Zuerst solle man gründlich nachdenken und dann handeln. Auch seien die Vorwürfe des Lentulus gegen die Karthager nicht schwerwiegend. Es sei ja bekanntermaßen das Leichteste und bei jedem beliebt, diejenigen anzuklagen, die Krieg gegen sie geführt hätten.[33] Aufgabe der Senatoren sei es deshalb

Einwände gegen die Rekonstruktion Walbanks bei Sumner 1966, 17ff., und Rich 1976, dem ich folge.

[30] Nach P 3, 20, 1 sollen die Römer *sofort* Gesandte *ohne jede Diskussion im Senat* nach Karthago geschickt haben. Mit sehr harten Worten kritisiert er Geschichtsschreiber, die in ihr Geschichtswerk Reden einfügten, die damals im Senat gehalten worden seien. Doch diese Kritik ist unberechtigt, vgl. Meyer II 1924, 365, Walbank I 1957, 333, Tammler 1971, 117–120, K. Meister, Historische Kritik bei Polybios, Wiesbaden 1975, 167ff., Rich 1976, 110. Auch der Stimmungsbericht bei L 21, 16, 2–6 über die Trauer und Erschütterung der Senatoren und ihre Scham, einem Bundesgenossen keine Hilfe gebracht zu haben, verdient kein Vertrauen.

[31] Auszüge aus der Debatte bei Cass 13 frg. 55, 1–8, Z 8, 22, 1–5, Sil 1, 675 –686, Frontin 1, 11, 4, Scullard 1951, 39ff., Cassola 1962, 275ff., Lippold 1963, 147ff.

[32] Dieses Fragment des Cassius (55, 1) möchte Boissevain keiner der beiden Reden zuordnen. Es fügt sich aber in den gesamten Tenor der Rede des Fabius und paßt m. E. am besten in diese Debatte.

[33] Man denkt hier unwillkürlich an die regelmäßigen Beschuldigungen des Vertragsbruches in den Jahren nach 238 oder die Aufzählung von 6 Vertragsbrüchen durch Cato. Vgl. o. S. 23, 25 und u. S. 87.

nicht im Zorn über die Karthager zu befinden, sondern zu beraten, was ihrem eigenen Staat nütze.

Schließlich wandte er sich direkt an Lentulus mit der Forderung, nicht zu einem Krieg anzustacheln, bevor er dessen Nutzen für den Staat dargelegt habe. Er möge den Unterschied zwischen Theorie und Praxis berücksichtigen. Es sei etwas anderes, im Senat über Kriegstaten zu sprechen, als sie an der Front auszuführen. Nachdrücklich verwies Fabius die Senatoren auf die Notwendigkeit, erst Ordnung im eigenen Haus zu schaffen, bevor sie sich fremden Angelegenheiten zuwandten und dort nach Siegen über Feinde trachteten.[34] Beschwörend warnte er davor, aus dem Sieg im vorigen Krieg den Schluß zu ziehen, daß sie auch dieses Mal wieder erfolgreich sein würden.

Fabius dürfte im Senat wohl kein Blatt vor den Mund genommen und das Fehlen eines ausreichenden Rechtsgrundes kritisiert haben. Sagunt war kein Verbündeter der Römer, zu dessen Schutz sie verpflichtet waren. Die Kriegsdrohung ihrer Gesandten im Vorjahr war für sie keineswegs verbindlich. Die römischen Quellen unterdrückten eine so deutliche Sprache. Die Zweifel des Fabius kommen in seiner Sorge um das Wohlwollen der Götter und das Ansehen Roms in der breiten Öffentlichkeit zum Ausdruck.

Auch strategische Fragen wurden erörtert. Wenn sich die Senatoren für Krieg entschieden, wie sollten die Karthager am wirkungsvollsten bekämpft werden? Die Kriegsbefürworter plädierten für einen gleichzeitigen Angriff in Iberien und Afrika.[35] Ein solches Verfahren war mit großen Schwierigkeiten verbunden. Den Römern steckte immer noch das „Regulustrauma", die gescheiterte Invasion während des ersten Krieges (256), in den Knochen. Die Risiken einer Invasion im feindlichen Land waren enorm.[36] In Iberien waren wenigstens Stützpunkte (Emporion und Tarraco) vorhanden. Doch in Afrika fehlte eine Basis für die Landung.

Günstiger wäre es, den Krieg auf Spanien zu beschränken, wie einige vorschlugen. Doch dieser Plan war unrealistisch, da die Karthager ihrem Feldherrn zu Hilfe kommen würden. Vielleicht machte Q. Fabius Maximus, als er erkannte, daß er mit seinen Warnungen keine Mehrheit hinter sich bringen konnte, einen Vorschlag, der die Möglichkeit einer friedlichen Übereinkunft nicht völlig ausschloß und bei Ablehnung durch die Karthager die Voraussetzung für einen gerechten Krieg *(bellum iustum)* schuf. Sie sollten die Auslieferung Hannibals von den Karthagern verlangen.[37] Würden die

[34] Cass frg. 57, 12.

[35] Vgl. L 21, 6, 6–7, allerdings zu einem früheren Zeitpunkt während der Belagerung von Sagunt.

[36] Man vergleiche die Auseinandersetzung zwischen Q. Fabius Maximus und P. Cornelius Scipio im Jahr 205 um diese Streitfrage, L 28, 40, 1–45, 8. Vgl. u. S. 414.

[37] F. Altheim, Römische Religionsgeschichte, Baden-Baden 1953, 278–283 mit

Karthager ihrem Begehren folgen, dann konnte ein Krieg in Afrika vermieden werden. Da sie ihren Feldherrn gegen dessen Willen wohl kaum ausliefern konnten, wären die Römer berechtigt, gegen ihn gewaltsam vorzugehen, ohne daß die Karthager ihm zu Hilfe gehen könnten. Lehnten sie ab, waren die Voraussetzungen für einen gerechten Krieg gegeben.

Die Mehrheit der Senatoren ließ sich von diesem Vorschlag überzeugen und beschloß eine Gesandtschaft nach Karthago zu schicken, die die Auslieferung Hannibals und seiner Berater fordern sollte. Würde die Forderung abgelehnt, sollten die Gesandten den Krieg erklären.[38] Eine endgültige Entscheidung war noch nicht gefallen.[39] Die Senatoren hatten ihr (eingeschränktes) Votum für den Krieg abgegeben. Auch die Amtsbereiche der beiden Konsuln[40] für den Kriegsfall waren noch nicht bestimmt.

Noch konnte aus römischer Sicht ein Krieg vermieden werden. Doch abgesehen davon, daß auf karthagischer Seite wegen der römischen Kriegsdrohung schon längst die Entscheidung gefallen war, stand dieser Konfliktlösung das von der römischen Auffassung abweichende Selbstverständnis der Karthager entgegen.[41] Sie betrachteten die Auslieferungsforderung als eine Herausforderung, der sie, selbst wenn sie berechtigt gewesen wäre, nicht nachkommen konnten, wollten sie nicht ihre Selbstachtung verlieren.

Für die Übermittlung des Ultimatums wurden fünf Senatoren ausgewählt.[42] Der Führer der Gesandtschaft war der angesehene Consular und

weiteren Beispielen für eine zurückgewiesene Auslieferungsforderung als Voraussetzung für ein *bellum iustum.* Nach römischer Auffassung war dies eine Möglichkeit, sich von der Handlung eines Magistraten zu distanzieren, damit der Staat die Folgen seiner Handlungen nicht mitzutragen hatte, vgl. Vollmer 1990, 129.

38 P 3,20,7–8, vgl. Fabius, HRR I frg. 25 = P3,8,8; D25,15, App Ib 13,48, Fl 1,22,7, Cass 13,55,9, Z8,22,4; anders L21,18,2, der bereits bei der Gesandtschaft während der Belagerung Sagunts die Auslieferung Hannibals anführte (21,18,4).

39 Anders L21,17,4, der die Comitien vor Absendung der Gesandten den Krieg beschließen läßt. Zur Chronologie der römischen Kriegserklärung vgl. Seibert 1993, 139ff.

40 P 3,40,2, anders L21,17,2.

41 P 3,20,7.

42 L 21,18,1 nennt den Gesandten Quintus Fabius, Sil 2,3,382 und Fl 1,22,7 nur Fabius, Cass 13,55,10 und Z8,22 *Fabios ho Markos* bzw. *Markos ho Fabios*. Da bei Dio/Zonaras kurz vorher Quintus Fabius Maximus erwähnt wird, ist eine Verwechslung unwahrscheinlich. Da Fabius Maximus wesentlich bekannter war als Buteo, ist es naheliegend, daß der Berühmtere den Unbekannteren später verdrängte. Cassola 1962, 279ff. Zu Buteo vgl. F. Münzer, RE 4, 2, 1909, 1760 s. v. Fabius 53, Scullard 1951, 274, Walbank I 1957, 333. Sumner 1966, 24 A.63 sieht in Buteo als dem höchstrangigen Senator ebenfalls den Führer der Gesandtschaft. Er identifiziert aber L. Aemilius mit dem Konsul des Jahres 225 und Censor 220/19 L. Aemilius Papus. M. Livius füge sich in diese Liste, die nach der Rangordnung gereiht sei, nicht ein und sei als annalistische Fälschung zu tilgen. An seine Stelle passe bestens Q. Fabius Maximus.

Censorier M. Fabius Buteo, dazu die beiden Konsuln des Vorjahres M. Livius Salinator und L. Aemilius Paullus,[43] C. Licinius, Konsul des Jahres 236,[44] und Quintus Baebius, der bereits der ersten Gesandtschaft angehört hatte. In Karthago trug M. Fabius Buteo vor dem Rat die Forderungen der Römer vor: Die Karthager sollten Hannibal und seine Berater wegen der Zerstörung Sagunts ausliefern. Die Ablehnung bedeute Krieg.

Über dieses Verlangen waren die Ratsherrn empört. Dennoch bestimmten sie einen aus ihrer Mitte, wohl einen der Sufeten, der den Römern antworten sollte.[45] Die Römer hätten kein Recht, für die Saguntiner einzutreten, die keine Bundesgenossen seien. Zur Bekräftigung dieser Ansicht wurde der Vertrag des Lutatius vorgelesen.[46] Die Auslieferung Hannibals wurde entschieden zurückgewiesen. Hätte er tatsächlich gegen den ausdrücklichen Befehl seiner Heimatstadt gehandelt, dann wäre dies ausschließlich ihre Angelegenheit.

Fabius lehnte eine Diskussion der Rechtslage ab. Nochmals verkündete er den Spruch des Senats. Statt vieler Worte formte er mit seiner Toga einen Bausch und erklärte, er habe darin sowohl Krieg als auch Frieden. Er werde ausschütten, was sie wünschten.[47] Der Sufet nahm Fabius die Entscheidung nicht ab, sondern forderte ihn auf, auszuschütten, was er für gut befände. Der Römer erklärte, er schütte Krieg aus. Seine Worte gingen im Gebrüll der Ratsherrn fast unter, die begeistert ausriefen: Wir nehmen an![48]

Eine Minderheit schwieg betroffen.[49] Hanno und seine Freunde versuchten wohl, die allgemeine Kriegsbegeisterung zu dämpfen. Ihr Argument, daß Frieden ihren Reichtum bewahren werde, der Krieg ihn aber auf-

An erster Stelle seien drei Censorier genannt: M. Fabius Buteo, cos. 245, *censor* 241, Q. Fabius Maximus, cos. 233, *censor* 230, L. Aemilius Papus, cos. 225, *censor* 220, C. Licinius Varus, cos. 236 und Q. Baebius Tamphilus, *legatus* 220.

[43] Dieser Punkt ist für die Datierung der Gesandtschaft wichtig. Waren die Teilnehmer die beiden Consulare, dann kann die Gesandtschaft erst nach den Iden des März 218 datiert werden. So z. B. A. Drachmann, Sagunt und die Ebrogrenze in den Verhandlungen zwischen Rom und Karthago, Kopenhagen 1920, 16, Täubler 1921, 57, Lippold 1963, 141. A. E. Astin 1967 = WdF 371, 1974, 177. Doch Zweifel an der Richtigkeit vgl. bei Meyer II 1924, 367 A 3 und Vollmer 1990, 137–138.

[44] F. Münzer, RE 13, 1, 1926, 495 s. v. Licinius 174.

[45] P 3, 20, 10, L 21, 18, 3.

[46] P 3, 21, 1 sagt deutlich, daß die Karthager den Hasdrubalvertrag nicht erwähnten, vgl. Seibert 1993, 132.

[47] P 3, 33, 2, D 25, 16, L 21, 18, 13–14, App Ib 13, 49–50, Fl 1, 22, 7 (mit der Umformung, daß die Karthager den Krieg wählten), Sil 2, 382, Cass 13, 55, 10, Z 8, 22, 7.

[48] So L 21, 18, 14.

[49] Das differenziertere Bild des karthagischen Rates bei P 3, 33, 3 und D 25, 16. Bei den anderen Quellen (Sil 2, 388 ff., Fl 1, 22, 7 und Cass 13, 55, 10 und Z 8, 22, 7) fehlt eine Angabe, wie die Karthager reagierten.

brauche und vernichte, verhallte ohne Resonanz.[50] Weder in Rom noch in Karthago war es die Stunde der Friedensfreunde.

Damit war der zweite Krieg zwischen Römern und Karthagern offiziell eröffnet, der „denkwürdigste aller Kriege“[51], den die Römer als „Zweiten Punischen Krieg“[52] und die Karthager als den „Römischen Krieg“[53] bezeichneten. Die Zeitgenossen sprachen meistens vom „Hannibalischen Krieg“.[54] Hannibal, der die Vorbereitungen fast abgeschlossen hatte, wurde von der offiziellen Erklärung informiert.[55]

Die Diskussion um Kriegsursache und Kriegsschuld[56]

War es nur eine unglückliche Verkettung von Mißverständnissen und Fehlinterpretationen, die die beiden Staaten in diese Situation gebracht hatte, aus der keine Seite ein Entkommen ohne Gesichtsverlust sah? Oder kann man Gründe erkennen, die den Konflikt zu einem unvermeidbaren Krieg werden ließen, dem keine Seite entgehen konnte? Der Römer Fabius Pictor[57] hielt die Expansion Hasdrubals in Iberien, die Hannibal fortsetzte,

[50] Meines Erachtens fügt sich dieses Fragment des Cass 13,55,1 in die Situation in Karthago wegen des anschließenden Hinweises auf das Verhalten gegenüber Leuten, die nachgeben, ein Argument, das von den Befürwortern des Kriegs stammen könnte. Vielleicht geben die Verse des Ennius, Ann. 8,247–253 Skutsch den Eindruck der römischen Gesandten wieder: „Weisheit wird aus der Mitte vertrieben, Politik wird mit Gewalt gemacht, der gute Redner wird verachtet, der schreckliche Soldat geliebt.“ Vgl. G. Pascucci, Lo scoppio delle ostilità nella guerra annibalica secondo il raconto degli „annali“ di Ennio, in: Poesia latina in frammenti. Miscellanea filologica, Genua 1974, 103–115, der diese Verse in Anklang an L21,6,1–2 vor die Belagerung von Sagunt verlegt. Anders O. Skutsch, The Annals of Ennius, Oxford 1985 ad loc.

[51] L 21,1,1: *bellum maxime omnium memorabile.*

[52] Cassius Hemina, HRR I 108 frg. 31, Coelius Antipater HRR I 177 frg. 66, Cicero, de divinatione I 35,77, L31,1,1 u. a.

[53] Vgl. L21,5,1, Sil 1,80. Zu Recht gebraucht Huß 1985, 222 für seine Geschichte der Karthager den Begriff „Römischer Krieg“.

[54] Vgl. P1,3,2. Die meisten griechischen Geschichtsschreiber stellten Hannibal in den Mittelpunkt ihrer Darstellung, vgl. die Titel der Werke des Sosylos, FGrHist 175 T 2, Silenos, FGrHist 175, Eumachos, FGrHist 178 und Xenophon, FGrHist 179, Appian, Annibaiké.

[55] P 3,34,7.

[56] Diese Fragen wurden besonders vor dem 3. Krieg (149 v. Chr.) diskutiert. Vgl. P3,29,1. Die umfangreiche moderne Literatur vgl. Seibert 1993, 141–151.

[57] P 3,8,1ff. Er verwandte die Begriffe Machtgier *(pleonexia)* und Herrschsucht *(philarchia)*. Mit Nachdruck verlangte Polybios eine klare terminologische Scheidung in *Kriegsgründe, Anfänge des Krieges* und *Vorwand zum Krieg* (3,6,1ff., Huß 1985, 285ff. mit Lit.) und kritisierte Historiker, die die Belagerung von Sagunt und

und den Angriff auf Sagunt, der ohne Einwilligung der Karthager geschah,[58] für die Ursachen des Krieges.[59]

Gegen diese Auffassung wandte sich Polybios. Er schrieb seine Ansicht bereits in Kenntnis des dritten Krieges nieder und glaubte eine kontinuierliche Entwicklung vom ersten über den zweiten zum dritten erkennen zu können. Er sah in Hamilkar den eigentlichen Schuldigen, der nur unwillig den ersten Krieg beendet und stets an eine Wiederaufnahme gedacht habe, die aber durch verschiedene Umstände (z. B. Söldneraufstand) verhindert worden sei. Seine Einstellung habe er auf seinen Sohn übertragen, den er ganz in diesem Sinn erzog. Der Eid des neunjährigen Knaben sei der beste Beweis. Als zweite Ursache betrachtete Polybios den Vertragsbruch der Römer bei der Wegnahme Sardiniens, worüber viele Karthager empört waren. Der dritte Grund sei die erfolgreiche Iberienpolitik der Barkiden gewesen. Hier sei die ökonomische Grundlage für den Krieg gelegt worden. Ohne Iberien hätten die Karthager diesen Krieg nicht geführt.[60]

Beide antike Historiker sahen bei grundsätzlichen unterschiedlichen Ansätzen in dem iberischen Machtzuwachs einen entscheidenden kriegsfördernden Faktor, wenngleich mit unterschiedlichem personellem Bezug. Der Grieche urteilte aber nicht ganz so einseitig wie der Senator. Die Okkupation Sardiniens brandmarkte er als einen Vertragsbruch und gestand zu, daß die Karthager deswegen den Krieg zu Recht begonnen hatten.[61] Sie hätten jetzt die günstigen Umstände ausgenutzt, um sich an denen zu rächen, die ihnen geschadet hatten, während die Römer früher dasselbe getan hätten.[62] Mit dem Angriff auf Sagunt begann nach Polybios der Krieg.[63]

Wie unsicher Polybios in einer zweifelsfreien Bewertung war, läßt sein Urteil in der Schuldfrage erkennen. Ohne Rücksicht auf die von ihm geforderte terminologische Scheidung hielt er fest[64]: Wer den Angriff auf Sagunt als

den Übergang Hannibals über den Ebro als Kriegsursachen bezeichneten, was er für die Kriegsanfänge hielt.

[58] App Ann 3,9ff. sieht ebenfalls Meinungsverschiedenheiten zwischen der karthagischen Regierung und Hannibal. Hannibal habe den Krieg nur provoziert, um von seinen eigenen Problemen abzulenken.

[59] Bemerkenswert ist, daß er weder den Hamilkar Barkas als Schuldigen nannte noch im Übergang Hannibals über den Ebro einen Vertragsbruch sah.

[60] P 3,9,6–10,6, Nep Ham 1,4; 3, Hann 1,3–3,3, L 21,2,3–7; 5,1ff. und Z 8,21,3ff. schlossen sich weitgehend Polybios an. Eine abweichende Ansicht vertrat App Ann 3,9ff. Hannibal habe aus persönlichem Sicherheitsbedürfnis seine Heimat in einen Krieg verwickelt.

[61] P 3,30,4.

[62] Nep Ham 1,4; 3f., Hann 1,3–3,3 und L 21,1,3–2,3; 5,1ff. vertraten dieselbe Auffassung. Zu Sagunt als erste Kriegshandlung vgl. noch L 30,29,5; 30,30; 31,4; Z 8,21.

[63] P 3,12,7; 13,1ff.

[64] P 3,30,3–4.

Kriegsursache betrachte, müsse den Karthagern die Schuld am Kriegsausbruch zuweisen, da sie damit den Lutatius- und den Hasdrubalvertrag brachen. Wer dagegen die Wegnahme Sardiniens und die damit verbundene Erhöhung des Tributs als Kriegsgrund ansehe, der müsse zugestehen, daß die Karthager zu Recht den Krieg führten.

Wären Hamilkar und Hasdrubal tatsächlich auf einen neuen Waffengang so erpicht gewesen, dann hätten sie in den 22 Jahren zwischen dem ersten und zweiten Krieg genügend Anlässe gefunden. Von karthagischer Seite ist keine feindselige Handlung gegen die Römer festzustellen. Auch keine diplomatische Provokation läßt sich nachweisen.

Durch die Verlagerung der Argumentation in den emotionalen Bereich (Haß des Barkas) wurde die rechtliche, politische und wirtschaftliche Problematik verdeckt.[65] Die Gewinne der Karthager in Iberien werden zu Recht von den antiken Historikern unter den Ursachen genannt, aber einseitig gedeutet. Es ist müßig zu spekulieren, ob die Karthager ohne Iberien den Krieg gegen die Römer gewagt hätten. Das Streitobjekt, an dem sich der Krieg entzündete, wäre weggefallen und hätte, was m. E. eine der Hauptursachen ist, nicht die Begehrlichkeit der Römer auf die riesigen Gewinne geweckt.

Die Bereitschaft der Römer, mit Krieg die karthagische Expansion einzudämmen, wird in den antiken Quellen immer wieder betont.[66] Daß es nicht früher dazu gekommen war, war nur der Zurückhaltung Hamilkars und Hasdrubals, die die römischen Provokationen diplomatisch abgewandt, bzw. dem Umstand, daß die Römer wegen der Unterwerfung der Gallia Cisalpina den Krieg gegen die Karthager vorerst zurückgestellt hatten, zu verdanken. Der neue karthagische Feldherr, ein junger und dynamischer Mann, war nicht gewillt gewesen, die römischen Provokationen hinzunehmen. Mit dem politischen Engagement der Römer in Sagunt, für das es keine zwingenden Gründe gab, bedrohten sie unmittelbar karthagische Interessen.

Die Rechtsposition der Römer war schwach. Sie kaschierten sie durch Ablehnung einer entsprechenden Diskussion. Erst die spätere Tradition versuchte durch die Erfindung eines Vertrages einen unbestreitbaren Vertragsbruch einzufügen. Es war keine schicksalhafte Verkettung, der beide Staaten einfach nicht entgehen konnten, aber auch nicht das Ergebnis unglücklicher Mißverständnisse. Das Streben der Römer nach der Vorherrschaft, gepaart mit ihren wirtschaftlichen Interessen, war der wahre Grund, dem kein Staat, der mit den Römern früher oder später in Berührung kam, entging. Sie verdeckten ihren Aggressionstrieb mit der Behauptung, sie müßten mögliche Gefahren von Rom oder seinen Bundesgenossen abwehren.[67]

[65] Die „Arbeit“ der antiken Historiographie an diesem Thema beweist die Fälschung des „Eides Hannibals“ als Stütze für den Haß des Barkas. Vgl. o. S. 26ff.

[66] P 2,13,3; 3,15.

[67] Zur Streitfrage, ob die römische Politik als imperialistisch zu bezeichnen ist

Der Krieg hätte sich, auch wenn die Karthager Hannibal ausgeliefert hätten, nicht vermeiden lassen. Seine Auslieferung hätte nur den Römern Vorteile gebracht, die dennoch in Iberien Krieg geführt hätten.[68]

Beide Seiten sahen sich im Recht. Jeder war überzeugt, daß der andere am Kriegsausbruch schuldig war. Die Römer behaupteten, die Karthager hätten den Vertrag gebrochen. Das sei bereits der 6. Vertragsbruch in 18 Jahren gewesen, wie Cato vorrechnete.[69] Die karthagische Auffassung unterdrückte die Geschichtsschreibung des Siegers, obgleich sie die besseren Argumente hatte. Ein Widerhall ihrer damaligen Kriegspropaganda, mit der sie die Öffentlichkeit für sich gewinnen wollte, liegt im Traum Hannibals vor.[70] Iuppiter persönlich erteilte den Befehl, gegen Italien zu ziehen. Konnte es da irgendeinen Zweifel geben, wer schuld am Kriegsausbruch war?

Wenn man erwartet, daß damals alle Augen auf die Auseinandersetzung „zweier Großmächte" um die Vorherrschaft im westlichen Mittelmeerraum gerichtet waren, dann dürfte man sich täuschen. Nur ein kleiner Herrscher verfolgte die Entwicklung mit größter Aufmerksamkeit und Sorge, Hieron II. von Syrakus.[71] Er war mit den Römern verbündet und mußte Bundeshilfe leisten. Am Ausgang des Kriegs dürfte er kaum gezweifelt haben.[72] Ihm war mehr an einem Gleichgewicht der Kräfte gelegen als an der Vormacht eines Staates. Mußte er nicht befürchten, daß die Römer nach dem Sieg über die Karthager zu mächtig würden? Doch Neutralität war für ihn ausgeschlossen.

Die anderen Staaten im Mittelmeerraum dürften diesem Krieg zunächst keine besondere Aufmerksamkeit geschenkt haben. Die jungen Könige in Makedonien, Ägypten und Syrien waren mit ihren eigenen Problemen beschäftigt. Wohin man auch blickte, überall herrschte Krieg: Philipp V. war in Griechenland in den Bundesgenossenkrieg (221–217) und auf Kreta in

oder nur berechtigten Sicherheitsbedürfnissen diente und welche Rolle wirtschaftliche Motive spielten, vgl. Seibert 1993, 319ff.

68 Was wäre geschehen, wenn Hannibal ausgeliefert worden wäre? Diese Fragestellung ist bei Historikern nicht beliebt, vgl. A. Demandt, Ungeschehene Geschichte. Ein Traktat über die Frage: Was wäre geschehen, wenn ...?, Göttingen 2. Aufl. 1986, der in diesem Zusammenhang nur die Frage erörtert, was hätte eintreten können, wenn Hannibal nach Cannae auf Rom marschiert wäre (73ff.).

69 Cato, origines HRR I frg. 84, vgl. Seibert 1993, 18 A 71.

70 Zum Traum Hannibals vgl. o. S. 76f.

71 Vgl. Lit. bei Seibert 1993, 285.

72 Nicht nur der syrakusanische Herrscher, sondern vor allem beide Gegner dürften Berechnungen angestellt haben, um ihre eigenen Chancen abzuschätzen. Vgl. für das militärische Kräfteverhältnis P 2,24. Einen detaillierten Vergleich der Karthager und Römer bei Seibert 1993, 163–175.

den Lyttischen Krieg (220–217) verwickelt.[73] Zwischen den Königen Antiochos III. und Ptolemaios IV. wurde erbittert um den Besitz von Koilesyrien gekämpft (sog. 4. Syrischer Krieg 219–217).[74]

Erst die unerwarteten Erfolge Hannibals und die Beendigung der Kämpfe in Griechenland und im Nahen Osten ließen alle Augen gespannt auf Italien blicken. Durch das Bündnis Hannibals mit Philipp wurden auch Griechenland und Makedonien in die Auseinandersetzung einbezogen, mit Folgen für die Staaten des Ostens, die damals noch niemand vorausahnen konnte.[75]

Die Kriegsvorbereitungen in Rom[76]

Nach Rückkehr der Gesandten aus Karthago mußte die Volksversammlung den Krieg beschließen.[77] Die Konsuln Scipio und Sempronius standen vor der Aufgabe, dem Volk die Notwendigkeit eines Krieges gegen Karthago

[73] Vgl. dazu Walbank 1940, 24ff., Will II 1982, 69ff.

[74] H.H. Schmitt, Untersuchungen zur Geschichte Antiochos' des Großen und seiner Zeit, Historia-Einzelschriften 6, Wiesbaden 1964, Huß 1976, 3ff., Will II 1982, 29ff.

[75] Vgl. P5,105 zur *symploké* der Vorgänge im Mittelmeerraum, vgl. F.W. Walbank, Symploke, its Role in Polybius' Histories, Yale Classical Studies 24, 1975, 197–212 = 1985, 313–324, Vollmer 1990.

[76] Die innenpolitischen Verhältnisse Roms werden von der antiken Geschichtsschreibung nur kurz gestreift. Die Kriegserklärung und die militärischen Rüstungen stehen im Mittelpunkt und lassen beim Leser den Eindruck entstehen, als hätten der Senat und das Volk in völliger Übereinstimmung über den Vertragsbruch der Karthager den Krieg auf sich genommen. Es scheint jedoch, daß der römische Staat am Vorabend des schwersten Krieges seiner Geschichte von einer innenpolitischen Krise erschüttert wurde. Man rufe sich die Warnung des Fabius (Cass frg. 55, 12) in Erinnerung, zuerst im eigenen Haus für Ordnung zu sorgen. Die Konsuln oder zumindest Scipio verließen Rom sehr spät. Dafür muß es besondere Gründe gegeben haben. In der Forschung sah man in dem Keltenaufstand eine ausreichende Erklärung, vgl. Kahrstedt 1913, 370, Sumner 1966, 14ff., A. M. Eckstein, Two Notes on the Chronology of the Outbreak of the Hannibalic War, RhM 126, 1983, 268 A 36 mit weiterer Lit. Durch die zeitliche Verlegung der Kriegserklärung der Römer nach dem Ebroübergang Hannibals entfällt für Hoffmann 1951 = WdF 371, 1974, 143–144 dieses Problem. Prinzipiell wirkte sich der späte Amtsantritt der Konsuln mit der Neuaushebung der Legionen für einen rechtzeitigen Aufbruch in den Krieg nachteilig aus. Im Gegensatz dazu hatte Hannibal die Zeit besser nutzen können. Meines Erachtens lassen gewisse Indizien (Prozeß gegen die Konsuln des Vorjahres, *lex Claudia de nave senatorum*) erkennen, daß die „selbstherrliche Politik" der Senatoren einen „Dämpfer" erhalten sollte, bevor der Populus schließlich doch seine Zustimmung zum Krieg gab. Zur Chronologie vgl. Seibert 1993, 139ff.

[77] Zum Verfahren vgl. o. S. 79 A 29.

überzeugend zu vermitteln. Wahrlich eine schwierige Aufgabe! Wie brachte man einem Bauern aus Latium bei, daß er für längere Zeit Abschied von seiner Heimat nehmen und in einem fernen Land Krieg führen sollte, daß er die römische *fides* für eine Stadt, die ihm völlig unbekannt war und weit weg in einem Land lag, von dem er keine Vorstellung hatte, verteidigen sollte? Wenn er zu den Waffen greifen mußte und nicht unmittelbare Gefahr für seine Familie und seinen Hof drohte, konnten ihn nur die Aussicht auf Beute und Gewinn verlocken.[78] Doch gerade im letzten Krieg gegen die Illyrer waren die Soldaten um die Beute betrogen worden.[79] Mit der Aussicht auf mögliche Gewinne konnten die Konsuln schwerlich werben.

Sie mußten sich Vorhaltungen machen lassen, daß die Senatoren, die den Krieg beschlossen hatten, die größten Kriegsgewinnler sein würden. Mußten die Bürger nicht befürchten, auch dieses Mal leer auszugehen, da die Senatoren mit ihren größeren finanziellen Möglichkeiten den Hauptanteil kassieren würden? Um dies zu verhindern, brachte der Volkstribun Claudius ein Gesetz ein *(lex Claudia de nave senatorum)*,[80] das den Senatoren und ihren Söhnen den Besitz von Schiffen mit einer Tragfähigkeit von mehr als 300 Amphoren verbot.[81] Wenn der Kriegsbeschluß ratifiziert werden

[78] Zur materiellen Ausrichtung römischer Eroberungen vgl. Harris 1979.

[79] Die Konsuln des Vorjahres, M. Livius Salinator und L. Aemilius Paullus, wurden angeklagt, die Beute ungerecht verteilt zu haben. Nur der Plebejer Livius wurde verurteilt. L 22, 35, 3; 27, 34, 3 ff., Val Max 2, 9, 6, Sueton, Tib. 3, 2, Sil 15, 596, Frontin 4, 1, 45, Auctor de viris illustr. 50, 1 u. 3, Belastungszeuge war C. Claudius Nero, L 29, 37, 10, Val Max 4, 2, 2.

[80] L 21, 63, 3–4, Plautus, Mercator 73–77, Cicero, in Verrem II 5, 45. Die Angabe, daß C. Flaminius wegen der Unterstützung dieses Plebiszites vom Volk für das Jahr 217 zum Konsul gewählt wurde, legt die Vermutung nahe, daß das Gesetz im Jahr 218 rogiert wurde. Umstritten sind Inhalt und politische Zielsetzung, vgl. dazu die Literatur in A 81.

[81] Der Ausschluß des gesamten Senatorenstandes einschließlich der Söhne vom Besitz größerer Überseeschiffe ist im Zusammenhang mit den geplanten Kriegen der Römer in Iberien und Afrika zu sehen. Die umfangreiche Literatur vgl. De Sanctis III 1, 1916, 34–335, J. Bleicken, Das Volkstribunat der klassischen Republik, München 1955, 2. Aufl. 1968, 31, Cassola 1962, 215–218 (mit Lit.), Z. Yavetz, The Policy of C. Flaminius and the Plebiscitum Claudianum, Athenaeum 40, 1962, 325–344, Lippold 1963, 93–95, A. Pelletier, A propos de la lex Claudia de 218 av. J. C., Revue des Études Ligures 35, 1969, 7–14, Tammler 1971, 121, I. Shatzman, Senatorial Wealth and Roman Politics, 1975, 100–101, C. Nicolet, Économie et institutions au IIème siècle av. J. C.: de la lex Claudia à l'ager exceptus. Tra Grecia e Roma: Temi antichi e metodologie moderne, Rom 1980, 102–108, J. v. Ungern-Sternberg, Das Ende des Ständekampfes, Studien zur antiken Sozialgeschichte. Festschrift für Fr. Vittinghoff, Köln–Wien 1980, 103 ff., A. Guarino, Quaestus omnis patribus indecorus, Labeo 28, 1982, 7–16, G. Clemente, Il plebiscito Claudio e le classi dirigenti romane nell'età dell'imperialismo, Ktema 8, 1983, 253–259, Th. Schleich, Überlegungen zum Problem sena-

sollte, dann nur unter der Bedingung, daß die Senatoren davon keine wirtschaftlichen Vorteile hatten.[82]

Nachdem der ärgste Stein des Anstoßes beseitigt war,[83] legten die Konsuln dem Volk den Antrag vor. Sie schilderten wohl den Krieg als einen kurzen und leichten Waffengang mit großen Gewinnen. Die Karthager galten als reich.[84] Für diese Menschen, die bisher in Rom ihren Tribut abgeliefert und die sie im letzten Krieg besiegt hatten, brachten sie nur Verachtung als militärischen Gegner auf.[85] Der verlockenden Faszination der Gold- und Silberbeute konnten sich die Bürger nicht entziehen. Sie stimmten in der Volksversammlung der Frage des Consuls, ob sie wünschten und befehligten, mit den Karthagern Krieg zu führen, zu. Die Abneigung gegen diesen Krieg, der ihnen durch das Votum der Senatoren aufgenötigt worden war, blieb lebendig und kam immer wieder zum Ausbruch, vor allem als es kein leichter Waffengang wurde, sondern die größten Opfer von den Römern gefordert wurden. Es war „der Krieg der Senatoren", nicht des Volkes.[86]

torischer Handelsaktivitäten, Münsterische Beiträge zur antiken Handelsgeschichte III 1, 1984, 47–53, N. Rauh, Senators and Business in the Roman Republic, 264–44 B. C., Diss. University of North Carolina at Chapel Hill 1986, Baltrusch 1989, 30–40.

[82] Es gab auch Mittel und Wege, es zu umgehen, vgl. Plu Cato Maior 21.

[83] Es war nicht das erste Mal, daß der Populus den Beschluß zum Krieg nicht mit Begeisterung gefaßt hatte. Bereits für den ersten Krieg gegen die Karthager hatten die Konsuln ihre ganze Überredungskunst aufwenden müssen, um durch Hinweise auf künftige Beute und Gewinne dem Volk den Krieg schmackhaft zu machen. Vgl. Harris 1979, 42. Auch im Jahr 200 wurde der Antrag des Konsuls, Philipp V. den Krieg zu erklären, bei der ersten Abstimmung von fast allen Centurien abgelehnt, L31,6,3. Gewiß war damals die Situation eine andere, da erst im Vorjahr der lange Krieg gegen die Karthager zu Ende gegangen war. Außerdem soll der Volkstribun Q. Baebius die „alte Masche" vertreten haben, den Senatoren vorzuwerfen, sie reihten Krieg an Krieg. Es ist allerdings auch der Fall bekannt, daß die Senatoren Frieden wünschten, das Volk aber für die Fortführung des Krieges votierte (222 v. Chr., Plu Marc 6,2).

[84] P 18,35,9: Karthago wurde als die reichste Stadt der Welt angesehen.

[85] Bezeichnend für die römische Einstellung sind die Worte des Konsuls Scipio vor dem ersten Treffen am Ticinus P3,64, L21,40,1–41,17.

[86] So beschuldigte der Volkstribun Q. Baebius Herennius die Senatoren, daß sie bewußt den Krieg mit Hannibal gesucht hätten, L22,34,4, T. F. Carney, The Aims of Roman Military and Foreign Policy in the Last Quarter of the Third Century B. C., PACA 1, 1958, 19 ff. Dieser Vorwurf wurde im Laufe des Krieges noch mehrmals wiederholt. L22,38,6 Vorwurf des Konsuls Terentius Varro, die Nobiles hätten den Krieg nach Italien geholt. Darauf deutet auch die Angabe des L31,6,4, als der Volkstribun Q. Baebius im Jahr 200 den Vorwurf wiederholt, es habe sich um eine alte Masche gehandelt. Briscoe II 1973, 71 ist der Ansicht, es handle sich eher um Reminiszenzen an derartige Reden aus der Zeit des Ständekampfes, m. E. zu Unrecht. Aufschlußreich

Endlich konnten die Vorbereitungen beginnen.[87] Scipio erloste Iberien als Amtsbereich *(provincia)*, Sempronius Afrika mit der Anweisung, Karthago zu belagern.[88] Beide befehligten das übliche Truppenkontingent (zwei Legionen),[89] wozu noch ein starkes Aufgebot an bundesgenössischen Truppen kam. Für die Invasion in Afrika waren 160 Kriegsschiffe, dazu 12 Schnellsegler vorgesehen, während für das spanische Unternehmen nur 60 Schiffe ausreichen sollten,[90] ein aufschlußreicher Hinweis auf das Schwergewicht der römischen Offensive. Bezeichnend für die Sorglosigkeit der römischen Vorbereitungen ist die Tatsache, daß die bei einem karthagischen Angriff gefährdeten Außenposten auf Sizilien und Sardinien nicht mit einem Heer geschützt wurden.[91]

Die Konsuln waren überzeugt, daß sie einen offensiven Krieg führen würden. Die Truppenkonzentrationen Hannibals und die Agitation karthagischer Gesandter in Gallien und Oberitalien deuteten sie wohl nur als Hinweise auf eine mögliche Expansion bis zu den Pyrenäen oder höchstens bis zur Rhone. Aber bis der Feind so weit vorgedrungen sei, sollte Scipio in das Geschehen eingegriffen haben. Vielleicht würde Hannibal, wenn Sempronius mit der Belagerung Karthagos begonnen hätte, vom iberischen Kriegsschauplatz zur Verteidigung der Heimatstadt abberufen. Daß er mit seinem Heer in Italien einmaschieren und sie im eigenen Land angreifen würde, erwogen sie nur kurz und verwarfen den Gedanken als unwahrscheinlich,[92] eine gravierende Fehlentscheidung, die sich schwer rächen sollte.[93] Ihr Versagen versuchten die Geschichtsschreiber zu vertuschen.[94] Lieber ge-

für die menschenverachtende Einstellung der Nobilität gegenüber der Plebs dürfte die Äußerung der Claudia aus der Zeit des 1. Punischen Krieges über die „reinigende" Wirkung von Seeschlachten für die *plebs misera* sein (Gellius n A 10, 6).

[87] P 3, 40, 2. Zu diesem Zeitpunkt hatte Hannibal bereits den Ebro überschritten.

[88] L 21, 17, 1.

[89] Sempronius standen 16000 *socii* zu Fuß und 1800 Reiter, Cornelius 14000 Mann zu Fuß und 1600 Reiter zu Gebote. Die Zahlen nach L 21, 17, 5 ff. In den übrigen Quellen nur spärliche Angaben. P 3, 41, 2 zur Zahl der Kriegsschiffe, vgl. auch App Ib 14, 53–54.

[90] Zur römischen Flotte vgl. Thiel 1946, 35 ff., andere Berechnungen bei Brunt 1971, 666–670, Marchetti 1978, 95 ff., bes. 106 ff. zum Jahr 218.

[91] Dies geschah erst im folgenden Jahr, P 3, 75, 4.

[92] Scipio soll Überlegungen angestellt haben, daß Hannibal auf dem Landweg nach Oberitalien marschieren könnte, sie aber als unwahrscheinlich verworfen haben. Vgl. P 3, 49, 2; 61, 8.

[93] Daß sich die Römer hierin täuschten, gibt Silius Italicus noch klar zu erkennen, 4, 33–35.

[94] Demgegenüber ist es eine reine Schutzbehauptung, daß die Römer an eine Invasion Hannibals dachten, App Ib 14, 53, oder sie in ihr strategisches Konzept sogar einplanten. So L 21, 17, 6: Wenn Scipio stark genug wäre, Hannibal abzuwehren, sollte Sempronius nach Afrika übersetzen. Das ist eine nachträgliche Erfindung.

standen sie ihrem größten Feind das Verdienst zu, als erster Mensch nach Herakles die Alpen überquert oder einen Weg, der bisher ungangbar gewesen war, geöffnet zu haben.[95] Niemand konnte ihnen einen Vorwurf machen, etwas völlig Neues nicht vorhergesehen und berücksichtigt zu haben.[96]

Während der Vorbereitungen der Konsuln traf in Rom die Nachricht ein, daß die Boier und, von ihnen veranlaßt, die Insubrer sich gegen die römische Herrschaft erhoben hatten.[97] Die Römer vermuteten in der Anlage der Kolonien Placentia und Cremona den unmittelbaren Anlaß. Tatsächlich wollte Hannibal damit einen der Konsuln in Italien festhalten. Deshalb griffen die Kelten gleichzeitig von ihren Gebieten aus – die Insubrer von Nordwesten, die Boier von Südosten – die neuen Kolonien an und verwüsteten sie. Die Kolonisten, obgleich in einer Stärke von fast 3 Legionen,[98] konnten sich nicht halten und zogen sich nach Mutina (h. Modena) zurück.[99]

[95] Vgl. dazu J. Seibert, Die Alpenüberquerung Hannibals, Alpenübergänge vor 1850, hrsg. v. Uta Lindgren, Wiesbaden–Stuttgart 1987, 13ff.

[96] Die Fahrlässigkeit – man könnte auch sagen Ignoranz – der Senatoren wird noch offenkundiger, wenn man berücksichtigt, daß erst wenige Jahre vorher die Kelten im Krieg gegen Rom zweimal Unterstützung von Heeren aus dem Rhonetal erhalten hatten. Die Überquerung der Alpen mit einem Heer war nichts Unvorstellbares. Trotz der negativen Erfahrungen im Keltenkrieg und im 2. Punischen Krieg hielt sich bei den Römern die Vorstellung, die Alpen seien die Mauern Roms. Cato, origines HRR I 81 frg. 85. E. Doblhofer, Livius und andere „Imperialisten", in: Livius. Festschrift für E. Burck, München 1983, 135ff.

[97] P 3,40,3–14 und L21,25,2–26,2. Vgl. Walbank I 1957, 374–377, Ch. Peyre, La Cisalpine Gauloise du IIIe au Ier siècle avant J. C., Paris 1979, 48ff., R. Urban, Die Kelten in Italien und Gallien bei Polybios, in: Hellenistische Studien. Gedenkschrift H. Bengtson, München 1991, 148–150. Die Berichte überliefern aber nur einen Ausschnitt. Der Aufstand im Heer des Prätors L. Manlius, der zur Unterdrückung des keltischen Aufstandes und zum Schutz der Kolonisten von Placentia und Cremona ausgesandt worden war, wird völlig verschwiegen. Des weiteren hören wir nichts von den Insubrern. Was unternahmen sie? Einen knappen Hinweis können wir nur dem Vorgehen Hannibals gegen die Tauriner entnehmen. Nach P3, 60, 8 waren sie von den Insubrern abgefallen, nach L21, 39, 1 führten sie gegen die Insubrer Krieg. Der Hintergrund dieser Auseinandersetzung könnte in diesem Aufstand gegen die römische Herrschaft zu suchen sein. Demnach dürfte es tatsächlich zu einem *bellum Gallicum* gekommen sein, vgl. L21, 26, 1.

[98] Es ist allerdings nicht sicher, ob bereits alle Kolonisten sich eingefunden hatten. Das Gründungsdatum der Kolonien war der 31. Mai 218, vgl. A. M. Eckstein, Two Notes on the Chronology of the Outbreak of the Hannibalic War, RhM 126, 1982, 257–268. Die Kolonisten sollten sich innerhalb von 30 Tagen einfinden.

[99] Mutina war damals keine Kolonie, wie P3, 40, 8 angibt, da die ehemals etruskische Stadt erst im Jahr 183 als Kolonie eingerichtet wurde (L39, 55, 7–8, vgl. Walbank I 1957, 375).

Hier wurden sie von den Aufständischen belagert.[100] Ihre Lage war prekär. Sie begannen Verhandlungen. Die Kelten nahmen aber die Triumvirn[101] zur Gründung der Kolonien gefangen und wollten sie nur gegen die Rückgabe ihrer Geiseln wieder frei lassen, was die Römer als Bruch des Völkerrechts ansahen.[102] Der Senat beschloß, den Prätor L. Manlius in das Gebiet der Aufständischen zu entsenden. Der Konsul Scipio trat ihm eine seiner beiden Legionen ab.[103]

Bei seinem Entsatzversuch geriet das römische Heer in einem Wald in einen Hinterhalt und konnte sich nur unter großen Verlusten retten. Ein zweiter Versuch, auf Mutina vorzustoßen, scheiterte ebenso kläglich. Wie-

[100] Der Bericht ist voll der üblichen, herabsetzenden Klischees über die Kelten. Sie waren angeblich zu ungebildet und zu faul für die Belagerungstechnik. Außerdem waren sie treulos und vergingen sich gegen das Völkerrecht. Die Kelten galten allgemein als ein wildes Volk (L21,20,8), ohne Disziplin, Durchhaltevermögen und Widerstandsfähigkeit bei Strapazen (L5,44,4–7; 48,1–3; 10,28,3ff.; 22,2,4; 27,48,15–17; 38,17,2–9). Ihre Abneigung gegen Belagerungen (L5,44,5. P3,40,10) macht deutlich, daß die Belagerten Verhandlungen anboten, die Kelten also keineswegs durch Täuschung die Verhandlungen einleiteten. Wären die Kelten tatsächlich zu faul für eine Belagerung gewesen, dann hätten die Römer doch nur warten müssen, bis es ihnen zu langweilig wurde und sie die Belagerung aufgaben! Dies soll dann später geschehen sein, als der Prätor C. Atilius anrückte, L21,26,2.

[101] Die Namen der Triumvirn werden unterschiedlich überliefert. P3,40,9 gibt nur an, daß es hochrangige Persönlichkeiten waren, zwei ehemalige Prätoren und der Konsular C. Lutatius. L21,25,3–4 gibt an, daß er in seinen Vorlagen unterschiedliche Angaben vorfand. Er entschied sich für C. Lutatius, Gaius Servilius und Titus Annius. Anstelle der beiden letzten fand er aber auch Manius Acilius und Gaius Herennius oder Publius Cornelius Asina und Gaius Papirius Maso. Im Jahr 203 konnte der Konsul C. Servilius seinen Vater und C. Lutatius aus der Gefangenschaft der Boier befreien (L30,19,7–9), nachdem bereits im Jahr 209 bekannt geworden war, daß sie noch am Leben waren (L27,21,10). Vgl. im einzelnen G. Bandelli, La fondazione delle colonie di Piacenza e di Cremona. Alcuni problemi prosopografici, Quaderni di Storia Antica e di Epigrafia 2, 1978, 39–57, B. L. Twyman, The Founders of Placentia and Cremona, Studies in Latin Literature and Roman History IV, ed. C. Deroux, Collection Latomus 196, Brüssel 1986, 109–121, D. J. Gargola, The Colonial Commissioners of 218 B. C. and the Foundation of Cremona and Placentia, Athenaeum 68, 1990, 465–473.

[102] L21,25,7 bezeichnete die Unterhändler als *legati*. Damit galt für sie nach römischer Auffassung der Schutz des Völkerrechtes. Als Vertragsverletzung bezeichnet auch P3,40,10 den Vorgang.

[103] P 3,40,11, L21,25,8. Es ist nicht sicher zu entnehmen, wann der Prätor mit dieser *provincia* beauftragt wurde. Nach Polybios stand er bereits zum Schutz der Gegend bereit, als er gegen die Aufständischen tätig wurde. Die Angabe des Polybios, daß er die vierte Legion kommandierte, deutet m. E. an, daß ihm Scipio eine seiner Legionen für dieses Unternehmen abtrat (vgl. Kahrstedt 1913, 180ff.).

derum griffen die Feinde in einem Waldstück an. Dieses Mal hatten die Römer noch mehr Gefallene zu beklagen. Schließlich konnten sie sich in das Dorf Tannetum (h. Tanneto) retten. Dort wurden sie von den Kelten eingeschlossen.

Die Nachricht von der Niederlage des Prätors löste in Rom größtes Entsetzen aus. Das Schreckgespenst eines Kelteneinfalls *(bellum Gallicum)* ergriff die Menschen.[104] Doch die Nachrichten wurden noch schlimmer. Im Heer des Prätors brach eine Meuterei aus. Es dürfte in der langen Geschichte des römischen Heerwesens immer wieder zu disziplinären Schwierigkeiten gekommen sein, für die entsprechende Strafmaßnahmen vorgesehen waren.[105] Aber es war nicht eine einfache *„seditio militaris"*, sonst hätte der Prätor nicht zum Dank für die erfolgreiche Unterdrückung einen Tempel der Göttin Concordia, die in Rom als Zeichen der bürgerlichen Eintracht galt, gelobt.[106] Es muß sich um einen Vorgang gehandelt haben, der an die Grundfesten des römischen Staates rührte und die Eintracht der Bürger gefährdete. Meuterten die Soldaten vielleicht wegen der Besoldung? Wahrscheinlich wurde zu Beginn des 2. Punischen Krieges der semilibrale Standard des As eingeführt.[107] Man kann sich die Enttäuschung des einfachen Soldaten, den die Konsuln mit der Aussicht auf Gewinn für den Krieg begeistert hatten, gut vorstellen, als er statt eines (libralen) As eine Münze erhielt, die nur die Hälfte wog. Nachdem die Soldaten erst im letzten Jahr bei der Beuteverteilung leer ausgegangen waren, mußte da nicht der Verdacht aufkommen, daß die Senatoren sie auf eine andere Weise austricksten? Zweifellos war die Gewichtsreduzierung – es sollte nicht bei dieser Reduktion bleiben – eine notwendige monetäre Maßnahme zur Finanzierung der Kriegskosten, die aber wohl nur schwer den Soldaten verständlich gemacht werden konnte. Es bestand die Gefahr, daß sich die Bewegung auch auf die Heere der Konsuln ausdehnen könnte. Ein Tempel der Concordia, der Göttin bürgerlicher Eintracht, war ein angemessenes Zeichen des Dankes für die Beilegung des Konflikts.

Die Senatoren und Konsuln mußten eine schwierige Situation bewältigen: Die Lage in Oberitalien erforderte sofortige Hilfsmaßnahmen. An Truppen standen nur die Legionen der Konsuln zur Verfügung. Sie hätten einen Konsul mit der *provincia* Gallia Cisalpina betrauen können. Dann hätte der

[104] H. Bellen, Metus Gallicus – metus Punicus. Zum Furchtmotiv in der römischen Republik, Abh. Akad. Wissensch., geistes- u. soz. Kl. Mainz 1985, Nr. 3.

[105] Vgl. W. S. Messer, Mutiny in the Roman Army, CPh 15, 1920, 158–175.

[106] L 22,33,7–8; 23,21,7. Was hatte den Prätor zu einem so spektakulären Gelöbnis veranlaßt? In den Quellen sind leider keine Hinweise erhalten. Der Bau wurde 217 auf der Burg begonnen und am 5. Februar 216 eingeweiht, vgl. Fasti Praenestini, CIL I p. 233.

[107] Vgl. M. H. Crawford, Roman Republican Coinage, Cambridge 1974, I 43.

gleichzeitige Angriff in Spanien und Afrika aufgegeben werden müssen. Es war günstiger, die bisherige Planung beizubehalten, aber in einem Fall eine Zeitverzögerung in Kauf zu nehmen. Auf dem gallischen Kriegsschauplatz mußte sofort ein Heer eingesetzt werden. P. Cornelius Scipio stellte sein Heer dem Prätor C. Atilius zur Verfügung und hob für sich eine neue Truppe aus.[108]

Bis C. Atilius den Belagerten zu Hilfe kam, hatten die Kelten von sich aus die Belagerung aufgegeben. Sie warteten dringend auf die Ankunft des karthagischen Heeres.[109] Hannibals Plan, mit dem Aufstand der Kelten die Entsendung eines Heeres zu verhindern, war nicht geglückt. Immerhin verzögerte er die römischen Kriegsvorbereitungen.

[108] P 3,40,14, L 21,26,2. Wie groß war das Heer des C. Atilius? Polybios spricht von Legionen *(stratopeda)*, Livius von einer Legion und 5000 *socii*, die der Konsul in einer neuen Anwerbung ausgehoben hatte, d. h. es könnte sich um die Soldaten handeln, die Scipio für seine vierte Legion, die er an den Prätor Manlius abgetreten hatte, neu ausgehoben hatte. Nach Polybios standen dann insgesamt drei Legionen in Oberitalien, nach Livius ebenfalls drei Legionen, da er 21,17,7 und 9 bereits zwei Legionen für Gallia Cisalpina vorgesehen hatte. Wenngleich das Ergebnis das gleiche ist, besteht dennoch der Unterschied darin, daß nach Polybios zunächst nur eine Legion nach Oberitalien entsandt wurde, dann zwei, nach Livius gerade umgekehrt. Doch gegen diese Berechnungen wurden Bedenken erhoben, da nach den Zahlenangaben für die Schlacht an der Trebia insgesamt nur ein Heer von vier Legionen ins Feld geführt wurde, während man eigentlich mit fünf Legionen (einschließlich der Legionen des Sempronius) rechnen müßte. In der Forschung wurden viele Lösungsvorschläge gemacht. Sie kranken m. E. daran, daß man die Zahlen für die Trebiaschlacht als Richtschnur annimmt. Es ist aber nicht bekannt, wieviele der Truppen für Besatzungen bzw. Reserve abgezogen wurden. Auch dürfte die römische Historiographie daran interessiert gewesen sein, nach der Niederlage ihre numerische Überlegenheit zu unterdrücken. Ich neige deshalb der Lösung von De Sanctis III 2, 1916, 87–89, vgl. Walbank I 1957, 376, 405 zu, daß Scipio sukzessive seine Legionen an die Prätoren abgab und dafür nacheinander zwei Legionen aushob, weshalb L 21, 17, 2 ff. antizipatorisch mit sechs Legionen für das ganze Jahr rechnete.

[109] Es könnte sein, daß diese Taktik mit den Kelten abgesprochen war: Sie sollten möglichst viele römische Truppen binden, aber sich nicht in eine Schlacht einlassen, höchstens durch Überfälle verunsichern. Denn Hannibal mußte daran gelegen sein, daß seine Verbündeten nicht vor seiner Ankunft von den Römern geschlagen wurden. Das hätte sein Konzept empfindlich gestört. Den Rückzug der Kelten vor dem Heer des C. Atilius legte die römische Geschichtsschreibung dann als eine Maßnahme aus, die aus Furcht geschehen war.

Auf Herakles' Spuren

Erst gegen Ende des Frühjahrs (Mai)[110] 218 verließ das karthagische Heer Neukarthago[111] und marschierte auf der „Heraklesstraße" (Hodos Herakleia)[112] an Onussa (h. Peniscola) vorbei zum Ebro.[113] Bis hierher reichte der karthagische Einflußbereich. Für einen ungestörten Weitermarsch glaubte Hannibal durch seine Gesandten Vorsorge getroffen zu haben. Doch gleich zu Beginn stellte sich das erste, nicht einkalkulierte Hindernis in den Weg. Die römischen Gesandten hatten im Vorjahr in dem Gebiet zwischen Ebro und Pyrenäen den Stamm der Bargusier für sich gewinnen können.[114] Hannibal mußte den unmittelbaren Gefahrenbereich für seine Nachschubverbindungen beseitigen.[115]

In drei Heeressäulen setzten die Truppen über den Ebro und rückten in das Gebiet bis zu den Pyrenäen vor.[116] Die Stämme der Ilergeten, Bargusier, Airenusier und Andosiner[117] wurden unterworfen.[118] In dem Gebiet zwischen Ebro und Pyrenäen wurden Truppen unter dem Kommando Hannos stationiert,[119] der gegenüber den verbündeten Stämmen die Stel-

[110] Zur Chronologie des Jahres 218 vgl. Seibert 1993, 176–179.

[111] P 3,35,1, L 21,22,5 ff., Proctor 1971, 35 ff.

[112] Vgl. zuletzt R. C. Knapp, La via Heraclea en el occidente: Mito, Arqueologia, Propaganda, Historia, Emerita 54, 1986, 103–122 (Karte 121), vgl. o. S. 32, 76.

[113] Die Entfernung von Neukarthago bis zum Ebro betrug nach P 3,39,6 2600 Stadien = 312 römische Meilen = ca. 468 km, wofür das Heer etwa einen Monat Marschzeit benötigte. Es werden dafür auch wesentlich geringere Zeiten angenommen, ausgehend von einer durchschnittlichen Marschgeschwindigkeit von 20 oder 25 km pro Tag. Dabei läßt man m. E. aber die Größe des Heeres, das noch durch den Troß belastet war, außer acht.

[114] Vgl. o. S. 73.

[115] Die Ansicht von Hoffmann 1951 = WdF 371, 1974, 146 ff., daß Hannibal ursprünglich nur die Gebiete nördlich des Ebro unterwerfen wollte, erst aufgrund der römischen Kriegserklärung seine Pläne änderte und nach Italien marschierte, halte ich für verfehlt, auch wenn sie bei Schwarte 1983, 52 ff. Beifall gefunden hat. Zur Ablehnung vgl. auch Huß 1985, 295.

[116] L 21,23,1.

[117] Zur Lokalisierung der Stämme vgl. Walbank I 1957, 366. L 21,23,2 nennt statt der Airenusier und Andosiner die Ausetaner (im Gebiet um Vich) und die Lacetaner (bei Barcelona), die direkt am Fuß der Pyrenäen wohnen. Vgl. A. Tovar, Iberische Landeskunde II 3, Baden-Baden 1989, 46–47 (Ilergeten), 39–40 (Bargusier), 45 (Airenusier und Andosiner).

[118] Es liegen keine Angaben vor, wie lange das karthagische Heer in diesem Bereich operierte. Die modernen Schätzungen schwanken zwischen 6 Wochen und 10 Wochen. Lazenby 1978, 33–34: 6 Wochen, De Sanctis III 2, 1916, 78, Walbank I 1957, 366, Proctor 1971, 35: zwei Monate, Hoffmann 1951, 146, Schwarte 1983, 53: 2 1/2 Monate bzw. 8–10 Wochen.

[119] Der Name des Kommandanten lautete nach P 3,35,4; 76,5 ff., L 21,23,3; 60,5

lung eines Beauftragten *(hegemon)*, gegenüber den romfreundlichen Bargusiern die eines Militärbefehlshabers *(despotes)* ausübte.[120] Unter seiner Obhut wurde auch der gesamte Troß in Kissa zurückgelassen, um das Heer beweglicher zu machen. Durch Rücksendung einer größeren Abteilung wurde das Heer Hasdrubals verstärkt.[121]

Dann überquerten die Truppen[122] die Pyrenäen. Es liegen keine Angaben vor, welchen Paß sie benutzten. Nur allgemeine Vermutungen über die möglichen Übergänge können gemacht werden.[123] Es scheint m.E. naheliegend, daß sie in drei Kolonnen nicht nur in das Land einmarschierten, sondern in derselben Formation auch durchquerten, das Gebirge über drei verschiedene Pässe überschritten und in Iliberris wieder zusammentrafen. Eine Heeresabteilung könnte den bequemsten Übergang über den Col de Perthus, den wohl auch die Hodos Herakleia und die spätere *via Augusta* auf spanischer Seite bzw. *via Domitia* auf gallischer Seite überquerten, benützt haben. Das zweite Korps könnte auf der Küstenstraße über Emporion und einen der Küstenpässe nach Gallien vorgestoßen sein. Eine dritte Heeresgruppe dürfte noch weiter im Landesinnern über Vic, Ripoll zum Puigcerda (1140 m) ins Tal des Segre über den Col de Perche ins Tal des Tet nach Iliberris marschiert sein.

Die Pyrenäen bereiteten keine Schwierigkeiten. Doch zur großen Überra-

Hanno, nach Z 8,25,1 Bannon. Dies könnte nach Huß 1985, 299 A 42 der richtige Name sein, der von Polybios und Livius durch den geläufigeren Hanno ersetzt wurde (nach L per 21 und Or 4,14,9 hieß er allerdings Mago). Er hatte eine Armee von 10000 Mann zu Fuß und 1000 Reitern.

120 P 3,35,4. Zu Recht sieht Huß 1985, 299 A 42 in den einen Verbündete, in den anderen Untertanen.

121 P 3,35,6, insgesamt 10000 Mann zu Fuß und 1000 Reiter. Die römische Tradition verdrehte diesen Vorgang. 3000 Carpetaner sollen desertiert sein, als sich bei den Soldaten das Gerücht breit machte, der Krieg gelte Rom. Aus Angst vor der Länge des Weges und der Schwierigkeit des Alpenüberganges seien sie desertiert. Da Hannibal diese Leute nicht mehr einholen konnte, habe er freiwillig weitere 7000 Mann, die er als dienstunwillig erkannt hatte, entlassen, um den Eindruck zu erwecken, er habe auch die Carpetaner weggeschickt. Vgl. Frontin 2,7,7.

122 Nach P 3,35,7 sollen es noch 50000 Mann zu Fuß und 9000 Reiter gewesen sein. Damit hätten die Karthager, wenn man die Stationierungstruppen und die Heimkehrer abzieht, ca. 20000 Mann zu Fuß und 2000 Reiter (nach Livius) oder 1000 Reiter nach Polybios verloren. Dies erscheint unglaubwürdig, vgl. Walbank I 1957, 366. Die hohen Zahlenangaben des Polybios dürften aus einer römischen Quelle stammen. Denn er bezeichnet 3,35,8 das karthagische Heer, das er im vorhergehenden Paragraphen (7) genau bezifferte, als nicht sehr zahlreich, aber kriegstüchtig. Nun ist ein Heer von 50000 Mann zu Fuß und 9000 Reiter wahrlich keine kleine Truppenmacht. Wenn also eine Quelle das Heer als nicht groß bezeichnete, dann dürfte sie andere Zahlenangaben enthalten haben.

123 Zu den Spekulationen vgl. Seibert 1993, 191–193.

schung Hannibals hatten die Kelten ihr Heer bei Ruscino (h. Castel Roussillon sur le Tet bei Perpignan) zusammengezogen. Er rückte bis Iliberris (h. Elne) vor und schlug dort sein Lager auf.[124] Die Unterwerfung von Stämmen südlich der Pyrenäen hatte die Kelten an der ursprünglichen Zusage, der Krieg gelte nur Rom und das karthagische Heer wünsche nur die Durchzugserlaubnis, zweifeln lassen. Sie waren in Angst um ihre Selbständigkeit.[125] Da sie die wahren Gründe für die Unterwerfung der Bargusier nicht kannten, schienen ihre Befürchtungen nicht unbegründet.

Hannibal konnte das Mißverständnis durch eine persönliche Unterredung mit den Fürsten beilegen. Er versicherte, er komme als ihr Freund, nicht als ihr Feind. Zusätzliche „Geschenke" halfen, das Mißtrauen auszuräumen.[126] Dann marschierte er ohne besondere Schwierigkeiten durch das Gebiet der Volker[127] und erreichte die Rhone oberhalb des Deltas.[128] Auch diese Strecke wurde durch Truppen gesichert, etwa in gleicher Stärke wie das Heer im Gebiet nördlich des Ebro.[129] Als er mit seinem Heer an der Stelle eintraf, an der man gewöhnlich über den Fluß setzte, hatte dort bereits ein Keltenheer, von den Massalioten angeworben,[130] Stellung bezogen, um ihm den Übergang zu verwehren.[131]

[124] H. Bannert, RE Suppl. 15, 1978, 937–960 mit Karte.

[125] L 21, 24, 2, die früheren Kontakte 21, 20, 8.

[126] Vielleicht sind die Verträge Hannibals mit den Kelten, die bei Streitfällen zwischen Karthagern und Kelten eine Regelung vorsahen, damals vereinbart worden, Plu mor 246 C, Polyain 7, 50, Schmitt III 1969, Nr. 519.

[127] P 3, 41, 7–8, L 21, 26, 6, App Ann 4, 14, Z 8, 23, 2. Nach der Differenz der Truppenstärke Hannibals beim Pyrenäenübergang (P 3, 35, 7) und beim Abmarsch von der Rhone (P 3, 60, 5) müßten in diesem Gebiet bei Kämpfen 12000 Fußsoldaten und 1000 Reiter gefallen sein. Dieses Schreckensgemälde ist nicht glaubhaft. Vgl. allgemein C. Jullian, Histoire de la Gaule, Paris I 1920, 458–464, Ch. Ebel, Transalpine Gaule, Leiden 1976, 34ff. Zu den Kelten in Südgallien vgl. Picard 1967, 151ff., G. Barruol, Les peuples préromains du sud-est de la Gaule, Paris 1969, Monique Clavel, Béziers et son territoire dans l'antiquité, Paris 1970, 130f.

[128] P 3, 42, 1 gibt als Entfernung zum Meer vier Tagesmärsche an.

[129] Seibert 1989, 218ff.

[130] Die näheren Umstände legen m. E. diese Vermutung nahe. P 3, 42, 4 ist überhaupt nichts zu entnehmen, L 21, 26, 6 bezeichnet sie als Volker, die zu beiden Seiten der Rhone wohnten und sich teilweise vor den anmarschierenden Puniern über die Rhone in Sicherheit gebracht hatten. Man bedenke aber, daß die Römer durch eine Gesandtschaft die Kelten Südgalliens für sich gewinnen wollten (vgl. L 21, 20, 1ff.) und die Massalioten Kelten in Dienst genommen hatten, die sie Scipio zur Verfügung stellten, P 3, 41, 9, L 21, 26, 5.

[131] Vgl. P 3, 42–47, 1, L 21, 26, 7–31, 1, Z 8, 23, 2–4; Lit. vgl. Lehmann 1905, 151ff., Kahrstedt 1913, 378ff., De Sanctis III 2, 1916, 16ff., C. Jullian, a. a. O., I 1920, 464–469, Lazenby 1978, 35ff., zum topographischen Ansatz des Rhoneüberganges vgl. die Literatur bei Seibert 1988, 42ff.

Scipio an der Rhone

Als Hannibal im Anmarsch zur Rhone war, hatte P. Cornelius Scipio, der erst später Rom verlassen hatte, mit seinem Flottenverband an der massaliotischen Mündung der Rhone auf seiner Fahrt nach Spanien Zwischenstation gemacht.[132] Die Fahrt von Pisa hatten die Schiffe in nur vier Tagen zurückgelegt. Kräftiger Wind und hoher Seegang waren den römischen Soldaten wenig bekommen. Die meisten litten unter Seekrankheit.[133] Deshalb legte er hier eine Ruhepause ein und wollte die neuesten Informationen von den Freunden in Massilia einholen. Zu seiner Überraschung mußte er erfahren, daß die Karthager die Pyrenäen bereits überschritten hatten. Als er von Rom weggefahren war, lag ihm die Nachricht der Massalioten vor, Hannibal habe den Ebro passiert.[134] Das hatte seine Pläne nicht wesentlich berührt. Doch der Übergang über die Pyrenäen und der Vormarsch zur Rhone überraschten ihn.

Der Konsul dürfte sich eingehend mit seinem Bruder Gnaeus, der formal die Stellung eines Legaten innehatte, dessen tatsächlicher Einfluß als älterer Bruder und Consular jedoch wesentlich größer war, beraten haben.[135] Auch die Militärtribunen wurden hinzugezogen. Was war zu tun?[136] Sollten sie einfach auf den Gegner keine Rücksicht nehmen, die Fahrt fortsetzen und, wie im Senat abgesprochen, den Krieg in Spanien beginnen? Oder sollten sie gemeinsam mit den Kelten Hannibal den Übergang über die Rhone verwehren?

Von den Massalioten erhielten sie Informationen über die Größe des karthagischen Heeres, dem sie numerisch weit unterlegen waren und dem sie in offener Feldschlacht nicht entgegentreten konnten. Das Risiko einer Niederlage war zu groß. Die Bundesgenossen in Massilia hatten unter den ihn befreundeten Kelten den Widerstand gegen die Karthager organisiert und ein Heer angeworben. Vielleicht würde es den Kelten gelingen, Hannibals

[132] P 3,41,5–9.

[133] Die Seekrankheit diente dann vordergründig als Entschuldigung, daß Scipio nicht gegen Hannibal marschierte. P 3,41,8, L 21,26,5. Erfahrungsgemäß klingen die typischen Beschwerden nach dem Landgang bald ab.

[134] L 21,25,1.

[135] Scipio war 222 zusammen mit M. Claudius Marcellus Konsul gewesen war und hatte den Keltenkrieg erfolgreich beendet, vgl. Henze, RE 4, 1, 1900, 1491 s. v. Cornelius 345. Zu seiner Stellung vgl. App Ib 14,54 *presbeutes = legatus*, Z 8,23,7 unklar, Broughton I 1951, 239, G. V. Sumner, Proconsuls and Provinciae in Spain, 218/7–196/5 B. C., Antichthon 3, 1970, 85, anders Schleußner 1978, 126 A 82 (*cum imperio* tätig), vgl. Seibert 1993, 267.

[136] Die Quellen lassen die Unsicherheit und Ungewißheit Scipios erkennen. Sein Zögern soll dadurch entschuldigt werden. Angeblich konnte er die Nachrichten kaum glauben und mißtraute ihnen, vgl. P 3,41,8, L 21,26,4–5.

Vorstoß zum Stehen zu bringen oder derart zu schwächen, daß Scipio mit seinem consularischen Heer eine Schlacht wagen konnte. Es war ein Gebot der Klugheit, vorerst abzuwarten.[137]

Übergang über die Rhone

Um das Heer auf Schiffen über den Fluß zu setzen, benötigte Hannibal eine große Zahl von Schiffen. Dazu kaufte er alle verfügbaren Boote von den Anwohnern des Flusses, die auch über größere Schiffe verfügten, da sie Seehandel betrieben. Selbst Einbäume waren willkommen. Trotzdem reichten die vorhandenen Boote nicht aus. Zusätzlich wurde Holz erworben, um Einbäume herzustellen. In zwei Tagen war genügend Schiffsraum geschaffen.[138] Doch die Passage des Flusses erwies sich schwieriger als angenommen. Denn das keltische Heer war zwischenzeitlich noch größer geworden. Hannibal erinnerte sich, daß er in den Taten Alexanders gelesen hatte, wie dieser am Hydaspes in vergleichbarer Lage seinen indischen Gegner Poros überlistet hatte. Auf diesselbe Weise wollte er sich hier den Übergang erzwingen.[139]

Unter Führung von Einheimischen wurde unter dem Kommando von Hanno, dem Sohn des Sufeten Bomilkar,[140] eine Reiterabteilung flußaufwärts gesandt. Das geschah in der dritten Nacht nach Ankunft am Fluß und blieb dem Gegner verborgen. Nach 200 Stadien[141] (ca. 35 km) kamen sie an eine Stelle, wo eine Insel den Fluß teilte. Dort bauten sie sich Flöße, auf denen sie ungefährdet ans andere Ufer gelangten. Hier hielten sie sich versteckt und ruhten sich einen ganzen Tag aus. In der 5. Nacht[142] traten sie

[137] Die römische Geschichtsschreibung suchte das Zögern Scipios zu verdecken, da es sich nicht mit dem Ansehen eines römischen Konsuls vertrug, aus der Entfernung den Feind zu beobachten und ihn nicht zur Schlacht zu stellen, auch wenn dies ein Gebot der Klugheit war. Angeblich mißtraute Scipio den Nachrichten, da Hannibal „unerwartet schnell" an der Rhone eingetroffen war. P3,41,8, L21,26,5. Es gab aber auch eine Tradition, die Scipio aktiv in die Kämpfe eingreifen ließ. Nach Z8,23,2 war Scipio ohne Heer(!) bereits an der Rhone eingetroffen und hatte mit den Kelten den Widerstand organisiert. Hannibal gelang dennoch der Übergang, bevor das römische Heer eingetroffen war. Bei dieser Version konnte niemand dem Konsul einen Vorwurf machen. Es ist wenig glaubwürdig, daß Scipio nicht wußte, wo er Hannibal entgegentreten sollte, wie die Tradition uns glauben lassen will. Die Kelten kannten die Übergangsstelle genau!

[138] P 3,42,1–3, L21,26,7–9, Z8,23,2.

[139] Vgl. E. Hennebert, Histoire d'Annibal, Paris I 1870, 446 A 3.

[140] P 3,42,5 ff., L21,27,1 ff. Z8,23,3 nennt Hannibals Bruder Mago.

[141] Anders Livius: 25 milia passuum = ca. 37,5 km.

[142] P 3,43,1, vgl. Walbank I 1957, 378.

den Rückmarsch an, wie mit Hannibal abgesprochen war. Nur bei genauer Einhaltung der verabredeten Termine konnte der Plan gelingen.

Hannibal hielt seine Soldaten in Alarmbereitschaft. Jeder Abteilung war ihre genaue Position und Aufgabe zugewiesen. Die größeren Boote sollten oberhalb übersetzen und die Strömung für die Einbäume, die weiter unterhalb den Fluß queren sollten, dämmen. In den größeren Booten saßen die Reiter. An jeder Seite am Heck zog ein Mann drei oder vier Pferde an Zügeln nach sich, damit gleich bei der ersten Angriffswelle genügend Tiere zur Verfügung stünden.

Als Hannibal das verabredete Rauchzeichen wahrnahm, wußte er, daß Hanno eingetroffen und bereit war, den Feind im Rücken anzugreifen. Sofort gab er das Signal zum Angriff. Für den unbeteiligten Betrachter dürfte es ein grandioses Schauspiel gewesen sein, als die Soldaten unter lautem Geschrei in die Boote stürzten und gegen die Strömung ankämpften, während ihre Kameraden am Ufer um sie bangten und sie mit ihrem Gebrüll anfeuerten.

Vom anderen Ufer hallte ihnen das Kriegsgeschrei der Kelten entgegen, die glaubten, die Angreifenden leicht abwehren zu können. Mit dem Angriff in ihrem Rücken hatten sie nicht gerechnet. Plötzlich befanden sie sich selbst in höchster Gefahr. Teils liefen sie davon, teils griffen sie an. Doch begünstigt durch die geglückte Überraschung und unter Anführung Hannibals gingen die Karthager, sobald sie das Ufer erreicht hatten, in geordneten Reihen zum Angriff über und schlugen die Kelten in die Flucht. Von Gefangenen erfuhr Hannibal, daß das römische Heer bereits an der massaliotischen Mündung der Rhone vor Anker lag.[143] Um Genaueres zu erfahren, schickte er eine Abteilung Numider aus, um die Stärke und die Absichten des Gegners zu erkunden. In der Zwischenzeit wurde das restliche Heer, darunter die Elefanten, ans andere Ufer gebracht.[144]

143 P 3,44,3.

144 P 3,46 und L 21,28,5–12 mit gewissen Abweichungen beschrieben den Vorgang, wie riesige Flöße, mit Erde bedeckt, am Ufer festgemacht und an diesen weitere Flöße befestigt wurden, auf denen die Tiere, nachdem sie gleichsam auf dem Landweg vorgedrungen waren, nach Kappen der Verbindungsseile ans andere Ufer gefahren wurden. Wie aus Aelian, de natura animalium 10,17 hervorgeht, handelte es sich dabei um die Verladungsart bei Seetransporten. Der Rekonstruktionsversuch von J. Philipp, Wie hat Hannibal die Elefanten über die Rhone gesetzt?, Klio 11, 1911, 343–354 überzeugt nicht. Vgl. Scullard 1974, 156–158. Es überrascht zu hören, daß die Elefanten nicht ins Wasser gehen wollten (P 3,46,7), da Elefanten gern ins Wasser gehen und gute Schwimmer sind. Livius bewahrte eine andere Version. Man habe die Tiere einfach ins Wasser getrieben und so über den Fluß gebracht (L 21,28,5, vgl. Frontin 1,7,2). Obgleich er selbst diese Variante bezweifelte, bewies R.S. Fisher, Polybius III,46: Quellenforschung or Vraisemblance, Revue Belge de Philologie et d'Histoire 60, 1982, 40–50 m. E. überzeugend, daß diese Version wohl die zutreffende ist. Ohne

Da trafen im karthagischen Lager Abgesandte der Boier unter Führung ihres Königs Magilus ein.[145] Sie informierten über die Lage in ihrer Heimat. Das Ziel ihres Aufstandes, den Konsul mit seinem Heer in Italien zu binden, sei nicht gelungen. Diese Nachricht bestätigten die Numider, die bereits in der Nähe ihres Lagers auf eine römische Vorausabteilung unter keltisch-massaliotischer Führung gestoßen waren und ein hitziges Gefecht geliefert hatten, das sie zwar mit Verlusten, aber dennoch siegreich beendet hatten.[146] Jetzt bestand Gewißheit, daß ein römisches Heer auf dem Weg nach Spanien war.

Die neue Situation bedurfte eingehender Beratung. War es zweckmäßiger, das Heer des Konsuls zur Schlacht zu stellen oder weiterzumarschieren, ohne auf die Feinde Rücksicht zu nehmen?[147] Die Boier, die eine Verzögerung befürchteten, plädierten für den sofortigen Aufbruch über die Alpen. Eine Schlacht in Südgallien könnte die Kräfte des Angreifers schwächen, bei einer Niederlage sogar das ganze Unternehmen in Frage stellen. Wahrscheinlich verwiesen sie auch auf die fortgeschrittene Jahreszeit. Je länger Hannibal mit dem Alpenübergang wartete, desto gefährlicher konnte er durch einen vorzeitigen Wintereinbruch werden.

Vor allem war nicht sicher, ob der Feind die Herausforderung auch annehmen würde. Der Gegner verfügte über eine Flotte, konnte leicht entkommen oder sich nach Massilia zurückziehen. Dann hatte Hannibal mindestens eine Woche für Hin- und Rückmarsch vertan.

Vielleicht spekulierte er auch, daß Scipio wohl kaum mit seinem Heer die Fahrt nach Spanien fortsetzen würde, wenn er seine Pläne erkannte, da das römische Heer in Gallia Cisalpina zu schwach zur Abwehr des Feindes war. Sollte der Konsul dennoch nicht umkehren, so war dies vielleicht noch gün-

Bezug auf die Untersuchung von Fisher vertrat S. O'Bryhim, Hannibal's Elephants and the Crossing of the Rhône, CQ 41, 1991, 121–125 dieselbe Ansicht.

145 P 3,44,5, L 21,29,6. Die Abfolge der Ereignisse wird von Polybios und Livius unterschiedlich überliefert: Nach P 3,44,3 entsandte Hannibal am Tag nach dem erfolgreichen Übergang (= 6. Tag) die Numider, dann berief er eine Heeresversammlung und stellte die Keltenhäuptlinge vor. Noch am selben Tag kehrten die Numider zurück. Am nächsten Tag (= 7. Tag) wurden die Elefanten über die Rhone geschafft, gleichzeitig marschierte die Hauptmasse des Heeres bereits ab, während die Reiterei gegen einen evtl. Angriff der Römer den Abzug deckte. Am 8. Tag folgte Hannibal mit den Tieren und den Reitern. Nach L 21,28,5 ff. wurden am 6. Tag die Elefanten über die Rhone geschafft und die Numider zur Erkundung ausgesandt, die noch am gleichen Tag geschlagen zurückkehrten. Es folgt die Heeresversammlung. Am anderen Tag (= 7. Tag) marschierten die Truppen ab.

146 So jedenfalls lautete die karthagische Version, vgl. Nep Hann 4, 1. Nach den anderen Berichten aus römischer Sicht siegten natürlich die Römer, vgl. P 3,45,2 ff., L 21,29,2–4, Z 8,23,4.

147 L 21,29,6.

stiger: In diesem Fall würde er in Gallia Cisalpina nur auf schwache Kräfte stoßen. In Iberien standen ausreichend Truppen zur Abwehr des Feindes bereit. Alle Argumente sprachen für die Fortsetzung des Marsches.[148]

Hannibal stellte König Magilus seinen Soldaten in einer Versammlung vor.[149] Dolmetscher übersetzten dessen Rede, in der er sie zum Krieg gegen die Römer nach Italien rief. Er selbst und seine Begleiter seien der lebende Beweis, daß die Überquerung der Alpen kein Problem sei. Er versprach, das Heer durch Gegenden zu führen, in denen es keinen Mangel zu leiden hatte. Nach einem Gebet, in dem Hannibal sich wohl an Herakles, den Gott, den ihm Iuppiter als Führer mitgegeben hatte, wandte und seinen Segen für sein Vorhaben erflehte,[150] gab er das Zeichen zum Aufbruch und Weitermarsch nach Italien.[151]

Um diese Zeit dürften die römischen Reiter ins Lager zurückgekehrt sein.[152] Sie konnten nur die Bestätigung überbringen, daß Hannibal trotz des keltischen Widerstandes den Fluß überquert hatte und sein ganzes Heer bereits auf dem anderen Ufer versammelt war. Scipio beriet mit seinem Bruder die neue Lage. Langsam wurde ihm klar, daß Hannibal etwas vorhatte, was er als unausführbar und unwahrscheinlich verworfen hatte[153]: Der Karthager beabsichtigte, mit seinem Heer die Alpen zu überqueren und in Oberitalien einzufallen. Dort standen aber nur zwei Legionen unter Prätoren, die kürzlich Niederlagen von den Kelten erlitten hatten und noch an den Folgen eines Militäraufstandes laborierten. Wenn er seine Fahrt nach Iberien fortsetzte, stand Italien dem Feind offen. Es wäre ein nicht zu verant-

[148] Delbrück I 1920, 375: „Es zeigt die ganze Genialität des jungen karthagischen Feldherrn, die Vereinigung der höchsten Kühnheit mit der ruhigsten Besonnenheit, daß er der Versuchung des Lorbeers nicht nachjagte." Dagegen hielt General A. Guillaume, Annibal franchit les Alpes, La Tronche – Montfleury 1963, 18–19 diese Entscheidung für einen Fehler. Doch wer garantierte, daß Scipio sich tatsächlich zur Schlacht stellen würde?

[149] P 3,44,5ff., L 21,30,1ff.

[150] P 3,44,13. Es ist eine der wenigen Stellen mit einem Hinweis auf Hannibals Einstellung zu den Göttern. Die römische Tradition unterdrückte bewußt derartige Angaben, um das Bild des gottlosen Hannibal aufrechtzuerhalten.

[151] P 3,60,5. Stärke seines Heeres: 38000 Mann zu Fuß, 8000 Reiter und 37 Elefanten.

[152] Wie lange die Reiter für die Rückkehr ins Lager brauchten, geben die antiken Quellen nicht an. Da das Reitertreffen aber ganz in der Nähe von Hannibals Lager stattfand (P 3,45,2) und Scipio drei Tage nach dem Abmarsch Hannibals an der Übergangsstelle eintraf, ist zu vermuten, daß sie, da sie erschöpft waren, doch zwei Tage für die Rückkehr benötigten.

[153] Vgl. P 3,49,2; 61,5. Seneca, naturales quaestiones III praef. 6 bezeichnete die Invasion als unvermutet. Allgemein zur Einstellung der Römer zur Alpenüberquerung Plin n h 36,2.

wortendes Risiko gewesen, hier einfach zu tun, als wüßte er nichts von der veränderten Situation und sich strikt an den Amtsbereich zu halten. Auf der anderen Seite wollte er die geplante Offensive nicht aufgeben.

Unter Abwägung aller Vor- und Nachteile einigten sich die beiden Brüder auf folgende Lösung: Gnaeus sollte mit der einen Hälfte der Flotte und des Heeres die Fahrt fortsetzen, Publius sollte mit der anderen Hälfte seines Heeres nach Italien zurückkehren. Mit den in Oberitalien stationierten Legionen, evtl. auch den Kolonisten von Cremona und Placentia und mit weiteren Truppen, die er unterwegs in Italien ausheben wollte, konnte er es wagen, Hannibal entgegenzutreten.[154] Die ursprüngliche Kriegsplanung wurde nicht völlig aufgegeben, aber mit reduzierten Kräften fortgeführt. Der Senat mußte schnellstens über die bevorstehende Invasion Hannibals informiert werden.[155] Bei dieser Lösung dürften auch persönliche Motive eine große Rolle gespielt haben. Scipio hätte wohl kaum einem seiner Militärtribune sein Heer und seine Flotte anvertraut. Seine Entscheidung wurde wesentlich durch den besonderen Umstand beeinflußt, daß er seinen Bruder in seinem Stab hatte. Wahrscheinlich plante er, wenn er Hannibal in Gallia Cisalpina geschlagen hätte – davon war er sicher überzeugt –, sofort wieder zu seinem Heer nach Spanien zurückzukehren und den Krieg fortzuführen. Dann würde ihm wohl nach Ablauf seines Amtsjahres sein Imperium verlängert werden.[156] Kehrte er aber mit seinem gesamten Heeresverband zurück,

[154] Die antiken Quellen behaupten zwar, Scipio sei nur mit wenigen Leuten zurückgekehrt und habe sein Heer seinem Bruder überlassen (P 3, 56, 5, L 21, 32, 3 und 5, vgl. 40, 1–3). Dies ist aber unzutreffend, da Gnaeus nur mit 35 Schiffen nach Spanien fuhr, Publius also fast die Hälfte der Flotte mit sich geführt haben muß. Dies läßt den Schluß zu, daß der Konsul auch anteilsmäßig Soldaten mitnahm. Die Flottenstärke ergibt sich aus den Zahlenangaben für die Schlacht an der Ebromündung im Jahr 217, vgl. Thiel 1946, 39 ff., der allerdings annimmt, daß Scipio 30 oder 45 Schiffe, aber nicht die entsprechenden Truppen mit nach Italien zurückgenommen habe. Wozu hätte er dann die vielen Kriegsschiffe benötigt? Die Anwerbung von *socii* vgl. App Ann 5, 18.

[155] War der Entschluß richtig? Gingen die Scipionen nicht das Risiko ein, durch Teilung des Heeres auf beiden Kriegsschauplätzen (Spanien und Gallia Cisalpina) kein schlagkräftiges Heer einsetzen zu können? Kahrstedt 1913, 382. Vgl. A. D. Fitton Brown, La stratégie romaine, 218–216 a. C., Studi Annibalici 1964, 182, wo Scipio für diese Entscheidung gelobt wird: „Von zehn Feldherrn wären neun umgekehrt." Diese Bewertung ist m. E. allzu sehr von dem Wissen beeinflußt, daß der Sohn dieses Konsuls in Spanien den Krieg entscheiden sollte.

[156] Wahrscheinlich hatten die Senatoren bereits das Problem diskutiert, wie die Beschränkung des *imperium* auf ein Jahr auf außeritalischen Kriegsschauplätzen im Interesse einer effektiveren Kriegführung zu lösen war. Die Prorogation erwies sich als das geeignete Mittel und wurde im Verlauf des Krieges auch vielfach praktiziert. Zur Prorogation vgl. Wilhelmina F. Jashemski, The Origins and History of the Proconsular and Propraetorian Imperium to 27 B. C., Diss. Maryland 1949, Chicago 1950,

dann bestand wohl kaum Aussicht, daß die Senatoren ihm für das nächste Jahr Spanien als *provincia* verlängern würden.[157] Aus persönlichem Ehrgeiz ging er das Risiko ein, bei nur halbem Einsatz das Ganze aufs Spiel zu setzen.

Wenn der Konsul in dieser Situation den Befehl zur Umkehr gab, konnte dies auf die Stimmung der Soldaten ungünstig wirken. Deshalb mußte er etwas unternehmen, um ihnen das Gefühl zu vermitteln, als „Sieger" von hier wegzufahren. Die Soldaten sollten den Eindruck erhalten, Hannibal sei vor ihnen geflohen. Zu diesem Zweck entschloß sich Scipio zu einem „Schaumarsch". Nachdem der Troß auf die Schiffe verladen worden war, marschierten die Römer „in Kampfformation", d.h. in erhöhter Alarmbereitschaft, gerüstet für den sofortigen Kampf, Hannibal „entgegen". So wurden die Soldaten in höchster Spannung gehalten, bis sie an der Übergangsstelle eintrafen, wo noch die verlassenen Reste der Befestigungen zu sehen waren.[158] Hier konnte er seinen Soldaten zeigen: „Seht her! Wir wollten gegen die Karthager eine Schlacht schlagen, aber die feigen Punier ergriffen vor uns die Flucht."[159] Die römischen Soldaten konnten sich als die moralischen Sieger fühlen.

Nach der Rückkehr zur Küste fuhr Gnaeus nach Spanien weiter, während Publius mit Zwischenstation in Genua nach Italien zurückkehrte und in Pisa landete.[160]

R. Develin, Prorogation of imperium before the Hannibalic War, Latomus 34, 1975, 716–722, Kloft 1977.

[157] Die Amtsbereiche, in denen Krieg geführt wurde, wurden den Konsuln zugewiesen.

[158] Ob er tatsächlich bis zu der Übergangsstelle marschiert ist, mag dahingestellt bleiben. Verlassene *munimenta* dürfte es unterwegs sicher gegeben haben. Es genügte, den Soldaten zu zeigen, daß der Feind nicht mehr da war. Wo tatsächlich Hannibal die Rhone überquerte, ist in der Forschung stark umstritten. Vgl. Seibert 1988, 42 ff. und 1993, 194.

[159] P 3,64,7, L 21,41,4. Die römische Geschichtsschreibung deutete den Abzug Hannibals so um, daß er nicht den geplanten Alpenübergang benutzen konnte, sondern den Römern ausweichen mußte (L 21,31,2). Polybios scheute sich nicht, die Mär zu verbreiten (3,64,7), der Anmarsch Scipios habe die Flucht Hannibals über die Alpen ausgelöst! Nach Z 8,23,5 habe Hannibal auf dem kürzeren Weg Gefahren vermutet und deshalb eine andere Route gewählt, auf der er dann mit großen Schwierigkeiten zu kämpfen hatte. Tatsächlich mußte Hannibal seine Pläne nicht ändern.

[160] P 3,56,5, L 21,32,5.

Die Alpenüberquerung[161]

Hannibal führte seine Soldaten auf eine Strecke, die nicht gefährlicher als die bisherige war. Die Alpen waren nicht höher als die Pyrenäen, die sie bereits erfolgreich überwunden hatten. Es war auch keine Expedition in unbekannte, unzugängliche Gebiete. Die Alpenregionen waren bewohnt und dem Handel erschlossen. Vier Pässe wurden bevorzugt von den Reisenden und Kaufleuten benutzt.[162] Eine beliebte Route war der „Heraklesweg". Mehrmals hatten bereits große Heere die Alpen durchzogen, manche auch mit Frauen und Kindern. Führer für die unbekannten Gegenden waren im karthagischen Heer, die Lieferung von Verpflegung und Ausrüstung war mit den einheimischen Stämmen vereinbart worden. Hannibal teilte sein Heer in zwei große Korps, von denen das eine nach Osten das Tal der Durance aufwärts zum Col de Mont Genèvre, das andere zunächst der Rhone folgend ins Landesinnere marschierte, dann ins Isèretal in Richtung Kl. Sankt Bernhard abbog.[163]

[161] P 3,47–60, L21,31–38. Vgl. außerdem Sil 3,91ff., 503ff., 4,33ff., Ammianus Marcellinus 15,10 mit einer allgemeinen Beschreibung, wie Reisende ihre Wagen sicher die steilen Wege hinabbrachten, für Hannibal (15,10,10–11) aber nur wirre Angaben, vgl. dazu W. Sontheimer, Der Exkurs über Gallien bei Ammianus Marcellinus mit besonderer Berücksichtigung des Berichtes über Hannibals Alpenübergang, Klio 20,1926, 19–53. Auf den ersten Blick scheint die Quellenlage günstig. Großenteils übereinstimmend und mit detaillierten Angaben über Marschdauer, Entfernungsangaben, Himmelsrichtungen, Flußnamen bzw. Wohnsitze von einheimischen Völkern überlieferten Polybios und Livius den Übergang. Doch die Schwierigkeiten ergeben sich bei der Festlegung im Gelände, zumal die Berichte in einem entscheidenden topographischen Detail (vgl. L21,31,9) abweichen, das auch mit viel Interpretationskunst nur schwer wegdiskutiert werden kann. Vgl. Seibert 1988, 21–73.

[162] Vgl. P34,10,8 = Strabon 4, 6,12 (209): 1. im Gebiet der Ligurer unmittelbar an der Küste, 2. im Gebiet der Tauriner, worüber Hannibal zog, 3. im Gebiet der Salasser und 4. in Raetien. Varro (Servius Aeneis X 13) zählte 5 Pässe: einen im Ligurergebiet, einen zweiten, den Hannibal benutzte, einen dritten, über den Pompeius zog, einen vierten, über den Hasdrubal nach Italien kam, und einen fünften, die Alpes Graiae. Da Pompeius sich rühmte, einen anderen Paß als Hannibal dem Verkehr eröffnet zu haben, müßte der von ihm benutzte Übergang zur Zeit des 2. Punischen Krieges noch unbekannt gewesen sein. Doch es bestehen erhebliche Zweifel, ob dem Selbstlob des Pompeius (Sallust, Historien II 98,4 M) zu trauen ist. Da die Aufzählung Varros geographisch angelegt ist (von S nach N) und Pompeius über den Col de Mont Genèvre zog, müßte der Hannibalpaß südlich zu suchen sein. Polybios kritisierte heftig antike Berichte, die die Alpen als unwegsames Gebiet und nicht passierbar darstellten (3,47,9) und dabei verschwiegen, daß bereits früher große Heere die Alpen überschritten hatten. Er selbst hatte die Alpen überquert.

[163] Mit dieser Rekonstruktion weiche ich erheblich von den üblichen Darstellungen ab, vgl. Seibert 1988, 73, ders. 1993, 195–200. Die von Polybios und Livius

Nach vier Tagen erreichten sie ein sehr fruchtbares und dicht besiedeltes Gebiet, das von zwei Flüssen[164] deltaförmig eingeschlossen war und deshalb als die „Insel" bezeichnet wurde. Hier waren zwei Brüder in Streit um die Königsherrschaft geraten. Hannibal griff zu Gunsten des Älteren[165] ein und vertrieb den Prätendenten. Er mußte an geordneten politischen Verhältnissen interessiert sein. Ein Bürgerkrieg konnte seinen Nachschub gefährden. Hier wurden die Soldaten auch mit allem Notwendigen für die bevorstehende Alpenüberquerung ausgerüstet. Neben Nahrungsmitteln für den Weitermarsch wurden vor allem Schuhe und Kleidung ausgetauscht, eine wertvolle Hilfe für den Alpenübergang.[166]

beschriebenen Routen lassen sich nicht miteinander in Einklang bringen. Außerdem geben sie unterschiedliche Ziele an: das Gebiet der Insubrer (P 3, 56, 3) bzw. das der Tauriner (L 21, 38, 5; bei Strabons Zitat aus Polybios 4, 6, 12 [209] „Paß ins Gebiet der Tauriner, *den Hannibal benutzte*", ist der Relativsatz nicht in allen Handschriften bezeugt und wohl Zusatz eines Kopisten, vgl. Walbank I 1957, 385). Bei P 3, 47, 1 ist noch ein Hinweis auf den Zug in östlicher Richtung sofort nach Übergang über die Rhone erhalten, den er mit der anderen Route kombinierte („am Fluß entlang vom Meer weg nach Osten ins Binnenland Europa"). L 21, 31, 9 gibt konkret das Durancetal als Anmarschstrecke zum Paß an, allerdings mit der Route durch das Gebiet der Tricastiner, Vocontier und Tricorier. Diese Angaben sind wohl als Versuch, die unterschiedlichen Streckenangaben miteinander zu harmonisieren, anzusehen. Die Boier waren sicher über den Col de Mont Genèvre zur Rhone gereist und dürften diese Strecke als die kürzeste und bequemste empfohlen haben. Die in den Quellen übereinstimmend bezeugten Zwischenfälle können natürlich nur auf einer Strecke passiert sein. Sicherheit ist beim heutigen Quellenstand nicht mehr zu erlangen.

164 Wie lauteten die Namen der beiden Flüsse? Der Name des Nebenflusses der Rhone war nach den Handschriften des Polybiostextes *Skaras* oder *Skoras*, nach Livius *Arar.* Die Arar ist die Saone. Bei Livius könnte der Text IBI ARAR aus ISARA verschrieben sein, eine entsprechende Emendation ist naheliegend. Anders beim Polybiostext, wo die Verschreibung von ISARAS in SKARAS oder SKORAS nur schwer vorstellbar ist. Vgl. im einzelnen Seibert 1988, 46–50. Bei dieser Unsicherheit der antiken Quellen wurden verschiedene Verbesserungen vorgeschlagen und entsprechend unterschiedlich die „Insel" lokalisiert. Neben der Isère wurden die Aygues, die Sorgues, die Ouvèze und der Verdon in Erwägung gezogen. Vgl. Karte Nr. 2 bei Seibert 1988, 47.

165 L 21, 31, 5 bezeichnete die Bewohner der Insel als Allobroger, womit ein Anhaltspunkt für die Lokalisierung der „Insel" gegeben ist. Der Name des Älteren lautete Braneus.

166 P 3, 49, 10–13, L 21, 31, 7–8. Die antiken Quellen geben diese Lieferungen als Dank für die Unterstützung in dem Thronstreit wieder. Selbst bei bestem Willen hätten die Einheimischen nicht derartige Mengen an Schuhen und Kleidungsstücken aufbringen können, um das Heer Hannibals auszurüsten. Die antike Wirtschaft produzierte nicht auf Halde. Die Ausrüstung, die gezielt für die Alpenüberquerung vorgenommen wurde, wie Polybios und Livius bestätigen, kann nur auf „Vorbestellung" erfolgt sein, vgl. o. S. 68.

Dann marschierten die Soldaten weiter zehn Tage lang flußaufwärts[167] bis zum Alpenanstieg. Dort soll es einen ersten Widerstand gegeben haben, den die antiken Quellen dramatisch aufbauschten. Beinahe wäre das ganze Heer vernichtet worden, wenn die Feinde angegriffen hätten! Es handelte sich aber nur um Sensationshistorie. Die dortigen Kelten hatten die „eigenartige Angewohnheit", die Engstelle, die sie tagsüber bewachten, nachts zu verlassen. So konnte das Heer ungehindert die Engstelle passieren. Der Angriff der Einheimischen am nächsten Tag endete mit der Einnahme ihrer Stadt. Dort wurden reichlich Vorräte und Ersatz an Zugtieren und Pferden übernommen.[168] Hannibal gewährte seinen Truppen einen Ruhetag – es war der 4. Tag der Alpenüberquerung. Bisher hatte noch niemand Hunger leiden müssen. Auch für die weitere Strecke war ausreichend für Verpflegung gesorgt.

Die „Alpenstraßen" waren keine breiten Wege, sondern schmale Pfade, auf denen meistens nur zwei Mann nebeneinander, häufig nur einer hinter dem anderen gehen konnte. Eine kilometerlange Schlange an Menschen und Tieren bewegte sich langsam durch die Alpentäler vorwärts. Besonders beeindruckend waren für die Bergbewohner die riesigen Tiere, die die Karthager in ihrem Heer mit sich führten. Noch nie hatten sie solche Ungetüme mit riesigen Ohren, einem Rüssel, mit dem sie spielend einen Menschen ergriffen und durch die Luft schleuderten, und gewaltigen Stoßzähnen, mit denen sie schwere Lasten, Steine, ganze Bäume zur Seite schoben, gesehen. Allein durch ihre Erscheinung flößten sie Schrecken und Angst ein. Wenn aber erst ihr Trompetengebrüll, vom Widerhall in den engen Gebirgstälern verstärkt, ertönte, blieben die Bergbewohner von selbst fern.[169] Diese Ungetüme dürften die Erinnerung an den Hannibalzug generationenlang bei den Alpenbewohnern lebendig gehalten haben.

Nach vier Tagen Marsch traf das Heer auf einen neuen Keltenstamm, dessen Häuptlinge zu jedem Entgegenkommen bereit waren. Sie brachten

[167] P 3,50,1 gibt nur allgemein an, daß der Marsch *entlang des Flusses* erfolgte. Aus dem Kontext läßt sich nur die Rhone erschließen. Diese Ansicht wurde von Th. Mommsen (1854), J. Maissiat (1874) und P. Marquion (1965) vertreten. Falls die Insel nicht weiter südlich lokalisiert wird, lassen die meisten Forscher Hannibal in das Seitental der Isère abbiegen. Damit weichen sie aber vom Text ab. L 21,31,9 bietet an dieser Stelle eine andere Version: Er läßt die Karthager *nach links* ins Gebiet der Tricastiner abbiegen, an der Grenze der Vokontier entlang ins Gebiet der Tricorier ziehen und ins Tal der Druentia (Durance) steigen. Dieser „Linksschwenk" an der Mündung der Saone in die Rhone – so die Lokalisierung des Livius – ist unverständlich. Denn bei einem Marsch ins Landesinnere, d. h. nach Norden, müßten die Karthager, wenn sie *nach links* abbogen, nach Westen marschiert sein. Der Text fügt sich allerdings direkt nach dem Rhoneübergang bestens ein, vgl. Seibert 1988, 39 ff.

[168] P 3,50,1–51,13, L 21,32,9–33,11.

[169] P 3,53,7–8. Scullard 1974, 158–159.

die Lebensmittel an die Straße heran und boten neben Geiseln auch die Stellung von Führern an. Doch Hannibal traute ihnen nicht und traf Vorkehrungen. Tatsächlich überfielen sie am 8. Tag das Heer, das gerade eine Schlucht passieren mußte. Auch diesen Überfall benutzten die antiken Geschichtsschreiber, um die Aufmerksamkeit ihrer Leser mit einer Schreckensvision zu gewinnen, obgleich Hannibal den Überfall ohne große Verluste zurückschlagen konnte.[170]

Am nächsten Tag (9. Tag der Alpenüberquerung) erreichte die Spitze des Zuges die Paßhöhe. Es soll der höchste Alpenpaß[171] gewesen sein, auf dem die Karthager lagerten. Es war um die Zeit des Pleiadenuntergangs (Ende Oktober/Anfang November). Auf den Gipfeln der Berge lag bereits Schnee, die Paßhöhe selbst war noch schneefrei. Hier durften sich die Soldaten zwei Tage lang ausruhen, bis allmählich alle eingetroffen waren.

Wohl in der Nacht vor dem Aufbruch begann es zu schneien, denn mit diesem ungewohnten Element hatten die Soldaten auf dem Abstieg zu kämpfen.[172] Als sie an eine Stelle kamen, wo ein Bergsturz den Weg in die Tiefe gerissen hatte, versuchten sie zunächst die Stelle zu umgehen. Aber schnell wurde der Schnee zu Matsch getreten. Auf dem darunter liegenden Altschnee fanden sie keinen Halt, rutschten aus und stürzten in die Tiefe. Auch viele Tiere gingen verloren. Äußerst anschaulich beschrieb ein Augenzeuge die Mühen beim Passieren des Altschneefeldes, wobei er allerdings die Folgen maßlos übertrieb. Allein hier soll die Hälfte der Gesamtverluste

[170] Wenn wir unseren Quellen tatsächlich glauben möchten, dann hätte Hannibal bis zu diesem Zeitpunkt bereits 9000 Fußsoldaten und 1000 Reiter eingebüßt. Vgl. Seibert 1993, 207.

[171] So P 3, 53, 6. Diese Angabe verwerteten vor allem die Anhänger des Col de la Traversette (2915 m) als Argument für ihre These. Bei der Suche nach dem „richtigen" Alpenpaß bleibt ein physisches Problem weitgehend unberücksichtigt. Je höher der Übergang war, desto größer waren die Anforderungen an die Atmung sowohl der Menschen als auch der Tiere. Dabei dürften die Menschen wohl größere Schwierigkeiten gehabt haben als gerade die Elefanten, die wegen der besonderen Atmungsfunktion des Elefantenhämoglobins auch große Höhen bewältigen konnten. Vgl. Inge Hiebl, Hannibals Alpenübergang aus molekularbiologischer Sicht, Naturwissenschaftliche Rundschau 40, 1987, 14–15. Zur Identifizierung des Passes vgl. Seibert 1988, 57 ff., 1993, 195 ff.

[172] Die Temperaturen waren entsprechend niedrig, die Soldaten unter diesen Umständen niedergeschlagen. Hannibal versuchte sie aufzumuntern und verwies sie darauf, daß da vor ihnen die Ebenen um den Po lägen, die dort wohnenden Kelten ihnen freundschaftlich gesonnen seien und ganz da hinten auch die Gegend, wo Rom zu finden sei. P 3, 54, 3, L 21, 35, 8 ff. Diese Angabe suchte man für die Identifizierung des Passes zu verwerten. Vom Col de la Traversette, Col de Malaure und Col du Clapier soll man die Poebene sehen können. Doch von welchem Paß kann man Rom erblicken, worauf Hannibal in demselben Zusammenhang seine Soldaten verwies? M. E. ist diese Angabe nicht zu verwerten.

zu verzeichnen gewesen sein, d. h. in Zahlen ausgedrückt: Mindestens 9000 Menschen seien abgestürzt und noch mehr Tiere. Die Soldaten waren nicht so ungeschickt, daß sie hilflos auf den Schneefeldern ausglitten. Sie hatten Lanzen, die sie als „Eispickel" verwenden konnten. Und ihr Feldherr dürfte wohl kaum zugesehen haben, wie seine Soldaten reihenweise in die Tiefe stürzten. Als er erkannte, daß die Umgehung unmöglich war, brach er den Versuch ab, ließ seine Soldaten nochmals kampieren und von den Pionieren einen Weg bauen.[173]

Bereits nach einem Tag konnten die Fußtruppen und die Reiter passieren. Die Elefanten mußten noch drei Tage ausharren, bis der Weg breit genug für sie war. Nach weiteren drei Tagen Abstieg erreichten alle ungefährdet die Poebene. Insgesamt hatten sie ca. fünf Wochen für die Strecke von der Rhone bis zur Poebene benötigt.[174] Seit dem Aufbruch aus Neukarthago waren erst fünf Monate vergangen.[175] Wie auf der gesamten zurückgelegten Route stationierte Hannibal auch im Streckenabschnitt von der Rhone über die Alpen bis Oberitalien Truppen,[176] die den Nachschub sichern sollten.[177]

[173] Nach dem Bericht des L 21, 37, 2 ff. wurden große Bäume gefällt, angezündet und der Fels durch Erhitzen und Begießen mit Essig mürbe gemacht und mit Eisenwerkzeugen aufgebrochen. Es ist irrig, von einer Sprengung zu sprechen. Die beschriebene Methode war ein durchaus übliches Verfahren, das Hannibal vom iberischen Bergbau bekannt gewesen sein dürfte. Vgl. Huß 1985, 306 A 80, Seibert 1988, 39–40.

[174] Es ist irrig, nur die Daten des Polybios für den Alpenübergang zu addieren, da er keine Angaben über die Aufenthaltsdauer des Heeres auf der „Insel" machte und die Addition der Daten für den eigentlichen Alpenübergang auf 18 statt 15 Tage führt (Walbank I 1957, 391–392).

[175] P 3, 56, 3, L 21, 38, 1, App Ann 4, 16 im 6. Monat.

[176] Nach meinen Berechnungen beträgt die Differenz der Truppen, die Hannibal von der Rhone wegführte und nach Oberitalien brachte, 10000 Fußsoldaten und 2000 Reiter. Während er in den anderen Gebieten jeweils nur 1000 Reiter stationierte, hätte er hier ein doppelt starkes Kontingent hinterlassen. Dies erscheint mir nicht wahrscheinlich, denn die Reiterei war gerade in Gebirgsgegenden nur bedingt einsatzfähig und sollte sich als Hannibals wichtigstes Kampfinstrument in den kommenden Schlachten erweisen. M. E. dürften gerade die Reiter beim Abstieg auf den Altschneefeldern die größeren Verluste erlitten haben. Während sich die Soldaten mit ihren Lanzen sichern konnten, waren die Tiere hilflos, sobald sie mit ihren Hufen keinen Halt mehr fanden.

[177] Seibert 1989, 213–221. Gleichzeitig löste er damit ein anderes Problem, das die antiken Quellen gewöhnlich verschweigen. Auf jedem Marsch war mit kranken, verwundeten, invaliden und kampfunfähigen Soldaten zu rechnen. Was sollte mit ihnen geschehen? Sie nachzuschleppen, belastete den Troß. Meistens wurden diese Soldaten als „unbrauchbar" einfach zurückgelassen.

Legenden

Obgleich der Verlauf des Unternehmens keine Hinweise auf besonders verlustreiche Vorfälle bietet, schwelgten die antiken Historiker in Schilderungen, die von verheerenden Verlusten sprachen. Polybios hatte selbst die Alpen überquert und scharf Historiker angegriffen, die unglaubliche Schilderungen von dem Gebirge boten. Dennoch gab er ein Abschlußresümee, das nur Verwunderung hervorrufen kann: Die Verluste seien nicht nur auf die Schwierigkeiten im Gelände[178] und auf Feindeinwirkung zurückzuführen, sondern auch durch den Mangel an Lebensmitteln bedingt gewesen. Es sei unmöglich gewesen, für so viele Zehntausende von Menschen ausreichend Proviant mitzuführen. Und was man mitschleppte, sei beim Absturz der Lasttiere zum größten Teil verlorengegangen. Die Soldaten hätten jeden moralischen Halt verloren, da sie sich nicht waschen (sic!) konnten.[179]

Polybios selbst beschrieb die Alpen als eine Region, in der es genügend Lebensmittel gab, und erwähnte die einzelnen Lebensmittellieferungen. Wenn überhaupt, dann könnten erst beim Abstieg vom Alpenhauptkamm Versorgungsprobleme eingetreten sein, aber nur für wenige Tage. Niemand stirbt, wenn er zwei Tage nichts zu Essen bekommt, kein Soldat verkommt, wenn er sich einige Tage nicht waschen kann![180] Die Verlustangabe des Polybios (Hälfte des Heeres) ist noch bescheiden im Vergleich zu römischen Berichten, daß zwei Drittel[181] oder sogar die meisten Soldaten[182] umgekommen seien. Hannibal hätte sich sogar auf den Heimweg gemacht, wenn nicht der bereits zurückgelegte Weg länger und schwieriger gewesen wäre.[183]

Die antiken Geschichtsschreiber fanden größeren Gefallen an Schauermärchen. Dem Leser wurde ein völlig unrealistisches Bild der Alpenregionen vermittelt. Das Gebirge sei unwegsam und unpassierbar gewesen. Es habe keinen Weg über die Alpen gegeben.[184] Erst Hannibal habe eine

[178] P 3,56,2 Verluste in Flüssen, Schluchten und Engpässen, vgl. 3,60,3.

[179] Vgl. auch Z 8,23,5–6, Seibert 1993, 200–213.

[180] Es überrascht, daß in diesem Zusammenhang nicht eine andere Schauergeschichte erzählt wurde, die über die Karthager im Umlauf war. Hannibal hatte bei der Kriegsplanung das Versorgungsproblem mit seinen Beratern diskutiert. Dabei soll Hannibal Monomachos zur Lösung den Vorschlag gemacht haben, man müsse die Soldaten an den Genuß von Menschenfleisch gewöhnen (P 9,24,5 f.). Hannibal habe gegen die Kühnheit und den praktischen Nutzen dieses Vorschlags nichts vorbringen können, wollte ihn aber auch nicht verwirklichen. Polybios diente diese Episode als Beweis für den negativen Einfluß von Beratern. Sie könnte aber auch einen ganz konkreten Hintergrund haben: In Notsituationen war Kannibalismus bei den Iberern und Keltiberern durchaus üblich. Vgl. A. Schulten, Numantia I, München 1914, 207.

[181] L 21,40,7.

[182] App Ann 4,16.

[183] Z 8,23,6.

[184] L 27,39,7, Sil 3,505 ff., Eu 3,8,2, Val Max 3,7 ext. 6, App Ann 4,15.

Bresche[185] ins Gebirge geschlagen und eine Straße, die fortan seinen Namen trug, gebaut.[186] Als erster Mensch nach Herakles habe er die Alpen mit einem Heer überwunden,[187] angeblich soll er selbst diesen Anspruch erhoben haben.[188] Unter diesen Umständen dürfte es niemanden verwundert haben, daß das Unternehmen so verlustreich gewesen sein soll.

Wie konnte es kommen, daß diese Sensationsberichte sogar Eingang in die seriöse Historiographie fanden? Eine gewisse Mitschuld trifft auch Hannibal, der in der Inschrift mit seinem Rechenschaftsbericht die Stärke seines Heeres bei der Ankunft in Oberitalien mit nur 20000 Fußsoldaten und 6000 Reitern bezifferte.[189] Damit wollte er der Öffentlichkeit demonstrieren, mit welch kleinem Heer er den Römern vernichtende Niederlagen beigebracht hatte, obgleich sein Heer tatsächlich größer war.[190] Polybios schenkte ihm volles Vertrauen und deutete die seit dem Rhoneübergang „verschwundenen" Soldaten als Verluste. Die römischen Historiker griffen die Ziffern gern auf, um Scipio von dem Vorwurf, am Ticinus einen weit überlegenen Gegner angegriffen zu haben, zu entlasten.[191]

Das Motto, das Hannibal für seinen Einfall in Italien ausgegeben hatte („Auf den Spuren des Herakles"), griffen die römischen Geschichtsschreiber auf und schrieben ihm das Verdienst zu, als erster Mensch mit einem Heer das Gebirge überwunden zu haben. Dadurch befreiten sich die Senatoren von der Verantwortung, keine Vorkehrungen gegen die Invasion Hannibals in Oberitalien getroffen zu haben.[192] Wer hätte vorhersehen können, was bisher nur einem Gott geglückt war? Die (angeblichen) Ver-

185 Vgl. die blumigen Worte des Fl 1,22,9.

186 Vgl. Nep Hann 3,4: *loca patefecit, itinera muniit* und Livius 27,39,7: *et cum per munita pleraque transitu fratris quae antea invia fuerant*, Val Max 3,7 ext. 6: *novo transitu Alpium iuga patefacta*, Eu 3,8,2: *Alpes adhuc ea parte invias sibi patefecit*, Auctor de viris illustribus 42,2: *tum Alpibus patefactis*, Ammianus Marc. 15,10,10: *aliud iter antehac insuperabile.* Den „Diodos Annibou" bezeugte App Ann 4,15.

187 Nep Hann 3,4.

188 Im Gespräch mit P. Cornelius Scipio Africanus am Hof Antiochos' III., als Hannibal bereits im Exil lebte, App Syr 10,40.

189 P 3,56,4, Seibert 1993, 211.

190 Ca. 34000 Mann. Diese Zahl ergibt sich aus den Angaben für die Schlacht an der Trebia: 20000 Iberer, Kelten und Libyer, 8000 Balearer und Lanzenträger (P 3, 72,7), dazu 6000 Reiter. Vgl. zu Recht Delbrück I 1920, 382, anders Lehmann 1905, 135ff., G. Beversdorff, Die Streitkräfte der Karthager und Römer im zweiten punischen Krieg, Diss. Berlin 1910, 13ff., Kromayer III 1, 1912, 94.

191 Es gab in Rom Stimmen, die Scipio vorwarfen, verfrüht Hannibal angegriffen zu haben, bevor sein Kollege in Oberitalien eingetroffen war (P 3,68,10).

192 Vgl. dazu J. Seibert, Die Alpenüberquerung Hannibals, in: Alpenübergänge vor 1850, hrsg. v. Uta Lindgren, Wiesbaden–Stuttgart 1987, 13ff.

luste unterstrichen, daß nur ein Hasardeur so etwas riskieren konnte.[193] Sein Motto wurde noch in anderer Form umgedeutet. Man ließ das karthagische Heer in unwegsames Gelände geraten, aus dem es keinen Ausweg mehr wußte. Da griff rettend der Gott oder ein Heros ein.[194] Wie vom Himmel herabgestiegen[195] und wie ein Wunder[196] erschien das karthagische Heer in Oberitalien.

Mit diesen Verfälschungen wurde das Interesse am Alpenübergang Hannibals wachgehalten und frühere Überquerungen in den Hindergrund gedrängt. Hätten die Historiker das Unternehmen als das beschrieben, was es tatsächlich war, nämlich als ein exzellent geplantes, gut vorbereitetes und ohne nennenswerte Verluste durchgeführtes Unternehmen, das dem Logistiker Hannibal das höchste Prädikat verleiht, hätten sie nur geringe Aufmerksamkeit erzielt und ihre Leser weniger fesseln können.[197] Hannibal war kein Hasardeur, der seine Soldaten rücksichtslos für die Verwirklichung seiner Pläne opferte.

Oberitalien[198]

Endlich hatte das Heer den Kriegsschauplatz erreicht. Am Fuß der Berge schlug Hannibal ein Lager auf und gewährte seinen Soldaten eine kurze Verschnaufpause.[199] Das Heereskorps, das über den Col du Mont Genèvre in Italien einmarschiert war, erreichte dem Tal der Dora Riparia folgend das Gebiet der Tauriner, die Hannibals Aufforderung zu Bündnis und Freundschaft zurückwiesen, weil sie mit den Insubrern, den Verbündeten der Karthager, Krieg führten.[200] Der Stammesegoismus überwog politische Weitsicht. Da eine friedliche Übereinkunft nicht möglich war, wandte Hannibal Gewalt an und nahm die Stadt innerhalb von drei Tagen ein. Er mußte gleich

[193] Sil 3,5,13ff. zeichnet einen überheblichen Hannibal, der bewußt die Spuren des Herakles verläßt und sich einen eigenen Weg bahnt.

[194] Vgl. L 21,35,4 und die Polemik des Polybios gegen derartige Berichte 3,47, 8–9.

[195] Fl 1,22,9.

[196] Plin n h 36,2.

[197] Seibert 1993, 200–213. Trotz der Erfahrungen mit den Kelten und besonders mit Hannibal erblickten die Römer in den Alpen „die Mauern Roms", die ihnen Schutz gewährten. Eine solche Einschätzung bei M. Porcius Cato zu finden, der die Invasion Hannibals selbst erlebt hatte, kann nur verwundern, vgl. Cato, HRR I 81 frg. 85, weitere Beispiele vgl. E. Doblhofer, Livius und andere „Imperialisten", in: Livius. Festschrift E. Burck, München 1983, 135ff.

[198] P 3,56–74, L21,39–56. Kahrstedt 1913, 387ff., De Sanctis III 2, 1916, 24ff., Lazenby 1978, 52ff., Huß 1985, 307ff.

[199] P 3,60,7–8, L 21,39,2–3.

[200] P 3,60,8–9; vgl. Walbank I 1957, 395; L21,39,1; 4.

zu Beginn ein Signal setzen, um die noch unentschlossenen Kelten auf seine Seite zu bringen.[201]

Dennoch hielt sich die Abfallbewegung in Grenzen. Durch die Präsenz der Legionen konnten einige keltische Stämme, die zwar auf karthagische Seite übertreten wollten, mit Hannibal keine Verbindung aufnehmen. Das mag ihn enttäuscht haben. Viel wichtiger war aber die Nachricht, daß der Konsul mit einem Heer in der Poebene stand. Daraus zog er wohl den irrigen Schluß, daß er ihn von der Invasion in Iberien abgehalten hatte.

P. Cornelius Scipio hatte auf dem Marsch von Pisa durch Etrurien und Umbrien durch Aushebungen bei den Bundesgenossen sein Heer verstärkt.[202] Auch die keltischen Stämme hatten Truppen, vor allem Reiter, stellen müssen.[203] Wesentlicher als die numerische Stärke ist im Krieg die moralische Belastbarkeit der Truppe. Die römischen Soldaten waren erst jüngst ausgehoben worden, besaßen nur geringe Kampfpraxis und hatten bisher nur Niederlagen einstecken müssen. Mit psychisch angeschlagenen Soldaten dem Feind entgegenzutreten, war äußerst riskant.

Die römische Geschichtsschreibung war bemüht, die ungünstige Situation für ihren Konsul, der die Risiken seines Vorgehens offenbar aus egoistischen Motiven nicht erkennen wollte, zu verdecken. Geschickt wurde ein Loblied auf die gegenseitige Wertschätzung Hannibals und Scipios in die Tradition aufgenommen.[204] Hannibal habe die Leistung Scipios, den er erst vor wenigen Tagen an der Rhone zurückgelassen hatte, der eine lange und schwierige Seefahrt nach Etrurien und einen beschwerlichen Landmarsch über den Apennin bewältigt hatte, bewundert. Dieselbe Hochachtung habe ihm Scipio entgegengebracht. Denn er habe nicht mit einer erfolgreichen Überquerung der Alpen, sondern mit dem Untergang des feindlichen Heeres gerechnet. Als er die Nachricht erhielt, Hannibal belagere bereits Städte in Oberitalien, habe er den Wagemut und die Kühnheit des Mannes bestaunt.

Während die Alpenüberquerung Hannibals durchaus eine bewunderungswürdige Leistung war, die neidlos Anerkennung verdiente, hatte der Konsul

201 P 3, 60, 10–11, L 21, 39, 6–7.

202 App Ann 5, 18. Nominell dürfte seine Armee die Stärke eines Dreilegionenheeres gehabt haben. Die tatsächliche Größe dürfte nach den Verlusten in den Kämpfen mit den Kelten nur die eines Zweilegionenheeres gewesen sein.

203 Dies ergibt sich aus der Aufstellung zur Schlacht am Ticinus P 3, 65, 5. Die Cenomanen standen auf seiten der Römer und nahmen an der Schlacht an der Trebia teil.

204 P 3, 61, vgl. kurz L 21, 39, 7–10. Es könnte natürlich sein, daß diese Angaben von Polybios wegen seiner Bewunderung des Scipionenhauses in die Überlieferung aufgenommen wurde. Kahrstedts 1913, 165 gemachte quellenkritische Überlegungen führen nicht weiter. Die ganze Tendenz des Kapitels hat den einzigen Zweck, die unerwartete Schnelligkeit der karthagischen Aktionen hervorzuheben und damit Roms Zögern zu entschuldigen.

keine weltbewegende Tat vollbracht, zumal er angeblich nur mit geringer Begleitung umgekehrt sein soll. Der Leser sollte für das Kommende günstig eingestimmt werden. Wer wollte noch an den Fähigkeiten Scipios zweifeln, wenn selbst Hannibal ihm Respekt zollte?

Scipio wünschte, möglichst bald mit Hannibal eine Schlacht zu schlagen.[205] Seine Überlegungen lassen sich rational nicht nachvollziehen, wenn man den ungenügenden Ausbildungsstand seiner Soldaten berücksichtigt. Sie bereiten noch mehr Kopfzerbrechen, wenn man bedenkt, daß er sich in eine Reiterschlacht einließ, eine Kampfart, in der die Römer keine große Erfahrung hatten, da die Reiterei in ihrer Schlachtentaktik eine untergeordnete Rolle spielte. Unterschätzte er den Gegner oder, was noch gefährlicher war, verachtete er ihn? Glaubte er vielleicht, was die antike Tradition behauptete, daß Hannibal an der Rhone vor ihm die Flucht ergriffen hatte, daß er selbst ihn zu dem Unternehmen über die Alpen getrieben hatte?[206] Ähnliche eigensüchtige Regungen, wie sie die antike Geschichtsschreibung seinem Kollegen Ti. Sempronius nachsagte,[207] nämlich die Angst, er müsse den Ruhm des Sieges mit dem Kollegen teilen,[208] könnte eine starke Rolle bei seinem Entschluß gespielt haben.[209]

In der Antike war es üblich, daß Feldherrn ihre Soldaten durch Reden zum Kampf motivierten. Diesen Usus nutzen die Geschichtsschreiber weidlich aus, um ihre Darstellungen mit Ansprachen aufzulockern und ihren Lesern unterhaltende Lektüre zu bieten. Zweifellos sind die tradierten Reden nicht historisch, sie können aber bisweilen interessante Aufschlüsse über die Mentalität der Handelnden geben.[210] Auch Hannibal und Scipio wandten sich an ihre Soldaten mit Ansprachen, deren Bedeutung durch die Wiedergabe als direkte Rede unterstrichen wird.[211] Der Karthager soll seine Soldaten zusätzlich durch den Schaukampf gefangener Kelten motiviert haben.[212] Dem Sieger winkte die Freiheit, den Unterlegenen erlöste der Tod

[205] P 3,56,6, L 21,39,3.

[206] P 3,64,7.

[207] P 3,70,7, L 21,53,5–6.

[208] Warum schickte er als erste Maßnahme nach seiner Ankunft in der Poebene die beiden Prätoren nach Rom zurück mit der Begründung, ihre Präsenz sei bei der Anwesenheit eines Konsuls nicht nötig? Vgl. App Ann 5,19.

[209] Nach P 3,61,9 wurde Sempronius zurückberufen, nachdem Hannibal „unerwartet" nach Italien einmarschiert war, vgl. L 21,51,5. Gegen diese Chronologie R. L. Dunbabin, CR 1923, 123, Walbank I 1957, 396. Es ist wohl anzunehmen, daß Scipio bereits während der Rückfahrt den Senat informierte, der den anderen Konsul sofort zurückberief (De Sanctis III 2, 1916, 83).

[210] Zur Problematik antiker Reden in Geschichtswerken vgl. Seibert 1993, 3–4.

[211] P 3,62–64, L 21,40,1–44,9.

[212] P 3,62, L 21,42, Cass frg. 57,4, Z 8,23,8. Nach Polybios ließ Hannibal ein Paar Kelten, nach Livius mehrere Paare kämpfen.

von seinem elenden Schicksal, weshalb Sieger wie Besiegter von den Mitgefangenen gepriesen wurden. Damit sollte das Bild des grausamen, unmenschlichen Karthagers, der nicht davor zurückschreckte, Gefangene auf Leben und Tod kämpfen zu lassen, bewiesen werden, eine Version, die bei Hannibals humanem Umgang mit Gefangenen wenig glaubwürdig erscheint.[213]

Die Schlacht am Ticinus[214]

Scipio war mit seinem Heer bei Placentia, wo er sein Hauptquartier hatte, über den Po gegangen und am linken Ufer stromaufwärts dem Feind entgegengezogen. Er ließ eine Brücke über den Ticinus schlagen, die eine Besatzung sicherte,[215] und stieß nach zweitägigem Marsch im Gebiet zwischen dem Ticinus und der Sesia[216] auf die ersten Vortruppen.[217]

Die Schlacht entwickelte sich aus einer zufälligen Begegnung, als beide Feldherrn mit der Reiterei zur Beobachtung des Gegners ausrückten. Scipio führte noch die Speerschützen zu Fuß mit sich, die er zusammen mit den keltischen Reitern in die erste Linie stellte, dahinter die römischen und bundesgenössischen Kontingente. Doch die Speerschützen liefen, ohne einen Wurf getan zu haben, davon und zogen sich hinter die Front der Reiter zurück. Dem Angriff der feindlichen Reiterei, die teils zu Pferd, teils zu Fuß kämpfte, wie es die Lage erforderte, waren die Römer nicht gewachsen, zumal sie bald im Rücken umzingelt wurden. Der Konsul wurde verwundet und nur mit Mühe ins eigene Lager gerettet.[218]

213 Walbank I 1957, 397: "probably apocryphal". Jutta Fries, Der Zweikampf. Historische und literarische Aspekte seiner Darstellung bei Livius, Beiträge zur Klassischen Philologie 169, Meisenheim 1985 geht auf diese Zweikämpfe nicht ein.

214 P 3,65; 10,3,3–7, L 21,46,3–10, Nep Hann 4,1, Fl 1,22,10, App Ann 5,19–20, Val Max 5,4,2, Z 8,23,8–9, Or 4,14,6. Breite Ausmalung der Kämpfe bei Sil 4,143ff. Vgl. Kromayer III 1, 1912, 58ff., De Sanctis III 2, 1916, 87–90, Huß 1985, 308.

215 L 21,45,1. Zu den Operationen vgl. Kromayer III 1, 1912, 58ff.

216 Die Schlacht ist nicht exakt zu lokalisieren. Polybios bezeichnete das Treffen als „die Reiterschlacht in der Gegend des Po" (P 10,3,3). Vielleicht fand der Kampf bei Lomello, nördl. des Po, zwischen den Flüssen Ticino und Sesia statt, da Polybios nach dem Übergang über den Ticinus keinen weiteren Fluß mehr nennt. Vgl. Walbank I 1957, 399, II 1967, 637. L 21,45,3 lokalisierte das Treffen bei Victumulae. Nep Hann 4,1 nannte Clastidium beim Po, Fl 1,22,10 zwischen Po und Ticinus, Val Max 5,4,2 beim Ticinus, ebenso Or 4,14,6. Die Erörterung der verschiedenen Überlieferungen und unterschiedlichen Ansätze vgl. bei De Sanctis III 2, 1916, 87–90. Ich verwende die in der Literatur übliche Bezeichnung (Schlacht am Ticinus), ohne dabei eine konkrete Lokalisierung andeuten zu wollen.

217 P 3,65,1–2.

218 Es gab in der Antike auch die Version, Scipio sei erst in der Schlacht an der Trebia verwundet worden, vgl. App Ann 7,29, Plin n h 16,14. Träfe diese Version zu,

Die Berichte über den ersten karthagischen Sieg sind sehr allgemein gehalten und ohne Angabe über die Stärke der beiden Gegner, auch nicht über ihre Verluste. Wenn beide tatsächlich ihre gesamte Reiterei in den Kampf führten, dann waren die Römer numerisch weit unterlegen.[219] Das Bestreben, die römischen Reiter in Schutz zu nehmen, ist unverkennbar. Angeblich kämpften sie tapfer und brachten dem Feind sogar größere Verluste bei, als sie selbst einstecken mußten. Die unkontrollierte Flucht und damit auch die Schuld an der Niederlage wird den Speerschützen zugewiesen,[220] während die Reiter den verwundeten Konsul in ihre Mitte nahmen und sich geordnet in ihr Lager zurückzogen. Mit diesen vagen Formulierungen sollte nur das Ausmaß der Niederlage und Scipios Versagen verdeckt werden. In Rom ließ man sich nicht täuschen und kritisierte sein voreiliges Handeln.[221]

Der Reiterkampf läßt im Ansatz bereits die Taktik erkennen, mit der Hannibal seine Siege erringen wollte: Der Gegner sollte an den Flanken umzingelt und im Rücken umfaßt werden.

So hatte sich Scipio die erste Begegnung mit dem Feind wohl nicht vorgestellt. Seine Verachtung dürfte er wohl revidiert haben. Es war ihm klargeworden, daß er sich im freien Feld nicht behaupten konnte. Der Feind besaß die kavalleristische Überlegenheit und kontrollierte die Ebene. Deshalb zog sich Scipio wieder über den Ticinus und den Po aufs Gebiet von Placentia zurück. Wie hastig dies geschah, beweist der Umstand, daß die Abteilung, die die Brücke über den Fluß (Po)[222] bewachen mußte, nicht mehr in Sicherheit

ergäbe sich eine wesentlich andere Beurteilung Scipios als Feldherr. Denn nur wegen der Verwundung konnte er an der Trebiaschlacht nicht teilnehmen. Hätte er aber teilgenommen, könnte die Verantwortung für die Niederlage nicht ausschließlich Sempronius angelastet werden.

219 Hannibal hatte mindestens 6000 Reiter in seinem Heer. Das normale römische Kontingent einer Legion betrug 200 Reiter, hinzu kamen die Reiter der *socii*. Wenn man hoch rechnet, dürfte Scipio über 2000 Reiter verfügt haben. Vgl. Kahrstedt 1913, 389.

220 L 21,46,9.

221 P 3,68,10. Allerdings waren seine Freunde mächtig genug, Kritik zu unterdrücken und Entschuldigungen zu erfinden. Bezeichnend ist das Verfahren des Polybios, der die Niederlage Scipios am Ticinus in späteren Berichten einfach übergeht. So zählt er nur zwei Niederlagen (Trebia und Trasimener See) 3,90,13. Der Abfall der Kelten sei schuld gewesen. Außerdem sollte man die Niederlage nicht überbewerten. Da die Fußsoldaten intakt seien, seien die Siegesaussichten unvermindert günstig.

222 Insgesamt 600 Mann. War dies die Brücke über den Ticinus oder über den Po? Darüber herrscht in der Forschung keine Klarheit. P 3,66,1 gibt an, daß Scipio durch die Ebene zum Po marschierte, bemüht, seine Truppen vor dem Feind hinüberzusetzen. Bei der Verfolgung Hannibals (P 3,66,3) führt er an, daß er bis zum „ersten Fluß und der dortigen Brücke“ folgte. Der „erste Fluß“ ist nach Auffassung Kromayers III 1, 1912, 58 A 2 eindeutig der Ticinus. Der Ticino sei an seiner Mündung

gebracht werden konnte. Der Bretterbelag der Brücke war entfernt worden, ehe die Soldaten über den Strom geholt werden konnten. Sie gerieten in karthagische Gefangenschaft. Scipio hatte sie bewußt eingesetzt, um sein Heer zu retten. Kein Ruhmesblatt für einen verantwortlichen Feldherrn![223]

Legende

Die Rettung des verwundeten Konsuls aus der Schlacht bot Anlaß zu einer Legendenbildung. Coelius Antipater schrieb die Rettung einem ligurischen Sklaven zu, aber viel weiter verbreitet war die Ansicht, der junge Scipio habe seinen Vater aus der Schlacht getragen.[224] Polybios berief sich auf Laelius, den Freund Scipios, worin ein Teil der Forschung eine wichtige Stütze für die Glaubwürdigkeit der Version sah.[225] Die antiscipionische Propaganda habe den ligurischen Sklaven erfunden. Allerdings ist auffallend, daß die Heldentat des jungen Mannes von Polybios im eigentlichen Schlachtbericht nicht erwähnt wird.

Livius, der im Gegensatz zu dem Griechen beide Versionen überlieferte, betonte die dramatische Bedeutung der Episoden: Dem jungen Mann, der diese Heldentat vollbrachte, werde es bestimmt sein, den Krieg zu beenden und wegen seines Sieges über Hannibal den Beinamen Africanus zu erhalten. Der junge Scipio weigerte sich, die *corona civica,* die ihm für die Rettung eines römischen Bürgers aus der Schlacht zustand, anzunehmen. Geschah dies im Bewußtsein, daß er sie nicht verdiene und sie dem ligurischen Sklaven zustand oder weil er eine solche Tat für die selbstverständliche Sohnespflicht *(pietas)* ansah? Die Version des Coelius scheint durchaus glaubwürdig zu sein.[226]

ohne Brücke nicht überschreitbar. L21,47,3 lokalisierte die Brücke am Po. Dieser Ansicht, die durch P3,66,1 eine Stütze findet, schloß sich J. Fuchs, Die Schlacht an der Trebia, Zeitschrift für die österreichischen Gymnasien 65, 1914, 199ff. an. Der Ticino sei für eine Reiterei kein ernsthaftes Hindernis.

223 L 21,47,3 machte die langsame Arbeitsweise der Soldaten für ihre Gefangennahme verantwortlich.

224 P 10,3,3–7, L21,46,7–10, Z8,23,9, Val Max 5,4,2, Fl 1,22,10, Or 4,14,6, Seneca, ben. 3,33, Sil 4,456ff., Auctor de viris illustr. 49, anderer Ansicht waren Coelius bei L21,46,10, Macrobius I 11,26, Plin n h 16,14.

225 Vgl. Walbank II 1967, 199, K. Meister, Historische Kritik bei Polybios, Palingenesia 9, Wiesbaden 1975, 161ff.

226 E. Woelfflin, Die Rettung Scipios am Tessin, Hermes 23, 1888, 307–310, 469–478, Hesselbarth 1889, 399–406, Kahrstedt 1913, 151 A 1, De Sanctis III 2, 1916, 25 A 39, Meyer II 1924, 430, F. Münzer, RE 12, 1, 1924, 400 s. v. Laelius 2, W. Herrmann, Die Historien des Coelius Antipater, Meisenheim 1979, 100ff. Der Informant des Polybios, Laelius, verdient als enger Freund Scipios nur bedingt Vertrauen. Vgl. seine Erzählung über die gleichzeitige Bewerbung mit seinem angeblich älteren Bruder um das Aedilenamt, der tatsächlich jünger war, vgl. Meyer II 1924, 429ff. In der Erinnerung des alten Mannes könnte auch diese Geschichte verdreht worden sein.

Zwischen Ticinus und Trebia

Scipio konnte sein Heer ungefährdet über den Po zurückführen und bei Placentia sein Standlager beziehen. Da Hannibal ihn nicht mehr einholen konnte,[227] führte er sein Heer ebenfalls in die Gebiete südlich des Po[228] und rückte auf Placentia vor. Die politischen Folgen des Sieges waren erheblich. Alle umwohnenden Keltenstämme traten offen zu ihm über und schlossen ihrer ursprünglichen Absicht folgend mit ihm Freundschaftsverträge. Sie verpflichteten sich zu Heeresfolge und lieferten Verpflegung.[229] Da Scipio die angebotene Schlacht nicht annahm, bezog er in einer Entfernung von 50 Stadien ein Lager.[230]

Nicht nur die Verwundung und der Schock über die unerwartete Niederlage dürften den Konsul zum Stillhalten bewogen haben. Die Abfallbewegung unter den Kelten war ihm nicht verborgen geblieben. Sie griff sogar auf sein Lager über. Die abtrünnigen Kelten fielen über die Römer in ihrer Umgebung her, töteten sie und schnitten den Ermordeten die Köpfe ab.[231]

[227] Die Angabe des Z 8, 24, 2, Scipio sei eingeholt worden und hätte sich auch zum Kampf gestellt, wenn nicht die Kelten in der Nacht übergelaufen wären, ist unzutreffend und bringt verschiedene Vorfälle durcheinander.

[228] Die Route und die Art und Weise, wie Hannibal auf das andere Ufer übersetzte, ist in den antiken Quellen umstritten. Da die Brücke von Scipio abgebaut worden war, wandte sich Hannibal wieder am Po aufwärts, bis er am 2. Tag eine Stelle fand, wo er sein Heer auf einer Schiffsbrücke ans andere Ufer bringen konnte (P 3, 66, 5 ff.). Die Überführung des Heeres wurde Hasdrubal übertragen. L 21, 47, 4–6 lehnt die Version des Coelius ab, nach der Mago mit der Reiterei den Fluß durchschwommen und das übrige Heer an einer seichten Stelle den Po überschritten habe, wobei die Elefanten die Gewalt der Strömung hemmen sollten. Vgl. Z 8, 24, 1–2. Vielleicht entstammt Frontin 1, 7, 2 einer ähnlichen Vorlage und ist auf den Übergang über den Po zu beziehen. Kromayer III 1, 1912, 58 lokalisiert den Übergang Hannibals unterhalb der Tanaromündung.

[229] P 3, 66, 7.

[230] Nach P 3, 66, 9 schlug Scipio sein Lager in der Nähe von Placentia auf, vielleicht ca. 30 km westlich von Placentia, dort, wo die Apenninberge ziemlich nahe an den Po heranreichen beim heutigen Stradella. Damit versperrte er Hannibal den weiteren Vormarsch nach Osten und sicherte das in der Nähe liegende große Versorgungsmagazin der Römer in Clastidium (h. Casteggio). Die genaue Lokalisierung dieses ersten Lagers, von dem die örtlichen Ansätze sowohl des karthagischen Lagers wie auch die Verlegung über die Trebia und die Lokalisierung der Schlacht auf dem rechten oder linken Ufer abhängen, ist in der Forschung umstritten. Vgl. Seibert 1993, 213–215.

[231] P 3, 67, 1–5, L 21, 48, 1–2, insgesamt 2000 Mann zu Fuß und 200 Reiter. Zum Schädelkult der Kelten vgl. Jan de Vries, Kelten und Germanen, München 1960, 11 ff., Renate Meyer-Oriac, Mensch und Tod: Archäologischer Befund – Grenzen der Interpretation, Hohenschäftlarn 1982, 279 ff. Dieses Verfahren brandmarkten die

Hannibal verwandte die Überläufer als Botschafter seiner Mission bei ihren Heimatgemeinden. Durch ihren Übertritt und ihren grausamen Verrat an der römischen Sache brachten sie auch ihre eigenen Leute in Zugzwang. Sie sollten sie zum Beitritt und Bündnis mit den Karthagern auffordern. Auch Abgesandte der Boier trafen bei ihm ein, die ihm die römische Dreimännerkommission, die sie gefangengenommen hatten, aushändigen wollten. Er bekräftigte die bestehenden Abmachungen durch einen Schwur und überließ ihnen die Römer als Geiseln.[232]

Scipio sah sein Standquartier nicht mehr als sicher genug an. Er verlegte sein Lager auf die benachbarten Höhen am rechten Ufer der Trebia zurück.[233] Sobald Hannibal den Abzug bemerkte, schickte er seine Numider zur Verfolgung aus, die sich aber zu lange mit der Brandschatzung des Lagers aufhielten, sonst hätte der römische Troß im ebenen Gelände keine Chance gehabt. So konnte der größte Teil des römischen Heeres über die Trebia gebracht werden. Nur die Nachhut wurde von den Numidern getötet oder gefangen. Scipio schlug auf den ersten Anhöhen jenseits der Trebia sein Lager auf und erwartete hier die Ankunft des Sempronius.

Hannibal dürfte alles versucht haben, um Kenntnisse über die Vorgänge im gegnerischen Lager zu erhalten. Eine beliebte Methode war es, entweder Gefangene auszufragen oder Spione, als „Überläufer" getarnt, zum Feind zu senden. Bald dürfte er die Gründe für Scipios Rückzug und die Ablehnung einer Schlacht erfahren haben. Denn auch der Römer mußte seinen Soldaten gegenüber seine Zurückhaltung begründen. Das Warten auf Verstärkung war kein Geheimnis, das man dem Feind vorenthalten wollte.

Wir wüßten gern, wie Hannibal die Lage einschätzte. Eine Schlacht gegen die vereinten konsularischen Heere war riskant. Würde sein Heer dem Feind gewachsen sein? Wichtig war für ihn, daß die Invasion in Afrika nicht stattgefunden hatte, sonst konnte der andere Konsul nicht erwartet werden. Das Fehlen ausreichender Informationen über die Ereignisse auf den anderen Kriegsschauplätzen erwies sich immer wieder als hinderlich. Was war im Süden in der Zwischenzeit geschehen?

Römer als barbarisch. Sie selbst scheuten sich aber nicht, das abgeschnittene Haupt eines Feindes von ihren *volones*-Truppen als Bewährungsprobe zu verlangen. Vgl. L 24, 14, 7.

232 P 3, 67, 6–7.

233 P 3, 67, 8–9, L 21, 48, 3 ff., zur Lokalisierung vgl. Kromayer III 1, 1912, 59 ff., Karte 3, Walbank I 1957, 402, Karte S. 399.

Die Kämpfe um Sizilien[234]

Bei der Vorbereitung der Offensive hatte Hannibal die Heimatflotte in seine Pläne miteinbezogen.[235] Sie sollte wichtige strategische Positionen besetzen und die Römer zu defensiven Maßnahmen veranlassen, bevor sie ihre eigene Offensive starten konnten. Vielleicht gelang es, die Landung in Afrika zu verhindern, zumindestens aber zu verzögern. Zunächst sicherte sie die Inseln in der Straße von Sizilien, Kossura (h. Pantelleria) und Melita (h. Malta), die für die Überfahrt von Sizilien nach Afrika günstige Zwischenstationen waren, mit Besatzungen.[236] Eine Flottille von 20 Schiffen sollte die Römer im eigenen Land angreifen. Ihre Aufgabe beschränkte sich aufs Plündern und Zerstören der italischen Küste.

Schon beim ersten Unternehmen zeigten sich die Unwägbarkeiten von Flottenunternehmungen. Die Schiffe gerieten in einen Sturm und wurden auseinandergetrieben. Teils konnten sie auf Lipari, teils auf Vulcano landen, drei Schiffe gerieten in die Strömung der Straße von Messina[237] und wurden eine leichte Beute von Hieron, der den Konsul Sempronius mit seiner Flotte von 12 Schiffen in Messina erwartete.

Die Befragung der Gefangenen ergab, daß es sich insgesamt um einen größeren Flottenverband handelte. Weitere 35 Schiffe sollten Sizilien angreifen und alte Bundesgenossen zurückgewinnen. Ein Überfall auf Lilybaion sei vorgesehen.[238] Hieron ließ diese Informationen dem Prätor Marcus Aemilius zukommen, der die Städte an der Küste durch Besatzungen sicherte und

[234] P 3, 41, 2–3, L 21, 49, 1–51, 7, vgl. Seibert 1993, 216.

[235] Von Karthago aus wurden 55 Schiffe (L 21, 49, 2 und 4), die auf zwei Flottillen verteilt waren, eingesetzt. Davon wurden 10 Schiffe vom Feind weggenommen (drei durch Hieron II. und sieben durch den Prätor Aemilius). Zur Stärke der karthagischen und römischen Flotte vgl. Thiel 1946, 35 ff., Marchetti 1978, 105 ff., Brunt 1971, 666 ff.

[236] Für Melita ergibt sich dies aus L 21, 51, 2, für Kossura vgl. P 3, 96, 13. Beide Inseln hatte der Konsul Regulus für seine Invasion als Stützpunkte vorgesehen und in seinen Besitz gebracht. Sie konnten aber von den Karthagern bald wieder zurückgewonnen werden. Vgl. Z 8, 14, 4 (nur für Kossura, aber für Malta wohl anzunehmen). Vgl. zu Malta A. Mayr, Die Insel Malta im Altertum, 1909, J. Weiss, RE 15, 1, 1931, 543–547 s. v. Melita 11, Huß 1985, 17 (reiche Literaturangaben), zu Kossura Ziegler, RE 11, 2, 1922, 1503–1504, Huß a. a. O.

[237] Diese Einzelheit des livianischen Berichtes (L 21, 49, 2, daß die Flut die Schiffe in die Meerenge zwischen Rhegion und Messina trieb) deutet m. E. daraufhin, daß es sich nicht um eine annalistische Fälschung handelte, es sei denn der Römer hatte gute seemännische Kenntnisse über die Gefahren der Straße von Messina. Zu den gefährlichen Strömungen im *fretum Siculum* vgl. Philipp, RE 1 A 1, 1914, 488–490 mit Literatur und Karte der Strömungen, die deutlich das Bild von Ebbe und Flut erkennen lassen.

[238] L 21, 49, 3–5.

vor allem Lilybaion in Verteidigungsbereitschaft setzte. An der Küste wurden Beobachtungsposten stationiert, die die Anfahrt der karthagischen Flotte sofort melden sollten.[239]

Diese Vorkehrungen zahlten sich aus. Die Anfahrt der karthagischen Schiffe in einer hellen Mondnacht wurde bemerkt, da die Karthager zu spät die Segel niedergeholt hatten. Deshalb griffen sie den Hafen gar nicht an, sondern erwarteten die römischen Schiffe außerhalb des Hafens zur Schlacht, in der sie unterlagen und sieben Schiffe verloren. Unter den Gefangenen waren auch drei vornehme Karthager.[240]

Als der Konsul Sempronius auf Sizilien eintraf,[241] begann er sofort mit den Vorbereitungen für die Invasion in Afrika.[242] Als erstes Unternehmen wurde eine Operation gegen die Insel Melita (h. Malta) ausgeführt. Die dortige karthagische Besatzung wurde von dem Kommandanten Hamilkar, Sohn des Gisgo, übergeben.[243] Die Gefangenen wurden in die Sklaverei verkauft, außer den vornehmen Karthagern, die man wohl zum Tausch zurückhielt. Von Malta aus wurde ein Schnellsegler nach Afrika ausgeschickt, um eine günstige Stelle für die Landung zu erkunden.[244] Der Konsul kehrte wieder nach Lilybaion zurück und wandte sich nordwärts in die Gewässer zwischen Sizilien und Süditalien. Er hatte erfahren, daß eine karthagische Flotte – ihre Stärke wird nicht angegeben – vor der Insel des Vulkanus (h. Vulcano) vor Anker liege. Doch als er hier eintraf, fand er sie nicht mehr vor[245] und kehrte nach Sizilien zurück.

[239] Zu M. Aemilius Lepidus vgl. Klebs, RE 1, 1, 1893, 545 s. v. Aemilius 19, 552 s. v. Aemilius 67. Er bewarb sich wohl 216 vergeblich um das Konsulat (L22, 35, 1) und wurde im Jahr 213 erneut Prätor (L24, 43, 6).

[240] Für eine Bewertung der Seeschlacht fehlen die Detailangaben. Die Zahl der römischen Schiffe ist nicht bekannt. Wenn sie numerisch überlegen waren, war es kein bedeutender Erfolg. Der Verdacht liegt nahe, daß die römischen Geschichtsschreiber unter Anwendung der von ihnen so beliebten Methode der Satisfaktion – nach der Niederlage am Ticinus – zum Ausgleich einen Sieg der römischen Waffen einfügen wollten. Das Treffen mag stattgefunden haben, aber am Erfolg der römischen Waffen bestehen doch Zweifel.

[241] Hieron II. erwartete die Ankunft des Konsuls Tiberius Sempronius in Messina, wo er ihn über die Situation auf und um Sizilien informierte. Warnend verwies er auf die Gefahr, die den Küstenstädten drohte. Vor allem gebe es gewisse Kreise in den Städten, die an einer Veränderung der Lage interessiert seien.

[242] Ihm standen 160 Kriegsschiffe, dazu 12 Schnellsegler, an Truppen zwei Legionen à 4000 Mann zu Fuß und 300 Reiter, an Bundesgenossen 16000 Mann zu Fuß und 1800 Reiter zur Verfügung, L21, 17, 5.

[243] L 21, 51, 2.

[244] Coelius Antipater HRR I frg. 12 = W. Herrmann frg. 9.

[245] Die Karthager hatten in der Zwischenzeit die Küste um Vibo Valentia verwüstet, ausgeplündert und bedrohten auch die Stadt.

Hier erreichte ihn ein Schreiben des Senats mit der Nachricht über die Invasion Hannibals und der Aufforderung, möglichst bald seinem Kollegen zu Hilfe zu kommen. Er brach sofort alle Vorbereitungen für die Überfahrt nach Afrika ab und organisierte die Verlegung seiner Truppen auf den Kriegsschauplatz in Gallia Cisalpina. Die Flotte des Prätors wurde auf 50 Schiffe verstärkt, für den Küstenschutz Italiens unterstellte er Sextus Pomponius 25 Schiffe.[246] Mit dem Rest der Flotte wurde das Heer transportiert.[247]

Das Warten auf Sempronius

Scipio hielt sich in seinem Lager bedeckt. Hannibal beherrschte unangefochten das flache Land. Die Kelten versorgten ihn mit allem Notwendigen. Ein großer Erfolg war der Übertritt des Befehlshabers eines römischen Versorgungsmagazins in Clastidium (h. Casteggio).[248] Der Mann stammte aus

246 Diese Flottille lehnt Thiel 1946, 46 als eine Erfindung ab, so daß Sempronius insgesamt 110 Schiffe nach Rom zurückgesandt habe. Marchetti 1978, 106–107 nimmt 120 Schiffe an. Folgt man den Angaben des Livius, so bestand die Flotte noch aus 85 Kriegsschiffen. M. E. war es nach den vorhergehenden Plünderungsfahrten der karthagischen Flotte eine Selbstverständlichkeit, daß eine Flottille zum Küstenschutz abgestellt wurde.

247 An den Angaben des L 21, 51, 7 wird meistens gezweifelt, da P 3, 61, 10–12 berichtet, Sempronius habe seine Flottenmannschaften versammelt und ihnen den Befehl erteilt, die Fahrt in die Heimat anzutreten, dann habe er seinen Soldaten den Eid abgenommen, sich bis zu einem bestimmten Tag in Ariminum einzufinden. Angeblich soll dies nach 40 Tagen geschehen sein, wobei Sempronius und seine Soldaten durch Rom marschierten. Polybios bestätigt indirekt den Flottentransport. Andernfalls müßte man annehmen, daß die Schiffe ohne Soldaten heimfuhren, während diese den langsameren und beschwerlicheren Landweg einschlagen mußten. Sempronius mußte seine Soldaten nicht eidlich verpflichten, wenn er an ihrer Spitze marschierte. Ein römischer Konsul dürfte wohl kaum mit seinem Heer durch Rom marschiert sein. Die Angabe des Livius, Sempronius sei mit 10 Schiffen abgefahren, ist kein Widerspruch. Denn der Konsul dürfte wohl zuerst sein Heer abgefertigt haben und zuletzt mit den Schnellseglern gefolgt sein. Die von Polybios angegebene Zeit (40 Tage) für die Strecke von Lilybaion bis Ariminum bereitet bei einem Landmarsch größte Schwierigkeiten. Es ist keine Lösung, mit De Sanctis die Strecke um 400 km zu kürzen und Messina als Ausgangspunkt anzunehmen. Anders z. B. Thiel 1946, 47, Walbank I 1957, 396. Der Vorschlag von Caven 1980, 109–110 ist erwägenswert: Transport der Heere mit der Flotte nach Ostia, von dort auf dem Landweg nach Ariminum.

248 P 3, 69, 1–4, L 21, 48, 9–10. Livius bewahrte der Nachwelt seinen Namen, Dasius, die latinisierte Form eines messapischen Namens. Er war wohl ein Angehöriger eines alten apulischen Geschlechtes, das in führender Position in Arpi und Salapia bezeugt ist. Vgl. F. Münzer, RE 4, 2, 1901, 2218 s. v. Dasius. Möglicherweise stellte er die Kontakte zu seinen Verwandten in Arpi und Salapia her. Vgl. zu Dasius in Salapia

Brundisium, einer latinischen Kolonie, und ließ sich mit 400 Goldstücken für seinen Verrat bezahlen. Er war der erste Befehlshaber einer römischen Truppe, der Rom die Treue aufkündigte, für Hannibal ein vielversprechender Auftakt. Er ehrte ihn entsprechend, um die führenden Persönlichkeiten bei den Bundesgenossen für einen Übertritt zu gewinnen. Die Besatzung behandelte er zuvorkommend.

Daß auf die neugewonnenen Bundesgenossen nicht immer Verlaß war, mußte er bald erfahren. Es gab einige Keltenstämme, die sowohl mit ihm als auch mit den Römern freundschaftliche Verbindungen unterhielten und sich nach beiden Seiten absichern wollten. Gegen diese unsicheren Kantonisten mußte er von Anfang an energisch vorgehen und durfte keine Zweideutigkeiten dulden. Ihr Gebiet wurde von seinen Truppen verheert und ausgeplündert.[249] Die Kelten wandten sich um Hilfe an die Konsuln. Ti. Sempronius Longus war in der Zwischenzeit (Mitte Dezember) in Oberitalien eingetroffen und hatte seine Lager bei Scipio aufgeschlagen.[250] Es war eine logistische Meisterleistung, innerhalb kürzester Zeit sein Heer auf den Kriegsschauplatz in Oberitalien zu verlegen. Er dürfte auf seinen Kollegen nicht gut zu sprechen gewesen sein. Seinetwegen hatte er die erfolgreich gestarteten Vorbereitungen für die Invasion in Afrika abbrechen müssen. Hinzu kamen Meinungsverschiedenheiten über die weitere Kriegführung.[251]

Scipio kurierte immer noch an seiner Verwundung und war noch nicht einsatzfähig. Deshalb wünschte er eine Verschiebung der Kämpfe. Zur Begründung verwies er vor allem auf den schlechten Ausbildungsstand der Legionen, die während des Winterlagers exerziert werden könnten. Außerdem baute er auf die bekannte Unzuverlässigkeit der Kelten. Wenn Hannibal keine Erfolge hätte, würden sie nicht lange bei ihm bleiben. Die Unterstützung der Kelten im aktuellen Fall lehnte er direkt ab. Sie seien unzuverlässig und treulos.

Sempronius sah dagegen in der Unterstützung der hilfesuchenden Kelten eine vertrauensbildende Maßnahme. Es gebe kein stärkeres Mittel, Bundes-

F. Münzer, a. a. O., 2219 s. v. Dasius Nr. 2 und zu Dasius Altinius in Arpi a. a. O., Dasius Nr. 4.

249 P 3, 69, 5 ff., L 21, 52, 3 ff.

250 P 3, 68, 13–14.

251 Polybios berichtet im Anschluß an das erfolgreiche Reitertreffen über die Meinungsverschiedenheiten der Konsuln (P3, 70), während Livius bereits im Zusammenhang mit dem Hilfeersuchen der Kelten die unterschiedlichen Ansichten der Imperiumsträger über die prinzipielle Frage der Einhaltung der *fides* (L21, 52, 6–8) darlegt, schließt er ebenfalls an den Reitersieg die Meinungsverschiedenheiten über eine Schlacht an (21, 53, 1–7). Die unterschiedlichen Auffassungen dürften die beiden Konsuln wohl nicht nur einmal, sondern öfters diskutiert haben. Sicher wurden sie bereits erörtert, als es um die Unterstützung der Kelten ging. Unabhängig davon ist aber die Historizität dieser Meinungsverschiedenheit zu prüfen.

genossen an sich zu binden. Die Argumente seines Kollegen konnten ihn nicht überzeugen. Schließlich hatte dieser selbst noch vor kurzem eine Schlacht gegen Hannibal trotz des bekannten ungenügenden Ausbildungsstandes seiner Truppe wagen wollen. Auch die Hoffnung auf die Unzuverlässigkeit der Kelten war zu unsicher. Er entschied sich für die Unterstützung der Kelten.

Sempronius werden in der antiken Tradition egoistische Motive nachgesagt. Er habe gefürchtet, der Krieg könne sich bis ins nächste Jahr ziehen und dann zum Amtsbereich der nächsten Konsuln werden. Auch sei die Gelegenheit günstig, den Ruhm für sich allein zu gewinnen, solange Scipio krank sei.[252] Geschickt wurde die vergleichende Bewertung beider Konsuln dem Gegner Hannibal in den Mund gelegt.[253] Zwar habe dieser nicht geglaubt, daß beide Konsuln etwas unüberlegt und unvorsichtig unternehmen würden, aber der eine Konsul sei leicht erregbar und draufgängerisch. Damit wird dem Leser suggeriert, daß bei gemeinsamem Handeln sich der Einfluß Scipios durchgesetzt hätte. Deshalb mußte Hannibal die Schlacht erzwingen, solange der bessere der beiden Konsuln *(„melior ex ducibus")* wegen seiner Verwundung kampfunfähig war. Er selbst mißtraute angeblich auch den Kelten, womit Scipios Argumente indirekt bestätigt werden.

An der Version, Hannibal habe sich die Meinungsverschiedenheiten der Konsuln und die draufgängerische Veranlagung des Sempronius zunutze gemacht, sind Zweifel berechtigt.[254] Woher sollte er diese Einzelheiten wissen? Die Diskussionen über die Kriegführung fanden im Kriegsrat statt. Auch wenn Hannibal Spitzel ins römische Lager eingeschleust hatte, so war es doch fraglich, ob diese zu dem engsten Führungskreis Zugang fanden und Informationen erhielten. Wenn er damit rechnete, daß der neu hinzugekommene Konsul zum Kämpfen bereit war, dann geschah das eher aufgrund allgemeiner Überlegungen. Wozu sollte Sempronius den weiten Anmarsch aus Sizilien gemacht haben, wenn nicht zum Angriff auf den Feind?

Sempronius unterstützte die angegriffenen Kelten mit seiner Reiterei.[255] Sie griffen die dort beutemachenden Numider an, die sich „fluchtartig" ins karthagische Lager zurückzogen. Dort erhielten sie Hilfe und trieben die Römer zurück, so daß er die gesamte Reiterei zum Einsatz brachte und die Numider und Kelten erneut „in die Flucht" schlug. Hannibal unterband den weiteren Kampf. Der Römer erkannte nicht die eigentlichen Absichten des Gegners und wertete den Rückzug als Sieg, eine menschlich verständliche und von Hannibal auch so beabsichtigte Reaktion, gehörte es doch zu

[252] L 21,53,6–7, Z 8,24,4.

[253] L 21,53,7 ff.

[254] Die Forschung hat diese Behauptung (P 3,70, L 21,53,8 ff.) ohne Kritik übernommen.

[255] P 3,69,8 ff., L 21,52,9 ff.

dessen taktischen Vorbereitungen einer großen Schlacht, dem Feind einen Sieg in einem unbedeutenden Treffen zu überlassen. Er konnte davon ausgehen, daß der „Sieg“ die römische Führung und die Soldaten „heiß“ auf eine Schlacht gemacht hatten. Die „Sempronischen“ wollten es den „Scipionischen“ zeigen, wie sie mit den Karthagern umgingen. Das Gefühl der Überlegenheit – das lehrten alle Bücher über Kriegswesen – war für den Sieger gefährlich, da es ihn unvorsichtig werden ließ. Warum sollte er nicht ein zweites Mal siegen, nachdem er die Feinde beim ersten Mal in die Flucht geschlagen hatte?

Die Schlacht an der Trebia[256]

Hannibal suchte sich das geeignete Gelände zwischen beiden Lagern aus, das baumlos und eben, also für den Einsatz der Reiterei bestens geeignet war. Ein Wasserlauf mit einem tief eingeschnittenen Flußbett, dessen Ufer mit dichtem Gebüsch zugewachsen war, bot die Möglichkeit, eine Truppe zu verbergen und einen Hinterhalt zu legen.[257] Im karthagischen Kriegsrat wurde die geplante Taktik besprochen. Die Schlacht fand zur Zeit der Wintersonnenwende (Ende Dezember) statt.[258] Es war ein kalter Tag mit Schneegestöber. In der Nacht zuvor hatte es stark geregnet, so daß die Flüsse vom Apennin angeschwollen waren. Hannibal hatte für alles Vorsorge getroffen. Seine Leute waren ausgeruht, sie hatten ausgiebig gefrühstückt und ihre Körper gegen die Kälte mit Öl eingerieben.

Die Numider gingen über die Trebia, um den Feind zum Kampf hervorzulocken. Sempronius schickte zunächst nur die Reiter gegen sie aus, dann auch die Leichtbewaffneten, schließlich ließ er das gesamte Heer ausrücken. Vertrauend auf den Erfolg des Vortages rechnete er mit einem sicheren Sieg. Die Numider zogen sich nach der ersten Attacke befehlsgemäß über den Fluß zurück, so daß die Römer, wenn sie die Schlacht wünschten, ihnen folgen und die Trebia durchqueren mußten. Das eiskalte Wasser reichte den Soldaten beim Durchwaten bis zur Brust. Völlig durchnäßt, ausgefroren, mit klammen Händen, die kaum die Waffen halten konnten, dazu hungrig – der Angriff der Numider hatte sie überrascht, sie waren ohne Frühstück ausge-

[256] P 3, 71–74, L 21, 54–56, 8, App Ann 6, 24–7, 29, Frontin 2, 5, 23, Z 8, 24, 4–6. Für die Rekonstruktion des Schlachtverlaufs stütze ich mich auf Kromayer III 1, 1912, 66–78, dazu Karte 3. Weitere Literatur vgl. Seibert 1993, 213.

[257] P 3, 71, 1 ff., L 21, 54, 1 ff. Zur Lokalisierung und Identifizierung dieses Flußbettes vgl. Kromayer III 1, 1912, 67–69. Mago fiel die Aufgabe zu, sich mit einer Abteilung in den Hinterhalt zu legen, im entscheidenden Augenblick hervorzubrechen und die römische Front im Rücken anzugreifen. Von K. J. Beloch, HZ 114, 1915, 9 als unhistorisch abgelehnt.

[258] P 3, 72, 3, L 21, 54, 7. Walbank I 1957, 406.

rückt – und wegen der Kämpfe mit den Numidern bereits ermüdet, kamen sie auf dem Schlachtfeld an und formierten sich zur Schlacht.[259]

Die Römer setzten 16000 Mann zu Fuß, dazu 20000 Bundesgenossen zu Fuß und insgesamt 4000 Reiter ein.[260] Die Reiter wurden auf den Flügeln aufgestellt, das Fußvolk in der Mitte in drei Treffen, vor denen die Leichtbewaffneten Aufstellung nahmen. Hannibal stellte im Zentrum 20000 Mann Iberer, Libyer und Kelten auf, davor 8000 balearische Leichbewaffnete. Auf den Flügeln standen die numidischen und keltischen Reiter, insgesamt 10000 Mann. Die Elefanten kamen auf den Flügeln zum Einsatz.[261] Nach seinem Schlachtplan sollte seine überlegene Reiterei die gegnerischen Reiter in die Flucht schlagen und dann das Zentrum im Rücken umfassen. Sein Zentrum mußte so lange dem römischen Angriff standhalten, bis die Einkreisung vollendet war.

Die Schlacht eröffneten wie üblich die Leichtbewaffneten und zogen sich, nachdem sie ihre Wurfspeere geschleudert hatten, durch die Schlachtreihen zurück. Dann begann der Hauptkampf. Die römische Reiterei wurde gleich

[259] Die Römer hatten ihre Siege über die italischen und keltischen Völker mit ihrer bewährten Manipeltaktik errungen. Die taktische Operationseinheit war der Manipel à 120 Mann, der wiederum in zwei Centurien à 60 Mann gegliedert war. Das erste Treffen der Legion bildeten 10 Manipel der *hastati* (1200 Mann). Es handelte sich um die jüngsten Soldaten, die noch keine große Kampferfahrung besaßen. Das zweite Treffen bildeten die 10 Manipel der *principes*, die bereits mehrere Dienstjahre abgeleistet und größere Erfahrung hatten, ebenfalls 1200 Mann. Das dritte Treffen wurde von den *triarii*, den alten erfahrenen Kämpfern gestellt, 10 Manipel à 60 Mann. Hinzu kamen zu jeder Legion 1200 Leichtbewaffnete *(velites)*. Der Kern einer Legion umfaßte also 3000 schwerbewaffnete Soldaten. Die Reiter waren in 10 Turmen à 20 Reiter gegliedert. Rein zahlenmäßig fielen sie gegenüber den Fußsoldaten nicht ins Gewicht. Die Alen der Bundesgenossen waren analog organisiert. Sie wurden von römischen *praefecti socium* kommandiert. Zum römischen Heerwesen vgl. Seibert 1993, 166.

[260] P 3,72,11. Nach L21,55,4 waren es 18000 Mann zu Fuß neben 20000 *socii.* Er ließ die Reiterei aus, nannte dagegen die Cenomanen als einzigen keltischen Stamm. Zu den Zahlen vgl. Kromayer III 1, 1912, 94–98, De Sanctis III 2, 1916, 88–90. M. Gelzer, Hermes 1935, 276 = Kl. Schr. III 1964, 229. Den Zahlenangaben schenkt die Forschung volles Vertrauen, da sie von Polybios bezeugt werden. M.E. sind größte Bedenken angebracht. Die Ausdrucksweise des Polybios läßt erkennen, daß er seine Zahlen errechnete. Er führte nämlich an, dies sei die Stärke bei Vereinigung beider konsularischen Heere. Die Legion wird zu 4000 Mann gerechnet, die Ala der Bundesgenossen zu 5000 Mann. Nominell dürften 5 Legionen vorhanden gewesen sein, die allerdings durch die bisherigen Niederlagen erheblich reduziert waren. Es widerspricht jeder Erfahrung, daß Truppenkörper ihre Sollstärke hatten.

[261] P 3,72,9, L21,55,2. Die Zahl der Elefanten ist nicht bekannt. Wo sie in der Schlacht eingesetzt wurden, bestehen ebenfalls Differenzen. Kromayer III 1, 1912, 71 A 2 postiert die Tiere vor den Flügeln des Zentrums, nicht der Reiterei.

bei der ersten Attacke geworfen. Sie hatte gegen die Übermacht keine Chance. Die Numider, die hinter dem Zentrum postiert waren, griffen zusammen mit den Leichtbewaffneten die ungeschützten Flanken des römischen Zentrums an. Unter dem Druck der auf den Flügeln des Zentrums postierten Elefanten gaben die Flügel des römischen Zentrums nach.[262]

Die beiden ersten Treffen *(hastati* und *principes)* der Römer kämpften tapfer gegen das karthagische Zentrum und konnten sich behaupten. Das dritte Treffen, die Triarier, wurde durch den unerwarteten Angriff Magos und seiner Soldaten überrascht und in Panik versetzt. Bis sie kehrtgemacht hatten, waren sie bereits schwer mitgenommen und als Kampfverband ausgeschaltet. Die *hastati* und *principes* hingegen durchbrachen das karthagische Fußvolk, machten aber nicht kehrt, um den bedrängten Truppenteilen zu Hilfe zu kommen, sondern schlugen sich nach Placentia durch. In diesem Kampfabschnitt hatten die Römer gesiegt und dem Feind beträchtliche Verluste beigebracht. Trotzdem endete die Schlacht mit einer römischen Niederlage. Denn die übrigen wurden größtenteils von den Reitern und Elefanten am Fluß vernichtet. Die Reiterei, die gleich zu Beginn der Schlacht in die Flucht geschlagen worden war, und einzelne Abteilungen des Fußvolkes konnten sich nach Placentia zurückziehen.

Es war ein großer Erfolg für Hannibal, wenngleich der Sieg durch das Entkommen starker römischer Verbände nicht vollkommen war.[263] Seine Taktik, die er bereits in der Reiterschlacht am Ticinus angewandt hatte, hatte auch hier zum Sieg geführt. Für die Zukunft mußte die Schwachstelle in Hannibals Konzept, das Zentrum, verstärkt werden. Nicht auszudenken,

[262] P 3,74,2, L21,56,2.

[263] Allein 10000 Mann aus dem Zentrum schlugen sich nach Placentia durch. Die Verluste auf beiden Seiten werden nicht angegeben. Die der Römer müssen beträchtlich gewesen sein. Z8,24,5 ist zu allgemein. Vielleicht beziehen sich die detaillierten Verlustangaben für das angebliche zweite Treffen zwischen Sempronius und Hannibal vor Placentia, bei dem mehrere Ritter, 5 Militärtribune und 3 *praefecti socium* (L21,59,9) fielen, auf die Schlacht an der Trebia. Vgl. W. Sieglin, Zur Chronologie des Winters 536/218 auf 537/217, RhM 38, 1883, 363–369. Eigenartigerweise wird für Hannibal vermerkt, daß nur wenige Iberer und Libyer, in der Mehrzahl Kelten gefallen seien. Auch für die späteren Schlachten werden die hohen Verluste der Kelten betont als Beweis dafür, daß Hannibal diese Bundesgenossen bewußt als „Kanonenfutter" eingesetzt habe. M.E. handelt es sich um eine Verfälschung der gegnerischen Geschichtsschreibung. Hannibal war sich des Wertes seiner keltischen Bundesgenossen bewußt. Er setzte sie an einer für sein Schlachtkonzept äußerst wichtigen Stelle ein. Wären die Kelten tatsächlich so unzuverlässig gewesen, wie sie die römische Propaganda hinstellte, hätte er sie kaum an so verantwortungsvoller Position verwenden können. Infolge der Regen- und Schneefälle seien alle Elefanten mit Ausnahme eines einzigen, aber auch viele Menschen und Tiere ums Leben gekommen. P3,74,11, L21,56,6, Z8,24,5.

was geschehen wäre, wenn die *hastati* und *principes* unter dem Kommando eines entschlossenen Führers kehrtgemacht und erneut in die Schlacht, dieses Mal im Rücken der Karthager, eingegriffen hätten.

Nach der Schlacht

Die Verwundeten mußten gepflegt, die Gefallenen bestattet werden. Das gehörte zu den selbstverständlichen Pflichten eines Feldherrn. Außerdem mußten die vielen Gefangenen versorgt werden.[264] Die Römer wurden von den Bundesgenossen getrennt. Diese Maßnahme dürfte zunächst Erstaunen bei den Gefangenen hervorgerufen haben.[265] Aber bald sollten sie den Zweck verstehen. Die Römer wurden zwar ausreichend mit Nahrung versorgt, blieben aber in Gefangenschaft, die Bundesgenossen wurden freigelassen.

Hannibal erklärte ihnen, er führe keinen Krieg gegen sie, sondern kämpfe für sie gegen die Römer. Deshalb sollten sie mit ihm Freundschaft schließen. Er sei gekommen, um ihnen die Freiheit zurückzugewinnen. Darüber hinaus versprach er ihnen, die Städte und Häfen, die sie an die Römer hatten abtreten müssen, zurückzugeben. Ohne Lösegeld entließ er sie in ihre Heimat, wo sie bei ihren Mitbürgern für ihn werben und gleichzeitig Stimmung gegen die Römer machen sollten. Zum ersten Mal verkündete er sein politisches Programm, mit dem er die Herrschaft der Römer bekämpfen wollte. „Freiheit von römischer Bevormundung" lautete sein Schlagwort. Nicht mit leeren Parolen, sondern mit festen Versprechungen suchte er die *socii* zu gewinnen.[266] Daß er es ernst meinte, bewies er durch die Freigabe der Gefangenen ohne Lösegeld, ein ungewöhnlicher Vorgang, wenn man bedenkt, daß Freigabe gegen Lösegeld bereits einen Akt der Humanität darstellte, da der Sieger mit Gefangenen machten konnte, was ihm beliebte.[267] Die römi-

[264] P 3, 77, 3–7.

[265] Vgl. die verächtlichen Worte des Militärtribunen P. Sempronius Tuditanus nach Cannae (Livius 22, 50, 6): „Wollt ihr euch lieber von dem habgierigen und grausamsten Feind gefangennehmen, euch abtaxieren und den Preis erfragen lassen, ob ihr Römer oder latinische Bundesgenossen seid?"

[266] Die Römer hatten im Laufe der Eroberung Italiens den einzelnen Stämmen beträchtliche Gebiete abgenommen und zum *ager occupatorius* erklärt. Vgl. Schätzungen über den Umfang bei A. Afzelius, Die römische Eroberung Italiens (340–264 v. Chr.), Acta Jutlandica XIV 3, Kopenhagen 1942, Toynbee I 1965, 166.

[267] Zum üblichen Schicksal der Gefangenen vgl. P. Ducrey, Le traitement des prisonniers de guerre dans la Grèce antique des origines à la conquête romaine, Paris 1968. Hannibal ließ die römischen Gefangenen, die er nicht gegen karthagische austauschen oder gegen Lösegeld entlassen konnte, in die Sklaverei verkaufen. Pyrrhos wurde von den Römern in den höchsten Tönen gelobt, weil er die Gefangenen ohne Lösegeld freigelassen hatte, vgl. Ennius, ann. 6, 183ff. Skutsch = Cic. de off. I 38.

sche Propaganda, die Hannibal als grausamen Barbaren zeichnete, versuchte seine Generosität entweder durch Verschweigen[268] oder mit der Behauptung ins Gegenteil zu verfälschen, er habe alle römischen Gefangenen töten lassen.[269]

Hannibal investierte mit dieser Aktion in die Zukunft. Er hoffte, in den Freigelassenen Fürsprecher für sich und seinen Kampf gegen die Römer zu gewinnen. Seine Versprechungen waren attraktiv. „Freiheit" war ein Losungswort, das die Menschen immer wieder verlockte und verführte. Aber war die „Freiheit von Rom" überall erwünscht? Hatte Hannibal die richtige Vorstellung von den Verhältnissen in Italien? Die Gefangenen waren wohl über ihre Einstellung zu den Römern ausgefragt worden. Viele dürften mit den derzeitigen Verhältnissen unzufrieden gewesen sein. Mancher Soldat hatte nur widerwillig auf römischen Befehl die Waffen ergriffen und dürfte seinen Unwillen den karthagischen Vernehmungsoffizieren freimütig mitgeteilt haben. Aber auch viele Opportunisten dürften im Verhör das erzählt haben, was man zu hören wünschte. Die Gefahr, daß ein falsches Bild über die Stimmung in Italien entstand, war groß.

Garantien für den Übertritt ihrer Heimatgemeinden konnten die Freigelassenen nicht geben. In ihrer Heimat waren die von Rom geförderten Familien an der Macht. Hannibal konnte nicht einmal über das Verhalten der Freigelassenen sicher sein. Würden sie tatsächlich in ihre Heimat zurückkehren und dort in seinem Sinne tätig werden, oder würden sie auf dem kürzesten Weg zum römischen Heer marschieren und erneut gegen ihn kämpfen? Die vielen tausend Menschen, die die Römer als Stütze ihrer Herrschaft in latinischen Kolonien, angelegt auf Ländereien, die den Feinden im Krieg abgenommen worden waren, angesiedelt hatten, mußten um ihre Existenz bangen.[270] Auch die gegenwärtigen Machthaber bei den *socii*, die ihre Position den Römern verdankten, mußten durch die Aussicht auf „Freiheit von Rom" um ihre Stellung fürchten und um so stärker ihr Schicksal mit den Römern verbinden. Statt einer „Los von Rom-Bewegung" initiierte Hannibal unbeabsichtigt eine starke Solidarisierung mit den Römern.

Hannibal konnte, als er seine Truppen nach dem Sieg an der Trebia in das Winterlager führte, mit dem Erreichten zufrieden sein. Er hatte fast alles durchgesetzt, was er sich vorgenommen hatte: Durch den Einmarsch in Oberitalien war der Konsul Scipio an der Rhone zur Umkehr gezwungen

[268] Bei Livius finden wir nach der Trebia keinen Hinweis auf den Umgang mit den Gefangenen.

[269] Z 8,24,7.

[270] Vgl. E. T. Salmon, Roman Colonization under the Republic, London 1969. Tatsächlich ist keine der 30 latinischen Kolonien während des ganzen Krieges abgefallen.

worden. Die Invasion in Afrika war verhindert worden. Beide Konsuln hatte er in zwei Schlachten geschlagen. Die Kelten Oberitaliens hatten sich ihm angeschlossen. Ein kleiner Wermutstropfen fiel in den Freudenbecher. Von Gefangenen hatte er wohl erfahren, daß der Bruder des Konsuls nach Spanien weitergefahren war.

Die Landung der Römer in Spanien[271]

Cn. Cornelius Scipio war mit 30 Schiffen und einer Legion von Massilia nach Iberien weitergefahren. Seine Pläne mußten sich an seinen militärischen Möglichkeiten und an den bestehenden Verhältnissen orientieren. Rein zahlenmäßig war er dem karthagischen Truppenkontingent im Gebiet zwischen Ebro und Pyrenäen gewachsen, und mit der Unterstützung Massilias beherrschte er unangefochten die Küstengewässer. Große militärische Operationen dürfte er vorerst nicht geplant haben.[272]

Es war bereits September, als er in Emporion landete.[273] Mit dieser festen Basis im Rücken fuhr er der Küste entlang nach Süden, setzte immer wieder Truppen an Land, eroberte Städte, die Widerstand leisteten, andere schlossen sich ihm freiwillig an.[274] Diese Operationen waren ziemlich ungefährlich, da der Feind nicht präsent war und auch nichts gegen die Invasion unternahm.

Nach Sicherung der Küstengebiete unternahm er einen Vorstoß ins Lan-

[271] P 3,76, L21,60–61, App Ib 14,54–15,57, Z8,23,7, Frontin 2,3,1; 4,7,9, Plin nh 3,21, vgl. Frantz 1883, 8ff. Kahrstedt 1913, 401, De Sanctis III 2, 1916, 229ff., Lazenby 1978, 125ff., Huß 1985, 314, Eckstein 1987, 193ff. Zur Situation der einheimischen Bevölkerung nördlich des Ebro vgl. R. Rodriguez Adrados, Las rivalidades de las tribas del NE. Español y la conquista romana, in: Estudios dedicados a Menendez Pidal, Mailand 1950, 563–587.

[272] Als Ziel war Cn. Scipio von seinem Bruder vorgegeben, die alten Bundesgenossen der Römer zu schützen, neue hinzuzugewinnen und Hasdrubal aus Spanien zu vertreiben, L21,32,4. Man soll sogar mit der Landung die Hoffnung verbunden haben, daß dadurch Hannibal zur Umkehr veranlaßt werde. Z8,23,7. Derart hochgespannte Pläne konnten nur bei der realitätsfernen, hybriden Einstellung der Römer im Bewußtsein ihrer (angeblichen) Überlegenheit über die Karthager entstehen. Die Wirklichkeit sollte sie bald aus ihren Träumen reißen. Um so tiefer war der Sturz in die Realität.

[273] Zur Geschichte Emporions unter römischem Einfluß vgl. M.J. Pena, Ampurias – les débuts de l'implantation romaine, Dialogues d'Histoire Ancienne 15, 1989, 219–243, zur Heranziehung der dortigen Münzstätte vgl. L. Villaronga, Uso de la ceca de Emporion por los Romanos para cubrir sus necesidades financieras en la peninsula iberica durante la segunda guerra punica, Bolletino di Numismatica, Suppl. to No. 4, 1987, 209–214.

[274] Zu den Vereinbarungen vgl. Eckstein 1987, 193–195.

desinnere gegen Hanno, der sein Hauptquartier in der Nähe von Kissa hatte.[275] Der Karthager nahm die Schlacht an und unterlag. Seine Verluste sollen gewaltig gewesen sein.[276] Die maßlosen Übertreibungen werden bei der Schilderung der unmittelbaren Folgen des Sieges evident.[277] Alle Stämme im Gebiet nördlich des Ebro sollen Bundesgenossen der Römer geworden sein.[278] Die Gefangennahme der gegnerischen Führer ist ebenfalls suspekt. Denn Indibilis verheerte im folgenden Jahr das Gebiet römischer Bundesgenossen.[279] Er stand weiterhin auf seiten der Karthager und trug wesentlich zum Sieg über P. Cornelius Scipio im Jahr 211 bei.[280] Offenbar suchte die römische Geschichtsschreibung die Niederlagen in Oberitalien durch Erfolge in Spanien auszugleichen.

Hasdrubal benötigte einige Zeit für den Anmarsch aus Neukarthago. Er kam zu spät, um Hanno zu Hilfe kommen zu können, und überfiel die bei Tarraco stationierten Seesoldaten. Er konnte zwar viele von ihnen töten, da er aber keine Schiffe dabei hatte, konnte er sich nicht der römischen Flotte bemächtigen. Er kehrte um nach Neukarthago und traf Vorbereitungen für den Krieg im kommenden Jahr. Scipio blieb mit seinen Truppen in Tarraco, einer stark befestigten iberischen Stadt, wo er den Winter verbrachte.[281]

[275] Walbank I 1957, 409, zu Kissa G. Alföldy, RE Suppl. 15, 1978, 583–584, A. Tovar, Iberische Landeskunde II 3, Baden-Baden 1989, 435. Kissa oder Cissis lag in der Nähe von Tarraco, ein kleiner Ort nördlich des Ebro und wohl Hauptstadt der Cessetani. Zur Schlacht N. Feliciani, La battaglia di Cissis, Boletin de la Real Academia de la Historia, Madrid 50, 1907, 346–355.

[276] Angeblich seien 6000 Mann gefallen und 2000 in Gefangenschaft geraten. Auch Hanno und der einheimische Fürst Indibilis seien in römische Gefangenschaft geraten.

[277] De Sanctis III 2, 1916, 229 ff. hält die Eroberung des Trosses für eine römische Fabel (230 A 58). Walbank I 1957, 409 sieht in dem Kapitel 76 des Polybios Elemente, die Scipio glorifizieren sollen.

[278] P 3,76,6. Aus Frontin 2,3,1 wollte Eckstein 1987, 196 förmliche Dedition erschließen.

[279] L 22,21,2–4. Nach F. Münzer, RE 9,2, 1916, 1326 allerdings verdächtig.

[280] L 25,34,6 ff. Diesen Widerspruch glaubt man elegant durch die Annahme beseitigen zu können, daß Indibilis sofort wieder von den Römern freigelassen wurde. Die Möglichkeit, daß seine Niederlage und Gefangenschaft erfunden sein könnte, wollte man nicht in Erwägung ziehen, da sie von Polybios bezeugt ist. Doch seine Voreingenommenheit gegenüber den Scipionen ist bekannt und zeigt sich auch hier in der Behauptung, Scipio habe *alle* Stämme nördlich des Ebro als Bundesgenossen gewonnen.

[281] Nach Plin nh 3,21 soll Tarraco eine Gründung der Scipionen sein. Diese Auffassung vertritt auch G. Alföldy, RE Suppl. 15, 1978, 585 s. v. Tarraco. Er muß allerdings zugeben, daß vorrömische Münzfunde mit der Aufschrift Tarakon, die um 250 v. Chr. datiert werden, die Existenz einer iberischen Siedlung mit diesem Namen belegen. Den Bau der gewaltigen Mauer, von der noch heute umfangreiche Reste zu

Die erfolgreiche Landung Scipios deckte ein Problem der hannibalischen Kriegsplanung auf: Weder Hanno noch Hasdrubal hatten sich als Feldherrn ausgezeichnet. Was nutzten seine Siege, wenn seine Feldherrn an anderen Fronten versagten?

Die römische Geschichtsschreibung berichtete noch weitere Erfolge Scipios in Spanien, die wenig Vertrauen erwecken.[282] Vor einer Überbewertung sollte die Bemerkung Appians warnen: Bevor Publius in Iberien eintraf, vollbrachte Gnaeus nichts, was erwähnenswert ist. Gemessen an den Erwartungen, mit denen die Scipionen von Rom zu ihrem Feldzug nach Iberien aufgebrochen waren, waren ihre Erfolge bescheiden, in Anbetracht der tatsächlichen Verhältnisse aber anerkennenswert. Die Festsetzung an der Küste mit einer schmalen, aber durch die stark befestigten Städte Tarraco und Emporion gesicherten Basis war eine gute Grundlage für kom-

sehen sind, schreibt er den Römern zu. Er berücksichtigt aber nicht, daß die Römer keineswegs mit polygonalen Steinen ihre Mauern erbauten. Man vergleiche die noch heute sichtbaren Reste der sog. „Servianischen Mauer“ in Rom, um die deutlichen Unterschiede erkennen zu können. Für die späteren Bewohner von Tarraco war es natürlich ruhmvoller, ihre Stadt eine Gründung der Scipionen zu nennen. Das Zeugnis des Plinius ist m. E. wenig wert. A. Tovar, Iberische Landeskunde II 3, Baden-Baden 1989, 453–460.

[282] L 21, 61, 4–11. Hasdrubal fiel, nachdem sich Scipio von Tarraco nach Emporion ins Winterlager zurückgezogen hatte, erneut in die Gebiete nördlich des Ebro ein, bewog die Ilergeten, die gerade den Römern Geiseln gestellt hatten, erneut zum Abfall und verwüstete die Gebiete, die treu zu den Römern hielten. Scipio mußte deshalb aus dem Winterlager aufbrechen und Hasdrubal entgegenziehen, der daraufhin sofort das Feld räumte. Damit bot sich für Scipio die Gelegenheit, die abgefallenen Stämme erneut zu unterwerfen. Seine Erfolge werden überschwenglich gepriesen: Zuerst wurden die Ilergeten angegriffen, in ihrer Hauptstadt Atanagrum zusammengetrieben, belagert und innerhalb weniger Tage unterworfen. Sie mußten noch mehr Geiseln stellen und Geld zahlen. Dann kamen die Ausetaner an die Reihe. Als die Lacetaner ihren Nachbarn zu Hilfe kommen wollten, wurden sie von Scipio überfallen und ca. 12000 Mann erschlagen. Die Belagerung des Hauptortes der Ausetaner wurde durch den Wintereinbruch erschwert. Der Schnee lag kaum weniger als vier Fuß (1,20 m) hoch! Aber Scipio und seinen Soldaten machte alles dies nichts aus. 30 Tage dauerte die Belagerung, bis die Feinde kapitulierten und 20 Talente Silber bezahlten. Soll man wirklich glauben, daß Hasdrubal zunächst von Neukarthago bis ins Gebiet nördlich des Ebro marschierte, dann wieder nach Neukarthago zurück, um erneut dieselbe Strecke zurückzulegen? Die angebliche Rückkehr Hasdrubals sollte nur der Aufhänger für die neuen Ruhmestaten Scipios sein, der eigenartigerweise zuerst den Stamm unterwirft, der am weitesten entfernt wohnte, ehe er sich den benachbarten Ausetanern zuwandte. Zu Recht werden diese Heldentaten in der Forschung abgelehnt. Vgl. z. B. Frantz 1883, 12 ff., Kahrstedt 1913, 402, De Sanctis III 2, 1916, 230 A 59, für Glaubwürdigkeit entschieden sich R. Rodriguez Adrados, a. a. O., 565–568, Huß 1985, 314 A 145, Eckstein 1987, 196–197.

mende Unternehmungen. Mehr konnte ein Einlegionenheer nicht leisten. Offensive Operationen, wie sie die antike Tradition voraussetzt, wären leichtsinnig gewesen und hätten den Erfolg der Landung in Frage gestellt. Daß die Massalioten beträchtlichen Anteil an dem Unternehmen hatten, verschweigen die römischen Quellen.

Das 2. Kriegsjahr: 217 v. Chr.[1]

Rom

Nach der Schlacht an der Trebia schickte der Konsul Sempronius einen Bericht an den Senat. Es habe eine Schlacht stattgefunden, aber der Sturm habe ihnen den Sieg entrissen, eine geschickte Formulierung, die das wahre Ausmaß der Niederlage nicht erkennen ließ.[2] Allmählich wurden weitere Einzelheiten bekannt, die den Römern bewußt machten, daß sie tatsächlich eine schwere Niederlage erlitten hatten.[3] Schrecken und Angst erfaßten sie. Hannibal hatte den Krieg gegen sie als sein Ziel verkündet. Sie sahen bereits den Feind vor den Mauern, und es gab keine Legionen und keine Feldherrn, um ihn abzuwehren.[4] Endlich traf Sempronius in Rom ein,[5] um die Wahlen abzuhalten.[6] Gewählt wurde Cn. Servilius Geminus[7], für uns ein unbeschriebenes Blatt, und C. Flaminius[8], der bereits 223 Konsul gewesen war und die Kelten besiegt hatte.

In diesem Winter waren viele besorgniserregende Wunderzeichen *(prodigia)* nach Rom gemeldet worden. Sie waren sichtbarer Ausdruck, daß der Frieden mit den Göttern *(pax deorum)* gestört war. Es waren sonderbare Meldungen, die in Rom registriert wurden[9]: Ein Kind freier Eltern, erst ein

[1] Kahrstedt 1913, 402ff., De Sanctis III 2, 1916, 33ff., 101ff., Thiel 1946, 49ff., Lazenby 1978, 58ff., Huß 1985, 315ff., Karte Nr. 2.

[2] P 3,75,1ff. Vgl. Walbank I 1957, 408.

[3] M. Rambaud, Exemples de déformation historique chez Tite-Live, Caesarodunum XV a, 1980, 120 denkt an den Bericht des Konsuls P. Cornelius Scipio.

[4] L 21,57,1–2.

[5] Machten ihm die Senatoren Vorwürfe? Hielten sie eine „Manöverkritik" ab und suchten schonungslos die Ursachen für die unerwarteten Niederlagen? Die Quellen geben dafür keine Informationen. Die Senatoren dürften wohl darüber diskutiert haben, ließen aber nichts in die Öffentlichkeit gelangen. Der Eindruck eines geschlossen handelnden Senates sollte in jedem Fall gewahrt werden.

[6] L 21,57,4. Die Kritik der antiken Tradition am leichtsinnigen Verhalten des Konsuls ist nicht berechtigt.

[7] F. Münzer, RE 2 A 2, 1923, 1794–1795 s. v. Servilius 61.

[8] L 21,63,4. Seine Wahl soll er seinem Eintreten für die *lex Claudia de nave senatorum* verdankt haben. Im Jahr 220 war er Censor gewesen und hatte die *via Flaminia* erbauen lassen. Vgl. Seibert 1993, 352.

[9] L 21,62,1–5, Val Max 1,6,5. Lit. vgl. bei Seibert 1993, 399.

halbes Jahr alt, habe auf dem Forum Holitorium „Triumph" geschrien; auf dem Forum Boarium sei ein Rind bis in den 3. Stock eines Hauses hinaufgestiegen und aus einem Fenster hinabgesprungen; am Himmel seien Schiffe erstrahlt, der Tempel der „Hoffnung" (Spes) sei vom Blitz getroffen worden. Aber auch aus den Gebieten außerhalb Roms wurden viele merkwürdige Beobachtungen vermerkt: In Lanuvium sei ein Rabe in den Tempel der Iuno geflogen und habe sich auf das Götterpolster gesetzt. Im Gebiet von Amiternum habe man an vielen Orten in der Ferne weiß gekleidete Menschen gesehen, die aber niemandem begegneten; in Picenum habe es Steine geregnet und in Caere seien die Orakellose geschrumpft. In Gallien habe ein Wolf einer Wache das Schwert aus der Scheide gezogen und weggetragen.

Nichts könnte eindrucksvoller die Unruhe und die Besorgnis der Menschen bekunden. Die Senatoren nahmen die Berichte nicht auf die leichte Schulter, mag auch der eine oder andere insgeheim darüber gelächelt haben.[10] Die allgemeine Hysterie mußte beigelegt werden.[11] Die Senatoren erteilten dem Priesterkollegium *(Xviri sacris faciundis)* den Auftrag, die Sibyllinischen Bücher zu befragen, eine Anordnung, die nur in außergewöhnlichen Fällen geschah. Umfangreiche Sühnemaßnahmen und Opfer wurden veranstaltet, um den gestörten Frieden mit den Göttern wieder herzustellen. Wegen des Steinregens wurde ein neuntägiges Bittfest *(supplicatio)* verkündet, bei dem Männer und Frauen Prozessionen zu allen Tempeln der Stadt veranstalteten und Opfer darbrachten.[12] Die Göttin Iuno in Lanuvium sollte durch ein Geschenk von 40 Pfund Gold versöhnt werden. Der Iuno auf dem Aventin weihten die verheirateten Frauen *(matronae)* ein Standbild aus Erz. Für die Göttin Iuventas wurde ein „Göttermahl" *(lectisternium)* abgehalten, bei dem das Bild der Göttin, das sonst im Innern des Tempels verborgen war, ins Freie geholt und auf ein Kissen gestellt wurde. Den Gläubigen wurden die unmittelbare Nähe der Gottheit und ihre Hilfe in Not sinnfällig vor Augen geführt und ihre verängstigten Gemüter beruhigt. Gegen

[10] Zur Frage der Gläubigkeit der damaligen Führungsschicht neben Cicero, de divinatione, L 43, 13, 1–2. Zur Bewertung des Einflusses der Religion auf die Politik in der modernen Forschung vgl. Seibert 1993, 398.

[11] Auf die Massenhysterie im Zusammenhang mit Prodigien verweist Cass frg. 57, 7: Wenn die Menschen von Angst erfüllt seien und gewisse Vorzeichen ihnen als Fakten hingestellt würden, bildeten sie sich weitere ein. Werde eines geglaubt, dann auch der Rest. Die Hingabe an solche Dinge, selbst bei besserer Einsicht, sei groß und beliebt gewesen.

[12] Man muß im römischen Kult die *supplicatio* („Bittfest") als Sühnung eines Prodigiums von der Danksupplikation scheiden. Zu letzterer vgl. L. Halkin, La supplication d'action de grâces chez les Romains, Bibliothèque de la Faculté de Philosophie et Lettres de l'Université de Liège 128, Paris 1953, G. Freyburger, La supplication d'action de grâces dans la religion romaine archaïque, Latomus 36, 1977, 283–315, allgemein vgl. K. Latte, Römische Religionsgeschichte, München 1960, 245.

den Anspruch Hannibals, Nachahmer des Herakles zu sein, mußte etwas unternommen werden. Der Gott Hercules wurde mit einem Bittfest vor seinem Tempel besonders geehrt. Der Prätor C. Atilius Serranus brachte einige Gelübde für den Fall dar, daß der Staat in 10 Jahren in demselben Zustand sei.[13] Der römische Historiker Livius stellte lapidar fest, die Menschen seien großenteils von ihrer Angst befreit worden. Mit diesen dürren Worten werden nur ungenügend die tatsächlichen Vorgänge wiedergegeben, die für Beschäftigung der Menschen durch Prozessionen, Opfer und Göttermählern sorgen, sie von ihren Ängsten ablenken und für die Zukunft hoffnungsvoll stimmen sollten.

Der Winterfeldzug Hannibals

Mit dem Rückzug auf die Städte Placentia und Cremona[14] hatten die Römer die Poebene aufgegeben. Ihre Situation war kritisch. Sie waren von der Zufuhr aus dem Land abgeschnitten. Verpflegung konnte nur noch über die See und den Fluß herangeschafft werden.[15]

Hannibal wollte die Wintermonate nicht untätig verbringen, sondern die letzten Bastionen der Feinde in der Poebene erobern. Als erstes Ziel bot sich der Hafen von Placentia an. Der Überraschungscoup mißlang aber.[16] Bei einem anderen Handelsplatz, Victumulae, war er erfolgreicher.[17]

[13] Es handelte sich vielleicht um das Gelöbnis von Spielen wie A. Piganiol, Recherches sur les jeux romains, Straßburg 1923, 79–80 vermutete.

[14] L 21,56,9.

[15] P 3,75,3, L 21,57,5. Aber es gab auch eine römische Tradition, die selbst diesen eindeutigen Zustand verdrehte. Nach Z 8,24,6 verfügten die Römer über reichliche Versorgung, während Hannibal mit den von seinen neuen Bundesgenossen zur Verfügung gestellten Mitteln nicht zufrieden war. Deshalb sei er zu Angriffen auf die römischen Dörfer und Städte gezwungen gewesen, teils mit, teils ohne Erfolg.

[16] L 21,57,6–8. Die Einzelheiten sind stark aufgebauscht. Der mißlungene Überfall wird zu einem römischen Sieg umgewertet. Es soll sogar zu einem Reitergefecht gekommen sein, bei dem Hannibal verwundet wurde und die Feinde verängstigt das Feld verließen. Mit welcher Reiterei sollen die Römer Hannibal entgegengetreten sein? Für den römischen Historiker steht fest: Die Garnison wurde hervorragend verteidigt. Vgl. auch App Ann 7,30.

[17] L 21,57,9–14. Die Einzelheiten des Berichtes verdienen wenig Vertrauen. Es ist zwar glaubwürdig, daß sich die Bewohner des flachen Landes aus Furcht vor den Numidern in befestigte Plätze zurückgezogen hatten, daß aber hier 35000 Mann den Karthagern entgegentreten konnten, dürfte maßlos übertrieben sein. Ein ganz normaler Vorgang, nämlich die Kapitulation eines Platzes, wurde von der römischen Geschichtsschreibung benutzt, um die moralische Verkommenheit des Karthagers zu do-

In diesen Wochen dürfte er bereits die Vorbereitung für die nächste Kampagne begonnen haben. Sobald es das Wetter erlaubte, wollte er mit seinem Heer über den Apennin marschieren und in römisches Gebiet einfallen. Informationen über die Pässe, die Verkehrswege und Versorgungsmöglichkeiten wurden bei den Kelten eingeholt. Die Positionen des Feindes mußten erkundet werden. Wo standen bei einem Einfall aus dem Norden die Legionen zur Abwehr? Welche Städte waren besonders stark befestigt und hatten Garnisonen?

Mit den Ligurern, von denen einige Stämme auch am südlichen Rand der Poebene wohnten, nahm Hannibal Verbindung auf und schloß Bündnisse mit einzelnen Stämmen ab.[18] Auch die Römer wünschten, diese Stämme für sich zu gewinnen. Zwei Quaestoren, C. Fulvius und L. Lucretius, versuchten vergebens, sie wenigstens von einem Übertritt zu Hannibal abzuhalten. Sie wurden gefangengenommen und an Hannibal übergeben.

Nachdem die nötigen Vorbereitungen getroffen waren, wartete er nur auf günstiges Wetter, um den Apennin zu überqueren. Er wußte, daß im Augenblick in Italien keine Feldherrn und keine Legionen einsatzbereit waren. Die designierten Konsuln mußten bis zu den Iden des März warten,

kumentieren. Die Bewohner hatten kapituliert und den Befehl zur Auslieferung der Waffen erhalten. Aber die Soldaten erhielten den Befehl, die Stadt zu plündern, wie wenn sie mit Gewalt eingenommen worden wäre. Was hier geschah, habe alles, was bei ähnlichen Ereignissen von den Historikern geschildert werde, in den Schatten gestellt. Jedes Beispiel von Wollust, Grausamkeit und unmenschlicher Überheblichkeit sei hier geboten worden. Falls sich das Fragment D25,17 auf dasselbe Ereignis bezieht, dann wären die Bewohner dem Übermut der Feinde zuvorgekommen und hätten für ihre Familien und sich selbst den Tod in den Flammen ihrer Häuser gesucht. Selbstverbrennung ist ein beliebter Topos bei Eroberungen, um sich der Willkür der Sieger zu entziehen.

[18] L 21,59,10 berichtet, Hannibal sei nach der Schlacht bei Placentia zu den Ligurern gezogen und habe mit ihnen Frieden und Bundesgenossenschaft vereinbart. Sie hätten ihm auch zwei gefangene römische Quästoren, C. Fulvius und L. Lucretius, dazu zwei Militärtribune und fünf Ritter ausgehändigt. Diese Nachricht wird meistens als unglaubwürdig verworfen. Da Hannibal von Oberitalien aus zu seiner Apenninüberquerung startete, hätte er von Ligurien wieder nach Oberitalien zurückkehren müssen. Doch diese Annahme ist absurd. Für die Vereinbarungen mit den Ligurern mußte Hannibal nicht persönlich mit seinem gesamten Heer erscheinen. Außerdem siedelten auch Ligurer in der Poebene. Daß Hannibal tatsächlich Bündnisse mit den Ligurern vereinbart hatte, ergibt sich zweifelsfrei aus dem Vertrag Hannibals mit Philipp V. (P7,9,6 u. 7). Abgesehen von dieser Liviusstelle sind keine Kontakte zu den Ligurern bezeugt. Es ist aber anzunehmen, daß Hannibal, bevor er den Apennin überquerte, die Verbindungen zu den Ligurern herstellte. Deshalb sind diese Bündnisvereinbarungen zeitlich voranzustellen, was L21,58,2 indirekt bestätigt. Denn zu diesem Zeitpunkt betrachtet er die Kelten und Ligurer bereits als Verbündete Hannibals. Vgl. Seibert 1993, 217 A 1.

ehe sie ihr Amt antreten und neue Legionen ausheben konnten. Diese günstige Situation wollte er ausnützen und wartete deshalb auf die erste Gelegenheit, um das Gebirge zu passieren.[19]

Immer wieder erlebt man Winter, in denen es Tage gibt, die den Frühlingsbeginn vorwegzunehmen scheinen. Nur der Blick in den Kalender und langjährige Erfahrung mahnen, die ersten Boten nicht ernst zu nehmen. Wer aber den Gegner überraschen will, dürfte geneigt sein, eine solche Phase für seine Pläne auszunützen. Doch das Wetter schlug um. Das Heer geriet in ein Unwetter. Ein gewaltiger Sturm peitschte den Regen und zwang die Soldaten zum Biwakieren. Vergebens suchten sie ihre Zelte aufzustellen. Alles riß der Wind nieder. Ein plötzlicher Kälteeinbruch brachte heftige Schneefälle, die alles zudeckten und die Soldaten unter ihren Decken vor Kälte erstarren ließen. Zwei Tage mußten sie ausharren, ehe das Wetter aufklarte und sie umkehren konnten.[20]

Legenden

Aus militärischen Überlegungen hatte Hannibal das Unternehmen gewagt, nicht etwa, weil er seines Lebens nicht mehr sicher war und die unzuverlässigen Kelten von der Last seines Heeres befreien wollte. Derartige Verdrehungen wurden der Nachwelt zugemutet. Da auch Polybios diese Versionen überlieferte, fanden sie in der modernen Forschung weitgehend Anklang.

Nur mit Staunen kann man die Verkleidungsgeschichte zur Kenntnis nehmen.[21] Hannibal soll wegen der Unbeständigkeit der Kelten Attentate gefürchtet haben. Um sich unkenntlich zu machen, habe er sich verschiedene Perücken und dazu passende Kleidung anfertigen lassen, die er ständig wechselte. Sogar seine nächste Umgebung soll ihn nicht mehr erkannt haben. Die Geschichte wurde noch weiter ausgebaut. Er habe seinen eigenen Leuten nicht mehr getraut und deshalb ständig die Kleidung gewechselt, Perücken getragen und sich auch verschiedener Sprachen bedient.[22]

Nach Polybios war die Verkleidungsgeschichte ein typisches Beispiel

[19] Für die Glaubwürdigkeit des gescheiterten Apenninüberganges vgl. E. Pais, Storia di Roma durante le guerre Puniche, Turin I 1935, 223ff., abgelehnt von A. Klotz, Der „erste" Apenninenübergang Hannibals, RhM 113, 1950, 178–187.

[20] L 21,58,3–11 scheint den Bericht eines Augenzeugen wiederzugeben. Welcher römische Senator konnte sich einen solchen Erlebnisbericht ausdenken, es sei denn, er hätte einen ähnlichen Wettersturz im Gebirge erlebt? Aber welcher Senator reiste zur Winterszeit durchs Gebirge? Deshalb spricht m. E. alles für die Glaubwürdigkeit dieses Versuches, den Hannibal rechtzeitig abbrach. Ob tatsächlich die riesigen Verluste eingetreten sind, bezweifle ich.

[21] P 3,78,1–4, L 22,1,2–4, Z 8,24,8. Walbank I 1957, 412. Als glaubwürdig betrachtet von Th. W. Africa, Historia 19, 1970, 531.

[22] Z 8,24,8.

„phoinikischer Kriegslist“. Kein Karthager hätte diese Operettenmätzchen so bezeichnet, falls Hannibal tatsächlich Spaß an Verkleidungen gefunden hätte. Es handelt sich um eine Erfindung der römischen Historiographie, die vor allem das angeblich gespannte Verhältnis zu den Kelten betonen wollte. Die Kelten wurden von den Römern als unzuverlässige Gesellen, nur an Beute und Plünderung interessiert beschrieben. Alle klischeehaften Vorstellungen sind hier vereint. Daß diese Stämme sich zur Befreiung von der römischen Herrschaft und zur Wiedererlangung ihrer Unabhängigkeit dem Karthager anschlossen, wollte kein Römer wahrhaben, zuallerletzt ein Livius, der der Ansicht war, daß alle Völker die römische Herrschaft gern ertrugen.[23] Deshalb verdienen diese Nachrichten über Hannibals „Verkleidungskünste“ und seine unsichere Stellung im Keltenland kein Vertrauen.

Die römischen Historiker versuchten das römische Ansehen, das durch die Niederlage gelitten hatte, etwas aufzupolieren. Hannibal soll nach der Rückkehr vom Apennin bis auf 15 km vor Placentia gerückt sein und dort sein Lager aufgeschlagen haben.[24] Die Römer überrannten die Feinde beim ersten Angriff und trieben sie ins Lager zurück, das sie bestürmten. Als sie hier nichts mehr erreichen konnten, zogen sie sich zurück. Auf diesen Augenblick hatte Hannibal gewartet und machte mit seinem Heer einen Ausfall aus seinem Lager, wobei seine Reiter den Gegner auf beiden Seiten umfaßten. Aber die Römer kämpften tapfer. Die Schlacht wurde erst durch die einbrechende Nacht beendet. Trotz der heftigen Kämpfe trennte man sich mit vergleichsweise bescheidenen Verlusten.

Das Treffen dürfte nur in der Phantasie eines römischen Geschichtsschreibers stattgefunden haben, der für die Niederlagen seinen Lesern einen Erfolg bieten mußte. Es mag durchaus zutreffen, daß Hannibal sein Lager vor Placentia aufgeschlagen und dem Sempronius eine Schlacht angeboten hatte. Doch der Römer dürfte sie kaum angenommen haben, denn er war numerisch unterlegen. Besonders der numidischen Reiterei konnte er nichts Gleichwertiges entgegenstellen.[25]

[23] L praefatio 7.

[24] L 21, 59, 1–9.

[25] Beide Seiten verloren 600 Fußsoldaten und 300 Reiter. Aber die Römer hatten den Tod von mehreren Rittern, fünf Militärtribunen und dreier *praefecti socium* zu beklagen. Diese detaillierten Angaben sprechen a priori für Glaubwürdigkeit. Warum sollte ein Römer sie zum Nachteil seines eigenen Volkes erfinden? M.E. bietet die These von W. Sieglin (vgl. o. S. 128 A 263) eine ansprechende Erklärung, daß es sich bei diesem Schlachtbericht um den „geschönten Report“ des Konsuls Sempronius an den römischen Senat gehandelt habe und die Verluste an Befehlshabern tatsächlich auf die Schlacht an der Trebia zu beziehen seien. Für die Historizität der Schlacht E. Pais, a. a. O., I 1935, 223.

Rom[26]

An den Iden des März traten Cn. Servilius und C. Flaminius in Rom ihr Amt an.[27] In der ersten Senatssitzung wurden die allgemeine Situation, die Verteilung der Amtsbereiche und die aufzustellenden Heere erörtert. Den Konsuln wurde der Krieg gegen Hannibal als Aufgabe und als Amtsbereich *(provincia)* die Städte Arretium und Ariminum zugewiesen. Flaminius fiel durch Los Arretium, Servilius Ariminum zu. Den Konsuln des Vorjahres wurde ihr Kommando *(imperium)* verlängert.[28]

Die Konsuln planten keine offensive Vorwärtsstrategie, sondern wollten an strategisch günstigen Punkten (Arretium, Ariminum und Sempronius in Luca[29]) Stellung beziehen und den Angriff des Feindes erwarten. Sie deckten damit den gesamten Raum ab und konnten das feindliche Heer bei einem evtl. Durchbruch in einer Zangenbewegung einkreisen und gemeinsam angreifen.[30]

Mit Hilfe der Bundesgenossen sollten starke Reiterkorps aufgestellt

[26] Die folgenden Ausführungen sind Rekonstruktionen auf Grund des bekannten Ablaufs des römischen politischen Lebens. An den Iden des März traten die Konsuln ihr Amt an. Sie beriefen den Senat und referierten über die Kriegführung, über ihren eigenen Amtsbereich und die der Prätoren und über die Heere, die sie kommandieren sollten sowie über evtl. Prorogationen (vgl. z. B. L24,43,9ff. [213 v. Chr.]). Die Losung der Amtsbereiche der Konsuln erfolgte ebenfalls in der ersten Sitzung. Erst vom Jahr 214 an fügte Livius Berichte über die Beschlüsse des Senats beim Amtsantritt der Konsuln ein. P3,75,4ff. bewahrte in freier Form den Bericht für das Jahr 217. Daraus folgt, daß derartige Senatsbeschlüsse mit Legionslisten auch für die übrigen Jahre vorhanden waren, aber in unserer Tradition verloren gingen. Allgemein Marianne Bonnefond-Coudry 1989, 262ff., speziell Tammler 1971, 125ff.

[27] Flaminius wird in der römischen Historiographie als der Alleinverantwortliche für die Niederlage an den Pranger gestellt. Vgl. Seibert 1993, 352.

[28] Gewöhnlich wurde das *imperium* in der ersten Senatssitzung prorogiert. L22,22,1 erwähnt nur die Verlängerung für P. Cornelius Scipio zu einem späteren Zeitpunkt. Es wäre ein Affront gegen Sempronius gewesen, wenn sein *imperium* nicht ebenfalls prorogiert worden wäre. Sein Auftrag lautete, gegen den Feind bei Luca Stellung zu beziehen. Diese logische Verteidigungsmaßnahme ist in der römischen Tradition unterdrückt worden, die die Vorgänge in einem anderen Zusammenhang bewahrte, L21,59,10.

[29] Die Stationierung eines dritten Heeres in Luca, von dem in einem anderen Zusammenhang die römische Tradition die Erinnerung bewahrte, erscheint eine logische Konsequenz aus den geographischen Gegebenheiten und eine Lehre aus den Ereignissen von 225 zu sein. Für die Glaubwürdigkeit vgl. H. Nissen, RhM 22, 1867, 565ff., G. Faltin, Der Einbruch Hannibals in Etrurien, Hermes 20, 1885, 71–90, Tammler 1971, 126.

[30] Dieser Plan läßt sich aus dem Vorwurf gegen Flaminius ablesen, er habe bewußt den Kampf mit Hannibal gesucht, bevor sein Kollege angekommen sei. Vgl. auch P3,82,4–7, L22,3,7–9. Vgl. Kromayer III 1, 1912, 139–141.

werden, um die kavalleristische Überlegenheit des Feindes zu egalisieren. Gleichzeitig sollte das Gelände, das für den Gegner günstig war, gemieden werden. Die Konsuln sollten zwei beträchtlich verstärkte konsularische Heere[31] kommandieren. Die Hauptstadt wurde durch starke Truppenverbände, die gleichzeitig als Reserve dienen konnten, geschützt.[32] Alle wichtigen Städte erhielten Garnisonen, u. a. auch Tarent.[33]

[31] Die Zahl und Stärke der römischen Legionen des Jahres 217 sind in der Forschung umstritten. Livius hat für dieses Jahr kein Legionsverzeichnis. Die Angaben des P 3,75,4 sind allgemein und ohne konkrete Zahlenangaben. Doch so viel läßt sich daraus ablesen, daß in diesem Jahr erheblich mehr Legionen als üblich aufgeboten wurden. Neben den Legionen für die Konsuln wurden Legionen *(stratopeda)* nach Sardinien und Sizilien entsandt. App Ann 8,31–32 bezeugt, daß die Römer ein zusätzliches Heer aushoben, so daß sich ihre Streitmacht mit den Truppen in Oberitalien auf 13 Legionen belief, dazu von den Bundesgenossen ein doppelt starkes Aufgebot. Dieser Punkt verdient besondere Aufmerksamkeit! Ein Teil der Soldaten wurde nach Iberien, nach Sardinien und Sizilien entsandt. Den größten Teil ihrer Truppen setzten sie aber unter den Konsuln Servilius und Flaminius gegen Hannibal ein. Die Appianstelle ist in der Forschung umstritten. Die Kritiker der Legionsverzeichnisse wie Kahrstedt, Gelzer und Gschnitzer lehnten die Angaben Appians ab. Verteidigt wurden sie vor allem durch Klotz und Brunt. Vgl. Seibert 1993, 368 ff. Die Zahlenangaben für das Heer des Flaminius, die sich aus den Verlustangaben in der Schlacht am Trasimener See, und des Servilius, die sich aus der Stärke seiner Reiterei errechnen lassen, sind keine sichere Basis für eine halbwegs exakte Berechnung, wie die Überlegungen von Kahrstedt 1913, 405 zeigen. So sollen die 4000 Reiter unter Centenius beweisen, daß Servilius ein Vierlegionenheer kommandierte, vgl. App Ann 10,44: 40000 Mann. M. E. dürfte es wahrscheinlicher sein, daß die Konsuln verstärkte Heere kommandierten (App Ann 8,31). Servilius dürfte von den Truppen des Vorjahres – man darf nicht vergessen, daß diese Legionen beträchtliche Verluste erlitten hatten und nur noch auf dem Papier vier oder fünf Legionen darstellten – einen Teil seinem Heer eingegliedert haben, während Scipio den Rest mit nach Spanien nehmen sollte. Wenn man von App Ann 10,44 ausgeht, daß Servilius 40000 Mann befehligt habe, dann läßt sich diese Zahl auch bei einem verstärkten Zweilegionenheer halten. Denn die Zahl der *socii* wurde verdoppelt, d. h. zu den 10000 römischen Soldaten kamen 20000 bundesgenössische Aufgebote. Den Rest dürften Truppen des Vorjahres gestellt haben. Das Heer des Flaminius, der über 30000 Fußsoldaten und 3000 Reiter verfügte (App Ann 8,33, vgl. 9,38) umfaßte also zwei verstärkte römische Legionen = 10000 Mann, dazu die doppelte Anzahl von Bundesgenossen = 20000 Mann = 4 *alae*.

[32] App Ann 9,37 erwähnt, daß aus den zurückgebliebenen Soldaten eine Truppe von 8000 Mann zum Schutz Roms gebildet wurde. Das Kommando soll einem *homo privatus* C. Centenius übertragen worden sein. Letztere Angabe ist irrig. P 3,75,4 spricht allgemein von Garnisonen an wichtigen Plätzen, namentlich erwähnt er nur Tarent. Es wäre höchst seltsam, wenn die Römer ihre eigene Stadt nicht geschützt hätten, wie sie das für die Keltenkriege im Jahr 225 taten (P 2,24,9). Die Schutztruppen erscheinen in den römischen Quellen als die *legiones urbanae.* Vgl. Th. Steinwender, Die legiones urbanae Philologus 39, 1880, 527–540.

[33] P 3,75,4.

Die Offensive der karthagischen Flotte im Vorjahr hatte die Römer gelehrt, daß Schutzmaßnahmen für die Außenbesitzungen erforderlich waren. Wahrscheinlich wurden A. Cornelius eine Legion für Sardinien und T. Otacilius zwei Legionen für Sizilien zugeteilt. Der Schutz der Küsten Italiens wurde der Flotte übertragen.[34] Als Ersatz für unbrauchbare Schiffe wurden 60 neue auf Kiel gelegt.[35] Insgesamt wurden neun, wenn nicht sogar zehn Legionen neu zu den Waffen gerufen, die Bundesgenossen mußten noch mehr Soldaten aufbieten, auch von König Hieron II. wurde ein Truppenkontingent angefordert.[36]

Zur Ausrüstung und Versorgung solcher Menschenmassen mußten umfangreiche Vorbereitungen getroffen werden. Waffen, Schwerter, Lanzen, Helme, Schilde, Schutzpanzer, kurz die gesamte Ausrüstung der Soldaten mußte zur Verfügung stehen. Hier waren alle verfügbaren Handwerker gefordert. Die Werkstätten für die Fabrikation von Waffen hatten Hochkonjunktur. Getreidedepots wurden an zentralen Orten angelegt, besonders in Ariminum und in Etrurien,[37] wo die konsularischen Heere Posten beziehen sollten.

Ein wichtiger Punkt der Senatsdebatte dürfte die Finanzierung der Kriegskosten gewesen sein.[38] Die Steuereinnahmen gingen stark zurück, da sowohl die einberufenen Soldaten als auch die Nachkommen der Gefallenen keine Steuer *(tributum)* entrichten mußten, und reichten bei weitem nicht mehr für die enorm gestiegenen Ausgaben.[39] Als einziger Ausweg blieb nur

[34] Thiel 1946,47ff. An der Gesamtstärke der Flotte wurde nichts geändert. Marchetti 1978, 107.

[35] P 3,75,4.

[36] Die doppelte Truppenzahl der *socii* App Ann 8,31, das Aufgebot des Hieron P3,75,7.

[37] P 3,75,6.

[38] Gewöhnlich finanzierten die Römer ihre militärischen Ausgaben mit dem *tributum*, einer Abgabe, die von den Bürgern bezahlt wurde. Es betrug Eintausendstel des Vermögens. Cl. Nicolet, Tributum. Recherches sur la fiscalité directe sous la république romaine, Bonn 1976, 69ff. zur Zeit des 2. Punischen Krieges.

[39] Eine exakte Aufstellung des Finanzbedarfs bzw. der Einnahmen und Ausgaben mit dem Ziel, eine Bilanz zu erstellen, läßt sich m. E. nicht machen, da nur vage Schätzungen möglich sind. Derartige Rechnungen erwecken irrige Vorstellungen über die zu erreichende Wahrscheinlichkeit. Vgl. vor allem T. Frank, An Economic Survey of Ancient Rome, Baltimore I 1933, 76–97. Marchetti 1978, 243ff. Es gibt fast keinen sicheren Anhaltspunkt. Wie viele Legionen standen im Feld? Wie viele Soldaten mußten tatsächlich besoldet werden? Wie hoch war der Sold? Was kostete die Beschaffung des Getreides? Die Getreidepreise waren starken Schwankungen ausgesetzt. Was kostete der Bau eines Schiffes? Die Liste der Fragen ließe sich noch fortsetzen. Noch größer sind die Unsicherheiten bei den Einnahmen. Über das zu versteuernde Vermögen der Römer lassen sich überhaupt keine Angaben machen. Es wäre verwunderlich, wenn die Vorfahren der Italiener eine bessere Steuermoral gehabt hätten als sie selbst.

eine erneute Münzverschlechterung. Durch die Gewichtsreduktion des Bronze-As blieb der nominelle Wert erhalten, der Soldat erhielt denselben Sold,[40] die römischen Münzmeister konnten aber von dem vorhandenen Metall wesentlich mehr Münzen prägen lassen, je nach Umfang der Reduktion.[41] Die Soldaten und Händler mußten die monetären Maßnahmen hinnehmen.[42] Die Götter durften mit solchen Tricks nicht über den wahren Wert einer Spende getäuscht werden. Während für die *ludi Romani* bisher 200000 Asses ausgegeben wurden, sollte der Betrag in diesem Jahr auf 333333 1/3 Asses „erhöht" werden, d.h. gewichtsmäßig blieben die Ausgaben gleich.[43]

Nach diesen Beschlüssen konnten die Konsuln an die Aushebung der Heere und an die Einberufung der Aufgebote der Bundesgenossen gehen. In ihren Schreiben an die *socii* begründeten sie wohl die unerwartet hohe Zahl der angeforderten Truppen. Sie dürften vor allem auf die bevorstehende Gefahr hingewiesen haben, die von der Invasion der Karthager *und* der Kelten ausging. Der Krieg gelte tatsächlich ihnen selbst, ihren Städten und Gebieten. Wenn die Römer so große Anforderungen an sie stellten, so geschehe dies in erster Linie zu ihrer eigenen Verteidigung.[44] Mit dieser Argumentation konnten sie am besten dem Anspruch Hannibals, die Bundesgenossen zu befreien, entgegentreten.

[40] Nach P 6,39,12ff. erhielt der Infanterist täglich zwei Obolen, der Centurio vier und der Reiter sechs = 1 Drachme. Die Umrechnung der griechischen Münzwerte in das römische System bereitet Schwierigkeiten (vgl. Walbank I 1957, 722). Wenn man die Drachme dem Denar gleichsetzt, dann erhielt der Fußsoldat 120 Denare Sold pro Jahr. Vgl. Seibert 1993, 360.

[41] Die Gewichtsreduktion bestätigen Plin nh 33,44–45, Festus, de significatu verborum s. v. grave aes p. 87 L, s. v. sextantari asses p. 468 L. Die Maßnahme wird dem Diktator Fabius zugeschrieben, vgl. Cassola 1962, 302–309 mit Lit. Die numismatische Forschung ist sich zwar einig, daß im Jahr 217 eine Gewichtsreduktion stattfand, aber nicht über ihren Umfang, d. h. ob der semilibrale Fuß (der 12 Unzen schwere As wog nur noch 6 Unzen) oder bereits der semilibrale Standard auf den trientalen reduziert wurde (ein As, der vorher 6 Unzen schwer war, wog nur noch 4 Unzen).

[42] Es wäre denkbar, daß zur Eindämmung von persönlichen Aufwendungen damals ein „Luxusgesetz" rogiert wurde, die *lex Metilia de fullonibus*, vgl. Plin nh 35,197, Baltrusch 1989, 50–52. Die Einzelheiten sind unsicher und umstritten. Es sollte wohl übertriebener Luxus der Amtsbewerber bei ihrer Kleidung verhindert werden, eine Maßnahme, die in der angespannten Atmosphäre und bei den finanziellen Maßnahmen aus Rücksicht auf die breite Öffentlichkeit verständlich wurde.

[43] Die Kosten für die *ludi Romani* vgl. L22,10,7, Plu Fab 4,6. Die Umrechnung dieser Summe ist unter den Numismatikern umstritten. Vgl. Seibert 1993, 361.

[44] Vgl. ihre Argumentation vor der Kelteninvasion im Jahr 225 (P2,23,13). In ihrer Antwort an die Campaner nach Cannae wiesen die Römer darauf hin, daß es ein gemeinsamer Krieg sei (L23,5,10). Man vergleiche auch die Haltung Neapels, L22,32,4f.

Die römische Geschichtsschreibung liebte es, das Verhältnis Roms zu seinen Bundesgenossen nur von gegenseitiger Treueverpflichtung bestimmt darzustellen,[45] was sich bei genauer Betrachtung als idealistische Schönfärberei erweist.[46] Die Römer sprachen zwar gern von der Treue *(fides)*, wenn es die augenblickliche Lage erforderte, als Realisten verließen sie sich aber lieber auf handgreifliche Herrschaftsmittel. Viele Bundesgenossen hatten Geiseln stellen müssen.[47] Durch die Entsendung großer Truppenaufgebote wurden die in der Heimat Verbliebenen zu Wohlverhalten verpflichtet.[48] Eine zusätzliche Sicherung stellten Garnisonen dar. Das Recht, bei Verrat und Verschwörung in den bundesgenössischen Städten zu intervenieren, bot auch die rechtliche Möglichkeit der Prävention.[49] Diese Maßnahmen machen verständlich, daß Hannibals Propaganda zunächst überhaupt keinen Anklang fand, wobei er selbst mit seiner kontraproduktiven Taktik der verbrannten Erde Beihilfe leistete.

Viele Schreckenszeichen *(prodigia)*[50] wurden in ganz Italien bemerkt und

[45] Vgl. Marieluise Merten, Fides Romana bei Livius, Diss. Frankfurt a. M. 1965, W. Dahlheim, Struktur und Entwicklung des römischen Völkerrechts im 3. und 2. Jh., München 1968, 111 ff., Brunt 1971, H. Galsterer, Herrschaft und Verwaltung im republikanischen Italien, München 1976, 135 ff., Theodora Hantos, Das römische Bundesgenossensystem in Italien, Vestigia 34, München 1983. H. Galsterer ging auf die Frage der römischen Herrschaftsmittel ein, die er m. E. ebenfalls zu idealistisch betrachtet. So habe die *fides populi Romani* eine Art Klientelverhältnis zu Rom geschaffen. Als persönliches Bindeglied sei das Patronat zwischen Einzelpersonen bzw. Gemeinden zu römischen Senatoren hinzugekommen. Die Förderung der regierenden Aristokraten habe Besatzungen überflüssig gemacht. Durch Heiraten seien ebenfalls enge Verbindungen geschaffen worden.

[46] Man vergleiche das Loblied des P 3, 90, 13–14 und des L 22, 13, 11 auf die Treue der *socii* trotz der Plünderungen und Verwüstungen durch Hannibal. Die Bewahrung der Treue dokumentiere ihre Scheu und Achtung vor den Römern (so Polybios). „Sie wurden offenbar durch eine gerechte und maßvolle Herrschaft regiert und lehnten es nicht ab, den Besseren (= die Römer) zu gehorchen, was das einzige Band der Treue ist."

[47] Z. B. Thurioi und Tarent, vgl. u. S. 274. Die Sarden mußten im Jahr 215 Geiseln stellen (L 23, 41, 6). Um evtl. Abfallbewegungen in Etrurien zu unterdrücken, wurden ebenfalls Geiseln genommen (L 27, 24, 1 ff.). Vgl. C. L. Walker, Hostages in Republican Rome, Diss. Univ. of North Carolina, Chapel Hill 1980, S. Elbern, Geiseln in Rom, Athenaeum 78, 1990, 98–140, der allerdings die Dissertation von Walker nicht verwertete.

[48] Zu den Truppenaufgeboten vgl. V. Ilari, Gli Italici nelle strutture romane, Mailand 1974.

[49] P 6, 13, 4 ff., vgl. Walbank I 1957, 679–680.

[50] L 22, 1, 8–20, Plu Fab 2, Macrob, Sat. 1, 6, 13–14, Or 4, 15, 1, Val Max 1, 6, 5. Lit. vgl. Seibert 1993, 399. Unter den Prodigien wurde eine partielle Sonnenfinsternis („die Sonne kämpfte mit dem Mond") erwähnt. Es handelte sich um die totale Sonnenfin-

nach Rom gemeldet, die bei einem nüchternen Betrachter Verwunderung hervorrufen können. Sie sind deutlicher Ausdruck für die Erregung, die die Bevölkerung Italiens befallen hatte, die häufig ganz natürliche Erscheinungen phantasievoll umdeutete. Die Senatoren nahmen die Beobachtungen ernst. Aus der Vielzahl der Meldungen wurde eine Auswahl getroffen. Offenbar nur gut bezeugte Beobachtungen, nicht Sinnestäuschungen und Halluzinationen eines einzelnen, wurden würdig befunden, gesühnt zu werden.

Da die letzten Opfer keine Besserung gebracht hatten, sollten größere Opfertiere dargebracht werden. Nach Befragung der Sibyllinischen Bücher beschlossen die Senatoren umfangreiche Maßnahmen,[51] von denen das Göttermahl *(lectisternium)* am letzten Tag des Dezember für Saturnus besonders hervorgehoben wird. Es sollte von den Senatoren ausgerichtet werden, und es sollte eine öffentliche Speisung auf Staatskosten stattfinden. Das Volk sollte den Tag festlich begehen und auch in Zukunft die „Saturnalien" feiern. Die Senatoren wollten ihre Verbundenheit mit dem Volk, das ihnen den Vorwurf machte, den Krieg ins Land geholt zu haben, demonstrieren.[52] Die Bittfeste *(supplicationes)* bei allen Göttern wurden auf drei

sternis vom 11. Februar 217, vgl. P. Brind'Amour, Le calendrier romain, Ottawa 1983, 158–162. Während die Senatoren im Winter nur 12 Prodigien als sühnewürdig ausgewählt hatten, fanden sie jetzt 20 Vorzeichen besorgniserregend. Aus Sizilien wurde gemeldet, die Lanzen einiger Soldaten hätten geglüht, auf Sardinien wurde dieselbe Erscheinung bei einem Ritter, der die Nachtwachen kontrollierte, beobachtet. Die Küsten seien häufig von Feuern erhellt gewesen, zwei Schilde hätten Blut geschwitzt, Soldaten seien vom Blitz getroffen worden und die Sonnenscheibe sei kleiner geworden. Auch aus Italien wurde eine Reihe merkwürdiger Erscheinungen gemeldet: In Praeneste seien glühende Steine vom Himmel gefallen, in Arpi seien runde Schilde am Himmel gesehen worden, die Sonne habe mit dem Mond gekämpft (= partielle Sonnenfinsternis), in Capena seien am Tag zwei Monde aufgegangen, die Quelle von Caere habe blutiges Wasser sprudeln lassen, und die Quelle des Hercules selbst sei mit blutigen Flecken besprengt geflossen. In Antium seien den Schnittern blutige Ähren in den Korb gefallen, in Falerii habe man beobachtet, wie sich der Himmel spaltete und in der Öffnung ein gewaltiges Licht aufleuchtete. Die Lostäfelchen seien ohne äußere Einwirkung geschrumpft, eines sei herausgesprungen mit der Inschrift „Mavors schwingt seinen Speer". Zur gleichen Zeit seien in Rom die Statue des Mars an der *via Appia* und die Bilder der Wölfe feucht von Schweiß gewesen. In Capua habe man gesehen, wie der Himmel brannte und der Mond während eines Regens herabstürzte.

[51] Iupiter sollte ein Zackenblitz aus Gold im Gewicht von 50 Pfund geweiht werden. Der Iuno Regina auf dem Aventin und der Iuno Sospita in Lanuvium sollten größere Tiere geopfert werden. Die verheirateten Frauen sollten der Iuno Regina auf dem Aventin ein Geschenk (je nach Vermögenslage) machen, ebenso sollten die freigelassenen Frauen entsprechend ihrer Vermögensverhältnisse der Göttin Feronia ein Geschenk machen.

[52] Die Interpretation der Saturnalien, eigentlich ein altes Fest zum Ende der Feld-

Tage ausgedehnt.[53] Es fällt auf, daß vor allem materiell wertvolle Geschenke, die die gesamte Bevölkerung, besonders aber die verheirateten und freigelassenen Frauen je nach Vermögenslage aufbringen mußten, beschlossen wurden. Auch dies war sicher eine Maßnahme, die die Verantwortung aller für die Wiederherstellung der *pax deorum* unterstreichen sollte.

Die Konsuln benötigten geraume Zeit, bis sie die vielen Soldaten nach Rom berufen, dort gemustert und in Legionen eingeteilt hatten. Allmählich fanden sich auch die Aufgebote der Bundesgenossen in Rom ein.[54] Nach der Lustration der Heere[55] rückten sie in ihre Amtsbereiche ein, Flaminius nach Arretium, Servilius nach Ariminum.[56] Sempronius hatte mit seinen Truppen bereits in Luca Stellung bezogen. Von hier aus konnten sie am besten die Übergänge über den Apennin kontrollieren und in Ruhe den Anmarsch Hannibals abwarten. Die Lager waren nicht zu weit voneinander entfernt, so daß sie sich gegenseitig unterstützen konnten.

Italien

Nach dem ersten gescheiterten Versuch, den Apennin vor dem Amtsantritt der neuen Konsuln zu überschreiten, ließ sich Hannibal Zeit für den Aufbruch im Frühjahr. Für seine Pläne war es nun günstiger, die genaue Position der feindlichen Heere zu kennen und dann die für ihn günstigste Route auszuwählen.[57] Das karthagische Heer marschierte wohl von Bologna

arbeit, das am 17. Dezember begangen wurde (vgl. m. P. Nilsson, RE 2 A 1, 1921, 201–211 s. v. Saturnalia), bereitet Schwierigkeiten, da offensichtlich damals eine Umgestaltung durch die Einführung des *lectisternium*, einem Opfer nach griechischem Ritus, vorgenommen wurde. Sollte die Bevölkerung durch die Feier dieses Festes von der Niederlage an der Trebia, die vor Jahresfrist geschah, abgelenkt werden, oder sollte durch die besondere Verehrung des Gottes Saturnus, den die Griechen als Kronos, die Karthager als Baal Shamon verehrten, der Gott der Feinde ins römische Lager herübergezogen werden? So E. Manni, A proposito del culto di Saturno, Athenaeum 16, 1938, 223–232, vgl. K. Latte, Römische Religionsgeschichte, München 1960, 254–255, Seibert 1993, 398.

[53] Die Götter Iuventas und Hercules, die sie noch im Winter besonders geehrt hatten, wurden nicht mehr erwähnt. Deutete man die Flecken auf der Quelle des Hercules so, daß er weiterhin im Lager der Feinde stand?

[54] Das Verfahren bei der Aushebung und Einteilung bei P 6, 19 ff. beschrieben.

[55] Vgl. Cicero, de divin. I 77. Auch die Abhaltung der *feriae Latinae* durch beide Konsuln (Inscriptiones Italiae XIII 1, S. 149) beweist, daß Flaminius nicht vor Amtsantritt Rom verließ (so aber L 21, 63, 2 ff.; 22, 1, 4 ff.).

[56] App Ann 8, 33 (Servilius habe von Scipio am Po die Legionen übernommen,) ist irrig.

[57] Die Lokalisierung des Apenninüberganges ist in der Forschung ebenso um-

das Reno-Tal aufwärts bis Bagni della Poretta, wechselte dann ins Limentratal über und weiter über den Passo della Collina (932m) nach Pistoia.

Dann mußte eine Strecke durch das vom Arno überschwemmte Gebiet zurückgelegt werden.[58] Hannibal hatte die Route erkunden lassen.[59] Die Vorhut bildeten Libyer, Iberer und alle wichtigen Truppen des Heeres,[60] dahinter folgte der Troß mit den notwendigen Lebensmitteln, schließlich die Kelten und zum Abschluß die Reiter unter dem Kommando seines Bruders Mago.[61] Die Soldaten aus Libyen und Iberien trafen auf gute Marschbedingungen, da der Untergrund noch hart war, während der Boden für die Kelten bereits aufgeweicht und deshalb wesentlich schwieriger war. Nur mit Mühe und Not ertrugen sie die Anstrengungen. Vier Tage und drei Nächte soll der Marsch durch das überschwemmte Gebiet gedauert haben. Alle hätten stark unter der Schlaflosigkeit gelitten, besonders aber die Kelten, die teilweise auch an Überanstrengung gestorben seien.

Verdient dieser Bericht über den Einmarsch Hannibals in Etrurien, bei

stritten wie die Lokalisierungen in den Pyrenäen und den Alpen. Die Anhaltspunkte in den Quellen sind äußerst dürftig. Weder der Ausgangspunkt des Marsches in Oberitalien noch die Gegend, wo das karthagische Heer in Etrurien eintraf, sind bekannt. Die beiden wichtigsten Quellen, Polybios und Livius, nennen noch nicht einmal das Gebirge, das überquert werden mußte. Nur Nep Hann 4,2 gibt an, daß Hannibal den Apennin durch das Gebiet der Ligurer überquerte. Strabon 5, 1, 11 (217) lokalisiert die Sümpfe in der Poebene, was allgemein als unzutreffend abgelehnt wird. Die Sümpfe, die das karthagische Heer in Etrurien durchquerte, lokalisiert Livius L22,2,2 im Tal des Arno, während Polybios' Beschreibung keinen geographischen Anhaltspunkt bietet. Die allgemeine Angabe (P3,78,6, L22,2,2), die gewählte Route sei zwar schwierig, aber kurz gewesen, hilft wenig. Da Hannibal seine Feinde überraschen wollte, kann man mit einiger Sicherheit schließen, daß er alle Übergänge, die ihn in die Gegenden, wo die römischen Heere stationiert waren (Ariminum, Arretium und Luca) führten, mied. Bei dieser unsicheren Ausgangslage eine bestimmte Route als die einzig richtige anzunehmen, wie dies immer wieder geschieht, ist nur Beweis für die eigene Überschätzung. Wenn ich mich der Rekonstruktion von J. Kromayer anschließe, so geschieht dies wegen der gründlichen philologischen und topographischen Überprüfung der Örtlichkeiten in Zusammenarbeit mit militärischen Fachleuten (G. Veith und V. Pittaluga), ohne aber die vorgeschlagene Strecke als absolut verbindlich anzusehen. Vgl. Seibert 1993, 217–219.

58 P 3,78,7–79,12, L22,2,2–11, Z8,25,3, Or4,15,2–3.

59 Das gewagte Unternehmen soll dem Naturell Hannibals entsprochen haben, P3,78,7. Obgleich die genaue Vorbereitung und Erkundung der Strecke hervorgehoben wird (P3,79,1), werden Hannibal dennoch Züge eines Hasardeurs verliehen.

60 P 3,79,1: Dadurch wird indirekt ausgedrückt, daß die nachfolgenden Kelten nicht mehr zu dem „nützlicheren" Teil des Heeres zählten.

61 P 11,19,3–5. Mago sollte die Flucht der Kelten verhindern, die verweichlicht waren und Anstrengungen scheuten. Die ungünstige Bewertung der Kelten entspricht dem negativen Klischee der Römer.

dem er das Leben seiner Soldaten bewußt aufs Spiel setzte, Vertrauen?[62] Die lange Marschdauer hätte eigentlich skeptisch stimmen müssen. Niemand kann ohne Ruhepause 84 Stunden marschieren.[63] Der Marsch durch das überschwemmte Gebiet soll hohe Verluste gefordert haben.[64] Viele Zugtiere seien umgekommen, wenn sie in den Schlamm stürzten, und die Pferde hätten ihre Hufe verloren. Es verwundert, daß die moderne Forschung solche Schauermärchen hinnahm, auch wenn sie von Polybios berichtet wurden. Die Zugtiere (Ochsen), die angeblich so unter dem Wasser litten, waren doch ganz in ihrem Element! Wenn tatsächlich Pferdehufe sich in Wasser ablösen könnten, warum traf dieses Mißgeschick nur die Pferde, nicht auch die Zugtiere, deren Hufe artgleich sind? Soll man annehmen, daß Hannibal bewußt den Einsatz seiner kostbarsten Waffen, der Reiterei, nur eines Überraschungseffektes wegen riskierte? Wie kam es, daß die Reiterei auch nach diesem angeblichen Desaster immer noch die überlegene Waffe Hannibals war? Die Verluste Hannibals, die nur pauschal angegeben werden, sind ebenso unglaubwürdig wie die Mär vom Verlust der Pferdehufe.

Hannibals Einmarsch in Etrurien war eine getreue Kopie des Kelteneinfalls von 225.[65] Durch die maßlosen Übertreibungen sollte der römische Leser vom Versagen seiner Feldherrn abgelenkt werden, die aus der Vergangenheit keine Lehre gezogen hatten und nicht imstande waren, den Feind erfolgreich abzuwehren. Wer konnte ihnen einen Vorwurf machen, wenn der Feind eine Strecke wählte, bei der er den Verlust seines Heeres riskierte? Es ist nicht auszuschließen, daß die gewählte Strecke beschwerlicher als eine andere war. Auch eine kurze Strecke durch überschwemmtes Gebiet mußte wohl durchquert werden. Sie dürfte aber keine nennenswerten Verluste für das karthagische Heer gebracht haben.

[62] In seinem Heer soll, als Gerüchte über diese Strecke kursierten, Angst ausgebrochen sein. Es ist unwahrscheinlich, daß Hannibal seinen Soldaten derartige Informationen zukommen ließ. Da er einen Überraschungscoup plante, dürfte die Vorbereitung höchster Geheimhaltung unterlegen haben.

[63] Vgl. Walbank I 1957, 413. G. Veith bei J. Kromayer III 1, 1912, 128ff. versuchte die Zeitangabe so zu erklären, daß tatsächlich der einzelne Soldat nur einen Tag und eine Nacht marschiert sei, die Zeit aber vom Abmarsch bis zur Durchquerung der langen Kolonne insgesamt vier Tage und drei Nächte gedauert habe. Diese Erklärung ist mitbestimmt von dem Wunsch Kromayers, die von ihm angenommene Überschwemmungsstrecke zwischen Pistoia und Fiesole, ca. 30 km, mit der Zeitangabe in Einklang zu bringen.

[64] P 3,79,9ff., L 22,3,1.

[65] Im Jahr 225 hatten der Konsul L. Aemilius mit seinem Heer bei Ariminum und ein Prätor mit einem Heer in Etrurien Stellung bezogen, P 2,23,5; 24,6. Dennoch waren die Kelten über den Apennin marschiert, in Etrurien eingefallen, ohne daß sie von dem Heer des Prätors gehindert wurden. Sie marschierten auf Rom zu und kamen bis Clusium (h. Chiusi), während der Prätor ihnen folgte.

Hannibal ritt auf dem letzten Elefanten, der die Unbilden des norditalischen Winters überstanden hatte, durch den Sumpf und zog sich eine schwere Augenkrankheit zu, deren Folgen in den Quellen unterschiedlich berichtet werden. Wurde er auf einem Auge blind oder sah er nur schlecht?[66] Die Schwächung der Sehkraft könnte in der antiken Tradition zum Verlust des Auges aufgebauscht worden sein. Vielleicht nutzte die karthagische Propaganda eine körperliche Schwächung zur Idealisierung ihres Feldherrn. „Einäugigkeit" wurde in der Antike als Zeichen der tüchtigsten Feldherrn angesehen, die die größten Erfolge errangen, wie Philipp II. von Makedonien und Antigonos Monophthalmos.[67]

Faesulae (h. Fiesole) in Etrurien ist der erste bezeugte Ort, den das karthagische Heer passierte.[68] Ebenso wie die Kelten und Ligurer sollten auch die Etrusker sich der „Los von Rom-Bewegung" anschließen.[69] Hannibal sandte wohl seine Emissäre in die Städte und ließ ihnen die Botschaft übermitteln, er führe Krieg nur gegen Rom und nicht gegen, sondern für sie. Er dürfte überrascht gewesen sein, daß sein Aufruf keine Wirkung zeigte.[70]

[66] Verlust eines Auges P 3,79,12, L 22,2,10, Or 4,15,3. Nach L 22,2,10–11, Z 8,25,3 seien beide Augen wegen des unbeständigen Frühlingswetters erkrankt, da Hitze und Kälte ständig wechselten. Das Wachbleiben, die Feuchtigkeit und das Sumpfklima hätten ihm Kopfschmerzen verursacht. Da keine Zeit zur Behandlung war, sei er auf dem einen Auge erblindet. Nach Nep Hann 4,3 erblindete Hannibal nicht, sondern sah auf dem einen Auge nicht mehr so gut wie auf dem anderen.

[67] Plut. Sertorius 1,8–9. Zur Deutung der Einäugigkeit vgl. Th. W. Africa, The One-Eyed Man against Rome: An Exercise in Euhemerism, Historia 19, 1970, 528–538 und W. O. Moeller, Once More the One-Eyed Man Against Rome, Historia 24, 1975, 402–410, G. Cipriani, Plutarco, Annibale e lo statuto del commandante guercio e fraudolento, Annali della Facoltà di Lettere e Filosofia di Bari 29, 1986, 19–38. Ob damit auch die keltischen Stämme durch Assoziation mit ihrem einäugigen Gott Lugus beeinflußt werden sollten, muß vorerst eine These bleiben, so W. O. Moeller, a. a. O., 407. Die Faszination und Wirkung des einäugigen Feldherrn blieb von der Antike (Philipp II., Antigonos, Hannibal?, Sertorius, Civilis) bis in die Neuzeit (Kutuzov, Nelson, Masséna, Moshe Dayan) ungebrochen. Für einen Feldherrn gab es eigentlich keinen größeren Nachteil als unter Sehschwäche zu leiden, ein Grund für T. Manlius Torquatus, von der Wahl zum Konsul Abstand zu nehmen, L 26,22,5–6.

[68] P 3,82,1, L 22,3,3. Seibert 1993, 219.

[69] Vgl. L 21,58,2 als Ziel des ersten, gescheiterten Apenninüberganges. Daran hatte sich aber nichts geändert.

[70] Ein einziger, unsicherer Hinweis bei Z 8,24,7 auf einen Aufstand der Etrusker als Folge der Freigabe der Gefangenen an der Trebia bleibt suspekt. Von A. J. Pfiffig, Die Haltung Etruriens im 2. Punischen Krieg, Historia 15, 1966, 198 als glaubwürdig angenommen, von W. V. Harris, Rome in Etruria and Umbria, Oxford 1971, 134 abgelehnt. Eine Bronzemünze aus Etrurien (Catalogue of the Greek Coins in the British Museum, Italy 15 no. 17) mit einem Negerkopf auf der VS und einem Elefanten auf der RS, die wohl aus dem Chiana-Tal in Etrurien stammt, wurde als Zeichen für die

Vielleicht sah er die vielen römischen Garnisonen und die etruskischen Soldaten, die in römischen Heeren Dienst leisteten, als ausreichende Erklärung an. Bedachte er, daß die Ursache bei ihm selbst zu suchen war? Die Kelten in seinem Heer waren die Feinde der Etrusker, die sie vor vielen Jahren aus der Poebene vertrieben und unter deren Einfällen sie immer wieder zu leiden hatten. Warum sollten sie sich ihren Feinden anschließen?

Auf dem Vormarsch von Faesulae an Arretium vorbei nach Cortona hielt sich Hannibal zunächst an seine Devise, als Befreier von römischer Herrschaft aufzutreten. Obgleich es sich um fruchtbare Gebiete mit Überfluß an Getreide, Viehherden und allen Gütern[71] handelte, hielt er seine Soldaten vom Plündern zurück. Flaminius war bereits vom Einmarsch der Feinde entweder durch Hinweise aus etruskischen Städten oder durch eigene Aufklärer informiert worden und hatte sofort seinen Kollegen in Ariminum verständigt.[72]

Hinwendung der Etrusker zu Hannibal gedeutet (so E. Babelon, L'éléphant d'Hannibal, Revue Numismatique 1896, 1–3, vgl. H. H. Scullard, NC 1950, 279–280, anders F. P. Rosati, La monetazione annibalica, Studi Annibalici, Cortona 1964, 176ff.). Doch die genaue Interpretation ist ungewiß und umstritten. Für eine Datierung der Münze in die Zeit um 209/08 trat E. S. G. Robinson, Carthaginian and Other South Italian Coinages of the Second Punic War, NC 1964, 47ff. ein.

[71] L 22,3,3.

[72] Die antiken Quellen verzerrten bewußt die gesamten Umstände. Ihre Behauptung, Flaminius sei erst durch die Plünderungen und Brandschatzungen Hannibals auf die Anwesenheit des Feindes hingewiesen worden, der ihn durch den Sumpfmarsch überrascht hätte, verdient keinen Glauben. Die Benachrichtigung des Konsul Cn. Servilius in Ariminum (P 3,86,1ff., vgl. L 22,8,1) straft die Darstellung des Livius, Flaminius habe übereilt ohne seinen Kollegen Hannibal schlagen wollen, Lügen (22,3,10ff.). Vgl. so auch L. Pareti, Intorno al campo di battaglia sul lago Trasimeno, Contributi per la storia della guerra annibalica, RFil 40, 1912, 387ff. Die Niederlage des Centenius fand zwei Tage nach der Schlacht am Trasimener See statt. Denn die Nachricht von der Niederlage des Centenius traf am 3. Tag nach der Nachricht von der Vernichtung des Heeres am Trasimener See in Rom ein (P 3,86,6). Da für die Übermittlung der Botschaft von Arretium nach Ariminum (ca. 120 km) und die Entsendung des Reiterkorps bis in die Nähe des Trasimener Sees, selbst wenn man den See von Plestia annimmt, über eine Strecke von ca. 160 km eine bestimmte Frist vergangen sein muß, so folgt daraus, daß Flaminius nicht erst beim Vorbeimarsch Hannibals an Arretium von seiner Anwesenheit erfahren haben kann. Die Route von Arretium nach Ariminum führte ins obere Arnotal nach Bibbiena über den Passo dei Mandrioli (1173 m) nach Sarsina ins Saviotal (vgl. E. Sadée, Der Frühjahrsfeldzug des Jahres 217 und die Schlacht am trasimenischen See, Klio 9, 1909, 49). Von Arretium bis zum Trasimener See dürften die Heere in einem oder höchstens in zwei Tagen gekommen sein (ca. 40 km). Für die Übermittlung der Botschaft von Arretium nach Ariminum muß man mindestens zwei bis drei Tage ansetzen. Einzelne Boten kamen schneller voran als ein geschlossener Heeresverband. Für die Strecke von Ariminum bis zum See Plestia dürfte Centenius mindestens 5 Tage benötigt haben. Das

Hannibal hoffte, daß der Konsul ihm entgegenziehen würde. Dieser wartete zunächst die weiteren Züge des Feindes ab und blieb an seinem Platz, da sein Heer dem Gegner numerisch unterlegen war. Deshalb versuchte Hannibal, ihn zu provozieren. Als er Arretium passiert hatte,[73] gab er seine bisherige Zurückhaltung auf. Die Soldaten erhielten den Befehl, das Land auszuplündern und zu brandschatzen. Wenn die Einwohner nicht freiwillig auf seine Seite traten, sollten sie die ganze Gewalt des Krieges spüren. Mit der Taktik der verbrannten Erde sollte der Römer zur Verfolgung verlockt werden.

Flaminius gab seine abwartende Haltung auf und folgte dem Feind.[74] Als er bemerkte, daß der Karthager nicht in Richtung Clusium (h. Chiusi) weitermarschierte, sondern sich, Cortona zur Linken und den Trasimener See zur Rechten, an dessen Nordufer hinwandte, dürfte er über diese Wendung jubiliert haben. Der Feind wollte wohl über Perusia (h. Perugia) zur *via Flaminia* vorstoßen, um auf der neuerbauten Straße leichter gegen Rom marschieren zu können. Wenn Servilius rechtzeitig eintraf, konnten sie ihn in die Zange nehmen, andernfalls vereint ihn verfolgen und zur Schlacht stellen.[75]

Die Schlacht am Trasimener See[76]

Als das karthagische Heer am Nordufer des Trasimener Sees entlangmarschierte, erkannte Hannibal die besondere Eignung des Geländes für einen Überfall auf den nachrückenden Feind. Die Straße führte 9 km lang unmit-

bedeutet, daß Flaminius ca. 3–4 Tage vor seinem eigenen Aufbruch den Servilius benachrichtigte.

[73] L 22,4,1 läßt nur das Gebiet zwischen Cortona und dem Trasimener See plündern. Allerdings deutet L22,3,6 an, daß der gesamte Durchmarsch durch Etrurien ein Plünderungszug gewesen sei.

[74] Vgl. H. Nissen, Die Schlacht am Trasimenus, RhM 22, 1867, 580, Kahrstedt 1913, 409ff., zu den römischen Heeresbewegungen vgl. G. Radke, Die Erschließung Italiens durch die römischen Straßen, Gymnasium 71, 1964, 226–228 mit Karte. Was hätte es genutzt, wenn er dem Rat seiner Kriegstribunen gefolgt wäre und die Ankunft des Servilius abgewartet hätte? Dieser Rat erweist sich als spätere Erfindung. Auf das kommende Unglück sollen die ungünstigen Vorzeichen beim Aufbruch hinweisen, vgl. L22,3,11–13, Cicero, de div. I 77, Val Max 1,6,6, Plu Fab 3, Fl 1,22,14, Sil 5,53–76, dazu H. Le Bonniec, Les présages avant la bataille du lac Trasimène chez Silius Italicus, Bulletin de l'Association G. Budé 1980, 194–206.

[75] Vgl. G. Radke, a. a. O., 226f., ders., RE Suppl. 13, 1973, 1547–1548 s. v. *viae publicae Romanae*.

[76] P 3,80–85, vgl. Walbank I 1957, 415–420, L22,3–6,12, App Ann 9,38–10,41, kurze Hinweise bei Nep Hann 4,3, Cicero, de div. I 77, de natura deorum II 8, Ovid, fasti 6, 765–768, Sil 5,1–678; 6,1–52, Plu Fab 3,1–2, Fl 1,22,13, Val Max 1,6,6, Frontin 2,5,24; 6,4, Or 4,15,2–5, Z 8,25,2–8. Lit. bei Seibert 1993, 220ff., Karte Nr. 2.

telbar am See antlang, auf der anderen Seite von Bergen begrenzt. Sein Plan war, sein Heer auf den umliegenden Höhen zu verstecken und den Feind, wenn er in die Seeuferstraße eingerückt war, zu überfallen. Wenn er Anfang und Ende des Defilees mit seinen Truppen besetzte, saß der Römer in der Falle.

In diesen Positionen verbrachten die Soldaten die Nacht. Sie mußten sich völlig ruhig verhalten. Denn Hannibal mußte damit rechnen, daß Flaminius, der am späten Abend in der Nähe des Sees sein Lager aufgeschlagen hatte, Aufklärer aussenden würde, die den Abzug der Feinde kontrollieren sollten. Tatsächlich vernachlässigte Flaminius diese selbstverständliche Pflicht.[77]

Als die römischen Truppen am anderen Morgen[78] aufbrachen, lag dichter Nebel über dem See. Nachdem die Kolonnen vollständig in die Enge eingerückt waren und die Spitze bereits den Ausgang erreicht hatte, gab Hannibal das Zeichen zum Angriff. Völlig überraschend brachen die Karthager auf die nichtsahnenden und nicht zum Gefecht formierten römischen Truppen herein. Der Nebel erschwerte die Organisation einer geregelten Abwehr. Bei Livius liegt wohl der Erfahrungsbericht eines Teilnehmers vor, der die Verwirrung und Panik unter den Römern anschaulich beschrieb, allerdings mit einseitiger Betonung des römischen Heldenkampfes. Auch der Konsul Flaminius erhielt – ganz im Gegensatz zur früheren Berichterstattung – in seiner letzten Stunde äußerst anerkennenswerte Worte für seinen heldenhaften Verteidigungskampf und für seinen Einsatz für seine Soldaten.[79]

Bis die Sonne durch den Nebel brach, war die Schlacht geschlagen. Nur drei Stunden dauerte der Kampf[80] und endete mit einem Fiasko für die Römer. Viele Soldaten waren niedergemacht worden, viele waren beim Zurückweichen in den See gestürzt und ertrunken. Nur 6000 Mann hatten sich am Talende gegen ihre Feinde durchsetzen können und waren dem Gemetzel entgangen.

Die Bilanz der Schlacht war für die Römer erschreckend: 15000 Gefallene, darunter auch der Konsul, ca. 10000 Gefangene. Nur wenige hatten

[77] L 22,4,4.

[78] Nach Ovid, fasti 6, 765–768 war es der 21. Juni. Vgl. Seibert 1993, 220–221.

[79] L 22,6,1–3, Plu Fab 3,3. G. Brizzi, Riflessioni sulla morte di un console, in: Studi di Storia Annibalica, Faenza 1984, 35–43.

[80] Als Zeichen des erbitterten Kampfes wertete man die Tatsache, daß die Soldaten ein Erdbeben, das damals Italien erschütterte, nicht bemerkten. Dieses Erdbeben soll verheerende Auswirkungen gehabt haben. Viele Städte Italiens seien schwer zerstört worden, Flüsse aus ihrem Lauf getreten und Berge abgerutscht. L22,5,8, Cicero, de div. I 78, Plu Fab 3,2, Z8,25,7, Or 4,15,6, Sil 5,70–74; 384–388, Plin n h 2, 200 berichtet, daß in diesem Jahr insgesamt 57 Erdbeben nach Rom gemeldet worden seien. Da Erdbeben als Vorzeichen künftigen Unglücks angesehen wurden, ist ungewiß, ob sich die Angaben tatsächlich verwerten lassen. Vgl. P. Y. Forsyth, An Eruption of Vesuvius in 217 B.C.?, AHB 4, 1990, 4–9.

sich durch Flucht retten können.[81] Die Truppe, die sich am Paßende durchgeschlagen hatte, ergab sich Maharbal.[82] Auch die Karthager hatten Verluste erlitten. Insgesamt waren ca. 1500 Mann gefallen, davon sollen die meisten Kelten gewesen sein. Was aber schwerwiegender war, war der Verlust von 30 höheren Offizieren.[83] Kampftruppen konnten angeworben werden, Führungskräfte, auf die sich Hannibal verlassen konnte, waren nur schwer zu ersetzen.

Die Schlacht hatte nur wenige Stunden gedauert, die Aufräumungsarbeiten nahmen um so mehr Zeit in Anspruch. Nachdem die Soldaten ihre Verwundeten versorgt, sich ausgeruht und ihren Sieg gefeiert hatten, war eine Bestandsaufnahme angesagt. Wieviele Soldaten waren verwundet worden, wieviele waren gefallen? Zu den Pflichten eines Feldherrn gehörte es, sich um

[81] Die Angaben über die Verluste differieren. Nach P3,84,7 waren es 15000 Gefallene (ebenso L22,7,2) und 15000 Gefangene (P3,85,2). Es muß aber auch Flüchtlinge gegeben haben, die Polybios nicht erwähnt. Nach Livius flüchteten 10000 Mann, von denen 6000 durch Maharbal gefangen wurden, die wohl in den vom ihm nach den Angaben des Fabius bezeugten 15000 Gefangenen eingeschlossen sein dürften. Die übrigen Zahlenangaben helfen nicht weiter: Val Max 1,6,6: 15000 Gefallene, 6000 Gefangene und 10000 Flüchtige (Codex Bernensis: 20000), Eu 3,9: 25000 Gefallene, ebenso Or 4,15,5: 25000 Gefallene, 6000 Gefangene. Zu den Zahlenangaben vgl. Kromayer III 1, 1912, 210–213, T. A. Dorey, Roman Casualty Figures at Trasimene and Cannae, Historical Journal of the University of Birmingham 7, 1959, 1–2, der aufgrund von L22,23,5–8 über den Gefangenenaustausch zwischen Hannibal und Fabius schließt, daß die Gefangenenzahlen weit übertrieben sind. Denn es seien nur 247 Römer mehr als Soldaten Hannibals ausgetauscht worden. Da nur wenige Soldaten aus Hannibals Heer gefangen worden sein dürften, müßte auch die Zahl der gefangenen römischen Soldaten unter 1000 Mann liegen. Die angeblich 6000 von Maharbal Gefangenen dürften deshalb nach Ansicht von Dorey tatsächlich größtenteils entkommen sein und nur eine kleine, wohl verwundete Schar in die Hände der Karthager geraten sein. Auch an den hohen Verlustziffern zweifelte Dorey. Eine karthagische Quelle neigte wohl zu Übertreibung, eine römische ebenso, um das Ausmaß der Niederlage wegen der Unfähigkeit des Konsuls aufzubauschen.

[82] Diesen Vorgang verformte die römische Überlieferung. Nach P3,84,14 und 85,2 lehnte Hannibal die Zusage (persönliche Sicherheit) ab, da Maharbal nicht bevollmächtigt war, den Gefangenen dieses Versprechen zu machen (vgl. Z8,25,8). Nach römischer Tradition soll Maharbal ihnen freien Abzug versprochen haben. Genüßlich konstatiert Livius, Hannibal habe dieses Versprechen mit „punischer Gewissenhaftigkeit" eingehalten und alle in Ketten gelegt. L22,6,12, App Ann 10,42–43. Da die Gefangenen nicht umgebracht wurden, war die Zusage eigentlich erfüllt worden.

[83] P 3,85,5 nennt 30 *„epiphanestatoi"*, die wohl als Kommandeure oder höhere Offiziere zu verstehen sind. L22,7,3 hat die Zahl 2500, Or 4,15,5 die Zahl 2000 überliefert. Kromayer III 1, 1912, 210 A 1 wollte die livianische Zahl in 1500 verbessern, während A. Klotz, Livius und seine Vorgänger, Leipzig 1941, 138 bei Polybios statt eintausend zweitausend emendieren wollte.

die Beisetzung seiner Soldaten zu kümmern. Unter den Bergen von Leichen wurden die eigenen Soldaten, besonders die Offiziere und Kommandeure gesucht. Sie wurden mit allen Ehren beigesetzt. Hannibal hatte den Auftrag erteilt, nach dem Leichnam des Flaminius zu fahnden.[84] Er konnte aber nicht gefunden werden.

Natürlich wurden die Feinde auch nach Wertgegenständen und brauchbaren Waffen abgesucht.[85] Es dürfte aber eine Erfindung der römischen Geschichtsschreibung sein, daß Hannibal seine libyschen Soldaten mit den „auserlesenen" römischen Waffen, die er in großer Zahl hier vorfand, ausstattete.[86] Mit dieser Verfälschung schoß sie ein „Eigentor". Denn wenn Hannibal seine Soldaten mit den besseren römischen Waffen ausrüstete, so bedeutete dies, daß die Feinde ihren Sieg mit unterlegenen Waffen errungen hatten, wahrlich kein Ruhmesblatt für die Römer.

Die Massen von Gefangenen mußten versorgt werden. Zunächst wurden sie wie nach der Schlacht an der Trebia nach ihrer Herkunft ausgefragt und in zwei Gruppen (Römer und Bundesgenossen) geteilt. Es dürften auch entsprechende Aufzeichnungen gemacht worden sein, um einen Überblick zu bekommen, welche Bundesgenossen besondere Vergünstigungen erfuhren.[87] Schließlich handelte Hannibal nicht uneigennützig, wenngleich er in einer Rede beteuerte, er sei zu ihrer Befreiung von Rom gekommen.

[84] L 22,7,5.

[85] Nach App Ann 10,44 sollen die Kelten die Beute erhalten haben, um sie durch den Gewinn sich zu verpflichten. Es ist unwahrscheinlich, daß Hannibal die gesamte Beute für die Kelten reservierte. Das hätte unter den anderen Soldaten zu Verstimmung geführt.

[86] P 3,87,3 folgte einer Auffassung, daß die römischen Waffen den Waffen aller Völker überlegen waren, u.a. denen der Kelten und auch der Makedonen. Dabei hatten die Römer erst allmählich zu der Bewaffnung gefunden, die ihnen die Herrschaft über den gesamten Mittelmeerraum sichern sollte. Den großen Schild hatten sie den Kelten abgeschaut, das Schwert, den *gladius hispaniensis*, sollten sie erst in diesem Krieg mit Hannibal kennenlernen und einführen. Vgl. Suda s.v. *machaira,* P frg. 179. Daß damals die Soldaten Hannibals bereits mit dem *gladius hispaniensis* ausgerüstet waren, ergibt sich schlüssig aus der Beschreibung der unterschiedlichen Bewaffnung der Kelten und Iberer in der Schlacht bei Cannae, L 22,46,5. Auch das *pilum* hatte sein Vorbild in einer spanischen Waffe. Es ist also völlig unglaubwürdig, daß Hannibal, dessen spanische Truppen mit einem hervorragenden Schwert bewaffnet waren, seine libyschen Soldaten mit dem schlechteren römischen Schwert ausgerüstet haben soll.

[87] Hannibal entließ die Soldaten Hierons II. (L 24,30,13) wohl mit dem Ziel, diesen treuen Bundesgenossen der Römer, der sich für die Invasion in Afrika stark machte (L 22,37,9), günstig zu stimmen. Auch in diesem Fall war seine Strategie kontraproduktiv: auf der einen Seite Entgegenkommen, auf der anderen Seite Angriffe der karthagischen Flotte auf das Gebiet Hierons, die ihn noch stärker an die Römer banden.

Dieser Stadt allein gelte sein Kampf.[88] Die Römer blieben in Gefangenschaft, die Bundesgenossen wurden ohne Lösegeld in ihre Heimat entlassen.

Kriegsrat

Der Beraterstab Hannibals, darunter auch sein Bruder Mago, wurde zu einer Sitzung einberufen.[89] Die Stimmung war ausgelassen. Nicht nur der erneute Sieg, der dritte in Folge, versetzte sie in Jubel, sondern die Überzeugung, daß sie bereits vor der Entscheidung standen.[90] Der Feind werde nicht mehr lange Widerstand leisten, sondern bald um Frieden nachsuchen. Durch die Befragung der Gefangenen hatte Hannibal wichtige Informationen erhalten. Der Konsul Servilius rücke mit seinem Heer auf der *via Flaminia* heran. Die Stadt Rom werde von starken Truppen bewacht.

Das Ergebnis der Beratungen war, den geplanten Angriff auf Rom[91] vorläufig zurückzustellen und an der Adria entlang in den Süden vorzustoßen.[92]

Es dürften wohl militärische Überlegungen gewesen sein, die Hannibal zu dieser Änderung veranlaßten.[93] In Etrurien war er auf Zurückhaltung gestoßen. Keine Stadt war zu ihm abgefallen. Solange er von hier Krieg gegen die Römer führte, konnten diese ungestört ihre Bundesgenossen aus Mittel- und Süditalien, die den größten Teil der Aufgebote stellten, zur Unterstützung heranziehen. Wenn er seinen Operationsbereich nach Mittel- und Süditalien verlegte, so konnte er dort wesentlich mehr *socii* für sich gewinnen und die Römer nachhaltiger schwächen. Die Kelten dürften dort auch weniger auf Ablehnung stoßen.

Wahrscheinlich dienten Hannibal die Unternehmungen des Pyrrhos, der erfolgreich von Süditalien gegen Rom operiert hatte und den er sehr bewun-

[88] P 3,85,3–4, L 22,7,5, Frontin 4,7,25.

[89] P 3,85,6.

[90] P 3,85,6; 86,8.

[91] Die Karthager sandten in diesem Jahr eine Flotte in die Gewässer vor Pisa, da sie überzeugt waren, dort mit Hannibal Kontakt aufnehmen zu können, P 3,96,9. Diese Fahrt setzt voraus, daß vor dem Aufbruch Hannibals nach Italien bei der Planung des ganzen Unternehmens die Route des Landheeres durchgesprochen und mögliche Treffpunkte vereinbart worden waren. Ein Treffpunkt in der Nähe von Pisa macht aber deutlich, daß damals Hannibal den Vormarsch an der Westküste Italiens nach Süden, d. h. gegen Rom vorgesehen hatte.

[92] P 3,86,8.

[93] Der neue Plan war keine grundsätzliche Änderung der Strategie. Der Angriff auf Rom wurde nicht aufgegeben, sondern nur zurückgestellt. Da Hannibal auch nach Cannae den Angriff auf Rom ablehnte, wird deutlich, daß tatsächlich hier bereits eine Vorentscheidung getroffen war, die den gesamten Kriegsverlauf in andere Bahnen lenken sollte.

derte, als Vorbild. Auch die Verbindung zu Nordafrika ließ sich über die Süd- und Ostküste Italiens gefahrloser herstellen als im Westen. Der Nachschub aus Iberien und die Verbindung zu den Kelten in Oberitalien konnte auf der Küstenstraße an der Adriaküste entlang aufrechterhalten werden, da in diesem Bereich nur wenige römische Besitzungen waren.[94]

Hannibal marschierte nicht, wie die Römer erwarteten, in Richtung Rom weiter, sondern wandte sich nach Osten zur Adria und von dort nach Apulien. In weitem Bogen wurde das römische Gebiet *(ager Romanus)* umgangen. Mittel- und Süditalien sollten zunächst erobert werden. Auf dieser Strecke setzte er die Taktik der verbrannten Erde fort. Wenn die römischen Bundesgenossen sich nicht freiwillig anschlössen, sollten sie die ganze Gewalt des Krieges spüren. Damit wollte er die Ohnmacht der Römer in aller Öffentlichkeit demonstrieren, die ihren *socii* weder zu Hilfe kommen noch sie schützen konnten. Er strafte damit aber seine eigene Propaganda Lügen und unterstützte die Behauptung der Römer, die Bundesgenossen führten für sich selbst und nicht für Rom Krieg.

Zu den Gewaltmaßnahmen war er aber auch im Interesse seiner Soldaten gezwungen. Sie wollten Beute machen. Es wäre zuviel von ihnen verlangt gewesen, wenn er sie zur Schonung und Respektierung des gegnerischen Eigentums angehalten hätte. Nach allgemeinem Kriegsrecht gehörte alles dem Sieger. Und dieser Satzung mußte auch er sich beugen.[95] Krieg und Politik in Einklang zu bringen, war schwer.

Trotz der Zuversicht, die Römer bald endgültig besiegt zu haben, ließ er die nötige Vorsicht nicht missen. Noch stand ein römisches Heer im Feld, mit dessen Anmarsch er rechnen mußte. Seine Aufklärer waren ständig unterwegs und meldeten das Auftauchen eines größeren Reitertrupps. Der Konsul Cn. Servilius hatte sofort, als die Nachricht seines Kollegen über die Ankunft Hannibals bei ihm eingetroffen war, den C. Centenius mit 4000 Reitern vorausgeschickt, da er selbst mit den Fußtruppen wesentlich langsamer war. Den feindlichen Reitern wurde Maharbal mit den Lanzenträgern und einem Teil der Reiterei entgegengesandt. Er konnte die römischen

[94] Warum griff Hannibal den Servilius nicht an bzw. erwartete seinen Anmarsch an einer für ihn günstigen Stelle? Hoffte er den Konsul auf seinem Weitermarsch in den Süden des Landes locken und dort in den Ebenen Apuliens schlagen zu können? Sollte aber Hannibal in Erwartung des baldigen Sieges die Vernichtung und Ausschaltung der gesamten römischen Streitmacht zurückgestellt haben, dann könnte dies auf einen Wesenszug des Karthagers hinweisen, den man an ihm feststellen wollte: Es fehlte ihm der „Killerinstinkt", der Wille, die Römer zu vernichten. Vgl. F. Miltner, Wesen und Gesetz römischer und karthagischer Kriegführung, Rom und Karthago, hrsg. v. J. Vogt, Leipzig 1943, 238.

[95] Die Sorge Hannibals für ausreichenden Gewinn seiner Soldaten betont die Charakteristik bei Cass frg. 54,8. Die Römer brandmarkten aus ihrer Sicht dieses Verhalten als Habgier. Doch ihre Soldaten verhielten sich nicht anders.

Reiter gleich beim ersten Angriff vernichtend schlagen.[96] Wer sich durch Flucht retten konnte, mußte am nächsten Tag kapitulieren. Innerhalb weniger Tage mußten die Römer zwei Niederlagen einstecken. Besonders schwer wog, daß die gesamte Reiterei des servilischen Heeres vernichtet worden war.

Rom

Als die ersten geflohenen Soldaten in Rom eintrafen und die Nachricht von der Niederlage verkündeten, breitete sich Entsetzen in der Stadt aus.[97] Die ersten Gerüchte konnte man noch nicht glauben. Um Genaueres zu erfahren, eilten die Bürger zum Comitium und zur Curia. Kurz vor Sonnenuntergang gab es dann keinen Zweifel mehr. Der Prätor Marcus Pomponius verkündete lapidar: „Wir haben eine Niederlage erlitten." Das ganze Ausmaß war zwar noch nicht bekannt, so viel stand aber fest: Der Konsul war gefallen, nur wenige hatten entkommen können.

Es gab in Rom fast keine Familie, die nicht einen Angehörigen oder einen Verwandten im Heer gehabt hatte. Trauer und Niedergeschlagenheit breiteten sich in der Stadt aus. Während der nächsten Tage wurden die Stadttore an den Straßen nach Etrurien von Männern und Frauen umlagert. Wenn ein Soldat eintraf, wurde er von der Menge umringt und ausgefragt, Freude und Leid überbringend, wie gerade seine Antwort ausfiel. Dabei wurden auch viele irrige Nachrichten verbreitet. Woher sollte der einzelne Soldat über das Schicksal der Kameraden Bescheid wissen, wenn sie nicht in derselben Centurie gekämpft hatten?

Der Prätor berief sofort die Senatoren zur Curia ein. Sicher erörterten sie

[96] P 3,86,1–5, L 22,8,1, Nep Hann 4,3, andere Version bei App Ann 9,37; 10,44–47. Die Römer hatten aus den zurückgebliebenen Soldaten ein Heer von 8000 Mann gebildet und den Privatmann Centenius, einen angesehenen Patrizier, mit dem Kommando beauftragt. Er wurde zum Plestinischen See gesandt, um die Engpässe zu besetzen, durch die man am schnellsten nach Rom gelangen konnte. Als Hannibal auf seinem Weitermarsch vom Trasimener See zum Plestinischen See kam, versuchte er, die gesperrte Engstelle zu umgehen. Doch ortskundige Führer verneinten diese Möglichkeit. Trotzdem entsandte er den Maharbal mit Leichtbewaffneten, die in der Nacht den Berg umgingen. Dem Zangenangriff waren die römischen Truppen nicht gewachsen. Zur Frage der Glaubwürdigkeit und der umstrittenen Lokalisierung des Treffens vgl. Seibert 1993, 222–223.

[97] L 22,7,6–14 bewahrte einen anschaulichen Stimmungsbericht über die Lage in Rom. Wenngleich viele Angaben sehr allgemein gehalten sind und durchaus auf jeden anderen Ort in ähnlicher Situation übertragen werden können, sollte man ihn nicht als eine annalistische Erfindung abtun. Polybios beschränkte sich auf die notwendigsten Hinweise (3,85,7–10; 86,6–7). Vgl. auch Plu Fab 3,4–7, Z 8,25,10. G. Rögler, Lex Villia Annalis, Klio 40, 1962, 86–95, Tammler 1971, 128 ff.

die Ursachen für die erneute Niederlage. Es war ein unverzeihlicher Fehler des Konsuls gewesen, ohne genügende Aufklärung dem Feind zu folgen. So tappte er in die Falle des listigen Karthagers. Für die Öffentlichkeit wurde die Version ausgegeben, der Konsul habe wegen der Mißachtung seiner kultischen Pflichten den Zorn der Götter erregt und deshalb die Niederlage verschuldet. Als unmittelbare Konsequenz zogen sie den Schluß, in Zukunft sollten nur die besten und erfahrensten Männer an die Spitze des Staates gestellt werden, am besten diejenigen, die bereits das Konsulat und die Prätur bekleidet hatten. Jede Beschränkung sollte aufgehoben werden. Jeder Konsular sollte ein Amt beliebig oft bekleiden können, solange Krieg in Italien war.[98]

Für den gefallenen Konsul mußte ein Nachfolger gewählt werden. Dazu hätte Cn. Servilius nach Rom kommen müssen, was im Augenblick nicht möglich war, da die *via Flaminia* durch das karthagische Heer gesperrt war. In dieser Situation traf zwei Tage später eine weitere verheerende Nachricht ein. Das Reiterkontingent, das Servilius seinem Kollegen zur Unterstützung unter dem Befehl des Centenius geschickt hatte, war von dem karthagischen Feldherrn Maharbal vernichtet worden.

Die Senatoren rechneten mit dem Angriff des Feindes auf die Mauern Roms.[99] Die Stadt mußte gesichert, die Mauern und Türme mußten ausgebessert werden. Die älteren Jahrgänge, die Seniores (46–60 Jahre) sollten einberufen und bewaffnet werden. Die Brücken über alle Flüsse auf der Anmarschroute des Feindes sollten abgebrochen werden.[100] Die vordringlichste Maßnahme war, die *respublica* funktionstüchtig zu erhalten. Da unmittelbare Gefahr bestand, sahen die Senatoren nur den Ausweg, einen Diktator für die Führung der Amtsgeschäfte zu bestellen.[101] Das Volk sollte

[98] L 27,6,7. Der Volksbeschluß *ex auctoritate patrum* wird erst zum Jahr 210 überliefert, als die Volkstribunen gegen die Iteration des Fulvius Flaccus opponierten. Zweifel an dem Gesetz bei H. Rögler, Lex Villia Annalis, Klio 40, 1962, 86, anders Tammler 1971, 129–131, R. Rilinger, Die Ausbildung von Amtswechsel und Amtsfristen als Problem zwischen Machtbesitz und Machtgebrauch in der Mittleren Republik (342 bis 217 v. Chr.), Chiron 8, 1978, 250.

[99] App Ann 11, 48. Diese Reaktion ist verständlich. Was sollte der Feind auch anderes unternehmen? Was hatten die Kelten in vergleichbarer Situation gemacht? Die Schutzmaßnahmen berichtet L 22,8,7 erst nach der Wahl des Fabius zum Diktator, während Appian sie vorher erwähnt. Diese zeitliche Anordnung ist wahrscheinlicher.

[100] Nach Z 8,25,9–10 waren beim Anmarsch Hannibals bereits alle Brücken bis zum Nar zerstört.

[101] P 3,86,7; 87,6–8 erklärte seinen griechischen Lesern die wesentlichen Unterschiede zwischen einem Diktator und einem Konsul, vgl. Walbank I 1957, 422. Zum Diktator vgl. allgemein F. Bandel, Die römischen Dictaturen, Breslau 1910, zu Fabius vgl. U. Scamuzzi, La dittatura in Roma nel periodo delle guerre puniche, Rivista di Studi Classici 6, 1958, 23 ff., Marianne Elizabeth Hartfield 1982, 303 ff., 495 ff. Nach

den *dictator und* den *magister equitum* wählen.[102] Der *dictator* besaß umfassende Amtsgewalt für sechs Monate und hatte keinen gleichberechtigten Kollegen. Der *magister equitum* mußte seinen Anweisungen folgen. Wenn die Senatoren von der üblichen Prozedur abwichen, dann hatten sie dafür sicher schwerwiegende Gründe.[103]

Gewählt wurden Q. Fabius Maximus als *dictator* und M. Minucius Rufus als *magister equitum*.[104] Beide waren bereits Konsuln gewesen und besaßen

dem bisherigen Brauch *(mos maiorum)* mußte ein Konsul den *dictator* ernennen, der sich einen *magister equitum* suchte. Dieses Verfahren war im Augenblick ebensowenig möglich wie die Wahl eines Suffektkonsuls.

[102] Vgl. Cassola 1962, 293ff., Lippold 1963, 151ff., 381ff., Tammler 1971, 56–58, 131–132. G. V. Sumner, Elections at Rome in 217 B.C., Phoenix 29, 1975, 254ff. vermutet, daß ein Interregnum ausgerufen wurde. Dann konnte die Wahl bereits nach 6 Tagen vom 2. Interrex durchgeführt werden.

[103] Das Wahlverfahren hatte den Vorteil, daß die Senatoren zwei geeignete Männer aussuchen konnten, während bei der Ernennung durch den Konsul diesem die alleinige Entscheidung zufiel. Das neue Verfahren barg nicht unerhebliche Gefahren. Der *magister equitum* wurde gegenüber dem *dictator* effektiv gestärkt, wenngleich er nominell untergeordnet blieb. Dies konnte zu Loyalitätskonflikten führen. Da das Volk bei der Wahl kein Vorschlagsrecht hatte, sondern nur den ihm vorgeschlagenen Kandidaten entweder wählen oder ablehnen konnte, mußte dieses Verfahren das Ergebnis einer Absprache im Senat sein. Entweder wünschten die plebejischen Gentes dasselbe Recht für den *magister equitum*, oder die Senatoren wollten bewußt die Rechte des *dictator* begrenzen. Da keine konkreten Hinweise über den Verlauf der Senatssitzungen und die Überlegungen, die zur Wahl des *dictator* und seines *magister equitum* führten, überliefert sind, sind wir weitgehend auf Spekulationen angewiesen. Die Propaganda Hannibals, er sei der Nachfolger des Herakles, könnte die Wahl der Senatoren beeinflußt haben. Beide Männer hatten enge Beziehungen zu dem Gott Hercules. Die *gens Fabia* leitete ihre Abstammung von Hercules ab, Plu Fab 1,2; vgl. außerdem Ovid, fasti 2, 237, ex Ponto III 3, 100, Iuvenal 8, 14. Lippold 1963, 351ff., C. J. Classen, Gottmenschentum in der römischen Republik, Gymnasium 70, 1963, 312ff. Damit konnte Fabius dem Anspruch des Gegners wesentlich mehr entgegensetzen: Er war ein direkter Nachkomme des Gottes. Nach der Eroberung von Tarent ließ Fabius die Statue des Gottes aufs Kapitol überführen und stellte seine Reiterstatue an der Seite des Gottes auf (Plu Fab 22, 8, Auctor de viris illustr. 43, 6). Auch die *gens* der Minucier pflegte enge Beziehungen zum Herculeskult. Vgl. R. Rebuffat, Unus homo cunctando restituit rem, REL 60, 1982, 164–165. Man beachte vor allem die Weihung des Diktators Minucius an Hercules, CIL I 1503, VI 284 = Dessau, ILS I 11. Kultische Maßnahmen spielten bei der Bewältigung der Krise eine wichtige Rolle.

[104] P 3, 87, 6, L 22, 8, 6, Plu Fab 4–5, App Ann 11, 48, Cass frg. 57, 8, Z 8, 25, 12. Nach den Fasti Capitolini (CIL I p.23) wurde Fabius *„interregni caus(sa)"* zum *dictator* gewählt. Vgl. M. Gusso, Appunti sulla notazione dei fasti Capitolini *interregni caus(sa)* per la (pro)dittatura di Q. Fabio Massimo nel 217 a.C., Historia 39, 1990, 291–333. Zu Fabius vgl. F. Münzer, RE 6,2, 1909, 1814–1830 s. v. Fabius 116, zu Minucius

militärische Erfahrung. Ihrer Persönlichkeitsstruktur nach stellten sie krasse Gegensätze dar. Den Fabius hatte man in seiner Jugend wegen seines sanften Wesens das „Schäfchen" gerufen,[105] ganz anders war sein hitziger und verwegener *magister equitum* veranlagt.

Nach der Wahl berief Fabius den Senat zu einer Sitzung.[106] Wie zu Beginn eines Amtsjahres wurde die Lage des Staates und besonders das offensichtlich gestörte Verhältnis zu den Göttern erörtert. Der Diktator war ein frommer Mann und seit langem Augur, dem die Einhaltung der vorgeschriebenen Riten ein Herzensbedürfnis war.[107] Er stellte an den Beginn seiner Tätigkeit die Erfüllung versäumter religiöser Pflichten und die Aussöhnung mit den Göttern. Nach offizieller Lesart waren dies die Ursachen für die römischen Niederlagen.[108] Die *pax deorum* sei gestört, der Konsul Flaminius habe durch Vernachlässigung der heiligen Bräuche und der Götterzeichen mehr gesündigt als durch Übereilung und Unwissenheit.[109] Das war die einfachste Art, sowohl die Senatoren als die Soldaten von jeder Mitverantwortung freizusprechen.

Ungewöhnliche Maßnahmen wurden beschlossen: Das Priesterkollegium der Zehnmänner *(Xviri sacris faciundis)* sollte die Sibyllinischen Bücher einsehen,[110] um von den Göttern selbst Auskunft zu erhalten. Sie stellten fest, daß das Gelübde für den Gott des Krieges Mars nicht richtig erfüllt worden war. Es müsse wiederholt und vergrößert werden. Dem höchsten Gott Iuppiter sollten Ludi Magni gelobt,[111] der Venus Erycina und der Göttin Mens Tempel versprochen werden.[112] Ein Bittfest *(supplicatio)* und ein Göttermahl *(lectisternium)* sollten abgehalten werden. Für den Fall, daß der

F. Münzer, RE 15,2, 1932, 1957–1962 s. v. Minucius 52. Da das Verfahren ungewöhnlich war, schloß L 22,31,8–11, Fabius sei kein Diktator gewesen, sondern *pro dictatore* ernannt worden. Zur Diktatur vgl. Jahn 1970, 116–119.

105 Plu Fab 1,4.

106 P 3,88,7, L 22,9,7ff., Plu Fab 4,3–4, Tammler 1971, 132–135.

107 Cassola 1962, 336ff. Zu Recht verweist Lippold 1963, 155 A 325, 342f. auf den religiösen Aspekt der Diktatur des Fabius.

108 Rosenstein 1990, 54ff.

109 L 22,9,7ff., Plu Fab 4,4–5. Vgl. Warde Fowler 1911, 317ff., Dumézil 1970, 470ff., Radke 1980, 105–121.

110 Vgl. H. Diels, Sibyllinische Blätter, Berlin 1890, W. Hoffmann, Wandel und Herkunft der sibyllinischen Bücher in Rom, Diss. Leipzig 1933, A. Kurfess, Sibyllinische Weissagungen, Berlin 1951.

111 Vgl. A. Piganiol, Recherches sur les jeux romains, Straßburg 1923, 79–80.

112 Vgl. H. Bardon, La naissance d'un temple, REL 33, 1955, 171, Irma Bitto, Venus Erycina e Mens. Uno momento della propaganda politica romana durante la seconda guerra punica, Archivio Storico Messinese III 28, 1977, 121–133, R. Zucca, Venus Erycina tra Sicilia, Africa e Sardegna, in: Africa Romana VI 2, Atti del VI Convegno di Studio Sassari 1988, a cura di A. Mastino, Sassari 1989, 777.

Krieg glücklich ende und der Staat sich noch in demselben Zustand wie vor Kriegsausbruch befinde, sollte eine „Heilige Frühlingsweihe“ *(ver sacrum)* gelobt werden.[113] Iuppiter sollten alle Schweine, Schafe, Ziegen und Rinder eines Jahrganges geweiht werden.

Die neue Form des Göttermahles, die von den Griechen entlehnt wurde, offenbart eine Glaubenskrise, die alle Schichten des Volkes erfaßte und Ausdruck des tiefen Schocks ist, den die Niederlagen bei den Senatoren ausgelöst hatten. Mit herkömmlichen Mitteln glaubten sie die Krise nicht bewältigen zu können.[114] Mit den religiösen Feiern wurde der stark beunruhigten Bevölkerung die Gewißheit vermittelt, daß alles Notwendige für die Aussöhnung mit den Göttern getan wurde. Alle Gelübde waren an die Bedingung geknüpft, daß der römische Staat in den nächsten fünf Jahren in den Kämpfen mit den Karthagern und mit den Kelten so heil erhalten bleibe, wie es sich die Römer wünschten.[115] Die Ausgaben für die Feier der Ludi Magni wurden im Gewicht der reduzierten Asses den früheren Aufwendungen angepaßt.

Für die Kriegführung sollte Fabius das Heer des Konsuls Servilius übernehmen, dazu zwei neue Legionen durch den Magister equitum ausheben lassen,[116] denen als Sammelplatz Tibur bestimmt wur-

[113] J. Hasenmüller, Die Formel der heiligen Frühlingsweihe, RhM 19, 1864, 402–409, W. Eisenhut, RE 8 A 1, 1955, 911–923 s. v. *ver sacrum*, J. Heurgon, Le ver sacrum romain de 217, Latomus 15, 1956, 137–158 = ders., Trois études sur le „Ver sacrum“, Collection Latomus 26, Brüssel 1957, 36–51.

[114] Es verwundert, daß Livius nicht die zahlreichen Erdbeben erwähnte, die sich in Rom und ganz Italien während der Schlacht ereignet haben sollen, die gemeinhin als unheilverkündende Zeichen gedeutet wurden, Plin n h 2, 200. Anders Coelius Antipater bei Cicero de divin. I, 78.

[115] L 22, 10, 2–6. Tatsächlich wurde das Gelöbnis erst im Jahr 194 erfüllt! L 33, 44, 1–3; 34, 44, 1–3.

[116] L 22, 11, 2–3. Dieser Beschluß setzt voraus, daß der Abzug Hannibals zur adriatischen Küste und damit die Freigabe der *via Flaminia* bereits bekannt war. P 3, 88, 7 überlieferte, daß Fabius mit vier Legionen aus Rom abmarschierte, d. h. nach Vereinigung mit dem Heer des Servilius hätte er mindestens sechs Legionen kommandiert. Den Anhängern des Polybios fällt es schwer zuzugeben, daß ihrem Liebling ein Fehler unterlaufen ist. Vgl. die Entschuldigungen bei Kahrstedt 1913, 415, der darin zwei römische Legionen und zwei bundesgenössische *alae* erkennen will, oder Walbank I 1957, 423, der eine Verwechslung mit der endgültigen Stärke nach Vereinigung mit dem Heer des Servilius vermutet. Bei Polybios ist man immer zu Entschuldigungen bereit, während eine fehlerhafte Angabe bei Livius ein typisches Kennzeichen für den unzuverlässigen Römer ist. Vielleicht könnte die irrige Zahl vier aber auch einen früheren Beschlußstand erkennen lassen. Denn als der Senat zunächst über die Situation beriet, mußte er davon ausgehen, daß Hannibal auf Rom marschieren würde und deshalb das Heer des Servilius abgeschnitten war. In dieser Situation wäre es wohl verständlich, wenn der Diktator ein Vierlegionenheer ausheben sollte. Als

de.[117] Die Plünderungen Hannibals konnte er im Augenblick nicht verhindern, aber die verheerenden Auswirkungen etwas mildern. Er ordnete an, daß sich die Bevölkerung aus den unbefestigten Plätzen in sichere Orte zurückziehen sollte. Wo der Angriff der Feinde drohte, sollten die Bewohner ihre Dörfer verlassen, ihre Häuser anzünden und vor allem die Lagerbestände vernichten, damit keine Nahrungsmittel in die Hände der Feinde fielen.[118]

Diese Anordnung zum Schutz der Zivilbevölkerung, aber auch zur Erschwerung des feindlichen Vormarsches löste große Unruhe und Aufregung aus. Die Zerstörung ihrer Häuser und ihrer Vorräte stellte große Anforderungen an die Moral der Menschen, die wohl nur schwer einsahen, daß ihre Soldaten sie nicht vor dem Feind schützen konnten.[119] Die Landbevölkerung wurde so gezwungen, eindeutig für die Römer und gegen die Karthager Stellung zu beziehen.

Dann rückte Fabius dem Servilius bis Ocriculum an der *via Flaminia* entgegen.[120] Er wollte in Anbetracht der kritischen Lage möglichst schnell sein Heer übernehmen. Der zunächst befürchtete Angriff Hannibals aus dem Norden und dann aus dem Osten war ausgeblieben. Dafür hatte eine andere Schreckensnachricht die Römer aufgerüttelt. Eine karthagische Flotte hatte

sich die militärische Situation änderte, rückte der Diktator mit zwei Legionen aus, während zwei Legionen wohl als *legiones urbanae* in der Stadt blieben. Es ist kaum anzunehmen, daß die bisherige Garnison entlassen wurde.

117 Dieser Ort war gewählt worden, um einen drohenden Angriff Roms aus dem Osten abwehren zu können. Denn der Einfall Hannibals ins Gebiet der Paeligner und Marser mußte in Rom die Befürchtung aufkommen lassen, daß er nun aus dieser Richtung auf die Hauptstadt vorstoßen werde. Vgl. A. Piganiol, Hannibal chez les Péligniens, REA 22, 1920, 27.

118 L 22, 11, 4. Dieser Befehl, der im Prinzip die Taktik der verbrannten Erde als Defensivmittel einsetzte, bedeutete aber nicht die Selbstzerstörung von ganz Italien, sondern galt nur den vom Feind bedrohten Gebieten, anders K.-W. Weeber, Smog über Attika. Umweltverhalten im Altertum, Zürich 1990, 53.

119 Die Konzentration der Landbevölkerung in den befestigten Plätzen mußte auf die Dauer zu erheblichen wirtschaftlichen und gesellschaftlichen Problemen führen. Das Land blieb unbestellt. Es bildete sich ein städtisches Proletariat, das sich an das faule Leben in der Stadt gewöhnte. Die Folge war, daß diese Bevölkerungsschicht später zur Rückkehr direkt genötigt werden mußte. (Vgl. im Jahr 206, u. S. 402.) Die Menschen waren eine leichte Beute für alle Scharlatane, die ihnen das Blaue vom Himmel versprachen und tatsächlich nur auf ihr Geld aus waren. (Vgl. u. S. 270.)

120 L 22, 11, 3. Die Ortsangabe Narnia im Text des P 3, 88, 6 ist eine Emendation für Daunia von O. Seeck, Hermes 1877, 509–510. L. Pareti, RF 40, 1912, 546 verteidigte die Emendation, während F. Münzer, RE 2 A 2, 1923, 1794 s. v. Servilius 61 und Kahrstedt 1913, 415 Daunien beibehielten. Dies führt dann zu einer völlig anderen Streckenführung.

Versorgungsschiffe auf dem Weg nach Spanien in der Nähe des Hafens von Cosa gekapert.[121] Servilius, dessen *imperium* während der Diktatur des Fabius ruhte, erhielt den Auftrag, in Ostia die Flotte und damit auch den Schutz der Küsten Italiens zu übernehmen. Mit dieser Flotte sollte er auch den Feind verfolgen. Es zeigte sich allerdings, daß die Schiffe nicht einsatzbereit waren. Sie mußten erst mit Seeleuten und Schiffssoldaten bemannt werden. Erste Personalschwierigkeiten machten sich bemerkbar. Auch Freigelassene „durften" den Soldateneid leisten, sofern sie Kinder hatten.[122]

Hannibals Marsch nach Apulien[123]

Nach der römischen Überlieferung soll Hannibal nach seinem Sieg am Trasimener See zunächst Spoletium (h. Spoleto) angegriffen haben, aber mit hohen Verlusten zurückgeschlagen worden sein. Er habe hier die Stärke einer einzigen Kolonie zu spüren bekommen und feststellen müssen, wie schwer es sein werde, Rom zu erobern.[124] Nach einer anderen Version seien die Karthager bis Narnia vorgedrungen und hätten alle Städte außer Spoletium eingenommen. Dort sei der Prätor Centenius, der einen Hinterhalt gelegt hatte, umzingelt und vernichtet worden. Vom Angriff auf Rom habe Hannibal sich nur abbringen lassen, weil er feststellen mußte, daß die Brücke über den Nar und ebenso alle anderen Brücken zerstört waren.[125] Appian[126] glaubte, daß ein Gott Hannibal vom Marsch auf Rom abgehalten habe.

Diese Überlieferungen sind wenig vertrauenswürdig.[127] Die Pioniere Hannibals, die das Heer über Ströme wie die Rhone und den Po gesetzt hatten, hätten kaum vor diesen italischen Flüßchen kapituliert. Die römischen Geschichtsschreiber suchten nach einer Erklärung, weshalb Hannibal

[121] L 22,11,6–9.

[122] Thiel 1946, 52.

[123] Die genaue Route, die Hannibal vom Trasimener See durch Umbrien und Picenum zur Adria einschlug, ist nicht bezeugt, P 3,86,8–11. Möglicherweise auf der Strecke Perugia – Foligno – Camerino – Macerata – Porto Civitanova (ca. 174 km). Andere Routen vgl. L. Pareti, Sull'itinerario di Annibale dal Trasimeno a Geronio. Contributi per la storia della guerra annibalica, RF 40, 1912, 543–552, Giovanna Alvisi, Dal Trasimeno a Capua. Le marce di Annibale nel biennio 217–216 a.C., Mélanges R. Dion, Paris 1974, 293–313.

[124] L 22,9,1–2, Z 8,25,9–10.

[125] Z 8,25,9–10. Vgl. den entsprechenden Befehl des Senats L 22,8,7.

[126] App Ann 12,49.

[127] Abgelehnt L. Pareti, a. a. O., RF 40, 1912, 544, Kahrstedt 1913, 413 A 4, Walbank I 1957, 421, Lazenby 1978, 66, als historisch angenommen von C. Neumann, Das Zeitalter der punischen Kriege, 1889, 340, De Sanctis III 2, 1916, 42 A 64, A. Klotz, Livius und seine Vorgänger, 1940, 139, G. Radke, Gymnasium 71, 1964, 228.

nach der Schlacht am Trasimener See nicht gegen Rom vorrückte. Ihrer Eigenliebe kamen Erklärungen wie das Scheitern an den Mauern von Spoletium oder die Wirkung der Brückenzerstörungen entgegen. Als historischer Kern könnte der Vorstoß eines karthagischen Aufklärungstrupps in diese Gegend, mit dem die Römer über die wahren Absichten Hannibals getäuscht werden sollten, zu diesen Verfälschungen geführt haben.

Der Marsch der Karthager durch Umbrien und Picenum zur Adria war ein einziger Raub- und Plünderungszug. Es wurde so viel Beute gemacht, daß die Soldaten sie nicht mehr mitschleppen konnten.[128] Um die Mangelerscheinungen des letzten Winters in Oberitalien, die Leiden beim Marsch durch die Sümpfe und die Strapazen der Schlacht auszukurieren, habe Hannibal seinen Soldaten eine Ruhepause gewährt. Wie nach der Alpenüberquerung sollen die fehlenden Möglichkeiten zum Baden und zum Salben zum Ausbruch der Hungerkrätze *(scabies)* bei Pferden und Menschen und zur Demoralisierung der Soldaten geführt haben.[129] Kein Soldat kann ohne Pausen marschieren und kämpfen. Doch die Strapazen der letzten Monate werden maßlos übertrieben. Daß die Soldaten verwahrlost waren, ist ebenso suspekt wie die Behauptung, Hannibal habe sich um die Psyche seiner Soldaten kümmern müssen. Kann man sich eine bessere Motivation für einen Soldaten vorstellen als Siege und Beute?

Als Hannibal die Küste erreicht hatte, schickte er sofort ein Schiff mit den neuesten Nachrichten nach Karthago.[130] Zum ersten Mal konnte er mit seiner Heimat Verbindung aufnehmen. Der Rat wurde über seine Siege und über die Änderung seines Planes informiert. Die Botschaft kam für die karthagische Flotte zu spät, die im Bereich von Pisa auf ihn zu treffen hoffte.

Die Nachricht von Hannibals Siegen verbreitete sich schnell im gesamten Mittelmeerraum.[131] Philipp V. erfuhr die Neuigkeit bei der Feier der Nemeen in Argos im Juli 217 und war sofort zur Beilegung des Bundesgenossenkrieges bereit.[132] Er hoffte, die Schwäche der römischen Macht zur Intervention in

128 P 3,86,9–11, L 22,9,3ff. Hannibal soll den Befehl gegeben haben, alle Waffenfähigen wegen seines abgrundtiefen Hasses gegen Rom umzubringen. Das Haßmotiv läßt an der Glaubwürdigkeit zweifeln.

129 P 3,87,1–3, L 22,9,4.

130 P 3,87,4–5. Es ist nicht bekannt, wo Hannibal die Adria erreichte und welche Stadt mit einem Hafen er in seinen Besitz brachte.

131 P 5,105. T. Schmitt, Die Bedeutung des zweiten punischen Krieges für den Frieden von Naupaktos, in: Punic Wars 1989, 229–239.

132 P 5,101,5–6. Die Nachricht erreichte Philipp durch einen Boten aus Makedonien. Zum Datum der Nemeen vgl. Walbank I 1957, 628. Zum sog. Bundesgenossenkrieg (220–217) vgl. Walbank 1940, 24–67, Will II 1982, 71–77, Hammond III 1988, 371ff.

Illyrien ausnutzen zu können.[133] Nicht alle betrachteten die Vorgänge auf der italischen Halbinsel mit derselben Zuversicht. Die mahnenden Worte des Ätolers Agelaos auf der Friedenskonferenz von Naupaktos drückten Angst vor der Zukunft aus.[134] Gleichgültig, wer als Sieger aus diesem Ringen hervorgehe, Rom oder Karthago, er würde sich wohl kaum mit der Herrschaft über Sizilien und Italien begnügen, sondern seine Herrschaft weiter ausdehnen, so vermutete er.

Am Zustandekommen des Friedens waren auch Gesandte aus Rhodos und Alexandrien beteiligt, Staaten, die untereinander traditionell freundschaftliche Beziehungen unterhielten und seit langem durch Freundschaftsverträge mit Rom verbunden waren.[135] Der Handelsmacht Rhodos dürfte die zu erwartende Machterweiterung der Karthager nicht gleichgültig gewesen sein. Auch der Ptolemäerhof als unmittelbarer Nachbar der Karthager[136] dürfte die Vorgänge aufmerksam beobachtet haben. Bestand vielleicht Gefahr für die ptolemäischen Besitzungen in Kyrene? Die Berater des Königs Ptolemaios IV. konnten dieser Entwicklung hinfort ihre volle Aufmerksamkeit schenken. Einen Tag[137] nach dem Sieg Hannibals am Trasimener See, am 22. Juni 217, war Antiochos III. in der Schlacht bei Raphia von den ptolemäischen Truppen geschlagen worden.[138]

[133] Sowohl in der privaten Unterredung mit Demetrios (P 5, 101, 10) als auch in der Rede des Agelaos (P 5, 104, 7) wurde Philipp auf die Möglichkeit verwiesen, im Westen seine Weltherrschaftspläne zu verwirklichen (vgl. Iustin 29, 2). Vgl. Claudia Bohm, Imitatio Alexandri im Hellenismus, München 1989, 61 ff., m. E. wenig überzeugend. Nach Iustin 29, 2, 8 ff.; 3, 6 ff. habe Philipp Furcht vor einem Angriff der Karthager oder Römer gehabt. Vgl. M. Engers, Die Vorgeschichte der Makedonischen Kriege Roms, Mnemosyne III 6, 1938, 128. Wollte Philipp einem Übergreifen Hannibals auf Griechenland zuvorkommen?

[134] P 5, 104. Zur Diskussion um die Historizität der Rede vgl. Seibert 1993, 15 A 57.

[135] Der Freundschaftsvertrag zwischen Rhodos und Rom geht ins Jahr 306 zurück, vgl. H. H. Schmitt, Rom und Rhodos, München 1957. Der Freundschaftsvertrag mit dem Ptolemäerreich wurde im Jahr 273 abgeschlossen. Vgl. H. Heinen, Die politischen Beziehungen zwischen Rom und dem Ptolemäerreich von den Anfängen bis zum Tag von Eleusis, ANRW I 1, 1972, 632 ff.

[136] Vgl. Huß 1976, 164 ff., der als erste Nachricht über die Beziehungen Alexandreia – Rom – Karthago die Nachricht des L 23, 10, daß der Capuaner Decius Magius Ende 216 auf dem Transport nach Karthago nach Ägypten verschlagen worden sei, gegen Holleaux 1921, 66 A 2 verteidigte. Meines Erachtens dürften diese Vorgänge bereits seit 217 in Alexandrien aufmerksam verfolgt worden sein. Zu den Beziehungen zwischen Karthago und Ägypten allgemein vgl. W. Huß, Die Beziehungen zwischen Karthago und Ägypten in hellenistischer Zeit, Ancient Society 10, 1979, 119–137.

[137] Zu Bedenken gegen den Synchronismus des P 5, 101, 3; 6; 105, 3, vgl. P. Pédech, La méthode historique de Polybe, Paris 1964, 468–473. Zur Datierung der Schlacht am Trasimener See vgl. Seibert 1993, 220–221.

[138] Vgl. Huß 1976, 20 ff. Die Schlacht war am 10. Pachon des 5. Jahres der Herr-

Die Karthager setzten ihren Marsch entlang der Küste nach Süden fort und verwüsteten auch diese Gebiete. Von Hadria aus unternahm Hannibal einen Vorstoß ins Gebiet der Marser und zielte damit direkt auf Rom.[139] Die Nachricht von diesem Unternehmen dürfte wiederum Angst vor einem karthagischen Angriff auf die Stadt, dieses Mal aus dem Osten, hervorgerufen haben. Um den Angriff abwehren zu können, bestimmte der Diktator Tibur zum Sammelplatz für seine neu ausgehobenen Truppen. Doch Hannibal plante ebensowenig wie mit dem Detachement auf Spoleto einen wirklichen Angriff auf Rom, eine Taktik, die bei den Römern nur schwer Glauben finden konnte. Er zog nach Apulien weiter, wo er die Gebiete der Städte Arpi, Luceria und Vibinum (h. Bovino) verwüstete.[140] Bei Bovino schlug er sein Lager auf. Trotz seiner Siege und trotz seines großzügigen Entgegenkommens gegenüber den Gefangenen war noch keine einzige Stadt zu ihm übergetreten.

Die neue Strategie

Fabius war in der Zwischenzeit mit seinem Heer, das numerisch den karthagischen Truppen etwa gewachsen war, im nördlichen Apulien eingetroffen und hatte sein Lager bei Aikai (h. Troia), ca. 10 km von den Feinden entfernt aufgeschlagen.[141] Hannibal bot dem Feind sofort die Schlacht an, doch vergebens. Es gehörte zum taktischen Vorgeplänkel einer Schlacht, sie nicht zu dem Zeitpunkt anzunehmen, wenn sie der Gegner wünschte. Allmählich dürfte er sich über das eigenartige Verhalten des Römers gewundert haben. Der neue Befehlshaber wollte sich auf keine Schlacht einlassen.[142] Sicherheit war sein oberstes Prinzip. Zuerst mußten seine Soldaten wieder

schaft Ptolemaios' IV., Raphia-Dekret Z. 11.37, vgl. Walbank I 1957, 611–613, Huß 1976, 58 A 239.

[139] Diese Route geht auf eine Korrektur von A. Piganiol, Hannibal chez les Péligniens, REA 22, 1920, 22 ff. zurück, der statt der überlieferten Marrucini Marrivini = ein Teilstamm der Marsi liest. Diese Emendation findet ihre Bestätigung in dem von Fabius angeordneten Truppensammelplatz in Tibur.

[140] P 3,88,5–6, L 22,9,5.

[141] P 3,88,8–9 ohne Details über den Anmarsch, anders L 22,12,1: Von Ocriculum war Fabius durch das Sabinische Gebiet nach Tibur gezogen, von dort mit dem vereinten Heer nach Praeneste, über Seitenwege zur *via Latina* und weiter ins Operationsgebiet. Von Beneventum war Aecae oder auch Arpi gut zu erreichen, vgl. Giovanna Alvisi, La viabilità romana della Daunia, Bari 1970, 61 ff. Da aber Hannibal sein Lager bei Bovino hatte, ist der livianische Text in Aecae zu emendieren.

[142] Zur Strategie des Fabius vgl. P 3,89,1–9; 90,1–5, L 22,12,4–10, Plu Fab 5,1–4, mor 195 C, App Ann 12, 50–51, Polyain 8,14,1, Frontin 1,3,3, Cass 57,9–10, Z 8,25,12, Sil 7,1 ff. Die Nachwelt verlieh Fabius deswegen den Beinamen Cunctator, der allerdings erst spät bezeugt ist, vgl. G. R. Stanton, Antichthon 5, 1971, 49–56.

Selbstvertrauen und genügend Kampfpraxis gewinnen. Er glaubte, daß er in drei Punkten dem Feind überlegen war: Menschen, Material und Zeit. Verluste und Ausfälle in den Kämpfen konnte er leicht ersetzen. Der Feind brauchte Nachschub aus dem Keltenland. Hannibal mußte sich ständig um die Versorgung seiner Soldaten kümmern, während er auf die Nahrungsmitteldepots der Römer und der Bundesgenossen zurückgreifen konnte. Daraus zog der Diktator den Schluß, daß als sein dritter Verbündeter die Zeit gegen den Feind arbeiten würde. Denn Hannibal benötigte dringend Siege, während er in Ruhe abwarten könnte, bis sich der Angriff der Feinde „totgelaufen" hätte.[143]

Unter Ausnutzung der ihm zur Verfügung stehenden Vorteile ließ er die im Land zum Fouragieren ausgesandten feindlichen Soldaten mit überlegenen Kräften angreifen und fügte ihnen erhebliche Verluste zu. Er hielt sich bei allen Bewegungen des Feindes in sicherer Entfernung, begleitete den Zug meistens auf Höhenwegen und bot niemals die Möglichkeit für eine Schlacht. Gute Ortskenntnisse kamen ihm dabei zustatten. Nur bei günstigen Gelegenheiten wurden versprengte Truppenteile angegriffen.

Diese Strategie sollte das Selbstvertrauen seiner Truppen in ihr eigenes Können stärken. Sie stellte aber an die Moral der Römer und ihrer Bundesgenossen hohe Anforderungen. Sie mußten mitansehen, wie ihre Ländereien von den Feinden geplündert wurden. Wie lange konnte Fabius ihnen dies zumuten?[144] Als Hannibal erkannte, daß der Gegner bewußt diese Strategie anwandte und beibehielt, versuchte er durch weitere Verwüstungen, ihn zu einer Schlacht zu verlocken oder ihn in den Augen seiner Verbündeten lächerlich zu machen, weil er nicht in der Lage sei, sie zu beschützen.[145]

Als alle Versuche vergeblich waren, verlegte er sein Operationsgebiet aus Apulien nach Campanien.[146] Durch das Land der Hirpiner[147] marschierte er über Beneventum (h. Benevento), eine latinische Kolonie, deren Gebiet er verwüstete, dorthin.[148] Fabius hielt sich mit seinen Truppen in sicherer

[143] Im letzten Punkt irrte Fabius. Ihm selbst standen nur sechs Monate zur Verfügung.

[144] Das Loblied des P 3, 90, 13–14 und L 22, 13, 11 auf die Treue der Bundesgenossen, die aus Überzeugung beim Bündnis blieben, gibt einseitig den römischen Standpunkt wieder. Die faktischen Machtmittel bleiben unerwähnt.

[145] P 3, 90, 13–14, vgl. L 22, 13, 11, allerdings erst nach dem Einfall in Campanien.

[146] Zu den Ereignissen in Campanien während des 2. Punischen Krieges vgl. M. Frederiksen, Campania, Oxford 1984, 238 ff. mit Karte. Speziell zu Hannibals erstem Feldzug nach Campanien v. Ungern-Sternberg 1975, 10–23.

[147] Zu den Hirpinern vgl. E. T. Salmon, Samnium and the Samnites, Cambridge 1967, 296 ff.

[148] Zu den Einzelheiten des Marsches vgl. P 3, 90, 7–9, dessen Angabe, Hannibal habe Venusia eingenommen, irrig ist. Man muß dafür wohl Telesia lesen. Richtig L 22, 13, 1. Vgl. Walbank I 1957, 427, E. T. Salmon, a. a. O., 296 zur Route. Die römi-

Entfernung auf den Höhenzügen.[149] Seine Soldaten mußten tatenlos mitansehen, wie das fruchtbare Falernische Gebiet verwüstet wurde.[150] Hannibals Ziel aber, den Feind zur Schlacht herauszufordern, mißlang.[151]

Allmählich begann es aber im römischen Offizierskorps zu rumoren.[152] Der Magister equitum, M. Minucius Rufus, fand mit seinen Klagen über die feige Kriegführung bei den Offizieren, aber auch bei vielen Soldaten Anklang. Hinter vorgehaltener Hand spotteten sie über den Diktator, der unbeirrt seine Kriegführung beibehielt. Wir richtig sie war, bewies ihm das Los des Kommandanten L. Hostilius Mancinus, der bei einem Erkundungsritt seine Befehle mißachtet und eine Niederlage erlitten hatte.[153] Hannibal sah schließlich ein, daß er in Campanien nichts ausrichten konnte. Alle Hoffnungen, die er sich vielleicht durch Versprechungen ehemaliger Gefangener gemacht hatte, hatten sich zerschlagen.[154] Langsam dürfte er erkannt haben, daß die jungen Menschen, denen er Leben und Freiheit geschenkt hatte, in ihrer Heimat nicht über den nötigen Einfluß verfügten. Im Augenblick war für ihn die Suche nach einem geeigneten Winterlager wichtiger. Jetzt rächte sich seine Zerstörungstaktik.[155] Wo seine Soldaten gehaust hatten, konnte er sein Winterlager nicht aufschlagen. Dazu benötigte er eine „unversehrte" Landschaft, die genügend Erträge brachte, um ein großes

sche Geschichtsschreibung berichtete eine Episode, die den Einfall Hannibals in Campanien als das Ergebnis eines Hörfehlers hinstellen will. Eigentlich habe Hannibal die Stadt Casinum besetzen wollen. Doch wegen seiner schlechten Aussprache habe der Führer Casilinum verstanden, wo die *via Latina* und die *via Appia* zusammentreffen. Als sich das Mißverständnis herausstellte, habe Hannibal den Führer als abschreckendes Beispiel auspeitschen und kreuzigen lassen (L 22, 13, 5–9, Plu Fab 6, 1 ff.). Diese Geschichte verdient keinen Glauben. Sachlich stellte P 3, 91, 1 fest, daß die Karthager aus guten Gründen diesen Zug unternahmen. Aufgrund von Plu Fab, a. a. O., vertrat v. Ungern-Sternberg 1975, 18–23 die Auffassung, daß diese Episode in die Ereignisse vor dem Abmarsch Hannibals aus Campanien gehöre.

149 L 22, 14, 1 ff. auf dem Mons Massicus, der das Falerner Gebiet nach Norden abschließt. Weitere Besatzungen waren auf dem Mons Callicula, in Casilinum und Minucius in Terracina (15, 11). Diese Verteilung der Truppen war militärisch durchaus sinnvoll, um einen evtl. Vormarsch Hannibals über die *via Latina* oder *via Appia* auf Rom kontrollieren zu können. Vgl. Kromayer III 1, 1912, 225 A 3.

150 P 3, 92, 1 ff., L 22, 13, 9 ff.

151 P 3, 92, 8, L 22, 15, 2.

152 P 3, 90, 6, L 22, 14, 3 ff., Plu Fab 5, 5 ff.

153 L 22, 15, 4–10.

154 L 22, 13, 2–3 nennt drei Ritter aus Capua, die Versprechungen für den Übertritt ihrer Stadt zu Hannibal gemacht haben.

155 Die antiken Quellen stellen es so dar, als habe Campanien nur für den Augenblick ausreichend Versorgungsmöglichkeiten geboten. Vgl. P 3, 92, 9, L 22, 15, 2 ff., Z 8, 26, 1. Es habe nur Obstgärten und Weinberge gegeben.

Heer bis zur nächsten Ernte zu verpflegen. Hannibal schadete sich mit den Verwüstungen in erheblichem Maße selbst.

Da ihm eine feste Basis fehlte, war er gezwungen, bereits im Spätsommer seine militärischen Operationen nicht nach den Erfordernissen einer effektiven Kriegführung, sondern nach den existentiellen Bedürfnissen der Versorgung zu richten. Die Kriegführung mußte vorzeitig zugunsten der Einrichtung eines Winterlagers eingeschränkt oder sogar ganz eingestellt werden. Logistische Probleme gewannen erheblichen Einfluß auf die operative Planung.

Legende

Die antiken Historiker gestalten den Abzug Hannibals aus Campanien sehr dramatisch. Die Ebene sei rundum wie ein Theater von hohen Bergen umgeben und könne durch drei enge Pässe betreten bzw. verlassen werden.[156] Durch den Einmarsch in diese Landschaft habe sich Hannibal selbst eine Falle gestellt, da er durch den Engpaß aus Campanien wegziehen wollte, dessen Höhen der Feind besetzt hatte. Doch der listige Hannibal habe den Durchbruch mit seinem berühmten „Ochsentrick“ geschafft. Fakkeln seien an die Hörner von 2000 Ochsen gebunden und angezündet worden. Dann seien die Tiere in der Dunkelheit auf eine Stelle neben dem Paßübergang getrieben worden. Die römische Besatzung des Passes glaubte sich vom Feind umgangen, habe vorzeitig ihre Stellung aufgegeben und die karthagischen Truppen hätten ungehindert die Sperre passiert.[157]

Meines Erachtens bestehen an der Glaubwürdigkeit dieser Episode erhebliche Zweifel. Man muß sich die Schwierigkeiten vergegenwärtigen, 2000 Ochsen Fackeln anzubinden, anzuzünden und sie dann noch an eine bestimmte Stelle zu treiben. Hannibal mußte damit rechnen, daß die Tiere, vom Feuer aufgescheucht, ausbrechen und völlig unberechenbar reagieren würden. Tiere als Stoßtrupps einzusetzen, war viel zu unsicher.[158] Wäre seine Lage so auswegslos gewesen, wie die antiken Historiker sie be-

[156] P 3,91,8–10.

[157] P 3,92,10–94,7, L 22,16,4–18,5, Nep Hann 5,2, Plu Fab 6,3–7,2, App Ann 14,58–15,65, Frontin 1,5,28, Polyain 6,38,8, Z 8,26,1–2, Sil 7,268 ff. Um das Vorhaben vor dem Feind geheimzuhalten, soll Hannibal nach Zonaras alle Gefangenen getötet haben, um dadurch zu verhindern, daß einer entfliehen und den Plan verraten könnte. Wie sollen die Gefangenen von diesen Plänen erfahren haben? Wenn es um Verleumdungen des Feindes ging, fragte die römische Geschichtsschreibung nicht nach solchen Details. Zur Lokalisierung vgl. Seibert 1993, 224.

[158] Deshalb soll Hannibal neben den Treibern auch Lanzenträger abgeordnet haben, die neben den Tieren herliefen und sie zusammenhielten. P 3,93,9. Nach W. W. Tarn, Hellenistic Military and Naval Developments, Cambridge 1930, 92 ff. habe sich Hannibal der List der Iberer beim Tod seines Vaters (vgl. o. S. 38) erinnert. Es könnte sich aber auch um eine literarische Ableitung handeln.

schreiben, hätte er dasselbe auch mit 2000 Soldaten, die in beiden Händen Fackeln hin und her schwenkten, erreichen können. Wer konnte in der Dunkelheit entscheiden, ob hier Tiere oder Menschen heranstürmten?[159] Er konnte dabei sicher sein, daß diese Truppen tatsächlich an der gewünschten Stelle den Angriff unternehmen würden. Nicht dem Listenreichtum des Karthagers sollte hier ein Denkmal gesetzt werden, sondern das zaudernde Verhalten des Fabius, der die Feinde selbst aus einer so aussichtsreichen Position entkommen ließ, getadelt werden.[160]

Hannibal verließ mit seinem Heer Campanien, ohne von Fabius in irgendeiner Weise behindert zu werden[161]: Nach dem Übergang ins Volturnustal marschierte er in nördlicher Richtung über Venafrum und Aesernia (h. Isernia) ins Paelignerland bis in die Gegend von Sulmo und Corfinium. Obgleich sein Ziel das nördliche Apulien war, wie sich erst später herausstellen sollte, erweckte er mit dem Marsch den Eindruck, als wolle er Rom von Osten her über Alba Fucens und Carseoli angreifen.[162] Fabius, der die Bewegungen des karthagischen Heeres weiterhin aus sicherem Abstand verfolgte, mußte sich ebenfalls nach Norden wenden (wohl auf der *via Latina*),

[159] Dieser Versuch läge m. E. näher. Dennoch dürfte die genaue Angabe der Anweisung an den „Befehlshaber der Pioniere" Hasdrubal (P3,93,4) nicht ausreichen, die Glaubwürdigkeit der Episode zu erhärten. Es ist nicht auszuschließen, daß eine karthagische Quelle zunächst die Story erfand, die dann von den römischen Geschichtsschreibern aufgegriffen und mit für Hannibal negativen Zügen ausgestaltet wurde.

[160] Vgl. K.J. Beloch, Polybios' Quellen im dritten Buch, Hermes 50, 1915, 365: „Die Ochsengeschichte ist erfunden, um Fabius' Zauderstrategie zu verspotten."

[161] P 3,94,7 und 100,1–2 bieten für die Rekonstruktion des Marsches aus Campanien nach Gereonium nur dürftige Angaben. Hannibal sei am „Libyrnos-Gebirge" entlangmarschiert. Da ein Gebirge oder Berg mit diesem Namen unbekannt ist, wurden in der Forschung verschiedene Emendationen versucht: *Taburnus mons*, ein Berg in der Nähe von Benevent (so Schweighäuser), vgl. H. Philipp, RE 4 A 2, 1932, 1985 oder *Tibyrnus mons* = *Tifernus mons* = h. Mte Matese (so H. Nissen, Italische Landeskunde, II 2, 1902, 786). Bei dieser Identifizierung bieten sich allerdings zwei Routen an, entweder südlich oder nördlich um den Mateseblock. A. Piganiol, REA 22, 1920, 29–30 verteidigte die Lesart des Polybios und vermutete einen Berg dieses Namens an der Küste Picenums, nicht weit vom *ager Hadrianus*, einem Gebiet, das von den Liburni aus Dalmatien besiedelt wurde. Genauere Informationen liefert dagegen L22,17,7; 18,5–7, vgl. Z8,26,4. Dieses Itinerar wurde allerdings von De Sanctis III 2, 1916, 123 abgelehnt, von L. Pareti, Gli avvenimenti presso Gereonio, Contributi per la storia della guerra annibalica, RF 40, 1912, 553ff., Kromayer III 1, 1912, 248ff., A. Piganiol, a. a. O., 28ff. aber verteidigt.

[162] L 22,18,6. Bezeichnend ist, wie Z8,26,3–4 den Vorgang umgestaltete. Beim Abzug des Feindes aus Campanien errang Fabius einen Sieg über die Nachhut und hinderte Hannibal durch seine Nähe am Fouragieren, so daß dieser in seiner Bedrängnis auf Rom zumarschierte.

um gegebenenfalls Rom sichern zu können. Hannibal machte dann plötzlich kehrt und zog in das nördliche Apulien.[163] Er wollte den lästigen Verfolger einige Zeit abschütteln, um in Ruhe die nötigen Maßnahmen für das Winterlager treffen zu können.[164] Der Schock, den er den Römern mit seinem „Scheinangriff" versetzte, wirkte sich vielleicht günstig auf ihre Kampfbereitschaft aus. Erneut demonstrierte er, daß er sich in Italien frei bewegen und, wenn es ihm gefiel, auch Rom angreifen konnte.

Sein tatsächliches Ziel war Gereonium, ein kleines Landstädtchen, dessen Mauern teilweise verfallen waren und das keinen energischen Widerstand leisten konnte. Vor dem anrückenden Feind verließen die Bewohner ihre Heimat.[165]

Die Gegend war bestens für einen längeren Aufenthalt, besonders für die Wintermonate geeignet. Das Klima war mild. Reichlich Nahrungsmittel waren vorhanden. Während zwei Drittel des Heeres beim Fouragieren waren, sicherte der Rest das Lager und die Verbindungswege. Sobald das römische Heer in Apulien eingetroffen war, konnte Hannibal nur noch ein

[163] Kromayer nimmt an, daß Hannibal vom Sangrotal nur mit den Leichtbewaffneten und Reitern einen Vorstoß auf das Plateau von Cinquemiglia unternahm, während das Gros des Heeres das Sangrotal abwärts über *Bovianum vetus* ins nördliche Apulien vorgerückt sei. Piganiol schlägt vom Paelignerland das Aternustal abwärts bis zur Küste vor.

[164] P 3,100,8.

[165] Diese Version bietet L22,18,7, anders P3,100,3–4. Hannibal habe zunächst versucht, die Bewohner durch Verhandlungen zur Übergabe zu bewegen und sich für seine Versprechungen verbürgt. Doch die Bewohner hätten nicht reagiert. Deshalb habe Hannibal den Ort belagert, eingenommen, alle Bewohner umgebracht, die meisten Häuser und die Mauern unversehrt gelassen, da er sie als Getreidemagazine verwenden wollte. Die polybianische Version bewahrte auch L22,23,9. Der Widerspruch zwischen seinen beiden Berichten ging ihm offenbar nicht auf. Trotzdem scheint mir der erste Bericht des Livius über den freiwilligen Rückzug glaubwürdiger. Er ist wesentlich undramatischer und dürfte durchaus der Lage vieler Städte entsprechen, deren Mauern in der langen Friedensperiode, die die römische Herrschaft beschert hatte, verfallen waren. Daß die Bewohner aus Furcht ihre Stadt verließen, war sicher kein Ruhmesblatt. Einer prorömischen Tradition gefiel es besser, den Widerstand der Bewohner gegen die Verlockungen des Feindes und ihr trauriges Ende zu erfinden. Daß Hannibal den größten Teil der Stadt einäschern ließ (L22,23,9), erscheint unwahrscheinlich. Die Lokalisierung des Ortes ist umstritten. Die antiken Angaben lassen keine eindeutige Identifizierung zu. Nach Polybios war er 200 Stadien = ca. 35,5 km von Luceria entfernt. Er lag noch in Apulien, ca. 8 m. p. = 12 km von Teanum Apulum entfernt. Kromayer III 1, 1912, 256 lokalisierte den Ort im Tal des Fortore zwischen Dragonara und Castelnuovo Monterotaro, ebenso De Sanctis III 2, 1916, 123–126, anders Giovanna Alvisi, Dal Trasimeno a Capua, le marce di Annibale nel biennio 217–216 a.C., Mélanges R. Dion, Paris 1974, 303 ff., beim Monte Gerione bei Larino.

Drittel der Soldaten für die Versorgungsmaßnahmen ausschicken, während zwei Dritteln Sicherungsaufgaben zufielen.[166] Den Bewohnern wurden die Wintervorräte weggenommen. Niemand fragte, von was sie bis zur nächsten Ernte leben sollten.[167] Das Winterlager eines Heeres war für die Zivilbevölkerung eine drückende Last, weshalb Hannibal in den folgenden Jahren sein Standquartier wechselte. Diese Seite des Krieges interessierte die antiken Geschichtsschreiber wenig. Das Fehlen einer gesicherten Basis machte sich zum ersten Mal gravierend bemerkbar. Hannibal mußte seine Soldaten für Aufgaben einsetzen, die eigentlich zweitrangig waren. Was schwerer wog, er wurde, falls der Feind in der Nähe war und die Versorgungsmaßnahmen behinderte, in die Defensive gedrängt.

Rom

Die Kriegführung des Diktators Fabius stieß nicht nur in seinem Heer auf Ablehnung. Auch die meisten Senatoren waren mit seiner defensiven Haltung nicht einverstanden. Ihren Unmut hatten noch zwei Vorfälle verstärkt, die an sich nicht so schwerwiegend waren, in dieser Situation aber „das Faß zum Überlaufen" brachten. Hannibal hatte das Landgut des Fabius vor den Plünderungen seiner Soldaten schützen lassen, um ihn in den Augen seiner eigenen Leute zu diskreditieren.[168] Das sah so aus, als wolle er den Diktator für sein Verhalten belohnen. Hätten die Senatoren kühl und überlegt den Vorgang betrachtet, hätten sie erkennen müssen, daß der Feind absichtlich ihren Feldherrn in ein schlechtes Licht setzen wollte.

Fabius hatte mit Hannibal den Austausch der Kriegsgefangenen vereinbart,[169] ein Verfahren, das sich bereits während des 1. Punischen Krieges

[166] P 3,100,6–7; 101,1, L 22,23,10; 24,5.

[167] Ph. Desy, Il grano dell'Apulia e la data della battaglia del Trasimeno, PP 1989, 107 A 12 stellte Berechnungen über den Bedarf des karthagischen Heeres an. Auf der Basis der Heeresstärke von Cannae (40000 Fußsoldaten und 10000 Reiter) und den von P 6,39,13–14 bezeugten Tagesrationen der Soldaten ergeben sich gewaltige Mengen für die 11 Monate bis zur Einnahme von Cannae im Juli 216: 1650000 Scheffel Getreide = ca. 144375 hl, 2475000 Scheffel Gerste = ca. 216562 hl = ca. 25000 Tonnen Nahrungsmittel.

[168] L 22,23,4, Plu Fab 7,4, Val Max 7,3 ext. 8, Frontin 1,8,2 (NB: die abträgliche Tendenz gegen Hannibal, der dem Fabius weder an Tapferkeit noch Kriegskunst ebenbürtig war!), Sil 7, 260ff, Cass frg. 57, 15.

[169] L 22,23,6, Plu Fab 7,5, Cass frg. 57,15; 57,35, Val Max 3,8,2; 4,8,1, Auctor de viris illustr. 43,7, vgl. Schmitt III 1969, 521 mit Lit. Mann gegen Mann sollte getauscht werden. Wer mehr Gefangene hatte, sollte durch Geldzahlungen (2 1/2 römische Pfund Silber) entschädigt werden. Für 247 Römer sollte die Staatskasse zahlen. Da die Senatoren die Bezahlung hinauszögerten, habe Fabius durch seinen Sohn sein

bewährt hatte. Obgleich er zum Abschluß eines solchen Abkommens berechtigt war, verzögerte der Senat die Auszahlung mit der Begründung, sein Einverständnis sei vorher nicht eingeholt worden. Prinzipielle Vorbehalte sprachen gegen den Gefangenenaustausch. Die vielen Gefangenen waren kein Ruhmesblatt für den Kampfeseifer der römischen Soldaten. Da der Diktator vor dem Kampf zurückschreckte und außerdem zum Rückkauf bereit war, bestand die Gefahr, daß die Soldaten sich lieber gefangennehmen ließen, als ihr Leben für die *respublica* einzusetzen.[170]

Die meisten Senatoren waren der Ansicht, die Kriegführung des Diktators sei verfehlt. Ein energisches Vorgehen, ein Angriff bei günstiger Gelegenheit mit dem Ziel, den Feind zu vernichten, sei das Gebot der Stunde. Die Freunde des Magister equitum Minucius behaupteten, er sei der geeignete Mann und habe seine militärischen Fähigkeiten bereits bewiesen. Die Senatoren hatten keine gesetzliche Handhabe, den Diktator zu einer Änderung seiner Strategie zu zwingen. Sie konnten ihn nur durch eine Finte vom Kampfgeschehen entfernen. Unter dem Vorwand, er müsse sakrale Aufgaben in Rom erfüllen,[171] beorderten sie ihn zurück.[172] Sie wollten dem Magister equitum die Möglichkeit verschaffen, während der Abwesenheit des Fabius das Heer selbständig zu kommandieren. Dieser durchschaute die Absicht und war sich der Gefahr wohl bewußt. Er erteilte die strikte Anweisung, seine Strategie weiter zu befolgen und sich auf keine Schlacht einzulassen.[173]

Minucius dachte nicht im geringsten daran, dem Befehl zu gehorchen. Zweifellos konnte er mit seinen Angriffen die Proviantierungen der Karthager erheblich behindern. Die Abwesenheit der numidischen Reiterei nutzte er zu einem Angriff auf das karthagische Lager aus und soll dabei große Erfolge errungen haben.[174] Dies sei der lang ersehnte Erfolg, wie er in seinem Schreiben an den Senat übertreibend berichtete.[175]

In Rom hatte man nur auf diese Botschaft gewartet. Siegesstimmung machte sich breit.[176] Endlich konnten die Menschen nach den vielen Enttäu-

Landgut verkaufen und mit dem Erlös die vereinbarte Summe bezahlen lassen. Das von Hannibal verschonte Landgut müßte sich in Campanien befunden haben, das verkaufte war aber in der Tribus Pupinia. Zur Verformung der Überlieferung vgl. Kahrstedt 1913, 207, De Sanctis III 2, 1916, 50 A 81.

170 Plu Fab 7,6.

171 P 3,94,8–9, L 22,18,8, Plu Fab 8,1, App Ann 12,51–52, Z 8,26,6, Sil 7,381 ff.

172 Es ist unklar, ob Fabius bereits auf dem Marsch nach Apulien, als er in die Nähe Roms kam, zurückgerufen wurde oder erst, als er in Apulien in der Nähe Hannibals sein Lager aufgeschlagen hatte.

173 P 3,94,9, L 22,18,9.

174 P 3,101–102, L 22,24,1 ff., Z 8,26,6–7. Vgl. Seibert 1993, 225–226.

175 P 3,103,1, L 22,24,14.

176 Vgl. den anschaulichen Bericht P 3,103,1 ff.

schungen der letzten Monate wieder hoffen. Die römischen Soldaten hatten das Siegen nicht verlernt. Marcus Minucius wurde als großer Held gefeiert. Die Stimmung gegen den Diktator verschlechterte sich von Tag zu Tag. Wenn die römische Geschichtsschreibung vor allem bei der breiten Masse die Abneigung sehen will und dem Volkstribunen M. Metilius die Hauptschuld an den Agitationen zuschreibt, so darf dies nicht darüber hinwegtäuschen, daß die Senatoren gleichfalls die fabische Strategie ablehnten.[177] Beredt verteidigte Fabius seine Kriegführung, die keine weitere Niederlage gebracht hatte. Aber er konnte damit niemanden überzeugen.

Als er ankündigte, er werde den Magister equitum zur Rechenschaft ziehen, weil er gegen seinen ausdrücklichen Befehl sich auf einen Kampf mit Hannibal eingelassen hatte,[178] wurden die Freunde des Minucius zum Handeln genötigt. Dem Diktator stand das Recht zu, den Magister equitum wegen dieses Vergehens hinrichten zu lassen. Auf Antrag des Volkstribunen M. Metilius beschloß das Volk, der Magister equitum solle die gleiche Befehlsgewalt haben wie der Diktator,[179] womit die unmittelbare Gefahr für dessen Leib und Leben abgewendet war.

Durch das Gleichstellungsgesetz wurde der eigentliche Zweck der Einsetzung eines Diktators ad absurdum geführt. Alle Vorteile wurden mit einem Schlag aufgehoben. Es herrschte der normale Zustand mit zwei gleichberechtigten Imperiumsträgern, nur mit der kürzeren zeitlichen Begrenzung.

Vor Gereonium

Die negativen Auswirkungen zeigten sich sofort nach der Rückkehr des Fabius ins Feldlager. Die beiden „Diktatoren“ trennten ihre Heere und bezogen eigene Feldlager.[180] Diese Vorgänge blieben Hannibal nicht ver-

[177] L 22, 25, 12.

[178] Diesen wichtigen Punkt hat Polybios nicht, vgl. aber L 22, 25, 13 und Plu Fab 9, 1–2.

[179] P 3, 103, 4 berichtet, Minucius sei ebenfalls zum *dictator* bestellt worden, vgl. seine Weihung an Hercules, ILS I 11, abgelehnt von T. A. Dorey, The Dictatorship of Minucius, JRS 45, 1955, 92–96; anders L 22, 25, 10 über die Gleichstellung der Imperien, ebenso App Ann 12, 52, Cass frg. 57, 16, Z 8, 26, 8, Val Max 3, 8, 2; 5, 2, 4, Auctor de viris illustr. 43, 3. De Sanctis III 2, 1916, 52 A 84 bezweifelte die Einzelheiten dieses Plebiszits. Vgl. Bleicken 1968, 37 ff., Walbank I 1957, 434, Lippold 1963, 156, P. Pinna-Parpaglia, Sulla rogatio Metilia de aequando magistri equitum et dictatoris iure, in: Studia et Documenta Historiae et Iuris 35, 1969, 215–248, Tammler 1971, 135–137, Marianne Elizabeth Hartfield 1982, 498.

[180] Auch über diesen Vorgang liegen unterschiedliche Überlieferungen vor. Nach P 3, 103, 7–8 machte Fabius dem Minucius den Vorschlag, entweder alternierend zu kommandieren oder das Heer zu teilen. Minucius habe der Teilung freudig zuge-

borgen. Warum teilten die Römer ihr Heer? War dies eine taktische Maßnahme? Hannibal mußte zunächst von militärischen Überlegungen ausgehen. Aus der Befragung von Gefangenen und von Überläufern wurde allmählich der wirkliche Grund bekannt.[181]

Unter Einhaltung aller Vorsichtsmaßnahmen versuchte er den Minucius zu einer Schlacht zu locken.[182] Auf einem zwischen beiden Lagern gelegenen Hügel wurde in der Nacht ein kleiner Verband von Leichtbewaffneten und Reitern in einen Hinterhalt gelegt. Am frühen Morgen besetzten Leichtbewaffnete ganz offen den Hügel. Um dagegen vorzugehen, führte Minucius sein Heer in Schlachtordnung heraus, und Hannibal schickte seinen Leichtbewaffneten Verstärkung. Doch der überlegenen numidischen Reiterei waren die Soldaten des Minucius nicht gewachsen. Gleichzeit brachen die karthagischen Truppen aus dem Hinterhalt hervor und bedrohten das römische Heer von allen Seiten. Die Römer erlitten gewaltige Verluste, viele ergriffen die Flucht. Diese Entwicklung hatte Fabius befürchtet und Vorsorge getroffen. Er eilte mit seinem gefechtsbereit aufgestellten Heer dem Minucius zu Hilfe und stabilisierte – angeblich – allein durch sein Erscheinen den Kampf. Die Soldaten Hannibals hätten erschrocken von der Verfolgung abgelassen.

Die antiken Geschichtsschreiber schließen eine rührende Szene an. Minucius habe sein Versagen eingesehen, reumütig sein Heer ins Lager des Fabius geführt, ihn mit „Vater“ angesprochen, freiwillig sein Kommando niedergelegt und sich ihm unterstellt. Großmütig habe dieser ihm verziehen. Sicher blieb beim Leser dieser bewegenden Begegnung kein Auge trocken.[183]

Die Überlieferung ist einseitig zugunsten des Fabius beeinflußt und sollte skeptisch stimmen. Bei genauer Betrachtung des Schlachtberichtes treten weitere Verdachtsmomente auf, die an der Berichterstattung in der uns erhaltenen Form größte Zweifel entstehen lassen. Es ist unwahrscheinlich,

stimmt. Nach L 22,27,5–11, Plu Fab 10,5–6 und Cass frg. 57,17, Z 8,26,9 stellte Minucius, durch die Gleichstellung selbstbewußt geworden, die Forderung, entweder täglich oder in größeren Abständen den Oberbefehl zu wechseln. Diesen Anspruch lehnte Fabius ab aus Angst, die Existenz des gesamten Heeres durch ein tollkühnes Unternehmen des Minucius aufs Spiel zu setzen. Er schlug vor, das Heer zu teilen und bei getrennten Lagern selbständige Operationen durchzuführen. M. E. spricht für die livianische Tradition die innere Wahrscheinlichkeit. Fabius dürfte kaum den Vorschlag der alternierenden Kriegführung gemacht haben. Denn seine Bedenken und Überlegungen waren wohl begründet.

[181] P 3,104,1–2, L 22,28,1.

[182] P 3,104–105,11, L 22,28–29, Plu Fab 11–12, kurze Hinweise bei Nep Hann 5,3, App Ann 13,54–55, Val Max 5,2,4, Sil 7,515 ff., Frontin 2,5,22, Cass frg. 57,19, Z 8,26,10–11, Auctor de viris illustr. 43,3. Vgl. Seibert 1993, 225–226.

[183] P 3,105,11. Die Versöhnungsszene bei L 22,29,8–30,7, Plu Fab 13, kurze Hinweise bei Val Max 5,2,4, App Ann 13,55, Cass frg. 57,19, Z 8,26,11.

daß Hannibal nicht das Heer des Fabius in sein Kalkül einbezogen hatte und beobachten ließ. Wenn Fabius wirklich in das Kampfgeschehen eingegriffen hätte, warum sollte Hannibal sich vom Schlachtfeld zurückziehen, nachdem er endlich den Gegner zu der lang ersehnten Schlacht gezwungen hatte?

Tatsächlich brachte Hannibal dem Minucius erneut eine Niederlage bei, konnte aber nicht das gesamte Heer einkreisen, da Fabius die Fliehenden in seine Reihen aufnahm.[184] Dieser behielt seine bisherige Strategie bei und vermied die direkte Feindberührung.[185] Die dem Fabius wohlgesonnene Geschichtsschreibung wertete sein Eingreifen als einen Sieg. Um beim römischen Leser jeden Zweifel auszuschließen, legte sie dem Gegner lobende Worte in den Mund. Jetzt endlich hätten die Karthager gemerkt, daß sie gegen Römer und in Italien Krieg führten.[186]

Von Hannibal sind nur wenige Zeugnisse bekannt, die ihn als Menschen greifbar werden lassen. Was er dachte und plante, muß der Historiker aus seinen Handlungen erschließen. Was er fühlte und was ihn bewegte, etwa im Augenblick des Erfolges, bleibt uns meistens verschlossen. Scherzworte sind keine untrüglichen Zeugen für die Stimmung eines Menschen, zumal ihre Deutung, ob ernst oder ironisch, unsicher und ihre Authentizität oft umstritten ist. Nach der Schlacht soll er zu seiner Umgebung scherzend gesagt haben: „Habe ich Euch nicht oft prophezeit, die Wolke die so drohend auf den Höhen lagerte, werde einmal bersten und Hagel, Sturm und Regen bringen?“[187] Große Ehrfurcht vor den Römern scheint er nicht gehabt zu haben.

Minucius' Eifer hatte einen nachhaltigen Dämpfer erhalten, die Strategie des Fabius hatte sich als die bessere erwiesen. So verbrachten sie die restliche Zeit ihrer Amtszeit in ihren Lagern, bis sie ihre Ämter niederlegten und von Cn. Servilius Geminus und M. Atilius Regulus, dem Suffektkonsul, abgelöst wurden.[188] Die beiden setzten die Kriegführung des Fabius fort.[189] Zu einer größeren Schlacht kam es während der Wintermonate nicht, obgleich Hannibal sie immer wieder anbot. Die Römer beschränkten sich auf gelegentliche Überfälle fouragierender Abteilungen.[190]

[184] Vgl. App Ann 13,54.

[185] Vgl. Plu Fab 12,5.

[186] L 22,30,8.

[187] Plu Fab 12,6 überliefert diesen Ausspruch ausdrücklich als Scherzwort Hannibals, anders L 22,30,10 als ernste Aussage.

[188] Im Herbst 217: L 22,32,1, Plu Fab 14,1, App Ann 16,68, Cass frg. 57,21, Z 8,26,12. Livius hebt hervor, daß die Konsuln Winterlager (Plural!) bezogen, d.h. die von den Quellen berichtete Vereinigung der Lager des Fabius und des Minucius ist tatsächlich nicht vollzogen worden. Fabius hatte wohl bei seiner Anwesenheit in Rom den Suffektkonsul wählen lassen. P 3,106,1–2 ist ungenau, vgl. Walbank I 1957, 435.

[189] L 22,32,2, Plu Fab 14,1.

[190] L 22,32,1–3. Nach App Ann 16,69 sollen die Römer sogar größere Siege errungen haben. Die römische Geschichtsschreibung malte die Situation ihrer Feinde

Spanien[191]

Hasdrubal plante für den Sommer ein kombiniertes Land- und Seeunternehmen gegen die römischen Invasionstruppen unter Cn. Cornelius Scipio, die in Tarraco (h. Tarragona) überwintert hatten. Die „Aufrüstung" gegenüber dem Vorjahr war nur unbedeutend. Er hatte insgesamt 40 Schiffe während des Winters fahrbereit machen lassen, d. h. effektiv war die Flotte nur um drei Schiffe verstärkt worden. Mit dem Heer und der Flotte bezog er an der Ebromündung Stellung und wollte den Angriff der Feinde abwarten, deren Anmarsch ihm durch die längs der Küste installierten Beobachtungs- und Meldetürme – ursprünglich zur Abwehr von Seeräubern eingerichtet – frühzeitig gemeldet wurde.[192] Scipio, dessen Flotte durch massaliotische Schiffe verstärkt worden war,[193] übertrug die Feindaufklärung zwei massaliotischen Schiffen. Ihre Meldung, die karthagische Flotte ankere in der Ebromündung, bewog ihn zu einem Flottenangriff.

Vor der Ebromündung kam es zu einer Seeschlacht.[194] Das Landheer der Karthager hatte am Ufer zur Unterstützung der Flotte Aufstellung ge-

in düstersten Farben: Das karthagische Heer habe solchen Mangel gelitten, daß Hannibal sogar den Gedanken erwogen habe, nach Gallien zurückzukehren (L 22, 32, 3).

191 P 3, 95–99, vgl. dazu Walbank I 1957, 430–432, L 22, 19–21, App Ib 15, 57, Z 9, 1, 7, Frontin 4, 7, 9 (?), Sosylos, FGrHist 176, F 1; vgl. Seibert 1993, 261 ff.

192 P 3, 96, 1, L 22, 19, 6 ist informativer. Dieser Vorgang setzt voraus, daß auch Gebiete nördlich des Ebro noch fest in karthagischer Hand waren. Zu den Türmen Plin n h 2, 181, vgl. P. Moret, MCV 26, 1990, 23.

193 Cn. Scipio wagte es nicht, mit seinen Streitkräften gegen die Karthager ins Feld zu rücken, als ihm die tatsächliche Stärke der Karthager bekannt wurde. Deshalb habe er seine Schiffe bemannt, die zusätzlich aus dem Landheer verstärkt wurden. (Zur Stärke der Flotte Thiel 1946, 49 ff., Marchetti 1978, 112 ff.) Diese Angabe überrascht, da Scipio mit 35 Schiffen den Karthagern nur unwesentlich unterlegen war. Tatsächlich dürfte die römische Flotte wesentlich stärker gewesen sein, wenn man die massaliotischen Schiffe hinzunimmt, die den römischen Flottenverband begleiteten. Von Polybios und Livius werden sie nur als Aufklärungsschiffe erwähnt. In Wirklichkeit hatten sie entscheidenden Anteil am römischen Sieg, wie der Sosylospapyrus (PWürzb.) erkennen läßt. Anderer Ansicht ist G. A. Lehmann, in: Polybe. Entretiens sur l'Antiqu. Class. 20, Vandœuvres 1974, 177, der es für unwahrscheinlich hält, daß Polybios die Leistungen der Massalioten verschwiegen habe.

194 Über den Verlauf der Seeschlacht sind wir nur ungenügend informiert. Während bei P 3, 96, 1–2 die Vorbereitungen Hasdrubals zur Schlacht überlegt und ruhig erfolgten, was angesichts seiner Kenntnisse über den Anmarsch des Feindes nicht wundert, herrschte nach L 22, 19, 7 ff. allgemeine Konfusion, deren Ursache nicht zu klären ist. Der ganze Bericht ist von einer künstlichen Hektik erfüllt, die das anschließende Versagen im Kampf erklären soll (19, 11). Diese Darstellung erweckt wenig Vertrauen. Sosylos, FGrHist 176 F 1. Vgl. Seibert 1993, 261 f.

nommen. Nach den römischen Quellen war die Schlacht sehr schnell entschieden.[195] Sosylos betonte den tapferen Kampf auf beiden Seiten und hob vor allem die Verdienste der Massalioten am Sieg hervor. Gegen den *„Diekplous"* der Karthager, eine besondere Taktik des Seekampfes,[196] hatten die Massalioten in der zweiten Reihe Schiffe postiert. Die Überraschung für die karthagischen Schiffe dürfte groß gewesen sein, als sie, anstatt sich gegen einen hilflosen Feind zu wenden, auf einen angriffsbereiten Flottenverband stießen. Deswegen gaben sie schnell den Kampf verloren und suchten Zuflucht bei ihren Truppen am Ufer.

Die Verluste waren gering: Zwei Schiffe wurden samt ihrer Besatzung genommen, dazu vier weitere, die von ihren Mannschaften verlassen worden waren.[197] Die restlichen Schiffe zogen sich aus der Schlacht zurück und liefen am Strand auf, wo die Landtruppen in Schlachtordnung aufgestellt waren. Und nun begann angeblich der heldenhafte, kühne Angriff der römischen Flotte auf die gestrandeten Schiffe,[198] die sie vor den Augen der Feinde vom Ufer wegschleppten. Soll man tatsächlich glauben, daß Gnaeus Scipio so tollkühn und verwegen war, im Angesicht des zum sofortigen Einsatz bereiten karthagischen Landheeres die gestrandeten Schiffe wegzuschaffen? Seine Schiffe konnten dabei leicht gekapert werden. Die antiken Quellen berichten nichts über eine Abwehr, wodurch der Eindruck entsteht, als hätten die Soldaten Hasdrubals untätig zugesehen, wie die Römer ihre Schiffe abschleppten. Der ganze Vorfall ist dilettantisch aufgebauscht und übertrieben. Die angebliche Wegnahme von 25 karthagischen Schiffen verdient keinen Glauben.

Tatsächlich dürfte es sich bei der „Seeschlacht" an der Ebromündung um ein unbedeutendes Treffen gehandelt haben, bei dem die Römer einige wenige karthagische Schiffe eroberten, weil deren Kapitäne vorzeitig die Flucht ergriffen.[199] Man hätte diese Begegnung auch übergehen und feststellen können, daß bis zur Rückkehr des P. Cornelius Scipio in Spanien nichts Wesentliches geschehen ist.[200] Zum größeren Ruhm des Scipio wurden noch weitere Heldentaten erfunden, die kein Vertrauen verdienen.[201]

[195] P 3,96,4, L 22,19,12 beim ersten Angriff.

[196] Ein Schiff fährt einen frontalen „Scheinangriff" gegen ein feindliches Schiff, fährt an ihm vorbei, wobei versucht wird, die Riemen, falls sie nicht schnellstens eingezogen werden, zu zerstören und das Schiff damit manövrierunfähig zu machen, dreht in seinem Rücken und greift es achtern an.

[197] P 3,96,4, L 22,19,12.

[198] P 3,96,5–6, L 22,20,1–2.

[199] Vgl. den Tadel Hasdrubals L 23,26,4.

[200] Vgl. App Ib 15, 57.

[201] Diese Unternehmungen berichtet nur L 22,20,3 ff. Die römische Flotte startete zu einer Flottenfahrt entlang der Küste, ging an Land, wo es ihr paßte und

Erst als im Lauf des Sommers P. Cornelius Scipio mit Verstärkungen[202] in Iberien eintraf, wagten die beiden Brüder mit den vereinten Truppen, die nun die ursprüngliche Stärke des Invasionsheeres erreicht hatten, den Übergang über den Ebro.[203] Sie rückten an der Küste entlang bis nach Sagunt vor, wo sie beim Aphroditetempel ihr Lager aufschlugen.[204] Bostar, der von Hasdrubal den Befehl erhalten hatte, den Übergang des römischen Heeres über den Ebro zu verhindern, war vor ihnen bis Sagunt zurückgewichen.

Wenn wir der Überlieferung Glauben schenken, sind dort die iberischen Geiseln durch einen besonderen Glücksfall in die Hände der Römer gelangt. Ein adeliger Iberer, namens Abelyx, habe den Kommandanten Bostar überredet, sich durch die Freilassung der Geiseln das Wohlwollen ihrer Angehörigen zu sichern. Der Karthager wird als arglos beschrieben. Er sei im Vergleich zu seinen Landsleuten nicht so schlau gewesen, auf die List des Abelyx hereingefallen und habe die Geiseln freigelassen, die der Iberer den Römern auslieferte, wofür er hoch belohnt wurde. Nach der Freilassung der Geiseln, die der Iberer im Auftrag der Römer in ihre Heimat brachte, hätten sich die beiden Heere ohne Gefechtsberührung getrennt und seien in ihre Winterlager zurückmarschiert.

Man fragt sich vergebens, weshalb die Karthager ihre Geiseln in Sagunt aufbewahrten und nicht in ihrer Hauptstadt Neukarthago. Weshalb griff das überlegene römische Heer den Bostar nicht an? M.E. sind erhebliche Zweifel an den Vorgängen angebracht. Die Geiselgeschichte dürfte eine Dublette der Ereignisse vom Jahr 209 sein.[205] Tatsächlich dürfte außer

machte eine Eroberung nach der anderen, zuerst die Stadt Onussa, dann die Gegend von Neukarthago. Dort wurden sogar die Häuser bis unmittelbar an die Stadtmauer in Brand gesetzt. Dann folgte Loguntica, ein karthagisches Depot für Pfriemengras, das für den Schiffsbau wichtig war. Von hier setzte die Flotte auf die Insel Ebusus (h. Ibiza) über. Die Hauptstadt konnte allerdings nicht genommen werden. Die Folge dieser Machtdemonstration war: Gesandte von den Balearen seien erschienen und hätten um Frieden gebeten. Doch dieser Erfolg wird noch übertroffen. 120 iberische Völker aus allen Teilen des Landes hätten Geiseln gestellt und sich der römischen Oberhoheit unterworfen. Der früher so vorsichtige Gnaeus Scipio, der die karthagische Überlegenheit gefürchtet hatte, vergaß offenbar alle Vorsichtsmaßregeln, wenn man den Worten des Livius glauben will. Er stieß in das Herz des karthagischen Herrschaftsgebietes bis nach Castulo vor. Hasdrubal wich vor ihm nach Lusitanien zurück. Auch der Aufstand des Indibilis verdient keinen Glauben.

202 Mit 20 (so P 3,97,2) oder 30 Schiffen (L22,22,1) und 8000 Mann traf Scipio in Spanien ein. Die Angabe des Polybios 3,97,1–3, daß erst der Seesieg an der Ebromündung die Senatoren zur Entsendung des P. Cornelius bewogen habe, ist nicht überzeugend. Damit soll nur die Bedeutung dieses Seesieges betont werden.

203 P 3,97–99, L 22,22,1–21, Z 9,1,2–3.

204 Vgl. dazu A. Schulten, JDAI 1927, 232–235, Walbank I 1957, 432.

205 Gegen die Historizität K. J. Beloch, Polybios' Quellen im 3. Buch, Hermes 50,

einem kurzfristigen Übergang über den Ebro, der nichts weiter als eine leere Machtdemonstration war, nichts geschehen sein.

Operationen zur See

Als Folge des römischen Sieges an der Ebromündung stellte Polybios fest,[206] daß die Römer in diesen Gewässern überlegen waren. Die Karthager hätten klar erkannt, die Beherrschung der See sei Voraussetzung für den Erfolg aller Unternehmungen, und deshalb eine Flotte von 70 Schiffen bemannt. Man kann sich nur wundern, daß den Karthagern erst jetzt diese Erkenntnis gekommen war. Sollte ihnen aber die Seeschlacht am Ebro tatsächlich zu der späten Einsicht verholfen haben, dann hätten sie immer noch nicht die Zeichen der Zeit erkannt. Denn auch mit 70 Schiffen waren sie der römischen Flotte unterlegen.

Die karthagische Flotte hatte sowohl logistische wie operative Aufgaben. Über Sardinien lief sie die italische Küste an, wo sie bei Pisa auf Hannibal stoßen wollte. Da Hannibal zur Adria abgebogen war, konnte keine Verbindung zu ihm hergestellt werden. Doch die Fahrt war nicht vergeblich. Auf der Höhe von Cosa konnte ein römischer Nachschubverband nach Iberien aufgebracht und gekapert werden.[207] Dieses Mißgeschick veranlaßte den Diktator Fabius, den Servilius zur Flotte abzukommandieren und ihm den Küstenschutz zu übertragen.[208] Bis die römischen Schiffe in See stachen, waren die Karthager bereits über Sardinien in ihre Heimat zurückgekehrt.

Der Umweg über Sardinien dürfte den Argwohn der Römer erregt haben. Ob Verdächtigungen über Abfallpläne berechtigt waren oder nicht, Servilius nahm auf Korsika und Sardinien Geiseln. Dann unternahm er einen Vorstoß in die Gewässer vor der afrikanischen Küste.[209] Zunächst lief er die Insel Menix (h. Djerba) an, die er verwüstete, dann die Insel Kerkina (h. Kerkinah, ca. 40 km von Sfax entfernt), die er gegen Bezahlung von 10 Talenten Silber schonte. Nach diesen Erfolgen setzte er aufs Festland über, um seine Plünderungen fortzusetzen. Hier stießen die sorglos gewordenen Flottensoldaten auf energischen Widerstand der Karthager. Die von Hannibal organisierte Verteidigung der Küsten gegen feindliche Invasionen bewährte sich. Die Römer mußten erhebliche Verluste hinnehmen.[210]

1915, 361, Huß 1985, 327 A 245, dafür Kahrstedt 1913, 425, Lazenby 1978, 128, Richardson 1986, 37.

[206] P 3, 96, 8.

[207] L 22, 11, 6, Z 8, 26, 13.

[208] P 3, 88, 8, L 22, 11, 7, Z 8, 26, 13.

[209] P 3, 96, 12–14, L 22, 31, 1–6, Z 8, 26, 13, Thiel 1946, 52 ff.

[210] 1000 Mann, darunter der Quästor Tib. Sempronius Blaesus.

Auf der Rückfahrt nach Lilybaion liefen die Römer die Insel Kossura (h. Pantelleria) an und sicherten sie durch eine Besatzung. Damit war ein strategisch wichtiger Punkt für die Überfahrt von Sizilien nach Karthago gewonnen worden. Servilius reiste von Sizilien auf dem Landweg nach Italien, um sein Konsulat weiterzuführen.

Hinweise auf Beratungen im Winterlager der Karthager fehlen in der Überlieferung. Sicher fanden Sitzungen des Kriegsrates statt, in denen der Kriegsverlauf analysiert und Pläne für die nächste Kampagne gemacht wurden. Wir wüßten gern, wie Hannibal seine Lage beurteilte.[211] Auf den ersten Blick wirkt eine Aufzählung seiner Taten im abgelaufenen Jahr imponierend: Sieg und vollständige Vernichtung eines konsularischen Heeres, Sieg über die Reiterei des zweiten konsularischen Heeres, volle Bewegungsfreiheit in Italien, Verwüstung weiterer Gebiete Italiens, mit drei „Scheinangriffen" größtes Entsetzen in Rom, zum Ende des Feldzuges noch ein Sieg über das Heer des Minucius.

Bei genauer Betrachtung findet man einige Flecken, die das schöne Bild trüben: Seine Aufforderung an die römischen Bundesgenossen, auf seine Seite überzutreten, hatte noch keinen einzigen *socius* zum Abfall vom Rom veranlaßt! Das war eine äußerst bedenkliche Entwicklung, beruhte doch sein militärisches Konzept auf der Unterstützung durch die *socii*.[212] Als gravierender Nachteil hatte sich auch das Fehlen einer festen Versorgungsbasis erwiesen. Die rechtzeitige Sorge um ein Winterlager zwang ihn, die militärischen Operationen nicht nach den Erfordernissen einer effektiven Kriegführung auszurichten, sondern sie vorrangig geographischen, klimatischen und versorgungstechnischen Gesichtspunkten unterzuordnen. Der Stellungskrieg von Gereonium, der auch noch im nächsten Jahr viele Monate lang dauern sollte, „war kein glänzendes Zeugnis für Hannibals Befähigung in dieser Art der Kriegführung"[213]. Seine Politik, die gefangenen Bundesgenossen freizulassen, ihre Gebiete aber zu verwüsten und auszuplündern, paralysierte sich selbst.

Trotz der Siege des Feindes sah die Lage für die Römer nicht so ungünstig aus. Ihre Vorteile im Bewegungskrieg (Versorgung aus festen Plätzen) in Verbindung mit besseren Ortskenntnissen und Unterstützung durch die Bevölkerung hatten sich klar erwiesen. Die Strategie des Fabius, jede Schlacht zu vermeiden, konnte auf die Dauer für Hannibal sehr gefährlich werden. Allerdings war die Zeit noch nicht reif, daß die Römer ihre Richtigkeit ein-

[211] App Ann 16, 70 erwähnte schriftliche Berichte Hannibals nach Karthago, in denen er um Nachschub bat und seine eigenen Leistungen übertrieben darstellte.

[212] Aus dieser Sicht ist es durchaus verständlich, daß Hannibal bereits im Jahr 217 von Karthago Truppenverstärkungen anforderte, wie App Ann 16, 70 bezeugt.

[213] Kromayer III 1, 1912, 266ff.

sahen.[214] Abgesehen von vordergründigen Entschuldigungen führten sie ihre Niederlagen vor allem auf zwei Ursachen zurück: Ihre Legionen, die jeweils neu ausgehoben wurden, seien mangelhaft ausgebildet und ihre Reiterei der feindlichen unterlegen. Deshalb blieben die Legionen am Jahresende im Winterlager und exerzierten, wenngleich dadurch die Finanzkasse erheblich belastet wurde, da die Soldaten länger besoldet werden mußten. Da die Römer die Zahl ihrer Reiter, die vom Ritterzensus abhing, nicht beliebig vermehren wollten, sollten die Bundesgenossen größere Reiterkontingente stellen.

[214] Damals hätte Ennius wohl kaum den Vers niedergeschrieben, mit dem er dem Diktator ein Denkmal setzte: *unus homo nobis cunctando restituit rem* (Annalen 363 Skutsch, 529ff. Kommentar). Das Fragment wird von Skutsch S. 530–531 dem 12. Buch zugewiesen, lange nach dem Tod des Fabius, den Ennius im 9. Buch beschrieb.

Das 3. Kriegsjahr: 216 v. Chr.[1]

Rom

Wie lange werden die Bundesgenossen die Treue halten? Diese Frage war für die Römer von existentieller Bedeutung. Noch war kein einziger *socius* zu den Feinden übergetreten. Die „Ergebenheitsadressen" und „Hilfsangebote" vieler Bundesgenossen, die in diesen Wintermonaten Rom erreichten, waren durchaus aufrichtig und lagen ganz auf der Linie römischer Propaganda, wenn die Bürger von Neapel verkündeten, der Krieg werde ebenso um die Städte und Gebiete der Bundesgenossen geführt wie um Rom.[2] Die finanzielle Unterstützung war ebenfalls willkommen.[3] Die große Spende des Königs Hieron II. von Syrakus wurde bereitwillig angenommen, wenngleich die römische Tradition den Eindruck erwecken will, als habe er erst um die „Gunst" bitten müssen, seine Lieferungen überbringen zu dürfen.[4] Sein Geschenk, eine goldene Siegesgöttin, dürfte seinen aufrichtigen Wunsch ausgedrückt haben. Er war an der Vernichtung Roms ebensowenig interessiert, wie er über den Untergang Karthagos während des Libyschen Krieges erfreut gewesen wäre. Als Herrscher eines kleinen Reiches strebte er ein Gleichgewicht der politischen Kräfte an.[5] Sollten die karthagischen Waffen

[1] Kahrstedt 1913, 426ff., De Sanctis III 2, 1916, 55ff., 235ff., Thiel 1946, 55ff., Lazenby 1978, 73ff., 128ff., Huß 1985, 327ff. Karte Nr. 3.

[2] L 22,32,4–9. Es liegt kein ersichtlicher Grund vor, diese Berichte als annalistische Erfindung abzutun. Tammler 1971, 137–139.

[3] Angeblich sollen die Römer sich mit dem Bekunden des guten Willens zufriedengegeben haben. Von Neapel sei von 40 schweren goldenen Schalen nur die Schale mit dem kleinsten Gewicht angenommen worden (L22,32,9), von den anderen Städten überhaupt nichts (L22,37,11). Diese „Großzügigkeit" der Römer erscheint angesichts ihrer akuten finanziellen Schwierigkeiten unglaubwürdig.

[4] L 22,37,1–12: 300000 Scheffel Weizen, 200000 Scheffel Gerste, 1000 Bogenschützen und Schleuderer sowie eine goldene Siegesgöttin im Gewicht von 220 Pfund. Z8,26,14. Vgl. H. Berve, Hieron II., Abh. Bayer. Akademie, München 1959, 78, O.W. von Vacano, Römische Mitteilungen 78, 1971, 59–72, A.M. Eckstein, Unicum subsidium populi Romani: Hiero II and Rome, 263 B.C.–215 B.C., Chiron 10, 1980, 197.

[5] H.H. Schmitt, Polybios und das Gleichgewicht der Kräfte, in: Polybe. Entretiens sur l'Antiquité Classique 20, Vandœuvres 1974, 81ff.

weiter siegen, war eine völlige Verschiebung des politischen Gefüges zu erwarten. Dann mußte er um den Bestand seiner Herrschaft bangen, da die Karthager sicher auf Sizilien eingreifen würden.

Die Römer hatten nach längeren innenpolitischen Auseinandersetzungen[6] schließlich den C. Terentius Varro und L. Aemilius Paullus zu Konsuln gewählt.[7] Aemilius war bereits 219 Konsul und Terentius im ersten Kriegsjahr (218) Prätor gewesen.[8] Wegen einer Heldentat im Illyrischen Krieg hatte er sich den Beinamen Varro verdient,[9] möglicherweise unter demselben Aemilius im Jahr 219. Damit waren die besten Voraussetzungen für eine gemeinsame, erfolgreiche Kriegführung gegeben.[10] Als Prätoren wurden ebenfalls Männer gewählt, die in diesem Amt bereits Erfahrung hatten.[11]

Die Konsuln und Senatoren[12] waren sich einig, daß ein Sieg ausreichen würde, um den Feind aus dem Land zu vertreiben. Eine zweite Chance nach einer Niederlage hätte er wohl kaum. Der Erfolg des Minucius mit dem Vierlegionenheer hatte den Weg gewiesen: Der Feind sollte mit einem numerisch weit überlegenen Heer besiegt werden.[13] Zur Verbesserung der Ausbildung

[6] Scullard 1951, 49ff., 275, Lippold 1963, 160ff., T. A. Dorey, The Elections of 216, RhM 102, 1959, 249–252, Tammler 1971, 140–141, G. V. Sumner, Elections at Rome in 217 B. C., Phoenix 29, 1975, 250ff., E. S. Gruen, The Consular Elections for 216 B. C. and the Veracity of Livy, California Studies in Class. Antiquity 11, 1978, 61–74, B. L. Twyman, The Consular Elections for 216 B. C. and the Lex Maenia de patrum auctoritate, CPh 79, 1984, 285–294.

[7] Der ausführliche Bericht bei L22, 34, 1–35, 3 verdient kein Vertrauen. Diese Vorgänge, die höchstens ein Symptom für die angebliche innere Zerstrittenheit der Römer sein könnten, sind für den weiteren Gang des Krieges unerheblich. Sie offenbaren eindeutig die Tendenz, den Plebejer C. Terentius Varro als einen Mann niederer Herkunft abzuqualifizieren und damit bereits auf die kommende Niederlage bei Cannae vorzubereiten, die allein dieser Mensch zu verantworten hatte.

[8] Vielleicht verwaltete er die Provinz Sardinien, so die Vermutung von Broughton I 1951, 238 A 5. Die antiken Quellen betonen seine Unerfahrenheit, vgl. P3, 110, 3, L22, 38, 6ff. Die negative Tendenz ist deutlich erkennbar. Angeblich soll sein Vater Metzger oder insgesamt dunkler Herkunft gewesen sein, vgl. L22, 25, 18–19, Val Max 3, 4, 4, Plut Fab 14, 2, Z9, 1, 6, Sil 8, 246ff., 258ff. F. Münzer, RE 5 A 1, 1934, 681–682 s.v. Terentius 83.

[9] Vgl. Servius Dan. z. Aen. XI 743 Entlehnung von dem Namen eines besiegten Feindes vgl. C. Cichorius, Römische Studien, 1922, 189ff.

[10] Die Verzerrungen der römischen Geschichtsschreibung über die grundlegenden Meinungsverschiedenheiten mit dem Ziel, Varro ausschließlich die Schuld an der Niederlage bei Cannae anzulasten, verdienen keinen Glauben. Seibert 1993, 352, 354.

[11] L 22, 35, 5–6: M. Pomponius Matho, P. Furius Philus, M. Claudius Marcellus, L. Postumius Albinus.

[12] Tammler 1971, 142–145.

[13] Diesen Gedanken vertrat der Volkstribun Q. Baebius Herennius in seiner Schmährede (L22, 34, 5). Da aber die vom Senat gebilligte Strategie der Konsuln des

sollten die neu ausgehobenen Truppen schnellstens zu den alten Legionen ins Feld gesandt werden und sofort mit dem Exerzieren beginnen.[14] Während normalerweise zwei Legionen für jeden Konsul ausgehoben wurden, sollten die Konsuln zusammen ein Achtlegionenheer ins Feld führen. Die Bundesgenossen sollten entsprechende Truppenkontingente entsenden.[15] Noch nie in ihrer Geschichte hatten sie ein so großes Heer aufgeboten.[16]

Die Einberufung, Musterung und Ausrüstung solcher Truppenmassen benötigte geraume Zeit.[17] Bei der Verpflichtung der Soldaten wurde eine Neuerung eingeführt. Sie mußten einen Eid schwören, nie zur Flucht oder aus Angst die Reihen zu verlassen und nie zurückzutreten, es sei denn aus militärischen oder humanitären Gründen.[18] Die Senatoren hofften durch die eidliche Verpflichtung die Kampfmoral verbessern zu können. Welche Bedeutung sie dem Soldateneid beimaßen, lassen die Goldmünzen erkennen, auf denen die Schwurszene auf der Rückseite dargestellt wurde. Ein römischer und ein bundesgenössischer Soldat, beide mit einer Lanze, richten einen Dolch oder kurzes Schwert auf ein Schwein, das ein junger Mann in der Mitte kniend hält, um das Tier zu opfern und den Eid zu leisten.[19]

Die gewaltigen Aufgebote und Rüstungen verschlangen ungeheure Summen. Das Material zur Prägung der Münzen war nicht beliebig ver-

Jahres 216 auf dieser Erkenntnis beruhte, dürfte sie einen historischen Kern enthalten.

[14] P 3, 106, 4–5.

[15] P 3, 107, 9–14, Walbank I 1957, 441, L 22, 36, 1–3. Die Stärke der Legion wurde von 4000 auf 5000 Fußsoldaten und von 200 auf 300 Reiter erhöht. Die *socii* sollten acht Alen aufstellen, die Zahl der Reiter sogar verdreifachen. Livius hat nur die doppelte Zahl. Zur Größe des römischen Heeres bei Cannae vgl. Seibert 1993, 228f.

[16] Außerdem wurde für den Prätor L. Postumius ein Heer, wohl zwei Legionen, bewilligt, P 3, 106, 6. Der Ausdruck *„stratopedon"* kann Heer oder Legion bedeuten. L 23, 24, 8 erwähnt zwei Legionen. Für Iberien wurde Nachschub beschlossen, P 3, 106, 6. Die Höhe ist nicht bekannt. Insgesamt standen in diesem Jahr, wenn die Beschlüsse des Senats ausgeführt wurden, 15 Legionen und die entsprechenden Aufgebote der Bundesgenossen im Feld. Zu den 8 Legionen der Konsuln je zwei Legionen in Gallia, Sicilia, Hispania und eine Legion in Sardinia. De Sanctis III 2, 1916, 126ff. rechnet nur mit 11 Legionen, da er die vier neu ausgehobenen Legionen ablehnt. Die Angabe des Polybios von 8 Legionen deutet er als vier römische Legionen und vier bundesgenössische Alen. Klotz 1933, 57–66, Marchetti 1978, 40–48.

[17] Vgl. Rüpke 1990, 67ff. Die Schlacht bei Cannae fand am 2. August statt. Aber selbst bis zu diesem Zeitpunkt waren noch nicht alle Truppen beim Heer eingetroffen, wie die Nachzügler aus Praeneste und Perusia erkennen lassen, vgl. L 23, 17, 8–12.

[18] L 22, 38, 4, Rüpke 1990, 77ff.

[19] Die Deutung der Aurei mit der Schwurszene ist in der Forschung nicht unumstritten. Vgl. Seibert 1993, 361–362.

mehrbar. Die Silbermünzen wurden verschlechtert.[20] Wahrscheinlich mußte erneut das Gewicht des Bronze-As reduziert werden. Wie sich nachträglich herausstellen sollte, ließ man sich mit den Soldzahlungen auch reichlich Zeit.

Alle Kräfte wurden auf das einzige Ziel konzentriert, den Feind vernichtend zu schlagen und aus dem Land zu vertreiben. Viele Senatoren folgten den Konsuln ins Feld und nahmen aktiv an der Schlacht teil.[21] Es wurden nur wenige Prodigien gemeldet, ein Zeichen der allgemeinen Zuversicht und Hoffnung auf ein baldiges Kriegsende.[22]

Italien

Während in Rom die Vorbereitungen für den Krieg planmäßig weiterliefen[23] und die Truppen nach Gereonium entsandt wurden, war der Krieg dort seit Monaten zu einem Stellungskampf erstarrt. Es kam nur zu einzelnen unbedeutenden Scharmützeln,[24] die sich aus zufälligen Begegnungen bei Erkundungsritten oder Versorgungsunternehmen ergaben. Die Verstärkungen des römischen Heeres entgingen Hannibal nicht. Die ständigen Übungen im Waffengebrauch und das Exerzieren in Treffen deuteten auf die Vorbereitung zu einer größeren Schlacht hin, die er herbeisehnte, um den Krieg nach einem weiteren Sieg zu beenden. Seine Geduld wurde auf eine lange Probe gestellt. Mit jedem Tag, den er in Gereonium verbringen mußte, schmolzen seine Vorräte hin, während der Gegner sich aus dem Hinterland bedienen konnte.[25]

[20] Z 8,26,14.

[21] Ihre genaue Zahl ist nicht bekannt. Es steht aber fest, daß allein achtzig Senatoren in der Schlacht bei Cannae gefallen sind (L22,49,17).

[22] Nur fünf Prodigien wurden für sühnungswürdig erachtet, L22,36,6 9. Für diese Deutung spricht die Tatsache, daß die Unzucht der Vestalinnen, der bereits vor der Niederlage bei Cannae bekannt war, erst nach der Schlacht als *prodigium* gewertet wurde. Vgl. Rosenstein 1990, 69–70. Der von Sil 8, 653–655 erwähnte Vesuvausbruch ist wohl eine Projektion des berühmten Vesuvausbruches seiner eigenen Zeit. Vgl. Phyllis Y. Forsyth, AHB 4, 1990, 6ff.

[23] Die Berichte bei L 22,38,6ff., Plu Fab 14,2ff. über die Prahlereien des Terentius, er werde die Feinde noch am selben Tage schlagen, wenn er sie sehe, und die Ermahnungen des Fabius an Aemilius verdienen ebensowenig Vertrauen wie der angebliche Auszug der beiden Konsuln aus der Stadt, Aemilius in Begleitung der angesehensten Männer Roms, Terentius umgeben von einer Masse Volk.

[24] App Ann 16,69.

[25] Die schlechte Versorgungslage wird von L22,40,8–9; 43,2–5 weit übertrieben. Es seien nur noch für 10 Tage Proviant vorhanden gewesen. Den Iberern wird nachgesagt, sie wären mit Sicherheit desertiert. Es ist nicht erkennbar, weshalb gerade die Iberer davonlaufen wollten. Schließlich litten alle Soldaten unter dem Verpflegungs-

Erst als die Ernte bereits eingebracht war,[26] beendete Hannibal den zermürbenden und für die Soldaten frustrierenden Stellungskrieg, der sie fast ein dreiviertel Jahr in dieser Gegend festgehalten hatte, und besetzte überraschend den Ort Cannae, der dem römischen Heer als Nachschubzentrum diente.[27] Damit hatte er die Versorgung seines Heeres für die nächste Zeit gesichert und kontrollierte durch die strategisch günstige Position des Ortes im Aufidustal ein größeres Gebiet.[28] Würde dieser Schachzug endlich die erhoffte Bewegung bringen?

Nach dem Abzug Hannibals holten die Prokonsuln Cn. Servilius und M. Atilius in Rom weitere Direktiven ein. Die Konsuln beriefen die Senatoren, erörterten die militärische Lage und den Feldzugsplan. Das Ergebnis war ein Senatsbeschluß, daß eine Schlacht geschlagen werden sollte.[29] Die Prokonsuln erhielten die Anweisung, noch zu warten. Danach verließen die Konsuln die Stadt und begaben sich ins Lager nach Gereonium.[30]

Ihre wichtigste Aufgabe war, die Soldaten psychisch auf den Kampf einzustellen und zu motivieren.[31] Der Schock der vielen Niederlagen saß tief. Die

mangel. Tatsächlich trat dieser Zustand gar nicht ein, wie Livius versichert. Das ganze Schauermärchen von dem desolaten Zustand des karthagischen Heeres wurde nur erfunden, um die These zu stützen, man hätte nur abwarten müssen, dann wäre das hannibalische Heer auseinandergelaufen. Hannibal soll sogar mit dem Gedanken gespielt haben, nach Gallien zurückzukehren (L 22, 43, 4). Dabei wurde ihm unterstellt, er habe nur die Reiterei mitnehmen und das Fußvolk zurücklassen wollen, ein verantwortungsloses Verhalten eines Feldherrn.

[26] P 3, 107, 1, Walbank I 1957, 441 vermutet Anfang Juni. Die Schlacht bei Cannae fand am 2. August statt. Es liegen keine Angaben vor, wie lange sich Hannibal bereits vorher in dieser Gegend aufgehalten hatte. Vgl. auch P. Brind'Amour, Le calendrier romain, Ottawa 1983, 162–163.

[27] P 3, 107, 2–3. Zur Anmarschroute über Arpi und Salapia vgl. Kromayer III 1, 1912, 299 ff.

[28] Der Aufidus war bis Cannae schiffbar, vgl. Strabon 6, 3, 9 (283).

[29] P 3, 107, 7. Tammler 1971, 146–148. Diesen wichtigen Beschluß, der die Übereinstimmung nicht nur der Konsuln, sondern auch des gesamten Senats unterstreicht, unterdrückte die römische Geschichtsschreibung, die für die Niederlage in der Schlacht vor allem Differenzen der Konsuln über die Kriegführung verantwortlich machte.

[30] Zu diesem Zeitpunkt war Hannibal bereits nach Cannae abgezogen. Nach L 22, 40, 4–42, 12 soll er aber noch bei Gereonium gestanden haben, woraus sich auch Gefechte entwickeln, und eine List Hannibals, die Römer in eine Falle zu locken, scheitert. Alle diese Ereignisse dürften Erfindungen der römischen Historiographie sein. Vgl. W. Sontheimer, Livius und Polybios über die Ereignisse des Jahres 216 bis zur Schlacht bei Cannae, Aus Unterricht und Forschung 2, 1930, 193 ff.

[31] Nach den Vorstellungen der antiken Geschichtsschreibung mußte der Feldherr eine Rede halten. Die Gedanken, die P 3, 108–109 für eine Rede des Aemilius überlieferte, dürften auch ungefähr die Argumente wiedergeben, die die Militärtribune und

Soldaten wurden auf die Verbesserungen hingewiesen, die den Sieg garantieren würden: Jetzt kommandierten beide Feldherrn zusammen, während bei den früheren Schlachten jeweils nur ein Befehlshaber anwesend war. Die Truppen seien gut ausgebildet und stünden bereits im zweiten Jahr im Feld. Sie selbst kannten den Feind, seine Bewaffnung, seine Schlachtordnung und Taktik genau. Somit seien alle Voraussetzungen für einen Sieg gegeben. Entscheidend seien aber der Wille und die Einsatzbereitschaft der Soldaten, denen die Konsuln volle Harmonie demonstrierten.[32]

Dann brach das römische Heer in Richtung Cannae auf.[33] Aus den Fehlern der Vergangenheit hatten die Konsuln gelernt. Die Feindaufklärung wurde nicht vernachlässigt, die Marschwege wurden gründlich observiert.[34] Dennoch konnte Hannibal auf die anmarschierenden Truppen einen Überfall wagen, der zunächst große Verwirrung hervorrief, dann aber von den Römern zurückgeschlagen wurde. Dem Karthager war es gelungen, durch

Centurionen bei ihren Gesprächen den Soldaten mitteilten. Zur Problematik dieser Reden vgl. Seibert 1993, 3–4.

32 Wenn wir der antiken Überlieferung Glauben schenken wollen, bestanden zwischen beiden Konsuln grundlegende Differenzen über die Kriegführung. Nach P3,110,2–3, L22,42,4;44,7, vgl. auch Ennius, ann. 261 Skutsch lehnte Aemilius Paullus eine Schlacht in der Ebene von Cannae ab, da hier die kavalleristische Überlegenheit des Feindes sich voll entfalten könne. Er verlangte, sie sollten in ein Gelände marschieren, wo hauptsächlich das Fußvolk eingesetzt werden könne. Diesen Vorschlag lehnte Terentius ab. Aemilius war also grundsätzlich nicht gegen eine Schlacht, nur nicht an dieser Stelle. Nach anderen Versionen war Aemilius allerdings ein Anhänger der fabischen Strategie der Schlachtverweigerung, während Terentius öffentlich geäußert haben soll, er werde noch an dem Tag, an dem er auf den Feind stoßen werde, mit ihm kämpfen und siegen, vgl. L22,38,6–13, vgl. Plu Fab 14,2, App Ann 78–79, Z9,1,10. Dafür habe er die Zustimmung der Mehrheit des Kriegsrates gefunden, aller Senatoren und Ritter, während nur der Prokonsul Servilius dem Aemilius beipflichtete. Warum rückten die Konsuln nach Apulien vor, wenn sie keine Schlacht schlagen wollten? Daß dort das Gelände eben war, war auch Aemilius bekannt. Angeblich äußerte er seine Bedenken erst, als sie ihr Lager in der Nähe Hannibals aufgeschlagen hatten. Immerhin hätte er die Möglichkeit gehabt, am Tag, an dem er den Oberbefehl hatte, aus der Gegend abzuziehen. Vielmehr bezogen die Römer erst an diesem Tag ihr Lager am Aufidus, d. h. sie sind erst in die Ausgangsstellung zur Schlacht eingerückt. Die angeblichen Differenzen zwischen Aemilius und Terentius sind spätere Erfindungen, um den Aemilius von der Mitverantwortung für die Niederlage freizusprechen.

33 Welchen Weg schlugen die römischen Truppen ein? Marschierten sie direkt von Gereonium über Arpi – Salapia nach Cannae (so Kromayer) oder über Luceria, Aecae (h. Troja), Herdonea (h. Ordona) nach Cannae (so De Sanctis, Judeich)? Die erste Strecke ist ca. 105 km lang und führt durch flaches Gelände, die andere ist ca. 124 km lang und führt an Hängen des Tavoliere entlang. Vgl. Walbank I 1957, 437.

34 L 22,44,1.

einen kleinen Erfolg dem Gegner Siegeszuversicht zu vermitteln, die ihn für die entscheidende Schlacht bereitmachte.[35]

Hannibal hatte unterhalb der Burg von Cannae am rechten Ufer des Aufidus sein Lager aufgeschlagen. Die Römer schlugen zwei Lager auf. Während der größere Teil des Heeres im Lager auf dem linken Ufer blieb, ging der Rest (ein Drittel) über den Aufidus und schlug sein Lager in einer Entfernung von 10 Stadien (= ca. 1,8 km) auf. Gleichzeitig gab Hannibal sein Lager auf und verlegte es auf die andere Flußseite, wo auch das größere römische Lager war.[36]

Würde es wieder zu einem Stellungskrieg kommen? Hannibal mußte alles versuchen, die Römer zu einer Schlacht herauszufordern.[37] Doch diese nahmen sein Angebot nicht an. Erst am nächsten Tag führten sie ihre Truppen aus dem größeren Lager auf das rechte Aufidusufer und stellten sie in Schlachtordnung auf.[38] Hannibal folgte ihnen sofort auf das andere Ufer.

[35] P 3, 110, 5–6.

[36] Die antiken Quellen gaben keine eindeutigen Hinweise, auf welcher Flußseite Hannibal und die Römer zunächst lagerten. Da Hannibal in Cannae sein Versorgungslager hatte, ist anzunehmen, daß er unmittelbar am Fuß der Burg von Cannae lagerte, d. h. auf der rechten Seite des Aufidus. Wenn er also sein Lager auf die andere Flußseite verlegte, dann auf die linke Seite, von der er zur Schlacht wieder den Fluß überqueren mußte, d. h. die Schlacht fand auf der rechten Seite des Aufidus statt. Dieser Schluß wird durch die Aufstellung der Römer und Karthager bestätigt, denn der rechte Flügel der Römer und der linke Flügel der Karthager lehnten sich an den Aufidus an. Vgl. Kromayer III 1, 1912, 280 ff. Seit vielen Jahrzehnten ist diese Frage umstritten. Vgl. Seibert 1993, 230.

[37] Hannibal soll einen ganz infamen Trick angewandt haben, um die Römer zur Aufgabe ihrer Stellung zu veranlassen. Er habe die Leichen gefallener Krieger oberhalb des römischen Lagers in den Aufidus geworfen, um das Trinkwasser ungenießbar zu machen, Z 9, 1, 11.

[38] Die römische Führung wollte die Schlacht nicht dort annehmen, wo Hannibal sie anbot. Insgeheim befürchteten sie eine geheime List oder einen Hinterhalt des Karthagers. Wenn sie aber selbst den Ort des Geschehens bestimmten, hielten sie diese Gefahr für ausgeschlossen. Die Quellen erklärten den Vorgang damit, daß an diesem Tag Terentius den Oberbefehl hatte (P 3, 113, 1, L 22, 45, 5).

Die Schlacht bei Cannae[39]

Die Konsuln führten zum ersten Mal acht Legionen ins Feld.[40] Sie hatten keine Erfahrung, diese Menschenmenge schlachtgerecht aufzustellen und einzusetzen. Sie stellten die Manipel dichter und um ein Vielfaches tiefer gestaffelt auf, damit die Feinde ihrem Druck keinen Widerstand entgegensetzen konnten.[41] Im Lager blieben zwei Legionen, die während der Schlacht das Lager der Feinde angreifen und den Troß erbeuten sollten.[42] Damit sollte Hannibal gezwungen werden, Truppen zum Schutz des Lagers abzustellen und sein Kampfheer zu schwächen. Insgesamt waren die Römer dem Feind an Fußsoldaten weit überlegen,[43] an Reitern etwa gleich stark.[44]

[39] P 3,107–117, vgl. dazu Walbank I 1957, 435ff., L22,40,4–49,18, App Ann 17,73–26,111, Plu Fab 15–16, Cass frg. 57,23–29, Z9,1,6ff., Nep Hann 4,4, Polyain 6,38,3–4, Frontin 2,2,7; 3,7; 5,27; 4,5,5–7, Fl 1,22,15–18, Val Max 3,2,11; 5,6,4; 7,4 ext.2, Eu 3,10, Or 4,16,1–5, Sil 8–10, 325. Die Literatur zur Schlacht bei Cannae ist sehr umfangreich. Gute Überblicke über die Forschung findet man bei Kromayer III 1, 1912, 278–388, Karte 8; IV 1931, 610–625, De Sanctis III 2, 1916, 126–159, B. L. Hallward, CAH VIII 1930, 726ff., Walbank I 1957, 435–449; II 1967, 638; III 1979, 769, Huß 1985, 327–332, Seibert 1993, 227–232.

[40] Zur Stärke der Römer vgl. Seibert 1993, 228–229.

[41] P 3,113,3

[42] P 3,117,8–9.

[43] Kromayer III 1, 1912, 343 rechnet damit, daß die Lagerbesatzung von den 80000 Mann abzuziehen seien, obgleich P3,113,4 seine Zahlenangaben eindeutig für die Schlachtaufstellung macht. App Ann 17,76 gibt 70000 Mann und 6000 Reiter als Gesamtstärke des Heeres an. Nach Plu Fab 15,1 war das römische Heer doppelt so stark wie das karthagische. Geht man allerdings nur von einer Ergänzung der vier Legionen des Vorjahres (ca. 16000Mann) um 10000 Mann aus (= ca. 26000 Mann), wozu noch die gleiche Zahl an Bundesgenossen kam, so waren die Römer mit insgesamt ca. 52000 Fußsoldaten immer noch weit überlegen. Man sollte bei allen Berechnungen nicht vergessen, daß die überlieferten Zahlen das Ergebnis von Kalkulationen sind, die sich zu gut durch die Addition der Verlustangaben beweisen lassen. Skeptisch muß stimmen, daß die einfache Multiplikation der Legionen in Sollstärke die tatsächliche Kampfstärke für die Schlacht ergibt. Weder in der Antike noch in modernen Zeiten entsprechen die Sollstärken den Effektivstärken. Und für das Heer von Cannae ist belegt, daß zwei bundesgenössische Kontingente, insgesamt ca. 1000 Mann, nur bis Casilinum gekommen sind. Wieviele Kohorten mögen noch unterwegs gewesen sein, von denen die antike Historiographie nichts berichtet?

[44] Die Stärke der Reiterei wird verwirrend angegeben. Vertraut man den Angaben des Polybios, dann müßten die Flügel sehr unterschiedlich besetzt gewesen sein, da die römischen Reiter auf dem rechten, die bundesgenössischen Reiter auf dem linken Flügel eingesetzt wurden. Die Römer hatten bei 8 Legionen à 300 Reitern insgesamt 2400, die Bundesgenossen bei 8 Alen à 900 Reiter insgesamt 7200, zusammen 9600 Reiter. Damit waren sie fast ebenso stark wie der Feind. Trotzdem sollen sie in der Schlacht nur 6000 Reiter zum Einsatz gebracht haben (P3,113,5, App Ann 17,76),

Ihre Schlachtreihe war nach Süden gerichtet und lehnte sich mit dem rechten Flügel an den Aufidusfluß.[45] Im Zentrum stand das schwere Fußvolk, auf den Flügeln die Reiter unter dem Kommando der Konsuln.[46] Hier erwarteten sie die entscheidenden Kämpfe.

Hannibal hatte zuerst die Balearen und die Lanzenträger über den Fluß geschickt und Aufstellung nach Norden nehmen lassen.[47] Die Masse des Heeres ließ er an zwei Stellen gleichzeitig über den Fluß gehen, um den Übergang zu beschleunigen und den Aufmarsch zu verdecken. Auf dem linken Flügel unmittelbar am Aufidus stellte er die iberischen und keltischen Reiter auf, auf dem rechten Flügel standen die numidischen. Das Zentrum

weshalb Polybios die Überlegenheit an Reiterei als schlachtentscheidend ansah, P3, 117, 4–6. Es fällt schwer, den Römern so viel Kurzsichtigkeit zu unterstellen, daß sie in dem sicheren Wissen um die kavalleristische Überlegenheit des Feindes zwar fast 10000 Reiter aufboten, aber nur zwei Drittel (6000) zum Einsatz brachten. Wahrscheinlich sollte die angebliche kavalleristische Überlegenheit der Karthager nur das Versagen der römischen Reiterei unter dem Kommando des Konsuls Aemilius Paullus auf dem rechten Flügel verdecken. In der Forschung wurde nach anderen Erklärungen gesucht. Da nach P3, 113, 5 die Gesamtstärke der Reiterei in der Schlacht nur 6000 Mann betragen habe, möchte Kromayer III 1, 1912, 343 A 3 in III 107, 12 für *triplasion diplasion* lesen, d.h. die Bundesgenossen hätten pro Ala nur 600 Reiter stellen müssen. Die doppelte Stärke bezeugte L22, 36, 3. Die Gesamtstärke hätte dann 4800 Reiter der *socii* und 2400 Reiter der Römer = 7200 betragen. Man fragt sich dann immer noch, weshalb die Römer 1200 Reiter zurückließen. Walbank I 1957, 439 ist der Ansicht, daß sich die Angabe der dreifachen Reiterei nicht auf Cannae beziehe.

45 P 3, 113, 2–3, vgl. Walbank I 1957, 436.

46 Auf dem rechten Flügel kommandierte L. Aemilius Paullus, auf dem linken Flügel C. Terentius Varro, das Zentrum der Prokonsul Cn. Servilius, L22, 45, 8. P3, 114, 6 behauptete, das Zentrum sei von beiden Prokonsuln befehligt worden und beide seien gefallen (3, 116, 11). Nach der glaubwürdigen Angabe des L22, 40, 6 war der Prokonsul M. Atilius von den Konsuln seines Alters wegen aus Gereonium nach Hause geschickt worden. Er ist identisch mit dem Censor des Jahres 214 M. Atilius Regulus, vgl. Klebs, RE 2, 2, 1896, 2092–2093 s. v. Atilius 52. App Ann 19, 86 überlieferte eine andere Verteilung. Aemilius Paullus habe das Zentrum, Servilius den linken Flügel und Terentius den rechten Flügel kommandiert. Diese Änderung wurde sicher nicht ohne Absicht vorgenommen. Der rechte Flügel, allen voran der Konsul Terentius, habe als erster die Flucht ergriffen und die Niederlage ausgelöst (Ann 23, 104). Aemilius und Servilius hätten bis zum Tod gekämpft.

47 P 3, 113, 6–9; 114, 8, L22, 46, 8–9. Polybios betont, daß wegen der Nord-Süd-Ausrichtung der Schlachtreihen kein Heer durch die aufgehende Sonne geblendet wurde. Dies traf aber nur für den Aufmarsch und die ersten Stunden des Kampfes zu. Bei fortschreitender Tageszeit mußte sich diese Stellung nachteilig für die Römer auswirken. Es wird in der Forschung vermutet, Polybios habe mit diesem Hinweis gegen die Tradition der Römer Stellung nehmen wollen, die die Blendung durch die Sonne als Entschuldigung für die römische Niederlage anführte. Vgl. Walbank I 1957, 436.

wurde von den schwerbewaffneten Libyern, Iberern, Kelten und nochmals Libyern gebildet.[48]

Die Truppen marschierten zunächst in gerader Frontlinie auf. Er mußte damit rechnen, daß der Feind den Aufmarsch beobachten ließ, um evtl. Schlüsse auf seine Pläne ziehen zu können. Durch die in der Front aufgestellten Leichtbewaffneten war den Römern die Einsicht auf das karthagische Zentrum verwehrt, das durch Vorrücken der mittleren Abteilung der Kelten und Iberer eine halbmondförmige Gestalt erhielt, eine Aufstellung, die Hannibal wegen seiner numerischen Unterlegenheit bewußt gewählt hatte.[49] Die Befehlshaber bei den Reitern waren auf dem rechten Flügel Hanno, auf dem linken Flügel Hasdrubal.[50] Im Zentrum kommandierten er und sein Bruder Mago. Auch diese Verteilung macht deutlich, wo er die kritische Stelle in seinem Schlachtplan sah, aber auch den Schlüssel zum Sieg. Das Zentrum, das dem Druck des feindlichen Fußvolkes nicht gewachsen sein würde, sollte langsam, aber geordnet auf seine Grundlinie zurückgehen. Der Reiterei fiel die offensive Aufgabe seines Schlachtplanes zu. Sie sollte die Reiterei des Feindes vom Schlachtfeld vertreiben und dessen Fußvolk im Rücken angreifen.

Das Vorgeplänkel, der Kampf der Leichtbewaffneten und Schleuderer, ging ohne Entscheidung vorüber. Der Angriff der iberischen und keltischen Reiter auf dem linken Flügel überraschte die Reiter des Konsuls Aemilius Paullus. Sie kämpften ganz unkonventionell, nicht nach den Regeln des Reiterkampfes mit Angreifen, Zurückweichen und erneutem Attackieren. Nach dem ersten Angriff gingen sie sofort in den Nahkampf über und sprangen von ihren Pferden. Die Römer konnten den Attacken nicht widerstehen, wurden geworfen und in den Fluß getrieben.

Gleichzeitig trafen die Fußtruppen im Zentrum aufeinander, allerdings nicht auf breiter Front, sondern nur auf die vorgeschobenen Reihen der Iberer und Kelten. Die römische Manipel, die noch keine Feindberührung

[48] Hannibal hatte 40000 Mann zu Fuß und 10000 Reiter. P 3, 114, 4, L 22, 46, 6, vgl. Kromayer III 1, 1912, 341.

[49] P 3, 113, 8–9, wesentlich unklarer L 22, 47, 5–8, Plu Fab 16, 2–3, Polyain 6, 38, 3. Die Schlachtreihe wurde durch die Vorwölbung zum Scheitelpunkt der Kurve dünner, während den rückwärtigen Libyern die Funktion einer Reserve zukam. Der „Halbmond“ von Cannae hat die Militärtheoretiker stark beschäftigt. Vgl. Seibert 1993, 231.

[50] P 3, 114, 7, L 22, 46, 7 gibt den Namen Maharbal an. Möglicherweise wurde der Name von der bekannten Episode nach der Schlacht in den Schlachtbericht übernommen, wenngleich nicht ausgeschlossen wäre, daß auch bei Polybios ein Versehen vorliegen könnte. Eine andere Version überlieferte App Ann 20, 90: Auf dem rechten Flügel habe Mago, auf dem linken Flügel sein Neffe Hanno kommandiert. Hannibal habe sich bewußt das Zentrum wegen seines kriegserfahrenen Gegners Aemilius ausgesucht. K. Brodersen, Appians Antiochike, München 1991, 131, 177.

hatten, strebten in ihrem Kampfeseifer gegen das Zentrum der Feinde, die dem ungeheueren Druck nicht standhalten konnten und sich immer weiter zurückzogen. Dadurch gelangten die auf den Flügeln des Zentrums aufgestellten libyschen Truppen in die Flanke des römischen Zentrums und begannen mit der Einkreisung.

Der Kampf der numidischen Reiter auf dem rechten Flügel gegen die Reiter des Terentius Varro war ausgeglichen. Die Entscheidung brachte die Reiterei unter Hasdrubal, die nach der Vernichtung ihrer Gegner auf dem linken Flügel zunächst den Numidern auf dem rechten Flügel zu Hilfe eilte, die feindliche Reiterei ausschaltete, dann im Rücken des römischen Fußvolkes auftauchte und die Einschließung vollendete.

Als den römischen Soldaten bewußt wurde, daß sie eingekreist waren, müssen sie jeden moralischen Halt verloren haben. Nur so ist zu erklären, daß das numerisch weit überlegene Heer fast vollständig niedergemacht wurde. Bei energischer Führung und entschlossenem Handeln hätte der Ausbruch aus dem Kessel gelingen müssen.[51]

Die Verluste waren riesig.[52] Groß war auch die Zahl der Gefangenen.[53] Einigen gelang die Flucht.[54] Die Zahlenangaben differieren beträchtlich. Die Karthager wollten ihren Sieg durch höhere Verlustziffern der Römer vergrößern, die Römer wünschten, das Ausmaß ihrer Niederlage durch niedrige Zahlen abzuschwächen.[55] Wer sollte sich schon die Mühe gemacht

[51] Nach der römischen Tradition soll der tapfere, bereits tödlich verwundete Aemilius Paullus nach seiner Vertreibung vom rechten Flügel ins Zentrum zurückgekehrt sein, aber er konnte auch nichts mehr retten. Dabei bleibt völlig offen, wie ihm dies gelungen sein soll. Doch solche Feinheiten störten die antiken Historiker wenig, wenn es galt, bestimmte Vorgänge zu beschönigen.

[52] Nach den niedrigeren Zahlen des L22,49,15 waren es 45500 Fußsoldaten und 2700 Reiter, nach den wesentlich höheren Ziffern des P3,117,2–4 sogar 70000 Mann. Von der 6000 Mann starken Reiterei sollen nur 370 Mann übriggeblieben sein. Walbank I 1957, 440.

[53] P 3,117,3: mindestens 10000 Mann, L22,49,18: 3000 Fußsoldaten und 1500 Reiter in der Schlacht, dazu 6400 Mann im kleinen Lager, 6400 Mann im großen Lager und 2000 Mann in Cannae, insgesamt 19300 Mann.

[54] Die Angaben variieren zwischen 3000 und fast 10000 Mann. P3,117,2ff: 70 Reiter mit Terentius nach Venusia, 300 Reiter der Bundesgenossen und 3000 Mann aus der Schlacht. Livius hat wesentlich höhere Zahlen, insgesamt 14500 Mann: 50 Reiter mit dem Konsul nach Venusia (22,50,3), 4000 Fußsoldaten und 200 Reiter nach Canusium aus dem großen Lager (22,52,4). Schließlich finden sich 4500 Mann beim Konsul in Venusia ein (22,54,1) und nochmals 5800 in Canusium, so daß dort schließlich 10000 Mann versammelt sind (22,54,5). Nach App Ann 24, 107: 15000 Mann in beiden Lagern, 2000 Mann entkamen nach Cannae, nur wenige nach Canusium.

[55] Vgl. die unterschiedlichen Angaben bei Plu Fab 16,9: 50000 Gefallene, App Ann 25,109: 50000 Gefallene, Polyain 6,38,3: 50000 Gefallene, Fl 1,22,15: 60000

haben, auf dem Schlachtfeld die Leichen zu zählen? Viele Soldaten sind erst Tage oder Wochen später ihren Verwundungen erlegen, und viele dürften die Gelegenheit genutzt haben, sich nicht mehr bei ihren Einheiten zurückzumelden.

Es war schwer, ein genaues Bild über das wirkliche Ausmaß der Niederlage zu bekommen, von der nackte Zahlen nur eine unzureichende Vorstellung vermitteln können. Die römische Armee war vernichtet, ein Großteil ihrer Führung war gefallen,[56] der Konsul Aemilius Paullus, die beiden Quästoren L. Atilius und L. Furius Bibaculus, neunzehn Militärtribune,[57] einige gewesene Kosuln, unter ihnen Cn. Servilius, der Konsul von 217, und M. Minucius, der *magister equitum* vom Vorjahr, dazu achtzig Senatoren und viele Ritter.[58] Auch die Karthager hatten Verluste hinnehmen müssen, doch gemessen an den römischen Verlusten insgesamt unbedeutende.[59]

Die Schlacht bei Cannae begeisterte die Militärs aller Zeiten.[60] Es war ein geniales Schlachtkonzept, mit einem numerisch unterlegenen Heer den Gegner einzukreisen und zu vernichten. Hannibal verstand es glänzend, die Schlacht mit seiner überlegenen Waffe auf den Flügeln offensiv zu gestalten und zurückhaltend-defensiv im Zentrum zu operieren, bis er dort mit der Reiterei ebenfalls die Überlegenheit gewonnen hatte.[61] Alles hing davon

Gefallene, Eu 3,10,4: 43500 Gefallene, Or 4,16,2–3: 43500 Gefallene, Val Max 4,8,2: 10000 Flüchtlinge nach Canusium. Um die Grausamkeit des Feindes herauszustreichen, verbreitete man die Schauermär, er habe eine Brücke aus Leichen über den Fluß bauen lassen, Fl 1,22,18, Val Max 9,2 ext.2, App Ann 28,121, Lib 63,281, Sil 8,688, vgl. J. Vogt, Das Hannibal-Porträt im Geschichtswerk des T. Livius und seine Ursprünge, masch. schr. Diss. Freiburg 1953, 19–20.

[56] Vgl. die Liste bei L 22,49,15–19, allgemein App Ann 25,109, Z 9,1,15.

[57] Nach App Ann 25,109 fielen sogar alle Militärtribune und Centurionen.

[58] Livius zählte dazu auch Römer, die noch nicht in der Senatsliste standen, aber bereits Ämter bekleidet hatten, die ihre Aufnahme bei der nächsten *lectio senatus* erlaubten, vgl. L 22,49,17. Eu 3,10 spezifizierte: 20 *consulares* oder *praetorii*, 300 Senatoren gefangen oder gefallen, 300 *nobiles*, ebenso Or 4,16,3. Diese Zahlen sind weit übertrieben, da der Senat insgesamt nur 300 Mitglieder hatte.

[59] Die Angaben schwanken zwischen 5700 und 8000 Mann. P 3,117,6: 4000 Kelten, 1500 Iberer und Libyer, dazu 200 Reiter. Nach L 22,52,6 fielen 8000 Mann, nach Eu 3,10,3 3000 Libyer, ein großer Teil wurde verwundet. Nach App Ann 26,111–112 sollen die besten Freunde Hannibals unter den Gefallenen gewesen sein. Doch diese Angabe ist verdächtig, da Hannibal angeblich wie Pyrrhos ausgerufen haben soll, er wünsche sich keinen solchen Sieg mehr.

[60] Vgl. bes. General A. v. Schlieffen, Cannae, Ges. Schriften I, Berlin 1913, 25–266, dazu F. M. Senger u. Etterlin, Cannae, Schlieffen und die Abwehr, Wehrwissenschaftliche Rundschau 13, 1963, 26–43, vgl. auch I. Kertész, Die Schlacht bei Cannae und ihr Einfluß auf die Entwicklung der Kriegskunst, Wiss. Beiträge der Martin-Luther-Universität Halle-Wittenberg 38, 1980, 29–33.

[61] Dabei handelte es sich nicht um eine quantitative Überlegenheit der karthagi-

ab, ob sein Zentrum dem feindlichen Druck standhielt. Was geschah, wenn die Römer es durchbrachen?[62] J. Kromayer betonte zu Recht, daß trotz des genialen Schlachtplanes die „Entscheidung auf der Schneide des Schermessers“ gestanden ist.[63]

Der Sieg war nicht nur dem überlegenen Schlachtplan Hannibals und dem kämpferischen Einsatz seiner Soldaten zu verdanken, sondern auch vielen gravierenden Fehlern der Römer, die nicht einmal ihre numerische Überlegenheit auszunutzen verstanden. Sie hätten eine Schlachtreihe bilden können, die den Feind weit überflügelte. Die Konsuln besaßen keine Erfahrung im Umgang und im militärischen Einsatz solcher Massen. Sie waren auch nicht in der Lage, abweichend von der bisherigen Praxis ein neues Konzept zu entwickeln, etwa den Einsatz einer Reserve vorzusehen.

Die römische Geschichtsschreibung sprach ausschließlich dem Konsul Terentius die Schuld an der Niederlage zu. Die Fakten sprechen eine andere Sprache. Die Niederlage hatte ihre Ursache in der Flucht der Reiterei auf dem rechten Flügel unter Konsul Aemilius Paullus. Dadurch wurden die Reiter unter Hasdrubal zum Einsatz auf dem anderen Flügel frei und zwangen vereint mit den numidischen Reitern den Terentius zum Rückzug. Um ja keinen Verdacht auf Aemilius kommen zu lassen, war man um Entschuldigungen nicht verlegen.[64]

schen Reiterei, sondern um eine qualitative. Das Versagen der römischen Reiterei versuchte die römische Tradition durch die numerische Unterlegenheit zu entschuldigen. Tatsächlich waren sie zahlenmäßig gleich stark, aber den Kämpferqualitäten der Gegner nicht gewachsen. Daß Polybios diese Erfindung zur Entlastung des Aemilius Paullus bereitwillig aufgriff, verwundert nicht, da er mit P. Cornelius Scipio Aemilianus, dem Enkel des gefallenen Konsuls, befreundet war.

[62] P 3, 115, 6 erwähnt einen Durchbruch des römischen Zentrums beim ersten Angriff (vgl. Kromayer III 1, 1912, 318). Da er aber keine weitere ungünstige Wirkung hatte, müsse es Hannibal gelungen sei, die Lücke wieder zu schließen. Allerdings sei eine größere Truppe der Römer entkommen, wie Kromayer annimmt. Es bleibt indessen unklar, weshalb die Römer diesen Durchbruch nicht ausnutzten.

[63] Kromayer III 1, 1912, 329.

[64] Offenbar war unbestritten, daß die Flucht des römischen Heeres auf dem rechten Flügel begonnen und die Niederlage entscheidend verursacht hatte. Um den dort kommandierenden Aemilius von dem Vorwurf zu entlasten, versetzte App Ann 19, 86, vgl. 23, 104 den Terentius auf den rechten Flügel. Eine andere Entschuldigung präsentierte Plu Fab 16, 4–5. Ein seltsames Mißgeschick habe die römische Reiterei unter Aemilius getroffen. Er sei von seinem Pferd abgeworfen worden. Daraufhin sei seine Begleitung ebenfalls abgesprungen, um ihn zu schützen. Das hätten die anderen Reiter als Befehl, ebenfalls abzuspringen und zu Fuß weiterzukämpfen, gedeutet. Diese Episode verlegte L 22, 49, 1–3 in das Zentrum der Schlacht.

Legenden

Die Suche nach einer Erklärung und Entschuldigung der Niederlage ist verständlich. Wer gibt schon gern eigenes Versagen zu? Der Phantasie waren keine Grenzen gesetzt. Der verschlagene Hannibal habe seinen Sieg nur durch einen perfiden Trick erreicht.[65] Vor oder während der Schlacht seien 500 Numider zu den Römern übergelaufen, Terentius habe sie hinter die Schlachtlinie geführt und entwaffnet. Als die Schlacht tobte und niemand auf sie aufpaßte, hätten sie ihre Dolche gezogen, die Schilde Gefangener ergriffen und die Römer im Rücken angegriffen.[66]

Als Entschuldigung führte man auch an, die Römer habe die Sonne geblendet oder der Südwind Volturnus habe stark geweht und ihnen den Staub in die Augen geblasen. Sie hätten nichts mehr gesehen und sich nicht mehr verteidigen können.[67] Es wurde sogar behauptet, Hannibal habe vor der Schlacht den sandigen Boden umpflügen lassen, um Staub erzeugen zu können.[68]

Die Legendenbildung beschäftigt sich bevorzugt mit den Heldentaten der eigenen Leute. So machte sie den Konsul Aemilius in seiner Todesstunde zum wahren Retter seiner Heimatstadt. Er soll das Angebot des Militärtribunen Cn. Lentulus, ihm sein Pferd zu überlassen, abgelehnt und ihm den Auftrag erteilt haben, sofort nach Rom zu reiten und den Senatoren zu melden, sie sollten die Stadt befestigen und mit Besatzungen sichern, bevor der Feind heranrücke.[69] Auch manche Heldentat römischer Soldaten war im Umlauf.[70]

Scipio, der spätere Sieger über Hannibal, wurde ebenfalls zum Helden in

[65] Nach App Ann 26, 111 soll Hannibal sogar vier Kriegslisten angewandt haben, den heftigen Sturmwind, die fingierte Desertion, die angebliche Flucht eigener Abteilungen und die in den Schluchten versteckten Hinterhalte. Vgl. App Ann 22, 96–103, F. Cornelius, Cannae, Klio-Beiheft 26, 1932, 68 ff.

[66] L 22, 48, 2–4, App Ann 22, 96–97, Frontin 2, 5, 27 (600 Numider), Fl 1, 22, 16, Val Max 7, 4 ext. 2, Z 9, 1, 12.

[67] L 22, 46, 9, Seneca, naturales quaestiones 5, 16, 4, Plu Fab 16, 1, App Ann 20, 87, Fl 1, 22, 16, Polyain 6, 38, 4, Frontin 2, 2, 7, Val Max 7, 4 ext. 2. Vgl. auch J. André, Ventus Volturnus, Annales de la Faculté des Lettres d'Aix 24, 1945–50, 23–35, von A. A. M. Esser, Die Vernebelungsmethode in der antiken Taktik, Die Antike 17, 1941, 187 als historisch angesehen.

[68] Z 9, 1, 9.

[69] L 22, 49, 6–12, vgl. gekürzt Frontin 4, 5, 5, Plu Fab 16, 6–9.

[70] Die Heldentaten des „unbekannten römischen Soldaten" wurden der Nachwelt überliefert. Ein römischer Soldat wurde an den Händen so verwundet, daß er seine Waffen nicht mehr halten konnte. Als ein Numider ihm seine Rüstung abnehmen wollte, schlang er seine Arm um seinen Nacken und zerfleischte ihm Mund, Nase und Ohren. Dann starb er unter den „befriedigten Bissen der Rache". Val Max 3, 2, 11.

Roms schwärzester Stunde.[71] Die Soldaten, denen die Flucht gelungen war, fanden sich allmählich in Canusium und Venusia ein. Sie waren völlig am Boden zerstört. Eine Gruppe um den Militärtribun L. Caecilius Metellus erwog, Italien zu verlassen.[72] Nur dem energischen Einschreiten des jungen Publius Scipio sei es zu verdanken, daß das Vorhaben nicht verwirklicht wurde. Der Konsul Terentius soll ihm sogar die Leitung der Truppen angeboten haben.[73]

Diese Erfindungen konnten nicht über die Tatsache hinwegtäuschen, daß die Römer eine vernichtende Niederlage erlitten hatten. Hatte der 2. August[74] die Entscheidung im Ringen zwischen Rom und Karthago gebracht? Wer sollte Hannibal in seinem Siegeslauf aufhalten?

Der verschenkte Sieg?

Als sich die Sieger nach der Schlacht im Lager einfanden, Hannibal umringten und beglückwünschten, waren alle überzeugt, daß jetzt der Krieg beendet war. Nur der Reiteroberst Maharbal soll seinen Feldherrn aufgefordert haben, ihn nach Rom zu schicken. In fünf Tagen könne er als Sieger auf dem Kapitol speisen. Als dieser ihm am nächsten Tag den Befehl erteilte, habe Maharbal ihm entgegnet, jetzt sei es zu spät.

Diese Episode, die in verschiedenen Versionen[75] erzählt wurde, ist

[71] Vgl. R. T. Ridley, Was Scipio Africanus at Cannae, Latomus 34, 1975, 161–165, der allerdings die Teilnahme Scipios als Militärtribun an der Schlacht für historisch hält. Für glaubwürdig betrachtet Scullard 1970, 29–30 die ganze Episode.

[72] L 22,53,5–13, Val Max 5,6,7, Sil 10,418ff., Frontin 4,7,39, Cass frg. 57,28–29, Or 4,16,6. F. Münzer, RE 3,1, 1897, 1205 s. v. Caecilius Nr. 73. Sicher dürfte mancher an der Zukunft Roms gezweifelt haben. Vielleicht verließ der Römer Lucius, Sohn des Gaius, damals seine Heimat und machte in der Fremde Karriere. Als Phrurarch in Itanos brachte er Ptolemaios IV. und Königin Arsinoe eine Weihung dar, Inscriptiones Creticae III 4,18, vgl. Prosopographia Ptolemaica VI 15117, Huß 1976, 147.

[73] App Ann 26, 114. Nach Cass frg. 57,29, Z 9,2,1 habe Scipio tatsächlich die Leitung übernommen und das Umland durch Besatzungen gesichert.

[74] Zum Datum vgl. Claudius Quadrigarius bei Gellius n A 5,17,5, Macrobius, Sat. I 16,26. Vgl. De Sanctis III 2, 1916, 130–131, F. Cornelius, a. a. O., 2ff.: Mitte Juni, Walbank I 1957, 438 verteidigte das Augustdatum, anders P. S. Derow, The Roman Calendar, 218–190 B. C., Phoenix 30, 1976, 277-278: 1. Juli jul., P. Brind'-Amour, Le calendrier romain, Ottawa 1983, 163: 14. August jul., zur Umrechnung in julianische Daten vgl. Seibert 1993, 346–352.

[75] Zuerst ist die Geschichte bei Cato, origines (Peter, HRR I frg. 86 u. 87) bezeugt, daraus Coelius Antipater (HRRI frg. 25, W. Hermann, Die Historien des Coelius Antipater, Meisenheim 1979, frg. 28 mit unzureichendem Kommentar). In der Version des Cato antwortete Hannibal auf den Antrag Maharbals erst am näch-

Zeugnis für eine damals wie heute lebhaft diskutierte Frage,[76] weshalb Hannibal nach dem Sieg von Cannae nicht direkt gegen Rom marschierte. Maharbal soll seinem Feldherrn die berühmte Antwort gegeben haben: „Zu siegen verstehst du, den Sieg zu nutzen, nicht." Haben wir es hier mit einer der üblichen Geschichten zu tun, die von den antiken Historikern erfunden wurden, um ihre Leser zu unterhalten, oder liegt eine wahre Begebenheit vor?

Im karthagischen Kriegsrat wurden zweifellos die Folgen der Schlacht diskutiert und die weiteren Pläne besprochen. Vielleicht sprach sich der Reiteroberst Maharbal für einen sofortigen Angriff auf Rom aus und fand dafür auch Zustimmung bei einigen.[77] Diese Fakten dürften genügt haben, um die Strategiedebatte auszugestalten. Abgesehen davon, daß Maharbal nicht in fünf Tagen von Cannae nach Rom reiten konnte (ca. 380 km), verrät sein angebliches Versprechen, Hannibal könne auf dem Kapitol speisen, die römische Erfindung.[78]

Die Römer selbst rechneten damals mit dem sofortigen Anmarsch des Feindes und waren überzeugt, er hätte ihre Stadt im Nu einnehmen und den Krieg beenden können.[79] Vergebens suchten sie nach überzeugenden Erklärungen für sein Ausbleiben. Eine Version war der zurückgewiesene Vorschlag Maharbals, der allerdings Hannibals Haltung nicht ausreichend erklärte. Wie üblich in solchen Fällen nahmen sie Zuflucht zu irrationalen Erklärungen. Ein Gott oder ein Daimon habe den karthagischen Feldherrn abgehalten.[80] Oder sie erklärten sich sein Verhalten damit, daß er seine Zeit lieber mit dem Feilschen um den Preis für die Gefangenen vergeudete.[81]

sten Tag, bei Livius und den späteren ist das Gespräch auf einen Tag zusammengezogen: L22,51,1–4, Plu Fab 17,1, Val Max 9,5 ext. 3, Fl. 1,22,19–20, Z9,1,16, Or 4,16,4, Sil 10,326ff.

76 Seibert 1993, 232.

77 L 26,7,3.

78 Für einen Konsul war es das höchste Ziel, nach seinem Einzug als Triumphator aufs Kapitol zu gehen und dort mit Iupiter zu speisen. Einen karthagischen Feldherrn konnte das kaum verlocken.

79 Vgl. P 3,118,4; 9,6,8; 9,3, L22,50,2, Fl 1,22,18–20, Val Max 5,6,7, Z9,1,16, Or 4,16,4. Nach ihrer Ansicht wäre selbst zu einem späteren Zeitpunkt ein Angriff auf Rom erfolgreich gewesen (L23,18,13).

80 Plu Fab 17,1ff., Fl 1,22,20, Sil 10, 375ff. Fl 1,22,20 bot drei Erklärungen an: Entweder sei es die Vorbestimmung Roms als künftige Herrin der Welt oder die Fehlentscheidung Hannibals gewesen, oder die Götter, die Karthago feindlich gesonnen waren, hätten ihn zurückgehalten.

81 L 22,56,3. E. Pais, Storia di Roma durante le guerre puniche, Turin I 1935, 250 vertrat die Ansicht, Hannibal habe als Angehöriger eines Händlervolkes aus Habgier den Sieg verspielt und sich lieber dem Plündern gewidmet. Das Urteil des Maharbal bestätigte Livius mit der Feststellung, Hannibal habe sich mehr mit den Aufgaben eines Siegers als eines Kriegführenden beschäftigt, L22,58,1.

Später deuteten sie den Vorgang so um, daß Hannibal es nicht gewagt hätte zu marschieren.[82] Zu der Verformung und Ausgestaltung trug sicher auch bei, daß die römischen Schüler das Thema im Rhetorikunterricht behandelten.[83]

Hätte Hannibal Rom einnehmen können? Mommsen stellte apodiktisch fest, der Karthager „kannte Rom besser als die naiven Leute, die in alter und neuer Zeit gemeint haben, daß er mit einem Marsch auf die feindliche Hauptstadt den Kampf hätte beenden können", und fand dafür breite Zustimmung.[84] Als Beweis wurde angeführt, er habe keinen Belagerungspark gehabt, sein Heer sei zu schwach gewesen, außerdem habe ihm eine Flotte gefehlt, m.E. wenig überzeugende Argumente. Ein Belagerungspark konnte vor Ort errichtet werden. Sein Heer war groß genug. Dem Konsul M. Claudius Marcellus standen auch nicht mehr Truppen zur Verfügung, als er Syrakus, dessen Mauerring den römischen an Umfang weit übertraf, belagerte. Um die Versorgung Roms über den Tiber zu unterbinden,[85] brauchte er keine Flotte. Den Fluß konnte er durch Ketten einfach abriegeln.

Nach den Regeln antiker Poliorketik konnte eine Stadt auf drei Arten belagert werden.[86] Entweder durch gleichzeitigen Angriff der Stadt an verschiedenen Punkten[87] oder durch Belagerung mit Maschinen oder durch Zernierung und Aushungern. Die Erfolgsaussichten waren in allen Fällen gleich groß. Die Römer konnten nicht genug Verteidiger zum Schutz ihrer gesamten Mauern aufbieten. Die Verteidigungsanlagen der Stadt entsprachen keineswegs modernen Anforderungen. Sie hatten keine Schießscharten, um den Feind im Nahbereich abzuwehren. Es fehlte an Geschützen für den Fernbereich. Wenn die Stadt völlig von der Außenwelt abgeschlossen wurde, dürfte bald große Not geherrscht haben. Von außen war keine Hilfe zu erwarten. Verständlich, daß die Senatoren Angst vor einer Belagerung hatten.

Hätte Hannibal alles auf eine Karte gesetzt und lange genug ausgehalten, hätte er Rom erobern oder wenigstens zu einem Friedensschluß zwingen

[82] L 26,8,4.

[83] Iuvenal 7,158–164, vgl. L. Halkin, Hannibal ad portas, LEC 3, 1934, 437ff.

[84] Th. Mommsen, Römische Geschichte I 615, vgl. z.B. Delbrück I 1920, 353, Lazenby 1978, 85–86, anders Huß 1985, 332–333.

[85] Zur Bedeutung des Tibers und der Flußschiffahrt für Rom vgl. J. LeGall, Le Tibre, fleuve de Rome dans l'antiquité, Paris 1953, 216ff., 232ff.

[86] Zur Poliorketik vgl. allgemein E. Schramm, Poliorketik, bei J. Kromayer/G. Veith, Heerwesen und Kriegführung der Griechen und Römer, München 1935, 209ff., Y. Garlan, Recherches de poliorcétique grecque, Paris 1974, 66ff.

[87] Diese Art der Belagerung praktizierte Antiochos III. bei der Belagerung von Seleukeia, vgl. P 5, 58–61. Vgl. A. Mc Nicoll, Some Developments in Hellenistic Siege Warfare with Special Reference to Asia Minor, Proceedings of the Xth Intern. Congress of Classical Archaeology, Ankara 1973, Ankara I 1978, 405–420.

können. Es war ein gravierendes Versäumnis, nicht auf Rom zu marschieren.[88] Der Ausspruch Maharbals hätte die Situation nicht treffender wiedergeben können. Hannibal verschenkte seinen Sieg. Später soll er seine Entscheidung bereut und als Fehler erkannt haben.[89]

Über die Gründe, die Hannibal zu seinem Entschluß veranlaßten, läßt sich nur noch spekulieren. Sein Heer war strukturell für Schlachten, aber nicht für Belagerungen angelegt.[90] Besonders seine Reiterei war ohne Kampfwert und eine Belastung, da sie immense Mengen Futter benötigte.[91] Wie sich bald zeigen sollte, hatte er eine Abneigung gegen Belagerungen. Das Trauma von Sagunt könnte nachgewirkt haben. Vor allem war er überzeugt, daß seine bisherige Strategie ihn zum Erfolg führen würde.[92] Die Römer würden bald kommen und um Frieden nachsuchen.[93]

Eine evidente Fehleinschätzung war die erwartete Friedensbereitschaft der Römer. Spätestens nach einem Jahr, als sie immer noch nicht friedensbereit waren, hätte er seine Entscheidung überprüfen und revidieren müssen. Selbst damals wäre es zu einem Angriff nicht zu spät gewesen. Nicht durch das Abtrennen der Glieder *(socii)* war der Feind zu besiegen, sondern nur durch Abtrennen des Kopfes *(caput Roma)*, um im Bild zu bleiben. Hannibal sah sich in seiner Meinung bestätigt, da nach Cannae endlich die Saat aufging, die er seit der Schlacht an der Trebia ausgelegt hatte: Die Treue der römischen Bundesgenossen begann zu wanken. Aber es wurde kein totaler Zusammenbruch.

Die Sieger beschäftigten sich nach der wohlverdienten Ruhepause mit den Realitäten des Krieges. Am nächsten Tag wurde das Schlachtfeld nach Verwundeten und Gefallenen abgesucht.[94] Hannibal erteilte den Auftrag, nach dem Leichnam des römischen Konsuls zu suchen, um ihn ehrenvoll zu bestatten. Daß bei diesen „Aufräumungsarbeiten“ auch nach Beutestücken gesucht und manche Leichenfledderei begangen wurde, war üblich.

Dann wandte sich Hannibal gegen die beiden feindlichen Lager. Zuerst kapitulierten die Truppen im kleinen Lager. Gegen Abgabe der Waffen und

[88] Vgl. ebenso L. von Vincke, Der zweite Punische Krieg und der Kriegsplan der Carthager, Berlin 1841, 351–359, Huß 1985, 333 A 283.

[89] L 26,7,3; 11,4; 30,20,7–9, Z 9,1,16.

[90] Dazu hätte Hannibal sein Heer umgestalten müssen. Er paßte sein Heer nie den veränderten Bedingungen der Kriegführung nach Cannae an, wie dies Alexander in den Jahren 329–327 in den Oberen Satrapien getan hatte, sondern hielt an seinem Konzept fest.

[91] Vgl. P 9,4,3 ff. bei dem Entsatzversuch Hannibals vor Capua im Jahr 211.

[92] Vgl. seine Rede vor der Schlacht bei Cannae P 3,111,8. Nach dem Sieg würden die Städte Italiens ihm zufallen.

[93] Vgl. Hallward, CAH VIII 1930, 61: Karthago verpaßte den Sieg in diesem Kriege, weil es den Frieden zu gewinnen suchte.

[94] L 22,51,5 ff.

Pferde und nach Zahlung eines Lösegeldes sollten sie frei abziehen können.[95] Anschließend ergaben sich auch die Soldaten des großen Lagers. Die Gefangenen wurden nach ihrer Herkunft getrennt, die Bundesgenossen ohne Lösegeld freigelassen, die Römer blieben gefangen.[96] Er versicherte ihnen, er führe keinen Vernichtungskrieg gegen sie. Es gehe ihm um die Wiederherstellung seiner Ehre und um die Herrschaft. Sie durften zehn Vertreter wählen, die die Lösegeldzahlungen in Rom vereinbaren sollten. Sie mußten sich eidlich verpflichten, wieder zurückzukehren.[97]

Zu ihrer Enttäuschung wurde ihr Ersuchen abgelehnt. Obgleich nach Vernichtung der Heere dringend Bedarf an waffenfähigen Männern bestand, entschieden die Senatoren wohl aus prinzipiellen Überlegungen anders.[98] Würden sie die Gefangenen auslösen, war zu befürchten, daß in Zukunft die Soldaten nicht genügend Ausdauer im Kampf gegen die Feinde bewiesen, sondern sich lieber gefangennehmen ließen im Bewußtsein, freigekauft zu werden. Auch finanzielle Überlegungen mögen dabei eine Rolle gespielt haben. Abgesehen davon, daß die Staatskasse leer war, wollten sie nicht durch den Freikauf dem Feind bei der Finanzierung des Krieges helfen.[99]

Es war sicher eine harte Entscheidung, aber im Interesse zukünftiger Kriegführung angebracht. Die feste Entschlossenheit und der Mut der Sena-

[95] L 22,52,3. Die Höhe des Lösegeldes betrug 300 Quadrigati für jeden Römer, 200 für jeden Bundesgenossen, 100 für jeden Sklaven. Nach P6,58,5 waren es 3 Minen. Für die Reiter wurde ein höherer Preis, 500 Quadrigati, festgesetzt, L22,58,4. Vgl. Schmitt III 1969, 522 mit Lit. Dafür durften sie bei ihrem Abzug ein Gewand mitnehmen. M.E. ist allerdings die Angabe über das Lösegeld für die *socii* verdächtig. Denn Hannibal ließ die *socii* ohne Lösegeld frei.

[96] L 22,58,1ff., Z 9,2,4–5.

[97] Acilius, ann. frg. 3 (Peter, HRR I, S. 50), P6,58,2–13, vgl. Walbank I 1957, 746, Cicero, de officiis 3,113, L22,58,5–61,10 (mit einer zweiten Version 61,5ff.), App Ann 28, 118–121, Z9,2,4–5, Gellius n A 6,18, Val Max 2,9,8; 9,2 ext. 2, Sil 10,650–656. Zu den rechtlichen Fragen des Heimkehrrechtes vgl. Hildegard Kornhardt, Regulus und die Cannaegefangenen, Hermes 82, 1954, 85–123. Einer der Gefangenen wollte sich durch einen Trick, indem er kurzzeitig nochmals ins Lager zurückkehrte, von seiner Verpflichtung befreien, ein Verhalten, das in Rom auf allgemeine Ablehnung stieß.

[98] Vgl. die Rede des Sprechers der Gefangenen vor dem römischen Senat, L22,59,1–19. Die von einigen favorisierte Lösung, die Gefangenen freizukaufen, sei es auf Staatskosten, sei es mit privaten Geldern, wurde durch die Rede des T. Manlius Torquatus (60,6–27) verhindert. Vgl. App Ann 28, 118–121. Tammler 1971, 155.

[99] L 22,61,2. Die Gefangenen wurden Sklavenhändlern zum Verkauf übergeben, die sie wohl zunächst ihren Verwandten anboten, um höhere Preise zu erzielen (vgl. L26,35,6), ehe sie nach Griechenland auf den Sklavenmarkt gebracht wurden. T. Quinctius Flamininus forderte später ihre Freilassung, vgl. J. Hatzfeld, Esclaves italiens en Grèce, Mélanges M. Holleaux, Paris 1913, 93–101. Ein Teil der Gefangenen dürfte auch nach Karthago geschickt worden sein, vgl. Z9,2,5.

toren sollen Hannibal die Freude über seinen Sieg verdorben haben.[100] Die römische Geschichtsschreibung verbreitete die Greuelmär, er habe die Gefangenen aus Zorn, weil sie nicht freigekauft wurden, umbringen lassen.[101] Warum sollte er dies tun, wenn er sie gewinnbringend verkaufen konnte?

Mit der Gesandtschaft der Gefangenen reiste angeblich auch ein vornehmer Karthager, Karthalo, nach Rom. Er sollte die Bedingungen überbringen, falls die Römer „zufällig zum Frieden geneigt seien". Ein Lictor habe ihm im Auftrag des Diktators befohlen, noch vor Einbruch der Nacht das Gebiet von Rom zu verlassen.[102] Dieses Friedensangebot steht in krassem Widerspruch zu Hannibals Äußerungen gegenüber den Gefangenen und verträgt sich keineswegs mit seiner persönlichen Ehre, um die es ihm in diesem Kampf ging. Er erwartete, daß die Römer um Frieden bitten würden.[103] Der Verdacht ist naheliegend, daß die römischen Geschichtsschreiber mit dieser Erfindung den unbeugsamen Verteidigungswillen der Senatoren demonstrieren wollten.[104]

Vielleicht wäre es für Hannibal günstiger gewesen, wenn er den Römern damals Frieden angeboten hätte. Dann hätte er erkennen müssen, daß er mit dem „Stellvertreterkrieg" keine Wirkung auf die Römer erzielen konnte, wenn sie selbst nach Cannae ein Friedensangebot ablehnten.

Die Kunde vom Sieg der karthagischen Waffen löste endlich die von Hannibal erhoffte Abfallbewegung unter den römischen Bundesgenossen aus. Wenn man den antiken Berichten Glauben schenken will, kam es schlagartig zum Abfall von fast ganz Italien *(„defectio Italiae")*.[105] Livius überlieferte

[100] P 6,58,13.

[101] App Ann 28,121, Lib 63,281, Z 9,2,5. Nach D 26,14 habe er vor allem Söhne und Verwandte von Senatoren ausgewählt und umbringen lassen. Viele habe er gezwungen, gegeneinander zu kämpfen und sich zu töten, Val Max 9,2 ext. 2. G. Brizzi, App Hann.28: Giocchi gladiatorii tra i prigionieri cannensi?, in: Studi di Storia Annibalica, Faenza 1984, 47–55.

[102] L 22,58,6–9.

[103] P 7,9,12.

[104] Für die Historizität sprachen sich u.a. Lazenby 1978, 88, Huß 1985, 334 aus, dagegen wandten sich De Sanctis III 2, 1916, 216 A 33, J. Carcopino, Profils des Conquérants, Paris 1961, 228. Später sollen die Römer selbst den Austausch von Gefangenen angeboten haben. Der Karthager Karthalo brach aber die Verhandlungen ab, da ihn die Römer nicht in ihre Stadt ließen, Cass frg.57,36, Z 9,6,11. Vielleicht wurde dieser Vorgang in ein Friedensangebot der Karthager umgedeutet, da der Unterhändler derselbe gewesen ist.

[105] P 6,58,7, L 26,41,12; 29,6,1, Fl 1,22,41, Eu 3,11,1. Etwas differenzierter P 3,118,3, vgl. dazu Walbank I 1957, 448–449. Danach fiel sofort das gesamte Küstengebiet den Karthagern zu, denn die Tarentiner ergaben sich sofort und die Bewohner von Arpi und Capua riefen sie herbei, während alle übrigen bereits ihre Blicke auf sie richteten. Am Text wurden verschiedene Emendationen vorgenommen, die eine unterschiedliche Auslegung ergeben. De Sanctis III 2, 1916, 211 A 1 las *„Italias"* statt *„paralias"*. Dies

eine Liste von Völkern und Städten, die bisher treu zu Rom gehalten hatten, jetzt aber am Bestand der römischen Herrschaft zu zweifeln begannen: Die Campaner, die Atellaner, die Calatiner, die Hirpiner, ein Teil der Apulier, die Samniten außer den Pentrern, alle Bruttier, die Lukaner, außerdem die Uzentiner und fast die ganze Küste der Griechen, die Tarentiner, die Metapontiner, die Bewohner von Kroton und Lokroi und alle Gallier diesseits der Alpen. Trotz dieser beeindruckenden Menge sei in Rom niemals das Wort „Friedensschluß" gefallen.[106]

Die Auswirkungen des Hannibalischen Sieges werden durch eine bewußt verkürzte Chronologie gewaltig übertrieben.[107] Die Kelten der Gallia Cisalpina waren bereits vorher abgefallen. Die Tarentiner und Metapontier traten erst viel später (213/212 v. Chr.) zu Hannibal über.[108] Wenn behauptet wird, daß die Campaner, Atellaner und Calatiner abtrünnig wurden, so wird dabei verschwiegen, daß das übrige Campanien treu zu Rom hielt, besonders die wichtigen Städte Cumae, Neapolis und Nola. Ebensowenig fielen alle Bruttier ab. Die Stadt Petelia konnte erst nach langer Belagerung im Jahr 215 zum Anschluß gezwungen werden.[109] Am sofortigen Übertritt der Lukaner sind Zweifel angebracht.[110] Wenn Mago, der Bruder Hannibals, in seiner Rede vor dem karthagischen Rat einen ähnlich imponierenden Katalog vortrug,[111] dann zweifelte der römische Leser nicht im geringsten an diesem Schreckensbild. Durch die maßlose Übertreibung der Abfallbewegung sollte den Römern allein das Verdienst, den Feind in diesem Krieg geschlagen zu haben, zugewiesen werden. Der Sieg von Cannae hatte einen Stein ins Rollen gebracht, aber es wurde keine Lawine.[112] Hannibal konnte die latinischen Kolonien, die Grundpfeiler römischer Herrschaft in Italien *(propugnacula imperii)* nicht auf seine Seite bringen und damit auch keine Landschaft uneingeschränkt kontrollieren.

ist die Lesart der Codices Monacensis 388 (D) und Parisinus 1648 (E). Die Lesart *„paralias"* verteidigten Schweighäuser und Costanzi, RF 1920, 246–248 unter Verweis auf P 10,1,4 und L 22,61,11–12. *Tarantinoi* möchte De Sanctis in *Salapinoi* ändern. Salapia, ganz in der Nähe von Cannae gelegen, war bis 214 in den Händen der Römer (L 24,20,15).

106 L 22,61,10–13, vgl. Sil 11,1 ff.

107 Vgl. Plu Fab 17,3–4: Beinahe wäre Hannibal fast ganz Italien zugefallen, jedenfalls seien es die meisten und größten Völker Italiens gewesen.

108 Tarent L 25,7,10 ff, Metapont L 25,15,6.

109 Vgl. auch Gellius n A 10,3,19, die Belagerung Livius 23,20,4; 30,5.

110 L 24,20,1; 25,16,5. Ti. Sempronius Gracchus konnte hier noch 214 Truppen ausheben.

111 L 23,11,11.

112 Die Treue vieler *socii* hatten die Römer durch die Stellung von Geiseln abgesichert. Mit Tricks versuchten abfallwillige Städte die Rückgabe zu erreichen, indem sie Gesandte aus Rom als Geiseln nahmen, Frontin 2,8,6.

Die Konsuln hatten durch Boten die Senatoren ständig über die Entwicklung auf dem Kriegsschauplatz informiert. Sie wußten bereits, daß die Heere aufeinandergestoßen waren und unmittelbar vor der großen Schlacht standen.[113] Es herrschte aufgeregte Spannung. Teils fürchteten sie sich vor der Schlacht, teils konnten sie sie nicht mehr erwarten, in der Hoffnung endlich einen Sieg zu erringen. Als dann die ersten unbestätigten Meldungen eintrafen, das Heer sei völlig vernichtet, wurden die Bürger von Schrecken und Angst erfaßt.[114] Sie waren überzeugt, der Feind werde sofort gegen Rom marschieren.

Die Prätoren P. Furius Philus und Marcus Pomponius beriefen die Senatoren in die Curia Hostilia, um die Bewachung der Stadt zu beraten.[115] Nur wenige, in Amt und Würden ergraute Männer, die wegen ihres Alters nicht mit in den Krieg gezogen waren, fanden sich ein.[116] Der Schock machte sie unfähig, klare Gedanken zu fassen und geeignete Maßnahmen zu treffen. Sie brauchten zunächst genaue Informationen. Bisher liefen nur wirre Gerüchte ein. Auf Vorschlag des Q. Fabius Maximus[117] wurden Reiter an die Straßen nach Süden – die *via Appia* und die *via Latina* – gesandt, um die heimkehrenden Soldaten abzufangen und auszufragen: Wie stand es wirklich mit dem Heer? Waren die Konsuln noch am Leben? Wo stand der Feind? Welche Pläne hatte er?[118]

Die Bevölkerung in der Stadt mußte beruhigt werden. Es durfte keine Panik ausbrechen. Wachen an den Toren sollten eine Massenflucht aufs Land verhindern.[119] Wenn Hannibal zur Belagerung der Stadt heranrückte – woran niemand ernsthaft zweifelte[120] –, dann benötigten sie jeden Mann zur Verteidigung der Mauern. Um die Bürger zu beruhigen, sollten sich die Senatoren unters Volk mischen, die Aufregung dämpfen und neuen Mut verbreiten.

Endlich traf ein Brief des Konsuls C. Terentius ein, der genaue Informationen über das Ausmaß der Niederlage, aber auch die beruhigende Nach-

[113] P 3, 112, 6.

[114] L 22, 54, 7 ff., App Ann 27, 115, Z 9, 2, 2 ff.

[115] P 3, 118, 7, L 22, 55, 1 ff., Tammler 1971, 148–153.

[116] Die von Livius überlieferte Zahl von 80 Senatoren, die bei Cannae gefallen waren, war tatsächlich beträchtlich höher. Denn der Diktator M. Fabius Buteo nahm 177 neue Senatoren in das Gremium auf (L 23, 23, 1–8).

[117] L 22, 55, 4, Z 9, 2, 2.

[118] L 22, 55, 4–6, Plu Fab 17, 6 ff. zu den Maßnahmen des Fabius.

[119] Plu Fab 18, 1. Vgl. o. S. 198 zu den Plänen einiger Römer zum Verlassen des Landes.

[120] L 22, 55, 2.

richt enthielt, Hannibal stehe immer noch in Apulien.[121] Jetzt bestand auch Gewißheit, wer einen Toten zu beklagen hatte. Die Trauerzeit wurde auf 30 Tage begrenzt.[122] So verzweifelt die Menschen waren, sie sollten sich baldmöglichst der Zukunft zuwenden. Die Unglücksbotschaften nahmen kein Ende. Nur wenige Tage später traf ein Schreiben des Prätors T. Otacilius aus Sizilien ein, daß eine karthagische Flotte das Reich Hierons II. verwüste. Er könne ihm nicht zu Hilfe kommen, da eine zweite karthagische Flotte bei den Ägatischen Inseln stehe, die nur auf seine Abfahrt warte, um sofort Lilybaion und die römische Provinz anzugreifen. Deshalb müsse unbedingt eine zweite römische Flotte in die sizilischen Gewässer zum Schutz des Königs Hieron entsandt werden.[123]

Es war die Stunde des Q. Fabius Maximus. Seine Strategie hatte sich als die richtige erwiesen. Kein Senator dürfte sich für einen erneuten Angriff auf den Karthager stark gemacht haben. Ob es zu gegenseitigen Schuldzuweisungen gekommen ist, verschweigen die römischen Historiker. Für die Öffentlichkeit bestimmt war die Version, die Götter straften die Römer. Eine Reihe böser Vorzeichen hatte man übersehen.[124] Herkömmliche Opfer reichten nicht aus. Auf Anweisung der Sibyllinischen Bücher begruben die Römer einen Kelten und eine Keltin, einen Griechen und eine Griechin lebendig in einem Felsenverlies auf dem Forum Boarium. Nichts kann eindrucksvoller ihre Furcht und Angst, ihre verzweifelte Suche nach einem Ausweg aus der Krise dokumentieren.[125] Außerdem wurde der Se-

[121] Nach L 22,56,3 wird das Verhalten Hannibals abwertend als Zeitvergeudung beim Feilschen um den Preis für die Gefangenen bewertet.

[122] L 22,56,4, Plu Fab 18,1. Deshalb konnte das Ceresfest nicht gefeiert werden, da Leidtragende das Opfer nicht darbringen durften, L22,56,4. Die Datierung des Ceresfestes ist ungewiß. Wenn die Schlacht bei Cannae am 2. August stattfand, dann müßte es sich um ein Fest im August/September gehandelt haben. Wenn man allerdings die Schlacht in den Juni verlegt, dann könnte man mit Le Bonniec, Le culte de Cérès à Rome, 1958, 418 an den *lampadarum dies* der Matronen denken, an dem sie die Suche der Ceres nach Proserpina nachahmten. Vgl. P. Brind'Amour, Le calendrier romain, Ottawa 1983, 163.

[123] L 22,56,6–8. Vgl. H. Berve, Hieron II., München 1959, 78.

[124] Unter anderem führte man an, daß in diesem Jahr zwei Vestalinnen, Opimia und Floronia, Unzucht begangen hatten. Die eine beging Selbstmord, die andere wurde lebendig begraben, der Verführer öffentlich zu Tode gepeitscht (L22,57,2–3, Plu Fab 18,3). Vgl. G. Wissowa, Vestalinnenfrevel, Archiv für Religionswissenschaft 22, 1923/24, 201–214, Radke 1980, 116ff. Die Niederlage deutete man als Rache der Iuno an Terentius Varro, der als Ädil während der Circusspiele einen Schauspieler als Wache am Tempel des Iupiter aufgestellt hatte. Zur Sühnung wurden Opfer dargebracht, Val Max 1,1,16.

[125] L 22,57,6. Bereits im Jahr 228 war ein solches Opfer praktiziert worden und im Jahr 114/13 wiederholte sich der abscheuliche Vorgang. Ein Senatsbeschluß vom Jahr

nator Q. Fabius Pictor nach Delphi geschickt, um den Gott zu befragen, mit welchen Gebeten sie die Götter versöhnen könnten und wann ihre Leiden ein Ende nähmen.[126]

Doch bei aller Verunsicherung und Verzweiflung suchten die Senatoren klaren Verstand zu bewahren und geeignete Verteidigungsmaßnahmen zu treffen. Der Prätor M. Claudius Marcellus sollte nach Apulien abgehen, dort das „Heer" des Konsuls übernehmen, der möglichst schnell nach Rom zurückkehren sollte. Marcellus verlegte Flottenmannschaften zum Schutz der Stadt nach Rom. Die übrigen Flottensoldaten in der Stärke einer Legion wurden mit Militärtribunen ins Gebiet von Teanum Sidicinum geschickt, während Marcellus sein Kommando über die Flotte an P. Furius Philus übergab.[127] Das Hilfegesuch des Prätors in Sizilien mußte vorerst zurückgestellt werden.[128]

Um die Krise zu meistern, wurde M. Iunius Pera als Diktator eingesetzt.[129] Seine vordringlichste Aufgabe war die Aufstellung eines Heeres. Alle zur Verfügung stehenden Leute von 17 Jahren an, manche sogar noch mit der *toga praetexta*, wurden einberufen.[130] Um sie bewaffnen zu können,

97 v. Chr. verbot die Menschenopfer (Plin n h 30, 12). Die Gründe und die Vorbilder sind in der Forschung umstritten, vgl. Seibert 1993, 400–401.

[126] L 22, 57, 5, Plu Fab 18, 3, App Ann 27, 116. Neben dem religiösen Aspekt vermutete Th. Walek, La politique romaine en Grèce et dans l'orient hellénistique au IIIe siècle, RPh 49, 1925, 48 politische Motive. Denn die Herren des Heiligtums waren die Ätoler, mit denen die Römer 212 ein Bündnis vereinbarten.

[127] L 22, 57, 8, Plu Marc 9, 1 ff., App Ann 27, 117 ungenau. P. Furius Philus war *praetor urbanus* und hatte Residenzpflicht. Er durfte eigentlich die Stadt nicht länger als 10 Tage verlassen. Deshalb hielt Tammler 1971, 150–152 das Kommando für eine Erfindung. Dagegen spricht aber, daß er tatsächlich nach Afrika fuhr und dort eine schwere Verwundung erlitt.

[128] Anders App Ann 27, 117.

[129] L 22, 57, 8–9. Den antiken Texten ist das Verfahren nicht zu entnehmen. Eigent lich hätte der Konsul C. Terentius den Diktator ernennen müssen. Nach Val Max 3, 4, 4; 4, 5, 2 soll dem Terentius die Diktatur angetragen worden sein, was unwahrscheinlich ist. Vgl. Lippold 1963, 166, Tammler 1971, 153–155, Marianne Elizabeth Hartfield 1982, 502. Iunius war 230 Konsul gewesen und hatte gegen die Ligurer gekämpft, vgl. F. Münzer, RE 10, 1, 1918, 1076–1077 s. v. Iunius 126. Sein *magister equitum* war Tiberius Sempronius Gracchus, in diesem Jahr curulischer Ädil, also ohne jegliche Erfahrung in einem selbständigen militärischen Kommando. F. Münzer, RE 2 A 2, 1923, 1401–1403 s. v. Sempronius 51.

[130] L 22, 57, 9, insgesamt vier Legionen und 1000 Reiter. Über die Aushebungen des Diktators Pera liegt bei L 23, 14, 2–3 noch ein weiterer Bericht vor, in dem zwei *legiones urbanae* genannt werden. Beide Angaben beziehen sich auf ein und dieselbe Aushebung. Es besteht kein Widerspruch zwischen ihnen. Sie sind auch nicht das Ergebnis zweier verschiedener Vorlagen. M. E. gibt die erste Angabe die Anordnung, die zweite die Ausführung wieder (vgl. ebenso Marchetti 1978, 50, anders Kahrstedt

wurden die Beutestücke aus den Tempeln geholt.[131] Schließlich wurden kräftige Sklaven, die bereit waren zu kämpfen, angekauft, eine Maßnahme, die die Notlage und die Verzweiflung der Römer deutlich werden läßt und kaum von der römischen Geschichtsschreibung erfunden wurde.[132] Es war kein Ruhmesblatt in den römischen Annalen, daß sie sich der Hilfe von Sklaven und dann sogar noch von Verbrechern bedienen mußten.

Dann wandte sich der Diktator mit einem Aufruf um Unterstützung und der Aufforderung, Truppen gemäß der *„formula togatorum"* aufzubieten, an die Bundesgenossen und an die Latiner.[133] Es war wohl mehr ein „Hilfeersuchen" als ein Befehl. Entgegen bisherigem Brauch wurde sogar der Unterhalt der Soldaten übernommen.[134]

Die Senatoren waren aber nicht bereit, alle Prinzipien über Bord zu werfen. Als Gesandte der Gefangenen nach Rom kamen und um Freikauf nachsuchten, lehnten sie sowohl aus prinzipiellen als auch aus finanziellen Gründen ab.[135] Wegen ihrer zweifelhaften Kampfmoral wären die Gefangenen für einen erneuten Einsatz wertlos gewesen, ganz zu schweigen von dem schlechten Beispiel, das sie für die neu ausgehobenen Truppen abgeben würden. Aber auch den Bundesgenossen gegenüber zeigten sie, daß sie nicht zu allen Zugeständnissen bereit waren. Als eine Gesandtschaft von Capua in Rom erschien und die Besetzung der einen Konsulstelle verlangte, wiesen sie dieses Ansinnen empört zurück.[136]

Die Senatoren mußten in den folgenden Wochen und Monaten mitansehen, daß immer mehr Städte und Stämme zu den Karthagern übertraten. Viele Gesuche von Anhängern um Hilfe mußten sie abweisen. Man kann sich ihre Niedergeschlagenheit vorstellen, wenn sie, wie im Fall der Stadt

1913, 444). Die *legiones urbanae* waren zu Beginn des Jahres 216 von den Konsuln zwar einberufen, aber noch nicht ausgehoben worden. Zu den Aushebungen des Diktators Pera vgl. G. Criffò, Il dilectus del 216 a. C. e l'editto di M. Iunius Pera, Synteleia V. Arangio Ruiz, Neapel 1964, 387–395.

131 Dies beweist, daß die fremden Waffen den römischen keineswegs so unterlegen waren, wie die römische Geschichtsschreibung behauptet.

132 L 22,57,11, App Ann 27,116 ff., Val Max 7,6,1, Fl 1,22,23, Z 9,2,3, Or 4,16,9. Insgesamt waren es 8000 Mann. Vgl. Seibert 1993, 395–396.

133 L 22,57,10.

134 Z 9,2,3, zur *formula togatorum* vgl. o. S. 47.

135 Vgl. dazu o. S. 202.

136 L 23,6,6–8, Cicero, de lege agraria II 35,95, Sil 11,55 ff., der eine ausführliche Schilderung der Senatssitzung bringt. In der Forschung ist die Glaubwürdigkeit dieser Forderung umstritten. Livius äußerte Zweifel, da die Latiner im Jahr 340 v. Chr. eine ähnliche Forderung erhoben haben sollen (eine Konsulstelle und die Hälfte der Senatssitze, L 8,5,5–10). U. v. Ungern-Sternberg, Capua im 2. Punischen Krieg, München 1975, 46–49 ist der Ansicht, daß die Forderung der Latiner nach dem Vorbild der Capuaner erfunden wurde.

Petelia in Bruttium, die sich tapfer gegen die karthagische Belagerung zur Wehr setzte, bekennen mußten, weit entfernten Bundesgenossen könnten sie keinen Schutz gewähren.[137]

Weitere Unglücksnachrichten trafen ein. Der Prätor P. Furius Philus, der auf Ersuchen des Proprätors T. Otacilius in die sizilischen Gewässer zum Schutz des Hieron II. entsandt worden war, hatte eine Überfahrt nach Afrika gewagt und eine Schlappe einstecken müssen. Er war schwer verwundet zurückgekehrt.[138] Hinzu kamen Forderungen nach Lieferung von Sold und Getreide.[139] Ein Schreiben ähnlichen Inhalts traf auch von dem Proprätor Aulus Cornelius Mammula aus Sardinien ein. Es war ein bedenkliches Zeichen, wenn in Gebieten, die sich bisher selbst versorgen konnten, plötzlich die Lieferungen ausblieben. Die Senatoren konnten den Statthaltern nur empfehlen, selbst für ihre Truppen und Schiffe zu sorgen. Otacilius wandte sich an Hieron und erhielt von ihm Geld und Getreide für sechs Monate.[140]

Wen wunderte es, daß die Bevölkerung der Provinzen sich Hoffnungen auf ein baldiges Ende der römischen Herrschaft machte? Auch im Reich Hierons gärte es. Die Aussichten, sich aus dem Bündnis mit den Römern zu lösen, waren verlockend. Der Sohn und Mitregent Gelon trat im Kronrat für eine Änderung der Bündnispolitik ein, zumal eine karthagische Flotte das Reich bedrohte. Sein plötzlicher Tod verhinderte den Wechsel.[141]

Die Finanzierung des Krieges wurde immer schwieriger.[142] Trotz der rück-

[137] L 23,20,4–10, Val Max 6,6 ext. 2, Kukofka 1990, 11–15.

[138] L 23,21,2.

[139] L 23,21,3–4, Val Max 7,6,1, Z 9,3,3.

[140] Der syrakusanische Herrscher verdiente sich die Bezeichnung *„unicum subsidium populi Romani“*. Vgl. A.M. Eckstein, Unicum subsidium populi Romani, Hiero II. and Rome, Chiron 10, 1980, 183–203. Zu der Anleihe Nicolet 1963, 417 ff., bes. 419.

[141] L 23,30,10–13, vgl. H. Berve, Hieron II., München 1959, 62 u. 79. J. Deininger, Gelon und die Karthager 216 v. Chr. (Livius 23,30,10–12), Festschrift E. Burck, München 1983, 125–132 versuchte die Angaben des Livius zu widerlegen und die Bewertung des harmonischen Vater-Sohn-Verhältnisses durch P 7,8,9 als richtig zu erweisen. M. E. sind aber nicht alle Angaben des Livius zu verwerfen. Es könnte durchaus zu einer Bewaffnung des Volkes gegen die karthagische Bedrohung gekommen sein. Ebenso ist verständlich, daß sich Gelon um die Zukunft seiner Herrschaft Sorgen machte. Mit seinen Sympathien für die Karthager war er im Kronrat nicht allein. Seine Schwager Adranadoros und Zoippos standen ihm zur Seite (P 7,2,1, L 24,5, 7–8).

[142] Wurde das Geld für die Sklaven sofort bezahlt? Darüber gibt es unterschiedliche Angaben. Nach L 22,61,2 und 26,35,5 soll die gesamte Summe sofort entrichtet worden sein, nach L 24,18,12 erst nach ihrer endgültigen Freilassung nach der Schlacht bei Beneventum (214 v. Chr.). Ihre früheren Herrn hätten aber den Betrag bis zum Kriegsende gestundet. Nach L 34,6,12 sei die Bezahlung nach Kriegsende be-

läufigen Einnahmen hatten die Senatoren zusätzlich den Unterhalt der bundesgenössischen Aufgebote übernommen. Auf Vorschlag des Volkstribunen M. Minucius wurde eine Dreimännerkommission *(IIIviri mensarii)* eingesetzt[143], um Vorschläge zur Überwindung der Finanzkrise zu erarbeiten. Erneut mußte der As im Gewicht reduziert werden.[144]

Mit der Aufstellung eines „Notheeres" und der Stationierung des Diktators Iunius Pera und des Prätors M. Claudius Marcellus im Süden von Rom konnten die Römer erstmals aufatmen. Als sich dann noch zeigte, daß Hannibal in Campanien stehenblieb, konnten sie wieder etwas Hoffnung fassen.[145] Da viele Senatoren in der Schlacht gefallen waren, mußte der Senat dringend ergänzt werden.[146]

Zur Ernennung des Diktators, der die Ergänzung des Senats vornehmen sollte, wurde der Konsul Terentius aus Apulien nach Rom gerufen. Seine Rückkehr benutzen die Senatoren zu einer Demonstration der Einheit und Zuversicht aller Römer. Nicht Vorwürfe und Anklagen, daß er die Niederlage verursachte, wie es die spätere Tradition darstellte, sondern Dank für seine Zuversicht brachten sie ihm entgegen.[147] Terentius ernannte auf Senatsbeschluß den Fabius Buteo zum *dictator* ohne *magister equitum* auf sechs Monate zur *lectio senatus (d. h. censoria potestate)*.[148] Insgesamt 177

reits beim Kauf vereinbart worden (vgl. denselben Widerspruch bei Val Max 5,6,8; 7,6,1). Die schlechte Finanzlage des Staates spricht eher für die Erstattung nach Kriegsende. Die „Großzügigkeit" der früheren Besitzer darf man nicht überbewerten. Sie hofften natürlich auf entsprechende Verzinsung. Zur Forschungslage Seibert 1993, 396.

143 L 23,21,6: L. Aemilius Papus, Konsul und Censor, M. Atilius Regulus Konsul II und L. Scribonius Libo, Volkstribun. Ihre Aufgabe und ihre Kompetenzen sind leider nicht bekannt. Vgl. J. Andreau, La vie financière dans le monde romain. Les métiers de manieurs d'argent (IVe siècle av. J.-C. – IIIe siècle apr. J.-C.), Rom 1987, 233–236.

144 Die genaue Datierung der Gewichtsreduktionen des As, besonders vom semilibralen zum triantalen, quadrantalen und sextantalen Standard ist unter den Numismatikern umstritten. Vgl. Seibert 1993, 8–10, 360, 363 f.

145 Plu Fab 19, 1.

146 L 23,22–23,8, Tammler 1971, 160–164. Gewöhnlich wurde die Ergänzung von den Censoren vorgenommen *(lectio senatus)*. Die letzte war im Jahr 220, die nächste würde erst 214 sein. Doch so lange wollten die Senatoren nicht warten. Es könnte sein, daß für bestimmte Beschlüsse ein Quorum erforderlich war, vgl. Marianne Bonnefond, Quorum et prise de décision dans le sénat romain aux deux dernières siècles de la république, in: Du pouvoir dans l'antiquité: Mots et réalités, ed C. Nicolet, Cahiers du Centre Glotz I, Genf 1990, 129–151. Der früheste Beleg für ein Quorum ist aus dem Jahr 207 (L 28,9,5, vgl. a. a. O., 140).

147 L 22,61,14–15, Plu Fab 18,4, Tammler 1971, 156.

148 Damit wurde mehrmals gegen die Verfassung verstoßen. Denn die Amtsbefugnisse des „Konsuls" Terentius ruhten seit Bestellung des Diktators Pera, bis dieser

neue Senatoren wurden unter großem Beifall in den Senat eingeführt.[149] Diese Senatsergänzung bedeutete eine Zäsur in der Geschichte der Körperschaft.[150] Viele Römer kamen nicht wegen familiärer Verbindungen oder Bekleidung bestimmter Ämter in den Senat, sondern ausschließlich wegen ihrer persönlichen Leistung.

Die Rückkehr des Fabius Pictor aus Delphi, der bekränzt dem Schiff entstiegen war, wie es ihm der Priester in Delphi befohlen hatte, vermehrte die Zuversicht und Hoffnung, daß alles noch ein gutes Ende nehmen werde.[151] Der Orakelspruch, den er aus dem Griechischen übersetzte,[152] verhieß den Sieg in diesem Krieg bei entsprechenden Opfern an die Götter und besonders an den pythischen Apoll. Er warnte sie aber auch vor Überheblichkeit. Alle Opfer und Bittgottesdienste wurden sorgfältig ausgeführt.

„Der Stellvertreterkrieg"

Auf der Sitzung des karthagischen Kriegsrates war die Fortsetzung der bisherigen Strategie beschlossen worden. In der Gewißheit, daß die Römer bald um Frieden nachsuchen würden, sollten die Bundesgenossen, wenn möglich auf friedlichem Weg, notfalls mit Gewalt zum Anschluß gebracht werden. Hannibal war zuversichtlich, daß die *socii* sich ihm endlich zu-

von seinem Amt zurückgetreten war. Er konnte keinen Diktator ernennen. Außerdem gab es bereits einen Diktator. Noch nie hatte es zwei *dictatores* gleichzeitig gegeben. Auch die Bestellung zum Diktator ohne Reiterobersten und dazu noch auf sechs Monate war verfassungswidrig, ebenso die Übertragung der censorischen Gewalt zum zweiten Mal. Denn Fabius Buteo war der älteste der noch lebenden Censoren. Doch er wollte die außerordentlichen Maßnahmen, die in dieser Notzeit ergriffen worden waren, wieder normalisieren. Marianne Elizabeth Hartfield 1982, 503–506.

[149] Diese Zahl nach L 23,23,7, nach L per 23 sollen CXCVII (197) Römer aus dem Ritterstand aufgenommen worden sein. Diese Zahl hielt H. Hill, The Roman Middle Class in the Republican Time, Oxford 1952, 41 für korrekt. Fabius Buteo nahm zuerst die Männer in den Senat auf, die seit der letzten Censur Ämter bekleidet hatten, die sie zum Eintritt in den Senat berechtigten, aber noch nicht Mitglieder waren, dann alle gewesenen Ädile, Volkstribune und Quästoren. Doch damit konnte immer noch nicht die vorgeschriebene Zahl von 300 Senatoren erreicht werden. Für die Aufnahme der restlichen Mitglieder war das entscheidende Kriterium ihre persönliche Tapferkeit: Wer in seinem Haus eine feindliche Rüstung hängen oder eine Bürgerkrone erhalten hatte, wurde als würdig angesehen, die Reihen der Senatoren zu ergänzen.

[150] Vgl. Scullard 1950, 57. E. Cavaignac, Le sénat de 220. Étude démographique, REL 10, 1932, 458–468 vermutete zunehmenden Einfluß der Volkstribunen. Seine Berechnungen über die Zusammensetzung sind sehr hypothetisch.

[151] L 23,11,1–6, Z 9,3,1.

[152] Diese Reise des Fabius Pictor nach Griechenland dürfte die Niederschrift der römischen Geschichte veranlaßt haben.

wenden würden.[153] Da im Augenblick kein Gegner vorhanden war, den er zu einer Schlacht stellen konnte, wurde eine Teilung des Heeres in eine „Nord-" und eine „Südarmee" beschlossen.

In Apulien traten die ersten Städte zu den Karthagern über, Salapia, Aecae, Herdonea und Arpi.[154] Aber wichtige Städte, wie Luceria und Venusia, Kolonien der Römer, standen treu zu Rom. Hannibal verlegte sein Operationsgebiet aus Apulien nach Samnium ins Gebiet der Hirpiner.[155] Ein vornehmer Bürger von Compsa (h. Conza) rief ihn herbei, weil er hoffte, mit karthagischer Unterstützung die Macht an sich reißen zu können.[156] Bevor Hannibal in die Stadt einmarschierte, machten sich die Romfreunde davon. Der Ort erhielt eine karthagische Besatzung. Hier wurde auch der gesamte Troß des Heeres stationiert. Was sich in Compsa ereignete, dürfte sich in vielen Orten Italiens wiederholt haben. Rivalitäten unter führenden Geschlechtern um die Macht bestimmten die politische Haltung. Die Niederlage der Römer schwächte auch die Stellung ihrer Satelliten, die zu schwanken begannen und mit karthagischer Unterstützung weichen mußten. Das Ausmaß der Fluchtbewegung von Romfreunden – ihre Besitzungen wurden wohl konfisziert – läßt sich auch nicht annähernd abschätzen, da die antiken Quellen diese Problematik nur sporadisch erwähnen. Einzelfälle wie in Compsa können aber eine gewisse Vorstellung von dieser Seite des Krieges vermitteln.

Das karthagische Heer wurde in Compsa geteilt: Mago stieß mit der „Südarmee" nach Lukanien und Bruttium vor.

„Nordarmee"

Hannibal marschierte mit der „Nordarmee" in Campanien ein[157] und griff

[153] Vgl. seine Rede vor der Schlacht P 3, 111, 8. Er war entschlossen, eine härtere Gangart als bisher einzuschlagen und sich nicht mehr nur mit verbalen Aufforderungen und Verwüstungen des Gebietes zu begnügen, L 23, 1, 4.

[154] Vgl. bes. De Sanctis III 2, 1916, 216 ff. Salapinoi ist eine Emendation von G. De Sanctis bei P 3, 118, 3 für Tarantinoi, vgl. o. S. 204 A 105. Die Rückeroberung von Aecae durch die Römer wird im Jahr 214 erwähnt (L 24, 20, 5). Herdonea wurde von den Römern verschiedentlich vergeblich belagert (L 25, 21, 1).

[155] L 23, 1, 1 ff. Vgl. E. T. Salmon, Samnium and the Samnites, Cambridge 1967, 298 ff. Hannibal konnte große Teile Samniums zum Anschluß bringen. Nur die Pentrer verweigerten den Anschluß. Die Münzprägung der Städte Mel (= Meles) und Velechia (= Volcei) bringen durch ihre neuen Typen (Elefant) die veränderte politische Haltung zum Ausdruck. Vgl. Thomsen II 1961, 122 ff., Marchetti 1978, 297–299, 443.

[156] Innere Rivalitäten waren ausschlaggebend. Das Geschlecht der Mopsier hatte mit römischer Unterstützung die Geschicke der Stadt gelenkt und seine Gegner von der Macht ferngehalten.

[157] P 3, 91, 8 beschreibt drei Einmarschmöglichkeiten, darunter eine aus dem Hir-

Neapel an.[158] Sein Ziel, eine Stadt mit einem Seehafen in seinen Besitz zu bringen, mißlang. Ihre mächtigen Mauern hielten ihn von einer Belagerung zurück. Dann wandte er sich an Capua. Gesandte der Stadt hatten bereits Kontakte aufgenommen und die Bedingungen der Übergabe vereinbart. Der Abfall der zweitmächtigsten Stadt Italiens war ein schwerer Schlag für das Ansehen der Römer. Deshalb suchten sie nach Erklärungen, die ihrer Eigenliebe entgegenkamen: Verdorben von ungeheuerem Luxus und zügellos geworden durch Verschwendung habe das Volk den Abfall gewünscht.[159]

Bereits nach der Niederlage am Trasimener See hatten die führenden Persönlichkeiten Capuas erste Überlegungen über einen Übertritt angestellt. Doch enge verwandtschaftliche Bande zu führenden römischen Geschlechtern[160] und der Dienst von 300 Söhnen im römischen Heer[161] hielten sie noch zurück. Vor dem entscheidenden Schritt informierten sie sich beim Konsul Terentius über die Lage. Was sie hier zu sehen bekamen, war erschreckend.[162] Der Konsul kommandierte einen Haufen Soldaten, aber kein Heer. Er selbst schien wenig zuversichtlich zu sein. Vielleicht erweckte dies die Hoffnung, den Römern Konzessionen abringen zu können. Sie verlangten eine der Konsulstellen für sich.[163] Mit Entrüstung wurde ihr Begehren zurückgewiesen. Damit war die Entscheidung für Hannibal gefallen. Die Campaner konnten günstige Konditionen vereinbaren.[164] Kein karthagischer Feldherr oder Beamter sollte irgendein Recht über ihre Bürger haben. Kein Campaner sollte gegen seinen Willen Kriegsdienst oder andere Aufgaben leisten müssen. Die Stadt sollte ihre eigenen Gesetze und Verwal-

pinerland. Er benutzte entweder die Straße durchs Tal des Silarus oder der Solofrena nach Nuceria. Vgl. Kromayer III 1, 1912, 221. Auf derselben Route dürfte Marcellus von Nola aus seine Einfälle ins Hirpinerland unternommen haben. Zu den Unternehmungen Hannibals in Campanien vgl. M. Frederiksen, Campania, Oxford 1984, 238ff.

[158] L 23, 1, 5ff., Z 9, 2, 7.

[159] P 7, 1, 1, L 23, 2–10, D 26, 10, Z 9, 2, 7ff., Sil 11, 29ff., vgl. die ausführliche Erörterung der Überlieferung bei v. Ungern-Sternberg 1975, 24ff., M. Frederiksen, a. a. O., 239ff.

[160] Der *medix tuticus* des Jahres 217 Pacuvius Calavius war mit einer Tochter des Appius Claudius verheiratet und hatte eine seiner Töchter dem M. Livius Salinator, cos. 219, zur Frau gegeben (L 23, 2, 5–6). Es existierten viele, uns unbekannte Verbindungen aufgrund des alten Eherechts, vgl. L 23, 4, 8.

[161] L 23, 4, 8.

[162] L 23, 5, 1ff.

[163] L 23, 6, 6–8, Cicero, de lege agraria 2, 35, 95. Von M. Frederiksen, a. a. O., 240 als unhistorisch abgelehnt.

[164] L 23, 7, 1–2, vgl. Schmitt III 1969, 524, v. Ungern–Sternberg 1975, 60. Hatte Hannibal geheime Versprechungen gemacht, ihnen die erste Stelle in einem *imperium Italiae* zuzugestehen? L 23, 6, 1; 10, 1–3, Val Max 3, 8, 1, vgl. v. Ungern-Sternberg 1975, 59 ablehnend, zustimmend M. Frederiksen, a. a. O., 240.

tung behalten. Für ihre 300 Reiter, die in römischen Diensten auf Sizilien standen, sollten sie 300 römische Gefangene ihrer Wahl zu Tauschzwecken erhalten.

Welche Vorteile brachte das Abkommen für Hannibal? Obgleich die Campaner eine große Streitmacht besaßen,[165] war er auf freiwillige Unterstützung angewiesen. Es wurden keine Kriegsdienstleistungen vereinbart. In dieser Form war das Abkommen nur von begrenztem Wert. Hoffte er auf die normative Kraft des Faktischen?

Beim Übertritt der Stadt kam es zu einigen unschönen Szenen. Die Campaner nahmen alle *praefecti socium* und alle Römer, die privat in ihrer Stadt weilten, gefangen und ließen sie in Badehäusern ersticken.[166] Hannibal ließ alte Romfreunde gefangensetzen und nach Karthago deportieren.[167] Dem Abfall Capuas schlossen sich auch die Orte Atella und Calatia an. Auch die Sabatini wurden abtrünnig.[168]

Die Münzen, die die neuen Bundesgenossen zum Zeichen ihrer Unabhängigkeit prägten, verkündeten ein politisches Programm.[169] Das Bild des römischen Schwurgoldes wurde nachgeahmt, womit der neue Bund nach außen dokumentiert wurde. Die politische Verbundenheit mit dem Karthager demonstrierten sie durch die Übernahme von „Hannibals Wappentier“, dem Elefanten. Münzen aus Capua, Atella, der MEL–Serie und von Velecha zeigen einen afrikanischen Elefanten.[170] Ihre Siegeszuversicht und ihren Anspruch auf den Siegeslorbeer brachten sie durch Münzen mit der Siegesgöttin, die ein Siegesdenkmal *(Tropaion)* bekränzte, zum Ausdruck.[171] Gegen diese Propaganda mußten die Römer etwas unternehmen. Sie prägten dasselbe Bild auf ihre neuen Silbermünzen, den Victoriatus, und zeigten damit aller Welt, wem nach ihrer Ansicht der Sieg zukam.[172]

[165] L 23,5,15: 30000 Fußsoldaten und 4000 Reiter.

[166] L 23,7,3.

[167] Vgl. das Schicksal des Decius Magius, L23,10,8–13, den aber ein Sturm nach Kyrene verschlug, wo er im Reich des Ptolemaios IV. Aufnahme fand.

[168] Die Sabatini werden L26,34,6 unter den mit Capua, Atella und Calatia bestraften *populi* genannt. Ihre Lokalisierung ist unsicher (vgl. Philipp, RE 1 A 2, 1920, 1540), vielleicht Anrainer des Sabbato, eines bei Benevent in den Calore mündenden Flusses, der allerdings in der Antike nicht erwähnt wird. E. T. Salmon, a. a. O., 298 A 4 glaubt, daß der Vorort dieses Stammes die Stadt Velecha gewesen sein könnte, die Münzen mit einem Elefanten prägte, vgl. Marchetti 1978, 297–299.

[169] Zu der Münzprägung von Capua, Atella und Calatia in der Zeit nach dem Abfall von Rom vgl. Seibert 1993, 233–234.

[170] Thomsen I 1957, 157, H. H. Scullard, NC 1948, 158ff., W. Govers/H. H. Scullard, NC 1950, 271ff., Scullard 1974, 170–173.

[171] Vgl. Unze von Capua, Atella und Calatia, vgl. Thomsen I 1957, 173. Dieses Bild wurde auch bei den lukanischen und bruttischen Prägungen verwandt.

[172] Meistens wird die Einführung des Victoriatus zeitgleich mit dem Denar angenommen, vgl. dazu u. S. 256. Nach A. S. Walker, Some Hoards from Sicily and a Car-

„Südarmee“

Die Südarmee unter Mago – nach seiner Abfahrt nach Karthago unter Hanno – operierte völlig selbständig.[173] Doch die Erfolge waren nicht so überwältigend, wie Mago dem Rat vormachte. Keine einzige griechische Stadt öffnete ihre Tore. Von den bruttischen Städten leisteten Potenza und Petelia erbitterten Widerstand.[174] Mit den Lukanern, soweit sie abfielen, und mit den Bruttiern wurden Vereinbarungen getroffen, die ihnen ihre Freiheit und Unabhängigkeit garantierten. Äußeres Zeichen ihrer neugewonnenen Selbständigkeit war die Münzprägung, die ihre Siegeszuversicht ausdrückte. Wie in Campanien krönte eine Siegesgöttin ein Siegeszeichen (Tropaion).[175]

Karthago

Nur selten richtet die antike Geschichtsschreibung ihre Blicke nach Karthago und informiert über die dortigen Vorgänge.[176] Nur einmal wird dorthin „geschaltet“, als Mago seinen Siegesbericht überbrachte.[177] Er legte einen imponierenden Leistungsbericht vor: Sein Bruder Hannibal habe mit

thaginian Issue of the Second Punic War, Festschrift Leo Mildenberg, Wetteren 1974, 279 wurde er früher eingeführt.

173 Über die Unternehmungen dieser Heeresgruppe sind wir nur ungenügend informiert. Der Bericht Magos vor dem karthagischen Rat läßt einige Aufschlüsse zu.

174 P 7,1, L 23,30,1f., App Ann 29,123–126, Frontin 4,5,18, Val Max 6,6 ext. 2, Sil 12,431, Athenaios, Deipnosophistai 12,528b, Kukofka 1990, 11–15.

175 Vgl. H. Pfeiler, Die Münzprägung der Bruttier, JNG 14, 1964, 7–50, 44–46 zu den Lukanern, Marchetti 1978, 457–463.

176 Meistens sind Pläne und Unternehmungen der Karthager erst aus römischen Abwehraktionen zu entnehmen. Dies trifft auch im Jahr 216 für die Unternehmungen der karthagischen Flotte zu, die ähnlich wie in den Vorjahren offensiv operierte. Die Karthager hatten zwei Flotten gebildet, von denen die eine das Königreich Hierons II. bedrohte, während die andere bei den Ägatischen Insel Stellung bezogen hatte, in der Absicht, in die römische Provinz einzufallen, wenn der Proprätor T. Otacilius Hieron II. zu Hilfe käme. Leider erfahren wir über diese Vorgänge nur indirekt aus einem Schreiben des Otacilius an den römischen Senat (L 22,56,6ff.). Auch im Königreich Hierons wurden Verteidigungsmaßnahmen getroffen. Gelon bewaffnete das Volk, ein Vorgang, den die Geschichtsschreibung als Versuch des Abfalls von Rom umdeutete. Vgl. dazu S. 209 A 141. Der römische Gegenschlag mit der Flotte scheiterte kläglich und wurde blutig zurückgeschlagen. Vgl. S. 223.

177 L 23,11,7–13,8, Z 9,2,6. Der Bericht ist durch eine einseitige Tendenz verzerrt. Die römische Geschichtsschreibung verschaffte dem Barkidengegner Hanno einen erneuten Auftritt. Das schließt natürlich nicht aus, daß es tatsächlich gegensätzliche Debatten im karthagischen Rat gab. Hinweis auf Kritik an Hannibal bei Cass frg. 57, 14.

sechs Feldherrn gekämpft, sechs konsularische Heere geschlagen, mehr als 200000 Feinde getötet, 50000 Gefangene gemacht. Von den vier Konsuln seien zwei gefallen, der eine verwundet, der andere mit 50 Reitern geflüchtet. Beeindruckend war auch die Liste der abgefallenen Städte und Landschaften: Die Bruttier und Apulier, die Samniten und Lukaner, in Campanien die größte Stadt Capua seien zu ihnen übergetreten. Den Göttern sei Dank für diese großen Siege.

Zur Bestätigung seiner Botschaft schüttete er die goldenen Ringe, die den gefallenen Senatoren und Rittern abgenommen worden waren, aus. Ein ganzer Scheffel konnte damit gefüllt werden.[178] Um den Krieg zu einem baldigen erfolgreichen Ende zu bringen, forderte er für seinen Bruder kräftige Unterstützung: Er benötigte Soldaten, Geld und Getreide.[179]

Hanno nutzte die Gelegenheit, um erneut seine Bedenken vorzubringen und gegen die Hilfssendungen zu opponieren. Seine Einwände gegen eine allzu optimistische Auslegung der Abfallbewegung trafen den Nagel auf den Kopf. Keine einzige latinische Kolonie sei unter den neuen Verbündeten, kein einziger Römer sei zu den Karthagern übergetreten. Aber die Stimme des Warners ging in dem Jubel der Siegesfeiern unter.[180] Bereitwillig beschlossen die Ratsherrn Verstärkungen für das Heer in Italien.[181]

Campanien

Nach dem Übertritt Capuas versuchte Hannibal ein zweites Mal vergeblich, die Bewohner von Neapel durch Versprechungen und durch Drohungen für sich zu gewinnen.[182] Dann marschierte er nach Nola. Auch hier hoffte er zunächst auf Übergabe, andernfalls sollten die Menschen alle Schrecken des Krieges erleiden.[183] Es waren leere Drohungen, da Hannibal

[178] L 23,12,2, Val Max 7,2 ext. 16. Es gab auch andere Versionen, die von zwei (Fl 1,22,18) oder drei Scheffeln (Eu 3,11,2, Or 4,16,5, Augustin, de civitate dei 3,19) sprachen. Allgemein Z 9,1,15. Zu den Ringen vgl. C. Nicolet, L'ordre équestre à l'époque républicaine, Paris I 1974, 139.

[179] L 23,12,5.

[180] Val Max 7,2 ext. 16 spekulierte für den Fall, daß sich Hanno mit seinem Vorschlag, mit den Römern über einen Frieden zu verhandeln, durchgesetzt hätte, dann wäre Karthago im 2. Krieg nicht besiegt und im 3. nicht zerstört worden.

[181] L 23,13,7–8. Hannibal sollte 4000 Numider, 40 Elefanten und 1000 Talente erhalten. Außerdem sollte Mago in Spanien ein Heer von 20000 Mann zu Fuß und 4000 Reiter anwerben, mit denen die Heere in Spanien und Italien verstärkt werden sollten.

[182] L 23,14,5.

[183] L 23,14,6–13.

die Städte nicht belagerte. Die Nolaner[184] riefen den Prätor M. Claudius Marcellus, der mit seinem Heer bei Casilinum stand, herbei.[185] Bis er in Nola eintraf, war Hannibal bereits abgezogen und vor Neapel aufmarschiert, auch das dritte Mal ohne Erfolg.[186] In der Zwischenzeit hatten die Römer diese wichtige Stadt durch eine Besatzung gesichert.[187] Dann erschien Hannibal vor den Mauern von Nuceria.[188] Auch hier hörten die Bewohner nicht auf seine Versprechungen. Nur vom Hunger gezwungen, kapitulierten sie gegen freien Abzug mit einem Kleidungsstück.[189] Hannibal bot ihnen an, in seine Dienste zu treten und lockte sie vergebens mit Geschenken und Ehrenstellen. Niemand nahm sein Angebot an. Die Leute von Nuceria suchten in anderen Städten Zuflucht. Aus Rache überließ Hannibal den Ort seinen Soldaten zur Plünderung und äscherte ihn ein.

Vielleicht ermutigt durch den „Erfolg" in Nuceria, wandte er sich erneut gegen Nola. Dort war inzwischen Marcellus zum Schutz der Stadt eingerückt. Nach der römischen Überlieferung habe eine Schlacht stattgefunden, in der Marcellus siegte. Die Römer benötigten zum Ausgleich für die vielen Niederlagen endlich wieder einen Sieg, der allerdings nur in der Phantasie ihrer Geschichtsschreiber stattgefunden haben dürfte.[190] Man würde er-

[184] Die römische Geschichtsschreibung liebte das abgedroschene Bild, daß der Senat einer Stadt treu zu Rom stand, während die Plebs den Karthagern zuneigte. Um das Volk zu täuschen, habe der Senat vorgegeben, er verhandle mit Hannibal über die Übergabe. Dadurch habe er Zeit gewonnen und Marcellus herbeirufen können. Vgl. zu diesem Klischee v. Ungern-Sternberg 1975, 63ff.

[185] L 23, 14, 10, Plu Marc 10.

[186] L 23, 15, 1. Die wiederholten Angriffe auf Neapel und Nola werden in der modernen Forschung häufig als Dubletten der annalistischen Geschichtsschreibung gedeutet, m. E. zu Unrecht. Denn der Besitz einer Seestadt war für Hannibal von eminenter Bedeutung. Er hoffte wohl, daß irgendein Versuch einmal glücken werde, zumal durch den Übertritt Capuas seine Position in Campanien wesentlich günstiger geworden war.

[187] L 23, 15, 2 betont, daß auf Wunsch von Neapel die Besatzung in die Stadt gelegt worden war. Es ist zu vermuten, daß die Römer vielfach gefährdete Städte mit Garnisonen *(praesidia)* schützten.

[188] L 23, 15, 2–3.

[189] L 23, 15, 3, App Lib 63, 278, Cass frg. 57, 30, Z 9, 2, 10, Val Max 9, 6 ext. 2. App und Val Max überlieferten zwei Kleidungssstücke, was ungewöhnlich wäre. Vgl. Schmitt III 1969, 525. Natürlich soll sich der treulose Karthager auch in diesem Fall nicht an die Abmachungen gehalten haben: Die Ratsherren seien in einen Baderaum eingesperrt worden. Dort seien sie erstickt, während das Volk beim Abzug mit Speeren niedergemacht worden sei (App Lib 63, 278, Cass frg. 57, 30, Z 9, 2, 10). Vgl. A. J. Pomeroy, Hannibal at Nuceria, Historia 38, 1989, 162–176.

[190] L 23, 16, 2–16 schildert ausführlich eine Schlacht zwischen den Römern und den Karthagern. Marcellus soll mit seinem Heer vor der Stadt Aufstellung genommen haben. Aber es kam zu keiner richtigen Schlacht. Dann berichteten die Senatoren

warten, daß Marcellus, ein Draufgänger, der im Keltenkrieg einen Fürsten im Zweikampf besiegt und dafür die seltene Ehrung der *spolia opima* erhalten hatte, den Feind zu einem Zweikampf herausgefordert hätte. Falls er gesiegt hätte, hätte er mit einem Schlag den Krieg beenden können.[191] Der Römer war gut beraten, hinter den sicheren Mauern von Nola zu bleiben.[192] Wenn Hannibal unverrichteter Dinge abziehen mußte, war dies in der damaligen Situation bereits ein Erfolg für die Römer.

Er wandte sich dann über Acerrae, dessen Bewohner das Weite suchten,[193] nach Casilinum. Angeblich plante der Diktator Iunius Pera, sein Heer von

von Nola dem Marcellus über eine angebliche Absprache der Plebs mit Hannibal, nach der die römischen Truppen aus der Stadt ausgesperrt werden sollten. Der Abfall sollte dann erfolgen, wenn die Römer aus den Toren der Stadt hinausmarschiert seien. Doch gerade dieser Zustand wird als gegeben bereits geschildert. Nun traf Marcellus Vorsichtsmaßnahmen und unternahm einen Ausfall an drei Toren. Was dann geschah, übergeht Livius. Er berichtet, er habe fast Bedenken, die Verlustziffern seiner Vorlagen anzuführen. Angeblich sollen 2800 Karthager und nur 500 Römer gefallen sein. Seine Ansicht, daß es damals eine größere Leistung gewesen sei, von Hannibal nicht besiegt zu werden, als ihn später zu besiegen, läßt anklingen, daß es wohl mehr der Wunsch der Römer gewesen sein dürfte, diesen Sieg errungen zu haben. Vgl. Kahrstedt 1913, 448 A 1.

[191] Nur Silius wahrt die Erinnerungen an eine solche Herausforderung, die aber nicht über jeden Zweifel erhaben ist (12, 197–198), allerdings beim Angriff Hannibals auf Nola im nächsten Jahr. Die historischen Quellen berichten nichts von einer Herausforderung zum Zweikampf. Auch bei Silius kommt es nicht zum Kampf, da die Göttin Iuno ihn nicht wünschte. Es war wohl der Phantasie des Dichters vorbehalten, mit einer solchen Begegnung zu spielen. Vgl. S.P. Oakley, Single Combat in the Roman Republic, CQ 35, 1985, 395.

[192] Um Abfallgelüste für immer zu beseitigen, nahm Marcellus eine „Säuberungsaktion“ vor: 70 Personen, die man des Verrats beschuldigte, ließ er enthaupten und ihr Vermögen einziehen, L 23, 17, 1–2. Damit war einmal die Zuverlässigkeit der Stadt gesichert, zum anderen flossen der römischen Staatskasse, die damals ständig leer war, durch die Vermögenskonfiskationen beträchtliche Einkünfte zu. Man sollte den finanziellen Aspekt bei diesen Prozessen nicht vergessen. Faire Prozesse hatten die Angeklagten wohl kaum zu erwarten. Viele persönliche Rivalitäten dürften ausgetragen worden sein. Es gab aber auch eine antike Tradition, die Marcellus größtes Entgegenkommen mit abfallbereiten *socii* nachsagte, Cass frg. 57, 31–33.

[193] L 23, 17, 4 ff. Hannibal versuchte nach derselben Methode den Ort zu gewinnen: Zunächst Aufforderung zur freiwilligen Übergabe, dann Beginn der Einschließung. Doch bevor der Ring vollendet war, liefen die Bewohner in der Nacht davon. Eine andere Version bei App Lib 63, 278, der Rat der Acerrae sei während des Waffenstillstandes in die Brunnen geworfen und zugeschüttet worden und Z 9, 2, 12: Hannibal habe Acerrae ausgehungert und einen Kapitulationsvertrag zu denselben Bedingungen wie mit Nuceria geschlossen. Nach Cass frg. 57, 34 wurden die Ratsmitglieder in einen Brunnen geworfen.

Teanum nach Casilinum zu verlegen.[194] Bereits bisher war der Ort am Übergang der *via Appia* über den Volturnusfluß durch eine römische Besatzung gesichert.[195]

Hannibal begann erst jetzt mit der Belagerung dieses wichtigen Brückenkopfes, die sich über viele Monate hin erstreckte und erst im Frühjahr 215 zu einem erfolgreichen Abschluß gebracht wurde.[196] Man fragt sich vergebens, weshalb er nicht sofort nach dem Übertritt Capuas diesen Platz in seinen Besitz gebracht hatte. Solange Casilinum in römischer Hand war, war das Gebiet von Capua unmittelbar bedroht.

Damit waren die Operationen dieses Jahres beendet. Hannibal bezog mit seinem Heer in und um Capua[197] ein Winterlager, das die römische Historiographie als das Cannae der Karthager bezeichnete.[198] Langes Schlafen, ausgiebige Trinkgelage, Vergnügungen bei Festmählern und Dirnen, der Aufenthalt in den Bädern und das lange Nichtstun sollen die Soldaten so „entkräftet" haben, daß sie anschließend nicht mehr in der Lage waren, den Sieg zu erringen. Livius berief sich dabei auf das Urteil von militärischen Fachleuten![199] Es war ein beliebter Topos antiker Geschichtsschreibung, die

[194] L 23,17,7, vgl. zum Standort in Teanum L 23,32,1. Verlegte Pera sein Lager in die Nähe von Casilinum, wo er von Hannibal angegriffen wurde? Es wird von Hannibal eine Kriegslist überliefert, mit der er den Feind ausgetrickst haben soll. Polyain 6,38,6 bewahrt die Ortsangabe Casilinum, Frontin 2,5,25 den Namen des Iunius Pera, aber ohne Ortsangabe, Z 9,3,1–2 ebenfalls ohne Ortsangabe. Alle Zeugnisse sind wohl auf dasselbe Ereignis zu beziehen. Hannibal konnte das von den Verteidigern verlassene Lager einnehmen. Ed. Wölfflin, Zur Geschichte des Zweiten Punischen Krieges, Hermes 9, 1875, 123–124 wollte in dieser „Niederlage" des Pera den Grund für seinen Rückzug nach Rom sehen.

[195] L 23,17,8 ff., Val Max 7,6,2 und 3, Z 9,2,13. Es handelte sich um 500 Praenestiner, einige Römer und Latiner, dazu eine *cohors* aus Perusia. Die Truppen hatten hier zufällig Unterschlupf gefunden, da sie verspätet dem römischen Heer nachrückten und hier bereits die Kunde von der Niederlage bei Cannae erhalten hatten. Als die Bewohner von Capua mit Hannibal verhandelten, hatten sie die ihnen verdächtigen Stadtbewohner kurzerhand ermordet.

[196] L 23,18,1–9; 19,1 ff., P 7,1,3, Frontin 2,5,25; 3,14,2, Polyain 6,38,5, Val Max 7,6,2, Z 9,3,1–2. Viele Einzelheiten sind unglaubwürdig, z. B. der Einsatz von Elefanten.

[197] Das Winterlager des Heeres befand sich auf dem Mons Tifata (L 23,36,6, vgl. Kromayer III 1, 1912, 394 ff.).

[198] L 23,18,9–16; 45,2–4, Cicero, de lege agr. II 35,95, D 26,11, Seneca, epistulae morales 51,5, Fl 1,22,21 ff., Val Max 9,1 ext. 1, Strabon 5,4,13 (250), Z 9,3,4, De Sanctis III 2, 1916, 212 A 25, Sil 11, 122–368, 385–482 dazu E. Burck, Silius Italicus. Hannibal in Capua und die Rückeroberung der Stadt durch die Römer, Abh. Wiss. Akademie Mainz 1984, 3–31, Giulia Piccaluga, Urbs trunca. Passato mitico ed espansionismo contro la Capua del „dopo annibal", RSA 13–14, 1983–1984, 103 ff.

[199] L 23,18,12 ff. Der Entschluß nach Cannae, nicht gegen Rom zu marschieren,

kräftezehrenden Folgen von Vergnügungen auszumalen und hierin eine Erklärung zu finden, weshalb Hannibals Siegeslauf nach 216 jäh endete.

Spanien[200]

Die Pläne Hasdrubals zu einem Angriff entlang der Küste gegen die römischen Invasionstruppen – die beiden Scipionen hatten die Befehlsbereiche aufgeteilt, Gnaeus kommandierte das Landheer, Publius die Flotte – wurden durch einen Aufstand im Gebiet der Tartessier,[201] den unzufriedene Offiziere – die Schiffskommandanten waren wegen ihrer Feigheit in der Schlacht an der Ebromündung getadelt worden – angezettelt hatten, verhindert. Erst nach Niederschlagung der Bewegung konnte er sich gegen den Feind wenden.

In dieser Situation soll er aus Karthago den Auftrag erhalten haben, ein Heer schnellstens nach Italien hinüberzuführen.[202] Gegen diese Anordnung hatte er keine Einwände, verlangte aber die Entsendung eines Nachfolgers mit einem starken Heer, da sonst Spanien ohne Schutz den Feinden preisgegeben sei.[203] Nach der Ankunft des Ersatzheeres mit einer verstärkten

habe den Sieg nur verzögert, der Aufenthalt in Capua ihn aber unmöglich gemacht, da jetzt die Kräfte zum Sieg gefehlt hätten.

[200] L 23,26–28, App Ib 15,57–58, Z 9,3,7, Eu 3,11,3–5, Or 4,16,13. Vgl. Frantz 1883, 21–28, Kahrstedt 1913, 435ff., De Sanctis III 2, 1916, 234ff., Sanchez 1975, 216ff., Lazenby 1978, 126ff., Huß 1985, 339, Richardson 1986, 38, Eckstein 1987, 200. Für den iberischen Kriegsschauplatz sind wir auf die Angaben des Livius, die einen extrem scipionenfreundlichen Standpunkt erkennen lassen, angewiesen. Der Verdacht ist nicht unbegründet, daß in Iberien ein Ausgleich für die römischen Niederlagen in Italien geschaffen werden sollte.

[201] Als einziger geographischer Anhaltspunkt wird die Stadt Ascua (L 23,27,2) erwähnt, die man mit Osqua gleichsetzen kann (Plin n h 3,10), vgl. Sanchez 1975, 217 mit Karte 2. Angeblich habe sich Hasdrubal vom Gegner ferngehalten, da er sich ihm nicht gewachsen fühlte. Endlich nach vielem Bitten hätten die Karthager ihm 4000 Soldaten und 500 Reiter aus Afrika zur Verstärkung geschickt, L 23,26,2. Es ist wenig überzeugend, daß Hasdrubal auf 4000 Mann aus Afrika zur Verstärkung angewiesen sein soll. Da er aus den Silberbergwerken über ausreichende Geldmittel verfügte, konnte er unter den iberischen, immer kriegsbereiten Stämmen leicht Truppen anwerben. Das hier gezeichnete Bild des karthagischen Rates, der sich erst nach langem Bitten zu einer Unterstützung entschließt, erinnert stark an ähnliche Behauptungen für Hannibal. Der Rat als „Bremser" ist ein Klischee, das zur Vorsicht mahnen sollte, zumal es sich im vorliegenden Fall als unzutreffend nachweisen läßt.

[202] L 23,27,9, Or 4,16,13.

[203] Die Begründung enthält äußerst scipionenfreundliche Wertungen: Die römischen Feldherrn seien solche Leute, denen man mit gleich starken Kräften kaum Widerstand leisten könne, L 23,27,1. Die Feinde hatten aber die Behinderung der karthagi-

Flotte unter Himilko machte er sich an die Vorbereitungen und trieb Geld von den iberischen Völkern ein, das er für die Anwerbung von Truppen und für die Durchzugserlaubnis benötigte. Dadurch entstanden Unruhen, die auch den Scipionen bekannt wurden. Sie trafen Vorbereitungen für eine gemeinsame Abwehr. Ihnen sei klar gewesen, daß es das Ende der römischen Herrschaft bedeuten würde, wenn Hasdrubal mit einem Heer seinem Bruder zu Hilfe käme.[204]

Der Leser soll ahnungsvoll auf die Bedeutung der kommenden Ereignisse verwiesen werden. Sorgenvoll überschritten die Scipionen den Ebro und wußten dann nicht, was sie tun sollten. Sie hofften durch einen Angriff auf die reiche Stadt Ibera Hasdrubal von seinem Vorhaben abhalten zu können. Wenn die Römer seinen Abmarsch verhindern wollten, mußten sie ihn entweder direkt angreifen oder am Ebro eine Abwehrstellung aufbauen.

Hasdrubal übertraf seine Gegner an strategischer Unfähigkeit, wenn wir dem Bericht des Livius Glauben schenken wollen. Er, der angeblich durch das von den Römern kontrollierte Gebiet zu seinem Bruder nach Italien marschieren wollte, nutzte nicht die Gelegenheit, während die Römer mit der Belagerung von Ibera beschäftigt waren, unbehindert nach Gallien zu marschieren, er erfüllte auch nicht die Hoffnung der Römer, den belagerten Bundesgenossen zu Hilfe zu kommen, sondern marschierte seinerseits gegen eine andere Stadt – ihr Name wird nicht genannt –, die erst kürzlich auf die Seite der Römer übergetreten war, um sie zu belagern.[205] Die Römer gaben deshalb die Belagerung von Ibera auf, wandten sich gegen Hasdrubal und traten zur Schlacht an.[206]

Beide Gegner waren zahlenmäßig gleich stark, die römischen Truppen aber moralisch überlegen. Denn die Iberer hätten sich lieber in ihrer Heimat besiegen lassen als nach einem Sieg nach Italien entführt zu werden. Sie hätten deshalb sofort die Flucht ergriffen. Nur auf den Flügeln sei hart gekämpft worden. Doch zu einem Reitergefecht soll es dann gar nicht mehr gekommen sein. Hasdrubal, der bis zuletzt aushielt, konnte sich mit wenigen Leuten retten.[207] Die Römer eroberten auch das feindliche Lager und plün-

schen Operationen durch den Aufstand überhaupt nicht zu ihrem Vorteil ausgenutzt. Wenn man nicht von evidenter Unfähigkeit der Scipionen ausgehen will, dann läßt dies nur auf ihre Schwäche schließen, die ihnen einen Einsatz fern ihrer Basis verbot.

204 L 23,28,8.

205 L 23,28,11–12.

206 L 23,29,1–17. Die Schlacht fand also in der Nähe der von Hasdrubal belagerten Stadt statt. Dennoch wird sie als die Schlacht bei Ibera bezeichnet, vgl. N. Feliciani, La battaglia di Ibera, Boletín de la Real Academia de la Historia 47, 1905, 394–402 (Datierung ins Jahr 215, ebenso Genzken 1879, 27, De Sanctis III 2, 1916, 235 A 71).

207 Nach Eu 3,11,4 sollen 25000 Mann gefallen und 10000 Mann gefangen worden sein.

derten es. Die Folge dieses Sieges soll überwältigend gewesen sein: Wenn in Spanien noch jemand unschlüssig war, dieser Sieg brachte ihn auf die Seite der Römer.

Es bestehen erhebliche Zweifel an der Glaubwürdigkeit dieser Überlieferung. Viele bekannte Klischees werden aufgetischt: Die Römer kämpften für Italien und Rom, die Iberer wollten ihre Heimat nicht verlassen und liefen lieber davon. Es wird ein ausgedehnter heftiger Kampf beschrieben. Wie sollte aber die Schlacht lange andauern, wenn die Kämpfenden im Zentrum sofort davongelaufen waren und die Reiter bald folgten? Traten wirklich die Völker Iberiens nach diesem Sieg auf die Seite der Römer? Erst im Vorjahr hatten 120 Stämme nach den „Erfolgen" des Gnaeus die Seiten gewechselt. Wenn diese Behauptung tatsächlich zuträfe, warum mußten die Römer noch so viele Jahre in Spanien kämpfen? Mit schöner Regelmäßigkeit wiederholen die römischen Quellen diese Behauptung.[208]

Wenn man nicht von einer völligen Verfälschung der Ereignisse ausgehen will, dann dürfte man höchstens annehmen, daß Hasdrubal mit seinem Heer einen Einfall der Scipionen in das Gebiet südlich des Ebro zurückschlagen wollte und dabei in einem Treffen unterlag.[209] Nur unter dieser Voraussetzung lassen sich die von den Römern und Hasdrubal ergriffenen Maßnahmen sinnvoll erklären. Das zwingt aber zu der Annahme, daß die Geschichte von dem geplanten Anmarsch nach Italien nur zugunsten der Scipionen erfunden wurde,[210] um sie als Retter Roms erscheinen zu lassen.[211] Die Bedeutung, die in der modernen Forschung diesem Sieg zugeschrieben wurde, trifft demnach nicht zu.[212] Tatsächlich behinderten die Scipionen nie den direkten Nachschub an Truppen über die Alpen nach Italien, wie Livius selbst bekundete.[213]

[208] L 22,20,10–12; 22,21; 23,29,16; 49,14. Vgl. Frantz 1883, 28.

[209] So richtig Z 9,3,7.

[210] Als Erfindung gedeutet von Frantz 1883, 28. Für die Echtheit der Pläne entscheiden sich Kahrstedt 1913, 437, De Sanctis III 2, 1916, 236, Lazenby 1978, 128, Huß 1985, 339–340, Richardson 1986, 38, Eckstein 1987, 201.

[211] Was Publius und Gnaeus in Spanien leisteten, das hatte der junge Scipio ebenfalls in Italien nach Cannae geschafft, als er sich gegen die Absichten des Q. Caecilius Metellus wandte, der mit einigen anderen aus Italien emigrieren wollte und bereits am römischen Staat verzweifelt war. Vgl. o. S. 198.

[212] Unter der Voraussetzung, daß Hasdrubal damals tatsächlich den Abmarsch nach Italien plante, wird der römische Sieg von Lazenby 1978, 128–129 und Eckstein 1987, 201 als entscheidend für den gesamten Verlauf des Krieges angesehen. Dabei wird allerdings übersehen, daß Hannibal in Italien nicht wegen fehlender Truppen keine Fortschritte erzielte, sondern wegen seines verfehlten strategischen Konzepts des „Stellvertreterkrieges".

[213] L 27,39,7 erwähnt die zwölfjährige Gewöhnung der Alpenvölker an Durchzüge von Heeren. Vgl. Seibert 1989, 213–221.

Für die Karthager waren die Kämpfe nicht erfolgreich verlaufen. Sie konnten das römische Invasionskorps nicht vertreiben. Aber auch die römische Sache hatte keine Fortschritte gemacht. Denn wären die Römer wirklich so stark gewesen, wie die antike Historiographie vorgaukelt, dann hätten sie sicher die karthagische Schwächeperiode während des Aufstandes in Turdetanien zu ihren Gunsten ausgenutzt. Gemessen an den Niederlagen in Italien war es sicher ein Erfolg, daß sich die Scipionen auf fremdem Boden fern der heimatlichen Basis halten konnten. Ihr Operationsbereich beschränkte sich immer noch auf die Küstengebiete nördlich des Ebro. Den Fluß dürften sie nur kurzfristig überschritten haben.

Flottenoperationen

Die karthagische Flotte operierte wie im Vorjahr offensiv.[214] Zwei Flottenverbände griffen Sizilien an. Während die eine Flotte im Reich Hierons landete, hielt sich die andere bei den Ägatischen Inseln auf, um bei der erwarteten Unterstützung durch den Prätor die schutzlose römische Provinz anzugreifen.[215] Doch Otacilius fiel auf diesen Trick nicht herein, da er Kenntnis von der Anwesenheit der Karthager erhielt.

Die Verstärkungen für die sizilische Flotte sollte M. Claudius Marcellus überführen.[216] Die Niederlage bei Cannae brachte alle Pläne durcheinander. An seiner Stelle führte P. Furius Philus das Vorhaben aus. Er traf die karthagische Flotte nicht mehr an und unternahm eine Plünderungsfahrt nach Afrika.[217] Das Unternehmen verlief wenig glücklich. Der Prätor kehrte schwer verletzt aus Afrika zurück. Das karthagische Verteidigungssystem zur Abwehr feindlicher Invasionen bewährte sich.

Herausragender Höhepunkt der militärischen Operationen war die Schlacht bei Cannae mit dem überwältigenden Sieg Hannibals und der völligen Vernichtung des römischen Heeres. Dem Gegner mußte nur noch der Todesstoß versetzt werden. Dennoch sollte sich der kritische Beobachter von dieser taktischen Meisterleistung bei der Gesamtwertung nicht blenden lassen. In der ersten Jahreshälfte standen sich die Heere bei Gereonium untätig gegenüber. Hannibals Bewegungsspielraum war durch das Fehlen einer Versorgungsbasis stark eingeschränkt. Er mußte die Zeit

214 Die antiken Historiker schenkten den Unternehmungen zur See nur geringe Beachtung. Die Unternehmungen müssen im wesentlichen aus römischen Berichten abgeleitet werden, vgl. Thiel 1946, 58ff.

215 L 22,56,6–8.

216 L 22,57,1, App Ann 27,117, Plu Marc 9,1.

217 L 23,21,2ff.

nach der Ernte abwarten, um sein Heer in ein anderes Gebiet verlegen zu können.

Nach Cannae setzte er wie im Jahr 217 den Bewegungskrieg fort. Statt den Feind zu vernichten, entschied er sich für die Zermürbungsstrategie („Stellvertreterkrieg"). Es war ein schwerer Fehler, die Hauptstadt nicht anzugreifen. Um größere Gebiete für sich gewinnen zu können, wurde das Heer in eine „Nord-" und eine „Südarmee" geteilt, womit seine Schlagkraft gemindert wurde.

Die politischen Folgen der Niederlage machten sich nicht in dem von Hannibal gewünschten Umfang bemerkbar. Es traten zwar einige Stämme und Städte zu ihm über, aber wesentliche Stützen des römischen Bundesgenossensystems, bes. die *coloniae Latinae,* blieben standhaft.

Die militärischen Operationen Hannibals in Campanien geben Rätsel auf. Sie offenbaren eine erschreckende Konzeptionslosigkeit. Nach dem Übertritt Capuas, einem Gewinn mit starken Einschränkungen, da die militärischen und finanziellen Leistungen der Campaner nicht festgelegt waren, begann ein rastloses und planloses Herumziehen der Armee von einem Ort zum anderen.[218] Hannibals Vorgehen, eine Stadt zunächst auf friedliche Weise für sich zu gewinnen, bei Verweigerung Drohungen auszustoßen, aber von einer Belagerung letztendlich Abstand zu nehmen, dürfte ihm bald den Ruf eingebracht haben, er schrecke vor Mauern zurück. Seine Angriffe auf bedeutende Orte waren vergeblich. Nur kleinere Plätze konnten genommen werden. Diese „Erfolge" endeten mit dem Abzug oder der Flucht ihrer Bewohner. An diesem Ergebnis konnte ihm nicht gelegen sein. Dadurch wurde der Gegner nicht zermürbt, im Gegenteil gestärkt. Warum griff er nicht die beiden römischen Heere unter Iunius Pera und M. Claudius Marcellus an?

Die tatsächlichen Erfolge waren eher bescheiden. Abgesehen von Capua und seinen unbedeutenden Trabantenstädten Atella und Calatia blieb die fruchtbare Landschaft Campanien von einem Kranz romtreuer Städte umgeben. Die Hirpiner, die zu Hannibal übergetreten waren, waren den Angriffen von Benevent und Venusia ausgesetzt. Arpi konnte von Luceria aus kontrolliert werden. Im Süden blieben die Griechenstädte, vor allem die wichtigen Hafenstädte Rhegion und Tarent, auf römischer Seite.[219]

[218] Lazenby 1978, 87–88 verteidigte die militärischen Maßnahmen Hannibals. Belagerungen hätten seinen Bewegungsspielraum eingeschränkt. Eine freiwillige Übergabe der Städte hätte mehr Eindruck auf die anderen Städte gemacht als eine erzwungene. Außerdem seien Belagerungen sehr langwierig gewesen. Diese Einwände sind nur teilweise zutreffend. Gerade wenn Hannibal jede Stadt, die nicht freiwillig übertrat, konsequent bis zur Einnahme belagert hätte, hätte er bei jedem neuen Angriff größere Chancen gehabt. Den Ruf, vor Mauern zurückzuschrecken, hätte er sich nicht zugezogen.

[219] Vgl. die kritische Bestandsaufnahme von De Sanctis III 2, 1916, 213.

Es dürfte fraglich sein, ob Hannibal, wenn er Bilanz zog, so kritisch seine Unternehmungen bewertete. Wahrscheinlich dürfte er mit seinen Erfolgen zufrieden gewesen sein. Die Herrschaft der Römer wankte, ihre „Heere" hatten sich in befestigte Orte zurückgezogen und das Feld geräumt. Ihr Bundesgenossensystem begann sich aufzulösen. In ihren Außenbesitzungen auf Sizilien und Sardinien gärte es. Mit Capua hatte er eine feste Basis gewonnen.

Ungünstig dürfte er bewertet haben, daß es ihm immer noch nicht gelungen war, eine Seestadt für sich zu gewinnen. Warum ist er nicht auf den Gedanken gekommen, mit seinem Heer an der Küste eine Stadt zu gründen und zu befestigen?[220] Warum legte er nicht an der Mündung des Volturnus mit Capua als Schutz im Hinterland einen Hafen an? Oder bei Puteoli? Der Sohn Hamilkars hatte offenbar wie sein Vater keine enge Beziehung zur See. Es fehlte ihm der richtige Blick, um die natürliche Beschaffenheit für einen Hafen zu erkennen. In diesem Punkt war ihm sein Gegner Q. Fabius Maximus überlegen. Was immer ihn dazu bewogen haben mag, Puteoli als Hafenstadt zu befestigen, es war ein glänzender Griff.[221]

[220] Vgl. aber die Anlage von Castra Hannibalis in der Endphase des Krieges, u. S. 417 A 25.

[221] Allerdings erst im folgenden Jahr, L 24, 7, 10, vgl. M. W. Frederiksen, RE 23, 2, 1959, 2036–2039, G. Marasco, La guerra annibalica e lo sviluppo economico di Pozzuoli, in: Geografia e storiografia nel mondo classico, a cura di Marta Sordi, CISA 14, Mailand 1988, 205–216.

Das 4. Kriegsjahr: 215 v. Chr.[1]

Rom[2]

Die Römer wählten den bisherigen Magister equitum T. Sempronius Gracchus und den Prätor in Gallia Cisalpina L. Postumius, der bereits zweimal das Konsulat bekleidet hatte, zu Konsuln.[3] Noch vor Amtsantritt traf aus Oberitalien eine Nachricht ein, die alle bisherigen Planungen umwarf: Der *consul designatus* L. Postumius hatte eine vernichtende Niederlage erlitten[4] und war gefallen.[5] Die Gallia Cisalpina war vorläufig verloren und die Nordflanke des römischen Herrschaftsgebietes ungedeckt.[6] Die neue Unglücksbotschaft ließ die schwachen Hoffnungen, die die Entwicklung der letzten Monate geweckt hatte, schnellstens erlöschen. Um eine allgemeine Niedergeschlagenheit in der Bevölkerung zu unterbinden – die Läden blieben geschlossen –, befahl der Senat, die Geschäfte wieder zu öffnen.[7] Es sollte der

[1] Kahrstedt 1913, 448ff., De Sanctis III 2, 1916, 238ff., Thiel 1946, 64ff., Lazenby 1978, 93ff., Huß 1985, 341ff.

[2] Patterson 1942, 324ff., Scullard 1951, 57ff., Lippold 1963, 168ff., Crake 1963, 125ff., Jahn 1970, 124ff., Develin 1985, 157–159.

[3] F. Münzer, RE 22, 1, 1953, 912–914 s. v. Postumius 40.

[4] P 3, 118, 6 erwähnt eine unerwartete Niederlage in einem Hinterhalt. Ausführlicher ist L 23, 24, 3–13 zum Ort der Niederlage, dem Wald Litana, vgl. Cicero, Tusc. I 89, zum Trick mit den angesägten Bäumen vgl. Frontin 1, 6, 4. Vgl. außerdem Cn. Gellius, Peter HRR I frg. 26, Z 9, 3, 3, Or 4, 16, 11. Nach Polybios ist der Prätor bereits kurze Zeit nach Cannae gefallen. Diese Datierung zogen De Sanctis III 2, 1916, 316–317 und K. J. Beloch, Klio 15, 1918, 401 dem livianischen Ansatz vor, da man sonst an einen Winterfeldzug denken müsse. Beloch bezweifelte nicht, daß Postumius als designierter Konsul fiel, allerdings anstelle des bei Cannae gefallenen Aemilius Paullus, ebenso Scullard 1951, 275. Vgl. aber Walbank I 1957, 448–449. Zu den Vorgängen in der Gallia Cisalpina Eckstein 1987, 33ff.

[5] Seine Rüstung und sein abgetrennter Kopf wurden im Triumph in den heiligsten Tempel der Kelten überführt. Dort wurde der Schädel in Gold gefaßt und von den Priestern als heiliges Gefäß benutzt. Zum Kopfjägertum der Kelten vgl. P 3, 67, 3 (o. S. 119), Strabon 4, 4, 5 (198), D 5, 29, 4 ff. P. Lambrechts, L'exaltation de la tête dans la pensée et dans l'art des Celtes, Brügge 1954, Renate Meyer-Orlac, Mensch und Tod: Archäologischer Befund – Grenzen der Interpretation, Hohenschäftlarn 1982, 279ff.

[6] Seibert 1993, 246ff.

[7] L 23, 25, 1 f.

Eindruck vermieden werden, daß die Stadt erneut allgemein trauere. Da die eigenen Götter offenbar nicht mehr helfen konnten, suchte man in seiner Verzweiflung Zuflucht bei fremden Göttern. Endlich sollte der Tempel der Venus Erycina auf dem Kapitol durch Fabius geweiht werden.[8]

Als der Konsul T. Sempronius an den Iden des März sein Amt antrat, mußte er als erste Amtshandlung einen Kollegen nachwählen lassen. Gegen die Wahl des M. Claudius Marcellus brachte Q. Fabius Maximus religiöse Bedenken vor, die seine Abdikation zur Folge hatten.[9] Er selbst wurde zum dritten Mal zum Konsul gewählt. Damit war die Fortführung seiner Strategie gesichert.[10]

Den Konsuln wurde das ehemalige Heer des Diktators Iunius Pera zugeteilt.[11] Fabius erhielt die eine Hälfte und Ti. Sempronius die sog. *volones*.[12] Dem Prätor M. Valerius Laevinus, dem eigentlich die Rechtsprechung zwischen Römern und Fremden zugefallen war, wiesen die Senatoren ebenfalls einen militärischen Amtsbereich zu. Er erhielt Apulien mit den bisher auf Sizilien stationierten Legionen. Zum Schutz der Küste wurde in Tarent eine Flotte von 25 Schiffen stationiert.[13] Der Prokonsul M. Claudius Marcellus

[8] L 23,30,13–14, vgl. Seibert 1993, 401–402.

[9] L 23,31,7–9,12–14, Plu Marc 12, 1–2. Bei seiner Wahl hatte es – angeblich oder tatsächlich – gedonnert. Die Auguren legten Widerspruch ein. Q. Fabius Maximus gehörte seit langem dem Gremium an, das das entscheidende Gutachten für den Rücktritt des Marcellus gestellt hatte, dem Kollegium der Auguren. Er war unmittelbarer Nutznießer dieses Urteils. Selbstverständlich dürfte er religiöse Bedenken nur vorgeschoben haben. Das sollte aber nicht über sein tatsächliches machtpolitisches Streben hinwegtäuschen. Ilse Müller-Seidel, RhM 96, 1953, 245–249 verteidigt die religiösen Gründe des Fabius. Auch R. Develin, Religion and Politics at Rome during the Third Century B.C., JRH 10, 1978–79, 14 lehnt „augurale Manipulation" ab. M.E. bestehen die Zweifel von Lippold 1963, 170 zu Recht. Wäre Marcellus Konsul geblieben, wären zum ersten Mal in der Geschichte der römischen Republik zwei Plebeier Konsuln gewesen. Auch wenn die Lage des Staates noch so kritisch war, glaubten die Patrizier nicht, einen derartigen Präzedenzfall zulassen zu können.

[10] Es gab offenbar immer noch Kreise in Rom, die Marcellus als einen offensiven Heerführer schätzten und seine Wahl zum Konsul wünschten, um die zurückhaltende Kriegführung gegenüber Hannibal aufzugeben. Plu Marc 9,3–4, J. E.A. Crake 1963, 124.

[11] Die erste Verteilung der Truppen war hinfällig geworden, L23,25,5ff., vgl. Klotz 1933, 66–68, Marchetti 1978, 52–56, Tammler 1971, 166ff., die zweite Verteilung der Heere L23,32,1–2 und 13–20, allerdings mit einigen Unterschieden, die man auf die Verarbeitung verschiedener Vorlagen bei Livius zurückführen wollte. Tammler 1971, 173–178.

[12] Die Legionen tragen in der Tradition diesen Namen, obgleich die *volones* nur einen Teil darstellten. Vgl. K.-W. Welwei, Unfreie im antiken Kriegsdienst, III, Forschungen zur antiken Sklaverei XXI, Wiesbaden 1988, 14ff.

[13] Es war eine verständliche Regelung, den *praetor peregrinus* an der Front einzu-

erhielt das Heer, das im Lager oberhalb von Suessula war, d. h. die *legiones urbanae*, die ursprünglich für den einen Konsul vorgesehen war. Die bisher in diesem Lager stationierten Reste des Heeres von Cannae, die hinfort als *„legiones Cannenses“* oder als *„exercitus Cannensis“* bezeichnet wurden, wurden zur Strafe für ihre Feigheit vor dem Feind nach Sizilien verlegt und sollten bis zum Kriegsende Dienst leisten.[14] Dem Konsul des Vorjahres, C. Terentius Varro, verlängerten die Senatoren das *imperium*.[15] Im Gebiet von Picenum wurde ihm eine Art von Garnisonsdienst zugewiesen. Er sollte dort versuchen, Aushebungen vorzunehmen und das Gebiet gegen feindliche Angriffe zu schützen.

Zur Finanzierung des Krieges beschlossen die Senatoren eine Verdoppelung des Steuersatzes.[16] Bevor der Konsul Fabius in seinen Amtsbereich aufbrach, erließ er ein Edikt, das die Versorgung der Bevölkerung und der Heere mit Getreide sichern sollte.[17] Das Getreide sollte bis zum 1. Juni eingebracht und in befestigte Orte geliefert werden.[18] Gleichzeitig sollte damit verhindert werden, daß sich die feindlichen Truppen aus den Scheunen des offenen Landes bedienen konnten.

setzen, da sein Aufgabenbereich während des Krieges in Rom wesentlich eingeschränkt war. Damit konnte die begrenzte Zahl der Imperiumsträger effektiver eingesetzt werden. Auch die *provincia* des Stadtprätors wurde erweitert. Er erhielt 25 Schiffe zum Schutz der Küste vor Rom.

[14] L 23,25,8, Val Max 2,7,15, Seibert 1993, 296–304.

[15] Gallia Cisalpina wurde als Amtsbereich nicht mehr vorgesehen, da die Römer keine Truppen entsenden konnten, L 23,25,6, Seibert 1993, 246 ff.

[16] L 23,31,1–2. Vgl. Nicolet 1963, 422., ders., Tributum, Bonn 1976, 69 ff. Die Soldaten hatten noch keine Soldzahlungen erhalten. Die „Cannaesoldaten“ wurden von der Soldzahlung ausgeschlossen.

[17] L 23,32,14–15. Die Skepsis von Kahrstedt 1913, 448 gegen die Historizität aller organisatorischen Angaben, bes. aber dieses Ediktes, ist nicht berechtigt.

[18] Als Strafe bei Zuwiderhandlungen wurde die Zerstörung der Felder, Versteigerung der Sklaven und Einäscherung der Häuser angedroht. Offenbar war die Landbevölkerung nicht gern bereit, ihre Gehöfte auf dem flachen Land zu verlassen und das Getreide auf beschwerliche Weise in befestigte Plätze zu bringen. Das Datum spielte bei den Überlegungen, ob der römische Kalender damals mit dem astronomischen übereinstimmte, eine wichtige Rolle (vgl. Seibert 1993, 346 ff.). Im allgemeinen geht man davon aus, daß es sich um die kommende Ernte handelte. Deshalb lehnte Kahrstedt 1913, 448 das Datum ab und schloß, der Kalender sei damals dem Sonnenjahr um zwei Monate voraus gewesen. F. Cornelius, Cannae, Klio-Beiheft 26, 1932, 3 lehnte den Bezug auf die Ernte des Jahres 215 ab. Es handle sich um die Restbestände des Jahres 216. Darin stimmte ihm P. S. Derow, The Roman Calendar, 218–191 B. C., Phoenix 30, 1976, 278 ff. zu. Tatsächlich entsprächen die Kalenden des Juni dem 20. April jul. Zu Recht wies P. Brind'Amour, Le calendrier romain, Ottawa 1983, 164 darauf hin, daß es sich um die diesjährige Ernte handelte *(frumenta ex agris)*. Da Brind'Amour mit einer Interkalation rechnete, setzte er die Kalenden des Juni mit dem 27. Juni jul. gleich.

Am Ende des Sommers löste ein Brief der Scipionen aus Iberien eine Finanzdebatte im Senat aus.[19] Die angeforderten Mittel – Geld, Kleidung und Getreide –, ohne die die Stellung nicht länger zu halten sei,[20] konnten nicht geliefert werden, da die Kasse leer war. Als Ausweg blieb nur eine öffentliche Anleihe.[21] Der Appell an die vermögenden Bürger, dem Staat eine Anleihe zu gewähren, die nach Kriegsende zurückerstattet werden sollte, hatte Erfolg. Es meldeten sich drei Gesellschaften *(societates)* mit 19 Teilhabern. Ihre Konditionen war hart: Sie verlangten ihre Freistellung vom Kriegsdienst und Übernahme des vollen Risikos bei Schiffsverlusten.[22] Die Senatoren mußten sich nacktem Egoismus und Profitgier beugen. Die persönliche Vorteilnahme war ebenso ungewöhnlich wie die materielle Absicherung des Risikos. Man wundert sich, daß die Senatoren bei diesen Konditionen nicht zu konfiskatorischen Maßnahmen griffen.

In dieser Notzeit war der private Luxus und Aufwand, den wohlhabende Frauen in der Öffentlichkeit betrieben, ein Stein des Anstoßes. Um Unruhen und Neidgefühle durch allzu protziges Auftreten zu vermeiden, rogierte der Volkstribun C. Oppius ein Luxusgesetz, das den Frauen untersagte, Goldschmuck schwerer als eine halbe Unze oder bunte Gewänder zu tragen. Auch das Fahren mit einem bespannten Wagen, außer zu sakralen Handlungen, wurde untersagt.[23] Es sollte alles vermieden werden, um durch unangemessenes Zurschaustellen Spannungen in der Bevölkerung hervorzurufen. Gegen Zuwiderhandlungen wurde entschieden vorgegangen.[24]

[19] L 23, 48, 4ff. Vgl. auch Val Max 5, 6, 8. Vgl. Cassola 1962, 71ff., Nicolet, 1963, 422ff., Maria Rosa Cimma, Ricerche sulla società di publicani, Mailand 1981, 6ff.

[20] Auffallend ist die Einschränkung der Scipionen für den Fall, daß die Staatskasse leer sei, d. h. die angespannte Finanzlage war ihnen bekannt. Den Sold für ihre Soldaten wollten sie aus Iberien beschaffen. Kleidung und Getreide benötigten sie aber aus Italien. Warum versuchten sie sich nicht gerade diese Dinge vor Ort zu beschaffen? Die Scipionen bedienten sich der Münzen von Emporion. Vgl. L. Villaronga, Necesidades financieras en la Península Ibérica durante la segunda guerra punica y primeros levantaniementos de los Iberos, Nummus 4–6, 1981–1983, 119–154, ders., Uso de la ceca de Emporion por los Romanos para cubrir sus necesidades financieras en la Península Ibérica durante la segunda guerra punica, Bolletino di Numismatica 1987, suppl. al n.4 (Studi per Laura Breglia), Teil 1, 209–214.

[21] Die Kluft zwischen privatem Reichtum und öffentlicher „Armut" war bekannt, vgl. Plautus, Epidicus 225–230. Die Belastung der Vermögen durch das *tributum* (1/1000) war gering.

[22] L 23, 49, 1–3, Maria Rosa Cimma, Ricerche sulle società di publicani, Mailand 1981, 6–8.

[23] L 34, 1, 2–4, Val Max 9, 1, 3, Or 4, 20, 14, Z 9, 17, 1. Vgl. Seibert 1993, 363.

[24] Es sei auf den Fall des Wechslers L. Fulvius verwiesen, der am hellen Tag mit einem Kranz aus Rosen aufs Forum geschaut haben soll. Er wurde inhaftiert und bis zum Kriegsende gefangengehalten. Plin n h 21, 8.

Karthago

Mago hatte im Vorjahr die Ratsherrn zu verstärkten Rüstungen und Unterstützung aufgefordert, die sie auch bewilligt hatten. Die vielen Siege hatten sie aber nachlässig werden lassen. Sie ließen sich Zeit mit ihren Vorbereitungen und stritten, wo die Prioritäten zu setzen seien. In Italien stehe ihre Sache gut. Sollten sie deshalb nicht besser ihre Truppen in Spanien einsetzen, wo Hasdrubal gerade eine Niederlage erlitten hatte?[25]

Schließlich wurde ein Nachschubtransport unter dem Kommando Magos zur Abfahrt nach Italien bereitgestellt.[26] Da traf eine Nachricht aus Sardinien ein, die völlig neue Planungen bedingte.[27] Jetzt sei die Gelegenheit günstig, die verlorenen Gebiete zurückzugewinnen. Das römische Heer auf der Insel sei nicht stark, die römische Führung gerade ausgewechselt. Die Bewohner der Insel lehnten die Herrschaft der Römer ab. Sie empfänden sie als hart und bedrückend. Vor allem die schweren Abgaben und übermäßige Getreideabgaben hätten den Unmut der Bevölkerung gesteigert. An der Spitze der Bewegung stehe der einheimische Fürst Hampsicora.[28]

Die Ratsherrn beschlossen, den Hilfstransport nicht nach Italien, sondern nach Spanien zu senden. Ein etwa gleich starker Heeresverband sollte unter Hasdrubal „dem Kahlen" in Sardinien eingreifen. Für Hannibal blieb nur ein kleiner Nachschubverband übrig.[29]

Italien[30]

Als Operationsbereich der konsularischen Heere war Campanien vorgesehen, wo sich auch Hannibal mit seinen Truppen aufhielt. Sempronius bezog ein Standquartier in Liternum,[31] während sich Fabius mit seinen Truppen in Cales am Volturnusübergang festsetzte.[32] Marcellus oblag der Schutz der Stadt Nola von seinem Lager oberhalb von Suessula aus. Damit waren strategisch günstige Positionen eingenommen, um die Bewegung des

[25] L 23,32,7.

[26] L 23,32,6. 12000 Mann zu Fuß, 1500 Reiter, 20 Elefanten und 1000 Talente Silber. 60 Kriegsschiffe sollten den Schutz übernehmen.

[27] L 23,32,7ff., vgl. u. S. 247. Auf der Insel hatte Hanno, ein karthagischer Adliger, erfolgreich zum Abfall von den Römern gearbeitet.

[28] L 23,32,8–12.

[29] Der Beschluß des Rates i.J. 216, L 23,13,7: 4000 Numider, 20 Elefanten und (1000) Talente Silber. Die Zahl ist an dieser Stelle verderbt. Zur Ausführung L 23,32,5–7, Z 9,3,7, Eu 3,11,3–5.

[30] Vgl. Streit 1887, 19–25, Bossi 10, 1889, 303–321, Karte Nr. 4.

[31] L 23,35,5ff.

[32] L 23,36,9.

Feindes, vor allem den wohl immer noch gefürchteten Angriff auf Rom, abwehren zu können.[33] Die Persönlichkeit des Sempronius bot die Gewähr, daß die fabische Strategie strikt eingehalten wurde. Dem Draufgängertum des Marcellus waren durch sein kleines Heer Schranken auferlegt worden.

Die römischen Heere waren viel zu schwach, um dem Feind im Feld in offener Schlacht entgegentreten zu können. Ihre Bezeichnung mit „*legiones*" und „*exercitus*" waren nur euphemistische Worte für bunt zusammengewürfelte Haufen, die erst exerziert und zu Kampfverbänden ausgebildet werden mußten.[34] Bei dieser Lage verordnete Fabius strikte Zurückhaltung.[35] Die Heere sollten in ihren befestigten Lagern bleiben und jede Feindberührung vermeiden. Nur wenn die Karthager abzögen, sollten sie abgefallene Bundesgenossen angreifen.

Die Nordarmee unter Hannibal[36]

Hannibal dürfte die neue Kampagne mit Zuversicht und Optimismus begonnen haben. Die geringen Fortschritte nach Cannae entmutigten ihn nicht. Gerade das vergangene Jahr hatte gelehrt, daß Phasen der Stagnation nicht überbewertet werden durften. Er hatte viele Monate untätig vor Gereonium gelegen, um dann einen überwältigenden Sieg zu erringen. Er wunderte sich wohl, daß die Römer immer noch nicht um Frieden nachsuchten. Wenn er aber den Druck auf die Bundesgenossen verstärkte und die Abfallbewegung immer größeres Ausmaß annahm, dann konnte es nicht mehr lange dauern, bis sie zum Friedensschluß bereit waren. Vielleicht ergab sich auch die Gelegenheit, sie in einer weiteren, alles entscheidenden Schlacht zu schlagen.

[33] Um möglichst kurzfristig Verhandlungen mit dem Senat führen zu können, hatten die Konsuln festgesetzt, daß sich der Senat am Capenischen Tor versammeln sollte (L23,32,3). Dieser Ort dürfte sicher wegen der günstigen Lage zur *via Appia* gewählt worden sein und lag außerhalb des *pomerium*. Wenn der Konsul das *pomerium* nicht überschritt, brauchte er nicht erneut die Auszugsauspizien einzuholen.

[34] Horsmann 1991, 9.

[35] Die Strategie des Fabius läßt sich nur aus den Operationen der Römer ablesen. Sie unterschied sich grundlegend von der des Jahres 217. Damals verfolgte er in sicherem Abstand das feindliche Heer mit dem Ziel, bei günstiger Gelegenheit den Feind anzugreifen. Dieser offensive Teil fehlte jetzt. Er vermied jede Begegnung mit dem Karthager und schlug nur dort zu, wo Hannibal nicht war, d. h. er kopierte im Grunde Hannibals „Stellvertreterkrieg", Krieg gegen die abtrünnigen Bundesgenossen.

[36] Wir haben keine Informationen über die Pläne, die Hannibal und seine Ratgeber gefaßt hatten. Wir müssen uns darauf beschränken, aus seinen Unternehmungen Schlüsse zu ziehen, die seine Absichten erkennen lassen.

Der Aufenthalt in Capua dürfte nicht lange gewährt haben. Sobald es das Wetter zuließ,[37] wurde die Belagerung von Casilinum energisch fortgesetzt.[38] Die Belagerten erhielten weder vom Diktator Pera noch von Marcellus Hilfe. Der Ort wurde ausgehungert und nicht mit poliorketischen Mitteln genommen.

Schließlich gab sich Hannibal mit einem Kapitulationsvertrag zufrieden. Die Besatzung durfte frei abziehen. Für jeden Mann wurden sieben Unzen Gold bezahlt.[39] Der römische Senat belohnte das tapfere Verhalten der Soldaten mit großzügigen Privilegien.[40] Auch diese Einnahme war nur ein „halber" Sieg Hannibals. Bei einer gewaltsamen Eroberung der Stadt hätte es keine Vereinbarung über einen freien Abzug gegeben. Hannibal entließ die Bundesgenossen auch nicht mehr ohne Lösegeld, ein Hinweis, daß sich sein generöses Verhalten nicht ausgezahlt hatte.

Für ihn und seine neuen Verbündeten in Capua war es dringend notwendig, den Kreis der Bundesgenossen zu erweitern und vor allem einen ungehinderten Zugang zur Küste herzustellen. Die Campaner versuchten Cumae zum Abfall zu überreden.[41] Doch die Stadt hielt treu zu Rom. Nachdem die diplomatischen Versuche gescheitert waren, planten sie anläßlich einer gemeinsamen Feier im Tempel von Hamae, einem Ort ca. 4,5 km von Cumae entfernt, einen Überfall. Unter dem Kommando ihres *medix tuticus* Marius Alfius legten sie ihre Truppen in einen Hinterhalt. Doch die Bürger von Cumae ahnten den Betrug und holten den Konsul Ti. Sempronius Gracchus in die Stadt.[42] Dem Überfall der Campaner kam er mit einem

[37] L 23,19,1, M. Frederiksen, Campania, Oxford 1984, 241 ff.

[38] L 23,19,1–18; 20,1–3, Val Max 7,6,2 und 3, Polyain 6,38,6, Frontin 3,14,2; 15,3, Z 9,2,13–15. Es herrschte unerträgliche Hungersnot. Eine Maus soll für 200 Denare gehandelt worden sein. Plin n h 8,222, Frontin 4,5,20. Eine glaubwürdigere Version ist, daß ein Medimnos Getreide für 200 Drachmen verkauft wurde (Strabon 5,4,10 [249], Plin n h 17,7).

[39] Es gab auch eine andere Version: Numidische Reiter sollen die abziehenden Truppen überfallen und getötet haben (L 23,19,17). Livius lehnte diese Verfälschung aber ab. Interessant wäre zu wissen, wer die enormen Goldmengen lieferte. Z 9,2,15 nennt die Römer. Insgesamt waren ursprünglich ca. 1000 Mann Besatzung in Casilinum. Durch die Kämpfe, aber auch durch Hunger dürfte etwa die Hälfte der Besatzung umgekommen sein. Wenn man etwa 600 Überlebende annimmt, dann wurden ca. 350 römische Pfund Gold zum Freikauf benötigt, eine enorme Belastung des römischen Staatsschatzes.

[40] L 23,20,2. Das Angebot des römischen Bürgerrechts lehnten sie ab. Sie erhielten doppelten Sold und wurden auf 5 Jahre vom Militärdienst befreit.

[41] L 23,35,1 ff. Der Übertritt dieser Stadt mit ihren gesicherten Häfen wäre ein großer Gewinn gewesen. Zu den antiken Häfen von Cumae vgl. R. F. Pagets, The Ancient Ports of Cumae, JRS 58, 1968, 152–169, ders., The Ancient Harbours of Cumae, Vergilius 14, 1968, 4–15.

[42] L 23,35,5 ff. Sempronius kommandierte die „Freiwilligenarmee" (sog. *vo-*

nächtlichen Angriff auf ihr Lager zuvor und brachte ihnen bedeutende Verluste bei.[43]

Auch wenn die römische Geschichtsschreibung den militärischen Zustand des römischen Heeres dank der Exerziermaßnahmen des Sempronius lobte,[44] ging der Konsul kein Risiko ein. Er zog sich sofort wieder in die Mauern von Cumae zurück und wich einer direkten Auseinandersetzung mit Hannibal aus.

Der Karthager lag während dieser Ereignisse mit seinen Truppen auf dem Mons Tifata. Sein Vertrauen in die militärischen Fähigkeiten seiner Verbündeten war nicht sehr groß.[45] Nach ihrem Scheitern brauchte er sich nicht mehr zurückzuhalten und griff mit seinem Heer Cumae an.[46] Sempronius nahm aber das Schlachtangebot nicht an.

Die Stadt Cumae lag, von der Natur bestens geschützt, auf einem Hügel mit steilen Abhängen.[47] Nur auf der sanfter abfallenden Südostseite war der Burgberg zugänglich. Zusätzlich war die Stadt mit starken Mauern bewehrt. Sie konnte nur durch eine systematische Belagerung mit modernsten Maschinen genommen werden. Hannibal ließ von seinen Pionieren einen Belagerungsturm errichten. Als Gegenmaßnahmen erbauten die Belagerten einen Turm auf der Mauer, der den feindlichen weit überragte. Bei einem Angriff mit Feuergeschossen und einem gleichzeitigen Ausfall wehrten die römischen Truppen den feindlichen Angriff erfolgreich ab. Auch in dieser Situation hielt sich Sempronius klug zurück und ließ sich vom Erfolg nicht zu größeren Unternehmungen verleiten. Hannibal bot ihm die Schlacht an, die er aber nicht annahm. So gab der Karthager die Belagerung auf und zog sich zum Berg Tifata zurück.

Zum ersten Mal hatte Hannibal eine systematische Belagerung begonnen. Doch die Erfolglosigkeit seiner Angriffe ließ ihn zu schnell aufgeben. Der Verlust eines Belagerungsturmes hätte einen Alexander von der Einnahme der Stadt nicht abgehalten.[48] Es drängt sich der Verdacht auf, daß

lones). Es wird aber aus seinen Vorbereitungen ganz klar (L23,35,6–9), daß seine Armee aus verschiedenen Truppenteilen zusammengesetzt war. Er hatte sowohl altgediente römische Bürger in seinen Reihen als auch strafentlassene Verbrecher und Sklaven, denen die Freiheit versprochen worden war. Es ist ein Irrtum anzunehmen, daß sein Heer ausschließlich aus letzteren bestand. Die römische Tradition legte ihnen nur den Namen „*volones*“ bei.

[43] L 23,35,18–19: ca. 2000 Mann, darunter auch der *medix tuticus* sind gefallen.

[44] L 23,35,6–9. [45] L 23,36,2.

[46] Die militärischen Vorgänge, wie sie bei L23,36,2–7 beschrieben sind, verdienen wenig Vertrauen. Hannibal wird als ein ganz dilettantischer Feldherr gezeichnet.

[47] L 23,37,1–9. Zur Lage vgl. J. Weiss, RE 11,2, 1922, 2476 s. v. Kyme 3, M. Frederiksen, a. a. O., 1984, 22–23.

[48] Vgl. die Belagerung von Tyros i. J. 332. S. Lauffer, Alexander der Große, München 2. Aufl. 1981, 82.

Hannibal auch hier nur mit halbem Herzen bei der Sache war. Die Errichtung des Belagerungsturmes könnte ihm als Vorwand gedient haben, um den Feinden bei einem Angriff ein Erfolgserlebnis zu vermitteln, in der Hoffnung, daß sie im Siegesrausch sich zu einer Schlacht verleiten ließen. Mit dieser Taktik hatte er bisher bei den römischen Feldherrn Erfolg gehabt. Doch die Ermahnungen des Fabius, sich von einer Auseinandersetzung mit Hannibal zurückzuhalten, wurden strikt befolgt. Das Unternehmen gegen Cumae war gescheitert.

In der Zwischenzeit griff der Konsul Fabius von seinem Standquartier in Cales die Orte Combulteria, Trebula, Austicula und andere kleine Orte an und nahm sie ein.[49] Der in Apulien stationierte Prätor M. Valerius Laevinus attackierte kleinere Orte im Hirpinerland und bestrafte die Verräter empfindlich. Alle Gefangenen wurden in die Sklaverei verkauft.[50] Auch Marcellus unternahm von seinem Lager aus Plünderungen im Gebiet der Hirpiner und Caudiner.[51]

Die römischen Feldherrn praktizierten konsequent die strategischen Anweisungen des Fabius. Nur dort, wo kein Feind war, griffen sie abtrünnige Bundesgenossen an. Den eigenen Truppen wurde das Gefühl vermittelt, wieder siegen zu können. Gleichzeitig wurden die abgefallenen Bundesgenossen verunsichert. Die neue Strategie zeigte bald Wirkung bei den Verbündeten Hannibals. Sie fühlten sich von ihm im Stich gelassen[52] und forderten die Entsendung von Schutztruppen und Angriffe auf die römischen Stützpunkte.

Ihre Beschwerde berührte offensichtlich eine Schwachstelle Hannibals. Auch ihm dürfte klar geworden sein, daß seine Unternehmungen bisher wenig erfolgreich waren. Gegen die Strategie der Römer wußte er kein Rezept. Die einzige Möglichkeit wäre ein Angriff auf die römischen Lager gewesen. Hannibal wies die Beschwerden seiner Bundesgenossen zurück.[53] Die Entsendung von Schutztruppen lehnte er ab. Seine Begründung, er wolle ihnen nicht zur Last fallen, sondern lieber römisches Bundesgenossengebiet ausplündern, ist wenig überzeugend. Tatsächlich dürfte er gefürchtet haben, durch das Detachement von Garnisonstruppen sein Heer, das bereits durch die Abspaltung der Südarmee beträchtlich reduziert worden war, allzu stark zu schwächen.

[49] L 23,39,5–8. Nur wenn Fabius ganz sicher war, daß ein Unternehmen ungefährlich war, ging er zum Angriff über. Sonst bot ihm seine Frömmigkeit genug Ausreden, um nicht eingreifen zu müssen. Vgl. L 23,36,10 während der Belagerung von Cumae.

[50] L 23,37,12–13. Es handelt sich um die Orte Vercellinum, Vescellium und Sicilinum. Die Schuldigen am Abfall wurden hingerichtet. Angeblich wurden 5000 Menschen versklavt. Vgl. E. T. Salmon, Samnium and the Samnites, Cambridge 1967, 300.

[51] L 23,41,13, Plu Marc 12,3.

[52] Vgl. das ausführliche Beschwerdeschreiben L 23,42,1–13.

[53] L 23,43,1–4.

Die neuen Bundesgenossen wollten zwar alle Vorteile des Bündnisses mit Hannibal genießen, aber nicht auch die Lasten des Krieges mittragen. Die vielen Jahre unter römischer Herrschaft hatten ihre Kampfkraft nachhaltig geschwächt. Sie waren nicht mehr gewohnt, eigene Kampfverbände aufzustellen und selbständig Krieg zu führen. Ihren Forderungen konnte er sich auf die Dauer nicht entziehen. Immer mehr Orte mußte er gegen römische Angriffe sichern.[54]

Seine Antwort enthält einen Hinweis auf sein militärisches Ziel: Er wünschte eine weitere, alles entscheidende Schlacht, die Cannae in den Schatten stellen sollte. In seinen bisherigen Siegen sah er eine deutlich aufsteigende Linie. Der Sieg an der Trebia sei von dem Sieg am Trasimener See übertroffen worden. Cannae habe den Erfolg am Trasimener See weit hinter sich gelassen. Schon 217 hatte Hannibal sich seinem Ziel nahe gewähnt und mit dem baldigen Endsieg gerechnet. In noch höherem Maße hatte er dieselbe Erwartung nach Cannae gehegt. Seine Zuversicht, die bisher erfolgreiche Strategie fortsetzen zu können und mit einem letzten, alles entscheidenden Schlag die Römer zum Frieden zu zwingen, ist verständlich.

Die Operationen der Südarmee[55]

Viele Städte, besonders die Griechenstädte, aber auch einheimische Orte wie Petelia und Consentia, verweigerten die Aufnahme karthagischer Truppen. Hanno versuchte, wie Hannibal in Campanien, eine Griechenstadt, die über einen Hafen verfügte, zu gewinnen. Es gelang ihm, die Lokrer zum Übertritt zu bewegen[56] und einen Vertrag auf gleicher Grund-

[54] Diese Folgerung ergibt sich aus späteren Berichten über Übertritte von Bundesgenossen, bei denen karthagische Besatzungstruppen entweder verraten wurden oder in die Hände der Römer gerieten.

[55] Livius berichtete die Vorgänge 23, 30, 1–10 unter dem Jahr 216 und 24, 1–3 unter dem Jahr 215. Kukofka 1990, 16ff. Die Wiederholung könnte dadurch entstanden sein, daß die Unternehmungen im Jahr 216 anliefen und 215 fortgesetzt wurden. Da die Dauer der Belagerung von Petelia (11 Monate) bekannt ist, ist klar, daß der endgültige Fall der Stadt ins Jahr 215 gehört. Vgl. auch C. Turano, I Cartaginesi a Locri nel 215 a.C., Historica 26, 1973, 166–170.

[56] Nach L 23, 41, 11–12 landete Bomilkar seinen Nachschubverband in Lokroi. Dem Prätor Appius Claudius, der dies verhindern wollte, verschlossen die Lokrer ihre Stadttore. Dieser Vorgang setzt den Übertritt der Lokrer zu den Karthagern voraus. L 24, 1, 2–13 schildert nach der Rückkehr Hannos aus Campanien ausführlich die Ereignisse, die zum Abfall der Lokrer von den Römern und zum Vertragsabschluß mit Hannibal führten. Dabei erfährt man auch, daß eine römische Besatzung in den Mauern der Stadt lag. Dies schließt eigentlich aus, daß die Lokrer vorher dem römischen Prätor ihre Tore verschlossen haben sollen. Meines Erachtens setzt die Lan-

lage zu vereinbaren,[57] d. h. sie behielten ihre Autonomie und vor allem die Verfügungsgewalt über ihren Hafen.[58] Jetzt konnte Bomilkar den erwarteten Nachschub ungefährdet an Land bringen.[59] Der Prätor Appius Claudius hatte vergeblich versucht, die Landung zu verhindern.[60] Hanno übernahm die Nachschubsendung im Bruttischen und führte sie sofort Hannibal nach Campanien zu.[61]

dung Bomilkars den Vertrag Lokrois voraus. Zur Chronologie vgl. Bossi 10, 1889, 316ff.

[57] L 24, 1, 9–10, vgl. Schmitt III 1969, 527, v. Ungern-Sternberg 1975, 70ff., F. Costabile, I „principes Locrensium" e l'atteggiamento filoromane delle aristocrazie italiote nella tradizione liviana (216.205 a.C.), Labeo 20, 1980, 179ff.

[58] Die Lokalisierung des Hafens ist unsicher und umstritten. Am wahrscheinlichsten dürfte es sich um einen Hafen einer Flußmündung, einer der zahlreichen Fiumare, gehandelt haben. P 10, 1 bestätigte, daß es an der gesamten Südküste zwischen Rhegion und Tarent keinen großen Hafen gab, der auch Schiffen in den stürmischen Wintermonaten Schutz gewähren konnte. Vgl. C. Turano, a. a. O., 1973, 170–174, G. Foti, La topografia di Loci Epizefiri, in: Locri Epizefiri. Atti del VI Convegno di Studi sulla Magna Grecia Tarent 1976, Neapel 1977, 342ff. mit Karte.

[59] Die Flotte brachte 4000 Numider, eine große Menge Silber und 40 Elefanten. Scullard 1974, 176 (vgl. auch NC 1950, 281) vermutet, daß unter diesen Elefanten auch indische waren, die Ptolemaios IV. in der Schlacht bei Raphia (217 v. Chr.) von Antiochos III. erbeutet und möglicherweise den Karthagern geschenkt hatte. Auf diese Weise ließe sich die Abbildung indischer Elefanten auf Münzen, die in Campanien und Süditalien geprägt wurden, erklären.

[60] L 23, 41, 10–12. Auch T. Otacilius, der Befehlshaber der römischen Flotte in den Gewässern Siziliens, hatte vergeblich versucht, diese Fahrt zu verhindern, weshalb er schwer getadelt wurde, L 24, 8, 14f.

[61] Möglicherweise diente der Marsch Hannos aus Bruttium durch Lukanien nach Campanien als Aufhänger für den angeblichen Sieg des Ti. Sempronius Longus bei Grumentum (L 23, 37, 10–11). Es soll sich um eine Schlacht gehandelt haben, in denen die Karthager 2000 Mann verloren, die Römer dagegen nur 280. Hanno sei aus Lukanien wieder nach Bruttium zurückgeschlagen worden. Gegen die Historizität dieser Schlacht bestehen Bedenken. Es werden überhaupt keine Angaben über die Heeresstärken gemacht. Welche Truppen kommandierte Sempronius Longus? Bei der akuten Personalnot der Römer war kein zusätzliches Heer vorhanden. Welche Stellung hatte Sempronius Longus inne? War er Legat eines Konsuls? Ein eigenes *imperium* ist nicht bezeugt. Der Verdacht liegt nahe, daß dem Konsul von 218 durch die römische Historiographie eine Entschädigung für seine Niederlage an der Trebia verschafft werden sollte. Deshalb dürfte dieses Treffen erfunden sein. Vgl. Kukofka 1990, 23.

Mit den Verstärkungen startete Hannibal eine neue Offensive. Erneut wurde die Stadt Nola angegriffen.[62] Hanno versuchte zunächst vergeblich, die Ratsherrn aus Nola zur freiwilligen Übergabe zu bewegen. Obgleich er in beredten Worten die Vorzüge eines Bündnisses mit Hannibal schilderte, demonstrierten die Nolaner ihre unverbrüchliche Treue zu Rom. Auch der Hinweis auf die wenigen Truppen, die Marcellus zu ihrem Schutz in ihren Mauern hatte, konnte sie nicht in ihrer Haltung erschüttern.

Nachdem die Hoffnung auf Übergabe durch Verrat gescheitert war, begann Hannibal die Stadt völlig einzuschließen. Trotzdem soll Marcellus einen Ausfall gewagt haben. Der Leser wird mit dem Verweis in große Erwartung versetzt, es wäre eine der denkwürdigsten Schlachten geworden, wenn nicht ein gewaltiger Regen die Kämpfenden getrennt hätte. Man wundert sich, daß Marcellus mit seinen wenigen Truppen so mutig dem Feind die Stirn geboten haben soll. Dem Leser wird aber noch mehr zugemutet. Der Römer führte sein Heer aus den Mauern und bot die Schlacht an.[63] Nach ausführlichen Reden der Feldherrn, in denen sie den Gegner schmähten, begann die Schlacht.[64] Die Karthager befanden sich in dem erbärmlichen Zustand, wie sie Marcellus seinen Soldaten beschrieben hatte. Sie liefen einfach in ihr Lager zurück. Doch der römische Feldherr hielt seine Soldaten zurück. Dennoch war die Bilanz der Schlacht imponierend.[65] Wie es zu dieser vernichtenden Niederlage kommen konnte, wird verschwiegen. Obgleich Marcellus ein Draufgänger war („das Schwert Roms"), dürfte er nicht so verwegen gewesen sein, mit seinen wenigen, jungen Truppen sich Hannibal in einer offenen Schlacht zu stellen. Das wäre genau das gewesen, was sich der Karthager wünschte, zumal das Gelände vor Nola bestens für eine Reiterschlacht geeignet war. Dieser Sieg existierte nur in der Phantasie eines römischen Geschichtsschreibers. Historisch dürfte sein, daß Hannibal mit seinem vereinten Heer einen erfolglosen Angriff auf die Stadt Nola unternahm, in deren Mauern sich Marcellus aufhielt.[66]

[62] L 23,43,5–46,8, Plu Marc 12,4–7, Z 9,3,5–6. Streit 1887, 21–25, Bossi 10, 1889, 305 ff. Die Vorgänge wurden durch die römische Historiographie einseitig zugunsten des Marcellus verfälscht. Er erscheint als der bedeutende, umsichtigte und kluge Feldherr, während Hannibal unverständliche Fehler unterlaufen sein sollen.

[63] L 23,44,7 ff. Man kann sich nur wundern, wie dies möglich gewesen sein soll. Denn Hannibal hatte die Stadt völlig zerniert. Jetzt stand plötzlich eine Fläche von 1,5 km zwischen der Stadt und dem punischen Lager für die Schlacht zur Verfügung.

[64] L 23,46,1 ff., Z 9,3,6.

[65] L 23,46,4: 5000 gefallene Karthager und 600 Gefangene, dazu zwei Elefanten. Vier Tiere wurden im Kampf getötet. Von den Römern waren nicht weniger als 1000 Mann gefallen.

[66] Der Übertritt von 272 iberischen und numidischen Reitern ist ebenfalls erfunden

Als Hannibal die Belagerung Nolas abbrach, neigte sich der Sommer bereits dem Ende zu. Es galt, Vorkehrungen für das Winterlager zu treffen. Die Heere wurden wieder getrennt. Hanno zog mit seinen Truppen nach Bruttium ab. Da Hannibal seinen Verbündeten in Campanien nicht ein zweites Winterlager zumuten wollte, schlug er in Arpi/Apulien sein Quartier auf. Der Konsul Sempronius verlegte deshalb sein Lager nach Luceria, um den Feind aus der Nähe beobachten zu können.[67]

Die Römer bauten nach dem Abzug Hannibals ihre Stellungen aus. Nola und die *castra Claudiana* wurden mit Getreide versorgt, um einer erneuten Belagerung erfolgreich trotzen zu können. Eine ausreichende Besatzungstruppe hielt die Stellung den Winter über.[68] Da vom Feind keine unmittelbare Gefahr drohte, konnten die meisten Soldaten den Winter über in die Heimat entlassen werden. Damit sollten die Bundesgenossen entlastet, aber auch die Kosten für den Sold und Unterhalt der römischen Staatskasse gespart werden. Der Hafen Puteoli, der in Zukunft eine wichtige wirtschaftliche Rolle spielen sollte, wurde ebenfalls mit einer Garnison gesichert.[69] Die Ländereien Capuas wurden von den Truppen des Fabius verwüstet und ausgeplündert.

Bruttium[70]

Nach der Rückkehr aus Campanien versuchte Hanno die Stadt Rhegion zu gewinnen. Für die Seeverbindung zu Hannibal wäre ihr Besitz äußerst wichtig gewesen. Sein Angriff blieb ohne Erfolg.[71] In der Zwischenzeit ging

(L23,46,6–7, Z9,3,6). Ihre angeblichen Gründe sind ganz unwahrscheinlich. „Irgendein Zorn oder die Hoffnung auf freizügigeren Kriegsdienst" soll sie zum Übertritt bewogen haben. Verdächtig ist auch, daß sie nach Kriegsende für ihre Tapferkeit mit Landzuweisungen in Spanien und Afrika belohnt worden sein sollen. In Afrika war dies im Jahr 201 nicht möglich!

67 L 24,3,16–17. Bisher hatte der Prätor M. Valerius Laevinus sein Quartier in Luceria gehabt. Er ging mit seinen Truppen nach Brundisium zum Schutz des sallentinischen Gebietes (L23,48,3). Daß es während des Winters 215/14 immer wieder zu kleineren Gefechten gekommen sein soll, ist durchaus möglich; daß sich die römischen Truppen des Sempronius als die besseren erwiesen haben sollen, dürfte nur die römische Geschichtsschreibung geglaubt haben.

68 L 23,48,1–2

69 L 24,7,10. Zu Puteoli, h. Pozzuoli, dem früheren Dikaiarcheia, vgl. M. W. Frederiksen, RE 23,2, 1959, 2036–2039 s. v. Puteoli, G. Marasco, La guerra annibalica e lo sviluppo economico di Pozzuoli, in: Geografia e storiografia nel mondo classico, a cura di Marta Sordi, CISA 14, Mailand 1988, 205–216.

70 Kukofka 1990, 15 ff.

71 L 24,1,2. Leider fehlen Angaben, was Hanno im einzelnen unternommen hat: ob er sich an eine Belagerung wagte oder nur den Versuch unternahm, auf diplomati-

die Belagerung von Petelia (h. Strongoli) weiter. Elf Monate lang wehrten die Bewohner tapfer alle Angriffe ab und wurden erst überwunden, als sie von Hunger bereits völlig erschöpft waren.[72] Anschließend wurde auch Consentia eingenommen.

Die Bruttier nahmen die Propaganda Hannibals allzu wörtlich. Für sie bedeutete „Freiheit von den Römern" die Wiederaufnahme ihrer expansiven Politik gegenüber den Griechen, von der sie durch die Römer zurückgehalten worden waren. Hannibal wollte aber die Griechenstädte nicht den Bruttiern unterstellen, sondern sie ebenfalls „befreien" und zum Anschluß bewegen. Darüber waren die Bruttier ungehalten und handelten auf eigene Faust. Sie nutzten die Abwesenheit des karthagischen Heeres im Landesinnern aus, um auf eigene Rechnung Krieg zu führen, und begannen Kroton zu belagern.[73] Von Hannibal wünschten sie die Garantie, daß ihnen die Stadt gehören werde. Dieser wich der Entscheidung aus und überließ sie seinem Befehlshaber. Doch auch Hanno spielte auf Zeit und vermied eine klare Antwort. Er hoffte, daß die Krotoniaten es vorzögen, ihre Stadt freiwillig an die Karthager zu übergeben, statt eine Belagerung durch die Bruttier auszuhalten. Durch Verrat gelang es diesen, in die Stadt einzudringen und sie – außer der Burg, an der ihre Belagerungskünste scheiterten – einzunehmen. Sie baten Hanno um Unterstützung.

Die Lage Krotons dürfte wohl symptomatisch für die Situation der Griechen in Unteritalien gewesen sein. Sie lebten mehr vom Ruhm ihrer Vergangenheit, als daß sie faktische Macht besaßen. Von ihrer einstigen Blütezeit kündeten nur die weiten Stadtanlagen, die seit den hohen Verlusten im Pyrrhoskrieg größtenteils menschenleer waren. Kroton wurde nur noch zur Hälfte bewohnt.[74] Hanno machten einen vernünftigen Vorschlag. Er wollte

schem Weg den Übertritt der Stadt zu erreichen. Die Römer sollen erst nach diesem Angriff die strategisch wichtige Stadt mit einer Garnison gesichert haben. L 24, 1, 12. Kukofka 1990, 6 A 16 zweifelte wohl zu Recht an dieser Angabe und vermutete, daß bereits 217 eine Besatzung hier stationiert wurde.

72 P 7, 1, L 23, 30, 1–4, Frontin 4, 5, 18, App Ann 29, 123–126, Val Max 6, 6 ext. 2, Sil 12, 431. Es scheint, daß die Übergabe vertraglich geregelt wurde. Später konnten die Römer 800 ehemalige Petelier wieder ansiedeln. Kukofka 1990, 11–15 zu den unterschiedlichen Überlieferungen. Zur Münzprägung der Stadt unter karthagischer Herrschaft vgl. Maria Caltabiano, La monetazione „annibalica" di Petelia, Quaderni Ticinesi. Numismatica e Antichità classiche 5, 1976, 85–101, dies., Una città del sud tra Roma e Annibale. La monetazione di Petelia, Palermo 1977, Marchetti 1978, 454 ff.

73 L 24, 3, 8–10. v. Ungern-Sternberg 1975, 70 ff., Kukofka 1990, 19–22, zur Topographie vgl. R. Spadea, La topografia, in: Crotone. Atti del XXIII Convegno di Studi sulla Magna Grecia Tarent 1983, Neapel 1984, 118–165.

74 L 23, 30, 6. Aus allen Altersstufen waren keine 2000 Bürger mehr vorhanden. Bei dieser Zahl handelt es sich um eine Emendation von Weissenborn statt der in den Handschriften bezeugten *viginti milia*. Kukofka 1990, 19 A 38.

die Stadt durch Neuansiedlungen wieder stärken. Die Krotoniaten sollten bruttische Siedler in ihre Mauern aufnehmen.

Die Abneigung der Griechen gegen die barbarischen Bruttier war groß und konnte auch nicht durch vernünftige Argumente überwunden werden. Sie fürchteten, bei einer Aufnahme der Einheimischen dem Einfluß der fremden Gebräuche und Sprache zu erliegen. So gering war ihr Vertrauen in die Assimilationskraft der griechischen Kultur! Lieber verließen sie ihre Heimat und übersiedelten nach Lokroi.[75] Die neuen Verbündeten bereiteten Hannibal Schwierigkeiten, mit denen er wohl kaum gerechnet hatte. Nicht die Unterstützung der gemeinsamen Sache stand für sie im Vordergrund, sondern die Verfolgung eigener Interessen, die die karthagische Kriegsleitung von ihrer eigentlichen Aufgabe ablenkte.

Der Vertrag Hannibals mit Philipp V.[76]

Der Sieg bei Cannae schuf für die Westpläne Philipps eine veränderte Situation. Sollte er Träume von einem Westreich gehegt haben,[77] so mußte er sie jetzt begraben. Der Karthager würde wohl kaum seine Intervention in

75 L 24,3,14–15.

76 Vorgeschichte: Philipp hatte die Entwicklung in Italien mit großer Aufmerksamkeit verfolgt (Walbank 1940, 64ff.). Nach dem Sieg Hannibals am Trasimener See hatte er den Bundesgenossenkrieg durch den Frieden von Naupaktos (217 v. Chr., Schmitt III 1969, Nr. 520) beendet, um im Westen freie Hand zu haben. Er war Hegemon des griechischen Bundes und Prostates des kretischen Koinon. Ob ihn neue Weltherrschaftsträume inspirierten (so Claudia Bohm, Imitatio Alexandri im Hellenismus, München 1989, 61ff.), muß offenbleiben.
Auch die Römer beobachteten diese Entwicklung mit Skepsis. Durch Gesandtschaften zu griechischen Städten suchten sie vorzubeugen. (P 5,105,8. Leider ist die Angabe ganz allgemein gehalten. Weder Zeitpunkt noch Adressaten werden genannt. Nur allgemein die Furcht vor Philipps Unternehmungsdrang mit der Gefahr, daß er in den Krieg eingreife, werden erwähnt.) L 22,33,3ff. erwähnt im Jahr 217 Gesandtschaften der Römer an Philipp mit der Forderung auf Auslieferung des Demetrios und an König Pineus zur Eintreibung von Tributzahlungen. Holleaux 1921, 143 A 6 lehnte diese Gesandtschaften als annalistische Erfindungen ab, Gruen II 1984, 374 ließ die Entscheidung offen.
Der Krieg gegen Skerdilaidas, der sich an den Frieden von Naupaktos anschloß, war die logische Konsequenz einer Neuorientierung der makedonischen Politik nach Westen. Mit seinen Eroberungen näherte sich Philipp bedrohlich dem römischen Protektorat in Illyrien. Im Winter 217/16 ließ er eine Flotte von 100 Lemben erbauen (P 5,109,1ff.), die allerdings nur eine geringe Transportkapazität (50 Mann) hatten (Grosse, RE 12, 2, 1925, 1894–1896 s. v. Lembos. Nach P 2,3,1 konnten mit 100 Lemben 5000 Mann transportiert werden), d. h. er konnte höchstens ein Heer in der Stärke einer Legion verschiffen. Damit bildete er keine ernsthafte Gefahr.

Italien dulden. Im Gegenteil, er mußte sein Ausgreifen nach Griechenland befürchten. Hannibal würde mit der Eroberung Italiens kaum zufrieden sein.[78] Hier galt es vorzufühlen und Vorsorge zu treffen. Deshalb schickte er den Athener Xenophanes[79] zu Hannibal.[80]

Die Aufnahme der Beziehung stand unter keinem günstigen Stern. Es war schwierig, das Hauptquartier Hannibals, das ständig an einen anderen Ort verlegt wurde, zu finden. Die Gesandten mieden die Häfen Brundisium und Tarent, wo römische Schiffe lagen, und gingen beim Heiligtum der Hera Lakinia in der Nähe von Kroton, das bereits in karthagischer Hand war, an Land.[81] Dort dürften sie auch den Aufenthalt Hannibals in Arpi/Apulien erfahren haben.[82] Unterwegs gerieten sie in die Hände eines römischen Wachpostens, der sie dem Prätor M. Valerius Laevinus vorführte. Nur freches Auftreten konnte sie noch retten. Xenophanes erklärte, er sei auf dem Weg

Im Sommer 216 startete Philipp zu einer Flottenexpedition in die Adria (P 5, 110, Walbank 1940, 69 ff.). Nach einer Fahrt um die Peloponnes erschienen die makedonischen Lemben in den Gewässern von Kephallenia und Leukas. Die Informationen über den Aufenthalt der römischen Flotte waren beruhigend. Die Flotte setzte ihre Fahrt nach Apollonia fort. Dort erhielt Philipp die Nachricht, römische Schiffe hätten den Hafen von Rhegion verlassen und seien auf der Anfahrt. Panikartig gab er den Befehl zum Rückzug. Es stellte sich schließlich heraus, daß es blinder Alarm gewesen war. Tatsächlich hatten die Römer nur 10 Schiffe entsandt. Mit seinem überhasteten Rückzug hatte der Makedonenkönig viel Ansehen verloren. Gleichzeitig dürfte er die Nachricht erhalten haben, daß Hannibal die Römer erneut vernichtend besiegt hatte.

[77] Walbank 1940, 69, Claudia Bohm, Imitatio Alexandri im Hellenismus, München 1989, 61 ff.

[78] Vgl. Iustin 29, 2, 8 ff.; 3, 6 ff. M. Engers, Die Vorgeschichte der Makedonischen Kriege Roms, Mnemosyne III 6, 1938, 128.

[79] Vgl. H. H. Schmitt, RE 9 A 2, 1967, 1563–1564 s. v. Xenophanes 5, E. Olshausen, Prosopographie der hellenistischen Königsgesandten, Studia Hellenistica 19, Löwen 1974, Nr. 104.

[80] Da bei Polybios die Vorgeschichte des Vertrages mit Hannibal nicht erhalten ist, ist in der Forschung umstritten, wer die Initiative zu dem Abkommen ergriffen hat. Nach L 23, 33, 4, App Mak 1, 2 und Eu 3, 12, 2 machte Philipp den Anfang. Holleaux 1921, 182 A 4 sah in Hannibal den Initiator, anders Chroust, WdF 371, 1974, 321 ff., dessen Ausführungen ich weitgehend folge. M. E. sprechen nicht nur die politische Ausgangslage Philipps, sondern vor allem seine zweitrangige Stellung in dem Abkommen für diese Deutung.

[81] L 23, 33, 4.

[82] Die Landung bei Kroton macht wahrscheinlich, daß die makedonischen Gesandten erst in der zweiten Jahreshälfte in Süditalien eintrafen, als Kroton bereits in karthagischer Hand war. Ebenso spricht die Tatsache, daß die Gesandten in die Hände des Prätors Valerius Laevinus, der in Apulien stationiert war, gerieten, dafür, daß Hannibal sich bereits in seinem Winterlager bei Arpi befand.

nach Rom, um ein Bündnis abzuschließen. Vermutlich zeigte er sein Beglaubigungsschreiben vor, das ihn als Gesandten des Königs Philipp auswies. Deshalb verwundert nicht, daß der Prätor ihm Glauben schenkte, erklärte, wo römische, wo karthagische Truppen standen und eine Begleitung mitgab. So gelangten die makedonischen Gesandten ungefährdet zu Hannibal[83] und vereinbarten ein Abkommen, das der Historiker Polybios als „Eid Hannibals" in seine ›Historien‹ aufnahm.[84] Es handelt sich um die griechische Übersetzung des punischen Textes.[85]

Hannibal[86] traf die Vereinbarung für sich, sein Heer, die Karthager und ihre Untertanen, Utika und alle gegenwärtigen und zukünftigen Verbündeten in Italien, Gallien und Ligurien gegenüber Philipp, den Makedonen und seinen griechischen Bundesgenossen. Es wurden Freundschaft, aufrichtiges Wohlwollen und Brüderschaft ohne Arglist und Ränke versprochen. Die Feinde des anderen sollten auch die eigenen Feinde sein, soweit nicht

83 Diese Episode wurde in der Forschung als eine Dublette der Gefangennahme der Gesandten auf ihrer Rückreise angesehen und deshalb für unhistorisch gehalten (Holleaux 1921, 183 A 2, Walbank 1940, 70, 299, H. H. Schmitt, RE 9 A 2, 1967, 1563 s. v. Xenophanes 5, Huß 1985, 342 A 61, Kukofka 1990, 25 A 51). M. E. ist es unwahrscheinlich, daß die römische Geschichtsschreibung eine Geschichte erfand, die einen römischen Prätor lächerlich erscheinen ließ, der leicht übertölpelt werden konnte. Zu Valerius vgl. W. Boguth, M. Valerius Laevinus, Jahresbericht des k.k. Staatsgymnasiums in Krems 1892, R. Pichon, L'histoire de Valerius Laevinus dans Tite-Live, REA 13, 1911, 184, Kahrstedt 1913, 450 A 1, H. Volkmann, RE 8 A 1, 1955, 46 s. v. Valerius 211.

84 P 7,9. Weitere Hinweise auf das Abkommen bei L 23,33,9–34,2, App Mak 1, 2–3, Eu 3,12,3, Z 9,4,2, Fl 1,23,4, Iustin 29,4,2–3. Schmitt III 1969, 528, Seibert 1993, 271–272.

85 Der Text beginnt: „Dies ist der Eid, den der Feldherr Hannibal, Mago, Myrkan, Barmokar und alle karthagischen Ratsherrn (Gerusiasten), die bei ihm sind, und alle Karthager, die mit ihm im Feld stehen, gegenüber Xenophanes, dem Sohn des Kleomachos aus Athen, den der König Philipp, Sohn des Demetrios, zu uns sandte, für sich, die Makedonen und ihre Bundesgenossen, ablegten vor Zeus, Hera und Apollo, vor dem Daimon der Karthager, Herakles und Iolaos, vor Ares, Triton und Poseidon, vor den Göttern der mit uns zu Felde Ziehenden, vor der Sonne, dem Mond und der Erde, vor den Flüssen, Häfen und Gewässern, vor allen Göttern, die über Karthago herrschen, vor allen Göttern, die über Makedonien und das übrige Griechenland herrschen, vor allen Göttern auf dem Feldzug, soweit sie über diesen Eid wachen." Das Dokument zeigt Hannibal ganz als Angehörigen seines Volkes und völlig in der Tradition seiner Glaubensvorstellungen.

86 Die Einleitungsformel zeigt, daß Hannibal zwar der militärische Oberbefehlshaber der Karthager war, seine Befugnisse für den Vertragsabschluß mit anderen Herrschern und Völkern aber Kontrollen unterlagen, d. h. Vertreter der karthagischen Regierung, sowohl des Inneren Rates wie auch des Rates, die in seinem Heerlager ständig weilten, waren an maßgeblicher Stelle beteiligt (A.-H. Chroust, WdF 371, 1974, 296 ff., 304, Huß 1985, 342 A 62).

Verträge entgegenstünden. Philipp sollte den Karthagern im Krieg gegen die Römer beistehen „bis die Götter uns und euch den Sieg gegeben". Doch der Makedonenkönig war nur so weit zur Hilfe verpflichtet, wie Bedarf war und im einzelnen festgelegt wurde. Ein Freundschaftsvertrag, um den die Römer die Karthager bitten würden, sollte auch für Philipp Geltung haben, wobei ein Angriffsverbot gegen ihn eingeschlossen war.[87]

Sollten die Römer nach dem Friedensschluß einen neuen Krieg gegen die Makedonen oder gegen die Karthager beginnen, dann verpflichteten sich die Vertragspartner zu gegenseitiger Unterstützung. Diese Verpflichtung gingen sie auch für den Angriff eines Dritten ein, soweit nicht ältere Verträge entgegenstanden. Vertragsänderungen sollten im beiderseitigen Einvernehmen vorgenommen werden.[88] Wie der endgültige Friedensvertrag mit den Römern aussehen würde, welche Forderungen er stellen würde, ließ Hannibal offen.[89] Nach seinen Vorstellungen sollten die Römer die Bittsteller sein. Wann und unter welchen Umständen der Krieg beendet würde, oblag allein seiner Entscheidung. Dem Friedensvertrag mußte sich Philipp anschließen, ohne gefragt zu werden.

Sollte der Makedonenkönig früher einmal von einer territorialen Expansion nach Italien geträumt haben,[90] so konnte er seine Pläne vergessen. Hannibal würde bestimmen, ob und in welcher Stärke er nach Italien kommen sollte.[91] Der Karthager war der dominierende Partner in diesem Bündnis

[87] Bemerkenswert ist, daß die territorialen Abtretungen der Römer in Illyrien genau festgelegt wurden (Kerkyra, Apollonia, Epidamnos, Pharos, Dimale, die Parthiner und die Atintanen). An wen die Gebiete fallen sollten, wird nicht gesagt. Als territoriale Zugeständnisse Hannibals an den Makedonenkönig deutet sie Schmitt III 1969, 249. Anders Walbank II 1967, 57. Es hätte Hannibals Politik widersprochen, wenn er Schutzbefohlene der Römer „befreit" und gleichzeitig einer anderen Macht überantwortet hätte. Die Verwandten *(oikeioi)* des Demetrios von Pharos sollten diesem zurückgegeben werden, vgl. R. M. Errington, CAH VIII 2. Aufl., 1989, 9.

[88] In der Forschung wurde diesem Eid Hannibals große Aufmerksamkeit geschenkt. Es besteht m. E. die Gefahr, daß dieses Abkommen nur wegen seiner Singularität weit überschätzt wird. Die Tatsache, daß die antike Überlieferung nur dieses Abkommen so ausführlich beschrieb, darf den Historiker nicht dazu verleiten, übertriebene Schlüsse zu ziehen.

[89] Der Vertrag geht von der Weiterexistenz Roms nach dem Ende des Krieges aus. Vgl. dazu bes. die Arbeiten von G. Egelhaaf, HZ 53, 1885, 456ff., Kromayer 1909 = WdF 371, 1974, 247ff.

[90] Nach Iustin 29,4,1 soll Philipp nach Cannae begonnen haben, eine Flotte auf Kiel zu legen, um ein Heer nach Italien transportieren zu können. Erst dann habe er Gesandte zu Hannibal geschickt.

[91] Philipp war kein mächtiger König. Sein Heer hatte die Stärke eines konsularischen Heeres. Man vergleiche die Truppenangaben für die Schlacht bei Sellasia (220), P 2,65,2ff.: 10000 Phalangiten, 3000 Peltasten, 300 Reiter, insgesamt 13300 Makedonen. Hinzu kamen noch Aufgebote der Bundesgenossen. Im Jahr 219 führte

und behielt sich völlige Entscheidungsfreiheit vor, der Makedone spielte nur die zweite Geige.[92]

Da Hannibal eine unmittelbare Verwertung des Abkommens offenbar nicht vorsah, hoffte er vielleicht, die Römer durch den Kriegseintritt des Makedonenkönigs zu einer Verzettelung ihrer Streitkräfte zu veranlassen. Daß sich gravierende Verwicklungen für Philipp ergeben würden, dürften weder er noch Hannibal geahnt haben.[93]

Die römischen Geschichtsschreiber verbreiteten eine andere Version: Philipp sollte mit 200 Kriegsschiffen nach Italien übersetzen, die Küsten verwüsten und am Krieg zu Wasser und zu Land teilnehmen. Nach Abschluß des Krieges sollte ganz Italien mit der Stadt Rom den Karthagern und Hannibal gehören, und die ganze Beute sollte Hannibal zufallen. Wenn Italien unterworfen wäre, sollten sie gemeinsam nach Griechenland fahren und dort Krieg führen, mit wem Philipp es wünsche. Alle Staaten des Festlandes und alle Inseln von Makedonien sollten Philipp gehören.[94] In der Forschung ist diese Version überwiegend abgelehnt worden.[95]

Die Rückreise der makedonischen Gesandten in Begleitung der Karthager Gisgo, Bostar und Mago, die dem König den Eid leisten sollten, verlief nicht wie geplant.[96] Ihr Schiff wurde von der römischen Flotte, die die

Philipp V. 10000 Phalangiten, 5000 Peltasten und 800 Reiter ins Feld (P4,37,7). In der Schlacht bei Kynoskephalai waren es 16000 Phalangiten und 2000 Peltasten (L33,4,4–5). Vgl. Walbank 1940, 289ff. Ob er sich auf seine griechischen Bundesgenossen, die zwar rein zahlenmäßig beeindruckend, aber faktisch nur schwach waren, verlassen konnte, war zweifelhaft. Auch im vergangenen Krieg hatten sie sich teilweise ihrer Verpflichtung entzogen, z.B. die Spartaner, P4,19,10, die Messenier P4,31,1ff. Mit der „Flottille" konnte gerade eine Truppe in der Stärke einer Legion verschifft werden. Die Finanzlage war schlecht. Vgl. P5,1,6 im Jahr 220.

92 Chroust WdF 371, 1974, 313, Walbank II 1967, 55ff., anders Hammond III 1988, 394 A 3.

93 Der 1. Makedonische Krieg (215–205) führte zum 2. Makedonischen Krieg (200–197) unmittelbar nach dem Ende des 2. Punischen Krieges mit der Niederlage Philipps und schließlich zum 3. Krieg (171–168) mit der Beseitigung der antigonidischen Dynastie und dem Ende makedonischer Selbständigkeit.

94 L 23,33,9–12, App Mak 1,2 (vgl. P. Meloni, Il valore storico e le fonti del libro Macedonico di Appiano, Rom 1955, 1–6), Eu 3,12,3, Z 9,4,2. Scipio hielt Hannibal im Jahr 202 vor, die Karthager hätten selbst den Namen Rom ausgelöscht, wenn sie gesiegt hätten.

95 Eine der wenigen Ausnahmen ist F. A. Scott, Macedonien und Rom während des hannibalischen Krieges, Diss. Leipzig 1873, 45ff. Die vorgesehene Beuteteilung entspricht genau der Praxis, wie die Römer mit den Ätolern den Kriegsgewinn teilten. Die geplante Landung Philipps in Italien gab später den Römer das Recht, ein *bellum iustum* gegen ihn zu führen. Die anachronistischen Verformungen sind evident.

96 L 23,34,2ff. Die Gefangenschaft des Xenophanes auf der Rückreise auch bei App Mak 1,3, Z 9,4,3, Eu 3,12,4.

Küste Calabriens schützte, bemerkt und von den leichten Seglern aufgebracht. Xenophanes versuchte es mit derselben Ausrede. Er sei geschickt, um einen Vertrag zwischen Philipp und Rom zu vereinbaren, sei aber nur bis zu Valerius Laevinus gelangt. Da Campanien ganz von den Feinden besetzt sei, sei er nicht weitergekommen. Doch die punische Kleidung seiner Begleitung und deren Sprache verrieten ihn. Ein Brief Hannibals und die vertragliche Vereinbarung wurden im Gepäck der Gesandten gefunden. Die Gefangenen wurden dem Befehl des L. Valerius Antias unterstellt und auf dem schnellsten Weg nach Rom gebracht.

Die Reise der Schiffe[97] wird genau beschrieben. Sie unterbrachen ihre Fahrt in Cumae, um die Gefangenen dem dort weilenden Konsul Sempronius vorzuführen, der die schriflichen Unterlagen auf dem Landweg nach Rom befördern ließ, während die Gefangenen zu Schiff transportiert wurden. Der Inhalt der Vereinbarung löste in Rom große Besorgnis aus. Sofort traf der Senat umfangreiche Vorkehrungen, um eine mögliche Invasion Philipps abzuwehren. Die Flotte des Valerius Flaccus wurde beträchtlich verstärkt. Sie sollte mit den Truppen, die in Tarent stationiert waren, bemannt werden. Der Prätor M. Valerius erhielt den Auftrag, möglichst bald nach Makedonien überzusetzen, um Philipp in seinem Reich zu binden. Die Finanzierung des Unternehmens sollte aus Geldern bestritten werden, die bereits zur Rückzahlung an Hieron unterwegs waren.

Während dieser Vorbereitungen entkam eines der makedonischen Schiffe. Dadurch wurde Philipp das Scheitern der Mission bekannt. Da er die Vereinbarung mit Hannibal nicht kannte, schickte er eine zweite Abordnung mit Herakleitos, genannt der „Dunkle“, Kriton aus Böotien und Sositheos aus Magnesia zu Hannibal, die den Vertrag unter Dach und Fach brachten.

Verdient dieser ausführliche, mit genauen Angaben versehene Bericht des Livius Vertrauen?[98] Die Namen der Römer (Valerius Flaccus und L. Valerius Antias), die die Gesandten aufbrachten und nach Rom überführten, mahnen zur größten Vorsicht. Sollte hier der Historiker des 1. Jh., L. Valerius Antias, der es mit der Wahrheit nicht so genau nahm, der Versuchung erlegen sein, die Schlappe seines Gentilgenossen Valerius Laevinus durch die Heldentaten zweier anderer Valerier auszugleichen? Noch skeptischer stimmen die Vorgänge um die Flucht eines makedonischen Schiffes aus Rom. Wie sollte ein Schiff von dort entkommen können, nachdem die Gefangenen und ihre Begleitung in die Sklaverei verkauft worden waren? Wenn es tatsächlich dem Schiff gelungen wäre, aus dem Hafen von Ostia auszu-

[97] L 23,38,1–39,4.

[98] Die zweimalige Gefangennahme lehnen M. Engers, Die Vorgeschichte der Makedonischen Kriege Roms, Mnemosyne 1938, 134 und H. H. Schmitt, RE 9 A 2, 1967, 1563 s. v. Xenophanes 5 als unhistorisch ab.

laufen, mußten die Römer nur die Straße von Messina genauestens kontrollieren, um es hier aufzubringen. Die Bedenken gegen die Historizität dieser Geschichte überwiegen.[99]

Die Gefangennahme der Gesandten brachte die Römer in den üblen Ruf, das Völkerrecht gebrochen zu haben. Aber auch für dieses Problem fand die römische Geschichtsschreibung eine Lösung, die bei Iustin vorliegt.[100] Der Gesandte wurde zwar aufgegriffen und vor den Senat geführt, aber wieder freigelassen, damit man sich nicht den Makedonenkönig durch dieses Vergehen zum Feind mache. So zwang die eine Erfindung zu einer weiteren, die noch unwahrscheinlicher war.

Tatsächlich kamen die Gesandten ohne Schwierigkeiten nach Makedonien. Philipp dürfte mit dem Verhandlungsergebnis kaum zufrieden gewesen sein. Deshalb sandte er eine zweite Abordnung zu Hannibal, um Verbesserungen zu erzielen, evtl. sein Eingreifen in Italien[101] genau abzusprechen oder eine gleichberechtigte Stellung zu erhalten. Ob sie erfolgreich war, ist der Überlieferung nicht zu entnehmen.[102]

[99] Deshalb muß man nicht den ganzen Bericht als Erfindung verwerfen, etwa die Angaben über die Rüstungen und Finanzierung. Sie setzen allerdings die Kenntnis eines karthagisch–makedonischen Abkommens voraus. Man kann davon ausgehen, daß Hannibal kein Interesse hatte, die neue Verbindung zu Philipp geheimzuhalten. Es war in seinem Interesse, daß der Vertrag – natürlich nicht in seinen Details – bekannt wurde. Dadurch wird auch verständlich, daß die römische Geschichtsschreibung das Abkommen, von dem sie nur schemenhafte Vorstellungen hatte, nach ihrem Gutdünken mit Details versah. M.E. ist auch die zweite makedonische Gesandtschaft mit den genauen Namensangaben historisch.

[100] Iustin 29,4,2–3.

[101] Aus dem zweiten Schreiben Philipps an Larissa (Syll.[3] 543) vom August 215 geht hervor, daß Philipp mit der Vorbereitung eines Feldzuges beschäftigt war. Vgl. Walbank 1940, 298–299 mit Vermutungen über den geplanten Feldzug.

[102] Der endgültige Vertragstext ist nicht bekannt. Wenn man die Gefangennahme der ersten Gesandtschaft auf der Rückreise ablehnt, dann stellt sich die Frage, wie der Vertragstext in römischen Besitz kommen konnte, wo ihn Polybios einsah. Der Text dürfte in der Bibliothek des Makedonenkönigs aufbewahrt worden sein, die der Pydnasieger L. Aemilius Paullus seinen Söhnen als Geschenk mitbrachte. Mit dessen leiblichem Sohn, P. Cornelius Scipio Aemilianus, war Polybios befreundet. Durch ihn könnte er Zugang zu diesen Beständen erhalten haben, die möglicherweise auch das Archiv der Könige umfaßte.

Sardinien[103]

Als der Prätor Aulus Cornelius Mamula aus seiner Provinz nach Rom zurückkehrte, konnte er nichts Erfreuliches melden.[104] Überall hoffe man auf Krieg und Abfall. Sein Nachfolger Q. Mucius Scaevola sei wegen des Klimas von einer langwierigen Krankheit befallen worden und werde für die Kriegführung längere Zeit ausfallen. Das auf der Insel stationierte Heer reiche nicht für die Unterdrückung eines Aufstandes aus. Es genüge nur zu Garnisonszwecken in Friedenszeiten.[105]

Der Prätor urbanus Q. Fulvius hob Truppen aus[106] und ernannte den T. Manlius Torquatus, einen erfahrenen Mann, der bereits zweimal das Konsulat (235, 224) bekleidet hatte, bis zur Genesung des Mucius zum Befehlshaber.[107] Da im Augenblick kein Imperiumsträger zur Verfügung stand, bot die Möglichkeit, einen Privatmann mit einem Imperium zu betrauen, einen Ausweg, die schmale Personaldecke der römischen Führung zu erweitern, ohne neue Ämter zu schaffen.[108]

Der Führer der Aufständischen war der einheimische Fürst Hampsicora. Obgleich die Umstände für das karthagische Vorhaben vielversprechend waren, standen sie unter einem unglücklichen Stern. Die karthagische Flotte geriet in einen Sturm und wurde auf die Balearen verschlagen. Es dauerte lange, bis die havarierten Schiffe repariert waren.[109] In der Zwischenzeit landeten die römischen Verstärkungen in Carales. Auch die Flottenmannschaften wurden in das Landheer eingereiht.[110] Manlius gelang es, die Aufständischen noch bei ihren Vorbereitungen zu überraschen. Während Hampsicora bei den Pelzsarden weilte, um Anwerbungen vorzunehmen, ließ sich sein Sohn Hostus auf eine Schlacht mit dem erfahrenen römischen Feldherrn ein und erlitt eine vernichtende Niederlage. Das Heer unter Hampsicora zog sich daraufhin in die Stadt Cornus zurück.

In dieser schwierigen Lage traf die karthagische Flotte auf Sardinien ein. Da sich Manlius mit seinem Heer nach Carales zurückzog, konnte Hampsi-

[103] L 23,40,1–41,7, Eu 3,13,4; 13,2, Sil 12,342–419, Z 9,4,1, vgl. o. S. 230, Seibert 1993, 269–270. [104] L 23,34,10–17.

[105] Bisher war auf der Insel eine Legion stationiert. P 3,75,4.

[106] Eine verstärkte Legion à 5000 Mann und 400 Reiter.

[107] Manlius kannte die Insel aus eigener Erfahrung. Er hatte in seinem ersten Konsulat einen Aufstand der Sarden erfolgreich unterdrückt und einen Triumph gefeiert. Vgl. F. Münzer, RE 14, 1, 1928, 1207–1210 s. v. Manlius 82.

[108] Vgl. Kloft 1977, 13 ff., 29 ff.

[109] L 23,34,17.

[110] Die Zahl der Schiffe wird nicht überliefert. Thiel 1946, 69 A 108 nimmt 20 Kriegsschiffe an, die aus dem in Ostia vor Anker liegenden Verband entnommen worden seien.

cora seine Truppen mit den Karthagern vereinigen.[111] Nun begann ein gemeinsamer Raub- und Plünderungszug durch die noch treu zu den Römern stehenden Gebiete. Der Römer stoppte den weiteren Vormarsch und stellte sie zur Schlacht. Es war ein hartes Ringen. Nach der Flucht der Sarden wurden auch die karthagischen Truppen eingeschlossen und niedergemacht.[112] Der Rest geriet in Gefangenschaft, darunter der Feldherr Hasdrubal und zwei karthagische Adlige, Hanno und Mago, letzterer ein Verwandter Hannibals.[113]

Die Sarden zogen sich auf Cornus zurück. Hampsicora beging wegen des Todes seines Sohnes Selbstmord. Die Aufständischen in Cornus mußten kapitulieren. Die Bedingungen waren noch härter als früher. Sie mußten Getreide, Geld und Geiseln stellen. Dann kehrte Manlius mit seinem Heer nach Rom zurück.[114]

Die Hoffnungen der Karthager auf Wiedergewinnung der Insel hatten sich zerschlagen. Sie mußten sich keine Vorwürfe machen. Die Imponderabilien einer Seefahrt konnte niemand vorhersagen. Da sich bald die Möglichkeit bot, die verlorenen Gebiete auf Sizilien zurückzugewinnen, machten sie niemals mehr den Versuch, auf Sardinien einzugreifen.

Syrakus[115]

Die Erfolge Hannibals hatten den Kräften am syrakusanischen Hof, die das Festhalten am Bündnis mit den Römern als unnötig ansahen, mächtig Auftrieb gegeben. Nach dem Tod seines Sohnes und Mitregenten Gelon, der mit den Karthagern sympathisiert hatte, traf der alte Hieron Vorkehrungen für die Zeit nach seinem Tod. Für seinen erst 15jährigen Enkel Hieronymos bestellte er einen 15köpfigen Regentschaftsrat, der die Regierungsgeschäfte führen sollte. Als politisches Testament hinterließ er den Rat, die Freundschaft mit dem römischen Volk, die er 50 Jahre lang treu eingehalten habe, unverbrüchlich weiterzuführen.[116]

[111] Diese Maßnahme erlaubt den Schluß, daß Hasdrubal südlich von Cornus gelandet war, Manlius damals nördlich von Cornus stand und durch den Rückzug einer Einschließung entgehen wollte. Es wäre denkbar, daß Hasdrubal bei Neapolis an Land ging und Manlius sein Lager bei Othoca hatte.

[112] Die überlieferten Zahlen dürften übertrieben sein. Vgl. Kahrstedt 1985, 452 A 1. Insgesamt ändert dies aber nichts an der Tatsache, daß das gesamte karthagische Heer entweder gefallen oder gefangengenommen worden ist.

[113] L 23,41,1–2, Z 9,4,1, Eu 3,13,2.

[114] Es war weiterhin nur eine Legion auf der Insel stationiert. Vgl. Seibert 1993, 270.

[115] P 7,2–8, Walbank II 1967, 31ff., L 24,4,1ff., Val Max 3,3 ext. 5, Sil 14,79ff., Seibert 1993, 285ff.

[116] L 24,4,5.

Im Frühsommer 215 starb der König im Alter von 90 Jahren.[117] Doch darüber, was das beste für den kleinen syrakusanischen Saat war, gingen die Ansichten auseinander. Adranadoros und Zoippos, die beiden Schwager des Hieronymos, propagierten den Anschluß an Hannibal. Die Romfreunde scharten sich um Thrason.[118] Daß dem Bündnis mit Rom offene Abneigung in der syrakusanischen Öffentlichkeit entgegenschlug, hatten die Römer selbst mitverschuldet. Ihre Freunde hatten sie über die bedrohliche Entwicklung informiert. Es war ihnen klar, die kritische Phase würde unmittelbar nach dem Tod des alten Königs eintreten. Als im Hauptquartier des Prätors Ap. Claudius Pulcher die Nachricht eintraf, der König sei gestorben, fuhr sofort eine römische Flotte nach Syrakus, machte aber am Kap Pachynos kehrt, als sich herausstellte, daß die Botschaft falsch war.[119] Doch die Flottendemonstration konnte nicht mehr ungeschehen gemacht werden. Sie gab den Kreisen in Syrakus Auftrieb, die auf die beschämende Lage als Vasall Roms hinwiesen.

Die Römer gaben die Lage keineswegs verloren. Der Prätor Appius schickte nach dem Tod Hierons Gesandte zu Hieronymos, die das alte Bündnis erneuern sollten. Der junge König behandelte sie äußerst hochmütig und überhäufte sie mit Hohn und Spott. Ganz mitfühlend erkundigte er sich nach dem Ausgang der Schlacht bei Cannae. Natürlich beschwerte er sich über die römische Flotte, die in syrakusanischen Gewässern aufgetaucht war. Aber trotzdem waren die Verbindungen zwischen Syrakus und Rom noch nicht gerissen.[120]

Bis endgültig die Weichen für eine Neuorientierung der syrakusanischen Politik gestellt waren, vergingen mehrere Monate.[121] Es war verständlich, daß der jugendliche Herrscher von den Siegen Hannibals begeistert war. Sicher dürfte er davon geträumt haben, an seiner Seite ähnliche Erfolge erringen zu können. Sein Vorbild ahmte er auf seinen Münzen nach.[122]

[117] Die Chronologie der Ereignisse auf Sizilien ist in der Forschung umstritten. Vgl. Seibert 1993, 286ff.

[118] Zu den Gegensätzen im Regentschaftsrat vgl. H. Berve, König Hieron II., Abh. Bayer. Akademie der Wissenschaften N.F. H. 47, München 1959, 86ff.

[119] P 7,3,5–6. Eckstein 1987, 137ff.

[120] L 24,6,6.

[121] Noch bei Amtsantritt der Konsuln des Jahres 214 hatten die Römer keine genauen Informationen über den Bruch des alten Bündnisses.

[122] R. Ross Holloway, The Thirteen-Months Coinage of Hieronymos of Syracuse, Berlin 1969, bes. 37ff. glaubt, daß die Gesandten Hannibals eine Münze des Karthagers mit seinem Bildnis mitbrachten, um Hieronymos mit dem Bild des Feldherrn zu beeindrucken. Als er dann auf die karthagische Seite übertrat, habe er das neue Bildnis prägen lassen. Das zweite Porträt des Hieronymos sei nur kurze Zeit geprägt worden, was andeute, daß der Bruch mit Rom erst im Frühjahr 214 vollzogen wurde. Die zweite römische Gesandtschaft gehöre deshalb auch erst ins Jahr 214.

Wohl in den Wintermonaten 215/214 überredeten Zoippos und Adranadoros den König Hieronymos – der Romfreund Thrason war wegen einer angeblichen Verwicklung in eine Verschwörung ausgeschaltet worden –, eine Gesandtschaft an Hannibal zu senden, um mit ihm über eine Beteiligung am Krieg zu verhandeln.[123] Gleichzeitig schickten Hieronymos bzw. seine Berater seine Brüder an den ptolemäischen Königshof nach Alexandrien zu Ptolemaios IV.[124] Sollte ein Bündnis mit dem Ptolemäer vereinbart werden? Die Siege Hannibals könnten auch den Ptolemäerkönig zu einem Überdenken seiner bisherigen Haltung zu Rom und zu seinem Nachbarn angeregt haben.[125]

Einzelheiten über die Verhandlungen zwischen den syrakusanischen Gesandten und Hannibal liegen nicht vor. Der Karthager Feldherr nahm das Angebot militärischer Zusammenarbeit an und sandte zu weiteren Verhandlungen einen gewissen Hannibal und die Brüder Hippokrates und Epikydes zu Hieronymos zurück.[126] Wahrscheinlich hatte er in den Besprechungen die militärische Schwäche der Griechenstadt erkannt, falls er sie nicht von seinen Spionen bereits erfahren hatte. Sie konnte höchstens 15 000 Mann ins Feld führen. Bei ihrem Übertritt waren militärische Auseinandersetzungen auf der Insel zu erwarten, zu denen er keine Truppen abzweigen konnte. Hier war Karthago gefragt, das die Entscheidung über den Vertrag fällen mußte.

Spanien[127]

In diesem Jahr sollen in Iberien viel wichtigere Dinge als in Italien geschehen sein.[128] Der Bericht des Livius über die großartigen Erfolge der Scipionen steht in eigenartigem Mißverhältnis zu ihrer dringenden Bitte um

[123] P 7,2,2. Die syrakusanischen Gesandten waren Polykleitos aus Kyrene und Philodemos aus Argos.

[124] P 7,2,2. Huß 1976, 174–175. Der Führer dieser Gesandtschaft dürfte wohl Zoippos gewesen sein (L24,26,1), der neben Adranadoros der eigentliche Neugestalter der syrakusanischen Politik war. Dies läßt den Schluß zu, daß er eine hochpolitische Mission zu erfüllen hatte. So zu Recht Huß 1976, 175. Die Annahme von Holleaux 1921, 74 A 2 ist nicht völlig auszuschließen, nämlich daß ein Zerwürfnis unter den Schwagern die Entfernung des Zoippos von Syrakus ausgelöst haben könnte.

[125] Daß Ptolemaios IV. keinen Kurswechsel vollzogen hätte, läßt sich nicht so sicher sagen, wie Huß 1976, 175 annimmt. Nach dem Tod des Hieronymos im Jahr 214 blieb Zoippos freiwillig in Ägypten.

[126] Zur Bewertung vgl. bes. Hoffmann 1961, 478–494 = WdF 371, 1974, 335–357, der überzeugend nachwies, daß die Eröffnung eines neuen Kriegsschauplatzes von Hannibal gutgeheißen und die Konzentration auf dieses Kampfgebiet in den folgenden Jahren von ihm ausdrücklich unterstützt wurde.

[127] L 23,32,5–12; 48,4–49,14, Z9,3,7–10, Frantz 1883, 28–33, Kahrstedt 1913,

Unterstützung, ohne die sie die Stellung nicht halten könnten.[129] Die karthagischen Truppen waren durch ein Heer unter dem Befehl Magos verstärkt worden. Die Stadt Iliturgi in der Nähe von Castulo, die zu den Römern abgefallen war, wurde von Hasdrubal, Mago und Hannibal, dem Sohn des Bomilkar, belagert. Obgleich die Stadt von drei feindlichen Lagern eingeschlossen war, gelangten die Scipionen in die Stadt und brachten das dringend benötigte Getreide. Es folgte eine Schlacht, die zunächst von den Römern nur als ein Angriff auf das größere Lager unter Hasdrubal geplant war, dann zu einer Entscheidungsschlacht wurde, da auch die beiden anderen Feldherrn ihre Truppen herbeiführten, so daß die Karthager den Römern weit überlegen waren.[130] Trotzdem erlitten sie eine verlustreiche Niederlage.[131]

Das Verhalten der Scipionen, die sich freiwillig in die belagerte Stadt begaben, kann nur verwundern. Man bedenke, daß die Stadt weitab von der Basis der Römer lag! So liefen sie Gefahr, von den überlegenen Feinden eingeschlossen zu werden. Dann aber griffen sie tollkühn das größte Lager der Feinde an, ohne Furcht, daß sie von den beiden anderen Heeren in die Zange genommen werden könnten. Schließlich errangen sie einen überwältigenden Sieg. Wenngleich die Scipionen keine bedeutenden Feldherrn waren, so viel militärisches Unvermögen kann man ihnen dennoch nicht zutrauen. Die römische Geschichtsschreibung rechnete offenbar mit dem blinden Vertrauen ihrer Leser, die alles hinnahmen, wenn nur ein römischer Sieg beschrieben wurde.

Die karthagischen Heere glichen ihre Verluste aus und begannen die Belagerung von Intibili. Hier kam es wiederum zu einer Schlacht und einer verlustreichen Niederlage der Karthager.[132] Als Folge dieser Siege traten fast alle Völker auf die Seite der Römer, ein Vorgang, der bereits im Vorjahr berichtet worden war.

451, 457, De Sanctis III 2, 1916, 236, Sanchez 1975, 218ff., Lazenby 1978, 129, Huß 1985, 349–350, Richardson 1986, 38ff.

128 L 23,49,14. Die Urteile der modernen Forschung sind gespalten. Ruhten in diesem Jahr die Waffen in Spanien (Frantz 1883, 28ff., Kahrstedt 1913, 457), oder wurde in den Kämpfen die karthagische Position stark erschüttert (Huß 1985, 350, wesentlich zurückhaltender Lazenby 1978, 129, Richardson 1986, 39)?

129 L 23,48,4. Sie baten um Geld, Kleidung und Getreide. Das Hilfeersuchen traf erst am Ende des Sommers in Rom ein. Erst danach begannen dort die Vorbereitungen zur Unterstützung. Es ist unwahrscheinlich, daß die Lieferungen noch in demselben Jahr in Spanien eingetroffen sind. Sie werden aber bei der Schilderung der folgenden Kämpfe in Spanien vorausgesetzt!

130 60000 Feinde standen nur 16000 Römern gegenüber.

131 Die Römer erschlugen mehr Feinde, als sie selbst Leute hatten. Außerdem nahmen sie 3000 Mann gefangen, erbeuteten fast 1000 Pferde und 7 Elefanten. Auch alle drei Lager wurden eingenommen.

132 13000 Feinde fielen, 2000 wurden gefangen und 9 Elefanten erbeutet.

Die Siege der Scipionen wurden von der römischen Geschichtsschreibung erfunden.[133] Die Römer wagten sich niemals so weit in den Süden des Landes vor. Wie schwierig ihre Lage in Wirklichkeit war, offenbarte nicht nur ihr Brandbrief nach Rom, sondern vor allem ein Vorfall, den Livius in diesem Zusammenhang übergeht, obgleich er ihm bekannt war.[134] In diesem Jahr brach in Afrika ein Aufstand der Numider aus. Hasdrubal führte sein Heer aus Spanien nach Afrika um diesen Aufstand zu bekämpfen.[135] Die Position der Römer war so schwach, daß sie die Abwesenheit des karthagischen Heeres nicht zu ihrem Vorteil ausnutzen konnten.

Ob Hannibal, wenn er im Winterlager zu Arpi seine Unternehmungen kritisch überprüfte, mit dem Erreichten zufrieden war? Sein Vorhaben, das er in seinem Brief an die Bundesgenossen angekündigt hatte, die große, alles entscheidende Schlacht gegen die Römer, die sogar Cannae an Bedeutung in den Schatten stellen sollte, war nicht geschlagen worden. Es war das erste Jahr, in dem er keinen Sieg über die Römer errungen hatte. Die Römer hatten auch kein Friedensangebot gemacht. Hannibal wähnte dennoch das Ende des Krieges in greifbarer Nähe, für das er keine fremde Einmischung wünschte, wie seine Vereinbarung mit Philipp zeigte.

Die Abfallbewegung hatte in Campanien keine Fortschritte gemacht. Alle Versuche, endlich eine Seestadt zu gewinnen, waren gescheitert. Ein erneuter Angriff auf Nola war wirkungslos verpufft.[136] Die Schwäche Hannibals in der Poliorketik, vielleicht auch seine Ungeduld bei einer Belagerung, wirkten sich nachteilig aus. Nur auf dem südlichen Kriegsschauplatz waren Fortschritte erzielt worden. Der Gewinn der Stadt Lokroi mit ihrem Hafen war für den Nachschub aus der Heimat günstig. Da aber der Angriff auf Rhegion mißlungen war, blieb die Straße von Messina für die karthagische Flotte gesperrt.

Wenn Hannibal seine neuen Bundesgenossen kritisch betrachtete, dürften sie ihm nur wenig Freude gemacht haben. Er hielt sein Versprechen und legte keine Besatzungen in die Städte.[137] Damit waren die Bundesge-

[133] Ob die scipionenfreundliche Tradition auf das sonst unbekannte Geschichtswerk des P. Cornelius Scipio, des Sohnes des Africanus und Enkel des Publius, zurückgeht, ist ungewiß. Die starke Bevorzugung und Verherrlichung der Scipionen in der römischen Geschichtsschreibung ist evident.

[134] L 24,48–49.

[135] App Ib 15,58–59.

[136] Es sind keine bedeutenden militärischen Operationen zu verzeichnen. Zur Bewertung der Vorgänge in Italien vgl. auch Huß 1985, 344.

[137] Dies bezeugen die Verträge, soweit sie erhalten sind, vgl. das Bündnis mit Capua (Schmitt III 1969, 524), das Bündnis mit Lokroi Epizephyrioi (527), der Vertrag mit Tarent (531), das Abkommen mit den Lukanern (532).

nossen aber den Angriffen der Römer schutzlos preisgegeben. Sie selbst engagierten sich zu wenig für ihre neugewonnene Freiheit, sondern erwarteten Schutz von Hannibal. Der Egoismus seiner neuen Verbündeten machte ihm sehr zu schaffen. „Freiheit von Rom“ bedeutete für sie die Erfüllung alter Träume und Wünsche. Alte Feindschaften, die unter dem Diktat der Römer beigelegt worden waren, lebten wieder auf. Dieses Problem belastete besonders die Beziehungen zu den einheimischen Völkern und zu den Griechenstädten. Wollte er seine Ziele nicht vernachlässigen, mußte er die Erwartungen seiner Verbündeten enttäuschen.

Hannibal versäumte wohl politische Aufklärungsarbeit bei seinen Verbündeten. Er machte ihnen nicht klar, daß die Freiheit von Rom erst gemeinsam erkämpft und in einem Friedensvertrag abgesichert werden mußte. Es scheint auch, daß er ihnen keine politische Vision eines zukünftigen „freien“ Italien vermitteln konnte. Wie sollte die politische Landschaft nach dem Friedensschluß mit Rom aussehen? Würde es viele autonome Städte, Gemeinden und Stämme geben? Mußte nicht eine solche Vorstellung viele erschrecken, da sie das politische Chaos, in dem jeder gegen jeden kämpfte, bedeuten würde? Wer garantierte den Frieden? Die Karthager? Das würde ihre ständige Anwesenheit in Italien und Bildung eines karthagischen Staates auf italischem Boden bedeuten. Oder machte er Capua Hoffnungen, an die Stelle Roms zu treten? Damit wären die anderen Verbündeten kaum zufrieden gewesen. Doch welche Vision hätte er ihnen vermitteln sollen? Was war für sie erstrebenswerter als Unabhängigkeit und Freiheit von Rom?

Wahrscheinlich dürfte er seine Lage nicht ganz so kritisch bewertet haben. Er war ein begehrter Partner. Dies bewiesen die Angebote aus Makedonien und Syrakus. Das römische Protektorat in Illyrien wurde ernsthaft bedroht. Die Entwicklung auf Sizilien hatte eine erfreuliche Wende genommen. Wahrscheinlich würde hier im kommenden Jahr für die Römer ein weiterer Kriegsschauplatz eröffnet. Der Versuch, Sardinien zurückzugewinnen, war unter hohen Verlusten gescheitert.

Die Römer waren in Italien fast gar nicht in Erscheinung getreten. Das war das Beste, was sie in ihrer Lage tun konnten. Die fabische Strategie erwies sich als einzig richtige Maßnahme. Das vierte Kriegsjahr endete für sie „erfolgreich“, sie hatten zum ersten Mal keine Niederlage erlitten und den Versuch, die Provinz Sardinien zu erobern, zurückgewiesen. Allerdings zeichneten sich für ihre Außenbesitzungen in Illyrien und auf Sizilien große Gefahren ab.

Das 5. Kriegsjahr: 214 v. Chr.[1]

Rom[2]

Die Wahl der neuen Konsuln verlief nicht ohne Komplikationen. Fabius als Wahlleiter konnte seine Wahl durchsetzen und damit die Fortführung seiner Strategie sicherstellen. Allerdings wurde ihm in M. Claudius Marcellus ein Kollege zur Seite gestellt, der eine offensive Kriegführung befürwortete, eine für Rom damals tödliche Alternative.

Die Angst der Menschen äußerte sich in der großen Zahl von Prodigien. Insgesamt 18 Vorzeichen wurden als sühnungswürdig anerkannt. Es war ein massenpsychologisches Problem, wie Livius konstatierte. Je mehr sie bei einfachen und abergläubigen Menschen Anklang fanden, um so mehr wurden sie verbreitet.[3] Nach den erforderlichen kultischen Riten und Opfern zur Versöhnung der Götter diskutierten die Senatoren in der Antrittssitzung der Konsuln die Lage des Staates und die Maßnahmen für die Kriegführung. Den bereits im Feld stehenden Imperiumsträgern des Vorjahres wurde das Imperium verlängert.[4] Das schwierigste Problem war die Aufstellung ausreichender Truppenverbände.[5] Die militärischen Operationen dieses

[1] Kahrstedt 1913, 459ff., De Sanctis III 2, 1916, 246ff., Thiel 1946, 74ff., Lazenby 1978, 99ff., Huß 1985, 351ff.

[2] L 24,7,11–9,6, Z 9,4,5. Marcia L. Patterson 1942, 326, Scullard 1951, 59, Ilse Müller-Seidel, Q. Fabius Maximus Cunctator und die Konsulwahlen der Jahre 215 und 214 v. Chr., RhM 96, 1953, 249ff., Lippold 1963, 171ff., Crake 1963, 126ff., P. Pinna Parpaglia, Le elezioni consolari del 214 a.C., in Sodalitas. Scritti in onore di A. Guarino, Neapel 1984, I 325–338, Develin 1985, 159ff.

[3] L 24,10,6–13. Lit vgl. Seibert 1993, 399.

[4] L 24,10,3–4. Tammler 1971, 182–186.

[5] Zu den Legionen des Jahres 214 vgl. Klotz 1933, 68–69, Marchetti 1978, 56–59. Der bei Livius vorliegenden Liste ist nur bedingt Vertrauen zu schenken, vgl. Lit. bei Seibert 1993, 368ff. Angeblich habe der Senat beschlossen, in diesem Jahr mit 18 Legionen Krieg zu führen. Dazu hätten sechs neue Legionen ausgehoben werden müssen. Im Vorjahr war die Aufstellung bereits schwierig gewesen. Diese Probleme waren auch in diesem Jahr noch nicht beseitigt, wie die Maßnahmen der Censoren zeigen sollten. Der Schematismus der Legionsliste ist verdächtig. Jedem Imperiumsträger werden automatisch zwei Legionen zugewiesen, für Terentius in Picenum und Valerius in Brundisium jeweils eine Legion. Das plötzliche Auftauchen zweier Le-

Jahres lassen eine evidente Schwäche der römischen Heere erkennen.[6] Abgesehen von den Heeren der Konsuln handelte es sich bei den anderen „Armeen“ in Wirklichkeit nur um Garnisonstruppen. Für den Neubau von 100 Schiffen, mit denen vor allem der Schutz der Küste Calabriens gesichert werden sollte, wurden gewaltige Anstrengungen gemacht.[7] Da es an Geld für die Bemannung der Schiffe fehlte, erließen die Konsuln auf Beschluß des Senats ein Edikt, das die Stellung und den Unterhalt der Matrosen je nach Vermögenslage befahl.[8] Zum ersten Mal wurde die Flotte auf Kosten von Privatleuten bemannt.

Nachlassende Kampfmoral und mangelndes Durchhaltevermögen, wie sie besonders nach Cannae aufgetreten waren, breiteten sich immer mehr aus. Die Censoren ahndeten solche Verhaltensweisen mit Strafversetzung unter die Aerarier.[9] Um die Drückeberger aufzuspüren, wurde die Liste der Wehrfähigen nach denjenigen, die in den letzten vier Jahren, d.h. seit Beginn des punischen Krieges, keinen Kriegsdienst geleistet hatten bzw. wegen Krankheit freigestellt worden waren, überprüft. Insgesamt 2000 Mann hatten sich ihrer Verpflichtung entzogen. Sie wurden aus der Liste der römi-

gionen für die Provinz Gallia, die im vorigen Jahr aufgegeben worden war, steigert die Skepsis gegen die Glaubwürdigkeit der Legionsliste. Auch die zwei auf Sardinien stationierten Legionen beruhen auf einem Irrtum, da eine Legion nach erfolgreicher Niederwerfung des Aufstandes im Vorjahr zurückgekehrt war.

[6] So hielt sich der Konsul Fabius für eine Belagerung von Casilinum zu schwach (L 24, 14, 1). Ein Zweilegionenheer hätte dafür ausreichen müssen.

[7] L 24, 11, 6, Thiel 1946, 74ff., Marchetti 1978, 109ff. Nach Marchetti sei der Beschluß für den Neubau bereits 216 oder 215 gefaßt worden und bedeute keine Vergrößerung der Flotte, da es sich um Ersatzbauten für alte, verrottete und unbrauchbare Schiffe handelte. Zur Flottenstärke in der Adria vgl. J.W. Rich, PCPhS 210, 1984, 152ff.

[8] L 24, 11, 7–9, Nicolet 1963, 423ff., ders., L'ordre équestre à l'époque républicaine, Paris 1966, I 64, ders., I 1979, 255. Grundlage war der Census von 220. Die Censoren waren damals L. Aemilius und C. Flaminius. Für das Jahr 214 waren zwar neue Censoren gewählt worden (M. Atilius Regulus und P. Furius Philus). Sie hatten aber noch keine neue Censusliste aufgestellt. Einen Matrosen mit Sold für 6 Monate sollte der stellen, der ein Vermögen bis 50000 As oder dessen Vater ein Vermögen bis 100000 As besaß. Wer mehr als 100000 und weniger als 300000 As besaß, sollte drei Matrosen mit einem Jahressold stellen. Die Kategorie von 300000 bis 1 Million sollte fünf Matrosen, die über eine Million 7 Matrosen stellen. Die Senatoren schließlich sollten 8 Matrosen mit einem Jahressold aufbieten. Die Matrosen wurden von ihren Herrn ausgerüstet, bewaffnet und mit einem Proviant für 30 Tage ausgestattet. Es handelte sich also um Sklaven. Vgl. K.-W. Welwei, Unfreie im antiken Kriegsdienst, III, Forschungen zur antiken Sklaverei XXI, Wiesbaden 1988, 34ff. Zur Bedeutung der *socii navales* vgl. A. Milan, I „socii navales“ di Roma, Critica Storica 10, 1973, 193–221.

[9] L 24, 18, 2ff., Val Max 2, 9, 8.

schen Bürger gestrichen und nach Sizilien zu den *legiones Cannenses* strafversetzt, wo sie bis zum Ende des Krieges als Fußsoldaten Dienst leisten sollten.[10]

Die angespannte Finanzlage des Staates verlangte immer neue Maßnahmen, um die Bürger zur Finanzierung des Krieges über den gesetzlichen Rahmen hinaus heranzuziehen. Witwen und Waisen mußten nicht zum *tributum* beisteuern. Deshalb wurde verfügt, daß ihre Gelder in einen Fonds eingebracht wurden, d. h. dem Staat zur Verfügung standen, der seine Rückzahlung garantierte.[11] Alle finanziellen Maßnahmen konnten die Finanznot nicht beheben, vor allem nicht den mit der Reduktion des Bronze-As verbundenen Vertrauensverlust. Der Soldat mußte den Eindruck haben, daß er ständig weniger Sold erhielt, wenngleich der Wert der gleiche blieb. Der As hatte einen sextantalen Standard bezogen auf den ursprünglich libralen Münzfuß erreicht, d. h. er wog nur noch 1/6 des ursprünglichen Gewichts. Auch die Silberprägungen (Quadrigati) hatten immer stärker abgewertet müssen. Vermutlich folgten die Senatoren den Empfehlungen der Finanzsachverständigen *(IIIviri mensarii)*, die im Jahr 216 eingesetzt worden waren,[12] um die Finanzierungsprobleme zu lösen, und führten ein neues Münzsystem (Denarsystem) ein,[13] das metrologisch mit dem in Italien und Sizilien verbreiteten System der Drachmen zu 3 *scrupula* und Didrachmen zu 6 *scrupula* brach und damit die Konvertibilität ausschloß oder zumindest erschwerte. Damit wollten die Senatoren wohl vermeiden, daß allzu viel Geld in die vom Feind beherrschten Gebiete abfließen könnte.

Die Verbindung zu anderen Münzsystemen behielten sie allerdings durch

[10] L 24, 18, 7–9.

[11] L 24, 18, 13–14, Nicolet 1963, 429. Die Witwen und Waisen waren aber nicht mittellos, sie konnten ihre Ausgaben aus dem Fonds tätigen.

[12] L 23, 21, 6. Die Kommission tritt noch im Jahr 214 (L 24, 18, 12) und im Jahr 210 (L 26, 36, 8–11) in Erscheinung.

[13] Die bisherige Silberprägung *(quadrigatus)* wurde durch den Denar abgelöst, der einen Wert von 10 Asses und ein Gewicht von 4 *scrupula* (ca. 4,5 g) hatte. Die Vorderseite der Münze zeigt Roma mit Helm, nach rechts gewandt, links davon das Wertzeichen X. Auf der Rückseite der Münze sind die Dioskuren, nach rechts reitend, mit der Lanze im Anschlag und der Aufschrift Roma dargestellt. Der Quinar mit dem Gewicht von 2 *scrupula* entsprach dem Wert von 5 Asses (Wertzeichen auf der Vs. V) und der Sesterz mit dem Gewicht von einem *scrupulum,* dem von 2 1/2 Asses (Wertzeichen IIS). Die bisherigen Bronzetypen wurden mit dem reduzierten Standard weitergeprägt. Sie zeigen auf der Rückseite den Schiffsbug und die entsprechenden Gewichtsmarken. I = As, S = Semis, 4 Kugeln = Triens, 3 Kugeln = Quadrans, 2 Kugeln = Sextans, 1 Kugel = Unze und Halbunze. Das theoretische Gewicht des As zu sextantalem Münzfuß war 54,5 g. Die Datierung ist umstritten, vgl. Seibert 1993, 363–367. Eine Frühdatierung ins Jahr 214 würde dem von der römischen Tradition vertretenen Bild der standhaften Römer, die nie am Endsieg zweifelten, entsprechen.

die Prägung einer neuen Silbermünze, dem Victoriat, bei, der außerhalb des Denarsystems stand und mit 3 *scrupula* Gewicht dem einer Drachme entsprach. Er scheint ausschließlich für die Verbreitung in Süditalien und Sizilien bestimmt gewesen zu sein. Darauf deutete auch sein Münzbild mit einem bekränzten Iupiterkopf nach rechts auf der Vorderseite und einer Victoria, stehend nach rechts, die ein *Tropaion* bekränzt, und der Aufschrift Roma auf der Rückseite. Diese Münze sollte die Siegeszuversicht der Römer ausdrücken und durch die bewußte Nachahmung entsprechender Prägungen abgefallener Bundesgenossen deren Propaganda konterkarieren.[14]

Mit der Einführung des Denarsystems waren die monetären Schwierigkeiten der Römer nicht behoben.[15] Nach wie vor waren ihre Aufwendungen für die Kriegführung gewaltig. Den Ausgaben standen keine entsprechenden Einkünfte gegenüber. Erst die Gewinne aus den zurückeroberten und neu gewonnenen Gebieten (Sizilien, Iberien) sanierten ihr marodes Finanzwesen. Wichtiger dürfte aber die psychologische Wirkung gewesen sein. Den neuen Münzen haftete nicht mehr der Geruch einer „schlechten Währung“ an. Gleichzeitig bekundeten die Römer ihre Siegeszuversicht und bekämpften die gegnerische Propaganda.

Italien

Es ist anzunehmen, daß Fabius alles versuchte, seinen Kollegen auf seine Strategie einzuschwören. Da sich Hannibal nach Arpi ins Winterlager zurückgezogen hatte, war zu erwarten, daß er zunächst dort operieren würde. Deswegen wurden für dieses Gebiet mehrere Kommandeure (Prätor Fabius, Prokonsul Sempronius in Luceria und Proprätor Valerius Laevinus mit der Flotte in Brundisium) vorgesehen. Die Konsuln übernahmen die Kriegführung in Campanien.

In den Quellen finden wir keine Hinweise auf die Pläne Hannibals. Wollte er mit der letzten, alles entscheidenden Schlacht die Römer zum Frieden zwingen? Alles, was er von Marcellus wußte, dürfte ihn in dieser Hoffnung

[14] Vgl. dazu Thomsen II 1961, 366ff., bes. 371, A.S. Walker, Some Hoards from Sicily and a Carthaginian Issue of the Second Punic War, Festschrift L. Mildenberg, Wetteren 1974, 279 vertrat die Ansicht, daß der Victoriat vor dem Denar eingeführt wurde.

[15] Auch in den folgenden Jahren mußten sie zu weiteren Gewichtsreduktionen ihre Zuflucht nehmen. Das Gewicht des Silberdenars sank auf ca. 3,89 g und entsprach wertmäßig 16 Asses, womit ein unzialer Münzfuß erreicht worden war. Entsprechend der unterschiedlichen Datierung des Denars schwanken auch hier die zeitlichen Ansätze. Nach Marchetti erreichten die Römer bereits im Jahr 211 den unzialen Standard, nach Crawford erst ab 208 v. Chr., vgl. Seibert 1993, 8–10, 363ff.

bestärkt haben. Um den Römern in einer Schlacht entgegentreten zu können, mußte er erst sein Heer mit dem Hannos vereinen.

Im Winterlager in Arpi erreichte Hannibal der dringende Hilferuf der Campaner, die sich von den römischen Rüstungen bedroht fühlten.[16] Sie wünschten, daß er sein Heer in die Nähe verlegte. Er folgte dem Appell und rückte mit seinen Truppen in sein altes Lager auf dem Mons Tifata ein. Hier mußte er feststellen, daß er der Hysterie der Campaner aufgesessen war. Es bestand für die Stadt keine Gefahr. Die Konsuln waren noch nicht bei ihren Heeren eingetroffen. Zur Beruhigung der Gemüter ließ er eine Besatzung im Lager zurück.[17] Da es Zeit für die Feier der Auferstehung des Melqart war, zog er zum Averner See, um hier das dreitägige Fest zu begehen.[18]

Sein Aufbruch aus Apulien nach Campanien hatte die römische Heerführung mobilisiert. Der Konsul Fabius begab sich sofort zu seinem Heer nach Suessula. Der Prokonsul Ti. Sempronius, der in Luceria den Winter verbracht hatte, verlegte seine Truppen nach Beneventum, womit er die Verbindungen nach Lukanien und Bruttium kontrollierte. Für Sempronius übernahm der Prätor Q. Fabius, der Sohn des Konsuls, das Kommando in Luceria.[19] Die Maßnahmen der Römer waren vorsichtig. Sie ließen die Bewegungen des Feindes nicht aus den Augen, bezogen aber immer Stellung in befestigten Plätzen, wo sie vor seinen Angriffen sicher waren. Die bewährte Strategie des Fabius wurde fortgeführt. Während seines Aufenthaltes am Averner See trafen bei Hannibal fünf junge Adlige aus Tarent ein, die teils in der Schlacht am Trasimener See, teils in der Schlacht bei Cannae in karthagische Gefangenschaft geraten und ohne Lösegeld freigelassen worden waren.[20] Eingedenk dieser Wohltaten hätten sie, so berichteten sie, einen großen Teil der tarentinischen Jugend dazu gebracht, auf seine Seite zu treten und Freundschaft und Bundesgenossenschaft mit ihm zu schließen. Sobald er sein Lager vor den Toren Tarents aufschlüge, würde die Stadt ohne Zögern sich ihm ergeben.

Diese Nachricht erfreute ihn, bestätigte sie doch seine bisherige Politik. Er entschloß sich, der Aufforderung zu folgen und nach Tarent zu marschieren.[21] Bevor er Campanien verließ, ließ er seine Soldaten das Gebiet

[16] L 24, 12, 1 ff., vgl. Karte Nr. 4.

[17] L 24, 12, 4.

[18] L 24, 12, 4 hält Hannibal für einen gottlosen Menschen, der dementsprechend eine religiöse Feier nur als Vorwand nutzen kann. Ohne diese herabsetzende Tendenz L 24, 13, 6. Zur Deutung der Feier als die Auferstehungsfeier des Gottes Melqart, die Hannibal wohl auch im Jahr 218 in Gades zelebriert hatte, vgl. W. Huß, Hannibal und die Religion, Studia Phoenicia IV, Namur 1986, 325 ff.

[19] L 24, 12, 6.

[20] L 24, 13, 1 ff. Zu Tarent vgl. P. Wuilleumier, Tarente des origines à la conquête romaine, Paris 1939, 147 f., Kukofka 1990, 27 ff.

[21] Der Wunsch, endlich eine Stadt mit einem Hafen in seinen Besitz zu bringen

von Cumae bis zum Kap Misenum verwüsten. Den Ort Puteoli, der durch eine starke Besatzung gesichert war, berannte er drei Tage lang vergeblich und plünderte dann das Gebiet von Neapel aus. Hätte er ernsthaft eine Belagerung dieser stark befestigten und strategisch wichtigen Seestädte geplant, dann hätte er sich mit den Plünderungen am meisten selbst geschadet. Wie seine Aktionen beweisen, hatte er überhaupt nicht vor, die angegriffenen Orte ernsthaft zu belagern. Es war mehr eine „Beschäftigungstherapie“ für seine Soldaten, denen er Erfolgserlebnisse und Beute verschaffte, dabei aber seinem Ansehen als Feldherr schadete. So groß sein Ruf als Schlachtenlenker war, so lächerlich machte er sich mit seinen Attacken auf befestigte Städte.

Auf dem Weg in den Süden mußte er die Stadt Nola passieren. Er hatte ursprünglich geplant, hier mit Hanno zusammenzutreffen.[22] Dieser stieß bei seinem Vormarsch aus Bruttium in der Nähe von Benevent auf das Heer des Prokonsuls Sempronius. Am Fluß Calor kam es zur Schlacht,[23] in der Hanno nach heftigem Kampf eine Niederlage erlitt und sich nach Lukanien zurückziehen mußte.[24] Die geplante Vereinigung der karthagischen Heere war damit verhindert worden.

Der Zug durch das Gebiet von Nola bot der römischen Geschichtsschreibung die Möglichkeit, erneut einen Sieg des Marcellus zu erfinden, der ebensowenig wie die früheren Glauben verdient.[25] Auf dem Marsch in den Süden

(vgl. L 24,13,5), könnte Hannibal unkritisch gemacht haben. Die jungen Leute gaben sich als Gesandte *(legati)* aus. Konnten sie ein Beglaubigungsschreiben, daß sie im offiziellen Auftrag des Rates der Stadt sprachen, vorweisen? Kamen ihm keine Zweifel, daß sie den Übertritt der Stadt verharmlosten? Schließlich war die Stadt gut befestigt. In ihren Mauern lag eine starke römische Besatzung. Warum beauftragte er nicht mit diesem Unternehmen die Südarmee unter Hanno? Oder war er froh, ein Ziel zu haben, wohin er seine Armee führen konnte?

22 Kukofka 1990, 29–30 vermutet, Hanno habe die Aufgabe gehabt, nach dem Abzug Hannibals die Zugänge nach Samnium und Lukanien gegen die in Campanien operierenden römischen Heere zu schützen.

23 L 24,14–16,5, Fl 1,22,30, Val Max 5,6,8, Z 9,4,5. Hanno kommandierte ein Heer von 17000 Bruttiern. Als Belohnung für ihren Sieg wurden die Sklaven freigelassen, vgl. N. Rouland, Les esclaves romains au temps de guerre, Brüssel 1974, 48ff., K.-W. Welwei, Unfreie im antiken Kriegsdienst, III, Forschungen zur antiken Sklaverei XXI, Wiesbaden 1988, 8ff.

24 Römische Truppen, die Hanno nach Lukanien folgten, konnte er erfolgreich zurückschlagen.

25 L 24,13,8–11, 17,1–7. Auch in diesem Fall soll Marcellus die Schlacht in flachem Gelände geschlagen haben. Die eigentliche Überraschung, den Feind durch die Reiterei unter C. Claudius Nero zu umgehen und von hinten anzugreifen (17,3), mißlang, weil sich Nero verirrte oder zu wenig Zeit hatte! Aber Marcellus siegte trotzdem, wenngleich der Schlachtplan nicht ausgeführt wurde. Er verfolgte auch nicht die Flie-

wurden Gebiete, die noch nicht zu Hannibal übergetreten waren, verwüstet.[26] Erst in der Nähe von Tarent stellte er die Plünderungen ein.[27] Doch welche Enttäuschung mußte er erleben! Keiner der jungen Männer, die ihn am Averner See aufgesucht hatten, stellte sich im karthagischen Lager ein. Die Führung der Stadt war zur Übergabe nicht bereit, was allzu verständlich war, da ihre Kinder als Geiseln im Rom weilten. Es gab kein besseres Band für unverbrüchliche Treue.[28] Hannibals Freundlichkeit gegenüber den römischen Bundesgenossen – von Livius nur als „geheuchelte Milde" *(simulata lenitas)* bezeichnet – hatte ihm doch nichts eingebracht. Er machte gar nicht den Versuch, die gut befestigte Stadt zu belagern.

Da die Jahreszeit bereits fortgeschritten war, bezog er im messapischen Salapia das Winterlager.[29] Das Getreide von den Feldern Metaponts und

henden, sondern gab das Zeichen zum Rückzug. Dennoch waren 2000 Feinde gefallen, dagegen nur 400 Römer. Dem Nero machte Marcellus heftige Vorwürfe, da er schuld war, daß Hannibal hier nicht sein Cannae erlebte. Die Berichterstattung behandelte den Claudius wenig freundlich. Erst im Jahr 207 hatte er eine bessere Presse. Hier könnten innerrömische Differenzen ausschlaggebend gewesen sein. Eigenartig ist auch die Anwesenheit des Proprätors Pomponius (17,1), der eigentlich Gallia als *provincia* erhalten hatte (L24,10,3). Allerdings hätte man nach L23,25,6 keine Entsendung eines Proprätors dorthin erwartet. Andererseits rechnet L24,44,3 mit seiner dortigen Anwesenheit. Vgl. Streit 1887, 25–26, Bossi 10, 1889, 325–330.

26 Die genaue Route ist mangels Angaben nur zu vermuten. Diese Angabe belegt aber, daß Hannibal den Süden Italiens nur teilweise kontrollierte.

27 L 24,20,9ff., zu den Ereignissen vor Tarent P. Wuilleumier, a. a. O. 1939, 149f., Kukofka 1990, 27–29.

28 Nach L24,20,12 soll die Verlegung einer Besatzung unter Marcus Livius drei Tage vor der Ankunft Hannibals ausschlaggebend gewesen sein. Doch seit dem Jahr 217 war hier bereits eine Besatzung stationiert.

29 Gewöhnlich wird das Winterlager Salapia mit der bekannten Stadt in Apulien identifiziert. Doch dagegen bestehen m.E. erhebliche Bedenken. Hannibal war bisher bestrebt, sein Winterlager jeweils in eine andere Gegend zu verlegen. Den letzten Winter hatte er in Arpi und in der Nähe des apulischen Salapia verbracht. Deshalb dürfte dieselbe Gegend auszuschließen sein. Zudem macht der Transport des Getreides von den Feldern Metaponts und Herakleias deutlich, daß das Winterlager nicht viele Kilometer nördlich gesucht werden kann. Ein Landtransport über eine so große Distanz war zu beschwerlich, langwierig und ineffektiv. Auch die Raubzüge durch das Gebiet der Sallentiner und die angrenzenden Triften Apuliens spricht für eine Lokalisierung im nördlichen Sallentinergebiet. Strabon 6,3,6 (282) bezeugt eine Stadt mit dem Namen SALEPIA ein wenig „über dem Meer gelegen" im Messapischen. Doch den Text verbesserte man in ALETIA, vgl. Hülsen, RE 1,1, 1893, 1371 s.v. Aletium. Bedenken gegen die Emendation bei H. Nissen, Italische Landeskunde, Berlin II 2, 1902, 885 A 6. Wenn man nicht eine andere Stadt annehmen will, sondern die Emendation für wahrscheinlich ansieht, dann beweist aber die Überlieferung bei Strabon, daß der Name in antiken Handschriften mit dem apulischen Salapia verwechselt wurde. Im Führer des italienischen Automobilclubs „Puglia", 4. Aufl.

Herakleias ließ er dorthin schaffen und die Gebiete der Sallentiner plündern. Hier fand er den dringend benötigten Ersatz an Pferden für seine Reiterei.[30]

Hannibals Abmarsch aus Campanien gewährte den römischen Heeren Handlungsfreiheit. Q. Fabius griff Casilinum an, in dem eine Besatzung Hannibals lag.[31] Marcellus kam zur Unterstützung mit seinen Truppen von Nola,[32] um einen evtl. Entlastungsangriff von Capua abzuwehren. Die poliorketischen Fähigkeiten des Konsuls Fabius waren bescheiden. Er ließ seine Soldaten in antiquierter und verlustreicher Weise gegen die Mauern anstürmen. Wie Hannibal wollte er allzu schnell die Belagerung aufgeben. Doch Marcellus erhob Einspruch und begann den Ort nach allen Regeln der Belagerungskunst mit Sturmdächern und Maschinen aller Art zu belagern. Die Verteidiger ließen sich dadurch stark beeindrucken und waren allzu schnell zur Kapitulation bereit. Obgleich Fabius ihnen freien Abzug zusagte, hinterging Marcellus die Abmachung und ließ die Abziehenden kurzerhand gefangennehmen. Die römische Geschichtsschreibung verdeckt nur oberflächlich den Vertragsbruch. Die Einnahme von Casilinum war ein strategisch bedeutender Gewinn für die Römer. Sie kontrollierten den Übergang über den Volturnus und bedrohten Capua unmittelbar. Marcellus wurde von weiteren Unternehmungen durch eine längere Krankheit abgehalten.[33] Dann wiesen ihm die Senatoren das Königreich Hierons, dessen Nachfolger Hieronymos in der Zwischenzeit das Bündnis mit den Römern nicht mehr erneuert hatte, als neuen Amtsbereich zu. Man kann wohl hinter diesem Beschluß die lenkende Hand des Fabius vermuten, der über das Verhalten seines Kollegen, der seinen Amtshandlungen direkt zuwiderhandelte, empört war und dessen offensive Einstellung auf dem italischen Kriegsschauplatz als eine Gefahr ansah. Um seine Strategie ungefährdet weiterzu-

Mailand 1978, 438 wird ein messapisches Salapia an der Ostküste, 3 km südlich von Porto Adriano in der „località Salappi", angenommen. Diese messapische Stadt lag ca. 15 km von den Orten Uzentum (h. Ugento) und Neretum (h. Nardò) entfernt. Durch die Lokalisierung des karthagischen Winterlagers in „Salapia" im Sallentinergebiet verlieren auch die Bedenken von W. Weissenborn /H. J. Müller, Kommentar zu L 24, 20, 15 ihre Grundlage. „Es läßt sich kaum absehen, wie die Vorräte aus Herakleia und Metapont ... dorthin haben geschafft werden können, da zwei römische Heere in der Nähe standen." Auch die Operationen im nächsten Jahr, wo sich Hannibal überwiegend im Sallentinergebiet aufhielt, werden dadurch verständlicher.

[30] L 24, 20, 15–16. Insgesamt 4000 Pferde. Der Mangel an Pferden könnte eine Ursache dafür sein, daß die Operationen Hannibals merklich an Schwung verloren.

[31] L 24, 19, 1–11. Die Besatzung war 2000 Campaner und 700 karthagische Soldaten stark.

[32] Die Stadt wurde durch eine Besatzung von 2000 Mann gesichert.

[33] L 24, 20, 3; 20, 7. Er hielt sich in Nola auf.

führen, war dessen Entfernung aus Italien der einfachste Weg. In Sizilien würde er nicht auf einen Hannibal stoßen.

Die Voraussetzung für diese Truppenverschiebung hatte Hannibal durch seinen Abzug in den Süden Italiens geschaffen. In Campanien wurde nur noch ein konsularisches Heer benötigt. Statt die Römer durch die Errichtung eines neuen Kriegsschauplatzes auf Sizilien weiter zu schwächen, hatte er ihnen die Möglichkeit gegeben, ohne zusätzliche Truppenaushebungen hier tätig zu werden.

Fabius brach dann zu einem Plünderungs- und Eroberungszug nach Samnium, Lukanien und Apulien auf.[34] Es waren ungefährliche Unternehmungen, da weit und breit kein Feind war. Neben großer Beute und vielen Gefangenen gerieten auch 370 Überläufer in seine Hände. Sie wurden nach Rom geschafft, zur Abschreckung auf dem Comitium ausgepeitscht und vom Felsen gestürzt.[35]

Syrakus[36]

Wohl im Frühjahr 214 fuhren Agatharchos, Onesigenes und Hipposthenes als Gesandte des Königs Hieronymos in Begleitung des Hannibalvertrauten Hannibal nach Karthago, um dort die Verhandlungen über den Abschluß eines Bündnisses zu führen. Sie vereinbarten,[37] daß die Karthager mit Land- und Seestreitkräften in Zusammenarbeit mit den Syrakusern die Römer von der Insel vertreiben sollten. Der Himerasfluß sollte die Grenze zwischen dem karthagischen und syrakusanischen Herrschaftsgebiet bilden. Das erste Verhandlungsergebnis fand nicht die Zustimmung des Hieronymos und seiner Berater. Ob es allein die Einflüsterungen der beiden Griechen Hippokrates und Epikydes waren, daß er als Enkel des großen Pyrrhos Anspruch auf die ganze Insel habe, muß dahingestellt bleiben. Die beiden Hannibalvertrauten dürften wohl kaum ohne Grund den jungen Mann zu maßlosen Forderungen angestachelt haben. Vielleicht wollten sie römische Versprechungen überbieten, um eine Erneuerung des alten Bündnisses zu verhindern. Denn die Römer, so konnten sie mit Sicherheit annehmen, würden niemals der Abtretung ihrer Provinz zustimmen, während dies die Karthager

[34] L 24,20,3–8 bietet eine imponierende Liste der eroberten Orte: In Samnium Caudium, Compulteria, Telesia und Compsa, in Lukanien Fugifulae und Orbitanium, in Apulien Blanda und Aecae. Insgesamt wurden 25000 Mann gefangen oder getötet. Vgl. Z 9,4,6. Kukofka 1990, 30.

[35] Gewöhnlich bestrafte Fabius Überläufer durch Abhacken der Hände, um ein lebendes abschreckendes Beispiel zu geben. Val Max 2,7,11.

[36] Seibert 1993, 285 ff.

[37] P 7,4,1–3,7–9; L 24,6,1–3; 7–9, Schmitt III 1969, 529 (Datierung Frühjahr 214), anders Huß 1985, 351 ins Jahr 215.

zunächst ohne großen Ansehensverlust tun konnten.[38] Hieronymos beanspruchte die Herrschaft über ganz Sizilien. Die Karthager willigten ein. Ihr Entgegenkommen kann nur verwundern. War nicht zu erwarten, daß die siegreichen Karthager die Vereinbarung nicht einhalten würden?

Noch einmal versuchten die Römer mit einer Gesandtschaft den endgültigen Bruch zu verhindern.[39] Im Kronrat waren die Ansichten geteilt. Die Syrakusaner hielten sich zurück. Aristomachos aus Korinth, Damippos aus Sparta und Autonus aus Thessalien traten nachdrücklich für das Bündnis mit den Römern ein. Nur Adranadoros plädierte für den Übertritt zu den Karthagern und wurde von Hippokrates und Epikydes unterstützt, die sich durchsetzen konnten. Damit war die endgültige Entscheidung gefallen. Den Römern sollte die Schuld am Abbruch der Beziehungen zugewiesen werden. Hieronymos erklärte sich bereit, die Verträge einzuhalten, wenn die Römer alle Goldsendungen, Getreidelieferungen und sonstige Spenden seines Großvaters zurückerstatteten, ebenso der Gebietserweiterung bis zum Himerasfluß zustimmten. Die Römer lehnten derart maßlose Forderungen, die nur noch der Form halber vorgebracht wurden, um sie zum Abbruch der Verhandlungen zu bewegen, ab. Damit war auch die Insel Sizilien von den Wirren des Krieges zwischen den Karthagern und den Römern erfaßt, was Hieron II. hatte vermeiden wollen.[40]

In Karthago und in Syrakus liefen die Vorbereitungen sofort an. Hippokrates und Epikydes unternahmen mit kleineren Abteilungen Einfälle in die römische Provinz und griffen Städte mit römischen Besatzungen an.[41] Das syrakusanische Heer rückte unter dem Befehl des Königs gegen Leontinoi. Bereits bei diesem ersten Unternehmen fiel Hieronymos einem Attentat zum Opfer. Damit war alles in Frage gestellt.[42] Die Königsherrschaft wurde abgeschafft, eine oligarchische Herrschaft eingerichtet und Strategen gewählt.[43] In den Wirren gelang es Hippokrates und Epikydes mit Hilfe der Söldner und vor allem der Überläufer, selbst zu Strategen gewählt zu werden und die politischen Entscheidungen in Hannibals Sinne zu beeinflussen.[44]

Die Syrakusaner verhandelten wieder mit Appius Claudius,[45] dann mit

[38] Vermutungen über die Hintergründe vgl. Hoffmann 1961, 347.

[39] P 7,5,1 ff.

[40] Zur Chronologie des Krieges auf Sizilien Seibert 1993, 286 ff.

[41] L 24,7,1 ff. jeweils 2000 Mann. Ihre Angriffsziele werden nicht genannt.

[42] Zu den Ereignissen nach der Ermordung des Hieronymos und dem Umsturz in Syrakus vgl. L24,21,1 ff. Die Ereignisse werden hier nicht in allen Einzelheiten verfolgt, sondern nur soweit sie für die Geschichte des 2. Punischen Krieges wichtig sind.

[43] Zu den Münzprägungen der neuen Regierung vgl. A. Burnett, The Enna Hoard and the Silver Coinage of the Syracusan Democracy, SNR 62, 1983, 5–45.

[44] L 24,27,1 ff.

[45] Die Stellung des Appius Claudius ist nicht klar. Er war im Vorjahr Prätor ge-

M. Claudius Marcellus, der seit dem Spätsommer auf der Insel eingetroffen war, über einen Friedensschluß und Erneuerung des Bündnisses.[46] Aber die Wühlarbeit der Hannibalvertrauten führte vor allem bei den Söldnern und Überläufern zu einem Stimmungsumschwung. Eine karthagische Flotte, die am Kap Pachynos aufkreuzte, gab ihnen weiteren Auftrieb. Appius Claudius wollte die Freunde Roms unterstützen und ließ seine Flotte vor dem syrakusanischen Hafen auffahren.[47] Doch damit unterstützte er nur die Agitationen der Karthagerfreunde.

Nochmals sollten in einer Sitzung, an der die Strategen, die Ratsherrn und die Truppenkommandeure teilnahmen, Vor- und Nachteile eines Bündnisses mit den Römern bzw. mit den Karthagern erörtert werden. Sie kamen zu dem Ergebnis, es gebe keinen vernünftigen Grund für einen Krieg gegen die Römer.[48] Deshalb sollten Gesandte nach Rom gehen und einen Frieden vereinbaren. Die Hannibalvertrauten hatten ihr Ziel verfehlt. Die Syrakusaner waren froh, als sie mit ihren unzuverlässigen Truppen nach Leontinoi, das um Hilfe gebeten hatte, abzogen.[49] Doch Hippokrates führte auf eigene Faust Krieg. Er wollte Unruhe stiften und unternahm bewaffnete Überfälle in die römische Provinz, wofür Marcellus die Ausweisung der Ruhestörer verlangte. Das stand aber nicht mehr in der Macht der Syrakusaner.[50]

Hippokrates und Epikydes trieben ihr gefährliches Spiel in Leontinoi weiter. Sie riefen die dortige Bevölkerung zur „Freiheit“ auf. Da sie erkannten, daß die Leontiner auf die Römer nicht gut zu sprechen waren,[51] hofften sie wenigstens diese Stadt für Hannibal gewinnen zu können. Die syrakusanische Forderung, die beiden Unruhestifter nach Lokroi auszu-

wesen. P 8, 3, 1 bezeichnet ihn als Proprätor (Antistrategos). L 24, 10, 3–4 erwähnt ihn unter den prorogierten Magistraten des Jahres 214 nicht. Als Marcellus ihn Ende 213 nach Rom sandte, damit er sich dort ums Konsulat bewerben konnte, bestellte er T. Quinctius Crispinus als Legaten zu seinem Nachfolger (L 24, 39, 12). Deshalb wäre es möglich, daß Appius das *imperium* nicht prorogiert wurde und er als Legat unter Marcellus tätig war. Walbank II 1967, 68–69.

[46] L 24, 27, 4 ff.; 28, 9; 29, 5 ff., Z 9, 4, 6, App Sik 3, 1, Suda s.v. Epikydes, Schmitt III 1969, 530 datiert den Abschluß in den Herbst 214. Wahrscheinlich dürfte es bereits Winter gewesen sein, da Marcellus wohl erst spät im Jahr auf der Insel eingetroffen ist. Eckstein 1987, 144 ff.

[47] L 24, 27, 8–9. Die römische Flotte lag vorher *„ad Murgantiam“*. Es kann sich nicht um die Stadt Morgantina handeln, die im Landesinneren liegt. Holm III 1898, 359 las für Morgantia „Megara“. Andere Vorschläge bei P. Marchetti, La deuxième guerre punique en Sicile: Les années 215–214 et le récit de Tite-Live, Bulletin de l'Institut Historique Belge de Rome 42, 1972, 16 A 1.

[48] L 24, 28, 9.

[49] L 24, 29, 1 ff.

[50] L 24, 29, 4 ff.

[51] L 24, 29, 6 ff., App Sik 3.

weisen, wurde empört zurückgewiesen. Es blieb den Syrakusanern nichts anderes übrig, als die Verantwortung für Leontinoi abzulehnen. Sie waren sogar bereit, an einem Krieg der Römer gegen die Stadt teilzunehmen, damit sie wieder unter ihre Obhut käme.

Bevor Marcellus und Appius Leontinoi einnahmen,[52] konnten Hippokrates und Epikydes nach Herbessos entkommen. Die Syrakusaner kamen zu spät. Unterwegs wurden sie durch das Gerücht, die Römer hätten ein Blutbad in der Stadt angerichtet, überrascht und geschockt. Es herrschte allgemeine Empörung über das römische Verhalten.[53]

Der Versuch der syrakusanischen Strategen, den Ort Herbessos einzunehmen, scheiterte kläglich. An der Spitze ihrer Truppen marschierten die Kreter, die am Trasimener See in Gefangenschaft geraten und Hannibal gewogen waren.[54] Sie nahmen Hippokrates und Epikydes, die sich dramatisch als Asylsuchende ausgaben, in ihre Reihen auf. Diese hetzten die Soldaten gegen ihre Kommandanten auf und marschierten nach Syrakus zurück, wo man ihren Schilderungen der römischen Grausamkeit glaubte und in die Stadt einließ.[55]

Mit Hartnäckigkeit, List und großer Umtriebigkeit hatten die Brüder Hippokrates und Epikydes endlich ihr Ziel erreicht. Ohne ihre Agitation wären die Syrakusaner nach der Ermordung des Hieronymos wohl kaum im Lager der Karthager geblieben. Der Bruch mit den Römern war endgültig. Marcellus verlegte sein Heer[56] von Leontinoi nach Syrakus und schlug sein Lager beim Olympieion auf.[57] Damit begann die lange Belagerung der Stadt, die erst im dritten Jahr durch Verrat fallen sollte. Während der Wintermonate wurden die Belagerungsmaschinen erbaut.[58]

[52] L 24,30,1ff., Plu Marc 14,1–3.

[53] L 24,30,6ff. bezeichnete die Behauptung, Soldaten und Bürger von Leontinoi seien erschlagen worden, als eine Lüge. Vgl. Plu Marc 14,3. Tatsächlich seien nur die Überläufer – 2000 Mann – ausgepeitscht und enthauptet worden. Es besteht aber der Verdacht, daß nur zur Entschuldigung des Marcellus die Ermordeten als „Überläufer" bezeichnet wurden. Denn der Römer kannte bei der Einnahme einer abgefallenen Stadt und bei „Säuberungsmaßnahmen" keine Gnade. Man vergleiche seine Maßnahmen in Nola, in Henna oder die Vorfälle bei der Einnahme von Syrakus.

[54] L 24,30,13.

[55] L 24,32,1ff.

[56] Zur Größe des römischen Heeres Seibert 1993, 292ff.

[57] L 24,33,1ff. Die Lage der Stadt verlockte Belagerer immer wieder, in der Gegend des Olympieion ihr Lager aufzuschlagen. Auch Marcellus beging diesen „Fehler". Das beweist, daß er sich keineswegs mit historischen Vorbildern belastet hatte. Denn die von ihm gewählte Gegend war als Seuchengebiet berüchtigt und hatte bisher alle Heere, die dort lagerten, befallen. Vgl. J. Seibert, Heeresseuchen und Kriegsverlauf, Festschrift H. Bengtson, Wiesbaden 1983, 78–91.

[58] Angeblich seien die Vorbereitungen in 5 Tagen vollendet worden (P 8,3,3). Zur Belagerung vgl. u. S. 278, zur Chronologie Seibert 1993, 286ff.

Spanien[59]

Wenn man dem Bericht des Livius vertraut, dann konnten die Scipionen auch in diesem Jahr bedeutende Siege an ihre Fahnen heften. Zunächst sollen die Brüder Hasdrubal und Mago große spanische Heere in die Flucht geschlagen haben. Beinahe wäre das ganze jenseitige Spanien von den Römern abgefallen. Die karthagischen Erfolge werden nicht näher beschrieben, sie sind nur die Voraussetzungen für den angeblichen Siegeszug der beiden Römer. Publius ging über den Ebro und schlug sein Lager bei Castrum Album (h. Alicante) auf. Dabei geriet er in eine mißliche Situation, aus der ihn sein Bruder Gnaeus befreite. Dann trat Castulo (h. Cazlona) am Baetis zu den Römern über. Die Karthager belagerten vergeblich Iliturgi, weil hier eine römische Besatzung lag. Und tollkühn marschierte Gnaeus Scipio mit einer(!) leichtbewaffneten Legion zum Entsatz herbei. Unter Verlusten gelangte er in die Stadt, machte am nächsten Tag einen Ausfall und brachte seinerseits den Karthagern hohe Verluste bei.

Die Siegesserie setzte er fort. Die Karthager belagerten Bigerra, ebenfalls eine mit Rom verbündete Stadt, die er ohne einen Schwertstreich befreite. Die Karthager verlegten dann ihren Operationsbereich nach Munda. Gnaeus folgte auch dorthin und errang einen glänzenden Sieg mit hohen Verlusten der Feinde. Er wurde verwundet und konnte an der nächsten Schlacht bei Aurinx nur in einer Sänfte teilnehmen, errang aber erneut einen überragenden Sieg. Die Verluste der Karthager waren nicht mehr so hoch, da sie nicht mehr so viele Soldaten hatten. „Diese Familie war zu immer neuen Kriegen geboren“, verkündete voller Stolz der römische Historiker.[60]

Mago ergänzte die Ausfälle durch Werbungen im Keltenland. Damit war die Voraussetzung geschaffen, daß Gnaeus erneut einen großen Sieg erringen konnte. Viele goldene Halsketten und Armbänder wurden erbeutet. Auch zwei keltische Führer – Moeniacaptus und Vismarus – fielen im Kampf. Gekrönt wurden die Erfolge der römischen Waffen durch die Rückeroberung von Sagunt, das bereits sieben Jahre in karthagischen Händen war. Die karthagische Besatzung wurde vertrieben.[61]

Die römischen Erfolge wurden zum höheren Ruhm des Gnaeus Cornelius Scipio, der hier aus dem Schatten seines Bruders heraustritt[62] und seine Ari-

[59] L 24,41–43, App Ib 15,57–59, Z 9,3,7–10. Die Glaubwürdigkeit wird von Frantz 1883, 34–38, Kahrstedt 1913, 463 und Lazenby 1978, 129 bestritten, während Sanchez 1975, 219ff., Huß 1985, 357 und Richardson 1986, 39ff. geneigt sind, den größten Teil der Berichte als zutreffend anzunehmen.

[60] L 24,42,6.

[61] L 24,42,9–10.

[62] Publius wird ungünstiger geschildert. Er geriet zweimal in schwierige Situationen, aus denen ihn sein Bruder befreite, sonst hätte es ein schlimmes Ende genommen.

stie erhält, erfunden. Sie verdienen kein Vertrauen.[63] Es bleibt nur die betrübliche Feststellung, daß über die Entwicklung auf dem iberischen Kriegsschauplatz keine zuverlässigen Berichte vorliegen. Die Römer konnten nur das Gebiet nördlich des Ebro kontrollieren. Ein Ausgreifen in die südlichen Gegenden Spaniens lag außerhalb ihrer Möglichkeiten.

Griechenland[64]

Wenn der Vertrag Philipps mit Hannibal in der uns bekannten Fassung abgeschlossen wurde, konnte der Makedonenkönig mit den Territorialbestimmungen nicht zufrieden sein, da ihm der Besitz der Römer in Griechenland nicht übertragen wurde. Er hoffte, durch Eroberungen vollendete Tatsachen zu schaffen. Seine griechischen Verbündeten konnte er für seine Unternehmungen nicht begeistern. Die Achäer lehnten eine Beteiligung ab.[65]

Philipp startete mit 120 Lemben zu einer Expedition gegen die illyrische Küste.[66] Sein erster Angriff auf Apollonia scheiterte. Dann nahm er Orikos ein, das keine Mauern hatte, aber für eine Flotte einen ausgezeichneten Ankerplatz bot. Gesandte von Orikos riefen den Laevinus zu Hilfe. Schließlich fuhr er mit seinen Lemben den Aous aufwärts bis nach Apollonia und be-

[63] Die Schlacht vor Iliturgi ist unglaubwürdig, da bereits L 23,49,9 ff. ähnliche Kämpfe vor Iliturgi beschrieben wurden. Das Verdienst, Sagunt zurückerobert zu haben, kam dem jüngeren Scipio zu. Vgl. Seibert 1993, 256–258.

[64] L 24,40,1–17, Plu Arat 51,2,1–2, Z 9,4,4. Holleaux 1921, 188 ff., Walbank 1940, 75 ff., Rich 1984, 127, Hammond III 1988, 395, Seibert 1993, 273 ff., Karte Nr. 8. Es ist zweifelhaft, ob Philipp bereits für das Vorjahr ein Unternehmen in der Adria geplant hatte und daran wegen der Verzögerung beim Abkommen mit Hannibal gehindert wurde, vgl. App Mak 1,3, Z 9,4,4. Für historische Glaubwürdigkeit Hammond III 1988, 395 A 2. Mir erscheint dieser Angriff suspekt und aus dem Unternehmen des Jahres 214 erschlossen. Im allgemeinen wird er als eine Dublette des Versuchs von 216 angesehen und abgelehnt, vgl. P. Meloni, Il valore storico e le fonti del libro Macedonico di Appiano, Rom 1955, 7–8. Thiel 1946, 92 A 166 bezieht die Angabe auf die Ereignisse von 214.

[65] Plu Arat 51,1.

[66] L 24,40,1–17. Es ist in der Forschung umstritten, ob zwischen dem Adriaunternehmen Philipps und Hannibals Angriff auf Tarent ein Zusammenhang bestand und abgesprochen war. Hoffte Philipp, daß Hannibal durch den Angriff auf Tarent die Flotte des Laevinus binden würde (so Holleaux 1921, 189 A 1, Walbank 1940, 77, ders. II 1967, 62, Hammond III 1988, 395)? Meines Erachtens muß diese Annahme fraglich bleiben, da sie auf sehr unsicheren chronologischen Voraussetzungen beruht und das hannibalische Tarentunternehmen erst durch die Gesandtschaft der jungen Tarentiner ausgelöst wurde, d. h. nicht bereits 215 abgesprochen werden konnte. Ablehnend E. Badian, Roman Policy in Illyria (220–201 B.C.), PBSR 20, 1952, 90 A 1 = Studies in Greek and Roman History, Oxford 1964, 32 A 91.

gann die Stadt mit Belagerungsmaschinen anzugreifen. Inzwischen lief Laevinus mit seiner Flotte[67] in Orikos ein und entsetzte den Ort sofort, da dort eine kleine makedonische Besatzung lag. Dann schickte er die Flotte an die Aousmündung, um dem Makedonenkönig den Rückzug über die See abzuschneiden. Notgedrungen steckte dieser, da seine Schiffe den römischen Kriegsschiffen nicht gewachsen waren und die Sperre an der Mündung nicht durchbrechen konnten, sie in Brand und zog auf dem Landweg nach Makedonien zurück.

Das Adriaunternehmen war kläglich gescheitert. Philipp dürfte vom Auftauchen der römischen Flotte überrascht gewesen sein. Er hatte wohl angenommen, daß die Römer durch Hannibal voll beschäftigt waren und den Ereignissen jenseits der Adria keine Aufmerksamkeit schenken konnten, zumal Sizilien als neuer Kriegsschauplatz hinzugekommen war. Seine Mißerfolge dürften Hannibal in seiner skeptischen Haltung bestätigt haben. Von diesem Bundesgenossen war keine tatkräftige Unterstützung zu erwarten.

Die Operationen Hannibals verdienen kaum die Bezeichnung „Kriegführung“. Er machte keinen Versuch, die Konsuln und die anderen Truppenverbände der Römer direkt anzugreifen und zur Schlacht herauszufordern. Seine Unternehmungen waren von augenblicklichen Eingebungen oder Anregungen veranlaßt. Ein Konzept läßt sich nicht erkennen.[68] Er förderte und unterstützte den Plan der karthagischen Regierung, zusammen mit König Hieronymos die Römer aus Sizilien zu vertreiben.[69] Durch seinen Abzug aus Campanien verschaffte er den Römern die Möglichkeit, ungefährdet gegen abtrünnige Bundesgenossen vorzugehen und freigewordene Truppen auf den neuen Kriegsschauplatz in Sizilien zu verlegen. Seine Offensive hatte ihren Schwung verloren, sein politisches Konzept seine Attraktivität. Es war bereits das zweite Jahr ohne einen Sieg.

Die Römer hatten durch ihre vorsichtige Kriegführung Boden gutgemacht. Der Gewinn von Casilinum war der erste Schritt, um Capua zurückzuerobern. Das energische Vorgehen gegen abgefallene *socii* wirkte sich günstig aus. Kein Bundesgenosse war zum Feind übergetreten.

[67] 50 Schiffe, zur Flottenstärke vgl. Rich 1984, 152 ff.

[68] Warum belagerte er nicht Tarent? Wenn er vor der gewaltsamen Einnahme eines künftigen Bundesgenossen zurückschreckte, warum wandte er sich nicht gegen Brundisium?

[69] Dies hat Hoffmann 1961 = WdF 371, 1974, 351 ff. überzeugend bewiesen. Auch in der Beurteilung der Lage Hannibals in Campanien ist Hoffmann zuzustimmen (352): „Mit seinen Operationen in Campanien während der Jahre 215/14 hatte Hannibal so gut wie nichts ausgerichtet; er war nicht imstande gewesen, noch irgendeinen befestigten Platz, selbst bescheidenen Umfangs, zu erobern.“

Das 6. Kriegsjahr: 213 v. Chr.[1]

Rom[2]

Q. Fabius Maximus konnte die Fortführung seiner Strategie durch die Wahl seines Sohnes Q. Fabius Maximus und des Ti. Sempronius Gracchus zu Konsuln sicherstellen.[3] Den Konsuln wurde als Amtsbereich die Kriegführung gegen Hannibal übertragen. Sempronius behielt sein Heer *(volones-*Legionen), während Fabius die Truppen seines Vaters übernahm, der ihn als Legat ins Feld begleitete und tatsächlich die Kriegführung bestimmte.[4] Nur für die Garnison in Rom *(legiones urbanae)* sowie für Ergänzungen konnten Aushebungen vorgenommen werden. Die Hauptlast der neuen Truppenaufgebote mußten die Bundesgenossen tragen.[5]

Die Strategie des Fabius stellte an die Moral der Bürger große Anforderungen.[6] Die Fortschritte waren nur gering, fast kaum wahrnehmbar. Würden sie die Geduld haben, die Lasten des Krieges so lange zu ertragen? Viele Landbewohner hatten in Rom und in den anderen befestigten Plätzen

[1] Kahrstedt 1913, 464 ff., De Sanctis III 2, 1916, 260 ff., Thiel 1946, 79 ff., Lazenby 1978, 105 ff., Huß 1985, 358 ff.

[2] Patterson 1942, 327 ff., Scullard 1951, 60, Lippold 1963, 173 ff., Crake 1963, 127, Jahn 1970, 127 ff.

[3] L 24,43,5 ff. Der junge Fabius verdankte das Konsulat nur dem Einfluß seines Vaters. Er konnte trotz seiner schnellen „Karriere" (215 curulischer Ädil, 214 Prätor) keine besonderen Verdienste vorweisen. Es war allen Römern klar, daß sie hier nur einen „Stellvertreterkonsul" wählten. Die antike Überlieferung liebte das Spiel, das der Vater mit dem Sohn getrieben haben soll, indem er ihn bewußt provozierte, ob er auch seine Rechte als Konsul gegenüber der *patria potestas* zum Ausdruck bringe. L 24,44,10, Val Max 2,2,4, Plu Fab 24,1 ff., mor 196 A, Gellius n A 2,2,13.

[4] L 24,44,9 ff., Tammler 1971, 189 ff. Zu der Legionsliste vgl. Klotz 1933, 69–70, Marchetti 1978, 60–61.

[5] L 24,44,6–7, 20000 Mann.

[6] Viele Männer waren seit Beginn des Krieges von ihren Frauen getrennt. Nicht alle Matronae führten ein Leben, wie es der römische Sittenkodex von ihnen verlangte. Nicht nur im Interesse der allgemeinen Moral, sondern wohl auch aus Rücksicht gegenüber den Soldaten im Feld und im Hinblick auf die künftig Einzuberufenden ahndeten die Ädile Villius Tappulus und Fundanius Fundulus die Vergehen (L 25,2,9). Die Matronae wurden zur Verbannung verurteilt. Die Kampfmoral der Soldaten sollte nicht durch familiäre Sorgen belastet werden.

Aufnahme gefunden und lebten in ärmlichen Verhältnissen. Je länger der Krieg dauerte, desto mehr suchten sie Zuflucht bei allen möglichen fremden Kulten und Riten. Zunächst im geheimen, dann ganz offen wurden die alten Bräuche verschmäht und neuen Göttern gehuldigt.[7] Heilspropheten versprachen ihnen „das Blaue vom Himmel" und holten ihnen nur das Geld aus der Tasche. Die Senatoren konnten die Hinwendungen zu fremden Kulten und die Vernachlässigung heimischer Gottheiten nicht mehr hinnehmen. Sie hatten aber das Ausmaß dieses Treibens unterschätzt. Als die Opfer in der Öffentlichkeit verboten wurden, kam es beinahe zu Handgreiflichkeiten.[8] Der Prätor urbanus verkündete in der Volksversammlung den Senatsbeschluß: Jeder, der Wahrsage- oder Opferbücher besitze, solle diese Werke bis zum 1. April abliefern. An öffentlicher oder heiliger Stätte dürfe weder nach neuer noch nach fremder Sitte geopfert werden.[9]

Die Senatoren mußten sich noch mit einem anderen unangenehmen Problem befassen. Die Staatspächter *(publicani)*, die die Finanzierung des Krieges in Iberien übernommen hatten,[10] hatten die Sicherheitsgarantien schamlos ausgenutzt. Sie schritten aber gegen die Betrügereien aus Angst, es könnten alle Staatspächter beleidigt sein, nicht ein. Lieber schwiegen sie und nahmen die Betrügereien „offiziell" nicht zur Kenntnis.[11]

In diesem Jahr ereignete sich eine verheerende Brandkatastrophe in Rom. Das Feuer wütete zwei Tage und eine Nacht und zerstörte einen Teil der Mauern.[12] Es war ein Glück für die Römer, daß der Feind im äußersten Süden des Landes operierte. Nicht auszudenken, wenn er jetzt den lange befürchteten Angriff unternommen hätte. Hannibal hatte wohl keinen Spion mehr in der Hauptstadt des Feindes, der ihn auf die günstige Gelegenheit aufmerksam gemacht hätte.[13]

[7] Die Senatoren selbst waren „mit gutem Beispiel" vorangegangen. Sie hatten Q. Fabius Pictor in offizieller Mission nach Delphi geschickt und sogar eine fremde Gottheit (Venus Erycina) in die Stadt geholt. Vgl. o. S. 161, 207, 227.

[8] L 25, 1, 6–10.

[9] L 25, 1, 12.

[10] Vgl. o. S. 229.

[11] L 25, 3, 12.

[12] L 24, 47, 15–16. Das Gebiet zwischen den Salzgruben und der Porta Carmentalis wurde völlig zerstört, ebenso der *vicus Iugarius*, der Tempel der Mater Matuta und der Fortuna. Das Feuer erfaßte auch Gebäude vor den Mauern. Die Zerstörung der Mauern ergibt sich aus der Einsetzung einer Baukommission im nächsten Jahr (L 25, 7, 5–6).

[13] Vgl. L 22, 33, 1 die Gefangennahme eines karthagischen Spions in Rom, der dort seit zwei Jahren tätig gewesen war. Die Schwerfälligkeit der römischen Verwaltung in dieser Situation verwundert. Statt sofort alle geeigneten Maßnahmen zum Schutz der Stadt zu ergreifen, wurde erst das nächste Jahr zur Bestellung einer Baukommission abgewartet.

Das Ausbleiben spektakulärer Siege Hannibals und die römischen Rückeroberungen, wenngleich nur in kleinen Schritten, brachten manchen untreuen Bundesgenossen zum Nachdenken. Wenn sie freiwillig in das Bündnis zurückkehrten, konnten sie vielleicht der harten Bestrafung entgehen und Konditionen aushandeln. Solche Überlegungen dürften den Dasius Altinius aus Arpi bewogen haben, sich an den Konsul Fabius zu wenden, um gegen eine Belohnung die Rückkehr seiner Heimatstadt in das Bündnis mit den Römern in die Wege zu leiten.[14] Er traf heimlich beim römischen Heer in Suessula ein.

Im Kriegsrat des Konsuls wurden unterschiedliche Ansichten vertreten. Eine Gruppe forderte harte Bestrafung als Verräter. Wie ein Überläufer sollte er ausgepeitscht und hingerichtet werden. Der alte Fabius plädierte für mehr Entgegenkommen. Wenn der erste Rückkehrwillige hart bestraft werde, werde man andere abschrecken. Man sollte sich jedoch die Entscheidung vorbehalten, ob solche Leute als Freunde oder als Feinde zu behandeln seien, den Dasius in „freier Haft" in einer Stadt internieren und nach Kriegsende seinen Fall erneut entscheiden.[15]

Bei den Gesprächen mit Dasius hatten die Römer wohl festgestellt, daß sie auch ohne seine Hilfe die Stadt Arpi zurückgewinnen könnten. Die römische Geschichtsschreibung bauschte den Vorgang zu Ehren des Konsuls maßlos auf.[16] Die geschilderten Umstände sind allerdings sehr suspekt. Viele Unwahrscheinlichkeiten und innere Widersprüche sind festzustellen.[17]

[14] L 24,45,1ff., App Ann 31,130–132.

[15] L 24,45,2–9. Damit fand Fabius Zustimmung. Dasius Altinius wurde in Cales interniert, anders Appian.

[16] L 24,46,1–47,11, Frontin 3,9,2. So soll der Konsul selbst die Schwachstelle in der Mauer entdeckt haben. Die Vorbereitungen zum Überfall wurden sorgfältig getroffen. Alles verlief nach Plan. Die Römer drangen in die Stadt ein. Ein plötzlicher Regen trieb die Wachen in die Häuser, das Rauschen des Windes übertönte das Aufbrechen der Stadttore. Als dann der Regen aufhörte und es Tag wurde, da bemerkten auch die Feinde, was die Stunde geschlagen hatte. Die Besatzung Hannibals soll 5000 Mann stark gewesen sein, dazu konnten noch 3000 Bürger von Arpi zu den Waffen gerufen werden. Doch es wurde nicht gekämpft, sondern es kam zu Gesprächen. Die Römer fragten die Arpiner, ob sie gegen die Römer Krieg führten, um Italien steuer- und abgabepflichtig für die Karthager zu machen. Diese schoben die Schuld auf ihre Führung, und so kam es zur großen Versöhnung. Auch 1000 Iberer traten zu den Römern über, die nur die Bedingung stellten, daß die karthagische Garnison „ohne Betrug" abziehen dürfe, was zugestanden wurde.

[17] Die Art und Weise, wie die Verbindung zwischen Angreifern und Verteidigern hergestellt wird, erscheint unglaubwürdig. Wie sollten sie sich beim Kämpfen erkannt haben, wenn die Kämpfer einen Helm, der die Gesichtszüge verdeckte, trugen? Bei

Die Tatsache, daß der größte Teil der karthagischen Besatzung abziehen durfte, spricht dafür, daß die Römer keine bedingungslose Kapitulation erreichten.[18]

Der Verlust von Arpi konnte Hannibal nicht gleichgültig sein.[19] Er verlor damit den einzigen Seehafen an der Küste nördlich von Brundisium, Sipontum.[20] Außerdem war zu befürchten, daß der Übertritt dieser Stadt eine unerwünschte Signalwirkung auf die anderen Bundesgenossen in Apulien hatte.

Die Unternehmungen des Konsuls Ti. Sempronius Gracchus wurden von der römischen Geschichtsschreibung nicht im gleichen Maße hochgejubelt. Sie lesen sich viel bescheidener und dürften eher den Tatsachen entsprechen. Es handelte sich nur um kleinere Gefechte, auch einige unbedeutende Orte wurden zurückgewonnen.[21] T. Pomponius, der Raub- und Plünde-

den Verhandlungen beriefen sich die Arpiner darauf, daß sie eigentlich immer romfreundlich waren und nur durch ihre Führung der Abfall vollzogen worden war. Wenn dies richtig wäre, dann hätte doch Dasius im Einvernehmen mit seiner Bürgerschaft gehandelt, als er im römischen Lager auftauchte und die Rückkehr anbot. Die karthagischen Truppen werden als sehr nachlässig beschrieben. Da man aber in Arpi angeblich das Fehlen des Dasius bemerkt hatte und einen Umsturz befürchtete, dürften die Besatzer erhöhte Wachsamkeit angeordnet haben. Auch die Zahl der Verteidiger erscheint maßlos übertrieben. Ebenso verwundert die Bedingung, die die spanischen Überläufer stellen. Weshalb sollten sie an dem Abzug der restlichen Truppen „ohne Betrug" interessiert gewesen sein?

18 Der Status der Stadt ist nicht bekannt. Vielleicht ließen die Römer die Bewohner von Arpi ebenso wie Dasius im Ungewissen und verschoben eine endgültige Entscheidung auf die Zeit nach dem Ende des Krieges. Damals dürfte Arpi seine Gebiete am Meer verloren haben. Denn im Jahr 194 gründeten die Römer die Kolonie Sipontum, L 34, 45, 3, Philipp, RE 3 A 1, 1927, 271–272.

19 Wegen des Verrats des Dasius soll sich Hannibal grausam an seiner Familie gerächt haben. Da er den Arpiner immer für unzuverlässig gehalten habe, sei er nicht enttäuscht worden, habe den Verrat vielmehr als willkommenen Vorwand benutzt, das Vermögen des Dasius einzuziehen. Um seine Habgier zu verdecken und als Rache für den Verrat auszugeben, habe er Frau und Kinder in sein Lager kommen lassen und nach dem verbliebenen Gold und Silber ausgefragt. Als er alles wußte, habe er sie bei lebendigem Leib verbrennen lassen. Der Bericht enthält alle bekannten Anschuldigungen, die die Römer Hannibal zum Vorwurf machten, und war bestens geeignet, die Gefühle eines römischen Lesers so aufzuwühlen, daß er alle Erfindungen glaubte und das anständige Verhalten der Römer bewunderte.

20 P 10, 1, 8 gab Sipontum als einzigen Hafen auf dieser Strecke an.

21 L 25, 1, 5. An den Übertritten von Consentia und Tauria sind starke Zweifel berechtigt, L 25, 1, 2. Die Angabe, sie seien erst im vergangenen Jahr zu Hannibal abgefallen, ist unzutreffend. Vgl. die früheren Angaben des L 22, 61, 11; 23, 20, 4; 30, 1. Später erscheint Consentia wieder auf seiten Hannibals. Hülsen, RE 4, 1, 1900, 911 rechnet mit mehrmaligem Wechsel. Eine andere Datierung bei Kukofka 1990, 31.

rungszüge ins Bruttische unternahm, wurde mit seinen Truppen von Hanno in einem Treffen vollständig aufgerieben.[22]

In Capua, das in weitem Bogen durch einen Ring von Festungen (Neapel, Puteoli, Cumae, Casilinum, Nola) eingekreist war, machten sich die ersten Auflösungserscheinungen bemerkbar. 112 vornehme Campaner traten auf die Seite der Römer über.[23] Das war ein großer Erfolg und ließ sich propagandistisch bestens verwerten.

Hannibal hatte den Winter im Gebiet der Sallentiner verbracht. Hier hätte er sich eine gute Basis für Angriffe auf Tarent und Brundisium, zwei Städte, die wegen ihrer sicheren Häfen von eminent strategischer Bedeutung waren, schaffen können.[24] Er machte aber keine Anstalten, eine der beiden Städte anzugreifen, die stark befestigt waren und ohne Flotte nicht belagert werden konnten. Nach dem kargen Bericht des Livius verbrachte er den Sommer in diesem Gebiet, in der Hoffnung, er könne Tarent durch Verrat nehmen. Zwischenzeitlich seien einige unbedeutende Städte der Sallentiner zu ihm abgefallen.[25] Was erhoffte er sich von ihrem Übertritt? Seinem eigentlichen Ziel, die Römer nachhaltig zu schwächen, daß sie endlich um Frieden nachsuchten, dürften sie kaum dienlich gewesen sein. Die Römer blieben vom Abfall dieser Orte völlig unberührt. Eine Signalwirkung konnte von diesen unbedeutenden Gemeinden ebensowenig ausgehen.

Hannibal vermittelt den Eindruck einer gewissen Hilflosigkeit. Er wußte nicht, was er unternehmen sollte. Seine Soldaten mußten aber beschäftigt werden. Und so zog er von einem Ort im Sallentiner Gebiet zum anderen, um die Übergabe zu verlangen. Wer nicht der Aufforderung nachkam, dessen Gebiet wurde ausgeplündert. Auf diese Weise verschaffte er seinen Soldaten einen mageren Ersatz für lang vermißte Erfolgserlebnisse. Mit Feldzügen im „Stiefelabsatz" Italiens war der Krieg gegen die Römer nicht zu gewinnen. Statt endlich den bisherigen Verlauf genau zu analysieren und aus dem Vergleich der direkten Kriegführung gegen die Römer in den ersten drei Jahren und des anschließenden „Stellvertreterkrieges" die notwendige Folgerung zu ziehen, klammerte sich Hannibal an die Hoffnung, Tarent werde doch noch durch Verrat fallen. Auf Hoffnung setzt nur der, der keinen anderen Weg weiß, auf dem er mit eigener Tatkraft sein Ziel erreichen kann.

[22] Dieses Unternehmen lehnten Kahrstedt 1913, 255 ff. und Kukofka 1990, 32 als eine Dublette zu den Unternehmungen des *praefectus socium* im Jahr 214 ab. Da T. Pomponius in den Korruptionsfall der *Publicani* verwickelt war, bedauerte die römische Geschichtsschreibung seinen Tod nicht („es war der geringste Verlust").

[23] L 24, 47, 12–13. Sie forderten, nach Rückeroberung ihrer Heimatstadt wieder in ihren Besitz eingesetzt zu werden.

[24] Diese beiden Städte mit ihren Häfen waren von strategischer Bedeutung für die Kontrolle der Schiffahrtswege nach Sizilien und nach Griechenland. Vgl. P 10, 1, 1 ff.

[25] L 25, 1, 1, Kukofka 1990, 33–35. Vgl. Karte Nr. 4.

Ungünstig war, daß seine Hoffnung schließlich in Erfüllung ging und ihn daran hinderte, eine schonungslose Bilanz seiner Lage zu ziehen.[26] Erneut fühlte er sich in seiner Strategie bestätigt. Die Gabe des Wartens und Ausharrens, die ihm bei der Belagerung einer Stadt fehlte, bewies er im Übermaß bei der Durchführung seiner Strategie.

In Tarent war die Bereitschaft zum Abfall[27] durch ein Ereignis ausgelöst worden, auf das Hannibal keinen Einfluß gehabt hatte, ohne das aber die Treue der Tarentiner wohl nie ins Wanken geraten wäre. Die Tarentiner und die Thurier hatten den Römern Geiseln stellen müssen.[28] Sie wurden – welcher Hohn! – im Tempel der Freiheit (Libertas) in Rom gefangengehalten. Ein tarentinischer Gesandter, Phileas, überredete sie zur Flucht, bestach die Tempelwächter und entführte sie. Sie wurden unterwegs gefaßt, auf dem Comitium ausgepeitscht und hingerichtet.[29] Das harte Urteil, wie selbst Livius eingestehen muß,[30] war unnötig und politisch unklug. Es hätte genügt, den Verantwortlichen zur Rechenschaft zu ziehen. Die Römer dürften aber kaum mit dem Abfall beider Städte gerechnet haben, die sie wegen ihrer Besatzungen für ausreichend gesichert hielten.

Die Hinrichtung der Geiseln veranlaßte junge Aristokraten in Tarent, geheime Verhandlungen mit Hannibal aufzunehmen[31] und einen detaillierten Vertrag zu vereinbaren.[32] Die Tarentiner sollten frei sein, ihre Gesetze und

26 Immer dann, wenn die äußeren Umstände ihn vielleicht zu einem Überdenken seiner Situation gezwungen hätten, traten Ereignisse ein, die ihn in seinem bisherigen Verhalten bestätigten. Dabei entging ihm wohl der allmähliche Rückschritt, der erst im Rückblick für den späteren Betrachter voll erkennbar wird. Nichts ist gefährlicher als eine schleichende Entwicklung, die zu trügerischen Schlußfolgerungen führen kann. Dies dürfte die besondere Tragik dieses Mannes sein.

27 P 8,24–34, vgl. Walbank II 1967, 100–109 (103 Plan der Stadt), L 25,8–11, App Ann 32,133–136, Z 9,5,1, Plu Fab 23,1, Frontin 3,3,6, Sil 12,434–448, P. Wuilleumier, Tarente, Paris 1939, 149 ff., Seibert 1993, 235–236.

28 Vgl. S. Elbern, Geiseln in Rom, Athenaeum 68, 1990, 112.

29 L 25,7,11–14. Der Bericht ist aus römischer Sicht abgefaßt. Die Gesandtschaft des Phileas sei nur vorgetäuscht gewesen. Phileas selbst wird äußerst ungünstig charakterisiert.

30 L 25,8,1.

31 Die Führer waren Philemenos und Nikon. Die Einzelheiten der Kontaktaufnahme und die Vorbereitung des Übertritts, die als „Jagdausflüge" getarnt wurden, um bei den Mitbürgern und den Römern kein Mißtrauen aufkommen zu lassen, können übergangen werden. Sie machen deutlich, daß es offenbar nur eine Minderheit der Tarentiner war, die trotz allgemeiner Empörung über den Mord an den Geiseln die Konsequenzen zog.

32 P 8,25,1–2, L 25,8,8, Schmitt III 1969, 531. Hatte dieser Vertrag überhaupt Rechtsgültigkeit? Denn mit den offiziellen Organen von Tarent war das Abkommen nicht vereinbart worden. Es handelte sich um einen Geheimvertrag mit den Tarenti-

ihr Eigentum behalten und keinen Tribut entrichten müssen. Gegen ihren Willen durfte Hannibal keine Besatzung in ihre Stadt legen. Die römischen Besatzungstruppen sollten ihm überlassen werden, deren Häuser und Wohnungen zum Plündern.

Auch dieses Abkommen beweist, daß Hannibal sein Versprechen, die Bundesgenossen von Rom zu befreien, verwirklichte. Alle Rechte wurden den Tarentinern zugestanden. Sie waren zu nichts verpflichtet, mußten keine Besatzung aufnehmen, keinen Tribut entrichten und keine Truppen stellen. Eine wirkliche Zusammenarbeit und eine aktive Unterstützung wurden nicht vereinbart. Der größte Gewinn dürfte die Möglichkeit, den Hafen der Stadt zu benutzen, gewesen sein.

Mit einem Teil seines Heeres brach Hannibal zu dem verabredeten Zeitpunkt zum Überfall auf die Stadt, der in der Nacht erfolgen sollte, auf.[33] Damals feierte der Stadtkommandant Livius im Museion am Marktplatz (Agora) ein Fest. Der Überfall gelang, wie geplant. Die Verschwörer ließen die Karthager in die Stadt.[34] Unter einheimischer Führung drangen die Karthager auf zwei Wegen in das Zentrum der Stadt vor. Mit einer römischen Tuba wurde das Signal zum Sammeln geblasen und die Soldaten aus ihren Wohnungen gelockt. Ahnungslos liefen sie den Feinden in die Hände und wurden niedergemacht. Die Burg von Tarent, die auf einer Halbinsel zwi-

nern, die ihre Stadt verraten wollten. Es gab breite Kreise in Tarent, die mit dem Abfall von Rom nicht einverstanden waren.

33 10000 Mann (8000 Mann zu Fuß und 2000 Reiter). M. E. sind die Einzelheiten der Berichte nicht zuverlässig. Nach P 8, 26, 2; 34, 13 und L 25, 8, 12 hatte Hannibal sein Standquartier drei Tagesmärsche von Tarent entfernt. Das entspricht einer Strecke von ca. 60–70 km. Um aber nicht aufzufallen, daß er so lange an ein und derselben Stelle lagerte, simulierte er eine Krankheit. Das ist bei dieser Entfernung unwahrscheinlich, zumal Hannibal an demselben Ort sein Winterlager bezog. Die nächtlichen Exkursionen der Verhandlungsführer wurden zur Gewohnheit. Bei einer derartigen Distanz muß man aber mit einer Abwesenheit von mindestens einer Woche rechnen (3 Tage hin, 3 Tage zurück und 1 Tag für Verhandlungen).

34 Der Überfall sollte auf zwei Wegen erfolgen: Im Osten der Stadt am Temenidischen Tor, in dessen Nähe das Grabmal des Hyakinthos war, sollte Hannibal auf ein Signal hin das Tor geöffnet werden, indessen der Tarentiner Philemenos am nächsten Tor mit 1000 Libyern wartete. Während aber die Besatzung des Temenidischen Tores von den tarentinischen Verschwörern niedergemacht wurde, ließ sich Philomenos, der vorgab, von der Jagd zurückzukehren, von der Wache das Tor öffnen und drang mit den Soldaten ein. Umstritten ist in der Forschung die Lokalisierung des Temenidischen Tores, vgl. Walbank II 1967, 103 südlich des Mare Piccolo in der Nachbarschaft der Masseria Collepazzo oder bei der Masseria del Carmine, so A. Stazio, Atti del IV Convegno di Studi Sulla Magna Grecia, Tarent 1967, 154–167, aufgrund von Funden, die zu der Annahme veranlassen, daß dort das Grabmal des Hyakinthos gewesen sei. In der Nähe der Fundstelle wurde auch ein Tor in der Maueranlage entdeckt.

schen dem Großen und dem Kleinen Meer lag, die Hafeneinfahrt kontrollierte und durch eine römische Besatzung gehalten war, konnte nicht genommen werden. Der Kommandant Livius konnte hierher fliehen; auch viele Tarentiner, die mit dem Übertritt auf die Seite Hannibals nicht einverstanden waren, suchten hier Zuflucht.

Am anderen Morgen wurden die Tarentiner zu einer Versammlung auf den Markt gerufen, wo ihnen Hannibal Freiheit von römischer Herrschaft verkündete und sie aufforderte, ihre Häuser und Wohnungen zu kennzeichnen. Alle anderen Gebäude sollten geplündert werden. Wer das Haus eines Römers als ein tarentinisches ausgebe, sollte hingerichtet werden. Die Plünderungsaktion verlief zufriedenstellend. Es wurde reiche Beute gemacht.[35] Bei aller Freude über den geglückten Überfall war es nur ein Teilerfolg, da die Burg in der Hand des Feindes war.[36]

Hannibal beriet mit den führenden Tarentinern die weiteren Maßnahmen. Die Stadt sollte gegen die Burg durch eine umfangreiche Verteidigungsanlage gesichert werden.[37] Der Zweck dieser Anlage war nicht, die Feinde zu belagern, sondern die Bürger vor ihnen zu beschützen! Eigentlich hätte man das Gegenteil erwartet. Mit dem Bau der aufwendigen Anlage hatte sich Hannibal selbst das größte Hindernis geschaffen, wenn er die Burg mit poliorketischen Mitteln einnehmen wollte. Eine karthagische Truppe wurde an der Anlage stationiert. Die Belagerung verlief wenig glücklich. Die Römer erhielten aus Metapont Verstärkung.[38] Bei einem Ausfall konnten sie die Belagerungsmaschinen zerstören. Hannibal blies vorerst das Unternehmen ab.

Wenn der Karthager die Situation nüchtern betrachtete, konnte er das Unternehmen keineswegs als Gewinn verbuchen.[39] Das Ziel, den Römern eine Stadt mit einem sicheren Seehafen abzunehmen, war nicht erreicht worden. Durch ihre Besatzung auf der Burg kontrollierten sie weiterhin die Einfahrt in den Hafen. Die dort liegenden Schiffe der Tarentiner konnten nicht einge-

[35] P 8,32,1, L 25,10,9.

[36] Nach App Ann 33, 137 waren hier 5000 Mann stationiert. Dazu kamen dann noch die Truppen aus Metapont.

[37] Die Burg war bereits durch einen Graben und eine Mauer zur Stadt hin gesichert. Doch diese Anlagen boten den Tarentinern keinen ausreichenden Schutz vor Ausfällen der römischen Besatzung. Parallel zum Burggraben wurde ein Wall aufgeworfen und dahinter (in Richtung Stadt) ein weiterer Graben ausgehoben. Die ausgehobene Erde wurde stadtwärts aufgeschüttet, so daß ein zweiter Wall (mit Palisadenzaun) entstand. Als letztes wurde zwischen der Soteira und der Batheia-Straße eine Mauer errichtet.

[38] P 8,34,1, L 25,11,10.

[39] Den karthagischen „Erfolg“ verdankte man vor allem der Sorglosigkeit des römischen Stadtkommandanten Livius, dessen Namen der Historiker Livius verschwieg.

setzt werden. Statt einen Helfer zu gewinnen, mußte Hannibal Teile seines Heeres zu dessen Schutz stationieren.

Man fragte sich vergebens, warum Hannibal nie auf den Gedanken kam, den berühmtesten Ingenieur seiner Zeit, der die modernsten Geschütze konstruieren konnte, dessen Ruhm gerade damals in aller Munde war, da er erfolgreich die Angriffe des Marcellus zurückschlug, herbeizurufen und ihn zum Chefkonstrukteur seines Belagerungsparkes zu bestellen? Es wird wohl ein Rätsel bleiben, warum er die genialen Fähigkeiten eines Archimedes nie ausnutzte. Oder fehlte ihm dafür das Verständnis und Interesse?

Um wenigstens die tarentinischen Schiffe verwenden zu können,[40] ließ er sie in einem aufwendigen Unternehmen vom Mare Piccolo, dem Hafen Tarents, zum Mare Grande (Bucht von Tarent) quer durch die Stadt auf Wagen transportieren.[41] Nach diesem Manöver verließ Hannibal Tarent und marschierte ins Winterlager, das drei Tagesmärsche von der Stadt entfernt lag.[42] Die Tarentiner hatten das echte Gefühl, ihre Entscheidungsfreiheit zurückerhalten zu haben. Sie prägten Münzen mit der Siegesgöttin Nike, die ein Tropaion bekränzt, und bekundeten wie die Lukaner und Bruttier, die dasselbe Bild prägten, ihre Siegeszuversicht.[43]

40 Bezeichnend für Hannibals Auftreten gegenüber seinen neuen „Verbündeten" war, daß er auch für dieses Unternehmen zuerst die Zustimmung der Tarentiner einholte. Schließlich handelte es sich um ihre Schiffe.

41 P 8,34,2ff., L 25,11,11ff., Sil 12, 434–448. Die Angabe App Ann 34, 142–143, der Isthmos sei durchstochen worden, ist irrig. Es handelte sich um einen Transport auf dem Landweg, einem auch sonst üblichen Verfahren, vgl. den *Diolkos* über den Isthmos von Korinth oder von Leukas. Zur Lokalisierung vgl. P. Wuilleumier, a. a. O., 244, Walbank II 1967, 109. Die Straße führte parallel zur Mauer (gegen die Burg) quer durch die Stadt an der Westseite der Agora vorbei. An ihren Enden waren jeweils Tore in der Mauer, durch die Schiffe sowohl herein- wie hinausgebracht werden konnten. Doch wo sollten sie vor Anker gehen? An der Meerseite der Stadt war kein geschützter Hafen vorhanden. P 10, 1, 1 spricht zwar von „Häfen" Tarents. Walbank II 1967, 189 scheint geneigt zu sein, den Mare Grande als Hafen anzunehmen, obgleich er auch in Erwägung zieht, der Plural könne in singularischem Sinn verwandt sein. Denn an der Südseite Tarents bot sich den Schiffen kein gesicherter Ankerplatz, es sei denn im Bereich der beiden Choeraden (h. Isole S. Pietro und S. Paolo), die einen gewissen Schutz bieten konnten, aber keineswegs vergleichbar war mit dem Hafen im Mare Piccolo, dem eigentlichen Hafen Tarents.

42 In den Quellen gibt es keine Hinweise für eine Lokalisierung.

43 Thomsen I 1957, 173, II 1961, 368ff.

Marcellus begann nach der Fertigstellung der Belagerungsmaschinen mit dem Angriff auf Syrakus, das von Natur und Menschenhand bestens geschützt war.[44] Es war eine gewaltige Stadtanlage mit den stark befestigten Stadtteilen Ortygia und der Achradina, die jeweils mit ca. 4000m langen Mauern geschützt waren und selbständige fortifikatorische Systeme darstellten, sowie der riesigen Landschaftsfestung Epipolai,[45] die einem gleichschenkligen Dreieck ähnelt mit einer Schenkellänge von ca. 7km und einer Grundlinie im Osten der Küste entlang von ca. 4km. Der Gesamtumfang der Mauern betrug nach Strabon 180 Stadien (ca. 33km).[46] Zwei große Befestigungsanlagen sicherten die Nordseite: das Euryalos-Fort und das Hexapylon-Tor an der Straße nach Leontinoi. Die weite Fläche (ca. 1730ha), die von diesen Mauern eingeschlossen wurde, war unbewohnt. Die Stadtteile Neapolis und Tyche, die sich an die Achradina anschlossen, waren in die Epipolai einbezogen. Während der kleine Hafen im Norden der „Insel" leicht gesperrt werden konnte, war dies beim „Großen Hafen" mit einer Nord-Südausdehnung von 3,8km und einer „Hafeneinfahrt" zwischen der Südspitze der Ortygia und dem gegenüberliegenden Plemmyrion von ca. 1km Breite wesentlich schwieriger.[47] Die Stadt war schon mehrmals belagert, aber noch nie erobert worden.[48]

Es war keine leichte Aufgabe, die sich Marcellus vorgenommen hatte. Doch nicht die fortifikatorischen Anlagen[49] sollten die größten Schwierig-

[44] P 8,3–7, vgl. Walbank II 1967, 69–78, L 24,34,1–16, Plu Marc 15–17, Z 9,4,6–9, Sil 14, 178–191, 292–683. Zur Topographie von Syrakus H.-P. Drögemüller, Syrakus, Gymnasium Beih. 6, Heidelberg 1969, 139ff., Seibert 1993, 285ff., Karte Nr. 9a. Das Verwaltungszentrum war auf der „Insel" (Nasos = Ortygia), die Wohnviertel auf dem gegenüberliegenden Festland, einem Kalkblock, der im Osten ca. 10–20m steil ins Meer abfällt (Länge ca. 4km) und keine Landungsplätze bietet, im Norden ebenfalls einen steilen Abhang aufweist, der zunächst auf 2,5km vom Meer bespült wird und gleichmäßig nach Westen hin bis zu 150m Höhe ansteigt und nur nach Süden weniger steil abfällt (sog. „Festlandsschräge"). Verteidigungsbauten und riesige Maueranlagen, die bereits von Dionysios I. errichtet, aber in den folgenden Jahren immer wieder verbessert wurden, schufen ein großartiges Verteidigungssystem. Vgl. auch J.-P. Adam, L'architecture militaire des Grecques, Paris 1982, 248–251.

[45] Vgl. H.-P. Drögemüller, a.a.O., 97ff.

[46] Strabon 6,2,4 (270).

[47] Vgl. K. Ziegler, RE 21, 1, 1951, 222–224 s.v. Plemmyrion.

[48] In den Jahren 415–413 waren die Athener gescheitert. Damals waren die Befestigungsanlagen noch nicht so ausgeklügelt, wie sie dann von den Ingenieuren des Dionysios I. entworfen und errichtet wurden. Die Karthager waren mehrfach an den Mauern der Stadt gescheitert.

[49] P 8,3,4.

keiten bereiten, sondern die Abwehrmaßnahmen und modernen Maschinen und Geschütze, die Archimedes[50] entwickelt und konstruiert hatte.[51] Er hatte wohl auch die Modernisierung des Euryalos-Forts entworfen.[52]

Die Stadt wurde gleichzeitig zu Land und zur See angegriffen. Im Bereich des Hexapylon rückten die Römer unter dem Schutz von Schilddächern an die Mauern heran und versuchten sie mit Leitern zu ersteigen.[53] Diese Methode war sehr verlustreich und hatte nur bei einem schwachen Gegner Aussicht auf Erfolg. Nur mit Mühe konnten sie an die Mauern herankommen, da die Geschütze des Archimedes (Katapulte und Steinwurfmaschinen) sie bereits in weiter Entfernung mit einem Geschoßhagel überschütteten und am Vorrücken hinderten. Kamen sie in den Nahbereich, dann stürzten Steine und Balken auf sie herab. Die Schirmdächer boten keinen Schutz mehr. Gelang es ihnen doch, bis unmittelbar an die Mauer vorzustoßen, dann wurden sie von den „Greifern" erfaßt, in die Höhe gehoben und fallen gelassen.[54]

Die antiken Berichte beschreiben ausführlicher die Angriffe von der See, die bei der sog. Stoa Skytike („Schusterhalle") im Stadtteil Achradina erfolgten.[55] Zunächst attackierte Marcellus mit 60 Fünfruderern die Achradina-Mauern und versuchte mit Bogenschützen, Schleuderern und Speer-

[50] I. Schneider, Archimedes. Ingenieur, Naturwissenschaftler und Mathematiker, EdF 102, Darmstadt 1979. Die Legende bemächtigte sich seiner Person und seiner Konstruktionen: Er soll mit Hilfe eines Brennspiegels die ganze römische Flotte in Brand gesetzt haben, Z9,4,8, Tzetzes, Chiliaden 2, 109–128. Neue Forschungen haben gezeigt, daß sowohl die Konstruktion eines solchen Spiegels als auch seine Anwendung unmöglich waren, vgl. I. Schneider, Die Entstehung der Legende um die kriegstechnische Anwendung von Brennspiegeln bei Archimedes, Technikgeschichte 36, 1969, 1–11, D. L. Simms, Archimedes and the Burning Mirrors, Technology and Culture 18, 1977, 1–24.

[51] Obgleich Archimedes erst im Zusammenhang mit der Belagerung von Syrakus in den Blickpunkt der Öffentlichkeit trat, war er bereits früher für Hieron II. tätig geworden. Er hatte den Bau des größten Schiffes der Antike („Syrakosia") geleitet (Athenaios 5,40–44), auf dem er mächtige Wurfmaschinen installierte, die ein Geschoß von 3 Talenten (80 kg) über eine Entfernung von 180 m schleudern konnten. Daß seine Dienste als Ingenieur nicht erst für die Belagerung in Anspruch genommen worden sind, ergibt sich auch aus der Tatsache, daß Hieron dem von einem Erdbeben zerstörten Rhodos (227 v. Chr.) 50 Geschütze schenkte, die wohl ebenfalls von Archimedes konstruiert worden waren, vgl. H. Berve, Hieron II., München 1959, 80, I. Schneider, a. a. O., 1979, 9.

[52] Vgl. A. W. Lawrence, Archimedes and the Design of Euryalus Fort, JHS 56, 1946, 99–107.

[53] P 8,3,6. Dies dürfte in der Gegend östlich der Scala Graeca gewesen sein.

[54] P 8,7,1 ff.

[55] Die Stoa Skytike ist nicht mit Sicherheit zu lokalisieren, vielleicht im Gebiet der Achradina nördlich des Kleinen Hafens, vgl. Walbank II 1967, 70.

werfern die Verteidiger von den Mauern zu vertreiben. Gleichzeitig erfolgte ein Angriff mit acht Fünfruderen, die paarweise zusammengebunden waren. Sie trugen die sog. Sambyken, Leitern, ca. 1,20m breit (4 Fuß) und etwa gleich lang wie die Höhe der Mauern, beidseitig mit einem Geländer versehen, auf dem hohe Brustwehren zum schutz angebracht waren.[56] Diese Leitern wurden mit Tauen, die über Rollen an der Mastspitze liefen, in der Nähe der Mauern am Heck der Schiffe hochgezogen und gleichzeitig am Bug mit Stangen in die Höhe gestützt, um sie an die Mauer anzulegen. An der Spitze der „Sambyke" war eine Plattform angebracht, die nach drei Seiten durch Flechtwerk geschützt war und vier Mann Platz bot, die Verteidiger, die das Anlegen der Sambyke an die Mauer verhindern wollten, vertreiben sollten. Gelang das Manöver und die ersten Angreifer konnten auf die Mauer übersteigen, dann sollten die anderen auf der Leiter nachfolgen.[57]

Die Konstruktion des tarentinischen Architekten Herakleides war den Maschinen, die Archimedes zur Abwehr feindlicher Angriffe entworfen und gebaut hatte, nicht gewachsen. Die Mauern waren mit schweren und leichten Geschützen für jede Entfernung bestückt. Gelang es dem Feind, den Geschoßhagel weittragender Geschütze zu unterfahren, dann wurden sofort die leichteren Geschütze für den Nahbereich eingesetzt. Und selbst für den Bereich unmittelbar an der Mauer hatte Archimedes Vorsorge getroffen, so daß es keine „toten Winkel" gab, von wo aus die Feinde sicher angreifen konnten. Die Mauer war mit zahlreichen Schießscharten versehen worden, durch die Bogenschützen und kleine Wurfmaschinen die Soldaten auf den Schiffen beschießen konnten.

An der Mauer waren kranartige Maschinen angeschlagen, die von außen nicht zu sehen waren, plötzlich nach außen geschwenkt wurden und mit ihren Auslegern weit über die Mauer hinausragten. Mit ihnen ließen die Syrakusaner gewaltige Steine und Bleiklumpen, die an Seilen befestigt waren, auf die Schiffe heruntersausen und zertrümmerten die Sambyke, teilweise auch die Schiffe selbst.[58] Am meisten Staunen erregten aber die „Greifer", Maschinen mit einer Greifvorrichtung („eiserne Hand"), die angeblich die Schiffe packen, hochheben und plötzlich fallen lassen konnten.[59]

[56] Benannt wurden diese Vorrichtungen nach einem dreiseitigen Saiteninstrument, der Sambyke. Die an der Mauer aufgerichtete Leiter und das Schiff bildeten eine Figur, die dem Musikinstrument ähnelte, vgl. P8,4,11, Plu Marc 15,5.

[57] Die Beschreibung vgl. bei P8,4,4–10, vgl. Fiebiger, RE 1 A 2, 1920, 2125 s.v. Sambuca, J.G. Landels, Ship-shape and Sambuca-fashion, JRS 56, 1966, 69–77, R. Flacelière, Le naufrage des sambuques, RA 1, 1966, 5–12, Walbank II 1967, 72. Als Erfinder der Maschine galt Herakleides aus Tarent (Athenaios XIV 634 B), der später wegen seiner romfreundlichen Haltung aus Tarent floh und bei Philipp V. Zuflucht suchte (P13,4,6–7). Vgl. Fabricius, RE 8,1, 1912, 497–498 s.v. Herakleides 63.

[58] P8,5,9ff.

[59] P8,6,2ff.

Gegen so viel Erfindungsgeist[60] und Verteidigungswillen rannten die Römer vergebens an. Sie müssen hohe Verluste erlitten haben, über die die antiken Quellen schweigen. Nach acht Monaten beschloß der Kriegsrat, den Versuch, die Stadt mit poliorketischen Mitteln einzunehmen, zunächst einzustellen und zur alten, aber langwierigen Methode zurückzukehren, die Stadt zu Wasser und zu Land von der Zufuhr abzuschneiden.[61] Der Proprätor Appius Claudius blieb mit zwei Dritteln des Heeres zurück, während Marcellus mit dem übrigen Heer versuchte, die Abfallbewegung auf der Insel einzudämmen.[62] Die Karthager hatten die Zeit, in der die Römer mit der Belagerung beschäftigt waren, genutzt, um Bundesgenossen auf der Insel zu gewinnen. Hannibals Propaganda „Freiheit von römischer Herrschaft" übertrugen sie auf die sizilischen Verhältnisse. Die befreiten Städte prägten „Bundesgenossenmünzen" als Zeichen ihrer neu gewonnenen Selbständigkeit.[63]

Die Karthager trafen umfangreiche Vorbereitungen für den Krieg auf Sizilien, nachdem Hannibal den Rat in einem Brief aufgefordert hatte, alle verfügbaren Kräfte auf Sizilien einzusetzen. Ein starkes Invasionskorps wurde zusammengestellt und unter dem Kommando des Himilko auf die Insel gesandt.[64] Die Flotte bezog am Kap Pachynos Stellung, griff aber nicht in die Belagerung von Syrakus ein. Dann landete Himilko bei Herakleia Minoa. Von hier konnte er innerhalb weniger Tage Akragas einnehmen.[65] Das war ein verheißungsvoller Anfang und dürfte auch andere Städte, die unzufrieden mit der römischen Herrschaft waren, zum Übertritt bewogen haben.[66]

Die Einstellung der Belagerung von Syrakus gestattete den Verteidigern, selbst offensiv zu werden und die Abfallbewegung auf der Insel zu unterstützen. Epikydes blieb als Stadtkommandant in Syrakus zurück, während Hippokrates mit einem Heer ins Landesinnere aufbrach. Dies beweist, daß der Belagerungsring um die Stadt keineswegs geschlossen war. Hippokrates

[60] Plu Marc 17,3 schwelgt im Lobpreis des Archimedes: „Alle Syrakusaner waren in der Tat nur der Körper der Erfindungskraft des Archimedes. Sie war die eine Seele, die alles bewegte."

[61] P 8,7,5 ff., L 24,34,16, Plu Marc 17,4, Z 9,4,9.

[62] Für die militärischen Operationen auf der Insel steht nur der Bericht des L 24,35,1 ff. zur Verfügung, da die polybianische Darstellung mit der Unterbrechung der Belagerung von Syrakus ebenfalls endet.

[63] Vgl. E. Sjöqvist, Numismatic Notes from Morgantina I. The SIKELIOTAN Coinage, ANS MN 9, 1960, 53–63.

[64] L 24,35,3: 25000 Mann zu Fuß, 3000 Reiter und 12 Elefanten, Thiel 1946, 80.

[65] Da die Stadt durch ihre Lage und Befestigungen stark geschützt war (P 9,27), dürfte sie freiwillig auf die Seite der Karthager getreten sein.

[66] Leider spezifiziert L 24,35,6 diese Angabe nicht. Aus den Rückeroberungen des Marcellus lassen sich folgende Orte nennen: Heloros, Herbessos, Megara.

bezog bei Akrillai Stellung.[67] Dort traf Marcellus[68] auf ihn, überraschte ihn bei Schanzarbeiten und schlug ihn in die Flucht. Während Hippokrates nach Akrai abzog, kehrte Marcellus nach Syrakus zurück. Sein Unternehmen war nicht allzu erfolgreich verlaufen.

Hippokrates und Himilko vereinigten ihre Truppen, rückten gemeinsam auf Syrakus vor und schlugen am Anapos-Fluß, 12 km von Syrakus entfernt, ihr Lager auf. Eine karthagische Flotte unter Bomilkar (55 Schiffe) lief in den Großen Hafen ein. Da Himilko vor Syrakus nichts ausrichten konnte, brach er zu einem Feldzug ins Landesinnere auf. Er nahm Morgantina ein, das ein wichtiger Versorgungsplatz für die Römer war.[69] Die Erfolge der Karthager bewogen immer mehr Städte zum Übertritt. Die römischen Besatzungen wurden vertrieben oder umgebracht. Wie deren Kommandanten ihre Stellung sicherten, dokumentieren die Vorfälle in Henna exemplarisch.[70] Der dortige Befehlshaber L. Pinarius schloß aus dem Wunsch der Bürger, ihnen die Schlüssel zu den Stadttoren auszuhändigen, sie planten den Abfall zu den Karthagern. Er ließ sie im Theater zusammenkommen und von seinen Soldaten umbringen. Das Vorgehen sei entweder schlimm oder notwendig gewesen, urteilte Livius. Offensichtlich konnte er sich zu einer eindeutigen Stellungnahme nicht entschließen.[71] Marcellus hatte keine Skrupel. Er hieß die Bluttat des Pinarius gut[72] und rühmte sich ihrer in einer Inschrift.[73] Der von Marcellus erhoffte Abschreckungseffekt trat nicht ein. Im Gegenteil, für viele bisher schwankende Gemeinden war es der entscheidende Anstoß, zu den Karthagern abzufallen.[74]

Das Jahr neigte sich dem Ende zu. Die karthagischen und römischen Truppen stellten die Kämpfe ein. Hippokrates zog sich nach Morgantina, Himilko nach Akragas und Marcellus, nachdem er Leontinoi durch eine Besatzung gesichert hatte, nach Syrakus ins Winterlager zurück.[75] Mit der Ent-

[67] Chiaramonte Gulfi in der Nähe von Biscari (?), vgl. Mary A. Goldsberry, Siciliy and its Cities in Hellenistic and Roman Times, Diss. Univ. of North Carolina 1973, 269 A 66.

[68] Er hatte nach dem freiwilligen Übertritt von Heloros und Herbessos die Stadt Megara im Sturm genommen und ausgeplündert. Dann hatte er einen Marsch nach Akragas gewagt, das aber bereits zu den Karthagern übergetreten war. Auf dem Rückweg nach Syrakus stieß er auf das Heer des Hippokrates.

[69] L 24,36,10. Dieser Vorgang ist wichtig für die Datierung des Denars, vgl. Seibert 1993, 365–366.

[70] L 24,37,2–39,8, Frontin 4,7,22, Polyain 8,21.

[71] Allerdings bezeichnet er den Vorfall (24,39,9) als frevelhaften Mord.

[72] L 24,39,7.

[73] CIL I 609 = Inscriptiones Latinae liberae rei publicae, ed. A. Degrassi, Göttingen 1957 I Nr. 295.

[74] Engyion dürfte dazu gehört haben, vgl. Plu Marc 20,3.

[75] Er bezog ein neues Lager, das nach Livius 7,5 km vom Hexapylon entfernt ange-

wicklung auf dem sizilischen Kriegsschauplatz dürfte er kaum zufrieden gewesen sein. Die so hoffnungsvoll begonnene Belagerung war kläglich gescheitert. Die Karthager dürften dafür gesorgt haben, daß dies in aller Welt bekannt wurde. Der Erfindungsreichtum eines einzigen Mannes hatte viele Tausende römische Soldaten zu Statisten werden lassen. Dem römischen Feldherrn fiel kein Mittel ein, wie er die Stadt einnehmen könnte. Zur völligen Zernierung fehlten ihm ausreichend Truppen und Schiffe. Die Sache schien aussichtslos. Doch Marcellus gab so schnell nicht auf.

Numidien

Nach Livius[76] sei „in Spanien nichts Erwähnenswertes in diesem Jahr" geschehen.[77] Die Schwäche des römischen Expeditionskorps läßt sich an zwei Ereignissen ablesen: Die Scipionen warben junge Keltiberer zum gleichen Sold, den auch die Karthager bezahlten, an. Das war ein Novum in der römischen Militärgeschichte, daß Söldner ins römische Lager aufgenommen wurden. Nur größte Personalnot kann diese Neuerung veranlaßt haben.

Die Scipionen verlegten sich gezwungenermaßen mehr auf das Gebiet der Kriegspropaganda[78] und der Diplomatie. Sie versuchten vor allem die innerafrikanischen Händel durch eine Intervention zu ihrem Vorteil auszunutzen.[79] Der Fürst der Masaisylier, Syphax, führte Krieg mit den Kartha-

legt wurde, d.h. wohl bei Thapsos. Vgl. H.P. Drögemüller, a.a.O., 147–149. Die Liviusstelle ist nicht klar. Er nennt als Ortsangabe Leon. Dieser Ort ist aber vom Hexapylon nur ca. 1,5 km entfernt. Deshalb schlägt Drögemüller Thapsos vor. Jedoch könnte man auch annehmen, daß die Entfernungsangabe bei Livius falsch, aber die Ortsangabe richtig ist. Allerdings scheint Thapsos weniger gefährdet gewesen zu sein als Leon.

[76] L 24,49,7. Obgleich Livius für 213 keine nennenswerten Ereignisse berichten konnte, leitete er 24,48,1 seinen Bericht mit der bekannten, alljährlich wiederholten Formel ein: Sie gewannen in Iberien viele alte Bundesgenossen zurück, viele neue hinzu. Warum sind die alten vorher abgefallen?

[77] Die Karthager konnten ungefährdet Hasdrubal für den Krieg in Numidien nach Afrika zurückbeordern. Nach App Ib 16,58–59 wäre die Folge gewesen, daß die Scipionen leicht den Rest von Iberien überwältigen konnten. Viele Städte seien freiwillig zu ihnen übergetreten. Dies trifft keineswegs zu.

[78] Sie schickten 300 junge vornehme Iberer nach Italien, wo sie mit ihren Landsleuten Kontakt aufnehmen sollen, um sie zum Übertritt auf die römische Seite zu ermuntern, 24,49,8.

[79] L 24,48,1–13. Maria Radnoti-Alföldi, Die Geschichte des numidischen Königreiches und seiner Nachfolger, in: Die Numider, hrsg. von H.G. Horn u. Chr.B. Rüger, Bonn 1979, 46ff., Huß 1985, 360, Ritter 1987, 36ff.

gern. In seiner Hauptstadt Siga[80] suchten ihn drei Centurionen[81] im Auftrag der Scipionen auf, um mit ihm Freundschaft und Bündnis zu vereinbaren. Für den Fall, daß er den Krieg gegen die Karthager fortsetze, versprachen sie den „Dank und das Entgegenkommen des römischen Volkes". Syphax hatte die Schwächen seiner Truppen im Kampf mit den geübten karthagischen Soldaten erkennen müssen. Deshalb erbat er sich Kriegsberater, die seine Soldaten in Ausrüstung und Waffengebrauch ausbilden sollten. Ein Centurio blieb in Siga zurück und begann sogleich mit seiner Arbeit.[82]

Die anderen Centurionen kehrten in Begleitung einer numidischen Gesandtschaft zu den Scipionen zurück. Das Bündnis[83] hatte für beide Seiten Vorteile. Die Numider lernten waffentechnisches und taktisches Know-how, die Römer konnten die Abmachung mit dem Numiderfürsten Syphax propagandistisch einsetzen und die Numider in den Reihen der Karthager zum Übertritt bewegen.

Als die Karthager von der Abmachung erfuhren, machten sie sich die innernumidischen Rivalitäten zunutze und gewannen Gaia, den Fürsten der Massylier, dessen Hauptstadt Cirta (h. Constantine) war, für ein Zusammengehen. Drohend malten sie künftige Verwicklungen an die Wand, wenn Syphax nach Iberien oder die Römer nach Afrika übersetzten. Er müsse Syphax jetzt angreifen, da er noch leichter zu besiegen sei.

Der junge Sohn des Gaia, Massinissa, trat nachdrücklich für das Bündnis mit Karthago ein. Es kam zu einer Schlacht der vereinten Heere der Karthager und Numider unter Gaia gegen das Heer des Syphax, der vernichtend geschlagen wurde. Er mußte aus seinem Reich fliehen und bei den marusinischen Numidern am Rand des Atlantik Zuflucht suchen.[84]

[80] Am Tafna-Fluß gelegen. Dessau, RE 2 A 2, 1923, 2274–2275 s. v. Siga, P.-A. Février, in: Princeton Encyclopedia of Classical Sites, Princeton 1979, 838 s. v. Siga, Chr. B. Rüger, Siga, die Hauptstadt des Syphax, in: Die Numider, Bonn 1979, 181–184.

[81] Es überrascht, daß die Scipionen für eine so wichtige Mission Centurionen wählten und nicht höhere Chargen, Militärtribunen oder Legaten. Normalerweise waren Senatoren Gesandte. Wollten die Scipionen das evtl. Scheitern der Mission durch rangniedrigere Personen mildern oder herunterspielen?

[82] Vgl. Horsmann 1991, 117 ff. Der Centurio Q. Statorius soll so erfolgreich gewesen sein, daß Syphax die Karthager in einer Landschlacht besiegen konnte. Ob dies allerdings den Tatsachen entspricht, muß fraglich bleiben, zumal auch keine weiteren Details (Örtlichkeit, Feldherr der Karthager usw.) angegeben werden.

[83] Zur genauen Auslegung der *amicitia et societas* (L 24, 48, 3) vgl. Maria Rosa Cimma, Reges socii et amici populi Romani, Mailand 1976, 41 ff., Ritter 1987, 36–38.

[84] L 24, 49, 1–6. Dort versuchte er ein neues Heer aufzustellen, mit dem er nach Iberien übersetzen wollte. Massinissa soll ihn erfolgreich bekämpft haben. Hasdrubal, der karthagische Kommandant, wird bei Livius überhaupt nicht erwähnt. Alle Verdienste werden dem jungen Massinissa zugesprochen, der später die Seiten

Der Versuch der Scipionen, den Karthagern in Afrika Schwierigkeiten zu bereiten, war im Augenblick gescheitert. Sie hatten aber eine Schwachstelle im politischen System der Feinde aufgedeckt, wo sie ihnen erhebliche Schwierigkeiten bereiten konnten, zumal offenbar kein einsatzbereites Heer in Afrika zur Verfügung stand.

Griechenland[85]

Den Winter 214/13 hatte Laevinius in Orikos verbracht. Von Philipp drohte nach dem Verlust der Flotte im Vorjahr keine unmittelbare Gefahr. Der Makedonenkönig war mit der Intervention in Messenien beschäftigt und mußte die illyrische Angelegenheit vorerst zurückstellen.[86]

Wenn Hannibal im Winterlager die Ereignisse der vergangenen Kampagne analysierte, dürfte er insgesamt zufrieden gewesen sein. Sein Ausharren im Sallentinergebiet hatte sich ausgezahlt. Neben dem Übertritt zahlreicher Orte zählte für ihn am meisten der Gewinn von Tarent. Den „kleinen Schönheitsfehler", daß die Burg noch von den Römern gehalten wurde, dürfte er gering bewertet haben. Er war wohl zuversichtlich, sie im kommenden Jahr zu erobern und dann den besten Hafen an der Südküste Italiens, der auch vor den Winterstürmen Schutz bot,[87] zu besitzen. Die Entwicklung in Sizilien, über die er von seinen Vertrauensleuten informiert wurde, war ebenfalls vielversprechend. Es ist anzunehmen, daß es im Kriegsrat auch kritische Stimmen gab, die seine optimistische Einschätzung nicht teilten.[88] Bereits das dritte Jahr ohne Sieg über die Römer war vergan-

wechselte und erfolgreich für die Römer kämpfte. Es ist zu vermuten, daß die Rolle des Hasdrubal zu Unrecht unterdrückt wurde. Der junge Numiderfürst dürfte tatsächlich nur eine untergeordnete Rolle gespielt haben. Es ist unwahrscheinlich, daß der Krieg in Nordafrika die karthagischen Rüstungen in diesen Jahren nachhaltig störte, wie Th. Lenschau, RE 7,2, 1912, 2338 vermutete. Denn im Jahr 213 landeten sie ein großes Expeditionsheer (25000 Mann zu Fuß, 3000 Reiter, 12 Elefanten) in Sizilien. Da Hannibal diesen Einsatz voll unterstützte, lassen sich keine direkten Auswirkungen auf die Kriegführung in den anderen Gebieten nachweisen.

[85] Über die Ereignisse auf dem Kriegsschauplatz östlich der Adria in diesem Jahr sind wir nur ungenügend informiert. Seibert 1993, 275.

[86] Walbank 1940, 77ff., II 1967, 56–61, Hammond III 1988, 396ff. Das illyrische Unternehmen mit der Eroberung von Lissos (P 8, 13–14) wird von der Forschung teilweise auch ins Jahr 213 datiert, vgl. Lehmann 1967, 362ff., anders Seibert 1993, 275.

[87] P 10, 1.

[88] Die Vermutung, Hannibal habe die Kriegslage optimistisch und aussichtsreich eingeschätzt, beruht auf der Schlußfolgerung, daß er bei anderer Beurteilung wohl seine Strategie geändert hätte. Die konsequente Anwendung seines politischen Prin-

gen. Tarent war vorerst mehr eine Last als ein Gewinn. Außerdem berührten die Römer die Verluste im Süden Italiens wenig.

Seit Cannae war es zu keiner Schlacht zwischen den Römern und Karthagern gekommen. Das war im wesentlichen das Verdienst der fabischen Strategie. Es sind aber auch keine Versuche Hannibals bezeugt, die Römer durch geschicktes Manövrieren zur Schlacht zu stellen.

Der Verlust von Tarent war ein Schock für die Römer. Doch noch war die Stadt nicht völlig verloren, da sich die Besatzung im wichtigsten Teil halten konnte. Insgesamt hatte sich ihre Lage in Italien weiter stabilisiert, wenngleich die Rückgewinnung verlorenen Terrains nur langsam voranging. Ihre Versuche, Soldaten des Feindes, besonders Iberer und Numider zum Übertritt zu bewegen, mußten Hannibal bedenklich stimmen. Noch beunruhigender war ihr Versuch, in Afrika Aufruhr zu stiften, da dort kein eigenes Heer zur Verfügung stand. Die Veränderungen der Kriegslage waren evident. Wohl niemand im Lager der Karthager dürfte mehr gehofft haben, daß der Krieg bald zu Ende wäre.

zips, die Bundesgenossen der Römer tatsächlich zu befreien und nicht wie üblich zu „befreien", d.h. an die Stelle des alten einen neuen Herrn zu setzen, bestätigt diese Sicht. Daß es Kritiker in den Reihen der Karthager gab, läßt sich m.E. aus dem Schreiben der Befehlshaber der karthagischen Besatzung in Capua an Hannibal erschließen (L 26, 12, 11 ff.).

Das 7. Kriegsjahr: 212 v. Chr.[1]

Rom[2]

Insgesamt drei Jahre, davon zwei als Konsul und das letzte Jahr als Legat seines Sohnes, hatte Fabius die römische Kriegführung bestimmt. Eine erneute Bewerbung um das höchste Amt war kaum aussichtsreich. Er konnte nur hoffen, daß die neuen Konsuln seine erfolgreiche Strategie fortführen würden.[3] Q. Fulvius Flaccus, der sich bereits 237 und 224 als Konsul, 215 und 214 als Prätor urbanus bewährt hatte, und Appius Claudius Pulcher, zuletzt als Proprätor und Flottenbefehlshaber im Heer des Marcellus vor Syrakus im Einsatz, wurden zu Konsuln gewählt.

Wie jedes Jahr beriefen sie bei ihrem Amtsantritt an den Iden des März die Senatoren in die Kurie und erörterten die allgemeine Kriegslage, den Bedarf an Truppen, die Verteilung der Amtsbereiche und die Verlängerung der Imperien.[4] Die Konsuln sollten die Kriegführung gegen Hannibal übernehmen. Neu war, daß dem Prätor M. Iunius Silanus Etrurien als Amtsbereich zugewiesen wurde, um Getreide und sonstigen Bedarf für das Heer aufzukaufen und auf dem Landweg nach Ostia zu schaffen, von wo es zu Schiff nach Casilinum und Puteoli verfrachtet wurde, um die Belagerungsarmee vor Capua zu versorgen.[5]

Die Vorbereitungen der Konsuln wurden durch Schwierigkeiten mit den Staatspächtern erheblich behindert, da die Aufdeckung der Betrügereien zweier Publicani fast einen Aufstand hervorrief.[6] M. Postumius aus Pyrgi

[1] Kahrstedt 1913, 472 ff., De Sanctis III 2, 1916, 277 ff., Thiel 1946, 81 ff., Lazenby 1978, 109 ff., Huß 1985, 361 ff.

[2] Patterson 1942, 328, Scullard 1951, 61 ff., L. A. Springer, Livy and the Year 212 B.C., C J 47, 1951–52, 261–264, 298–299, Lippold 1963, 174 ff., Crake 1963, 127, Jahn 1970, 45, Rilinger 1976, 197 ff., Hartfield 1982, 507.

[3] Es ist anzunehmen, daß er die Wahl der neuen Konsuln kaum dem Zufall überließ. Dafür spricht, daß Sempronius den Claudius Cento zum Diktator für die Abhaltung der Wahlen bestimmte, der den Q. Fulvius Flaccus zu seinem *magister equitum* ernannte (L 25, 2, 3 ff.), eine bewährte Methode zur sicheren Wahl eines Konsuls.

[4] L 25, 3, 1–7, Tammler 1971, 195–196.

[5] L 25, 20, 3. Sein Legat C. Servilius brachte auf Lastschiffen Getreide in den Hafen von Tarent (L 25, 15, 4).

[6] L 25, 3, 8–4, 11; E. G. Hardy, Some Notable Iudicia Populi on Capital Charge,

und T. Pomponius aus Vei,[7] Teilhaber der Gesellschaften, die die Versorgung des Heeres in Iberien übernommen hatten,[8] hatten durch betrügerische Manipulationen die Staatsbürgschaft mißbraucht.[9]

Die Volkstribune Spurius und Lucius Carvilius belegten den M. Postumius – T. Pomponius war im Vorjahr bei seinen Plünderungszügen in Bruttium in die Hände Hannos geraten – mit einer Geldstrafe von 200000 Asses. Unter größtem Publikumsandrang fand die Verhandlung auf dem Kapitol statt. Die Beweislage war eindeutig. Nur die Interzession des Volkstribunen C. Servilius,[10] eines Verwandten des Postumius, hätte ihn retten können, wozu ihn die Publicani drängten. Doch Scham und Furcht hielten den Volkstribunen zurück, denn das aufgebrachte Volk tobte. Die Abstimmung wurde aber durch die wütenden Publicani verhindert. Der Konsul Fulvius forderte die Volkstribune zur Auflösung der Versammlung auf, da es nach Aufruhr *(seditio)* aussehe.[11]

Die Liste der Anklagen, die im Senat gegen die Staatspächter vorgebracht wurden, war lang[12]: Verhinderung der Abstimmung, Störung der Volksversammlung, Behinderung der Volkstribunen, Zusammenrottung gegen das römische Volk, Besetzung des Abstimmungsplatzes und Verhinderung der Abstimmung. Die Volkstribune ließen ihre Geldstrafe fallen und klagten den Postumius, der Bürgen stellte, am Tag der Verhandlung aber nicht erschien, auf Leben und Tod an. Sein Vermögen wurde konfisziert, er selbst geächtet. Auch gegen die übrigen Beteiligten wurde hart durchgegriffen. Die meisten zogen die Verbannung dem Erscheinen vor Gericht vor. Fulvius nutzte die Gelegenheit, um die Abhängigkeit und Erpreßbarkeit des Staates von einer

JRS 3, 1913, 32–33, Cassola 1962, 78, Toynbee II 1965, 351–355, Tammler 1971, 196–197, E. Badian, Publicans and Sinners, Ithaca 1972, 17–20, Maria Rosa Cimma, Ricerche sulle società di publicani, Mailand 1981, 8–9.

[7] C. Nicolet, L'ordre équestre à l'époque républicaine, Paris II 1974, 991 Nr. 285 (T. Pomponius), 996 Nr. 292 (M. Postumius).

[8] L 23,48,4ff.

[9] Jeder Wetterschaden wurde von der Staatskasse übernommen. Deshalb erfanden sie einige Schiffsverluste durch Sturm. Eine andere Methode war, alte verrottete Kähne mit minderwertiger Ware zu beladen und sie auf See untergehen zu lassen. Der Wert der Ladung wurde um ein Vielfaches höher taxiert. Im Vorjahr hatte die Anzeige beim Prätor M. Aemilius, der die Sache vor den Senat brachte, keine Folgen gehabt. Vgl. o. S. 270.

[10] Livius nennt den Volkstribunen Servilius Casca. Nach der Vermutung von F. Münzer, RE 2 A 2, 1923, 1792 s. v. Servilius 60 wurde das Cognomen Geminus ausgetauscht, um den späteren Konsul von 203 zu entlasten. Vgl. Scullard 1951, 63.

[11] L 25,3,19. Mit dieser Auslegung unterstützte der Konsul die Volkstribune, die offensichtlich nicht mehr Herr der Lage waren. Die Beilegung einer *seditio* fiel nicht mehr in ihren Kompetenzbereich. Hier waren die Konsuln gefragt.

[12] L 25,4,4ff.

Gruppe reicher Leute durch exemplarische Strafen zu beseitigen. Ob die Befürchtung der Senatoren, die Bereitschaft zur Finanzierung öffentlicher Aufgaben werde nachlassen, wenn sie die Betrügereien aufdeckten – deshalb hatten sie im Vorjahr lieber geschwiegen –, eintrat, ist nicht bekannt.

Dann konnten die Konsuln sich endlich der Aushebung von Ersatzmannschaften für die im Feld stehenden Legionen widmen. Es fehlte aber an jungen Leuten im waffenfähigen Alter. Die Senatoren setzten zwei Kommissionen *(III viri)* ein, die eine genaue Überprüfung aller Freigeborenen in allen Gemeinden *(pagi, fora, conciliabula)* durchführen sollten. Nicht mehr das Lebensalter sollte für die Einberufung entscheidend sein, sondern die körperliche Konstitution, d. h. auch junge Leute unter 17 Jahren sollten eingezogen werden, wenn sie nur kräftig genug waren. Ein besonderes Gesetz, das die Volkstribunen beim Volk beantragten, sollte sicherstellen, daß auch die Jahre vor dem gesetzlichen Alter als Dienstjahre gezählt würden.[13] Nichts könnte deutlicher die angespannte Personallage der Römer verdeutlichen. Dennoch verkündeten sie stolz, sie hätten insgesamt 23 Legionen im Feld stehen. Als die Senatoren über die Behebung der Einberufungsprobleme berieten, erhielten sie ein Schreiben des M. Claudius Marcellus aus Sizilien mit der Bitte der Cannensischen Soldaten, sich durch Einsatz im Krieg bewähren zu dürfen.[14] Bei prinzipieller Beibehaltung und Verteidigung des früheren Urteils überließen sie dem Prokonsul die Entscheidung, allerdings mit der Auflage, daß keiner dieser Soldaten vom Militärdienst befreit, für Tapferkeit belohnt werden oder gar nach Italien zurückkehren dürfe, solange Krieg herrsche, auch dies ein Zeichen für den Mangel an einsatzfähigen Soldaten.

Einen Spruch aus den Prophezeiungen des Marcius *(carmina Marciana)*[15] legten die Priester *(Xviri sacris faciundis)* so aus, daß sich ihre Lage verbes-

[13] Die Legionsliste L25,3,3–7, angeblich sollen insgesamt 23 Legionen aufgeboten worden sein, vgl. Klotz 1933, 70–75, Marchetti 1978, 61–66. Tatsächlich traten aber erhebliche Schwierigkeiten bei der Aushebung auf, L25,5,5–9. Um die Drückeberger aufzuspüren, überprüfte eine Kommission die Bewohner der Orte diesseits, die andere die jenseits des 50. Meilensteines (von Rom aus).

[14] L 25,5,10–7,4. Es war sicher nicht klug, in dem Schreiben auf einige evidente Ungerechtigkeiten zu verweisen, die die Senatoren besonders treffen mußten.

[15] L 25,12,1–15. Es handelte sich um Gebetsbücher, die nach dem Edikt des Prätors M. Aemilius bis zum 1. April abgeliefert werden sollten. Ein Spruch, der sich auf die Niederlage bei Cannae bezog und die Richtigkeit der Prophetie bewies (L25,12,5–7, Tammler 1971, 200–203), regte dazu an, einen zweiten, allerdings etwas schwerer verständlichen Spruch deuten zu lassen. Zu den *carmina Marciana* vgl. W. Warde Fowler, The Religious Experience of the Roman People from the Earliest Times to the Age of Augustus, London 1911, 326ff., F. Münzer, RE 14, 1, 1928, 38–41 s. v. Marcius 2, L. Herrmann, Carmina Marciana, in: Hommages à G. Dumézil (Collection Latomus 45), Brüssel 1960, 117–123.

sern und der Feind vernichtet werde, wenn sie jährlich zu Ehren des Gottes Apollon Spiele feierten *(ludi Apollinares)*.[16] Wahrscheinlich folgten sie mit dieser Auslegung einer Anweisung des Senats, der das Vertrauen des Volkes in den Sieg der römischen Waffen stärken, der aber auch den ausufernden Irrglauben in geregelte Bahnen lenken wollte. Es war besser, die Bürger spendeten ihr Geld für die vom Prätor kontrollierten Spiele, als daß Gaukler und Scharlatane dem Volk die letzten Asses aus der Tasche zogen.[17] Durch Spiele konnte die religiöse Hysterie der Menschen in vom Staat kontrollierte Bahnen gelenkt werden.

Italien

Der Abfall von Tarent wirkte sich auf die Haltung der benachbarten Griechenstädte aus.[18] Da ein Teil der römischen Besatzung von Metapont nach Tarent zur Verstärkung der Burgbesatzung verlegt worden war, fühlten sich die Metapontiner vom römischen Druck befreit, überwältigten die geschwächte Garnison und traten auf die Seite Hannibals.[19] Herakleia folgte ihrem Beispiel.[20]

Nach der Hinrichtung ihrer Geiseln waren auch die Thurier bereit, das römische Bündnis aufzugeben. Sie riefen den karthagischen Feldherrn in Bruttium, Hanno, herbei. Obgleich die römische Besatzung schwach war,[21] wagte es M. Atinius, sich zur Schlacht zu stellen, mußte aber wegen der Flucht der Thurier weichen und rettete sich in die Stadt. Die Thurier honorierten seine gerechte Kommandoführung in ihrer Stadt und erlaubten ihm

[16] L 25,12,9–10, Macrobius, sat. 1,17,25–30, Cicero, de divin. I 115. A. Piganiol, Recherches sur les jeux romains, Straßburg 1923, 101, Marta Sordi, L'Apollo del promontorio Pachino e i ludi Apollinari, Klearchos 27, 1985, 75–81.

[17] Der finanzielle Aspekt sollte nicht übersehen werden (L25,1,8). Die Spiele sollten teils aus dem Staatsschatz, teils aus öffentlichen Spenden finanziert werden.

[18] Kukofka 1990, 57ff. Vgl. Karte Nr. 4.

[19] Der Bericht App Ann 35,148 scheint mir glaubwürdiger als L25,15,6. Der römische Besatzungskommandant dürfte kaum die gesamte Besatzung von Metapont nach Tarent verlegt, sondern eine Hälfte zum Schutz Metaponts zurückgelassen haben. Diese wurden leicht eine Beute der Metapontiner, die sie umbrachten. Zur Geschichte und Topographie der Stadt vgl. D. Adamesteanu, Problemi topografici ed urbanistici metapontini, in: Metaponto. Atti del XIII Convegno di Studi sulla Magna Grecia Tarent 1973, Neapel 1974, 153ff., E. Lepore, Problemi di storia metapontina, ebd., 307ff., 324 zu Hannibal, Maria Teresa Giannotta, Metaponto ellenistico-romana. Problemi topografici, Galatina 1980, 51ff.

[20] App Ann 35,149.

[21] Die Römer hatten in ihrer Personalnot zu dem Mittel gegriffen, ihre eigenen Truppen durch die Aushebung von einheimischer Jungmannschaft zu verstärken. Diese hatten den Auftrag, in der Schlacht davonzulaufen.

den sicheren Abzug zu den Schiffen.[22] Mit dem Übertritt dieser Städte kontrollierte Hannibal die gesamte Südküste Italiens mit Ausnahme Rhegions. Wenn man bedenkt, daß dies erst im vierten Jahr nach Cannae erreicht wurde, dann wird die geringe Effektivität des „Stellvertreterkrieges" evident.

Die römischen Truppen in Campanien setzten ihre Überfälle und Plünderungszüge gegen Capua fort. Während sie bisher die Ländereien der abgefallenen Städte erst zur Erntezeit verwüstet hatten, störten sie in diesem Jahr bereits die Aussaat, d.h. die Campaner konnten keine Ernte einbringen.[23] Sie richteten deshalb einen Hilferuf an Hannibal, er möge sie mit Lebensmitteln versorgen, bevor die römischen Heere alle Zufahrtswege nach Capua sperrten. Dieser beauftragte mit dem Fourageunternehmen Hanno, der bei Beneventum Stellung bezog, wohin er das Getreide aus den verbündeten Orten zusammenbringen ließ. Hier sollten es die Campaner mit Wagen abholen. Doch zum vereinbarten Termin erschienen sie nur mit wenigen Transportfahrzeugen. Hanno ermahnte sie, mit ausreichend Fuhrwerken wiederzukommen.[24]

Die Konsuln waren erst spät aus Rom aufgebrochen und hatten in Samnium Stellung bezogen.[25] Von Bovianum rückte Fulvius Flaccus nach Benevent vor. Dann soll er das karthagische Lager überfallen und dabei alle Transportwagen aus Capua erobert haben.[26] Zu Recht kann man an dem rö-

[22] L 25,15,7–17.

[23] L 25,13,1–2, App Ann 35,153ff., Z 9,5,1. Offenbar konnten die Campaner ihre Ländereien wieder bestellen, da die Römer später im Jahr zur Verwüstung der Ernte erneut von Benevent nach Campanien einrückten (L 25,15,18).

[24] L 25,13,6–7. Der erste Transport umfaßte 400 Wagen. Deshalb ist der Vorwurf Hannos nicht ganz verständlich. Die Stelle ist auch verdächtig, da auf die übliche Sorglosigkeit und Nachlässigkeit der Campaner als Ursache verwiesen wird. Es ist wohl kaum anzunehmen, daß die 400 Wagen ohne Getreide heimkehrten.

[25] L 25,13,1.

[26] L 25,13,10–14,12. Der livianische Bericht überrascht den Leser. Zunächst wird der erfolglose Angriff auf das gut gesicherte karthagische Lager beschrieben. Der Konsul mußte erkennen, daß sein Vorhaben gescheitert war. Er erteilte deshalb den Legaten und Militärtribunen den Befehl, von dem „unüberlegten Vorhaben" abzulassen, und legte einen neuen Plan für den nächsten Tag vor. Doch sein Befehl zum Rückzug ging im Gebrüll der Soldaten unter, die einen so laschen Befehl verachteten. Der Kommandant der *cohors Paeligna*, Vibius Accaus, ergriff die Initiative und drang ins feindliche Lager ein. Die römischen Truppen, allen voran der Militärtribun der 3. Legion, Valerius Flaccus, und der Centurio des 1. Manipels, Titus Pedanius, wollten die Ehre, das Lager der Feinde erobert zu haben, nicht den Bundesgenossen überlassen und folgten. Der Konsul paßte sich der veränderten Situation an und feuerte seine Soldaten zum Kampf an. Das karthagische Lager wurde erobert. 6000 Feinde wurden getötet, 7000 Mann gefangengenommen, dazu alle Wagen mit Zugvieh und Getreide für Capua. Als Hanno, der angeblich sein Lager zum Fouragieren gerade verlassen hatte, das Unglück vernahm, zog er sich nach Bruttium zurück. Die äußerst

mischen Erfolg zweifeln. Wahrscheinlich wollten die römischen Geschichtsschreiber den Verlust von Tarent durch einen römischen Sieg egalisieren. In Wirklichkeit dürften die Konsuln das Versorgungsunternehmen nicht gestört haben, sondern rückten wohl erst nach dem Abzug Hannos in Campanien ein. Deshalb richteten die Campaner erneut einen Hilferuf an Hannibal, der ihnen eine Schutztruppe sandte.[27]

Er selbst fand es nicht nötig, seinen Operationsbereich nach Campanien zu verlegen, da er die Hilferufe der Campaner für übertrieben und unberechtigt hielt. Doch dieses Mal waren ihre Ängste berechtigt. Die Konsuln begannen die Stadt zu belagern. Der Prokonsul Ti. Sempronius sollte seine Reiterei und die Leichtbewaffneten aus Lukanien nach Beneventum verlegen, während die Hauptmasse seiner Legionen in ihrem Standquartier in Lukanien bleiben sollte.[28]

Jetzt entschloß sich Hannibal doch, nach Campanien zu marschieren. Als er das Gebiet von Benevent passierte, kam es zur Schlacht mit dem Heer des Sempronius, das er fast völlig vernichtete, wobei auch der römische Feldherr fiel. Von diesen Vorgängen bewahrte die römische Geschichtsschreibung eine völlig andere Version, die den tapferen Römer zum Opfer eines hinterhältigen Komplotts werden ließ.[29]

ungünstige Schilderung des Konsuls ist auffallend. Sein Vorhaben wird als unüberlegt *(temerarium inceptum)* bezeichnet, ein Prädikat, das den schlechten Feldherrn der Römer, die die großen Niederlagen verschuldeten (Sempronius, Flaminius), beigelegt wurde. Obgleich der Angriff der Soldaten mit einem großen Erfolg endete, war ihr Verhalten während der Schlacht eine Ohrfeige für den Konsul. Die Person des Militärtribunen (Valerius Flaccus) ist suspekt und verrät den Erfinder dieser Geschichte, wohl Valerius Antias, der zum größeren Ruhm seiner Vorfahren gern die Ereignisse aufbauschte oder sogar erfand und das Verhalten des Konsuls Fulvius schamlos dem Spott der Nachwelt preisgab. Val Max 3,2,20, App Ann 37,157–158.

[27] L 25,15,1–3, insgesamt 2000 Reiter unter dem Kommando des Mago.

[28] L 25,15,18–20.

[29] P 8,35,1, L 25,16–17, D 26,16, App Ann 35, 150ff., Val Max 1,6,8, Sil 12,476, Or 4,16,15. Kukofka 1990, 61ff. Das kommende Unglück wird bereits durch unheilverkündende Vorzeichen beim Opfer angedeutet. Sempronius schenkte den Einflüsterungen des Lukaners Flavus Vertrauen, der bisher die Römer unterstützt, aber bereits geheime Verhandlungen für seinen Übertritt zu den Karthagern mit Mago geführt hatte. Er gab vor, er habe die Anführer aller Gemeinden, die nach Cannae von Rom abgefallen waren, überredet, in das alte Bündnis zurückzukehren, das sich immer mehr erhole, während Hannibal keine Fortschritte mache (L 25,16,5), und lockte Sempronius an einen einsamen Ort, wo sich die Führer der zu den Karthagern übergetretenen Lukaner einfinden sollten, um sie für eine Rückkehr ins römische Lager zu gewinnen und ihnen persönlich Begnadigung zuzusichern. Sempronius geriet mit geringer Begleitung in den gestellten Hinterhalt und fiel tapfer kämpfend gegen die Übermacht der Feinde (L 25,16,5–25). Livius entschied sich für diese Version. Es kursierten mehrere widersprüchliche Varianten über das Ende des Sempro-

In der Zwischenzeit hatte das karthagische Entlastungsheer unter Mago, verstärkt durch campanische Einheiten, versucht, die römischen Truppen von der weiteren Verwüstung des Landes abzuhalten. Die römischen Feldherrn zogen sich nicht mehr in befestigte Plätze zurück, sondern stellten sich dem Feind. Gegen die numidischen Reiter zogen sie den kürzeren.[30]

Hannibal sah zum ersten Mal seit Cannae eine Möglichkeit, den Feind zur Schlacht stellen zu können. Sofort nach seinem Einmarsch in Campanien bot er ihnen die Schlacht an.[31] Trotz der überlegenen karthagischen Reiterei nahmen sie an. Während des Kampfes sei in der Ferne ein Heer aufgetaucht – das Heer des Sempronius, das der Quästor Cn. Cornelius kommandierte – und habe beide Seiten zum Rückzug veranlaßt, da sie nicht wußten, ob der Feind Verstärkung erhalte. Die Schlacht habe unentschieden geendet, wenngleich die Römer mehr Verluste zu beklagen hatten.

An diesem Bericht sind erhebliche Zweifel angebracht. Es verwundert, daß das Heer des Sempronius, das sich nach dem Tod seines Feldherrn „aufgelöst" hatte, plötzlich wie ein Deus ex machina rettend eingriff. Damit sollte wohl der Rückzug der Konsuln kaschiert werden. Livius drückte sich um das Eingeständnis, daß die Konsuln eine Niederlage erlitten. Der Ausgang sei bei höheren Verlusten der Römer unentschieden gewesen!

nius Gracchus, so daß eigentlich nur der Tod als Faktum feststeht. Weder der Ort (entweder in Lukanien oder im Gebiet von Beneventum am Fluß Calor) noch der Anlaß (Sempronius war zum Waschen am Fluß Calor und zufällig dort versteckte Feinde brachten ihn um, oder er war zur Sühnung der Wunderzeichen am Fluß und wurde von zwei zufällig dort weilenden Numiderscharen getötet), noch die Art der Bestattung (entweder im römischen Lager oder mit allen militärischen Ehren durch Hannibal) lassen sich eindeutig feststellen. Sein Heer soll sich nach seinem Tod aufgelöst haben. Gleichsam als seien die *volones* durch seinen Tod von ihrem Fahneneid entbunden worden, seien sie davongelaufen (L 25,20,4). Der Senat habe den Auftrag erteilt, die Deserteure aufzuspüren (L 25,22,4) und zu ihren Abteilungen zurückzuführen. Dieser Vorgang ist völlig unglaubwürdig. Die Senatoren hätten die Auflösung des Heeres nie gebilligt. Auf Desertion stand die Todesstrafe. Trotz größter Schwierigkeiten bei der Aushebung von Soldaten erlaubten die Senatoren nie eine Lockerung der militärischen Disziplin. Das Verschwinden des sempronischen Heeres läßt sich nur durch seine Vernichtung in einer Schlacht erklären, die ebenso wie der Tod des Feldherrn entschuldigt werden sollte.

[30] L 25,18,1–15. Die Römer erlitten beträchtliche Verluste, rund 1500 Mann. Nach dem Prinzip der Satisfaktion wird deshalb eine breite Schilderung eines Zweikampfes zwischen dem Römer T. Quinctius Crispinus und dem Campaner Badius eingelegt (L 25,18,4–15), dessen Ausgang den Römern wieder Mut und Zuversicht verleihen sollte. Auch dieser Bericht enthält alle gängigen Klischees. Der Campaner war undankbar, verletzte das Gastrecht, verhielt sich schändlich und feige im Kampf und floh schließlich verwundet. Der Römer glänzte durch seine Waffentat. Durch diese breite Schilderung sollte nur die empfindliche römische Niederlage verdeckt werden.

[31] L 25,19,1–5.

Die Konsuln mußten die bittere Erfahrung machen, daß Hannibal und seine Feldherrn nichts von ihrer Gefährlichkeit verloren hatten, besonders wenn sie ihre Reiterei einsetzen konnten. Diese Erkenntnis dürfte sie dazu bewogen haben, die für sie gefährliche campanische Ebene zu verlassen und sich dem Zugriff der karthagischen Waffen vorerst zu entziehen. Sie beendeten ihre gemeinsamen Operationen und trennten ihre Heere.[32] Fulvius Flaccus wandte sich nach Cumae, Appius Claudius nach Lukanien. Sie wollten den Feind von Capua weglocken.

Hannibal holte Appius Claudius in Lukanien ein, stellte ihn zur Schlacht und brachte ihm eine vernichtende Niederlage bei.[33] Die Reste des geschlagenen Heeres marschierten nach Campanien zurück, während Hannibal sich nach Apulien wandte. Nach seiner Ansicht bestand eine unmittelbare Gefahr für Capua nicht mehr. Die Konsuln hielten sich von direkten Angriffen auf den Feind zurück und konzentrierten sich auf die Vorbereitung der Belagerung.[34] In Casilinum wurde eine Versorgungsbasis angelegt. Der Ort konnte mit Flußschiffen leicht erreicht und das Getreide leicht hierher transportiert werden. Zur Sicherung wurde an der Volturnusmündung ein

[32] L 25,19,6–8. Die Taktik der Konsuln ist aufschlußreich für ihre Einschätzung Hannibals. Sie rechneten offenbar fest damit, daß Hannibal nicht dem Fulvius folgen und Cumae belagern würde, was auch tatsächlich eintrat.

[33] Nach L25,19,8 sei Appius Claudius auf einem anderen Weg durch Lukanien nach Campanien zurückgekehrt. Damit erhält der Leser die Vorstellung als habe der Konsul das karthagische Heer an der Nase herumgeführt und abschütteln können. Hannibal stieß auf ein feindliches Heer unter dem Kommando eines römischen Centurio namens M. Centenius Paenula, L25,19,9–15, Or 4,16,16, vgl. F. Münzer, RE 3,2, 1899, 1928 s. v. Centenius 2, B. Schleußner, M. Centenius Paenula und C. Centenius, Würzburger Jahrbücher f. Altertumswissenschaft 4, 1978, 215–222, Kukofka 1990, 87–91. Das Heer des M. Centenius ist aus der jährlichen Legionsliste nicht bekannt. Paenula gehörte zu den ranghöchsten Centurionen. Nach Vollendung seines Militärdienstes führte ihn der Prätor P. Cornelius Sulla vor die Senatoren, die ihm 5000 Mann zur Verfügung stellen sollten. Diese bewilligten ihm sogar 8000 Mann, die eine Hälfte Römer, die andere Bundesgenossen. Unterwegs schlossen sich viele Freiwillige seinem Heer an, so daß er schließlich 16000 Mann unter seinen Fahnen vereinte. Die ganze Geschichte ist höchst unwahrscheinlich. Die Senatoren stellten einem Privatmann nie ein Heer zur Verfügung, ohne ihm ein *imperium* zu verleihen, und einem Centurio verliehen sie kein *imperium.* Die Konsuln hatten größte Probleme gehabt, die beiden *legiones urbanae* und Verstärkungen auszuheben. Es dürfte deshalb ausgeschlossen sein, daß die Senatoren auf die vagen Versprechungen hin bereitwillig 8000 Mann aufboten. Der Kampf endete mit einer vernichtenden Niederlage der Römer. Schuld war allein das persönliche Versagen des Centurio. Der Sieg der karthagischen Waffen dürfte unbestritten sein. Kein römischer Geschichtsschreiber erfand einen Sieg des Gegners. Doch die Geschichte des Centenius selbst wurde nur erdacht, um die Schlappe des Konsuls zu verdecken.

[34] L 25,20,1–3.

Fort errichtet. Mit Puteoli,[35] das bereits früher von Fabius befestigt worden war, kontrollierten die Römer sowohl die See als auch den Fluß. Das Getreide wurde aus Sardinien und Etrurien nach Volturnum und nach Puteoli verschifft. Damit war die Versorgung der Belagerungsheere gesichert.

Hannibal marschierte weiter nach Herdonea in Apulien, wo der Prätor Cn. Fulvius mit seinen Truppen stationiert war, deren Disziplinlosigkeit ihm seine Spione gemeldet hatten. Der Prätor sei nicht mehr Herr seiner Soldaten, die eine Schlacht wünschten.[36] Nach bewährter Taktik legte er eine Abteilung in einen Hinterhalt und ließ alle Fluchtwege mit Reitern abriegeln. Die eigentliche Schlacht dauerte nicht lange. Die römischen Truppen hielten nicht einmal das Schlachtgeschrei der Feinde und den ersten Angriff aus. Ihre Verluste waren hoch, wenngleich sie weit übertrieben werden.[37] Der Prätor ließ seine Soldaten im Stich und rettete sich mit wenigen Begleitern.[38]

Nach diesem Sieg, der die karthagische Präsenz in Apulien wieder stärkte, marschierte Hannibal mit seinem Heer nach Tarent zurück, um endlich die Burg in seinen Besitz bringen und den Hafen verwenden zu können.[39] Doch seine Bemühungen waren erfolglos. Dann wandte er sich gegen Brundisium. Angeblich soll er geglaubt haben, daß die Stadt verraten werde. Wahrscheinlich wollte er mit diesem „Angriff" mehr von seiner Erfolglosigkeit in Tarent ablenken, als daß er berechtigte Hoffnungen für den Übertritt der latinischen Kolonie hatte. „Er vertat seine Zeit unnütz", lautete das vernichtende Urteil. Er hätte den Ort belagern müssen. Doch davor schreckte er wie so oft zurück.

Damit waren die Kriegshandlungen für dieses Jahr beendet. In seinem Winterlager[40] trafen Gesandte von Capua ein, die erneut um seine Unterstützung nachsuchten.[41] Hannibal war die ständigen Klagen der Campaner leid. Bereits zweimal war er auf ihr Jammern hereingefallen und mit einem Heer nach Campanien marschiert. Jedesmal war ihr Lagebericht übertrieben gewesen. Hannibal vertröstete sie mit dem Hinweis, er brauche nur zu erscheinen und die Belagerung sei aufgelöst.

Doch die militärische Situation um Capua hatte sich nach dem Abzug

[35] Vgl. G. Marasco, La guerra annibalica e lo sviluppo economico di Pozzuoli, in: Geografia e storiografia nel mondo classico, a cura di Marta Sordi, CISA 14, Mailand 1988, 205–210.

[36] L 25,20,6–21,10.

[37] Von 18000 Mann sollen nur 2000 entkommen sein.

[38] Die Historizität der Schlacht ist in der Forschung umstritten, m. E. zu Unrecht, vgl. Seibert 1993, 237.

[39] L 25,22,14.

[40] In den Quellen fehlt jeglicher Hinweis, wo Hannibal das Lager anlegte.

[41] L 25,22,15–16.

Hannibals wesentlich verändert. Nach den ersten weiträumigen Sicherungen in Puteoli und Volturnum trafen die Konsuln in Casilinum zusammen, das sie als Basis für die Belagerung einrichteten.[42] Zur Unterstützung wurden der Prätor Claudius Nero aus den Castra Claudiana herbeigerufen und um Capua drei Lager aufgeschlagen. Die Stadt selbst wurde mit einem Wall und Graben, der mit einzelnen Forts gesichert war, völlig eingeschlossen. Die Campaner versuchten durch Ausfälle die Arbeiten zu behindern und zu zerstören. Es kam zu kleineren Gefechten, aber die Zernierung konnte nicht verhindert werden.

Die Römer wollten die Stadt nicht mit Belagerungsmaschinen angreifen, sondern aushungern. Die Voraussetzungen waren günstig, da die Campaner in diesem Jahr keine eigene Ernte eingefahren hatten. Bevor der Mauerring völlig geschlossen war, hatten die Campaner nochmals Gesandte an Hannibal geschickt, die gerade noch mit der wenig ermutigenden Antwort Hannibals in die Stadt zurückkehren konnten.

Den belagerten Campanern machten die Konsuln das Angebot, bis zu den Iden des März[43] könnten sie frei ihre Heimat verlassen, ihr Eigentum mitnehmen und behalten. Wer sich später dazu entschließe oder ganz in der Stadt bleibe, gelte als Feind. Die Campaner wiesen das Angebot höhnisch zurück. Sie waren zuversichtlich, daß Hannibal seine eigenen Truppen, die in ihren Mauern stationiert waren, nicht im Stich lassen würde.

Sizilien[44]

Marcellus befand sich vor Syrakus in einer wenig beneidenswerten Situation. Die Stadt war weder mit poliorketischen Mitteln noch durch Aushungern zur Übergabe zu zwingen. Was sollte er unternehmen? Weiter untätig vor Syrakus ausharren oder einen Angriff gegen Akragas unternehmen, wo Himilko mit seinen Truppen stand? Je länger die Belagerung währte, um so schwieriger war es, den Soldaten ihren Sold auszuzahlen. Seine monetären Probleme suchte er durch die Halbierung von Hieronmünzen zu beheben.[45]

[42] L 25,22,5–13. Die Kommandanten in Volturnum und Puteoli waren D. Iunius und M. Aurelius Cotta.

[43] Es handelt sich um den Termin, an dem die nächsten Konsuln ihr Amt antraten. Dadurch wird klar, daß die Einschließung gegen Jahresende erfolgte. Vgl. W. Weissenborn/H. J. Müller im Kommentar zur Stelle. P. Brind'Amour, Le calendrier romain, Ottawa 1983, 165 möchte das Datum in „Iden des Mai" ändern, da die Konsuln erst am 26. April aus Rom aufgebrochen seien. Diese Emendation ist nicht nötig.

[44] L 25, 23, 1–31, 15, Plu Marc 18, Frontin 3, 3, 2. Seibert 1993, 285 ff. Karte, Nr. 9 a.

[45] Vgl. R. R. Holloway, Numismatic Notes from Morgantina. II Half Coins of Hieron II in the Monetary System of Roman Sicily, ANS MN 9, 1960, 65–73.

Als letzter Ausweg blieb ihm nur die Hoffnung auf Verrat. In seinen Reihen hielten sich viele Syrakusaner auf, die als Romfreunde ihre Heimat verlassen hatten. Der Versuch, mit ihrer Hilfe Kontakte in die belagerte Stadt herzustellen, scheiterte, da eifrig darüber gewacht wurde, daß niemand geheime Verhandlungen anknüpfte. Schließlich gelang es,[46] einen Sklaven, getarnt als Überläufer, in die Stadt zu schicken, um Gespräche mit geeigneten Personen aufzunehmen. Unter Fischernetzen versteckt, wurden Kontaktpersonen ins römische Lager gebracht. Doch die Konspiration – schließlich waren achtzig Syrakusaner beteiligt – wurde verraten und alle Beteiligten hingerichtet.

Wie war die Stimmung in der belagerten Stadt? Hofften die Syrakusaner auf Hilfe von Hannibal? Eine Episode, die in anderem Zusammenhang berichtet wird, gibt einen bezeichnenden Hinweis, von wem sie eigentlich Unterstützung erwarteten. Es war nicht Hannibal, sondern Philipp von Makedonien. An diesen hatten sie einen Gesandten, Damasippos aus Sparta, geschickt, der aber von den Römern abgefangen worden war und nie sein Ziel erreichte. Wegen seiner Freilassung kam es beim sog. Galeagra-Turm[47] westlich vom Hexapylon zu Verhandlungen. Dabei bemerkte ein römischer Soldat eine Stelle in der Mauer, die beträchtlich niedriger war, dafür aber auch sorgfältiger bewacht wurde. Die Römer schätzten die Höhe, so daß sie mit mittellangen Leitern auskommen könnten. Für einen Überfall wollten sie das Fest der Artemis abwarten, das im Frühjahr drei Tage lang gefeiert wurde.[48]

Eine ausgewählte Truppe von Centurionen und Soldaten konnte die Mauern mit Leitern ersteigen, da die Wachen volltrunken im Schlaf lagen. Sie öffneten ein kleines Tor in der Nähe des Hexapylons und erhielten Verstärkung. Schließlich konnte Marcellus auch das Hexapylon von innen aufbrechen und im Morgengrauen seine Truppen in die Stadt führen.[49] Bis die

[46] L 25,23,6ff.

[47] L 25,23,8ff., zur Lokalisierung vgl. H.-P. Drögemüller, Syrakus, Heidelberg 1969, 139ff. Die ausführliche Schilderung, wie es der Aufmerksamkeit eines Römers zu verdanken war, daß die „Schwachstelle“ an der Mauer, die aber besonders bewacht war, entdeckt wurde, ist m.E. suspekt und wurde wohl erfunden, um einem Römer das entscheidende Verdienst an der Einnahme von Syrakus zukommen zu lassen. Schließlich befanden sich im Lager des Marcellus viele Syrakusaner, die über die exakte Höhe ihrer Mauern wohl genauere Informationen liefern konnten. Ebenso mußte man nicht unmittelbar bis an die Mauern herangehen, um die Zahl der Steinlagen abzuzählen. Dies konnte man auch aus größerer Entfernung. Der ausschlaggebende Punkt für das Gelingen des Überfalls dürfte das Artemisfest gewesen sein, das die Syrakusaner den Römern verraten haben dürften.

[48] L 25,23,14. Zum Überfall vgl. auch Plu Marc 18,3ff., Polyain 8,11. Durch einen Überläufer hatte Marcellus erfahren, daß Epikydes reichlich Wein spendierte.

[49] L 25,23,15–24,24,7, Z 9,5,3–4.

Syrakusaner merkten, daß die Römer in ihre Mauern eingedrungen waren, war es bereits zu spät. Epikydes eilte vergeblich zum Entsatz herbei.

Der Prokonsul wollte als nächstes das Fort Euryalos in seinen Besitz bringen.[50] Philodemos Argos, der Kommandant des Platzes, war im Bewußtsein seiner starken, unangreifbaren Stellung zur Übergabe nicht bereit. Er führte zwar Verhandlungen, aber nur mit dem Zweck, Zeit zu gewinnen, bis Hippokrates und Himilko anrückten. Dann säße das römische Heer in der Falle.[51] In der Zwischenzeit wandte sich Marcellus den beiden unbefestigten Stadtteilen Tyche und Neapolis zu, die er seinen Soldaten zum Plündern überließ. Alles, was die Bürger jahrelang angespart und geschaffen hatten, wurde geraubt. Daß keine Bluttat begangen worden sein soll, wie Livius behauptet, wagt man kaum zu glauben.[52]

In dieser Situation gab Philodemus die Sache zu früh verloren. Eine wirkliche Gefahr drohte ihm von den Römern nicht. Wahrscheinlich war er durch das Ausbleiben des Himilko enttäuscht. Er erhielt die Zusicherung, zu Epikydes abziehen zu können. Marcellus sicherte das Fort mit einer Besatzung.[53] Damit besaß er eine fast uneinnehmbare Position in Syrakus und konnte die Straße ins Landesinnere kontrollieren. Nun begann er mit der Belagerung des Stadtteils Achradina, der durch eine eigene Mauer geschützt war. Gleichzeitig sollten die Angriffe von drei Lagern aus geführt werden.

Wenn der Römer gehofft hatte, daß seine Erfolge günstige Auswirkungen auf die Stimmung auf der Insel haben würde, so wurde er enttäuscht. Die Menschen waren über seine Grausamkeit empört. Als bekannt wurde, daß er nur durch Verrat in Syrakus eingedrungen war, wurde ihre Abneigung noch größer. Die Sikelioten schlossen mit Hippokrates einen Vertrag über militärische Unterstützung.[54]

Zusätzlich verbesserte sich die Lage der Karthager durch die Ankunft einer starken Flotte unter Bomilkar, die der römischen zahlenmäßig überlegen war.[55] Endlich trafen auch Himilko und Hippokrates vor Syrakus ein,

[50] Vgl. L. Mauceri, Il castello Eurialo nella storia e nell'arte, Catania 1938, A. W. Lawrence, Archimedes and the Design of Euryalus Fort, JHS 66, 1946, 99–107.

[51] L 25, 25, 2–5.

[52] L 25, 25, 5–9, D 26, 20, Polyain 8, 11, Augustin, civ. dei 1, 6.

[53] L 25, 25, 10–13.

[54] App Sik 4. Die sikeliotischen Städte unterstützten die Karthager mit einem Heer von 20000 Mann zu Fuß und 5000 Reitern. Ein Sonderfriede sollte nicht geschlossen werden. Schmitt III 1969, 533.

[55] L 25, 25, 11–13. Er hatte 55 Schiffe im Hafen von Syrakus zurückgelassen und kehrte mit 100 Schiffen aus Karthago zurück, so daß jetzt das größte Flottenkontingent im Hafen von Syrakus versammelt war, das die Karthager in diesem Krieg einsetzten. Sie konnten ihre Überlegenheit nicht ausnutzen. Der karthagische Admiral Bomilkar war den Anforderungen nicht gewachsen. Thiel 1946, 85.

zu spät allerdings, um die Übergabe des Euryalos zu verhindern.[56] Geschickt griffen sie das römische Lager unter Crispinus am Olympieion gleichzeitig von der Achradina und vom Großen Hafen aus an. Doch Crispinus konnte den Angriff zurückschlagen, und Marcellus neutralisierte den Epikydes in der Achradina.

Da wurden beide Heere von einem unerwarteten Ereignis getroffen. Es war bereits Herbst geworden. Die Gegend am Anapos-Fluß war wegen des Sumpfes und der dort herrschenden Hitze als ungesund bekannt. Sie forderte auch dieses Mal ihren Tribut. Eine Seuche brach aus,[57] die ohne Unterschied alle erfaßte, die Belagerer ebenso wie die Verteidiger. Rettung gab es nur, wenn sie die ungesunde Gegend verließen. Dies taten die Sikuler im Heer der Karthager. Doch der Rest kam samt den Feldherrn Himilko und Hippokrates ums Leben. Die römischen Soldaten wurden ebenfalls von der Seuche befallen, litten aber weniger unter ihr. Jedoch auch sie hatten große Verluste zu beklagen. Die Kämpfe kamen völlig zum Erliegen.

Spanien

Livius fand in seinen Vorlagen nichts Erwähnenwertes für dieses Jahr.[58] Appian[59] bewahrte den Hinweis, daß die Karthager nach Friedensschluß mit Syphax Hasdrubal mit einem verstärkten Heer und 30 Elefanten nach Iberien zurückschickten. Zu wesentlichen Kriegshandlungen kam es nicht.

[56] L 25,26,3ff.

[57] L 25,26,7–15, J. Seibert, Heeresseuchen und Kriegsverlauf, Festschrift H. Bengtson, Wiesbaden 1983, 89–90. Auf diese Vorgänge bezieht Marta Sordi, L'Apollo del promontorio Pachino e i ludi Apollinari, Klearchos 27, 1985, 75–81 den Hinweis des Macrobius, sat. 1,17,25–30 auf einen römischen Sieg als Folge der Einführung der *ludi Apollinares*.

[58] L 25,32,1. Gegen die Rückeroberung von Sagunt in diesem Jahr bestehen m. E. erhebliche Bedenken. Vgl. Seibert 1993, 256ff.

[59] App Ib 16,60. Doch seine übrigen Angaben verdienen wenig Vertrauen: So sollen zwei weitere Feldherrn, Mago und Hasdrubal, Sohn des Gisko, ebenfalls auf den iberischen Kriegsschauplatz zurückgekehrt sein. Es ist aber unwahrscheinlich, daß die Karthager Iberien ohne Heere und Feldherrn gelassen hätten. Trotzdem sollen die Scipionen weiterhin Erfolge errungen haben, wenn auch schwerer als vorher. Die Erfolge existierten nur in der Phantasie der Römer. Tatsächlich hatten sie die Abwesenheit des karthagischen Heeres nicht zu ihrem Vorteil ausnutzen können.

Griechenland[60]

Laevinus begnügte sich mit der Sicherung der adriatischen Gewässer. Für offensive Landoperationen fehlten ihm die Truppen. Dies dürfte Philipp bewogen haben, Skerdilaidas, den Verbündeten der Römer, auf dem Landweg anzugreifen. Auf dem Marsch durch die Landschaft Dassaretis brachte er Dimallum, die Parthiner und Atintaner auf seine Seite. Als spektakulärsten Erfolg konnte er sich rühmen, das stark befestigte Lissos mit der Burg Akrolissos eingenommen zu haben. Damit hatte er zum ersten Mal einen direkten Zugang zur Adria gewonnen.[61]

Diese Erfolge dürften die Römer veranlaßt haben, ihre bisherige defensive Politik, die nur ein Übergreifen des Makedonen nach Italien verhindern sollte, aufzugeben und in Griechenland offensiv gegen ihn vorzugehen. Die Gefahr, daß Hannibal seinen Verbündeten nach Italien holen könnte, war nach dem Abfall Tarents gewachsen. Als Partner und Verbündeter der Römer boten sich die Ätoler an. Laevinus begann geheime Verhandlungen.[62]

Hannibal hatte nach drei Jahren zum ersten Mal wieder römische Heere besiegt. Die Konsuln hatten die fabische Strategie aufgegeben und sich zum Kampf gestellt. Drei Jahre Zurückhaltung waren für die römischen Militärs zu viel. Ein Appius Claudius, der in der Schule des M. Claudius Marcellus gegangen war, bevorzugte die Offensive. Diese Erfolge dürften Hannibal in der richtigen Einschätzung der Lage von Capua getäuscht haben. Die Römer gingen bei der Belagerung der Stadt kein unnötiges Risiko mehr ein. Ihre Niederlagen hatten sie gelehrt, daß sie nur in ihren Lagern vor Hannibal sicher waren. Nicht durch den Bau aufwendiger Belagerungsmaschinen, sondern durch eine Zernierungsanlage sollte die Stadt zur Kapitulation gezwungen werden. Die Lage auf Sizilien hatte sich wesentlich verschlechtert. Marcellus war es, wenn auch durch Verrat, gelungen, in die Stadt Syrakus einzudringen. Zu allem Unglück hatte eine Seuche ein karthagisches Heer aufgelöst. Auch zwei seiner bewährten Vertreter waren gestorben.

[60] P 8, 13–14, Holleaux 1912, 198 ff., Walbank 1940, 80, ders. II 1967, 90–93 mit Karte, Rich 1984, 127, Hammond III 1988, 398–399, Seibert 1993, 275. Karte Nr. 8.

[61] Philipp kontrollierte auch das Gebiet der Ardiaier, vgl. L 27, 30, 13 die Forderung der Ätoler, dieses Gebiet an Skerdilaidas zurückzugeben.

[62] L 26, 24, 1. Der erste Hinweis bei L 25, 23, 8–10 mit der Gefangennahme des Spartaners Damasippos, den Marcellus freiließ, da die Römer die Freundschaft der Ätoler wünschten, die mit den Lakedämoniern verbündet waren.

Das 8. Kriegsjahr: 211 v. Chr.[1]

Rom[2]

Die Römer wählten Cn. Fulvius Centumalus und P. Sulpicius Galba zu Konsuln.[3] Wie üblich beriefen sie an den Iden des März anläßlich ihres Amtsantritts den Senat aufs Capitol, um über die Lage des Staates, die Führung des Krieges, die Verteilung der Amtsbereiche und der Heere zu beraten.[4] Als Amtsbereiche wurden ihnen Apulien und Griechenland zugewiesen.[5] Die wichtigste Aufgabe übernahmen die Konsuln des Vorjahres, Q. Fulvius Flaccus und Appius Claudius Pulcher, denen das Imperium mit dem Zusatz, sie dürften Capua nicht eher verlassen, bis sie die Stadt erobert hätten, verlängert wurde.[6] Für Cn. Fulvius Centumalus – er erloste Apulien – mußten neue Truppen ausgehoben werden, Sulpicius Galba konnte die

[1] Kahrstedt 1913, 488 ff., De Sanctis III 2, 1916, 289 ff., Thiel 1946, 87 ff., Lazenby 1978, 119 ff., 130 ff., Huß 1985, 370 ff.

[2] Patterson 1942, 329, Scullard 1951, 63, Lippold 1963, 178, Crake 1963, 126 ff.

[3] Beide hatten keine militärische Erfahrung als selbständige Truppenkommandeure vorzuweisen. Fulvius war 213 Prätor gewesen und hatte die Castra Claudiana oberhalb Suessula kommandiert. Servilius Galba hatte noch nicht einmal diese Meriten. Er hatte noch kein kurulisches Amt bekleidet. Es fehlte offenbar an erfahrenen Männern in Rom.

[4] L 26, 1, 1, Tammler 1971, 206 ff.

[5] Zunächst sollen beide Konsuln Apulien als Amtsbereich erhalten haben, wie Livius später (L 26, 22, 1) bezeugte. Die Zuweisung von Apulien als Amtsbereich an den Prätor M. Cornelius Cethegus (L 25, 41, 13) dürfte falsch sein. Erst gegen Ende des Jahres sollen die Konsuln um ihre Amtsbereiche (Apulien und Makedonien) gelost haben (L 26, 22, 1). Es war aber üblich, zuerst den Konsuln die Amtsbereiche zuzuweisen.

[6] L 26, 1, 2. In diesem Zusammenhang hätte man erwartet, daß auch das Imperium des Proprätors Claudius Neros, der im 3. Lager vor Capua stand, mit seinen Legionen verlängert würde. Er tauchte erst wieder nach dem Ende der Belagerung auf, als er aus seinen zwei Legionen eine auswählte, mit der er nach Iberien abging (L 26, 17, 1). Am Ende des Jahres werden auch die Legionen des Fulvius auf eine reduziert (L 26, 28, 7), während die alte Armee des Appius Claudius überhaupt nicht mehr erscheint. Es spricht deshalb alles dafür, daß tatsächlich nur vier Legionen vor Capua standen und das „Zweilegionenheer“ des Prätors Nero tatsächlich nur eine Garnisonstruppe war.

Truppen des Valerius Laevinus in Griechenland übernehmen.[7] Die römische Tradition, möglicherweise sogar auf offizieller Senatsliste beruhend, verkündete dennoch stolz, daß in diesem Jahr die Römer mit 23 Legionen den Krieg gegen ihre Feinde zu Wasser und zu Land führten.[8]

Bei den Kämpfen des vergangenen Jahres waren bedenkliche Verfallserscheinungen aufgetreten. Besonders der Prätor Cn. Fulvius Flaccus hatte mit seinem feigen Verhalten und seiner Flucht ein unrühmliches Verhalten gezeigt. Deshalb wurde er von dem Volkstribun C. Sempronius Blaesus angeklagt.[9] Der drohenden Verurteilung entzog er sich durch freiwilliges Exil nach Tarquinii.

Italien[10]

Hannibal wollte endlich die Burg von Tarent einnehmen. Die Lage in Campanien zwang ihn, diese Aufgabe vorerst zurückzustellen und sofort nach Norden zu marschieren. Die Römer hatten die Stadt durch einen doppelten Belagerungsring mit Wall und Graben völlig eingeschlossen.[11] Die innere Anlage[12] schützte sie gegen plötzliche Ausfälle der Belagerten. Die rö-

[7] Nach der Legionsliste des Livius (vgl. dazu Klotz 1933, 75–77, Marchetti 1978, 66–72) waren für die beiden Konsuln keine Legionen vorgesehen. Das dürfte ausgeschlossen sein. Jedem Konsul stand ein Zweilegionenheer zu. P 9, 6, 6 bestätigte, daß die beiden Konsuln in Rom ein *stratopedon* gerade vereidigten bzw. einberufen hatten, als Hannibal vor den Mauern der Stadt auftauchte, vgl. Walbank II 1967, 126 über die Bedeutung von Stratopedon = Armee oder Legion. Es dürfte sich um das Heer des Fulvius gehandelt haben. Tatsächlich bestanden weiterhin beträchtliche Probleme bei der Aushebung von Soldaten. Das hatten die Aushebungen des Vorjahres ergeben. Über die Einberufungen dieses Jahres liegen keine Angaben vor. Doch die Zustimmung der Senatoren an M. Claudius Marcellus, aus den *legiones Cannenses* sein Heer zu ergänzen – mit bestimmten Einschränkungen –, bestätigt indirekt, daß die Lage sich nicht wesentlich gebessert hatte. Auch für die von Hannibal besiegten und damit ausgelöschten Armeen wurde kein Ersatz aufgeboten. Vier neue Legionen konnten die Römer bei den aktuellen Personalproblemen nicht ausheben.

[8] L 26, 1, 13.

[9] L 26, 2, 7–3, 12. Vgl. auch Val Max 2, 8, 3; 8, 4, 3. F. Münzer, RE 7, 1, 1910, 238–239 s. v. Fulvius 54, zur Klage vgl. C. H. Brecht, Perduellio, München 1938, 289 ff., Bleicken 1968, 137, G. Crifò, Ricerche sull' „exilium" nel periodo repubblicano, Mailand 1961, 189 ff., Lippold 1963, 176.

[10] P 9, 3–7, vgl. Walbank II 1967, 118 ff. L 26, 4–12, 2, App Ann 38, 163–42, 183, Sil 12, 479–752, Val Max 2, 3, 3, Frontin 4, 7, 29, Z 9, 6, 2 ff. Seibert 1993, 238 ff. Karte Nr. 4.

[11] P 9, 3–4, L 26, 4, 1–6, 17, App Ann 37, 158–38, 163, Frontin 4, 7, 29, Fl 1, 22, 42 f., Sil 12, 479 ff.

[12] Sie war ca. zwei Stadien à 180 m von der Stadt entfernt und damit außerhalb der Reichweite antiker Geschütze.

mischen Lager selbst waren gegen Angriffe von außen durch den zweiten Wall und Graben gedeckt. Innerhalb des Belagerungsringes fanden zwar Kämpfe statt, in denen meistens die numidischen und campanischen Reiter überlegen waren,[13] aber dies änderte nichts an der Tatsache, daß die Belagerten immer stärker unter Versorgungsmangel litten. Einem Numider gelang es, mit einem Brief durch die Circumvallationslinien zu schlüpfen und Hannibal von der gefährlichen Situation zu benachrichtigen.[14]

Unter Zurücklassung des Trosses und der schweren Bewaffnung rückte er mit den Leichtbewaffneten und der Reiterei an.[15] Im letzten Winter hatte er die Hilferufe der Campaner spöttisch zurückgewiesen. Er brauche nur zu erscheinen und schon würden die Römer davonlaufen, hatte er den Gesandten auf ihre Bitten vorgehalten. Davon war er immer noch überzeugt, sonst hätte er auch das schwere Fußvolk mitgenommen.[16] Doch dieses Mal taten ihm die Römer nicht den Gefallen.

Hannibal wollte durch einen gleichzeitigen Angriff der Campaner und seiner Truppen auf die römischen Stellungen den Belagerungsring durchbrechen. Doch Appius Claudius und Fulvius Flaccus blieben in ihren Lagern, wo sie vor den Attacken der Feinde sicher waren.[17] Die Überlegenheit der karthagischen Reiterei hatten sie im vergangenen Jahr erfahren müssen. Deshalb lehnten sie jedes Schlachtangebot ab.[18]

Wenn man allerdings der römischen Geschichtsschreibung glauben möchte, dann hätte eine richtige Schlacht vor dem Lager der Römer mit riesigen Verlusten der Karthager und Campaner stattgefunden.[19] Hannibal habe es auch mit einer typisch punischen List versucht, doch der Betrug sei

[13] L 26,4,3ff., Val Max 2,3,3, Frontin 4,7,29. Natürlich erfand ein Römer, ein Centurio namens Q. Naevius, ein Gegenmittel. Es handelte sich um den kombinierten Einsatz von Leichtbewaffneten und Reitern. Die Reiter brachten die anderen schnell an ihren Einsatzort an der Front. Vgl. F. Fröhlich, Die Bedeutung des Zweiten Punischen Krieges für die Entwicklung des römischen Heerwesens, Leipzig 1884, 37–43. Es war keineswegs die Geburtsstunde der *velites*, die bereits vorher als Speerwerfer Dienste taten, jetzt aber durch die Verbindung mit der Reiterei eine neue Bezeichnung als „Geflügelte" erhielten.

[14] L 26,4,1ff.

[15] L 26,5,1ff.

[16] Anders Kukofka 1990, 79 A 1.

[17] P 9,3–4, L 26,5,5–6,13.

[18] P 9,4,1. Die Darstellung des Polybios verdient eindeutig den Vorzug, wenngleich er nur einen römischen Befehlshaber erwähnt (Appius Claudius), was sicher nicht richtig ist. Livius bezeugt, daß ihm auch Berichte vorlagen, die keine bedeutenden Kämpfe zu berichten wußten, L26,6,9. Für den römischen Historiker war Sensationshistorie interessanter.

[19] L 26,6,8. Die Verwundung des Prokonsuls Appius Claudius (L26,6,5) dürfte wohl zutreffend sein.

schnell durchschaut worden.[20] Völlig unwahrscheinlich ist die Version, die Numider und Iberer seien mit den Elefanten ins römische Lager eingebrochen und hätten alles beim Durchmarsch niedergetrampelt.[21] Wäre dies tatsächlich geschehen, dann hätte Hannibal sein Ziel erreicht und den Belagerungsring aufgebrochen.

Da die römischen Kommandanten die Schlacht nicht annahmen, blieb Hannibal nur die Möglichkeit, sie seinerseits zu belagern und sie durch Zernierung von der Lebensmittelzufuhr abzuschneiden. Doch dazu fehlte ihm das schwere Fußvolk. Jetzt rächte sich seine Geringschätzung der römischen Heere. Doch abgesehen von diesem taktischen Nachteil waren die Voraussetzungen für eine Einschließung äußerst ungünstig. Die Feinde waren gut mit Lebensmitteln versehen, während in Capua bereits Hungersnot herrschte.[22] Hannibal mußte die Lebensmittel für seine Soldaten von weither herbeischaffen. Ungünstig war, daß die vielen Pferde riesige Mengen an Futter benötigten, viel mehr als ein Landheer, aber für die Belagerung wenig nützten. Schließlich mußte er befürchten, daß auch er zum Belagerten würde, wenn die Konsuln zum Entsatz der eingeschlossenen Truppen heranrückten und ihm den Nachschub abschnitten.[23] Deshalb zog er den einzigen richtigen Schluß, daß er mit seinen Truppen den Ring um Capua nicht sprengen konnte. Er entschloß sich zu einem überraschenden Vorstoß auf Rom. War dies ein wohlüberlegter Plan oder die Verzweiflungstat eines Feldherrn, der keinen Ausweg mehr wußte?

Marsch auf Rom

Hannibal hoffte mit dem Angriff auf die Hauptstadt des Feindes die Belagerung von Capua beenden zu können. Wenn ihrer Heimat Gefahr drohe, so spekulierte er, würde das Belagerungsheer von Capua zur Verteidigung Roms abgezogen oder wenigstens geteilt werden. Dann könnte er auf dem Rückmarsch von Rom das zum Entsatz der Stadt herbeieilende Heer oder die Campaner das vor Capua verbliebene Heer leicht besiegen.[24] War dieser

[20] L 26,6,11–12: Hannibal habe Leute in italischer Tracht und mit lateinischen Sprachkenntnissen ins römische Lager geschickt, die im Namen des Konsuls verkündet hätten, das Lager sei verloren und sie sollten sich in die Berge retten.

[21] Scullard 1974, 162–163 vermutet, daß Hannibal einige Tiere eingesetzt habe. Als Beweis sieht er die Steinplastiken an, die bei Alba Fucens gefunden wurden und Reminiszenzen von Hannibals Marsch auf Rom sein sollen. Vgl. Seibert 1993, 239 A 98.

[22] Hungersnot in Capua L 26,4,1. Zu den Schwierigkeiten, das karthagische Heer wegen der vielen Pferde und der Vorkehrungen der Römer zu versorgen, P 9,4,4.

[23] P 9,4,5, L 26,7,2.

[24] P 9,4,8, L 26,7,5, App Ann 38, 162. Als „Nebeneffekt“ wird erwähnt, daß er

Plan realistisch und erfolgversprechend?[25] Da Hannibal wußte, daß die Konsuln in Rom über Truppen verfügten,[26] war die Annahme, sie könnten die Heere vor Capua zurückbeordern, unbegründet. Ebensowenig konnte er damit rechnen, daß die römischen Feldherrn vor Capua, die miterlebt hatten, daß er den Belagerungsring nicht sprengen konnte, bei der Nachricht, er marschiere auf Rom, in Sorge um ihre Heimat völlig kopflos ihre Aufgabe im Stich ließen. Wenn er dennoch zu diesem Unternehmen aufbrach, so dürfte dies bezeichnend für seine Situation sein. Er wußte einfach keinen Ausweg, dem bedrängten Capua zu Hilfe zu kommen. Er setzte auf Bluff.[27] Vor seinem Abmarsch[28] informierte er die eingeschlossenen Campaner durch einen „Überläufer" über sein Vorhaben.[29] Er mußte vermeiden, daß sie nach seinem Abzug aus Enttäuschung vorzeitig kapitulieren würden.[30] Er wählte nicht die kürzeste Route *(via Latina)*, sondern mar-

vielleicht „irgendetwas Nützliches" erreichen könnte, da sein Erscheinen bei den Bewohnern wohl Panik auslösen würde. P9,4,7ff., vgl. 9,9,1–5. Vielleicht könnte er sogar einen Teil der Stadt erobern, L26,7,4! Zur Kritik an dem von Polybios vorgetragenen strategischen Konzept vgl. E. W. Davis, Phoenix 13, 1959, 115–116.

[25] Die Vorstellung „etwas Nützliches" erreichen zu können, ist äußerst konfus. Ein Überraschungscoup war ebenfalls ausgeschlossen, da sein Anmarsch sicher nach Rom gemeldet wurde und er sein Lager in einer Entfernung von 40 Stadien = ca. 7 km aufschlug. Es war unwahrscheinlich, daß er dann noch unbemerkt bis an die Mauern Roms vorstoßen konnte und zufällig ein Tor offenstand, durch das er seelenruhig in die von Panik erschütterte Stadt einmarschierte!

[26] P 9,4,5.

[27] Die moderne Forschung gelangte größtenteils zu einer günstigeren Einschätzung. So spricht C. Neumann, Das Zeitalter der Punischen Kriege, Breslau 1883, 439 von einer „kühnen strategischen Bewegung", Lazenby 1978, 121: "his solution was typical in its boldness and simplicity", nüchterner Huß 1985, 371 „Scheinangriff", vgl. ebenso E. W. Davis, a. a. O., 115 "a feint".

[28] Plante Hannibal, unbemerkt von den Römern von Capua abzuziehen, wie Polybios überlieferte, oder ganz offen, wie Livius behauptete? Gegen Polybios spricht die Überlegung, daß Hannibal danach trachten mußte, daß die Römer erfuhren, wohin er marschiere. Wenn er plötzlich heimlich abzog, dann konnten sie auch annehmen, daß er nach Bruttium oder Tarent zurückgekehrt sei, und ruhig mit der Belagerung fortfahren. Seine Absicht, durch den Marsch auf Rom die römischen Heere von Capua abzuziehen, setzt voraus, daß die dortigen Befehlshaber sein Marschziel kannten oder mit Sicherheit erschließen konnten. Diese Überlegung spricht eher für die Darstellung des Livius. Nach P9,5,9 blieb sein Anmarsch bis zum Überschreiten des Anio den Römern verborgen. Dies ist völlig ausgeschlossen. Hannibal ließ seinen Marsch durch einen Voraustrupp absichern. Es ist mit Sicherheit anzunehmen, daß sein Marsch nach Rom gemeldet worden ist, wie dies z. B. L26,9,6 für Fregellae bezeugt.

[29] P 9,5,1–3, L26,7,6–8.

[30] Nach P9,5,7 soll sich Hannibal nur 4 Tage vor Capua aufgehalten haben und am 5. Tag nach Rom abmarschiert sein. In Rom war die Anwesenheit Hannibals vor

schierte in einem weiten Bogen durch Samnium über Sulmo, Alba Fucens, Amiternum, Foruli, Reate und Eretum, von wo er einen Abstecher zum Heiligtum der Feronia in Capena machte, bis zum Anio,[31] wo er in einer Entfernung von 40 Stadien vor Rom sein Lager aufschlug.

Hannibal ad portas[32]

Der Anmarsch des feindlichen Heeres hatte eine gewaltige Flüchtlingswelle unter der Landbevölkerung ausgelöst, die in den Mauern Roms Zuflucht suchte und fand.[33] Die Menschen in der Stadt wurden in höchste Aufregung versetzt.[34] Aus der Anwesenheit des Feindes folgerten sie, daß vor Capua etwas Schreckliches passiert sein müsse.[35] Die Straßen waren erfüllt von Geschrei, Klagen, Jammern, Gebeten, aber auch gegenseitigen Aufmunterungen. Die Frauen feierten einen Bittgottesdienst für die Rettung und Bewahrung der Stadt.[36]

Die Konsuln beriefen die Senatoren zu einer Sitzung. Gegen den Vorschlag des P. Cornelius Asina, alle Heere und Feldherrn aus ganz Italien zum Schutz der Stadt herbeizurufen, wandte sich Q. Fabius Maximus.[37] Er durch-

Capua bereits bekannt (P9,5,4). Die Entfernung Rom–Capua beträgt auf der *via Appia* 132 m.p. = ca. 198km (G. Radke, RE Suppl. 13, 1973, 1535) und auf der *via Latina* 146 m.p. = ca. 219km (vgl. G. Radke, a.a.O., 1491). Die Befehlshaber vor Capua hatten sicher sofort nach Eintreffen Hannibals in Campanien einen Boten nach Rom gesandt. Hannibal mußte mit dieser Möglichkeit rechnen.

31 Die Anmarschroute wird in den antiken Quellen sehr unterschiedlich überliefert. Die detaillierteste Beschreibung ist von Coelius Antipater, L26,11,8–11, vgl. W. Herrmann, Die Historien des Coelius Antipater, Meisenheim 1979, Frg. 33, 130–153. Die Angaben des P9,5,8–9 (durch Samnium bis zum Anio) sind zu allgemein. Livius bezeugt, daß die von Coelius überlieferte Route in seinen Vorlagen sowohl für den An- als auch für den Rückmarsch angegeben wurde. Er selbst entschied sich für die *via Latina* als Anmarschstrecke. Seibert 1993, 238–240.

32 Was sich vor und in Rom damals abspielte, gestaltete die römische Geschichtsschreibung zu einem Drama, ohne sich von den vielen Widersprüchen in irgendeiner Weise beeindrucken zu lassen. Für den modernen Betrachter ist es deshalb schwer, die tatsächlichen Vorgänge zu rekonstruieren.

33 L 26,10,8, App Ann 39,166.

34 P 9,6,1–4, L 26,9,6–9, App Ann 39,165–169.

35 Diesen Schluß hat Livius natürlich nicht, da nach seiner Darstellung die Senatoren über die Pläne Hannibals informiert waren.

36 G. Wissowa, Religion und Kult der Römer, München 1912, 424–425, K. Latte, Römische Religionsgeschichte, München 1967, 245. Nach P9,6,3 fegten die Frauen mit ihren Haaren den Boden der Heiligtümer, nach L26,9,7ff. zutreffend die Altäre.

37 L 26,8,2–8. Tammler 1971, 209ff. verteidigte die Historizität dieses Berichtes (gegen H. Sack, Hannibals Marsch auf Rom im Jahr 211 v. Chr., Diss. Frankfurt 1937,

schaute die Taktik Hannibals, der nach Cannae nicht den Mut hatte, die Stadt anzugreifen. Der Feind komme nicht zur Belagerung der Stadt, sondern nur mit der Absicht, Capua von der Belagerung zu befreien. Die Senatoren einigten sich schließlich auf einen Kompromißvorschlag des P. Valerius Flaccus, den vor Capua stehenden Feldherrn die Entscheidung zu überlassen, ob sie und gegebenenfalls wen sie mit einem Heer nach Rom senden würden.[38] An der Historizität dieses Berichtes bestehen erhebliche Zweifel. Bezeichnend ist, daß Plutarch in seiner Fabius-Biographie seinen Helden in dieser Senatsdebatte überhaupt nicht erwähnt.[39]

Mancher Senator mag zwar beunruhigt und vielleicht auch ängstlich geworden sein, die meisten behielten einen kühlen Kopf. Sie trafen ruhig und sachlich ihre Entscheidungen.[40] Hinter ihren Mauern, denen ein Reiterheer nichts anhaben konnte, fühlten sie sich sicher.[41] Die strategisch wichtigsten Punkte besetzten sie mit Truppen,[42] die gerade auf Befehl der Konsuln eingerückt waren.[43]

42) m. E. zu Unrecht. Die Senatsdebatte verdient nur bedingt Vertrauen. Wenn die Zeitangabe des Polybios zutrifft, daß Hannibal nur 4 Tage vor Capua lag, dann fehlte einfach die Zeit, um einen Boten mit den Plänen Hannibals nach Rom zu schicken, dort zu beraten und wieder den Boten zurückzusenden. Vgl. E. T. Salmon, Phoenix 11, 1957, 157. Schließlich soll Fulvius auch noch rechtzeitig in Rom eingetroffen sein.

38 Die Prokonsuln beschlossen, daß Fulvius, da Appius verwundet war, mit 15000 Mann zu Fuß und 1000 Reitern nach Rom marschieren sollte. Der ganze Anmarsch des Fulvius mit den detaillierten Angaben gehört in den Bereich der Phantasie, L26, 8, 10–11; 9, 4–5, App Ann 40, 170–171, Z9, 6, 2. Er marschierte angeblich auf der *via Appia* nach Rom. Auch wenn es sich um eine Erfindung der römischen Historiographie handelt, unterstreicht sie den spekulativen Charakter des hannibalischen Unternehmens. Selbst wenn es ihm gelungen wäre, einen Teil der römischen Truppen zum Abzug von Capua zu bewegen, hätte er nicht mit Sicherheit gewußt, welche Strecke er nach Rom einschlagen werde, ob auf der *via Latina* oder *via Appia*.

39 F. Münzer, RE 6, 2, 1909, 1825 s. v. Fabius 116 lehnt den Vorschlag des Fabius als unhistorisch ab.

40 Das Gelübde eines *ver sacrum* wie im Jahr 217 ist unwahrscheinlich. Livius erwähnt es erst im Jahr 194 (L34, 44, 6). Die Überlieferung des Livius über die Vorgänge in Rom selbst (26, 10) mit detaillierten Angaben verdient kein Vertrauen. Soll man wirklich glauben, daß die Römer 1200 numidische Überläufer auf dem Aventin stationiert hatten? Es hätte sich doch um „Scheinüberläufer" handeln können. Die Rolle des Fulvius Flaccus dürfte wohl durch eine Verwechslung mit dem Konsul Cn. Fulvius Centumalus ausgelöst worden sein, vgl. De Sanctis III 2, 1916, 338, ebenso Walbank II 1967, 125.

41 Zu den Mauern Roms vgl. Seibert 1993, 241.

42 Detaillierte Angaben bei L26, 9, 9: Wachmannschaften standen auf der Burg, dem Capitol, auf den Mauern, um die Stadt herum, auf dem Albanerberg und der Burg von Aefulae.

43 Die Angabe des P9, 6, 5–6, daß es sich um ein zufälliges Zusammentreffen ge-

Die römischen Geschichtsschreiber befanden sich in einem Zwiespalt. Einerseits wollten sie die Anwesenheit Hannibals zu dem herausragenden Ereignis des Krieges gestalten und malten ein Schreckensgemälde der Mutlosigkeit, Panik und Hysterie[44] – je größer die Gefahr war, in der Rom schwebte, um so höher war die Leistung der römischen Führung und Heere bei der Abwehr des Gegners zu bewerten –, andererseits wollten sie die kühle, abgeklärte, sachliche Handlungsweise der Senatoren betonen, die nur verständlich war, wenn sie die drohende Gefahr gering einschätzten.[45] Die Widersprüche[46] überführen die von reiner Sensationsgier aufgebauschten Berichte. Damit soll nicht bestritten werden, daß die Bevölkerung und auch mancher Senator in großer Sorge war.

Über die militärischen Operationen liegen unterschiedliche, teils widersprüchliche Berichte vor.[47] Ein Überraschungsangriff war nicht möglich. Es kam auch zu keiner Schlacht vor den Toren der Stadt.[48] Hannibal konnte die

handelt habe, ist irrig. Die Römer hatten während des Punischen Krieges immer Truppen in Rom stationiert, die *legiones urbanae.* Auch zur Zeit der Keltenkriege war eine Garnison in Rom stationiert gewesen, P2,24,9, vgl. auch 3,75,4. Appian geht davon aus, daß überhaupt keine Truppen in Rom vorhanden waren. Nach seiner Darstellung (168) kam aber ein Hilfskorps von 2000 Mann aus Alba Fucens. Dazu kamen noch 1200 numidische Überläufer, die auf dem Aventin stationiert gewesen sein sollen (L26,10,5). Die Konsuln kommandierten Heere, mit denen sie zwischen der Porta Collina und Porta Esquilina ihr Lager aufschlugen und an den Schlachten gegen Hannibal teilnahmen (L26,11,1–2). Nach App Ann 39,166 hätten die Seniores, d.h. die Jahrgänge, die nicht mehr zum regulären Kriegsdienst eingezogen wurden, die Verteidigung der Mauern übernommen, Frauen und Kinder ihnen die Steine und Geschosse herbeigeschleppt. Dieses Bild ist natürlich anschaulicher und zeigt Rom in höchster Gefahr, in der alle zusammenstehen. Doch die Umstände sprechen für weniger Dramatik.

44 L 26,10. Unwahrscheinlich dürfte auch der von ihm tradierte Senatsbeschluß sein: Alle ehemaligen Diktatoren, Konsuln und Censoren sollten ein Imperium erhalten, bis der Feind von den Mauern gewichen sei. In Zeiten höchster Not wäre es höchstens angebracht gewesen, einen Diktator zu bestellen, aber nicht gleich mehrere Imperiumsträger zu ernennen, die sich gegenseitig behindert hätten. Tammler 1971, 214–215 verteidigt indessen die Historizität.

45 Die Gelassenheit der Römer angesichts der großen Gefahr, die Hannibal mutlos werden ließ, dokumentierten sie durch den Hinweis, daß die Senatoren gleichzeitig ein Heer nach Iberien schickten, L26,11,5–6, Val Max 3,7,10, Frontin 3,18, 1–2, Z9,6,4. Demselben Zweck diente die Story, nach der der Grund, auf dem Hannibal sein Lager aufgeschlagen hatte, gerade zu diesem Zeitpunkt ohne Wertverlust verkauft wurde, L26,11,6–7, Fl1,22,47, Z9,6,4. Vgl. J. Andreau, La vie financière dans le monde romain. Les métiers de manieurs d'argent, Rom 1987, 347–348.

46 Wenn sich die Römer so stark fühlten und Truppen nach Iberien entsenden konnten, warum beriefen sie den Fulvius von Capua ab?

47 P 9,7,1ff., L 26,11,1ff., App Ann 40,170ff., Z9,6,3–4.

48 Als Grund nennen die antiken Quellen, daß Hannibal entweder resignierte,

Umgebung Roms ungehindert plündern.[49] Seine Soldaten machten gewaltige Beute. Mit geringer Begleitung ritt er bis zu den Mauern heran[50] und entschloß sich dann zum Abmarsch.[51] Nach seinen Berechnungen mußte das römische Entsatzheer bereits unterwegs sein,[52] wahrscheinlich auf der *via Latina*. Die Konsuln folgten dem Feind in sicherer Entfernung mit ihren Truppen.

Nach fünf Tagen mußte Hannibal erkennen, daß seine Rechnung nicht aufgegangen war. Die Prokonsuln hatten ihre Stellung vor Capua nicht verlassen.[53] Nach einem Überfall auf die ihn verfolgenden Konsuln[54] kehrte er

weil ihm die Konsuln mit ihren Heeren vor den Toren der Stadt entgegentraten (P9,6,7ff.) oder der Versuch, eine Schlacht zu schlagen, zweimal durch einen gewaltigen Regenguß verhindert worden sei (L26,11,1–7, Z9,6,3). Es ist unwahrscheinlich, daß die Konsuln so kühn waren, Hannibal vor den Toren der Stadt eine Schlacht anzubieten und sogar ihr Lager bis auf 10 Stadien an das Lager Hannibals zu verlegen (P9,7,1).

49 Catherine Virlouvet, Famines et émeutes à Rome des origines de la république à la mort de Néron, Rom 1985, 13 vermutete, daß die Verwüstungen in der Umgebung Roms eine schwere Hungersnot im folgenden Jahr verursachten, weshalb die Römer Ptolemaios IV. um Getreidelieferungen gebeten hätten. Die Datierung dieses Hilfegesuchs ist indessen unsicher. Vgl. u. S. 329.

50 App Ann 40,173 bewahrte die Version, Hannibal sei mit drei Soldaten in der Nacht an die Mauern Roms herangeritten. Auch L26,13,11 kannte eine Variante, nach der Hannibal viel näher an die Mauern und Tore Roms herangerückt war, sein Lager nur 3 m. p. = ca. 4,5 km entfernt aufgeschlagen und schließlich die Mauern und Tore selbst attackiert hatte. Nach Plin n h 34,32 soll Hannibal der einzige Feind gewesen sein, der seinen Speer gegen die Mauern Roms schleuderte, vgl. Sil 12,565. Vielleicht verehrten die Römer den Hercules Tutanus bei der Porta Collina als „Schutzgott“, vor der Hannibal „der Heraklesnachahmer“ umkehrte, vgl. Meyer II 1924, 400–401.

51 Das Gefecht (P 9,7,4ff.) bei seinem Abmarsch ist ebenfalls Erfindung der römischen Geschichtsschreibung. Die Römer wagten keineswegs, das karthagische Heer direkt anzugreifen.

52 Es waren vor allem sachliche Überlegungen und Berechnungen, die Hannibal zum Abbruch seiner Unternehmungen vor Rom bewogen, vgl. P9,7,2. Nach L26,11,2–4 bildeten die Regengüsse, die die Schlachten verhindert hatten, einen göttlichen Wink für den Karthager. Entmutigt hätten ihn die Entsendung eines Heeres nach Iberien und der Verkauf des Grundes, auf dem sein Lager errichtet war, ohne Wertverlust. Eine andere Erklärung war, daß ein Gott ihn lenkte, da er die Tapferkeit und das Glück der Stadt fürchtete. Fl 1,22,44, App Ann 40,173, Z9,6,4. Den römischen Historikern fiel die Vorstellung schwer, der Angriff auf Rom sei nicht Hannibals Hauptziel gewesen. Deshalb mußten sie nach Gründen für seinen plötzlichen Abzug suchen und fanden die merkwürdigsten Vermutungen, die alle ihrer Eigenliebe schmeichelten.

53 P 9,7,7ff.

54 Es bestand keine Gefahr mehr, daß er zwischen zwei Fronten geraten würde.

nicht mehr nach Campanien zurück, sondern zog quer durch ganz Süditalien (Samnium, Apulien, Bruttium[55]) geradewegs nach Rhegion, in der Hoffnung, die Stadt durch einen überraschenden Angriff in seine Gewalt bringen zu können.[56] „Beinahe" sei ihm dies auch gelungen, eine beschönigende Umschreibung eines erneuten Fehlversuches.

Polybios[57] versuchte, rhetorisch geschickt, die hannibalischen Rückschläge zu verharmlosen und ins Gegenteil umzudrehen. Sein Scheitern vor Rom lastete er einem zufälligen Umschwung des Glückes an, seinen Überfall auf Rhegion wertete er als Zeichen seines ungebrochenen Unternehmungsgeistes. Nach Livius[58] sollen die Karthager zwar stolz gewesen sein, bis vor die Mauern Roms vorgedrungen zu sein, sich aber über das mißlungene Unternehmen geärgert haben. Nüchtern und sachlich faßte Florus[59] das Ergebnis zusammen: Hannibal sei geflüchtet und habe sich in den hintersten Winkel Italiens zurückgezogen! Als einzig positives Ergebnis habe er die Wiederherstellung der karthagischen Präsenz in Tisia, einem kleinen Dorf im Hinterland von Rhegion,[60] verbuchen können, eine ernüchternde Bilanz in Relation von Aufwand und Ergebnis.

Der Marsch auf Rom war das Unternehmen eines Mannes, der zu schwach war, den Belagerungsring Capuas zu sprengen und als letzten Ausweg auf vage Hoffnungen setzte. Die Römer konnten hinter ihren Mauern gelassen seine hilflosen Attacken abwarten. Nur die Plünderung der Umgebung mußten sie hinnehmen. Eine derart nüchterne Beschreibung hätte keinen Anlaß für römische Ruhmestaten geboten. Nur wenn die Ge-

Hannibal machte plötzlich kehrt und überfiel in der Nacht das Lager der nachfolgenden Konsuln, P 9, 7, 7 ff., App Ann 40, 174–42, 183, allerdings sehr konfus. Hannibal konnte in das Lager eindringen, viele Soldaten töten und die restlichen in die Flucht schlagen. Da sie sich auf einen steilen Hügel retten konnten, verzichtete er auf eine Belagerung.

55 P 9, 7, 10, L 26, 12, 2, Fl 1, 22, 46, Sil 13, 94 ff. De Sanctis III 2, 1916, 329 wollte bei Polybios statt Daunien Samnium oder Lukanien lesen. Zustimmend Walbank II 1967, 127, anders Kukofka 1990, 81 A 4. Eine sichere Entscheidung über Hannibals Route zu treffen, ist nicht mehr möglich. Entweder marschierte er durch das lukanische Binnenland (De Sanctis, Walbank) oder auf der *via Appia* in den Süden und dann auf der Küstenstraße nach Rhegion (Kukofka).

56 P 9, 7, 10, L 26, 12, 2.

57 P 9, 9, 1–5.

58 L 26, 37, 6–7.

59 Fl 1, 22, 46.

60 Der Ort hatte eine karthagische Besatzung gehabt. Mit einem Trick war es einem Römerfreund gelungen, die karthagische Besatzung zu töten und den Ort mit einer römischen Besatzung zu sichern. Diese floh vor dem anrückenden Hannibal nach Rhegion. Der Ort ergab sich Hannibal, der die Schuldigen am Abfall verbrennen ließ und eine Garnison hierher verlegte. App Ann 44, 188–190, Kukofka 1990, 82–83.

fahr möglichst groß war, konnten die Senatoren und Konsuln sich bewähren. Den römischen Geschichtsschreibern fiel es nicht schwer, die Vorgänge dramatisch umzugestalten, auch wenn sie dabei viel Widersprüchliches erzählten.

Aus seinem Überfall auf Rom, dessen Scheitern vorherzusehen war, hatte er nichts gelernt, sonst wäre er nicht nach Rhegion marschiert. Sein Verhalten war Ausdruck fehlender Alternativen. Er wußte keinen Ausweg, mußte aber etwas unternehmen, um seinen Soldaten seine Konzeptionslosigkeit zu verbergen. Deshalb täuschte er Aktivität vor, die reiner Selbstzweck war und nur der Beschäftigung der Soldaten diente.

Nicht alle konnte er damit täuschen. Die in Capua eingeschlossenen karthagischen Kommandanten Bostar und Hanno waren empört über ihren Feldherrn und teilten ihm ihre Meinung ungeschminkt in einem Brief mit.[61] Sie seien nicht in Italien einmarschiert, um mit den Rheginern oder Tarentinern zu kämpfen. „Wo die römischen Legionen stehen, dort muß auch das karthagische Heer sein."[62] Der Feind müsse angegriffen und zur Schlacht gestellt werden, eine vernichtende Absage des „Stellvertreterkrieges". Der Brief wurde von den Römern abgefangen. Hannibal bekam ihn nie zu lesen.

Kapitulation Capuas[63]

Die Hoffnungen der Belagerten beruhten ganz auf Hannibal. Wie groß muß ihre Enttäuschung gewesen sein, als ihre Befürchtungen zur Gewißheit wurden, daß der Belagerungsring bestehen blieb und Hannibal nicht mehr nach Campanien zurückkam. Der Zeitpunkt, zu dem sie unter Wahrung ihrer Rechte und ihres Eigentums ins Bündnis mit den Römern hätten zurückkehren können, war längst vorbei. Es blieb nur noch die Kapitulation,[64] der sich auch die kleineren Gemeinden der Atellaner, Calatiner und Sabatiner anschlossen.[65]

[61] L 26, 12, 11–14, Z 9, 6, 5.

[62] L 26, 12, 14.

[63] L 26, 12, 3 ff., App Ann 43, 184–188, Z 9, 6, 6–7, Or 4, 17, 12. Zu den Übergabemodalitäten vgl. v. Ungern-Sternberg 1975, 77 ff., Sil 12, 449–506; 13, 94–368, dazu E. Burck, Silius Italicus. Hannibal in Capua und die Rückeroberung der Stadt durch die Römer. Abhandl. Akademie der Wissenschaften Mainz 13, 1984, 32–53.

[64] L 26, 13, 1 ff. Vibius Virrius schlug vor, Selbstmord zu begehen, um den Martern und der Hinrichtung durch die Römer zu entgehen (L 26, 13, 14 ff.). 27 Ratsherrn folgten ihm in den Tod (L 26, 14, 1–5). Doch die meisten hofften auf Gnade. Zu dem kollektiven Selbstmord vgl. J.-L. Voisin, Tite-Live, Capoue et les Bacchanales, MEFRA 96, 1984, 601–653, der auf die Existenz eines dionysischen Thiasos in Capua während des 2. Punischen Krieges schließt.

[65] L 26, 16, 5. Nach Z 9, 6, 10 soll die Bevölkerung von Atella ihre Heimat verlassen

Die Ratsherrn von Capua wurden zunächst gefangengenommen. Während der Prokonsul App. Claudius wegen seiner verwandtschaftlichen Bande mit den Calaviern[66] für eine Begnadigung war und deshalb dem Senat die Entscheidung überlassen wollte, war sein Kollege Fulvius entschlossen, ein Exempel zu statuieren, und schuf vollendete Tatsachen.[67] Das Los der Bevölkerung war schwer.[68] Die Aristokraten, denen die Römer den Abfall anlasteten, wurden besonders hart gestraft, ihr gesamter Besitz eingezogen und zusammen mit ihren Frauen und Kindern verkauft. Die große Masse der Campaner behielt zwar ihre persönliche Freiheit, mußte aber die Heimat verlassen und wurde außerhalb Campaniens angesiedelt.[69] Capua verlor seinen Status als *municipium*, es hatte keine eigenen Beamten, keinen Senat und keine Volksversammlung mehr. Stadt und Land wurde Eigentum der Römer. Auf die Öffentlichkeit machte der Entschluß, die Stadt nicht zu zerstören,[70] großen Eindruck, wenngleich die praktischen Römer hier nur an ihren eigenen Vorteil dachten. Eine zerstörte Stadt nützte ihnen nichts, nur eine intakte und bewohnte Stadt in dem fruchtbarsten Gebiet Italiens konnte mithelfen, die Versorgungsschwierigkeiten zu beheben.

und sich Hannibal angeschlossen haben. Die militärischen Umstände sprechen allerdings dagegen. Denn die Römer kontrollierten Campanien und dürften ihren Abzug kaum zugelassen haben. Das Schicksal der karthagischen Besatzung interessierte die römische Geschichtsschreibung wenig. Sie wurde gefangengenommen (L 26, 14, 7) und wohl in die Sklaverei verkauft.

[66] Vgl. v. Ungern-Sternberg 1975, 78.

[67] L 26, 15, 1 ff. Er ließ alle am Abfall der Stadt Schuldigen hinrichten, insgesamt 70 Ratsherrn. 300 führende Campaner wurden eingekerkert.

[68] Die Einzelheiten regelte ein Senatsbeschluß (L 26, 16, 6 ff., Val Max 3, 8, 1, Tammler 1971, 215–217). Für das Jahr 210 überlieferte Livius einen weiteren Beschluß (L 26, 34, 2) mit den gleichen Bestimmungen, aber weiteren Details. Es dürfte sich um eine Dublette handeln, die Livius aus einer anderen Vorlage im Zusammenhang mit der Beschwerdegesandtschaft der Campaner im Jahr 210 seinem Werk einfügte. Vgl. v. Ungern-Sternberg 1975, 81 ff. mit weiteren Quellen und Literatur.

[69] Zu den Unterschieden der „beiden" Senatsbeschlüsse vgl. v. Ungern-Sternberg 1975, 116 ff. Für die Ansiedlung erließen die Römer sehr detaillierte Bestimmungen (L 26, 34, 7 ff.): Es wurden drei Personengruppen unterschieden: 1. Die in Capua Verbliebenen wurden in einem Gebiet jenseits des Tiber angesiedelt, das aber nicht an den Tiber angrenzen durfte. Sie durften keinen Grundbesitz erwerben, außer im Gebiet von Vei, Sutrium und Nepete, und dort nicht mehr als 50 *iugera*. 2. Wer während des Krieges weder in Capua noch in einer der abgefallenen Städte gewesen war, sollte im Gebiet diesseits des Liris in Richtung Rom angesiedelt werden. 3. Diejenigen, die zu den Römern übergetreten waren, bevor Hannibal nach Capua gekommen war, sollten sich im Gebiet diesseits des Volturnus niederlassen. Ihnen wurde aber auferlegt, daß sie kein Haus oder Grundstück besitzen durften, das näher als 15 m. p. = ca. 22,5 km zur Küste lag.

[70] L 26, 16, 12.

Deshalb mußten genügend Einwohner (Freigelassene, Krämer und Handwerker) hier wohnen bleiben.[71]

Die Rückeroberung Capuas war ein bedeutender politischer Gewinn. Die Römer hatten bewiesen, daß sie abtrünnige Bundesgenossen zurückgewinnen und bestrafen konnten. Hannibals Ansehen hingegen hatte stark gelitten. Er hatte tatenlos zugesehen und hatte Menschen, die sich seinem Schutz anvertraut hatten, preisgegeben. Dieser Ansehensverlust leitete ein Umdenken ein. Vielerorts wurden Überlegungen angestellt, ob es nicht besser wäre, wieder zu den Römern zurückzukehren.[72] Die materiellen Gewinne waren ebenfalls bedeutend. Abgesehen von den Mitteln, die beim Verkauf der konfiszierten Besitzungen eingingen und deren Höhe nicht überliefert ist, war die Beute an Edelmetallen beträchtlich.[73]

Die Erfolge in Campanien ließen die Römer nicht übermütig werden. Dafür sorgten allein die Nachrichten, die aus Iberien eintrafen und große Bestürzung hervorriefen. Die beiden Scipionen waren in kurzen Abständen in Schlachten geschlagen worden, beide waren gefallen. Nur noch ein kleiner Rest ihrer Truppen hielt sich im Gebiet nördlich des Ebro.[74] Die Senatoren verlegten die in Campanien freigewordenen Truppen unter dem Kommando des C. Claudius Nero nach Iberien.[75] Dem Tüchtigen steht das Glück zur Seite. Ohne den Sieg in Campanien hätten die Römer im Moment kein Heer nach Iberien senden können. Im entscheidenden Augenblick, bevor die Lage in Iberien aussichtslos wurde, konnten sie stabilisierend eingreifen. Die Niederlage Hannibals in Italien ließ den Erfolg seines Bruders in Iberien wirkungslos werden.

Nach dem vergeblichen Angriff auf Rhegion marschierte Hannibal nach Tarent, um die Belagerung der Burg voranzutreiben.[76] Die Aussichten waren günstiger. Endlich stand eine Flotte zur Verfügung, um den Bela-

[71] L 26,16,7.

[72] P 9,26,2, L 26,38,1 ff.; Kukofka 1990, 84.

[73] L 26,14,8: 2070 Pfund Gold und 31 200 Pfund Silber.

[74] Das Schreiben des Lucius Marcius, der die kläglichen Reste der geschlagenen Heere um sich gesammelt hatte, soll nach L 26,2,1 ff. bereits zu Beginn des Jahres eingetroffen sein. Diese Datierung geht aber von dem livianischen Ansatz des Todes der beiden Scipionen im Jahr 212 aus.

[75] L 26,17,1 ff. Er bildete aus zwei Legionen eine verstärkte mit 6000 Mann zu Fuß und 300 Reitern. Das Heer wurde im Hafen von Puteoli eingeschifft und in Tarraco an Land gesetzt.

[76] Dies wird zwar nicht expressis verbis bezeugt, ist aber nach der allgemeinen Kriegslage anzunehmen. Was hätte er sonst tun sollen? Ein Angriff auf Beneventum wäre denkbar, ist aber nicht bezeugt. Dagegen ist die Annahme naheliegender, daß er den Fortgang der Belagerung in Tarent persönlich leitete, zumal auch eine karthagische Flotte erstmals zur Unterstützung eintraf (P 9,9,11, L 26,20,7–11, P. Wuilleumier, Tarente, Paris 1939, 157).

gerten die Versorgung von der See her abzuschneiden.[77] Doch bald traten bei den Flottenmannschaften Versorgungsprobleme auf. Die karthagischen Matrosen fielen den Tarentinern zur Last, die froh waren, als die „Helfer“ wegfuhren. Hannibal war um eine weitere Hoffnung ärmer und bezog mit seinen Truppen in Lukanien Winterquartiere.[78]

Sizilien[79]

Die verheerende Seuche im vergangenen Jahr hatte Belagerer wie die Belagerte hart getroffen. Marcellus hatte die Verluste durch Aufnahme von Soldaten aus den „Cannensischen Legionen“ ersetzt. Das karthagische Heer hatte sich aufgelöst, die Bundesgenossen aus Sizilien waren in ihre Heimat zurückgekehrt, Bomilkar nach Karthago gefahren, um Nachschub herbeizuschaffen. Im Frühjahr startete er mit einer großen Flotte aus Karthago. Doch ungünstige Winde hinderten ihn, das Kap Pachynos zu umrunden.[80] Epikydes, der befürchtete, daß der Admiral bei Fortdauer derselben Windverhältnisse wieder nach Karthago zurücksegeln würde, übergab das Kommando in der Achradina[81] und segelte zu Bomilkar.

Dieser schreckte wegen der ungünstigen Winde vor einer Seeschlacht zurück, obgleich er den Römern numerisch überlegen war. Marcellus wagte die Fahrt und wurde belohnt. Ohne erkennbaren Grund fuhr der Karthager, als sich der Ostwind gelegt hatte und er die Feinde hätte angreifen können, nach Tarent, während die Frachtschiffe, die er in Herakleia Minoa zurückgelassen hatte, nach Karthago zurückkehrten.[82] Unfähigkeit, die zu gravierenden Fehlentscheidungen führte, erleichterte dem Gegner den Sieg.

Die Römer kontrollierten wieder ungehindert die See. Nach dreijähriger Pause wagte T. Otacilius zum ersten Mal eine Plünderungsfahrt nach Afrika.

[77] Dies beweist, daß die tarentinischen Schiffe, die aus dem inneren Hafen ins offene Meer gebracht worden waren, diese Aufgabe nicht bewältigt hatten. Kukofka 1990, 79–80 mit anderer Datierung.

[78] App Ann 43,183. Hannibal soll sich dort ungewohnten Lastern hingegeben haben. Er habe sich eine Geliebte gehalten. Nun dürfte eine Geliebte noch kein Zeichen von *„tryphe“* sein. Es fällt aber bei Hannibal auf, daß die sonst so erfindungsreichen Geschichtsschreiber keine pikanten Stories und Affären berichten konnten. Offenbar bot Hannibal überhaupt keinen Anhaltspunkt. Wenn er sich dann einmal eine Geliebte nahm, dann wurde dies gleich als Ausdruck ungewohnter Schwelgerei *(„tryphe“)* gedeutet.

[79] Seibert 1993, 285ff., 301. Karte Nr. 9a.

[80] L 25,27,2ff.

[81] L 25,27,7. Die Söldnerführer waren Polykleitos, Philistos und Epikydes, L 25,28,5.

[82] L 25,27,2–12.

Der Hafen von Utica wurde überraschend angegriffen und große Beute weggeschleppt.[83]

Epikydes kehrte nicht mehr nach Syrakus zurück. Er fuhr nach Akragas. Gab er Syrakus bereits verloren? So deuteten die Sikeler, die erneut in zwei Lagern vor Syrakus Stellung bezogen hatten,[84] sein Verhalten und gaben ihrerseits die Sache der Syrakusaner und Karthager auf. Sie begannen Verhandlungen mit Marcellus und verzichteten gegen Zusicherung ihrer Freiheit und Fortbestand ihrer Verfassung auf jeglichen Gebietsanspruch des ehemaligen Hieronreiches.

Die Syrakusaner waren auch zu Verhandlungen mit dem Feind bereit.[85] Doch die Überläufer in ihren Mauern fürchteten um ihr Leben, sollte die Stadt den Römern ausgehändigt werden. Sie stachelten die Söldner zum Widerstand auf und organisierten die Verteidigung.[86] Den Syrakusanern gelang es, den Söldnern klarzumachen, daß sie von den Römern nichts zu befürchten hätten.

Der Iberer Moericus, einer der drei Kommandanten der Achradina, war durch einen Landsmann zum Verrat überredet worden.[87] Er ließ römische Soldaten, die im Schutz der Nacht beim Tor nahe der Quelle Arethusa landeten, ein. Gleichzeitig griff Marcellus die Achradina an, so daß die Verteidiger abgelenkt wurden. Truppen, die von Schnellseglern im Großen Hafen an Land gesetzt wurden, konnten durch die geöffneten Tore der Ortygia in die Stadt eindringen. Nur die Überläufer leisteten erbitterten Widerstand. Moericus trat mit seinen Soldaten offen zu den Römern über. Als die Ortygia und Teile der Achradina bereits im Besitz der Feinde waren, öffneten die Syrakusaner die Tore der Achradina und baten durch Unterhändler Marcellus um Schonung.

Der römische Feldherr überließ die Stadt seinen Soldaten zur Plünderung. Die Häuser der Romfreunde wurden besonders gekennzeichnet und sollten geschont werden.[88] Viele Greueltaten und Grausamkeiten sind vor-

[83] L 25,31,12–15; Thiel 1946, 86ff. Kahrstedt 1913, 484 A lehnte die Flottenfahrt als annalistische Erfindung ab. M. E. sprechen die näheren Umstände – Lage auf dem sizilischen Kriegsschauplatz, Abwesenheit der karthagischen Flotte – für die Historizität. Ob das Unternehmen tatsächlich in nur drei Tagen ausgeführt wurde, erscheint zweifelhaft (Gsell III 1918, 173 A 1). M. Valerius Messalla benötigte im nächsten Jahr 13 Tage für ein ähnliches Unternehmen (L 27,5,9).

[84] L 25,27,1; 28,1ff.

[85] Die Sikelioten überredeten die Syrakusaner zur Übergabe, L 25,28,4ff. Die Kommandanten, die die Vertretung des Epikydes hatten, wurden beseitigt. Nach der Wahl von Strategen schickten sie Gesandte, die natürlich alle Schuld auf Hippokrates und Epikydes schoben, zu Marcellus wegen der Übergabe der Stadt, L 25,29,2ff.

[86] L 25,29,8ff.

[87] L 25,30,2ff.

[88] L 25,31,8ff.

gekommen. Man braucht nur den Bericht des Polybios über „den geregelten Verlauf einer Plünderung durch römische Soldaten" zu lesen,[89] um sich eine Vorstellung davon zu machen, was die lapidare Feststellung „die Stadt wurde den Soldaten zum Plündern überlassen" (*urbs diripienda militi data est,* L 25,31,8) in Wirklichkeit für die Betroffenen bedeutete: rücksichtsloses, brutales, sinnloses Morden, das selbst vor den Tieren nicht zurückhielt, die sicher keinen Widerstand geleistet hätten.

Mit vielen anderen Syrakusanern wurde auch Archimedes von einem Soldaten erschlagen. Marcellus „bedauerte den Fall" und sorgte für seine Bestattung.[90] Hätte er den Tod dieses berühmten Mannes nicht verhindern können?[91] Wenn er Vorsorge für das Eigentum der Romfreunde treffen konnte, hätte er auch für die persönliche Sicherheit seines Gegners sorgen können. Wollte er die Begegnung mit dem Mann vermeiden, dem die Belagerung größeren Ruhm einbrachte als ihrem Eroberer?[92]

Die Stadt wurde systematisch nach Kunstwerken durchsucht und ausgeraubt. Mit der Eroberung von Syrakus beginnt die lange, nicht endende Serie von Kunsträubereien, die die Tempel und Häuser in Griechenland leerten und die Gebäude in Rom und die Villen der Senatoren auf dem Land mit den bedeutendsten Kunstwerken füllten.[93]

Der Verlust von Syrakus war ein harter Schlag für die karthagische Sache. Viele Städte traten wieder auf die Seite der Römer. Sie bekamen die ganze Strenge des römischen Kriegsrechts zu spüren.[94] Die Karthager gaben den

[89] P 9,16–17.

[90] L 25,31,9–10. *„Noli turbare circulos meos"* soll Archimedes dem römischen Soldaten zugerufen haben. Cicero, Verr. IV 131, Val Max 8,7 ext. 7, Plu Marc 19,8–12, Sil 14,676, Cass frg. 57,45, Z 9,5,5.

[91] Natürlich sollte eine rührselige Geschichte den Feldherrn vor einer solchen Beschuldigung schützen. Er habe den Befehl erteilt, den Archimedes zu schonen. Dieser sei aber so sehr mit seinen mathematischen Problemen beschäftigt gewesen, daß er dem Soldaten, der in sein Haus eindrang, auf die Frage, wer er sei, seinen Namen nicht nannte, sondern ihn bat, seine Zeichnung nicht zu zerstören. So sei er ein Opfer der Plünderungswut geworden, Plin nh 7,125.

[92] Wegen der rücksichtslosen Plünderung einer berühmten und reichen Griechenstadt wurde Marcellus heftig kritisiert, P 9,10, Plu Marc 19,7–10, Val Max 8,7 ext. 7, Plin nh 7,125, Z 9,5,5–6. Zu seiner Verteidigung wurde eine weitere rührselige Geschichte tradiert. Nach der Einnahme von Syrakus habe er von der Akropolis auf die zerstörte Stadt geblickt und sei wegen ihres schrecklichen Schicksals in Tränen ausgebrochen, Val Max 5,1,4. Vgl. die positive Bewertung bei Vergil, Aeneis 6, 855–859.

[93] Marcellus schmückte mit den Beutestücken die von ihm geweihten Tempel am Capenator in Rom: L 25,40,1–3, Plu Marc 21. Persönlich soll er sich nicht bereichert haben. Er habe sich nur das Planetarium des Archimedes ausgesucht, Cicero, de rep. 1,21. Zum Kunstraub der Römer, Seibert 1993, 396.

[94] L 25,40,4. Livius umschreibt das harte Schicksal mit den Worten: „Sie mußten

Krieg noch nicht verloren. Im Süden der Insel besaßen sie immer noch eine starke Position in Herakleia und Akragas. Hannibal schickte den beiden Befehlshabern Epikydes und Hanno einen neuen Mann seines Vertrauens, Myttones, einen Libyphoiniker aus Hippakra, einen äußerst fähigen Mann, der dem Kriegsverlauf neue Impulse geben sollte.[95] Truppen aus Italien und Karthago glichen die Verluste aus.[96]

Myttones kommandierte die numidische Reiterei, machte Einfälle ins Gebiet der Feinde und eilte rechtzeitig den Bundesgenossen zu Hilfe, wenn sie von den Römern bedroht wurden. So gewann er immer mehr Ansehen unter der sizilischen Bevölkerung, und sein Ruhm wuchs. Dadurch wurde die Verachtung, die Hanno als Angehöriger des karthagischen Adels für den Libyphoiniker empfand, nur noch gesteigert. Während Myttones abwesend war, ließen sich Epikydes und Hanno mit Marcellus auf eine Schlacht ein und wurden geschlagen.[97] Die Karthager flüchteten nach Akragas.[98] Marcellus verließ nach diesem Sieg Sizilien und kehrte nach Rom zurück.[99]

als Besiegte die Gesetze des Siegers annehmen", d.h. sie waren rechtlos und den Befehlen des Siegers unterworfen, der mit ihnen tun und lassen konnte, was er wollte.

[95] L 25,40,5ff. Vgl. V. Ehrenberg, RE 16,2, 1935, 1428–1430 s. v. Myttones. Dieser Vorgang beweist, daß Hannibal die Entwicklung aufmerksam verfolgte und durch Delegierung der Befehlsgewalt auch indirekt beeinflussen wollte. Vgl. P9,22,4, Walbank II 1967, 150.

[96] Hannibal schickte eine Reiterabteilung. Auch die Karthager sandten aus der Heimat neue Truppen, Z9,6,1.

[97] L 25,40,8–41,7.

[98] Nach L 25,41,7 war dies der letzte Sieg des Marcellus in Sizilien. Er verließ gegen Ende Sommer 211 (L26,21,1) seine Provinz und kehrte nach Rom zurück. Erst nach seinem Weggang landete ein neues karthagisches Expeditionskorps auf der Insel, L 26,21,14ff.

[99] Seine Hoffnung, daß die Senatoren die Eroberung von Syrakus mit der Genehmigung eines Triumphes honorieren würden, erfüllte sich nicht. Er durfte einen kleinen Triumph, eine *ovatio*, und am Tag zuvor einen Triumph auf dem Albanerberg abhalten, L26,21,5–10, Plu Marc 21ff., Val Max 2,8,5, Auctor de viris illustr. 45,6, vgl. F. Münzer, RE 3,2, 1899, 2750 s. v. Claudius 220. Auch wenn die Senatoren dem Marcellus nur einen „kleinen" Triumph zubilligten, dürften die Römer dieses lange vermißte Schauspiel bewundert haben, zumal Marcellus die reiche Stadt Syrakus schamlos ausgeplündert hatte. Neben dem üblichen Kriegsgerät, Wurfgeschützen, Belagerungsmaschinen und einem Modell der eroberten Stadt riefen vor allem die ungewohnte Pracht an Prunkstücken aus Gold, Silber und Erz, die kostbaren Kleider und prächtigen Kunstwerke, die vielen Statuen aus Erz von Menschen, aber auch von Göttern, Staunen und Bewunderung der Römer hervor, die an den Straßen Roms standen und den Vorbeimarsch miterlebten. Auch acht Elefanten, die den Italikern so großen Eindruck machten, wurden mitgeführt, L26,21,7–10, Plu Marc 22. Unter den Gefangenen marschierten zwei Männer, denen Marcellus im wesentlichen seinen Erfolg verdankte: Sosis von Syrakus, der die Römer des Nachts nach Syrakus geführt

Trotz der Niederlage gaben die Karthager die Insel noch nicht verloren. Eine Flotte brachte Verstärkungen,[100] der Krieg flammte erneut auf. Morgantina und Ergetium traten wieder auf die Seite der Karthager, Hybla, Marcella und einige andere, unbekannte Orte schlossen sich an. Die numidischen Reiter unter Myttones durchstreiften die ganze Insel und verwüsteten die Ländereien der römischen Bundesgenossen. Mißstimmung und Unzufriedenheit im römischen Heer förderten die karthagischen Erfolge.[101] Die Soldaten hatten keine Lust mehr zum Kämpfen. Bei der äußerst gereizten Stimmung im römischen Lager hätte nur ein Funke genügt, um eine Meuterei ausbrechen zu lassen. Dem Prätor M. Cornelius gelang es allmählich, die Soldaten neu zu motivieren und die abgefallenen Städte zurückzugewinnen. Morgantina wies er den iberischen Überläufern als Besitz zu.[102]

Spanien[103]

Das Heer der Scipionen war für größere militärische Operationen zu schwach. Zur Verstärkung warb man keltiberische Truppen an und bildete sie in römischer Taktik aus.[104] Mit dem neu formierten Heer glaubten die Scipionen ihre bisherige defensive Haltung aufgeben und die Offensive ergreifen zu können.[105] Die karthagischen Heere waren auf zwei Lager verteilt, Hasdrubal stand mit seinem Heer bei der Stadt Amtorgis (Lage unbekannt), die Feldherrn Mago und Hasdrubal, Sohn des Gisgo, waren fünf Tagesmärsche entfernt. Die Römer wollten durch einen gleichzeitigen An-

hatte, und der Iberer Moericus, der die Ortygia verraten hatte. Beide mußten sich in dieses entwürdigende Schauspiel fügen: Sie wurden in goldenen Ketten im Triumphzug mitgeführt. Ihr Schicksal unterschied sich allerdings grundlegend von dem der sonstigen wichtigen Gefangenen, die nach dem Ende des Zuges erwürgt wurden: Sie wurden sehr großzügig für ihre Hilfe belohnt.

[100] L 26,21,14ff.: 8000 Fußsoldaten und 3000 numidische Reiter.

[101] Marcellus hatte seine Soldaten nicht in die Heimat zurückführen dürfen. L 26,21,2; 21,16.

[102] L 26,21,10–13.

[103] L 25,32–39, App Ib 16,61–17,64, Sil 13,381ff., kurze Hinweise bei P 8,38, vgl. Walbank II 1967, 114, Val Max 3,7,1, Frontin 2,6,2, Sil 15,1ff., Eu 3,14,2, Or 4,17,12, Z 9,5,2. Frantz 1883, 38–47, Kahrstedt 1913, 496ff., Scullard 1930, 49ff., 1970, 36ff., Huß 1985, 373ff., Richardson 1986, 40ff. Zur Chronologie vgl. Seibert 1993, 255ff.

[104] L 25,32,3, insgesamt 25000 Mann.

[105] Das Ziel ihrer Offensive wird von der scipionenfreundlichen Tradition verklärt. Während sie bisher Hasdrubal von einer Invasion in Italien abgehalten hätten, hätten sie jetzt den Krieg in Iberien beenden wollen, L 25,32,2. Zweifel auch bei Huß 1985, 373 A 297. Nach App Ib 16,61 waren die Winterlager des Gnaeus Scipio in Urso und des Publius Scipio in Castulo. In Wirklichkeit sind die Scipionen nie so weit in den Süden Iberiens vorgestoßen.

griff die karthagischen Heere vollständig vernichten. Dazu teilten sie ihre Truppen in zwei gleich starke Heere.[106]

Publius marschierte gegen das Lager des Mago und Hasdrubal, Sohn des Gisgo. Statt die Feinde anzugreifen, sah er sich plötzlich in die Lage des Angegriffenen versetzt. Die überlegene numidische Reiterei unter Massinissa attackierte Tag und Nacht sein Lager. Als er dann noch die Nachricht erhielt, ein einheimisches Heer unter Führung des Indibilis rücke zur Verstärkung heran,[107] entschloß er sich, diesem entgegenzuziehen und es vor der Vereinigung mit dem karthagischen Heer zu schlagen. Doch dadurch geriet er vollends in die Falle. Er wurde von den numidischen Reitern umringt, während in seinem Rücken die karthagischen Feldherrn mit ihren Truppen auftauchten.Die römischen Soldaten hatten keine Chance. Sie erlitten eine vernichtende Niederlage. Publius Scipio fiel tapfer kämpfend.[108] Die römische Geschichtsschreibung versuchte durch den heldenhaften Kampf des Feldherrn seine evidenten Fehlentscheidungen zu vertuschen. Er hatte die Stärke des

[106] Es scheint, daß Livius bewußt eine „verdrehte Darstellung“ bot, um die wahren Zusammenhänge zu verbergen. Er unterbrach den Bericht über die Unternehmungen des Gnaeus Scipio und schob die Niederlage des Publius Scipio ein, bevor er die Geschichte des Gnaeus wieder aufnahm. L25,32,9: Anmarsch beider Heere nach Amtorgis, und Publius Scipio zieht weiter, 25,33,1–9: Ereignisse um Gnaeus, 25,34,1–14: Niederlage und Tod des Publius, 25,35,1–36,16: Fortsetzung der Ereignisse um Gnaeus, Niederlage und Tod. Diese Operationen nahmen eine geraume Zeit in Anspruch. Denn die Schlacht gegen Gnaeus Scipio fand 28 Tage nach dem Sieg der Karthager über Publius Scipio statt, L25,36,14. Die Niederlage und der Tod seines Bruders sollen dem Gnaeus nicht bekannt gewesen sein, obgleich die karthagischen Lager und damit auch die römischen nur fünf Tagesmärsche voneinander entfernt waren. Es ist unwahrscheinlich, daß die römischen Feldherrn, die einen gleichzeitigen Angriff auf die feindlichen Stellungen planten, keinen Nachrichtendienst zwischen beiden Heeren unterhielten. Auf jeden Fall dürfte Gnaeus Scipio von den Geschehnissen im anderen Heer unterrichtet gewesen sein. Der Sieg der karthagischen Waffen dürfte auch die Ursache für den Abzug der keltiberischen Soldaten aus dem Lager des Gnaeus gewesen sein. Deshalb erscheint eine „Umstellung“ bei Livius angebracht: Zuerst wurde Publius Scipio geschlagen. Die Folge dieser Niederlage war der Abzug der Keltiberer, die die Sache der Römer verloren gaben. Gnaeus Scipio war zu schwach, um sich erfolgreich gegen die karthagischen Heere zur Wehr setzen zu können. Durch die Verdrehung der Ereignisse wird aber beim Leser der irrige Eindruck erweckt, die römischen Niederlagen seien durch den Treuebruch der Keltiberer, den der im Umgang mit den wankelmütigen Einheimischen geschulte Hasdrubal inszeniert hatte (L25,33,1–7), verursacht worden.

[107] L 25,34,6. Er kommandierte 7500 Suessetaner. Indibilis ist bekannt als Fürst der Ilergeten (vgl. P10,18,7, L22,21,3; 26,49,11; 29,1,19). Warum kommandierte er hier ein Heer von Suessetanern? Könnte es sich um einen anderen, namensgleichen Fürsten gehandelt haben?

[108] L 25,34,9–14.

Feindes unterschätzt und sich zu siegesgewiß gewähnt. Völlig unverständlich ist, wie er hoffen konnte, sich der überlegenen numidischen Reiterei, die ihm bereits in seinem festen Standlager große Probleme bereitet hatte, auf dem Marsch erwehren zu können. Sicherer wäre es gewesen, hinter den Mauern des Lagers auszuharren.[109]

Die siegreichen karthagischen Feldherrn Mago und Hasdrubal marschierten eilends zu Hasdrubal bei Amtorgis.[110] Als die keltiberischen Soldaten die Niederlage des anderen römischen Heeres erfuhren, zogen sie in ihre Heimat ab.[111] Es blieb Gnaeus keine andere Möglichkeit, als sich in der Nacht unbemerkt vom Feind abzusetzen.[112] Den Vorsprung holten die numidischen Reiter am nächsten Tag bald ein. Den ständigen Angriffen der feindlichen Reiter hatten die Römer nichts entgegenzusetzen. Sie suchten auf einem kahlen Hügel Zuflucht,[113] wo sie von den nachrückenden karthagischen Heeren eingeschlossen wurden.[114] Es war ein ungleicher Kampf. Die Römer waren den Feinden numerisch unterlegen, ihre Schutzanlagen nur provisorisch und bald gestürmt. Die meisten Soldaten blieben auf dem Schlachtfeld, unter ihnen auch Gnaeus Scipio.[115] Die Niederlage der Scipionen glich die römische Geschichtsschreibung durch die Siege des Ritters L. Marcius aus.[116] Seine glorreichen Taten werden mit überschwenglichen Worten gepriesen. Nicht dem eigentlichen Stellvertreter, dem Legaten Ti. Fonteius, hätten die Soldaten den Oberbefehl übertragen, sondern Marcius, der „gemessen an seiner Herkunft" Hervorragendes an Mut und Geist lei-

[109] Der Legat Ti. Fonteius konnte hier die Stellung auch nach der Niederlage des Publius halten, L25,36,12.

[110] L 25,35,1ff. Angeblich war die Nachricht von der Niederlage noch nicht im römischen Heer eingetroffen. Nur dunkle Ahnungen trübten die Stimmung im römischen Heer. Aus den Verstärkungen schloß Gnaeus eher auf eine Niederlage als auf einen Sieg. Diesen das Kommende vorbereitenden Schilderungen ist wenig Glauben zu schenken. Sicher dürfte der römische Lagerkommandant Fonteius den Gnaeus vom Tod seines Bruders benachrichtigt haben. Dafür sprechen allein die Zeit- und Distanzangaben.

[111] Da Gnaeus nur ein Drittel des römischen Heeres kommandierte, stellten die Keltiberer den größten Teil.

[112] L 25,35,7ff.

[113] L 25,36,4ff., zur Lokalisierung G. K. Tipps, CWo 85, 1991, 81–90.

[114] Die Örtlichkeit war für die Römer denkbar ungünstig. Es war kein Material vorhanden, mit dem sie ein Lager hätten befestigen können. Die Sättel der Pferde und das Gepäck mußten als Ersatz für eine Lagermauer dienen. P8,38, L25,36,7.

[115] Es kursierten unterschiedliche Versionen über sein Ende: Er sei entweder beim ersten Angriff der Feinde auf den Hügel gefallen, oder er habe sich mit wenigen Leuten in einen Turm in der Nähe des Lagers retten können. Die Karthager hätten die Tore des Turmes nicht aufbrechen können, Feuer gelegt, ihn erobert und alle Mann erschlagen (L25,36,12–13).

[116] L 25,37,1–39,18, Frontin 2,6,2.

stete.[117] Tatsache ist, daß die Karthager die Römer nicht aus Iberien vertrieben. Wenn sie den Gegner nach ihren Siegen als einen unbedeutenden und ungefährlichen betrachteten, der ihre Stellung nicht mehr gefährden konnte, so sollte sich diese Überheblichkeit bitter rächen.

Die Senatoren sandten die in Campanien freigewordenen Truppen unter dem Kommando des Proprätors M. Claudius Nero nach Iberien.[118] Es dürfte bereits Spätherbst[119] gewesen sein, als er zum Ebro vorstieß und dort den Oberbefehl über das gesamte Heer übernahm. Nach seiner Veranlagung – er wird als heftig und leidenschaftlich beschrieben[120] – und nach dem kürzlichen Erfolg vor Capua ist es verständlich, daß er voller Tatendrang war. Es gelang ihm, durch Besetzung der Pässe Hasdrubal in den Wäldern einzuschließen.[121] In dieser aussichtslosen Lage bot der Karthager Verhandlungen für die Übergabe an. In Wirklichkeit wollte er nur Zeit gewinnen, um nachts heimlich abzuziehen. Nero fiel auf diesen Trick[122] herein.

[117] L 25,37–39; 26,2,1–6, Val Max 1,6,2; 2,7,15; 8,15,11, Frontin 2,6,2; 2,10,2, Sil 13,696–704, ausführlich F. Münzer, RE 14,2, 1930, 1591–1595 s. v. Marcius 101. Im allgemeinen werden die „Heldentaten" des Marcius als Erfindungen abgelehnt, vgl. Kahrstedt 1913, 271 ff., De Sanctis III 2, 1916, 435, Meyer II 1924, 446 A 1, Münzer, a. a. O., Scullard 1930, 53, Huß 1985, 374 A 308, Richardson 1986, 44. Sanchez 1976, 229 hingegen hält die Nachrichten für glaubwürdig. An einem Tag sollen zwei feindliche Lager unter Führung des L. Marcius erobert worden sein. In einem Lager habe man einen Silberschild (137 Pfund schwer) mit dem Bildnis Hasdrubals gefunden, der am Tor des Kapitolinischen Tempels aufgehängt worden sei. Wie sich die römische Legende seiner Person bemächtigte, zeigt die Episode, die auf Valerius Antias zurückgeht, daß bei einer Ansprache an die Soldaten sein Haupt plötzlich in Flammen stand, was als göttliches Zeichen gedeutet wurde (Plin nh 2,241).

[118] F. Münzer, RE 3,2, 1899, 2774–2776 s. v. Claudius 246, Tammler 1971, 217. L 26,17,1 ff., Z 9,7,1: Verstärkungen: 6000 Mann zu Fuß, 300 Reiter sowie 6000 latinische Bundesgenossen und 800 Reiter. Bedenken gegen die Truppenstärke des Claudius Nero bei Tammler 1971, 217. App Ib 17,65 ist unzutreffend. Nach ihm soll auch M. Claudius Marcellus, der gerade aus Sizilien zurückgekehrt war, nach Spanien entsandt worden sein.

[119] Der genaue Zeitpunkt ist nicht bekannt. Für die Überfahrt von Puteoli nach Tarraco sind mindesten 11/2 Monate anzusetzen. Es ist deshalb nicht völlig auszuschließen, daß er erst im Frühjahr 210 ins Feld rückte. Eckstein 1987, 207 ff.

[120] L 27,34,1 ff.

[121] Die römische Geschichtsschreibung macht es schwierig, die wirklichen Vorgänge zu erhellen. Vor allem die Lokalisierung der Kämpfe ist verworren. Nach L 26,17,4 hatte Hasdrubal, Sohn des Hamilkar, sein Lager bei den „Schwarzen Steinen" im Gebiet zwischen den Städten Iliturgis und Mentissa im Gebiet der Ausetani. Es muß sich um eine Örtlichkeit nördlich des Ebro handeln. Zu den verschiedenen Lösungsversuchen vgl. Brewitz 1914, 35–36 und Scullard 1930, 55 A 1.

[122] L 26,17,9 ff., Frontin 1,5,19, Z 9,7,1–2. Hasdrubal habe die Verhandlungen über mehrere Tage hin verschleppt. In den Nächten hätten immer größere Teile seines

Der Proprätor konnte allerdings verhindern, daß sich die Lage noch mehr verschlechterte.[123] Die römischen Stellungen blieben auf einen schmalen Streifen an der Ostküste Iberiens beschränkt, mit den stark befestigten Städten Tarraco und Emporion als Basis.[124]

Griechenland

Nach langwierigen geheimen Verhandlungen mit führenden Persönlichkeiten des Ätolerbundes, die bereits im Jahr 212 begonnen hatten, trat der Proprätor Valerius Laevinus auf der Herbstsitzung des Ätolischen Bundes in Thermos auf und konnte den Abschluß eines Bündnis- und Freundschaftsvertrages *(amicitia et societas)* vor allem durch das Versprechen, die Akarnanen wieder dem Koinon anzuschließen, erreichen. Skopas und Dorimachos, führende Politiker des Bundes und wahrscheinlich auch die bisherigen Unterhändler, setzten sich nachdrücklich für das Zusammengehen mit den Römern ein. Das Abkommen sah die Möglichkeit vor, daß auch die Eleer, die Spartaner, Attalos von Pergamon, Pleuratos und Skerdilaidas mit gleichem Recht als Freunde dem Vertrag beitreten konnten. Im einzelnen wurden vor allem Vereinbarungen für den Krieg gegen Philipp V. getroffen[125]:

Die Ätoler sollten zu Land gegen den Makedonenkönig Krieg führen, die Römer sie mit mindestens 25 Schiffen unterstützen. Detailliert wurde festgehalten, was im Fall einer Eroberung mit dem Gebiet, seinen Bewohnern und der beweglichen Habe geschehen sollte. Wenn die Römer allein gewaltsam eine Stadt eroberten, sollten den Ätolern die Stadt und das Gebiet, den Römern die bewegliche Habe gehören. Waren aber die Ätoler an der Eroberung beteiligt, so erhielten sie zusätzlich einen Anteil an der beweg-

Heers heimlich abziehen können. Als Nebel herrschte, habe er ebenfalls eine Verschiebung der Verhandlungen gewünscht, da ein solcher Tag aus religiösen Gründen ungeeignet sei. Der römische Feldherr macht keine gute Figur. Bereits bei den Kämpfen vor Nola hatte er sich nicht besonders ausgezeichnet.

[123] L 26,18,1, App Ib 17,66.

[124] Kahrstedt 1913, 501 ist der Ansicht, daß die Römer nicht einmal die Ebrolinie halten konnten. Denn im Jahr 209 waren auch Geiseln der Ilergeten in Neukarthago.

[125] L 26,24, Iustin 29,4,5, Eu 3,14,4. Weitere Zeugnisse vgl. Schmitt III 1969, Nr. 536 mit umfangreichen Literaturangaben, Huß 1985, 376. Der Vertrag löste in der modernen Forschung heftige Diskussionen aus, besonders nach Auffindung der Inschrift, auf der ein Teil der Vertragsbestimmungen erhalten war, vgl. G. Klaffenbach, Der römisch-ätolische Bündnisvertrag vom Jahre 212 v. Chr., SB Berlin 1954 Nr. 1, IG IX 1, 2. Aufl., 2, 241. SEG 13, 1956, 382; 16, 1959, 370; 17, 1960, 280; 23, 1968, 401; 25, 1971, 626, L. Moretti, Iscrizioni storiche ellenistiche, Florenz 2, 1976, Nr. 87 Lit., Seibert 1993, 276–280.

lichen Beute.[126] Wahrscheinlich enthielt der Vertrag auch eine genaue Auflistung der Gegner, d. h. der Verbündeten Philipps, die angegriffen werden sollten.[127]

Für einen evtl. Friedensvertrag der Ätoler mit Philipp V. wurde vorgesehen, daß in dem Vertrag die Bestimmung enthalten sein mußte, er habe nur Geltung, wenn der Makedone alle Angriffe auf die Römer, ihre Bundesgenossen und ihre Untertanen einstelle. Die Römer verpflichteten sich zu derselben Klausel, falls sie mit Philipp einen Friedensvertrag abschließen sollten.

Es war ein großer diplomatischer Erfolg des Laevinus, der die Situation der Römer auf diesem Kriegsschauplatz wesentlich verbesserte. Der Krieg trat in eine neue Phase, er wurde offensiver geführt. Da die Besatzungen der römischen Flotte für Landoperationen zu schwach waren,[128] hatten sie bisher nur gelegentliche Überfälle und Plünderungsaktionen unternommen. Den Landkrieg übernahmen jetzt die Ätoler und banden die Streitkräfte des Makedonenkönigs.[129] Eine Intervention in Italien war damit ausgeschlossen.

Die neuen Partner warteten nicht die Ratifizierung des Vertrages ab, sondern begannen sofort mit ihren militärischen Operationen.[130] Laevinus griff die Insel Zakynthos an. Es gelang ihm, die Stadt, aber nicht die Burg zu erobern. Dann fuhr er nach Akarnanien und nahm Oiniadai ein. Vertragsgemäß übergab er seine Eroberungen den Ätolern und kehrte nach Korkyra ins Winterlager zurück.[131] Philipp hatte bereits das Winterlager bezogen, als

[126] Die Teilungsbestimmungen muß man nüchtern betrachten. Eine moralische Verurteilung ist nicht angebracht. Vgl. A. Aymard, Le partage des profits de la guerre dans les traités d'alliance antiques, Revue Historique 217, 1957, 233–249 = Études d'Histoire Ancienne, Paris 1967, 499–512 = Zur Griechischen Staatskunde, WdF 96, 1969, 503 ff. Das Beispiel von Ägina ist bezeichnend: Sulpicius eroberte die Insel, versklavte die Bewohner und übergab die Insel den Ätolern vertragsgemäß, die sie für 30 Talente an Attalos verkauften, P 22, 8, 9 ff.

[127] L 26, 24, 11 nennt als Operationsbereich nur das Gebiet von Ätolien bis Korkyra, d. h. nur Akarnanien und Südepirus. Da die römische Hilfeleistung zur See festgelegt wurde, wäre denkbar, daß auch für den Einsatz der ätolischen Landmacht entsprechende Bestimmungen vereinbart wurden.

[128] Zu den Truppenstärken vgl. Rich 1984, 152 ff.

[129] Die Ätoler waren an einer Expansion des römischen Protektorates nicht interessiert. Aufgrund des Vertrages konnten sie ihr Gebiet beträchtlich erweitern: Zakynthos, Oiniadai, Nasos (L 26, 24, 15), Oreos (P 11, 5, 8), Antikyra/Phokis (P 9, 39, 2–3, L 26, 26, 2), Ägina (P 9, 42, 8; 11, 5, 8; 22, 8, 9).

[130] Der Vertrag wurde erst zwei Jahre später ratifiziert. Zu den Gründen vgl. Seibert 1993, 278–279. Die militärischen Operationen L 26, 24, 15–16, Holleaux 1921, 212, Walbank 1940, 303, Rich 1984, 131 ff., Hammond III 1988, 401 ff. Karte Nr. 8.

[131] Über die Unternehmungen der Ätoler liegen keine Informationen vor. Niese

er die Nachricht vom Bündnis der Ätoler, d. h. de facto vom Bruch des 217 geschlossenen Vertrages erhielt. Seine Vorbereitungen traf er für das nächste Frühjahr.[132]

Wenn Hannibal im Winterlager die Ereignisse des vergangenen Jahres überdachte, dann dürfte er kaum zufrieden gewesen sein. In Italien hatte er schwere Rückschläge einstecken müssen. Seine Strategie, die Römer durch Auflösung ihres Bundesgenossenverbandes zum Frieden zu zwingen („Stellvertreterkrieg"), war gescheitert. Dennoch hielt er an seinem Konzept fest. Ist das ein Zeichen für seine feste Überzeugung, daß er auf diesem Weg doch noch zum Erfolg kommen werde oder daß er keinen Ausweg wußte? Welche Alternative hätte er gehabt? Der von seinen internen Kritikern geforderte Angriff auf Rom hatte nichts gebracht und dürfte ihn in seiner Überzeugung bestärkt haben.[133] Dabei berücksichtigte er nicht, daß er den Angriff auf die Hauptstadt des Feindes mit falschen Truppen und mit einer falschen Zielsetzung unternommen hatte. Auch zu diesem Zeitpunkt wäre der Angriff auf das Gebiet und die Hauptstadt der Römer der einzig richtige Ausweg aus seiner Misere gewesen.

Sehr bedenklich war die Kriegslage auf Sizilien. Hier hatten die Römer bedeutende Erfolge erzielen können. Obgleich Hannibal nicht auf der Insel eingegriffen hatte, war es auch eine persönliche Niederlage, da er sich für die karthagische Intervention auf der Insel stark gemacht und seine Vertrauensleute die Operationen geleitet hatten.

Dachte er manchmal ans Aufhören? Appian[134] behauptet, nur aus Furcht vor den Karthagern, daß sie ihm sein Feldherrnamt wegnähmen, habe er den Krieg nicht beendet. Wenn er wirklich solche Gedanken gehabt haben sollte, dürften ihn die Siege seines Bruders in Iberien davon abgebracht haben.[135] Würde dieser jetzt mit einem Heer nach Italien kommen? Hoffte Hannibal vielleicht, daß die Römer eher geneigt wären, über einen Frieden

II 1899, 478, ebenso Walbank 1940, 84, Lehmann 1967, 18 vermuteten einen Einfall der Ätoler in Thessalien, von Rich 1984, 131 A 59 abgelehnt, der an eine Beteiligung der Ätoler beim Angriff des Laevinus auf Oiniadai dachte.

132 L 26,25,1f. Hammond III 1988, 399 (vgl. JRS 58, 1968, 18) ist im Gegensatz zur übrigen Forschung der Ansicht, Philipp habe mit einer von ihm in Lissos erbauten Flotte während des Angriffs des Laevinus auf Zakynthos die Insel Korkyra attackiert, Z 9,6,12.

133 Die von App Ann 40, 173 gebotene Version, daß er bewußt den Angriff auf Rom scheitern ließ, ist natürlich Erfindung, sie beweist aber die Suche der Geschichtsschreiber nach möglichen Erklärungen für das Scheitern Hannibals.

134 App Ann 40, 173.

135 Die Entwicklung in Griechenland, wo die Römer mit den Ätolern ein Bündnis abschließen konnten, war zwar weniger erfreulich, tangierte ihn aber kaum.

zu verhandeln, nachdem sie in Italien selbst sich von ihren Niederlagen erholt, aber dafür Verluste in Iberien erlitten hatten? Wie so oft lassen uns die antiken Quellen im Stich, wenn wir genauere Informationen über die Gedanken, Pläne und Hoffnungen Hannibals wünschen.

Das 9. Kriegsjahr: 210 v. Chr.[1]

Rom[2]

Nach den Erfolgen des vergangenen Jahres verwundert es nicht, daß die Römer zwei energische Persönlichkeiten zu Konsuln wählten, die sich bereits im Feld bewährt hatten und eine zügige Fortführung, wenn nicht sogar Beendigung des Krieges versprachen, M. Claudius Marcellus und M. Valerius Laevinus.[3] Der Amtsantritt verschob sich aber durch eine schwere Erkrankung des Laevinus auf Korkyra und interne Streitigkeiten mit Anklagen gegen Marcellus.[4] Als Amtsbereiche bestimmten die Senatoren für den einen Konsul Italien und den Krieg gegen Hannibal, für den anderen die Flotte und Sizilien.[5] Zum ersten Mal seit Kriegsbeginn wurden in größerem Rahmen Legionen entlassen.[6] Bei der Neuaushebung von Soldaten sollten die Konsuln darauf achten, daß nicht gerade entlassene Soldaten neu verpflichtet würden, ein indirekter Hinweis, daß es Probleme bei der Aufstel-

[1] Kahrstedt 1913, 499 ff., De Sanctis III 2, 1916, 442 ff., Thiel 1946, 108 ff., Lazenby 1978, 170 ff., Huß 1985, 377 ff.

[2] Patterson 1942, 330–331, Scullard 1951, 64, Lippold 1963, 179–185, Crake 1963, 129, Lehmann 1967, 30, Develin 1985, 160.

[3] L 26, 26, 11, Plu Marc 24, 1 ff.

[4] L 26, 27, 17–28, 13; Tammler 1971, 224–226.

[5] L 26, 28, 3. Sie schenkten der Behauptung des Marcellus, der Krieg auf der Insel sei praktisch beendet, keinen Glauben. Ironie des Schicksals war es, daß ausgerechnet er als Amtsbereich Sizilien erloste, Laevinus Italien und den Krieg gegen Hannibal. Wegen der Klage der Sikuler gegen Marcellus tauschten die Konsuln ihre Amtsbereiche, ein singulärer Vorgang: L 26, 29, 6–10. Die Klage der Sikuler gegen Marcellus vor dem Senat (L 26, 30, 1–32, 8, Plu Marc 23, Val Max 4, 1, 7, Cass frg. 57, 46a, Z 9, 6, 8–9) endete zwar mit einer Bestätigung der Taten und Anordnungen des Marcellus, machte aber dennoch die Position seiner Gegner deutlich, die sich um T. Manlius Torquatus scharten. Tammler 1971, 226–229.

[6] Der Prokonsul Q. Fulvius Flaccus sollte aus den zwei Legionen in Capua eine verstärkte Legion von 5000 Mann zu Fuß und 300 Reitern bilden. Von den Bundesgenossen sollten 7000 Mann zu Fuß und 300 Reiter zurückgehalten werden. Das Auswahlkriterium war das Dienstalter. Der Prokonsul P. Sulpicius sollte seine Legionen außer den Matrosen entlassen. Auch das Heer auf Sizilien, das früher Marcellus kommandiert hatte, sollte entlassen werden.

lung neuer Legionen gab. Die Römer verdeckten ihre Schwäche durch die Behauptung, sie führten den Krieg mit 21 Legionen.[7]

Ein wichtiger Beratungspunkt dürften die Lage in Iberien und die Frage, ob dem C. Claudius Nero das *imperium* verlängert werden sollte, gewesen sein.[8] Die Senatoren übertrugen den Oberbefehl P. Cornelius Scipio, der bisher nur Ädil (213)[9] gewesen war, der weder die Prätur noch das Konsulat bekleidet hatte, der im Augenblick auch kein *imperium* besaß, sondern Privatmann *(homo privatus)*[10] war, ein ungewöhnlicher und aufsehenerregender Vorgang. Die römischen Geschichtsschreiber erfanden die Geschichte, es habe sich niemand in Rom gefunden, der bereit gewesen wäre, diese schwierige Aufgabe zu übernehmen. Da habe sich der junge Mann[11] bereit erklärt und sei von allen Centurien in einer Volksversammlung gewählt worden.[12] Was die Senatoren zu ihrem Beschluß in Wirklichkeit bewogen haben mag, wird uns wohl immer verborgen bleiben.[13] Für die breite

[7] L 26,28,13. Vgl. Klotz 1933, 78–79, Marchetti 1978, 72–76.

[8] L 26,18,3–19,10 mit irriger Datierung ins Jahr 211. Es ist mit großer Wahrscheinlichkeit anzunehmen, daß dieser Punkt in der Senatssitzung erörtert wurde, obgleich wir dafür keine Anhaltspunkte in den Quellen haben. Da diese Senatssitzung erst verhältnismäßig spät im Jahr stattfand, erklärt sich auch, daß Scipio nach Ankunft in Iberien keine Zeit mehr für militärische Aktionen in diesem Jahr übrigblieb. Nach Z 9,7,3 sei das Versagen Neros der Grund für seine Abberufung gewesen. Man kann sich aber gut vorstellen, daß er sich nichts sehnlicher wünschte, als endlich nach Rom und Italien zurückkehren zu können. Denn mit seinem schwachen Heer konnte er hier keine Lorbeeren ernten. Als Proprätor dürfte er bestrebt gewesen sein, sich ums Konsulat zu bewerben. Lippold 1963, 194.

[9] Seine Tätigkeit als Ädil war beim Volk in guter Erinnerung, da er sich spendenfreudig gezeigt hatte (P 10,5,6). Vgl. A. Lintott, Electoral Bribery in the Roman Republic, JRS 80, 1990, 4. Zu Scipios bisheriger Laufbahn vgl. R. M. Haywood, Studies on Scipio Africanus, Baltimore 1933, 15 ff., P. Pinna Parpaglia, La carriera di Scipione nella guerra annibalica, Labeo 26, 1980, 344 ff

[10] Scipio war der erste *homo privatus*, dem ein proprätorisches *imperium* verliehen wurde. Wilhelmina F. Jashemski, The Origin and History of the Proconsular and Propraetorian Imperium to 27 B. C., Chicago 1950, 29, Kloft 1977, 15, 33 ff.

[11] Das genaue Alter steht nicht fest. Nach L 26,18,7 war er 24 Jahre alt (für das Jahr 211), ebenso App Ib 18,68. Dann müßte er 210 v. Chr. 25 Jahre alt gewesen sein. Die Angabe des P 10,6,10, er sei bei der Eroberung von Neukarthago im Jahr 209 v. Chr. 27 Jahre alt gewesen, kann nicht stimmen, da er ihn im Jahr 218 als Siebzehnjährigen (10,3,4) bezeichnet; oder die letztere Angabe ist unzutreffend. So Walbank II 1967, 199, der Scipios Alter im Jahr 210 mit 26 Jahren annimmt.

[12] L 26,18,3–19,9, App Ib 18,68–72, Val Max 3,7,1, Z 9,7,4. Scullard 1930, 40.

[13] Es lassen sich nur Vermutungen anstellen, vgl. W. Schur, Scipio Africanus und die Begründung der römischen Weltherrschaft, Leipzig 1927, 21 ff., Scullard 1930, 39, Haywood, 1933, 48–53. Zu den Freunden und Gegnern der Scipionen vgl. Cassola 1962, 375 ff., Lippold 1963, 185. Iberien war kein verlockender Amtsbereich. Deshalb ist ver-

Öffentlichkeit bestimmt war die Behauptung, er wolle den Tod seines Vaters und seines Oheims rächen.[14] Der junge Mann dürfte auch am ehesten geeignet gewesen sein, die persönlichen Beziehungen, die sein Vater mit iberischen Fürsten geknüpft hatte, fortzuführen.[15]

Kritiker des Beschlusses verwiesen auf die fehlende militärische Erfahrung.[16] Diesem Risiko trugen die Senatoren durch die Bestellung eines „Helfers" *(adiutor)*, des Proprätors M. Iunius Silanus, Rechnung.[17] Sie bewilligten auch die dringend erforderlichen Verstärkungen, die mit 30 Schiffen nach Iberien transportiert werden sollten.[18]

Die Ausführung bereitete Schwierigkeiten. Womit sollten die Ruderer bezahlt werden? Die Absicht der Konsuln, die Bürger wie bereits im Jahr 214 nach ihrer Vermögenslage zur Finanzierung heranzuziehen,[19] löste allgemeine Empörung aus. Die Belastungen waren zu hoch. Ihre Leistungskraft war allmählich erschöpft.[20] Der Konsul Laevinus schlug den Senatoren vor, mit gutem Beispiel voranzugehen und selbst alles Gold, Silber und Kupfer, das sie besaßen,[21] bei den *IIIviri mensarii* abzuliefern. So konnten die Werbungen für die Flotte ausgeführt werden.[22]

ständlich, daß sich keiner der führenden Römer wie Fabius, Fulvius oder Marcellus dafür interessierte. M. E. trug er den Senatoren ein neues Konzept für die Kriegführung in Iberien vor, das aussichtsreicher als die Kriegführung seines Vaters erschien. Er wollte – das ist seinen späteren Operationen zu entnehmen – den Karthagern zuerst die Bergwerksgebiete entreißen, um ihnen die Finanzgrundlage für ihren Krieg zu entziehen. Nach L 26, 19, 1 hielt Scipio nach seiner Wahl eine Rede vor dem Volk, in der er u. a. darauf einging, wie der Krieg geführt werden müsse, d. h. er hatte ein abweichendes Konzept. Die Rede auch bei App Ib 18, 68 ff. Das entscheidende Gremium war aber der Senat.

14 App Ib 18, 68, Val Max 9, 11 ext. 1, Cass frg. 57, 39, Z 9, 7, 3, Sil 15, 10–12.

15 Vgl. H. Bengtson, Scipio Africanus, Kl. Schriften, München 1974, 405, der ausschließlich in Familientradition und Gefolgschaftswesen die Gründe für diese Auszeichnung sieht.

16 App Ib 18, 70.

17 L 26, 19, 10; Seibert 1993, 268.

18 L 26, 19, 10: 10000 Mann und 1000 Reiter, dazu 400 Talente P 10, 19, 2. Thiel 1946, 111, Tammler 1971, 218.

19 L 24, 11, 7–9. Vgl. o. S. 255.

20 L 26, 35, 1–36, 12, Fl 1, 22, 24–25, Or 4, 17, 14, Festus, de significatu verborum p. 500 L, vgl. Nicolet 1963, 431 ff., K.-W. Welwei, Unfreie im antiken Kriegsdienst, III, Forschungen zur antiken Sklaverei XXI, Wiesbaden 1988, 38 ff. Man sollte bei diesem Lamento nicht vergessen, daß im allgemeinen die Menschen bei Steuerzahlungen gern zu Übertreibungen neigen. Man vergleiche Plautus, Epidicus 225 ff.

21 Für den Eigenbedarf durften sie etwas Edelmetall zurückbehalten, vgl. L 26, 36, 5–7: die Ringe für die Senatoren, ihre Gemahlinnen und Kinder, für den Sohn den Brustknopf, für die Frauen und Töchter je eine Unze Gold. Wer bereits ein kurulisches Amt bekleidet hatte, durfte den silbernen Pferdeschmuck

Die Versorgung der kämpfenden Truppe mit Getreide, aber auch der Zivilbevölkerung mit Lebensmitteln war im Krieg nur schwer zu bewerkstelligen. Weite Gebiete, vor allem im Süden, lagen unbebaut. Viele Bauern hatten ihre Höfe verlassen und Zuflucht in befestigten Plätzen gesucht, viele dienten seit Jahren in den Legionen und mußten ihre Felder brachliegen lassen. Getreidelieferungen aus der Provinz Sizilien blieben seit langem aus. Sardinien und Etrurien mußten die fehlenden Lieferungen ersetzen.

Die Menschen in den Städten trafen die Versorgungsschwierigkeiten besonders hart. Der Getreidepreis stieg gewaltig.[23] Die Eroberungen des vergangenen Jahres ließen die Römer hoffen, daß sich die Versorgungslage bessern würde.[24] Der Prokonsul Fulvius Flaccus verpachtete in seinem Amtsbereich Capua das konfiszierte Land gegen Getreidelieferungen.[25] Möglichst viele Kleinpächter sollten hier ein Auskommen finden.[26] Viele der aus den Armeen des Marcellus, Fulvius und Laevinus entlassenen Soldaten, die nicht in ihre Heimat zurückkehren konnten oder noch keinen eigenen Grund besaßen, fanden in Campanien eine neue Heimat. Die Bewohner von Nuceria und Acerrae wurden wieder angesiedelt und ihre zerstörten Ortschaften aufgebaut. Bis die Vorkriegsproduktion erreicht würde, würden aber noch viele Jahre vergehen.

Mit Versprechungen allein ließen sich die leeren Mägen nicht füllen. Den Senatoren blieb kein anderer Ausweg als im Ausland Getreide einzukaufen, allerdings ein schwieriges Vorhaben. Überall herrschte Krieg. Enorme Mengen an Getreide wurden von den Heeren verbraucht, gleichzeitig ging die Produktion an Getreide zurück.[27] Ein Land, das Getreide exportierte, war Ägypten. Mit den ptolemäischen Königen unterhielten die Römer seit langem freundschaftliche Beziehungen. Eine Gesandtschaft unter Führung des M. Atilius und des M'. Acilius wurde nach Alex-

und je ein Pfund für das Salzfaß und die Opferschalen für die Götter besitzen. Die übrigen Senatoren durften für sich nur ein Pfund Silber und 5000 Kupferas behalten.

22 Die Senatoren hätte die ablehnende Reaktion ihrer Mitbürger zur Vorsicht mahnen müssen. Sie waren nicht unbegrenzt belastbar. Wann würde das Faß zum Überlaufen kommen?

23 Der sizilische Scheffel Getreide kostete 15 Drachmen (= 90 Obolen), P 9, 11a (44), nach Walbank II 1967, 137–138 der 45fache Betrag. In Friedenszeiten kostete dieselbe Menge in der Poebene nur zwei Obolen.

24 Toynbee II 1965, 229 ff.

25 L 27, 3, 1. Die Censoren M. Cornelius Cethegus und P. Sempronius Tuditanus setzten im folgenden Jahr diese Aufgabe fort, L 27, 11, 8.

26 Cicero, de lege agraria II 84 mit dem interessanten Hinweis, daß Soldaten als Pächter angesiedelt waren.

27 Vgl. P 9, 11 a, 1 ff.

andrien geschickt.[28] Ob Ptolemaios IV. ihre Bitte erfüllte, erfahren wir nicht.[29]

Ein Vergleich der Situationen, in der die Menschen in Italien und in Afrika den Krieg miterlebten, läßt die gravierenden Unterschiede deutlich werden. Die einen spürten die Folgen des Krieges am eigenen Leib (riesige Verluste, Geldmangel und Geldentwertung, Zerstörung des Besitzes, Versorgungsschwierigkeiten usw.), die anderen lebten wie im Frieden, obgleich der Krieg bereits ins 10. Jahr ging. Sie mußten keinen Hunger leiden, hatten ausreichend Gelder zur Finanzierung des Krieges, ihre Besitzungen wurden nicht von den Feinden zerstört, die Verluste in den Schlachten hielten sich in Grenzen. Unter diesen Umständen konnten sie den Krieg noch viele Jahre lang fortsetzen.

Italien

Was würde das Jahr nach dem erfolglosen Marsch auf Rom und dem Verlust von Capua für Hannibal bringen?[30] Konnte er dem Krieg noch eine Wende geben, oder mußte er sich auf Abwehrmaßnahmen und Rückzugsgefechte beschränken? Würden die Römer jetzt zur Offensive übergehen? Viele Bundesgenossen der Karthager wurden in ihrer Haltung schwankend und suchten nur nach einem Vorwand, auf die Seite der Römer zurückkehren zu können. Dadurch geriet Hannibal in eine schwierige Situation. Er konnte nur an einem Ort sein, während die Feinde gleichzeitig mit mehreren Heeren angriffen. Wie sollte er die weit auseinanderliegenden Orte vor

[28] L 27, 4, 10. Als Aufgabe der Gesandtschaft gibt Livius die Erneuerung der bestehenden Freundschaft an. Von einem Ersuchen um Getreidelieferungen berichtet er nichts. Diesen Hinweis enthält nur P 9, 11a, 1 ff., der aber nicht exakt zu datieren ist. Es muß nicht unbedingt dieselbe Gesandtschaft gewesen sein. Vgl. Huß 1976, 165 ff. mit Lit.

[29] Während des 1. Punischen Krieges hatten die Karthager Ptolemaios II. um eine Anleihe von 2000 Talenten gebeten (App Sik 1). Dieser lehnte mit Hinweis auf sein Freundschaftsverhältnis zu beiden kriegführenden Staaten ab. Deshalb nahm H. Heinen, Die politischen Beziehungen zwischen Rom und dem Ptolemäerreich von ihren Anfängen bis zum Tag von Eleusis (273–168 v. Chr.), ANRW I 1, 1972, 640 an, daß auch die Bitte um Getreide im Jahr 210 abgelehnt wurde. Dagegen verwies Huß 1976, 166 darauf, daß eine Getreidesendung doch eine andere Bedeutung hatte als ein Kredit, der für Kriegsrüstungen verwandt werden sollte.

[30] In der antiken Geschichtsschreibung maß man dem Verlust Capuas entscheidende Bedeutung im Kriegsverlauf bei. Vgl. P 9, 26, L 26, 37–38, Z 9, 7, 5. Zur Bedeutung dieses Kapitels im Geschichtswerk des Livius vgl. W. Hoffmann, Livius und der 2. punische Krieg, Berlin 1942, 58 ff. Dabei übersah man allerdings, daß die eigentliche Krise des römischen Bundesgenossensystems erst in den folgenden Jahren eintrat.

feindlichen Angriffen schützen? Unter dem Zwang der Verhältnisse mußte er einige Maßnahmen ergreifen, die seiner bisherigen Politik zuwiderliefen. Er mußte Städte preisgeben und Besatzungen abziehen, damit sie nicht beim Übertritt an die Römer ausgeliefert wurden. Das war nur noch ein Kurieren an Symptomen. Hannibal, der Krieg gegen die Römer führen wollte, war in die Defensive gedrängt und befand sich auf dem Rückzug.

Marcellus kritisierte offen die Strategie des Fabius.[31] Auf diese Weise würde Italien allmählich zugrundegerichtet werden. Nach dem Gewinn Campaniens sollten die angrenzenden Gebiete Samnium und Apulien zurückerobert werden. Er konnte die Orte Marmorea und Meles, die durch starke punische Besatzungen wegen ihrer Bedeutung als Versorgungsmagazine gesichert waren, einnehmen.[32] Die Vorgänge in Salapia[33] dürften paradigmatisch für viele abtrünnige Bundesgenossen gewesen sein. Die führenden Persönlichkeiten wollten möglichst günstige Bedingungen für die Rückkehr ins römische Bündnis erreichen. Die karthagischen Besatzungen, die sie früher zu ihrem Schutz vor den Römern erbeten hatten, waren jetzt hinderlich. Für den Römerfreund Blattius und den Karthageranhänger Dasius war es weniger eine moralische Frage, wem sie die Treue halten sollten. Allein Nützlichkeitserwägungen bestimmten ihr Verhalten. Das Kräfteverhältnis in der Stadt war so ausgeglichen, daß der eine ohne den anderen keine Veränderung erzielen konnte.

Die Einzelheiten der Übergabe, die sie mit Cn. Fulvius[34] verabredeten, werden nicht überliefert. In Salapia lag eine Besatzung von 500 Numidern, die erbitterten Widerstand gegen den Verrat leisteten und bis auf wenige im Kampf fielen. Für Hannibal war der Verlust des Reiterkorps schwerer als der

[31] Vgl. Plu Marc 24,1–3.

[32] L 27,1,1–3, Plu Marc 24,3. Zur Lokalisierung vgl. H. Philipp, RE 14,2, 1930, 1912 s.v. Maronea = h. Civita Campo Marano östl. von Trivento, ders., RE 15,1, 1931, 494 s.v. Meles Nr. 3 = h. Molise. Vgl. auch E.T. Salmon, Samnium and the Samnites, Cambridge 1967, 301.

[33] L 26,38,6–14, App Ann 45,191–47,206, Val Max 3,8 ext. 1, Z 9,7,6–7. Die Vorgänge um die Rückeroberung Salapias sind in der römischen Geschichtsschreibung in verwirrender und wenig glaubwürdiger Weise berichtet worden. Vor allem die Darstellung der Richtungskämpfe zwischen dem Römerfreund Blattius und dem Karthagerfreund Dasius läßt manche Frage offen. Appian stellt die Rivalität zwischen Dasius und Blattius noch stärker in den Vordergrund als Livius. Seine übrigen Angaben erscheinen wenig vertrauenswürdig. Dasius habe angeblich 1000 Reiter aus Rom herbeigeholt und dafür seinen Sohn als Geisel hinterlassen. Der Weg nach Rom sei kürzer gewesen als zum nächsten römischen Lager! In Salapia selbst soll nur eine kleine punische Besatzung gewesen sein. Der Verrat selbst und das Schicksal der punischen Besatzung werden nicht berichtet.

[34] Nach L 26,38,11 erfolgte die Übergabe an Marcellus. Salapia gehörte zum Amtsbereich des Prokonsuls Cn. Fulvius (Apulia). Es lag nahe, daß sich die Salapier an ihn wandten.

Übertritt der Stadt.[35] Ermutigt durch diesen Erfolg versuchte der Prokonsul[36] den Ort Herdonea zurückzugewinnen.

Die Vorgänge in Salapia waren Hannibal eine Lehre. Dort hatte er Gerüchte über Abfallbestrebungen nicht ernst genommen. Als er erfuhr, daß Fulvius sein Lager in der Nähe von Herdonea aufgeschlagen hatte, rückte er in Gewaltmärschen heran und marschierte in Schlachtordnung vor der Stadt auf. Der Prokonsul ließ sich nicht schrecken und stellte seine beiden Legionen in zwei Treffen hintereinander auf.[37] Eine Legion und eine Ala bildeten das erste Treffen, die zweite Legion und die zweite Ala der Bundesgenossen das zweite Treffen. Hannibal wandte seine bewährte Umfassungstaktik mit gleichzeitigem Angriff auf das römische Lager an. Während der Kampf an der Front andauerte, brachte der Angriff der Numider im Rücken die zweite Legion zum Weichen. Ihre Flucht griff auf die in der ersten Linie kämpfenden Truppen über. Fulvius und fast alle Militärtribune fielen tapfer kämpfend.[38] Die Römer erlitten gewaltige Verluste.[39] Die Reste des Heeres retteten sich zu Marcellus, der in Samnium stand. Das römische Lager wurde erobert.[40]

Hannibal hatte sich erneut als großer Schlachtentaktiker erwiesen. Die römische Historiographie versuchte seine Überlegenheit durch Herabsetzungen und Diffamierungen ihrer eigenen Leute abzuwerten. Auch nach diesem Sieg bewahrheitete sich das Wort Maharbals, Hannibal verstehe zu siegen, aber nicht den Sieg auszunutzen.[41] Warum verfolgte er nicht die flie-

[35] Die Behauptung des L 26,38,14, Hannibal habe dadurch seine Überlegenheit an Reiterei eingebüßt, ist übertrieben.

[36] So richtig L 27,1,4, Plu Marc 24,4. App Ann 48,206 bezeichnet ihn irrig als Konsul.

[37] L 27,27,1,4–13, Plu Marc 24,4, App Ann 48,206–209, Frontin 2,5,21, Eu 3,14,6, Or 4,18,3. Fulvius sei dem Feind an Wagemut gleich, in der taktischen Anlage der Schlacht und in der Stärke allerdings unterlegen gewesen. Die Historizität dieser Schlacht ist in der Forschung umstritten. Seibert 1993, 241. Karte Nr. 5.

[38] L 27,1,12, Plu Marc 24,4, Or 4,18,3: Fulvius und 11 Militärtribune.

[39] Die Angaben über die Höhe der Verluste schwanken. Nach L 27,8,12–13 blieben 4344 Mann übrig, die nach Sizilien strafversetzt wurden. Die Verlustziffern in den Quellen werden teils mit 7000, teils mit 13000 Mann angegeben (L 27,1,13). Nach Frontin 2,5,21, App Ann 48,209 und Eu 3,14,6 fielen 8000 Mann, nach Or 4,18,3 sogar 17000 Mann.

[40] Die Angabe App Ann 48,209, die Römer, die sich in den Graben geflüchtet hatten, hätten sich tapfer gewehrt und die Einnahme des Lagers verhindert, ist wenig glaubhaft.

[41] Hannibal mißtraute den Bewohnern von Herdonea. Die verdächtigen Führer wurden hingerichtet, die Bevölkerung nach Metapont und Thurioi übersiedelt, die Stadt wurde zerstört. Sicher wollte er damit auch ein Exempel statuieren. Insgesamt war es aber die Anordnung eines in die Defensive gedrängten Feldherrn.

henden Truppen und griff Marcellus an, dessen Bereitschaft zum Kämpfen bekannt war?

Der Konsul ließ sich durch die Niederlage des Fulvius wenig beeindrucken. In einem Schreiben an den Senat verkündete er selbstbewußt, er werde gegen Hannibal ziehen und ihm die Freude über diesen Erfolg verkürzen.[42] Besonnene Kreise um Fabius waren besorgt. Marcellus folgte dem nach Lukanien abziehenden Hannibal[43] und stieß bei Numistro auf ihn.[44] Beide Feldherrn waren zur Schlacht bereit. Der Römer setzte seine beiden Legionen mit den Alen jeweils als erstes und zweites Treffen ein. Es wurde lange und hart gekämpft. Beide Feldherrn lösten ihre erschöpften Soldaten ab. Erst die Nacht trennte die Kämpfenden. Keiner habe sich als Sieger fühlen können, behauptete Livius. Am nächsten Tag rückte Marcellus erneut zur Schlacht aus. Doch Hannibal blieb in seinem Lager und nahm das Angebot nicht an. Die Römer konnten in Ruhe die Beutewaffen einsammeln und ihre Gefallenen bestatten. Damit gestand Hannibal dem Marcellus den Sieg zu. Unter dem Schutz der Nacht verließ er das Schlachtfeld.

Der Konsul verfolgte Hannibal und holte ihn bei Venusia ein.[45] Es kam in dieser Gegend zu weiteren Gefechten, in denen angeblich die Römer immer siegten. Schließlich zog Hannibal nach Apulien weiter.

An den römischen „Siegen" sind erhebliche Zweifel angebracht.[46] Livius bezeichnet den Ausgang der Schlacht bei Numistro als einen „ungewissen Sieg". Nach einer anderen Version war es ein Sieg Hannibals.[47] Dafür spricht auch, daß der Karthager in seiner Bewegungsfreiheit von Marcellus

[42] L 27,2,1–2, Plu Marc 24,4–5.

[43] Das karthagische Heer mit den Bewohnern von Herdonea marschierte wohl über Venusia und Grassano das Tal des Bradano abwärts nach Metapont oder Herakleia. Durch die Besetzung von Numistro konnte Hannibal den Zug der Umsiedler nach Süden decken und gleichzeitig römische Angriffe aus dem Norden abwehren. Vgl. dazu R.J. Buck, The Ancient Roads of Northwestern Lucania and the Battle of Numistro, PP 36, 1981, 324.

[44] L 27,2,4–10, Plu Marc 24,4–6, Frontin 2,2,6, Plin n h 3,11,98. Zur Topographie vgl. bes. R.J. Buck, a.a.O., 317–347, Kukofka 1990, 92–93. Numistro wird von R.J. Buck, a.a.O., 320ff. mit den Siedlungsresten auf und um den Colle Torrano südöstlich von Muro Lucano identifiziert. Vgl. Fig. 4, S. 329.

[45] Zur Route von Numistro nach Venusia vgl. R.J. Buck, a.a.O., 328ff.

[46] F. Münzer, RE 3,2, 1899, 2752 s.v. Claudius 220. Kukofka 1990, 93 zweifelt zwar am Sieg der römischen Waffen, deutet aber die Angaben nur als maßlos übersteigerte Berichte.

[47] Frontin 2,2,6. Streit 1887, 37 favorisierte diese Überlieferung. Ein indirekter Hinweis auf karthagische Erfolge in diesem Jahr könnte der Vorschlag der Römer gewesen sein, die Gefangenen auszutauschen, Cass frg. 57,36, Z 9,6,11. Hannibal schickte zu den Verhandlungen Karthalo, den die Römer aber nicht in ihre Mauern ließen. Deshalb brach er die Verhandlungen ab. Ist diese Episode, die allein Cassius Dio tradierte, historisch?

überhaupt nicht behindert wurde. Wahrscheinlich blieb Marcellus mit seinem Heer den Winter über in Venusia, während Hannibal sich nach Apulien zurückzog.[48] Warum unternahm er nicht verstärkte Anstrengungen, endlich die Burg von Tarent einzunehmen? Die Einschließung war nur ungenügend. Die römische Besatzung hielt sich bereits das dritte Jahr. Eigentlich hätte sie längst ausgehungert sein müssen. Den Römern gelang es immer wieder, Versorgungstransporte in die belagerte Festung zu schaffen, ein schlechtes Zeugnis für die Belagerer.[49] Auch in diesem Jahr

[48] Es liegen bei Livius keine Angaben über die Winterlager vor. Die letzten Ereignisse des Jahres 210 spielen in Apulien (L27,2,10–11), die ersten im Jahr 209 bei Canusium (L27,12,7ff.). Deshalb ist die Vermutung naheliegend, daß Hannibal mit seinem Heer in dieser Gegend den Winter verbrachte.

[49] Den Versuch des D. Quinctius, Getreide anzulanden, sollen die Tarentiner erfolgreich abgewehrt haben („Seeschlacht bei Satyriportum"): L26,39,1–23. Vgl. Kahrstedt 1913, 288, P. Wuilleumier, Tarente, Paris 1939, 158–159, Thiel 1946, 112–113, Kukofka 1990, 93–96. Livius bezeichnete den Ort der Seeschlacht mit Sacriportum, der sonst unbekannt ist. E. Pais, Italia antica. Ricerche di storia e di geografia antica, Bologna, 2. Aufl. II 1922, 134 verbesserte Sacriportum in Satyri portum = Hafen von Satyrion, ca. 20 km an der Küste von Tarent entfernt. Eine kleine römische Flotte von 20 Schiffen, die Marcellus dem D. Quinctius unterstellt hatte, sollte Getreide in die Burg von Tarent schaffen. Sie stieß bei der Anfahrt auf ein gleich starkes tarentinisches Flottenkontingent unter dem Kommando des Tarentiners Demokrates. Es kam zu einer Seeschlacht, in der die römischen Schiffe unterlagen. Der Befehlshaber Quinctius fiel im Kampf, sein Schiff wurde genommen. Daraufhin ergriffen die übrigen Schiffe die Flucht. Sie wurden eingeholt und gekapert. Eigenartigerweise sollen die Lastschiffe mit dem Getreide entkommen sein. Gewöhnlich erfand die römische Geschichtsschreibung nicht Niederlagen der eigenen Truppen. Doch in diesem Fall sind m. E. berechtigte Bedenken angebracht. Zum ersten und einzigen Mal greift eine tarentinische Flotte in die Kämpfe ein. Wo war sie sonst stationiert? Neben den Zweifeln an der Existenz der tarentinischen Flotte sind Bedenken am Ausgang der Seeschlacht angebracht. Den schnellen Kriegsschiffen sollen die langsamen Transportschiffe entkommen sein. Besonders zu denken gibt die schlechte Charakterisierung des Flottenkommandanten Quinctius. Er wird von „dunkler Herkunft" bezeichnet, wohl ein gezielter Affront gegen Marcellus, der ihm das Kommando übertragen hatte. Marcellus hatte einen anderen Quinctier, T. Quinctius Crispinus, zum Flottenpräfekten ernannt (im Jahr 213/12, L24,39,12). Auf eine römische Niederlage mußte ein Sieg der römischen Waffen den Leser wieder aufmuntern (L26,39,20–23, Frontin 3,17,3). Als 4000 Tarentiner beim Getreideholen waren, schickte der Kommandant Livius eine Abteilung von 2500 Mann unter dem Kommando des C. Persius aufs Land, um die Getreideholer zu überfallen. Der Überfall gelang. Beinahe wäre es auch geglückt, mit den heimwärts fliehenden Menschen in die Stadt einzudringen. Damit hielt sich – nach Livius – das Kriegsglück vor Tarent die Waage. Keine der beiden Parteien hatte die dringend benötigten Lebensmittel erhalten. Doch an der römischen Heldentat bestehen beträchtliche Zweifel, vgl. Kahrstedt 1913, 288, Kukofka 1990, 96–97. Wie konnten die 2500 Mann aus der von einer starken Mauer und

brachten Schiffe unter dem Kommando der Legaten M. Ogulnius und P. Aquilius Getreide.[50]

Sizilien

Es war bereits Spätsommer,[51] als Laevinus in seinem Amtsbereich eintraf. Seine Ankunft war sehnlichst erwartet worden. Erst jetzt wurden die Soldaten des Marcellus in die Heimat entlassen. Das Zentrum der karthagischen Macht war Akragas mit einer starken punischen Besatzung. Von hier aus startete Myttones zu seinen Raub- und Plünderungszügen durch die Insel. Diese Art der Kriegführung war spektakulär und bei den Soldaten beliebt, da große Beute gemacht wurde. Doch militärisch waren seine Unternehmungen wenig effektiv. Er konnte den Römern kein Gebiet bzw. keine Stadt abnehmen, da für Städtebelagerungen seine numidischen Reiter nicht geeignet waren. Dennoch war der Schaden, den sie anrichteten, beträchtlich. Weite Gebiete wurden verwüstet und fielen für die Bestellung aus.

Hanno, der vom karthagischen Rat als Befehlshaber auf die Insel geschickt worden war, neidete Myttones seine Erfolge, entband ihn von seinem Kommando und übertrug den Oberbefehl über die Numider seinem Sohn, eine unglückliche Entscheidung, die Hannos Unfähigkeit verdeutlichte.[52] Myttones nahm die Degradierung nicht hin. Er verhandelte mit Laevinus, der in der Zwischenzeit mit seinem Heer vor Akragas gerückt war, über die Übergabe der Stadt. Nach den entsprechenden Zusagen[53] überfielen die Numider die Wachen, brachten sie um und ließen die Römer

vom Wasser umgebenen Burg die Tarentiner auf dem flachen Land überfallen? Auf welchem Weg konnten sie die Burg verlassen? Wie kamen sie wieder in die Burg zurück?

[50] L 27,3,8–9, Eu 3,14,1. Von Kukofka 1990, 97 abgelehnt, da die Versorgung der Burg von Sizilien aus erfolgt sei (L 26,39,1). Die Legaten kauften das Getreide in Etrurien auf. Ihnen standen 1000 Mann vom *exercitus urbanus* und 1000 *socii* zur Verfügung. Wir erhalten keine Informationen, wie der Getreidetransport in die belagerte Burg von Tarent gelangen konnte. Die starke Schutztruppe spricht für den Landweg, so P. Wuilleumier, Tarente, Paris 1939, 159. Doch wie konnte das bewerkstelligt werden? Der Getreidetransport aus Etrurien mußte auf dem Seeweg erfolgen.

[51] L 26,40,1–18: *iam magna parte anni circumacta.* Zu den Ereignissen auf Sizilien vgl. Mary A. Goldsberry, Sicily and its Cities in Hellenistic and Roman Times, Diss. Univ. North Carolina, Chapel Hill 1973, 237.

[52] L 26,40,5 ff., Z 9,7,8–9.

[53] Laevinus dürfte ihm das Kommando über die Numider zugesagt haben, vgl. L 27,8,18. Er erhielt später das römische Bürgerrecht (L 27,5,6 ff.) und nahm den Namen seines Patrons M. Valerius an (vgl. Syll.[3] 585, 86). Vgl. V. Ehrenberg, RE 16,2, 1935, 1428–1430.

in die Stadt. Hanno und Epikydes konnten rechtzeitig nach Karthago entkommen.[54]

Der Sieger hielt ein strenges Strafgericht. Die führenden Persönlichkeiten der Stadt ließ er hinrichten, die Bevölkerung wurde in die Sklaverei verkauft. Auch die übrige Beute wurde zu Geld gemacht und nach Rom überwiesen.[55] Mit Akragas war der Hauptstützpunkt der Karthager auf der Insel gefallen. Die anderen Orte ergaben sich teils freiwillig, teils mußten sie belagert und erobert werden.[56] Am Ende des Jahres war die ganze Insel Sizilien in der Hand der Römer.

Nach Beendigung der Kämpfe mußte der Konsul vor allem den Anbau von Getreide fördern. Viele Bauern hatten ihre Höfe verlassen. Das Land lag brach. Die Menschen mußten in ihre Heimat zurückkehren und das Land bebauen. Für die Versorgung Roms war es lebensnotwendig, möglichst schnell die Vorkriegserträge zu erzielen.[57] Bevor die Bauern zurückkehren konnten, mußte die Sicherheit auf dem Land gewährleistet sein. Die Wirren des Krieges hatten zur Bildung von Banden geführt, die die Bevölkerung terrorisierten. Es war ein bunt zusammengewürfelter Haufen von Verbrechern, Schuldnern und Verbannten, die die Insel unsicher machten und von Straßenraub und Diebstahl lebten. Sie hatten in Agathyrna[58] ihren festen Stützpunkt. Laevinus schloß einen Vetrag mit der Räuberbande und verfrachtete sie nach Rhegion. Von dort aus sollten sie ihre Raub- und Plünderungszüge mit offizieller Duldung gegen die abgefallenen Bruttier unternehmen.[59]

M. Valerius Messalla, der Präfekt der römischen Flotte auf Sizilien, landete im Gebiet von Utika, verwüstete die Ländereien, nahm viele Men-

[54] Nach Eu 3, 14, 5 soll Laevinus den Hanno gefaßt und mit den vornehmsten Gefangenen nach Rom geschickt haben. Diese Abweichung von Livius ist bemerkenswert. Die Angabe des Livius, daß Hanno und Epikydes in einem Kahn entkommen konnten, ist suspekt.

[55] L 26, 40, 13.

[56] Nach L 26, 40, 14 sollen 20 Städte verraten, 6 erstürmt worden und 40 freiwillig zu den Römern zurückgekehrt sein. Dieselbe Zahl bietet Eu 3, 14, 6: 40 Städte hätten sich ergeben, 26 seien erobert worden. Gegen diese Zahlen bestehen Bedenken, da nach Cicero es auf der Insel insgesamt nur 65 oder 68 Städte gab. Vgl. Mary A. Goldsberry, a. a. O., 237–238. 17 Städte blieben nach Cicero den Römern treu, Verr. II, 5 124.

[57] Vgl. R. Scalais, La restauration de l'agriculture sicilienne par les Romains, Le Musée Belge 27, 1923, 243–252, Toynbee II 1965, 210 ff., Rosalia Marino, Levino e la *›formula provinciae‹* in Sicilia, in: Sodalitas. Scritti in onore di A. Guarino, Neapel 1984, 1083–1094.

[58] Capo d'Orlando oder S. Agata di Militello, cf. Mary A. Goldsberry, a. a. O., 788.

[59] P 9, 27, 11, L 26, 40, 18. Laevinus garantierte ihnen ihre persönliche Freiheit. Die Rheginer mußten für ihren Sold aufkommen. Die Beute gehörte ihnen. Kukofka 1990, 97.

schen gefangen und kehrte mit großer Beute nach Lilybaion zurück. Wichtiger als die Beute sollen die Nachrichten gewesen sein, die er bei der Befragung der Gefangenen erfuhr: Ein großes Heer von Numidern sei unter dem Befehl des Massinissa in Karthago versammelt. In ganz Afrika würden Aushebungen für Iberien vorgenommen, damit Hasdrubal mit einem großen Heer möglichst bald nach Italien marschiere und sich mit Hannibal vereinige. Die Karthager sähen darin den Sieg. Außerdem werde eine gewaltige Flotte ausgerüstet, um Sizilien zurückzuerobern. Sie glaubten, sie werde in Kürze übersetzen. Diese Neuigkeiten wurden schnellstens dem Konsul nach Rom übermittelt.[60]

Wieviel an diesen Informationen richtig war, konnten die Römer nur vermuten. Im Flottenüberfall eines karthagischen Geschwaders auf Sardinien dürften sie eine indirekte Bestätigung der Angaben gesehen haben.[61]

Griechenland[62]

Die Nachricht vom Bündnis der Römer und der Ätoler hatte Philipp im Winterlager in Pella erhalten.[63] Da die Eleer, Messenier und Lakedämonier dem Bündnis beitreten konnten, bestand die Gefahr, daß hier eine ähnliche Situation entstand wie zur Zeit des Bundesgenossenkrieges. Achaia, Akarnanien, Euboia und Thessalien wurden von Plünderungszügen der Ätoler bedroht. Hier mußte der Makedonenkönig zugunsten seiner Verbündeten tätig werden. Damit hatte die neue Allianz im römischen Sinne bereits ihr Ziel erreicht.

Zunächst fiel Philipp ins Gebiet von Apollonia und Orikos ein. Er beschränkte sich auf Verwüstungen[64] und marschierte dann eilends durch Pelagonia zur Nordgrenze ins Gebiet der Dardaner, wo er die Grenzstadt Sintia einnahm, um einem Einfall der Dardaner nach Makedonien vorzubeugen.

[60] L 27,5,8–13. Von Kahrstedt 1913, 504 A 2 als unhistorisch abgelehnt, dagegen Thiel 1946, 113ff., Huß 1985, 379. Das Unternehmen soll zu dem Zeitpunkt erfolgt sein, als Valerius Laevinus zur Abhaltung der Wahlen nach Rom zurückkehrte. Es müßte demnach im Frühjahr 209 gewesen sein. Anders L 27,4,1 am Ende des Sommers.

[61] L 27,6,13–14. Die 40 karthagischen Schiffe unter dem Kommando eines Hamilkar wollten nur plündern. Zunächst griffen sie das Gebiet von Olbia an. Als der Prätor P. Manlius Vulso zur Verteidigung erschien, fuhren sie ab und griffen das Gebiet von Karales an. Mit Beute beladen fuhren sie zurück. Es war nur ein kurzfristiger Erfolg, der für den Ausgang des Krieges unerheblich war.

[62] P 9,28–39, L 26,25,1–26,4, Walbank 1940, 84ff., Rich 1984, 131–132, Hammond III 1988, 401ff., R. M. Errington, CAH VIII 2. Aufl. 1989, 100ff. Karte Nr. 8.

[63] L 26,25,1, anders Walbank 1940, 303.

[64] L 26,25,2ff., Walbank 1940, 85ff.

Dann zog er wiederum durch Pelagonien, die Lynkestis und Bottiaia nach Thessalien, wo er die Thessaler zum Krieg gegen die Ätoler auffordern wollte. Doch bevor er hier etwas erreicht hatte, mußte er an die Nordgrenze seines Reiches zurückeilen, da die Maider die Gelegenheit genutzt hatten – wie üblich bei einem Krieg der Makedonen an der Südgrenze ihres Reiches – und ins Land eingefallen waren. Philipp verwüstete ihr Land und begann mit der Belagerung ihrer Hauptstadt Iamphorynna.[65]

Seine Abwesenheit nutzten die Ätoler zu einem Angriff auf Akarnanien aus. Die bedrohten Akarnanen trafen Vorbereitungen wie zum letzten Gefecht und evakuierten ihre Frauen, Kinder und alten Männer nach Epirus. Die waffenfähige Mannschaft bezog ein Lager an der Grenze zu Ätolien. Da sich in der Zwischenzeit Iamphorynna ergeben hatte, konnte Philipp dem Hilferuf der Akarnanen folgen und in Eilmärschen nach Süden vorrücken. Als die Ätoler von seinem Anmarsch erfuhren, bliesen sie den Angriff auf Akarnanien ab. Philipp rückte nur bis Dion vor und kehrte dann nach Pella zurück.[66]

Die durch ihre Schnelligkeit beeindruckenden Märsche legen indessen die Schwäche des makedonischen Militärwesens offen. Operierte Philipp im Süden, fielen die feindlichen Nachbarn im Norden ins Land ein bzw. umgekehrt. Fast immer mußte er eine Aktion vorzeitig abbrechen, um Schlimmeres an der anderen Front zu verhüten.

Von Korkyra aus griff Laevinus im Frühjahr zusammen mit den Ätolern Antikyra in Phokis an.[67] Die Stadt fiel vertragsgemäß dem Bundesgenossen zu, die Beute erhielten die Römer.[68] Zu diesem Zeitpunkt erhielt Laevinus die Nachricht, er sei zum Konsul gewählt worden. Seine Rückkehr nach Rom verzögerte sich dann aber durch eine Erkrankung, die ihn längere Zeit in Griechenland zurückhielt.[69] Der Krieg wurde nicht nur auf dem Schlachtfeld ausgetragen, auch auf dem „diplomatischen Parkett" rangen die beiden Kontrahenten um die Gunst derer, die sich noch keiner Seite angeschlossen hatten.[70] Die Argumente, mit denen sie für sich warben, lassen die Reden

[65] L 26,25,2–8.

[66] L 26,25,8–17, Walbank 1940, 86–87.

[67] Nach L 26,26,2 soll es sich um Antikyra in Lokris gehandelt haben. Es dürfte sich aber um das phokische Antikyra gehandelt haben. Vgl. Walbank 1940, 87 A 87.

[68] So L27,26,3. Das inschriftlich erhaltene Vertragsexemplar sah allerdings für diesen Fall – gemeinsame Eroberung einer Stadt – die Beuteteilung vor. Es könnte sein, daß zunächst die von Livius überlieferte Teilung vereinbart worden war und die ätolischen Gesandten in Rom in neuen Verhandlungen eine Verbesserung erzielen konnten, so daß die Angabe des Livius durchaus korrekt wäre, da zu diesem Zeitpunkt nach den von Laevinus mit den Ätolern vereinbarten Bedingungen verfahren wurde.

[69] L 26,26,4.

[70] Die Bemühungen der Athener, die mehrmals Gesandte zu den Ätolern und Phi-

des Ätolers Chlaineas und des Akarnanen Lykiskos, der die Sache Makedoniens vertrat, erkennen.[71] Nach erfolgreichen Bemühungen in Elis und Messenien – auch König Attalos von Pergamon trat dem Bündnis bei[72] – sollten die Spartaner zum Beitritt in das Bündnis mit Rom gewonnen werden.[73] Der Akarnane wäre mit der Neutralität zufrieden gewesen. Während der Ätoler mit Ressentiments gegen die Makedonen als Unterdrücker griechischer Freiheit seit den Zeiten Philipps II. Stimmung machte, forderte Lykiskos zum gemeinsamen Kampf der Griechen[74] und gleichstämmigen Makedonen gegen die Barbaren, von denen Knechtung drohe, auf. Die Spartaner schlossen sich den Ätolern an.

Philipp mußte die Route nach Süden sichern. Diesem Ziel diente der Angriff auf die Stadt Echinus. Der Entsatzversuch des ätolischen Feldherrn Dorimachos und des neuen römischen Befehlshabers Sulpicius Galba mit der Flotte wurde erfolgreich zurückgeschlagen.[75] Auf der Rückfahrt vom Malischen Golf griffen die Römer die Insel Ägina an, die damals zum Achäischen Bund gehörte.[76] Gegen die schwache Insel einen Erfolg zu erringen, war wahrlich kein Meisterwerk. Das Schicksal der Ägineten war ebenso traurig wie das der anderen Griechen, die ein Opfer des römisch-ätolischen Raubvertrages wurden. Als Beute der Römer sollten sie in die Sklaverei verkauft werden. Die Bitte der Gefangenen, sie gegen Zahlung eines Lösegeldes freizulassen, das ihre Stammverwandten aufbringen sollten, lehnte Sulpicius zunächst schroff ab. Dann besann er sich eines Besseren und erlaubte ihnen, Gesandte zu Stammesgenossen zu senden, die die Bezahlung des Lösegeldes übernehmen sollten.[77] Seine Begründung, er gestatte ihnen ihre Bitte, da es bei den Griechen so Sitte sei, dürfte seine wahren materiellen Überlegungen nur oberflächlich verbergen. Die Hoffnung der Ägineten erfüllte sich nicht. Sie wurden dennoch in die Sklaverei verkauft.[78] Die Insel,

lipp schickten, um ihre Neutralität zu bewahren, werden durch ein Ehrendekret für Demainetos bezeugt, IG II^2 1304 – Syll.^{3} 547, vgl. Chr. Habicht, Studien zur Geschichte Athens in hellenistischer Zeit, Hypomnemata 75, Göttingen 1982, 134–135.

[71] P 9,28–39, Walbank II 1967, 162–182, Deininger 1971, 29–31.

[72] Der genaue Zeitpunkt seines Beitritts ist nicht bekannt. Vgl. Holleaux 1921, 204–206. Die Beziehungen des Attalos zu den Ätolern sind älter, vgl. seine Großzügigkeit, mit der er den Ätolern den Bau der Festung Elaos finanzierte, P 4,65,6. Vgl. Walbank I 1957, 520.

[73] P 9,30,6, Walbank II 1967, 169.

[74] Als Bundesgenossen der Makedonen werden Epiroten, Achäer, Akarnanen, Boioter und Thessaler genannt: P 9,38,5.

[75] P 9,42,1–4, Walbank 1940, 88.

[76] Plu Arat 34,7, zur Eroberung P 9,42,5–8, Walbank 1940, 89, ders. II 1967, 186.

[77] Es ist nicht bekannt, an wen sie sich um Hilfe wandten. Walbank II 1967, 186 denkt an Korinth, Argos, Megara und Sikyon.

[78] P 11,5,8.

die vertragsgemäß an die Ätoler fiel, verscherbelten diese um 30 Talente an König Attalos,[79] den sie auf ihrer Bundesversammlung im Herbst zum obersten Strategen des Bundes wählten.[80] Durch den Beitritt des Pergameners zu dem römisch-ätolischen Bündnis war indirekt ein Band zwischen Attalos und den Römern geknüpft, das für die weitere Entwicklung im Ägäisraum von entscheidender Bedeutung werden sollte. Es hätte allerdings prophetischer Gabe bedurft, diese Entwicklung bereits damals in ihrer vollen Tragweite erkennen zu können.

Die Abfallbewegung der Bundesgenossen Hannibals hatte nicht das Ausmaß erreicht, das er hätte befürchten müssen. Er hatte zwar territoriale Verluste in Samnium und Apulien hinnehmen müssen, aber der Rückschlag des Vorjahres war nicht fortgesetzt worden. Im Gegenteil, er hatte wieder Auftrieb bekommen. Es war ihm gelungen, zwei römische Heere zu besiegen, allerdings nur, weil die römischen Feldherrn die Strategie des Fabius aufgegeben und sich zur Schlacht gestellt hatten. Diese Siege verdeckten nur oberflächlich den langsamen, aber stetigen Rückschritt, der sich in der Evakuierung von Herdonea bemerkbar machte. Die Nachrichten aus Sizilien waren deprimierend. Auf seine Anregung hin hatten die Karthager diesen Kriegsschauplatz eröffnet und mit starken Truppenverbänden versorgt. Die Befehlshaber, die teilweise er selbst ausgesucht hatte, waren den Anforderungen nicht gewachsen gewesen. Für diesen Mißerfolg war er mitverantwortlich.

In Spanien hatte sein Bruder die Erfolge des Vorjahres nicht fortsetzen können. Die Römer konnten sich weiterhin im Gebiet nördlich des Ebro halten. Da von hier keine unmittelbare Gefahr drohte, dürfte er diesem Vorgang weniger Bedeutung beigemessen haben. Kein Mensch konnte ahnen, daß mit der Landung des jungen Scipio die entscheidende Wende in diesem Krieg eingeleitet worden war.

Wie beurteilten die Karthager in der Heimat die Entwicklung? Mit ziemlicher Sicherheit kann man vermuten, daß Kritik laut wurde.[81] Die Kriegfüh-

[79] P 22,8,10; R.E. Allen, Attalos I and Aegina, Papers of the British School at Athens 66, 1971, 1–12.

[80] L 27,29,10. Attalos versprach, mit Heer und Flotte in den Krieg einzugreifen: L31,46,3, Iustin 29,4,7.

[81] In den Quellen findet man keine direkten Hinweise, man ist auf Vermutungen angewiesen. Hanno und Epikydes retteten sich nach dem Übertritt des Myttones nach Karthago. Das hätten sie wohl kaum getan, wenn sie sich ihrer Sache nicht sicher gewesen wären, da im allgemeinen erfolglosen Feldherrn die Todesstrafe drohte. Ihre Verteidigung, die bei den karthagischen Ratsherrn auf offene Ohren gestoßen sein dürfte, läßt sich erahnen. Myttones, der Vertraute Hannibals, war ein Verräter und der eigentlich Schuldige am Verlust der Insel. Sie dürften mit Nachdruck darauf hingewiesen haben, daß sich die Anregungen Hannibals nicht bewährt hatten. Möglicherweise bewirkten sie ein allmähliches Umdenken in Karthago.

rung Hannibals in den letzten Jahren war im Gegensatz zu den Anfangsjahren nicht erfolgreich. Der Schluß war naheliegend, die Karthager müßten die Strategie der Anfangsjahre wieder aufnehmen, d. h. römisches Gebiet direkt angreifen. Dazu sollten in Iberien die nötigen Vorbereitungen getroffen werden.

Die Römer dürften mit den Ereignissen dieses Jahres ebenfalls nur bedingt zufrieden gewesen sein. Den großen Ankündigungen hatte Marcellus nicht die entsprechenden Taten folgen lassen. Wie lange würde die Bevölkerung die Belastungen des Krieges noch ertragen können? Offener Unmut hatte sich bereits bemerkbar gemacht. Deshalb hatten sie einige Heere entlassen, was sich ungünstig auf eine offensive Kriegführung ausgewirkt hatte. So wird verständlich, daß die Römer den bereits angeschlagenen, sich auf dem Rückzug befindlichen Hannibal nicht schneller zurückdrängen konnten. Retardierend wirkten sich Niederlagen wie die bei Herdonea und Numistro aus, die die Überlegenheit Hannibals in der Schlachtentaktik erneut verdeutlichten. Die Römer konnten nur mit der fabischen Strategie zum Erfolg kommen, einer zwar effektiven, aber langsamen Methode; es sei denn, sie könnten Hannibal einen Feldherrn entgegenstellen, der seinem Genie als Schlachtenlenker ebenbürtig wäre. Doch dieser war bis zu diesem Zeitpunkt noch nicht in Sicht. Zuversichtlich stimmte sie die völlige Rückgewinnung der Insel Sizilien. Die hier und in Campanien eingeleiteten Wirtschaftsmaßnahmen ließen für die Zukunft eine Verbesserung der Ernährungslage erhoffen.

Das 10. Kriegsjahr: 209 v. Chr.[1]

Rom[2]

Nach erheblichen innenpolitischen Verwicklungen im Vorfeld der Wahlen, die sich zu einer Verfassungskrise auszuweiten drohten, wählten die Römer den Q. Fabius Maximus (zum 5. Mal) und den Q. Fulvius Flaccus (zum 4. Mal) zu Konsuln, beide bereits hochbetagt, aber durch ihre umsichtige Kriegführung bestens ausgewiesen.

Bei den Aushebungen traten erneut Schwierigkeiten auf, die ein Problem aufdeckten, dem die Senatoren nicht die notwendige Beachtung geschenkt hatten.[3] Seit Cannae hatten sie geflüchtete Soldaten nach Sizilien strafversetzt, so auch die Soldaten des Fulvius, die der Niederlage im Vorjahr bei Herdonea entkommen waren.[4] Ihre Angehörigen fanden diese Strafe zu hart. Es war der berühmte Tropfen, der das Faß zum Überlaufen brachte. Die Latiner und die Bundesgenossen äußerten offen ihren Unmut: Sie seien durch Aushebungen und Soldzahlungen in den vergangenen zehn Jahren erschöpft. Jedes Jahr hätten sie große Verluste zu beklagen. Die Wahrscheinlichkeit, durch die Aushebung einen Bürger zu verlieren, sei größer, als wenn er in karthagische Gefangenschaft gerate. Denn Hannibal lasse seine Gefangenen ohne Lösegeld frei, während der Dienst in der römischen Armee einer Verbannung gleichkomme. Bereits seit acht Jahren vegetierten ihre Leute auf Sizilien dahin. Die Aussicht, daß sie eher stürben, als daß der Feind das Land verlasse, sei groß. Wenn diese Entwicklung so weitergehe, d.h. daß immer nur Soldaten ausgehoben, aber keine entlassen würden, würde das Land vollends veröden und ohne Menschen sein. Doch dem müßten sie rechtzeitig vorbauen. Wenn die Römer einsähen, daß sie einig

[1] Kahrstedt 1913, 504ff., De Sanctis III 2, 1916, 448ff., Thiel 1946, 116ff., Lazenby 1978, 172ff., Huß 1985, 380ff.

[2] L 27,5,1–6,10; 7,7. Vgl. R. Pichon, L'histoire de Valerius Laevinus dans Tite-Live, REA 13, 1911, 188ff., Patterson 1942, 332, Scullard 1951, 68ff., Lippold 1963, 188ff., Crake 1963, 130, Bleicken 1968, 83–84, Jahn 1970, 128ff., Tammler 1971, 238ff., Hartfield 1982, 508ff., Develin 1985, 162.

[3] L 27,8,11.

[4] Die Soldaten wurden im Land zusammengesucht und zur Strafe zu den *legiones Cannenses* auf die Insel Sizilien versetzt, L 27,7,12–13. Insgesamt 4344 Mann wurden aufgegriffen und nach Sizilien geschafft, L 27,8,13–16. Vgl. Seibert 1993, 303.

seien, dann müßten sie an den Abschluß eines Friedensvertrages mit Hannibal denken.

Würden sich die Hoffnungen Hannibals noch erfüllen und die Bundesgenossen die Römer zur Einsicht zwingen, daß sie Frieden schließen müßten? Die Senatoren zeigten sich von dem Widerstand überrascht.[5] Tatsächlich waren es dann doch weniger Latiner und *socii*, die die Truppenstellung verweigerten, als ihre Unmutsäußerungen zuerst befürchten ließen. Die Konsuln hatten alles versucht, sie von ihrer Haltung abzubringen.[6] Von den dreißig latinischen Koloniestädten blieben zwölf[7] bei ihrer Ansicht, auch als die Konsuln ihnen die Konsequenzen ihres Verhaltens erläuterten. Es handle sich nicht um den Versuch, sich den Verpflichtungen der Truppenstellung zu entziehen, sondern schlicht und einfach um offenen Abfall *(defectio)* vom römischen Volk.[8]

Obgleich die Senatoren negative Auswirkungen befürchten mußten, faßten sie keinen Beschluß, der die Fronten verhärtet hätte. Sie übergingen die Verweigerung einfach mit Stillschweigen, lobten dafür das vorbildliche Verhalten der treuen Kolonien, die sich sogar zu größeren Anstrengungen bereit erklärt hatten.[9] Günstig war, daß diese Krise in ihrem Bundesgenossensystem erst so spät auftrat. Hannibal war zu diesem Zeitpunkt nicht mehr in der Lage, die Schwächeperiode der Römer zu seinem Vorteil auszunutzen. Die Bereitschaft der treuen Kolonien zu verstärkten Leistungen ver-

[5] Dies dürfte nur „Schau“ gewesen sein. Denn tatsächlich war den Senatoren im Vorjahr bereits der Erschöpfungszustand der römischen Bevölkerung deutlich gemacht worden. Die Verhältnisse bei den Bundesgenossen konnten nicht anders sein.

[6] L 27,9,8; 9,13.

[7] L 27,9,7. Die zwölf renitenten Gemeinden waren Ardea, Nepete, Sutrium, Alba, Carseoli, Sora, Suessa, Circei, Setia, Cales, Narnia und Interamna. J.-L. Voisin, Tite-Live, Capoue et les Bacchanales, MEFRA 96, 1984, 645 glaubt, daß die Reihenfolge der Kolonien die Chronologie ihrer Verweigerung anzeige, da sonst kein Ordnungsprinzip erkennbar wäre. Des weiteren verweist er auf den Umstand, daß außer Alba Fucens, Carseoli und Narnia alle anderen neun Kolonien in dem Gebiet liegen, wo der Senat im Vorjahr die Campaner angesiedelt hatte (L 26,34,1–11). Die Verweigerung könnte auf ihren Einfluß zurückzuführen sein, da die Campaner auch sonst gegen Rom agierten (vgl. die Calavii in Rom L 26,27,1–10, die Blossii in Campanien L 27,3,1–5).

[8] L 27,9,9.

[9] L 27,10,3. Die Kolonien, die ihren Verpflichtungen nachkamen, waren: Signia, Norba, Saticula, Fregellae, Luceria, Venusia, Brundisium, Hadria, Firmum, Ariminum, Pontiae, Paestum, Cosa, Beneventum, Aesernia, Spoletium, Placentia und Cremona. Es fällt auf, daß die „kriegsmüden“ Siedlergemeinden überwiegend in Gebieten lagen, die von dem Kriegsgeschehen bisher nur wenig oder gar nicht berührt worden waren. Städte wie Beneventum, Luceria, Venusia und Brundisium sahen die Notwendigkeit weiterer Anstrengungen ein. Vgl. Karte Nr. 2.

anlaßte die Senatoren, auch ihrerseits ihr „Letztes“ zu geben. Sie beschlossen, ihren „Notgroschen“, der für äußerste Notfälle in Gold angelegt war, für Kriegsrüstungen aufzulösen.[10]

Aber nicht nur unter den Latinern und Bundesgenossen machte sich Kriegsmüdigkeit bemerkbar, auch viele Römer suchten sich von ihren Verpflichtungen gegenüber dem Staat zu drücken. Die Censoren M. Cornelius Cethegus und P. Sempronius Tuditanus mußten bei der Aufstellung der Bürgerlisten feststellen, daß viele Römer eigentlich als Reiter hätten dienen müssen.[11]

Italien

Fabius, der bisherige Verfechter einer zurückhaltenden, die Schlacht verweigernden Strategie setzte dieses Mal auf Offensive.[12] Sein Ziel war die Rückeroberung von Tarent, der nach Capua strategisch bedeutendsten Stadt, die zum Feind abgefallen war. Hannibals Stellung in Italien sollte so geschwächt werden, daß er zum Verlassen des Landes gezwungen werde. Um die Stadt ungestört von einem feindlichen Entsatzversuch angreifen und belagern zu können, sollten Fulvius und Marcellus gleichzeitig den Feind angreifen, Fulvius im Gebiet der Hirpiner und Lukaner, Marcellus in Apulien[13] und das „Räuberheer“ von Rhegion im Bruttischen.[14] Damit Hannibal das eigentliche Ziel der römischen Operationen verborgen bleibe, wurde das Heer des Fabius aus Sizilien auf dem Seeweg nach Brundisium verlegt und auch von dort versorgt.[15]

Der Kriegsplan war wohl durchdacht, das Risiko kalkuliert. Fabius, der klar erkannt hatte, daß er dem Schlachtentaktiker Hannibal nicht gewachsen war, vermied selbst jede direkte Konfrontation und überließ sie dem Marcellus, der sich rühmte, als einziger Feldherr der Römer dem Hannibal gewachsen zu sein, bisher den Beweis für seine Prahlereien aber noch

[10] In der geheimen Staatskasse wurde eine Steuer für die Freilassung von Sklaven gesammelt und für Notfälle aufbewahrt. Insgesamt 4000 Pfund Gold wurden ausgemünzt, L 27, 10, 11–13. Tammler 1971, 247–248, Seibert 1993, 368.

[11] L 27, 11, 7 ff. Soweit diese bei Kriegsanfang bereits 17 Jahre alt waren, d. h. sie hätten einberufen werden können, wurden sie mit der Versetzung unter die Aerarier bestraft.

[12] L 27, 12, 2–7, Plu Fab 22, 1–2, Z 9, 8, 1. Plu Marc 25, 3 schreibt die Initiative zu diesem Plan dem Marcellus zu, was wohl kaum zutrifft.

[13] L 27, 12, 7 ff.

[14] L 27, 12, 4–6. Da der Amtsbereich des Fulvius Lukanien und Bruttium war, ist zu vermuten, daß das „Räuberheer“ dem *imperium* des Fulvius unterstand bzw. daß es sich bei dieser Truppe um sein eigentliches Heer handelte, das zu dem „Räuberheer“ umgedeutet wurde, um die Niederlage nicht dem Fulvius direkt anzulasten.

[15] L 27, 7, 15; 8, 19.

nicht geliefert hatte.[16] Sollte der Plan gelingen, würde die Stellung Hannibals in Italien unhaltbar werden.[17]

In den Quellen fehlt jeglicher Hinweis auf Pläne Hannibals. Seine Unternehmungen werden ausschließlich von den römischen Operationen ausgelöst. Sein Verhalten in den letzten Jahren läßt den Schluß zu, daß er wohl kaum eine neue Offensive gestartet hätte.[18]

Marcellus, der den Winter bei Venusia verbracht hatte, wurde durch ein Schreiben des Konsuls über den Kriegsplan informiert.[19] Der Auftrag, Hannibal zur Schlacht zu stellen, entsprach ganz seinem Naturell und wurde von ihm sofort befolgt. Er marschierte gegen Hannibal, der bei Canusium stand.[20] Dieser nahm die Schlacht nicht an, sondern wich in ein anderes, für ihn günstigeres Gebiet aus. Marcellus holte ihn in offenem und ebenem Gelände ein, „zwang" ihn zur Schlacht[21] und erlitt eine vernichtende Niederlage, die die römischen Quellen keineswegs zu vertuschen suchten.[22]

Doch der Römer ließ sich nicht entmutigen, machte seinen Soldaten heftige Vorwürfe, um sie zu neuem Kampf anzustacheln.[23] Am nächsten Tag bot

[16] L 27,12,7.

[17] Mit der Wegnahme von Kaulonia – dadurch würde Hannibal der Zugang nach Lokroi Epizephyrioi gesperrt – und von Tarent – dadurch würden Metapont und Herakleia unhaltbar werden – fielen die wichtigsten Stützpunkte im Süden weg. Auch das Sallentinergebiet, ein wichtiges Rekrutierungsgebiet für den karthagischen Pferdebedarf, würde verlorengehen. Vgl. Karte Nr. 5.

[18] Huß 1985, 380 ist der Ansicht, daß Hannibal im Frühjahr seine Stellung im nördlichen Apulien und in Samnium stärken wollte. Er habe keineswegs die Absicht gehabt, sich im südlichen Italien einzuigeln, sondern sei bestrebt gewesen, den Anschluß an Mittelitalien nicht zu verlieren.

[19] L 27,12,7.

[20] L 27,12,8.

[21] 1. Schlacht. L 27,12,7–17, Plu Marc 25,3–10, 2. Schlacht: L 27,13,10–14,15, Plu Marc 26,1–7. Or 4,18,4 gibt drei Schlachten an, die erste unentschieden, die zweite für Marcellus verloren, die dritte mit ihm als Sieger. H. Bruckmann, Die römischen Niederlagen im Geschichtswerk des T. Livius, Diss. Frankfurt 1936, 50–58. Viele Einzelheiten der antiken Berichte geben zu Skepsis Anlaß und erscheinen völlig unglaubwürdig. Die erste Überraschung ist, daß Hannibal sich nicht der angebotenen Schlacht stellte. Da die Gegend eben und ohne jedes Versteck war, soll er sich mit seinen Truppen in ein gegliedertes Gebiet zurückgezogen haben: L 27,12,8. Früher hatte Hannibal bewußt flaches Gelände für die Auseinandersetzung mit dem Gegner gesucht, um hier seine kavalleristische Überlegenheit entfalten zu können. Jetzt suchte er angeblich nach einem Gelände, wo er einen Hinterhalt legen konnte. Damit wird das alte Klischee aufgetischt, der Karthager könne nur durch Tricks siegen.

[22] Im eigentlichen Schlachtbericht fehlen exakte Angaben über Heeresstärke und Schlachtaufstellung für beide Seiten. 2700 Römer und *socii* blieben auf dem Schlachtfeld, dazu 4 Centurionen und die beiden Militärtribunen M. Licinius und M. Helvius.

[23] L 27,13,1–10.

er Hannibal erneut eine Schlacht an.[24] Lange wurde unentschieden gekämpft. Der Angriff des Militärtribunen Flavius auf einen Elefanten habe große Verwirrung und Flucht in den Reihen der Karthager ausgelöst, die beträchtliche Verluste erlitten hätten.[25] Bei den Römern seien die Verluste ebenfalls hoch gewesen.[26] Was die römische Geschichtsschreibung als „Sieg“ des Marcellus rühmte, dürfte tatsächlich eine erneute Niederlage mit noch höheren Verlusten als in der ersten Begegnung gewesen sein.[27] Marcellus war trotz seiner Prahlerei dem Hannibal nicht gewachsen. Anerkennenswert ist, daß er trotz seiner ersten Schlappe ein zweites Mal antrat, um den Feind in Apulien festzuhalten und Fabius die Möglichkeit zu geben, ungestört Tarent anzugreifen. Doch nach der erneuten Niederlage konnte er Hannibal nicht mehr in Apulien binden und mußte sich darauf beschränken, seinen Abzug durch Aufklärer beobachten zu lassen. Als er die Nachricht erhielt, der Feind sei nach Bruttium abmarschiert, entschied er, sein arg ramponiertes Heer nach Venusia ins Lager zu führen,[28] das eher einem Lazarett glich. Seine Gegner in Rom äußerten offen ihren Unmut über seine Untätigkeit und wollten ihm das *imperium* aberkennen.[29]

Etwa gleichzeitig mit den Kämpfen in Apulien[30] nahm Fulvius die Unterwerfung der Hirpiner, Lukaner und Volceienter entgegen, die die karthagischen Besatzungen auslieferten. Seine „Erfolge“ werden von der Geschichtsschreibung wohl stark übertrieben.[31] In Rom war man jedenfalls mit seiner Kriegführung nicht zufrieden.[32] Während er im Hirpinergebiet und

[24] Der Bericht des Livinus enthält einige Details über die Schlachtaufstellung beider Seiten. Die Ala sinistra und die Kohorten, die ihr Feldzeichen verloren hatten, sowie eine Legion bildeten das erste Treffen. Die Kommandanten waren der Prokonsul Marcellus (im Zentrum), die Legaten L. Cornelius Lentulus und C. Claudius Nero auf den Flügeln. Bei Hannibal stellten die Iberer das erste Treffen, die als die stärkste Waffe seines Heeres bezeichnet werden.

[25] 8000 Mann sollen gefallen sein.

[26] 1700 Römer und 1300 *socii*, also insgesamt 3000 Mann, dazu viele Verwundete.

[27] Streit 1887, 37 ff., H. Bruckmann, a. a. O., 58.

[28] L 27, 20, 12 gibt Venusia an. Nach Plu Marc 26, 8 habe er sich nach Sinuessa in Campanien zurückgezogen.

[29] L 27, 20, 9–13.

[30] L 27, 15, 2.

[31] Die Lukaner dürften wohl kaum zu den Römern übergetreten sein, L 27, 51, 13; 28, 11, 15. Es könnte höchstens das Gebiet südlich der Hirpiner um Volcei gewesen sein. Auch die angeblichen Verhandlungen mit führenden Bruttiern führten offenbar zu keinem Ergebnis.

[32] L 27, 20, 9. Es besteht der Verdacht, daß die tatsächlichen Vorgänge zugunsten des Fulvius von der römischen Geschichtsschreibung umgeformt worden sind. Denn zu seinem Amtsbereich gehörte nicht nur Lukanien, sondern auch Bruttium. Und hier hatte ihm Fabius die wichtige Aufgabe zugewiesen, durch einen Angriff auf Kau-

im nördlichen Lukanien operierte, griff das „Räuberheer“[33] von Rhegion aus die Stadt Kaulonia an. Hannibal erhielt die Nachricht von der Belagerung Kaulonias nach der zweiten Schlacht gegen Marcellus und eilte sofort zum Entsatz herbei. Daraufhin zogen sich die Belagerer auf einen Hügel zurück, der sie im Augenblick zwar schützte, aber selbst zu Belagerten machte.[34] Schließlich mußten sie kapitulieren.[35] Erst jetzt erfuhr Hannibal, daß Fabius vor Tarent stand, und brach sofort auf.

Fabius hatte sein Heer in Brundisium von seinem Sohn übernommen.[36] Auf dem Vormarsch nach Tarent nahm er die durch starke Mauern geschützte Stadt Manduria ein und sicherte damit seine rückwärtige Verbindung.[37] Dann schlug er sein Lager im Norden der Hafeneinfahrt Tarents auf.[38]

lonia die Stellung Hannibals an der Südküste entscheidend zu schwächen. Da dieser Angriff aber scheiterte und mit einer vernichtenden Niederlage des römischen Heeres endete, wird Fulvius als Kommandant in der Tradition überhaupt nicht erwähnt. Es handelte sich angeblich um das Räuberheer, dessen Verschwinden ein römischer Leser nicht zu bedauern brauchte. Doch die 8000 Mann entsprachen zahlenmäßig einem Zweilegionenheer, wozu noch die *socii* zu rechnen sind. Da in Anbetracht der erheblichen Schwierigkeiten bei der Truppenaushebung die Legionen wohl nie Sollstärke erreichten, dürfte die Zahl den Realitäten entsprochen haben. Wahrscheinlich hatte Fulvius das Kommando über dieses Unternehmen delegiert. Denn er wurde von der Katastrophe des Heeres nicht betroffen. Rechnete er mit einer Niederlage? Wurden diese Truppen bewußt als „Köder“ eingesetzt? Es gibt jedenfalls eine Tradition, die ohne irgendwelche Scham den Einsatz dieses Heeres so deutete und ihn als gelungene List des Fabius bezeichnete: Plu Fab 22,1–2. Die Angabe des Z 9,8,1, daß Hannibal durch diesen Angriff von Tarent weggelockt werden sollte, ist unzutreffend.

33 Vgl. L 27,12,4–5: 4000 Sikelioten, die Laevinus als ehemalige Räuber, Schuldner und Verbannte nach Rhegion gebracht hatte (vgl. o. S. 336), dazu die Besatzung von Rhegion und Überläufer der Bruttier, insgesamt 8000 Mann.

34 L 27,15,8.

35 L 27,16,9.

36 Das Heer, das im Vorjahr Laevinus kommandiert hatte, war auf 35 Schiffen aus Sizilien in Unteritalien, d. h. wohl im Hafen von Brundisium an Land gesetzt worden. L 27,7,15; 8,19.

37 L 27,15,4. Zur Route vgl. M. Miroslav Marin, La viabilità antica tra Tarento e Brindisi, la via Appia antica, Archivio Storico Pugliese 39, 1986, 27–68. Die Einnahme von Manduria möchte F. Cassola, Ancora sull'elogio di Brindisi, Labeo 8, 1962, 307–316, ders., 1962, 290–292 im Elogium des Fabius ergänzen.

38 P 10,1 zur verkehrsgünstigen Lage, zur Belagerung L 27,15,4–16,9, Plu Fab 22–23, App Ann 49, 211–213, Z 9,8,1–2, Polyain 8, 14,3, Eu 3,16,1–2, Or 4,18,5, Auctor de viris illustr. 43,5, Sil 15,320 ff. G. Vitucci, Intorno a un nuovo frammento di Elogium, RF 31, 1953, 43–61, ders., Un nuovo episodio della II guerra punica, Studi Annibalici 1964, 57–69 möchte die Einnahme von Tarent im Elogium des Fabius ergänzen. Lit: P. Wuilleumier, Tarente, Paris 1939, 160 ff., Kukofka 1990, 99 ff. Die Datierung der Rückeroberung ins Jahr 208 (so P. Varese, Cronologia Romana I 1908,

Nach sechstägiger Belagerung begannen die Römer mit dem Sturm auf die Mauern.[39] Gleichzeitig griff die eingeschlossene Besatzung von der Burg sowie das Heer vom Hafen und von der Landseite im Osten der Stadt an. Dort hatte Fabius selbst das Kommando.[40] Auf Leitern überstiegen die Angreifer die Mauern und konnten ohne Widerstand bis zur Agora vordringen. An den Zugangsstraßen zur Agora kam es zu Kämpfen. Aber die Tarentiner waren keine Römer. „Sie waren ihnen weder an Mut noch an Waffen noch an Kriegserfahrung, noch an Spannkraft, noch an Körperstärke gewachsen".[41] Sie ergriffen bald die Flucht und zogen sich in die Stadtviertel zurück.

Das Schicksal der Stadt war besiegelt. Die römischen Truppen wüteten grausam. Unbarmherzig wurden alle niedergemacht, die ihnen entgegentraten. Vor allem die Bruttier, denen Fabius die leichte Einnahme der Stadt verdankte, wurden als unbequeme Zeugen liquidiert, damit der Konsul sich rühmen konnte, die Stadt im Sturm und mit Waffengewalt erobert zu haben.[42]

Die Stadt wurde geplündert. 30000 Menschen wurden in die Sklaverei verkauft.[43] Die eroberten Geldbestände und Edelmetallvorräte – in Tarent befand sich eine Münzstätte – waren enorm.[44] Viele Tempel und öffentliche Plätze waren mit hervorragenden und berühmten Kunstwerken ge-

162 und K. J. Beloch, Klio 15, 1918, 21) ist m. E. unbegründet. Sie wurde aus der Anwesenheit der karthagischen Flotte in den griechischen Gewässern im Jahr 208 erschlossen (L28, 7, 17–18; 8, 7–8, vgl. Thiel 1946, 129). Dorthin hätten die Karthager nach dem Verlust von Tarent keine Flotte senden können. Deshalb datiere auch App Ann 50, 213 den Tod des Marcellus zutreffend nach dem Fall von Tarent. Der Schluß aus Appian ist nicht überzeugend. Auch die Tatsache, daß der Senat im Jahr 208 (L27, 25) über das Schicksal Tarents beriet, berechtigt nicht dazu, die Einnahme um ein Jahr zu verschieben.

39 Plu Fab 22, 3. Für das Gelingen des fabischen Kriegsplanes war Voraussetzung, daß es zu keiner längeren Belagerung vor den Mauern Tarents kam, da man sonst die Ankunft Hannibals befürchten mußte. Deshalb ist es wahrscheinlich, daß der Konsul bereits vor seiner Ankunft, vielleicht durch die römische Besatzung, mit den Bruttiern oder romfreundlichen Kreisen in der Stadt Vereinbarungen über den Verrat getroffen hatte.

40 L 27, 15, 13 ff.

41 L 27, 16, 1.

42 Schließlich wollte Fabius in Rom einen Triumph feiern. Eine Voraussetzung war, daß mindestens 5000 Feinde gefallen waren. Dafür sorgten die römischen Soldaten ausreichend. Neben vielen Tarentinern fiel auch der karthagische Befehlshaber der Besatzungstruppen, Karthalo.

43 So zutreffend Plu Fab 22, 6, Eu 3, 16, 2 (25000 Gefangene), Or 4, 18, 5 (30000), anders L27, 16, 7, der unzutreffend von 30000 Sklaven spricht.

44 Die überlieferten Summen variieren. Nach Plu Fab 22, 6 waren es 3000 Talente, nach L27, 16, 7 hingegen 83000 Pfund Gold. Da diese Summe unwahrscheinlich hoch ist, wurde sie in 3800 korrigiert.

schmückt. Fabius rühmte sich, er habe im Gegensatz zu Marcellus die Stadt nicht ausgeplündert und die Götter ihrer Statuen beraubt.[45] Sein Eigenlob trügt.[46]

Hannibal führte sein Heer in Tag- und Nachtmärschen von Kaulonia nach Tarent. Doch er kam zu spät.[47] Enttäuscht kehrte er nach Thurioi zurück.[48] Im engsten Freundeskreis soll er geäußert haben, er habe schon lange gewußt, daß die Unterwerfung Italiens schwierig sei, unter den gegebenen Umständen aber unmöglich.[49] Gab er den Krieg endgültig verloren?

Legenden

Wie war es Fabius gelungen, Kontakte zu den Verteidigern der Stadt aufzunehmen und sie zum Verrat zu veranlassen? Hier konnte die antike Geschichtsschreibung ihrer Phantasie freien Lauf lassen. Nach der einen Version bestand ein Liebesverhältnis zwischen dem Befehlshaber der bruttischen Besatzung und einer jungen Tarentinerin, deren Bruder im Heer des Fabius diente. Dieser stellte als angeblicher Überläufer den Kontakt zu dem Bruttier her und regelte die Einzelheiten des Verrates.[50] Eine Variante lautete, daß die junge Frau die Geliebte des karthagischen Kommandanten war und ihn zum Öffnen der Tore überreden konnte.[51]

Schließlich kursierte eine dritte Version: Eine junge Bruttierin sei die Geliebte des Fabius gewesen und habe die Kontakte zu ihrem Landsmann, dem Besatzungskommandanten hergestellt.[52] Der historische Kern der verschiedenen Sensationsgeschichten dürfte die Tatsache sein, daß bei der Einnahme der Stadt Verrat im Spiel war.[53]

Den erfolglosen Entsatzversuch Hannibals schmückten die Geschichtsschreiber ebenfalls mit Legenden aus. Hannibal habe sein Lager fünf Meilen vor Tarent aufgeschlagen und versucht, die Schlappe durch eine List wettzu-

45 So wird betont, daß er eine Kolossalstatue des Zeus, von Lysippos angefertigt, eine Europa des Pythagoras, einen Satyr und eine Nike in der Stadt belassen habe. Strabon 6,3,1 (278), Plin nh 34,40, Cicero, in Verrem II 4,135. Vgl. P. Gros, Les statues de Syracuse et les dieux de Tarente, REL 57, 1979, 85–114.

46 Er ließ eine Statue des Herakles nach Rom aufs Kapitol überführen und stellte ihr seine eigene Statue zur Seite. Damit wollte er wohl der Öffentlichkeit demonstrieren, daß er als Nachkomme des Herakles den Mann, der seinen Feldzug unter das Motto „Auf den Spuren des Herakles" gestellt hatte, noch übertraf.

47 L 27,16,10.

48 App Ann 50,213.

49 Plu Fab 23,1.

50 L 27,15,9–12, Plu Fab 21,1–4, App Ann 49,212, Polyain 8,14,3.

51 Sil 15,320–333.

52 Plu Fab 21,5. Sollte damit der alte Fabius verächtlich gemacht oder ihm geschmeichelt werden?

53 Anders Kukofka 1990,107.

machen. Zwei Bürger aus Metapont hätten dem Konsul die Übergabe ihrer Stadt angeboten gegen die verbindliche Zusage, daß die früheren Vorgänge ihnen verziehen würden, wenn sie die punische Besatzung auslieferten. Das anrückende römische Heer habe Hannibal in einem Hinterhalt bei Tarent überfallen wollen. Den frommen Fabius habe allerdings ein Opfer gewarnt. So sei er der von Hannibal gestellten Falle entgangen.[54] Nach einer anderen Version habe Fabius den Betrug durch Schriftvergleich des Briefes der Gesandten mit anderen Briefen, die Hannibal früher den Tarentinern geschrieben hatte, entdeckt.[55]

Die Geschichte des Livius entspricht mehr dem Bild, das sich die römische Öffentlichkeit von Fabius machte: Er war ein frommer Mann, der alle seine Unternehmungen unter den Schutz der Götter stellte. Wenn die Auspizien ungünstig waren, ließ er von einem Vorhaben ab. Das Schreiben der Gesandten war der Aufhänger für eine rationalistische Deutung mit dem Schriftvergleich. Erfunden sind beide Versionen,[56] um die Verdienste des Fabius gebührend herauszustreichen, der sogar an List dem erfindungsreichen Hannibal gewachsen war, wie dieser anerkennend bestätigt haben soll. „Auch die Römer haben ihren Hannibal, und durch dieselbe List, mit der wir Tarent gewonnen haben, haben wir es verloren."[57]

Spanien[58]

P. Cornelius Scipio mußte aus den drei Abteilungen seines Heeres[59] ein homogenes Heer bilden und die Soldaten nach den Niederlagen für den Krieg neu motivieren. Für seine Pläne brauchte er ein geschultes Heer, das in der Lage war, in einzelnen Treffen zu operieren und sich auf Veränderungen im Kampf schnell umzustellen. Deshalb hatte er nach seiner Ankunft im vergangenen Herbst und während der Wintermonate seine Soldaten eifrig exerzieren lassen.

[54] L 27,16,10–16. [55] Z 9,8,2.

[56] Da Hannibal fünf Meilen vor Tarent sein Lager aufgeschlagen haben soll, war Fabius seine Anwesenheit kaum entgangen. Die Vorstellung, daß Hannibal seine Briefe persönlich schrieb, ist unrealistisch. Dazu hatte er seine Schreibsklaven.

[57] L 27,16,10, Plu Fab 23,1.

[58] P 10,6–20. Polybios stützte sich u. a. auf die Erzählungen des Laelius (P 10,3,2), auf einen schriftlichen Bericht Scipios, den er König Philipp V. übersandt hatte (10,9,3) und auf eigene Erkundung des Gebietes (10,11,4). Vgl. Walbank II 1967, 191 ff., L 26,41–51, App Ib 19,73–23,88, Val Max 4,3,1, Frontin 2,11,5, Polyain 8,16,6, Cass frg. 57,42, Z 9,8,3, Auctor de viris illustr. 49,7, Eu 3,15,3–5, Or 4,18,1, Sil 15,180 ff. Seibert 1993, 258 ff., 262 ff. Karte Nr. 6.

[59] Es handelte sich um die Reste des Scipionenheeres, das Heer des Claudius Nero und die von Scipio und Silanus mitgebrachten Truppen.

Bereits bei seinem ersten selbständigen Unternehmen erwies sich der junge Feldherr als ein kühler Rechner und Planer.[60] Er wiederholte nicht die Fehler seines Vaters und seines Oheims, die numerisch überlegenen karthagischen Heere direkt anzugreifen. Mit einem Angriff auf Neukarthago (Carthago Nova, h. Cartagena) wollte er die Feinde entscheidend treffen.[61] Die nötigen Informationen, vor allem über die Lage der Stadt und die Position der Feinde,[62] verschaffte er sich vor Ort.

Die Voraussetzungen für das Unternehmen waren günstig: Niemand rechnete mit einem Angriff. Die Stadt war nur schwach bewacht. Die drei karthagischen Heere waren mindestens 10 Tage entfernt.[63] Innerhalb dieser Frist

[60] P 10,7,6, L26,41, App Ib 19,74ff. Mit diesem Plan wandte Scipio die Strategie des Fabius auf iberische Verhältnisse an, indem er den Feind dort angriff, wo er nicht präsent war.

[61] Für einen direkten Angriff auf die Hauptstadt des Gegners sprachen mehrere Gründe. Die Stadt besaß den einzigen Hafen an der iberischen Küste, der einer größeren Flotte Schutz bieten konnte (P10,8,2ff., L26,42,1ff.), und war der wichtigste Stützpunkt für den Verkehr und den Handel mit Karthago. Hier war auch die karthagische Flotte für den Küstenschutz Iberiens stationiert. In der Stadt selbst befanden sich die Kriegskasse, die Geiseln der iberischen Stämme und der gesamte Troß der karthagischen Truppen. Sie war außerdem das Zentrum der karthagischen Kriegsindustrie. Hier wurden die Waffen und alles wichtige Kriegsmaterial angefertigt. In der Nähe der Stadt befanden sich bedeutende Silbergruben (App Ib 19,75). Die Stadt selbst war nur schwach mit einer Truppe von 1000 Mann besetzt: P10,8,4, L26,44,1f. Die Angaben schwanken indessen. L26,49,2 fand in seinen Vorlagen 10000 (so auch App Ib 19,74,20,78), 7000 oder wenig mehr als 2000 Mann. Die Einnahme dieser Stadt würde den Römern erhebliche Vorteile und den Karthagern große Nachteile bringen; L26,43,8.

[62] Drei Heere unter dem Kommando des Hasdrubal Barkas, des Mago Barkas und des Hasdrubal, Sohn des Gisgo, waren in Iberien stationiert. Ihre Standorte waren nach P10,7,5: Mago diesseits der Säulen des Herakles im Land der Konier, d.h. im heutigen Südwestportugal, zwischen der Mündung des Anas (h. Guadiana) und Kap St. Vincent (Strabon 3,1,4 [137]), Hasdrubal, Sohn des Gisgo, an der Mündung des Tagus in Lusitanien und Hasdrubal Barkas im Gebiet der Carpetaner. Walbank II 1967, 202. Ohne Ortsangabe L26,41,20; 42,2. App Ib 19,74 nennt „vier weit voneinander entfernte Lager". Welches war das vierte? Neukarthago? P10,6,5; 7,3 und L26,41,20 behaupten, die drei karthagischen Feldherrn seien untereinander zerstritten gewesen. Dieser weithin auch in der modernen Forschung angenommenen Behauptung widerspricht aber der von Scipio verworfene Kriegsplan eines Angriffes auf die Karthager. Dem vereinten Heer der Karthager fühlte er sich numerisch nicht gewachsen. Beim Angriff auf ein Heer befürchtete er, daß es ihm ausweiche und sich zurückziehe, bis die anderen zu Hilfe kämen (P10,7,6–7, L26,42,2). Dieser Punkt sollte doch bei der Verwertung zu denken geben.

[63] P 10,7,5: „nicht weniger als 10 Tage" bedeutet, daß das eine oder andere Heer auch weiter entfernt war. Zur Lokalisierung der karthagischen Lager, deren Stand-

mußte das Vorhaben ausgeführt sein. Es war ein kühner Plan, den Scipio entwarf, sicher nicht ohne Risiken, aber kalkulierbar. Für den Fall, daß die Karthager der belagerten Stadt zu Hilfe kämen, konnte er sein Heer mit der Flotte in Sicherheit bringen.[64]

Das Unternehmen wurde unter strengster Geheimhaltung vorbereitet.[65] Am Ebro blieb eine kleine Truppe zum Schutz des Gebietes nördlich des Flusses zurück.[66] Die Operationsarmee[67] wurde mit der Flotte innerhalb von sieben Tagen an den Einsatzort gebracht.[68]

Die Stadt war durch ihre natürliche Lage und die Befestigungen vorzüglich gesichert. Von drei Seiten war sie von Wasser umschlossen, im Süden und Westen vom Meer und im Norden von einer seichten Lagune, die die

orte von Polybios und Livius teilweise unterschiedlich angegeben werden, vgl. Brewitz 1914, 55ff. Am nächsten war Hasdrubal Barkas im Gebiet der Carpetani, Mago Barkas stand im Süden bei den Säulen des Herakles und Hasdrubal, Sohn des Gisgo, an der Mündung des Tagus. Vgl. die Kartenskizze bei Brewitz 1914, 56.

64 P 10,8,9.

65 Die Behauptung (P10,9,5, L26,42,5), nur Laelius habe das genaue Ziel gekannt, dürfte wohl eine Erfindung des alten Laelius sein. Es ist schwer vorstellbar, daß Scipio seinen Kollegen Silanus derart kompromittierte und ihn über seinen Plan im Ungewissen ließ. Das schließt nicht aus, daß die Soldaten das eigentliche Ziel nicht wußten, um durch Überläufer und Spione die Absicht nicht vorzeitig bekannt werden zu lassen.

66 3000 Mann zu Fuß und 500 Reiter. P10,6,7, L26,42,1 nennen als Befehlshaber den Marcus Iunius Silanus, der jedoch die Flotte kommandierte (L26,49,4).

67 Das Heer war 25000 Mann zu Fuß und 2500 Reiter stark. Befehlshaber waren Scipio und Iunius Silanus. Die meisten Quellen nennen Laelius als Flottenbefehlshaber, vgl. L26,49,4, P10,9,4 u.a. Es gab auch Historiker, die Iunius Silanus als Kommandanten der Flotte nannten, vgl. L26,49,4, was m.E. zutreffen dürfte. Scipio konnte schwerlich seinen Kollegen zurückweisen und dem jungen Laelius das Flottenkommando anvertrauen.

68 Nach P10,9,7 kam Scipio am 7. Tag vom Übergang über den Ebro in Neukarthago an. Diese Zeitangabe kann für diese Strecke (2600 Stadien = 312 m.p. [P3,39,6] = ca. 450km) nicht zutreffen. Entweder die Distanzangabe ist unzutreffend, d.h. die Entfernung wurde vom Sucro aus gemessen, oder die Zeitangabe muß korrigiert werden (statt 10 muß man 17 lesen, so Kahrstedt 1913, 509 A 1). Vgl. Brewitz 1914, 44ff., Walbank II 1967, 204–205 mit weiterer Literatur. Das Problem läßt sich m.E. unter Beibehaltung der Zeitangabe lösen. Da Scipio unbemerkt vor dem Feind vor Carthago Nova auftauchen wollte – er mußte vermeiden, daß sein Anmarsch den anderen karthagischen Heeren gemeldet wurde –, war die sicherste und schnellste Möglichkeit, das Landheer mit der Flotte unbemerkt von den Feinden an seinen Einsatzort zu transportieren. Da Scipio erwog, bei Scheitern seines Angriffes auf diesem Weg sein Heer in Sicherheit zu bringen, bietet sich diese Lösung auch für den Anmarsch an: P10,9,6ff., L26,42,1ff. In sieben Tagen konnte mit der Flotte diese Distanz gut zurückgelegt werden.

Stadt auch teilweise im Osten umfaßte,[69] so daß nur eine zwei Stadien breite Landverbindung bestand. Eine hohe Mauer mit einem Umfang von 20 Stadien (3,7 km) sicherte trotz des natürlichen Schutzes die Stadt. Das römische Heer schlug im Osten[70] der Stadt auf dem schmalen Isthmos sein Lager auf.

Der karthagische Kommandant Mago dürfte geschockt gewesen sein. Er hatte nur 1000 Soldaten zur Verfügung, mit denen der Mauerring nur ungenügend zu verteidigen war.[71] Zur Verstärkung bewaffnete er zusätzlich 2000 Bürger. Am vierten Tag nach seiner Ankunft ließ Scipio gleichzeitig vom Hafen und vom Land aus angreifen. Mago beging in dieser Situation einen unverständlichen Fehler.[72] Statt in aller Ruhe hinter den Mauern die Angriffe der Feinde abzuwarten, griff er die zahlenmäßig weit überlegenen Römer vor ihrem Lager an. Unter Verlusten mußte er sich zurückziehen. Beinahe wäre es den römischen Truppen gelungen, mit in die Stadt einzudringen, da sich alles an dem einzigen Tor zusammendrängte.

Dann begannen die Römer die Mauern von der Land- und Seeseite zu bestürmen, allerdings mit wenig Erfolg. Entweder brachen die Leitern unter der Last der Soldaten zusammen oder die Soldaten wurden schwindlig und von den Verteidigern leicht in die Tiefe gestoßen. Andere wurden von Balken und Steinen getroffen und mitgerissen. Die Belagerten wiesen den Angriff blutig ab.

Scipio wollte nun die Stadt an drei Seiten (Isthmos, Hafen, Lagune) gleichzeitig bestürmen. Ein Sonderkommando watete am Rand der Lagune

[69] Die Lagune, die flach war und an den meisten Stellen durchwatet werden konnte, war im Westen durch einen Kanal mit dem Meer verbunden. Eine Brücke führte über diesen Kanal, so daß auch vom Westen her die Stadt erreicht werden konnte.

[70] P 10, 10 fügt seiner Darstellung eine genaue Beschreibung der Stadt und ihrer Lage ein, wobei er sich auf Autopsie beruft. Es ist ihm allerdings ein Fehler bei der Angabe der Himmelsrichtungen unterlaufen. Den Isthmos lokalisiert er im Norden der Stadt. Bei einer Drehung um 70 Grad stimmen die Angaben. In der Forschung wurde Polybios wegen dieses Versehens teils hart getadelt, teils auch verteidigt. Vgl. Walbank II 1967, 205–207 mit Karte (206) und weiterer Literatur. Vgl. auch Scullard 1930, 289–299 mit Karte, ders. 1970, 49 Karte und 50–51 die allmähliche Verlandung der Lagune im Norden der Stadt. Die Beschreibung des Hafens, der durch eine vorgelagerte Insel geschützt sein soll, wobei die Insel nur zwei schmale Durchfahrten in den Hafen freigäbe, kann nicht verifiziert werden. Auf die einzige Insel, h. Escombreras, trifft die Beschreibung jedenfalls nicht zu. Zur Topographie vgl. U. Kahrstedt, AA 1912, 225–235, Brewitz 1914, 45 ff. mit ält. Lit., A. Beltran, Topografia de Cartago Nova, Archivo Espanol de Arqueologia 21, 1948, 191–224. Vgl. Karte Nr. 9 b.

[71] Jeder Soldat hätte fast 4 m Mauer verteidigen müssen.

[72] Meyer II 1924, 452 bewertete sein Verhalten anders. Er sei der Situation durchaus gewachsen gewesen. Scullard 1970, 60–61 geht davon aus, daß der 1. Angriff Scipios nur sekundäre Bedeutung gehabt habe, mit dem Ziel, die Verteidiger aus der Stadt zu locken und sie zu schwächen. Mago sei in diese Falle getappt.

entlang und konnte unbemerkt die Mauern ersteigen, während die Verteidiger gleichzeitig durch Angriffe von der Land- und Seeseite abgelenkt wurden. Der Stoßtrupp kämpfte sich auf der Mauer bis zum Landtor im Osten vor, das er öffnen konnte. Zur gleichen Zeit konnten auch die Flottensoldaten im Hafenbereich die Mauern ersteigen.[73] Die Verteidiger konnten ihnen keinen Widerstand mehr entgegensetzen. Mago und seine Leute zogen sich auf die Burg zurück.

Die Soldaten wüteten wie in einem Blutrausch. Scipio hatte ausdrücklich befohlen, keinen Einwohner zu schonen. Jeder, der den römischen Soldaten begegnete, wurde getötet. Lakonisch stellte Polybios fest: „Damals war die Zahl der Opfer besonders groß, weil viele Menschen in der Stadt wohnten".[74] Erst als Mago auf der Burg kapitulierte, beendete Scipio das Blutbad. Doch die Leiden der Bewohner waren noch nicht zu Ende. Jetzt begann die Plünderung der Stadt, die nicht weniger grausam, dafür nach römischer Art vorzüglich organisiert war, für die Betroffenen wohl kein Trost.[75]

Die Beute war immens.[76] Die Bürger, die mit ihren Frauen und Kindern in römische Gefangenschaft gerieten, ließ Scipio frei. Die Handwerker, die in der Stadt lebten und arbeiteten, machte er zu Staatssklaven, stellte ihnen aber nach Kriegsende die Freiheit in Aussicht. Die jüngsten und kräftigsten Gefangenen wählte er als Mannschaften für die römischen und die erbeuteten karthagischen Schiffe (insgesamt 18) aus. Auch ihnen wurde die Freiheit nach Kriegsende versprochen.[77] Die iberischen Geiseln, 300 an der Zahl, die die Karthager in ihrer Hauptstadt hielten, gerieten in römische Hände. Mago, der Stadtkommandant, die höheren Offiziere, zwei Mitglieder des Rates der Alten und 15 Mitglieder des Großen Rates wurden nach Rom überstellt.

Die materielle Beute war ebenfalls riesig. Die ganze Kriegskasse der

[73] Dieser Punkt ging zu Unrecht in der Berichterstattung unter. Er ergibt sich aber zwingend aus dem Wettstreit um die „Mauerkrone" *(corona muralis)*, den Ehrenpreis, den Scipio für den Soldaten ausgesetzt hatte, der als erster die Mauern der Stadt ersteigen würde (P 10, 11, 6). Als Anwärter auf die *corona muralis* meldeten sich der Centurio Q. Trebellius von der 4. Legion und der *socius navalis* Sex. Digitius (L 26, 48, 5–13). Beide Soldaten, die von ihren Truppen unterstützt wurden, gaben ihren Anspruch nicht auf. Scipio bestellte ein Schiedsgericht. Es wäre beinahe zu Handgreiflichkeiten gekommen, so daß Scipio beiden Männern den Siegespreis zusprach, um den Streit beizulegen. Vgl. Z 9, 8, 4.

[74] P 10, 15, 6.

[75] Die Beschreibung römischen Verhaltens bei der Einnahme und Plünderung einer Stadt durch P 10, 16, 2–17, 5 ist kein Ruhmesblatt für die Römer.

[76] P 10, 17, 6 ff., L 26, 47, 1 ff., App Ib 23, 90.

[77] Vgl. W. Eder, Servitus publica. Untersuchungen zur Entstehung, Entwicklung und Funktion der öffentlichen Sklaverei, Forschungen zur antiken Sklaverei XIII, Wiesbaden 1980, 11 ff., K.-W. Welwei, Unfreie im antiken Kriegsdienst, III, Forschungen zur antiken Sklaverei XXI, Wiesbaden 1988, 40.

Karthager fiel in die Hände der Römer.[78] Gewaltige Mengen Getreide und Gerste lagen in den Vorratshäusern der Stadt.[79] Die Zahl der erbeuteten Kriegsmaschinen, Geschütze, Katapulte großen und kleineren Kalibers, ebenso der Ballisten war enorm.[80]

Mit der Einnahme Neukarthagos war Scipio ein großer und in seiner ganzen Tragweite damals noch nicht absehbarer Erfolg gelungen. Er besaß jetzt eine sichere Basis mitten im Feindesland. Da er die See kontrollierte, konnte er von hier unbehindert operieren. Die Einnahmen aus den Silbergruben beendeten die ständige Finanznot. Mit den Geiseln entzog er vielen Bündnissen der Karthager den Rückhalt und bereitete den Übertritt dieser Stämme ins römische Lager vor.[81]

Legenden

Nach dem Scheitern des ersten Angriffs auf die Mauern soll ein von Scipio erwartetes und von ihm in seine Pläne und Berechnungen einkalkuliertes Ereignis, das täglich um dieselbe Zeit eingetreten sei, den Römern zu Hilfe gekommen sein: In der Lagune nördlich der Stadt sei eine Ebbe eingetreten. Das Wasser sei durch den Kanal ins Meer abgeflossen, so daß das Gelände vor der Mauer passierbar wurde.[82] Nach anderer Version verursachte ein

[78] 600 Talente konnte der Quästor C. Flaminius verbuchen. P 10, 19, 1 f. L 26, 47, 7: 276 goldene Schalen zu je ein Pfund, 18300 Pfunde geprägtes und unverarbeites Silber.

[79] Nach L 26, 47, 8–9: 400000 Scheffel Getreide, 270000 Scheffel Gerste.

[80] Ob die Zahlenangaben des L 26, 47, 5–6 im einzelnen vertrauenswürdig sind, mag bezweifelt werden: 120 größere und 80 kleinere Katapulte, 23 größere und 52 kleinere Ballisten, eine gewaltige Zahl größerer und kleinerer Skorpione (Wurfmaschinen), Waffen und Geschosse jeder Art in riesigen Mengen. Livius entschied sich noch für die mittleren Angaben in seinen Vorlagen. Er beklagte sich über die gewaltigen Übertreibungen besonders des Valerius Antias, der kein Maß im Lügen kenne: L 26, 49, 1–6. So sollen nach Valerius Antias 6000 größere und 13000 kleinere Geschütze erbeutet worden sein.

[81] Das „selbstlose und uneigennützige" Verhalten Scipios wurde in der römischen Geschichtsschreibung gerühmt: P 10, 19, L 26, 50, Frontin 2, 11, 5, Val Max 4, 3, 1. Polyain 8, 16, 6, Cass frg. 57, 43, Valerius Antias bei Gellius n A 7, 8, 3. Man beachte indessen, daß er die Geiseln erst entließ, als der Übertritt des betreffenden Stammes ins römische Lager feststand. Scipio galt allgemein als „Weiberheld". Seine Soldaten führten ihm eine junge hübsche Gefangene zu, die er großzügig an ihren Verlobten abtrat. Valerius Antias behauptet indessen, Scipio habe sich mit dem Mädchen vergnügt, anders L 26, 50, 5, was A. J. Pomeroy, Hannibal at Nuceria, Historia 38, 1989, 175–176 zu Recht als Beweis für die Sorgfalt des Livius verwertete. Zur „schönen Gefangenen" vgl. J. Romilly, Le conquérant et la belle captive, Bulletin de l'Association G. Budé 1988, 11–15.

[82] P 10, 8, 7; 14, 2, L 26, 45, 8, Frontin 3, 9, 1. Zu der in der Forschung umstritten diskutierten Ebbe von Neukarthago vgl. die Literatur bei Seibert 1993, 263–266.

Nordwind den Abfluß des Wassers.[83] Manche sahen hierin allerdings auch das Wirken eines Gottes, der das Vorhaben Scipios unterstützte.[84] Nach der Beschreibung des Polybios[85] war der See an den meisten Stellen zu durchwaten, wodurch alle Erklärungen mit Ebbe oder Wind oder göttlicher Intuition als Erfindungen erwiesen werden, die die überraschende Eroberung glorifizieren und sogar mystifizieren sollten.

Scipio blieb noch längere Zeit in Neukarthago. Es gab viel zu ordnen und zu organisieren. Der neue Besitz mußte gesichert, die Mauern ausgebessert, die Produktion in den Handwerksbetrieben wieder in Gang gesetzt und auf römische Bedürfnisse umgestellt werden. Die Münzstätte erhielt die Anweisung, die punischen Prägungen durch römische zu ersetzen. Die neuen Gepräge zeigten auf der Rückseite das punische Emblem mit Pferd und Palme, auf der Vorderseite aber wurde das Porträt Hannibals durch das Scipios ersetzt.[86]

Wahrscheinlich rechnete Scipio auch mit einem Angriff der Karthager. Doch keiner der karthagischen Feldherrn unternahm den geringsten Versuch. Schien ihnen ein Angriff aussichtlos? Den Aufenthalt in der Stadt nutzte Scipio, um seine Truppen zu exerzieren.[87] Die Schiffsmannschaften hielten Seemanöver ab, die Landsoldaten übten eifrig Märsche in voller Rüstung, Fechten mit Attrappen und Speerwerfen. Nur durch ständiges Exerzieren konnte Scipio sicher sein, daß seine Soldaten jedes Manöver zu jedem gewünschten Zeitpunkt ausführen konnten.[88]

Als Landheer und Flotte nach Tarraco ins Winterlager zurückkehrten, blieb in Neukarthago eine Besatzung zurück. Unterwegs wurde die karthagische Besatzung aus Sagunt vertrieben und Stadt und Gebiet den früheren Eigentümern zurückgegeben.[89]

[83] Nach Livius 26, 45, 8 trat das Wasser um die Mittagszeit zurück und wurde durch einen Nordwind verursacht.

[84] P 10, 11, 5–8; 14, 11 oder von Scipio so gedeutet L26, 43, 3–8, App Ib 21, 83, Frontin 3, 9, 1. Zur Scipionenlegende vgl. Meyer II 1924, 444ff., Haywood 1933, 9ff., F. W. Walbank, The Scipionic Legend, PCPhS 193, 1966–67, 54–69, E. Gabba, P. Cornelio Scipione e la leggenda, Athenaeum 53, 1975, 3–17, Seibert 1993, 356.

[85] P 10, 8, 7.

[86] Vgl. E. S. G. Robinson, Punic Coins of Spain and their Bearing on the Roman Republican Series, Essays in Roman Coinage, pres. to H. Mattingly, Oxford 1956, 34–53, Scullard 1970, 64, 249–250 A 18, Taf. IV 17.

[87] P 10, 20, 1ff. Horsmann 1991, 22, 53ff., 140ff.

[88] Während seines Aufenthaltes in Neukarthago unternahm Scipio vielleicht weitere Vorstöße nach Süden, da die Feinde sich nicht zeigten. Laelius erwähnte in seinem Bericht vor den Senatoren (L27, 7, 2) die Einnahme weiterer Städte. Vielleicht könnte man an einen Vorstoß gegen Baria, ca. 110km südlich von Neukarthago, denken (Val Max 3, 6, 1a), Scullard 1930, 96, A. Tovar, Iberische Landeskunde II 3, Baden-Baden 1989, 161–163.

[89] Vgl. Seibert 1993, 256–258.

Scipio wußte, wie wichtig die Pflege der Beziehungen zu den Senatoren war. Er begnügte sich nicht, wie die anderen Imperiumsträger auf außeritalischen Kriegsschauplätzen, mit einem schriftlichen Bericht, er vertraute mehr dem gesprochenen Wort. Sein Freund Laelius wurde als Künder seines Ruhmes mit den vornehmen karthagischen Gefangenen nach Rom geschickt. Mit ihnen im Gefolge und mit Wagen, die mit Beute aus Neukarthago beladen waren, konnte er bei seinem Einzug in die Stadt gewaltigen Eindruck machen.[90]

Griechenland[91]

Die Kriegsparteien planten für dieses Jahr größere Unternehmungen. Die Spartaner fielen im Gebiet des Achäischen Bundes ein. Die Ätoler stießen über See zu einem Plünderungszug in die Peloponnes vor. Die Achäer rechneten mit der Intervention des Attalos und riefen Philipp zu Hilfe. Um dessen Einmarsch nach Mittelgriechenland und zur Peloponnes zu verhindern, versperrten die Ätoler bei Lamia die Straße. Ihre Truppe war durch ein Korps des Attalos und des Sulpicius verstärkt worden. In zwei Schlachten blieb Philipp Sieger. Seine Feinde hatten hohe Verluste zu beklagen und zogen sich in die Festung Lamia zurück, während er nach Phalara am Malischen Golf abrückte.

Hier trafen Gesandte des Königs Ptolemaios IV., der Rhodier, Athener und Chier ein, die einen Frieden zwischen Philipp und den Ätolern vermitteln wollten.[92] Als Interessenvertreter der Ätoler trat Amynander, König der Athamanen, auf. Die Vermittler verwiesen auf die Bedrohung der griechischen Freiheit durch Philipp, sie betrachteten aber auch die Einmischung der Römer und des Attalos in die innergriechischen Verhältnisse mit Sorge.[93]

Die Verhandlungen wurden auf die nächste Bundesversammlung der

[90] P 10,19,8, L26,51,1ff., App Ib 23,91, zum Einzug in Rom L27,7,1.

[91] L 27,29,9–33,5, P10,21–26; Walbank II 1967, 220–231, Niese II 1899, 485, Walbank 1940, 89–93, Rich 1984, 132, Huß 1985, 385, Hammond III 1988, 403–404, R. M. Errington, CAH VIII 2. Aufl. 1989, 102. L27,29,9–33,5 datiert die Ereignisse ins Jahr 208. Sie gehören indessen in das Jahr 209, da in diesem Jahr die von L27,30,17 und 31 erwähnten Nemeen gefeiert wurden. Zur Chronologie vgl. Seibert 1993, 273ff.

[92] L 27,30,4–6. Zu den Vermittlungsversuchen vgl. H.H. Schmitt, Rom und Rhodos, München 1957, 193ff., Seibert 1993, 280–281.

[93] Die Motive der Friedensvermittler werden in der Forschung unterschiedlich gedeutet. Da sich die Vermittler nur an Philipp und die Ätoler wandten, nicht an die Römer und Attalos, hätten sie diese beiden Mächte aus Griechenland eliminieren wollen, so Holleaux 1921, 36–38, anders H.H. Schmitt, a.a.O., 1957, 25–26, 193ff. Wirtschaftliche Gründe dürften die Handelsmächte besonders motiviert haben, vgl. Walbank 1940, 89–90 u.a.

Achäer vertagt. Für die Zwischenzeit wurde ein 30tägiger Waffenstillstand vereinbart.

Philipp schützte Chalkis/Euboia gegen einen Angriff des Attalos durch eine Besatzung und marschierte dann nach Argos. Nach Feier der Heräischen Spiele reiste er nach Aigion zur Versammlung des Achäerbundes, um mit den Bundesgenossen über einen Friedensschluß zu beraten. Dort trafen auch die Gesandten der Vermittlerstaaten ein, ebenso eine Gesandtschaft der Ätoler, die zur Beilegung des Konfliktes bereit waren, wenn Pylos an Messenien, Atintanien an die Römer und die Ardiäer an Pleuratos und Skerdilaidas zurückgegeben würden. Heuchlerisch stellten sie für sich selbst keine Gebietsforderungen. Tatsächlich waren sie und die Römer an einer Beendigung des Kriegs gar nicht interessiert.[94] Philipp brach die Verhandlungen ab. Dem Sieger wollten die Ätoler als Besiegte die Bedingungen diktieren! Er konnte sich der Öffentlichkeit als friedensbereit präsentieren, während die Ätoler als die Kriegstreiber dastanden, die fremde Mächte ins Land holten.

Der Krieg ging weiter. Die Feinde gewährten Philipp, der im Juli die Nemeischen Spiele feierte,[95] keine lange Ruhepause. Sulpicius plünderte die Gegend zwischen Sikyon und Korinth. Der Makedonenkönig eilte mit seiner Reiterei herbei und trieb die Römer auf die Schiffe zurück. Obgleich es nur ein unbedeutender Erfolg war, feierte ihn Philipp überschwenglich.[96] Dann startete er mit den Achäern unter Kykliadas einen Angriff auf Dymai, in das auf Ersuchen der Eleer eine ätolische Besatzung gelegt worden war.[97] Nach der Plünderung des Gebietes marschierten die Verbündeten zur Schlacht vor den Toren der Stadt auf. Es war ihnen aber entgangen, daß in der Zwischenzeit Sulpicius, der von Naupaktos kommend in Kyllene gelandet war, eine starke Truppe in die Stadt gelegt hatte. Als die Makedonen und Achäer zu ihrer Überraschung römische Feldzeichen im feindlichen Heer bemerkten, war es zum Rückzug zu spät. Sie erlitten eine Niederlage.

Philipp entschädigte sich für die Verluste durch einen Überfall auf die Festung Pyrgos, wo viele Bauern mit ihrem Vieh Zuflucht gefunden hatten. Sie waren eine leichte Beute.[98] Philipp und seine Verbündeten führten den Krieg nicht anders als die von ihnen so geschmähten Ätoler und Römer. Es

[94] L 27,30,12–15. Vgl. Karte Nr. 8. Ein Fragment des P 10,25,1–5 bezieht sich auf diese Debatte. Die Römer werden zu den Verhandlungen nicht herbeigezogen. Mit ziemlicher Sicherheit ist zu vermuten, daß sie ihre Hand im Spiel hatten (Walbank 1940, 90), denn sie konnten an einem Friedensschluß, der nicht den Konditionen des römisch-ätolischen Vertrages entsprach, nicht interessiert sein.

[95] P 10,26.

[96] P 10,26, L 27,31,1–8.

[97] L 27,31,9,32; 9.

[98] Insgesamt 4000 Mann und 20000 Stück Vieh fielen in die Hände der Feinde.

waren nur Raub- und Plünderungszüge, unter denen besonders die Bevölkerung litt, die sich gegen die Attacken einer wilden Soldateska nicht wehren konnte. Philipp mußte das Unternehmen in Elis vorzeitig abbrechen. Beunruhigende Nachrichten aus Makedonien riefen ihn in die Heimat zurück.[99] Nachdem die unmittelbare Gefahr gebannt war – außer den makedonischen Truppen hatte auch die karthagische Flotte unter Bomilkar das Gebiet wieder verlassen –, fuhr Sulpicius mit seiner Flotte nach Ägina und traf dort mit König Attalos zusammen. Beide überwinterten auf der Insel. Den Achäern hatte Philipp bei seinem Abzug eine kleine Schutztruppe zurückgelassen. Bei Messene konnten sie in einer Schlacht die Ätoler und Eleer besiegen.

Die Kämpfe dieses Jahres hatten keine wesentliche Veränderung in der Gesamtsituation ergeben.[100] Verluste und Gewinne glichen sich aus. Erneut hatten sich die instabilen Verhältnisse an Makedoniens Nordgrenze als hinderlich erwiesen, die die Operationsfreiheit Philipps erheblich einschränkten.

Fabius hatte eine kluge Strategie für die Operationen in Italien entworfen. Seine Hoffnung, bei Gelingen Hannibal zur Aufgabe des Krieges in Italien zwingen zu können, war nicht unberechtigt. Gemessen an den Erwartungen war das Ergebnis bescheiden. Marcellus hatte seine Aufgabe nur bedingt erfüllt. Auch Fulvius hatte in seinem Amtsbereich nicht den gewünschten Erfolg erzielt.[101] Um so heller erstrahlte das Ansehen des Fabius. Die Senatoren erlaubten ihm einen Triumph, den ersten in diesem Krieg.[102] Den Ruhm, eine bedeutende Stadt erobert zu haben, mußte er mit dem jungen Scipio teilen. Nach den enttäuschenden Meldungen der vergangenen Jahre aus Iberien war mit der Eroberung von Neukarthago der erste entscheidende Schritt getan.

Für Hannibal fiel die Bilanz ungünstig aus. Der Prestigeverlust war wohl am schmerzlichsten. Denn militärisch hatte Tarent nie den erhofften Gewinn gebracht, im Gegenteil, die Stadt hatte ihn mehr belastet. Der Verlauf der Kämpfe hatte gezeigt, daß er immer noch der überlegene Schlachtentaktiker war. Auch wenn die Feinde an drei Punkten angriffen und ihn festzu-

[99] L 27,32,9 ff. Zunächst handelte es sich um einen Aufstand in Makedonien. Als dann das Gerücht verbreitet wurde, Philipp sei gefallen, fielen die Dardaner erneut in Makedonien ein, L 27,33,1–3. Philipp konnte sie zurückschlagen, Iustin 29,4,6. Angeblich soll er 20000 Gefangene gemacht haben.

[100] Vgl. Walbank 1940, 92.

[101] Die Römer waren über das Versagen beider Feldherrn sehr ungehalten. Der Volkstribun C. Publicius Bibulus stellte sogar den Antrag, dem Marcellus das *imperium* abzuerkennen: L 27,20,9–21,5.

[102] Plu Fab 23,2. Livius erwähnt den Triumph nicht, weshalb F. Münzer, RE 6,2, 1909, 1827 s. v. Fabius 116 an seiner Historizität zweifelte.

halten suchten, konnte er sich ihnen durch seine Schnelligkeit entziehen und Verluste beibringen. Seine Operationen waren ausschließlich Reaktionen auf Unternehmungen und Angriffe der Römer. Er hatte die Initiative längst verloren und operierte nur noch defensiv. Das von ihm kontrollierte Gebiet wurde von Jahr zu Jahr kleiner. Der Politik des Fabius, für die Auslieferung der punischen Besatzungen den Abfall von Rom nicht zu ahnden, hatte er nichts entgegenzusetzen. Die Krise des römischen Bundesgenossensystems konnte er nicht ausnutzen. Statt seines Lockrufes „Freiheit von den Römern", der seit Jahren ohne Resonanz blieb, hätte er die Friedenssehnsucht in den Reihen seiner Gegner stärker ausnutzen müssen. Eine Friedensinitiative hätte zwar die Senatoren wohl kaum zum Einlenken bewogen, ihm aber propagandistische Pluspunkte eingebracht. Sollte er immer noch der Ansicht gewesen sein, daß die Römer um Frieden nachsuchen mußten, dann wäre dies ein Hinweis auf eine bedenkliche Realitätsferne und völlige Verkennung seines Gegners.

Hannibal resignierte aber nicht. Er hatte zwei römische Feldherrn entscheidend geschlagen. Diese Erfolge dürften ihn an einer ungeschminkten Bewertung seiner militärischen Lage gehindert haben. Hoffte er immer noch auf den letzten, entscheidenden Sieg? Doch wie dieser Sieg erzielt werden sollte, dafür dürfte er keine Antwort gewußt haben. Die Entwicklung in Iberien mußte ihm Sorge bereiten. Der Verlust von Neukarthago wog schwer.

Das 11. Kriegsjahr: 208 v. Chr.[1]

Rom

Mit der Kriegführung des Fulvius und besonders des Marcellus, der seinen großen Ankündigungen keine Taten hatte folgen lassen, waren die Römer unzufrieden. Der Volkstribun C. Publicius Bibulus stellte sogar den Antrag, dem Konsul das *imperium* abzuerkennen.[2] Er benutzte die Gelegenheit zu einem pauschalen Angriff auf die römische Führung und brachte die Unzufriedenheit der Bevölkerung zum Ausdruck. Den Senatoren warf er Betrug und Zaudern vor. Bereits seit 10 Jahren halte sich Hannibal in Italien auf, länger als er in Karthago gelebt hatte. Die Verlängerung der Befehlsgewalt zahle sich nicht aus.

Die Anklagen des Volkstribunen konterte Marcellus publikumswirksam mit einer imponierenden Liste seiner Taten, ohne indessen die konkreten Anschuldigungen entkräften zu können.[3] Statt abgesetzt zu werden, ging er gestärkt aus der Auseinandersetzung hervor und wurde zusammen mit T. Quinctius Crispinus erneut zum Konsul (zum 5. Mal) gewählt.[4] Die Römer hofften, daß diese Männer den Krieg endlich durch einen entscheidenden Sieg über Hannibal beenden würden.

Die Heere der Konsuln mußten nach den Verlusten des Vorjahres verstärkt werden.[5] Woher sollten sie die Ergänzungen nehmen? Im Vorjahr war es bei den Aushebungen zur Verweigerung der „Zwölfer" gekommen. Deshalb beschränkten sich die Konsuln wohl nur auf die notwendigsten Ergänzungen. Es wurden keine neuen Truppen für die Stadtgarnison *(legiones urbanae)* ausgehoben.[6] Wenn trotzdem die römische Geschichtsschreibung

[1] Kahrstedt 1913, 514 ff., De Sanctis III 2, 1916, 459 ff., Thiel 1946, 125 ff., Lazenby 1978, 177 ff., Huß 1985, 385 ff. [2] L 27, 20, 9–21, 5, Plu Marc, 27.

[3] Wer unter den Römern konnte sich rühmen, die *spolia opima* zu besitzen? Er hatte sich in der Krisensituation nach Cannae bewährt. Seine Erfolge auf Sizilien waren der Menge in guter Erinnerung.

[4] Scullard 1951, 70–71, Lippold 1963, 192, H. Gundel, RE 24, 1963, 1035–1038 s. v. Quinctius 38, Bleicken 1968, 61–62.

[5] L 27, 22, 1–3, Tammler 1971, 255 ff., zu den Truppenverteilungen Klotz 1933, 80, Marchetti 1978, 78.

[6] Dies ergibt sich aus dem Hinweis, daß bei den alten *legiones urbanae* nichts geändert wurde (L 27, 22, 10).

stolz verkündete, der Krieg sei auch in diesem Jahr mit 21 Legionen geführt worden, so existierten diese größtenteils nur auf dem Papier.

Die Römer hatten Hinweise erhalten, die Karthager wollten mit einer Flotte von 200 Schiffen die Küsten Italiens, Siziliens und Sardiniens angreifen.[7] Dieses Gerücht hatten sie zunächst nicht ernst genommen. Dann hatten karthagische Schiffe die Küsten Sardiniens verwüstet, wenn auch nicht in der angegebenen Größenordnung.[8] Deshalb konzentrierten die Römer ihre ganzen Kräfte auf die Verstärkung der Flotte.[9] Für den Küstenschutz von Sardinien sollte Scipio 50 Schiffe abgeben.[10] 50 Schiffe wurden für den Schutz der italischen Küsten vorgesehen. Die Flotte in den Häfen Siziliens wurde wieder auf ihre alte Stärke gebracht. Die 30 Schiffe, die Fabius zum Angriff auf Tarent erhalten hatte, wurden zurückgeschickt und dem Kommando des M. Valerius Laevinus unterstellt, dessen *imperium* verlängert wurde. Ihm wurde nahegelegt, Plünderungsfahrten nach Afrika zu unternehmen.

Die ständigen Belastungen der Bevölkerung lösten in Etrurien Unruhen aus, die nach römischer Auffassung geradezu als Abfall gedeutet wurden.[11]

[7] L 27,22,8.

[8] L 27,6,13–14. Es waren nur 40 karthagische Schiffe gewesen. Vgl. Thiel 1946, 109ff.

[9] Über die Gesamtstärke der römischen Flotte in diesem Jahr werden in der Forschung unterschiedliche Anschauungen vertreten. Gegen die hohe Zahl von 281 Schiffen, die Thiel 1946, 126ff. vertrat, wandten sich Brunt 1971, 667 und Marchetti 1978, 116.

[10] Thiel 1946, 126ff. Angeblich hatte Scipio 80 Schiffe, wobei Livius offenbar nicht exakt angeben konnte, wie Scipio eine so große Zahl von Schiffen zusammengebracht hatte. Er vermutete wohl, daß die römische Flotte in den iberischen Gewässern durch die Eroberungen in Neukarthago so stark angewachsen war. Die Voraussetzung für diese Verlegung dürfte der Bericht des Laelius gewesen sein, aus dem hervorging, daß die Flotte in den spanischen Gewässern nicht mehr benötigt wurde. Scipio beabsichtigte die Seesoldaten in sein Heer einzugliedern (P 10,35,5, L 27,17,6). Die Anweisung, die Schiffe nach Sardinien zu überstellen, überbrachte Laelius (P 10,37,6).

[11] L 27,21,6, Plu Marc 28,1; Seibert 1993, 242–243. Alles deutet darauf hin, daß hier die allgemeine Verdrossenheit über die lange Kriegsdauer und über die ständigen Belastungen zum Ausdruck kamen, die bereits im Jahr 210 (L 26,35,5ff.) und 209 (L 27,9,7ff.) deutlich geworden waren. Die Unzufriedenheit der latinischen Kolonien und ihre Verweigerung dürfte auf Etrurien übergegriffen haben. Möglicherweise fand hier das schlechte Beispiel der latinischen Kolonien Ardea, Sutrium und Nepete in unmittelbarer Nachbarschaft Nachahmung. Die etruskischen Gemeinden waren seit 212 durch die Lieferung von Getreide stark belastet worden. Die Quellen sprechen zwar immer davon, daß dieses Getreide aufgekauft wurde. Doch womit sollten die Römer das Getreide bezahlen, da ihre Kassen permanent leer waren? Es liegt der Verdacht nahe, daß sie entweder auf Kredit kauften oder das Getreide beschlag-

Arretium bildete das Zentrum des Widerstandes. Marcellus hatte als designierter Konsul die aufgebrachten Gemüter beruhigt.[12] Neue Gerüchte über Unruhen veranlaßten die Senatoren, von den Arretinern die Stellung von Geiseln zu fordern. Dazu erhielt C. Terentius Varro ein *imperium*. Arretium wurde von römischen Truppen besetzt. Sieben führende Persönlichkeiten flüchteten mit ihren Kindern aus der Stadt, um dem Befehl nach Geiselstellung nicht nachkommen zu müssen. Ihre Güter wurden konfisziert. Die Ratsherrn mußten insgesamt 120 Geiseln stellen, die C. Terentius Varro nach Rom brachte.[13] Er war an einer Beilegung nicht interessiert, sondern bauschte alles auf.[14] Ihm wurde eine der städtischen Legionen übergeben, „gleich als ob ein Aufstand in Etrurien drohe". Er sollte sie nach Arretium führen und die Stadt besetzen, während Hostilius mit seinen Truppen das übrige Gebiet durchziehen sollte, damit den Etruskern keine Gelegenheit für einen Umsturz *(novae res)* geboten werde.[15]

Italien

Die Konsuln wollten die erfolgreiche Strategie des Fabius fortführen. Der Feind sollte durch die Eroberung einer bedeutenden Stadt zum Rückzug aus Italien gezwungen werden.[16] Quinctius wollte Lokroi Epizephyrioi, die einzige Stadt an der Südküste Italiens, die über einen Hafen verfügte, angreifen,[17] während Marcellus Hannibal „beschäftigte".

nahmten. Wozu verlegten die Römer *legiones urbanae* in dieses Gebiet, obgleich die militärische Situation dies keineswegs erforderte? Durch die Anwesenheit von Truppen sollte Druck auf die Bevölkerung ausgeübt werden.

[12] Dafür könnte die reichhaltige Silberprägung sprechen, die in Angleichung an den Denar von etruskischen Städten wie Populonia geprägt wurde. Vgl. R. F. Sutton, jr., The Populonia Coinage and the Second Punic War, AIIN 22, Suppl. a (= Contributi allo studio della monetazione etrusca) 1976, 199–211.

[13] L 27,24,1–5; W. V. Harris, Rome in Etruria and Umbria, Oxford 1971, 136ff.

[14] L 27,24,5. Wenn schon eine römische Quelle ihre Zweifel bekundete, dann dürften die Anschuldigungen tatsächlich übertrieben sein. Terentius war nur an der Verlängerung seines *imperiums* interessiert.

[15] L 27,24,7; Tammler 1971, 259. Die Formulierung des Senatsbeschlusses zeigt, daß es sich um eine reine Vorsorgemaßnahme handelte.

[16] Im Gegensatz zum Vorjahr machte Livius keine Angaben über die Pläne der Konsuln, die sich aus ihren Operationen erschließen lassen. Vgl. Karte Nr. 5.

[17] L 27,25,11–12. Da Fabius durch die Einnahme von Tarent großen Ruhm erworben hatte, wollte er dasselbe mit der Einnahme von Lokroi erreichen. Natürlich sind derartige persönliche Motive nicht völlig auszuschließen. Sie spielten im Wertekodex der römischen Aristokratie ebenfalls eine große Rolle, aber sie waren wohl kaum allein entscheidend. Eine Reihe sachlicher Überlegungen lassen sich anführen.

Wegen Schwierigkeiten in Rom, die ihm seine innenpolitischen Gegner bereiteten, konnte Marcellus die Stadt nicht verlassen.[18] Deshalb marschierte T. Quinctius früher mit den Truppen, die er als Ergänzung seines Heeres ausgehoben hatte, ab, zog durch Lukanien[19] in den Süden und begann die Belagerung von Lokroi. Als Hannibal zum Entsatz der Stadt herbeieilte – er war erst bis Lakinium (bei Kroton) gekommen –, gab er die Belagerung auf und rückte in Richtung von Venusia ab. Der Angriff war am Übereifer des Quinctius gescheitert, der nicht hatte warten können, bis Marcellus bei seinem Heer war und Hannibal mit einem Angriff ablenkte.[20]

In der Zwischenzeit war auch Marcellus bei seinem Heer in Venusia eingetroffen und zur Unterstützung des Quinctius aufgebrochen. Auf der Strecke zwischen Venusia und Bantia trafen die Konsuln zusammen.[21] Hannibal war dem Quinctius gefolgt und schlug sein Lager in der Nähe auf. Die Konsuln wollten ihn in Lukanien festhalten, während die Stadt Lokroi sowohl von der See wie vom Land her belagert werden sollte. Die Seeoperationen sollte

[18] Marcellus wünschte endlich den Tempel der Virtus und Honos, den er für seinen Sieg bei Clastidium im Jahr 222 gelobt hatte, weihen zu können. Das Gebäude sollte mit prächtigen Statuen aus der syrakusanischen Beute geschmückt werden. L 27, 25, 7, Val Max 1, 1, 8, Plu Marc 28. H. Bardon, La naissance d'un temple, REL 33, 1955, 173, Leena Pietelä-Castren, Magnificentia publica. The Victory Monuments of the Roman Generals in the Era of the Punic Wars (Commentationes Humanarum Litterarum 84), Helsinki 1987, 58. Viele Senatoren, die auch aus anderen Gründen Marcellus nicht wohlgesonnen waren, tadelten diese Prunkentfaltung, die sie auf einem anderen Weg zu verhindern suchten. Die Pontifices behaupteten, die Cella eines Tempels könne nicht zwei Göttern geweiht werden. Falls ein Blitz in den Tempel einschlüge, könne man nicht feststellen, welchem Gott ein Opfertier geschlachtet werden sollte. Es blieb nur der Ausweg, in aller Eile einen Tempel der Virtus neben dem Tempel der Honos zu entrichten. Dennoch konnte Marcellus die Vollendung des neuen Bauwerkes nicht abwarten und mußte ins Feld rücken. Aber diese Streitigkeiten verzögerten und belasteten die eigentlichen militärischen Aufgaben. Seinen längeren Aufenthalt in der Stadt deutete die römische Tradition entschuldigend um. Eine dunkle Ahnung über sein Schicksal habe ihn zurückgehalten.

[19] L 27, 25, 6, Frontin 4, 7, 26. Das Winterquartier seines Heeres, das im Vorjahr Fulvius Flaccus kommandiert hatte, ist nicht bekannt. Es könnte Volcei, h. Buccino, oder die Siedlung bei Serra di Vaglio gewesen sein. Von hier konnte er unangefochten durch den Vallo di Diano auf der Strecke der späteren *via Popilia* in den Süden marschieren, ohne von Hannibal kontrolliertes Gebiet durchqueren zu müssen. Auf der Höhe von Rosarno könnte er das Gebirge überquert haben und auf Lokroi vorgerückt sein.

[20] Anders Kukofka 1990, 112–113, der den Angriff auf Lokroi als unhistorisch ablehnt.

[21] L 27, 25, 13. Der Treffpunkt gibt einen ungefähren Anhaltspunkt über die zeitliche Verzögerung. Marcellus war noch nicht weit gekommen, als er auf Quinctius stieß. Bantia lag ca. 20 km südöstlich von Venusia. Vgl. Hülsen, RE 2, 2, 1896, 2848–2849 s. v. Bantia.

L. Cincius Alimentus mit Schiffen aus Sizilien übernehmen, für die Belagerung von der Landseite her wurde eine Heeresgruppe aus Tarent abgeordert.[22]

Der Aufklärungsdienst Hannibals funktionierte besser als im vergangenen Jahr. Er erfuhr rechtzeitig von dem Vorhaben, entsandte einen Stoßtrupp, 3000 Reiter und 2000 Leichtbewaffnete, die sich bei Petelia auf die Lauer legten. Die römischen Soldaten marschierten ohne Feindaufklärung auf der Küstenstraße und gerieten unerwartet in den Hinterhalt. Sie erlitten schwere Verluste und zogen sich eilends wieder nach Tarent zurück.[23]

In der Zwischenzeit lagen sich die feindlichen Heere zunächst untätig gegenüber und setzten auf Hinhaltetaktik.[24] Hannibal wartete, bis sein Detachement aus Petelia zurückgekehrt war, die Römer, bis die Einnahme von Lokroi gemeldet würde. Der Karthager konnte aber den Römern einen Hinterhalt stellen, in den sie unvorsichtig tappten.[25] Bei einem Erkundungsritt wurden die Konsuln, die nur mit einer geringen Begleitung unterwegs waren,[26] überfallen. Der Konsul Marcellus und ein Teil seiner Begleitung kamen dabei ums Leben, einige gerieten in Gefangenschaft, ein kleiner Teil,

[22] L 27,26,4. Es war ein sinnvoller Plan, der die Überlegenheit der Römer in der operativen Planung infolge ihrer numerischen Stärke und der Dislozierung ihrer Truppen ausnutzte. Hannibal schien geschickt ausmanövriert zu sein.

[23] L 27,26,5–6, Plu Marc 29,2. 2000 Mann fielen, 1500 Mann wurden gefangen.

[24] Nach Livius 27,26,1 ff. habe Hannibal aufgrund seiner persönlichen Erfahrungen vom vergangenen Jahr – einmal habe er gesiegt, einmal sei er besiegt worden – keine Schlacht schlagen wollen, da er sich den Konsuln nicht gewachsen fühlte, ähnlich Plu Marc 29,2. Der Karthager habe sich ganz auf seine Spezialität, einen Hinterhalt zu legen, beschränkt und nach einer günstigen Gelegenheit gesucht. Appians (Ann 40,213) Behauptung ist wahrscheinlicher, daß die beiden Konsuln keine Schlacht riskieren wollten. Der Angriff auf Lokroi konnte nur ungestört erfolgen, wenn sie Hannibal festhalten konnten. Wenn sie ihm aber eine Schlacht lieferten, bestand die Gefahr, daß er bei einem Sieg oder einer Niederlage abziehen würde.

[25] P 10,32, Walbank II 1967, 242–244, L 27,26,7–27,14, Nep Hann 5,3, Plu Marc 29, App Ann 50, 213–217, Val Max 1,6,9, Plin n h 11, 189, Sil 15,343 ff., Z 9,9,1–2, Eu 3,16,4, Or 4,18,6. Matilde Caltabiano, La morte del console Marcello nella tradizione storiografica, in: Storiografia e propaganda, a cura di Marta Sordi, CISA 3, Mailand 1975, 65–81, E. M. Carawan, The Tragic History of Marcellus and Livy's Characterization, CJ 80, 1984/85, 131–141, Kukofka 1990, 111 ff. Der Historiker Coelius Antipater führte drei verschiedene Versionen an: L 27,27,12–13, Peter, HRR I frg. 29 = W. Herrmann, Die Historien des Coelius Antipater, Meisenheim/Glan 1979, Frg. 34, 154–167. Die erste Version folgte dem allgemeinen Gerede, die zweite Version den Angaben der Leichenrede des jungen Marcellus, der bei dem Vorfall zugegen war, und die dritte Version konstruierte Coelius aufgrund seiner Recherchen.

[26] P 10,32,1 zählte zwei Ilen Reiter, dazu einige Velites mit den Liktoren, zusammen 30 Mann, insgesamt etwa 100 Mann Begleitung. L 27,26,11: 220 Reiter, 40 aus Fregellae und 180 Etrusker. Plu Marc 29,11–12.

darunter der Konsul Quinctius und der junge Marcellus, konnte sich verwundet retten.[27]

Die Konsuln hatten sich sehr sorglos, fast dilettantisch in Gefahr begeben.[28] Die Schuld suchte die römische Geschichtsschreibung bei den etruskischen Reitern, die feige als erste die Flucht ergriffen, während die Fregellaner tapfer durchgehalten hätten.[29] Hannibal fand den Leichnam des Marcellus und erwies ihm die letzte Ehre.[30]

Durch den Tod des einen und die Verwundung des anderen Konsuls waren beide Heere nicht mehr einsatzbereit.[31] Sie zogen sich in sichere Plätze, das eine nach Venusia, das andere nach Tarent, zurück.[32] Hannibal konnte die Schwäche des Gegners nicht ausnutzen. Weder verhinderte er den Abzug der Heere, noch griff er sie in ihren Standquartieren an.

Legende

Wenn wir der römischen Tradition glauben wollten, habe Hannibal den Tod des Konsuls auf „seine Art" ausnutzen wollen, da er in den Besitz des Siegel-

[27] Es fielen der Militärtribun A. Manlius, der *praefectus socium* M. Aulius und 43 Reiter, in Gefangenschaft gerieten der *praefectus socium* L. Arrenius, 5 Liktoren der Konsuln und 18 Reiter. L27,27,8–10.

[28] Ihr Verhalten wird von den antiken Quellen übereinstimmend getadelt, P10,32, L27,27,11, Plu Marc 33,6, Val Max 1,6,9, App Ann 50, 214.

[29] L 27,27,5–6, Plu Marc 29,15. War es Verrat, der den Verdacht gegen die Etrusker nur bestätigte? Oder war ihr Verhalten nur die Reaktion auf das scharfe Vorgehen der Römer in ihrer Heimat? Vgl. A. J. Pfiffig, Die Haltung Etruriens im 2. Punischen Krieg, Historia 15, 1966, 201 ff.

[30] Hannibals Verhalten würdigte auch die römische Tradition. Val Max 5,1 ext 6. Er übersandte die Urne dem Sohn Marcellus. Plu Marc 30,2–5. Darüber kursierten allerdings unterschiedliche Versionen. Nach Cornelius Nepos und Valerius Maximus hätten Numider unterwegs gewaltsam die Urne an sich gebracht. Dabei seien die Gebeine verstreut worden. Dagegen behaupteten Livius und Caesar Augustus, daß Marcellus die Urne übergeben wurde. Im Text des Livius läßt sich diese Angabe Plutarchs nicht nachweisen.

[31] Es verging einige Zeit, bis die Senatoren „Ersatz" schickten. Es handelte sich wohl um Legaten, die aber nicht für Kriegseinsätze vorgesehen waren. Zu dem Heer des Marcellus in Venusia wurden Q. Fabius der Sohn und zu dem des Konsuls der Prätor Sextus Iulius Caesar, der auf Sizilien weilte, L. Licinius Pollio und L. Cincius Alimentus, der gerade aus Sizilien nach Rom zurückgekehrt war, geschickt: L27,29,2–6. L. Cincius Alimentus war nach dem Tod des Marcellus durch den Entsatz Hannibals von der Belagerung Lokrois vertrieben worden, von da nach Sizilien gefahren, wo er seine Schiffe zurückgab, da mit der Aufhebung der Belagerung von Lokroi auch sein *imperium* beendet war, und dann erst nach Rom zurückgekehrt.

[32] Nach L 27,29,2 soll Quinctius mit seinem Heer nach Capua marschiert sein. Den Plan, die Truppen nach Tarent zu verlegen, muß er in seinem Brief den Senatoren mitgeteilt haben, denn diese faßten ihren Beschluß für diesen Fall ab (L27,29,6, vgl. L27,35,2). Kukofka 1990, 120.

ringes des Marcellus gekommen war. Quinctius habe einen Mißbrauch befürchtet und alle in der Nähe gelegenen Städte warnen lassen, Befehle des Marcellus, die mit seinem Siegel gekennzeichnet seien, zu befolgen.[33] Deshalb sei Hannibal beim Versuch, die Stadt Salapia zurückzugewinnen, gescheitert.[34]

Beide Heerführer, Hannibal und Quinctius, hätten ihren ganzen Scharfsinn aufgeboten, um den anderen hereinzulegen bzw. das Umgekehrte zu vermeiden.[35] In diesem Wettstreit habe der Römer den listigen Karthager besiegt. Die römische Tradition erfand diese Geschichte, um dem unglücklichen Konsul zu einem Erfolgserlebnis zu verhelfen und dem römischen Leser zu zeigen, daß sich List *(fraus)* nicht auszahle („Wer andern eine Grube gräbt, fällt selbst hinein")[36] und Überläufer die gerechte Strafe treffe.[37]

L. Cincius Alimentus hatte in der Zwischenzeit die Belagerung von Lokroi mit den Belagerungsgeräten, die er auf Schiffen aus Sizilien herbeigeschafft hatte, aufgenommen und energisch vorangetrieben. Mago, der karthagische Kommandant, gab langsam jede Hoffnung auf. Da traf ein Schreiben Hannibals ein, daß er die Numider voraussenden und selbst schnellstens nachfolgen werde. Sie vereinbarten einen gleichzeitigen Angriff auf die Römer, die in die Flucht geschlagen wurden und sich auf ihre Schiffe retteten. Alle Belagerungsmaschinen mußten sie zurücklassen.

Damit waren die Operationen der Römer gänzlich fehlgeschlagen. Hannibal hatte die Angriffe auf seine Position erfolgreich abgewehrt, seinerseits aber keine Offensive ergriffen und die Chance, die römischen Heere zu vernichten, ausgelassen.

Spanien[38]

Scipio benutzte die iberischen Geiseln, die bei der Eroberung Neukarthagos in seine Hand geraten waren, für seine Ziele. Er hatte ihnen zwar Freiheit in Aussicht gestellt, aber in den Briefen an ihre Angehörigen kün-

[33] L 27,28,4, Frontin 4,7,38.

[34] P 10,33,8, L 27,28,5–12, Frontin 4,7,38, App Ann 51,218–220, Z 9,9,2; Kukofka 1990, 118–119. Die Bewohner von Salapia waren gewarnt. Die Truppen Hannibals, besonders römische Überläufer, die lateinisch sprachen und römische Waffen trugen, so daß alles echt aussah, gerieten in die Falle. 600 Mann, die in die Stadt eingelassen worden waren, wurden niedergemacht.

[35] L 27,28,3.

[36] *Hannibal suamet ipse fraude captus.*

[37] Huß 1985, 387 sprach sich für die Historizität der Episode aus.

[38] P 10,34–40, L 27,17–20, App Ib 24,94–28, 113, Z 9,8,6; Kahrstedt 1913, 516ff., Brewitz 1914, 13–14, 59–66, Kromayer/Veith IV 1924–1931, 502–516, Schlachtenatlas Röm. Abt. 8,1, Scullard 1930, 100ff., ders. 1970, 68ff., Walbank II 1967, 245ff., Huß 1985, 388–390, Seibert 1993, 266ff. Karte Nr. 6.

digten sie ihre Rückkehr erst für den Fall an, daß ihre Stämme sich zum Bündnis mit den Römern entschlössen.[39] Den Anfang machte Edeko, der Fürst der Edetaner, dessen Frau und Söhne unter den Geiseln waren. Scipio schloß mit ihm einen Vertrag.[40]

Die Position der Karthager war durch den Verlust der Geiseln, aber noch mehr durch die hochmütige Behandlung der Iberer nach ihren Siegen über die Römer in Mißkredit geraten. Damals hielten sie sich für die unumschränkten Herren des Landes und glaubten, keine Rücksicht mehr nehmen zu müssen. Die Abneigung gegen ihre Herrschaft war durch die hohen Geldforderungen verstärkt worden.

Die Iberer konnten aber die Seiten nicht wechseln, solange ihre Soldaten in den Heeren der Karthager dienten. Deshalb warteten sie nur auf eine günstige Gelegenheit, bis sie sich aus dem karthagischen Lager entfernen konnten. Als erste machten sich Indibilis und sein Bruder Mandonius, Fürsten der Ilergeten, mit ihren Truppen davon und suchten in unzugänglichen Bergen Zuflucht.[41] Ihr Weggang hatte Signalwirkung. Wie der Übertritt des Edeko andere Fürsten bewog, seinem Beispiel zu folgen, schlossen sich viele dem Vorbild des Indibilis und Mandonius, die bisher als die zuverlässigsten Freunde der Karthager gegolten hatten, an.

Trotz dieser günstigen Entwicklung vernachlässigte Scipio nicht seine militärischen Reformen. Er wollte ein schlagkräftiges Heer[42] bilden, mit dem er den Feind in offener Feldschlacht besiegen konnte. Er gab die bisherige schwer bewegliche und unbeholfene Taktik auf und organisierte die Legion in selbständig operierende Abteilungen (Treffentaktik).[43] Die Legionäre wurden mit iberischen Waffen (Schwert und Wurflanze) ausgerüstet, deren Überlegenheit sich im Kampf erwiesen hatte.[44]

[39] P 10,18,3–5, L 26,49,7–9; Scullard 1970, 64.

[40] P 10,34,2–35,3, L 27,17,1–2. Edeko versprach, sich für die römische Sache einzusetzen. Scipio soll ihm für die Zukunft verlockende Bilder entworfen haben. Was dies konkret bedeutete (größere Herrschaft?), bleibt ungewiß.

[41] P 10,35,6–8, L 27,17,3.

[42] Zunächst gliederte er die Seesoldaten seinem Landheer ein, da er die Schiffe vorerst nicht benötigte, L 27,17,6.

[43] Vgl. dazu Veith III 2, 1912, 682ff. zur scipionischen Taktik, Kahrstedt 1913, 520ff., Brewitz 1914, 63, Scullard 1970, 73ff.

[44] Zur Einführung des Schwertes *(gladius hispaniensis)* vgl. P frg. 179 (Walbank I 1957, 704), Suda s.v. *machaira.* M.E. sind Bedenken gegen diese Datierung wegen P 2,30,8; 33,5, wo er die Überlegenheit des römischen Schwertes über das keltische beschreibt, nicht berechtigt. Die archäologischen Funde bestätigten die Behauptung des Polybios nicht. Zu Recht traten F. Fröhlich, Die Bedeutung des zweiten Punischen Krieges für die Entwicklung des römischen Heerwesens, Leipzig 1884, 43ff. und Scullard 1970, 65 für die Einführung durch Scipio ein (gegen P. Coussin, Les armes romaines, 1926, 222ff.). Die Ansicht, daß das römische *pilum* vom iberischen Wurfspeer abgeleitet wurde, vertrat A. Schulten, RE 20,2, 1950, 1344ff. s.v. *pilum.*

Hasdrubal hatte umfangreiche Pläne, mit denen er die Abfallbewegung der Iberer stoppen und dem Krieg in Italien neue Impulse verleihen wollte.[45] Dazu sollten die Truppen in Iberien verstärkt werden, er selbst plante in Absprache mit den anderen Feldherrn[46] in Iberien und mit der karthagischen Regierung[47], mit einem Heer nach Italien zu marschieren.

Schon seit längerer Zeit waren die Ratsherrn mit der Kriegführung Hannibals nicht zufrieden. Er meldete zwar immer noch Siege über römische Heere, doch tatsächlich machte er mehr Rück- als Fortschritte. Seit dem Scheitern des Sizilienunternehmens, das auf seine Initiative unternommen worden war, war die Kritik immer stärker geworden.[48] Eine kritische Analyse des bisherigen Kriegsverlaufs ergab, daß Hannibal von Erfolg zu Erfolg geeilt war, solange er direkt Krieg gegen die Römer geführt hatte. Die Stagnation und der allmähliche Rückgang der Eroberungen hatten mit der Ver-

[45] P 10,37,1–5. Als einzigen Ausweg aus der gegenwärtigen Misere habe Hasdrubal nur die Möglichkeit gesehen, umfangreiche Rüstungen zu treffen und dem Feind eine Schlacht zu liefern. Sollte er siegen, könne er in Ruhe weiter planen. Sollte er geschlagen werden, wollte er mit den restlichen Truppen nach Gallien marschieren, dort möglichst viele Kelten anwerben, mit ihnen nach Italien marschieren und zusammen mit seinem Bruder gegen die Römer Krieg führen. L27,17,4 ohne Hinweis auf den Italienfeldzug im Falle eines Scheiterns. Dieser Plan muß aber seiner Vorlage bekannt gewesen sein, denn Hasdrubal hatte vor der Schlacht bereits die Elefanten und die Kriegskasse vorausgeschickt, vgl. 27,19,1.

[46] Nach P10,37,1; 37,6 faßte nur Hasdrubal diesen Plan. Nach L27,20,3–8 kam es wenige Tage nach der Schlacht bei Baecula zu einem Treffen der drei Feldherrn, bei dem sie das weitere Vorgehen besprachen, was kaum wahrscheinlich ist. Es ist vielmehr anzunehmen, daß die drei Heerführer sich in den Wintermonaten zur Beratung zusammengefunden und ihre Maßnahmen aufeinander abgestimmt hatten. Richtig P10,39,7, anders L27,20,1ff. Die Vorbereitungen für den Zug nach Italien verlegte Z9,8,6 bereits in den Winter 209/08. Vgl. Brewitz 1914, 65. Die in den antiken Quellen aufgestellte Behauptung, die drei Feldherrn seien untereinander zerstritten gewesen, findet keine Bestätigung. Die Behauptung des Polybios, daß Hasdrubal den Marsch nach Italien nur als Notlösung plante, ist wenig überzeugend.

[47] Dies ergibt sich aus dem Beschluß (L27,20,6) der karthagischen Feldherrn, daß Hasdrubal nach Italien ziehen müsse, selbst wenn es die karthagische Regierung nicht gebilligt hätte, d.h. sie hatte zugestimmt. Die folgenden Ausführungen sind in dieser Form in den Quellen nicht bezeugt. Sie basieren auf folgenden Überlegungen. Hasdrubal hatte vor der Schlacht gegen Scipio bereits alle Vorbereitungen für den Abmarsch getroffen. Mit der Niederlage in der Schlacht am Metaurus scheiterte das Vorhaben. Eine Wiederholung sollte Mago, der auf Anordnung der karthagischen Regierung im Jahr 206 aus Iberien abfuhr und 205 in Ligurien landete, vornehmen.

[48] Einen ersten Hinweis auf das geplante Unternehmen erhielt im Jahr 210 der Flottenkommandant M. Valerius bei der Befragung von karthagischen Gefangenen, daß in Afrika Truppen angeworben wurden, die nach Iberien transportiert werden sollten, damit Hasdrubal mit einem möglichst großen Heer nach Italien marschieren könne, L27,5,10–13.

lagerung der Kämpfe nach Mittel- und Süditalien und der Kriegführung gegen die Bundesgenossen („Stellvertreterkrieg") begonnen. Die Ratsherrn zogen daraus die Konsequenz, der Krieg müßte wieder gegen den eigentlichen Feind geführt werden, und zwar dort, wo Aussicht auf Erfolg bestand. Wenn die Karthager dem Krieg noch eine entscheidende Wende geben wollten, dann war dies nur auf dem Weg einer erneuten Invasion und mit einem Angriff auf Rom möglich.[49]

Die Voraussetzungen waren jetzt besser als in den beiden ersten Kriegsjahren. Seit 216 stand kein römischer Soldat mehr in der Poebene. Die Kelten und Ligurer waren bewährte Bundesgenossen. In Etrurien konnten sie dieses Mal eher mit einem Anschluß rechnen als im Jahr 217. Die römischen Bundesgenossen waren durch die jahrelangen Belastungen erschöpft und wünschten endlich Frieden. Selbst die treuesten und zuverlässigsten Verbündeten, die latinischen Kolonien, wurden widerspenstig. In den Wintermonaten schuf Hasdrubal die finanziellen und materiellen Voraussetzungen.[50] In der Anwerbung vieler iberischer Soldaten sahen die drei Feldherrn das beste Mittel, die Abfallbewegung zu stoppen. Sie sollten in entfernten Gegenden eingesetzt werden, sei es im äußersten Iberien an der Küste des Ozeans oder in Italien.[51] Damit konnte die Treue ihrer Stämme am besten gewährleistet werden. Mago sollte auf den Balearen Söldner anwerben, während die restlichen Truppen unter dem Kommando des Hasdrubal, Sohn des Gisgo, vereint werden sollten. Diese Pläne störte Scipio durch seine Offensive.

[49] Als Argumente für diese These könnte man noch anführen, daß entgegen landläufiger Ansicht Hasdrubal nicht nur eine Verstärkung für Hannibal sein sollte, sondern daß das strategische Konzept geändert werden sollte. Eine einfache Truppenverstärkung wäre leichter und schneller auf dem Seeweg nach Lokroi zu bringen gewesen. Auch Mago, der Bruder Hannibals, griff das Vorhaben, das in der Schlacht am Metaurus scheiterte, nach seinem Abzug aus Iberien im Jahr 205, und zwar auf Anordnung der karthagischen Regierung, wieder auf. Wenn er nur die Verstärkung seines Bruders gewünscht hätte, hätte er mit seiner Flotte direkt zu ihm fahren können. Wichtig ist dabei zu erkennen, daß Hasdrubal nie vorhatte, durch Italien zu seinem Bruder zu marschieren. Hannibal sollte ihm nach Norden entgegenkommen, um sich dort mit ihm zu vereinigen, nicht umgekehrt. Vgl. u. S. 382.

[50] Z 9,8,7.

[51] L 27,20,4ff.

Die Schlacht bei Baecula[52]

Als Scipio im Frühjahr[53] aus seinem Winterlager in Tarraco aufbrach, stand Hasdrubal mit seinem Heer in der Gegend von Castulo bei der Stadt Baecula (h. Bailén). Auf dem Vormarsch in den Süden stießen die Ilergetenfürsten Indibilis und Mandonius dazu. Sobald Hasdrubal den Anmarsch des feindlichen Heeres erfuhr, schlug er sein Lager auf einem Hügel auf, auf der einen Seite von einem Fluß begrenzt, davor in halber Höhe ein breites Plateau, das ausreichend Platz für eine Schlacht bot und selbst gegenüber der Umgebung durch einen Rand geschützt war. In dieser Position konnte er den Ansturm des Feindes abwarten.[54] Scipio befand sich unter Zeitdruck. Er mußte angreifen, bevor Mago und Hasdrubal, Sohn des Gisgo, zur Unterstützung herbeieilten. Deshalb entschloß er sich trotz der ungünstigen Ausgangsposition zum Angriff.

Der Römer eröffnete den Kampf wie üblich mit den Leichtbewaffneten, die die Wachen der Karthager am Rande des Plateaus attackierten. Hasdrubal wünschte keine Schlacht und beobachtete zunächst die Entwicklung dieser Kämpfe. Als seine Leute immer mehr in Bedrängnis gerieten, entschloß er sich, die Schlacht anzunehmen. Seine Soldaten sollten auf dem Plateau aufmarschieren.

Scipio hielt sich nicht an die Regeln, nach denen im allgemeinen die Schlachten geschlagen wurden.[55] Er paßte seine Taktik den topographischen Bedingungen an. Während die Leichtbewaffneten im Zentrum verstärkt angriffen, umgingen die Fußtruppen, das eigentliche Zentrum des römischen Heeres, in zwei Heereskorps geteilt das Plateau und stürmten auf der linken bzw. rechten Flanke den Hügel. Die Karthager stellten sich gerade zur Schlacht auf, als die römischen Soldaten sie völlig unerwartet in den Flanken angriffen. Sie leisteten keinen ernsthaften Widerstand und ergriffen bald die Flucht. Die Niederlage hatte Hasdrubal durch sein Zögern verschuldet. Er war schon ganz mit seinen Gedanken auf dem Marsch nach Italien, den er für vordringlicher hielt als die Schlacht gegen Scipio. Die Kriegskasse und die Elefanten waren bereits vorausgeschickt worden.[56] Er selbst

[52] P 10,38,7–39,8, Walbank II 1967, 248–250 mit Karte, L27,18,10–20, App Ib 24,95. Seibert 1993, 266.

[53] Es dürfte nicht allzu früh im Jahr gewesen sein. Denn Laelius war bereits aus Rom bei ihm eingetroffen, P10,37,6, L27,17,8.

[54] Es war eine rein defensive Stellung, die deutlich macht, daß Hasdrubal keine militärische Konfrontation mit Scipio vorgesehen hatte, wie Polybios angibt.

[55] Zuerst kamen die Leichtbewaffneten zum Einsatz. Wenn sie ihr „Pulver" verschossen hatten, verschwanden sie vom Schlachtfeld und gaben die Kampfstätte frei für das dahinter aufgestellte Zentrum.

[56] L 27,19,1. Hätte Hasdrubal tatsächlich den Abmarsch nach Italien nur für den

folgte direkt vom Schlachtfeld mit den ihm verbliebenen Truppen und marschierte in Richtung auf die westlichen Pyrenäenpässe.

Den Abzug konnte oder wollte Scipio nicht verhindern. Die Nachwelt tadelte ihn deshalb heftig und machte ihn mitverantwortlich für die erneute Invasion des Feindes in Italien.[57] Man muß allerdings die damalige Situation berücksichtigen.[58] Scipio konnte nicht vorhersehen, daß Hasdrubal nach Italien marschieren wollte. Viel eher war anzunehmen, daß er die Vereinigung mit den beiden karthagischen Feldherrn suchte,[59] gegen die der Römer eine Schlacht vermeiden wollte. Erst später stellte sich heraus, daß Hasdrubal einen anderen Weg eingeschlagen hatte. Da war es zur Verfolgung bereits zu spät.[60] Die taktische Anlage der Schlacht läßt klar erkennen, daß Scipio die Schlachten Hannibals gründlich studiert hatte. Der Angriff erfolgte über die Flügel mit zwei selbständig operierenden Heereskorps. Was im Vergleich zu der vollendeten Taktik des Karthagers noch fehlte, war die vollständige Umfassung. Er war aber nicht nur ein gelehriger Schüler Hannibals auf militärischem Gebiet, auch politisch hatte er von ihm gelernt. Nach der Schlacht sonderte er alle iberischen Soldaten aus den Gefangenen aus und entließ sie ohne Lösegeld in die Freiheit.[61] Den jungen Massiva, einen Neffen Massinissas, der ebenfalls in Gefangenschaft geraten war, schickte er reich beschenkt zu seinem Oheim. In seinem Lager erschienen iberische Fürsten und nannten ihn König zum Zeichen, daß sie ihn als ihren Führer anerkannten.[62]

Fall einer Niederlage geplant, wie P 10,37,5 behauptet, dann hätte er die Schlacht bereitwillig angenommen.

57 J. Kromayer/G. Veith, Antike Schlachtfelder IV 1924–1931, 514, Scullard 1970, 82ff. Bei Z 9,8,7 liegt eine Version vor, die Scipio in Schutz nehmen wollte. Hasdrubal hatte seinen Abmarsch gut geplant und beschäftigte Scipio durch seine zwei Unterfeldherrn, so daß er weder Hasdrubal verfolgen noch nach Italien zur Unterstützung der Heimatfront marschieren konnte. Er informierte aber den Senat durch Eilboten.

58 Brewitz 1914, 64 verteidigte ihn zu Recht gegen diesen Vorwurf. Für die Gegner Scipios in Rom war dies natürlich ein geeigneter Vorwand, Scipios Ruhm schmälern zu können (L 28,42,14).

59 L 27,20,2.

60 Diese Information dürfte Scipio von den Soldaten erhalten haben, die er Hasdrubal zur Beobachtung nachsandte.

61 P 10,40,10, L 27,19,2–3. Die Soldaten aus Afrika wurden in die Sklaverei verkauft. Dies macht deutlich, welche Wirkung Hannibal mit seinem ungewöhnlichen Verhalten gegenüber Gefangenen in Italien erzielt hatte. Den jungen Scipio hatte er dadurch stark beeindruckt.

62 P 10,40,5, L 27,19,4, Sil 16,279–284, Z 9,8,6. Vgl. A. Aymard, Polybe, Scipion l'Africain et le titre de „roi", Revue du Nord 36, 1954, 121–128 = Études d'histoire ancienne, Paris 1967, 387–395, Walbank II 1967, 252–254, R. Develin, Scipio Africanus imperator, Latomus 36, 1977, 110–113.

In diesem Jahr ist es zu keinen weiteren Kämpfen in Iberien gekommen. Warum griffen die beiden karthagischen Feldherrn nicht mit vereinten Kräften Scipio an, was der Römer am meisten fürchtete? Ihr defensives Verhalten ist unverständlich. Nach Sicherung der Gegend kehrte Scipio nach Tarraco ins Winterlager zurück. Innerhalb von zwei Kampagnen war es ihm gelungen, die Herrschaft der Karthager in ihren Grundfesten zu erschüttern.

Hasdrubal konnte ungefährdet seinen Marsch nach Norden fortsetzen.[63] Er passierte die Pyrenäen[64] auf der Küstenstraße am Atlantik. In diesen Gebieten warb er viele Soldaten an und verbrachte den Winter in Gallien.[65]

Griechenland[66]

Für die neue Kampagne hatten die Ätoler und Römer große Pläne, die vor allem durch die Kooperation der römischen und pergamenischen Flotte gefördert werden sollten.[67]

Philipp schlug sein Hauptquartier in Demetrias auf. Dort trafen Gesandte seiner Verbündeten ein, die ihre Sorge über die drohenden Angriffe ausdrückten und um Hilfe baten. Die Achäer befürchteten nicht nur Angriffe der Ätoler, sondern auch des Spartaners Machanidas, der mit seinem Heer an der Grenze zur Argolis aufmarschiert war. Ebenso baten die Böoter, Euböer, Akarnanen und Epiroten um Unterstützung. Ungünstige Nachrichten trafen von Skerdilaidas und Pleuratos ein, die ihre Heere mobilisiert hatten. Die Nachbarn der Makedonen im Norden, besonders die Maider, wurden erneut unruhig und drohten bei Abwesenheit des Königs ins Land einzufallen. Die Ätoler waren damit beschäftigt, die Thermopylen zu befestigen, um Philipp den Einmarsch nach Mittelgriechenland zu verwehren.

[63] Zur möglichen Route vgl. Walbank II 1967, 251: Aus dem Tal des oberen Tagus dürfte Hasdrubal zuerst ins Tal des Durus, dann des oberen Ebro gelangt und durch Navarra zu den westlichen Ausläufern der Pyrenäen vorgerückt sein.

[64] App Ib 28,113. Walbank II 1967, 251 zieht auch einen Paß weiter im Inland in Erwägung, etwa den von Puerto de Otsondo oder Puerto de Roncevalles. Zu den Pyrenäenpässen Seibert 1993, 192.

[65] Zur Route in Gallien vgl. Lehmann 1905, 193ff.

[66] P 10,41–42,7, Walbank II 1967, 255–259, L 28,5,1–8,14. Seibert 1993, 280ff.

[67] P 10,41,1ff. Sulpicius und Attalos verbrachten die Wintermonate auf Ägina. Sie griffen zunächst die Insel Lemnos an. Über ihren Erfolg hören wir nichts. Der Sinn dieses Unternehmens ist im Rahmen der Kämpfe in Mittelgriechenland nicht verständlich. Die Besatzung der Insel Peparethos war strategisch günstig für den Fall, daß die karthagische Flotte zur Unterstützung Philipps in diesen Gewässern auftauchen sollte. Doch der Angriff glückte nur teilweise. Attalos verwüstete das Gebiet der Stadt, konnte aber die Stadt selbst nicht einnehmen.

Dem Makedonenkönig gelang es, die Gesandten zu beruhigen.[68] Als erste Maßnahme detachierte er Besatzungen in die von den Feinden bedrohten Orte, so nach Peparethos, Phokis, Böotien und nach Chalkis.[69] Nach der Verlegung seines Heeres nach Skotussa erfuhr er, daß die Ätoler mit König Attalos in Herakleia zu einer Besprechung zusammengetroffen waren. Wie im Vorjahr fanden sich Gesandte des Ptolemaios IV. und der Rhodier ein, um die kriegführenden Staaten zu einer Beilegung der Kämpfe zu überreden.[70] Philipp wollte die Gelegenheit nutzen, um die Feinde zu überfallen. Doch er kam zu spät. Er ließ das Gebiet von Herakleia verwüsten und führte sein Heer wieder nach Thessalien (Skotussa) zurück, während er sein Hauptquartier in Demetrias bezog.

Der Makedonenkönig täuschte ungeheuere Aktivität vor, seine Unternehmungen ließen aber keine Eigeninitiative erkennen. Sie waren ausschließlich durch die Operationen seiner Feinde bestimmt.[71] Die Feinde gingen zielbewußt vor. Von Peparethos setzten Sulpicius und Attalos nach Euboia über und nahmen durch Verrat das strategisch günstig gelegene Oreos ein.[72] Der makedonische Kommandant Plator trat in die Dienste des Attalos. Die Leidtragenden waren die Bewohner des Ortes. Sie wurden entweder getötet oder gefangengenommen, d.h. als Sklaven verkauft. Die Einnahme von Oreos stärkte die Stellung der Verbündeten beträchtlich. Sie kontrollierten die Seewege in den Meerbusen von Pagasai und von Euboia und sperrten an den Thermopylen den Zugang auf dem Land nach Mittelgriechenland.

Der Versuch des Sulpicius, auch Chalkis einzunehmen, scheiterte. Der makedonische Kommandant war zum Verrat nicht bereit. Der Römer fuhr dann mit seinen Schiffen nach Kynos/Lokris, dem Hafen der Opuntier. Auch bei diesem Unternehmen war das Beutemachen das Wichtigste. Da Attalos bei der Einnahme von Oreos zu kurz gekommen war, überließ ihm Sulpicius den Ort, um seine Beutegier zu befriedigen. Fast wäre ihm dies zum Verhängnis geworden. Denn Philipp hatte in der Zwischenzeit die Ätoler aus

[68] P 10,41,6–8 findet Lobesworte für Philipp.

[69] P 10,42, L 28,5,10ff. Mit derselben Methode versuchten die Feinde, Plätze dem König zu entreißen und durch Besatzungen zu sichern. Vgl. das Ehrendekret für die Soldaten des Attalos in Lilaia (Lilea Phokis) aus dem Jahr 208, L. Moretti, Iscrizioni storiche ellenistiche, Florenz II 1976, Nr. 81.

[70] L 28,7,14.

[71] Die Stationierung des makedonischen Heeres in Skotussa und der Aufenthalt des Königs in Demetrias waren unzweckmäßig. Er verlor dadurch viel Zeit und mußte sein Heer erst an den Einsatzort anrücken lassen, statt es an der Grenze zu stationieren. Warum attackierte er bei seinem Angriff auf Herakleia nicht die von den Ätolern gehaltene Thermopylenstellung, die ihm volle Operationsfreiheit verwehrte?

[72] L 28,5,17–6,7.

der Thermopylenstellung vertrieben und hätte beinahe den Attalos in Kynos überrascht, der noch damit beschäftigt war, von den führenden Persönlichkeiten Geld einzutreiben. Aber auch dieses Mal gelang der Überraschungscoup nicht. Der Pergamener konnte sich auf seine Schiffe retten und nach Oreos zurückfahren. Hier erhielt er die Nachricht, daß Prusias von Bithynien in sein Reich eingefallen war.[73] Er gab sofort den Krieg in Griechenland auf und fuhr zurück.

Mit dem Durchbruch an den Thermopylen war der Weg frei nach Mittelgriechenland. Philipp nahm die Orte Thronion, Tithronion und Drumiai ein. In Elateia trafen die Friedensvermittler des Ptolemaios IV. und der Rhodier bei ihm ein.[74] Die Situation für ihre Mission war nicht günstig. Philipp fühlte sich als Sieger auf der ganzen Linie. Aber er gab sich diplomatisch. Er lehnte einen Friedensschluß nicht ab, wenn er auf eine gerechte und ehrenhafte Weise möglich wäre. Als Vorwand für den Abbruch der Verhandlungen nahm er die Nachricht, der Spartaner Machanidas bereite während der Olympischen Spiele einen Überfall auf Elis vor.

Philipp marschierte mit seinen Truppen durch Böotien über Megara, Korinth, Phlius und Pheneus nach Heraia. Hier erfuhr er, daß Machanidas nach Sparta zurückmarschiert war. Deshalb begab er sich direkt zur Versammlung der Achäer nach Aigion, wo er die punische Flotte vorzufinden hoffte. Doch die Karthager waren wenige Tage vorher nach Oxeai gefahren.[75]

Philipp beschrieb auf der Bundesversammlung der Achäer die Kriegslage sehr günstig und suchte durch Gebietszuweisungen die Kampfmoral seiner Verbündeten anzuspornen, die ihm dafür ihre wenigen Schiffe zur Verfügung stellten.[76] Mit dieser Flottille unternahm er eine Landung im ätolischen Erythrai in der Nähe von Eupalion. Es war ein reines Plünderungsunternehmen. Die Bewohner waren geflohen. Das zurückgelassene Vieh wurde weggeführt. Während die Beute zu den Achäern nach Aigion gebracht wurde, fuhr Philipp nach Korinth.[77] Von dort kehrte sein Landheer durch

[73] L 28,7,10. Ob diese Invasion von Philipp angeregt worden war, ist nicht sicher. Auch so gab es genügend Zündstoff zwischen Prusias und Attalos.

[74] L 28,7,13–14. Sie hatten zuerst mit den Ätolern, den Römern und Attalos in Herakleia verhandelt. Warum sie sich erst so spät an den Makedonenkönig wandten und ihn nicht bereits früher in Demetrias aufgesucht hatten, ist nicht ersichtlich. Vgl. H. H. Schmitt, Rom und Rhodos, München 1957, 197–198, Huß 1976, 110ff.

[75] L 28,7,17–18. Sie hatten nur die Abfahrt des Attalos aus Oreos erfahren und befürchtet, er könnte sie im Korinthischen Meerbusen innerhalb von Rhion, der schmalsten Stelle des Sundes, einschließen.

[76] Sie stellten ihm 3 Vierruderer und 3 Dreiruderer zur Verfügung, die Philipp seiner Flottille von 7 Fünfruderern und 20 Lemben beifügte. Mit den karthagischen Schiffen zusammen hätte das eine Flotte ergeben, die der römischen durchaus gewachsen war. Aber die Karthager waren vorher abgefahren.

[77] L 28,8,10.

Böotien nach Makedonien zurück. Er selbst segelte mit seiner „Flotte“ mitten durch die feindliche Flotte, die vor Ägina lag, um Attika herum nach Chalkis. Er konnte Oreos wieder einnehmen und kehrte über Demetrias nach Makedonien zurück.

Nur wenige Unternehmungen dienten strategischen Zielen. Alle Beteiligten wollten möglichst viel rauben und plündern. Darin unterschieden sich Philipp und die Achäer nicht im geringsten von den Ätolern und den Römern. Insgesamt waren die Unternehmungen Philipps erfolgreicher als die seiner Gegner gewesen. Der Kriegsverlauf hatte ihm aber nachdrücklich vor Augen geführt, daß er unbedingt eine eigene, schlagkräftige Flotte besitzen mußte, wollte er seine operative Handlungsfreiheit zurückgewinnen und energisch gegen die Feinde vorgehen, die die See kontrollierten. Deshalb ließ er in den Wintermonaten (208/07) in Kassandreia eine Kriegsflotte von 100 Schiffen auf Kiel legen.

Der Plan der Konsuln für die Kriegführung in Italien war erfolgversprechend gewesen. Er scheiterte aber am Übereifer des Quinctius und der Aufmerksamkeit Hannibals. Die Konsuln hatten ihre Sorglosigkeit mit dem Leben bezahlen müssen. Marcellus war bei dem Überfall des Feindes gefallen, Quinctius einige Zeit später seinen Wunden erlegen.

Mit Marcellus verloren die Römer einen ihrer mutigsten Feldherrn. In den Monaten unmittelbar nach Cannae hatte er sich als Krisenmanager bestens bewährt. Die römische Geschichtsschreibung übertrieb allerdings seine Erfolge im hannibalischen Krieg maßlos. Seine Siege bei Nola gehören ins Reich der Legende.[78] Seine bedeutendste Leistung in diesem Krieg war die Einnahme von Syrakus, die ihm indessen nur durch Verrat gelang. Nach seiner Rückkehr auf den italischen Kriegsschauplatz blieben ihm weitere Erfolge versagt, obgleich ihm die römische Geschichtsschreibung noch manchen Sieg zuschreiben wollte. Er bevorzugte die Offensive, in den Augen des Fabius ein Gefahrenfaktor, den er mit dem Leben bezahlen sollte.

Sein Versprechen, mit einer offensiven Kriegführung den Krieg zu beenden, konnte er nicht halten. Die Römer anerkannten aber seine Leistungen, indem sie Fabius als den ›Schild‹ und Marcellus als das ›Schwert‹ Roms bezeichneten.[79] Persönlich war er tapfer und risiko-

[78] Vgl. Plu Synkr. Marc et Pelop 1, 6–7. Während Polybios einen Sieg des Marcellus über Hannibal leugnete, soll nach Livius, Augustus, Nepos und König Iuba von Mauretanien der Karthager einige Niederlagen gegen den Römer erlitten haben. Plutarch schloß sich der Version der Mehrheit an, allerdings mit der Relativierung, es könne sich um keine bedeutenden Niederlagen gehandelt haben. Zur Legendenbildung über die großartigen Leistungen des Marcellus mag die Leichenrede, die sein Sohn hielt, nicht wenig beigetragen haben.

[79] Vgl. Poseidonios (FGrHist 87 F 42) bei Plu Marc 9, 7. Daß Hannibal tatsächlich

bereit.[80] Für seinen Sieg im Zweikampf über den Keltenfürsten Virdumarus wurden ihm die *spolia opima* verliehen, eine Ehrung, die nur wenige Römer errangen. Diese Leistung würdigte der Dichter Cn. Naevius in der *fabula praetexta* ›Clastidium‹, die vielleicht bei der Leichenfeier aufgeführt wurde.[81] Als Feldherr war er Hannibal weit unterlegen. Im Gegensatz zu Fabius sah er dies nie ein.

Die Lage Hannibals hatte sich gegenüber dem Vorjahr nicht verändert. Seine Erfolge vermittelten ihm wohl das trügerische Gefühl, die Lage zu kontrollieren. Seine Operationen waren Ausdruck einer „reagierenden“ Strategie. Nicht er bestimmte das operative Ziel seiner Unternehmungen, sondern die Feinde. Seine alte Schwäche, Siege nicht ausnutzen zu können, wurde erneut deutlich. Warum griff Hannibal nicht die führerlosen Heere der Römer an?

Die Bundesgenossen der Römer konnte er mit dem Versprechen der „Freiheit von den Römern“ nicht mehr zum Abfall verlocken. Wäre es nicht eine notwendige Konsequenz gewesen, wenn er deshalb alle Anstrengungen auf den Krieg gegen die Römer konzentriert hätte? Wollte er die Ankunft seines Bruders erwarten, von der er sicher informiert worden war?

Die Überlegenheit der Römer zur See wirkte sich nachteilig für die Karthager aus.[82] Zu ernster Sorge veranlaßte die Entwicklung in Iberien. Die

die beiden Römer gefürchtet habe, wie sein Ausspruch beweisen soll, ist natürlich römische Propaganda. Angeblich soll er erklärt haben, er fürchte Fabius wie einen Lehrer, Marcellus wie einen Gegner. Denn von dem ersten werde er gehindert, etwas Schlechtes zu tun, von dem letzteren erleide er Schlechtes. Die römische Tradition gefiel sich auch darin, Marcellus neben Scipio als den einzigen Römer hinzustellen, der Hannibal nach Cannae Niederlagen beigebracht habe. Seine „Siege“ bei Nola halten aber einer kritischen Überprüfung ebensowenig stand wie seine angeblichen späteren Erfolge.

[80] Er soll an 39 Feldschlachten während seines Lebens teilgenommen haben. Dieser Rekord wurde nur von Caesar (50 Schlachten) übertroffen (Plin n h 7, 92).

[81] Das Stück könnte auch im Jahr 205 bei der Einweihung der Tempel für Honos und Virtus, die Marcellus gelobt hatte, aber erst von seinem Sohn geweiht werden konnten, aufgeführt worden sein. Es läßt sich eine marcellusfreundliche Tradition nachweisen, die ihm Erfolge zuerkannte, z. B. seine angeblichen Siege über Hannibal, die er nie errungen hatte. An der Legendenbildung könnte auch die Leichenrede des Augustus auf seinen Schwiegersohn Marcellus beteiligt gewesen sein, in der er die Verdienste des Vorfahren Marcellus entsprechend würdigte.

[82] In diesem Sommer soll es vor Clupea an der nordafrikanischen Küste zu einem Seegefecht zwischen Valerius Laevinus mit seinen 100 Schiffen und einer karthagischen Flotte von 83 Schiffen gekommen sein (L 27, 29, 7–8). Laevinus hatte das Gebiet um Clupea verwüstet, ohne auf Widerstand zu stoßen. Dann erschien aber plötzlich die karthagische Flotte. In dem Seegefecht sollen die Römer gesiegt haben, sie hätten 18 Schiffe gekapert und seien mit reicher Beute nach Lilybaion zurückgekehrt. De Sanctis III 2, 1916, 461 A 52 bestritt die Historizität des Seegefechts, anders Thiel

Niederlage in offener Feldschlacht war nicht zu beschönigen und ließ nach dem Abzug Hasdrubals für die Zukunft nichts Gutes erwarten. Vor allem der Verlust der Silberminen im Gebiet um Baecula mußte sich bald in den Kassen Karthagos bemerkbar machen. Wenn sie ganz Iberien verlören, wie sollten sie dann den Krieg finanzieren?

Die Lage auf dem griechischen Kriegsschauplatz hatte sich zugunsten seines Verbündeten Philipp entwickelt. Doch daran hatte die karthagische Flotte, die in die griechischen Gewässer entsandt worden war, keinen Anteil. Sie hatte völlig versagt. Von Philipp konnte sich Hannibal keine Unterstützung erwarten, sollte er in diesen Jahren daran gedacht haben. Der Makedonenkönig war völlig mit seinen eigenen Problemen beschäftigt.

1946, 130–131, der die Authentizität der Überlieferung mit dem Hinweis verteidigte, ohne die beiden Niederlagen der Karthager zur See in den Jahren 208 und 207 wäre ihr Verhalten im Jahr 204 unverständlich. Es handelte sich um das größte Seegefecht des 2. Punischen Krieges.

Das 12. Kriegsjahr: 207 v. Chr.[1]

Rom[2]

Die Römer standen vor einer schwierigen Situation.[3] Die Invasion Hasdrubals stand unmittelbar bevor.[4] Würde sich die Geschichte wiederholen? Die Erinnerung an die ersten Jahre des Krieges ließ die Senatoren erschaudern. Geeignete Persönlichkeiten für das höchste Amt waren nicht vorhanden.[5] Der Krieg hatte einen hohen Blutzoll gefor-

[1] Kahrstedt 1913, 522 ff., De Sanctis III 2, 1916, 466 ff., Thiel 1946, 133 ff., Lazenby 1978, 181 ff., Huß 1985, 391 ff.

[2] In den Quellen ist C. Claudius Nero die dominierende Figur, die alles lenkt und die entscheidenden Maßnahmen trifft, eine völlige Verzerrung der wirklichen Verhältnisse. Vgl. F. Münzer, RE 3, 2, 1899, 2774–2776 s. v. Claudius 246, ders., RE 13, 1, 1926, 891–899 s. v. Livius 33. Vgl. Streit 1887, 42 ff., Hesselbarth 1889, 543 ff., Bossi 12, 1891, 75 ff., Kukofka 1990, 123 ff. mit Lit. Die Tatsache, daß Tiberius und Drusus, die Söhne der Livia, als Nachkommen des Claudius unter Augustus eine herausragende Rolle spielten, beeinflußte die Tradition einseitig. In seinem Gedicht auf Drusus (carm. 4, 4, 37–72) pries Horaz die Verdienste des Claudius Nero für die Geschichte Roms durch seinen Sieg am Metaurus. Nur Claudius komme das Verdienst zu, mit diesem Sieg die Wende im Krieg gegen den heimtückischen Hannibal herbeigeführt und das Dunkel von Latiums Fluren gescheucht zu haben. Nach dieser Schlacht sei die römische Jugend in glücklichen Kämpfen groß geworden. Hannibal selbst habe eingestehen müssen, daß mit dieser Niederlage die Hoffnung auf Sieg geschwunden war. Der Konsul Livius, in dessen Amtsbereich die Schlacht stattgefunden hatte, wurde nicht erwähnt. So verwundert nicht, daß in späteren Erwähnungen häufig sein Name nicht mehr genannt wurde, vgl. Sueton, Tib. 2, 1, Ampelius, lib. mem. 18, 12; 36, 3; 46, 6, Fl 1, 22, 50 = *Claudius Nero cum Livio Salinatore*, anders Val Max 7, 4, 4, der die Verdienste beider Konsuln gleichwertig nebeneinanderstellte. Tatsächlich spielte Claudius Nero nur eine zweitrangige Rolle, Livius Salinator hatte weit größeren Einfluß, wie die Ereignisse in Rom, u. a. bei der Wahl der Konsuln für 206, beweisen. Vgl. Scullard 1951, 72, Lippold 1963, 193 ff.

[3] L 27, 33, 9–11; Tammler 1971, 263 ff.

[4] Die Massalioten informierten die Römer über die Vorgänge in Gallien: L 27, 36, 3–4.

[5] Die Senatoren stellten einen Katalog von Qualifikationsmerkmalen auf. Es sollte sich um Persönlichkeiten handeln, die überlegt und vorsichtig zu Werke gingen. Draufgängertum nach Art des Marcellus war nicht gefragt. Die Konsuln sollten auch schlau sein, um nicht von dem listigen Karthager in eine Falle gelockt zu werden.

dert.[6] Die Römer wählten notgedrungen M. Livius Salinator und C. Claudius Nero zu Konsuln, obwohl sie sich wegen ihrer Anlagen und persönlichen Feindschaft[7] nicht für das Konsulat in einem so entscheidenden Jahr empfahlen.[8] Die Amtsbereiche wurden klar getrennt: Dem einen Konsul fiel der Krieg gegen Hannibal in Lukanien und Bruttium zu, dem anderen der Krieg gegen Hasdrubal in Gallia. Die Senatoren wollten die beiden Streithähne auseinanderhalten.[9]

Die Konsuln hatten größte Schwierigkeiten, zwei schlagkräftige Heere aufzustellen.[10] Es waren nicht genügend junge Leute da, die einberufen werden konnten.[11] Die Römer hatten bereits fast alle Möglichkeiten ausgeschöpft. Jetzt war sogar das verbriefte Vorrecht der *coloniae maritimae*,

Beide Eigenschaften hatten den Konsuln des vergangenen Jahres gefehlt, die ihre Unbedachtsamkeit mit dem Leben hatten bezahlen müssen.

[6] Vgl. Haywood 1933, 49.

[7] Der Versuch, die beiden designierten Konsuln noch vor ihrem Amtsantritt miteinander zu versöhnen, scheiterte an der unnachgiebigen Haltung des Livius Salinator: L 27, 35, 6 ff.

[8] Nach Livius habe damals ein Mann alle anderen bei weitem überragt, C. Claudius Nero. Es sei eigentlich nur noch darum gegangen, für ihn einen geeigneten Kollegen zu finden: L 27, 34, 1–15. Vgl. Patterson 1942, 333 ff., Scullard 1951, 71–72, Lippold 1963, 193–195, Jahn 1970, 132 ff. Doch die Details des Berichtes lassen erhebliche Zweifel entstehen. Denn Claudius Nero besaß nicht die geforderten Eigenschaften. Er sei zu schnell und zu heftig gewesen. Die Senatoren hofften, sein heftiges Wesen durch einen maßvollen und klugen Kollegen ausgleichen zu können, was in der Praxis ausgeschlossen war (*par imperium* und getrennte Amtsbereiche). Hasdrubal hatte ihn in Spanien ausgetrickst. Gegen punische List war er nicht besonders gefeit. M. Livius Salinator war bereits 219 Konsul gewesen und wegen ungerechter Beuteverteilung aufgrund der Aussage des C. Claudius Nero verurteilt worden. Er hatte bis 210 im Exil gelebt und nahm nur gezwungenermaßen am öffentlichen Leben teil. Verständlich, daß er mit Claudius Nero verfeindet war. Vgl. D. F. Epstein, Personal Enmity in Roman Politics 218–43 BC, London 1987, 13, 17.

[9] L 27, 35, 5–10. Livius erloste den Krieg gegen Hasdrubal und Claudius den Krieg gegen Hannibal.

[10] Wenn man der Legionsliste des Livius Glauben schenken möchte, dann hätten die Römer auch in diesem Jahr mit 23 Legionen Krieg geführt, zwei mehr als im Vorjahr, L 27, 36, 12–13, Marchetti 1978, 79–82. Auf dem Papier ließ sich eine wunderbare Vermehrung der Legionen leicht erzielen. Den durch Verluste bedingten Schwund der Truppen überging man einfach, so auch bei dem in Tarent stationierten Heer, das im vergangenen Jahr Soldaten in der Stärke einer Legion verloren hatte. Der Konsul Livius soll den Vorschlag gemacht haben, die *volones* wieder zu den Waffen zu rufen. Doch dieser Tradition, die zur Herabsetzung des plebeischen Konsuls erfunden wurde, ist kein Glauben zu schenken. Vgl. K.-W. Welwei, Unfreie im antiken Kriegsdienst, Forschungen zur antiken Sklaverei XXI, Wiesbaden 1988, 16 ff.

[11] L 27, 38, 2.

keine Soldaten stellen zu müssen, kein Tabu mehr.[12] Die Senatoren gaben den Konsuln freie Hand bei der Zusammenstellung und Auswahl ihrer Truppen in bisher nicht gekanntem Ausmaß: Sie konnten ihre Truppen aus den Soldaten aller Heere auswählen und zwischen den verschiedenen Amtsbereichen nach ihrem Belieben versetzen.[13]

Die Ungewißheit und Furcht der Menschen über den bevorstehenden Krieg drückte sich in einer großen Zahl von Prodigien aus.[14] Die Geburt eines Hermaphroditen, die sie vor zwei Jahren als etwas völlig Normales betrachtet hatten, deuteten sie jetzt als böses Vorzeichen. Die Opferschauer *(haruspices)* ordneten die Aussetzung des unglücklichen Kindes auf offener See an.[15] Aus demselben Anlaß wurde der Dichter Livius Andronicus beauftragt, ein Lied zu komponieren, das in feierlicher Prozession aufgeführt wurde.[16]

[12] Die Kolonien weigerten sich zunächst. Deshalb luden die Konsuln sie vor den Senat, wo sie ihre Rechtstitel vortragen sollten. Es erschienen Vertreter von Ostia, Alsium, Antium, Anxur, Minturnae, Sinuessa und Sena. Die Senatoren vertraten die Auffassung, da der Feind in Italien stehe, könne keine Gemeinde von der Verpflichtung befreit werden, mit Ausnahme von Antium und Ostia. Die wehrfähigen Männer dieser Gemeinden mußten sich aber verpflichten, nicht länger als 30 Tage von der Heimat abwesend zu sein. Tammler 1971, 268ff.

[13] L 27,38,8–9. Von Scipio soll ein Hilfskorps unter dem Kommando des M. Lucretius gesandt worden sein: Es habe aus 8000 Iberern und Kelten, 2000 Legionssoldaten und 1000 Reitern, sowohl Numidern als auch Iberern, bestanden. Zweifel an diesem Hilfskorps sind m. E. berechtigt. Scipio verfügte zwar über ausreichend Geldmittel, um iberische und keltische Soldaten in Sold nehmen zu können. Bei den 2000 Legionssoldaten könnte es sich um die Reste des alten Scipionenheeres gehandelt haben, die seit 218/17 auf der Halbinsel im Einsatz waren und endlich ihre Rücksendung verdient hatten. Die dem Scipio günstig gesonnene Geschichtsschreibung dürfte diesen gewöhnlichen Vorgang in eine direkte Hilfssendung umgeformt haben, um evtl. Anschuldigungen, daß Scipio diese Gefahr für Rom mitverschuldet hatte, die Spitze zu nehmen. Diese Information fand Livius auch nur bei *„quidam auctores"*, womit er selbst ihren Wahrheitsgehalt anzweifelte. Ein weiteres Hilfskorps von 3000 Bogenschützen und Schleuderern soll aus Sizilien eingetroffen sein.

[14] L 27,37. Vgl. A. A. Boyce, The Expiatory Rites of 207 B. C., TAPhA 68, 1937, 157–171, E. de Saint-Denis, Les énumérations de prodiges dans l'œuvre de Tite-Live, RPh 16, 1942, 130, J. Cousin, La crise religieuse de 207 avant J.-C., Revue de l'histoire des religions 126, 1943, 15–41, Radke 1980, 118, B. MacBain, Prodigy and Expiation, Brüssel 1982, 127ff.

[15] L 27,37,5–6.

[16] Vgl. Festus, de significatu verborum s. v. scribas p. 446 L. Zu dem Gedicht des Livius vgl. M. Schanz/C. Hosius, Geschichte der römischen Literatur, München 1927, 49, K. Barwick, Das Kultlied des Livius Andronicus, Philologus 88, 1933, 203–212, E. Flores, Il carmen composto da Livio Andronico nel 207, in: Letteratura latina e società, Neapel 1973, 7–22, E. S. Gruen, Poetry and Politics, in: Studies in Greek Culture and Roman Policy, Leiden 1990, 85ff.

Die Konsuln gingen davon aus, daß Hasdrubal zu seinem Bruder in den Süden vorstoßen wollte. Um dies zu verhindern, sollte jeder seinen Gegner in seinem Amtsbereich festhalten.[17] Über die Pläne der Karthager liegen keine Informationen vor. Wie es sich zeigen sollte, waren sich die beiden Brüder nicht einig. Hannibal wollte im Süden warten, während Hasdrubal ihn zur Aufgabe seiner Position und zum Abmarsch nach Norden, um sich mit ihm in Umbrien zu vereinigen, aufforderte.[18] Ein Schreiben des Prätors L. Porcius aus Ariminum[19] beunruhigte die Konsuln und beschleunigte ihren Aufbruch aus Rom.[20]

Die Operationen auf dem südlichen Kriegsschauplatz[21]

C. Hostilius Tubulus führte dem Konsul Claudius das Heer aus Tarent nach Venusia zu. Unterwegs traf er auf Hannibal, der ins Gebiet der Sallentiner einfallen wollte.[22] Angeblich soll er ihn unter hohen Verlusten geschlagen haben. Dieser Sieg ist ebenso wie die Erfolge des Claudius Nero über Hannibal eine Erfindung der römischen Geschichtsschreibung.

[17] L 27,39,3.

[18] Hannibal rückte nicht weiter als Canusium in Apulien vor, um hier die Ankunft seines Bruders zu erwarten, der ihm brieflich Umbrien als Treffpunkt mitteilte. Dies läßt m. E. auf Meinungsverschiedenheiten der beiden Brüder schließen.

[19] L 27,39,1–3. Er hatte in Oberitalien in Erfahrung gebracht, daß ein Heer von 8000 Ligurern bereitstand, um zu Hasdrubal zu stoßen. Er regte an, die Ligurer durch einen Einfall in ihr Land an der Vereinigung mit Hasdrubal zu hindern. Seine Truppen seien zu schwach, um nach Gallia vorzurücken.

[20] Beim Auszug der Konsuln soll Q. Fabius Maximus den Livius, der noch immer den Römern wegen seiner Verurteilung zürnte, ermahnt haben, er solle nicht unüberlegt eine Schlacht mit dem Feind beginnen, bevor er den Gegner genau ausgekundschaftet habe. Der Konsul habe aber Fabius entgegnet, er werde sofort, wenn er den Feind erblicke, kämpfen. Nach dem Grund seiner Eile gefragt, habe er geantwortet, er werde entweder ausgezeichneten Ruhm vom Feind erringen oder aus der Niederlage der Bürger eine sicher verdiente, wenn auch nicht ehrenvolle Freude erzielen. Diese Episode wurde bewußt eingefügt, um den Konsul Livius herabzusetzen, und verdient keinen Glauben. Die mahnenden Worte hätten eher an den hitzköpfigen Claudius gerichtet werden müssen. L 27,40,8–9, Val Max 9,3,1. Es könnte sich um einen Topos handeln. Die Rolle des Mahners spielte Fabius auch im Jahr 216 vor dem Auszug der Konsuln in die Schlacht bei Cannae.

[21] L 27,40,10–43,12. Lehmann 1905, 237–259 mit kritischer Betrachtung der älteren Literatur, Kukofka 1990, 121 ff., Seibert 1993, 243 ff. Karte Nr. 5.

[22] L 27,40,10. Zur Textverbesserung P. G. Walsh, Leipzig 1982, Huß 1985, 392 A 156.

Hannibal zog seine Truppen aus dem Winterlager und aus den Garnisonsstädten Bruttiums zusammen und marschierte nach Grumentum/Lukanien in der Hoffnung, diese Stadt wiedergewinnen zu können. Claudius rückte mit seinem Heer von Venusia an und bezog Hannibal gegenüber Stellung. Hier soll es zu einer Schlacht gekommen sein, die mit einem überwältigenden Sieg der römischen Waffen endete.[23]

Doch an dem ganzen Bericht sind erhebliche Zweifel angebracht.[24] Tatsächlich konnte Claudius seinen Gegner nicht festhalten, der von Grumentum nach Venusia vorrückte.[25] Hier soll er erneut in einer Schlacht große Verluste erlitten haben, die er durch einen Rückzug ins Bruttische mit Anwerbungen ausgleichen wollte,[26] um dann wieder nach Apulien zurück bis Canusium zu marschieren, wo er ein Lager bezog. Überall hin folgte ihm Claudius auf den Fersen. Dabei mag es immer wieder zu kleineren Geplänkeln gekommen sein.[27] Die großen Siege existierten nur in der Phantasie ihm wohlgesonnener Geschichtsschreiber und sollten sein Versagen kaschieren. Seinen Auftrag, Hannibal festzuhalten, konnte er nicht erfüllen.

Da erhielt er neue Informationen durch einen Brief Hasdrubals an seinen Bruder, den römische Truppen abgefangen hatten.[28] In dem Schreiben, das ein Dolmetscher übersetzte, wurde Hannibal aufgefordert, seine Position im Süden aufzugeben[29] und mit seinem Bruder in Umbrien zusammenzu-

[23] L 27,41,1–42,13. Lehmann 1905, 241–247, Kromayer III 1, 1912, 414–423, Kukofka 1990, 122 ff.

[24] Während die römischen Soldaten geordnet zur Schlacht aufmarschierten, habe im karthagischen Lager ein riesiges Durcheinander geherrscht, als der Befehl zur Schlacht erteilt wurde, und genau so ungeordnet hätten sie sich auf dem Schlachtfeld verteilt. Bis Hannibal aus seinem Lager gekommen sei, sei die Schlacht bereits in vollem Gang gewesen. Die Kohorten und Manipel, die im Hinterhalt lagen, hätten die Karthager im Rücken und in den Flanken angegriffen und unter hohen Verlusten (8000 Mann) in die Flucht geschlagen. Hannibal soll so eingeschüchtert gewesen sein, daß er sich am folgenden Tag nicht mehr aus seinem Lager traute und auch die Herausforderung zu einer weiteren Schlacht nicht annahm. Claudius erscheint als eine getreue Kopie des Feldherrn Hannibal, der alle taktischen Maßnahmen anwandte, denen Hannibal sonst seine Siege verdankte.

[25] L 27,42,10. [26] L 27,42,15–17.

[27] Z 9,9,6.

[28] L 27,43,1–6. Hasdrubal hatte aus Oberitalien vier keltische Reiter und zwei Numider mit einem Brief an seinen Bruder gesandt, die völlig unbehelligt bis in den äußersten Süden Italiens gelangen konnten. Sie gerieten aber, als sie Hannibal auf seinem Rückzug nach Metapont folgen wollten, ins Gebiet von Tarent und wurden von römischen Futterholern aufgegriffen, dem Proprätor Q. Claudius vorgeführt und ausgefragt. Als ihnen Folter angedroht wurde, gestanden sie, sie hätten einen Brief Hasdrubals an seinen Bruder. Die Gefangenen wurden Konsul Claudius Nero überstellt.

[29] Dieser Schluß ergibt sich m. E. aus der Tatsache, daß Hasdrubal seinem Bruder

treffen, um gemeinsam gegen Rom vorzustoßen.[30] Es war unklug, auch die Stärke seines Heeres anzugeben.[31]

Diese Neuigkeiten[32] veranlaßten Claudius, mit einer Heeresabteilung[33] seinem Kollegen zu Hilfe zu eilen, um dem Feind numerisch gewachsen zu sein. Sein Heer blieb unter dem Kommando des Legaten Q. Catius vor Ort. Da er wußte, daß Hannibal in Canusium seinen Bruder erwarten wollte, war sein Vorhaben völlig ungefährlich.[34] Wenn der Karthager die Abwesenheit seines Gegners nicht bemerkte, dann war dies nicht der listenreichen Phantasie des Römers zuzuschreiben,[35] mit der er den Feind angeblich täuschte, sondern angesichts der kriegerischen Praxis völlig normal.[36]

Umbrien als Treffpunkt nannte. Wenn er selbst in den Süden hätte vorstoßen wollen, wäre dies unnötig gewesen.

30 L 27,43,8, Z 9,9,5.

31 App Ann 52, 222. Daraus konnte Claudius sichere Schlüsse über die Stärke des Feindes und die notwendige Verstärkung für das Heer seines Kollegen ziehen.

32 Die römische Tradition bauschte den Vorgang gewaltig auf. Der Konsul sei der Überzeugung gewesen, daß außergewöhnliche Situationen auch außergewöhnliche Maßnahmen erforderten. Das übliche Verfahren, daß jeder Konsul in seinem zugewiesenen Amtsbereich bleibe, sei nicht mehr angebracht. Jetzt gelte es, etwas zu wagen und etwas Besonderes, Unerwartetes und Unvermutetes zu unternehmen, auch wenn es zunächst Entsetzen hervorrufen werde, eine Handlung, die aber der neuen Situation angemessen sei, L 27,43,6–7, Tammler 1971, 272 ff. Aus der Tatsache, daß Hasdrubal seinen Bruder in Umbrien treffen wollte, zog er den Schluß, daß Rom in höchster Gefahr sei, weshalb er umfangreiche Schutzmaßnahmen einleitete (Verlegung der Legion von Capua nach Rom, Verlegung der *legiones urbanae* nach Narnia und Aushebung von Truppen zum Schutz der Hauptstadt, d. h. er rechnete mit einem Angriff auf Rom).

33 6000 Mann zu Fuß und 1000 Reiter, andere Angaben bei Frontin 1,1,9: 10000 Soldaten. Nach Z 9,9,7 sei das zurückgebliebene Heer so stark gewesen, um Hannibal in Schach zu halten. Nach App Ann 52, 222 vereinigten beide Konsuln sogar ihre gesamten Streitkräfte. Somit bleiben erhebliche Zweifel über die effektive Stärke des claudischen Entsatzheeres bestehen.

34 L 27,43,8–12. Claudius wird als äußerst überlegt handelnder und klug vorausdenkender Konsul geschildert. Er sandte Boten in das Gebiet von Larinum, der Marruciner, Frentaner und Praetuttier voraus, die für die Versorgung der Truppe sorgen und Lebensmittel an die Straße heranschaffen sollten. Auch Pferde und andere Zugtiere sollten für die ermüdeten Soldaten bereitgestellt werden.

35 Nach Livius und Z 9,9,7 wollte Claudius seine Abwesenheit vor Hannibal nicht verheimlichen, ihn aber über sein wirkliches Ziel in die Irre führen. Wenn Claudius vorgab, daß er die nächste Stadt mit punischer Besatzung angreifen werde, dann mußte er eigentlich damit rechnen, daß Hannibal dorthin zum Entsatz eilen und bald die Täuschung feststellen werde, d. h. er hätte das Gegenteil erreicht. Nach Frontin 1,1,9 sollte Hannibal vom Abmarsch des Konsuls überhaupt nichts merken, damit er nicht seine Abwesenheit zu einem Überfall aufs römische Lager benutze. Deshalb habe er dem Legaten die Anweisung gegeben, dieselben Wachen und Posten aufzu-

Der nördliche Kriegsschauplatz

Hasdrubal hatte den Winter 208/07 in Gallien verbracht.[37] Im Frühjahr[38] überquerte er die Alpen, wahrscheinlich über den Col du Mont Genèvre.[39] Er benötigte einige Zeit, um den weiteren Vormarsch und die Eingliederung der Kelten und Ligurer in sein Heer vorzubereiten.[40] Sofort nach Ankunft in Oberitalien schickte er Boten an seinen Bruder.[41] Zwischenzeitlich belagerte er Placentia. Dabei vertrödelte er keineswegs kostbare Zeit.[42] Als er

stellen und die gleiche Anzahl von Feuern zu unterhalten. Beide Versionen haben den einzigen Zweck, die Überlegenheit des römischen Konsuls über den listenreichen Hannibal herauszustellen, und verdienen wenig Vertrauen.

36 Bei der damaligen Kriegspraxis war ein Täuschungsversuch überhaupt nicht nötig. In den vergangenen Jahren lagen sich die feindlichen Heere viele Monate lang untätig gegenüber. Die römischen Befehlshaber waren häufig längere Zeit abwesend (u. a. zur Abhaltung von Wahlen). Wenn Hannibal tatsächlich festgestellt hätte, daß Claudius sein Lager verlassen hatte bzw. daß eine Legion fehlte, dann hätte er daraus keineswegs schließen müssen, daß der Konsul gegen seinen Bruder gezogen war. Die angeblichen Täuschungsmanöver sind Erfindungen der römischen Historiographie, um dem Claudius eine der geforderten Qualifikationen zu verschaffen: Er war nicht nur so listenreich, daß er auf keinen Trick des Karthagers hereinfiel, im Gegenteil, er täuschte den listigen Karthager.

37 Vgl. Lehmann 1905, 193ff., Th. Lenschau, RE 7,2, 1912, 2472 s. v. Hasdrubal. Hasdrubal dürfte nach Überquerung der Pyrenäen auf einem westlichen Paß (vgl. o. S. 373) durch Südgallien marschiert sein.

38 Der genaue Zeitpunkt der Alpenüberquerung ist nicht bekannt. Bei L27,36,4 heißt es in der Nachricht der beiden römischen Kundschafter, daß nach den keltischen Informanten der Massalioten Hasdrubal *„proximo vere“* die Alpen überschreiten werde. Wenn man von der Ankunft Hasdrubals Mitte April in Oberitalien ausgeht, dann dürfte er seine Winterquartiere in Südgallien Mitte März verlassen haben. Vgl. Lehmann 1905, 198.

39 Die genaue Route Hasdrubals ist nicht bekannt. Nach L27,39,7 und App Ann 52, 221 benutzte er denselben Paß wie sein Bruder. Eine andere Version bot Varro (Servius ad Aen. X 13). Vgl. Lehmann 1905, 199ff., De Sanctis III 2, 1916, 547–548.

40 Lehmann 1905, 203.

41 Diese Annahme ergibt sich aus L27,39,10–14, Hannibal sei von der schnellen Alpenüberquerung seines Bruders informiert gewesen. Er wollte bereits aus seinem Winterlager aufbrechen, blieb dann aber noch zurück, da er mit einer längeren Belagerung von Placentia rechnete. Demnach muß ihn sein Bruder über dieses Unternehmen informiert haben.

42 Nach L 27,39,10ff. soll Hasdrubal die durch den schnellen Übergang über die Alpen gewonnene Zeit mit der Belagerung von Placentia vertrödelt haben. Er habe sich eine schnelle Eroberung dieser im flachen Land gelegenen Stadt und zudem eine günstige psychologische Wirkung durch die Einnahme der angesehenen Stadt auf die Kelten erhofft. Die Tatsache, daß in seinem Heer 4000 gefangene Römer waren (L27,49,7), beweist, daß er erfolgreich war.

von hier aufbrach, ging nochmals eine Gesandtschaft an Hannibal ab, die von den Römern abgefangen wurde.[43]

Hasdrubal marschierte, ohne auf Widerstand zu stoßen, in Italien ein.[44] Bei Sena Gallica wurde der Weitermarsch durch das römische Heer gestoppt. Der Barkide stand vor der Entscheidung, ob er bei Fanum auf die *via Flaminia* abbiegen und über Narnia nach Rom vorrücken sollte.[45] Dabei lief er Gefahr, daß Livius ihm folgte und ihn im Rücken bedrohte, ehe er mit seinem Bruder in Umbrien zusammentreffen würde. Günstiger war es, zunächst auf der Küstenstraße weiterzumarschieren und den Konsul Livius zur Schlacht zu stellen. Dieser wünschte aber keine Schlacht,[46] er erfüllte seine strategische Aufgabe, wenn er den Feind aufhielt. So lagen sich die beiden Heere gegenüber.

In der Zwischenzeit marschierte Claudius Nero in Eilmärschen aus Apulien nach Norden und überraschte Freund und Feind.[47] Man kann sich die frostige Begrüßung, mit der Livius seinen „geliebten Kollegen" empfing, gut vorstellen. Er war keineswegs erfreut über seine Ankunft und dürfte ihn bei den Beratungen auf die Gefahren, die er mit dem Weggang aus seinem

[43] L 27,43,1. Die Handschriften differieren über den Zeitpunkt der Entsendung dieser Boten. Die Codices Puteanus (5. Jh.) und Landulfianus (14. Jh.) haben die Version nach dem Aufbruch von Placentia *(postquam ab Placentiae obsidione abscessit)*, der Codex Spirensis (von Beatus Rhenanus zitiert) und die Eingriffe im Codex Laurentianus (13. Jh.) datieren vor den Beginn der Belagerung *(postquam ad Placentiae obsidionem accessit)*. P. G. Walsh, Leipzig 1982 entschied sich für letztere Lesart, m. E. zu Unrecht, da Hannibal der Beginn der Belagerung bekannt war. Wenn die Belagerung ihm durch die abgefangenen Boten hätte übermittelt werden sollen, dann hätte er von ihr nichts wissen dürfen.

[44] Die Truppe des Prätors L. Porcius in Ariminum war zu schwach für militärische Aktionen. Er beschränkte sich auf genaue Beobachtung des Gebietes, L27,39,12. Vor Ankunft des Feindes zog sich Porcius rechtzeitig aus Ariminum auf die Stellung des Konsuls Livius zurück. Die römische Tradition schrieb ihm dagegen große Erfolge zu: Er habe mit dem Feind sein Spiel nach allen Regeln der Kriegskunst getrieben, indem er sein Heer auf Höhen führte, bald Engpässe sperrte, um dem Feind den Durchzug zu sperren, bald ihn in der Flanke, bald im Rücken packte, L27,46,6. Hätte er tatsächlich diese Erfolge gehabt, dann müßte das Heer Hasdrubals vollständig aufgerieben worden sein. Wenn es Porcius nur gelungen wäre, den Apenninenübergang zu sperren –, dies wäre auch mit einer kleinen Truppe möglich gewesen –, dann hätte Hasdrubal nicht bei Sena Gallica erscheinen dürfen. Seine Erfolge existierten nur in der Phantasie eines römischen Historikers.

[45] Diese Ansicht vertraten R. Oehler, Der letzte Feldzug des Barkiden Hasdrubal und die Schlacht am Metaurus, Berlin 1897, 29 von Sena Gallica nach Narni und Lehmann 1905, 217 auf der *via Flaminia*. Für diese These spricht Umbrien als Treffpunkt.

[46] Daß Hasdrubal die Schlacht wünschte, ergibt sich aus L27,47,1. Vgl. K. Lehmann, Klio 10, 1910, 363.

[47] Vgl. u. S. 389.

Amtsbereich heraufbeschworen hatte, nachdrücklich verwiesen haben.[48] Dadurch wurde der gesamte Kriegsplan gefährdet.[49] Livius nahm keine Rücksicht auf Claudius und beschloß, die Schlacht sofort zu schlagen.[50]

Auch für Hasdrubal ergab sich durch die Ankunft des Claudius eine völlig neue Situation. Er hatte die Verstärkung bemerkt.[51] Was ihm Sorge bereitete, war die Ungewißheit, die die Anwesenheit des Claudius bei ihm hervorrief. Hatte sein Bruder eine vernichtende Niederlage erlitten?[52] Er erörterte die Lage mit seinem Kriegsrat.[53] Am besten war es, sich zunächst von dem Gegner zu lösen und genauere Informationen einzuholen.[54] In der Nacht

[48] L 27,46,7–10, Frontin 1,1,9; 1,2,9. Den Vorsitz hatte ohne Zweifel Livius. Schließlich handelte es sich um seinen Amtsbereich. Die römische Geschichtsschreibung gestaltete auch diesen Vorgang zum Vorteil des Claudius um, vgl. u. S. 391.

[49] Die Lobeshymnen auf Claudius dürften eingefügt worden sein, um die berechtigte Kritik an seinen Maßnahmen zu unterdrücken und zu vertuschen. Warum hatte er nicht einen Legaten mit der Entsendung der Truppe beauftragt, wenn er nur die numerische Überlegenheit seines Kollegen sichern wollte? Wie konnte er wissen, als er von Canusium aufbrach, daß Livius nicht bereits die Schlacht gegen Hasdrubal geschlagen hatte? Er mußte damit rechnen, daß er zu spät kam und in der Zwischenzeit Hannibal seinen Vertreter schlagen würde. Damit lief er selbst Gefahr, mit seiner kleinen Truppe von einem siegreichen Feind aufgerieben zu werden. Der gravierendste Vorwurf dürfte gewesen sein, daß Claudius den abgesprochenen Kriegsplan aufgegeben hatte. Die ihm zugewiesene Aufgabe, Hannibal im Süden zu binden, hatte er bis jetzt nicht erfüllen können.

[50] Nach dem Historiker Livius soll es Claudius gewesen sein, der für den sofortigen Einsatz plädierte. Tatsächlich wäre eine Ruhepause für die Soldaten das Vernünftigste gewesen.

[51] Es wird ausdrücklich beschrieben, daß Hasdrubal feststellte, daß die Römer Verstärkungen erhalten hatten (L 27,47,1 ff.): Er habe alte, abgewetzte Schilde gesehen, die er vorher nicht bemerkt hatte. Abgehetzte Pferde hätten ebenfalls bei ihm den Verdacht erregt, daß die Römer Verstärkungen erhalten hatten. Er versuchte, um weitere Erkundungen einzuholen, Wasserholer zu fangen und auszufragen. Er wollte nachschauen lassen, ob manche Leute nach einem langen Marsch stärker gebräunt waren als andere oder ob sich eine Vergrößerung des Lagers feststellen ließ. Alles dies führte zu keiner klaren Erkenntnis. Als aber im römischen Lager ein zweites Signal vernommen wurde, sei dies der Beweis gewesen, daß der zweite Konsul anwesend sein müsse. Vgl. Z 9,9,8. An diesem Bericht sind Zweifel angebracht. Nach den langjährigen Kämpfen waren alle Schilde der Soldaten abgerieben. Ebenso dürfte es schwergefallen sein, sie nach ihrer Hautfarbe zu scheiden. Auch das zweite Signal scheint kein untrügliches Zeichen gewesen zu sein. Vgl. Frontin 1,2,9.

[52] Nach Z 9,9,8 rechnete Hasdrubal sogar mit dem Tod seines Bruders. Denn falls er noch leben sollte, wäre Claudius Nero nie von ihm abgezogen. Dadurch soll noch mehr die Kühnheit des claudischen Unternehmens betont werden.

[53] Auch in seinem Gefolge befanden sich Ratsherrn, die in römische Gefangenschaft gerieten, P 11,3,3.

[54] L 27,47,10 f. gibt kein direktes Ziel an (vom Meer weg ins Landesinnere). Nach

zogen die Karthager zunächst unbemerkt von den Römern am Metaurusfluß entlang ins Landesinnere. Da die Führer sie im Stich ließen, vertaten sie viel Zeit mit der Suche nach einer Furt, und die Römer konnten sie wieder einholen.[55] In dieser Lage sah sich Hasdrubal gezwungen,[56] die Schlacht anzunehmen. Es war wohl Ende Juni, als die Heere um die Entscheidung kämpften.[57]

Die Schlacht am Metaurus[58]

Hasdrubal stellte in die Front seiner Schlachtreihe die Elefanten,[59] dahinter im Zentrum die Ligurer, auf den linken Flügel die Gallier, die im Schutz eines Hügels postiert waren,[60] und auf den rechten Flügel die Iberer.

App Ann 52, 223 strebte er die Vereinigung mit seinem Bruder an. Dies ist nach dem Vorhergehenden auszuschließen. Nach Z9,9,8 beabsichtigte er den Rückzug nach Gallien, um dort genauere Informationen über die Lage in Süditalien einzuholen. Nach Lehmann 1905, 218 sei der Rückmarsch „kein furchtsames Zurückweichen, sondern ein Umgehungsversuch" gewesen, um die *via Flaminia* zu erreichen und sich nicht länger von der Vereinigung mit seinem Bruder in Umbrien abhalten zu lassen.

[55] L 27,47,9–11. [56] P 11,1,2.

[57] Das genaue Datum der Schlacht ist umstritten. Nach Ovid, fasti 6,770 fiel Hasdrubal am 22. Juni. In der Forschung ist umstritten, ob die Ovidangabe auf den Tod des Hasdrubal Barkas oder des Hasdrubal, Sohn des Gisgo, zu beziehen ist (De Sanctis III 2, 1916, 560). Wenn man den Überlegungen De Sanctis' folgt, daß Hasdrubal wahrscheinlich im Mai in der Poebene eingetroffen war – die Angabe App Ann 52, 221, Hasdrubal habe die Alpen in zwei Monaten überqueren können, ergibt keinen chronologischen Anhaltspunkt –, dann dürfte es nach der Belagerung von Placentia und dem Marsch bis zum Metaurus Ende Juni/Anfang Juli geworden sein. Zur Chronologie vgl. De Sanctis III 2, 1916, 560ff., Walbank II 1967, 270. Eine andere Datierung vertraten Lehmann 1905, 195ff. und Lehmann 1967, 151ff.: Ende April/Anfang Mai, mit weiterer Literatur. Zur Umrechnung römischer Kalenderdaten in julianische vgl. Seibert 1993, 346ff.

[58] P 11,1,2–3,3, Walbank II 1967, 267–274, L27,46,12–49,9, Val Max 7,4,4, Frontin 1,1,9; 1,2,9; 2,3,8; 4,7,15, Sil 15, 628–808, Fl 1,22,50, Sueton, Tib. 2,1, App Ann 52,223ff., Eu 3,18,2, Ampel. 18,12; 36,3; 46,6, Auctor de viris illustr. 48,2, Or 4,18,9–14, Z 9,9,6–11. Vgl. auch Horaz, Carm. 4,4,37–39. Seibert 1993, 243ff. Stärke der Heere: Nach App Ann 52, 221 kommandierte Hasdrubal 48000 Fußsoldaten, 8000 Reiter und 115 Elefanten. Nach Livius sollen allein in der Schlacht 56000 Mann gefallen sein, L27,49,6, dazu 5400 Gefangene. Die Gesamtzahl der Gefallenen entspricht aber exakt der Gesamtzahl der eingesetzten Soldaten Appians. Nach Or 4,18,14 sollen sogar 58000 Mann gefallen sein. Die enorm hohen Verlustziffern sind suspekt, da nach römischer Tradition die Schlacht am Metaurus das karthagische Pendant zu Cannae bildete und deshalb die Verlustziffern den römischen angeglichen werden mußten. P11,3,2–3. überlieferte wesentlich geringere Zahlen. Insgesamt sollen nur 10000 Mann gefallen sein. Der Erlös der Beute, der 300 Talente erbrachte, läßt keinen exakten Schluß auf die Zahl der Gefangenen und verkauften Soldaten zu.

Dort führte er selbst das Kommando.[61] Im römischen Heer hatte Livius das Kommando auf dem linken Flügel, während er den rechten dem Claudius zuwies. Die Position der Konsuln läßt erkennen, wo die Entscheidung fallen sollte. Da Claudius ein Gegenüber fehlte – die Kelten standen hinter einem Hügel – und er damit in die Schlacht nicht eingreifen konnte, wird deutlich, daß der Konsul Livius, der in seinem Amtsbereich das *imperium* hatte und daher auch die Verteilung der Befehlsbereiche bestimmte, seinem „geliebten“ Kollegen bewußt diese Stellung in der Schlacht zuwies. Mit einem einfachen Trick stellte er ihn „kalt“.[62]

Die Elefanten nützten bei der Eröffnung der Schlacht wenig.[63] Im Zentrum und auf dem Flügel des Hasdrubal und Livius tobte der Kampf heftig. Als der römische Konsul den Feind in der Flanke umfassen konnte, war die Schlacht entschieden.[64] Tapfer kämpfend fielen viele Iberer, auch Hasdrubal blieb auf dem Schlachtfeld.[65] Eine große Schar Kelten und Ligurer konnten aus der Schlacht abziehen.[66] Die Römer plünderten das Lager und machten große Beute. Viele Feinde wurden gefangen.[67]

Kromayer III 1, 1912, 492 macht den Versuch, aus dieser Summe die Zahl der Gefangenen zu errechnen. Kromayers III 1, 1912, 489ff. niedrigere Zahlen (20–25000 Mann, ebenso De Sanctis III 2, 1916, 556–559) sind denen von Walbank II 1967, 273 (30–35000 Mann) vorzuziehen. Noch niedrigere Ziffern nahm Kahrstedt 1913, 522 an. Er ging bei Hasdrubal von einem Heer von 12000 Mann aus. Das Heer des Livius schätzte er auf 14000 Mann, das des Claudius auf 20000 Mann.

59 Nach P 11,1,3 hatte er 10 Elefanten, nach App 15 Tiere.

60 P 11,1,5, L 27,48,8.

61 Nach P 11,1,3 kommandierte Hasdrubal das Zentrum hinter den Elefanten und griff von hier den linken Flügel der Römer unter Livius an. Demnach hätte er gar keinen Flügel gehabt. Vgl. Walbank II 1967, 271. Angeblich stellte Hasdrubal sein Heer tiefer gestaffelt als sonst auf. Ist dies nur eine Reminiszenz an die gleiche Aufstellung der Römer bei Cannae?

62 Die römische Geschichtsschreibung entschädigte ihn reichlich und erfand in Nachahmung des entscheidenden hasdrubalischen Schachzuges in der Schlacht bei Cannae ein entsprechendes Manöver, das schlachtentscheidend gewesen sein soll.

63 Die Tiere waren zu unsicher. Es bestand die Gefahr, daß sie in den eigenen Reihen größeren Schaden anrichteten als beim Feind. Deshalb hatte Hasdrubal auch den Befehl erteilt, die Tiere beim Ausbrechen lieber zu töten. L 27,49,1–2.

64 Dieses Manöver schrieb die römische Tradition zu Unrecht dem Claudius Nero zu. Vgl. u. S. 391. 65 Zu den Verlusten vgl. o. S. 388 A 58.

66 L 27,49,8–9, Val Max 3,7,4, Frontin 4,7,15: Mit dem Ausspruch: „Es müssen auch einige übrigbleiben, die den Feinden von unserem Sieg berichten können“, soll der Konsul Livius auf entsprechende Vorwürfe geantwortet haben. Ob er es tatsächlich versäumte, diese Soldaten zu vernichten, muß bezweifelt werden. Er sollte wohl mit dem Vorwurf belastet werden, er habe den vollständigen Sieg verschenkt. Valerius Maximus wertete seine Reaktion als Ausdruck seines Selbstvertrauens.

67 Die Kelten sollen betrunken im karthagischen Lager gelegen sein. Wenig ruhm-

Der Sieg befreite die Römer von einer großen Sorge. Ein Zweifrontenkrieg oder der Kampf gegen einen wesentlich verstärkten Feind war vermieden worden. Sie stellten diesen Sieg der Schlacht bei Cannae an Bedeutung zur Seite, weil er ihre damalige Niederlage ausgeglichen habe. Für Hannibal war die Niederlage von entscheidender Bedeutung,[68] wie besonders an seinem Verhalten in der folgenden Zeit erkennbar wird.

Legenden

Die römischen Geschichtsschreiber schmückten zur Glorifizierung des Claudius Nero die spröden Fakten mit vielen Erfindungen aus. So gestalteten sie seinen Eilmarsch aus Apulien zu einem Triumphzug für den Konsul um, der überzeugt war, daß ihm und seiner kleinen Schar die Entscheidung zufallen würde. Die Menschen hätten Spalier gestanden und den Zug der Soldaten mit Gebeten und Gelübden begleitet, sie eingeladen und großzügig bewirtet. Aber die Soldaten seien Tag und Nacht marschiert. Altgediente Soldaten, die ihre Dienstzeit bereits abgeleistet hatten, und junge Männer hätten sich freiwillig angeschlossen.[69] Der Konsul habe Boten an Livius vorausgeschickt und anfragen lassen, wie er in das Lager einmarschieren solle, heimlich oder offen, bei Tag oder Nacht, ob er in dasselbe Lager einmarschieren und ein eigenes aufschlagen solle. Es schien besser, in der Nacht heimlich einzurücken. Die Schilderung gehört ins Reich der vielen Legenden, mit denen römische Historiker die Geschichte ihrer Heimat ausgestalteten.[70] Die 400km von Canusium nach Sena soll die Truppe in etwas mehr als sechs Tagen zurückgelegt haben! Wie konnte Claudius wissen, daß in der Zwischenzeit nicht bereits eine Schlacht geschlagen war? Livius hätte wohl kaum die Ankunft seines „geliebten“ Kollegen geduldig abgewartet. Abgesehen von den unwahrscheinlichen Marschleistungen artete der ganze Marsch zu einem großen Volksfest aus. Wenn man die Eile bedenkt, so erscheint es verwunderlich, daß der Konsul noch Zeit hatte, die Freiwilligen zu mustern und in sein Heer einzugliedern. Dieser Vorgang erstaunt noch mehr, wenn man die Schwierigkeiten der Konsuln bei der Aufstellung ihrer Heere zu Beginn des Jahres bedenkt.

voll für die Römer ist allerdings, daß sie die Kelten wie Schlachttiere totschlugen, P 11,3,1. Aus dem Erlös der Gefangenen konnten 300 Talente der Staatskasse zugeführt werden. Auch 4000 römische Bürger wurden aus karthagischer Gefangenschaft befreit, L 27,49,7, Or 4,18,14. Die Römer verloren 8000 Mann.

[68] Ob Hasdrubal dem Krieg neue Impulse gegeben hätte, darüber läßt sich nur spekulieren. Er wollte nicht in den Süden zu seinem Bruder vorstoßen. Sein Plan war, die Römer in ihren eigenen Gebieten anzugreifen. Aus Hannibals Verhalten ist zu schließen, daß er die Ansichten seines Bruders nicht teilte. Er wollte seine Strategie nicht aufgeben.

[69] L 27,46,3.

[70] Vgl. o. S. 379 A 2.

Solche Widersprüche störten den antiken Chronisten und seinen römischen Leser wenig.

Auch der Bericht über die Sitzung des Kriegsrates im Lager des Livius wurde entsprechend umgestaltet.[71] Claudius soll die dominierende und alles lenkende Persönlichkeit gewesen sein. Obgleich die meisten Teilnehmer die Schlacht verschieben wollten, bis sich seine Soldaten erholt hätten, habe er für den sofortigen Kampf plädiert, da er nicht wünschte, daß sein Plan, der auf rascher Ausführung basierte, durch Verzögerungen gefährdet werde. Hannibal sei infolge eines Irrtums wie erstarrt und würde weder das römische Lager angreifen, noch habe er ihn verfolgt. Die Schlacht müsse sofort geschlagen werden, dann könne er nach Apulien zurückkehren. Wer aber für einen Aufschub plädiere, verrate das römische Lager an Hannibal und eröffne ihm den Weg nach Norden. Der Irrtum beider karthagischer Feldherrn müsse ausgenutzt werden. Weder Hannibal dürfe bemerken, daß er einem schwächeren Feind, noch Hasdrubal, daß er einem stärkeren Gegner gegenüberstehe. Mit diesen Argumenten überzeugte er angeblich die Mehrheit. In Wirklichkeit hatte er im Amtsbereich seines Kollegen nichts zu sagen.

Auch in der Schlacht soll er das alles entscheidende Manöver durchgeführt haben. Eine Entscheidung sei noch nicht gefallen gewesen, als er mit seinen Soldaten auf dem linken Flügel aufgetaucht und dem Feind in die Flanke und in den Rücken gefallen sei. Die Untätigkeit auf seinem Kampfabschnitt habe ihm die Idee eingegeben, in die Schlacht an der Seite des Livius einzugreifen.

Die Eigeninitiative des Claudius wurde in den antiken Quellen gebührend gefeiert und ihm der entscheidende Anteil am Sieg der römischen Waffen zugesprochen.[72] Sein Manöver ist eine Kopie des entscheidenden Angriffes des Reitergenerals Hasdrubal in der Schlacht bei Cannae. Bei dem Bestreben der römischen Geschichtsschreibung, die Schlacht am Metaurus als karthagisches Cannae erscheinen zu lassen, ist der Verdacht begründet, daß auch dieses Manöver zum höheren Ruhm des Claudius erfunden wurde.[73]

Der Rückmarsch des Claudius aus der Schlacht bot erneut Anlaß, der Phantasie freien Lauf zu lassen. Noch in der Nacht nach der Schlacht soll er mit seinen Soldaten nach Apulien zurückmarschiert sein. Die Strecke bis Canusium hätten sie schneller als beim Anmarsch zurücklegt. Bereits am 6. Tag

[71] L 27,46,7–10.

[72] P 11,1,5ff., L 27,48,12ff.

[73] Da dieses Manöver bereits dem Polybios bekannt war, müßte diese Angleichung schon sehr früh entstanden sein. Die Skepsis gegen die Heldentat des Claudius wird noch dadurch gestärkt, daß nach der Schlacht tatsächlich der Konsul Livius die dominierende Figur in Rom gewesen ist, nicht der „eigentliche" Schlachtensieger Claudius.

seien sie im Lager vor Canusium eingetroffen.[74] Diese überwältigende Marschleistung ist völlig unglaubwürdig und gehört zu den Legenden, die um die Aristie des Claudius gebildet wurden.[75]

Claudius marschierte in seinen Amtsbereich zurück. Als er in seinem Lager eingetroffen war, ließ er den Kopf des Hasdrubal vor die Wachtposten der Karthager werfen.[76] So benahm sich ein Römer gegenüber einem „Barbaren“, der sich stets bemühte, seine gefallenen Gegner ehrenvoll zu bestatten und ihre Gebeine den Angehörigen zu überstellen.[77] Der Schmerz Hannibals über diesen persönlichen Verlust war groß. Die Niederlage wirkte wie ein Schock. Er resignierte völlig und zog mit seinen Truppen nach Bruttium zurück. Wahrscheinlich schlug er damals sein Lager an der Küste an einem Ort auf, der nach ihm benannt wurde (Castra Hannibalis).[78] Die Bewohner der aufgegebenen Gebiete wurden zur Umsiedlung gezwungen, besonders die von Metapont, das nicht länger zu halten war, wie auch aus Orten in Lukanien.[79]

Als die ersten Meldungen vom Sieg in Rom[80] eintrafen, wollten die Römer die Botschaft noch nicht glauben. Livius schickte als offizielle Überbringer der Siegesnachricht die Legaten L. Veturius Philo, P. Licinius Varus und Q. Caecilius Metellus. Den Göttern wurde gedankt. Die Senatoren beschlossen ein Bittfest von drei Tagen für den Sieg über die Feinde[81] und

[74] L 27,50,1, Z 9,9,12.

[75] Lehmann 1905, 250ff. ging von der Richtigkeit der Zeitangabe aus und folgerte, daß Hannibal sein Lager bei Canusium aufgegeben hatte und weiter nach Norden vorgerückt war, etwa 200km bis in die Gegend der Aternus-Mündung (h. Pescara). Von dort hätte Hannibal die Möglichkeit gehabt, durch das Aternustal auf der *via Valeria* am Fucinersee vorbei ins Sabinerland und weiter nach Narnia vorzustoßen.

[76] L 27,51,11, Frontin 2,9,2, Z 9,9,12. Zusätzlich schickte Claudius zwei Libyer zu Hannibal, um ihn über die Schlacht zu informieren. Kahrstedt 1913, 528 A 1 bezweifelte diese Geschichte, wenngleich er eine solche Barbarei einem Römer durchaus zutraute. Bei den klimatischen Verhältnissen hätte das abgeschnittene Haupt des Hasdrubal nicht so konserviert werden können, daß Hannibal seinen Bruder noch erkennen konnte. J.-L. Voisin, Tite-Live, Capoue et les Bacchanals, MEFRA 96, 1984, 616 sah das Verhalten als normal an.

[77] Vgl. Val Max 5,1 ext. 6. Bezeichnend ist aber seine Auslegung. Hannibals vorbildliches Verhalten gegenüber den gefallenen Feldherrn, die er mit punischer List besiegt hatte, waren das Ergebnis römischen Edelsinns.

[78] Hülsen, RE 3,2, 1899, 1768 s. v. Castra Hannibalis. An der schmalsten Stelle des Isthmos zwischen dem Golf von Terina und Skyllation gelegen (Plin n h 3,95). Vgl. De Sanctis III 2, 1916, 527 A 152.

[79] L 27,51,13. Auch Herakleia mußte er wohl aufgeben, Strabon 6,3,4 (281). Maria Teresa Giannotta, Metaponto ellenistico-romana, Galatina 1980, 54ff., Kukofka 1990, 124–125.

[80] Man vergleiche den Stimmungsbericht des L 27,50,3–51,10.

[81] L. Halkin, La supplication d’action des grâces chez les Romains, Paris 1953, 20, Tammler 1971, 273ff.

bewilligten Livius einen Triumph.[82] Die Menschen fühlten, daß die entscheidende Wende im Krieg erreicht war und sich die Kämpfe dem Ende näherten. Das wirkte sich auch auf das Wirtschaftsleben aus. Es wurde gekauft und verkauft, Geld verliehen und geliehen.[83] Die gewaltige Beute dürfte nicht unwesentlich zu dieser Belebung beigetragen haben.[84]

Spanien[85]

Trotz der Niederlage im Vorjahr gaben die Karthager den Kampf in Iberien noch nicht auf. Anstelle Hasdrubals schickten sie Hanno[86], der sein Heer mit den Truppen Magos vereinte. Zur Verstärkung ihrer Heere begannen sie in Zentralspanien (Gebiet der Keltiberer), das noch „neutrales" Gebiet war, Soldaten anzuwerben. Scipio schickte den Proprätor M. Iunius Silanus mit einer Heeresabteilung in diese Gebiete, um die Entstehung eines feindlichen Heeres bereits im Keime zu ersticken. Das neue, noch nicht geübte Heer der Karthager war kein ernsthafter Gegner und wurde von Silanus' Soldaten vernichtend geschlagen. Hanno selbst geriet in römische Gefangenschaft, während Mago entkommen konnte. Die erst kürzlich angeworbenen Keltiberer kehrten darauf in ihre Heimat zurück.[87] Mit dieser Niederlage ruhten die karthagischen Hoffnungen nur noch auf dem Heer des Hasdrubal, Sohn des Gisgo. Er wollte nicht in einer Schlacht alles riskieren und verteilte sein Heer auf mehrere, gut befestigte Orte in der Bae-

[82] Der Bericht ist zugunsten des Claudius verzerrt. Angeblich habe ihm der Senat eine *ovatio* bewilligt, er sei aber als der wahre Triumphator angesehen worden. Hier liegt eine bewußte Umgestaltung vor. Der Konsul Livius tritt völlig in den Hintergrund. Seine eigenen Leute hätten sogar mehr Lieder mit Soldatenwitzen auf Claudius als auf ihren eigenen Feldherrn verfaßt. In Wirklichkeit dürfte es so gewesen sein, daß allein Livius einen Triumph feierte. Vgl. Ennius, ann. 299 Skutsch, vgl. ebenso Jahn 1970, 139. Anders J. S. Richardson, The Triumph, the Praetors and the Senate in the Early Second Century B.C., JRS 65, 1975, 55. Claudius mußte in seinem Amtsbereich bei seinem Heer bleiben. Wahrscheinlich hatte er sich ebenfalls um die Bewilligung eines Triumphes bemüht. Daraus formte dann die römische Geschichtsschreibung diese aufgeblasene Geschichte, worin die tatsächlichen Verdienste des Livius in den Hintergrund gedrängt wurden.

[83] L 27,51,10.

[84] Nach P 11,3,2 waren es 300 Talente, nach L 27,49,6 drei Millionen Sesterzen und 80000 Asses. Jeder Soldat erhielt 50 Asses Belohnung.

[85] Polybios fällt für dieses Jahr als Quelle aus. Im wesentlichen müssen die Ereignisse nach L 28,1–4 rekonstruiert werden. Vgl. außerdem Frontin 1,3,8, Z 9,8,7. Brewitz 1914, 14ff., 66ff., Kahrstedt 1913, 529ff., De Sanctis III 2, 1916, 481ff., Scullard 1930, 120ff., ders. 1970, 86ff., Sanchez 1975, 234. Karte Nr. 6.

[86] L 28,1,4.

[87] L 28,2,1–12.

tica. Die Römer sollten gezwungen werden, ihre Kräfte zu verzetteln. Es würde eine langwierige Aufgabe sein, die einzelnen Städte reihum anzugreifen und zu belagern. Vor dieser Art der Kriegführung („Fabische Strategie") schreckte Publius Scipio zurück.[88] Er ließ seinen Bruder Lucius mit einem Heereskorps in der Baetica zurück mit dem Auftrag, die Stadt Orongis/Oningis zu erobern.[89] Die Stadt lag in einer fruchtbaren und strategisch günstigen Gegend. In ihrer Nähe waren bedeutende Silbergruben.[90]

Lucius Scipio belagerte die Stadt und nahm sie trotz heftiger Gegenwehr ein. Er setzte die bisherige römische Politik gegenüber den Unterworfenen, eine Nachahmung hannibalischen Verhaltens, fort: Die Karthager wurden gefangengenommen, ebenso die führenden Bürger, die den Römern den Zutritt in die Stadt verwehrt hatten; die anderen Bürger erhielten ihr Eigentum zurück und wurden für frei erklärt. Bemerkenswert war, daß die Soldaten bei der Einnahme der Stadt nicht plündern und morden durften. Damit wollte er ein Signal setzen, um die anderen Städte zum Übertritt zu bewegen.

Hasdrubal gab seine defensive Strategie auf und zog unter Mithilfe des Mago alle Truppen wieder zusammen. Durch neue Aushebungen konnte er erneut ein schlagkräftiges und starkes Heer ins Feld führen.[91] P. Cornelius Scipio, numerisch unterlegen, versuchte durch die Aufnahme von iberischen Truppen sein Heer zu verstärken,[92] aber nach den schlechten Erfah-

88 L 28,3,1, Frontin 1,3,5.

89 Sanchez 1975, 222 identifizierte Orongis mit Oningis, das Plin n h 3,12 als Stadt in der Baetica zitiert, die ziemlich sicher aufgrund einer Inschrift im Norden des Ventipo in der Nähe des Rio Genil, im Cortijo de las Angulas zwischen Badolatosa und Puente Genil lokalisiert wird. Vielleicht handelte es sich bei der antiken Stadt um den Castillo de Anzur oder Castil Anzur, wo zahlreiche antike Funde gemacht wurden. Vgl. Sanchez, Karte 4.

90 Es fällt auf, daß Scipio neben den militärischen Aspekten eines Unternehmens großen Wert auf die wirtschaftliche Bedeutung einer Stadt oder Gegend legte. Jedes seiner bisherigen Unternehmen hatte zur Eroberung eines Gebietes geführt, in dem es bedeutende Silbervorkommen gab. Vgl. im Jahr 209 die Silbergruben in der Nähe von Neukarthago und 208 in der Nähe von Baetica. Vgl. zu den Silberbergwerken in Iberien T. A. Rickard, The Mining of the Romans in Spain, JRS 18, 1928, 129–143, O. Davies, Roman Mines in Europe, Oxford 1935, 107ff. Seibert 1993, 116.

91 Die Zahlenangaben schwanken. Nach P 11,20,2 waren es 70000 Fußsoldaten, 4000 Reiter und 32 Elefanten. L 28,12,13–14 hat die niedrigsten Ziffern: 50000 Mann zu Fuß, 4500 Reiter und 32 Elefanten. App Ib 25,100: 70000 Mann zu Fuß, 5000 Reiter und 36 Elefanten. Zu den Zahlen vgl. Walbank II 1967, 297 mit Lit. Die niedrigeren Ziffern des Livius sind vorzuziehen.

92 Silanus führte ihm ein Aufgebot des Königs Kulcha zu. Insgesamt 3000 Mann zu Fuß und 500 Reiter. Scipio hatte auf seinem Vormarsch von Tarraco Truppen der am Weg wohnenden Bundesgenossen eingezogen. Insgesamt verfügte er über 45000 Mann zu Fuß und 3000 Reiter.

rungen seines Vaters und seines Oheims mit den iberischen Soldaten mißtraute er ihnen und wollte sie nur als „Staffage“ verwenden.

Die Schlacht bei Ilipa[93]

Scipio rückte mit seinen Truppen ins Baetistal vor, wo die Karthager in gesicherter Position ihr Lager aufgeschlagen hatten. Sie suchten zunächst durch eine Reiterattacke den Aufbau des römischen Lagers zu stören. Der Angriff wurde erfolgreich zurückgeschlagen. Die nächsten Tage vergingen mit Reitergefechten. Beide Gegner waren zur Schlacht entschlossen und führten deshalb täglich ihre Heere in Schlachtformation vors Lager. Gewöhnlich marschierten zuerst die Karthager auf und kehrten auch als erste wieder ins Lager zurück, nachdem die Römer das Angebot nicht angenommen hatten.

Scipio wollte den Feind sorglos machen, um ihn durch eine plötzliche Maßnahme überraschen zu können. Er suchte nach allen möglichen Tricks, um seine Situation gegenüber dem zahlenmäßig überlegenen Feind zu verbessern. Beide Seiten stellten gewöhnlich ihre besten Truppen ins Zentrum, die Karthager die Libyer, Scipio seine Legionen. Dadurch standen sich auf den Flügeln jeweils iberische Truppen gegenüber. Es war ungewiß, wie sie gegeneinander kämpfen würden. Scipios Plan war, am Schlachttag die Aufstellung zu verändern, damit die kampfstärkeren Legionen gegen die iberischen Truppen kämpfen sollten, während er den Zusammenstoß seiner iberischen Soldaten mit den kampfstärkeren libyschen Truppen durch eine taktische Maßnahme verhindern wollte. Gleichzeitig wollte er durch einen überraschenden Aufmarsch und Angriff seinen Soldaten die besseren Startbedingungen verschaffen.[94]

In der Morgendämmerung ließ Scipio sein Heer ausrücken[95] und die Leichtbewaffneten und die Reiter sofort die karthagischen Stellungen angreifen. Dadurch wurden die Karthager gezwungen, überhastet und ohne Frühstück aufzumarschieren und Aufstellung zu nehmen, wodurch sie der Veränderung in der römischen Aufstellung nicht gewahr wurden. Nachdem die Gefechte der Leichtbewaffneten und der Reiter beendet waren, ließ Scipio sein Hauptheer gegen den Feind, der vom Kampf, von der Mittagshitze und

[93] P 11,20–33, vgl. Walbank II 1967, 296ff., L 28,12,10–38, App Ib 25,96–37,152, Frontin 2,1,1; 2,3,4, Z 9,8,9–10. Lit.: Seibert 1993, 259–260, 266–267.

[94] Am Abend vor der Schlacht (so L 28,14,7 gegen P 11,22,4) hatte Scipio entsprechende Anweisungen ausgegeben. Die Truppen sollten gut verpflegt und kampfbereit vor Tagesanbruch bereitstehen.

[95] Den linken Flügel kommandierten M. Iunius Silanus und L. Marcius, den rechten Scipio selbst.

vom Hunger bereits erschöpft war, anrücken. Das Zentrum hielt er bewußt in größerem Abstand zurück, während nur die Soldaten auf den Flügeln angriffen.

Die von Scipio angewandte Taktik bewies den hohen Ausbildungsstand, den er durch ständiges Exerzieren seiner Soldaten erreicht hatte. Die Kohorten als selbständige Operationseinheiten bewährten sich zum ersten Mal im Kampf. Sein Ziel war es, durch Ausschwenken seiner Truppen auf den Flügeln den Feind anzugreifen, in der Flanke zu umfassen und einzuschließen.[96] Mit dieser überraschenden Taktik entschied er die Schlacht. Die Truppen der Karthager im Zentrum kamen überhaupt nicht zum Einsatz.[97]

Ein plötzlicher Gewitterregen trennte die Kämpfenden vorzeitig und verhinderte den totalen Triumph der römischen Waffen. Das gegnerische Lager konnte nicht genommen werden. Unter dem Schutz der Nacht zog Hasdrubal ab und rettete sich nach Gades, das als letzter Stützpunkt blieb. Die Bewertung des Livius ist insgesamt richtig, daß damit die Vertreibung der Karthager abgeschlossen war.

Auf dem Rückmarsch nach Tarraco, der 70 Tage dauerte, ordnete Scipio die inneriberischen Verhältnisse. Als Verkünder seines Ruhmes sandte er seinen Bruder mit den vornehmen Gefangenen nach Rom.[98]

Griechenland

Es liegen nur spärliche Informationen über die Vorgänge in Griechenland vor.[99] Philipp hatte durch den Bau einer Kriegsflotte neue operative Möglichkeiten gewonnen, die er nach dem Verschwinden der pergamenischen Flotte und dem Rückzug des Sulpicius nach Ägina ausnutzte. Es gelang ihm, die Insel Zakynthos den Ätolern wegzunehmen.[100] Wohl im Frühjahr unternahmen Gesandte des Königs Ptolemaios, der Städte Chios und Mytilene

[96] Die Beschreibung der Taktik mit den einzelnen Phasen vgl. bei Brewitz 1914, 76ff., Scullard 1930, 132ff., ders. 1970, 90–91 mit Plan, eine Modifizierung vgl. bei Walbank II 1967, 301.

[97] Die Verluste können deshalb nicht allzu hoch gewesen sein. Nur App Ib 27, 109 machte Angaben: 800 Römer und 15000 gefallene Feinde.

[98] L 28,17,1. Es dürfte sich demnach um eine Dublette zu L27,4,4 handeln, anders Brewitz 1914, 67. Zur Rückkehr des Lucius vgl. auch App Ib 29, 114.

[99] Das Geschichtswerk des Polybios ist nur fragmentarisch erhalten, bei Livius finden sich überhaupt keine Angaben. Niese II 1899, 494, Holleaux 1921, 245, Walbank 1940, 98, Deininger 1971, 32–34, Rich 1984, 136, Hammond III 1988, 405ff., zu den Vermittlungsversuchen der Rhodier und des Ptolemaios IV. vgl. auch H. H. Schmitt, Rom und Rhodos, München 1957, 204ff., Huß 1976, 110ff. Vgl. Karte Nr. 8.

[100] L 36,31,11, vgl. Walbank 1940, 98, Hammond III 1988, 405.

sowie Amynander erneut den Versuch, die Kriegsparteien miteinander auszusöhnen.[101]

Sulpicius war an einem Ausgleich nicht interessiert. Er redete sich heraus, er sei nicht berechtigt, über einen Friedensschluß zu entscheiden. Seine wahre Einstellung teilte er dem Senat in einem geheimen Schreiben mit: Es nütze den Römern, wenn die Ätoler mit Philipp Krieg führten. Die Senatoren lehnten deshalb eine Friedensvereinbarung offiziell ab.

Doch die Friedensvermittler[102] gaben ihre Sache nicht so schnell auf. Nochmals versuchten sie die streitenden Parteien für einen Ausgleich zu gewinnen.[103] Von den Verhandlungen ist nur noch die Rede des Rhodiers Thrasykrates erhalten, mit der er die Ätoler und Philipp zum Friedensschluß drängte.[104] Prinzipiell stellte er den Nutzen des Krieges in Frage. Krieg könne höchstens Ruhm einbringen. Doch der gegenwärtige sei in höchstem Maße schimpflich, ehr- und ruhmlos. Die Brüchigkeit der ätolischen Propaganda wurde ihren Vertretern schonungslos vor Augen geführt. Sie behaupteten, für die Griechen und ihre Freiheit gegen Philipp Krieg zu führen, tatsächlich handle es sich aber um einen Krieg zur Versklavung und Vernichtung Griechenlands. Denn diese Absichten lasse ihr Schandvertrag mit den Römern klar erkennen. Philipp sei nur ein Vorwand, in Wirklichkeit sollten seine Bundesgenossen – die meisten Peloponnesier, Böoter, Euboier, Phoker, Lokrer, Thessaler und Epiroten – unterjocht werden.

Der Redner wies allein den Römern die Verantwortung für die Teilungsbedingungen zu, die im Falle einer Eroberung die Zuweisung der Städte und des Landes an die Ätoler, der Menschen und des materiellen Besitzes an die Römer vorsahen. Die Ätoler hätten niemals die Griechen so behandelt, wenn sie allein eine Stadt erobert hätten. (Ob Thrasykrates dies wirklich glaubte?) Aber in diesem Vertrag würden die Griechen den Barbaren zu schmachvollster, brutalster Vergewaltigung ausgeliefert.

Der Rhodier malte ein düsteres Zukunftsbild. Was sie bis jetzt am Beispiel von Oreos und Ägina erlebt hätten, sei nur der Anfang. Er rechnete fest mit der Expansion der Römer nach Griechenland. Die Kriegslage in Italien sei günstig. Hannibal sei auf ein schmales Gebiet in Bruttium zurückgedrängt. Die Vertreter Philipps waren zum Friedensschluß bereit und stellten für den Fall der Ablehnung die Ätoler vor Gott und den Menschen als Kriegstreiber hin. Diese Haltung dürfte ihnen in der Gewißheit, daß die Ätoler auf Betreiben der Römer nicht einwilligen würden, nicht schwer gefallen sein. So

[101] App Mak 3,1–2, vgl. H.H. Schmitt, a.a.O., 204 ff., eine andere Aufteilung der Gesandtschaften bei Huß 1976, 112–113.

[102] Ptolemaios IV., Rhodos, Byzantion, Chios und Mytilene. Amynander wird nicht mehr erwähnt.

[103] P 11,4–6, App Mak 3,3–4, vgl. H.H. Schmitt, a.a.O., 198 ff., 207 ff.

[104] Vgl. dazu Walbank II 1967, 274–277 mit Lit.

konnten sie den Feinden den „Schwarzen Peter“ zuschieben. Tatsächlich stand die Sache Philipps besser denn je. Amynander hatte für die Insel Zakynthos die Fronten gewechselt und war auf die Seite Philipps getreten, dem er das Durchzugsrecht durch Athamanien zugestand.[105]

So konnte Philipp am Acheloos-Fluß entlang ins nördliche Ätolien vorstoßen und die Bundeshauptstadt der Ätoler, Thermos, einnehmen und zerstören.[106] Dieser Erfolg trug entscheidend dazu bei, die Widerstandskraft der Ätoler zu schwächen und sie trotz römischer Einwirkung friedensbereiter zu machen. Schließlich erlitt einer ihrer Verbündeten, Machanidas von Sparta, im Sommer bei Mantinea gegen die Achäer eine vernichtende Niederlage und fand selbst den Tod.[107]

Flottenunternehmungen

Auch in diesem Jahr fuhr M. Valerius Laevinus mit der Flotte nach Afrika, nachdem sein letztjähriges Unternehmen so erfolgreich verlaufen war. Die Römer wagten sich bei ihren Plünderungen bis vor die Mauern Utikas. Auf der Rückfahrt, mit Beute schwer beladen, wurden sie von der karthagischen Flotte aufgebracht und zur Schlacht gestellt. Sie siegten und konnten 17 karthagische Schiffe erobern und vier versenken.[108]

Die Taktik der karthagischen Flottenführung war nicht ungeschickt. Es war günstig, den Feind, mit Beute schwer beladen und deshalb unbeweglich, anzugreifen. Doch die karthagischen Schiffe waren den römischen unterlegen. Nach diesem Sieg kontrollierten die Römer die See völlig. Ungefährdet konnten Getreidetransporte nach Rom verschifft werden.

105 L 36,31,11. Die Frage, ob sich diese Angabe auf das Jahr 207 bezieht, da sie zum Friedensschluß geführt haben soll, den Livius im Jahr 205 datierte (L29,12,3), ist umstritten, vgl. Walbank II 1967, 278 zu den verschiedenen Lösungsversuchen. Aufgrund der topographischen Gegebenheiten zog Hammond III 1988, 405ff. andere Schlußfolgerungen. Von Athamanien selbst sei kein Zugang nach Nordätolien möglich gewesen, denn der Acheloos-Fluß ströme in Athamanien durch unpassierbare Schluchten. Deshalb habe die Route durch Athamanien nur einen Wert gehabt, nämlich den Zugang von Thessalien nach Ambrakia, das eine ätolische Besatzung hatte. Hammond nahm deshalb an, daß Philipp im Jahr 207 die Stadt Ambrakia angriff und eroberte, da sie 206 in seinem Besitz war (App Mak 3,2). Von Ambrakia konnte Philipp ins obere Ätolien vorstoßen. Dieser Raubzug habe den Hilferuf der Ätoler an Rom ausgelöst. Aufgrund der ungewissen Quellenlage wurden in der Forschung eine (so De Sanctis, Walbank, Rich), zwei (Hammond) und sogar drei (T. Walek) Invasionen Philipps angenommen, vgl. u. S. 410 A 54.

106 P 11,7,2–3, Walbank II 1967, 278–279 mit Lit.

107 P 11,11–18, vgl. Walbank II 1967, 282ff. mit Lit.

108 L 28,4,5–7, Thiel 1946, 134.

Der griechische Historiker Polybios[109] widmete Hasdrubal einen ausführlichen Nachruf, in dem er ihn als einen ausgezeichneten Feldherrn pries, der es nicht verdiene, wenn er ohne ein Wort der Anerkennung in der Erzählung fortfahre.[110] Hasdrubal sei, solange Aussicht auf Erfolg bestanden habe, um seine persönliche Sicherheit in den Schlachten besorgt gewesen, als er aber keinen Ausweg, trotz sorgfältiger Vorbereitung, mehr gesehen habe, sei er zum Äußersten entschlossen gewesen, um durch seinen Tod nichts Unwürdiges erdulden zu müssen.[111] Volle Anerkennung verdiene er besonders deshalb, weil er mit den verschiedensten schwierigen Situationen fertig wurde, obgleich ihm aus Karthago wenig qualifizierte Feldherrn geschickt worden waren. Wegen der Unfähigkeit seiner iberischen Kapitäne habe er die Seeschlacht gegen die Römer vor der Ebromündung im Jahr 217 verloren.

Hannibal hatte seinen Bruder in Iberien zum Schutz des Gebietes und zur Organisation seines Nachschubs zurückgelassen. Beide Aufgaben erfüllte er viele Jahre lang bestens. Solange die beiden Scipionen in Iberien kämpften, geriet die karthagische Herrschaft nie ernsthaft in Gefahr. Sein Organisationstalent bewies sich in der Aufstellung immer neuer Truppenverbände, die er seinem Bruder nach Italien zur Ergänzung sandte.[112] Die karthagische Herrschaft war so unumstritten, daß er sogar zwei Jahre zur Unterdrükkung des numidischen Aufstandes unter Syphax in Afrika tätig werden konnte. Er versäumte aber, die römischen Streitkräfte nach dem Tod der Scipionen im Jahr 211 vollständig zu vernichten oder aus Iberien zu vertreiben. Es dürfte fraglich sein, ob die Senatoren erneut ein Invasionsheer dorthin entsandt hätten. Zumindestens wäre der Neuanfang wesentlich schwieriger geworden. Dem strategischen Talent des P. Cornelius Scipio war er nicht gewachsen. Ein gerechtes Urteil sollte bedenken, daß auch Hannibal dem Römer unterlag. Im Gegensatz zu seinem Bruder hätte er wohl dem Krieg in Italien neue Impulse geben können.[113]

[109] P 11,2, vgl. L 27,49,4. Vgl. auch die Würdigung bei D 26,24,1–2.

[110] Der tatsächliche Gehalt der Würdigung ist indessen äußerst mager. Es wird zwar auf seine vielfache Bewährung in den Kämpfen in Iberien verwiesen, aber dann ergeht sich der griechische Historiker in allgemeinen Erörterungen, daß die meisten Feldherrn und Könige in entscheidenden Situationen nur mit dem Gedanken beschäftigt seien, wie sie einen Sieg ausnutzen könnten. Durch ihre Kopflosigkeit seien sie an der Niederlage schuld, obgleich ihre Soldaten tapfer kämpften.

[111] Im Vergleich zu dem „Nachruf" fällt auf, daß die Berichte der antiken Quellen über die Ereignisse auf dem iberischen Kriegsschauplatz und die Analyse der Metaurusschlacht diese Glorifizierung nicht stützen, Lehmann 1905, 207. Vgl. das ungünstige Urteil von T. A. Dodge, Hannibal, Boston 1891, 532, 551, 557.

[112] Die römische Tradition vermerkte zwar die Aufstellung dieser Heere, deutete sie aber als Folge ihrer überwältigenden Siege um. Dies ist sicher unzutreffend.

[113] Zu Recht betont D 26,24,2, daß man die Fähigkeit eines Feldherrn nicht nach seinen Erfolgen, sondern nach seinen Zielen und seinen Unternehmungen beurteilen

Die Hoffnungen Hannibals hatten sich mit dem Tod seines Bruders zerschlagen. Er resignierte und igelte sich in Bruttium ein. Der Sieg am Metaurus hatte die Römer von der neuen Gefahr, die aus dem Norden gedroht hatte, befreit, was sich besonders auf die unsicheren Verhältnisse in Etrurien beruhigend auswirkte. Es fehlte ihnen aber immer noch ein Feldherr, der Hannibal überlegen war, ihn in einer Schlacht besiegen und zum Verlassen des Landes zwingen konnte. Der Konsul Claudius war von dem Karthager regelrecht „vorgeführt" worden.

müsse. Denn diese unterlägen der Kontrolle eines Menschen, die Ausführungen aber dem Schicksal.

Das 13. Kriegsjahr: 206 v. Chr.[1]

Rom

Der Konsul Livius war der Mann der Stunde und nutzte seinen dominierenden Einfluß bei den Wahlen aus. Unter seiner Leitung wählte das Volk seine bisherige Legaten, L. Veturius und Q. Caecilius Metellus, die sich durch besondere Tapferkeit in der Schlacht am Metaurus ausgezeichnet, aber sonst keine Meriten vorzuweisen hatten, zu Konsuln.[2] Nach Abschluß der Wahlen entließ der Konsul Livius sein Heer, ein untrügliches Zeichen für die große Erleichterung, die sein Sieg über Hasdrubal und die Vernichtung des feindlichen Heeres für die Römer gebracht hatte. Die Senatoren beauftragten ihn mit Untersuchungen in Etrurien und Umbrien, welche Gemeinden über einen Abfall beim Anmarsch Hasdrubals Überlegungen angestellt und welche ihn mit Hilfstruppen, Proviant oder irgend etwas anderem unterstützt hatten.[3]

Die Konsuln erhielten als Amtsbereich die Kriegführung gegen Hannibal in Bruttium übertragen.[4] Trotz der nachhaltigen Entspannung auf dem

[1] Kahrstedt 1913, 531 ff., De Sanctis III 2, 1916, 491 ff., Thiel 1946, 139 ff., Huß 1985, 396 ff.

[2] L 28, 10, 1 ff. Patterson 1942, 334 ff., Scullard 1951, 73–74, Lippold 1963, 196 ff., Jahn 1970, 136–140, R. Develin, The Elections of 207 B. C., Athenaeum 55, 1977, 423–425, ders., 1985, 163–164. Der Dichter Cn. Naevius kommentierte den Vorgang kritisch in einem seiner Stücke: *fato Metelli Romae fiunt consules* – „ohne Verdienst und Zutun wird der Meteller Konsul in Rom“, zur Übersetzung vgl. Ed. Fraenkel, RE Suppl. 6, 1935, 623. Der Konsul drohte Naevius für sein freches Mundwerk mit Strafe *(malum dabant Metelli Naevio poetae)*. Vgl. T. Frank, Naevius and Free Speech, AJPh 48, 1927, 105 ff., H. B. Mattingly, Naevius and the Metelli, Historia 9, 1960, 414–439, H. D. Jocelyn, The Poet Cn. Naevius, P. Cornelius Scipio and Q. Caecilius Metellus, Antichthon 3, 1969, 32–47. Der Dichter soll eingekerkert worden sein, worauf die Verse des Plautus, Miles 211 ff. bezogen werden. Vgl. A. F. West, On a Patriotic Passage in the Miles gloriosus of Plautus, AJPh 8, 1887, 17 ff. Im Gefängnis soll Naevius zwei Stücke geschrieben haben, bevor er von den Volkstribunen freigelassen wurde. Er ging nach Utika ins Exil, wo er 201 v. Chr. starb.

[3] L 28, 10, 4–6. Vgl. A. Pfiffig, Die Haltung Etruriens im 2. Punischen Krieg, Historia 15, 1966, 204, W. V. Harris, Rome in Etruria and Umbria, Oxford 1971, 136. Die Ergebnisse der livianischen Quaestionen sind nicht bekannt.

[4] L 28, 10, 8 ff.

Kriegsschauplatz in Italien mußten weiterhin Heere aufgestellt und Krieg gegen Hannibal geführt werden.[5] Der Küstenschutz Siziliens, der bisher dem Kommando des Prokonsuls M. Valerius Laevinus unterstanden hatte, wurde beträchtlich reduziert. Nur noch 30 Schiffe standen dem Prätor C. Servilius zur Verfügung. Den Rest (70 Schiffe) sollte Valerius nach Rom überführen. Die Senatoren rechneten nicht mehr mit einer karthagischen Offensive und Invasion auf der Insel.[6] In Iberien sollte ein Kommandowechsel vorgenommen werden. Für P. Cornelius Scipio und M. Iunius Silanus wurden L. Cornelius Lentulus und L. Manlius Acidinus, beide im Augenblick Privatleute *(homines privati cum imperio)*, bestimmt und Truppen für den Austausch vorgesehen.[7]

Endlich erlaubte die Kriegslage, an den Wiederaufbau der Wirtschaft zu denken.[8] Die Landbevölkerung, die sich auf Anordnung der Konsuln in die Städte zurückgezogen hatte, wurde zur Rückkehr aufgefordert. Doch mit einem Edikt allein war es nicht getan. Viele Bauern waren im Krieg gefallen, ihre früheren Besitzungen zerstört und verwüstet. Es war kein Vieh vorhanden. An Sklaven herrschte Mangel. Die Bauern benötigten ein „Startkapital" zum Wiederaufbau ihrer zerstörten Gehöfte und zum Ankauf von Vieh und Saatgetreide. Gewaltige Investitionen waren nötig. Den vermögenden Senatoren dürfte es wohl kaum in den Sinn gekommen sein, daß hier die Staatskasse stützend und helfend eingreifen mußte. Hier hätte sich die Chance geboten, eine positive Entwicklung für die italischen Bauern einzu-

[5] Zu den Truppenverteilungen vgl. Klotz 1933, 81, Marchetti 1978, 82–83.

[6] Thiel 1946, 139 ff.

[7] Auf diese Punkte geht der Bericht des Livius nicht ein. Der Austausch erfolgte aber während des Jahres und hatte einen entsprechenden Beschluß des Senats zur Voraussetzung, vgl. u. S. 409.

[8] L 28, 11, 8–11; Tammler 1971, 280–281. Die Behandlung dieses Problems sollen Abgesandte von Placentia und Cremona ausgelöst haben, die sich beklagten, ihre Ländereien würden von den Kelten verwüstet. Aufschlußreich ist die Beschreibung der dortigen Verhältnisse: Ein großer Teil der Bauern hatte sich davongemacht. Es herrschte Mangel an Bürgern in den Städten. Das Land war verlassen und öde. Der desolate Zustand dieser Kolonien verdeutlicht die Schönfärberei der römischen Geschichtsschreibung, die von der Existenz dieser beiden Kolonien mitten im feindlichen Keltenland ausging und sie auch zu den latinischen Kolonien gezählt hatte, die noch vor drei Jahren ihren vollen Verpflichtungen nachgekommen seien sowie im Vorjahr erfolgreich die Belagerung Hasdrubals abgewehrt hatten. Tatsächlich dürften an diesen Plätzen nur noch wenige Siedler gewesen sein und ihre Kolonien nur noch nominell existiert haben. Die Beschluß des Senats läßt seine Hilflosigkeit erkennen: Die Konsuln veröffentlichten ein Edikt, Siedler von Placentia und Cremona sollten sich bis zu einem bestimmten Termin in ihrer Heimat einfinden. Mehr als verbale Aufforderungen konnten sie nicht tun. Das ganze Gebiet entzog sich nach wie vor römischer Kontrolle.

leiten. Die Versäumnisse sollten den römischen Staat Jahrzehnte später in eine schwere Krise stürzen.[9]

Italien

Bezeichnend für die Kriegslage ist die lapidare Feststellung des Livius: „Mit Hannibal gab es in diesem Jahr keine militärische Auseinandersetzung.“[10] Man kann sich gut vorstellen, daß die Stimmung im karthagischen Lager gedrückt war. Die Feststellung, die Karthager hätten sich ganz auf Spanien konzentriert, als wäre in Italien alles in Ordnung, läßt auf Differenzen in der Bewertung der Kriegslage schließen.[11] Kein Karthager dürfte so unvernünftig gewesen sein und tatsächlich die Lage in Italien günstig bewertet haben. Die Ratsherrn hatten aber richtig erkannt, daß der Krieg in Iberien, nicht mehr in Italien entschieden wurde. An den Mißerfolgen Hannibals waren nicht mangelhafte Unterstützung, sondern seine falsche Strategie, die sein Bruder Hasdrubal vergebens zu korrigieren versucht hatte, schuld. Ein Entsatzheer allein konnte in Unteritalien keine Wende erreichen.

Hannibal muß es gelungen sein, seine Soldaten weiterhin zu motivieren und zum Ausharren zu bewegen. Er glich die fehlenden Erfolge auf dem Schlachtfeld durch Überzeugungskraft und Beeinflussung der mentalen Haltung seiner Soldaten aus. Er soll sie überzeugt haben, daß derjenige, der im Krieg tapfer kämpfend falle, nach „nicht langer Zeit“ wieder leben werde, vielleicht Ausdruck des Glaubens der Karthager an ein Leben nach dem Tod.[12] Mit magischer Kraft flößte er ihnen den Glauben an ein Leben nach dem Tode ein. Der Historiker Livius hielt seine Leistungen im Unglück für bewundernswerter als in Zeiten des Erfolges.[13]

Die Konsuln unternahmen einen Plünderungszug ins Gebiet von Cosentia. Gewaltige Beute wurde gemacht. Dabei gerieten sie in einen Hinterhalt von Bruttiern und Numidern. Angeblich sollen die Legionen mit ihrer

[9] Toynbee II 1965, 190ff.

[10] L 28,12,1. Kukofka 1990, 125 lehnt zu Recht die Ansicht ab, Hannibal habe Bruttium als Faustpfand für Verhandlungen mit Rom halten wollen. Vielmehr könnten Hannibal Verbitterung und Stolz davon abgehalten haben, sein Scheitern offen einzugestehen. Kukofka hält es für denkbar, daß Hannibal, wenn er eine römische Invasion zurückgeschlagen hätte, einen ehrenvollen Frieden hätte erlangen können. Zu diesem „ehrenvollen“ Frieden waren die Römer kaum bereit.

[11] L 28,12,9. Den Karthagern in der Heimat wird damit unterstellt, daß sie die Situation falsch einschätzten und Hannibal vernachlässigten. Es ist dies der erste Hinweis auf die „Dolchstoßlegende“, die von Hannibal eifrig verbreitet wurde. Er sei gescheitert, weil ihm die Heimat nur mangelhaft geholfen habe.

[12] Polyain, excerpta 14,20; Huß 1985, 529, ders. 1986, 231–233.

[13] L 27,12,2ff. Vgl. W. Will, Mirabilior adversis quam secundis rebus. Zum Bild Hannibals in der 3. Dekade des Livius, WJA 9, 1983, 157–171.

Beute entkommen sein.[14] Hinfort ließen sie Hannibal im Bruttischen in Ruhe[15] und beschränkten sich darauf, Lukanien, das Hannibal im Vorjahr freiwillig geräumt hatte, völlig unter römische Herrschaft zu bringen. Die Römer konnten trotz Hannibals Rückzug keine Erfolge erzielen. Vor einer direkten Auseinandersetzung schreckten sie zurück. Die Landschaft Bruttium hätte eine andere Taktik erfordert. Für einen Guerillakrieg hätten sie ihr Heer völlig umstrukturieren müssen. Dazu war in einem Jahr keine Zeit.

Spanien[16]

Der Sieg der Römer in der Schlacht bei Ilipa hatte die Karthager zum Rückzug auf die Insel Gades, die Keimzelle ihrer Herrschaft in Iberien, gezwungen. Publius Scipio richtete seine Blicke bereits nach Afrika, wo nach seiner Ansicht der Krieg endgültig entschieden werde.[17] Der Feind mußte dort bekämpft werden, wo er noch über eine intakte Herrschaft verfügte.

Für eine Invasion in Nordafrika war es günstiger, wenn bereits ein befreundeter oder sogar verbündeter Partner vorhanden war. Vor Jahren hatte Scipios Vater bereits erste Kontakte zu Syphax, dem König der Masaisylier, geknüpft und freundschaftliche Beziehungen aufgenommen.[18] Scipio sandte seinen Freund Laelius zu Syphax, der in Siga residierte.[19] Der Numiderfürst war einem Vertragsabschluß nicht abgeneigt, verlangte aber direkte Verhandlungen mit Scipio selbst.[20] Er war sich seiner Bedeutung im Machtkampf Karthagos mit den Römern bewußt und ließ sich nicht mehr wie früher mit zweitrangigen Gesandten abspeisen.

So fuhr Scipio nach Afrika. Das Vorhaben war nicht ohne Risiko. Iberien

[14] L 27, 11, 13–14; Kukofka 1990, 127.

[15] L 28, 12, 1.

[16] Seibert 1993, 267.

[17] Sein Bruder Lucius, der die Nachricht von seinem Sieg nach Rom gebracht hatte, berichtete, daß in Rom Überlegungen angestellt wurden, den Publius nach Afrika zu senden, App Ib 29, 114.

[18] Zu Syphax vgl. P. Habel, RE 4 A 2, 1932, 1472–1477 s. v. Syphax, Maria R.-Alföldi, Die Geschichte des numidischen Königreiches und seiner Nachfolger, in: Die Numider, hrsg. v. H. G. Horn/Chr. B. Rüger, Bonn 1979, 46–48, Ritter 1987, 36 ff., zu Scipios Besuch 39 ff., zur Politik des Syphax vgl. W. Huß, Der „panafrikanische" Gedanke im zweiten Römischen Krieg, in: Punic Wars 1989, 185–191.

[19] Zu Siga als Hauptstadt des Syphax vgl. Plin n h 5, 19. Siga, h. Takembrit, H. Dessau, RE 2 A 2, 1923, 2274 s. v. Siga, Chr. B. Rüger, Siga, die Hauptstadt des Syphax, in: Die Numider, Bonn 1979, 181–184, H. Baldus, Siga als königliche Münzstätte, ebd., 185–186. Nachdem er das Reich des Massinissa erobert hatte, verlegte er seine Residenz nach Cirta (h. Constantine), L 30, 12, 3. Vgl. P. Habel, a. a. O., 1472.

[20] P 11, 24a, Walbank II 1967, 305–306, L 28, 17, 4 ff., App Ib 29, 114–30, 119, Z 9, 10, 1, Val Max 6, 8 ext. 7; 9, 8, 1, Sil 16, 184 ff. Scullard 1970, 96 ff., Huß 1985, 398.

war noch keineswegs befriedet. Noch gab es karthagische Widerstandsnester, noch kreuzten karthagische Schiffe im westlichen Mittelmeer. Beinahe hätte die Fahrt ein schlimmes Ende genommen. Kurz vor ihm lief der karthagische Feldherr Hasdrubal in den Hafen ein. Gern hätte er sich der römischen Schiffe bemächtigt. Doch hier standen sie unter dem persönlichen Schutz des Syphax.[21]

Beide Gesandtschaften bemühten sich um die Gunst des Numiders und wünschten seine Zusage für ein Bündnis. Syphax soll beide Führer zu einem gemeinsamen Gastmahl gebeten haben, bei dem Scipio mit seinem Charme nicht nur den Numiderfürsten für sich gewann, sondern auch nachhaltigen Eindruck auf seinen Feind machte. Nach der römischen Tradition habe Scipio das „Wettbuhlen" um die Gunst des Numiders und seine Zusage für ein Bündnis für sich entschieden. Doch tatsächlich dürfte es sich nur um eine Beibehaltung des bisherigen Freundschaftsverhältnisses gehandelt haben,[22] das aus späterer Sicht die römischen Historiker zu einem Bündnis *(foedus)* aufwerteten.[23] Nach viertätiger stürmischer Überfahrt kehrte Scipio nach Neukarthago zurück.[24] Gemessen am Risiko hatte sich das Unternehmen nicht gelohnt.[25]

Noch gab es in Iberien Widerstandsnester gegen die Römer.[26] Scipio griff

[21] App Ib 30, 117–118 erwähnt vergebliche Versuche der Karthager, sowohl bei der An- als auch bei der Rückfahrt Scipios Schiff zu kapern.

[22] Scullard 1970, 97: "No definite results were reached at the meeting."

[23] L 28, 18, 12: *foedere icto*, App Ib 30, 118. Ritter 1987, 40–41. Damit sollte die spätere harte Behandlung des besiegten Syphax durch Scipio gerechtfertigt werden. Es wurde ihm damit der Bruch eines Bündnisses unterstellt, während tatsächlich die *amicitia* den Abschluß eines Vertrages mit Karthago nicht ausschloß.

[24] An der Historizität der Episode wurden in der Forschung Zweifel geäußert und sie in den Bereich der Dichtung verwiesen, so durch W. Ihne, Römische Geschichte, II 2. Aufl. 1896, 371. Sympathien für diese Sicht bei Huß 1985, 398 („Es kam zu jener berühmten Dreierbegegnung, an deren Historizität man fast zweifeln möchte"). Die scipionenfreundliche Tradition gewinnt allerdings durch den Hinweis, daß Scipio die Kontakte ohne Befehl des Senates aufgenommen hatte (L28, 18, 3, Z9, 10, 1), an Glaubwürdigkeit. Sie hätte wohl kaum eine Episode erfunden, mit der Scipio angegriffen werden konnte, da er die Grenzen seines Amtsbereiches überschritten hatte.

[25] Persönlichen Ehrgeiz und Wagemut betrachtete L. Keller, Der zweite punische Krieg und seine Quellen, Marburg 1875, 82 als Haupttriebfeder. Das Urteil Th. Mommsens, RG I, 637 war noch härter: „ein tollkühnes Wagstück, das durch keinen entsprechenden Zweck gerechtfertigt ward". Vgl. die Verteidigung durch Scullard 1970, 96. Er hält das Risiko für berechtigt. Scipio sei nicht der Mann gewesen, der ein Abenteuer unternommen habe, wenn er es nicht für der Mühe wert angesehen habe. Er habe klar erkannt, daß ein Versuch unternommen werden mußte, um eine starke proömische Partei in Afrika aufzubauen, um den Krieg dorthin zu bringen.

[26] L 28, 19, 4ff., App Ib 32, 128ff., Z9, 10. Die Karthager gaben ihre Sache noch nicht völlig verloren, wenngleich nur gelegentliche Hinweise dafür vorliegen. Daß für

die Stadt Ilurgeia an, die am Tod der Scipionen schuld gewesen sein soll und den Römern ihre Tore verschloß. Trotz heftiger Gegenwehr wurde die Stadt eingenommen und mit größter Brutalität und Grausamkeit vernichtet. Niemand wurde geschont. Alle Bewohner, auch die Frauen und Kinder, wurden umgebracht und die Stadt selbst niedergebrannt.[27] Das Schicksal von Kastax, das sich freiwillig ergab, war besser, da angeblich sein Anteil an der Schuld am Tod der Scipionen auch geringer war.[28]

Während Scipio nach Neukarthago zurückkehrte und dort Gladiatorenkämpfe als Leichenspiele für seinen Vater und seinen Oheim abhielt,[29] unternahm L. Marcius einen Vorstoß über den Baetis zur weiteren Unterwerfung von Gebieten, die sich den Römern noch nicht ergeben hatten. Ein geeigneter Vorwand ließ sich leicht finden. Angeblich hatten sie Raub- und Plünderungszüge in Gebiete römischer Bundesgenossen unternommen. Daß die Herrschaft der Römer nicht überall willkommen war, beweist das Verhalten der Bewohner von Ostippo.[30] Sie zogen den Tod in der Schlacht oder den Freitod einem Leben in Sklaverei vor und vernichteten auch alle Wertgegenstände, so daß nichts den verhaßten Feinden in die Hände fiel.

Mago, der sich nach Gades zurückgezogen hatte, organisierte von hier aus den Widerstand. Mit Unterstützung des Feldherrn Hanno zog er Schiffe und Hilfstruppen in Afrika und Iberien zusammen.[31] Doch auch in der letzten Bastion gärte es. Es gab Kreise in der Stadt, die die Sache der Karthager als verloren betrachteten und sich möglichst einen günstigen Status zu sichern suchten. Überläufer suchten Scipio in Neukarthago auf, um die Übergabe der Stadt selbst und den Verrat der Karthager samt Feldherrn, Besatzung und Flotte zu verabreden. Scipio sandte L. Marcius mit Landtruppen und Laelius mit Schiffen zur Unterstützung des Anschlags.[32]

Da brach im römischen Lager am Sucro eine Meuterei aus.[33] Die Soldaten hatten schon lange, trotz der gewaltigen Einnahmen, keinen Sold erhalten.

die Feldzüge der Römer größere Truppenkonzentrationen nötig waren, ergibt sich aus der Tatsache, daß auch L. Marcius aus Tarraco herbeibeordert wurde.

27 L 28, 20, 5–7.

28 L 28, 20, 8 ff., App Ib 32, 130–131, Z 9, 10, 2.

29 L 28, 21, 1–10, Z 9, 10, 3.

30 L 28, 22, 2 ff., App Ib 33, 132–136. Livius tradierte Astippa, vgl. Plin n h 3, 12: Ostippo, h. Estepa südlich von Astigi, anders Sanchez 1975, 238 ff. in der Gegend von Sevilla oder Cordoba.

31 L 28, 23, 6 ff. 32 L 28, 23, 6–8.

33 P 11, 25–30, Walbank II 1967, 306–309, L 28, 24–29, App Ib 34, 137–36, 147, Cass frg. 57, 47, Z 9, 10, 4–8, W. S. Messer, Mutiny in the Roman Army, CPh 15, 1920, 168 ff., Scullard 1930, 147 ff., ders. 1970, 99 ff., M. Erren, Die klassische Ökonomie der Affekte bei Livius, in: Livius. Werk und Rezeption. Festschrift für E. Burck, München 1983, 11–18, E. T. Salmon, Scipio in Spain and the Sucro Incident, Studii Clasice 24, 1986, 77–84.

Als Scipio erkrankte und im Lager das Gerücht kursierte, er sei gestorben, brach ihr Unmut offen aus. Die antiken Berichte versuchen den wenig erfreulichen Vorgang zugunsten Scipios zu beschönigen. Die Forderungen der Soldaten waren berechtigt. Die rückständigen Soldzahlungen wurden ihnen umgehend zugesagt.[34] Die Gefangennahme der Rädelsführer und ihre Hinrichtung beendeten die Meuterei.

Während dieser Ereignisse rückte L. Marcius ins Baetisgebiet vor, während Laelius in Karthaia mit seinen Schiffen Stellung bezog, um Gades von den Verrätern zu übernehmen.[35] Die Verschwörung war aber bereits entdeckt, und die Verschwörer wurden auf Schiffen nach Karthago verfrachtet. Unterwegs griff sie Laelius in der Straße von Gibraltar an. Doch das Treffen wurde mehr von der Meeresströmung als von Rudermanövern bestimmt, so daß die meisten karthagischen Schiffe entkommen konnten. Da keine Aussicht auf Übergabe von Gades bestand, kehrten Marcius und Laelius nach Neukarthago zurück.

Mago schöpfte erneut Hoffnung. Der Anschlag der Römer auf die letzte Bastion der Karthager war gescheitert. Er hatte auch von der Meuterei im römischen Lager erfahren. Ebenso machte der Aufstand der Ilergeten[36] deutlich, daß die römische Herrschaft noch lange nicht gefestigt war. Deshalb sandte er nach Karthago Boten mit der Bitte um Hilfstruppen, um den karthagischen Herrschaftsbereich zurückerobern zu können.[37]

Doch immer mehr Verbündete gaben die Sache der Karthager verloren,

[34] Die römische Tradition versuchte gezielt, die wahren Gründe der Meuterei zu verdecken. Sie stellte nie die Frage, weshalb die Soldaten Soldforderungen hatten, deren Berechtigung Scipio nie anzweifelte. Durch die Kontributionen an die unterworfenen Städte gewinnt der unbefangene Leser den Eindruck, daß Scipio sich bemühte, Versäumtes schnellstens nachzuholen. Es entsteht der trügerische Eindruck, als hätte er bisher keine Gewinne gemacht. Tatsächlich werden die riesigen Gewinne – abgesehen von der Beute in Neukarthago – nicht explizit aufgeführt. Doch gegen Ende des Jahres brachte Scipio 14342 Pfund Silber, dazu große Mengen geprägten Silbers nach Rom (L 28,38,5). Diese Menge Geld sollte die Senatoren, vor denen er im Tempel der Bellona seine Taten und Erfolge verkündete, so beeindrucken, daß sie ihm einen Triumph erlaubten. Scipio hatte also eine wohlgefüllte Kasse in Iberien und zahlte trotzdem seinen Soldaten nicht den Sold aus! Es besteht der Verdacht, daß er aus Geiz und zur Befriedigung eigensüchtiger Ziele seinen Soldaten den Sold vorenthielt und dadurch die Meuterei provozierte. Dieses Bild eines habgierigen Scipio wollte die römische Tradition der Nachwelt nicht vermitteln. Nach App Ib 34,138 bestachen Abgesandte Magos die römischen Soldaten, um sie zum Übertreten zu veranlassen, d. h. die Meuterei soll von den Karthagern verursacht worden sein!

[35] L 28,30,1–31,4.

[36] P 11,31–33, vgl. Walbank II 1967, 309–312, L 28,31,5–34, App Ib 37,147–148, Scullard 1970, 101. Die Ilergeten wurden in einem Feldzug unterworfen und zur Tributzahlung verpflichtet, damit den Soldaten der Sold ausbezahlt werden konnte.

[37] L 28,31,3–4.

so auch Massinissa, der Sohn des Gaia,[38] der ein treuer Verbündeter der Karthager gewesen war und sie tatkräftig im Krieg gegen die Römer in Iberien unterstützt hatte.[39] Jetzt nahm er geheime Kontakte zu Scipio auf. Da ihm jegliche Legitimation fehlte,[40] konnte er auch kein Bündnis vereinbaren. Wahrscheinlich dürfte Scipio nach dem Scheitern seiner Verhandlungen mit Syphax jede Gelegenheit ergriffen haben, um in Nordafrika Fuß zu fassen. Noch sollte die Kontaktaufnahme geheim bleiben. Um den Schein wahren zu können, unternahm Massinissa mit Zustimmung Scipios Raub- und Plünderungszüge in den benachbarten Gebieten.

Die Hoffnungen Magos, die Herrschaft der Römer könnte durch die Meuterei im eigenen Lager und durch den Aufstand der Ilergeten nachhaltig geschwächt werden, waren durch die schnelle Niederschlagung gedämpft worden. Er war bereits zum Abzug aus Gades entschlossen, als der Befehl der karthagischen Regierung eintraf, er solle mit seinen Schiffen und Soldaten nach Italien fahren, um dort Ligurer und Kelten anzuwerben und sich mit Hannibal zu vereinigen. Zu diesem Zweck erhielt er ausreichende Geldmittel aus Karthago übersandt. Zusätzlich trieb er alles verfügbare Geld in Gades ein und schreckte auch nicht vor dem Tempelschatz zurück.[41]

Auf der Überfahrt[42] nach der Insel Pithyussa (h. Ibiza)[43] landete er bei

[38] L 28, 35, 1–13, D 27, 7, App Ib 37, 149–150, Lib 10, 36–41, Z 9, 11, 1 ff., Sil 16, 115 ff., P. G. Walsh, Massinissa, JRS 55, 1965, 150, Scullard 1970, 104, Ritter 1987, 43 ff.

[39] Die römische Tradition suchte nach Motiven für seinen Übertritt und glaubte sie in der Enttäuschung des jungen Mannes zu finden, dem die Tochter Hasdrubals, Sophoniba, versprochen worden war, die aber dem Syphax zur Frau gegeben wurde. Gekränkte Eitelkeit dürfte aber kaum das ausschlaggebende Motiv gewesen sein. L. A. Thompson, Carthage and the Massylian Coup d'État of 206 B. C., Historia 30, 1981, 125 A 42. Zweifel an der Verlobung bei Huß 1985, 400 A 236.

[40] Massinissa hatte den Römern nichts zu bieten. In der Zwischenzeit war in seiner Heimat ein Machtwechsel eingetreten. Sein Vater Gaia war gestorben, und die Nachfolge war an seinen Oheim Oezalkes gefallen, dessen Nachfolger Kapussa war, der später von Mazaetullus gestürzt wurde. Dieser rief aber nicht sich selbst zum König der Numider aus, sondern den jüngeren Bruder des gestürzten Königs Lacumazes. Nach Livius hätte Massinissa von Rechts wegen die Nachfolge antreten müssen. Zu den Wirren im Reich der Massyler vgl. L 29, 29, 4–33, 9, dazu L. A. Thompson, a. a. O., 120–126, Eckstein 1987, 234 ff.

[41] L 28, 36–37, App Ib 37, 151, Z 9, 10, 9–10. V. Ehrenberg, RE 14, 1, 1928, 502 s. v. Mago 6, Scullard 1930, 158 f., ders 1970, 105–107.

[42] Nach L 28, 37, 1 ff. soll Mago von Neukarthago erneut nach Gades zurückgekehrt sein. Dort habe man ihm den Zutritt in die Stadt verwehrt. Er habe den Sufeten und den Kassenbeamten aus der Stadt gelockt und sie grausam foltern und ans Kreuz schlagen lassen. Diese Fahrt von Gades nach Neukarthago und zurück scheint wenig sinnvoll, zumal Mago bereits vorher zur Abfahrt entschlossen war. Sie dürfte nur erfunden sein, um einen Anlaß für eine grausame Tat eines Barkiden zu finden.

[43] A. Schulten, RE 20, 2, 1050, 1887 s. v. Pityussai, C. Gomez Bellard, L'île d'Ibiza

Neukarthago und versuchte in einem Handstreich, sich der Stadt zu bemächtigen. Die Ankunft der Feinde war aber bemerkt worden und wurde zurückgeschlagen. Auf der Insel Pithyussa, die noch in karthagischer Hand war, fand er bereitwillig Aufnahme und Unterstützung. Dann fuhr er weiter zu den Balearischen Inseln. Auf Mallorca wurde ihm die Einfahrt in den Hafen verwehrt.[44] Deshalb versuchte er auf der kleineren Insel (Menorca) Zuflucht, die fruchtbar, aber nicht so stark bevölkert war. Hier verbrachte er den Winter. Damit endete die Präsenz der Karthager in Iberien. Gades konnte nun offen zu den Römern übertreten, zu denen es vorher bereits Kontakte hergestellt hatten. Das Abkommen, das L. Marcius abschloß, sah vor, daß keine Besatzung in die Stadt gelegt werden sollte. Die Römer hielten sich aber nicht an ihre Zusage.[45]

Rückkehr Scipios[46]

Für P. Cornelius Scipio war der Krieg in Iberien zu Ende.[47] Er übergab seinen Amtsbereich den Prokonsuln L. Cornelius Lentulus und L. Manlius Acidinus,[48] die neue Truppen nach Iberien brachten, damit die Soldaten Scipios abgelöst werden und in die Heimat zurückkehren konnten.[49] Dem

à l'époque des guerres puniques, in: Punic Wars 1989, 85–97, A. Tovar, Iberische Landeskunde II 3, Baden-Baden 1989, 243ff.

44 V. M. Guerrero Ayuso, Majorque et les guerres puniques. Données archéologiques, in: Punic Wars 1989, 99–114, A. Tovar, a. a. O., 1989, 249ff.

45 L 32,2,5. Die Gaditaner richteten 199 v. Chr. eine Beschwerde an Rom wegen des Vertragsbruchs.

46 Die Rückkehr Scipios nach Rom war von langer Hand vorbereitet. Die antiken Quellen erwecken zwar den Eindruck, als sei Scipio das ganze Jahr 206 in Iberien beschäftigt gewesen und erst kurz vor den Wahlen für 205 zurückgekehrt, da der Bericht über die Wahlen unmittelbar an seinen triumphalen Einzug anschließt, L28,38,5–6. Es ist kaum anzunehmen, daß Scipio erst Ende Januar in Rom eingetroffen war. Dann hätte er nämlich die Seereise zur ungünstigsten Jahreszeit (November/Dezember) von Iberien nach Italien antreten müssen. Nach Cass frg. 57,55–56, Z9,11,3 soll Scipio gegen seinen Willen aus Neid und Mißgunst, um zu verhindern, daß er nach Afrika übersetze, und aus Angst vor einer Gewaltherrschaft abberufen worden sein. Eckstein 1987, 228ff., M. J. Moscovich, Dio Cassius on Scipio's Return from Spain in 205 B. C., AHB 2, 1988, 107–110.

47 Vor seiner Abreise gründete er noch die Stadt Italica, App Ib 38,153, in der er seine kranken und verwundeten Soldaten ansiedelte.

48 Zu ihrer Stellung Seibert 1993, 268.

49 Dieser Schluß ergibt sich aus der Tatsache, daß im Jahr 205 der Ilergetenfürst Indibilis erneut einen Aufstand gegen die Römer unternahm. Er verachtete die römischen Truppen, da das alte Heer abgezogen worden war und neu ausgehobene, d. h. unerfahrene Truppen in Iberien stationiert waren. L 29,1,21, vgl. auch App Ib 38,153

siegreichen Feldherrn gewährten die Senatoren eine Sitzung im Tempel der Bellona außerhalb des Pomeriums.[50] Er wollte sie mit seinen Leistungen beeindrucken und zählte auf, wie viele Schlachten er geschlagen, wie viele Städte er den Karthagern weggenommen, wie viele Stämme sich den Römern unterstellt hatten. Kein einziger Karthager sei zurückgeblieben. Sicher verwies er auch auf die riesigen Gewinne, die er dem Aerar zuführen konnte. Sein Wunsch, sie möchten ihm einen Triumph bewilligen, war evident. Doch dem standen rechtliche Bedenken entgegen.[51] Dennoch gestaltete er seinen Einzug in Rom zu einem „Quasi-Triumph". Er ließ die gewaltige Beute (14342 Pfund Silber und eine Menge Silbermünzen) vor sich hertragen und brachte sie zum Aerar, das sich im Keller des Saturntempels unterhalb des Kapitol befand.[52] Prächtige Beutestücke, Waffen und vornehme Gefangene wurden an der staunenden Menge vorbeigeführt.[53]

Griechenland[54]

Die Ätoler glaubten sich von den Römern im Stich gelassen und waren unter starkem militärischen Druck der Makedonen zum Frieden bereit. Sulpicius versuchte alles, um die Beendigung des Krieges zu verhindern. Er wurde auf der ätolischen Bundesversammlung im Herbst 206 von der Menge

(Scipio ließ nur eine kleine Truppe in Iberien), Plu Fab 26,2. Im allgemeinen geht man in der Forschung davon aus, daß Scipio sein Heer in Iberien ließ. Vgl. Lippold 1963, 200, Marchetti 1978, 82ff., anders Klotz 1933, 81. Es ist eigenartig, daß die Rückführung des siegreichen Heeres von Livius unterdrückt wird. Plu Fab 26,2 erwähnt das von Scipio zurückgebrachte Heer, aus dem er 300 Männer für sich auswählen durfte. Nach App Ib 38,153 ließ Scipio nur eine kleine Truppe in Iberien zurück.

[50] L 28,38,2.

[51] Scipio hatte als *homo privatus cum imperio* den Krieg in Spanien geführt. Nur ein *magistratus cum imperio* konnte einen Triumph feiern. Mancher Senator dürfte hier eine willkommene Gelegenheit gesehen haben, dem jungen Mann, der so selbstbewußt seine Erfolge vorgetragen hatte, zu zeigen, daß „die Bäume nicht in den Himmel wachsen". Val Max 2,8,5, Cass frg. 57,56. Anders P 11,33,7, vgl. Walbank II 1967, 311, und App Ib 38, 156, die Scipio einen Triumph feiern lassen. Scullard 1951, 75 A 2 dachte an einen Triumph *in monte Albano* oder eine *ovatio.* Zu Recht verteidigt J.S. Richardson, The Triumph, the Praetors and the Senate in the Early Second Century B.C., JRS 65, 1975, 52 die Version des Livius.

[52] Kubitschek, RE 1,1 (1893), 667ff. s.v. *aerarium* 1.

[53] App Ib 38,154–155.

[54] Niese II 1899, 500ff., Holleaux 1921, 254ff., Walbank 1940, 101ff., 305–306 (folgt der Chronologie von De Sanctis III 2, 1916, 414 A 87, 429–430), ders. II 1967, 278, Rich 1984, 136ff., Hammond III 1988, 405ff. Die Anordnung und Verteilung der Ereignisse, die sporadisch erwähnt werden, ist umstritten. Wie viele Einfälle in

niedergeschrien.[55] Ihre Erregung war verständlich. Die Römer konnten nur große Worte machen, wo blieb aber ihre Hilfe?[56] Die Ätoler mußten den Frieden zu den Bedingungen abschließen, die ihnen Philipp und seine Verbündeten diktierten.[57]

Da sich Attalos aus Griechenland zurückgezogen hatte und die römische Flotte untätig geblieben war, wurde tatsächlich ein Friedenszustand in Griechenland erreicht. Gemessen an den Zielen, mit denen Philipp den Krieg begonnen hatte, waren seine Ergebnisse bescheiden. Das römische Protektorat war nicht beseitigt worden. Für die vom Krieg betroffenen griechischen Landschaften und ihre Bewohner hatte er nur Zerstörung, Verwüstung, Raub, Plünderung und Verkauf in die Sklaverei gebracht. Die Niederlage der Karthager in der Schlacht am Metaurus dürfte Philipps Pläne für eine Intervention in Italien, sollten sie damals noch vorhanden gewesen sein, endgültig begraben haben.

Wenn Hannibal seine Lage nüchtern und ungeschminkt bewertete und sich keiner Selbsttäuschung hingab, dann mußte er zu dem Ergebnis kommen, daß der Krieg zu Ende war. Sein Ziel, den römischen Herrschaftsanspruch einzudämmen, den Machtbereich der Römer zu verkleinern und die Karthager vor den dauernden Einmischungen zu bewahren, hatte er mit militärischen Mitteln nicht erreicht. Die Karthager waren aus Iberien vertrieben worden. Wie sollte der Krieg in Zukunft finanziert werden? Würden die Einkünfte aus Afrika ausreichen?[58] Die Ratsherrn gaben den Krieg noch nicht verloren. Sie setzten aber auf eine andere Strategie als Hannibal.

In den nächsten Jahren ging der Krieg an Hannibal vorbei. Er stand bis zu seiner Rückberufung nach Afrika abseits vom Geschehen, ohne Einfluß auf den Gang der Ereignisse. Wenn man bedenkt, mit welchem Elan, mit wel-

Ätolien unternahm Philipp in den Jahren 207 und 206, die den Widerstand der Ätoler brachen und sie zum Abschluß des Friedensvertrages bewogen (L 37, 31, 11)? In der Forschung wurden die Ereignisse auf eine (De Sanctis, Walbank), auf zwei (F. Geyer, RE s. v. Madeonia 749, ders., RE s. v. Philippos 2310, H. H. Schmitt, Rom und Rhodos, München 1957, 211 A 1) und sogar auf drei Invasionen (Walek-Czernecki, RPh 1928, 20) verteilt. Eine sichere Entscheidung ist nicht möglich, vgl. Hammond III 1988, 405: "The following reconstruction is probable only."

[55] App Mak 3, 1.

[56] L 29, 12, 1: *Aetolos desertos ab Romano, cui uni fidebant, auxilio.*

[57] L 29, 12, 1; 31, 29, 3; 33, 13, 11; App Mak 3, 4, Cass frg. 57, 58, Z 9, 11, 4. Walbank 1940, 100 A 1, Schmitt III 1969, 283, Hammond III 1988, 405 ff. Die Einzelheiten des Vertrages sind nicht bekannt und boten deshalb zu reichhaltigen Spekulationen Anlaß. Philipp dürfte als dominierende Landmacht einige territoriale Zugeständnisse verlangt haben.

[58] Die Finanzierung des Krieges aus den Einkünften des Landes war nach P 1, 71, 1 möglich.

chem strategischen und taktischen Geschick er den Krieg in den Anfangsjahren geführt hatte, dann kann man sich über sein Verhalten in diesen Jahren nur wundern. Er hatte jeden Schwung und Unternehmungsgeist verloren.

Bei dieser ernüchternden Bilanz der Kriegslage verwundert es, daß der Krieg noch so lange dauerte. Schuld daran waren die Senatoren, die ihrem Feldherrn Scipio die nötigen Truppen und Gelder versagten. Der Krieg kam fast 1 1/2 Jahre lang zum Stillstand.

Das 14. Kriegsjahr: 205 v. Chr.[1]

Rom[2]

In diesem Jahr kamen mehr Menschen als üblich zu den Wahlen nach Rom. Sie wollten den Mann sehen, von dem sie sich eine Beendigung des Krieges erhofften.[3] Täglich versammelte sich eine begeisterte Menge vor seinem Haus.[4] Die Bürger wählten ihn als Konsul und zu seinem Kollegen den Pontifex Maximus P. Licinius Crassus.[5]

Scipio dürfte sicher damit gerechnet haben, daß ihm die Senatoren Afrika als Amtsbereich zuwiesen. Zu seiner Überraschung bestimmten sie für Licinius Bruttium und den Krieg gegen Hannibal und für ihn Sizilien,[6] wo bereits seit vier Jahren der Krieg beendet war. Er legte diesen Beschluß zu seinen Gunsten so aus, daß ihm mit Sizilien auch die Kriegführung in Afrika übertragen sei. Doch damit waren viele Senatoren nicht einverstanden.

Es entstand eine hitzige Diskussion über die richtige Strategie.[7] Sollte zu-

[1] Kahrstedt 1913, 538ff., De Sanctis III 2, 1916, 491ff., Thiel 1946, 144ff., Lazenby 1978, 193ff., Huß 1985, 400ff.

[2] Patterson 1942, 335, Scullard 1951, 75ff., Cassola 1962, 281ff., Lippold 1963, 198ff.

[3] Plu Fab 25,1, App Ib 38,155 betont vor allem die Begeisterung der Jugend für Scipio, vgl. Th. Köves, Zum Empfang der Magna Mater in Rom, Historia 12, 1963, 327ff.

[4] Es war hinter den „Alten Läden“ *(tabernae veteres)*, an deren Stelle später die Basilica Sempronia errichtet wurde. Scullard 1970, 108, F. Coarelli, Rom, Freiburg 1975, 82.

[5] L 28,38,6–8.

[6] L 28,38,12. Der Pontifex Maximus durfte Italien nicht verlassen, womit bereits eine Vorentscheidung über die Verteilung der Amtsbereiche getroffen war.

[7] Livius gestaltete diese Auseinandersetzung in Form einer Rede des Fabius und einer Erwiderung Scipios. L 28,40,1–44,18, vgl. Sil 16,592–700. Plu Fab 25–26 schilderte den Machtkampf zwischen beiden Persönlichkeiten als eine längere Abfolge von Einzelaktionen. App Lib 6,25–7,29 nannte keine Protagonisten der unterschiedlichen Positionen (vgl. auch Ann 55,228–229). Die Historizität der Reden wird zu Recht bestritten. Sie dürften aber die prinzipiellen Unterschiede in den Ansichten zum Ausdruck bringen. Anderer Ansicht war W. Hoffmann, Livius und der zweite Punische Krieg, Hermes Einzelschr. 8, Berlin 1942, 88ff., 108ff., der den gesamten Streit als Erfindung der caesarischen Zeit ablehnte. Auch F. Münzer, RE 6,2, 1909,

erst Hannibal in Italien angegriffen und aus dem Land getrieben werden, oder sollte sofort ein Heer in Afrika landen und die Karthager im eigenen Land bekriegen?[8]

Fabius machte sich zum Wortführer der älteren Senatoren, die zuerst den Krieg in Italien beendet und Hannibal endlich aus dem Land vertrieben sehen wollten. Die Befreiung Italiens, das bereits seit 13 Jahren vom Feind besetzt war, sei das vordringlichste Ziel. Deshalb richtete er an Scipio die Aufforderung, zunächst das Eigene zu verteidigen, dann erst den Feind anzugreifen.

Scipio verteidigte seine Strategie. Offen bekannte er sich zu seinem Ehrgeiz und gab zu, daß er den großen Fabius an Ruhm zu übertreffen wünsche. Doch dieser persönliche Ehrgeiz sei letzten Endes zum Vorteil des Staates. Die Risiken einer Invasion in einem fremden Land spielte er herunter und betonte dagegen die Vorzüge, die die Kriegführung im Land des Feindes bringe. Gleichzeitig sollten die Bundesgenossen Afrikas zum Abfall gebracht werden. Er gab sich überzeugt, daß er mit seiner Strategie das von Fabius gewünschte Kriegsziel erreichen könnte. Wenn er in Afrika Krieg führe, würde Hannibal von allein Italien verlassen.

Die Meinungsverschiedenheiten[9] waren in den Personen und ihren unterschiedlichen Zielen begründet. Fabius, der immer vorsichtig gewesen war, schreckte vor den Gefahren, die eine Invasion mit sich brachte, zurück, er setzte auf die Ermattungsstrategie, die sich bereits bewährt hatte. Scipio bevorzugte eine gewagtere Kriegführung, deren Risiken er aber genauestens kalkulierte, und hielt die Niederwerfungsstrategie für die richtige.[10]

1828 s. v. Fabius 116 stand der Überlieferung skeptisch gegenüber, wenngleich er an dem Gegensatz beider Persönlichkeiten in der Kriegführung nicht zweifeln wollte. Ebenso Scullard 1930, 75 A 3, Tammler 1971, 285. Für einen historischen Kern der Auseinandersetzung trat Cassola 1962, 282 ff. ein, ähnlich Lippold 1963, 199–200, der zwar mit späteren Zusätzen rechnete, aber an der Historizität der Auseinandersetzung prinzipiell nicht zweifelte. U. Bredehorn, Senatsakten in der republikanischen Annalistik, Diss. Marburg 1968, betrachtete L 28, 45, 7 mit dem Dekret der Volkstribune über die Gültigkeit des Senatsbeschlusses *de provinciis* als Zitat aus den Senatsakten.

[8] Den Plan Scipios bezeichnete Fl 1, 22, 55 als Nachahmung Hannibals. Vgl. dazu G. Brizzi, Imitari coepit Annibalem (Florus I, XXII 55): apporti catoniani alla concezione storiografia di Floro?, Latomus 43, 1984, 424–431.

[9] Marianne Bonnefond, Le sénat républicain et les conflits de générations, MEFRA 94, 1982, 175–225, bes. 200 ff., dies. 1989, 610 ff. wollte generationsbedingte Ursachen entdecken. Diese Deutung schließt meine Interpretation nicht aus.

[10] Scullard 1970, 109 ff. Bei Scipio spielten sicher auch Überlegungen eine Rolle, die nicht von sachlichen Argumenten bestimmt waren. Es war zweifelhaft, ob er den Krieg in Unteritalien während seines Amtsjahres beenden konnte. Bei einem außeritalischen Amtsbereich war die Prorogation des *imperium* üblich, die Chancen für die Beendigung des Krieges besser.

Unbedachte Äußerungen Scipios in der Öffentlichkeit verliehen der Diskussion eine völlig neue Dimension. Seine versteckte Drohung, er werde seine Pläne notfalls mit Hilfe des Volkes gegen den Senat durchsetzen, forderte den Widerstand der Senatoren heraus.[11] Der Streit um die richtige Kriegführung drohte zu einem Verfassungskonflikt zu eskalieren,[12] der nur mühsam durch einen Kompromiß beigelegt wurde. Scipio behielt Sizilien als Amtsbereich, allerdings mit dem entscheidenden Zusatz, er könne nach Afrika übersetzen, wenn es der Nutzen des Staates erfordere. Die Senatoren genehmigten ihm für seinen Amtsbereich keine zusätzliche Ausstattung. Er mußte mit dem zufrieden sein, was er dort vorfand: die *legiones Cannenses* und 30 Kriegsschiffe. Für eine Invasion in Afrika hätte er neue Aushebungen, zusätzliche Geldmittel und eine größere Flotte benötigt. Die Senatoren behinderten aus machtpolitischen, aber auch selbstsüchtigen Motiven[13] die erfolgreiche Fortführung des Krieges. Statt alle Kräfte für die Beendigung des Krieges einzusetzen, legten sie ihrem erfolgreichsten Feldherrn größte Hindernisse in den Weg.

Scipio konnte wenigstens ihr Einverständnis erhalten, Freiwillige zu den Waffen rufen und Spenden der Bundesgenossen annehmen zu dürfen. Der Affront wurde noch durch die Bewilligung eines Heeres für Griechenland verstärkt, wo der Krieg gegen Philipp neu belebt werden sollte.[14]

Der Streit um die richtige Kriegführung ging in der Öffentlichkeit weiter.[15] Fabius versuchte die jungen Leute, die sich als Freiwillige melden wollten, davon abzuhalten und verunsicherte die Menschen durch seine Kassandrareden.[16]

Für die Furcht und Unsicherheit der Menschen waren die Prodigien ein

[11] L 28, 45, 1 ff.

[12] Als der ehemalige Konsul Q. Fulvius Flaccus Scipio auf eine Aussage festlegen wollte, daß er sich der Entscheidung der Senatoren über den Amtsbereich fügen werde, antwortete er ausweichend, er werde tun, was für den Staat vorteilhaft sei. Doch Fulvius verlangte eine klare Antwort. Er erbat sich den Beistand der Volkstribune, sollte ihn der Konsul zu einer Meinungsäußerung zwingen. Die Volkstribune stellten sich ganz auf die Seite der Senatoren, L 28, 45, 7. Bleicken 1968, 81. Nach einem Tag Bedenkzeit lenkte Scipio ein. Hinter den Kulissen dürfte es eifrige Verhandlungen gegeben haben, die beide Seiten das Gesicht wahren ließen. Offiziell setzten sich die Senatoren durch, die die Amtsbereiche verteilten.

[13] Zutreffend dürfte die Beurteilung des Z 9, 11, 6 sein, daß Mißgunst ein wesentliches Motiv der Senatoren war. Anders Lippold 1963, 200–201, der die Verweigerung der Finanzmittel wegen der schlechten Finanzlage für berechtigt hält. Tatsächlich hatte Scipio beträchtliche Mittel aus Spanien mitgebracht.

[14] Der Prokonsul P. Sempronius Tuditanus wurde mit 10000 Mann, 1000 Reitern und 35 Kriegsschiffen nach Griechenland geschickt, L 29, 12, 2.

[15] Zu den Anspielungen im ›Miles gloriosus‹ des Plautus, die in der Forschung unterschiedlich interpretiert werden, vgl. Seibert 1993, 357–358.

[16] Plu Fab 26, 1–2.

untrügliches Zeichen. Die Sibyllinischen Bücher empfahlen als Sühnung für einen Steinregen: Wann immer ein auswärtiger Feind Krieg ins italische Land getragen habe, könne er aus Italien vertrieben und besiegt werden, wenn die Idäische Mutter aus Pessinus nach Rom gebracht werde.[17] Wollte Fabius mit kultischen Maßnahmen sein strategisches Ziel durchsetzen?[18]

Italien

Hannibal stellte im Tempel der Hera Lakinia (h. Capo Colonne) bei Kroton eine zweisprachige Stele (griechisch-punisch) auf mit einem Bericht über seine Unternehmungen.[19] Er sah wohl den Krieg als beendet an. Trotz seiner aussichtslosen Lage hatte er seine Soldaten bis zum Abzug aus Italien völlig unter Kontrolle. Wie Polybios mit Bewunderung vermerkte, gab es keine Meuterei in seinem Heer. Die Römer hatten für Überläufer hohe Belohnungen ausgesetzt. Es verwundert, daß nicht viele Soldaten ihr Heil im Lager des Feindes suchten. Das Verhältnis zur bruttischen Bevölkerung, die die ganzen Kriegslasten tragen mußte, war sicher gespannt. Daß es nicht immer ohne Zwangsmaßnahmen abging, ist wahrscheinlich.[20]

[17] L 29,10,4ff., Ovid, fasti 4, 259ff. Seibert 1993, 405–406.

[18] Fabius war nicht nur ein erfahrener Politiker, sondern auch langjähriger Augur und Pontifex, der es immer wieder verstanden hatte, die Bestimmungen des religiösen Lebens auch für seine politischen Zwecke einzusetzen. Ein solcher Verdacht wird durch den Orakelspruch des delphischen Gottes erhärtet. Die Römer schickten eine Gesandtschaft nach Delphi, um dort ein Weihgeschenk aus der Beute der Metaurusschlacht darzubringen, L 28,45,12. Den Gesandten gab der Gott den Spruch, das römische Volk werde einen viel größeren Sieg als der, aus dessen Beute sie Geschenke brächten, erringen, L 29,10,6–7. Die Freunde Scipios legten den Spruch zu ihren Gunsten aus und sahen darin eine Bestätigung seiner Forderung nach Afrika als Amtsbereich. Seine Gegner dürften dieser Deutung kaum zugestimmt haben. Die Senatoren schickten eine zweite Gesandtschaft nach Delphi (L 29,11,3, Tammler 1971, 294ff.), die den Gott befragen sollte, wie der Auftrag auszuführen sei. Für den Empfang in Rom wurde die Anweisung erteilt, der *„optimus vir"* sollte die Göttin gastfreundlich in Empfang nehmen. M. Valerius Falto wurde sofort nach Rom zurückgesandt, um den „besten Mann in der Bürgerschaft" zu suchen, L 29,11,5–8, Cass frg. 57,61. Viele Römer, die man dazu befragt hätte, dürften wohl P. Cornelius Scipio genannt haben. Wenn er als *optimus vir* von den Senatoren zum Empfang der Magna Mater ausersehen wurde, dann konnte er nicht mit seinem Heer nach Afrika übersetzen, sondern mußte sich in Rom oder Italien bereithalten. Die Eile, mit der die Gesandten diese spezielle Bestimmung nach Rom meldeten, läßt den Verdacht aufkommen, daß hier die Gegner Scipios seine Invasionspläne mit einem besonderen Trick verhindern wollten. Er sollte von seinem Vorhaben als *optimus vir* weggelobt werden.

[19] L 28,46,16, vgl. P 3,33,18; 56,4. Seibert 1993, 245.

[20] App Ann 54,227. Akuter Geldmangel soll Hannibal auch veranlaßt haben, bei

Die Lage auf dem Kriegsschauplatz in Bruttium stand unter einem unglücklichen Stern. In diesem Sommer brach in den römischen Heeren eine Seuche aus. Das Heer Hannibals wurde noch schwerer getroffen.[21] Die Kriegshandlungen kamen fast zum Erliegen. Es fanden nur Raub- und Plünderungszüge zur Beschaffung von Nahrungsmitteln statt.[22]

Das einzige erwähnenswerte Ereignis war die Eroberung von Lokroi,[23] die sich zufällig ergab.[24] Der Überfall, bei dem Verrat im Spiel war, gelang nur teilweise. Die Römer konnten nur eine Burg einnehmen, während die Karthager unter Führung des Hamilkar sich auf die andere Burg retten konnten. Beide Seiten erhielten Hilfe: Lucius Scipio mit der Flotte aus Sizilien, Hannibal mit dem Landheer.[25] Im Gegensatz zu den Römern konnte er seine Entsatztruppe nicht nach Lokroi hineinbringen. Deshalb zog er sich

den Tempelschätzen der Hera Lakinia eine „Zwangsanleihe" vorzunehmen. Im Heiligtum der Hera stand eine goldene Säule. Hannibal zweifelte allerdings, ob sie aus massivem Gold oder nur mit einer Goldauflage versehen sei. Deshalb ließ er sie durchbohren und stellte fest, daß sie aus massivem Gold war. In der Nacht erschien ihm die Göttin in einem Traum und warnte ihn, er würde sein einziges Auge verlieren, sollte er sich an der Säule vergreifen. Deshalb ließ er aus dem herausgebohrten Gold eine Kuh bilden und auf der Säule aufstellen (Cicero, de divinatione I 48 nach dem Zeugnis des Coelius Antipater = W. Herrmann, Die Historien des Coelius Antipater, Meisenheim 1979, Frg. 40 [Peter, HRR 34], 176–178). L 42, 3, 6 bestätigt, daß Hannibal das Heiligtum nicht ausplünderte. Zur Deutung der Ereignisse aus religionshistorischer Sicht vgl. V. Basanoff, Evocatio. Étude d'un rituel militaire, Paris 1947, 63–65.

[21] L 28, 46, 15; 29, 10, 1–2. Am Ende des Jahres mußten die Truppen des Q. Caecilius Metellus entlassen werden.

[22] L 29, 6, 2.

[23] Zur Topographie vgl. G. Foti, La topografia di Locri Epizefiri, in: Locri Epizefiri, Atti del XVI Convegno di Studi sulla Magna Grecia 1976, Tarent 1977, 343–362, zu den Vorgängen F. Grosso, Gli assedi di Locri, Giornale Italiano di Filologia 4, 1951, 114–134, F. Costabile, I „principes Locrensium" a l'atteggiamento filoromane delle aristocrazie italiote nella tradizione liviana (216–205 a. C.), Labeo 20, 1980, 179–187, Kukofka 1990, 133 ff.

[24] Handwerker aus Lokroi, die dort auf der Burg beschäftigt waren, waren in römische Gefangenschaft geraten und in Rhegion mit Landsleuten zusammengetroffen, die als überzeugte Römerfreunde hierher geflüchtet waren, L 29, 6–7, Z 9, 11, 8 ff. Gegen das Versprechen, sie freizukaufen, versprachen sie nach ihrer Rückkehr, die Burg in Lokroi zu verraten. Die lokrischen Flüchtlinge informierten Scipio in Syrakus über das Vorhaben. Er beauftragte 3000 Soldaten unter dem Kommando der Militärtribune M. Sergius und P. Matienus mit dem Unternehmen von Rhegion aus. Der Proprätor Q. Pleminius sollte ebenfalls mitwirken.

[25] Es ist anzunehmen, daß Hannibal seine Truppen an dem Ort stationiert hatte, der später entsprechend benannt wurde: Castra Hannibalis, vgl. Plin n h 3, 95. Die Lokalisierung ist unsicher. Vgl. De Sanctis III 2, 1916, 527 A 152, Huß 1985, 404 A 270.

wieder zurück, nachdem er der Burgbesatzung die wenig ermutigende Nachricht hatte zukommen lassen, sie sollten für sich selbst sorgen. In der Nacht gelang ihnen der Abzug aus der Stadt.[26]

Für die Römer war dies ein großer Erfolg, nachdem so viele Versuche in den Vorjahren gescheitert waren. Der Einflußbereich Hannibals war noch kleiner geworden. Für die Bewohner der Stadt begann aber eine Leidenszeit. Pleminius, der Legat Scipios, übte eine wahre Schreckensherrschaft aus.[27] Nicht einmal der Tempel der Proserpina war vor ihm sicher. Pleminius erfreute sich der besonderen Protektion Scipios, der ihn von jeder Schuld freisprach, als Anklage gegen ihn erhoben wurde.[28]

Mago[29]

Im Sommer landete Mago, der Bruder Hannibals, von Menorca kommend in Ligurien[30] und eroberte zunächst Genua, das durch keine Besatzung geschützt war. Da er die Flotte nicht mehr benötigte, legte er in Savo ein Depot an, das von 10 Kriegsschiffen bewacht wurde, die restlichen Schiffe sandte er nach Karthago. Er rückte dann mit seinem Heer über den Apennin ins Keltenland vor und erhielt hier beträchtlichen Zulauf von keltischen Scharen.[31]

Der Brief des Prätors Sp. Lucretius aus Ariminum mit diesen Neuigkeiten sorgte in Rom für Aufregung. Die Senatoren übertrugen den Abwehrkampf dem erfolgreichen Konsul des Jahres 207, M. Livius, der als Prokonsul ein

[26] Vgl. die Bedenken Kukofkas 1990, 137 gegen die dilettantische Zeichnung Hannibals. Tatsache bleibt aber, daß Lokroi verlorenging.

[27] Es besteht der begründete Verdacht, daß Scipio ihm den Auftrag erteilte, Gelder flüssig zu machen. B. Krysiniel-Josefowiczowa, Eos 1951, 137 ff., F. Grosso, Gli assedi di Locri, GIF 4, 1951, 119 ff., 234 ff., abgelehnt von Scullard 1970, 115.

[28] L 29, 9, 8; Kukofka 1990, 139 ff. Doch Pleminius trieb sein schandmäßiges Spiel zu weit. Offenbar geriet er auch Scipio außer Kontrolle. Statt nach dem Prozeß einzuhalten, glaubte er sich von Scipio nicht genügend verteidigt und ließ seiner Rache freien Lauf. Die Pleminiusaffäre sollte für Scipio noch große Probleme bringen und hätte ihn beinahe sein *imperium* gekostet. Zur Pleminiusaffäre aus literarischer Sicht zur Entschuldigung Scipios vgl. E. Burck, Pleminius und Scipio bei Livius. Politeia und Respublica. Festschrift R. Stark, Wiesbaden 1969, 301–314. Eine eingehende Erörterung der militärischen und politischen Ereignisse vgl. Toynbee II 1965, 613–621.

[29] Zu Mago vgl. Lehmann 1905, 284 ff., Kahrstedt 1913, 538 A 3, 541 A 3, 555 (radikale Skepsis), De Sanctis III 2, 1916, 496 ff., V. Ehrenberg, RE 14, 1, 1928, 499–505 s. v. Mago 6.

[30] L 28, 46, 7 ff. Er hatte 30 Kriegsschiffe mit 12000 Fußsoldaten und 2000 Reitern, dazu die Jungmannschaften von Menorca.

[31] L 28, 46, 11.

Garnisonsheer in Etrurien kommandierte. Er sollte seine Truppen aus Etrurien nach Ariminum verlegen und mit den dortigen Truppen den Angriff des Feindes abwehren, während in die Stellung bei Arretium die Truppen aus Rom *(legiones urbanae)* verlegt wurden. Der Stadtprätor Cn. Servilius übertrug dieses Kommando dem erfahrenen und bewährten M. Valerius Laevinus.[32]

Nachdem Mago die Verstärkung aus Karthago erhalten hatte, versuchte er auf einer Konferenz, die ligurischen und keltischen Stämme zum Kampf gegen Rom zu gewinnen.[33] Seine Propaganda, er sei gekommen, um ihnen die Freiheit zu verschaffen, zeigte keine Wirkung. Seit Jahren hatten die Kelten die römische Herrschaft abgeschüttelt, die Ligurer hatten sie noch nie stark verspürt. Die Kelten wollten sich nicht offen engagieren, da sie als Rache Invasionen der römischen Heere befürchteten. Sie waren aber zur Unterstützung im geheimen bereit und verwiesen Mago an die Ligurer, die aber noch zwei Monate benötigten, um Soldaten ausheben zu können. Damit war klar, daß Mago in diesem Jahr wohl nicht mehr zu einer Offensive gegen Italien starten könnte.

Sizilien

Scipio konnte zunächst überhaupt keine Vorbereitungen für die Kriegführung gegen den Feind treffen. Er mußte sich erst ein Heer beschaffen, für das er auf Freiwillige[34] und Spenden[35] angewiesen war. Die in den sizilischen Gewässern stationierten Schiffe waren nicht einsatzbereit. Deshalb ließ er

[32] L 28,46,12–13, die Ausführung der Anordnungen L 29,5,9.

[33] L 29,5,4–8.

[34] Freiwillige aus Umbrien, Nursia, Reate, Amiternum und dem Sabinerland meldeten sich für das Heer und von den Marsern, Paelignern und Marrucinern für den Flottendienst. Allein aus Camerinum traf eine Kohorte von 600 Mann ein. Auch zahlreiche Soldaten, die mit Scipio aus Iberien zurückgekehrt waren, meldeten sich erneut zu den Waffen. Plu Flam 3,3, vgl. Horsmann 1991, 38–39.

[35] L 28,45,15–17: Caere lieferte Getreide für die Seesoldaten und Nachschub aller Art, Populonium Eisen, Tarquinia Leinen für die Segel, Volaterrae die Innenausstattung für die Schiffe und Getreide, Arretium 3000 Schilde, 3000 Helme, Wurfgeschoße, Wurfspieße, lange Lanzen, insgesamt 50000 Stück, außerdem Beile, Schanzkörbe, Handmühlen für 40 Kriegsschiffe, 120000 Scheffel Getreide, einen Zuschuß zur Marschverpflegung der Dekurionen und Ruderknechte, Perusia, Clusium und Rusellae Tannenholz zum Schiffsbau und eine Menge Getreide. Handelte es sich tatsächlich um freiwillige Leistungen, oder waren sie den Etruskern wegen ihrer Sympathien für die Karthager als eine Art Kriegssteuer auferlegt worden? So A. J. Pfiffig, Die Haltung Etruriens im 2. Punischen Krieg, Historia 15, 1966, 206, anders W. V. Harris, Rome in Etruria and Umbria, Oxford 1971, 89–90, der sie für Lieferungen aufgrund der abgeschlossenen *foedera* hielt.

dreißig neue Schiffe auf Kiel legen, die in 45 Tagen erbaut und ausgerüstet wurden, mit denen er sein Freiwilligenheer, das im Vergleich zu den normalen konsularischen Heeren nur eine kleine Truppe war, nach Sizilien transportierte.[36] Hier fand er die *legiones Cannenses* vor,[37] ein zusammengewürfelter Haufen von Soldaten aus geschlagenen Legionen, die auf der Insel bis zum Kriegsende Strafdienst leisten mußten.[38] Diese Soldaten mußte er erst zu einem schlagkräftigen Heer formen.[39] Zu seinem eigenen Schutz legte er sich eine Leibwache von 300 Mann zu,[40] die bereits in Iberien unter seinem Befehl gekämpft hatten und die auf Kosten reicher Sikelioten besonders gut ausgerüstet wurden.[41]

Unter diesen ungünstigen Voraussetzungen ist es verständlich, daß Scipio die meiste Zeit des Jahres nur mit vorbereitenden Maßnahmen beschäftigt war. Neben der Ausbildung der Soldaten standen die logistischen Vorbereitungen für die Invasion im Vordergrund. Die alten Schiffe, die er in den sizilischen Gewässern vorfand, ließ er instandsetzen. Die Städte mußten Vorräte an Getreide für das Heer anlegen. Laelius unternahm eine Erkundungsfahrt nach Afrika, um einen geeigneten Landungsplatz zu erkunden. Daß dieses Unternehmen nebenbei zu einer Plünderungsfahrt wurde, als die

[36] L 28,46,1, App Lib 7,28 nur 10 Trieren. Das Freiwilligenheer war 7000 Mann stark. Eine normale konsularische Armee mit zwei Legionen à 4000 Mann und zwei bundesgenössische Alen in derselben Stärke hatte mindestens 16000 Mann.

[37] Vgl. ebenso App Lib 7,28.

[38] Zu den Truppen auf Sizilien vgl. Zielinski 1880, 1 ff. Sie waren zwar wegen ihres Wunsches, sich rehabilitieren zu können, für einen Kriegseinsatz besonders motiviert, aber ingsgesamt doch von zweifelhaftem Wert, denn nicht unbegründet hatten sie die römischen Senatoren auf die Insel „verbannt".

[39] Die Soldaten mußten erst in Centurien eingereiht und exerziert werden. Scipio suchte bevorzugt die Dienstältesten aus, besonders die, die bereits unter Marcellus an der Belagerung von Syrakus teilgenommen und Erfahrung in dieser Sparte vorweisen konnten. L 29,1,12–13. Horsmann 1991, 34–41.

[40] Val Max 7,3,3, Plu Fab 26,2. F. Fröhlich, Die Bedeutung des zweiten Punischen Krieges für die Entwicklung des römischen Heerwesens, Leipzig 1884, 24–33 verteidigte die Historizität der Garde gegen die Zweifel von Zielinski 1880, 120–121.

[41] Durch einen Trick ließ er die Sikelioten die beste Ausrüstung für eine kleine Reiterschar von 300 Mann stellen, L 29,1,2–10, Val Max 7,3,3. Er erteilte den Befehl, 300 reiche, junge Sikelioten sollten mit ihm nach Afrika gehen und sich deshalb an einem bestimmten Tag mit Pferd und Ausrüstung bei ihm einfinden. Es war ihm bewußt, daß sie nur ungern diesem Befehl nachkamen. Deshalb bot er ihnen einen Tausch an. Sie sollten ihre Ausrüstung einem Römer zur Verfügung stellen, der für sie nach Afrika ging, während sie in der Heimat bleiben konnten. Erfreut gingen sie auf das Tauschgeschäft ein. Scipio hatte damit erreicht, daß sie das beste Material zur Verfügung stellten (App Lib 8,30–33), da sie von der Voraussetzung ausgingen, daß sie selbst es verwenden würden.

Schiffe bei Hippo Regius landeten, war üblich.[42] Laelius nahm auch Kontakt zu Massinissa auf, der wegen der Entwicklung in Afrika nachdrücklich zur Invasion aufforderte und die Zeitverzögerungen monierte.[43]

Karthago

Die Ratsherrn wurden durch die Landung wachgerüttelt. Sie glaubten, es handle sich bereits um das Invasionsheer des Konsuls und beschlossen Gegenmaßnahmen. Aushebungen wurden vorgenommen und bei den Libyern Hilfstruppen angeworben. Die Stadt wurde in Verteidigungszustand gesetzt, Getreidedepots wurden angelegt sowie Vorräte an Waffen und Geschossen gebildet, die Flotte in Bereitschaft gesetzt und gegen Hippo ausgesandt.[44] Die Beobachtungsstationen entlang der Küste wurden wieder besetzt.[45] Endlich konnten sie den Numiderfürst Syphax für ein Bündnis gewinnen. Außerdem schickten sie Gesandte zu Philipp von Makedonien, die 200 Talente Silber für die Entsendung einer Truppe nach Italien oder Sizilien versprachen.

Die Ratsherrn beschränkten sich nicht auf defensive Maßnahmen. Sie wollten den Krieg in Italien reaktivieren und forderten Hannibal auf, alles in seinen Kräften Stehende zu tun, um die Invasion Scipios zu verhindern. Zur Verstärkung entsandten sie eine Flotte von 100 Lastschiffen mit Soldaten, Getreide und Geld nach Süditalien, die aber in einen Sturm geriet und ihr Ziel nie erreichte.[46] Der Versuch, Hannibal mit Truppen zu unterstützen, wurde nicht mehr wiederholt.[47]

[42] L 29,1,14; 3,7ff. Das Ziel dieser Fahrt wird u.a. von Zielinski 1880, 6–16 bestritten. Vgl. Thiel 1946, 148ff., Huß 1985, 402 A 259 mit weiterer Literatur.

[43] L 29,4,7–9.

[44] L 29,4,2, vgl. App Lib 9,34.

[45] Nach L 29,23,1 erst zu einem späteren Zeitpunkt. M.E. war diese Maßnahme eine unmittelbare Folge der Laelius-Landung. Offenbar hatten die Karthager die Vorsichtsmaßnahmen Hannibals nur während der Anfangsphase des Krieges beachtet und während der „Ruhephase“ von 215 bis 212 vernachlässigt. Deshalb waren die späteren Landungen des Valerius Laevinus auch so erfolgreich.

[46] L 28,46,14, App Ann 54, 226, Z 9,11,10; Kukofka 1990, 130ff. Sie wurde nach Sardinien verschlagen, geriet teils in römische Hände, ein kleiner Rest kehrte nach Karthago zurück.

[47] Es ist müßig zu spekulieren, was Hannibal unternommen hätte, wenn die Verstärkung eingetroffen wäre, da das Ausmaß der Seuche nicht bekannt ist. Warum griff Hannibal nicht Scipio in Sizilien an? War ihm bekannt, daß der Römer mit der Invasion in Afrika ihn zum Abzug aus Unteritalien bewegen wollte? Verharrte er deswegen, um nicht die feindlichen Absichten zu erfüllen, und wurde so ein Opfer scipionischer List, der mit Propaganda gerade dies erreichen wollte?

Die Ratsherrn waren im Gegensatz zu Hannibal der Ansicht, daß der Feind direkt angegriffen werden mußte. Deshalb erteilten sie Mago den Auftrag, mit seinem Heer auf Rom vorzurücken und sich mit Hannibal zu vereinigen. Zu seiner Verstärkung sandten sie ihm ein Heer und beträchtliche Geldmittel nach Ligurien.[48] Mit der direkten Bedrohung Roms hofften sie die Gefahr einer Invasion abwenden zu können, da in diesem Fall wohl Scipio zurückberufen werde.

Griechenland

Nach dem Sonderfrieden zwischen den Ätolern und Philipp V. im Vorjahr bestand weiterhin Krieg zwischen den Römern und dem makedonischen König, den die Römer mit einem neuen Heer unter P. Sempronius Tuditanus fortführen wollten.[49] Er landete in Dyrrhachium und begann mit der Belagerung von Dimallum. Gleichzeitig fuhr der Legat Laetorius nach Ätolien und versuchte den Frieden zu stören, allerdings ohne Erfolg. Die Ätoler, die über das Ausbleiben römischer Hilfe verärgert waren, ließen sich nicht zum Vertragsbruch bewegen. Philipp eilte zum Entsatz der bedrohten Landschaften herbei. Da die Römer in den Mauern von Apollonia blieben und keine Schlacht annahmen, mußte er sich mit der Verwüstung der Felder zufrieden geben, da sein Heer für eine Belagerung nicht ausreichte. Schließlich zog er mit seinen Truppen wieder nach Makedonien zurück.

Der Frieden kam auf Vermittlung der Epiroten zustande. Philipp war zu Verhandlungen in der Hauptstadt des epirotischen Bundes, Phoinike, bereit.[50] Bei den Gesprächen waren neben Philipp und Sempronius auch Amynander, König der Athamanen, und andere führende Politiker der Epiroten und Akarnanen anwesend. Sie vereinbarten einen allgemeinen Frieden mit der Bestimmung, keinen Krieg gegeneinander zu führen.[51] Die Territorialbestimmungen sahen vor, daß die Parthiner, Dimallum, Bargullum und Eugenium den Römern, Atintanien, vorausgesetzt, der Senat stimme zu, dem Makedonenkönig gehören sollten. Für beide Vertragspartner wurden be-

48 25 Kriegsschiffe mit 6000 Fußsoldaten, 800 Reitern und 7 Elefanten. L 29, 4, 5–6, App Lib 9, 34 nennen als Zielgebiet Etrurien.

49 Aus ihrer Sicht bestand die Gefahr, daß Philipp nach dem Frieden mit den Ätolern in Italien zugunsten der Karthager eingreifen könnte. Die veränderte Kriegslage auf der Balkanhalbinsel hatten die Karthager sofort ausgenutzt und durch eine Gesandtschaft Truppensendungen von Philipp erbeten. Obgleich eine solche Unterstützung im Rahmen des Hannibal-Vertrages hätte erfolgen können, boten die Karthager großzügige Bezahlung (200 Talente) an.

50 „Frieden von Phoinike“: L 29, 12, 11–16, App Mak 3, 4; vgl. App Mak 4, 3, Iustin 29, 4, 11, Z 9, 11, 7, außerdem P 16, 34, 7, L 30, 26, 2–4; 31, 18, 4. Schmitt III 1969, Nr. 543, Seibert 1993, 282–283.

51 Die Nichtangriffsklausel übergeht Livius, sie ist nur bei P 16, 34, 7 enthalten.

freundete Fürsten oder Staaten dem Vertrag „beigeschrieben". Für Philipp waren es Prusias, König von Bithynien, und die Achäer, Böoter, Thessaler, Akarnanen und Epiroten, für die Römer König Attalos von Pergamnon, Pleuratos, Nabis von Sparta, die Eleer und Messenier.[52]

Während eines zweimonatigen Waffenstillstandes reisten Gesandte zur Ratifizierung des Friedens nach Rom. Alle Tribus billigten die Vereinbarung, die im gegenwärtigen Augenblick, als Scipio die Invasion in Afrika vorbereitete und gleichzeitig ein erneuter Angriff der Karthager von Norden drohte, sehr vorteilhaft war.[53] Außerdem war die Gefahr einer Intervention des Makedonen vorerst gebannt. Dieser konnte einen territorialen Gewinn verzeichnen. Mit dem Besitz von Lissos an der adriatischen Küste war er zu einem unmittelbaren Nachbarn der Römer geworden und hatte einen Keil zwischen das römische Protektorat und das Gebiet des Pleuratos getrieben. Die Römer hatte er aber nicht aus Griechenland vertreiben können. Die Karthager mußten ihre Hoffnungen begraben, daß Philipp sie in ihrem Kampf gegen die Römer unterstützen würde.

Für die Menschen in Griechenland war es ein Segen, daß der Versuch der Römer, den Krieg erneut zu entfachen, gescheitert war. Sie hatten unter den Raub- und Plünderungszügen beider Seiten sehr gelitten. Doch es sollte nur eine kurze Friedensperiode werden.

Der Krieg kam in diesem Jahr fast zum Erliegen. Die Senatoren legten ihrem Konsul Scipio die größten Hinternisse in den Weg und zwangen ihn, sich mit Vorbereitungen für die Kriegführung statt mit Kriegführen selbst zu beschäftigen. Auf dem süditalischen Kriegsschauplatz ereignete sich wegen der Seuche, die beide Gegner befallen hatte, nichts Entscheidendes. Nur dem Verrat von Lokrern war die Rückeroberung dieser Stadt zu verdanken, wodurch Hannibals Einflußbereich noch kleiner wurde.

Der Abschluß des Friedensvertrages mit Philipp V. hatte für die Römer eine weitere Verbesserung der gesamten Kriegslage gebracht. Die karthagischen Ratsherrn trafen alle erforderlichen Maßnahmen. Mago erhielt zusätzliche Unterstützung durch Truppen und Geldmittel. Er ließ es aber an der notwendigen Energie zur Durchführung fehlen. Hannibal verharrte in Lethargie, geschwächt durch eine verheerende Seuche. Scipio von der Invasion in Afrika abzuhalten, wie es die Ratsherrn von ihm wünschten, hätte offensive Maßnahmen verlangt.

[52] In der Forschung ist die Echtheit dieser Liste umstritten, vgl. Seibert 1993, 283.
[53] L 31, 31, 19.

Das 15. Kriegsjahr: 204 v. Chr.[1]

Rom[2]

Das Volk wählte M. Cornelius Cethegus und P. Sempronius zu Konsuln,[3] denen die Senatoren Etrurien und das Bruttierland als Amtsbereiche zuwiesen. Als die Frage der Neuaushebungen im Senat erörtert wurde, verwiesen einige Senatoren auf die Weigerung der zwölf latinischen Kolonien im Jahr 209, Soldaten zu stellen. Damals hatte man angesichts der gespannten Lage nachgeben müssen. Jetzt holte man das Versäumte nach und bestrafte sie hart.[4] Die Verringerung der Belastungen und der Zufluß an Zahlungen aus Beute hatten die finanzielle Situation der Römer spürbar verbessert. Deshalb stellte M. Valerius Laevinus im Senat den Antrag, die Staatsanleihe, die unter seinem Konsulat zur Finanzierung der Flottenrüstung aufgenommen worden war, zurückzuzahlen.[5] Die Billigung des Vorschlages machte deutlich, daß das Aerar wieder über ausreichend Geld-

[1] Kahrstedt 1913, 541 ff., De Sanctis III 2, 1916, 501 ff., Thiel 1946, 154 ff., Lazenby 1978, 200 ff., Huß 1985, 404 ff.

[2] Patterson 1942, 335 ff., Scullard 1951, 77, Lippold 1963, 207 ff., Jahn 1970, 140 ff., Hartfield 1982, 515.

[3] L 29, 11, 10.

[4] L 29, 15, 1–15, Cass frg. 57, 70. Tammler 1971, 302–304. Zu den Kolonien Nepete, Sutrium, Ardea, Cales, Alba, Carseoli, Sora, Suessa, Setia, Circei, Narnia und Interamna vgl. o. S. 342 f. Die Konsuln wurden beauftragt, die Beamten und jeweils zehn führende Persönlichkeiten aus diesen Kolonien nach Rom zu zitieren und den Beschluß des Senats zu verkünden: Die Kolonien sollten die doppelte Zahl an Soldaten stellen, ausgehend von der Höchstzahl ihres Aufgebotes während des 2. Punischen Krieges, dazu 120 Reiter. Ein Reiter konnte durch 3 Fußsoldaten ersetzt werden. Es sollten möglichst wohlhabende Soldaten ausgesucht werden. Diese Truppe sollte außerhalb Italiens zum Einsatz kommen. Bei Weigerung sollten die Beamten und führenden Persönlichkeiten der Kolonien als Geiseln dienen. Der rechtliche Status der Kolonien wurde auf Dauer verschlechtert. Sie sollten eine neue Steuer entrichten. Die Vermögensschätzung sollte nicht mehr der Aufsicht der örtlichen Censoren unterliegen, sondern von den Censoren in Rom bestimmt werden.

[5] L 29, 16, 1–3. Tammler 1971, 304 ff. Die Rückzahlung sollte in drei Raten erfolgen. Die erste Rate sofort, die zweite und dritte Rate nach einem Intervall von jeweils zwei Jahren.

mittel verfügte und die Senatoren Scipio nicht aus Geldmangel die nötigen Mittel für die Kriegführung verweigert hatten.[6]

Bei der Neuverteilung der Amtsbereiche und Verlängerung der Imperien bestand keine Gefahr, daß jemand Scipio seinen Amtsbereich streitig machen würde. Doch beinahe wäre ihm wegen seiner Verstrickung in die Pleminiusaffäre[7] das *imperium* abrogiert worden.[8] Der Legat Scipios hatte die Bürger von Lokroi und ihre Heiligtümer schamlos ausgeplündert. Im Streit zwischen seinen Militärtribunen, die dem schamlosen Treiben Einhalt gebieten wollten, und dem Übeltäter hatte Scipio für letzteren entschieden. Zur Prüfung des Sachverhaltes wurde eine Kommission gebildet, die vor Ort die Klagen der Lokrer überprüfen sollte. Wenn es sich ergeben sollte, daß die Verbrechen auf Befehl oder mit Willen Scipios geschehen waren, dann sollte er seinen Amtsbereich verlassen.[9]

Die Kommission tagte zunächst in Lokroi, wo keine Klagen gegen Scipio

[6] Der Beschluß der Senatoren, die Soldaten und Reiter der zwölf bestraften Kolonien nur auf außeritalischen Kriegsschauplätzen einzusetzen, läßt ihre Bereitschaft erkennen, Scipio doch zu unterstützen. Die Höchstaufgebote der zwölf Kolonien während des 2. Punischen Krieges sind zwar nicht bekannt, aber die Stellung von 120 Reitern pro Kolonie = insgesamt 1500 Reiter läßt doch einen gewissen Rückschluß auf ihre Leistungsfähigkeit zu. Da die Bundesgenossen bei einem verstärkten Heer ca. 600 Reiter pro *ala* stellten, dürfte man mit einem Gesamtaufgebot der zwölf Kolonien von mindestens zwei Alen rechnen. Zum damaligen Zeitpunkt hatten die Römer außerhalb Italiens nur noch in Iberien und Sizilien Truppen stehen. Deshalb dürfte zumindestens ein Teil der Neuverpflichteten für Scipio vorgesehen gewesen sein.

[7] L 29,16,4–22,12, D27,4, Cass frg. 57,62, Val Max 1,1,21. App Ann 55,231 erwähnt Scipio im Zusammenhang mit den Schandtaten des Pleminius überhaupt nicht. Lit. vgl. Seibert 1993, 358.

[8] Fabius nutzte die Gelegenheit, um Scipio anzugreifen. Er sah sich in seiner Einschätzung Scipios bestätigt. Der junge Mann sei nicht in der Lage, ein Heer zu kommandieren und in Zucht zu halten. Seine Führungsschwäche hatte sich bereits in Iberien gezeigt. So war es für Fabius kein Wunder, daß der Legat schalten und walten konnte, wie er wollte. Pleminius sollte deshalb in Fesseln nach Rom gebracht und angeklagt werden. Sollten sich die Klagen bestätigen, sollte er hingerichtet und sein Besitz eingezogen werden. Scipio sollte seines *imperium* enthoben werden, da er ohne Erlaubnis des Senats seinen Amtsbereich verlassen habe. Die Lokrer sollten entschädigt werden. Die römische Soldateska, die hier so gewütet hatte, sollte nach Sizilien abgeschoben werden. Vier Kohorten latinischer Kolonien sollten den Schutz der Stadt übernehmen, L29,19,5–9.

[9] Sollte Scipio bereits nach Afrika übergesetzt sein, sollten die beiden Tribune und der Ädil mit zwei Legaten Scipio nachreisen, um ihn zurückzuholen. Die beiden Legaten sollten die Führung des Heeres übernehmen, bis ein Nachfolger eingetroffen wäre. Sollten sich aber die Anschuldigungen als haltlos erweisen, dann sollte Scipio im Kommando bleiben und den Krieg nach seinen Plänen fortführen können, L29,20,4–8.

vorgebracht wurden.[10] In Syrakus prüfte sie gar nicht mehr seine Verwicklung in den Pleminiusskandal, sondern befaßte sich ausschließlich mit den Klagen über den üppigen und trägen Lebenswandel des Feldherrn sowie die Auflösung kriegerischer Disziplin in seinem Heer.[11] Diese Vorwürfe entkräftete er allein durch sein freundliches und bestrickendes Wesen völlig. Noch stärker beeindruckte er die Kommissionsmitglieder durch eine wohlvorbereitete Schau. Nach einem opulenten Mahl und zuvorkommender Betreuung demonstrierte er die Leistungsstärke und den hervorragenden Ausbildungsstand von Heer und Flotte in Manövern. Eine anschließende Inspektion der Zeughäuser, Vorratskammern und anderer Kriegsrüstungen bewies überzeugend, daß alle Anschuldigungen haltlos waren.[12]

Der Beschluß der Senatoren lautete, Scipio solle sich aus den vorhandenen Heeren die nötigen Truppen für die Invasion und den Schutz der Provinz auswählen und möglichst bald nach Afrika übersetzen.[13] Die Pleminiusaffäre endete so noch mit einem Erfolg Scipios, den er ausschließlich dem Einsatz und der geschickten Regie seiner Freunde verdankte. Zum ersten Mal hatten die Senatoren ihm ausdrücklich die Erlaubnis zur Invasion erteilt, allerdings mit einer deutlichen Kritik, er solle möglichst schnell das Unternehmen ausführen.

Obgleich nach den Worten des Livius die Spannung der Bürger über die Kriegsereignisse und die Ungewißheit sich in einer größeren Anzahl von Prodigien ausgedrückt haben soll, hielt sich die überlieferte Liste im üblichen Rahmen.[14] Viel stärker berührt wurden die Menschen von der bevorstehenden Ankunft der Magna Mater, erhofften sie sich doch von ihr die Vertreibung des Feindes aus Italien. Der „beste Mann" *(optimus vir)* sollte den Kultstein in Empfang nehmen. Die Senatoren hatten den jungen Cn. Cornelius Scipio ausgewählt.[15] Sichtbaren Ausdruck verliehen sie ihrer Hoffnung durch die vorläufige Ausstellung des Kultbildes im Tempel der Victoria auf

[10] Sie beschäftigte sich aber vorrangig nicht mit der Untersuchung der Klage, sondern mit der Restitution des geraubten Besitzes. Als erstes wurde der geplünderte Tempelschatz wieder zusammengebracht und ein Sühnefest abgehalten. Dann wurde den Lokrern die Gelegenheit gegeben, ihren von den Soldaten okkupierten Besitz zurückzuholen und gegebenenfalls Entschädigung zu fordern. Versklavte Personen erhielten ihre Freiheit. Die Lokrer hatten wohl größtenteils ihr Eigentum zurückerhalten. An der Bestrafung der Schuldigen, besonders Scipios, waren sie nicht mehr interessiert.

[11] L 29,21,13, Val Max 3,6,1. In den Augen der Römer war es anstößig, daß Scipio im Gymnasion auftrat.

[12] L 29,22,1–5.

[13] L 29,22,11–12.

[14] L 29,14,2–5.

[15] L 29,14,6–9, Cass frg. 57,61, F. Münzer, RE 4,1, 1900, 1495 s. v. Cornelius 350 mit weiteren Belegen.

dem Palatin. Die gesamte Bevölkerung feierte das Fest, ein Göttermahl *(lectisternium)* wurde abgehalten und zu Ehren der Göttin Spiele, die *ludi Megalenses*, gefeiert.[16] Die Wirkung glaubten die Römer noch im selben Jahr feststellen zu können. Die Ernte sei größer als in den letzten zehn Jahren gewesen.[17]

Italien

Die Römer rechneten mit einem Angriff Magos. Seine Werbungen bei den Ligurern und bei den Kelten waren erfolgreich. Er selbst verfügte über ausreichende Truppen, die durch ein Hilfskorps aus der Heimat verstärkt worden waren. Wenn man den römischen Behauptungen glauben wollte, dann wäre auch fast ganz Etrurien zu ihm abgefallen. Trotzdem wird keine einzige militärische Aktion berichtet. Dies dürfte auch die Römer überrascht haben. Mago zögerte und konnte sich nicht zum Einmarsch in Italien entschließen.[18] Worauf er wartete, ist nicht erkenntlich. Der Aufgabe, die die Ratsherrn ihm zugewiesen hatten, war er offenbar nicht gewachsen.

In Ermangelung militärischer Ziele konzentrierte sich der Konsul M. Cornelius auf die Abhaltung von Gerichtssitzungen, die unter der Bevölkerung größten Schrecken verbreiteten.[19] Damit dürfte er kaum Sympathien für die

[16] L 29,14,5–14. Die rührselige Geschichte der Claudia Quinta, die ihren guten Ruf gegen böswillige Verleumdungen bei der Einholung der Göttin verteidigte, indem sie das aufgelaufene Schiff mit dem Kultbild wieder flottmachte, ist eine Erfindung. Zur Einholung der Magna Mater vgl. Tammler 1971, 301–302, J. Bremmer, The Legend of Cybele's Arrival in Rome, in: M. J. Vermaseren, Studies in Hellenistic Religion, Leiden 1979, 9–22, J. Gérard, Légende et politique autour de la Mère des Dieux, REL 58, 1980, 153–175, Radke 1980, 119–120, D. M. Cosi, L'ingresso di Cibele ad Atene e Roma, Religione e città nel mondo antico, Atti XI 1980–1981, 86ff., E. S. Gruen, The Advent of the Magna Mater, in: Studies in Greek Culture and Roman Policy, Cincinnati Classical Studies, N. S. 7, 1990, 5–33. Zum Datum des Festes (4. April 204) vgl. P. Brind'Amour, Le calendrier romain, Ottawa 1983, 166.

[17] Plin n h 18,16. Ausdruck der gehobenen, siegesbewußten Stimmung vermitteln die Worte des Gottes Auxilium bei Plautus, der Cistellaria (197–202): *bene valete et vincite virtute vera, quod fecistis antidhac; servate vostros socios, veteres et novos, augete auxilia vostris iustis legibus, perdite perduellis, parite laudem et lauream, ut vobis victi Poeni poenas sufferant.* Zur Datierung vgl. M. Renard, La „Cistellaria" de Plaute et les menées étrusques en faveur de Carthage (204 avant J.-C.), Latomus 2, 1939, 80ff.

[18] App Lib 9,35.

[19] L 29,36,10. Er behauptete einfach, fast ganz Etrurien habe sich Mago zugewandt und mache sich durch ihn Hoffnung auf Umsturz. Damit hatte er einen „begründeten" Vorwand für seine Untersuchungen. Angeklagt wurden vor allem die führenden Persönlichkeiten *(nobiles Etrusci)*. Die ersten Prozesse wurden noch in Anwesenheit der Angeklagten geführt. Ihnen wurde vorgeworfen, entweder selbst

römische Herrschaft gefördert haben.[20] Zu offenem Abfall konnten sich die Etrusker nicht entschließen. Viele ihrer Söhne dienten in den römischen Armeen und stellten einen kostbaren Garanten für das Wohlverhalten der Heimat dar. Welche Chance sich Mago hier entgehen ließ und welch bedeutendes Potential für einen Krieg gegen Rom er ungenutzt liegen ließ, wird erst aus diesen Vorgängen deutlich.

Auf dem südlichen „Kriegsschauplatz" unternahm der Konsul P. Sempronius einen Angriff auf das Gebiet von Kroton, dem Hauptstützpunkt Hannibals.[21] Er holte sich eine blutige Abfuhr (1200 Gefallene). Nach der römischen Tradition war es keine eigentliche Schlacht gewesen, sondern eher ein Gefecht. Die richtige Schlacht habe erst stattgefunden, als der Prokonsul P. Licinius sein Heer herbeigeführt hatte und sie mit vereinten, überlegenen Kräften Hannibal entgegentraten, der gegen den überlegenen Feind eine vernichtende Niederlage erlitten habe.[22] Doch an diesem überwältigenden Sieg bestehen erhebliche Zweifel. Warum ließen die römischen Feldherrn mit ihren überlegenen Truppen den geschlagenen Feind nach Kroton entkommen? Warum griffen sie das Lager Hannibals nicht an und trieben ihn endlich außer Landes, wenn sie so deutlich gesiegt hatten? Als historisch gesichert kann man nur annehmen, daß die Römer einen Angriff auf Hannibals Stellung in Kroton unternahmen, der unter großen Verlusten der Römer zurückgeschlagen wurde. Für die Öffentlichkeit bestimmt war die Mär eines römischen Sieges, die durch das Gelübde des Konsuls, das er für den Fall eines Sieges getan hatte, offiziell bestätigt wurde. Er errichtete einen Tempel für die Fortuna Primigenia.[23]

zu Mago gegangen zu sein oder durch Boten mit ihm Kontakt aufgenommen zu haben. Später sind die meisten in Abwesenheit verurteilt worden, da sie im Bewußtsein ihrer Schuld die Verbannung freiwillig gewählt hätten. Der Besitz aller Verurteilten wurde eingezogen, L 29,36,10–12. Vgl. A. Pfiffig, Die Haltung Etruriens im 2. Punischen Krieg, Historia 15, 1966, 208, der an den Vorwürfen nicht zweifelt, vgl. ebenso J. S. Reid, JRS 5, 1915, 123. W. V. Harris, Rome in Etruria and Umbria, Oxford 1971, 135 ff. Die Tatsache, daß die angeklagten Etrusker zunächst vor Gericht erschienen, spricht eigentlich für ihre Unschuld. Daß nach den ersten Schreckensurteilen die meisten Angeklagten es vorzogen, durch Flucht ihr Leben zu retten, war verständlich. Die Römer legten die Flucht als Eingeständnis ihrer Schuld aus.

[20] Möglicherweise wird bei Plautus, Cistellaria 562–563 vor dem Hintergrund dieser Vorfälle behauptet, daß nach Etruskerbrauch die Bräute ihre Mitgift durch Prostitution erwerben mußten *(non enim hic ubi ex Tusco modo tute tibi indigne dotem quaeras corpore)*. Die Etrusker sollten damit in der römischen Öffentlichkeit verunglimpft werden. Vgl. M. Renard, a. a. O., 77–83.

[21] L 29,36,4 ff., Cass frg. 57,70. Kukofka 1990, 146 ff.

[22] Angeblich fielen 4000 Soldaten Hannibals, 300 Soldaten wurden gefangen, dazu 40 Pferde (sic!) und 11 Feldzeichen.

[23] L 29,36,8, die Weihung im Jahr 194: L 34,53,5. Vgl. Leena Pietelä-Castren,

Der Vorstoß des Konsuls in den Norden Bruttiums war erfolgreicher. Die Orte Consentia, Pandosia sowie einige unbedeutende Plätze traten zu ihm über, Clampetia nahm er im Sturm.[24] Es scheint, daß heimliche Kontakte der bruttischen Gemeinden den Übertritt vorbereitet hatten.[25] Hannibal konnte nicht tatenlos zusehen, wie sein Einflußbereich immer kleiner wurde. Er mußte strategisch wichtige Orte in der Umgebung seines Hauptquartiers sichern. So legte er eine numidische Besatzung nach Petelia und Thurioi. Umgekehrt verlegte er Thurier nach Kroton, seinem Hauptquartier. Seine Maßnahmen hatten nur noch den einzigen Zweck, den vom Feind gewünschten Abzug aus dem Land abzuwehren.

Die Invasion[26]

Durch die Verwicklung in die Pleminiusaffäre waren die günstigsten Monate des Jahres für eine Invasion nutzlos verstrichen. Wenn Scipio noch in diesem Jahr in Afrika landen und den Krieg beginnen wollte, war es höchste Zeit.[27] Die Entwicklung in Afrika hatte in der Zwischenzeit für ihn eine ungünstige Wendung genommen. Er hatte auf die Unterstützung durch Syphax gesetzt. Der Numiderfürst war aber ganz ins Lager der Karthager übergeschwenkt, nachdem er Sophoniba[28], die Tochter des Feldherrn Hasdrubal,

Magnificentia publica, Helsinki 1987, 63–68, Jacqueline Champeau, Fortuna. Recherches sur le culte de Fortune à Rome et dans le monde romain des origines à la mort de César, Rom 1987, II 4 ff., 17 ff.

24 P 13,10,1 ff., L 29,38,1. Kukofka 1990, 147.

25 App Ann 57,237–242.

26 Zielinski 1880, 20 f., 107 f., Lehmann 1894, 531 ff., G. Veith, Der zweite Punische Krieg in Afrika, in: Kromayer/Veith III 2, 1912, 575 ff., Kahrstedt 1913, 541 ff., De Sanctis III 2, 1916, 502 ff., 562 ff., Gsell III 1918, 199 ff., W. Schur, Scipio Africanus und die Begründung der römischen Weltherrschaft, Leipzig 1927, 49 ff., Scullard 1930, 176 ff., ders. 1970, 116 ff., Thiel 1946, 156 ff., Ch. Saumagne, La Numidie et Rome, Paris 1966, 67–78, Lazenby 1978, 193 ff., Huß 1985, 405 ff., Eckstein 1987, 241 ff. Vgl. Karte Nr. 7.

27 Der genaue Zeitpunkt der Überfahrt ist nicht bekannt. De Sanctis III 2, 1916, 569 ging davon aus, daß er noch zur guten Jahreszeit erfolgte, mußte allerdings zugeben, daß die wenigen militärischen Unternehmungen Scipios in Afrika, bis er seine Truppen ins Winterlager führte, für einen erheblich späteren Zeitansatz sprechen. W. Schur, a.a.O., 51 Spätsommer 204, vgl. ebenso Scullard 1930, 325, der aus L 29,34,7 den Schluß zog, daß der Sommer noch nicht zu Ende war, sonst hätte Scipio von der feindlichen Reiterei nicht sagen können, daß sie ihren Sommeraufenthalt in Häusern nahm. Er rechnete noch mit drei Monaten, bevor Scipio sein Heer ins Winterlager führte.

28 U. Kahrstedt, RE 3 A1, 1927, 1099–1100 s. v. Sophoniba, T. A. Dorey, Masinissa, Syphax, and Sophoniba, PACA 4, 1961, 1–2.

geheiratet hatte. Seine Gesandten erschienen in Syrakus bei Scipio, als er gerade mit den letzten Vorbereitungen beschäftigt war, und überbrachten ihm die unerfreuliche Nachricht.[29] Syphax wünsche keinen Krieg in Afrika. Die Römer sollten ihren Krieg mit den Karthagern außerhalb Afrikas führen.[30] Er ließ keinen Zweifel über seine Haltung, falls Scipio dennoch in Afrika landen sollte. Dann müsse er für seine Heimat, für das Land Afrika, in dem er geboren sei, und ebenso für die Heimat seiner Frau und ihres Vaters Krieg führen.[31] Es ist zweifelhaft, ob Scipio bei seiner überheblichen Einstellung gegenüber den Numidern als Barbaren – sie galten als bekanntermaßen unzuverlässig, unbeständig und weiblichen Reizen leicht zugänglich[32] – die wahre Bedeutung der numidischen Botschaft erkannte.[33]

Als Sammelplatz für die Invasionsarmee bestimmte Scipio Lilybaion. Dorthin beorderte er den Prätor M. Pomponius, um die endgültige Selektion seines Heeres durchzuführen. Neben den auf der Insel stationierten *legiones Cannenses*, die erst vor kurzem um 3000 Soldaten aus Lokroi verstärkt worden waren, konnte er sein Heer aus seinen Freiwilligen sowie dem Zwangsaufgebot der zwölf latinischen Kolonien zusammenstellen.[34] Er bildete daraus zwei verstärkte Legionen mit dem entsprechenden Aufgebot der

[29] L 29,24,1ff., Frontin 2,7,4, Polyain 8,16,7, Z 9,12,2. Nach App Ib 37,150, Lib 10,39 soll die Ehe ohne Wissen des Vaters von den Karthagern vereinbart worden sein, der vorher seine Tochter dem Massinissa versprochen hatte. Daß Hasdrubal nicht informiert worden wäre, ist kaum zu glauben.

[30] Vgl. W. Huß, Der „panafrikanische" Gedanke im zweiten Römischen Krieg, in: Punic Wars 1989, 187ff. Natürlich bezweckte Syphax damit auch, seine Verpflichtungen gegenüber den Karthagern wie gegenüber den Römern einhalten zu können. Zur rechtlichen Wertung vgl. Ritter 1987, 41–42. Die *amicitia* des Syphax mit Rom wurde durch sein Bündnis mit Karthago nicht aufgehoben.

[31] L 29,23,10.

[32] L 29,23,4; 30,3,4.

[33] Da die Numider in Syrakus herumgelaufen waren und ihre Anwesenheit allgemein bekannt war, sah sich der römische Feldherr zu einem kleinen Trick gezwungen. Die Wahrheit konnte er seinen Soldaten nicht erzählen. Das wäre psychologisch höchst ungeschickt gewesen und hätte seine Soldaten nur verängstigt. Den wahren Sachverhalt verbarg Scipio hinter der Behauptung, die Gesandten des Syphax seien bei ihm erschienen und hätten sich, ähnlich wie Massinissa im Vorjahr, über die Verzögerung beklagt. Er solle möglichst bald nach Afrika übersetzen. L 29,24,5, Frontin 2,7,4.

[34] L 29,24,11–14, zur Zahl der Truppen 29,25,1–2. Die Zweifel von Zielinski 1880, 1–6 an den Angaben des Livius sind nicht berechtigt. Seine Auslegung von L 26,28,3–4, daß im Jahr 210 insgesamt vier Legionen für den Konsul M. Valerius Laevinus nach Sizilien gekommen seien, ist irrig. Die Verstärkungen durch die Aufgebote der zwölf latinischen Kolonien und durch die 3000 Soldaten aus Lokroi ergeben sich aus dem Kontext.

Bundesgenossen.[35] Auf Sizilien blieb nur eine schwache Garnisonstruppe zurück, die aber für die Bewachung völlig ausreichend war.

Die logistischen Vorbereitungen für das Unternehmen waren gewaltig. Proviant für 45 Tage wurde mitgenommen, um das Heer nach der Landung von der Versorgung aus dem Land unabhängig zu machen.[36] Waffen, Belagerungsgerät und Geschosse wurden an Bord der Lastschiffe gebracht. Dem Prätor Pomponius oblag die Aufsicht für die Logistik, er dürfte auch für den Nachschub verantwortlich gewesen sein. Für Heer und Material standen neben den 40 Kriegsschiffen 400 Lastschiffe zur Verfügung.[37] Die detaillierten Anweisungen über die Lichtersetzung bei der Überfahrt unterstreichen Scipios Vorsorge, um ein Auseinanderlaufen der Flotte während der Nacht zu verhindern.[38]

[35] Die Gesamtstärke seines Invasionsheeres läßt sich nur annähernd bestimmen. Livius beklagt sich, daß er in seinen Vorlagen höchst unterschiedliche Angaben fand, die zwischen 10000 Mann zu Fuß und 2200 Reitern oder 16000 Mann zu Fuß und 1600 Reitern und 35000 Mann Fußvolk und Reitern schwankten. Coelius Antipater enthielt sich völlig einer Zahlenangabe. L 29, 25, 1–4 kritisiert allerdings, daß Coelius dagegen eine völlig unglaubliche Version lieferte. Zur Zahl der Soldaten vgl. App Lib 13, 51: 16000 Mann zu Fuß und 1600 Reiter. Verteidigung der Höchstzahl bei F. Fröhlich, Die Bedeutung des zweiten Punischen Krieges für die Entwicklung des römischen Heerwesens, Leipzig 1884, 8–11, Lehmann 1894, 532–535, De Sanctis III 2, 1916, 562–564: Gesamtstärke des Invasionskorps einschließlich der Seesoldaten auf den Kriegsschiffen ca. 40000 Mann. Die Besatzungen der 400 Lastschiffe zählte er nicht mit. Eine indirekte Bestätigung erhält diese Zahl durch die schwache Besatzung, die auf der Insel zurückblieb und im folgenden Jahr verstärkt wurde. Es ist zu vermuten, daß Scipio ein verstärktes Zweilegionenheer (à 6200 Mann zu Fuß und 300 Reitern), d. h. mit ebenfalls verstärkten bundesgenössischen Alen für ausreichend hielt.

[36] Die Behauptung, die Soldaten sollten auch für 45 Tage Wasser mitführen, dürfte wohl kaum zutreffen. Für eine so lange Dauer wären riesige Wassertanks notwendig gewesen, besonders für den höheren Bedarf der Tiere. Indessen läßt die Vorsorge für ausreichend Wasser erkennen, daß sich Scipio auf die veränderten klimatischen Verhältnisse einstellte und nichts dem Zufall überließ.

[37] Thiel 1946, 156 ff. Nach Plin n h 16, 192 soll die Flotte innerhalb von 40 Tagen erbaut worden sein. Diese Nachricht gehört in die weitverbreitete Legende vom schnellen Flottenbau der Römer.

[38] L 29, 25, 11: Das Admiralsschiff setzte drei Lichter, die Kriegsschiffe ein Licht und die Lastschiffe zwei Lichter, so daß sie klar zu unterscheiden waren. Man kann mit Sicherheit annehmen, daß Scipio den Landungsplatz genauestens erkundet hatte. Den Steuerleuten soll er die Anweisung erteilt haben, die „Emporia" anzusteuern. Handelte es sich um eine Angabe aus einer anderen Quelle (Kahrstedt 1913, 334), oder wollte Scipio mit einer falschen Richtungsangabe bewußt die Karthager täuschen, da er mit der Anwesenheit karthagischer Spione in seinem Heer rechnen mußte? So die These von Th. Zielinski, Passagio di Scipione in Africa nell'anno 204,

Im Spätsommer fuhren die Schiffe von Lilybaion ab. Bei der Überfahrt herrschten ungünstige Wetterbedingungen. Nach anfänglichem Wind kam Nebel auf, der zwar die Anfahrt dem Feind verbarg, aber mindestens ebenso riskant für die Römer war, bestand doch die Gefahr, daß die Flotte auseinandergerissen würde. Den Schutz der Invasionsflotte übernahmen die Kriegsschiffe, von denen jeweils 20 Schiffe die beiden Flügel deckten,[39] ein ungenügender Schutz, sollte die karthagische Flotte aufkreuzen und den Flottenverband angreifen.[40] Scipio landete[41] ungefährdet in der Nähe von Utika beim „Schönen Vorgebirge" (*promunturium Pulchri* od. *Apollinis*, h. Kap Farina) und schlug auf dem nächsten Hügel ein befestigtes Lager auf. Damit war der gefährlichste Teil des Unternehmens geglückt.

Die Nachricht von der Landung des Feindes löste Panik und Schrecken aus. Die Bewohner des flachen, ungeschützten Landes flüchteten sich mit ihren Familien und ihrem Vieh in die befestigten Plätze.[42] In Karthago ergriffen die Ratsherrn Sofortmaßnahmen zum Schutz und zur Verteidigung der Stadt, da sie mit einem Angriff Scipios auf die Stadt rechneten. Zunächst wurde ein kleines Reiterkorps zur Erkundung ausgeschickt, dessen Attacke die Römer zurückwiesen. Scipio ließ das umliegende Land plündern. Viele Menschen wurden gefangen. Die Beute wurde sofort auf die Schiffe gebracht, die reich beladen nach Sizilien zurückfuhren.

Rivista di Storia Antica 2, 1897, 74–79; 3, 1898, 64–77, abgelehnt von Gsell III 1918, 213 A 2. Da Scipio erst am Vorabend der Abfahrt das Ziel angab, bestand nur geringe Gefahr, daß der Feind den Ort erfahren könnte. Außerdem war es wichtig, daß die Steuerleute den Ort kannten, da auf der Überfahrt mit Zurückbleiben einzelner Schiffe zu rechnen war. Ob nun Scipio ursprünglich in Emporia oder anderswo landen wollte, fest steht, daß die Römer bei Utika an Land gingen. Vgl. auch Scullard 1930, 184–188 mit Lit. Außerdem mußte man bei dem starken Nebel, der auf der Überfahrt herrschte, auch damit rechnen, daß sich die römische Flotte verirrte. Zielinski und Veith identifizierten das „Schöne Vorgebirge" mit dem Cap Bon aufgrund von P 3, 22. Vgl. dagegen die berechtigten Einwände von Scullard 1930, 187 A 2.

39 Den rechten Flügel kommandierten Scipio und sein Bruder Lucius, den linken Flügel der Flottenpräfekt Laelius mit dem Quästor M. Porcius Cato. Vgl. J. S. Ruebel, Cato and Scipio Africanus, CW 71, 1977/78, 161–173.

40 Man vergleiche die Invasionsflotte des Ti. Sempronius Longus im Jahr 218: 160 Kriegsschiffe, L 21, 17, 5. Doch die karthagische Flotte blieb in ihren Schiffshäusern. Thiel 1946, 157.

41 L 29, 27, 5–12, Frontin 1, 12, 1, App Lib 13, 50f., Z 9, 12, 3. Beim Betreten des Landes soll Scipio gestolpert sein und geistesgegenwärtig ausgerufen haben: „Ich halte dich, Afrika." Nach einer anderen Version sei nach der Landung eine Riesenschlange auf der Straße nach Karthago vorübergekrochen. Dies wurde als eine Bestätigung des Gerüchtes über seinen tatsächlichen Vater angesehen. Zur Schlange Cass frg. 57, 63, der angebliche Ausspruch Scipios Nepotian, epitoma 7, 3.

42 L 29, 28, 2–3.

Damit hatte der Krieg im eigenen Land für die Karthager begonnen. Während die Römer seit Beginn der Auseinandersetzung erlebt hatten, was es bedeutete, wenn der Feind im Land stand, die Menschen in die Städte flüchteten, dort auf engstem Raum zusammenlebten, die Versorgung immer schlechter wurde, Krankheiten ausbrachen und die Menschen immer mutloser wurden, weil sie unter dem Krieg litten und den Tod von Verwandten zu beklagen hatten, waren die Karthager davon bisher unberührt geblieben. Sie hatten wie im Frieden gelebt, obgleich sie bereits seit 15 Jahren Krieg führten. Dieser Zustand änderte sich schlagartig. Würden sie dieselbe moralische Kraft wie die Römer besitzen, trotz Niederlagen weiterzukämpfen und zu versuchen, den Feind aus dem Land zu vertreiben?

Krieg in Afrika[43]

Die karthagische Kriegsmaschinerie kam nur langsam in Gang. Es vergingen kostbare Wochen, bis Hasdrubal und Syphax auf dem Kriegsschauplatz eintrafen. Immer wieder schickten die Ratsherrn Boten an beide mit dem Befehl bzw. der Bitte, Karthago zu Hilfe zu kommen. Schließlich mußten sie offizielle Gesandte aussenden.[44]

So konnte Scipio gerade in der gefährlichsten Phase nach der Landung in Ruhe seine Stellung ausbauen. Freudig begrüßte er Massinissa mit seiner kleinen Reitertruppe[45] in seinem Lager. Er brachte eine willkommene Verstärkung gegen die überlegene feindliche Reiterei, die 4000 Mann stark war (die meisten Numider) und unter dem Befehl des Hanno, Sohn des Hamilkar, stand.[46] Dieser besetzte die Stadt Salaika (h. Henchir el Bey), die ca. 15 Meilen vom römischen Lager entfernt war, das Scipio vor Utika aufge-

[43] Lit.: Zielinski 1880, 27ff., Lehmann 1894, 539ff., G. Veith, in: Kromayer III 2, 1912, 578ff., De Sanctis III 2, 1916, 566ff., Gsell III 1918, 214ff., Scullard 1930, 189ff., ders. 1970, 121ff., Ch. Saumagne, La Numidie et Rome, Paris 1966, 78ff., Huß 1985, 407ff., Eckstein 1987, 233ff. Seibert 1993, 305ff. Karte Nr. 7.

[44] L 29, 34, 2. Es liegen keine Angaben über den Standort der beiden Heere und die Gründe für ihr Zögern vor. Auch die Aufstellung eines Reiterheeres benötigte seine Zeit.

[45] Massinissa war ein aus seinem Reich vertriebener Fürst. Die Angaben über seine Stärke schwanken zwischen 200 und 2000 Reitern, L 29, 29, 4. Nach App Lib 13, 53ff. kämpfte er zunächst zum Schein auf karthagischer Seite und trat erst während der Schlacht am „Turm des Agathokles" zu Scipio über. P. G. Walsh, Massinissa, JRS 55, 1965, 150, Eckstein 1987, 234ff.

[46] L 29, 34, 1; 34, 4ff. Zur Frage, ob es sich bei dem Reiterheer des Hanno und der folgenden Schlacht um eine Dublette handelt, vgl. die Ausführungen von Scullard 1930, 189.

schlagen hatte.[47] In der Nähe des „Turms des Agathokles"[48] (zwischen dem Dj. Doumis und dem Dj. Menzel Roul) kam es zu einer Reiterschlacht, in der sich die Zusammenarbeit mit Massinissa zum ersten Mal bewährte. Scipio hatte in ihm einen kongenialen Partner für die Führung der Reiterei gefunden.[49] Die karthagische Reiterei wurde vernichtend geschlagen. Ihr Befehlshaber Hanno und ein Großteil seiner Reiter fielen.[50]

Salaika wurde von den Römern eingenommen. Die Sieger machten riesige Beute und fanden hier zahlreiche Gefangene, die von Hannibal aus Italien zur Arbeit aufs Land gesandt worden waren. Sie wurden befreit und wohl der Invasionsarmee eingegliedert.[51] Damals traf gerade ein Nachschubverband ein.[52] Scipio verließ sich nicht auf die Gewinne aus dem Land, zumal der Bedarf eines Heeres andere Anforderungen stellte als die Beute in einem agrarischen Gebiet. Die Transportschiffe erhielten die Beute als Rückfracht nach Sizilien.

Scipio wandte sich dann der wichtigen Aufgabe zu, eine feste Basis für sein Heer zu errichten, zumal der Winter vor der Tür stand. In der Hoffnung, die Stadt Utika erobern zu können, die stark befestigt war und über einen Hafen verfügte, begann er, die Stadt von der Land- und von der Seeseite einzuschließen.[53] Die Bürger von Utika setzten ihre ganze Hoffnung auf die

47 Karte vgl. bei Veith III 2, 1912 Nr. 13, Scullard 1930, 193, ders. 1970, 121, auf Veith basierend.

48 App Lib 14, 56.

49 Die antiken Quellen stimmen in einem wesentlichen Punkt nicht überein: Wer hatte die Idee zu dieser Schlacht – nach Livius war es Scipio, der die Taktik entwarf und Massinissa die schlachtentscheidende Stellung und Aufgabe zuwies, nach App Lib 14, 56ff. und Cass frg. 57, 65, Z 9, 12, 4 kam das Verdienst Massinissa zu. In den meisten modernen Darstellungen wird der livianischen Tradition gefolgt. Es könnte sich aber um die auch sonst bekannte scipionenfreundliche Tradition handeln. Andererseits ist die Möglichkeit nicht auszuschließen, daß Massinissa selbst, den Polybios noch in hohem Alter zu den Vorgängen befragen konnte, seine Verdienste in das rechte Licht setzen wollte. Eine sichere Entscheidung ist m. E. nicht mehr möglich.

50 L 29, 34, 15–17: Zunächst seien 1000 gefallen, dann auf der Flucht weitere 2000, darunter 200 Reiter aus Karthago. Die Römer sollen die Feinde 30 Meilen = ca. 45 km weit verfolgt haben. Dies dürfte ausgeschlossen sein. So weit konnten Pferde, die bereits durch die Reiterschlacht ermüdet waren, nicht mehr laufen. Veith III 2, 1912, 582 nimmt deshalb den Rückzug der geschlagenen Reiterei nach Salaika (ca. 15 km) an. Nach App Lib 14, 60 und Z 9, 12, 5 geriet Hanno in römische Gefangenschaft und wurde gegen die Mutter Massinissas ausgetauscht, die Hasdrubal wegen des Übertritts Massinissas hatte gefangennehmen lassen. Diese Version geht nach L 29, 35, 2 auf Coelius Antipater und Valerius Antias zurück.

51 Z 9, 12, 5. Sie konnten zumindest zu Hilfsdiensten verwandt werden.

52 L 29, 35, 1.

53 L 29, 35, 6ff., App Lib 16, 66ff., Cass frg. 57, 68ff. Die Geschütze und Belagerungsmaschinen hatte er bei der ersten Überfahrt mitgebracht, teils waren sie auch

Karthager. Das karthagische Heer unter Hasdrubal war immer noch nicht auf dem Kriegsschauplatz erschienen.[54] Erst als Syphax eintraf, verließ auch Hasdrubal Karthago und verlegte sein Lager in die Gegend von Utika.

Scipio mußte die Belagerung abbrechen. Es bestand die Gefahr, daß er selbst zum Belagerten wurde. Außerdem drängte die Jahreszeit. Er mußte einen geeigneten Platz für ein Winterlager suchen und befestigen. Er schlug sein Winterlager auf dem schmalen Landrücken, der das „Schöne Vorgebirge“ bildete, auf und umgab Lager und Schiffe mit einem einzigen Wall. Der Ort wurde später Castra Cornelia genannt.[55]

Syphax und Hasdrubal schlugen zwar in großer Entfernung von Scipio, aber in günstiger strategischer Position getrennte Lager auf.[56] Sie kontrollierten die Verbindungen ins Landesinnere und den direkten Zugang nach Karthago und ins Reich des Syphax. Scipio befand sich in einer ungünstigen Position. Wenn er ins Land vorstoßen wollte, mußte er erst den Sperriegel der beiden feindlichen Heere, die ihm numerisch überlegen waren, überwinden. Während des Winters war er auch von seiner Basis auf Sizilien abgeschnitten. Sollten die feindlichen Heere und die Flotte zum Angriff übergehen, befand er sich auf verlorenem Posten. Es gab für ihn kein Entkommen.

Der neue Schwung, den die karthagischen Ratsherrn dem Krieg im vergangenen Jahr durch neue Rüstungen verleihen wollten, war wirkungslos geblieben. Die in Mago gesetzten Hoffnungen hatten sich nicht erfüllt. Hannibal unternahm nichts, um die Vorbereitungen Scipios zu stören. Mit der Invasion der Römer war der Krieg in seine letzte, entscheidende Phase getreten. Daß die Invasion reibungslos verlief und nach der Landung keine karthagischen Angriffe abgewehrt werden mußten, verdankte Scipio der Unfähigkeit seiner Gegner, die Landheer und Flotte zur Abwehr nicht einsetzten. Allerdings war seine Lage am Jahresende nicht günstig und für die nächste Kampagne wenig erfolgversprechend.

mit dem zweiten Nachschubverband eingetroffen oder wurden jetzt an Ort und Stelle von den Pionieren erbaut.

[54] Scipio belagerte Utika bereits 40 Tage lang, als ihn die Ankunft der feindlichen Heere zum Abbruch zwang.

[55] Zur Topographie vgl. Scullard 1930, 196; 1970, 23. Scipio hatte ausreichend Vorsorge für die Überwinterung getroffen. Außer dem Getreide, das aus der Umgebung geplündert worden war, hatte ein Nachschubverband aus Sardinien gewaltige Mengen an Lebensmitteln herbeigeschafft. Auch die verlangten Kleidungsstücke wurden geliefert: 1200 Togen und 12000 Tuniken. L 29, 36, 1–3.

[56] P 14, 4, 1, L 30, 5, 3, ca. 10,5 km. Sie bezogen getrennte Lager, die ca. 1,75 km (10 Stadien) auseinander waren. P 14, 1, 14.

Das 16. Kriegsjahr: 203 v. Chr.[1]

Rom[2]

Die Römer wählten Cn. Servilius Caepio[3] und C. Servilius Geminus[4] zu Konsuln. Die Senatoren wiesen ihnen Etrurien und Bruttium als Amtsbereiche zu. Die Nachrichten vom afrikanischen Kriegsschauplatz waren nicht so verlockend, daß einer der Konsuln diesen Amtsbereich für sich gefordert hätte. Das *imperium* Scipios wurde mit dem bemerkenswerten Zusatz „bis zum Kriegsende" verlängert.[5] Obgleich die Lage in Afrika im Mittelpunkt des öffentlichen Interesses stand und entsprechende Opfer und Gebete abgehalten wurden, konnten sich die Senatoren immer noch nicht zu umfassenden Rüstungen, die für diesen Kriegsschauplatz unbedingt erforderlich gewesen wären, entschließen.[6] Die Flotte wurde allerdings wesentlich verstärkt.[7] Der Erfolg der römischen Waffen in Afrika hing entscheidend vom Nachschub ab, der nur übers Meer herbeigeschafft werden konnte. Scipio hatte die Bedeutung der Logistik für eine effektive und erfolgreiche Krieg-

[1] Kahrstedt 1913, 547 ff., De Sanctis III 2, 1916, 528 ff., Thiel 1946, 162 ff., Lazenby 1978, 206 ff., Huß 1985, 409 ff.

[2] Patterson 1942, 337, Scullard 1951, 78, Lippold 1963, 208 ff.

[3] F. Münzer, RE 2 A 2, 1923, 1780–1781 s. v. Servilius 44.

[4] F. Münzer, RE 2 A 2, 1923, 1792–1794 s. v. Servilius 60. Vgl. außerdem A. Aymard, Liviana. A propos des Servilii Gemini, REA 45, 1943, 199 ff.; 46, 1944, 237 ff., Scullard 1951, 277 ff.

[5] L 30, 1, 10. Anders Kloft 1977, 57 A 42.

[6] Die Neuaushebungen beschränkten sich auf die Aufstellung zweier Garnisonslegionen für Rom und 3000 Mann, die nach Sizilien geschickt wurden, um die dortigen Garnisonen zu verstärken, da Scipio die kampfstärksten Truppen mitgenommen hatte.

[7] L 30, 2, 1 ff. Zum Schutz der Küste Siziliens wurden 40 Schiffe bereitgestellt. P. Villius brachte 13 neue Schiffe nach Sizilien. Dort wurden weitere 27 alte Schiffe wieder seetüchtig gemacht. Sardinien, das neben Sizilien die Hauptlast der Versorgung der Invasionsarmee zu tragen hatte, wurde wie bisher mit einer Flotte von 40 Schiffen unter dem Proprätor Cn. Octavius, der bisher als Prätor auf der Insel gewesen war, geschützt. Für die Bemannung der Schiffe mußte der Prätor 2000 Soldaten abtreten. Die Küste Italiens wurde ebenfalls mit 40 Schiffen unter dem Proprätor M. Marius gesichert. Thiel 1946, 162 ff., Marchetti 1978, 117 ff.

führung erkannt.[8] Die karthagische Flotte hätte diese Verbindungen gefährden können. Sie war aber immer noch nicht einsatzbereit.[9]

Die Bevölkerung profitierte von dem Ende der Kämpfe in Iberien und der Beruhigung in Italien. Die Getreideimporte aus Iberien lösten einen gewaltigen Preisrückgang auf dem italischen Markt aus. Nur noch vier As kostete der Scheffel Getreide.[10]

Afrika[11]

Scipio hatte durch Spione erfahren, daß die Karthager intensiv an der Bereitstellung und Instandsetzung ihrer Flotte arbeiteten, die mit Frühjahrsbeginn auslaufen und seine rückwärtigen Verbindungen kappen sollte.[12] Dadurch würde sich seine Lage noch wesentlich kritischer entwickeln. Er hoffte jedoch, den Numiderfürsten Syphax auf seine Seite ziehen zu können.[13] Dabei baute er auf die sprichwörtliche Unzuverlässigkeit der Numider und ihre bekannte Leidenschaft gegenüber weiblichen Reizen, die aber erfahrungsgemäß schnell erlosch. Auch Syphax würde bald von seiner jungen Frau genug haben, vor allem ihren Einflüsterungen nicht mehr so ergeben und zum Übertritt auf die römische Seite bereit sein.

Scipio schickte Gesandte ins Lager des Numiders.[14] Doch Syphax zeigte sich an einem Übertritt nicht interessiert. Er wollte die Einmischung der Römer in die afrikanischen Verhältnisse beenden[15] und wünschte Frieden.

[8] L 30,3,2. Die Statthalter in Iberien, Sardinien und Sizilien wurden angewiesen, möglichst viele Kleidungsstücke, Waffen und Getreide auf den Kriegsschauplatz zu schicken.

[9] Die Angabe des L 30,3,4 zu Jahresbeginn, daß die karthagische Flotte bereit war, die Nachschubverbindungen zu kappen, trifft nicht zu, wie der Verlauf des Krieges zeigt. Erst in der zweiten Jahreshälfte startete die karthagische Flotte zu einem Angriff auf Utika.

[10] L 30,26,5–6. P. Garnsey, Famine and Food Supply in the Graeco-Roman World, Cambridge 1988, 188.

[11] Kahrstedt 1913, 547ff., De Sanctis III 2, 1916, 512ff., Gsell III 1918, 222ff., Ch. Saumagne, La Numidie et Rome, Paris 1966, 78ff., Lazenby 1978, 206ff., Huß 1985, 409ff. Seibert 1993, 306ff. Karte Nr. 7.

[12] P 14,1,2, L 30,3,4. Zur karthagischen Flotte vgl. Thiel 1946, 164.

[13] P 14,1–6, dazu Walbank II 1967, 424–431, L 30,3,4–6,9, Frontin 1,1,3; 1,2,1; 2,5,29, Cass frg. 57,72. App Lib 18,74 erwähnt die Verhandlungen nicht.

[14] Vgl. P 14,1,3, ebenso Scullard 1930, 199, Huß 1985, 409. Nach App Lib 17,69, Cass frg. 57,72, Z 9,12,7 ging die Initiative von Syphax aus (angenommen von W. Schur, Scipio Africanus und die Begründung der römischen Weltherrschaft, Leipzig 1927, 52, Kahrstedt 1913, 547). Es ist nicht bekannt, welche Versprechungen Scipio dem Numiderkönig machte.

[15] Vgl. dazu W. Huß, Der „panafrikanische" Gedanke im zweiten Römischen Krieg, in: Punic Wars 1989, 187ff.

Die Römer sollten aus Afrika abziehen, die Karthager aus Italien, für alle übrigen Gebiete sollte der Status quo gelten.[16] Der Römer hatte den Numiderfürsten völlig falsch eingeschätzt, der sich als Staatsmann und nicht als Barbarenhäuptling erwies.

Mit diesem Ergebnis war er nicht zufrieden, die Berichte seiner Unterhändler brachten ihn auf eine andere Idee, wie er sich aus seiner kritischen Situation befreien könnte. Durch einen plötzlichen Feuerüberfall könnten die feindlichen Lager leicht vernichtet werden.[17] Um möglichst genaue Informationen zu erhalten, schleppte Scipio die Verhandlungen hin. Immer neue Boten wurden entsandt. Höhere Offiziere, als Sklaven verkleidet, begleiteten die Gesandten und kundschafteten alles aus. Um bei Syphax keinen Verdacht aufkommen zu lassen, verlangte Scipio die Einbeziehung Hasdrubals und das Einverständnis der Karthager zu den Friedensbedingungen. Der Numider glaubte sich bereits am Ziel. Er legte Scipios Forderung als Zeichen seiner ernsten Absichten aus. Die Mehrheit der Ratsherrn willigte ein.[18]

Die römischen Unterhändler, die im Lager des Syphax verblieben waren, bis die karthagische Zustimmung eingetroffen war, kehrten sofort in die „Castra Cornelia“ zurück. Statt der erwarteten Zustimmung ließ Scipio mitteilen, sein Kriegsrat habe für die Fortsetzung des Krieges gestimmt, nur er allein sei für den Frieden eingetreten, eine fadenscheinige Entschuldigung für die offensichtliche Täuschung.[19] Es besteht kein Zweifel daran, daß er die Verhandlungen nur fortgeführt hatte, um sich eine möglichst günstige Ausgangsposition für den Anschlag zu verschaffen.[20] Mit der angeblichen

[16] P 14,1,9, L 30,3,5.

[17] Die Unterhändler beschrieben das numidische und karthagische Lager genau. Die Feinde hatten ihre Unterkünfte nicht aus Lehm erbaut, sondern Zelte aus Holz und Reisig, leicht brennbarem Material, errichtet. Ein großer Teil der Soldaten lagerte nicht mehr innerhalb des Walles, sondern ungeschützt davor. Scipio erkannte sofort die Möglichkeiten, die sich ihm hier boten.

[18] Über die Diskussion des Friedensvorschlages im karthagischen Rat liegen keine Angaben vor. Die Annahme hätte den Gebietszustand des Jahres 241/237 bedeutet. Gemessen an den hohen Kriegszielen und Erwartungen nach den Siegen der ersten Jahre war dieses Ergebnis mager, doch in der gegenwärtigen Situation schien es das Beste zu sein. Es ist mit Sicherheit anzunehmen, daß es immer eine Gruppe gegeben haben dürfte, die die Fortsetzung der Kämpfe wünschte, zumal die militärische Situation Scipios wenig aussichtsreich war. Selbst nach Zama gab es noch Verfechter eines harten Kurses.

[19] Um das Verhalten Scipios völlig zu rechtfertigen, fügte die römische Geschichtsschreibung noch ein, daß Syphax, in der Annahme, die Römer wünschten unbedingt Frieden, einige für sie ungünstige Bedingungen in die Abmachungen einfügte, was für Scipio Grund zur Ablehnung war, L 30,4,8. Polybios hat diese Version nicht.

[20] Ganz deutlich werden die wahren Absichten Scipios bei Cass frg. 57, 72 ausgesprochen. Syphax sollte getäuscht werden.

Ablehnung durch den Kriegsrat glaubte er sich gerechtfertigt und vom Vorwurf der Treulosigkeit freigesprochen.[21]

Syphax und Hasdrubal berieten die neue Lage. Nachdem die Hoffnungen auf Frieden gescheitert waren, mußten die Waffen entscheiden.[22] Syphax sollte das Belagerungsheer vor Utika, Hasdrubal das Lager Scipios und die karthagische Flotte gleichzeitig die römischen Schiffe angreifen. Doch Scipio ließ dem Feind keine Zeit, über die neue Situation nachzusinnen und geeignete Maßnahmen zu ergreifen. Bereits für die nächste Nacht plante er den Überfall.[23] Nur die zuverlässigsten und besten Militärtribune weihte er in das Vorhaben ein. Laelius und Massinissa sollten zuerst das Lager des Syphax angreifen und in Brand stecken. Er selbst wollte mit dem Rest des Heeres das Lager Hasdrubals angreifen, aber erst, wenn er den Feuerschein aus dem Lager des Syphax erblickte und wußte, daß dort der Angriff erfolgreich war.

Der Überfall verlief nach Plan. An den Ausgängen des numidischen Lagers standen in vorderster Front die Leute Massinissas, Laelius hielt sich mit seinen Soldaten zur Reserve im Hintergrund. Die Fackeln flogen ins Lager der Feinde, das Feuer griff schnell um sich, da Zelt an Zelt stand. Die Numider wurden aus dem Schlaf gerissen und dachten an einen plötzlichen Brand im Lager. Alle rannten und suchten sich vor dem Feuer in Sicherheit zu bringen. Es entstand ein gewaltiges Durcheinander, viele Soldaten wurden an den Lagerausgängen niedergetrampelt, viele kamen in den Flammen ums Leben. Wer glücklich dem Inferno entkam, lief ahnungslos den Feinden entgegen, die alle niedermetzelten. Als die Soldaten Hasdrubals den Brand im Lager Syphax bemerkten, wollten sie sofort zu Hilfe eilen, um löschen zu helfen. Niemand dachte an einen feindlichen Überfall. Kein Soldat nahm

[21] In der modernen Forschung wird das Verhalten Scipios überwiegend ohne eine Bewertung (Kahrstedt 1913, 547) oder billigend hingenommen. Vgl. W. Schur, a. a. O., 52, Scipio sei zum Schein auf die Verhandlungen, die Syphax ihm anbot, eingegangen, „weil sein erfinderischer Geist hier die Möglichkeit zu einem neuen Überraschungssieg sah“, vgl. ähnlich Scullard 1930, 200. Nur Huß 1985, 409 tadelt das Verhalten Scipios.

[22] Die Beratungen erwähnt P 14, 3, 1, gibt aber keine Hinweise auf ihre Pläne. Diese Informationen liefert App Lib 18, 74. Zur numerischen Überlegenheit vgl. P 14, 1, 14: Hasdrubals Heer war 30000 Mann zu Fuß und 3000 Reiter stark, das des Syphax 10000 Reiter und 50000 Mann zu Fuß. Diese Zahlen erscheinen stark übertrieben (rund 30000 Mann zu Fuß und 3–5000 Reiter). Vgl. Kahrstedt 1913, 546, De Sanctis III 2, 1916, 567–569, Huß 1985, 407 A 25.

[23] P 14, 3, 1 ff., L 30, 4, 10 ff., Frontin 2, 5, 29, App Lib 19, 75 ff. geht von völlig anderen Voraussetzungen aus. Nach seinem Bericht plante Syphax einen Angriff auf die Belagerer von Utika und Hasdrubal einen Angriff auf das Lager Scipios, während die karthagische Flotte die römische angreifen sollte. Von diesen Plänen erfuhr Massinissa durch Numider und teilte sie Scipio mit, der entsprechende Vorkehrungen zum Überfall traf. Vgl. Zielinski 1880, 36 ff.

seine Waffen mit. Schutz- und wehrlos liefen sie den römischen Soldaten in die Hände, die gleichzeitig den Angriff eröffneten und Fackeln ins karthagische Lager schleuderten. Beide Heere wurden fast vollständig niedergemacht. Hasdrubal und Syphax entkamen mit wenigen Leuten.[24]

Polybios[25] pries diesen Überfall, der mit einem Schlag Scipios Sorgen beseitigt, die Heere seiner Feinde vernichtet und seine Situation wesentlich verbessert hatte, mit überschwenglichen Worten: „Mir scheint von vielen großen vortrefflichen Taten Scipios diese die großartigste und kühnste gewesen zu sein." Der Römer hatte seine Begabung erneut bewiesen, den Feind durch eine List zu täuschen, ein im Krieg erlaubtes Mittel, das die römische Geschichtsschreibung bei Hannibal und den Karthagern als Betrug und Hinterlist verurteilt hätte.[26]

Die Beute, die die römischen Soldaten in den beiden Lagern und bei den anschließenden Eroberungen machten, war riesig.[27] Die eigentlichen Gewinner waren die Kaufleute, die den Soldaten die Beute abkauften. Das Überangebot drückte den Preis. Da die Soldaten sich Hoffnung auf noch größere Beute machten, waren sie zu preiswertem Verkauf bereit. So zog jeder seinen Gewinn aus dem Krieg.[28]

In Karthago beriefen die Sufeten den Rat. Die Nachricht von der Vernichtung beider Heere wirkte wie ein Schock.[29] Die meisten waren für die Fortführung des Krieges. Die einen wünschten die Rückberufung Hannibals und seiner Truppen aus Italien, andere machten den Vorschlag, ein neues Heer aufzustellen und Syphax aufzufordern, ebenfalls neue Truppen auszuheben.[30] Diese Lösung fand eine Mehrheit.[31] Die Befürworter von Friedensverhandlungen konnten sich nicht durchsetzen.

[24] Hasdrubal soll insgesamt nur 2000 Mann zu Fuß und 500 Reiter gerettet haben. Nach L 30, 6, 8 kamen 40000 Mann ums Leben, 5000 wurden gefangen, darunter viele vornehme Karthager und 11 Ratsherrn (vgl. Or 4, 18, 19). Nach App Ib 23, 94 hatten die Römer einen Verlust von 100 Mann, die Feinde von 30000 Mann, außerdem 2400 Gefangene und 600 Reiter, die sich freiwillig ergaben.

[25] P 14, 5, 15.

[26] Der Beurteilung Scullards 1930, 201 ist zuzustimmen. "It ist difficult to draw the line between legitimate and illegitimate strategic tricks and ruses, but Scipio evidently felt that he had gone as near the border-line as possible, and that some explanation was necessary." Die Karthager erwiesen sich als gelehrige Schüler des Römers. Nach dem Beispiel Scipios schlossen sie noch im selben Jahr einen Waffenstillstand mit Friedensverhandlungen, den sie für neue Rüstungen nutzten. Nach römischer Version begingen die Karthager bewußt Vertragsbruch. Es war eben ein großer Unterschied, ob es der Sieger oder der Verlierer tat.

[27] App Lib 23, 95. [28] P 14, 7, 2–3.

[29] P 14, 6, 10 ff., L 30, 7, 5 ff.

[30] L 30, 7, 7.

[31] Die Rückberufung Hannibals hätte wohl die Absetzung Hasdrubals als Oberbe-

Die Niederlage ließ Syphax in seiner Haltung zum Bündnis nicht wanken. Die karthagischen Gesandten trafen ihn bei der Stadt Abba an. Er war bereit, ein neues Heer aufzustellen, zumal ein größeres Kontingent keltiberischer Söldner eingetroffen war, dessen tatsächliche Stärke die Karthager übertreibend „verdoppelten".[32] Auch Sophoniba setzte sich mit Nachdruck bei ihrem Mann für die Unterstützung ihrer Landsleute ein. Innerhalb von einem Monat konnte er ein neues Heer auf den „Großen Feldern" (Ebene von Souk el Kremis) im Bagradas-Tal (h. Medjerda-Fluß) versammeln.[33]

Scipio, der nach der Vernichtung der feindlichen Heere wieder Utika belagerte, ließ auf die Nachricht, die Feinde hätten erneut ein Heer aufgestellt und im Gebiet der „Großen Felder" Stellung bezogen, ein kleines Belagerungskorps zurück und marschierte sofort das Bagradas-Tal aufwärts gegen den Feind. Er wollte ihn noch in der Aufbauphase überraschen. So kam es auf den „Großen Feldern" zur ersten wirklichen Feldschlacht dieses Krieges auf afrikanischem Boden.[34]

Scipio stellte seine Reiterei auf den rechten Flügel, die numidische unter Massinissa auf den linken. Das Zentrum bildeten die römischen Truppen, gegen die Syphax und Hasdrubal die Keltiberer einsetzten. Die Numider unter Syphax kämpften gegen die römische Reiterei, die Karthager gegen die Numider Massinissas. Der Schlachtverlauf bewies erneut die große Bedeutung von Kampferfahrung. Die Numider des Syphax, meistens Bauern, die erst vor kurzem mit Pferden ausgerüstet worden waren, waren ebensowenig wie die neu ausgehobenen Karthager ihren Gegnern gewachsen. Einzig die Keltiberer hielten Stand und kämpften tapfer gegen das erste Treffen des römischen Zentrums *(hastati)*. Durch die schnelle Flucht der Reiter auf den Flügeln waren ihre Flanken ungeschützt. In diese Lücke ließ

fehlshaber bedeutet. Bei diesem Beschluß blieb seine Stellung unangetastet. Appian, Lib 24, 98 hat eine andere Version. Hasdrubal soll in Karthago wegen seiner Erfolglosigkeit zum Tod verurteilt worden sein. An seiner Stelle sei Hanno, der Sohn des Bomilkar, zum Feldherrn ernannt worden. Hasdrubal habe dann auf eigene Faust ein Heer aufgestellt, sogar Verbrecher aufgenommen und Beutezüge unternommen. Er habe über ein Heer von 3000 Reitern und 8000 Mann zu Fuß, das er hart exerzieren ließ, verfügt. Eigenartigerweise sollen sowohl Römer wie Karthager davon lange Zeit nichts bemerkt haben.

[32] Es waren tatsächlich nur 4000 Mann.

[33] Insgesamt 30000 Mann. Die Truppenzahl darf aber über die tatsächliche Kampfkraft der Soldaten nicht hinwegtäuschen. Bereits die vernichteten Heere waren erst nach Ankunft Scipios in Afrika ausgehoben und aufgestellt worden. Den Soldaten fehlte die nötige Kampfpraxis. Kahrstedt 1913, 550 A 2 zur Truppenstärke, zur Lokalisierung u. a. Walbank II 1967, 432.

[34] P 14,8,1–14, L 30,8,1–9, Z 9,12,8, Or 4,18,20. App Lib übergeht diese Schlacht. Veith III 2, 1912, 589ff., Schlachtenatlas, Röm. Abt. Blatt 8.

Scipio das 2. und 3. Treffen *(principes* und *triarii)* vorstoßen, das feindliche Zentrum umfassen und einschließen. Die Karthager und Numider erlitten eine vernichtende Niederlage. Scipio siegte dank seiner überlegenen Taktik, die die drei Treffen der *hastati, principes* und *triarii* als selbständig operierende Einheiten einsetzte.

Die Reste der geschlagenen Heere zogen sich in ihre Heimat zurück, Syphax in sein Reich, Hasdrubal nach Karthago. Die Hauptleidtragenden waren die Keltiberer, die Scipio als angeblich Vertragsbrüchige niedermetzeln ließ. Er wollte damit ein Exempel statuieren, um in Zukunft den Karthagern die Anwerbung schlagkräftiger keltiberischer Söldner zu erschweren.

Krieg gegen Syphax[35]

Scipio sandte Laelius und Massinissa mit der gesamten Reiterei und den Leichtbewaffneten auf die Verfolgung des Syphax. Massinissa erhielt in seinem angestammten Reich überall Zulauf, die Besatzungen des Syphax wurden von den Massyliern vertrieben. Doch Syphax gab sich noch nicht geschlagen. Er stellte in seinem Reich ein neues Heer auf. Jetzt ging es für ihn um die Verteidigung seines Reiches. Seine Reiterei war der des Feindes überlegen, doch seine Fußtruppen konnten den Angriffen der römischen Truppen nicht standhalten. Sein Heer wurde geschlagen, er selbst geriet in Gefangenschaft.

Die Sieger marschierten nach Cirta. Im Königspalast traf Massinissa die Gemahlin des Syphax, Sophoniba, die ursprünglich ihm versprochen worden war. Die Wirkung dieser Frau, deren Schönheit die antiken Quellen rühmen, muß überwältigend gewesen sein. Der junge Numider konnte sich ihren Bitten nicht entziehen. Die Gefahr, die ihr von den Römern drohte, war ihm bewußt. So heiratete er sie sofort, um Scipio keine Möglichkeit zu geben, über sie wie eine Gefangene verfügen zu können. Bis Laelius in Cirta eingetroffen war, hatte er bereits vollendete Tatsachen geschaffen. Der Römer war sehr ungehalten, doch Massinissa setzte auf Zeit und gewann ihn dafür, die Entscheidung Scipio zu überlassen.[36] Seine Hoffnungen gingen aber nicht in Erfüllung. Der gefangene Syphax schob vor Scipio alle Schuld an seinem Abfall von den Römern auf Sophoniba. Er sei ein Opfer dieser Frau und ihrer Verführungskünste geworden. Als „Furie und Pestweib“ wird sie sogar bezeichnet.[37]

[35] L 30, 11, 1–13, 14, Ovid, fasti 6, 769, App Lib 26, 105–27, 111, Cass frg. 57, 73, Z 9, 13, 1, Or 4, 18, 21. Gsell III 1918, 236–240, P. Habel, RE 4 A 2, 1932, 1476 s. v. Syphax, Ritter 1987, 47–48.

[36] L 30, 12, Z 9, 13, 2.

[37] Syphax bei Scipio und seine Beschuldigungen gegen Sophoniba L 30, 13, App

Es mag sein, daß Syphax tatsächlich so schlecht von seiner Frau sprach, um seine Haut zu retten. Eifersuchts- und Haßgefühle auf seinen Rivalen Massinissa, der Sophoniba geheiratet hatte, mögen ihn dazu getrieben haben. Rache war in seiner Situation ein plausibles Motiv. Es darf aber nicht übersehen werden, daß die Rolle einer schönen Frau, die gleich zwei Männer umgarnte und für ihre politischen Ziele einsetzen konnte, sich zu dramatischer Ausgestaltung geradezu anbot. Jeder römische Leser dürfte die harte Entscheidung Scipios gebilligt haben, der nicht zulassen konnte, daß ein römischer Verbündeter den Verführungskünsten dieser Femme fatale ausgesetzt war.[38]

Diese Szene und die Charakterisierung des Syphax als ein Mensch, der unzuverlässig und treulos war, als ein Barbar, der seinen sexuellen Begierden nachgab und seine Politik von einer Frau bestimmen ließ, führten zu einer negativen Beurteilung des Numiders. Die Fakten sprechen eine andere Sprache. Er konnte die numidischen Stämme zu einem größeren Staatsgebilde zusammenfassen. Er besaß die Einsicht, die Überlegenheit der Römer auf dem Gebiet der Infanterie zu erkennen und Militärberater ins Land zu holen. Die wahren Ziele römischer Politik hatte er frühzeitig durchschaut. Sein Motto „Afrika den Afrikanern" konnte den Römern nicht gefallen, unterstreicht aber seine Weitsicht. Was seine politische Zuverlässigkeit angeht, so stand er bis zuletzt treu zu Karthago. Seine menschliche Schwäche bewahrte ihn aber nicht vor dem Schicksal, als römischer Gefangener sein Leben in Italien zu beenden.

Scipio verlangte von Massinissa die Auslieferung der Frau als Beute des römischen Volkes *(„praeda populi Romani")*. Unüberhörbar war seine Warnung, er könne durch einen einzigen Fehler sich seine vielen Verdienste verscherzen.[39] Er verdanke die Rückeroberung seines Reiches ausschließlich dem Bündnis mit Rom. In diesem „Drama" zeigte sich der Numider dem Römer überlegen. Er hielt sich an sein Versprechen, die Frau nicht in die Hände der Römer zu geben. Durch einen Diener ließ er ihr Gift über-

Lib 27, 113–115, Cass frg. 57, 73, Z 9, 13, 3–4, das Schicksal der Sophoniba L 30, 14–15, D 27, 6–8, App Lib 28, 116–120, Z 9, 13, 5–6, vgl. T. A. Dorey, Masinissa, Syphax, and Sophoniba, PACA 4, 1961, 1–2, I. Toppani, Una regina da ritrovare: Sofonisba e il suo tragico destino. Atti del Istituto Veneto di Scienze, Lettere ed Arti 136, 1977–78, 561–578, Eckstein 1987, 245 ff. Seibert 1993, 307.

[38] Von großer Anteilnahme und Bewunderung für die junge Frau zeugt die Beschreibung, die bei Cass frg. 57, 51, Z 9, 11, 2 vorliegt. Ihre Gestalt und Jugend werden gerühmt. Sie sei eine blendende Schönheit gewesen, dazu gründlich in Literatur und Musik ausgebildet, gescheit, gefällig und im ganzen so bezaubernd, daß ihr bloßer Anblick oder auch nur der Klang ihrer Stimme jeden, und mochte er auch noch so kühl sein, fesselte.

[39] L 30, 14, 11.

bringen. Den persönlichen Verlust versüßte Scipio ihm durch Belobigungen und Verleihung des Königstitels.[40]

Die Kämpfe vor Tunis und Utika

Scipio hatte während der Unternehmungen des Laelius die Belagerung von Utika fortgesetzt und mit einer kleinen Armee Städte im Bagradastal angegriffen und ausgeraubt. Die Beute war so groß, daß sie zuerst nach Utika zur Küste geschafft werden mußte, um das Heer wieder mobil zu machen. Die Karthager befürchteten, daß sich Scipio jetzt gegen ihre Stadt wenden werde. Die Ausbesserungsarbeiten an den Mauern wurden fortgesetzt und vom Land alle bewegliche Habe in die Stadt gebracht. Nüchterne Überlegungen hätten allerdings zu dem Schluß führen müssen, daß Scipios Heer viel zu schwach für eine Belagerung war. Im Rat wurde der frühere Vorschlag wiederholt, Hannibal zurückzuberufen. Einige Ratsherrn plädierten für einen Flottenangriff auf Utika, um die Römer zur Aufgabe der Belagerung zu zwingen. Die Verfechter von Friedensverhandlungen konnten sich erneut nicht durchsetzen.[41] Schiffe wurden nach Italien zu Hannibal und zu Mago nach Ligurien gesandt, um sie zurückzuholen.[42] Die Ausfahrt der Flotte verzögerte sich, da sie immer noch nicht einsatzbereit war.

Scipio rückte gegen Karthago vor und nahm den Ort Tunis ein, wo eine karthagische Besatzung lag, die vor ihm die Flucht ergriff. Hier schlug er sein Hauptquartier auf.[43] Erst jetzt waren die karthagischen Schiffe einsatzbereit und liefen nach Utika aus.[44] Als Scipio dies bemerkte, eilte er nach Utika zurück und setzte seine Schiffe, die für eine Seeschlacht nicht gerüstet waren, in Verteidigungsbereitschaft.[45] Den Karthagern gelang es zwar,

[40] Zu den rechtlichen Folgen dieser eigenmächtigen Entscheidung eines römischen Feldherrn vgl. Lippold 1963, 205, P. G. Walsh, Massinissa, JRS 55, 1965, 151, Ritter 1987, 49 ff. Scipio hatte den jungen Numider offenbar richtig eingeschätzt. Die materiellen Vorteile, die er ihm verschaffte, ließen ihn die zugefügte Schmach vergessen. Er zeigte sich dem Römer sein Leben lang dankbar, Val Max 5, 2 ext. 4.

[41] P 14, 9, 7–10, 1.

[42] An dieser Stelle wird zwar nur Hannibal erwähnt, aber die Rückberufung Magos ergibt sich aus L 30, 19, 2. Vgl. Huß 1985, 411 A 57.

[43] Der Ort lag nur 120 Stadien von Karthago entfernt in einer von Natur und Befestigungsanlagen vorzüglich gesicherten Position und war strategisch zur Kontrolle der karthagischen Landverbindungen bestens geeignet. P 14, 10, 3 ff., L 30, 9, 11 ff. Bereits im Söldnerkrieg hatte der Ort eine wichtige Rolle gespielt.

[44] Zum Angriff der karthagischen Flotte vgl. P 14, 10, 6–12, L 30, 10, 1–21, App Lib 24, 100–25, 103 (allerdings mit römischem Sieg), Z 9, 12, 9–10. Zu den Identifizierungsversuchen der überlieferten Stationen der Flotte vgl. Huß 1985, 411 A 60.

[45] Daß Scipio vor den Karthagern in Utika eintraf, unterstreicht die Langsamkeit

diesen Schutz teilweise aufzubrechen und einzureißen, sie konnten auch 60 Lastschiffe wegschleppen, aber insgesamt war es nur ein spektakulärer, kein effizienter Erfolg. Sie konnten weder die römische Flotte vernichten noch die Belagerung Utikas beenden.

Die Freude der Karthager über diesen „Sieg" trübte die Nachricht von der Niederlage ihres Verbündeten Syphax. Als Scipio erneut sein Lager in Tunis aufschlug, konnten sich im karthagischen Rat die Befürworter von Friedensverhandlungen durchsetzen.[46]

Der geschäftsführende Ausschuß des Rates, 30 Ratsherrn,[47] begaben sich ins römische Lager, um Verhandlungen über eine Beendigung der Kämpfe zu beginnen.[48] Um möglichst günstige Bedingungen auszuhandeln, wiesen sie alle Schuld am Krieg Hannibal zu.

Scipio war zu Verhandlungen bereit. Er gab offen zu, sein Kriegsziel sei der Sieg über Karthago gewesen.[49] Die Aussichten seien nach dem bisherigen Verlauf der Kämpfe auch günstig. Seine Sinnesänderung kleidete er in eine Hymne auf die Politik des römischen Volkes. Alle Völker sollten wissen, daß das römische Volk nur gerechte Kriege beginne und beende.[50] Wenn der

und Trägheit der karthagischen Operationen. Die römischen Schiffe waren für die Belagerung von Utika mit Belagerungsmaschinen und mit Geschützen bestückt. Da die Kriegsschiffe nicht mehr für den Seekampf umgerüstet werden konnten, wurde zu ihrem Schutz eine vierfache Reihe von Lastschiffen, die untereinander mit Ketten verbunden waren, vor ihnen verankert.

[46] P 15, 1–4 setzt erst mit der Nachricht vom Einverständnis des römischen Volkes ein und behandelt ausführlich die Ereignisse, die zum Bruch des Waffenstillstandes führten. Für die Verhandlungen der Karthager mit Scipio und mit dem Senat in Rom muß man sich auf L 30, 16, 4–15; 21, 11–23, 8; 24, 5–25, 10, App Lib 31, 130–32, 136; 33, 139; 34, 143–35, 150, Cass frg. 57, 74/Z 9, 13, 8, Eu 3, 21 stützen, die widersprüchliche Angaben machen. Doch an der Darstellung des Polybios bestehen ebenfalls einige berechtigte Zweifel. Zusätzliche Informationen enthält ein Papyrusfragment (Catalogue of the Greek Papyri in the J. Rylands Library at Manchester, III ed. C. H. Roberts, 1938 Nr. 49 [P. Ryl. III Nr. 491]) mit knappen Angaben über die Ereignisse, die zum Bruch des Waffenstillstandes führten und zur Rückkehr der karthagischen Gesandten. Schmitt III 1969 Nr. 548, Scardigli 1991, 297 ff. Seibert 1993, 308.

[47] L 30, 16, 3, vgl. Huß 1985, 462–463.

[48] Sie begrüßten den römischen Feldherrn nach karthagischer Sitte, d. h. sie warfen sich zur Begrüßung nieder. Das hatte aber nichts mit kriecherischer, unterwürfiger Haltung zu tun, wie die Römer es auslegten. Sie hätten sich nach orientalischer Art wie Schmeichelnde aufgeführt. P 15, 1, 6 ff., L 30, 16, 4. Nach Polybios sollen sie sogar den Mitgliedern des Kriegsrates die Füße geküßt haben. Mit der Übernahme dieser Deutung wird klar, daß Polybios völlig unter dem Einfluß römischer Betrachtungsweise der Vorgänge stand. Passend zu ihrer Schmeichelei sei dann auch ihre Rede gewesen.

[49] L 30, 16, 8–9.

[50] Es lassen sich nur Vermutungen über seine Überlegungen anstellen. Die persön-

Römer zu Friedensverhandlungen bereit war, dann dürfte er dafür seine besonderen Gründe gehabt haben. Er ließ sich wohl von Überlegungen leiten, die sowohl die militärische Lage als auch die politischen Verhältnisse in Rom berücksichtigten.[51] Sein eigentliches Ziel war die Schlacht gegen Hannibal und der Sieg über den größten Feind der Römer. Er wußte, daß die Karthager ihren Feldherrn zurückbeordert hatten. Die Zeit bis zu seinem Eintreffen ließ sich mit Friedensverhandlungen überbrücken, die ihm nur Vorteile brachten. Sobald er sicher war, daß sein *imperium* verlängert würde, ließen sich genügend Gründe finden, um die kriegerischen Operationen wiederaufzunehmen und den Krieg mit einem Sieg über Hannibal zu beenden. Er konnte sogar mit ziemlicher Sicherheit davon ausgehen, daß ähnliche Überlegungen auch die Barkidenfreunde in Karthago anstellten.[52]

Der Prokonsul beriet sich mit seinem Kriegsrat und teilte den Gesandten dann die Konditionen mit.[53] Die Karthager mußten die spanischen Gebiete und die von den Römern besetzten Inseln zwischen Afrika und Italien abtreten, die bereits in römischem Besitz waren. Hannibal und Mago mußten Italien räumen. Alle Gefangenen und Überläufer mußten ohne Lösegeld ausgeliefert werden. Als Sieger beanspruchten die Römer eine Kriegskosten-

lichen Motive Scipios stellten W. Ihne, Römische Geschichte, Leipzig II 1870, 360, Zielinski 1880, 50 und De Sanctis III 2, 1916, 520 in den Vordergrund. Dagegen wurde er von Th. Mommsen, Römische Geschichte 654, Lehmann 1894, 542 und Scullard 1930, 219 in Schutz genommen. Während Lehmann vor allem militärische Überlegungen als ausschlaggebend ansah, betonte Scullard Scipios aufrichtigen Friedenswillen.

[51] Im Augenblick konnte Scipio in Afrika keine weiteren Lorbeeren ernten. Wenn er den Krieg in die Länge zog, lief er Gefahr, daß die Senatoren ihm einen Nachfolger schickten. Die Konkurrenten standen bereits in den Startlöchern. Sollte in diesem Stadium Frieden vereinbart werden, blieb Hannibal ungeschlagen. Scipio wußte aber, daß Hannibal und Mago von den Ratsherrn zurückbeordert worden waren. Falls er die Ankunft Hannibals abwartete, um ihn in einer Schlacht zu stellen, lief er Gefahr, daß diese Aufgabe seinem Nachfolger zugewiesen würde. Denn er konnte nicht sicher sein, daß er noch in seinem Amtsjahr den Feind angreifen könnte. Wenn er aber Friedensverhandlungen zustimmte, die sich wahrscheinlich bis ins nächste Amtsjahr hinziehen würden, dann bestand die begründete Aussicht, daß ihm das *imperium* verlängert würde. Die Senatoren würden wohl kaum einen Nachfolger ernennen, der nur noch den Friedenseid entgegennehmen mußte.

[52] Vgl. App Lib 31, 130, Z 9, 13, 9.

[53] P 15, 1, 6. Es ist zu vermuten, daß bereits bei den Diskussionen in Rom über die richtige Strategie Überlegungen über die Mindestforderungen an die Karthager angestellt worden sind. M. E. ist die These von Eckstein 1987, 249–250, daß die Konditionen allein von Scipio festgelegt worden sind, unbegründet. Sicher holte er nicht vorher eine Senatsentscheidung ein. Es wäre aber illusionär anzunehmen, daß die Römer im Jahr 205, als der erfolgreiche Ausgang des Krieges bereits deutlich abzusehen war, nicht bereits Überlegungen über die künftige Gestaltung des Verhältnisses zu Karthago angestellt hätten.

entschädigung, über deren Höhe Scipio wohl eine unverbindliche Angabe machte. Überhaupt wies er die Ratsherrn darauf hin, daß alle Konditionen vorbehaltlich der Zustimmung durch Senat und Volk von Rom gemacht und erst durch deren Bestätigung verbindlich wurden.[54] Für die Zeit der Verhandlungen sollte ein Waffenstillstand vereinbart werden.[55] Während dieser Zeit sollten die Karthager für den Sold und die Versorgung des römischen Heeres aufkommen.[56]

Scipio gewährte eine Frist von drei Tagen zur Annahme der Bedingungen. Dann sollten der Waffenstillstand geschlossen und Gesandte nach Rom zu Verhandlungen mit dem Senat geschickt werden.[57] Der Römer war klug genug, nicht den Fehler des Regulus zu wiederholen und den Feind durch unmäßige Forderungen zum Widerstand zu provozieren. Er selbst verschaffte sich durch die Versorgung und Finanzierung seines Heeres durch die Karthager während des Waffenstillstandes eine Verbesserung, die ihn von den Risiken der überseeischen Versorgungstransporte für den bevorstehenden Winter unabhängig machte. Die Karthager waren mit den Bedingungen einverstanden. Die Kriegspartei mußte sich zurückhalten, Hannibal und Mago waren noch nicht eingetroffen. Scipio hatte ihnen im vergangenen Winter vorgemacht, wie man Friedensverhandlungen zur Verbesserung der eigenen Position benutzen konnte.

Laelius, der den gefangenen Syphax nach Rom gebracht hatte, hatte die Senatoren eingehend über die Lage in Afrika informiert.[58] Die karthagischen Gesandten wurden von Scipios Legaten Q. Fulvius Gillo nach Rom begleitet.[59] Da noch Krieg herrschte, durften sie die Stadt nicht betreten. Es

[54] Vgl. etwa die suspensive Klausel im Vertrag mit Hamilkar (P 1,62,8) und die Diskussion um die Gültigkeit des Hasdrubalvertrages bei Kriegsausbruch (P 3,29, 2–3).

[55] Scipio schlug zunächst eine Dauer von 45 Tagen vor, Eu 3,21,2.

[56] L 30,16,11 (500000 Scheffel Getreide, 300000 Scheffel Gerste), App Lib 31, 131, Cass frg. 57,74 (Geldzahlungen und die Rückgabe aller Gefangenen), Eu 3,21,2 (ebenfalls Geldzahlungen: 30000 Pfund Silber). Die gewaltigen Geldzahlungen und die Rückgabe der Gefangenen sind unwahrscheinlich. Denkbar ist, daß die Karthager zur Demonstration ihres guten Willens zunächst 200 Gefangene freiließen (L 30,16,15), vgl. auch P. Ryl. III Nr. 491. Die gewaltigen Zahlungen könnten aus der Angabe des L 30,16,12 abgeleitet sein, daß die Karthager den doppelten Sold bezahlen sollten. Doch auch gegen diese Bestimmung habe ich Bedenken.

[57] L 30,16,13.

[58] Zu Laelius in Rom L 30,17,1 ff., Z 9,13,7, Or 4,18,21. Laelius sollte nach Auffassung der Senatoren zunächst in Rom bleiben, bis die karthagischen Gesandten angekommen waren (L 30,17,2), dann wurde er aber doch entlassen (L 30,21,11) und aus Puteoli, wohin er bereits gekommen war, zurückberufen, als die Gesandten eintrafen, damit er an den Verhandlungen teilnehme.

[59] L 30,21,12. F. Münzer, RE 7,1, 1910, 251 s. v. Fulvius 69. Er blieb wohl in Rom, denn er wurde für 202 zum kurulischen Ädil gewählt, im Jahr 200 zum Prätor.

wurde ihnen ein Gästehaus auf dem Land zugewiesen. Die Senatoren lehnten Verhandlungen ab, solange die Heere Magos und Hannibals noch in Italien waren.[60] Die Gesandten wiesen darauf hin, daß der Befehl zum Abzug bereits erteilt war. Der Vollzug mußte in diesen Tagen geschehen. Bis zur Bestätigung dieser Nachricht wurden die Verhandlungen verschoben.[61]

Italien

Mago hatte in den vergangenen Monaten ein schlagkräftiges Heer aus Kelten und Ligurern gebildet und begann, nach Italien einzumarschieren. Dabei kam es zu einer Schlacht gegen römische Truppen unter dem Kommando des Konsuls C. Servilius im Gebiet der Boier, die mit einem Sieg der römischen Waffen geendet haben soll, woran allerdings erhebliche Zweifel bestehen.[62] Mago wurde verwundet und zog sich mit seinen Truppen ins Gebiet der ligurischen Ingauner an die Küste zurück, wo ihn bereits Gesandte aus Karthago erwarteten und ihn zur Rückkehr in die Heimat aufforderten.[63]

[60] Diese Kondition, die allgemeinem römischen Usus entspricht, bewahrte nur Cass frg. 57,74, Z9,13,8. L30,23 überlieferte eine Senatssitzung. Der Konsular M. Livius habe die Ansicht vertreten, eine so bedeutende Angelegenheit bedürfe der Anwesenheit des Konsuls C. Servilius oder sogar beider Konsuln. Q. Caecilius Metellus widersprach und verlangte, daß man sich dem Rat Scipios anschließen sollte, der die besten Kenntnisse und Informationen vor Ort habe. M. Valerius Laevinus habe die Karthager beschuldigt, sie wollten nur spionieren. Deshalb müßten sie unter Bewachung sofort aus dem Land gewiesen und Scipio zur Fortführung des Krieges aufgefordert werden. Laelius und Fulvius hätten diese Ansicht gestützt mit dem Hinweis, Scipio habe nur für den Fall, daß Hannibal und Mago in Italien blieben, Hoffnung auf Frieden gehabt. Andernfalls rechnete er mit einem Täuschungsmanöver der Karthager. Die Mehrheit der Senatoren habe die Ansicht des Laevinus gestützt, die Gesandten seien ohne Antwort und ohne Friedensschluß entlassen worden. Der Bericht der Senatsdebatte mag die unterschiedlichen Argumente wiedergeben, das Ergebnis ist indessen unzutreffend. Die Argumente könnten auch bei der Debatte nach dem Abzug der feindlichen Heere wiederholt worden sein.

[61] Scullard 1930, 222.

[62] L 30,18–19,6. Die römische Geschichtsschreibung stellte die Vorgänge völlig anders dar. Der Prätor P. Quinctilius Varus mit Gallia als Amtsbereich und der Prokonsul M. Cornelius mit Ariminum als Amtsbereich hätten Mago im Gebiet der Insubrer zur Schlacht gestellt und vernichtend geschlagen, angeblich 5000 Gefallene. Es ist unwahrscheinlich, daß die Römer sich so weit ins feindliche Gallien vorwagten. An der Historizität der Schlacht ist m. E. nicht zu zweifeln. Sie dürfte aber tatsächlich im Gebiet der Boier stattgefunden haben, wo der Konsul C. Servilius seinen Vater und C. Lutatius aus keltischer Gefangenschaft befreien konnte. Seibert 1993, 251.

[63] L 30,19,1ff. Ob Mago auf der Rückreise seiner Verwundung erlegen ist oder

Die römische Historiographie erfand auch für den Konsul, der im Bruttischen gegen Hannibal kämpfte, einen Sieg. Neben einer imponierenden Liste von Orten, die zu den Römern übertraten – einige wurden bereits für das Vorjahr erwähnt –, soll der Konsul Hannibal bei Kroton angegriffen und besiegt haben.[64] Tatsächlich ruhten die Waffen auf diesem Kriegsschauplatz. Im Herbst trafen Gesandte ein, die Hannibal zur Rückkehr aufforderten.[65]

Die Rückkehr Hannibals[66]

Bereits seit zwei Jahren stand Hannibal auf Abruf bereit. Angeblich habe er sich bitter beklagt, daß die Ratsherrn ihn jetzt offen zurückriefen, nachdem sie ihn vorher durch Verbot von Nachschub- und Getreidelieferung zur Rückkehr hätten zwingen wollen. Nicht das römische Volk, das er so oft

heil in Afrika ankam, ist nicht mit Sicherheit zu entscheiden. Zur unterschiedlichen Tradition über sein Ende vgl. Th. Friedrich, Biographie des Barkiden Mago, Wien 1880, 8ff., der den Tod auf der Rückreise als unglaubwürdig ablehnte. Anders De Sanctis III 2, 1916, 526 A 151, V. Ehrenberg, RE 14, 1, 1928, 503 s. v. Mago 6, Huß 1985, 413. Nach Z 9,13,10 schickten die Karthager den Mago nach Italien zurück, während Hannibal der Oberbefehl über das Heer in Afrika übertragen wurde. Die Anwesenheit Magos in Ligurien setzt auch App Lib 49, 211 voraus (vgl. auch App Lib 59, 260). Er hatte den Auftrag, ein Heer aus keltischen Söldern zusammenzustellen und sie entweder nach Afrika zu bringen oder mit ihnen in Italien einzufallen. Diese Maßnahmen ergeben im Rahmen einer aktiven Politik Karthagos nach Rückkehr Hannibals durchaus einen Sinn. Nach Nep Hann 7,3 verlangten die Römer, als eine karthagische Gesandtschaft im Jahr 200 die Freilassung der Geiseln erbat, die Absetzung Hannibals als Feldherr und die Rückberufung Magos, der nach Nep Hann 8,2 erst um 193 auf einer Seereise von Karthago nach Syrien ums Leben kam, worüber allerdings unterschiedliche Versionen vorlagen. Entweder sei er bei einem Schiffbruch ums Leben gekommen oder von seinen Sklaven umgebracht worden. Eine eindeutige Entscheidung für die eine oder andere Version (Tod im Jahr 203 oder 193) läßt sich m. E. nicht fällen.

64 L 30,19,10–12. Wie sein Bruder soll er 5000 Mann verloren haben. Der Gewährsmann für diesen Sieg war Valerius Antias. Livius konnte sich nicht entschließen, seinen Angaben zu trauen. Die Vermutung von Zielinski 1880, 52–59, daß es sich um eine Dublette der Ereignisse von 204 handelt, ist naheliegend. Vgl. ebenso C. Nardi, Due questioni liviane, GIF 2, 1949, 70–73.

65 P 14,10,1, L 30,9,5, bes. 9,9; 19,12, App Ann 58,243, Frontin 1,3,8. Die Deutung von Walbank II 1967, 434, daß die Zielangabe für die karthagische Gesandtschaft „Italien“ eigentlich Rom bedeute, kann ich nicht erkennen. Vgl. ebenso Huß 1985, 411 A 57. Nach Appian sandten die Karthager den Admiral Hasdrubal zu Hannibal.

66 D 27,9, L 30,20,1–9, Nep Hann 1,2, App Ann 59,247–60,251, Lib 33,138. Kukofka 1990, 147ff.

besiegt habe, sondern Mißgunst und Neid der Ratsherrn hätten ihn geschlagen.[67] Der Vorwurf war tatsächlich unbegründet.[68] Wenn er diese „Dolchstoßlegende“ in die Welt setzte, dann nur zu seiner eigenen Entschuldigung.[69]

Die Schiffe waren für die Rückfahrt bereits vorbereitet.[70] Die Soldaten der „ersten Stunde“ kehrten mit nach Afrika zurück. Auch viele Italiker, denen als Überläufer die Todesstrafe von den Römern drohte, schlossen sich an. Die römische Geschichtsschreibung nutzte die Gelegenheit, um nochmals das Bild eines habgierigen und blutrünstigen Feldherrn zu zeichnen.[71] Er habe die anderen Soldaten und die zurückbleibende Bevölkerung im Tempel der Hera Lakinia auf grausame Weise umbringen lassen.[72] Die Städte, die noch treu bei ihm ausgehalten hatten, habe er ausplündern lassen. Am Ende habe er die Pferde und Zugtiere, die er nicht mitnehmen konnte, schlachten lassen, damit sie nicht den Römern in die Hände fielen.[73] Es soll nicht bestritten werden, daß Hannibal beim Weggang wohl zu mancher Härte gezwungen war. Er konnte nur die Soldaten mitnehmen. Alle

[67] L 30,20,3. Vgl. Nep Hann 1,2, Iustin 38,4,6, App Ann 16,70–71 (im Jahr 217), 58,243, Plu mor 324 B, Cass frg. 54,11.

[68] Die moderne Forschung konnte nachweisen, daß Hannibal selbst die Ausweitung und Ausdehnung der Kämpfe auf verschiedene Kriegsschauplätze anregte und die Karthager, soweit es in ihren Kräften stand, ausreichend Truppen und Geldmittel zur Verfügung stellten. Vgl. Kahrstedt 1913, 571, Hoffmann 1961 = WdF 371, 1974, 334 ff.

[69] Anders Th. Lenschau, RE 7,2, 1912, 2348 s. v. Hannibal 8: „Wenn H. endlich unterlag, so sind seine Mitbürger allein schuld gewesen.“

[70] Diese Flotte hatte er aus den Wäldern Bruttiums errichten lassen, eine Maßnahme, die nicht kurzfristig zu bewältigen war, sondern längerer Vorbereitung bedurfte. L 30,20,5 zu den bereits fertiggestellten Schiffen, App Ann 58,243 läßt Hannibal die Schiffe erst nach der Rückberufung erbauen, vgl. Thiel 1946, 170 ff., wohl kaum richtig. Der Bau von Schiffen war eine sinnvolle Beschäftigung für die Soldaten, die nur noch Garnisonsdienste zu versehen hatten. Dies macht verständlich, daß Hannibal auch in dieser Phase nicht mit Meutereien zu kämpfen hatte.

[71] Zu Recht als unhistorisch abgelehnt von De Sanctis III 2, 1916, 528 A 153, Huß 1985, 413 A 75. Nach D 27,9 sollen 20000 Mann umgebracht worden sein, vgl. Or 4,19,1. Hannibal hätte sicher Mittel und Wege gefunden, um diese Menschen zur Mitfahrt zu zwingen, falls er tatsächlich über ein derart starkes Heer verfügt hätte. Das Bild des grausamen Karthagers soll auch eine Episode von der Rückfahrt bestätigen. Der Steuermann wollte nicht glauben, daß Sizilien und Italien nur so wenig auseinanderlägen. Deshalb habe ihn Hannibal umbringen lassen, Val Max 9,8 ext. 1.

[72] L 30,20,6, D 27,9, App Ann 58,244–59,249. An anderer Stelle berichtet Livius (42,3,6), daß Hannibal das angesehene Heiligtum nicht verletzte.

[73] 4000 Pferde: App Ann 59,249, nach D 27,9 waren es nur 3000 Pferde. Diese Maßnahme könnte andeuten, daß Hannibal nicht über genügend Transportkapazitäten verfügte, sonst hätte er sicher die Pferde mitgenommen. Denn nach seiner Ankunft in Afrika mußte er vor allem Pferde zusammenkaufen, App Lib 33,139.

Einheimischen, besonders die führenden Persönlichkeiten der Städte und Stämme, die sich durch ihren Abfall kompromittiert hatten und nun das Schlimmste von den Römern befürchten mußten, wurden einfach ihrem Schicksal überlassen,[74] vielleicht auch unter Zwang von der Ausreise ferngehalten. Ebenso dürften Plünderungen und Zerstörungen vorgekommen sein.

Verließ Hannibal Italien „unbesiegt"? Polybios[75] verlieh ihm dieses Prädikat bis zur Schlacht bei Zama. Erst in Scipio habe er seinen Meister gefunden. Gerade diese Behauptung stimmt skeptisch. Wenn Hannibal vorher nie eine Niederlage hinnehmen mußte, dann war der Sieg Scipios um so bedeutender. Es könnte sich um eine Erfindung der scipiofreundlichen Geschichtsschreibung handeln. Denn es gab auch eine andere Tradition,[76] die dem M. Claudius Marcellus dasselbe Verdienst zuschrieb. Doch auch diese Version ist nicht vertrauenswürdig.[77]

Den Abzug Hannibals wollte der in Bruttium operierende Konsul Cn. Servilius Caepio als Vorwand benutzen, um nach Afrika überzusetzen und dort das Kommando zu übernehmen.[78] Seine Absichten wurden aber noch rechtzeitig vereitelt.[79]

[74] Ihr Schicksal war wenig erfreulich. Die Römer stellten in den zurückeroberten Gebieten Untersuchungen an (App Ann 61,252–253). Die Bruttier wurden besonders hart bestraft, Toynbee II 1965, 117ff.

[75] P 15,16,5, vgl. D 29,20, Nep Hann 5,4, Plutarch, Vergleich des Pelopidas und des Marcellus 1,7–9.

[76] Vgl. Plutarch, a. a. O.

[77] Vor allem die angeblichen „Siege" des Marcellus bei Nola erwiesen sich als Erfindungen römischer Tradition. Der als Gewährsmann erwähnte Augustus war natürlich aus verwandtschaftlichen Gründen für diese Überlieferung, der sich Plutarch ebenfalls anschloß. Plutarch nannte außerdem Livius, Iuba und Nepos. Für letzteren trifft dies allerdings nicht zu.

[78] L 30,24,1–4. Er gab vor, Hannibal sei von ihm aus Italien vertrieben worden. Damit war die wesentliche Voraussetzung erfüllt, die Fabius und mit ihm viele Senatoren für ihre Zustimmung zur Kriegführung in Afrika gefordert hatten. Servilius glaubte sich deshalb berechtigt, Hannibal verfolgen und über Sizilien nach Afrika übersetzen zu dürfen.

[79] Pomponius, der die sizilische Flotte kommandierte, meldete die Absichten des Konsuls nach Rom. Die Senatoren beschlossen, der Stadtprätor möge dem Konsul schreiben, er solle nach Italien zurückkehren. Vgl. Tammler 1971, 325–326. Der Prätor wies aber darauf hin, daß der Konsul wohl sein Schreiben nicht beachten werde. Die Senatoren faßten den Beschluß, einen Diktator zu bestellen, der kraft seiner höheren Amtsgewalt den Konsul zurückbeordern konnte. Zum Diktator wurde P. Sulpicius gewählt, der den M. Servilius Geminus zu seinem *magister equitum* bestellte. Gegen diese Geschichte wurden in der Forschung erhebliche Einwände vorgebracht. Vgl. De Sanctis III 2, 1916, 572, F. Münzer, RE 2 A 2, 1923, 1806, ders., RE 4 A 1, 1931, 805, Jahn 1970, 142–144, Tammler 1971, 325, Huß 1985, 413 A 76. Nach Li-

Welche Empfindungen hatte Hannibal, als er am Horizont die Küste Italiens schwinden sah? Dachte er zurück an die Stunde, als er mit seinen Soldaten voller Zuversicht und Siegesgewißheit als Nachfolger auf den Spuren des Herakles italischen Boden betreten hatte? Empfand er Enttäuschung, Trauer oder Zorn über die verpaßten Gelegenheiten? Bereute er jetzt, daß er nach Cannae den Sieg verschenkt hatte?[80] Dachte er mit Bangen an seine Zukunft? Fürchtete er, daß er in Karthago angeklagt und wie so viele seiner Vorgänger zum Tod verurteilt würde?[81] Leider liegen keine Berichte aus der näheren Umgebung Hannibals vor. Über seine Gefühle und Überlegungen läßt sich nur spekulieren. Er hatte im Alter von neun Jahren seine Heimat verlassen. Neunzehn Jahre hatte er in Iberien verbracht, sechzehn Jahre in Italien Krieg geführt.[82] Der Abstammung, Sprache, Glauben und Gesinnung nach war er ein Karthager, der jetzt in seine Heimat zurückkehrte. Doch tatsächlich war er ein Fremder, ungewohnt mit den Gepflogenheiten eines bürgerlichen Lebens.

Die Flotte landete unbehindert[83] an der afrikanischen Küste bei Leptis Minor.[84] Für seine weiteren Pläne war die Gegend an der Kleinen Syrte wesentlich besser geeignet als Karthago.[85]

vius bestellte nämlich der Konsul C. Servilius Geminus, der in Etrurien mit Gerichtssitzungen beschäftigt war und deshalb nicht zur Abhaltung der Wahlen nach Rom kommen wollte, den Sulpicius zum *dictator comitiorum habendorum causa* ernannte, wie er auch in den Fasti verzeichnet ist, L30,26,12, Inscriptiones Italiae XIII 1, S.46f., S.121. Dies schließt allerdings nicht aus, daß der Diktator Sulpicius auch das entsprechende Schreiben an den Konsul verfaßte. Daß er allerdings ausschließlich zur Rückberufung des Konsuls bestellt wurde, ist unglaubhaft. Die von der Forschung vorgebrachten Einwände gegen diesen Vorfall richteten sich ausschließlich gegen den Grund für die Bestellung eines Diktators. Doch damit wird das von Servilius erstrebte Vorhaben, nach Afrika überzusetzen, nicht als unglaubwürdig widerlegt. Es fügt sich in die historische Gesamtsituation bestens ein. Auch im nächsten Jahr war der Amtsbereich Afrika ein begehrtes Objekt für die neuen Konsuln, L 30,27,2. Für die Glaubwürdigkeit Scullard 1930, 224.

[80] L 30,20,7ff. [81] App Ann 58, 243, Or 4,19,1 (weinend).

[82] Die Legende hat seine Person mit vielen Örtlichkeiten Italiens in Verbindung gebracht. Die Erinnerung an seine tatsächliche oder auch nur erfundene Anwesenheit lebt bis heute in vielen Ortsbezeichnungen fort. Vgl. G. Grasso, La leggenda annibalica nei nomi locali d'Italia, Rivista di storia antica 9, 1904, 31–51, Patrizia Tabaroni, Tradizioni dell'antichità in Romagna. L'itinerario di Annibale e altri problemi di topografia antica, in: Studi Romagnoli 27, 1976, 199–206, dies., La tradizione annibalica fra Trebbia e Trasimeno, Cortona 1977.

[83] Warum verhinderten die römischen Flotten nicht die Rückkehr Magos und Hannibals? Diese Frage erörterte Thiel 1946, 171–173. Die Senatoren rügten ihre Feldherrn, die den ausdrücklichen Befehl hatten, die Abfahrt zu verhindern (L30,21,1–2, vgl. Z9,14,1).

[84] L 30,25,11–12, Or 4,19,1, anders App Lib 33,139 bei Hadrumetum. Hannibal

Endlich traf die Nachricht ein, daß die feindlichen Heere italischen Boden verlassen hatten.[86] Die Senatoren dankten den Göttern für die Errettung des Staates mit einem fünftägigen Dankfest bei allen Göttersitzen.[87] Die karthagischen Gesandten wurden im Tempel der Bellona angehört.[88] Die Schuld am Krieg wiesen sie Hannibal zu. Der Rat und das Volk der Karthager hätten das Bündnis mit den Römern nicht gebrochen. Deshalb plädierten sie für die Beibehaltung des Lutatiusvertrages. Ihr Ansinnen wiesen die Senatoren mit Empörung zurück.[89]

Bei der Aussprache äußerten sie sich überwiegend kritisch.[90] Vor der end-

marschierte von Leptis nach Hadrumetum (L30,29,1), wodurch die Verwechslung entstanden sein dürfte. Natürlich mußte nach antiker Auffassung entweder ein gutes oder ein schlechtes Omen bei der Landung auftreten. An der geplanten Landungsstelle stand ein zerfallenes Grabmal *(sepulcrum dirutum)*. Da dies ein schlechtes Omen bedeutete, habe Hannibal seine Flotte in Leptis landen lassen. Aus ähnlichen Überlegungen, nur im entgegengesetzten Sinne, ließ Scipio seine Flotte landen, weil das Vorgebirge das „Schöne" hieß (L29,27,12–13). Die Episode dürfte von einem Ortsnamen abgeleitet sein (*dirutum* vgl. Plin n h 5,23).

[85] Vgl. Lehmann 1894, 544, der sich mit dieser Frage befaßte. Die Vermutung von W. Ihne, Römische Geschichte II 1870, 366, Hannibal sei einer Bestimmung des Waffenstillstandsvertrages entsprechend dort gelandet, findet in den Quellen keine Bestätigung.

[86] L 30,21,1.

[87] L 30,21,10, Tammler 1971, 321. War die Erleichterung der Römer über den Abzug der Feinde so groß, daß sie auch eine Generalamnestie für alle zu Hannibal abgefallenen Bundesgenossen verkündeten, von der nur die Bruttier ausgenommen wurden (App Ann 61, 252)? Die Freude und Dankbarkeit über den glücklichen Ausgang würden eine solche Reaktion verständlich machen, sie erscheint aber nach dem bisherigen Verhalten der Römer höchst unwahrscheinlich.

[88] Tammler 1971, 322–325.

[89] Die römische Geschichtsschreibung verformte die Argumentation der karthagischen Gesandtschaft bis zur Lächerlichkeit. Es ist völlig unglaubwürdig, daß die Karthager absichtlich junge Männer nach Rom schickten, die keine Erinnerung an die früheren Vorgänge gehabt hätten. Gewöhnlich wurden mit so bedeutenden Gesandtschaften ältere, würdige Herren beauftragt. Es besteht kein Grund zur Annahme, daß dies damals anders gewesen sein sollte. Im übrigen dürfte es auch nur noch wenige Römer gegeben haben, die selbst an den Verhandlungen zum Lutatiusvertrag (241 v. Chr.) teilgenommen hatten. Die Tendenz der Berichterstattung wird deutlich durch den Hinweis, es habe sich um eine punische List gehandelt.

[90] L 30,23,1–8, App Lib 31,132–32,134. Es ist selbstverständlich, daß es eine oder sogar mehrere Senatsdebatten gegeben hat. Darauf wiesen Livius und Appian ausdrücklich hin. Ecksteins Gründe (1987, 251 A 63) zur Ablehnung der gesamten Tradition, die zunächst den Frieden ablehnte, sind nicht überzeugend. Livius nennt als

gültigen Beratung einer so wichtigen Angelegenheit sollten die Konsuln zu Rate gezogen werden. Dieser Vorschlag des M. Livius Salinator bedeutete nicht nur eine weitere Verzögerung, sondern auch eine Stärkung der Gruppe, die für die Fortsetzung des Krieges war,[91] wofür besonders M. Valerius Laevinus eintrat. Manchen Senator erschreckte der Gedanke an die Zukunft. Die Rückkehr Magos und Hannibals könnte große Gefahr für Scipio bedeuten. Man müsse mit der Möglichkeit rechnen, daß die Karthager den Krieg erneuerten. Es gab auch Senatoren, die die Vorteile eines Friedens für Rom und Italien, das von den langen Kämpfen erschöpft sei, betonten.

Eine Mehrheitsmeinung zeichnete sich nicht ab. Als Kompromiß wurde vorgeschlagen, eine Senatskommission zu bestellen, die vor Ort mit Scipio beraten solle.[92] Die Verhandlungen mit den karthagischen Gesandten wurden solange vertagt. Nach Rückkehr der Kommission diskutierten die Senatoren die vorgeschlagenen Konditionen.[93] Schließlich lehnten die meisten den Friedensvertrag ab und entschieden sich für die Fortführung des Krieges.[94]

Damit mußte Scipio befürchten, daß sein Imperium nicht verlängert und Afrika einem der Konsuln des nächsten Amtsjahres als Amtsbereich zugewiesen würde, der den Ruhm, den Krieg beendet und Hannibal besiegt zu haben, erringen würde. Die Freunde Scipios gaben noch nicht auf. Das Volk würde für Frieden stimmen, nicht nur wegen seiner Sympathien für Scipio, sondern weil es sehnlichst Frieden wünschte. Der Antrag der Volkstribune wurde von der Volksversammlung angenommen.[95] Scipio wurde sofort benachrichtigt.

Redner M. Livius Salinator, Q. Caecilius Metellus und M. Valerius Laevinus. Appian führt nur pauschale Gruppenansichten an.

[91] Der Konsul Cn. Servilius hatte die Abfahrt Hannibals bereits benutzt, um von Sizilien nach Afrika überzusetzen, vgl. L 30, 24, 1 ff., allerdings ohne Erfolg.

[92] App Lib 32, 135. Zu den Senatsgesandtschaften vgl. Schleußner 1978, 11 A 8.

[93] Die von App Lib 32, 134 angeführten Bedingungen sind ungenau.

[94] Dieser Senatsbeschluß, den L 30, 23, 5 ff. überliefert und der vielfach als unglaubwürdig angesehen wird, verdient durchaus Vertrauen. Allerdings sind bei Livius einige Ereignisse ausgefallen. Es handelte sich nicht um den endgültigen Beschluß des Senats. Warum sollten römische Geschichtsschreiber einen Beschluß des Senats erfinden, der den Römern die Grundlage für den karthagischen Vertragsbruch entzog? Schleußner 1978, 29 A 67 geht darauf nicht ein.

[95] Diese Deutung aufgrund von P 15, 1, 3, daß das römische Volk das Abkommen billigte, eine Nachricht, die Scipio durch einen Brief erhalten hatte, und P 15, 4, 8, daß Senat und Volk von Rom die Verträge ratifizierten, eine Nachricht, die wesentlich später von seinen Gesandten übermittelt wurde. M. E. zog Zielinski 1880, 48 ff. den richtigen Schluß. Angenommen von Lehmann 1894, 542. Scullard 1930, 229 A 1 sah zwar die Diskrepanz, zog aber keine Konsequenzen. M. Treu, Aegyptus 30, 1950, 48 konstatierte ebenfalls den Widerspruch, überging aber den früheren Lösungsvorschlag von Th. Zielinski und deutete ihn als Spur einer Verarbeitung zweier Ver-

Damit war eine Auseinandersetzung mit dem Senat provoziert. Würde er auf seinem Beschluß, den Krieg fortzuführen, beharren? Über die Beratungen sind wir nicht unterrichtet.[96] Schließlich stimmten die Senatoren ebenfalls für den Frieden. Die Karthager sollten auf alle Gebiete in Iberien und auf die Inseln zwischen Afrika und Italien verzichten.[97] Alle Gefangenen und Überläufer sollten sie ohne Lösegeld ausliefern, ebenso die gesamte Kriegsflotte bis auf 30 Schiffe.[98] Die Söldnerwerbung in Ligurien und im Keltenland wurde verboten.[99] An Kriegskostenentschädigung sollten sie 5000 Talente bezahlen[100] und zur Einhaltung der Vertragsbestimmungen Geiseln stellen.

Diese Bedingungen wurden in Rom gegenüber den karthagischen Gesandten durch einen Eid bekräftigt. Römische Gesandte sollten in Karthago den entsprechenden Eid der karthagischen Behörden entgegennehmen.[101]

sionen, während Walbank II 1967, 445 hier keinen Widerspruch sehen will. Der Antragsteller könnte der Volkstribun Cn. Baebius Tamphilus gewesen sein, der die Sache Scipios vor dem Volk vertrat. Ein Baebier war damals Legat Scipios. P 15, 1, 3, L 30, 25, 2, Klebs, RE 2, 2, 1896, 2729–2730 s. v. Baebius 14 und 25. Die Baebier setzten sich nachdrücklich für die Belange des Volkes ein. Q. Baebius, Volkstribun im Jahr 200, plädierte entschieden für Frieden und gegen den Kriegsbeschluß des Senats. L 31, 6, 4.

[96] Diese Differenzen zwischen Senat und Volk wirkten sich auch noch bei der Vergabe der Amtsbereiche für die Konsuln von 202 aus. L 30, 27, 1–4. Dieses Mal setzten sich die Senatoren über den Beschluß des Volkes einfach hinweg.

[97] Massinissa dürfte in dem Vertrag nicht eingeschlossen gewesen sein. Seine Ansprüche berührten die Karthager nicht direkt und erforderten nicht ihre Zustimmung. Anders Appian, Lib. 32, 135.

[98] Die Zahl nach App Lib 32, 135 und Eu 3, 21, 3, anders L 30, 16, 11: 20 Schiffe. Die Angabe von Ps.-Plutarch, Regum et imperatorum apophthegmata („Aussprüche"), Scipionis 5, mor. 196 CD, die Karthager hätten auch die Elefanten ausliefern müssen, ist wohl eine Verwechslung mit dem Vertrag von 201.

[99] Schmitt III 1969, 303 zog eine Verwechslung mit dem Friedensvertrag von 201 in Erwägung. Während App Lib 32, 135 das Verbot offenbar nur auf Ligurien bezog, sah der endgültige Friedensvertrag von 201 Ligurien und das Keltenland vor (Lib 54, 236, nach Cass frg. 57, 82 ohne territoriale Begrenzung). Wenn die Römer vor einem erneuten karthagischen Angriff sicher sein wollten, so stellte m. E. das Verbot der Söldnerwerbung eine logische Konsequenz zur Auslieferung der Kriegsflotte dar.

[100] Die unterschiedlichen Zahlenangaben könnten auf mangelhafter Umrechnung, Mißverständnis, aber auch Wiedergabe unterschiedlicher Verhandlungsstadien beruhen. So könnten die 1600 Talente (App Lib 32, 135) die von Scipio geforderte Summe gewesen sein. In Rom könnte der Betrag bei den Debatten im Senat auf 5000 Talente erhöht worden sein (P 15, 8, 7, vgl. L 30, 16, 12).

[101] P. Ryl. III 491 col. II Z. 12 ff. Ob tatsächlich vornehme karthagische Gefangene von den Römern freigelassen wurden, wie W. Hoffmann, Ein Papyrusfund zum Frieden von 203, Hermes 76, 1941, 273 aufgrund einer Ergänzung in P. Ryl. III 491 col. II Z. 6 vermutet, muß offenbleiben.

Die karthagischen Gesandten fuhren in ihre Heimat zurück, während eine römische Delegation zu Scipio in sein Hauptquartier, die Castra Cornelia, reiste.[102]

Die Entwicklung in Afrika

Während in Rom über den Frieden verhandelt wurde, ereignete sich in Afrika ein Vorfall, der erst nachträglich von Scipio zu einem schwerwiegenden Zwischenfall ausgenutzt wurde.[103] Eine römische Versorgungsflotte war in einen Sturm geraten, ein Teil der Schiffe wurde an die dem Golf von Karthago vorgelagerte Insel Aegimurus (h. Zembra) angetrieben, ein anderer Teil ins Gebiet der „Heißen Quellen" (Aquae Calidae, h. Korbous am Cap Bon) in der Nähe Karthagos verschlagen.[104] Die gestrandeten Schiffe waren von ihren Mannschaften verlassen worden.[105] Die Karthager hatten das herrenlose Gut aufgebracht.[106]

Dann erhielt Scipio die Nachricht, daß das römische Volk dem Friedensvertrag zugestimmt hatte.[107] Jetzt mußte er nicht mehr befürchten, daß er nach Ablauf seines Amtsjahres aus Afrika zurückberufen werde. Die Gefahr, die zu Beginn der Verhandlungen in Rom gedroht hatte, daß andere

[102] Vgl. P. Ryl. III 491, anders P 15, 4, 5 ff., L 30, 25, 9 ff. Solange der Papyrus nicht bekannt war, folgte man zwar der Angabe des Polybios, daß die karthagischen Gesandten von Rom ins Lager Scipios zurückfuhren. Der Grund blieb aber unklar. Durch den Papyrusfund, der die direkte Rückkehr nach Karthago bezeugt, wird deutlich, daß die Rückkehr ins scipionische Lager eine Erfindung der römischen Tradition ist, um das Verhalten Scipios gegenüber den karthagischen Gesandten trotz des Vertragsbruches der Karthager in hellstem Licht erscheinen zu lassen. Dieser Vorgang sollte zur Vorsicht gegenüber Polybios mahnen!

[103] Vgl. so W. Hoffmann, a. a. O., 279 ff.

[104] P 15, 1, 1, L 30, 24, 5 ff. Scipio nutzte also die Zeit des Waffenstillstandes aus, um seine Position zu verbessern. Wenn er wirklich vom Abschluß des Friedensvertrages überzeugt gewesen wäre, wären diese gewaltigen Rüstungen nicht mehr nötig gewesen.

[105] L 30, 24, 11. Auf diesen für die Bewertung des Vorganges wichtigen Punkt geht Polybios nicht ein. Nach seiner Version 15, 1, 1 könnte man an einen gezielten Angriff auf die römische Flotte denken. Nach App Lib 34, 143 habe das Volk die Begleitmannschaften in Fesseln gelegt. Zweifel an der Episode bei W. Hoffmann, a. a. O, 280, sicher zu Recht an Einzelheiten.

[106] Nach römischer Darstellung waren sie sich aber ihrer Schuld durchaus bewußt, da einige auf die Einhaltung des Waffenstillstandes verwiesen. Allerdings sei schließlich doch ein gemeinsamer Beschluß von Rat und Volk gefaßt worden, sich der Schiffe zu bemächtigen. L 30, 24, 11.

[107] Die Zeitfolge geht klar aus P 15, 1, 2 hervor. Daß der Senat zu diesem Zeitpunkt noch keinen Beschluß über den Frieden gefaßt hatte, gibt L 30, 25, 1 an, womit er indirekt Polybios bestätigt.

ihm die Lorbeeren wegschnappten, war beseitigt. Jetzt konnte er den Karthagern anders entgegentreten. Er schickte L. Sergius, L. Baebius und L. Fabius als seine Legaten, die angeblich in Karthago vor dem Rat und der Volksversammlung die letzten Nachrichten aus Rom, daß das Volk den Vertrag bestätigt habe, überbrachten und die einzelnen Bedingungen erläuterten. Ihr Auftreten straft diese Version Lügen. Sie schmähten die Karthager und hielten ihnen knechtische Gesinnung vor. Solchen Menschen diktierten die Römer zu Recht den Vertrag. Der Dummheit der Karthager stellten sie den Edelmut der Römer entgegen. Sie beschuldigten sie, sie seien durch die Rückkehr Hannibals zu diesem Schritt veranlaßt worden. Doch für den karthagischen Feldherrn und sein Heer hatten die Gesandten nur Spott und Verachtung übrig. Er sei bereits seit zwei Jahren in Italien fast belagert worden und habe sich nur mit Mühe behaupten können. Was bezweckten sie mit diesem Auftritt?[108]

Die Ratsherrn ließen sich nicht provozieren und diskutierten den Bericht.[109] Was sie erregte, war die Tatsache, daß die Römer die Bedingungen wesentlich verschärft hatten.[110] In ihren Augen war es ein Diktatfrieden.[111] Wenn sie diesen Bedingungen zustimmten, gaben sie ihre Selbständigkeit auf. Durch die Rückkehr Hannibals und Magos hatte sich ihre Lage nachhaltig verbessert. Sie verfügten wieder über ein Heer mit einem Feldherrn, der bisher keine Niederlage erlitten hatte. Jetzt war die Stunde der Barki-

[108] Wenn Scipio wirklich nur lautere Absichten gehabt und wie unter Freunden, die Unrecht begangen hätten, eine Wiedergutmachung des Schadens verlangt hätte (so App Lib 34, 144, nach Polybios und Livius sei Scipio empört gewesen), dann hätten seine Gesandten nicht so auftreten dürfen, wie es von Polybios ausführlich beschrieben wird, P 15, 1, 13–14. Wer so redete, wünschte keine Aussöhnung. Der angebliche Anlaß ihrer Intervention – die Wegnahme gestrandeter Schiffe – wurde überhaupt nicht berührt.

[109] Nach P 15,2,1 sollen nur wenige Ratsherrn vor der Verletzung des Abkommens gewarnt haben. Die von Polybios gewählten Formulierungen sind sehr allgemein gehalten und erwecken die Vorstellung, als sei bereits ein gültiger Vertrag abgeschlossen worden. Bisher war nur ein Waffenstillstand für die Zeit der Verhandlungen vereinbart worden. Die Wegnahme herrenloser Schiffe bedeutete nicht den Bruch des Waffenstillstandsvertrages. Die Karthager waren sich zu Recht keiner Schuld bewußt.

[110] Die Verschärfung löste die Meinungsänderung im karthagischen Rat aus. Denn die Ratsherrn hatten die ihren Gesandten mitgeteilten Bedingungen vorher gebilligt. Wäre diese Verschärfung nicht eingetreten, hätten sie kaum Grund zu ihrer Klage gehabt. Auf diesen Punkt verweist in anderem Zusammenhang App Lib 39, 163 mit Angabe der Entschädigungen. De Sanctis III 2, 1916, 536 A 142 nahm eine territoriale Begrenzung (cf. App Lib 32, 135 „phoinikische Gräben“) an, Lippold 1963, 204 A 546, abgelehnt von Mantel 1991, 106.

[111] Vgl. P 15,2,2.

denfreunde und der übrigen Anhänger einer offensiven Politik gekommen.[112] Mancher Ratsherr, der für die Friedensverhandlungen votiert hatte, revidierte seine Meinung. Die Karthager waren noch nicht so gedemütigt, daß sie die harten Bedingungen der Römer akzeptieren mußten.

Durch die anmaßende Ansprache der Gesandten – die römische Geschichtsschreibung bezeichnete sie als eine „freimütige Rede" – ließen sie sich nicht provozieren. Sie schickten sie ohne Antwort zurück. Sie wollten erst die Rückkehr ihrer Gesandten und deren Informationen abwarten.[113] Diese Reaktion war nicht im Sinne Scipios. Bis jetzt hatte sich noch nichts ereignet, was ihm einen geeigneten Vorwand gegeben hätte, die Verhandlungen als gescheitert zu erklären. Selbst die Provokationen seiner Gesandten hatten keine Reaktion der Karthager ausgelöst.

Einen Anschlag auf die Gesandten zu behaupten, war die sicherste Methode, einen Bruch des Völkerrechtes vorzuschützen, um den Gegner als rechtsbrüchig hinzustellen. So wurde ein Überfall auf die heimkehrenden Gesandten erfunden![114] Die römischen Geschichtsschreiber entwickelten eine blühende Phantasie, wenn es galt, die Handlungen ihrer Feldherrn zu entschuldigen.[115] Tatsächlich kehrten die Gesandten heil und unversehrt

[112] Über die politischen Gruppierungen in Karthago sind wir nur mangelhaft informiert. Es lassen sich nur Vermutungen anstellen, vgl. etwa auch Kahrstedt 1913, 559.

[113] Die Gesandten der Karthager waren nur Unterhändler, die nicht zur Eidesleistung bevollmächtigt waren. Das ergibt sich klar aus P. Ryl. III 491, vgl. M. Treu, Aegyptus 33, 1953, 47. Irrig ist App Lib 32, 136, der die tatsächliche Eidesleistung als vollzogen berichtet. Zutreffend ist, daß sowohl in Rom als auch in Karthago durch getrennte Gesandtschaften der Eid abgelegt werden sollte.

[114] P 15,2,3ff., L 30,25,3ff., App Lib 34,144–145. Den späteren Siegern standen alle Einflußmöglichkeiten auf die Tradition offen. Welcher römische Geschichtsschreiber hätte, auch wenn er kein Freund der Scipionen war, die Wahrheit geschrieben und damit den römischen Staat des Rechtsbruches beschuldigt? Dadurch, daß ein Teil der Tradition den Senatoren die Entscheidung für die Fortführung des Krieges zuwies, wurde Scipio gegen den möglichen Vorwurf in Schutz genommen, er habe eigenmächtig die Kriegsoperationen wieder aufgenommen.

[115] Obgleich zwei karthagische Schiffe die Gesandten zurückbegleiteten – nach Polybios von der karthagischen Regierung freiwillig angeboten, nach Livius von den römischen Gesandten zu ihrem Schutz gefordert –, sollen diejenigen, die für Krieg eintraten, ein heimtückisches Komplott geschmiedet und dem Befehlshaber der karthagischen Flotte vor Utika einen Geheimbefehl zum Überfall auf die römischen Schiffe erteilt haben, nachdem die karthagischen Begleitschiffe an der Bagradasmündung umgekehrt seien. Auch über den Ausgang dieses Überfalls differieren die antiken Angaben. Entweder wurden viele von der Besatzung getötet und verwundet, die Gesandten blieben unversehrt (so Polybios), oder nur das Schiff ging beim Auflaufen auf den Strand verloren, den Gesandten samt der Besatzung geschah nichts (so Livius), oder es wurden einige (!) Mitglieder der Gesandtschaft getötet – es waren nur drei Gesandte –, viele verwundet, sie konnten sich aber durch Überbordspringen im

unter dem Schutz karthagischer Begleitschiffe zu den Castra Cornelia zurück.[116]

Scipio deutete das Schweigen der Karthager in seinem Sinn. Propagandistisch ließ er die Wegnahme der Schiffe und den angeblichen Überfall auf seine Gesandten verbreiten. Die Karthager wurden des Vertragsbruches beschuldigt, der die Wiederaufnahme der Kämpfe berechtigte. Es war Scipio, der mit den Kriegshandlungen begann.[117]

Noch immer waren die karthagischen Gesandten nicht aus Rom zurückgekehrt.[118] Um den Edelmut Scipios gegenüber dem vertragsbrüchigen und hinterhältigen Verhalten der Karthager, die gegen das Völkerrecht die römischen Gesandten überfielen, hervorzuheben, ließen die römischen Geschichtsschreiber die karthagischen Gesandten zusammen mit Fulvius und Laelius, die den Entscheid von Senat und Volk überbrachten, ins Lager Scipios zurückkehren.[119] Doch tatsächlich fuhren sie, wie zu erwarten war, direkt nach Karthago.[120] Ihr Bericht bestätigte das, was die Karthager bereits von den Gesandten Scipios über die Bedingungen erfahren hatten. Die meisten Ratsherrn lehnten die harten Konditionen ab und übermittelten Scipio die Nachricht, daß sie sich für die Fortführung des Krieges entschieden hatten.[121] Ihr Verhalten entsprach vollkommen den Regeln antiken Völkerrechts.[122]

Scipio hatte bereits *vorher* für sich diese Entscheidung getroffen. Die Tradition des späteren Siegers wies die alleinige Schuld den Karthagern zu. Tatsächlich hatten beide Seiten seit Beginn der Verhandlungen kein ehrliches

Hafen retten, während das Schiff von den Karthagern geentert wurde (so Appian). Klare Verhältnisse schuf Cass frg. 57,75, Z9,13,9: Die Karthager griffen Scipio zu Wasser und zu Land an. Damit war der Vertragsbruch völlig klar.

[116] Nach Cass frg. 57,75, Z9,13,9 bewahrte ein zufällig aufkommender Wind die Gesandten vor der Gefangenschaft. Zweifel an dem Überfall auch bei Huß 1985, 414 A 90.

[117] Vgl. auch Cass frg. 57,75, Z9,13,9 macht deutlich, daß Scipio zum Zeitpunkt, als der endgültige Beschluß zum Frieden aus Rom eintraf, nicht mehr zum Abschluß bereit war. Die Entscheidung zur Fortsetzung des Krieges hatte er für sich bereits vorher getroffen.

[118] Dies geht klar aus P 15,4,1ff. hervor.

[119] L 30,25,9 erweckt den Eindruck, als seien gleichzeitig mit dem Überfall auf die Gesandten Laelius und die karthagischen Gesandten ins römische Lager zurückgekehrt. Nach App Lib 35, 147 gelangte die Nachricht von dem Überfall noch nach Rom, als dort die karthagischen Gesandten weilten. Sie wurden sofort als Feinde aufgefordert, abzureisen. Damit wird das Verhalten Scipios offiziell gebilligt.

[120] Vgl. P. Ryl. III 491 col. II Z. 21ff. M. E. verdient die Version des Papyrus den Vorzug. In der Forschung entbrannte ein heftiger Streit, ob man wegen des Papyrus an der Zuverlässigkeit des Polybios zweifeln müsse. Seibert 1993, 307–308.

[121] Vgl. P. Ryl. III 491 col. III Z. 37ff.

[122] Eckstein 1987, 253.

Spiel gespielt.[123] Die Rücksichten auf innenpolitische Verhältnisse und Veränderungen sind evident. Beide Verhandlungspartner wollten Zeit gewinnen. Ironie des Schicksals war es, daß Scipio sein Ziel, den Krieg mit einem Sieg über Hannibal zu beenden, nur mit der Hilfe des römischen Volkes erreichte, das sich ehrlich Frieden und die Beendigung der Kämpfe wünschte. Die Entscheidung in dem langjährigen Ringen war auf das nächste Jahr verschoben.

Tod des Q. Fabius Maximus

Die Anwesenheit karthagischer Gesandter, die um Frieden in Rom nachsuchten und den Abzug ihrer Heere aus Italien bestätigten, wäre für Q. Fabius Maximus sicher die Krönung seiner politischen Tätigkeit gewesen. Er durfte diesen Tag nicht mehr erleben.[124] Seinem strategischen Geschick verdankten die Römer ihr Überleben. Nicht auf dem Schlachtfeld hatte er den großen Karthager besiegt – er trat ihm niemals in einer Schlacht direkt entgegen –, sondern in der Theorie, die er vorzüglich in die Praxis umzusetzen verstand, wurde er sein Bezwinger. Dabei bewies er eine bewundernswerte Flexibilität. Während seiner Diktatur (217), die ihm in der römischen Öffentlichkeit nur Hohn und Undank einbrachte, befürwortete er eine Strategie, die man als „defensive Offensive" bezeichnen könnte, d. h. dem Feind nicht in offener Feldschlacht entgegentreten, sondern ihn nur bei günstigen Gelegenheiten angreifen. Nach der Schlacht bei Cannae wandte er eine Strategie an, die man als „offensive Defensive" deuten könnte. Die römischen Heere blieben in befestigten Plätzen, solange der Karthager in der Nähe war. Sie griffen aber überall dort an, wo kein feindliches Heer stand. Dadurch gelang es ihm, in kleinen Schritten den römischen Soldaten wieder Mut einzuflößen, allmählich abtrünnige Bundesgenossen zurückzugewinnen und den Feind zum Statisten zu machen. Es waren die Jahre (215–213) ohne Siege für Hannibal.[125]

Im Verhältnis zu den rückkehrwilligen Bundesgenossen bewies er politisches Gespür. Er trat nachhaltig für schonende Behandlung ein. Damit hatte

[123] In der Forschung werden unlautere Absichten in Übereinstimmung mit der einseitigen römischen Tradition nur der karthagischen Seite zugeschrieben, vgl. u. a. Eckstein 1987, 252.

[124] Nach Plu Fab 27, 2 erkrankte Fabius zu der Zeit, als Hannibal Italien räumte, und starb.

[125] Zu Unrecht hielt F. Münzer, RE 6, 2, 1909, 1823 s. v. Fabius 116 fest, er habe in dieser Zeit wenig Bedeutendes ausgerichtet. Nicht spektakuläre Erfolge waren damals gefragt. Jedenfalls konnte Hannibal in den Jahren, in denen Fabius Konsul (215 und 214) oder Legat seines Sohnes (213) war, keine militärischen Fortschritte erzielen.

er mehr Erfolg als der mit brutaler Härte durchgreifende Marcellus. In seinen alten Tagen ging er dann zur Offensive über. Sein Kriegsplan in seinem letzten Konsulat (209) glückte nicht ganz, verschaffte ihm aber den Ruhm, die Stadt Tarent zurückerobert zu haben.

Wenn die Nachwelt seine Leistungen in dem Beinamen „Cunctator" ausgedrückt sah, so wurde sie ihm nicht gerecht.[126] Durch die klischeehafte Bezeichnung wurde seine Anpassungsfähigkeit an die jeweiligen militärischen Verhältnisse übersehen. Sein Elogium pries ihn zu Recht als „vorsichtigsten und erfahrensten Feldherrn seiner Zeit"[127]. Dem schlauen Hannibal war er an List durchaus gewachsen.[128] Cicero verlieh ihm als Feldherrn und Staatsmann das Prädikat eines weisen Mannes *(homo sapiens)*.[129]

Man darf aber nicht übersehen, daß er die Interessen seines Standes und seiner Person rücksichtslos durchzusetzen wußte, wobei er sich geschickt seiner Priesterämter bediente.[130] Daß der junge Scipio mit seiner Ansicht, der Krieg müsse in Afrika beendet werden, richtig lag, wollte er nicht einsehen. Ihm blieb es erspart, den Triumph seines jungen Kontrahenten miterleben zu müssen. Doch dadurch wird sein Verdienst, den römischen Staat in seiner schwersten Krise gerettet zu haben, keineswegs geschmälert. Die Römer wußten, was sie ihm zu verdanken hatten. Posthum verliehen sie ihm die „Graskrone" *(corona graminea)*, eine seltene Ehrung, die seine Verdienste um die Rettung des Staates würdigte.[131] Sein Leichnam wurde ehrenvoll in Rom bestattet.[132]

[126] Vgl. Ennius, ann. 12, 363 Skutsch: *unus homo nobis cunctando restituit rem*, vgl. L30,26,7–9, Frontin 1,3,3.

[127] Dessau, ILS 56: *dux aetatis suae cautissimus et re* (sic!) *militaris peritissimus*.

[128] Nep Hann 5,2 bezeichnet ihn sogar als *callidissimus dux*. Cicero, de off. 1, 108 stellt Fabius dem schlauen Hannibal gleichberechtigt an die Seite im Verheimlichen und Verschweigen der Absichten, im Täuschen, einen Hinterhaltlegen und Erkennen der gegnerischen Absichten.

[129] Cicero, in Verrem V 25, Cato 10ff.

[130] Fabius war seit 265 Augur (L30,26,7) und seit 215 Pontifex (L23,21,7). Die gleichzeitige Bekleidung zweier Priesterämter war äußerst selten, vgl. G.J. Szemler, The Dual Priests of the Republic, RhM 117, 1974, 74ff.

[131] Plin n h 22,7. Gewöhnlich wurde die *corona graminea* vom Heer demjenigen verliehen, der es gerettet hatte. Fabius erhielt die Krone aber nicht für eine Einzeltat, sondern nach dem Abzug Hannibals „aus der Hand des Reiches" und als einziger von ganz Italien (Plin n h 22,10). Lippold 1963, 160.

[132] Plu Fab 27,3, Val Max 5,2,3. Zur Bestattung römischer Adliger vgl. die Beschreibung des P6,53–54, Walbank I 1957, 737ff., H.H. Scullard, Römische Feste, Mainz 1985, 308–313. Der Sohn des Fabius, der sein ganzes Leben im Schatten seines Vaters stand, konnte seine Taten in einer *laudatio funebris* nicht mehr rühmen. Er war vor seinem Vater gestorben, dessen Leichenrede veröffentlicht wurde. Diese Sohnespflicht könnte sein Enkel Q. Fabius Maximus erfüllt haben, der auch sein Nachfolger als Augur wurde. Vgl. F. Münzer, RE, 6,2, 1909, 1790 s. v. Fabius 104.

Das 17. Kriegsjahr: 202 v. Chr.[1]

Rom[2]

Die neuen Konsuln M. Servilius Geminus und Ti. Claudius Nero wünschten als Amtsbereich Afrika, eine Forderung, die in Anbetracht der Wiederaufnahme der Kämpfe verständlich war.[3] Nur mit Mühe konnten die Freunde Scipios die Verlängerung seines *imperiums*, das ihm die Senatoren zwar bis zum Kriegsende bewilligt hatten, durchsetzen. Der Konsul Claudius Nero sollte auf dem afrikanischen Kriegsschauplatz das Kommando über die Flotte übernehmen.[4] Unverständlich ist, daß die Senatoren für das Heer in Afrika keine Verstärkungen beschlossen.[5]

[1] Kahrstedt 1913, 560 ff., De Sanctis III 2, 1916, 528 ff., Thiel 1946, 174 ff., Lazenby 1978, 216 ff., Huß 1985, 415 ff.

[2] Patterson 1942, 337, Scullard 1951, 78 ff., Lippold 1963, 210 ff., 214 ff., Jahn 1970, 142 ff., Hartfield 1982, 516.

[3] L 30, 40, 7–15.

[4] Diese Maßnahme war militärisch durchaus sinnvoll, wenn die Zusammenarbeit von Land- und Seekommando funktionierte. Die Vorbereitungen für die Flotte betrieb der Konsul nur nachlässig. Er suchte, auch nach Fertigstellung der Schiffe, nach jeder Entschuldigung, um seine Fahrt zu verzögern, L 30, 39, 1 ff., Z 9, 14, 1. Als er schließlich abfuhr, wählte er nicht die kürzeste Anfahrtsroute. Er segelte zunächst an der Küste Italiens entlang nach Norden über Cosa nach Populonium, von dort über die Insel Ilva (h. Elba) nach Korsika, um über Sardinien nach Afrika zu fahren. Doch soweit sollte er nicht kommen. Bei der Fahrt entlang der Westküste Korsikas geriet er in einen Sturm und suchte Zuflucht im Hafen von Karales, um seine havarierten Schiffe auszubessern. Weiter kam er in seinem Amtsjahr nicht mehr.

[5] Nach der Legionsliste sollen die Römer noch 16 Legionen im Feld gehabt haben, L 30, 27, 10. Vgl. Marchetti 1978, 91 ff. Gegenüber den Angaben für das Vorjahr (20 Legionen) bedeutete dies eine Reduzierung bzw. Entlassung von 4 Legionen.

Afrika[6]

Hannibal fand in seiner Heimat kein einsatzbereites Heer vor.[7] Zu seinen eigenen Truppen erhielt er durch die Rückkehr seines Bruders aus Ligurien Verstärkung, die aber nicht ausreichte. Überall waren karthagische Werbeoffiziere unterwegs, um Soldaten für den Krieg anzuheuern.[8] Besonders bei den Kelten und Ligurern waren sie erfolgreich.[9] Auch Balearen und Mauren kämpften im karthagischen Heer.[10] Im griechischen Osten folgten viele Soldaten dem Ruf der Karthager.[11] Daß Philipp V. makedonische Soldaten sandte, ist eine Erfindung der römischen Geschichtsschreibung, um den Makedonenkönig des Vertragsbruches zu bezichtigen und Rom einen Vorwand für einen zweiten Krieg zu geben.[12] Hannibal mußte vor allem die Reiterei, mit der er bisher seine Siege errungen hatte, verstärken. Die Vorausset-

[6] Zielinski 1880, 73ff., Lehmann 1894, 547ff., Veith III 2, 1912, 599ff., Nachtrag IV 626–636, Kahrstedt 1913, 561ff., G. Sann, Untersuchungen zu Scipios Feldzug in Afrika, Diss. Berlin 1914, 13ff., De Sanctis III 2, 1916, 572ff., Gsell III 1918, 251ff., Scullard 1930, 229ff., Lazenby 1978, 216ff., Huß 1985, 416ff., Seibert 1993, 308f. Karte Nr. 7.

[7] Es gab noch Garnisonstruppen in größeren Städten, wie man Frontin 3, 6, 1 entnehmen kann.

[8] Dies ergibt sich aus der Anwerbung der 4000 Keltiberer (L 30, 7, 10), die in der Schlacht auf den „Großen Feldern" eingesetzt wurden, sowie aus der Gefangennahme karthagischer Werbeoffiziere durch die Saguntiner, L 30, 21, 3–5.

[9] Bei Z 9, 13, 10 ist die Nachricht erhalten, daß die Karthager nach der Bestellung Hannibals zum Oberbefehlshaber den Mago wieder nach Italien zurückschickten. Dieser Version widerspricht Livius, der den Mago auf der Rückfahrt nach Afrika an einer Wunde sterben ließ. Sollte die bei Zonaras vorliegende Überlieferung zutreffen, dann unterstreicht sie die aktive Politik Karthagos. Neben der Anwerbung von Söldnern bedeutete die Anwesenheit eines karthagischen Feldherrn in Ligurien oder in Gallien immer eine Bedrohung für Rom.

[10] P 15, 11, 1, L 30, 33, 5.

[11] Es wäre höchst verwunderlich, wenn in den Jahren 203/202 keine Söldner auf dem griechischen Markt zur Verfügung gestanden hätten. Vgl. G. T. Griffith, The Mercenaries of the Hellenistic World, Cambridge 1935. Die Karthager hatten für ihre Kriege immer Griechen angeheuert. Dies wird auch schon für die Anfangsphase des Ersten Punischen Krieges bezeugt, als der Lakedämonier Xanthippos, von einem karthagischen Werbeoffizier angeworben, weitere Söldner mitbrachte (P 1, 32, 1). Aber bereits für das Heer des Hamilkar leugnete Polybios die Präsenz von Griechen. Er bezeichnete sie abwertend als „Halbgriechen" (*Mixhellenes*: P 1, 67, 7, D 25, 2, 2). Während der Kämpfe des Zweiten Punischen Krieges werden keine griechischen Söldner erwähnt. Nur in einer allgemeinen Passage über die Zusammensetzung des hannibalischen Heeres werden Griechen genannt (P 11, 19, 4). Es könnte sich dabei um Griechen Unteritaliens gehandelt haben (vgl. Gsell II, 389 A 6). Später war es politisch opportuner, ihre Beteiligung an der letzten Schlacht Hannibals zu leugnen.

[12] T. A. Dorey, Macedonian Troops at the Battle of Zama, AJPh 78, 1957, 185–187.

zungen waren allerdings ungünstig. Er mußte auf die Reiter aus Iberien verzichten, die Unterstützung durch die Reiter des Vermina, des Sohnes des Syphax, war ungewiß.[13] Nur Tychaios stellte ein kleines Reiterkontingent.[14]

Die Ausbildung eines schlagkräftigen Heeres nahm längere Zeit in Anspruch.[15] Hannibal ließ sich in seinen Vorbereitungen durch die Wiederaufnahme des Krieges durch Scipio nicht stören, auch als die Karthager ihn aufforderten, gegen den Feind ins Feld zu ziehen.[16] Es war bereits Herbst,[17] als er mit seinem Heer Hadrumetum in Richtung Zama verließ. Den Plünderungen und Zerstörungen Scipios mußte endlich Einhalt geboten werden, wozu ihn die karthagische Regierung bereits mehrfach aufgefordert hatte.[18] Er wollte die Entscheidung in einer Schlacht suchen.

[13] Über die Verhältnisse im Masaisylerreich nach der Niederlage und Gefangennahme des Syphax sind wir nicht informiert. Da aber sein Feind, Massinissa, damals nicht im römischen Lager war, sondern sich ebenfalls in seinem Reich aufhielt – Massinissa traf erst kurz vor der Schlacht bei Scipio ein (P 15, 5, 12), und dies erst nach mehrfacher Bitte (P 15, 4, 3) –, dürfte er durch ihn gebunden gewesen sein. Vgl. die Karte bei G. Camps, Aux origines de la Berberie: Massinissa ou les débuts de l'histoire, Libyca 8, 1960, 190–191. Es dürfte zu Kämpfen gekommen sein, wie man dem Glückwunsch Scipios nach der Auskunft Massinissas in seinem Lager entnehmen könnte (P 15, 5, 13). Die völlige Unterwerfung des Vermina ist aber ausgeschlossen, da er später mit einem starken Heer zur Unterstützung der Karthager herbeieilte, allerdings zu spät, L 30, 36, 7–8. Nach Z 9, 13, 10 sei Hannibal in Massinissas Reich eingefallen und habe es verwüstet, was wohl kaum zutrifft.

[14] P 15, 3, 5–7: 2000 Reiter. Tychaios könnte der Fürst der Areakiden gewesen sein (Scullard 1930, 230 A 1), vgl. App Lib 33, 139–141, allerdings mit einigen unglaubwürdigen Angaben. Hannibal hätte wohl kaum 4000 ehemalige Anhänger des Syphax umbringen lassen, wenn eine solche Truppe bei ihm Zuflucht gesucht hätte. Ebenso wenig verdient die Angabe Glauben, er habe die 4000 Pferde unter seine Soldaten verteilt. Dann hätte Hannibals Reiterei wesentlich stärker sein müssen.

[15] Es ist nicht bekannt, was in den Monaten nach Ankunft Hannibals in Afrika und nach der Ablehnung des Friedens durch die Karthager geschah. Bei App Lib 37, 156 und Eu 3, 22, 2 liegt die Angabe vor, auf Vermittlung des Massinissa sei es zu einem Treffen zwischen Scipio und Hannibal gekommen, bei dem Scipio Frieden zu den früheren Bedingungen angeboten habe. Zusätzlich sollten die Karthager die gekaperten Schiffe samt Besatzungen oder eine Entschädigungszahlung sowie ein Bußgeld für den Vertragsbruch leisten. Es handelt sich um eine Dublette des späteren Gesprächs, dessen Historizität ebenfalls umstritten ist.

[16] P 15, 5, 1. Veith III 2, 1912, 642–643 behauptet, Hannibal sei vor Vollendung der Vorbereitungen aus seinem Hauptquartier in Hadrumetum aufgebrochen, was er u. a. als einen entscheidenden Fehler für den Kriegsausgang wertet, gibt dafür aber keine Belege an.

[17] Zum Datum der Schlacht vgl. Seibert 1993, 316–317.

[18] Die Gründe und Ziele der Operationen vor der Schlacht bleiben hypothetisch. Vgl. die Erörterungen von Lehmann, Delbrück und Veith, die Scullard 1930, 230–232 zusammenfaßt.

Legenden[19]

Feindaufklärung gehörte zu den selbstverständlichen Pflichten eines verantwortungsvollen Feldherrn. Hannibal schickte von seinem Lager in Zama Aufklärer aus, um den Ort und das Lager Scipios auszukundschaften.[20] Sie seien gefaßt und vor Scipio geführt worden, der sie nicht bestrafte, sondern den Befehl erteilte, ihnen alles zu zeigen. Ähnliche Episoden liebte die antike Historiographie.[21] Das Beispiel des Perserkönig Xerxes dürfte die literarische Vorlage für diese Erfindung gewesen sein.[22]

Scipios Verhalten habe Hannibal stark beeindruckt. Einen Mann von solcher Kühnheit und Großherzigkeit wünschte er kennenzulernen.

Die antiken Berichte differieren über Motive und Absichten des Karthagers beträchtlich.[23] Polybios war so ehrlich, zuzugeben, daß er keinen nennen konnte.[24] Der Römer habe der Bitte entsprochen, und

[19] Es ist verständlich, daß sich um die letzte und alles entscheidende Schlacht zwischen den beiden bedeutendsten Feldherrn dieses Krieges bald Legenden bildeten. Zwei Episoden, die sich vor der Schlacht ereignet haben sollen, könnten auf tatsächlichen Begebenheiten beruhen, gehören in der vorliegenden Form aber ins Reich der Legenden.

[20] P 15,5,4–7, L30,29,2–3, App Lib 39,162, Val Max 3,7,1c, Polyain 8,16,8, Eu 3,22,2, Z9,14,4.

[21] Vgl. Herodot 7,146,7. Vgl auch die Behandlung eines Spions des Königs Pyrrhos durch Laevinus, Dion Hal ant Rom 19, 11, Z8,3,6, Eu 2,11, Frontin 4,7,7. Vgl. Walbank II 1967, 450.

[22] Die Spione hatten angeblich den Auftrag, das Innere des römischen Lagers auszukundschaften, womit ihre Gefangennahme programmiert war. Für solche Aufgaben bediente man sich angeblicher Überläufer, die später zurückkehren konnten. Vgl. Lehmann 1894, 556–559, De Sanctis III 2, 1916, 578, Huß 1985, 416 A 105.

[23] L 30,29,4ff. hatte in seinen Vorlagen unterschiedliche Aufgaben gefunden. Entweder seien es persönliche Gründe gewesen oder ein offizieller Auftrag zu Friedensverhandlungen. Denn nach dem Bericht des Valerius Antias habe Hannibal in einer ersten Schlacht erhebliche Verluste erlitten. Angeblich seien 12000 Mann gefallen und 1700 gefangen worden. Diese „erste Schlacht" ist reine Fiktion. Vgl. auch Z9,14,3. Hannibal habe nach der vorhergehenden Niederlage nicht mehr gewagt, eine Entscheidungsschlacht zu schlagen, und deshalb um ein Gespräch nachgesucht. Er habe den Massinissa als Vermittler eingeschaltet, um einen Vertrag abzuschließen. Daß Hannibal tatsächlich einen neuen Vertrag aushandeln wollte, erfährt der Leser des Polybios und Appian erst aus dem Gespräch. Es sollte ein Abkommen sein, das günstigere Bedingungen enthielt als das früher vereinbarte. L30,29,5 macht deutlich, daß sich Hannibal als unbesiegter Feldherr bessere Bedingungen erhoffte, als wenn er nach einer Niederlage um Frieden nachsuchte. Die unterschiedlichen Motivierungen beweisen, daß die römische Geschichsschreibung nach Gründen suchte, um die Begegnung in die Geschichte einführen zu können. Vgl. W. Hoffmann, Livius und der 2. Punische Krieg, Hermes Einzelschr. 8, Berlin 1942, 98.

[24] P 15,5,8. In der zusammenfassenden Würdigung nach der Schlacht deutet P

die Feldherrn hätten sich nur in Begleitung eines Dolmetschers[25] getroffen.

Auch über den Verlauf der Unterredung liegen verschiedene Versionen vor.[26] Hannibal habe versucht, den jungen Feldherrn an seinem eigenen Leben von der Launenhaftigkeit des Schicksal zu überzeugen. Er solle bedenken, wie schnell sich die Lage verändern könne. Deshalb habe er ihm ein Abkommen auf der Grundlage der Vereinbarungen mit Syphax angeboten. Scipio wird bereits ganz als der kommende Sieger gezeichnet, während Hannibal bedenkliche Zeichen von Zögern und Zurückschrecken vor der Entscheidung zeigt.

Die Entscheidungsschlacht[27]

Keine Schlacht dieses Krieges bietet mehr Probleme als die letzte.[28] Die Heeresbewegungen, der Ort und der Zeitpunkt sind wegen der ungenauen und widersprüchlichen Quellenangaben unsicher und in der Forschung umstritten. Fand die Schlacht bei Zama (Nepos), bei Margaron (Polybios), bei Naragarra (Livius) oder bei Killa (Appian) statt? Wenn die Überlieferung Zama richtig ist, welcher der Orte mit den Namen Zama – es sind zwei oder sogar drei bekannt – war der Schlachtort? Fand die Schlacht bereits zu Beginn des Jahres 202 oder im Sommer oder im Herbst des Jahres statt? Sichere Antworten lassen sich nicht geben.

Beide Feldherrn waren bereit, die Entscheidungsschlacht zu schlagen. Hannibal mußte unbedingt den Gegner besiegen, wollte er ein römisches Friedensdiktat vermeiden. Scipio stand ebenfalls unter Erfolgszwang.[29] Der

15,15,4–5 den Versuch Hannibals, den Krieg durch einen Friedensschluß zu beenden, als die Handlung eines erfahrenen Mannes, der die Wankelmütigkeit des Schicksals und die Unwägbarkeiten einer Schlacht nach vielen Siegen klar durchschaut habe. Widersprach er damit seinem o.a. Bekenntnis, das Motiv nicht zu kennen, oder handelt es sich um eine Schlußfolgerung aus dem Verlauf des Gespräches?

25 Dieser Punkt diente Groag 1929, 99 A 2 als Argument gegen die Echtheit, da beide Griechisch und Hannibal auch Lateinisch sprach. Abgelehnt von Scullard 1930, 235 A 1, da dieser Einwand zu unbedeutend sei.

26 P 15,6,3–9,1, L30,30,1–31,10, Fl 1,22,58–59, App Lib 39,163–164, Or 4,19,2, Z9,14,5. Die philologischen Interpretationen der Reden gehen auf die Frage der Historizität nicht ein. Vgl. die Lit. bei Seibert 1993, 315.

27 P 15,9–16, vgl. dazu Walbank II 1967, 453–464, L30,32–35, Sil 17, 385–617, Frontin 2,3,16, Fl 1,22,59–61, App Lib 40,165–47,206, Eu 3,23,1–2, Or 4,19,3, Z9,14,6–9. Seibert 1993, 308ff.

28 Dieser Feststellung von Walbank II 1967, 446 ist durchaus zuzustimmen. Seibert 1993, 308–317.

29 Die Folgen einer Niederlage waren für die Römer bei weitem nicht dieselben

Ruf Hannibals als unbesiegter Feldherr war genügend Ansporn für einen ehrgeizigen Feldherrn wie Scipio.

Die antiken Berichte enthalten keine Angaben, welche Pläne beide Gegner für die Schlacht entwickelten. Die modernen Betrachter sind auf Vermutungen angewiesen, die von drei Faktoren ausgehen, dem Kräfteverhältnis[30], den Informationen über den Feind und den überlieferten Dispositionen beider Seiten.[31] Hannibal war dem Römer an Fußtruppen überlegen. Deshalb mußte er die Entscheidung im Zentrum suchen und nicht wie bisher durch Umgehung und Einkreisung durch seine Reiterei. Da der Feind an Reiterei überlegen war, mußte er alles versuchen, diese vom Schlachtfeld wegzulocken. Seine Kenntnisse der scipionischen Schlachten dürfte ihm die Gewißheit vermittelt haben, daß der Römer sein zweites und sein drittes Treffen zur Umfassung in den Flanken und zur Einschließung im Rücken verwenden werde.

Seine Elefanten sollten das erste römische Treffen niederwalzen oder zumindest verwirren, dann sollten seine beiden ersten Treffen den Feind niederkämpfen, bis er mit seinem dritten Treffen, das er als Reserve zurückhielt, eingreifen und zum entscheidenden Stoß ansetzen würde.

Auch Scipio hatte einen Plan entwickelt, um die vermutete Taktik des Feindes abzuwehren und seine eigenen Absichten zu verwirklichen. Das Vorhaben des Feindes, durch die Elefanten seine Reihen aufzulösen, war evident. Dagegen traf er geeignete Vorkehrungen durch eine neuartige Formation seiner Manipeln. Seine überlegene Reiterei sollte die feindlichen Reiter vertreiben und damit die Flanken des Feindes offenlegen. Wenn dies gelang, konnten das zweite und dritte Treffen zur Umfassung ansetzen.

Er stellte sein Heer wie bisher in drei Treffen *(hastati, principes, triarii)* hintereinander auf,[32] die Manipel allerdings nicht wie üblich „auf Lücke“,

wie für die Karthager. Aber sein persönliches Renommé als Feldherr stand auf dem Spiel. Bis zu dieser Schlacht hatte er wie Hannibal alle Feinde besiegt

[30] Hannibal hatte ein Heer von ca. 36000 Mann zu Fuß und höchstens 4000 Reiter. Nach P 15, 11, 1 hatte er 12000 Söldner in seinem Heer, nach App Lib 40, 169 stellten die Söldner ein Drittel seines Heeres dar. Diese Zahlen finden in den Angaben über die Verluste in der Schlacht eine gewisse Bestätigung, vgl. P 15, 14, 8–9. Anders App Lib 40, 168, der 50000 Mann für Hannibal angibt. Außerdem hatte er eine gewaltige Elefantentruppe (80 Elefanten) dabei, eine Waffe, die bisher in den Kämpfen Hannibals nur eine unbedeutende Rolle gespielt hatte. Das Heer Scipios war ca. 23000 Mann zu Fuß und ca. 2000 Reiter stark, App Lib 41, 171. Massinissa führte noch 6000 Fußsoldaten und 4000 Reiter rechtzeitig vor der Schlacht zu. Zu den Heeresstärken vgl. Veith III 2, 1912, 670ff., G. Sann, a. a. O., 47ff., De Sanctis III 2, 1916, 579–582, Scullard 1930, 323–324, Walbank II 1967, 449ff.

[31] Vgl. Veith III 2, 1912, 649, Scullard 1930, 241ff.

[32] Zum Verlauf der Schlacht bietet allein Polybios ausreichende Informationen. An seiner Darstellung übten Delbrück I 1920, 399f. und Lehmann, 1894, 571f. heftige

sondern mit durchgehenden Zwischenräumen (Gassen), um den Ansturm der Elefanten „ins Leere“ laufen zu lassen. Auf dem linken Flügel kommandierte Laelius die italischen Reiter, auf dem rechten Flügel Massinissa seine Numider. Das Zentrum befehligte Scipio, umgeben von seiner Leibwache.[33] In die Zwischenräume des ersten Treffens waren die Leichtbewaffneten, die die Schlacht gegen die feindlichen Elefanten eröffnen sollten, postiert. Dadurch blieb die besondere taktische Maßnahme zur Ausschaltung der Tiere dem Feind verborgen. Auch Hannibal gliederte sein Heer in drei Treffen. Das erste Treffen bildeten die Söldner (Ligurer, Kelten, Balearen und Mauren), das zweite Treffen stellten die Karthager und Libyer, das dritte Treffen bildeten die Veteranen Hannibals. Diese hielten einen deutlichen Abstand (1 Stadion = ca. 180–190 m) vom zweiten Treffen. Auf dem linken Flügel standen die numidischen Reiter, auf dem rechten die karthagischen. In der vordersten Front waren 80 Elefanten zum Angriff bereit.

Noch nie hatte Hannibal eine derart starke Elefantentruppe eingesetzt, eine äußerst unzuverlässige Waffe, mit der er nur wenig Erfahrung hatte.[34] Zum ersten Mal war er an Reitern unterlegen, mit denen er bisher die gegnerische Schlachtreihe umfaßt und eingekreist hatte. Zu den numerischen Unterschieden kamen qualitative. Scipio führte ein Heer in die Schlacht, das bereits kampferprobt war. Hannibal hatte seine Armee erst in den letzten Monaten gebildet. Nur auf seine Veteranen konnte er sich völlig verlassen.

Die Elefanten eröffneten die Schlacht mit einem Angriff auf die römischen Leichtbewaffneten. Einige Tiere, von den römischen Soldaten in Panik versetzt, machten kehrt und griffen die eigenen Leute auf dem linken Flügel an. Dies erleichterte Massinissa den Angriff seiner Reiter. Andere Elefanten drangen in die Reihen der Feinde ein, richteten aber wegen der Vorkehrungen Scipios nichts aus. Einige wurden an der römischen Front entlang auf den anderen Flügel (Laelius) abgelenkt, wo sie ebenfalls abgewehrt

Kritik, besonders an seiner Darstellung vom Zurückweichen der Söldner und Karthager, ihrer Abwehr durch das dritte Treffen, den Leichenhaufen usw. Verteidigt wurde die Darstellung des Polybios von Hesselbart 1889, 225 ff., W. Streit, Die polybianische Beschreibung der Schlacht bei Zama, Philologus 48, 1889, 188–190, Veith, III 2, 1912, 639 f. und Kahrstedt 1913, 566 A, Sann, Untersuchungen zu Scipios Feldzug in Afrika, Diss. Berlin 1914, 32 ff. Diskussion der verschiedenen Ansichten bei Scullard 1930, 237 ff. und Walbank II 1967, 454 ff.

[33] App Lib 41, 177. Die Vorsicht Scipios kommt in der Leibwache zum Ausdruck. Bei der Belagerung von Neukarthago hatte er sich von drei Soldaten mit ihren Schilden eigens schützen lassen. Zur Leibwache Scipios vgl. F. Fröhlich, Die Bedeutung des zweiten Punischen Krieges für die Entwicklung des römischen Heerwesens, Leipzig 1884, 24–33.

[34] Nach P 15, 16, 2 soll sich Hannibal bewußt so viele Tiere zugelegt haben, um die feindlichen Reihen zu verwirren und aufzureißen. Zum Elefanteneinsatz vgl. J. Seibert, Der Einsatz von Kriegselefanten, Gymnasium 80, 1973, 359–360, Scullard 1974, 168–169.

und auf den Gegner zurückgetrieben wurden. Der Einsatz der Elefanten erwies sich als ein Fehlschlag. Den Angriffen der zahlenmäßig überlegenen feindlichen Reiterei hielten die Reiter Hannibals auf beiden Flügeln nicht stand und wichen bald. Sie schleppten durch die Verfolgung die feindliche Reiterei weit vom Schlachtfeld weg.[35] In der Zwischenzeit hatte die Schlacht im Zentrum begonnen. Das erste Treffen der Römer stieß auf die karthagischen Söldner, die tapfer kämpften und den Römern an Mut und Geschicklichkeit überlegen waren. Auf die Dauer setzten sich aber die römischen Legionäre durch. In dieser Situation erwarteten die Söldner die Unterstützung und Ablösung durch ihr zweites Treffen (Karthager und Libyer), offenbar das schwächste Glied im karthagischen Heer.[36]

Was auch immer ihr Zögern verursachte – ob mangelnder Mut[37] oder der ausdrückliche Befehl Hannibals –, die Söldner fühlten sich im Stich gelassen und attackierten im Zurückgehen, während sie die Angriffe der Römer abwehrten, gleichzeitig ihre eigenen Leute. Da griffen die *principes* (zweites römisches Treffen) in die Schlacht ein und entschieden den Kampf.[38] Die Karthager wandten sich zur Flucht. Den zurückweichenden Truppen verwehrten die Veteranen mit gesenkten Lanzen die Aufnahme in ihre Reihen und lenkten sie zur Seite ab.[39]

[35] Da die Numider erst in der Endphase aufs Schlachtfeld zurückkehrten, liegt die Vermutung nahe, daß Hannibal bewußt die Flucht seiner Reiterei als taktisches Mittel einsetzte, um die feindliche Reiterei aus dem Schlachtgeschehen fernzuhalten und eine evtl. Einkreisung zu verhindern. Vgl. Lehmann 1894, 589ff., Veith III 2, 1912, 655.

[36] Dies läßt sich der abschließenden Beurteilung des P 15, 16, 3 entnehmen. Durch die Aufstellung als zweites Treffen wollte sie Hannibal zum Kämpfen zwingen.

[37] Diese Behauptung des Polybios dürfte unzutreffend sein. Vgl. G. Sann, a. a. O., 38.

[38] In dieser Phase des Kampfes sollen die beiden Feldherrn durch einen Zweikampf eine rasche Entscheidung gesucht haben (App Lib 45, 188–189). Gleichzeitig hätten sie ihre Lanzen geschleudert. Scipio habe den Schild Hannibals getroffen, der Karthager das Pferd des Römers. Nachdem Scipio das Pferd gewechselt hatte, sei er erneut zum Angriff angeritten, habe aber dieses Mal nur einen Reiter aus der Begleitung Hannibals getroffen. Wie Hannibal auf diesem Angriff reagierte, erfährt der Leser nicht mehr. Die Schlacht ging weiter. Der Zweikampf ist ganz nach dem Stil trojanischer Helden gestaltet und verdient kein Vertrauen. Vgl. S. P. Oakley, Single Combat in the Roman Republic, CQ 35, 1985, 395.

[39] Hannibal hatte den Kampf vom dritten Treffen aus beobachtet, das er bewußt auf Distanz gehalten hatte. Durch das Vorrücken der ersten beiden Treffen beim Angriff war der Abstand noch größer geworden. Er hatte erwartet, daß die *principes* und die *triarii* nach dem Kampf der *hastati* im Zentrum auf die Flügel ausweichen und seine Schlachtreihe in der Flanke angreifen würden. Deshalb hatte er auch seinem Treffen zunächst Zurückhaltung angeordnet, damit es sich gegen Flankenangriffe wenden könnte. Aus demselben Grund hatte er sein drittes Treffen mit größerem Ab-

Scipio hielt seine Soldaten vom weiteren Angriff zurück und begann sein Heer neu zu ordnen.[40] Seine bisher in drei Treffen aufgestellten Soldaten formierte er zu einer einzigen Schlachtreihe mit den *hastati* im Zentrum, den *principes* und *triarii* auf den Flügeln. Auch Hannibal bildete mit seinem dritten Treffen und seinen „geflohenen" Karthagern eine neue Schlachtreihe.[41] Beide Gegner waren an Zahl, Kampfmoral, militärischer Tüchtigkeit und Bewaffnung gleich stark.

Der Kampf begann in neuer Aufstellung und dauerte lange, ohne Vorteile für die eine oder andere Seite. Erst als die Reiter des Massinissa und des Laelius von der Verfolgung zurückkehrten und die Karthager im Rücken angriffen, fiel die Entscheidung. Hannibal und sein Heer erlitten dasselbe Schicksal, das er so oft seinen Gegnern bereitet hatte. Sie wurden eingeschlossen und niedergemacht. Die Verluste waren gewaltig. Fast die Hälfte des Heeres geriet in römische Gefangenschaft.[42] Das Lager wurde eingenommen. Die Beute der Römer war riesig.[43] Hannibal konnte mit wenigen Getreuen entkommen. Zwei Tage und zwei Nächte lang soll er geritten

stand vom Schlachtgeschehen zurückgehalten, um bei einem Umfassungsmanöver die Römer anzugreifen oder mit diesen Reservetruppen durch einen Angriff die Entscheidung im Kampf der ersten Treffen herbeizuführen. Dieser Plan war mißlungen. In der taktischen Bewertung folge ich im wesentlichen Veith III 2, 1912, 645ff., 682ff. Die Behandlung und Bewertung taktischer Fragen muß natürlich hypothetisch bleiben, da sie ausschließlich auf Schlußfolgerungen aus den antiken Quellen beruht, in diesem Fall im wesentlichen auf Polybios. Vgl. andere Deutungen Lehmann 1894, 574ff., Delbrück I 1920, 391ff., G. Sann, a. a. O., 30ff., Gsell III 1918, 272–280, Meyer II 1924, 211–213, Scullard 1930, 239f.

40 Scipio dürfte erkannt haben, daß er als nächstes auf das dritte Treffen Hannibals stoßen würde. Vorher schien ihm die Neuformation seines Heeres angebracht. Die Behauptung, die vielen Verwundeten und Gefallenen, die Haufen der zerstörten und weggeworfenen Waffen wären hinderlich gewesen, dürfte nur eine irrige Auslegung durch die antiken Berichterstatter sein.

41 Dieser Vorgang ist nicht völlig klar. Denn Hannibal wies die zurückweichenden Truppen durch die gesenkten Lanzen seines dritten Treffens zur Seite ab. Er kann aber auf sie nicht verzichtet haben, da er dem Feind mit dem neu aufgestellten Heer zahlenmäßig ebenbürtig war. Wenn er allein aus dem dritten Treffen die Schlachtreihe gebildet hätte, wäre er wesentlich schwächer gewesen. Vgl. Huß 1985, 420 A 130.

42 P 15, 14, 9: 20000 gefallene Soldaten Hannibals, fast ebenso viele Gefangene, 1500 gefallene Römer. Vgl. L 30, 35, 3. Nach App Lib 48, 209–210 waren die römischen Verluste höher: 2500 Römer, die Verluste Massinissas seien noch größer gewesen. Der Feind habe 25000 Mann verloren, 8500 Mann seien gefangengenommen worden, 300 Mann seien zu Scipio und 800 Numider zu Massinissa übergelaufen. Die Zahlen Appians scheinen wegen der höheren Verluste der Römer vertrauenswürdiger und entsprechen eher dem Schlachtbericht, der doch auf erhebliche Verluste der Römer schließen läßt.

43 Ennius, ann 316 Skutsch *praeda exercitus undat*, L 30, 36, 1.

sein, bis er Hadrumetum erreichte.[44] Dort sammelte er die Reste seines Heeres.[45]

Polybios[46] zollte in einer abschließenden Bewertung dem Karthager höchstes Lob. Er habe alles getan, was man von einem guten, in vielen Kämpfen erprobten Feldherrn erwarten könne. Der antike Historiker erklärte aber nicht, weshalb er die Schlacht verloren hatte.[47] Wäre die Niederlage zu vermeiden gewesen? Auf den ersten Blick entschieden die Reiter des Massinissa und des Laelius die Schlacht. Mit dieser Möglichkeit hätte Hannibal rechnen und Vorkehrungen treffen müssen. Warum postierte er nicht die Elefanten hinter seiner Front? Damit hätte er seinem Heer den besten Schutz gegen einen Angriff der feindlichen Reiter im Rücken geboten.[48] Die Mißverständnisse zwischen den Treffen während der Schlacht sind Zeichen ungenügender Instruktion, ein Fehler, der allein Hannibal anzulasten ist. Sein Zurückhalten des dritten Treffens läßt sich nur als Abwehrmaßnahme deuten und auf eine defensive Taktik schließen. Trotz des uneingeschränkten Lobes des Polybios[49] machte Hannibal gravierende Fehler und verschuldete seine Niederlage.

Scipio erwies sich als der beweglichere Feldherr, der seine Dispositionen den Gegebenheiten anpaßte und rechtzeitig reagierte, als er das dritte Treffen Hannibals bemerkte, das in die Schlacht eingreifen konnte. Er behielt in jeder Phase die Offensive. Ein kleiner Schönheitsfehler dürfte gewesen sein, daß ihm die Gefangennahme Hannibals nicht gelang. Welcher Triumph wäre es gewesen, wenn er den Mann, der Italien so viele Jahre lang gepeinigt und die Römer so gedemütigt hatte, in Ketten durch die Straßen Roms hätte führen können!

Mit dieser Schlacht war der zweite Krieg beendet, den Hannibal bereits

[44] L 30,35,4, App Lib 47,203–206, Nep Hann 6,4.

[45] App Lib 47,206.

[46] P 15,15 16. L 30,35,5 berief sich sogar auf das Urteil Scipios.

[47] Bei gleichwertiger Bewaffnung sollen die römischen Schilde, die den Körper besser schützten als die karthagischen, den Ausschlag gegeben haben, P 15,15,8. Hannibal hatte in den Kriegsjahren die römischen Schilde kennengelernt. Auch die Kelten in seinem Heer benutzten ähnliche, körperdeckende Schilde. Warum hatte er, falls das Argument des Polybios zutreffend ist, die bessere Defensivwaffe nicht übernommen? Waren die römischen Schilde für seine Soldaten zu schwer? Die römischen Soldaten sollen den Karthagern und Libyern physisch und psychisch überlegen gewesen sein (P 6,52,10). Ein *scutum* hatte ein Gewicht von ca. 10 kg. Vgl. M. Junkelmann, Die Legionen des Augustus, Mainz 1986, 176, M. Eichberg, Scutum, Frankfurt a. M. 1987, 37.

[48] Diese Taktik wandte Seleukos I. in der Schlacht bei Ipsos erfolgreich an und machte dadurch die Reiterei des Demetrios unschädlich. Hannibal fehlte wohl die nötige Erfahrung im richtigen Einsatz der Elefanten.

[49] Nach Fl 1,22,60 sollen sich beide Heerführer gegenseitig öffentlich Anerkennung über die Aufstellung und die Kampfmoral der Heere ausgesprochen haben.

im 2. Kriegsjahr mit seinem Entschluß, Rom nicht direkt anzugreifen, verloren hatte. Ein Sieg über Scipio hätte ihn höchstens etwas verlängert und die Konditionen des Friedensvertrages vielleicht verbessert.

Nach dem Sieg marschierte das römische Heer nach Utika zurück.[50] Laelius wurde als persönlicher Botschafter nach Rom geschickt.[51] In der Zwischenzeit war eine Nachschubflotte aus Sardinien mit 50 Kriegsschiffen und 100 Lastschiffen eingetroffen. Diese Verstärkungen kamen Scipio gelegen. Er plante, durch einen Angriff von der See und vom Land psychischen Druck auf die Karthager auszuüben und sie in Schrecken zu versetzen.[52] Hannibal, den der Rat aus Hadrumetum zur Berichterstattung nach Karthago zitiert hatte,[53] schilderte das ganze Ausmaß der Niederlage. Die Karthager besaßen kein Heer mehr. Die Aussichten, ein neues aufzustellen, waren schlecht und beanspruchten viel Zeit. Die letzten Hoffnungen hatten sich durch die Niederlage des Vermina zerschlagen.[54] Sie mußten mit der Belagerung ihrer Stadt zu Land und zur See rechnen. Hannibal schlug sich auf die Seite derer, die Friedensverhandlungen befürworteten.[55]

Dreißig Ratsherrn, das engere Führungsgremium des Rates, erschienen

[50] L 30, 36, 1.

[51] L 30, 36, 3, App Lib 48, 207.

[52] L 30, 36, 3.

[53] L 30, 35, 10f., Huß 1985, 420 A 136.

[54] Die militärischen Vorgänge erscheinen bei L30, 36, 3ff. verstellt. Scipio entsandte von Utika aus auf dem Landweg den Cn. Octavius, während er eine Flottendemonstration vor Karthago unternahm. Es erschien bei ihm ein Schiff mit zehn karthagischen Gesandten, die Ölzweige als Zeichen von Bittstellern trugen und um Frieden baten. Scipio bestellte sie zu Verhandlungen nach Tunis. Er selbst kehrte nach Utika zurück, wohin er auch den Cn. Octavius zurückbeorderte. Der Sinn dieses Rückmarsches leuchtet nicht ein, zumals Scipio die Karthager nach Tunis bestellt hatte. Nun marschierte Scipio mit seinem Heer von Utika nach Tunis und stieß unterwegs auf das Heer des Vermina (L30, 36, 7ff.). Es kam zu einer Schlacht am 1. Tag der Saturnalien = 17. Dezember. Angeblich wurden 15000 Mann getötet, 1000 Mann gefangen und 1500 Numiderpferde erbeutet. Vermina selbst konnte entkommen. Jetzt wird der Sinn dieses eigenartigen Hin- und Hermarschierens m. E. deutlich. Die Besiegung des Vermina sollte ein Verdienst Scipios, nicht seines Legaten Cn. Octavius sein. Tatsächlich dürfte diese Niederlage auf dem Vormarsch des Landheeres unter Cn. Octavius geschehen sein. Das Landheer blieb dann auch in Tunis und kehrte nicht mehr nach Utika zurück. Für die Historizität der Vorgänge, wie sie Livius beschreibt, vgl. Huß 1985, 420. Überhaupt scheinen Zweifel an der Schlacht angebracht zu sein. Hätte Vermina es gewagt, nach der Niederlage der Karthager, die ihm bekannt geworden sein dürfte, noch nach Karthago vorzustoßen? War er nicht viel zu schwach, um sich mit den Römern auf eine Schlacht einzulassen? Zweifel an der Historizität der Vorgänge bei J. Camps, Massinissa, Libyca 8, 1960, 190.

[55] Dies ergibt sich aus seinem späteren Verhalten bei der Diskussion der Friedensbedingungen in Karthago, P15, 19, 2, L30, 37, 8.

nach vorhergehender Kontaktaufnahme bei Scipio im Lager in Tunis[56] zur Entgegennahme der Friedensbedingungen.[57] Der Römer stand am Ziel seiner Wünsche. Er hatte den Feind besiegt. Träumte er von der völligen Vernichtung des Gegners, der Einnahme und Zerstörung Karthagos? Scipio blieb Realist. Sein Amtsjahr ging zu Ende, es drohte ihm die Ankunft eines Nachfolgers.[58]

Es gab keine Verhandlungen mehr. Der Sieger diktierte die Bedingungen[59]: Den Karthagern wurde Autonomie und Besatzungsfreiheit zugesichert und ihr Besitzstand bei Ausbruch des Krieges in Afrika garantiert.[60] Den ehemaligen Besitz des Massinissa oder seiner Vorfahren innerhalb der zu bezeichnenden Grenzen mußten sie zurückgeben.[61] Auf alle von Rom bereits besetzten Gebiete in Iberien und die Inseln zwischen Italien und Afrika mußten sie verzichten. Außerdem sollten sie „Freunde und Bundesgenossen" der Römer werden, d.h. sie waren zur Stellung von Truppen bzw. Schiffen und anderen Leistungen verpflichtet.[62] Es folgte eine Reihe von üblichen Auflagen: Alle Gefangenen, Überläufer und flüchtigen Sklaven sollten ohne Lösegeld ausgeliefert und alle Kriegsschiffe bis auf 10 abgegeben werden. Ebenso mußten die Karthager alle Elefanten herausgeben

[56] Ein Schiff mit zehn Ratsherrn fuhr Scipio entgegen, als dieser mit seiner Flotte vor Karthago aufkreuzte, vgl. L 30, 36, 4–5, App Lib 49, 213. Die Behauptung, Scipio sei mit seinem Schiff in den Hafen der Karthager vorgedrungen, um die Lage der Stadt genauestens zu erkunden, dürfte eine Erfindung sein. Es könnte sein, daß Scipio als Vorbedingung für die Aufnahme von Verhandlungen die Freilassung des L. Terentius Culleo verlangte (Plu mor 196 D).

[57] P 15, 17, 3–19, 9, L 30, 36, 9 ff., App Lib 49, 214 ff.

[58] L 30, 36, 11, ablehnend Scullard 1930, 252.

[59] P 15, 18, 1–8, L 30, 37, 1–6, App Lib 54, 234–238, Cass frg. 57, 82, Z 9, 14, 11. Vgl. Schmitt III 1969, 548 mit umfangreicher Literatur. Vgl. im einzelnen besonders H. Nissen, Commentatio de pace anno 201 a. Chr. Carthaginiensibus data, Rektoratsprogramm Marburg 1870, E. Täubler, Imperium Romanum, Leipzig I 1913, 190–202. De Sanctis III 2, 1916, 599–605, Scullard 1930, 253–259, II 156–159, Walbank II 1967, 465 ff., F. Gschnitzer, Die Stellung Karthagos nach dem Frieden von 201, Wiener Studien 79, 1966, 276–289, zu den Geiseln A. Aymard, Les otages carthaginois à la fin de la IIe guerre punique, Annales de la Faculté des Lettres de Toulouse 2, 1952/53 = Études d'histoire ancienne, Paris 1967, 436–450, M. J. Moscovich, The Hostage Regulations in the Treaty of Zama, Historia 23, 1974, 417–427, Huß 1985, 421 ff., Eckstein 1987, 255–266, Scardigli 1991, 295 ff.

[60] App Lib 54, 235 nennt als Grenze die „Phoinikischen Gräben", vgl. dazu Huß 1985, 421 A 151 mit weiterer Lit.

[61] Diese Klausel sollte sich noch verheerend für die Karthager auswirken, da sie den Forderungen des Numiders Tür und Tor öffnete. Vgl. P. G. Walsh, Massinissa, JRS 55, 1965, 151–160.

[62] App Lib 54, 237 unter dem Vorbehalt der Zustimmung des Senats. Evtl. wurde diese Bestimmung erst in Rom aufgenommen.

und durften auch für die Zukunft keine mehr halten. Die Söldnerwerbung wurde ihnen grundsätzlich untersagt.[63] Von karthagischem Boden sollte kein Krieg mehr ausgehen. Den Karthagern wurde die Kriegführung gegen einen Feind außerhalb Afrikas völlig verboten, gegen Feinde in Afrika nur mit Zustimmung des Senats.[64] Die Kriegskostenentschädigungen waren gewaltig. 10000 euböische Talente sollten in 50 Jahresraten à 200 Talente gezahlt werden. Zur Einhaltung der Vereinbarungen sollten sie 100 Geiseln im Alter zwischen 14 und 30 Jahren stellen, die von Zeit zu Zeit ausgetauscht werden sollten.

Die eigentlichen Verhandlungen konnten aber nur in Rom mit dem Senat geführt werden. Dafür gewährte Scipio einen Waffenstillstand von 3 Monaten, unter der Voraussetzung, daß die Karthager Entschädigung für die gekaperten Schiffe samt Besatzung und Ladung erstatteten.[65] Während des Waffenstillstandes mußten sie den Sold und die Versorgung des scipionischen Heeres übernehmen. 150 Jugendliche als Geiseln sollten die Einhaltung des Waffenstillstandsvertrages garantieren.[66]

Es waren harte Bedingungen, die die Ratsherrn nach Hause brachten. Wen wundert es, daß sich Widerstand erhob? Gisgo machte sich für die Fortsetzung des Krieges stark. Hannibal sprang wutentbrannt auf und zerrte ihn vom Rednerpodium.[67] Als die anderen Ratsherrn über sein Verhalten murrten, entschuldigte er sich damit, daß er als Knabe aus Karthago weggegangen sei und deshalb die Gepflogenheiten nicht kenne. Auch wenn man an dieser Szene zweifeln mag,[68] die Ratsherrn dürften heftig und auch kontrovers über die Bedingungen debattiert haben.

[63] Nach Appian sollte die Söldnerwerbung nur in Ligurien und im Keltenland verboten sein, nach Cassius Dio aber insgesamt. Dies scheint wahrscheinlicher.

[64] Nach App Lib 54, 236 wurde den Karthagern der Krieg gegen Massinissa und andere Freunde Roms verboten.

[65] Diese Bedingung nach L30,37,6. Nach Polybios und Appian gehörte diese Bedingung in den endgültigen Friedensvertrag, wohl unwahrscheinlich.

[66] App Lib 54, 238. Scipio behielt sich die Auswahl der Geiseln selbst vor.

[67] P 15,19,2–3 im Rat, L30,37,7–10 vor der Volksversammlung. App Lib 55,239–242 überliefert eine andere Version. Die Meinungsverschiedenheiten seien nicht unter den Ratsherrn aufgetreten, sondern zwischen dem Rat, der für die Aufnahme des Friedens eintrat, und dem Volk, das ihn ablehnte. Auch Hannibal, der erst zu diesem Zeitpunkt herbeigerufen worden sei, habe sich für den Frieden ausgesprochen, sei aber von der Masse geschmäht worden.

[68] Die Historizität ist ungewiß, da durch Hannibals Auftreten die bösen Vorahnungen Hannos aus früheren Jahren bestätigt werden. Als Hasdrubal vom karthagischen Rat die Erlaubnis erbat, den jungen Hannibal nach Iberien zu holen, wandte sich Hanno dagegen mit dem Hinweis, der junge Mann solle erst lernen, unter Gesetzen und Behörden zu leben. Die Mehrheit stimmte ihm aber nicht zu (L21,3,6–4,1). Hannibals rüdes Verhalten hätte somit die bösen Vorahnungen Hannos bestätigt.

Was besagten die Bedingungen in Wirklichkeit? Die Karthager behielten zwar ihren Besitz und ihr Eigentum, sie mußten auch keine fremde Besatzung in ihren Mauern aufnehmen und keinen jährlichen Tribut, abgesehen von den Kriegskostenentschädigungen, bezahlen, sie verloren aber ihre Unabhängigkeit.[69] Sie wurden militärisch bedeutungslos und mußten auf Flotte und Heer verzichten. Ihr außenpolitischer Spielraum wurde erheblich eingeschränkt. Die Bestimmungen über die Auflagen bei Krieg in Afrika kamen einer Entmündigung gleich. War es nicht verständlich, wenn in dieser Situation mancher Ratsherr lieber weiterkämpfen und untergehen wollte, als diesen Knechtungsvertrag hinzunehmen?

Die meisten Ratsherrn sprachen sich für die Annahme der Bedingungen aus. Ein großes Problem war die Entschädigung für die gekaperten Schiffe, die Scipio zur Voraussetzung für die Gewährung des Waffenstillstandes gemacht hatte. Quästoren errechneten den Wert der Entschädigungen aus ihren Unterlagen, ebenso die Schiffsbesitzer. Der Gesamtwert wurde auf insgesamt 25000 Pfund veranschlagt, eine horrende Summe, die sofort zu entrichten war. Der Verdacht liegt nahe, daß die Quästoren und Privatleute *(publicani)* die Zwangslage der Karthager schamlos ausnutzten. *Vae victis!* Erst jetzt war Scipio bereit, einen dreimonatigen Waffenstillstand zu gewähren, den er mit einer weiteren Auflage verband. Die Karthager durften Gesandte nur nach Rom senden. Sollten auswärtige Gesandte bei ihnen eintreffen, durften sie die Stadt erst verlassen, wenn der römische Feldherr ihre Herkunft und ihre Absichten überprüft hatte. Die Karthager unterlagen einer vollständigen außenpolitischen Überwachung.

Die karthagischen Gesandten reisten in Begleitung des L. Veturius Philo, Marcus Marcius Ralla und Lucius Cornelius Scipio nach Rom, wo sie die Senatoren im Tempel der Bellona empfingen.[70] Die Entscheidung über den Friedensvertrag eilte nicht und wurde den Konsuln des nächsten Jahres überlassen. Der Jubel der römischen Bevölkerung über das Ende des Krieges war verständlich. Eine erste erfreuliche Auswirkung hatte sie bereits in diesem Jahr erleben können. Nach den vielen Jahren der Entbehrung und Teuerung war der Getreidepreis so niedrig wie nie zuvor gewesen.[71]

[69] Vgl. F. Gschnitzer, a. a. O., 279.

[70] L 30,40,1.

[71] L 30,38,5. Die Importe aus Sardinien und Sizilien hatten die Getreidepreise so sinken lassen, daß die Händler den Seeleuten das Getreide für die Frachtkosten überließen.

Frieden: 201 v. Chr.

Rom[1]

Infolge innenpolitischer Verwicklungen hatten die Römer keine neuen Konsuln gewählt, als die alten abtraten. Nach einer längeren Verzögerung wählten sie Cn. Cornelius Lentulus und P. Aelius Paetus zu Konsuln.[2] Lentulus wünschte sich Afrika als Amtsbereich, wo er sich einen leichten Sieg erhoffte, falls es Krieg gäbe, andernfalls den Ruhm, daß unter seinem Konsulat ein so großer Krieg beendet worden wäre.[3] Um sein Ziel zu erreichen, setzte er die Senatoren unter Druck und erklärte, er werde keine andere Angelegenheit behandeln lassen, bevor ihm nicht Afrika als Amtsbereich zugewiesen wäre. Sein Kollege P. Aelius Paetus war besonnener und lehnte das Begehren seines Kollegen ab.[4] Nach vielen Verhandlungen im Senat und vor dem Volk konnte eine Einigung erzielt werden, die für den Fall eines erneuten Kriegsausbruches Vorkehrungen traf.

Erst jetzt wurden die Beratungen über den Friedensvertrag mit den Karthagern[5] wiederaufgenommen. Es ging um die Frage, ob die Bedingungen, wie sie Scipio vorgeschlagen hatte, zur Grundlage des Friedensvertrages gemacht, ob evtl. Veränderungen vorgenommen oder ob eine friedliche Lösung überhaupt abgelehnt werden sollte.[6] Die Freunde Scipios verteidigten

[1] Scullard 1951, 80, Lippold 1963, 215ff., Jahn 1970, 144–150, Tammler 1971, 333ff., Hartfield 1982, 517.

[2] L 30,40,5. Zu den Vorgängen vgl. A. Aymard, Liviana. A propos des Servilii Gemini, REA 46, 1944, 240ff. Der genaue Zeitpunkt des Amtsantritts ist nicht bekannt.

[3] L 30,40,7. Es läßt sich leicht vorstellen, daß er in seiner *„cupiditas provinciae Africae"* leicht einen Vorwand gefunden haben dürfte, um den Krieg gegen die Karthager erneut zu entfachen.

[4] Das Spiel vom Vorjahr, als der Konsul Ti. Claudius Nero versucht hatte, Afrika als Provinz zu erhalten, wiederholte sich. Die Volkstribune Q. Minucius Thermus und M.'Acilius Glabrio widersetzten sich dem Begehren des Konsuls und verwiesen auf das Ergebnis der letztjährigen Abstimmung. Damals sei das Volk *ex auctoritate patrum* gefragt worden, wer das *imperium* in Afrika haben solle und alle 35 Tribus hätten sich für Scipio entschieden, L 30,40,9–10.

[5] L 30,42,11–43,9, D 27,13–18, App Lib 57,247–65,289, Cass frg. 57,83–85. Scullard 1951, 279ff., Tammler 1971, 340–344.

[6] L 30,43,1ff. gibt nur das Ergebnis der Senatsdebatte bekannt. D 27,13–18 und

seine Bedingungen und befürworteten den Abschluß des Friedensvertrages. Der Vorschlag, Karthago vollständig zu vernichten, sei unrealistisch. Die Karthager verfügten noch über beträchtliche Machtmittel. Es würde erhebliche Anstrengungen, viel Blut, Geld und Zeit kosten, die Stadt niederzuringen.[7] Sicher wurde auch auf die Stimmung im Volk und unter den Bundesgenossen verwiesen, die das Ende des Krieges herbeisehnten. Die Freunde des Konsuls Cn. Cornelius gaben sich noch nicht geschlagen. Ein Verwandter, P. Cornelius, forderte die bedingungslose Kapitulation Karthagos.[8] Die Karthager sollten sich auf Gnade und Ungnade den Römern ergeben, wie es für Besiegte üblich sei. Es stünde dann im Belieben der Römer, ihnen zuzugestehen, was sie für geeignet hielten.

Als sich eine klare Mehrheit für die Annahme der Friedensbedingungen abzeichnete,[9] verhinderte der Konsul Cn. Cornelius einen Senatsbeschluß. Daraufhin legten die Volkstribune M.'Acilius Glabrio und Q. Minucius Thermus dem Volk die Frage vor, ob der Senat Frieden mit Karthago beschließen, wer den Frieden gewähren und wer das Heer aus Afrika zurückführen solle. Die Bürger votierten für den lang ersehnten Frieden und wiesen Scipio die Aufgabe zu, ihn mit den Karthagern abzuschließen. Der Konsul konnte aber noch durchsetzen, daß eine Kommission von zehn

App Lib 57,247–65,289 überliefern eine Senatsdebatte. In der Forschung ist umstritten, inwieweit die Argumente als historisch verwertet werden können. Vor allem die Erörterung der Vernichtung Karthagos wurde als ein Einschub aus der Zeit um die Mitte des 2. Jh. betrachtet, als dieses Thema in Rom aktuell war. Vgl. so W. Hoffmann, Die römische Politik des 2. Jh. und das Ende Roms, Historia 9, 1960, 315–317 = Das Staatsdenken der Römer, hrsg. v. R. Klein, WdF 46, 1973, 187–190 mit älterer Literatur, ebenso Huß 1985, 423 A 165. Die in den Reden vorgetragenen Gedanken deutet H. Volkmann, Griechische Rhetorik oder römische Politik?, Hermes 82, 1954, 467–476 = Das Staatsdenken der Römer, hrsg. v. R. Klein, WdF 46, Darmstadt 1973, 89–103 als Zeugnisse praktischer römischer Politik. Auch Scullard 1970, 173, 279 A 136 lehnt die Möglichkeit, daß das Schicksal Karthagos erörtert wurde, nicht ab. Cassola 1962, 396, 418–419, tritt für die Historizität ein. Die Gruppe, die für die Zerstörung Karthagos plädierte, sei vor allem von Cn. Servilius Caepio, M. Valerius Laevinus, Ti. Claudius Nero, Cn. Cornelius Lentulus und P. Cornelius Lentulus und L. Furius Purpureo repräsentiert worden (S. 419). Vgl. die ausführliche Behandlung durch F. Cassola, Tendenze filopuniche e antipuniche in Roma, Atti del I Congresso Intern. di Studi Fenici e Punici I, Rom 1983, 36–45.

7 Daß der Gedanke einer völligen Besiegung damals erwogen wurde, halte ich für durchaus zutreffend. Die politische Begründung unserer Quellen dürfte allerdings spätere Rechtfertigung sein. Es waren realistische Überlegungen, die den Beschluß der Senatoren beeinflußten, nicht moralische.

8 App Lib 62,272ff., bes. 64,286–288. Diese Forderung hätte wohl den Widerstand Karthagos provoziert und zur Wiederaufnahme des Krieges geführt, was Cn. Cornelius wünschte.

9 L 30,43,1. App Lib 65,289 läßt einen endgültigen Beschluß zustandekommen.

Senatoren gemeinsam mit Scipio die endgültigen Bedingungen festlegen sollte.[10]

Die karthagischen Gesandten fuhren mit der Senatskommission und den Fetialen nach Afrika. Welche Veränderungen die Kommission vor Ort vornahm,[11] läßt sich wegen der unklaren Scheidung der antiken Quellen nicht genau festlegen.[12] Warum bestanden die Römer nicht auf der Auslieferung Hannibals, in dem sie und mancher Karthager den eigentlichen Schuldigen sahen?[13] Eine solche Forderung hätte eine Solidarisierung der Kriegsbefürworter in Karthago auslösen und zur Fortsetzung des Krieges führen können, was Scipio unter allen Umständen vermeiden wollte. Sein Verzicht auf diese Forderung dürfte eher Nützlichkeitsüberlegungen als humaner Gesinnung entsprungen sein.

[10] Schleußner 1978, 35ff. Den karthagischen Gesandten wurde der Beschluß mitgeteilt. Sie baten um die Erlaubnis, die Stadt Rom betreten und ihre Mitbürger, die dort gefangengehalten wurden, besuchen zu dürfen. Dieser Wunsch wurde ihnen erfüllt. Nach dem Besuch baten sie um die Erlaubnis, sie freikaufen zu können. Sie mußten eine Namensliste einreichen. Der Senat beschloß, daß 200 Gefangene zu Scipio überstellt und nach Zustandekommen des Friedens ohne Lösegeld von ihm freigelassen werden sollten, L30,43,5–8.

[11] Schleußner 1978,36 wies der Senatskommission nur eine „Briefträgerfunktion" zu. Sie hätte Scipio die Bestätigung seiner Friedenspräliminarien durch Senat und Volk übermittelt sowie den Spezialauftrag über die Freilassung der 200 karthagischen Gefangenen. M.E. wird damit die Rolle der Senatskommission unterschätzt. Wenn auch ihre personelle Zusammensetzung unbekannt ist, so dürften sich die Senatoren wohl kaum mit der Aufgabe begnügt haben, einen formellen Beschluß zu übermitteln. Die Abweichungen bei L, App und Cass von P lassen die vorgenommenen Änderungen erkennen und beweisen die aktive Rolle der Senatskommission beim Abschluß des Friedens.

[12] Die gravierendste Bestimmung könnte die Einbindung der Karthager in das römische Bundesgenossensystem gewesen sein. Daneben dürften Einzelfragen wie die Grenzziehung, die Geiselstellung und die Festlegung der Fristen, Freilassung der 200 karthagischen Gesandten, festgelegt worden sein. E. Täubler, Imperium Romanum, Leipzig I 1913, 190–202 war der Ansicht, daß Polybios und Livius den Vorvertrag, Appian im wesentlichen den vom Senat veränderten und gebilligten Vertrag überliefern. Gegen diese Interpretation wandte sich De Sanctis III 2, 1916, 599–605, der zu Recht darauf verwies, daß alle drei Überlieferungen die von Scipio vorgeschlagenen Bedingungen wiedergeben. Damit ist aber nicht entschieden, ob nicht der Senat an den Vorschlägen Scipios Änderungen vorgenommen hat. Schließlich weicht der Bericht Appians erheblich von dem des Polybios und Livius ab. Deshalb sind prinzipiell Änderungen zu erwarten und wahrscheinlich. Schmitt III 1969, 307, nimmt an, daß gewisse Einzelheiten erst beim Abschluß des Endvertrages durch Scipio und die Senatskommission festgelegt worden sind, so z.B. die Frage der Grenzziehung. Mantel 1991, 134–145, Scardigli 1991, 297ff.

[13] Nach der Schlacht bei Magnesia im Jahr 190 wurde Hannibals Auslieferung von Antiochos III. verlangt. Vgl. u.S. 521.

War Scipio mit dem Ergebnis zufrieden? Er soll später oft gesagt haben, zuerst habe die Gier des Ti. Claudius, dann die Langsamkeit des Cn. Cornelius verhindert, daß dieser Krieg mit der Vernichtung Karthagos endete.[14] Fühlte er sich mangelhaft unterstützt, und hatte er den Untergang Karthagos gewünscht? Zweifellos versagten ihm die Senatoren die nötige Unterstützung. Die völlige Vernichtung wäre aber ein zeitraubendes Unternehmen gewesen, für das ihm die Senatoren wohl kaum das *imperium* verlängert hätten. Ein anderer Römer wäre als Bezwinger Karthagos *(„Africanus")* in die Geschichte eingegangen.[15]

Der Vertrag wurde in feierlicher Zeremonie beschworen. Für die Karthager leisteten die Sufeten den Eid bei ihren Göttern, die Römer bei Iuppiter Lapis. Der Fetiale[16] nahm den Stein in die Hand und schwor: „Wenn ich den Eid halte, möge mir Gutes zuteil werden. Sollte ich aber anders denken und handeln, so möge, während alle anderen, jeder in seiner Stadt, jeder unter seinen Gesetzen, jeder in seinem Besitztum, seinen Tempeln und Gräben heil und unversehrt bleiben, ich allein ebenso wie dieser Stein jetzt hinausgeworfen werden." Und mit diesen Worten warf er den Stein aus der Hand.[17]

Damit trat der Vertrag in Kraft. Die Karthager mußten die Bedingungen innerhalb der festgelegten Fristen erfüllen.[18] Nach 30 Tagen lieferten sie alle Schiffe bis auf 10, alle Elefanten, Überläufer[19], 4000 Gefangene und die geflohenen Sklaven ab. Es muß sie hart getroffen haben, als sie mitansehen mußten, wie Scipio ihre Flotte auf die See hinausfahren und anzünden ließ.[20]

[14] L 30,44,3.

[15] In späterer Zeit sagten die Römer Scipio didaktische Absichten nach. Er habe Karthago als einen gefährlichen Nachbarn bestehen lassen wollen, um die Römer zur Besinnung zu bringen und zu warnen, im Gefühl ihres Glückes nicht übermütig zu werden. Diese Deutung tritt zum ersten Mal in der Rhodierrede Catos (168 v. Chr.) auf. Vgl. App Lib 65,290–291, vgl. Ursula Hackl, Poseidonios und das Jahr 146 v. Chr. als Epochendatum in der antiken Historiographie, Gymnasium 87, 1980, 151 ff. mit der älteren Literatur.

[16] Die Fetialpriester führten einen Kieselstein und ein Krautbüschel mit sich. Vgl. G. Wissowa, Religion und Kult der Römer, München 1912, 550 ff. Der *verbenarius* trug die heiligen Kräuter *(sagmina)*, die das Abzeichen ihrer Sendung waren und im fremden Land gegen jede Verletzung schützten, der *pater patratus* vollzog die Zeremonie.

[17] P 3,25,6–9, dazu Walbank I 1957, 351–353.

[18] Diese Fristen bewahrte nur Appian: 30 Tage für die Auslieferung der Schiffe, Elefanten und Gefangenen, 60 Tage für die Räumung Liguriens und den Abzug der Karthager aus dem Gebiet jenseits der Phönikischen Gräben, 150 Tage für den Abzug der römischen Truppen aus Afrika.

[19] Die Überläufer gingen einem schlimmen Los entgegen. Die Latiner wurden enthauptet, die Römer ans Kreuz geschlagen, Val Max 2,7,12.

[20] L 30,43,12 behauptet glaubwürdig, daß der Brand ihrer Schiffe die Karthager

Scipio kehrte mit seinem Heer nach Rom zurück. Die Senatoren bewilligten ihm einen Triumph, den er sich bereits für seine iberischen Taten so gewünscht hatte.[21] Vom Marsfeld, wo sich die Soldaten aufstellten, fuhr er auf dem Triumphalwagen, einer Quadriga, durch die Porta triumphalis, weiter durch den Circus Maximus und über die *via sacra* hinauf zum Tempel des Iupiter Optimus Maximus auf dem Kapitol.[22] Er trug eine Purpurtoga, die mit Sternen bestickt war, sein Gesicht war mit Mennige bemalt, in der linken Hand hielt er ein Elfenbeinzepter, in der rechten einen Lorbeerzweig, und auf dem Kopf trug er einen Lorbeerkranz.[23] Hinter ihm stand ein Staatssklave, der die *corona triumphalis*, eine schwere Goldkrone, über seinen Kopf hielt und ihm ständig die Worte zuflüsterte: „Blicke hinter dich, und gedenke, daß du ein Mensch bist!" Direkt hinter dem Wagen Scipios schritt L. Terentius Culleo, der ihm die Befreiung aus karthagischer Gefangenschaft verdankte. Er trug die Mütze des Freigelassenen.[24] Die Soldaten sangen Spottlieder auf ihren Feldherrn.[25]

Die Bilder der von Scipio eroberten Städte und die Beutestücke, die im Zug mitgeführt wurden, waren beeindruckend. Vornehme Gefangene in Ketten wurden von der Menge bestaunt.[26] Mancher Römer hätte sich wohl gewünscht, daß auch der Erzfeind Hannibal dabei gewesen wäre. Die Elefanten, das Wappentier des Feindes, das die abgefallenen Bundesgenossen

so traf, als würde ihre Stadt selbst brennen. Daß aber alle Arten von Schiffen, insgesamt 500, verbrannt wurden, ist übertrieben. Vgl. auch Z 9, 14, 12.

[21] Vgl. P 16, 23, dazu Walbank II 1967, 528, L 30, 45, 2 ff., Val Max 5, 2, 5. Eine allgemeine Beschreibung eines Triumphzuges vgl. bei App Lib 66, 293–300. Er vermischte allerdings die „Tänzer in Waffen" *(ludiones)* mit den Musikern, die er tanzen läßt. Vgl. A. Piganiol, Recherches sur les jeux romains, Straßburg 1923, 29–30. Zum Triumphzug W. Ehlers, RE 7 A 1, 1939, 493–511, H. S. Versnel, Triumphus. An Inquiry into the Origin, Development and Meaning of the Roman Triumph, Leiden 1970, H. H. Scullard, Römische Feste, Mainz 1985, 301–308, E. Künzl, Der römische Triumph. Siegesfeiern im antiken Rom, München 1988, M. Junkelmann, Die Reiter Roms, Mainz I 1990, 208–219, Rüpke 1990, 223–234.

[22] Mit dem Zug durch die Porta triumphalis wurde das Heer vor Eintritt in die Stadt vom Unsegen des Krieges gereinigt. Die Lokalisierung der Porta triumphalis ist umstritten, vgl. F. Coarelli, La Porta Trionfale e la via dei trionfi, Dialoghi Archeologici 2, 1968, 55 ff., zur Route des Zuges E. Makin, The Triumphal Route, JRS 11, 1921, 25–36.

[23] L. Deubner, Die Tracht des römischen Triumphators, Hermes 69, 1934, 316–323.

[24] Plu mor 196 E.

[25] Leider gibt es keine Hinweise in den Quellen. Es wäre denkbar, daß der „Weiberheld" Scipio ein dankbares Objekt darstellte.

[26] Nach P 16, 23, 6 soll der Numiderkönig Syphax mitgeführt worden sein, anders L 30, 45, 4, nach dem Syphax vor Abhaltung des Triumphes in Tibur gestorben sei. Welche Version ist glaubwürdiger?

zum Symbol ihrer Freiheit und zum Zeichen römischer Schwäche gemacht hatten, wurden ebenfalls mitgeführt.[27] Eine gewaltige Beute, allein 33000 Pfund Silber, wurde der Staatskasse übergeben. Jeder Soldat wurde mit 400 As belohnt. Scipio erhielt den Beinamen *Africanus*.[28] Der Jubel der Römer war verständlich. Endlich herrschte Frieden.

Sieger und Verlierer. Eine Bilanz

Wer nach der Schlacht bei Cannae die Behauptung aufgestellt hätte, daß die Römer den Krieg siegreich beenden würden, hätte wohl nur verständnisloses Kopfschütteln hervorgerufen. Nur grenzenloser Optimismus und Vertrauen in die Selbstverteidigungskräfte des römischen Volkes, geradezu prophetische Gaben und der Glaube, daß noch Wunder möglich waren, hätten eine solch kühne Aussage veranlassen können. Tatsächlich ist das Unmögliche eingetreten, wenngleich erst nach weiteren 14 Jahren (215–202) Kämpfe, in denen Hannibal nur ein einziges Mal geschlagen wurde. War es ein Wunder, oder läßt sich der Vorgang erklären?[29]

[27] Nach Z 9,14,12 wurden die Tiere teils Massinissa übergeben, teils nach Rom gebracht. Scullard 1974, 170.

[28] L 30,45,6.

[29] Vgl. J.-P. Brisson, Les mutations de la seconde guerre punique, in: Problèmes de la guerre à Rome, ed. J.-P. Brisson, Paris 1969, 33–59. Diese Fragestellung – allerdings in größerem zeitlichen Rahmen – veranlaßte Polybios zur Niederschrift seines Geschichtswerkes. Er sah die wesentliche Ursache für die Machtentfaltung Roms und seine Überlegenheit über die anderen Völker und Staaten in seiner verfassungspolitischen und militärischen Überlegenheit, wie er im 6. Buch seines Geschichtswerkes explizierte. Während bei den Römern die einzelnen Verfassungsorgane noch harmonisch zusammenarbeiteten, hätten die Karthager bereits den Höhepunkt ihrer Entwicklung überschritten. Das karthagische Volk habe die dominierende Rolle gespielt, während diese in Rom den Senatoren zugefallen sei. Deshalb seien die römischen Entscheidungen in allen politischen und militärischen Fragen denen der Karthager überlegen gewesen, P 6,51. Diese These wird in der modernen Forschung überwiegend abgelehnt, vgl. H. Grziwotz, Das Verfassungsverständnis der römischen Republik, Frankfurt a. M. 1985, 5ff., 25 mit Lit. Auf militärischem Gebiet sah Polybios als gravierende Unterschiede an, daß die Karthager einerseits sich mehr um das Seewesen, die Römer mehr um das Landheer, das die Karthager zugunsten der Reiterei vollständig vernachlässigten, bemühten, andererseits die Karthager nur Söldner, die Römer nur Bürgertruppen zum Einsatz brachten. Im Einsatz von Landeskindern und Bürgern, die für ihre Freiheit und ihr Vaterland kämpften, die in ihrem Kampf nie nachließen, bis sie die Feinde besiegten, erblickte der griechische Historiker den wesentlichen Grund für die römische Überlegenheit, P 6,52. Hinzu stellten noch physische und psychische Prävalenz, körperliche Kraft und persönlicher Mut die italischen Männer über die phoinikischen und libyschen Bewohner,

Welche Gründe lassen sich aus der Analyse der militärisch-politischen Geschichte ablesen? Eine einseitige Ursachenforschung, wie häufig in der Forschung geschehen, ist m.E. verfehlt. Ausschließlich Hannibal die Schuld zu geben und in ihm den Versager zu sehen, wie es seine Landsleute, bemüht sich gegenüber den Römern zu exkulpieren, nach Kriegsende taten, erklärt den Vorgang ebensowenig, wie umgekehrt die Schuld ausschließlich den Karthagern in der Heimat zuzuweisen, die ihrem Feldherrn die nötige Unterstützung versagten, wie Hannibal sich zu verteidigen suchte. Ebenso müssen auch die Römer und ihre Bundesgenossen berücksichtigt werden. Nur eine umfassende Überprüfung aller Beteiligten und ihrer Maßnahmen kann das Ergebnis in seiner Kausalität und Dauer zu erklären versuchen, wenngleich immer Fragen offenbleiben werden.

Hannibal

Es ist naheliegend, bei der Ursachenforschung mit der Person zu beginnen, mit der der Krieg unauslöschbar verbunden ist. Hatte Hannibal versagt? Diese Frage wird in der Forschung übereinstimmend verneint.[30] Die genaue Analyse der militärischen Operationen zeigte, daß er ein exzellenter Schlachtentaktiker war, der nur in der letzten, allerdings entscheidenden Schlacht Fehler beging und die Grundlage seiner bisherigen Siege, die numerische Überlegenheit an Reiterei, vernachlässigte. Die Schlachten am Ticinus, an der Trebia, am Trasimener See und bei Cannae sowie die späteren Erfolge bei Herdonea und anderen Plätzen Süditaliens verkünden seinen Ruhm. Die Römer fürchteten die direkte Konfrontation. Ein kluger Feldherr wie Fabius, der seine eigenen Fähigkeiten kritisch einschätzte, ging ihm aus dem Weg, weniger kritische wie Marcellus, Fulvius u.a. mußten immer wieder die bittere Erfahrung machen, daß sie ihm nicht gewachsen waren.

Seine Qualitäten als Logistiker dürften nach den wenigen erhaltenen Zeugnissen unbestritten sein. Die Invasion auf dem Landweg mit Überquerung der Pyrenäen und der Alpen ohne nennenswerte Verluste war ein Mei-

P6,52,10, vgl. 1,64,6, und die überlegene militärische Bewaffnung, P2,30; 3,114,1. Seine Behauptung, das Volk in Karthago habe die Geschichte bestimmt, läßt sich für die Zeit des Zweiten Punischen Krieges nach unseren Quellen schwerlich halten. In der Regel war der Söldner („Berufssoldat") dem Bürger überlegen. Die Überlegenheit Hannibals in den Schlachten beruhte zwar im wesentlichen auf seiner Reiterei, von einer Vernachlässigung des Landheeres kann aber keine Rede sein. Größte Bedenken erregt die Behauptung, daß sich die Karthager vor allem dem Seewesen widmeten. Genau das Gegenteil ist für die Zeit des Zweiten Punischen Krieges richtig.

[30] Vgl. Seibert 1993, 57–82.

sterwerk logistischer Planung und Vorbereitung. Der langjährige Aufenthalt im Feindesland stellte erhebliche Anforderungen auf diesem Gebiet und scheint bis zur Schlacht am Metaurus auch funktioniert zu haben.

Ebenso bewundernswert waren seine Führungsqualitäten. Es war eine Meisterleistung, daß seine Soldaten – vor allem in der Phase der Stagnation (seit 215) und der Resignation (seit 206) – nicht meuterten oder davonliefen. Welcher Feldherr konnte sich rühmen, daß seine Soldaten nie rebellierten? Weder Alexander noch Scipio noch Caesar blieben von diesen Zwischenfällen verschont. Wenn die antike Geschichtsschreibung diese Besonderheit damit zu erklären suchte, daß er seine Soldaten mit reicher Beute köderte,[31] so war dies nur eine oberflächliche Erklärung, zumal in der Endphase des Krieges der reine Existenzkampf im Vordergrund stand. Hannibal verstand es, seine Soldaten psychisch so zu beeinflussen, daß sie mutig und unerschrocken in den Kampf gingen, obgleich er aussichtslos war.[32]

Sein Einfühlungsvermögen in die Psyche des Gegners bewährte sich immer wieder. Basierend auf den Informationen seiner Spione verstand er es glänzend, die persönlichen Schwächen seiner Feinde zu seinem Vorteil auszunutzen. Dieselbe Gabe war ihm leider auf politischem Gebiet versagt. Die Mentalität der Senatoren, vor allem ihre Friedensbereitschaft, schätzte er falsch ein.

Hannibal beherrschte aber nicht alle Gebiete des Militärwesens, wie es von einem überragenden Feldherrn zu erwarten wäre. Seine Abneigung gegen die Poliorketik (oder Unfähigkeit?) wurde verhängnisvoll. Er konnte keine bedeutende Stadt, von Sagunt abgesehen, mit poliorketischen Mitteln einnehmen. Deshalb griff er wohl auch niemals den Gegner direkt an und belagerte seine Hauptstadt. Bei einem Angehörigen eines Volkes, das als Seefahrervolk in die Geschichte einging, verwundert die Abneigung gegen das Seewesen. Als der Krieg ausbrach, war die karthagische Flotte nur ungenügend gerüstet und der römischen weit unterlegen. Sie spielte während des Krieges nur eine untergeordnete Rolle. Sein Vater Hamilkar hatte gegen beide Bereiche eine evidente Abneigung, die er auf seinen Sohn wohl übertrug, da er ihn auf diesen Gebieten nicht ausreichend instruierte, ein Versäumnis, das sich rächen sollte.

Die Kriegführung im Feindesland brachte große Vorteile, bedingte aber auch erhebliche Nachteile. Hannibal gelang es nie, sich eine ausreichende militärische Basis in Italien zu schaffen, von der aus er ungehindert operieren konnte. Die Suche nach geeigneten Winterquartieren und die Bereitstellung ausreichender Nahrungsmittel waren eine ständige Belastung und Behinderung seiner Kriegführung. Seine Schwächen im Bewegungs- und

[31] Cass 13 frg. 54,8.

[32] Polyain, excerpta 14,20 mit dem Hinweis auf ein Leben nach dem Tod könnte eine Erklärung bieten, vgl. o. S. 403.

Stellungskrieg waren offenkundig. Der Vorwurf seines Reiterobersten Maharbal bewahrheitete sich mehrmals: Zu siegen verstand er, den Sieg auszunutzen aber nicht.

Sein strategisches Grundkonzept erwies sich als Fehlansatz. Die Überlegung, den Machtblock der Römer durch Abspaltung ihrer Bundesgenossen aufzubrechen und die Römer so zu schwächen, daß sie zum Friedensschluß bereit wären, erschien auf den ersten Blick überzeugend, berücksichtigte aber nicht seine politische Struktur und historische Entwicklung.[33] Die praktische Umsetzung erst ließ die immanenten Schwierigkeiten deutlich werden. Hannibal wollte die Bundesgenossen durch das Versprechen der Freiheit und der Rückgabe des von den Römern okkupierten Besitzes für sich gewinnen. Damit schuf er sich selbst das größte Hindernis. Denn er verpflichtete alle Nutznießer römischer Herrschaft zu treuem Ausharren. Alle latinischen Kolonien, die auf okkupiertem Land als Stützen römischer Herrschaft in Italien errichtet worden waren, mußten treu zu Rom stehen, wollten sie sich nicht selbst aufgeben.[34] Keine einzige Kolonie trat auf die Seite des Karthagers, so daß er niemals ein größeres Gebiet vollständig kontrollieren konnte. Auch alle führenden Persönlichkeiten in den bundesgenössischen Städten, die ihre Machtposition den Römern verdankten, wurden durch Hannibals Versprechungen noch enger an die Römer gebunden.

Mit einer weiteren Schwierigkeit hatte er wohl kaum gerechnet, da er schwerlich die historische Entwicklung in seine Überlegungen einbezogen hatte. Freiheit von Rom weckte bei seinen neuen Bundesgenossen alte Rivalität und Expansionsgelüste. Die einheimischen Stämme griffen die griechischen Städte an und wünschten dabei die Unterstützung Hannibals, der aber seinerseits die griechischen Städte zu Bundesgenossen haben wollte und sie gegen die Angriffe der Stämme schützen mußte. Wie er handelte, immer mußte er einen Bundesgenossen vor den Kopf stoßen.

Seine gravierendste Fehlentscheidung war der Entschluß, Rom nicht direkt anzugreifen, sondern auf dem Rücken der Bundesgenossen den Krieg zu führen. Er wollte die Römer anprangern, daß sie nicht in der Lage seien, ihre Bundesgenossen zu schützen. Der Krieg wurde auf dem Gebiet derjenigen ausgetragen, die er eigentlich zu seiner Unterstützung gewinnen wollte („Stellvertreterkrieg"). Damit unterstützte er ungewollt die Propaganda der Römer, die behaupteten, der Angriff Hannibals gelte nicht ihnen, sondern den Bundesgenossen. Bis Cannae fiel kein einziger Bundesgenosse ab, obgleich die Freilassung der Gefangenen ohne Lösegeld ein singulärer

[33] Es ist denkbar, daß Hannibal sich in Analogie zum karthagischen Herrschaftsbereich in Afrika und Libyen irrige Vorstellungen von den Verhältnissen in Italien machte.

[34] Sollte er ihre Zahl (30) als unbedeutend angesehen haben, dann wäre dies ein Beweis für sein politisches Versagen.

Vorgang war. Hannibal war erfolgreich, solange er gegen die Römer Krieg führte. Als er den Krieg gegen die Bundesgenossen begann, hörte seine Siegesserie auf. Das hätte ihm zu denken geben müssen.[35]

Hannibal erwartete, daß die Römer um Frieden nachsuchten, eine verhängnisvolle Fehleinschätzung römischer Mentalität. Die Römer mußten zum Frieden gezwungen werden. Das war nur auf direktem Weg durch den Angriff und die Einnahme ihrer Stadt, aber nicht auf indirektem Weg über die Bundesgenossen möglich.[36]

Der Karthager hielt sich an sein Versprechen, den Bundesgenossen die Freiheit zu geben und in ihre Städte keine karthagische Besatzung zu legen. Sie mußten auch keinen militärischen Beitrag zum Krieg, es sei denn freiwillig, leisten. Dieses honorige Verhalten zahlte sich nicht aus. Hannibal versäumte es, seinen neuen Bundesgenossen klar zu machen, daß sie für ihre Freiheit eigene Leistungen bringen mußten, während sie erwarteten, von ihm gegen die Römer geschützt zu werden. Statt Hilfe zu erhalten, übernahm er eine Last. Er wurde gezwungen, die Schlagkraft seines Heeres durch Dislozierung von Besatzungen zu schwächen. Als die Bundesgenossen unter Zusicherung von Straffreiheit gegen Auslieferung der karthagischen Besatzung zu den Römern zurückkehrten, mußte er, um diese Entwicklung einzugrenzen, zu Zwangsmaßnahmen (Umsiedlungen) greifen.

Trotz der langen Dauer des Krieges änderte er nie seine Strategie. Er versäumte es, seine Lage von Zeit zu Zeit einer genauen Analyse zu unterziehen und sie den jeweiligen Verhältnissen anzupassen.[37] War er unfähig zur Revision oder so von der Richtigkeit seiner Strategie überzeugt? War sein Verharren Ausdruck von Starrsinn und/oder von mangelnder Flexibilität? Warum ließ er selbst nach Cannae noch Bundesgenossen ohne Lösegeld frei, obgleich bis zu diesem Zeitpunkt kein einziger römischer *socius* zu ihm übergetreten war? Warum suchte er weitere Bundesgenossen zum Über-

[35] Die römische Bundesgenossengemeinschaft *(cives Romani ac socii nominisve Latini)* war nicht eine politische Konstruktion, die durch Ausbrechen einzelner Glieder zur Auflösung gebracht werden konnte. Die Römer hatten mit jedem einzelnen *socius* einen eigenen Vertrag abgeschlossen. Das Abtrennen eines Bundesgenossen bedeutete nicht mehr als den Verlust eines „Gliedes", wobei der „Körper" weiterhin funktionstüchtig blieb. Die Römer lasteten zwar ihren *socii* finanziell und militärisch große Bürden auf, aber sie selbst waren eine starke Gemeinschaft und das eigentliche Kernstück. Nur durch den direkten Angriff auf den Mittel- und Angelpunkt des Bündnisses, Rom, konnte es aufgelöst werden.

[36] Dies war ursprünglich Hannibals Ziel. Bis zur Schlacht am Trasimener See wollte er Rom angreifen. Dann änderte er in der Besprechung nach der Schlacht sein Ziel und stellte den Angriff auf Rom vorerst zurück. Die Gründe dafür sind nicht bekannt. Hannibals Entschluß wurde später als falsch angesehen. Hasdrubal und Mago sollten die früheren Pläne wieder aufgreifen. Vgl. Karten Nr. 2–5.

[37] In diesem Punkt war ihm Q. Fabius Maximus überlegen.

tritt zu bewegen, obgleich er hatte einsehen müssen, daß die Römer dadurch nicht zum Friedensschluß bewogen werden konnten? Warum griff er immer wieder befestigte Städte an in der Hoffnung, daß sie ihm durch Verrat in die Hände fallen würden, obgleich er zu einer regelrechten Belagerung nicht bereit war?[38] Das verbissene Festhalten an einem Plan ist eine Eigenschaft Hannibals, die sich auch bei seinem Vater feststellen läßt und vielleicht eine Charaktereigenschaft seines Volkes war. Doch dort, wo sie dringend erforderlich gewesen wäre – bei Belagerungen –, ließ er sie missen. Einer der vielen Widersprüche im Wesen dieses Mannes.

Der allmähliche Rückgang, der durch Erfolge („retardierende Momente") immer wieder unterbrochen wurde, ist aus der Retrospektive klar erkennbar, dürfte aber dem Zeitgenossen weniger deutlich geworden sein. Deshalb ist es auch verständlich, wenn Hannibal sich täuschen ließ und an die Richtigkeit seines Konzeptes glaubte. Dies entband ihn aber nicht von der Verpflichtung, seine Lage einer kritischen Überprüfung zu unterziehen und gegebenenfalls auch Änderungen vorzunehmen. Interne Kritiker seiner Strategie gab es genug, die forderten, die Römer sollten angegriffen werden. In Übereinstimmung mit den Ratsherrn versuchten Hasdrubal und Mago, den Krieg durch den direkten Angriff auf Rom neu zu beleben, beide allerdings ohne Erfolg.

So wird Hannibal, der große Schlachtensieger, zur tragischen Figur, der in ein Konzept vernarrt war, mit dem er den Krieg nicht gewinnen konnte. Dies sah er selbst nach der endgültigen Niederlage nicht ein. Hätte er sonst Antiochos III. denselben Plan, mit dem er gescheitert war, wieder vorgeschlagen? Die Verlagerung der Kämpfe auf mehrere Kriegsschauplätze offenbart eine weitere Schwäche der karthagischen Kriegführung.[39] Die Karthager besaßen nur *einen* Hannibal. Nur sein Bruder Hasdrubal erfüllte die ihm übertragenen Aufgaben. Doch gegen Scipio versagte er. Hannibal fehlten kongeniale Feldherrn, die eine gleichzeitige Kriegführung auf mehreren Kriegsschauplätzen ermöglicht hätten. So scheiterten ihre Unternehmun-

[38] Wir können nur Fragen stellen, die sich aus derselben Haltung ergeben. Für befriedigende Antworten versagen unsere Quellen.

[39] In diesem Punkt sah Polybios eine besondere Stärke Hannibals, dessen Fähigkeiten er bewunderte, durch seine Beauftragten den Krieg auf den anderen Kriegsschauplätzen führen zu lassen. Als Beispiele nannte er Hasdrubal und Mago in Iberien, Hippokrates und dann Myttones auf Sizilien. In ähnlicher Weise sei er in Griechenland und Illyrien tätig gewesen, P9,22,1–5. Walbank II 1967, 150. Von dort habe er die Römer durch sein Bündnis mit Philipp bedroht. Ist dieses Urteil des griechischen Historikers berechtigt? War die Bildung mehrerer Kriegsschauplätze ein wirkungsvolles Kampfmittel, oder bedeutete es eine Verzettelung der Kräfte, unter der die Karthager mehr litten als ihre Gegner? Die Betrachtung des Polybios ist zu pauschal, um das Richtige treffen zu können. Er läßt vor allem außer acht, daß die Initiative zu den Bündnissen nicht von Hannibal ausging.

gen auf Sardinien und auf Sizilien, wo der Krieg mit ungeheuerem Aufwand geführt worden war. Ganz verheerend wirkte sich das Versagen des karthagischen Admirals Bomilkar aus.

Die Unfähigkeit der anderen Feldherrn kann man Hannibal nur bedingt anlasten. Da er aber für die Ausdehnung der Kämpfe verantwortlich war, trifft ihn ein Teil der Verantwortung. Er hätte die Möglichkeit gehabt, andere Prioritäten zu setzen oder selbst auf anderen Kriegsschauplätzen einzugreifen, als der Krieg in Italien stagnierte. Warum attackierte er nicht Marcellus vor Syrakus, obgleich er damals in Süditalien operierte? Warum griff er nicht Scipio auf Sizilien an, als es in Italien bereits nichts mehr zu gewinnen gab? Man stößt immer wieder auf Vorgänge, die eine gewisse Unbeweglichkeit Hannibals erkennen lassen, der nicht flexibel auf die veränderten Situationen einging, sondern auf seinem einmal als richtig erkannten Konzept beharrte.

Den Karthagern wurde der Vorwurf gemacht, sie hätten es an der notwendigen Unterstützung für Hannibal fehlen lassen. Auch Hannibal vertrat diese Ansicht. Spekulativ kann man die Frage stellen, ob ein zweites Heer, das die Karthager im Süden Italiens eingesetzt hätten, eine Verbesserung bzw. Änderung bewirkt hätte. Sie dürfte zu verneinen sein.[40] Nicht weil er zu schwach war, konnte er die Römer nicht zum Frieden zwingen, sondern weil sie ihm nach Cannae drei Jahre lang aus dem Weg gingen. Den Karthagern in der Heimat ist kein Vorwurf zu machen. Nach den vorliegenden Hinweisen versuchten sie, soweit möglich, den iberischen Kriegsschauplatz mit Truppen zu versorgen, eine richtige und konsequente Entscheidung.

Die Römer

Als die Römer im Jahr 218 den Krieg erklärten, zweifelten sie nicht im geringsten an ihrem Sieg. Um so ernüchternder wirkten die Niederlagen an der Trebia, am Trasimener See und bei Cannae. Wie hatte es kommen können, daß die erste Landmacht im westlichen Mittelmeer so vernichtend geschlagen wurde? Es waren mehrere Ursachen, die für sich genommen vielleicht weniger gravierend gewesen wären, bei einem Zusammentreffen jedoch sich verheerend auswirken mußten.

Ungünstig waren die mentalen Voraussetzungen. Als Sieger des letzten Krieges verachteten die Römer die Karthager. Außerdem wählten sie ihre

[40] In der modernen Forschung wird nach dem Vorgang des Polybios das überlegene Menschenpotential der Römer und ihrer Bundesgenossen als entscheidend für den Sieg angesehen, P2,24. Der Verlauf des Krieges läßt keinen Moment erkennen, in dem Personalmangel auf der karthagischen Seite eine entscheidende Rolle spielte.

Konsuln nicht nach sachlichen Kriterien, sondern nach standespolitischen und gentilizischen. Ihre Feldherrn während des gesamten Krieges, mit Ausnahme Scipios, waren Durchschnittsgeneräle.[41] Einem militärischen Naturtalent wie Hannibal waren sie nicht gewachsen. Der Taktik Hannibals hatten sie nichts entgegenzusetzen. Die Überlegenheit der Feinde an Reiterei konnten und wollten sie – systembedingt – nicht ausgleichen. Hinzu kamen ein veraltetes Militärwesen mit einem schlechten Ausbildungsstand und unterlegene Bewaffnung. Erst die Zwänge des Krieges führten zur Schaffung einer ständigen Armee.

Trotz der Niederlagen der ersten drei Jahre gingen die Römer als Sieger aus dem langjährigen Ringen hervor. Welche Maßnahmen verhalfen ihnen zum Sieg? Welche Fähigkeiten besaßen sie, die ihren Gegnern fehlten?[42]

Die Römer selbst betrachteten ihren Sieg keineswegs als ein Wunder, sondern als Ergebnis ihres Beharrungsvermögens und ihrer Tatkraft, zweifellos bewundernswerte Eigenschaften und ein wesentlicher Faktor ihres Erfolges. Sie verdienen um so mehr Bewunderung, wenn man das Verhalten der Karthager nach der Invasion Scipios in Afrika vergleicht. Nur ein Jahr Krieg im eigenen Land mit zwei Niederlagen reichte aus, um sie friedensbereit zu machen.

Ein wichtiger Faktor war bei den Römern ihre Lernfähigkeit und ihre Be-

[41] Nur ein Römer, Q. Fabius Maximus, besaß genügend kritische Selbsterkenntnis, daß er Hannibal nicht gewachsen war, und handelte entsprechend. Er trat dem Feind nie in einer Schlacht entgegen und besiegte ihn dennoch.

[42] Eine monokausale Erklärung ist verfehlt. Es soll hier auch nicht eine generelle Antwort gesucht, sondern nur der aktuelle Fall erörtert werden. Im Grunde handelt es sich um die Frage nach den Gründen für die Größe Roms, die oft gestellt und nie befriedigend beantwortet worden ist, wie die Versuche von Flavio Biondo, Machiavelli, Montesquieu, im vergangenen Jahrhundert von Niebuhr und Mommsen, in unserem Jahrhundert von Heinze und Altheim beweisen. Es wurden unterschiedliche Antworten gegeben, die nicht in einem Entweder-Oder, sondern in einem Sowohl-als-Auch den richtigen Weg anzeigen, falls man sich nicht der Resignation von H. Schäfer anschließt („Es wird wohl immer ein ungelöstes Rätsel bleiben", in: Das Problem der Entstehung des römischen Reiches, Historisches Jahrbuch der Görres-Gesellschaft 1949 = Probleme der Alten Geschichte, Göttingen 1963, 169). F. Hampl, Das Problem des Aufstiegs Roms zur Weltherrschaft. Neue Bilanz unter methodisch-kritischen Aspekten, in: F. Hampl, Geschichte als kritische Wissenschaft, hrsg. v. I. Weiler, Darmstadt III 1979, 72 beantwortet die Frage eindeutig mit dem Hinweis auf die militärische Überlegenheit der Römer über ihre Feinde. Doch diese Antwort ist im vorliegenden Fall nicht genügend. Im einzelnen vgl. R. Heinze, Von den Ursachen der Größe Roms (1921), in: Vom Geist des Römertums, Darmstadt 3. Aufl. 1960, 9–27, F. Altheim, Römische Religionsgeschichte, Baden-Baden 1953, 276–283, J. Bleicken, Die Verfassung der römischen Republik, Paderborn 1975, 239–255, L. R. Lind, Concept, Action, and Character: The Reasons for Rome's Greatness, TAPhA 103, 1972, 235–283.

reitschaft zu übernehmen, was sie bei Feinden an Einrichtungen oder Gegenständen als besser erkannten.[43] Das geschah während des Krieges im Grundsätzlichen mit der Aufgabe des Milizsystems und der Reorganisation der Kampftaktik nach gegnerischem Vorbild, im Detail mit der Übernahme der feindlichen Offensivwaffen. Auch für die Verstärkung der Reiterei fanden sie eine Lösung, ohne ihr politisches System zu ändern.

Der Sieg der Römer hatte vor allem zwei Väter.[44] In der größten Krisenzeit verdankten sie am meisten Q. Fabius Maximus, der die Schwäche eines angreifenden Feindes im fremden Land genau erkannte und zu seinem Vorteil auszunutzen verstand. Die sechs Monate seiner Diktatur waren zu kurz, um seine Landsleute von der Richtigkeit seiner Strategie zu überzeugen, zumal die Mehrheit der Senatoren damals noch an die Überlegenheit der römischen Waffen glaubte. Erst die vernichtende Niederlage von Cannae überzeugte auch die größten Skeptiker. Jetzt verordnete er völlige Zurückhaltung. Nur dort, wo kein karthagisches Heer war, sollte offensiv gegen abtrünnige Bundesgenossen vorgegangen werden. So beendete er die Serie römischer Niederlagen und stabilisierte die Situation. Hannibal wußte kein Rezept gegen diese Strategie der „indirekten Kriegführung“. Sein Glück war, daß die Römer sie nicht konsequent durchhielten, da Fabius von offensiv eingestellten Konsuln abgelöst wurde. Als er im Jahr 209 erneut zum Konsul gewählt wurde, plante er eine Offensive zur Rückeroberung von Tarent.

Fabius war seinem ganzen Wesen nach kein Soldat – die Römer nannten ihn bezeichnenderweise das „Schäfchen“ – und schätzte seine eigenen Fähigkeiten richtig ein. Er bewies, daß man auch ohne direkte Schlachtenkonfrontation einen Feind zur Bedeutungslosigkeit verurteilen konnte, allein durch die richtige, den Umständen angepaßte Strategie. Aus Altersstarrsinn und Eifersucht auf den Ruhm des jungen Rivalen brachte er kein Verständnis für das gewagtere Konzept Scipios auf.[45]

[43] P 6,25,11, allerdings mit anderem Bezug.

[44] Val Max 3,8,2 brachte es auf den kurzen Nenner, Scipio habe durch Kämpfen, Fabius durch Nichtkämpfen dem Staat geholfen. Der Beitrag des M. Claudius Marcellus, obgleich als das ›Schwert‹ Roms bezeichnet, war bescheiden. Die Eroberung der Stadt Syrakus war spektakulär, er verdankte sie aber nur dem Verrat aus den Reihen der Verteidiger. Seine Leistungen in Italien nach seiner Rückkehr waren unbedeutend.

[45] Die Rivalität zwischen beiden wird in einer Episode deutlich, die sicher unhistorisch ist, aber dennoch den Wettstreit beider um den ersten Rang dokumentiert. Fabius sei in Rom der „Größte“, Scipio nur der „Große“ genannt worden (Polyain 8,14,2). Scipio fragte den Fabius, weshalb man ihn den Größten nenne, da er ja nur die Soldaten erhalten habe, während er dem Hannibal im Kampf entgegengetreten sei und ihn besiegt habe. Fabius habe ihm erwidert: „Hätte ich nicht die Soldaten für dich erhalten, so hättest du keine Leute gehabt, mit denen du ihn besiegen konntest.“

Doch ohne dessen Leistungen hätten die Römer den Krieg nie gewonnen. Neben der taktischen Umbildung der Armee nach dem Vorbild des Feindes war seine neue Strategie kriegsentscheidend: Durch die Wegnahme der Silbergruben entzog er den Karthagern die Basis zur Finanzierung des Krieges. Die Karthager verloren den Krieg nicht in Italien – dort war seit 211 Hannibal auf dem Rückzug und seit 207 zur Bedeutungslosigkeit verurteilt –, sondern in Iberien. Die Invasion in Afrika war die logische Konsequenz dieses Konzeptes.

Scipio war auch im strategischen Bereich ein gelehriger Schüler Hannibals, aber mit größerem Erfolg. Wie der Karthager suchte er den Feind indirekt zu treffen. Während Hannibal aber mit seinem Konzept des „Stellvertreterkrieges" scheiterte, erschütterte Scipio mit der Wegnahme Iberiens die karthagische Macht, der er durch den direkten Angriff in Afrika den Todesstoß versetzte. In diesem Punkt unterschied er sich nachhaltig von Hannibal, dem der „Killerinstinkt" fehlte, und ergänzte hervorragend Fabius. Ohne den Wagemut Scipios, der mit kühlem Verstand und glänzender logistischer Vorbereitung seine Unternehmungen anging, wäre der Krieg nicht so erfolgreich beendet worden.

Der ruhende Pol in dem hektischen Geschehen dieser Kriegsjahre, bei dem alle Fäden zusammenliefen, war der Senat. Die Standhaftigkeit und der Siegeswille der Senatoren überwanden resignierende oder defaitistische Regungen in den entscheidenden Situationen. Sie stellten aber auch an die Leidensfähigkeit und an die Geduld des römischen Volkes hohe Anforderungen, wobei menschliche Schwächen nicht ausblieben.[46] Daß die psychologische Seite des Krieges einen bedeutenden Faktor im Überleben darstellte, hatten sie rechtzeitig erkannt und suchten ihren Mitbürgern durch vielfältige kultische Maßnahmen die Angst vor ungünstigen Vorzeichen zu nehmen und ihnen gleichzeitig neue Zuversicht und Ablenkung von den Sorgen des täglichen Lebens durch Besuche der *ludi scaenici* zu vermitteln.[47]

Diese Geschichte setzt voraus, daß Fabius den Tag der Schlacht bei Zama erlebte. Er war aber bereits im Vorjahr gestorben.

[46] So ließen sich die Senatoren von den 19 *publicani* zu einem besonders günstigen Abkommen nötigen.

[47] Nach den schweren Verlusten in der Schlacht bei Cannae wurden 177 Senatoren aufgenommen. Sie verdankten ihre Zugehörigkeit nicht ihrer Abkunft und den Leistungen ihrer Vorfahren, sondern ausschließlich ihrer persönlichen Tapferkeit. Die neue Zusammensetzung des Senats dürfte ausschlaggebend dafür gewesen sein, daß in den Jahren nach Cannae bis zur Schlacht am Metaurus nur einige wenige ältere Herren das Sagen hatten, dann aber eine neue Generation, die sich in den Kriegen bewährt hatte, die Lenkung des Staates übernahm. Der Senat war das Kontinuum, dem notgedrungen viele Aufgaben und Entscheidungen zufielen, die normalerweise die Imperiumsträger zu entscheiden hatten, die aber bis auf den Prätor urbanus außer-

Annuität und Kollegialität, Grundprinzipien römischen Verfassungslebens, behinderten eine einheitliche und kontinuierliche Kriegführung.[48] Nur in den Jahren nach Cannae konnte Fabius das Konsulat iterieren und durch das Konsulat seines Sohnes, dessen Legat er war, praktisch auf ein drittes Jahr ausdehnen. Wenn Männer, die das strategische Konzept des Fabius ablehnten und die Konfrontation mit dem Gegner suchten, zu Konsuln gewählt wurden, erlitten die Römer immer wieder empfindliche Niederlagen.

Die Senatoren bewiesen trotz ihrer Hochschätzung des Althergebrachten *(mos maiorum)* eine bemerkenswerte Flexibilität. Gleich zu Beginn des Krieges[49] hoben sie das Verbot der Iteration für die Zeit des Krieges auf. Es sollten nur erfahrene Persönlichkeiten, die bereits das Amt bekleidet hatten, gewählt werden[50]. Die Konsulare sahen es nicht unter ihrer Würde an, sich auch zu Prätoren wählen zu lassen. Eine andere Maßnahme war die Prorogation eines *imperium*, allerdings nur für die außeritalischen Amtsbereiche (Iberien, Sizilien, Sardinien, Griechenland, Afrika).[51] Damit wurden die Nachteile der Annuität beseitigt und eine kontinuierliche Kriegführung garantiert. Durch die Übertragung der Befugnisse des Prätors peregrinus an den Prätor urbanus stand ein weiterer Imperiumsträger für militärische Aufgaben zur Verfügung. Schließlich war die Verleihung eines außerordentlichen *imperium* an einen *homo privatus* eine weitere Möglichkeit, um die Beschränkungen, die durch die wenigen Magistratsstellen vorgegeben waren, zu lindern, ohne neue Stellen auf Dauer zu schaffen. Die schwersten Lasten des Krieges trugen die vielen namenlosen römischen Bauern, die Jahr für Jahr einberufen wurden und viele Jahre in der Fremde verbringen mußten. Es war sicher nicht leicht, sie für einen Kampf im fernen Spanien oder Afrika zu motivieren. Die bewährte Methode, sie durch das Versprechen von Beute zu locken, verfehlte selten ihr Ziel. Hannibal verhalf der römischen Kriegspropaganda durch seinen Einmarsch zu einer noch überzeugenderen Argumentation. Der Eroberungskrieg wurde zum Verteidigungskrieg. Jetzt galt es Haus und Hof, Frauen und Kinder gegen die gesetzlosen Barbaren zu schützen. Die Konsuln mußten nicht mehr an den primitiven Instinkt (Habgier) appellieren, sondern konnten die Soldaten an die hehren Ideale des römischen Mannes erinnern.[52]

halb der Stadt weilten. Daraus entwickelte sich ein politisches Übergewicht, das bereits in den Kriegsjahren zu Konfliktsituationen mit den Imperiumsträgern führte.

[48] Italien wurde fast regelmäßig den Konsuln als Amtsbereich zugewiesen. Im Gegensatz zu den anderen Kriegsschauplätzen waren die Voraussetzungen für eine durchgehende, konsequente Kriegführung ungünstig.

[49] L 27,6,7.

[50] Diese selbstgewählte Auflage konnten sie nach Cannae wegen der hohen Verluste an Senatoren nicht mehr einhalten.

[51] Kloft 1977.

[52] Es blieb aber der Krieg der Senatoren, nicht der des Volkes, wie immer wieder

Ohne die lobenswerten Eigenschaften des römischen Soldaten, seine Tapferkeit, Zähigkeit und Fähigkeit, vieles zu erdulden, wäre der Sieg der römischen Waffen nicht möglich gewesen.[53] Hunderttausende sind ums Leben gekommen. Viele Soldaten wurden verwundet, blieben ihr Leben lang Krüppel und konnten ihren Beruf nicht mehr ausüben. Die römischen Geschichtsschreiber, ausschließlich Senatoren, setzten dem römischen Soldaten nur selten ein gebührendes Ehrenmal.[54]

Der Krieg wurde aber nicht nur auf dem Schlachtfeld ausgetragen. Die Angehörigen der Soldaten, ihre Frauen und Kinder, wurden direkt oder indirekt vom Krieg und seinen schrecklichen Folgen mitbetroffen. Viele Frauen verloren ihre Männer, viele Kinder ihre Väter in den Schlachten. Die Frauen mußten viele Jahre auf ihre Männer verzichten, die Kinder ihre Väter entbehren. Kein Geschichtsschreiber setzte der „treuen Ehefrau und tapferen Mutter" ein Denkmal. Nur wenn sie ihrem Mann die Treue nicht hielt und ein Verhältnis mit einem Zuhausegebliebenen einging, wurde ihr Vergehen in die Annalen aufgenommen.[55] Auch die Witwen und Waisen leisteten mit ihrem Vermögen einen bedeutenden Beitrag zur Finanzierung des Krieges.[56]

Die meisten Bundesgenossen waren treu und fielen nicht von den Römern ab. Ohne ihre Hilfe hätten die Römer wohl kaum den Krieg gewonnen. Die römischen Geschichtsschreiber dankten ihnen diesen Dienst wenig. Sie stellten die irrige Behauptung auf, ganz Italien sei abgefallen.[57]

deutlich wurde. Schwierigkeiten bei den Aushebungen sind ständige Begleitmusik bei fast allen Amtsantritten. Nicht alle Römer eilten begeistert zu den Waffen. Überprüfungen ergaben immer wieder Drückeberger, die sich erfolgreich dem Ruf zum Kriegsdienst entzogen hatten.

53 App. praef. 11,43. Vgl. B. Goldmann, Einheitlichkeit und Eigenständigkeit der Historia Romana des Appian, Hildesheim 1988, 6, 17–22. Wohlberatenheit *(euboulia)* als weitere Eigenschaft kommt der politischen Führung zu.

54 Man vergleiche den Bericht Catos in seinen origines 4,83 = Gellius n A 3,7,2 ff. über das vorbildliche Verhalten eines unbekannten Militärtribunen.

55 Vgl. die Verurteilung von verheirateten Frauen wegen Ehebruchs mit Verbannung, L 25,2,9, vgl. o. S. 269 A 6.

56 Den Beitrag der Frauen zum Krieg würdigte der Konsul L. Valerius Flaccus im Jahr 195 bei seiner Rede zur Aufhebung der *lex Oppia*, L 34,5,10. Vgl. J. K. Evans, War, Woman and Children in Ancient Rome, London 1991, 53 ff.

57 Die Senatoren nutzten den Krieg rücksichtslos zum Ausbau ihrer dominierenden Stellung gegenüber den *socii* aus. Nicht nur die tatsächlich abgefallenen Stämme wie die Campaner, Bruttier und Lukaner bekamen die volle Härte römischer Gerichtsbarkeit zu spüren, auch die Etrusker sahen sich der voreingenommenen römischen Jurisdiktion ausgesetzt, mit dem einzigen Ziel, römischen Einfluß auszudehnen. Die Lasten der Kriegführung unmittelbar nach dem Ende des 2. Krieges gegen Karthago mußten die Bundesgenossen in erhöhtem Maße tragen, ohne auch an den Gewinnen in entsprechendem Maße beteiligt zu werden. Vgl. A. H. McDo-

Weshalb konnten die Römer den Karthager nicht früher aus ihrem Land vertreiben, obgleich dies doch ihr Ziel war? Die ausführlichen Berichte über die Vorgänge in Rom lassen erkennen, daß die Römer sich selbst vielfach be- und eine effiziente Kriegführung verhinderten. Sobald es ihnen besser ging, kamen die Streitereien der *gentes* wieder voll zum Ausbruch. Ihrem besten Feldherrn versagten sie ein Heer und Geldmittel!

Die Römer waren die unbestrittenen Sieger und diktierten den Karthagern die Vertragsbestimmungen. Ein antiker Beobachter stellte indessen fest, wenn man die Verluste beider Völker miteinander vergleiche, dann scheine der Sieger einem Besiegten ähnlicher.[58]

Der Krieg hatte lange gedauert, wenngleich nicht so lange wie der erste Krieg (264–241). Am längsten war in Italien (217–203) gekämpft worden,[59] wo er die deutlichsten Spuren hinterließ. Weite Teile des Landes waren bei der Eroberung durch die Karthager, dann ein zweites Mal bei der Rückeroberung durch die Römer verwüstet und zerstört worden. In manchen Gebieten, besonders im Süden, die mehrmals von den feindlichen Heeren durchzogen worden waren oder als Stand- und Winterquartiere gedient hatten, hatten sich die Belastungen durch den Krieg ins Unerträgliche gesteigert.[60] Nach Appian[61] soll Hannibal 400 Städte zerstört haben. Diese Zahl dürfte nicht übertrieben sein. Wenn man alle kleinen Dörfer und Gehöfte zusammennimmt und auch die Orte in Iberien, Sardinien, Sizilien, Nordafrika und Griechenland dazuzählt, dann dürften die Zerstörungen gigantische Ausmaße erreicht haben.

Viel stärker und nachhaltiger als die materiellen Schäden waren die Verluste, die nicht mehr zu ersetzen waren. Hunderttausende von Soldaten kamen ums Leben. Die Römer verloren allein in den ersten Jahren 100000 Mann.[62] Die antiken Geschichtsschreiber zählten nur die Kämpfer, die Zivilbevölkerung, Frauen, alte Menschen und Kinder, die ebenfalls Opfer des Krieges bei Überfällen auf Städte oder Belagerungen wurden, interessierten nicht. Tausende gerieten in Gefangenschaft und wurden in die Sklaverei ver-

nald, Rome and the Italian Confederation (200–186 B. C.), JRS 34, 1944, 11–33, E. T. Salmon, The Making of Roman Italy, London 1982, 73–89 zum 2. Punischen Krieg, 90ff. zur Zeit nach 200 v. Chr.

58 Fl 1,22,1, vgl. L 21,1,2. Zu den Folgen des Krieges vgl. Toynbee II 1965, dazu M. A. Levi, L'Italia dopo Annibale, Athenaeum 43, 1965, 419ff., anders Brunt 1971, 269–277, F. Ghinatti, Magna Grecia post-annibalica, Quaderni di storia 3, 1977, 147–160, F. De Martino, Wirtschaftsgeschichte des alten Rom, München 1985, 75ff.

59 Die anderen Kriegsschauplätze waren: Iberien 218–206, Griechenland 214–205, Sizilien 214–210, Afrika 204–202 und Sardinien 215.

60 Vgl. die Karten Nr. 4 und 5.

61 App Lib 63,280.

62 App Ann 25,100. Der Rückgang der Bevölkerung läßt sich an den Zensuszahlen ablesen, vgl. Toynbee I 1965, 438ff. zur Forschungslage.

kauft. Es war eine Frage der Einstellung, ob man das Schicksal der Gefallenen oder der Versklavten mehr beklagen mußte.

Bei diesem Vergleich schneiden die besiegten Karthager tatsächlich besser ab, da in ihren Heeren nur wenige Bürger kämpften und der Krieg nur kurze Zeit ihr Land belastete. Ihre Zahlungen konnten nur die materiellen Verluste der Römer ausgleichen, die menschlichen Lücken[63] konnten erst nach Jahren geschlossen werden.[64]

Periodisierung des Krieges

Der Krieg verlief in verschiedenen Phasen. Nach der Eröffnungsphase (218–216) mit den Siegen folgte eine zweite (215–213) ohne nennenswerte Erfolge auf dem italischen Kriegsschauplatz. In diesen Jahren konnten sich die Römer von den gewaltigen Verlusten erholen. Diese Phase war vordergründig durch eine Ausweitung der Kämpfe auf Sizilien und in Griechenland gekennzeichnet.

Das Jahr 211 mit den Verlusten von Capua und Syrakus, von den Alten vielfach als Peripetie des Krieges gedeutet, läutete nur scheinbar den Niedergang Hannibals ein, der bereits früher eingesetzt hatte. In den folgenden drei Jahren (210–208) geriet das römische Bundesgenossensystem in eine schwere Krise. Der lange Krieg zehrte an den Nerven der Bundesgenossen, die nicht mehr die Dauerbelastungen ertragen wollten. Sie wünschten Frieden. Hannibal konnte diese Schwächeperiode des Feindes nicht mehr zu seinen Gunsten ausnutzen. In diesen Jahren legte Scipio den Grundstein für den römischen Sieg durch seine Erfolge in Iberien (209–206). Dort entzog er den Karthagern die wirtschaftliche Basis. Die Niederlage und der Tod Hasdrubals wirkten auf die Aktivitäten Hannibals – soweit seine Unternehmungen noch als Aktivitäten zu bezeichnen waren – lähmend. Der bereits vorher eingeleitete Rückzug wurde nun beschleunigt. Mit dem Abzug der Karthager aus Iberien sah Hannibal auch den Krieg in Italien als beendet an, sonst hätte er wohl kaum seinen Tatenbericht verfaßt. Statt den Krieg mit

[63] Die römische Bevölkerung ging nicht nur infolge der hohen Gefallenenzahlen zurück, auch mit einem gewaltigen Rückgang der Geburtenrate infolge der langjährigen Abwesenheit tausender römischer Männer ist zu rechnen. Die Zensusstatistiken verdecken dies, da die Römer mit der Vergabe des Bürgerrechts großzügig waren.

[64] Unter diesen Umständen verwundert es, daß die Senatoren im nächsten Jahr den 2. Makedonischen Krieg gegen Philipp V. begannen. Den römischen Bürgern, die den Frieden herbeigesehnt hatten, war dies zu viel. Sie lehnten in der Volksversammlung den Antrag des Konsuls ab. Doch die Senatoren, die den Krieg wünschten, machten dem Konsul Vorhaltungen, der eine erneute Abstimmung ansetzte. Das Volk gab dem Druck nach und beschloß den Krieg. L 31, 5 ff.; Rich 1976, 73 ff., Will II 1982, 134 ff.

verstärkten Kräften schnellstens zu beenden, legten die Römer eine fast zweijährige Pause (205–204) ein, die die Karthager nicht nutzen konnten. Scipio beendete den Krieg in Afrika (204–202). Zu diesem Zeitpunkt war Hannibal längst eine Randfigur des Geschehens geworden, an dem die Entwicklung vorbeilief. Daran änderte auch die letzte Schlacht nichts mehr. Sie war der krönende Abschluß für den siegreichen Römer.

In der Heimat[1]: 200–195 v. Chr.

Hannibal war als ein Fremder im Alter von 46 Jahren nach Karthago zurückgekehrt. Er hatte fast sein ganzes Leben im Heerlager verbracht, davon die entscheidenden Jahre als Feldherr mit fast unumschränkter Vollmacht. Wie sollte sich ein solcher Mensch in ein „bürgerliches" Leben einfügen? Seiner Herkunft und der Stellung nach gehörte er wohl dem Rat an. Doch die besonderen Spielregeln eines solchen Gremiums, die Intrigen und Machenschaften, die gegenseitigen Vereinbarungen und Ad-hoc-Verbindungen im politischen Alltag waren ihm unbekannt. Selbst seine eigenen Freunde, die Barcidische Gruppe, lernte er erst jetzt persönlich kennen.

Er war ein Feldherr, der ohne Fortune gekämpft hatte. Es war allgemein bekannt, wie die Karthager mit ihren erfolglosen Feldherrn umgingen. Die Friedensverhandlungen hatten bereits gezeigt, daß es eine Gruppe im Rat gab, die alle Schuld auf ihn und seine Anhänger schieben wollte. Nach dem Friedensschluß klagten sie ihn an und stellten ihn vor Gericht.[2] Konkret wurde er beschuldigt, er habe Rom nicht einnehmen wollen, obgleich er dazu imstande gewesen wäre. Außerdem habe er sich Beute aus Italien angeeignet. Gegen diese Beschuldigungen konnte er sich erfolgreich verteidigen.

[1] Die Karthager hatten den Krieg gegen die Römer verloren. Als staatliche Macht spielten sie in der Geschichte des Mittelmeerraumes keine Rolle mehr. Was sich fortan hier ereignete, war für die römischen Geschichtsschreiber uninteressant, es sei denn, römische Interessen waren berührt. Der moderne Historiker, der die Nachkriegsgeschichte Karthagos und besonders die Rolle Hannibals erforschen will, ist auf einige wenige fragmentarische Hinweise angewiesen. Eine kontinuierliche Entwicklung nachzuzeichnen ist ausgeschlossen. Für das Leben Hannibals lassen sich nur zwei Schwerpunkte setzen: seine Tätigkeit als Sufet und sein Aufenthalt am Hof Antiochos' III. Die gravierenden Lücken unserer Überlieferung werden deutlich, wenn man bedenkt, daß die letzte Lebensphase Hannibals fast gleich lang währte wie der Zweite Punische Krieg. Kahrstedt 1913, 578ff., Gsell III, 1918, 297ff., Huß 1985, 425ff., zu Massinissa vgl. J. Camps, Aux origines de la Berberie. Massinissa ou les débuts de l'histoire, Libyca 8, 1960, 191ff., Sergia Rosetti, La Numidia e Cartagine fra la II e la III guerra punica, PP 15, 1960, 336–353, P. G. Walsh, Massinissa, JRS 55, 1965, 149ff., Colette Picard, Semitica 33, 1983, 41–50, Ritter 1987, 65ff., G. Marasco, Aspetti dell'economia cartaginese fra la seconda e la terza guerra punica, in: L'Africa Romana, Atti del V Convegno di Studio Sassari 1988, 223–228.

[2] Cass frg. 57,86, Zonaras 9,14,13. Die Ablehnung der Überlieferung durch Gsell II 1918, 273 ist nicht überzeugend.

Möglicherweise setzten er oder seine Freunde damals die Behauptung in die Welt, er sei nur wegen der mangelhaften Unterstützung aus der Heimat gescheitert.[3] Auch wenn dieser Vorwurf nicht den Tatsachen entsprach, als Gegenargument vor Gericht konnte er ihn verwenden. Jedenfalls gelang es ihm, mit tatkräftiger Unterstützung seiner Freunde eine Verurteilung abzuwenden.

Er blieb zunächst als *Strategos* im Amt,[4] allerdings ohne großes Heer. Im wesentlichen handelte es sich um Garnisonstruppen in verschiedenen Grenzstädten und um die Reste des geschlagenen Heeres, die auch keine besonderen militärischen Aufgaben mehr zu erfüllen hatten. Nichts war aber abträglicher für die Stimmung und Moral der Truppen als Langeweile und Untätigkeit. Wie er in den letzten Jahren in Bruttium seine Soldaten mit dem Bau von Schiffen beschäftigt hatte, so setzte er sie nun zum Anbau von Olivenbäumen ein.[5]

Wie prekär die politische Situation der Karthager war, wurde bald deutlich. Der Konflikt mit dem Nachbarn Massinissa war durch den Friedensvertrag vorgegeben.[6] Der Numider durfte sich Gebiete der Karthager, die ihm und seinen Vorfahren gehört hatten, aneignen. Die Karthager waren mit seinen Gebietsansprüchen nicht einverstanden. Doch der Vertrag mit Rom verbot ihnen, ihr Land gegen den Okkupanten zu verteidigen. Sie mußten dazu erst in Rom die Zustimmung einholen.

Die meisten Karthager dachten vorrangig an ihre augenblicklichen Nöte. Die Kassen des Staates waren leer. Die Römer forderten hohe jährliche Kontributionen. Es blieb kein anderer Ausweg, als die Bürger mit ihrem Privatvermögen zur Aufbringung der Schuld heranzuziehen.[7] Darüber herrschte großes Jammern, worüber Hannibal nur lachen konnte. Ihm war die Tragweite des Diktatfriedens wohl bewußt.

Die karthagischen Gesandten, die im Jahr 200 nach Rom reisten, mußten die bittere Erfahrung machen, daß sie ganz von Roms Gnaden abhingen. Trotz ihrer Dankbezeugungen und eines großartigen Goldgeschenkes richteten sie nichts aus. Ihr Gesuch um Entlassung der Geiseln und der Gefan-

[3] Vgl. Hoffmann 1962, 113.

[4] Nep Hann 7, 1–3.

[5] Auctor, de viris illustribus 37, 2. Vgl. G. Marasco, a. a. O., der die Ansicht vertritt, der Olivenanbau sei eine Folge der Hannibal-Propaganda, Nachahmer des Melqart-Herakles zu sein, da D 4, 17, 4–5 bestätige, daß der Gott in Afrika den Ackerbau, bes. die Anpflanzung von Oliven und Reben, einführte (226). Der Kaiser Probus, der seine Soldaten zum Rebenpflanzen in Gallien, Moesien und Pannonien einsetzte, wurde von dem Anonymus als ein „zweiter Hannibal“ bezeichnet. Vgl. F. Martelli, Un profilo inedito di Annibale: in margine a Aur. Vict. XXXVII 2–3, RSA 13–14, 1983–1984, 139–141.

[6] App Lib 67, 302–303.

[7] L 30, 44, 4 ff.

genen wurde abschlägig beschieden. Im Gegenzug erhoben die Senatoren eine Reihe gravierender Vorwürfe und Beschuldigungen. Hannibal habe immer noch den Oberbefehl über das Heer. In Gallien halte sich ein Hamilkar auf, der dort Söldner anwerbe und Krieg gegen das römische Volk vorbereite. Wenn sie Frieden wünschten, sollten sie ihn zurückrufen und ihn ausliefern.[8] Noch immer seien nicht alle Überläufer zurückgegeben worden. Ein großer Teil halte sich offen in Karthago auf. Sie müßten aufgespürt und ausgeliefert werden. Über den Streit mit Massinissa würde eine Senatskommission entscheiden, die angewiesen wurde, zugunsten des Numiders zu urteilen.[9]

Die Karthager mußten in allem den römischen Forderungen nachkommen. Hannibal wurde als Feldherr abberufen. Gegen Hamilkar hatten sie keine konkrete Handhabe.[10] Sie konnten ihn nur verbannen und sein Vermögen einziehen. Die Vorwürfe wegen der Überläufer und entlaufenen Sklaven wiesen sie zurück. Sie hätten alle, soweit sie sie auftreiben konnten, zurückgegeben und wollten deshalb Gesandte nach Rom schicken und Rechenschaft ablegen.[11]

Als im Jahr 199 v. Chr. die erste Rate der Kriegsentschädigung fällig war, monierten die Quästoren die Reinheit der abgelieferten Münzen. Bei einer Probe sei ein Viertel abgeschmolzen. Die karthagischen Gesandten mußten auf dem römischen Kapitalmarkt Geld aufnehmen und den Verlust ersetzen.[12]

Hannibal dürfte die Politik seiner bisherigen Gegner aufmerksam beobachtet haben. In diesen Jahren (200–196) griffen die Römer seinen früheren Verbündeten Philipp V. von Makedonien an, indem sie vorgaben, angebliche Verbündete zu schützen.[13] Mußte er sich nicht an die Zeiten vor Aus-

[8] L 31, 11, 4–7, Nep Hann 7, 2–4.

[9] Ritter 1987, 62 ff.

[10] L 31, 19, 1–2.

[11] Ihren guten Willen bekundeten sie durch eine gewaltige Getreidesendung von 200000 Scheffel Getreide nach Rom und 200000 Scheffel zum Heer nach Makedonien.

[12] L 32, 2, 1–4. Daß bei Zahlungen mit Münzen versucht wurde, den Edelmetallgehalt zu verändern, ist immer wieder vorgekommen. Es ist aber höchst unwahrscheinlich, daß die Karthager diesen Trick gerade bei der ersten Zahlung probierten, wo sie mit genauer Überprüfung rechnen mußten. Es liegt der Verdacht nahe, daß die Römer ihre Machtposition ausnutzten und solche Manipulationen von Anfang an ausschließen wollten. Sollten sie ihnen zum Ausgleich bei den Geiseln entgegengekommen sein? Die Römer zeigten sich der karthagischen Bitte nach Rückgabe ihrer Geiseln bemerkenswert entgegenkommend. Ein Teil wurde zurückgegeben, der andere Teil wurde in Signia und Ferentinum angesiedelt, da sie sich in Norba nicht wohl fühlten.

[13] Zu diesem Krieg vgl. Walbank 1940, 138 ff., L. Raditsa, Bella Macedonica, ANRW I 1, 1972, 564–576, Will II 1982, 131–174, Gruen 1984, II 382 ff., Hammond III 1988, 416 ff., R. M. Errington, CAH VIII 2. Aufl., 1989, 261 ff.

bruch des Krieges gegen die Römer erinnert fühlen? Auch damals hatten sie angebliche Verpflichtungen für Verbündete vorgeschoben, um ihre Behauptung, einen gerechten Krieg zu führen, stützen zu können. Vor ihrer Habgier und ihrem Eroberungsdrang war niemand sicher. Wie wenig ihnen zu trauen war, hatten die Vorgänge bei den Friedensverhandlungen zwischen T. Quinctius Flamininus und Philipp (198) erneut gezeigt. Die angebliche Friedensliebe war nur vorgetäuscht, um eine bessere Ausgangsbasis für die weiteren Kämpfe zu gewinnen. Wer mit kritischen Augen die römische Politik betrachtete, für den war sicher, daß die Römer in Griechenland nicht Halt machen würden. Sie hatten bereits Beziehungen zu dem Herrscher von Pergamon und zu den Rhodiern angeknüpft. Auch den seleukidischen König Antiochos III. hatten sie in ihr Kalkül einbezogen, dessen Neutralität im Krieg gegen Philipp sie sich gesichert hatten. Hannibal dürfte die Haltung des Seleukiden als falsch angesehen haben. Nur ein Zusammengehen der hellenistischen Mächte konnte den Vormarsch Roms stoppen. Es wäre denkbar, daß er seine Gedanken und Befürchtungen dem Seleukidenkönig in Briefen mitteilte.[14]

Es ist nicht bekannt, was Hannibal nach seiner Absetzung als Feldherr getan hat.[15] Lebte er auf seinen Besitzungen, die zwischen Thapsos und Acholla lagen, oder blieb er in Karthago und nahm am politischen Leben seiner Vaterstadt teil?[16] Bis zum Jahre 196 liegen keine Nachrichten vor. Damals wurde er zum Sufeten gewählt,[17] ein Beweis, daß er über genügend An-

[14] Natürlich müssen solche Überlegungen weitgehend spekulativ bleiben. Durch seine phönikischen Verwandten in Tyros konnten leicht die Kontakte zum Königshof hergestellt werden. Im Jahr 195 beschuldigten karthagische Gesandte Hannibal in Rom, er habe Briefe und Boten zu Antiochos gesandt und vom König heimlich Gesandte empfangen, L 33, 45, 6. Es ist bekannt, daß Hannibal ein Sendschreiben an die Rhodier *de Cn. Manli Volsonis in Asia rebus gestis* (Nep Hann 13, 2) verfaßte, in dem er sie wohl über die Machenschaften und Plünderungen dieses ehrenwerten Römers aufklärte.

[15] Die Angabe des Nep Hann 7, 4, er sei zunächst (= 199) *„rex"* = Sufet und im Jahr 197 *„praetor"* geworden, wird von W. Huß, Der karthagische Sufetat, in: Festschrift H. Bengtson, Wiesbaden 1983, 33 A 49 abgelehnt. Vgl. außerdem Giovannella Cresci Marone, Nota a Nep. Hann. 7, 4, Aevum 52, 1978, 85–87.

[16] Die Episode um die Aufbringung der ersten Rate (L 30, 44, 1) spielt im Rathaus von Karthago. Dies spricht für die Teilnahme Hannibals am politischen Leben.

[17] Der Sufetat Hannibals und seine Flucht aus Karthago werden in den antiken Quellen unterschiedlich datiert. Nep Hann 7, 6 setzt die Flucht Hannibals aus Karthago in das Jahr nach seinem Sufetat unter das Konsulat des M. Claudius Marcellus und L. Furius (196 v. Chr.). Demnach wäre Hannibal im Jahr 197 Sufet gewesen. Auch App Syr 4, 15 datiert die Flucht ins Jahr 196, anders L 33, 46 ins Jahr 195. Unter den römischen Gesandten, die in Karthago erschienen und die Flucht Hannibals auslösten, war M. Claudius Marcellus, der Konsul von 196 (L 33, 47, 7). Als Konsul kann er an einer Gesandtschaft nicht teilgenommen haben. Deshalb dürfte 196 das Jahr von

hänger im Volk verfügte. Doch alle weiteren Folgerungen müssen mehr oder weniger spekulativ bleiben, insbesondere über die innenpolitischen Verhältnisse in Karthago.[18] So werden in der Forschung Gegensätze zwischen Aristrokaten, die ausschließlich als Latifundienbesitzer gekennzeichnet werden, und einem gewerblichen Mittelstand, dessen Interesse der Seehandel war, konstruiert, an dessen Spitze sich Hannibal „als der gegebene Führer dieser Opposition des Mittelstandes im Kampf gegen die Agrarier" stellte.[19] In anderer Sicht übernahm Hannibal, „den Traditionen seines Hauses entsprechend, die Leitung der demokratischen Opposition"[20]. Diese Version wird noch gesteigert. Sie weist Hannibal „der Tradition seines Hauses und den gegebenen Konstellationen folgend" den Weg zum Demagogen.[21] Dabei bleibt weitgehend unberücksichtigt, daß Hannibal ebenfalls ein Aristokrat und Landbesitzer war und der Sufetat wie in Rom ein Jahresamt mit zwei Beamten. Wer sein Kollege war, ist nicht bekannt.

Hannibal nahm aktiv an der Neugestaltung der karthagischen Politik teil. Der Friedensschluß hatte die Karthager in einer äußerst schwierigen Situation zurückgelassen. Sie mußten jährlich 200 Talente Kriegskostenentschädigung an die Römer bezahlen. Die Aufbringung dieser Summe dürfte eine der Hauptaufgaben der karthagischen Beamten gewesen sein. So verwundert es nicht, daß sich ein Verfassungskonflikt an einem Finanzproblem entzündete. Der „Schatzkanzler" *(quaestor)* gehörte der gegnerischen Gruppe an.[22] Als Hannibal ihn zu sich bestellte, kam er der Aufforderung nicht nach, da er davon ausging, er könne erst nach Beendigung seiner Amtszeit zur Verantwortung gezogen werden. Dann würde er automatisch Mitglied des Gerichtshofes der Einhundertvier, des obersten und einflußreichsten Gerichtshofes, sein, dessen Mitglieder dem Gremium auf Lebenszeit angehörten.

Hannibals Sufetat und das Jahr 195 das seiner Flucht gewesen sein. Für die höhere Datierung entschieden sich Niese II 1899, 671 A 2, De Sanctis IV 1, 1923, 115 A 3, Th. Lenschau, RE 7, 2, 1912, 2348 s. v. Hannibal 8, für den Ansatz nach Livius vgl. M. Holleaux, La rencontre d'Hannibal et d'Antiochos le Grand à Ephèse, Hermes 43, 1908, 296–299 = Études d'épigraphie et d'histoire grecques, V 2, Paris 1957, 180–183, Kahrstedt 1913, 584 A 1, Groag 1929, 114 A 4, Scullard 1951, 284, Huß 1985, 426, K. Brodersen, Appians Antiochike, MAAG 3, München 1991, 90.

[18] Vgl. die Spekulationen von Kahrstedt 1913, 581 ff. oder Hoffmann 1962, 110 ff.

[19] Kahrstedt 1913, 583.

[20] Groag 1929, 112, vgl. die Einwände von T. Kotula, Eos 57, 1967/68, 272–281 = Hannibal – Sufet und seine vermeintliche demokratische Reform in Karthago, RSA 13/14, 1983–84 (ersch. 1885), 87–101.

[21] Hoffmann 1962, 112.

[22] Über die Vorgänge liegt uns nur der Bericht des L 33, 46, 1–47, 10 vor. Vgl. Briscoe I 1981, 335–339. Ein kurzer Hinweis bei Z 9, 18, 11. Vgl. T. Kotula, a. a. O., 87 ff.

Hannibal nahm den Fehdehandschuh auf. Die Weigerung des Quästors war ein willkommener Anlaß, um seine Vorstellungen von einer effektiven Staatsführung und Finanzverwaltung durchzusetzen. Er ließ den Quästor verhaften und klagte ihn vor der Volksversammlung an.[23] Die Klage, über deren Ausgang nichts berichtet wird, verlor an Bedeutung gegenüber dem Angriff, den der Sufet auf die Stellung der Einhundertvier bei dieser Gelegenheit unternahm.

Als er feststellte, daß die Mehrheit des Volkes seiner Ansicht zuneigte, brachte er einen Gesetzesentwurf ein, der die Amtszeit der Einhundertvier einschränkte. Sie sollten nicht mehr als Richter auf Lebenszeit, sondern nur noch für ein Jahr gewählt werden. Sofortige Iteration war ausgeschlossen, d.h. Wiederwahl war erst nach einem einjährigen Intervall möglich. Der Gesetzesantrag wurde angenommen.

Dieses Gesetz wurde in der modernen Forschung übereinstimmend als gravierender Verfassungseingriff bewertet. Der Vorgang wurde mit der Entmachtung des Areopags in Athen durch Ephialtes verglichen.[24] Man betrachtete das Gesetz als einen schrecklichen Schlag gegen die Aristokratie,[25] als eine „höchst radikale Maßregel", die die Kompetenzen des Gerichtshofes auf ganz andere, dem Adel geradezu feindlich gesinnte Kreise übertrug.[26] Trifft es wirklich zu, daß, „nachdem nun der Gerichtshof der Einhundertvier, das Bollwerk der Aristokratie, ausgeschaltet war, ... die Stunde nicht mehr fern (war), wo er (sc. Hannibal) den Griff nach der gesamten Macht im Staat tun würde"[27]? Kam die Änderung einer „Revolution" gleich?[28]

M. E. waren die Maßnahmen viel bescheidener und weniger radikal. Hannibal hatte dem Gerichtshof der Einhundertvier keine Kompetenzen entzogen, ebensowenig den Personenkreis, der für die Einhundertvier gewählt werden konnte, erweitert. Er wollte nur den Mißbrauch, der aus der lebens-

[23] Dieser Vorgang wird in den Quellen keineswegs als gesetzeswidrig bezeichnet. Nach unseren Kenntnissen der karthagischen Verfassung (Aristoteles, Politik 1273 a6ff.) entschied die Volksversammlung bei Meinungsverschiedenheiten zwischen Rat und Sufeten. Hier handelte es sich aber um eine Befehlsverweigerung, d. h. um eine evidente Insubordination, für die wohl der oberste Gerichtshof zuständig gewesen wäre. Da aber der Weg in die Volksversammlung nirgends als Verfassungsbruch bezeichnet wird, ist es möglich, daß auch bei Differenzen zwischen einzelnen Beamten die Volksversammlung zuständig war.

[24] Kahrstedt 1913, 585. Dieser Vergleich wäre nur zutreffend, wenn Hannibal dem Gremium seine bisherigen Kompetenzen entzogen hätte.

[25] Gsell II 1918, 276.

[26] Groag 1929, 120.

[27] Hoffmann 1962, 116.

[28] Huß 1985, 427 A 13, der allerdings die Schlüsse von Hoffmann als zu weitgehend ablehnt.

langen Bestellung resultierte, durch eine Befristung und durch das Verbot der unmittelbaren Iteration ausschalten. Es dürfte viele Adelige gegeben haben, denen bisher der Zugang zu diesem Gremium verschlossen war und die jetzt die Möglichkeit erhielten, sich zur Wahl zu stellen.[29] Nicht mehr über ein Amt, sondern durch Wahl in der Volksversammlung wurden die Mitglieder bestellt. Nach einem Jahr konnten sich ehemalige Mitglieder wieder bewerben. Der Korporationsgeist des Gremiums, das sich bisher gegen jeden Angriff von außen abgeschottet hatte, wurde gebrochen. Dem Volk wurde mehr Macht eingeräumt. Damit hatte Hannibal aber Karthago nicht in eine Demokratie umgewandelt.

Er erwies sich als ein „Reformator mit Augenmaß". Wäre er ein Demagoge gewesen, wie ihn die moderne Forschung gern sehen will, oder hätte er tatsächlich eine Revolution eingeleitet, dann hätte er die Rechte des Gerichtshofes einem Volksgerichtshof übertragen. Wenn der betroffene Personenkreis diese Änderung als einen Angriff auf die karthagische Verfassung deutete und Hannibal mit Haß verfolgte, dann ist dies menschlich verständlich, sachlich aber unbegründet.

Hannibal zog sich noch weitere Feindschaften mit der Revision der Steuereinnahmen zu. Offenbar fehlten die nötigen Mittel zur Bezahlung der Kriegsentschädigung in der Kasse.[30] Es drohte eine harte Besteuerung. Bevor er zu dieser unbeliebten Maßnahme griff, ließ er die Steuereinnahmen überprüfen. Dabei wurde eine verheerende Mißwirtschaft aufgedeckt. Eine Aufstellung der indirekten Steuereinnahmen führte zu dem überraschenden Ergebnis, daß beträchtliche Mittel hätten vorhanden sein müssen, wenn alle Steuern ordentlich vereinnahmt worden wären. Nachforschungen ergaben, daß ein Teil der Gelder durch Nachlässigkeit nicht eingetrieben wurde, ein anderer Teil von führenden Persönlichkeiten und von Beamten zu privaten Zwecken abgezweigt und untereinander verteilt wurde. Aufgrund der Überprüfungen konnte er die Betrüger und Schuldner benennen und Gelder eintreiben. Das Ergebnis war, daß die Staatskasse fortan über ausreichend Geldmittel zur Bezahlung der Kriegsentschädigungen verfügte und den Privatleuten die direkte Besteuerung erspart blieb. Die Bezeichnung „Finanzreform" für diese Maßnahme ist übertrieben.[31] Die Steuern wurden weder erhöht noch gemindert noch umverteilt. Was Hannibal tatsächlich mit Energie durchführen ließ, war die Beseitigung von Korruption und Schlendrian bei der Eintreibung und Abführung der Steuern.

[29] Dem Großen Rat gehörten immerhin 300 Karthager an. Fast zwei Dritteln war bisher der Zugang zu diesem Gremium verwehrt gewesen.

[30] L 33,46,9.

[31] Vgl. etwa Hoffmann 1957 = WdF 371, 1974, 63: „seine Finanzreform (bedeutete) einen tiefen Eingriff in das traditionelle Verwaltungssystem".

Die Einschränkungen ihrer politischen und nun auch noch finanziellen Macht war seinen Gegnern zu viel. Sie suchten Unterstützung bei ihren Freunden in Rom,[32] denen sie erzählten, Hannibal unterhalte Kontakte zu Antiochos III.[33] Auf welche Art sie ihren Landsmann verleumdeten, verdeutlichte seine Charakterisierung. Wie bestimmte Tiere nicht gezähmt und dressiert werden könnten, habe dieser Mensch eine wilde und unversöhnliche Veranlagung. Er beklage, daß die Bürger Karthagos im Frieden erschlafften, durch Untätigkeit einschliefen und nur durch der Schwerter Klang aufgeweckt werden könnten.

P. Cornelius Scipio sträubte sich, diesen Anschuldigungen, die offensichtlich aus persönlichen und parteipolitischen Differenzen herrührten, nachzugeben.[34] Es sei unter der Würde des römischen Staates, sich in die Händel der Karthager hineinziehen zu lassen. Es scheint, daß die Karthager insgeheim ihre Beschuldigungen geändert hatten. Sie klagten nun Hannibal bei den Senatoren an, er schmiede mit König Antiochos heimlich Pläne zu einem Krieg.[35] Die Senatoren fragten nicht, ob diese Beschuldigung begründet war oder nur eine gehässige Verleumdung.[36] Sie reichte ihnen, im Jahr 195 Cn. Servilius, M. Claudius Marcellus und Q. Terentius Culleo als Gesandte nach Karthago zu senden.[37]

Ihre eigentlichen Absichten wollten sie verbergen[38] und gaben vor, sie kämen zur Schlichtung von Streitigkeiten mit Massinissa. Dies wurde allge-

32 L 33,47,3ff., Z 9,18,11.

33 Hannibal könnte dem Seleukidenkönig die Gefahren, die von Rom ausgingen, in Briefen dargelegt haben, zumal er dessen Neutralität während des 2. Makedonischen Krieges als großen Fehler betrachtete.

34 L 33,47,4–5, Val Max 4,1,6. Scipio soll den römischen Staat als Schuldigen an der Verbannung Hannibals angesehen haben wie auch an seiner eigenen, Seneca, epist. mor. 86,3.

35 L 33,47,6, Iustin 31,1,7–9, Z 9,18,11.

36 Iustin 31,1,9 erklärt eindeutig die Beschuldigungen für erfunden. Die Römer hätten sie aber in ihrer Furcht für wahr gehalten. Auch App Syr 4,15 deutet die Beschuldigungen als Verleumdungen. Hannibal sei streitsüchtig, kriegstreibend und niemals zum Frieden fähig.

37 Natürlich hätten die Karthager diesen Vorwurf nicht beweisen können. Es dürfte aber Kreise in Rom gegeben haben, die diese Verleumdungen glaubten und hier eine willkommene Gelegenheit sahen, gegen Hannibal vorzugehen. Es ist zu vermuten, daß zwischen bestimmten Kreisen in Rom und Karthago enge persönliche Beziehungen bestanden. Vgl. dazu W. Hoffmann 1962, 65. Darauf könnte die Tatsache hinweisen, daß Q. Terentius Culleo als Mitglied der Gesandtschaft ausgewählt wurde. Er hatte längere Zeit in karthagischer Gefangenschaft verbringen müssen und konnte die früheren Kontakte zur Aufklärung und Intervention ausnutzen.

38 Nach Iustin 31,2,1 hätten sie sogar einen Geheimauftrag gehabt, Hannibal durch seine politischen Gegner umbringen zu lassen.

mein auch geglaubt. Nur Hannibal ließ sich nicht täuschen.[39] Er rechnete damit, daß sie seine Auslieferung fordern würden. Insgeheim hatte er alles bereits zur Flucht vorbereitet. Am Tag zeigte er sich noch in der Öffentlichkeit, um jeden Verdacht abzulenken. In der Nacht ritt er nach Byzacium, wo sein Landhaus zwischen Acholla und Thapsos war.[40] Dort lag ein Schiff fahrbereit.

Die persönliche Gefahr, in der sich Hannibal bei seiner Flucht befand, dürfte ihm keine Zeit gelassen haben, über sein Schicksal nachzudenken. Als er die Insel Kerkina hinter sich gelassen und auf der Fahrt nach Tyros war, dürfte er sich Gedanken über seine Zukunft, aber auch über sein Verhältnis zu seiner Heimatstadt gemacht haben. Er hatte sein ganzes Leben für die Unabhängigkeit Karthagos von römischer Bevormundung gekämpft. Jetzt mußte er vor den Nachstellungen der Römer und seiner Gegner, die sich römischen Wohlwollens erfreuten, fliehen. Empfand er Undank und Groll gegen seine Landsleute? Bestärkte ihn sein Los in der Auffassung, daß er alle Mächte mobilisieren mußte, um gegen den maßlosen Herrschaftsanspruch der Römer vorzugehen? Auch für diese wichtige Phase im Leben Hannibals liegen keine Angaben vor, die eine Vorstellung seiner Gedanken, Gefühle, Hoffnungen, aber auch Befürchtungen und Ängste vermitteln. Jeder Versuch, die Persönlichkeit Hannibals in Krisensituationen zu beschreiben, muß spekulativ bleiben.

Die Stadt Tyros, die Mutterstadt Karthagos, bot sich als Zufluchtsort für einen Karthager an. Dies legt die Vermutung nahe, daß Hannibal bereits Kontakte zu dem Seleukidenkönig, zu dessen Königreich Tyros gehörte, geknüpft hatte. Er begab sich von Tyros nach Daphne, wo Seleukos, der Sohn des Antiochos, die Spiele feierte, und wurde freundlich aufgenommen. Von dort reiste er zum König nach Ephesos weiter.[41]

In Karthago löste das Verschwinden Hannibals viele Spekulationen aus.[42] Man dachte sofort an Flucht, andere verbreiteten das Gerücht, die Römer hätten ihn umgebracht.[43] Bald traf die Meldung ein, daß er in Kerkina gesehen worden war. Der Versuch, ihn noch einzufangen, war vergeblich.

Die römischen Gesandten trugen im Rat nun ihre Vorwürfe offen vor. Ihre Behauptung, Hannibal habe Philipp zum Krieg angetrieben, jetzt Briefe an die Ätoler und an Antiochos geschrieben und den Abfall Karthagos vorbereitet, konnte niemand widerlegen. Im Gegenteil, er hatte durch seine Flucht seine Schuld eingestanden. Die Gesandten verlangten von den Rats-

[39] Iustin 31,2,2.

[40] L 33,48,1–8, Nep Hann 7,6–7, Z9,18,11, Iustin 31,2,3–5, Eu 4,3,2. Das von Pomponius Mela 2,116 beschriebene Ereignis gehört ins Jahr 203, vgl. o. S. 450 A 71.

[41] L 33,49,5ff., App Syr 4,15, J. D. Graingor, Hellenistic Phoenicia, Oxford 1991, 105, 203.

[42] L 33,48,9–11.

[43] Nach Iustin 31,2,1 war dies der Geheimauftrag für den römischen Gesandten Cn. Servilius.

herrn die Versicherung, daß nichts mit ihrer Zustimmung und nach allgemeinem Beschluß geschehen sei.

Kein Ratsherr stand damals auf und verlangte von den Römern Beweise für ihre Beschuldigungen. Die Zeiten, wo sie den Römern selbstbewußt entgegengetreten waren und ihren Feldherrn gegen die Anklagen verteidigt hatten, waren längst vorbei. Die Ratsherrn beeilten sich zu versichern, sie würden alles tun, was die Römer für Recht befänden.[44] Sie verbannten Hannibal, konfiszierten seine Besitzungen und zerstörten sein Haus.[45]

Zunächst waren die Senatoren auf die Nachricht, daß Hannibal aus Karthago geflüchtet war, nicht beunruhigt. Seine Flucht erhielt allerdings eine andere Dimension, als bekannt wurde, er habe am Hof des Antiochos Aufnahme gefunden. Zumindestens für Kreise, die eine militärische Auseinandersetzung mit dem Seleukidenkönig wünschten, könnte dies ein willkommener Anlaß gewesen sein, die Gefahr eines Krieges an die Wand zu malen.[46] Könnte die Aussicht, sich nochmals mit Hannibal in einer Schlacht zu messen, für P. Cornelius Scipio ein Motiv gewesen sein, sich um das Konsulat für das kommende Jahr zu bewerben?[47]

[44] L 33,49,1–4. Der Deutung von Groag 1929, 126, daß die Ratsherrn sich loyal gegenüber Hannibal verhielten und sich nicht herabwürdigten, „ihren größten Mitbürger auf einen Wink von Rom her wegen vager Beschuldigungen in seiner Abwesenheit zu verurteilen", kann ich nicht folgen. Seine Behauptung, daß infolge der Reformen Hannibals in diesem Jahr alle 104 Richter und die Mehrzahl der Ratsherrn Anhänger Hannibals gewesen seien, läßt sich nicht beweisen. Ebenso ist seine Vermutung, daß Hannibal erst 193 nach dem Scheitern der Mission des Ariston in Karthago verurteilt worden wäre (127), abzulehnen.

[45] Nep Hann 7,7.

[46] Die Zehnmännerkommission hatte nach ihrer Rückkehr aus Griechenland dieselbe Ansicht vertreten, L33,44,5.

[47] Dies ist eine Vermutung von Scullard 1970, 192. Die Koloniegründungen des Jahres 194 deutete er als Vorsichtsmaßnahmen gegen eine Invasion Hannibals (193). Es ist jedenfalls auffallend, daß Scipio nachdrücklich die Zuweisung Makedoniens als Amtsbereich für sich wünschte, obgleich der Krieg mit Philipp beendet war, L34,43,4. Er rechnete fest mit einem Krieg mit Antiochos, der bereits nach Europa übergesetzt war. War nicht damit zu rechnen, daß neben den Ätolern vor allem Hannibal ihn zum Krieg antreiben würde? Wie sich zeigen sollte, waren die Befürchtungen der Römer nicht unbegründet.

Am Hof Antiochos' III.: 195–190 v. Chr.

Hannibal wurde von Antiochos in Ephesos freundlich aufgenommen und zu ausgedehnten Gesprächen empfangen.[1] Sein Ruhm war bis in den Osten gedrungen und brachte ihm höchste Wertschätzung ein. Der König konnte sich keinen besseren Informanten über die Situation im Westen und über die Römer wünschen.

Hannibal mußte sich aber in seine neue Situation erst hineinfinden. Er hatte das harte Brot eines Flüchtlings zu essen. Es waren weniger materielle Einschränkungen,[2] die ihn belastet haben dürften. Bald mußte er wohl feststellen, daß die Menschen Flüchtlingen skeptisch begegneten und ihnen mißtrauten. Sie standen im Ruf, den Kopf voller Pläne zu haben mit dem einzigen Ziel, in die Heimat zurückkehren zu können. Zu dieser Menschengruppe, die in allen Städten des Ostens und an den Höfen der hellenistischen Könige anzutreffen waren, gehörte er fortan.[3] Er war ein Fremder und lernte eine neue, ungewohnte Umgebung an einem Königshof kennen, mit dessen besonderen Regeln er sich erst vertraut machen mußte.[4]

Ein Mann wie Hannibal, der gewohnt war zu befehlen, mußte sich gewaltig umstellen. Er konnte nicht einfach den König zu einem Gespräch aufsuchen. Er mußte warten, bis er eingeladen wurde, oder offiziell um eine Audienz bitten. Der König war umgeben von seinem Hofstaat, seinen „Freunden" *(philoi)* und „Verwandten" *(syngeneis)* in den verschiedensten Rangstufen, die eifersüchtig darüber wachten, daß nicht der Konkurrent um die Gunst des Königs Vorteile erlangte. Eine bevorzugte Behandlung durch den König schuf sofort Neider und scheinbare Freunde, die sich selbst durch ihn Vorteile erhofften. Es war nicht immer klug, geradeheraus zu sagen, was man dachte. Oft war es besser, sich zu verstellen und dem allgemeinen Trend anzupassen. Mit diesen besonderen Spielregeln mit den Intrigen und Verleumdungen konnte er sich wohl nur schwer abfinden. Er gab sich so wie er

[1] L 34,60,2, App Syr 4,15ff. Nach Iustin 31,3,5 wurde er von Antiochos wie ein Geschenk der Götter aufgenommen. Vgl. Karte Nr. 10.

[2] Hannibal hatte für ausreichende Geldmittel vorgesorgt, Iustin 31,2,4.

[3] Vgl. zur Geschichte der Flüchtlinge J. Seibert, Die politischen Flüchtlinge und Verbannten in der griechischen Geschichte, Darmstadt 1979.

[4] Vgl. E. Bikerman, Institutions des Séleucides, Paris 1938, 31ff.

war und sagte offen seine Meinung.[5] Damit machte er schlechte Erfahrungen und wurde ein Opfer hinterhältiger Machenschaften.

Den Prunk des Hofstaates mußte er als gegeben hinnehmen. Aber es dürften ihm doch starke Zweifel an der militärischen Tüchtigkeit des Seleukidenkönigs gekommen sein, für den Trinkgelage ebenso wichtig wie militärische Unternehmungen waren. Einen Menschen, der wie Hannibal äußerst enthaltsam lebte,[6] mußten solche Ausschweifungen abstoßen.

Der Seleukidenkönig hatte erreicht, was keinem seiner Vorfahren gelungen war. In langen Kämpfen hatte er seine Herrschaft bis nach Indien ausgedehnt. Zuletzt hatte er das fast ein Jahrhundert lang umstrittene Koilesyrien dem ptolemäischen König abgenommen. Er war der größte und mächtigste Herrscher der östlichen Welt, der den Titel „Großkönig" verlangte, aber auch nichts dagegen hatte, wenn ihn seine Untertanen mit dem Beinamen „der Große" auszeichneten.[7] Die weiteren Ziele seiner Politik waren lokal begrenzt. Er strebte eine Expansion nach Ägypten und Makedonien sowie den Ausbau seiner Stellung in Kleinasien an. Dies brachte ihn aber unweigerlich in Konflikt mit den Römern, die seinen Übergang nach Europa während des Krieges mit Philipp V. nur zähneknirschend hingenommen hatten.[8] Weitergehende Absichten zur Erringung der Herrschaft über die Oikumene, wie sie einst Alexander der Große hegte, sind nicht erkennbar.

Hannibal hatte seit frühester Kindheit erfahren müssen, daß man nirgends vor den Römern sicher war. Sie mischten sich in jede Angelegenheit ein und wollten überall mitreden. Mit jedem fingen sie Krieg an und waren erst zufrieden, wenn sie ein Gebiet nach dem anderen sich unterworfen hatten.[9] Davor wollte er den König warnen und zu Gegenmaßnahmen auffordern.

Er war aber ein Verbannter mit der dafür typischen Mentalität, die Antiochos von den vielen griechischen Flüchtlingen, die an seinem Hof lebten und ihn jeden Tag für ein neues Projekt zu ihrer Rückführung gewinnen wollten, bestens vertraut war. Mußte ihn der König nicht zwangsläufig in diese Kategorie einordnen? Konnten so unterschiedliche Persönlichkeiten das richtige Verständnis füreinander aufbringen? Würde der König ihm Glauben schenken oder seine Warnungen als die üblichen Hirngespinste eines Flücht-

[5] Plu mor 606 C.

[6] Iustin 32,4,10–11.

[7] Vgl. H.H. Schmitt, Untersuchungen zur Geschichte Antiochos' d. Gr., Wiesbaden 1964, 94–95, K. Brodersen, Appians Antiochike, München 1991, 75–77.

[8] Vgl. O. Leuze, Die Feldzüge Antiochos' des Großen nach Kleinasien und Thrakien, Hermes 58, 1923, 187 ff., Will II 1982, 178 ff.

[9] Vgl. eine ähnliche Betrachtung bei Iustin 29,2,2–3, allerdings aus der Sicht des Demetrios von Pharos.

lings abtun? War Hannibal klar, daß er in einer anderen Umgebung lebte und dem König als dem größten Feldherrn schmeicheln mußte? Er mußte sich in die Denkweise seines Gegenüber hineinversetzen, um ihn für seine Pläne gewinnen zu können. Er konnte kaum erwarten, daß sich der König diese Mühe machte.

Die Beziehungen zu den Römern waren jüngst durch römische Forderungen in eine Krise geraten.[10] Auf der Konferenz von Lysimacheia im Vorjahr hatten sie verlangt, der König müsse den Städten, die früher Ptolemaios oder Philipp gehört hatten, die Freiheit geben.[11] Sie würden es nicht zulassen, daß er stiller Nutznießer ihres Krieges mit dem Makedonenkönig wäre. Das war sicher ein Affront. Doch Antiochos dürfte darin schwerlich eine ernsthafte Bedrohung gesehen haben. Ganz anders Hannibal. Rom würde keine Ruhe geben, bis seine Forderungen erfüllt wären. Diese Erfahrung hatte zuletzt Philipp von Makedonien machen müssen.

Hannibal versuchte den König für einen Kriegsplan zu gewinnen, der nach seiner Meinung allein Aussicht auf Erfolg versprach.[12] Die Römer könnten nur in Italien besiegt werden. Das Land werde dem Angreifer Soldaten und Verpflegung zur Verfügung stellen. Wenn aber die Römer ihre gesamten Truppen und Hilfsmittel zur Kriegführung außerhalb des Landes einsetzen könnten, da zu Hause alles ruhig sei, sei ihnen weder ein König noch ein Volk gewachsen.

Er erbat sich von Antiochos 100 Kriegsschiffe mit 10000 Fußsoldaten und 1000 Reitern. Mit dieser Flotte wollte er zunächst nach Karthago fahren und seine Landsleute für einen neuen Krieg gewinnen. Sollten sie zögern, werde er in Italien landen und dort mit dem Krieg beginnen. Antiochos müsse in der Zwischenzeit mit seinem Heer nach Griechenland übersetzen und sich dort zu einer Invasion nach Italien bereithalten.[13]

[10] Zum römisch-seleukidischen Verhältnis vgl. M. Holleaux, Recherches sur l'histoire des négociations d'Antiochos III avec les Romains, REA 15, 1913, 1–14 = Études d'histoire et d'épigraphie grecques, Paris 5, 1957, 156–179, E. Badian, Rome and Antiochos the Great: A Study in Cold War, CPh 54, 1959, 81 ff. = Welt als Geschichte 20, 1960, 203ff., Ed. Will, Rome et les Séleucides, ANRW I 1, 1972, 590ff., A. Mastrocinque, Manipulazione della storia in età ellenistica: I Seleucidi e Roma, Rom 1983, 49ff., A. Mehl, Zu den diplomatischen Beziehungen zwischen Antiochos III. und Rom, 200–193 v. Chr., in: Das antike Rom und der Osten. Festschrift für K. Parlasca, Erlangen 1990, 143–155 mit Lit.

[11] P 18,49–52, L 33,39–41, App Syr 2,6–4,17, D 28,14. Will II 1982, 186–189.

[12] L 34,60,3–6, vgl. dazu Briscoe II 1981, 141 ff., Nep Hann 8,1, App Syr 7,26–29, Iustin 31,3,5–10, Z 9,18,12. Seibert 1993, 407–411. Nach L 34,60,2 und App Syr 5,18 hatte Antiochos bereits solche Absichten. Bei Iustin 31,3,6 und Z 9,18,9 geht die Initiative zum Krieg von Hannibal aus. Zonaras gibt außerdem als Ziel Hannibals die Rückkehr in die Heimat an.

[13] Den Plan Hannibals bewertete die moderne Forschung unterschiedlich, teil-

Hannibal berief sich auf seine Erfahrungen. Es war richtig, daß die Römer nur im eigenen Land besiegt werden konnten, aber nicht mit der Strategie, die er vorschlug und die bereits versagt hatte. Irgendwelche Lehren hatte er, soweit dieser Plan erkennen läßt, nicht gezogen. Es fehlte nach wie vor der direkte Angriff auf Rom, womit allein der römischen Herrschaft ein Ende bereitet werden konnte.[14] Antiochos war bereit, seinem Rat zu folgen. Für die Vorbereitung des Unternehmens sandte der Karthager einen gewissen Ariston aus Tyros nach Karthago, um dort Kontakte und Vorbereitungen für das geplante Unternehmen zu treffen.[15] Doch dessen Absichten blieben den Feinden Hannibals in Karthago nicht verborgen. Es war verdächtig, daß er nur mit Anhängern der Barcidengruppe verkehrte. Er wurde vorgeladen und verhört. Da sie nichts nachweisen konnten, waren die Ratsherrn über das weitere Vorgehen uneins. Es würde ein schlechtes Beispiel abgeben, wenn Fremde ohne Grund einfach verhaftet würden. Sie müßten befürchten, daß ihre eigenen Leute dasselbe Schicksal in der Fremde erleiden könnten. Ariston konnte aus der Stadt entkommen.[16]

Die Karthager schickten eine Gesandtschaft nach Rom, um über den Vorgang zu berichten.[17] Sie wollten vermeiden, daß die Römer den Eindruck gewinnen könnten, sie stünden in geheimem Einvernehmen mit dem Flüchtling. Sie hofften wohl, die „Selbstanzeige" würde ihre Unschuld beweisen und die Senatoren zu einer positiven Entscheidung in ihrem Streit mit Massinissa veranlassen.[18] Doch mit ihrer Meldung erregten sie erst den Verdacht

weise wurde auch seine Historizität bestritten. Seibert 1993, 408. Meines Erachtens ist es ein methodischer Fehler, diesen Plan mit dem Plan, den Hannibal im Winter 192/91 in Demetrias vortrug (L36,6,7–7,21, App Syr 13,53–14,58, Iustin 31,5,3–9), zu einem einheitlichen Plan zusammenzufügen und zu bewerten. Damit verbaute sich die moderne Forschung den Weg, mögliche Änderungen, die auch in den antiken Quellen explizit betont werden (App Syr 14,57), zu bewerten.

[14] Die Größe des Expeditionsheeres überrascht. Hannibal wollte wohl den König nicht durch allzu hohe Forderungen abschrecken und dürfte sich an Größenvorstellungen orientiert haben, die am seleukidischen Hof gehandelt wurden. Es entsprach an Größe dem späteren seleukidischen Invasionsheer in Griechenland.

[15] L 34,61,1–16, Iustin 31,4,1–3, App Syr 8,30–33. K. Brodersen, a. a. O., 1991, 101 ff.

[16] Vor seiner Abreise aus Karthago hatte Ariston noch die Mitglieder des engeren Rates kompromittiert, indem er öffentlich Tafeln aufhängte, aus denen hervorging, er habe Aufträge, die den Staat angingen, für die Mitglieder des engeren Rates gehabt. Da eine ganze Körperschaft beschuldigt wurde, wurde die Untersuchung nachlässig geführt.

[17] L 34,61,1–16, Iustin 31,4,1–3, App Syr 8,30–34.

[18] Der Numiderkönig hatte Gebiete an der Kleinen Syrte, die sog. Emporia, annektiert, obgleich das Gebiet innerhalb der von Scipio den Karthagern zugestandenen Grenzen lag. L34,62, vgl. J. Walsh, Massinissa, JRS 55, 1965, 157 ff., Briscoe II 1981, 143–145.

der Senatoren, die die Streitfrage nicht entschieden, obgleich die Rechtslage eindeutig war. Eine Gesandtschaft reiste nach Karthago (193 v. Chr.), zu der auch P. Cornelius Scipio Africanus gehörte. Trotzdem blieb Massinissa im Besitz des okkupierten Gebietes. Im selben Jahr schickten die Senatoren eine Gesandtschaft[19] zu Antiochos zur Fortführung der Verhandlungen über das römisch-seleukidische Verhältnis.[20] Sie trafen den König, der damals gerade mit Kämpfen in Pisidien beschäftigt war, in Ephesos nicht an und nutzten die Gelegenheit, um mit Hannibal zusammenzukommen. Sie hofften wohl, nähere Aufschlüsse über seine Pläne zu erhalten. Angeblich wollten sie ihm die Furcht nehmen, ihm könne etwas von den Römern geschehen.[21] Er sei zu furchtsam gewesen, als er aus Karthago geflohen sei. Sie sollen ihm sogar Vorwürfe gemacht haben, daß er seine Heimat meide. Hannibal soll über diese Auskünfte erfreut gewesen sein.

Die Gesandten spielten aber kein ehrliches Spiel. Sie wollten den Karthager beim König in Mißkredit bringen, was ihnen auch gelang.[22] Antiochos schöpfte Verdacht, als er von den Zusammenkünften erfuhr. Natürlich war dies ein willkommener Vorwand für die Höflinge, die schon lange auf Hannibals Stellung beim König neidisch waren und die Gelegenheit nutzten, um zu intrigieren. Hannibal erhielt keine Einladungen mehr zu den Beratungen beim König.

Die Verhandlungen mit den Römern endeten ohne greifbare Ergebnisse.[23] Schließlich traten die Gesandten die Heimreise an, ohne genau zu

[19] P 3, 11, 1–12, 1, vgl. Walbank I 1957, 315, L 35, 14, 1–12; 15, 1, vgl. Briscoe II 1981, 165 ff., App Syr 9, 34–11, 43; 12, 45, Plu Flam 21, Iustin 31, 4, 4–9, Frontin 1, 8, 7. Die Mitglieder der Gesandtschaft waren P. Sulpicius, P. Villius und P. Aelius. Eumenes, bei dem die Gesandten zuerst Station machten, hetzte zum Krieg. Ihm war Antiochos ein zu gefährlicher Nachbar. Im Falle eines Krieges rechnete er mit dem Sieg der Römer, der völligen Vernichtung des Seleukiden, zumindestens aber mit einer gewaltigen Machtreduzierung. Vgl. M. Holleaux, L'entretien de Scipion l'Africain et d'Hannibal, Hermes 48, 1913, 75–98 = Études d'épigraphie et d'histoire grecques V, Paris 1957, 184–207, zur Gesandtschaft vgl. Ursula Schlag, Regnum in senatu, Stuttgart 1968, 103 ff.

[20] Die Verhandlungen der seleukidischen Gesandten Menippos und Hegesianax in Rom waren ohne Ergebnis vertagt worden. L 34, 57–59, D 28, 15, App Syr 6, 23–24. Vgl. J. Briscoe, Flamininus and Roman Politics, 200–189 B. C., Latomus 31, 1972, 34–36, ders. II 1981, 137–141. Sie hatten keinen Auftrag, um über die römische Forderung, den Griechenstädten in Kleinasien die Freiheit zurückzugeben, Zugeständnisse zu machen.

[21] L 35, 14, 3, ausführlicher App Syr 9, 35 und Iustin 31, 4, 6–8.

[22] App Syr 9, 36, vgl. K. Brodersen, a. a. O., 1991, 103. Vielleicht wollten sie tatsächlich Hannibal zur Rückkehr bewegen. Dann hätten sie den Kriegstreiber bei Antiochos entfernt und ihn in seiner Heimat wohl leichter ausschalten können.

[23] Die Verhandlungen standen unter einem unglücklichen Stern. Das erste Zusammentreffen in Apameia verlief ergebnislos. Dann starb der Mitregent Antiochos.

wissen, ob Antiochos den Krieg plane oder den Forderungen der Römer nachkommen werde. Bei den anschließenden Beratungen im Kronrat[24] plädierte der Akarnane Alexander für den Krieg gegen die Römer in Griechenland. Gleichzeitig sollte Hannibal nach Afrika geschickt werden, damit die Römer einen Zweifrontenkrieg führen müßten.[25] Mit diesem Plan fand er den Beifall des Königs, der Krieg wurde beschlossen.[26] Die Verdachtsmomente gegen Hannibal können nicht so gravierend gewesen sein, sonst hätte Alexander ihn nicht in seine Pläne miteinbeziehen können. In einem persönlichen Gespräch gelang es Hannibal, beim König alle Unstimmigkeiten auszuräumen.[27]

Legenden

An der römischen Gesandtschaft soll auch P. Cornelius Scipio teilgenommen und Hannibal getroffen haben.[28] Er habe den Karthager gefragt, wen er für den größten Feldherrn halte. Dieser habe Alexander den Großen genannt, weil er mit einer kleinen Schar unzählige Heere geschlagen und die fernsten Gegenden durchzogen habe. Auf die Frage nach dem zweitgrößten habe er Pyrrhos genannt, dessen Kühnheit er bewundere.[29] Scipio gefielen diese Antworten keineswegs. Gereizt fragte er nach dem drittgrößten Feld-

Daraufhin nahm der König nicht mehr persönlich an den Unterredungen teil, sondern übertrug sie dem Höfling Minnion. Dieser konterte die römische Forderung nach Freiheit für die Griechenstädte in Kleinasien mit derselben Forderung für die griechischen Städte im römischen Herrschaftsbereich. Ansonsten wies er die römische Einmischung zurück und beharrte auf dem rechtmäßigen Besitz der Gebiete in Europa.

[24] L 35,18,1–8, Briscoe II 1981, 171.

[25] Der Akarnane griff also keineswegs den Plan Hannibals mit einer Invasion Italiens von Afrika aus auf, sondern wollte in dessen Heimat einen zweiten Kriegsschauplatz eröffnen. Das war aus seiner Sicht verständlich, offenbart aber dennoch sein begrenztes Vorstellungsvermögen. Er gab sich wie alle anderen am Seleukidenhof der Illusion hin, die Römer würden, wenn sie in Griechenland besiegt wären, Ruhe halten. Mit der Annahme, daß die Römer durch einen zweiten Kriegsschauplatz entscheidend geschwächt werden könnten, bewies er, daß er aus der jüngsten Vergangenheit nichts gelernt hatte.

[26] L 35,19,7.

[27] P 3,11,3 ff., L 35,19,1–7; App Syr 9,34–11,43; 12,45 u. a. die berühmte Episode von Hannibals angeblichem Schwur im Jahr 237, vgl. dazu o. S. 26.

[28] L 35,14,5–12 (Vorlage war Claudius Quadrigarius, der dem griechisch geschriebenen Werk des Acilius folgte), App Syr 9,34–10,42, Plu Flam 21, Or 4,20,18–19, dazu M. Holleaux, a. a. O., 185 ff., Briscoe II 1981, 166, K. Brodersen, a. a. O., 1991, 104 ff.

[29] Die von Livius angeführten Gründe, Pyrrhos habe als erster gezeigt, wie man ein Lager abstecke und die Posten verteile, sowie die Gabe besessen, Menschen für sich zu gewinnen, so daß die Italiker seine Herrschaft der der Römer vorzogen, sind wenig überzeugend.

herrn und mußte zu seinem Erstaunen von Hannibal hören, daß er sich selbst dafür hielt.

Scipio, der für sich selbst wenigstens den dritten Rang erwartet hatte, konnte über soviel Selbstüberschätzung nur lachen. Hannibal begründete seine Reihung damit, daß er als junger Mann Iberien erobert, als erster nach Herakles ein Heer über die Alpen geführt habe, in Italien eingedrungen sei, 400 Städte zerstört und den Kampf oft bis in die Nähe der Hauptstadt getragen habe, ohne daß er Nachschub oder ein Heer aus Karthago erhalten habe.[30] Der Römer wollte ihm seine Selbstüberschätzung bewußtmachen und fragte ihn, wie er sich eingereiht hätte, wenn er von ihm nicht besiegt worden wäre. Ohne zu zögern antwortete Hannibal, dann hätte er sich vor Alexander und alle anderen Feldherrn gestellt.

Diese Antwort, eigentlich ein Affront Scipios, deutete die antike Geschichtsschreibung als Ausdruck punischer Verschlagenheit[31] und unerwarteter Schmeichelei zugunsten Scipios um. Denn Hannibal habe den Neid Scipios gespürt und ihn als einen gleichsam unvergleichlichen Feldherrn außerhalb der Reihe gestellt, der einen besseren als Alexander besiegt hatte.[32] In der Antike kursierten noch andere Versionen. Nach der einen stellte Hannibal den Pyrrhos an die erste Stelle, Scipio an die zweite, sich selbst an die dritte,[33] nach der anderen nahm Scipio hinter Alexander den zweiten Rang ein, während Hannibal an dritter Stelle rangierte.[34]

Scipio und Hannibal konnten sich damals nicht begegnen, da der Römer nicht Mitglied dieser Senatsgesandtschaft war.[35]

Durch den Verkehr mit den römischen Gesandten soll Hannibal beim König Antiochos in Verdacht geraten sein. In einem Gespräch konnte er den König von seiner feindlichen Einstellung gegen die Römer überzeugen. Als Hauptargument unter vielen Beweisen soll er die Geschichte erzählt haben, daß ihn sein Vater Hamilkar als neunjährigen Jungen bei der Abfahrt nach Iberien schwören ließ, niemals den Römern ein Freund zu sein.[36] Auch diese Geschichte ist eine Erfindung römischer Geschichtsschreiber, um zu erklären, wie Hannibal den Verdacht gegen seine Person ausräumen konnte. Daß er viel gewichtigere Argumente vorzuweisen hatte – sein langjähriger Kampf gegen die Römer, seine Flucht vor ihnen –, konnte sie nicht davon ab-

[30] App Syr 10,40.

[31] L 35,14,12.

[32] App Syr 10,41–42.

[33] Plu Pyrrhos 8,5.

[34] Lukian, Nekrikoi dialogoi (›Totengespräche‹) 12, vgl. B. Baldwin, Emerita 58, 1990, 51–60.

[35] Scipio fuhr im Jahr 193 nach Karthago und von dort weiter nach Asien (Z 9, 18, 12–13). Dies könnte der Aufhänger für die Erfindung dieser Begegnung gewesen sein. M. Holleaux, a. a. O., 198 ff.

[36] Vgl. dazu ausführlich o. S. 26 ff.

halten, diese schöne Episode zu erzählen, die im Lauf der Zeit immer stärker umgearbeitet wurde.

Trotz des Kriegsbeschlusses kamen die Vorbereitungen für das afrikanische Unternehmen nicht richtig voran. Der Ätoler Thoas versuchte das Vorhaben zu hintertreiben und mit den üblichen Vorurteilen gegenüber Flüchtlingen in Mißkredit zu bringen.[37] Er konnte beim König Neidgefühle wecken. Sollten die Römer besiegt werden, werde alle Welt Hannibal den Erfolg zuschreiben, nicht dem König. Auch das Gespenst einer möglichen Usurpation malte er an die Wand. Würde ein siegreicher Hannibal unter einem König leben wollen? Antiochos hatte schlechte Erfahrungen mit Usurpatoren machen müssen.[38] Verständlich, daß die Einflüsterungen des Thoas auf fruchtbaren Boden fielen und dem König Bedenken kamen. Warum hatte Hannibal ihm nie die führende Rolle in seinem Plan zugewiesen? Dennoch revidierte er seine Zustimmung nicht völlig. Hannibal sollte mit fünf Schiffen nach Karthago fahren[39] und seine Landsleute zum Abfall von Rom aufrufen.

Hannibal ging nicht das Wagnis ein, seine Heimat direkt anzulaufen, sondern machte zunächst in Kyrene Station, um von hier aus Kontakte aufzunehmen.[40] Seine Gegner waren sich über seine Absichten wohl im klaren. Seine Sehnsucht nach der Heimat hielten sie für einen Vorwand. In Wirklichkeit bereite er den Krieg gegen Rom vor und suche hier Anhänger. Die meisten Ratsherrn wollten den Frieden mit Rom nicht aufs Spiel setzen. Zum Zeichen, daß sie mit den Barkiden gebrochen hatten, wiesen sie auch Mago,

[37] L 35, 42, 3 ff.

[38] Vgl. zum Aufstand des Molon, H. H. Schmitt, Untersuchungen zur Geschichte Antiochos' des Großen und seiner Zeit, Historia-Einzelschriften 6, Wiesbaden 1964, 121 ff., zur Usurpation des Achaios, S. 164 ff.

[39] Nep Hann 8, 1–2. Die in der modernen Forschung vorgebrachten Zweifel an der Historizität des Ereignisses sind m. E. nicht berechtigt. Nepos datiert die Rückkehr zweifelsfrei unter das Konsulat des L. Cornelius und Q. Minucius. Den Vorgang wegen der Verbindung zu Mago abzulehnen, da dieser nach L 30, 19, 5 bereits früher gestorben sei, beruht auf einer Bevorzugung des Livius, die keineswegs begründet ist. Für die Historizität der Anwesenheit Hannibals in Kyrene vgl. Th. Lenschau, RE 7, 2, 1912, 2349 s. v. Hannibal 8. Die politische Konstellation macht den Rückkehrversuch höchst wahrscheinlich.

[40] Die politischen Voraussetzungen für die Landung in Kyrene waren durch die neue Verbindung des Antiochos mit Ägypten geschaffen worden. Im Winter 194/93 hatte er zu Raphia die Hochzeit seiner Tochter Kleopatra mit Ptolemaios V. gefeiert. Dadurch gelang es Antiochos, das traditionell romfreundliche Ägypten zur Neutralität zu verpflichten. App Syr 5, 18. Vgl. J. Seibert, Historische Beiträge zu den dynastischen Verbindungen in hellenistischer Zeit, Historia-Einzelschriften 10, Wiesbaden 1967, 66.

den Bruder Hannibals, aus Karthago aus.[41] Damit waren die Pläne Hannibals vorerst gescheitert.

Die Hoffnung auf Rückkehr gab er dennoch nicht auf. Darin dürfte ihn ein Spruch des Ammonorakels, das er wohl von Kyrene aus besuchte, bestärkt haben.[42] Der Gott soll ihm prophezeit haben, daß er in „libyscher Erde" bestattet werde.[43] Hannibal fuhr zu Antiochos zurück und nahm in seinem Gefolge an der Invasion in Griechenland teil (192 v. Chr.).[44]

Die Ratsherrn meldeten, um sich das römische Wohlwollen zu sichern, die Zurückweisung Hannibals den Senatoren, die die Bedrohung ernst nahmen und für den Süden Italiens Vorkehrungen trafen, um eine Invasion der seleukidischen Flotte abzuwehren.[45] Ihre Befürchtungen dürften durch Bemerkungen, wie sie der Ätoler Damokritos dem T. Quinctius Flamininus gegenüber machte, noch verstärkt worden sein. Als der Römer sich den Beschluß des Ätolischen Koinon schriftlich erbat, fertigte ihn der Ätoler kurz ab, er habe im Augenblick anderes zu tun, werde ihm aber den Beschluß in Kürze im Lager am Tiber überreichen.[46] Mag dies auch reine Großsprecherei gewesen sein, die Römer nahmen sie ernst.

Krieg gegen die Römer: 192–190 v. Chr.

Man kann sich gut vorstellen, wie es einen Feldherrn vom Schlage eines Hannibal im tiefsten Herzen schmerzen mußte, die kümmerlichen und ungenügenden Vorbereitungen des Seleukiden mitansehen zu müssen. Mit einer völlig unzureichenden Streitmacht, die nicht einmal zum Schutz des Landes, geschweige denn zur Kriegführung ausreichte,[47] sollte in Griechenland Krieg geführt werden. Aber seinen Rat wollte im Augenblick niemand hören.

[41] Nep Hann 8,2. Auf der Reise zu seinem Bruder kam er ums Leben. Anders L30,19,5 (bereits im Jahr 203 auf der Rückreise aus Ligurien nach Karthago kurz hinter Sardinien). Vgl. o. S. 448 A 63.

[42] Pausanias 8, 11, 11, vgl. App Syr 11,44.

[43] Der Orakelspruch ist natürlich eine Ableitung und Verwechslung mit dem tatsächlichen Todesort, Libyssa in Bithynien. Doch abgesehen davon ist es durchaus denkbar, daß sich Hannibal an das bekannte Orakel wandte.

[44] L 35,43,6, zum Krieg in Griechenland vgl. Will II 1982, 204 ff.

[45] Die beiden Prätoren M. Baebius und A. Atilius Serranus, die ursprünglich für die beiden Spanien vorgesehen waren, erhielten neue Amtsbereiche zugewiesen, Atilius die Flotte und Makedonien, Baebius Bruttium mit den beiden *legiones urbanae* des Vorjahres, L35,20,8–10. Diese Änderung ist nur verständlich, wenn den Senatoren Informationen vorlagen, die auf eine Gefahr für diese Bereiche hindeuteten.

[46] L 35,33,10–11.

[47] L 35,43,6: 100 Kriegsschiffe (40 mit und 60 ohne Deck), 200 Lastschiffe, 10000 Mann zu Fuß und 500 Reiter sowie 6 Elefanten.

Erst während der Winterpause 192/91 wurde er zu einer Konferenz nach Demetrias eingeladen.[48] Es wurde lange diskutiert, ob und wie man die Thessaler gewinnen solle. Hannibal konnte über diese Quisquilien nur den Kopf schütteln. Es gehe vorrangig nicht um nebensächliche Probleme, wie sie solche zweitrangigen Bundesgenossen gewinnen sollten, sondern um die richtige Strategie. Philipp müsse als Bundesgenosse gewonnen werden. In diesem Fall habe er keinen Zweifel am erfolgreichen Ausgang des Unternehmens.

Seine Prognose begründete er folgendermaßen: Die Römer würden nun von denen angegriffen, mit deren Unterstützung sie Philipp besiegt hätten. Die Ätoler nämlich, denen die Römer den Sieg über die Makedonen verdankten, würden mit Philipp zusammen kämpfen. Und Philipp habe im letzten Krieg allein die ganze Last tragen müssen, da Antiochos fern stand. Wenn jetzt die beiden mächtigsten Könige Europas und Asiens vereint gegen die Römer anträten, dann hätten die Feinde keine Chance. Für den Fall, daß der Makedonenkönig nicht durch Gesandte überredet werden könne, müsse Seleukos mit einem Heer von Lysimacheia aus durch Thrakien in Makedonien einfallen. Dadurch werde Philipp davon abgehalten, den Römern zu helfen. Soweit sein Vorschlag für den Augenblick.

Er plädierte aber für eine grundlegende Änderung der Gesamtstrategie, die er von allem Anfang an vertreten hatte. Hätte man auf ihn gehört, dann erhielten die Römer nicht die Nachricht, daß Chalkis auf Euboia und das Kastell am Euripos besetzt seien, sondern daß in Etrurien, in Ligurien und an den Küsten des cisalpinischen Gallien Krieg herrsche. Welch gewaltiger Schrecken würde sie erfassen, wenn sie hörten, daß Hannibal in Italien stehe.[49] Noch sei es nicht zu spät. Es müßten alle zur Verfügung stehenden Land- und Seestreitkräfte mobilisiert werden.

Konkret schlug er folgende Maßnahmen vor: Wenn alle Kräfte bereit stünden, sollte die Flotte geteilt werden. Die eine Hälfte sollte auf Korkyra stationiert werden, damit die Römer keine freie Überfahrt nach Griechenland hätten, der andere Teil sollte ins Tyrrhenische Meer fahren und die Westküste Italiens bedrohen. Der König sollte mit dem Landheer in das Gebiet von Byllis in Epirus marschieren.[50] Damit könne er Griechenland schützen und erwecke die Vorstellung bei den Römern, daß seine Invasion unmittelbar bevorstehe.

Hannibal wies erneut dem König nur eine Rolle in rückwärtiger Position zu. Hielt er ihn für eine offensive Aufgabe nicht geeignet? Oder war es einfach Gedankenlosigkeit, da er sich selbst für den besten Kenner Italiens

[48] L 36,6,7–7,21, vgl. Briscoe II 1981, 229ff., App Syr 14,54–59, Iustin 31,5,1–9.

[49] L 36,7,16.

[50] Vgl. S. I. Oost, Roman Policy in Epirus and Acarnania in the Age of the Roman Conquest of Greece, Dallas 1954, 62–63.

hielt? Aus der Sicht des Königs bestätigte der neue Plan die Verdächtigungen des Thoas. Der gesamte Ruhm würde dem Karthager zufallen. Für Antiochos blieb nur die Rolle des Gebers übrig. Er hatte Schiffe und Truppen zu stellen. Hannibal konnte sich offenbar nicht in die Lage des Königs versetzen. Das war ein verhängnisvoller Fehler.[51] Statt wirklich aufs Ganze zu gehen und dem König den wichtigsten Part zuzuweisen, berücksichtigte er vielleicht die Abneigung des Königs, die er wohl in den Gesprächen kennengelernt hatte, sich selbst im Westen zu engagieren, schürte dadurch aber den einmal geweckten Verdacht und Neid des Königs.

Auffallend ist, daß die Invasion nicht in Süditalien, sondern in Gallia Cisalpina, Etrurien und Ligurien erfolgen und die seleukidische Flotte im Tyrrhenischen Meer operieren sollte. Diese Änderung gegenüber dem ersten Entwurf war durch die zwischenzeitliche Entwicklung bedingt. Karthago als Basis schied nach dem gescheiterten Rückkehrversuch aus. Die umfangreichen Abwehrmaßnahmen der Römer in Sizilien und Unteritalien gegen den Angriff der seleukidischen Flotte schlossen eine Invasion in diesem Bereich aus. Die als Operationsbereiche vorgesehenen Gebiete boten sich an, da die Ligurer und Kelten noch Krieg gegen die Römer führten. Was dem Plan immer noch fehlte, war der direkte Angriff auf Rom mit dem Ziel, das Machtzentrum des Feindes einzunehmen. Hannibal hatte doch nichts dazugelernt.[52]

Sein Rat wurde zwar allgemein gelobt, aber nicht verwirklicht. Es wurde nur beschlossen, den Polyxenidas nach Asien zu schicken, um die Flotte und das Heer von dort herbeizuführen. Im Augenblick interessierten Antiochos ganz andere Dinge als derart weitgefaßte Pläne. Er kehrte nach Chalkis zurück und feierte dort Hochzeit mit einer jungen Bürgerstochter.[53]

Hannibal wurde nicht weiter zu den Beratungen hinzugezogen. Er hatte von der Schlagkraft der königlichen Truppen keine allzu hohe Meinung und

[51] Es war sicher auch ungeschickt, den König auf seine Neutralität während des Krieges Philipps gegen die Römer hinzuweisen.

[52] Einen interessanten Hinweis auf das militärische Denken Hannibals offenbart seine Prognose über den Ausgang des Krieges. Wenn die Römer im Verein mit Ätolern und Athamanen die Makedonen besiegt hätten, dann müßte der Sieg zwangsläufig der Koalition von Ätolern, Athamanen, Makedonen und Seleukiden über die Römer gehören. Seine Rechnung war rein numerisch, für einen erfahrenen Feldherrn erstaunlich. Denn die Qualität eines Heeres, nicht seine zahlenmäßige Überlegenheit war die Grundlage des Sieges. Doch diesen Grundsatz hatte er auch bei seiner früheren Planung vernachlässigt. Auch damals glaubte er die Römer durch Entzug der Bundesgenossen so schwächen zu können, daß er sie besiegen könnte.

[53] Vgl. J. Seibert, Historische Beiträge zu den dynastischen Verbindungen in hellenistischer Zeit, Historia-Einzelschriften 10, Wiesbaden 1967, 61, A. Mastrocinque, a. a. O., 140ff. zur Verformung der Überlieferung.

hielt damit nicht zurück.[54] Ein Ratgeber, der immer wieder auf gravierende Versäumnisse hinwies, war wenig willkommen. Sicher war es für ihn eine Genugtuung, daß der König bald seinen Fehler einsah.[55]

Auch wenn er sich mit seinem Plan nicht durchsetzen konnte, sein Vorschlag wurde in der griechischen Öffentlichkeit bekannt und regte die Phantasie der Zeitgenossen an. Eine Resonanz dürfte die Prophezeiung sein, die der Hipparch Boupalos verkündete.[56] Zeus zürne den Römern und werde ein mutiges Volk nach Italien senden, um ihre Herrschaft zu beenden.

Die Senatoren rechneten mit dieser Möglichkeit und trafen Vorbereitungen zum Schutz Siziliens und Süditaliens gegen eine Invasion.[57] Sie hatten aus ihren Fehlern im Jahr 218 gelernt, als sie keine Vorsorge gegen eine feindliche Invasion getroffen hatten. Sie wußten, daß Antiochos eine große Flotte besaß und Hannibal in seinem Beraterstab war.[58]

[54] Darauf deutet die Episode, die Gellius n A 5,5 über eine Truppenparade berichtet. Antiochos habe seine Soldaten in silbernen und goldenen Prunkrüstungen aufmarschieren lassen und das Lob Hannibals erwartet, als er ihm die Frage stellte, ob er sich mit den Römern messen könne und diese daran genug hätten. Dieser habe ihm ironisch entgegnet, die Römer hätten sicher daran genug, selbst wenn sie auch noch so geizig seien. Hannibal habe also in seiner Antwort vorausgesetzt, daß die prunkvollen Truppen eine Beute der Römer würden.

[55] L 36,15,2, D 29,3, Iustin 31,6,6.

[56] Der Hipparch hatte tapfer an den Thermopylen gekämpft und lag unter einem Haufen von Leichnamen, als er trotz seiner zwölf Wunden sich erhob und ins römische Lager kam, vgl. Phlegon von Tralleis, FGrHist 257 F 36 III. H. Fuchs, Geistiger Widerstand gegen Rom in der antiken Welt, Berlin 2. Aufl. 1964, 5–6. Bezüglich der Prophezeiung auf den Plan Hannibals vgl. S. Mazzarino, Il pensiero storico classico II 1, Bari 1966, 155–160. Andere Deutungen bei E. Gabba, Publio Cornelio Scipione Africano e la leggenda, Athenaeum 53, 1975, 7 A 11, F. Martelli, In margine ad un frammento di Antistene: FGrHist 257 F 36, RSA 8, 1978, 123–131, J.-D. Gauger, Phlegon von Tralleis, mirab. III, Chiron 10, 1980, 224 261, bes. 231 ff., 249 ff., F. Martelli, An cora in margine ad un frammento di Antistene, RSA 12, 1982, 251–260, vgl. Mariassunta Porqueddu Salvioli, La storia di Antistene di Rodi e la profecia antiromana, in: Politica e religione nel primo scontro tra Roma e l'oriente, a cura di Marta Sordi, CISA 8, Mailand 1982, 3–11, Gabriella Amiotti, Gli oracoli sibillini e il motivo del re d'Asia nella lotta contro Roma, ebd., 18–26.

[57] Der Prätor A. Cornelius sollte die ganze Küste im Gebiet von Tarent und Brundisium mit Truppen schützen. Auf Sizilien sollte neben dem Prätor M. Aemilius Lepidus sein Vorgänger L. Valerius als Proprätor fungieren. Der eine sollte das Gebiet von Agrigent bis Pachynos, der andere das Gebiet von Pachynos bis Tyndareus kommandieren. Letzteren Bereich, d.h. die Ostküste, sollte Valerius mit 20 Kriegsschiffen schützen. L 36, 2, 7–11, App Syr 15, 64 ff.

[58] Gleichzeitig dienten die dort stationierten Truppen der Sicherung des Landes gegen evtl. Aufstände. Besonders den unzuverlässigen Bruttiern dürften sie mißtraut haben. Sizilien fiel außerdem eine wichtige Funktion in der Logistik des Krieges zu. Die Insel sollte den Nachschub für die kämpfende Truppe in Griechenland liefern.

Ihre Skepsis gegenüber den Karthagern steigerten zwei Angebote, die für sich betrachtet als Unterstützungsaktion gedacht waren, die in der besonderen Situation aber auch zu Irritationen führen konnten. Eine karthagische Gesandtschaft offerierte die kostenlose Lieferung von Getreide, den Bau einer Flotte auf eigene Kosten und die Rückzahlung der gesamten Kriegsentschädigung in einer Summe.[59]

Das Angebot erschien auf den ersten Blick verlockend. Doch mit der Annahme hätte eine gefährliche Situation entstehen können. Die Rückzahlung der Kriegskostenentschädigung hätte die Freilassung der Geiseln zur Folge gehabt und ein wichtiges Band, mit dem die Karthager zur Treue verpflichtet waren, gelöst. Noch verdächtiger mußte der Vorschlag, eine Flotte für die Römer auf Kiel zu legen, erscheinen. Mit einem einfachen Trick hätten die Karthager die Bestimmung des Friedensvertrages von 201 umgehen können, der ihnen nur 10 Kriegsschiffe zugestand,[60] und sich mit Billigung der Römer eine Flotte erbaut, mit der sie unter dem Vorwand, den Römern Getreide zu bringen, in die tyrrhenischen Gewässer hätten einlaufen und Rom angreifen können.

Wer wollte es den Römern verdenken, daß sie das von karthagischer Seite sicher ohne Hintergedanken unterbreitete Angebot anders auslegten? Lag nicht der Verdacht nahe, daß in Wirklichkeit der listige Hannibal hinter dem Vorschlag steckte, der auf diesem Weg seinen Plan einer Invasion in Italien verwirklichen wollte? Die Senatoren wiesen das Angebot zurück. Um jede Gefahr auszuschließen, mußten die Karthager mit ihrer bescheidenen Flottille Bündnispflichten im Krieg gegen Antiochos erfüllen.

Das Griechenlandabenteuer endete mit der Niederlage des Antiochos an den Thermopylen (191 v. Chr.) und seinem schnellen Rückzug nach Kleinasien.[61] Hier glaubte er sich vor den Angriffen der Römer sicher. In dieser Einschätzung wurde er von seinen Höflingen bestärkt, die sich teils selbst täuschten, teils nur dem König schmeicheln wollten und sagten, was er zu hören wünschte.[62] Hannibal, der bereits bisher ohne Rücksicht auf höfische Gepflogenheiten seine Meinung geäußert hatte, warnte den König nachdrücklich. Er zweifelte überhaupt nicht am Kommen der Römer, wunderte sich vielmehr, daß sie nicht bereits da waren. Die Römer seien vom Adriati-

Deshalb wurde die Ablieferung der doppelten Abgabe an Getreide von den Bauern verlangt. Auch den Bauern Sardiniens wurde die Abgabe von Getreide verdoppelt. Diese Lieferungen sollten aber direkt nach Rom gehen und die Versorgung der Hauptstadt sicherstellen, L 36, 2, 12–13.

[59] L 36, 4, 5–7. Es handelte sich um riesige Mengen Getreide, 500000 Scheffel Weizen, 500000 Scheffel Gerste, davon jeweils die Hälfte nach Rom.

[60] Vgl. Schmitt III 1969, Nr. 548, S. 305.

[61] Will II 1982, 206–207.

[62] L 36, 41–45, 8, App Syr 21, 97–99; 22, 101–107, Iustin 31, 6, 6.

schen Meer nicht am Übergang nach Griechenland abgehalten worden, so würde sie auch die Ägäis nicht am Übergang nach Kleinasien hindern. Der König müsse damit rechnen, in Kürze mit Heer und Flotte gegen die Römer in Asien und um Asien kämpfen zu müssen. Er habe nur die Alternative, da die Römer Anspruch auf die Weltherrschaft erhöben, entweder ihnen ihre Herrschaft zu nehmen oder sein Reich zu verlieren.

Antiochos hatte nach seinem Scheitern in Griechenland eingesehen, daß die Ratschläge Hannibals richtig waren. Deshalb stand dieser damals besonders hoch in der königlichen Gunst. Sein Rat wurde befolgt.[63] Antiochos brach sofort mit der Flotte zum Hellespont auf, um die dortigen Gebiete mit Besatzungen gegen einen Einmarsch der Römer zu sichern.

Der Konsul Manlius nutzte seinen Sieg an den Thermopylen nicht konsequent aus und machte keine Anstalten, nach Asien zu gehen, sondern vertat seine Zeit mit langwierigen Belagerungen in Griechenland (Herakleia, Naupaktos). Als Antiochos die Nachricht erhielt, die römische Flotte unter C. Livius sei in den Gewässern vor Kleinasien aufgekreuzt, kehrte er nach Ephesos zurück. Hannibals Prognose hatte sich als irrig erwiesen. Das mag ihn den Einfluß im Rat des Königs gekostet haben.[64] Während des Winters 191/190 traf der König umfangreiche Vorbereitungen, um seine Flotte neu aufzubauen und auszurüsten. Hannibal erhielt den Auftrag, in Phoinikien die dort vorhandenen Schiffe herbeizuschaffen,[65] eine auf den ersten Blick sekundäre Aufgabe. Von ihm hing es allerdings ab, ob die seleukidische Flotte die Überlegenheit des Feindes zur See überwinden und die Invasion in Kleinasien abwehren konnte.

Auf der Rückfahrt von Phoinikien in die Ägäis ging die königliche Flotte in Side vor Anker. Eine rhodische Flotte unter dem Admiral Eudamos, die in Phaselis Station bezogen hatte und den Vorstoß der seleukidischen Flotte in die Ägäis verhindern sollte, fuhr ihr entgegen und stellte sie zur Schlacht in den Gewässern vor Side.[66]

[63] Nach L 36, 15, 2 habe Antiochos bereits im Frühjahr 191 erkannt, daß der Ätoler Thoas ihn getäuscht und Hannibal das Richtige gesehen hatte. Er habe ihn nicht nur als einen klugen Mann respektiert, sondern fast wie einen Seher, der das, was eingetreten ist, vorausgesagt hatte. Vgl. D 29, 3, App Syr 17, 74, K. Brodersen, a. a. O., 1991, 126.

[64] Polyxenidas, ein Flüchtling aus Rhodos, war Admiral der königlichen Flotte. Er plädierte für eine Seeschlacht gegen die Römer, die mit einer Niederlage der Königlichen endete.

[65] App Syr 22, 108.

[66] L 37, 23, 3–24, 12, App Syr 22, 108–109, Iustin 31, 6, 7–10, Nep Hann 8, 4. Vgl. Thiel 1946, 337–345. Die königliche Flotte bestand aus 47 Schiffen und war damit der rhodischen Flotte mit 41 Schiffen zahlenmäßig überlegen. Der Gesundheitszustand der rhodischen Flottenmannschaften war wegen einer Krankheit sehr schlecht. Das Kommando auf dem rechten Flügel und den Oberbefehl insgesamt hatte Eudamos,

Das Schiff des Admirals Eudamos fuhr an der Spitze und sollte nach Steuerbord aus der Anfahrt abbiegen, damit die in Kiellinie folgenden Schiffe sich zur Schlachtlinie postieren konnten. Da Eudamos aber nicht weit genug zur offenen See hinausfuhr, sondern zu früh in Stellung ging, reichte der freie Raum zum Land hin nicht für die Auffahrt der übrigen Schiffe aus. Das war ein unverzeihlicher Fehler, dem er noch einen zweiten folgen ließ. Er wartete mit dem Angriff nicht, bis alle Schiffe in Linie aufgefahren waren, sondern griff sofort den feindlichen Flügel unter Hannibal mit nur fünf Schiffen an. Da er den ausdrücklichen Befehl erteilt hatte, die Schiffe sollten sich zunächst in Linie entfalten und dann erst angreifen, blieben die anderen Schiffe in Wartestellung. Man muß sich die Häufung von Fehlern vor Augen halten, wozu noch die numerische Unterlegenheit und die physische Schwäche der Flottenmannschaften hinzukamen. Es durfte unter diesen Umständen keine Frage sein, wer als Sieger das Schlachtfeld verlassen würde.

Seemännische Erfahrung jedoch konnte selbst gravierende Fehler der Leitung ausgleichen.[67] Die räumliche Enge, welche die Aufstellung behindert hatte, wurde schnell durch Ausweichen auf die hohe See behoben. Günstig für die Rhodier und deprimierend für die königlichen wirkte sich aus, daß ein kleines rhodisches Schiff einen Siebenruderer durch einen einzigen Rammstoß versenken konnte. Dies führte auf dem rechten Flügel zur Flucht. Auf dem linken Flügel war Hannibal dem rhodischen Admiral überlegen und hätte in seinem Kampfabschnitt gesiegt, wenn nicht das Zeichen zum Rückzug vom königlichen Admiralsschiff gekommen wäre. So mußte auch er sich zur Flucht wenden. Mehr als die Hälfte der königlichen Schiffe waren beschädigt worden.

Die Rhodier konnten die Feinde nicht verfolgen, da ihre Ruderer von der Krankheit noch zu geschwächt waren und schnell ermüdeten. Sie kehrten über Phaselis nach Rhodos zurück. Eine Flottille von 20 Kriegsschiffen unter Charikleitos bezog bei Patara Stellung. Die königliche Flotte wagte nicht die Weiterfahrt an der lykischen Küste und blieb in Side.

Die Seeschlacht bei Side endete mit einer großen Blamage. Die seleukidische Flottenleitung verstand es nicht, die Fehler des rhodischen Admirals auszunutzen. In dieses Urteil ist auch Hannibal einzubeziehen, dessen Versagen die antike Quelle geschickt verdecken will. Obgleich er numerisch weit überlegen war, konnte er die fünf Schiffe des Eudamos nicht ausschalten.

das Zentrum kommandierte Pamphilidas, den linken Flügel Charikleitos, der mit seinem Schiff am Ende der Formation fuhr. Bei der königlichen Flotte kommandierte den rechten Flügel zum Land hin Apollonios, den linken Flügel zur offenen See hin Hannibal. Sein direkter Gegenüber war der rhodische Admiral Eudamos. Wem das Zentrum der königlichen Flotte unterstand, wird nicht angegeben. Hier dürfte das Admiralsschiff Stellung bezogen haben.

[67] L 37,24,1.

Doch war ein Kommando auf der Flotte der richtige Platz für einen Mann, der sein Leben lang sich nur mit dem Krieg zu Land beschäftigt hatte? Man kann sich nur wundern, daß einer der größten Schlachtentaktiker bei der entscheidenden Feldschlacht zwischen Antiochos und den Römern unter dem Kommando des L. Cornelius Scipio bei Magnesia am Sipylos fehlte.[68] Persönliche Empfindlichkeit und Neid auf den Ruhm des Karthagers waren wohl für die Entscheidung des Antiochos ausschlaggebend, der ihm nur eine untergeordnete Position im Flottenkommando zuwies.[69]

Die Niederlage des Antiochos hatte auch schwerwiegende Folgen für das Schicksal Hannibals. Der Konsul L. Cornelius Scipio verlangte seine Auslieferung.[70] Der König bewies in seiner Niederlage menschliche Größe gegenüber dem Flüchtling aus Karthago.[71] Er suchte sich nicht auf billige Weise das Wohlwollen der Römer zu erkaufen, sondern ließ ihm eine entsprechende Warnung zukommen. Hannibal mußte aus dem Seleukidenreich weggehen und erneut das unstete Leben eines Flüchtlings beginnen.[72]

[68] Zu dieser Schlacht vgl. B. Bar-Kochva, The Seleucid Army, Cambridge 1976, 163–173, Will II 1982, 213–215. Beinahe hätte sich der Tag von Zama wiederholt. Dies verhinderte auf der einen Seite die Krankheit des P. Cornelius Scipio, der nicht an der Schlacht teilnahm, auf der anderen Seite die Kurzsichtigkeit des Königs Antiochos, der die Überlegenheit Hannibals als Schlachtentaktiker nicht erkennen wollte oder konnte. Zu seiner Entschuldigung muß man allerdings darauf hinweisen, daß auch Hannibal das einzigartige poliorketische Genie eines Archimedes entging. Ob die Königlichen unter dem Kommando eines Hannibal tatsächlich auch gesiegt hätten, muß Spekulation bleiben.

[69] L 37,24,4. Hannibal gab in der Seeschlacht auf seinem Flügel den Kampf auf, als vom Admiralsschiff das Kommando kam, d. h. er war nicht der Admiral der Flotte.

[70] P 21,17,7. Vgl. Walbank III 1979, 110, L37,45,16–17, vgl. Briscoe II 1981, 361. Ebenso sollten der Ätoler Thoas, der Akarnane Mnasilochos sowie Philon und Eubulides, beide aus Chalkis, ausgeliefert werden. Diese Forderung wurde auch im endgültigen Vertrag von Apameia, der im Jahr 188 beschworen wurde, beibehalten, P21,43,11. Vgl. dazu Walbank III 1979, 158–159. Zur Auslieferungsforderung vgl. E. Täubler, Imperium Romanum I 1913, 83–86. Allerdings mit der bemerkenswerten Einschränkung, „wenn es möglich sei". Denn zu diesem Zeitpunkt hielt sich Hannibal schon lange nicht mehr im Herrschaftsbereich des Seleukidenkönigs auf.

[71] Es liegt die Vermutung nahe, daß L. Cornelius Scipio zwar offiziell diese Forderung stellte, vielleicht um die Wünsche bestimmter Kreise in Rom zu erfüllen, aber tatsächlich hoffte, daß Antiochos den Hannibal warnen würde, so daß der Karthager sich dem Zugriff der Römer entziehen könnte. Denn wenn Scipio wirklich gewünscht hätte, Hannibal zu fassen, dann hätte er auf der sofortigen Auslieferung bestehen und die Fortführung der Verhandlungen von der Erfüllung dieser Klausel abhängig machen können. So mußte Antiochos sofort 500 Talente bezahlen und Geiseln für die Zeit der Verhandlungen in Rom stellen. P21,17, L37,45,20. Diese Haltung ehrt den Römer.

[72] Nep Hann 9,1 hat eine dem Antiochos ungünstige Version. Hannibal soll gefürchtet haben, daß er ausgeliefert würde, wenn sich dazu die Gelegenheit böte. M. E. ist Iustin 32,4,3 der Vorzug zu geben.

Auf der Flucht: 190–183 v. Chr.

Wohin konnte Hannibal noch fliehen? Welcher Herrscher wagte es, ihn aufzunehmen? Alle Länder und Städte, die mit den Römern verbündet waren oder zu ihnen freundschaftliche Beziehungen unterhielten, schieden aus. Innerhalb eines Jahrzehnts hatte sich die Welt grundlegend verändert. Im gesamten Mittelmeerraum waren die Römer präsent.

Als nächster Anlaufpunkt bot sich die Insel Kreta an, die von Side aus schnell mit einem Schiff zu erreichen war. Hier hoffte er vor den Nachstellungen der Römer sicher zu sein. Sie konnten seinen Aufenthalt schwerlich als eine Bedrohung ihres Staates empfinden.

So fuhr er Ende 190 nach Kreta und fand in der Stadt Gortyn Aufnahme.[1] Damals herrschte auf der Insel Krieg zwischen den Städten Gortyn und Knossos gegen die Stadt Kydonia.[2] Wie Nepos überliefert, habe er größere Geldbeträge bei sich gehabt, was in Gortyn bekannt gewesen sei. Um diese Gelder zu sichern, habe er mehrere Amphoren mit Blei gefüllt, das oben mit einer dünnen Goldschicht bedeckt wurde. Im Beisein kretischer Beamter habe er die Amphoren im Tempel der Artemis deponiert. Das Gold dagegen habe er in eherne Statuen gefüllt, die er, als seien sie wertlos, im Hof seines Hauses herumliegen ließ. Die Gortynier hätten sich täuschen lassen und den Tempel bewacht, damit Hannibal nicht ohne ihr Wissen dort etwas wegnehme.[3]

Die Deponierung von Geldern in einen Tempel war die damals übliche und sicherste Form der Geldaufbewahrung.[4] Die Göttin Artemis wurde in Gortyn verehrt.[5] Deshalb könnte die Geschichte auf einen konkreten Anlaß zurückgehen.[6] Hannibal könnte offiziell Geld deponiert haben, um Ruhe vor den

[1] Nep Hann 9,1–4, Iustin 32,4,3–5. Karte Nr. 10.

[2] L 37,60,3. Es mag durchaus sein, daß Hannibal hier eine „Beschäftigung“ zu finden hoffte. Was sollte ein Feldherr ohne Heer, der auf der Flucht war, sonst tun? Ob sich Hannibal in irgendeiner Weise an den Kämpfen beteiligte, ist nicht bekannt.

[3] Nep Hann 9,2–4, Iustin 32,4–5.

[4] Vgl. M. Rostovtzeff, Gesellschafts- und Wirtschaftsgeschichte der hellenistischen Welt, Darmstadt 1962, II 1028ff.

[5] Vgl. H. Collitz/F. Bechtel, Griech. Dialektinschriften, Göttingen III 2, Nr. 4991 III 10.

[6] Die Geschichte basiert auf mehreren weit verbreiteten Klischees. So war man überzeugt, daß ein berühmter Feldherr großen persönlichen Reichtum besitzen müsse, da er große Beute gemacht hatte. Die Kreter waren in der griechischen Welt

Nachstellungen habgieriger Gortynier zu haben. Was für ihn wichtiger gewesen wäre, nämlich Ruhe vor den Römern, war ihm nicht beschieden.

Im Jahr 189 suchte der Prätor Q. Fabius Labeo, der die römische Flotte kommandierte, eine „Beschäftigung". Der Krieg gegen Antiochos war durch die Friedensverhandlungen beendet. So bot sich wenig Möglichkeit, kriegerischen Ruhm zu erlangen. Fabius suchte angestrengt nach einer Möglichkeit, sich zu betätigen. Er wollte nicht den Eindruck entstehen lassen, daß es in seinem Amtsbereich beschaulich zuging! Daß auf Kreta Krieg geführt wurde, nahm er als willkommenen Anlaß für eine Intervention auf der Insel.[7] Als Vorwand diente ihm ein Gerücht, auf der Insel seien eine große Zahl römischer und italischer Gefangener als Sklaven tätig.

Der Prätor fuhr mit seinen Schiffen von Ephesos herüber. Seine Gesandten forderten die kriegführenden Städte auf, den Krieg beizulegen, alle Gefangenen auszuliefern und Gesandte zu ihm zu schicken, um alle Angelegenheiten, die die Kreter und die Römer beträfen, zu besprechen. Er kannte nicht die Mentalität der Kreter, deren ausgeprägte Individualität bisher erfolgreich einer Einigung widerstanden hatte. Die meisten Städte kümmerten sich nicht um seine Anordnungen. Die Römer hatten ihnen nichts zu befehlen. Nur Gortyn folgte der Aufforderung und lieferte die Gefangenen aus.[8] Hannibal mußte erneut fliehen.[9]

Wo sollte er jetzt Zuflucht suchen? Im Mittelmeerraum war kein Staat mehr, der ihn vor einer Auslieferung an die Römer bewahren würde. Es blieb ihm nur der Ausweg, in Gebieten, die an das Seleukidenreich angrenzten und vor römischem Zugriff sicher schienen, ein Unterkommen zu suchen. Am Hof des Antiochos hatte er Artaxias von Armenien kennengelernt, der damals Satrap des Antiochos war,[10] nach der Niederlage des Antiochos seine Unabhängigkeit verkündet und gleichzeitig den Königstitel angenommen hatte.[11]

wenig angesehen. Sie galten als lügnerisch, treulos, räuberisch und habgierig. Vgl. H. van Effenterre, La Crète et le monde hellénistique de Platon à Polybe, Paris 1948, 283 ff. Jedermann würde als sicher annehmen, daß sie einem Fremden seinen Besitz abnehmen würden. Aber Hannibal galt allgemein als ein „Fuchs", der sich nicht täuschen ließ. So könnte aus diesen bekannten Faktoren die Episode geformt worden sein, um die spärlichen Nachrichten aus der Spätzeit Hannibals etwas aufzufüllen.

[7] L 37,60,2–7.

[8] Nach der Angabe des Valerius Antias (L 37,60,6) sollen es 4000 Mann gewesen sein. Nach Art des Valerius dürfte diese Zahl weit übertrieben sein.

[9] Es wird zwar nirgends erwähnt, daß Fabius Hannibal verlangte, aber dem Karthager dürfte sein Aufenthaltsort zu unsicher geworden sein. Im Jahr 189 machten Lucius und Publius Cornelius Station auf der Insel. Eine Verbindung der Flucht Hannibals mit ihrer Anwesenheit erscheint nicht angebracht. Scullard 1970, 207–208.

[10] Vgl. H. H. Schmitt, Antiochos III., Wiesbaden 1964, 100.

[11] Zur Annahme des Königstitels Strabon 11,14,15 (531), allerdings sei damals be-

Er fand bei Artaxias Aufnahme.[12] Er beriet ihn bei der Gründung seiner Hauptstadt Artaxata, deren günstige Lage er erkannte und für deren Anlage er auch einen Entwurf machte.[13] Der armenische Herrscher übertrug ihm die Leitung der Gründung (189/188 v. Chr.).[14]

Dieser Vorgang ist aufschlußreich für den alten Mann. Er war rastlos und mußte immer etwas tun. Es war aber keineswegs so, daß er immerfort zu Krieg hetzte und nur Krieg im Sinn hatte, wie die Römer behaupteten. Er konnte sich auch mit friedlichen Vorhaben beschäftigen, wie gerade in den letzten Jahren seines Lebens deutlich wurde.

Die Römer streckten auch in dieses Gebiet ihre Fühler aus. Der Plünderungszug des Manlius Vulso in Kleinasien (189) dürfte den Artaxias gewarnt haben. Er mußte befürchten, daß sie im nächsten Jahr noch weiter nach Osten vordringen würden.[15] Ariarathes von Kappadokien kam diesem Feldzug zuvor und erreichte nach Zahlung von 600 Talenten Frieden. Wahrscheinlich im Zusammenhang mit der Friedensordnung von Apameia (188) durch eine Zehnerkommission des Senats wandte sich Artaxias den Römern zu, die seine Herrschaft anerkannten.[16] Ob sie die Auslieferung Hannibals verlangten, ist nicht bekannt, aber denkbar. Auf jeden Fall fühlte er sich nicht mehr sicher und mußte sich erneut nach einem Zufluchtsort umsehen, ein fast aussichtsloses Unterfangen.

Da bot sich ein unerwarteter Ausweg an. Der Senat hatte mit der Zuweisung eines Gebietes an den Herrscher von Pergamon, das im Besitz des Pru-

reits seine Hinwendung zu den Römern erfolgt. Dies ist unwahrscheinlich, sonst wäre Hannibal nicht zu ihm geflohen. Vgl. Hoffmann 1962, 126.

[12] Plut Lucullus 31, 4–5. G. Brizzi, Studi di storia annibalica, Faenza 1984, 93 will in Hannibal den Förderer und Verbreiter hellenistischer Kultur in diesem Raum sehen. Wie Hannibal im Jahr 189 nach Armenien gelangte, ist nicht bekannt. Der einfachste Weg wäre durch das Seleukidenreich gewesen. Dann hätte er diese Reise mit stillschweigender Duldung des Antiochos machen müssen. Da der Friedensvertrag mit den Römern noch nicht beschworen war, wäre dies denkbar.

[13] Plu Lucullus 31, 4–5, Strabon 11, 14, 6 p. 528.

[14] Vgl. A. Dupont-Sommer, Syria 25, 1946/48, 53 ff., V. Tscherikower, Die hellenistischen Städtegründungen, Leipzig 1927, 82, Chr. Habicht, RE 23, 1, 1957, 1104, G. Brizzi, Ancora su Annibale e l'ellenismo: La fondazione di Artaxata e l'iscrizione di Era Lacinia, Atti del I Congresso Intern. di Studi Fenici e Punici, Rom I 1983, 250. Die Historizität dieser Nachricht bezweifelten Th. Mommsen, Römische Geschichte I, 751 A 5, S. Borzsák, Von Semiramis bis Hannibal, Eirene 20, 1983, 49 als Alexandernachbildung, m. E. zu Unrecht.

[15] Sein Nachbar Ariarathes IV. von Kappadokien hatte an der Schlacht bei Magnesia auf seiten des Antiochos teilgenommen und den Kelten gegen Manlius Hilfe geleistet. Der römische Konsul Manlius plante für das nächste Jahr einen Einfall in Kappadokien.

[16] Strabon 11, 14, 15 p. 531 datiert diese Hinwendung zu Rom unmittelbar nach der Niederlage des Antiochos, doch ist dieser Text nicht so eng auszulegen.

sias von Bithynien war, das aber Eumenes für sich beanspruchte, den Bithynier vor den Kopf gestoßen.[17] Er verweigerte die Herausgabe. Deshalb kam es zum Krieg mit Eumenes.[18] Hier, bei einem Feind der Römer, bot sich Hannibal einer neuer Zufluchtsort.[19] Er wurde bereitwillig aufgenommen[20] und fand ein neues Betätigungsfeld.[21]

Nach Nepos soll er immer noch an einen Krieg gegen die Römer in Italien gedacht haben, wozu er den König gewinnen wollte. Da aber dessen Machtmittel zu schwach gewesen seien, habe er versucht, ein Bündnis mit den übrigen Königen und kriegerischen Stämmen zustande zu bringen.[22] Er dürfte schwerlich so verblendet gewesen sein, daß er die Veränderungen in den Machtverhältnissen nicht zur Kenntnis genommen hätte.[23] Aber auch in Kleinasien wirkte er gegen die Römer, wie sein Sendschreiben an die Rhodier, in dem er die Schandtaten des Konsuls Manlius Vulso behandelte, unterstreicht.[24] Im Auftrag des Prusias brachte er ein militärisches Bündnis zustande, dessen lokalen Charakter man aber nicht übersehen

[17] Noch im Jahr 190 hatten die Römer dem Prusias die Unverletzlichkeit seines Territoriums garantiert, um seine Neutralität im bevorstehenden Krieg gegen Antiochos zu gewinnen. Vgl. dazu Chr. Habicht, Über die Kriege zwischen Pergamon und Bithynien, Hermes 84, 1956, 90–110. Im Frieden von Apameia gestanden sie Eumenes das umstrittene Gebiet, die Phrygia Epiktetos, zu.

[18] Vgl. Chr. Habicht, RE 23,1, 1957, 1098ff. s.v. Prusias Nr. 1, Will II 1982, 285ff.

[19] Strabon 12,4,3, p. 563.

[20] Nep Hann 10,1ff., Iustin 32,4,2ff. Vgl. Chr. Habicht, a.a.O., 1099. Beide Quellen verkürzen die Stationen der Flucht Hannibals. Iustin läßt Hannibal direkt von Antiochos zu Prusias flüchten, Nepos von Gortyn aus. Beide kennen die Zwischenstation bei Artaxias in Armenien nicht.

[21] Es ist unwahrscheinlich, daß Hannibal den König erst zum Krieg überreden mußte, so Cicero, de divin. 2,52. Nach Val Max 3,7 ext. 6 ging es um eine Schlacht. Hannibal erscheint in dieser Episode als ein Mensch, dem Opfer an die Götter nichts besagen. Denn da das Opfer ungünstig ausgefallen war, wollte Prusias den Krieg bzw. die Schlacht nicht wagen. Hannibal soll ihm entgegnet haben, ob er mehr Vertrauen in ein Stück Kalbfleisch habe als zu einem alten Feldherrn, vgl. Plu mor 606 C.

[22] Nep Hann 10,2.

[23] Es ist natürlich nicht völlig auszuschließen, daß Hannibal immer noch Träumen von einer Invasion in Italien anhing.

[24] Nep Hann 13,2. Vgl. Hoffmann 1962, 126. In diesem Zusammenhang möchte A. Momigliano, Alien Wisdom. The Limits of Hellenization, Cambridge 1975, 40–41 den fingierten Brief Hannibals an die Athener (P Hamb II 129 col. VI–VIII, vgl. Seibert 1993, 5 A18) einordnen. Er beweise, daß viele Griechen in dem Karthager ihren Retter gegen Rom gesehen hätten. Diese Deutung griff G. Brizzi, Ancora sull „papiro di Annibale", in Studi di Storia Annibalica, Faenza 1984, 85–102 auf. Die starke antirömische Einstellung ziele mit dem sarkastischen Verweis auf die Vorfahren der Römer, die Trojaner. Brizzi glaubt, daß das gefälschte Schreiben im Umfeld des makedonischen Königshofes entstanden sei.

darf.[25] Den Verbündeten ging es ausschließlich um ihre eigenen Interessen, die sich auf die Gebiete in Thrakien und Kleinasien beschränkten. Auch in diesem Krieg fand Hannibal nicht im Landheer Verwendung, das König Prusias kommandierte. Offenbar sah er wie vorher Antiochos diesen Bereich als seine eigene Domäne an, in der er keinen Nebenbuhler duldete. Am Berg Lypedros erlitt er eine Niederlage.[26]

Die bithynische Flotte war schwach und der pergamenischen unterlegen.[27] Auf diesem Gebiet waren demnach keine Erfolge zu erzielen. Trotzdem soll es Hannibal gelungen sein, den überlegenen Feind durch eine List zu besiegen. Er habe Tongefäße mit Giftschlangen auf die feindlichen Schiffe geschleudert, die beim Aufprall zersprangen. Die Giftschlangen verwirrten die Ruderer, und die Feinde konnten in die Flucht geschlagen werden.[28] An der Historizität bestehen indessen erhebliche Zweifel.[29] Auch an seinem letzten Zufluchtsort soll er im Auftrag des Königs eine Stadt gegründet haben, Prusa.[30]

[25] Die Behauptung, daß er „die übrigen Könige und die kriegerischen Stämme" gewinnen konnte, findet eine Bestätigung in einer Inschrift aus Telmessos vom November/Dezember 184 (M. Segre, RF 60, 1932, 446ff.), in der ein Sieg des Eumenes über Prusias, Ortiagon, die Galater und die übrigen Bundesgenossen gefeiert wird. Unter den „anderen Bundesgenossen" sind Philipp V. und Pharnakes I. von Pontos zu sehen. Philipp V. lag mit Eumenes im Streit, da er ihm thrakische Plätze herausgeben sollte. Er unterstützte Prusias aktiv mit Truppen, P23, 1, 4; 3, 1, L39, 46, 9. Auch Pharnakes von Pontos kämpfte auf der Seite des Bithyniers, Trogus, prol. 32.

[26] Die Beute weihte Attalos, der Bruder des Königs, dem Zeus und der Athena. W. Dittenberger, Orientis Graeci Inscriptiones Selectae, Leipzig 1903, I Nr. 298.

[27] Nep Hann 10, 4ff., Iustin 32, 4, 6ff., Frontin 4, 7, 10 (irrig auf Antiochos bezogen), 11.

[28] Seine Taktik war, in der Schlacht nur das Flaggschiff des Königs Eumenes anzugreifen und die anderen Schiffe abzuwehren. Dies sollte mit Hilfe der Schlangen geschehen. Um seinen Leuten zu zeigen, welches das Schiff des Königs war, sandte er vor Beginn der Schlacht einen Parlamentär zu den Feinden, der behauptete, er müsse dem König einen Brief überbringen. So sahen die Bithynier genau, wo das königliche Schiff postiert war. Der Brief, den Eumenes sofort las, enthielt nichts als Verhöhnungen und Verspottungen. Die Schlacht verlief, wie Hannibal geplant hatte. Eumenes war durch den plötzlichen Angriff auf sein Schiff überrascht und ergriff die Flucht. Die überlegenen pergamenischen Schiffe griffen ihre Gegner an und lachten zunächst, als die Feinde Tongefäße auf sie schleuderten, da sie den eigentlichen Grund nicht erkannten.

[29] Abgelehnt durch Niese III 71, 4, De Sanctis IV 1, 1923, 251 A 43 und Chr. Habicht, a. a. O., 1100, Hoffmann 1962, 127, anders Esther V. Hansen, The Attalids of Pergamon, Ithaca, 2. Aufl. 1971, 99.

[30] Vgl. Plin n h 5, 148. Die Angabe von Arrian, FGrHist 156, F 29, daß der König selbst die Stadt gegründet habe, ist kein Widerspruch. Vgl. De Sanctis IV 1, 1923, 251 A 42, J. Sölch, Bithynische Städte im Altertum, Klio 19, 1923, 156ff., Chr. Habicht,

Das Ende[31]

Im Jahr 183 wurde T. Quinctius Flamininus im Auftrag des Senats an den bithynischen Hof gesandt.[32] Er sollte den pergamenisch-bithynischen Krieg beenden. Seine Gesandtschaft bedeutete nichts Gutes für Hannibal. In der antiken Tradition ist umstritten, ob der Römer den Auftrag hatte, Hannibals Auslieferung zu fordern, oder nicht.[33] Livius läßt offen, ob nicht Prusias ein verräterisches Spiel betrieb.[34] Eine andere Tradition betont das korrekte Verhalten des Königs. Er habe für seinen Schützling gefleht und gebeten. Doch der Römer sei unerbittlich geblieben.[35] Nach Nepos[36] war der Bithynier etwas weniger standhaft. Er wagte nicht, die Forderung abzulehnen, bat aber, daß man ihn das Gastrecht einhalten lasse, d.h. die Römer sollten Hannibal selbst gefangennehmen, wenn sie könnten. Sein Aufenthaltsort sei bekannt, eine sophistische Auslegung des Gastrechtes.

Die unterschiedlichen Versionen mögen dadurch entstanden sein, daß später jeder die Schuld am Selbstmord Hannibals von sich weisen wollte. Dieser zog die richtigen Schlüsse aus der Anwesenheit des römischen Gesandten. Er war als Flüchtling seit vielen Jahren ein „gebranntes Kind" und hatte für solche Fälle Vorsorge getroffen. Jederzeit war er für eine plötzliche Flucht gerüstet.[37]

a.a.O., 1103ff. D. Magie, Roman Rule in Asia Minor, Princeton 1950, II 1187 A 16 wendet sich gegen die Glaubwürdigkeit dieser Nachricht, da Hannibal auch die Gründung von Artaxata zugeschrieben werde, die er ebenfalls als unhistorisch ablehnt, indessen zu Unrecht. Die Datierung der Gründung ist nicht gesichert. Allgemein wird sie ins Jahr 184 verlegt.

[31] Nep Hann 12, L 39,51, Iustin 32,4,8, Plu Flam 20, App Syr 11,43, Cass frg. 64, Z 9,21,7, Val Max 9,2 ext. 2, Eu 4,5,2, Plin n h 5,148, Auctor de viris illustr. 42,6; 51,5. De Sanctis IV 1, 1923, 252ff.

[32] P 23,5,1. Dazu Chr. Habicht, Hermes 1956, 96ff., H. Gundel, RE 24, 1963, 1092–1093 s.v. Quinctius 45, J. Broscoe, Latomus 31, 1972, 23–24.

[33] Nach Plu Flam 20, App Syr 11,43 (vgl. K. Brodersen, a.a.O., 1991, 107), Paus 8,11,11 war es die Idee des Flamininus, nach Nep Hann 12,2 handelte es sich um einen Senatsbeschluß, ebenso Iustin 32,4,8.

[34] L 39,51,1ff.

[35] So Plu Flam 20, 5.

[36] Nep Hann 12,3.

[37] Sein Haus in Libyssa, an der Küste gelegen, war für die Flucht vorbereitet. Da das Haus am Meer lag, ist anzunehmen, daß er auch ein Schiff bereitliegen hatte. Alexander Polyhistor bei Stephanos von Byzanz s.v. Libyssa. Zur Lage von Libyssa A.M. Mansel, Zur Lage des Hannibalgrabes, AA 1972, 257ff. Das Ammonorakel hatte ihm vorhergesagt, daß „in libyscher Erde" seine Gebeine bestattet würden. Diesen Spruch hatte er anders gedeutet. Vgl. K. Sauer, Untersuchungen zur Darstellung des Todes in der griechisch-römischen Geschichtsschreibung, Diss. Frankfurt a.M. 1930, 48.

Es läßt sich nur spekulieren, wo er noch hätte Zuflucht finden können. Der unmittelbare Nachbar Bithyniens, Pharnakes von Pontos, wäre eine Möglichkeit gewesen. Seine Vorsorgemaßnahmen beweisen, daß er immer noch eine Möglichkeit zur Flucht gesehen und keineswegs resigniert hatte. Sieben unterirdische Ausgänge hatte er für sein Haus anlegen lassen, die allerdings bekannt waren. Die Truppen des Königs hatten sie besetzt.

Er mußte erkennen, daß eine Flucht unmöglich war. Auch für diesen Fall hatte er Vorsorge getroffen. Er nahm Gift und schied lieber freiwillig aus dem Leben, als den Feinden in die Hände zu fallen, die ihn nach Rom geschleppt, dort der gaffenden Menge vorgeführt und schließlich im Tullianum stranguliert hätten.

Seine letzten Worte sollen gewesen sein: „Wir wollen das römische Volk von einer langen Sorge befreien, da sie glauben, es dauere zu lange, auf den Tod eines alten Mannes zu warten. Flamininus wird keinen großen und keinen denkwürdigen Sieg über einen unbewaffneten und verratenen Mann davontragen.“[38] Unter Verfluchungen und Verwünschungen des Prusias, der das Gastrecht gebrochen habe, habe er das Gift getrunken und sei gestorben.

Für einen antiken Geschichtsschreiber war es ein willkommener Anlaß, die Todesstunde eines so berühmten Mannes wie Hannibal dramatisch auszugestalten. Tatsächlich dürfte ihm nur wenig Zeit auf der Flucht verblieben sein, schnell das Gift zu schlucken, bevor er seinen Häschern in die Hände fiel. Aber mit solchen Worten wirkte sein Abgang von der Bühne des Welttheaters eindrucksvoller und bewegender.

Tatsächlich ist von seinem Ende nur wenig Sicheres bekannt. Das beweisen die unterschiedlichen Versionen über seinen Freitod. Er sei von seinem Sklaven erstickt worden oder er habe wie Themistokles Stierblut getrunken.[39] Nach einer anderen Version soll ihm sogar die Flucht geglückt sein. Er habe sich flehend an Prusias gewandt, der ihn aber zurückstieß. Als sich Hannibal auf sein Pferd schwang, habe er sich mit dem gezogenen Dolch am Finger verwundet. Er sei nur wenige Stadien weit gekommen und gefaßt worden. Drei Tage später sei er an Blutvergiftung gestorben.[40]

38 L 39,51,9–10, vgl. Plu Flam 20,10–11.

39 Plu Flam 20,9,

40 Paus 8,11,11. Diese Version könnte der Versuch sein, Hannibal vor dem Vorwurf zu bewahren, er habe sein Leben durch seine eigene Hand beendet. Die Antike war sich in der moralischen Bewertung des Selbstmordes nicht einig. Über die Einstellung der Karthager liegen keine Nachrichten vor. Zu den Römern vgl. Y. Grisé, Le suicide dans la Rome antique, Paris 1982, 167ff. L 40,4,14 sah im Selbstmord die einzige Rettung unter bestimmten Umständen. Der Selbstmord durch das Schwert war einem Mann angemessener als der durch Gift. Nach App Syr 11,43 soll Hannibal von Prusias mit Gift getötet worden sein, m. E. unwahrscheinlich. Anders K. Brodersen, a. a. O.

Doch nicht nur die Art seines Todes war in der Antike umstritten. Auch über die genaue Datierung kursierten verschiedene Meinungen.[41] Polybios setzte den Tod ins Jahr 182 unter das Konsulat des L. Aemilius Paullus und des Cn. Baebius Tamphilus.[42] Livius datierte den Freitod ins Jahr 183 unter das Konsulat des M. Claudius Marcellus und des Q. Fabius Labeo, worin er dem Ansatz des Atticus folgte. Es gibt noch eine dritte Version mit dem Jahr 181.[43] Da Flamininus seine Reise im Frühjahr 183 antrat, dürfte Hannibal in diesem Jahr aus dem Leben geschieden sein.[44]

Hannibal wurde bei seinem Haus in Libyssa beigesetzt. Sein Grabmal soll ein einfacher Steinsarkophag mit der Aufschrift „Hier ruht Hannibal" gewesen sein.[45] Der Kaiser Septimius Severus ließ ihm einen prächtigen Grabbau aus weißem Marmor errichten.[46] Das Grab dürfte bei dem heutigen Ort Diliskelesi zu suchen sein. Bisherige Bemühungen, es zu finden, blieben erfolglos.

Das Ende Hannibals brachte Flamininus nicht den erhofften Ruhm.[47] Die Senatoren lehnten sein rüdes Vorgehen ab. Um so höher erstrahlte der Ruhm Scipios, der nie versucht hatte, sich seines Gegners zu bemächtigen.[48]

[41] Nep Hann 13, 1, L 39, 52, 1 ff.

[42] Ebenso Rutilius, vgl. Livius a. a. O.

[43] Nach dem Zeugnis des Sulpicius Blitho, der ganz unbekannt ist.

[44] Vgl. De Sanctis IV 1, 1923, 252 A 44, anders Th. Lenschau, RE 7, 2, 1912, 2350, 182 für Polybios. Das Jahr 183 ist zwar suspekt, da nach antiker Tradition in diesem Jahr drei große Männer (Scipio, Hannibal und Philopoimen) gestorben sein sollen, Iustin 32, 4, 9. Allerdings war auch das Todesdatum Scipios umstritten, vgl. die Polemik des Livius gegen Valerius Antias, L 39, 52, 1–6. Da man in der Antike solche Synchronismen liebte, liegt der Verdacht nahe, daß aus diesem Grunde der Tod ins Jahr 183 verlegt worden sein könnte.

[45] Auctor de viris illustr. 42, 6.

[46] Tzetzes, Chiliades I 798 ff. Vgl. Ch. Hülsen, Das Grab des Hannibal, BPhW 16, 1896, 28–30, A. M. Mansel, Zur Lage des Hannibalgrabes, AA 1972, 257–275. M. J. Moscovich, Septimius Severus and the Tomb of Hannibal, AHB 4, 1990, 108–112 vertritt die These, es sei Caracalla gewesen, der Hannibals Grab errichtete, so bereits T. D. Barnes, Historia 16, 1967, 97.

[47] Es gab zwar in Rom Stimmen, die sein Vorgehen billigten. Ein Nachklang dieser Auffassung findet sich noch bei Valerius Maximus, der das Ende des Karthagers wegen seiner Grausamkeit gegen die Römer mit gerechtem, aber zu spätem Haß begründete.

[48] Plu Flam 21.

Persönlichkeit und Leistung

„Die Götter schenken einem Menschen nicht alle Gaben" (L 22,51,4). Damit versuchte man in der Antike das rätselhafte Scheitern Hannibals nach seinen überlegenen Siegen über die Römer zu erklären. Doch welche Gaben fehlten ihm? War es nur die Fähigkeit, einen Sieg militärisch und politisch auszunutzen? Hatten die Götter ihm noch weitere wichtige Anlagen verwehrt? Oder beruhte vielleicht das antike Urteil auf einer Fehleinschätzung? Was für ein Mensch war Hannibal? Welche Charaktereigenschaften zeichneten ihn aus, welche fehlten ihm, welche hätte er besser nicht besessen? Dem Historiker fällt es schwer, auf diese Fragen klare und eindeutige Antworten zu finden.[1] Er kann nicht einmal sein Aussehen und seine Gestalt beschreiben.[2] War er groß und kräftig, wie man sich in der Antike einen überragenden Feldherrn im allgemeinen vorstellte?

Über seine Charaktereigenschaften und Veranlagungen lassen sich gewisse Aussagen machen.[3] Doch wenn man den antiken Angaben bedingungslos folgen wollte, dann würde sich das Bild eines Unmenschen ergeben, dem alles Schlechte nicht nur nachgesagt und zugetraut wurde, sondern der solche Vorstellungen in noch weit höherem Maße durch seine Handlungen übertraf. Man scheute sich nicht, ihn direkt als eine Bestie zu bezeichnen. Beliebt war der Vergleich mit dem Wolf.

Die meisten Werturteile stammen von seinen Gegnern. Welche sind zuverlässig und glaubwürdig, welche eindeutig verfälscht? Eine exakte Scheidung ist schwierig. Es wäre sicher verfehlt, durch eine „Mohrenwäsche" aus Hannibal einen „Heiligen" zu machen, der keine Grausamkeit, keinen Vertrags-

[1] Aus der Antike sind Gesamtbeurteilungen von P 9,22–26; 11,19; 23,13, L 21,4, 2–10, D 29,19, Cass frg. 54 überliefert. Vgl. J. Vogt, Das Hannibalporträt im Geschichtswerk des Livius und seine Ursprünge, masch. Diss. Freiburg/Br. 1953, Christ 1968, 363 ff., W. Will, Mirabilior adversis quam secundis rebus, WJA 9, 1963, 157–171.

[2] E. Hennebert, Histoire d'Annibal, Paris, I 1870, 247 ff. versuchte aufgrund verschiedener Angaben des Silius Italicus das Äußere Hannibals nachzuzeichnen. Zu den modernen Versuchen, antike Porträts als Hannibalporträts zu identifizieren, vgl. Seibert 1993, 42–43.

[3] Vgl. dazu bes. G. Egelhaaf, Hannibal. Ein Charakterbild, Stuttgart 1922, H. V. Canter, The Character of Hannibal, CJ 24, 1928/29, 564–577, J. Carcopino, Grandeur et faiblesse d'Hannibal, in: Profils des conquérants, Paris 1961, 111–237, B. D. Hoyos, Hannibal. What Kind of Genius?, G&R 30, 1983, 171–180.

bruch oder sonstige Untat beging. Schließlich führte er 17 Jahre lang erbittert Krieg gegen die Römer mit allen negativen Begleiterscheinungen.[4]

Doch wo ist die Grenze zwischen noch glaubwürdig und bereits verfälscht? Kann nicht auch das Urteil des Feindes im Kern eine wahre, wenn auch bisweilen übertriebene Feststellung enthalten? Meines Erachtens enthalten die antiken Zeugnisse in vielen Fällen Indizien, die der extremen Verzerrung entkleidet werden müssen, und „umgepolt", d.h. aus der Sicht der Karthager[5] gesehen, einen Schlüssel für das Wesen Hannibals bieten können.

Der grausame Hannibal

Ein weit verbreiteter Vorwurf war, er sei äußerst grausam gewesen.[6] Die gegnerische Geschichtsschreibung steigert das Bild des Unmenschen durch die Verbreitung der Behauptung, er habe seine Soldaten gelehrt, Menschenfleisch zu essen.[7] Polybios[8] nahm ihn gegen diesen Vorwurf in Schutz. Einige Vorwürfe lassen sich als bewußte Verunglimpfungen beweisen. Seine Gegner sagten ihm nach, er habe die Gefallenen von Cannae zum Brückenbau über den Aufidus verwandt. Diese Version steigerten sie noch durch die Behauptung, er habe lebende Kriegsgefangene als Brücke benutzt.[9] Aus an-

[4] Was man als normale, „unvermeidbare" Folgen der Kriegführung ansah, beschrieb P 5,11,3, vgl. F. Kiechle, Zur Humanität in der griechischen Kriegführung, Historia 7, 1958, 150–151 = Zur griechischen Staatskunde, WdF 96, 1969, 566–568.

[5] Das angebliche Motiv des Hasses, den Hannibal als Erbe seines Vaters übernahm, ist aus seiner Sicht als positive Eigenschaft der Sohnesliebe oder des Gehorsams gegenüber seinem Vater zu deuten, indem er sich dessen Aufgabe zu eigen machte. Bei einem Römer hätte der römische Historiker von *pietas* gesprochen, wenn er sich der Aufgabe verpflichtet fühlte (z.B. die Übernahme des Kommandos in Spanien durch den jungen P. Cornelius Scipio nach dem Tod seines Vaters und seines Onkels). Der *crudelitas* entsprechen die positiven Eigenschaften der *clementia* oder *humanitas*. Dem habgierigen Hannibal ist der großzügige Feldherr entgegenzusetzen, dem gottlosen Menschen der fromme und gläubige usw.

[6] Vgl. J. Vogt, Das Hannibal-Porträt im Geschichtswerk des T. Livius und seine Ursprünge, masch. schr. Diss. Freiburg/Br. 1953, 16–44, A. J. Pomeroy, Hannibal at Nuceria, Historia 38, 1989, 167 ff. Vgl. Val Max 9,2 ext. 2 mit Beispielen wie Aufhäufung der Leichen für Flußüberquerungen, Abschneiden der Füße von Gefangenen und Schaukämpfe von Verwandten.

[7] L 23,5,12.

[8] P 9,24,6. Nach seiner Version soll der Karthager Hannibal Monomachos, einer der Unterfeldherrn, den Vorschlag gemacht haben, bei Versorgungsschwierigkeiten müßten die Soldaten eben Menschenfleisch essen. Hannibal habe den Nutzen dieses Vorschlages nicht bestritten, ihn aber nicht befolgt. Dies war aber nur ein „Freispruch zweiter Klasse", da Hannibal den Vorschlag nicht grundsätzlich ablehnte.

[9] App Lib 63, 281.

deren Quellen ist aber hinreichend bekannt, daß Hannibal sich um die Bestattung seiner Gegner kümmerte.[10] Er benahm sich, wie man es von einem humanen und gesitteten Menschen erwartete.[11] Als bewußte Verfälschung erweist sich die Behauptung, Hannibal habe aus Zorn die Gefangenen töten lassen, weil sein Angebot, sie gegen Geld auszulösen, von den Römern abgelehnt worden sei.[12] Mit seiner Grausamkeit kontrastiert seine Habgier, die er durch den Verkauf der Gefangenen besser hätte stillen können.[13]

Einen wesentlichen Punkt übersah die antike Geschichtsschreibung bewußt. Dem Bild des grausamen und habgierigen Menschen widersprach die singuläre Generosität, mit der er die gefangenen Bundesgenossen ohne Lösegeld freiließ, was zweifelsfrei beweist, daß den Berichten über seine Grausamkeit mit größter Skepsis zu begegnen ist. Ein Römer hätte sein Verhalten eigentlich mit *clementia* oder *comitas* bezeichnen müssen, das rein zweckbestimmt[14] und nicht Ausdruck seines Charakters gewesen sein soll.

Es wäre denkbar, daß er nach 216 seine großzügige Handlungsweise nicht mehr praktizierte, besonders in der Phase des allmählichen Rückgangs härter durchgreifen mußte und Verräter besonders streng strafte. Er war kein Roboter, bei dem alle Handlungen und Reaktionen nach der gleichen Formel abliefen. Diese Differenzierung läßt auch die römische Historiographie erkennen, wenn sie von „Neigungen zu Habgier und Grausamkeit" sprach, also nicht von permanenten, wesensimmanenten Eigenschaften ausging.[15]

Hannibal war ein Mensch der Widersprüche. Das beweist ein anderes Beispiel: Er verkündete den Italikern Freiheit von Rom und ließ ihre Gefangenen frei. Dennoch verwüstete und brandschatzte er ihre Gebiete, wenn sie nicht zu ihm übertraten. Dieser Widerspruch in seiner Strategie könnte Ausdruck seiner konträren Charakteranlagen sein.

[10] Hannibal ließ nach dem gefallenen Konsul Flaminius das Schlachtfeld am Trasimener See absuchen. Den Konsul Aemilius Paullus ließ er bestatten, ebenso Ti. Sempronius Gracchus und M. Claudius Marcellus. Vgl. L 22, 7, 5 zu Flaminius, 22, 52, 6 zu Aemilius Paullus, 25, 17, 4 zu Ti. Sempronius Gracchus und 27, 27, 13–28, 1 zu M. Claudius Marcellus.

[11] So Val Max 5, 1 ext. 6.

[12] Vgl. App Ann 28, 121.

[13] Bei Hannibal vereinten sich Habgier und Grausamkeit in gleicher Weise in höchstem Maße *(avarissimus et crudelissimus hostis)*, so L 22, 59, 14; 26, 38, 3. P 9, 26, 1 ff. sucht ihn in Schutz zu nehmen und auf zwingende Umstände hinzuweisen, die Hannibal eben keine andere Wahl ließen. Allerdings unterscheidet sich der griechische Historiker wesentlich von der römischen Geschichtsschreibung, die Hannibal beide Charakterzüge (Habgier und Grausamkeit) zuschrieb, während nach seiner Auffassung die Römer ihn für grausam, die Karthager für habgierig hielten.

[14] Vgl. L 21, 48, 10: Bei der Behandlung der Gefangenen von Clastidium wünschte Hannibal in den Ruf von Milde zu kommen.

[15] L 26, 38, 3.

Das beweist aber nicht, daß man allen römischen Behauptungen folgen muß, so etwa der Greuelgeschichte, daß er die Frau und die Kinder des Altinius bei lebendigem Leib verbrennen ließ, nachdem er sich dessen Vermögen angeeignet hatte,[16] oder der Behauptung, er habe im Heiligtum der Hera Lakinia bei seinem Weggang aus Italien viele Italiker abschlachten lassen.[17] Die römische Geschichtsschreibung fand Gefallen an besonders grausamen Todesarten wie etwa Ersticken im heißen Bad.[18]

Eine Variante war, Verwandte oder Freunde gegeneinander kämpfen zu lassen. Diese besondere Perversion könnte aus den verschiedentlich bezeugten Zweikämpfen Gefangener abgeleitet worden sein und bot die Möglichkeit, das Verhalten der Römer als vorbildlich hinzustellen, die sich aus Pietät trotz der Gewaltmaßnahmen Hannibals, der sie mit Feuer, Stachelknuten und Schlägen grausam foltern ließ, zu kämpfen weigerten.[19] Der Blutdurst Hannibals sei erst gestillt gewesen, als von den Kämpfenden nur noch ein einziger übrig geblieben war.[20] Aber auch damit sei er nicht zufrieden gewesen. Er habe ihm die Freiheit versprochen, falls er mit einem Elefanten kämpfe und siege. Als ihm dies wirklich gelang, habe er ihn umbringen lassen, um zu verhindern, daß dadurch den Römern die Angst vor den Tieren genommen würde.[21] Daß Hannibal zur Zeit der Schlacht bei Cannae keine Elefanten mehr in seinem Heer hatte und damit die ganze Geschichte sich als Erfindung erweist, störte niemanden.

Wie unterschiedlich Kriegshandlungen bewertet wurden, beweisen die Berichte über ähnliche Vorgänge auf römischer Seite, die volles Verständnis und Billigung fanden.[22]

Der habgierige Hannibal

Habgier soll eine Veranlagung gewesen sein, die sogar seine eigenen Landsleute ihm vorhielten. Gewinnt damit dieser Vorwurf an Glaubwürdigkeit?[23] Der Krieg verschlang viel Geld, das auf Kosten der Betroffenen be-

[16] L 24,45,13–14, App Ann 31,132.

[17] L 30,20,6, D 27,9, App Ann 59,249.

[18] So etwa die Ratsherren von Nuceria (Cass frg. 57,30, Val Max 9,6 ext. 2, App Lib 63,278). Dasselbe sollen die Bürger von Capua mit den Römern in ihren Mauern getan haben (L23,7,3).

[19] D 26,14,2.

[20] Val Max 9,2 ext. 2.

[21] Plin n h 8,18.

[22] Vgl. etwa die Grausamkeiten der Römer in Henna, vgl. L24,39,5–7. Diese Beobachtung trifft auch für andere Vorgänge zu, etwa den Treubruch Scipios bei den Verhandlungen mit Syphax und den Karthagern im Winter 204/03.

[23] Die Belege vgl. J. Vogt, a. a. O., 45–57.

schafft werden mußte. Wenn es an ihren Geldbeutel geht, sind die Menschen besonders empfindlich und schnell zu Klagen und Beschuldigungen bereit.[24] Sein energisches Durchgreifen als Sufet gegen die Korruption in der Finanzverwaltung ließ ihn in diesen Ruf geraten. Da seine Landsleute allgemein als geldgierig galten, ein Vorwurf, der einem Händlervolk schnell gemacht wurde, ist größte Skepsis angebracht.[25]

Lassen sich Handlungen nachweisen, die tatsächlich Zeichen von Habgier gewesen sein könnten? Ein Prüfstein könnte Hannibals Verhalten gegenüber Heiligtümern sein, die in der Regel große Reichtümer besaßen. In Notzeiten nahm man bei ihnen gern „Zwangsanleihen" auf oder ließ sie bei der gewaltsamen Einnahme einer Stadt ausplündern. Es ist bemerkenswert, daß Hannibal nur wenige Übergriffe gegenüber Heiligtümern nachgesagt werden, obgleich er neben seiner Habgier überhaupt keine Ehrfurcht vor den Göttern gehabt haben soll. Angeblich habe er im Heraheiligtum eine goldene Säule in seinen Besitz bringen wollen. Ein schrecklicher Traum habe ihn aber von dem Vorhaben abgebracht. Livius bestätigte ihm dagegen, daß er das Heiligtum nicht ausplünderte.[26] So bleibt von dem „habgierigen Hannibal" nicht viel übrig.[27]

Habgier kann sich in unterschiedlicher Form äußern, im politischen Bereich in Gestalt eines unstillbaren Machtstrebens *(philarchia)* und exzessiven Besitzstrebens *(pleonexia)*. Beide Charakterzüge sagte Fabius Pictor Hannibal nach, der sie bei seinem Schwager Hasdrubal kennengelernt und nachzuahmen gelernt hatte.[28] Beide Eigenschaften werden hier in ihrer negativen Erscheinungsform vorgeführt. Doch ohne den bewußten Willen zur Macht und zur Ausdehnung des Herrschaftsbereiches kommt kein erfolgreicher Staatsmann aus. Sie sind Voraussetzung für Hannibals Selbstbehauptung gegenüber der römischen Intervention. Erst durch die römische Brille erhielten sie ihre negative Färbung, die aus karthagischer Sicht durchaus positiv zu bewerten war.[29]

[24] Bezeichnend ist die Szene, die sich in Karthago beim Aufbringen der ersten Rate der Kriegsentschädigungen abspielte, L 30,44,4–11.

[25] Vgl. L 27,17,12; 29,6,17; 8,7.

[26] Cicero, de divinatione 1,49, L42,3,6.

[27] Hingegen liegen einige unschöne Beispiele von römischer Seite vor, die teils offen kritisiert werden, wie das schändliche Verhalten des Pleminius in Lokroi, L29,8,7, oder als selbstverständliche Handlungen aufgrund des Kriegsrechtes hingenommen werden, wie etwa die Plünderung von Syrakus, L25,40,1; 26,30,9.

[28] Polybios 3,8,1.

[29] Wenn man wie Fabius diese Eigenschaften als ursächlich für den Krieg ansieht, so stellt sich die Frage nach den Folgen, die für Karthago verheerend waren, da die Stadt nach dem Krieg in Abhängigkeit von Rom geriet. Ein kritischer Betrachter könnte darin negative Auswirkungen dieser Veranlagungen sehen.

Der gottlose Hannibal

Mangelnde Ehrfurcht vor den Göttern war ein weiterer Vorwurf.[30] Um das Bild des gottlosen Karthagers zu stützen, wurden von der antiken Historiographie die sonst üblichen Opfer vor Schlachten oder wichtigen Unternehmungen bewußt unterdrückt.[31] Die wenigen Hinweise in den Quellen lassen erkennen, daß er die religiösen Vorschriften genau erfüllte und zumindestens in den Anfangsjahren ein gläubiger Mensch war, wie seine Wallfahrt nach Gades oder sein Eid für Philipp erkennen lassen. Er selbst soll Kenntnisse in der Eingeweideschau besessen haben.[32] Daß er später ein Zyniker geworden sei, wie seine Antwort an Prusias andeuten könnte, wäre bei einem alten erfahrenen Feldherrn verständlich.[33] Vielleicht wandte er sich von der üblichen Kultpraxis ab und einer geistigen Idee zu, die ihn an ein Leben nach dem Tod glauben ließ. Doch die Deutung dieser Nachricht[34] ist umstritten. Über seine Einstellung zu den karthagischen Kulten lassen sich ebenfalls nur Vermutungen anstellen.[35]

Der treulose Hannibal[36]

Mangelnde Ehrfurcht vor den Göttern implizierte den Vorwurf, er sei ein treuloser Mensch gewesen, der sich an keine Absprache und an keinen Vertrag gehalten habe. Denn die eidliche Verpflichtung wurde vor den Göttern

[30] L 21,4,9: *nullus deum metus, ... nulla religio*. Vgl. J. Vogt, a. a. O., 97–126. Polybios, der dem Götterkult skeptisch gegenüberstand, überging derartige Vorwürfe.

[31] Man vergleiche die Angaben über Opfer für die Feldzüge Alexanders, um sich eine Vorstellung von den üblichen kultischen Maßnahmen zu machen. Die römische Geschichtsschreibung stellte die Bedeutung kultischer Maßnahmen bei ihren eigenen Leuten heraus. Von Hannibal liegen nur wenige Angaben vor. Er machte eine Wallfahrt nach Gades. Nur einmal ist ein Gebet Hannibals beim Aufbruch von der Rhone bezeugt.

[32] Cass frg. 54,3.

[33] Die Episode, nach der er trotz ungünstiger Opfer kämpfen wollte und den Bithynierkönig Prusias provokativ gefragt habe, ob er mehr Vertrauen in ein Stückchen Kalbfleisch oder zu einem alten Feldherrn habe (Cicero, de divinatione 2,52, Val Max 3,7 ext. 6, vgl. Plu mor 606 C, allerdings vor König Antiochos III.), soll natürlich auch sein gottloses Wesen betonen.

[34] Polyain excerpta 14,20.

[35] So möchten W. Huß, Die Religion Hannibals, in: Studia Phoenicia IV, Namur 1986, 228ff. und H. R. Baldus, Eine „hannibalische" Tanit (?), Chiron 18, 1988, 9–11 eine liberale Haltung Hannibals gegenüber den strengen Kulten vermuten, u. a. Ablehnung des Kinderopfers.

[36] Vgl. die Stellen bei J. Vogt, a. a. O., 58ff.

gelobt. Wem die Ehrfurcht vor den Göttern fehlte, der brach auch Verträge. Untreue *(perfidia)* war nach römischer Auffassung eine Charakterschwäche der Karthager insgesamt, die sich an keine Abmachung hielten. Das Klischee von den „vertragsbrüchigen Puniern" *(foedifragi Poeni)*[37] war weit verbreitet. Da nach römischer Auffassung die Karthager am Kriegsausbruch schuld waren, indem sie den Vertrag mit ihnen gebrochen hatten, ergab sich von selbst der Vorwurf gegen Hannibal,[38] der darin seine Landsleute bei weitem übertroffen haben soll *(perfidia plus quam Punica)*. Und dafür werden im Lauf der Kämpfe viele Beispiele gegeben. Er hielt sich nicht an Abmachungen[39] oder wenn, dann „nach punischer Art".[40] Häufig wird Vertragsbruch bei Kapitulationsabmachungen berichtet.[41]

Doch diesem negativen Bild stehen gewichtige Fakten entgegen. Hannibal hielt sich strikt an seine Zusagen und gewährte seinen neuen Verbündeten Freiheit und Autonomie. Ein besseres Beispiel seiner Vertragstreue könnte es nicht geben.

Der listige Hannibal

Er galt als Meister der Kriegslist, der vielen eine Falle stellte, selbst aber niemals in eine geriet.[42] Zu den Aufgaben eines Feldherrn gehörte es, dem Feind einen Hinterhalt zu legen und selbst eine Falle zu vermeiden.[43] Diese selbstverständliche Pflicht gestanden die römischen Historiker ihm nur in begrenztem Maße zu. Sie berichteten eine Reihe von Kriegslisten, die sie als Betrug und Täuschung *(fraus et insidiae)*, geradezu hannibalspezifische Eigenschaften, bezeichneten.[44]

37 Cicero, de officiis 1,38. Mantel 1991.

38 Der Vorwurf des *„foedus ruptum"* tritt überall entgegen. L 21,6,8; 40,11; 26,8,5; 28,44,7; 30,31,4. Im Epos des Silius wird diese Behauptung den Karthagern in den Mund gelegt, womit die römische Auffassung durch das karthagische „Schuldgeständnis" gleichsam bestätigt wird.

39 Sein Verhalten gegenüber den römischen Gefangenen nach der Schlacht am Trasimener See, denen Maharbal die Freiheit zugesagt hatte (P3,84,14; 85,2, L22,6,12), wurde kritisiert. Vgl. Plin nh 8,18: Bruch des Freiheitsversprechens gegenüber einem Römer, der im Kampf einen Elefanten besiegt hatte. *„Perfidus Hannibal"* bei Horaz, c. 4.4.49.

40 L 22,6,12: *Punica religione servata fides*.

41 Allerdings bestätigte ihm Livius, bei der Kapitulation von Casilinum das Abkommen *summa cum fide* (L23,19,16) eingehalten zu haben. Es kursierten auch über diesen Vorgang verschiedene Versionen. In diesem Fall entschied sich Livius für die Hannibal günstigere und wohl auch richtigere.

42 P 10,33,1–3. Zu den antiken Bezeichnungen vgl. E. L. Wheeler, Stratagem and the Vocabulary of Military Trickery, Mnemosyne Suppl., Leiden 1988.

43 Cicero, de oratore 1,48,210.

44 L 21,34,1. Nach dem Tod des Marcellus sandte Hannibal eine Botschaft, die mit

Wenn ein Römer eine List anwandte, dann war das ein Kunstgriff *(ars)*. Beliebt war die Methode, die Anerkennung Hannibal in den Mund zu legen.[45] Was hätten die römischen Geschichtsschreiber ein Gezeter erhoben, wenn Hannibal unter dem Vorwand, einen Friedensvertrag abschließen zu wollen, sich taktische Vorteile für einen Angriff auf das Lager des Feindes verschafft hätte, wie dies Scipio im Winter 204/03 tat?[46]

Kriegslisten waren ein beliebtes Feld antiker Phantasie. Hannibal war sicher mit allen Wassern gewaschen und ein listenreicher Feldherr. Aber zweifellos wurden ihm auch viele Finten angedichtet, allein schon um sich selbst zu bestätigen, daß man einem solchen Gegner gewachsen oder sogar überlegen war. Eine Kriegslist Hannibals erkannten die antiken Historiker jedoch nicht. In der Regel lieferte er vor entscheidenden Schlachten dem Feind ein kleineres Treffen, in dem er ihn siegen ließ und ihm das Gefühl der Überlegenheit und Siegeszuversicht vermittelte, um ihn sorgloser und unvorsichtiger zu machen.

Auch diese Eigenschaft des Feindes kehrte die römische Geschichtsschreibung aus ihrer Sicht ins Negative um. Der „listige" Hannibal wurde zum „treulosen, hinterhältigen und betrügerischen" Karthager.[47]

War Hannibal kriegslüstern?[48]

Hannibal verbrachte die entscheidenden Jugendjahre im Heerlager seines Vaters und seines Schwagers. Er genoß eine ausgezeichnete militärische Ausbildung. Wurde er deshalb zu einem Menschen erzogen, dessen einzige Beschäftigung der Krieg war? Konnte er ohne Krieg nicht leben? Mußte er überall, wo er sich aufhielt, zum Krieg hetzen? Auf dieser Vorstellung basierte die Behauptung, er habe sofort nach Übernahme des Feldherrnamtes nur den Krieg gegen die Römer im Sinn gehabt, den er gleichsam als Erbe seines Vaters unternahm. Auch nach Kriegsende soll er nach seiner Flucht in

dem Siegelring des Konsuls gezeichnet war, nach Salapia, L 27,28,6. Nach der Einnahme von Tarent wollte er den Fabius nach Metapont in eine Falle locken, L 27,16,14. Beide Vorgänge hätte ein unvoreingenommener Betrachter als gelungene Tricks bezeichnet, während der römische Beobachter sie moralisch abwertend als *fraus* (Betrug) mißbilligte.

[45] L 27,16,10.

[46] Vgl. dazu die Bewertung des Hasdrubal in einem ähnlichen Fall, L 26,17,13–15.

[47] Die Römer beanspruchten für ihre Kriegführung die besten Prädikate (anständig und ritterlich, ohne nächtliche Überfälle, ohne Hinterhalt, da sie jede Art von Trug und List verabscheuten), P 36,9,9–11, Walbank III 1979, 663, L 42,47,5–8.

[48] P 3,15,6, App Syr 4,15, Ib 6,23, Ann 8,77, Lib 241.

den Osten nichts anderes im Sinn gehabt haben, als Krieg gegen die Römer zu inszenieren.

Was ist an diesem Bild richtig? Zweifellos war Hannibal zum Soldaten erzogen, sah in diesem „Beruf“ seine Aufgabe und Erfüllung. Sich durch Kriege Ruhm und Anerkennung zu erwerben, gehörte zu den allgemein anerkannten Idealen der antiken Gesellschaft.[49] Man vergleiche nur die stolzen Verweise der Römer auf ihre Siege in ihren Grabinschriften. Wenn diese Einstellung bei Hannibal mißbilligt und als Kriegssucht bezeichnet wurde, dann ist die negative Umdeutung aus römischer Sicht unverkennbar. Er hätte wohl seinen Lebensabend auch ohne Krieg verbringen können. Die Römer ließen ihm keine Ruhe, sondern zwangen ihn zur Flucht aus seiner Heimat. Asyl konnte er aber nur bei ausgesprochenen Romgegnern finden. Zwangsläufig mußten sie den Eindruck gewinnen, daß er nur Kriegshetze gegen sie im Schild führe. So dürfte der Eindruck, den man sich von Hannibal als einem vorwiegend militärisch orientierten Menschen machte, zweifellos zutreffend sein, die Umdeutung der Römer, daß seine Kriegslust sich ausschließlich gegen sie wandte, nur subjektiv zutreffen, wobei Ursache und Wirkung verwechselt wurden.

Gefühle

Über seine Gefühle und Empfindungen liegen nur wenige Nachrichten vor. War er ein leidenschaftlicher Mensch? Handelte er impulsiv? Ließ er sich von Gemütsregungen bestimmen? Oder behielt er allzeit einen kühlen Kopf? Wir sind weitgehend auf Vermutungen angewiesen. Es ist aber auffallend, daß ihm keine Affekthandlungen wie etwa Mord wegen einer Beleidigung oder im Rausch nachgesagt werden.[50] Selbst die ihm angedichteten Grausamkeiten soll er kühl geplant und ausgeführt haben. Dies spricht dafür, daß er seine Gefühle unter Kontrolle hatte und sich zu keiner unbeherrschten Handlung hinreißen ließ.[51]

[49] Die Karthager trugen Ringe an ihrer Kleidung als Zeichen für die Zahl der von ihnen absolvierten Feldzüge (Aristoteles, Politik 7, 1324b 13–15). Die Bedeutung von kriegerischem Ruhm als Grundbestandteil des aristokratischen Wertekodex in Rom unterstreicht Harris 1979.

[50] Es kursierten allerdings Behauptungen, die ihn als einen emotionalen Menschen zeigen. So habe er den Führer, der ihn wegen seiner undeutlichen Aussprache statt nach Casinum nach Casilinum führte, hinrichten lassen (L 22, 13, 6–9, Plu Fab 6, 1–2). Dasselbe Schicksal soll der Steuermann auf der Rückfahrt von Italien nach Afrika erlitten haben, da Hannibal nicht glauben wollte, daß die Meerenge zwischen Italien und Sizilien so klein sei, Val Max 9, 8 ext. 1.

[51] Natürlich dürfte auch ihn manchmal der Zorn gepackt haben. Dafür spricht die Szene im Jahr 202 im karthagischen Rat, als das Friedensabkommen mit Rom diskutiert wurde und ein Karthager für die Fortsetzung des Krieges plädierte. Damals habe

Dieser Eindruck wird durch das Wenige, was wir von seiner Lebensweise kennen, bestätigt. Er lebte persönlich sehr anspruchslos.[52] Sein Körper war durch den langen Dienst im Lager und im Feld abgehärtet. Selbst die größten Mühen konnte er geduldig auf sich nehmen. Weder im Feld noch zu Hause nahm er liegend die Mahlzeiten ein, noch trank er mehr als einen halben Liter Wein täglich.[53] Seine Zurückhaltung gegenüber Frauen – er hätte die kriegsgefangenen Frauen als seine Sklavinnen oder Geliebten verwenden können – wird gerühmt. Die antike Quelle konnte nicht umhin, für sein Verhalten das Wort Mäßigung *(moderatio)* zu verwenden, mußte allerdings auf das Verwunderliche bei einem Barbaren aus Afrika hinweisen. Tatsächlich gibt es aus diesem Bereich, dessen sich die antike „Regenbogenpresse" ebenso gern wie ihre modernen Nachfolger bemächtigte, nichts zu berichten.[54]

Starrsinn

Den Karthagern wurde nachgesagt, daß sie hartnäckig an einem Entschluß festhielten.[55] Diese „Nationaleigenschaft" ließ sich bei Hamilkar nachweisen, der mit großer Ausdauer, die man auch als Starrsinn bezeichnen könnte, seinen „Kleinkrieg" auf Sizilien jahrelang ohne erkennbare Fortschritte praktizierte. Auch Hannibal „krankte" an dieser Eigenschaft. Sein Konzept des „Stellvertreterkrieges" verfolgte er hartnäckig. Er ließ sich durch keine Rückschläge zu einer Revision seiner Strategie bewegen. Mit seinem Verlegenheitsangriff auf Rom im Jahr 211 wollte er wohl beweisen, daß seine Kritiker nicht Recht hatten. Auch nach seinem Scheitern in Italien suchte er die Ursache nicht in seinem falschen Konzept, sonst hätte er nicht eine Neuauflage dem König Antiochos vorgeschlagen.

ihn Hannibal empört von der Rednerbühne gezerrt und auf den Unmut der anderen Ratsherrn sich mit dem Hinweis entschuldigt, er sei dem politischen Leben durch den langen Aufenthalt im Feldlager entwöhnt worden. Vgl. o. S. 474.

[52] Iustin 32, 4, 10–12.

[53] Seine karge Lebensweise läßt gleichzeitig eine Abneigung gegen jede Art von Luxus und Verschwendung erkennen. Diese Einstellung wird auch in der Episode von der Parade der seleukidischen Truppen erkennbar, mit deren Gold- und Silberrüstungen Antiochos ihn beeindrucken wollte. Hannibal orientierte sich an der Kampfkraft der Soldaten, nicht an der prachtvollen Ausrüstung.

[54] Einen einzigen Hinweis enthält App Ann 43, 183, Hannibal habe sich im Winterlager in Lukanien eine Geliebte gehalten und sich dem Wohlleben hingegeben.

[55] Plu mor 799 D.

Haß auf die Römer

Übereinstimmend wird ihm Haß, sogar abgrundtiefer Haß auf die Römer nachgesagt. „Ich hasse die Römer und werde von ihnen gehaßt", soll er selbst geäußert haben.[56] Abneigung und Wut über den Raub Sardiniens (238 v. Chr.) waren in Karthago allgemein verbreitet. Die Römer machten sich in den folgenden Jahren durch erneute Beschuldigungen und Gelderpressungen noch unbeliebter. Deshalb ist die Behauptung durchaus glaubhaft, daß er die Römer haßte.[57] Daß aber dieser Haß die Ursache für den Krieg gewesen sein soll, ist eine Erfindung der Römer, mit der sie ihre eigene Schuld verdecken wollten.

Liebe zur Familie und Heimat

Der Haß Hannibals soll ein Erbe seines Vaters gewesen sein, zu dem dieser ihn in einer Zeremonie an einem Altar eidlich verpflichtet habe. Diese Episode dokumentiert eine Seite von Hannibals Wesen, wie ihn die römischen Historiker nicht zeigen wollten. Er war ein gehorsamer Sohn, der den Worten seines Vaters folgte. Dieser Wesenszug, den die Römer als *pietas* bezeichneten, paßte nicht in ihr Bild des schlechten Menschen, der keine Ehrfurcht vor den Göttern hatte. Ebensowenig paßt dazu die Vorstellung, daß er ein loyaler Sohn seiner Heimatstadt war. Es kursierte vielmehr die Version, er habe ihr seinen Willen aufgedrückt und sie bewußt in den Krieg gegen die Römer getrieben. Damit sollte ihm die alleinige Schuld am Ausbruch des Krieges angelastet werden.

Tatsächlich handelte er im Einvernehmen mit der Heimatregierung, deren Anweisung er für das Vorgehen gegen Sagunt einholte. Das schließt nicht aus, daß es im Lauf des Krieges zu Meinungsverschiedenheiten über die richtige Strategie gekommen ist. Ein Hinweis auf Differenzen ist sein unberechtigter Vorwurf, die Heimat habe es an der nötigen Unterstützung fehlen und ihn im Stich gelassen.

Rastloses Schaffen

Hannibal resignierte nach dem Tod seines Bruders und „saß" die letzten Jahre des Krieges untätig in Bruttium ab. Man hätte erwartet, daß er sich nach Friedensschluß auf seine Güter zurückzog. Dies war nicht der Fall.

[56] L 35, 19, 6: *odi odioque sum Romanis.*

[57] Für Velleius Paterculus 2, 18, 1 war der Name Hannibal synonym für exorbitanten Haß gegen Rom, wie seine Beschreibung des Königs Mithradates VI. von Pontos beweist: „In seinem Haß gegen Rom war er ein Hannibal."

Nach einer kurzen Pause nahm er wieder aktiv am politischen Leben teil und wurde zum Sufeten gewählt. Er gab sich nicht mit einer alltäglichen Amtsführung zufrieden, was sicher einfacher gewesen wäre und ihm nicht die Feindschaft der Romfreunde eingetragen hätte. Die Mißstände in der karthagischen Verfassung und in der Finanzverwaltung beseitigte er gründlich und mit dauerhaftem Erfolg.[58] Selbst im Exil bestätigte sein Einsatz als Flottenbefehlshaber und vor allem als Städtegründer seinen Betätigungsdrang. Einfacher wäre es für ihn gewesen, wenn er sich in ein abgelegenes Dorf zurückgezogen und dem Blickfeld der Römer entzogen hätte.

Der Feldherr[59]

Die antiken Quellen rühmten seine Qualitäten als Feldherr, obgleich sie auch hier wertmindernde Entschuldigungen fanden, indem sie seine Siege entweder seinen Kriegslisten bzw. Betrügereien zuschrieben oder die römischen Niederlagen durch äußere Einflüsse zu entschuldigen suchten. Dies fällt besonders beim Vergleich der großen Schlachten des Krieges (Trebia, Trasimener See, Cannae, Zama) auf. Die taktische Meisterschaft Hannibals wird allein bei Zama, der einzigen Schlacht, in der er besiegt wurde, gewürdigt, um den Sieg Scipios um so heller erstrahlen zu lassen.

Seine Beurteilung in der modernen Forschung ist in diesem Punkt einhellig positiv bis überschwenglich. Er gilt als einer der größten, wenn nicht sogar als der größte Feldherr. Wenn gewisse Mängel an seinen militärischen Fähigkeiten festgestellt wurden, dann werden sie in der Gesamtbewertung nicht berücksichtigt. Dieser Einschätzung kann ich mich nicht anschließen. Zweifellos war er ein großer Schlachtentaktiker. Man darf aber nicht übersehen, daß sein taktisches Konzept, durch überlegene kavalleristische Flügel den Feind zu umklammern und einzuschließen, immer Gefahr lief, daß das Zentrum durchstoßen wurde. So hing der Ausgang der Schlachten jeweils an einem dünnen Faden oder einem Quentchen Glück, das dem zweifellos Tüchtigen hold war.[60]

Zweifel ergeben sich an seinen strategischen Fähigkeiten. Wer den Gegner in vier Schlachten so vernichtend schlägt, daß jener zu einer weiteren

[58] Die Karthager konnten den Römern im Jahr 191 die Bezahlung der gesamten Kriegskontribution in einem Betrag und die Aufstellung einer Flotte anbieten, L 36,4,7. Huß 1985, 428.

[59] Vgl. dazu o. S. 482 ff., Seibert 1993, 57–82.

[60] Bei Zama mußte er auf die überlegene Waffe der Reiterei verzichten. Hinzu kamen unerklärliche Fehler in der Truppenführung, die ein Durcheinander im karthagischen Heer bewirkten. Außerdem stand ihm auf der Gegenseite ein Feldherr gegenüber, der bei ihm in die „Schule" gegangen war und seinen Lehrmeister besiegte.

Schlacht nicht in der Lage ist, darf nicht warten, bis er um Frieden gebeten wird. Wenn der Gegner nicht um Frieden nachsuchte, dann mußte er dazu gezwungen werden. Hannibal erkannte nicht den Widerspruch zwischen seinem Konzept („Freiheit den Italikern" und „Rückgabe des von Rom okkupierten Besitzes"), das die Bundesgenossen noch enger an Rom binden mußte, und seiner militärischen Ausführung („Stellvertreterkrieg"), der die römische Propaganda unterstützte, daß die *socii* für sich und nicht für Rom kämpften. Auch sein Scheitern eröffnete ihm nicht den Blick für die wahren Ursachen, sonst hätte er nicht eine Neuauflage desselben Planes dem König Antiochos vorgeschlagen.

Gravierend wirkte sich seine Abneigung gegen Belagerungen aus, die ihn wohl letztlich auch von der Belagerung Roms abhielt. Mit der Vernachlässigung der Flotte schadete er sich selbst am meisten. Ironie des Schicksals war es, daß die hellenistischen Könige ihn gerade in diesem Bereich einsetzten.

Logistiker oder Hasardeur?

Die genaue Analyse der militärischen Vorgänge bestätigt Hannibals exakte Vorbereitung des Feldzuges und seine hervorragenden Qualitäten als Logistiker. Dennoch gab es in der Antike eine Tendenz, ihn als einen Hasardeur hinzustellen, der operativer Ziele wegen bedenkenlos das Leben seiner Soldaten riskierte, so etwa bei der Alpenüberquerung oder beim Einmarsch in Etrurien.[61] Dieses Bild ist eine bewußte Verzerrung, die in direktem Widerspruch zu den exakten Vorbereitungen steht und sich als Erfindung zur Entschuldigung römischen Versagens entlarven läßt.

Ein hohes Lob zollten bereits die Alten seiner Menschenführung. Nie soll es in seinem Heer zu Meutereien gekommen sein. Seine persönliche Leistungsfähigkeit als Soldat wurde ebenfalls anerkannt. Dennoch vermissen wir ähnliche Berichte über einen heldenhaften Einsatz wie bei Alexander dem Großen, der an vorderster Front kämpfte, häufig verwundet wurde und manchmal in unverantwortlicher Weise sein Leben riskierte.[61]

[61] Vgl. o. S. 111–113, 149, Seibert 1993, 200–213.

[62] Nach App Lib 45, 188-189 suchten Scipio und Hannibal die Schlacht bei Zama durch einen Zweikampf zu entscheiden. Diese Episode ist eine Erfindung. Vgl. S. P. Oakley, Single Combat in the Roman Republic, CQ 35, 1985, 395.

Politiker

In der modernen Forschung wird Hannibal als Politiker nicht ganz so einheitlich bewertet wie als Feldherr. Die Urteile reichen von einem großen Politiker bis zum Staatsmann und sogar großen Staatsmann.[63]

Seine Methode zur Auflösung des römischen Bundesgenossensystems war sicher bemerkenswert, läßt aber gleichzeitig Zweifel an seinen politischen Fähigkeiten aufkommen. Welches politische Konzept wollte er verwirklichen? Was wollte er an die Stelle der römischen Herrschaft in Italien setzen? Konkrete Angaben liegen darüber nicht vor. Wenn man aus seinem Programm („Freiheit den Italikern") die Konsequenz zieht, dann hätte er wohl kaum eine karthagische Herrschaft in Italien errichtet, sondern ein Chaos bei seinem Weggang hinterlassen. Es wäre zu einer politischen Atomisierung der Halbinsel gekommen, wo jeder gegen jeden Krieg geführt hätte.[64]

Hannibals staatsmännische Bedeutung wollte man vor allem darin erkennen, daß er Rom nicht auslöschen wollte, m. E. seine größte und verhängnisvollste Schwäche, die eine völlige Verkennung römischer Mentalität offenbarte. Das Verhalten der Römer während des ersten Krieges hätte ihn lehren müssen, daß sie Ausdauer besaßen und nicht kapitulierten. Ebenso hätten ihn die Ereignisse nach Cannae eines Besseren belehren müssen.[65] Hannibal war als Politiker nicht hart genug.

Als Beweise seiner politischen Begabung wollte man seine Tätigkeit nach dem Krieg in Karthago ansehen. Doch eine genaue Betrachtung ergibt, daß diese segensreichen Maßnahmen im Grunde organisatorische Regelungen waren, die ganz auf der Linie des Logistikers, des guten Organisators und Planers lagen.

[63] Die Grundlagen sind vergleichsweise schlecht, da für seine militärischen Unternehmungen weit mehr Quellen vorliegen. Aber auch in diesem Punkt zeigen sich m. E. unterschiedliche Ergebnisse. Vgl. Seibert 1993, 57–82.

[64] Er zog die historischen Voraussetzungen des römischen Bundesgenossensystems nicht in seine Überlegungen ein. Für viele Städte, besonders die griechischen, war das Bündnis mit Rom Schutz vor der Expansion der italischen Stämme gewesen. Löste er das Bündnis auf, dann war mit einer erneuten Expansion der Stämme zu rechnen. Wollte er dies seinen neuen Verbündeten zugestehen, dann mußte er andere Verbündete preisgeben oder diese fester an Rom binden. Dies war ein Dilemma, das sich mit der Freiheitsparole nicht lösen ließ.

[65] Bezeichnend war die Beistandsklausel im Abkommen mit Philipp für einen künftigen Krieg Roms, obgleich der gegenwärtige noch nicht abgeschlossen war. Er rechnete also damit, daß Rom sich mit einer Reduzierung seiner Machtstellung nie zufrieden geben würde. War es dann politisch klug, dem Gegner eine Weiterexistenz zuzugestehen? Ein Feind, vor dem man sich nicht sicher fühlte, mußte unterworfen werden.

Hannibal verliert viel von seinem Glanz, den ihm die antike und die moderne Nachwelt verliehen hat. Großen Fähigkeiten stehen ebensolche Schwächen gegenüber, Schwächen, die ihn menschlich sympathisch machen, die aber im Kampf gegen Rom fehl am Platz waren.

Bewundernswert ist bei allen Mängeln sein Konzept, mit dem er die italische Gemeinschaft auflösen wollte. „Freiheit" war ein beliebtes Propagandawort und bedeutete in der Praxis, daß eine Herrschaft durch eine andere ersetzt wurde. Doch Hannibal glaubte an seine Propaganda und setzte sie in die Tat um. Auch bei der militärischen Unterstützung durch die Italiker setzte er nicht auf Zwang, sondern auf freiwillige Unterstützung. War er ein Träumer, der für den politischen Kampf nicht hart genug war?

Geschichtliche Leistung

Wenngleich der Vorwurf, er habe seine Heimatstadt absichtlich in den Krieg gegen Rom getrieben, irrig ist, so ist nicht zu leugnen, daß er aktiv am Kriegsentschluß beteiligt war. Deshalb war er auch für den Ausgang in hohem Maße mitverantwortlich. Neben der Bestätigung der karthagischen Herrschaft und der Beendigung der römischen Interventionspolitik war die Anerkennung seiner persönlichen Würde sein Ziel gewesen. Tatsächlich endete der Krieg mit einer verheerenden Niederlage. Karthago wurde abhängig von der Gnade Roms, bei dem es nachfragen mußte, ob es sich gegen feindliche Angriffe wehren durfte. Es war nur eine Frage der Zeit, bis die Römer das Gebiet vollständig annektieren würden. So wurde Hannibal zum „Totengräber" seiner Heimat, was er sicher nicht gewollt hatte. Das ändert aber nichts an den Tatsachen.

Auch für die römischen Bundesgenossen, die zu ihm abgefallen waren, kamen schwere Zeiten. Ihre Hoffnung auf Freiheit von Rom erfüllte sich nicht. Die Römer bestraften sie hart und dehnten rücksichtslos ihren Herrschaftsbereich zu ihren Lasten über ganz Italien aus.

Statt die römische Herrschaft auf Italien zu beschränken, bewirkte der Sieg der römischen Waffen die Expansion in den Osten des Mittelmeerraumes. Indirekt wurde Hannibal zum „Katalysator" für die Einrichtung des *imperium Romanum*. Seine persönliche Tragödie war es, daß er diesen Vorgang miterleben mußte. Sein Kampf im Exil, die hellenistischen Könige vor dem wirklichen gemeinsamen Feind zu warnen, war vergebens. Im Osten stieß er nur auf Unverständnis, während er die Allgegenwart der Römer und ihren Einfluß am eigenen Leibe spüren mußte. Als Ausweg vor römischem Zugriff blieb ihm nur der Freitod.

Register

(Abkürzungen: aed = *aedilis*, Bef = Befehlshaber, Br = Bruder, cens = *censor*, cos = *consul*, dict = *dictator*, Fl = Fluß, Fü = Fürst, H = Hannibal, Kg = König, mag equ = *magister equitum*, quae = *quaestor*, pr = *praetor*, tr pl = *tribunus plebis*, Ufe = Unterfeldherr.)

Karten und Pläne

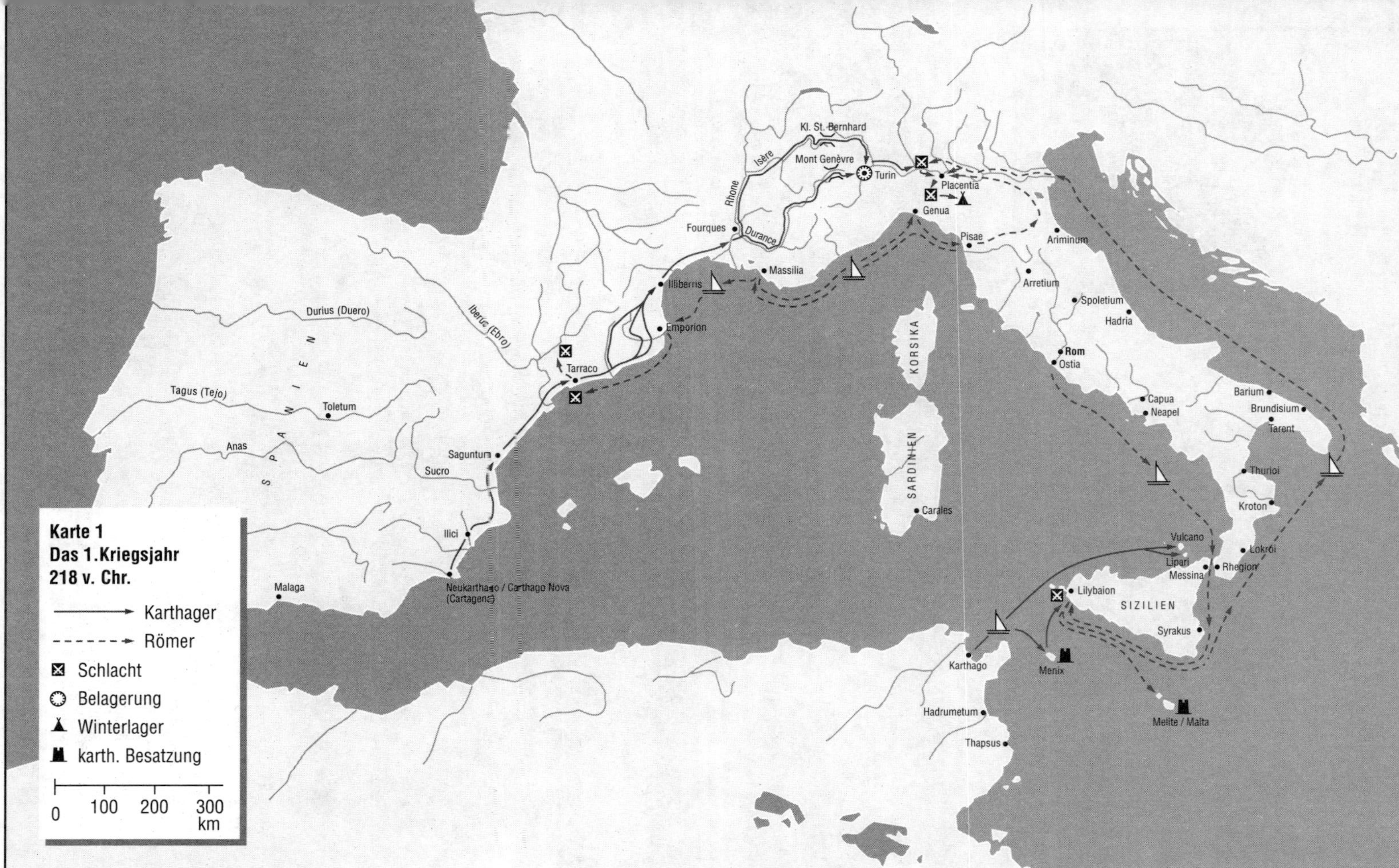
Karte 1
Das 1. Kriegsjahr
218 v. Chr.
Karthager
Römer
Schlacht
Belagerung
Winterlager
karth. Besatzung
0
100
200
300
km
Kl. St. Bernhard
Mont Genèvre
Isère
Rhone
Durance
Fourques
Turin
Placentia
Genua
Pisae
Ariminum
Massilia
Illiberris
Emporion
Tarraco
Iberus (Ebro)
Durius (Duero)
Tagus (Tejo)
Anas
Toletum
S P A N I E N
Saguntum
Sucro
Ilici
Neukarthago / Carthago Nova
(Cartagena)
Malaga
KORSIKA
SARDINIEN
Carales
Arretium
Spoletium
Hadria
Rom
Ostia
Capua
Neapel
Barium
Brundisium
Tarent
Thurioi
Kroton
Lokroi
Rhegion
Messina
Lipari
Vulcano
Lilybaion
SIZILIEN
Syrakus
Karthago
Menix
Melite / Malta
Hadrumetum
Thapsus

Rom
Karthago
ARIMINUM
AGER GALLICUS
Arretium
Trasimener See
UMBRIA
FIRMUM
PICENUM
SPOLETIUM
HADRIA
COSA
ETRURIA
NARNIA
INTERAMNA
SUTRIUM
NEPETE
ALBA
CARSEOLI
Rom
Ostia
SIGNIA
SORA
Gereonium
ARDEA
NORBA
FREGELLAE
AESERNIA
SETIA
INTERAMNA
Bovianum
LATIUM
Allifae
SAMNIUM
CIRCEI
SUESSA
CALES
Capua
BENEVENTUM
SATICULA
Nola
Neapel
PONTIAE
Sipontum
Luceria
Arpi
Aecae
Herdonea
Cannae
Ausculum
Canusium
Barium
VENUSIA
APULIA
Compsa
BRUNDISIUM
Tarent
CALABRIA
Salapia
Paestum
Metapont
Manduria
Grumentum
Herakleia
Elea
Uzentum
Thurioi
Petelia
Consentia
Kroton
BRUTTIUM
Vibo
Kaulonia
Messina
Lokroi
Epizephyroi
Rhegion
SIZILIEN
Syrakus
Karte 2
Italien 217 v. Chr.
Hannibal
Römer
ARIMINUM Kolonie
Schlacht
karth. Winterlager
röm. Winterlager

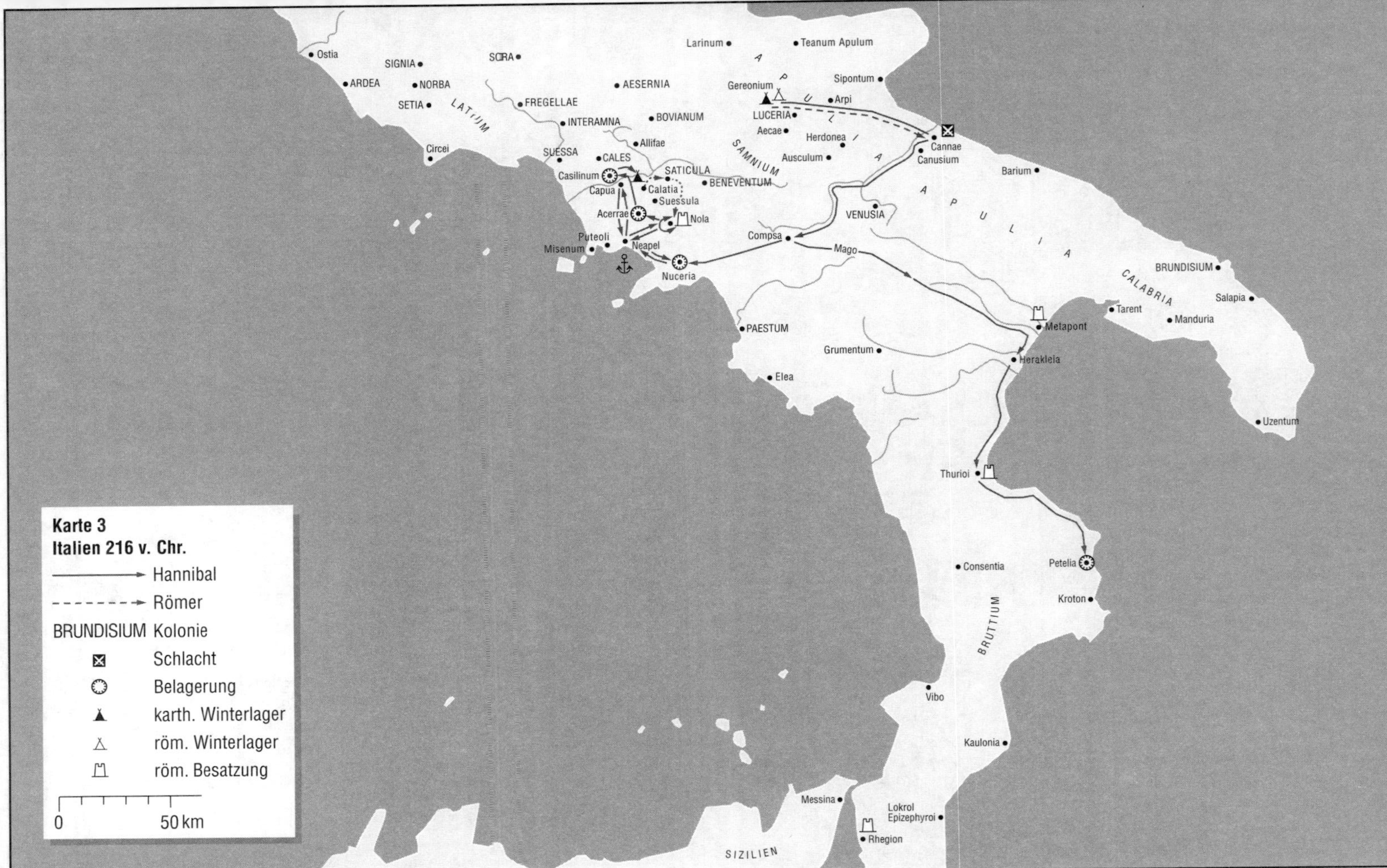
Karte 3
Italien 216 v. Chr.
Hannibal
Römer
BRUNDISIUM Kolonie
Schlacht
Belagerung
karth. Winterlager
röm. Winterlager
röm. Besatzung
0
50 km
Ostia
SIGNIA
ARDEA
NORBA
SETIA
LATIUM
SORA
FREGELLAE
INTERAMNA
AESERNIA
BOVIANUM
Allifae
Circei
SUESSA
CALES
Casilinum
Capua
SATICULA
Calatia
Suessula
BENEVENTUM
Acerrae
Nola
Puteoli
Misenum
Neapel
Nuceria
Larinum
Teanum Apulum
Gereonium
Sipontum
Arpi
LUCERIA
Aecae
Herdonea
SAMNIUM
Ausculum
APULIA
Cannae
Canusium
Barium
VENUSIA
Compsa
Mago
BRUNDISIUM
CALABRIA
Salapia
Tarent
Manduria
PAESTUM
Metapont
Grumentum
Herakleia
Elea
Uzentum
Thurioi
Consentia
Petelia
Kroton
BRUTTIUM
Vibo
Kaulonia
Messina
Lokroi
Epizephyroi
Rhegion
SIZILIEN

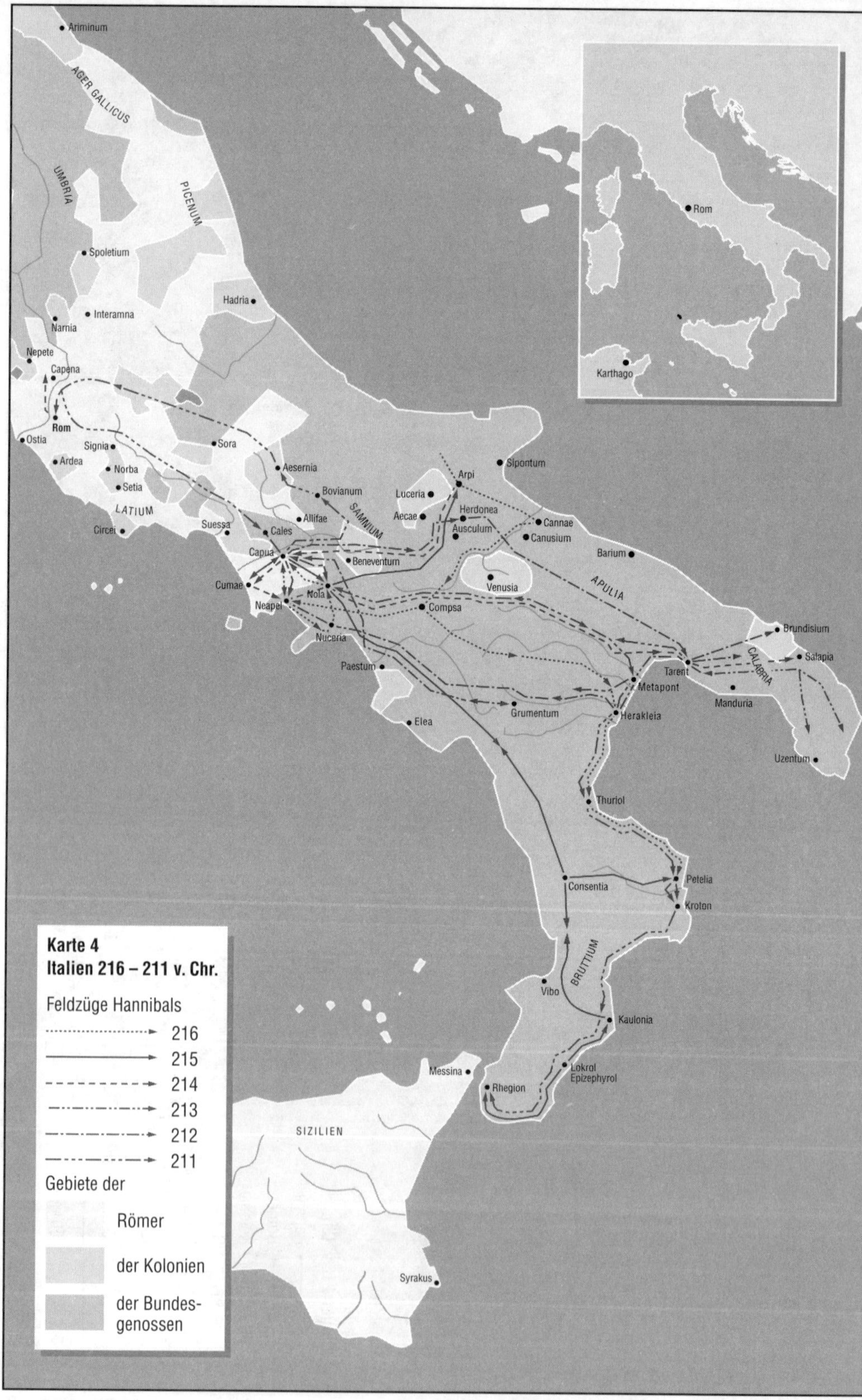
Ariminum
AGER GALLICUS
UMBRIA
PICENUM
Spoletium
Hadria
Interamna
Narnia
Nepete
Capena
Rom
Ostia
Signia
Sora
Ardea
Norba
Setia
LATIUM
Circei
Aesernia
Bovianum
SAMNIUM
Allifae
Suessa
Cales
Capua
Beneventum
Cumae
Nola
Neapel
Nuceria
Compsa
Paestum
Elea
Arpi
Sipontum
Luceria
Aecae
Herdonea
Ausculum
Cannae
Canusium
Venusia
Barium
APULIA
Brundisium
Tarent
CALABRIA
Salapia
Metapont
Manduria
Grumentum
Herakleia
Uzentum
Thurioi
Consentia
Petelia
Kroton
BRUTTIUM
Vibo
Kaulonia
Lokroi
Epizephyroi
Rhegion
Messina
SIZILIEN
Syrakus
Rom
Karthago
Karte 4
Italien 216 – 211 v. Chr.
Feldzüge Hannibals
216
215
214
213
212
211
Gebiete der
Römer
der Kolonien
der Bundes-
genossen

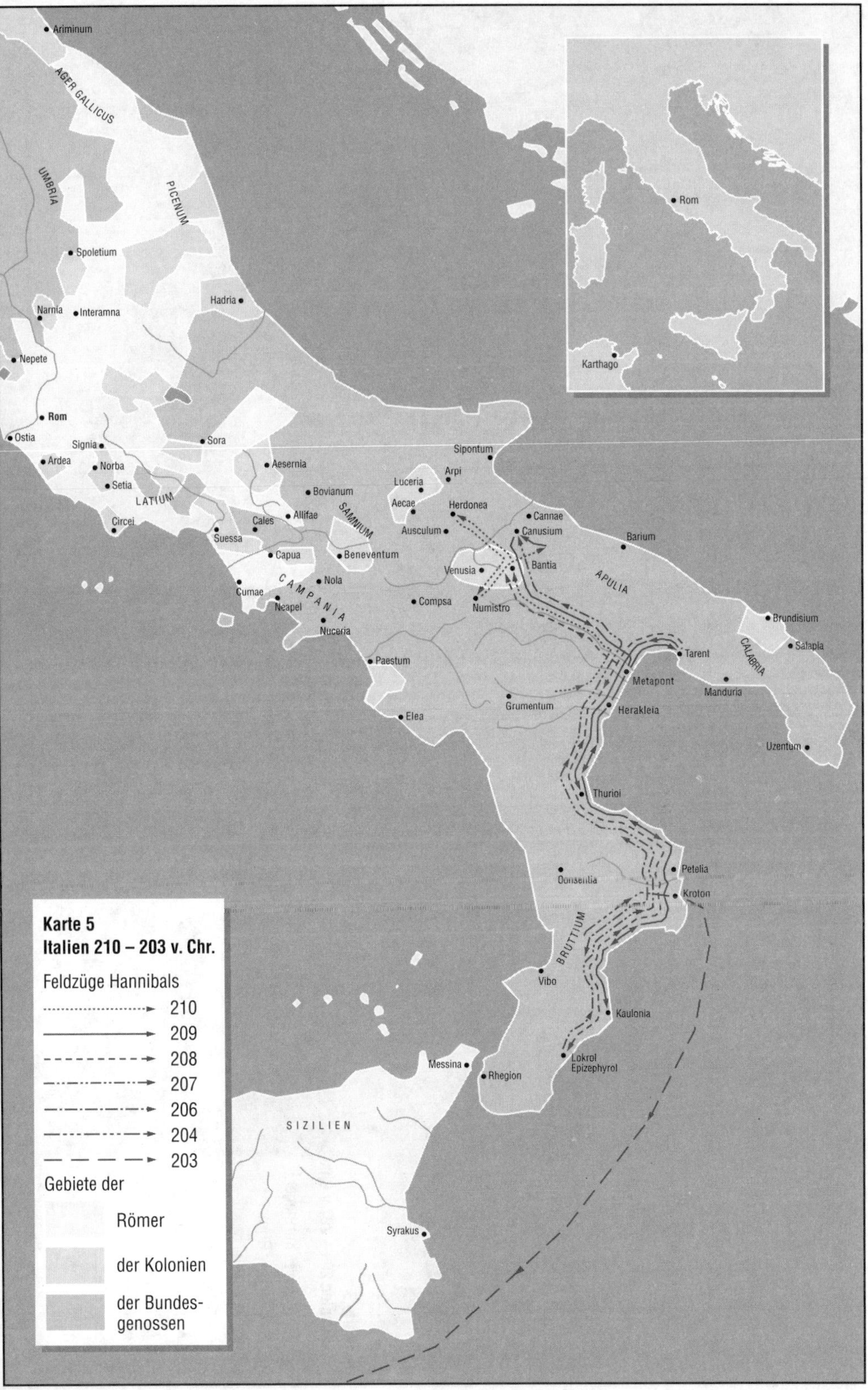
Karte 5
Italien 210 – 203 v. Chr.
Feldzüge Hannibals
210
209
208
207
206
204
203
Gebiete der
Römer
der Kolonien
der Bundesgenossen
Ariminum
AGER GALLICUS
UMBRIA
PICENUM
Spoletium
Hadria
Narnia
Interamna
Nepete
Rom
Ostia
Signia
Sora
Ardea
Norba
Setia
LATIUM
Circei
Aesernia
Bovianum
SAMNIUM
Allifae
Cales
Suessa
Capua
Beneventum
CAMPANIA
Nola
Cumae
Neapel
Nuceria
Paestum
Elea
Compsa
Sipontum
Luceria
Arpi
Aecae
Herdonea
Ausculum
Cannae
Canusium
Barium
Venusia
Bantia
APULIA
Numistro
Brundisium
Salapia
CALABRIA
Tarent
Metapont
Manduria
Grumentum
Herakleia
Uzentum
Thurioi
Petelia
Consentia
Kroton
BRUTTIUM
Vibo
Kaulonia
Messina
Rhegion
Lokroi Epizephyroi
SIZILIEN
Syrakus
Rom
Karthago

Karte 6
Spanien 209 – 207 v. Chr.
Karthager
Römer
Schlacht
Belagerung
karth. Winterlager
röm. Winterlager
Bergewerke
0 50 100 km 200
Cantabres
Vascones
Astures
Vaccaei
(Ebro)
Emporion
Ilergetes
Iberus
(Duero)
Arbukale
Celtiberi
Edetani
Tarraco
Durius
208
Vettones
Lusitani
Carpetani
207
209
Toletum
Saguntum
Tagus
(Tejo)
Olcades
(Jucar)
Sucro
(Guadiana)
Oretani
Anas
Castulo
Tader
(Segura)
Ilici
Celtici
Baetis (Guadalquivir)
Baecula
Ilipa
Orongis
Turdetani
Neukarthago
Carthago Nova
(Cartagena)
Malaga
Gades
Carteia

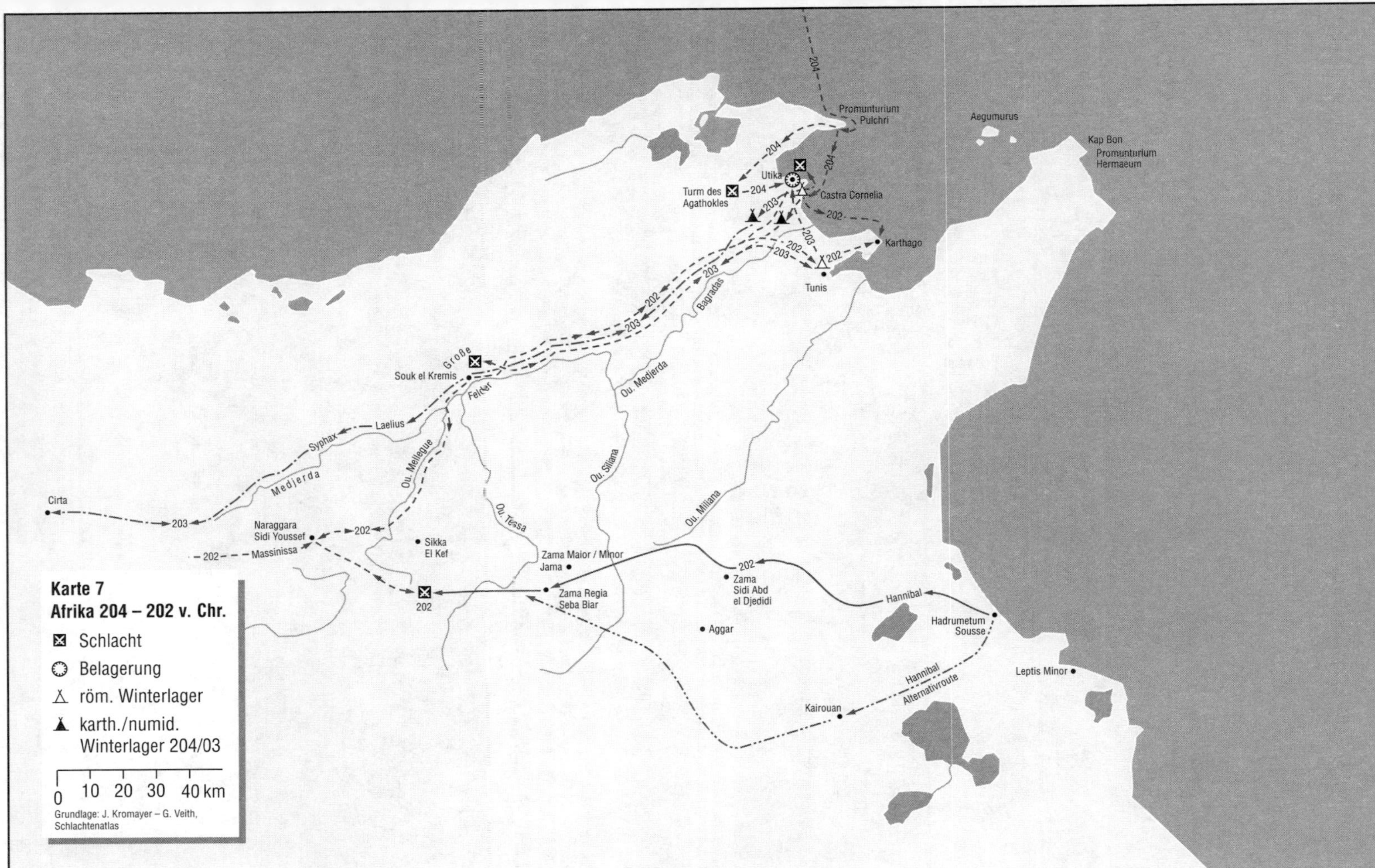
Karte 7
Afrika 204 – 202 v. Chr.
Schlacht
Belagerung
röm. Winterlager
karth./numid. Winterlager 204/03
0 10 20 30 40 km
Grundlage: J. Kromayer – G. Veith, Schlachtenatlas
Promunturium Pulchri
Aegumurus
Kap Bon
Promunturium Hermaeum
Utika
Castra Cornelia
Turm des Agathokles
Karthago
Tunis
Bagradas
Große Felder
Souk el Kremis
Laelius
Syphax
Medjerda
Ou. Medjerda
Ou. Mellegue
Ou. Siliana
Ou. Miliana
Ou. Tessa
Cirta
Naraggara Sidi Youssef
Massinissa
Sikka El Kef
Zama Maior / Minor Jama
Zama Regia Seba Biar
Zama Sidi Abd el Djedidi
Aggar
Hannibal
Hadrumetum Sousse
Hannibal Alternativroute
Kairouan
Leptis Minor
204
203
202

Karte 8
Griechenland

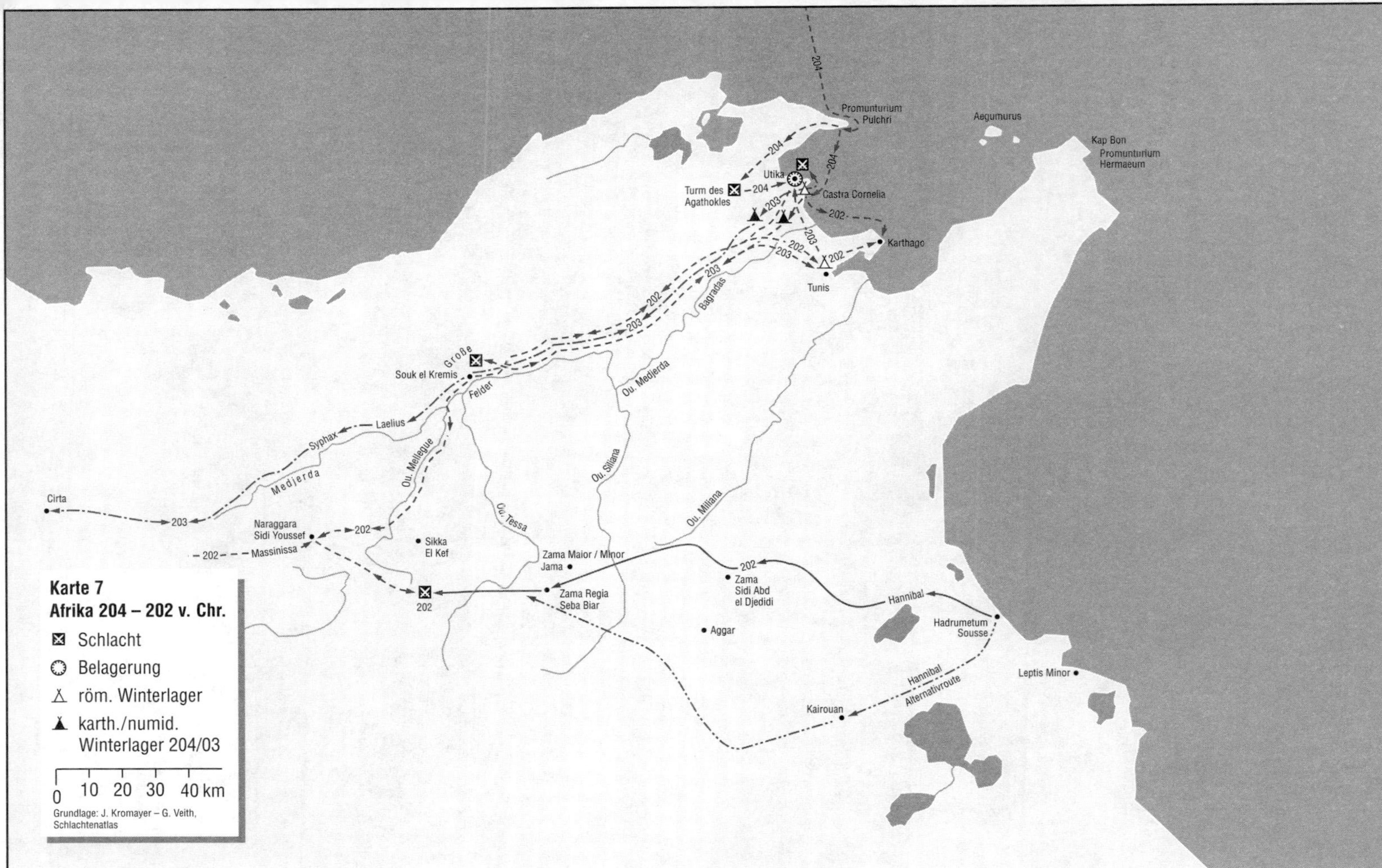
Karte 7
Afrika 204 – 202 v. Chr.
Schlacht
Belagerung
röm. Winterlager
karth./numid.
Winterlager 204/03
0 10 20 30 40 km
Grundlage: J. Kromayer – G. Veith, Schlachtenatlas
Promunturium Pulchri
Aegumurus
Kap Bon
Promunturium Hermaeum
Utika
Turm des Agathokles
Castra Cornelia
Karthago
Tunis
Bagradas
Große
Felder
Souk el Kremis
Laelius
Syphax
Medjerda
Ou. Medjerda
Ou. Mellegue
Ou. Siliana
Ou. Tessa
Ou. Miliana
Cirta
Naraggara
Sidi Youssef
Massinissa
Sikka
El Kef
Zama Maior / Minor
Jama
Zama Regia
Seba Biar
Zama
Sidi Abd
el Djedidi
Aggar
Hannibal
Hadrumetum
Sousse
Leptis Minor
Kairouan
Hannibal
Alternativroute
204
203
202

Karte 8
Griechenland

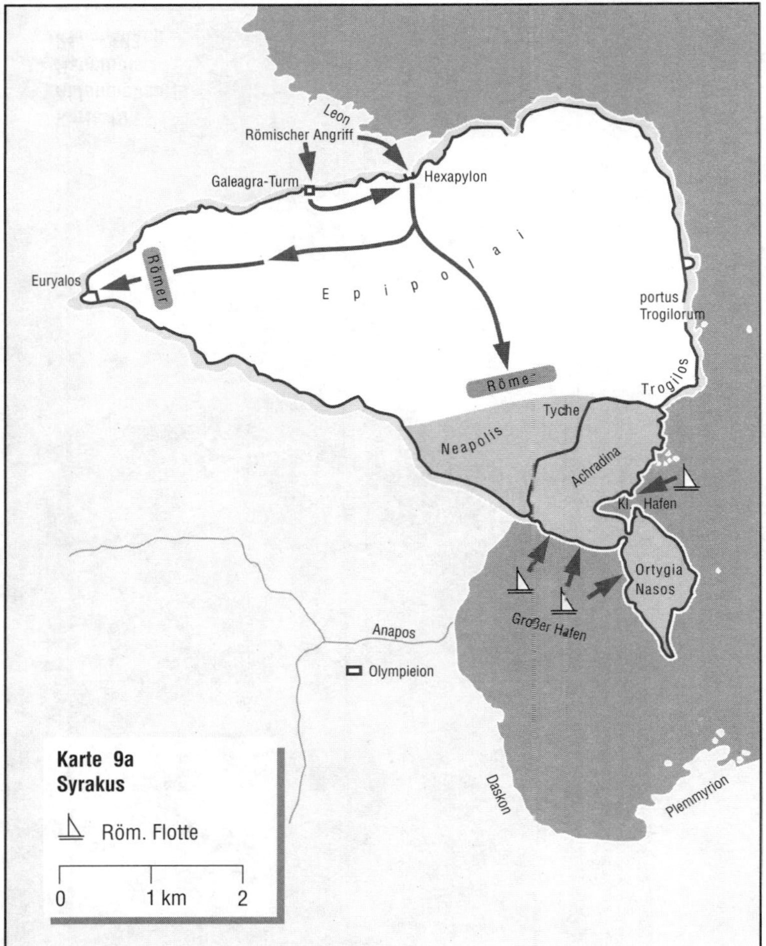
Leon
Römischer Angriff
Galeagra-Turm
Hexapylon
Euryalos
Römer
E p i p o l a i
Römer
portus
Trogilorum
Trogilos
Tyche
Neapolis
Achradina
Kl. Hafen
Ortygia
Nasos
Großer Hafen
Anapos
Olympieion
Daskon
Plemmyrion
Karte 9a
Syrakus
Röm. Flotte
0
1 km
2

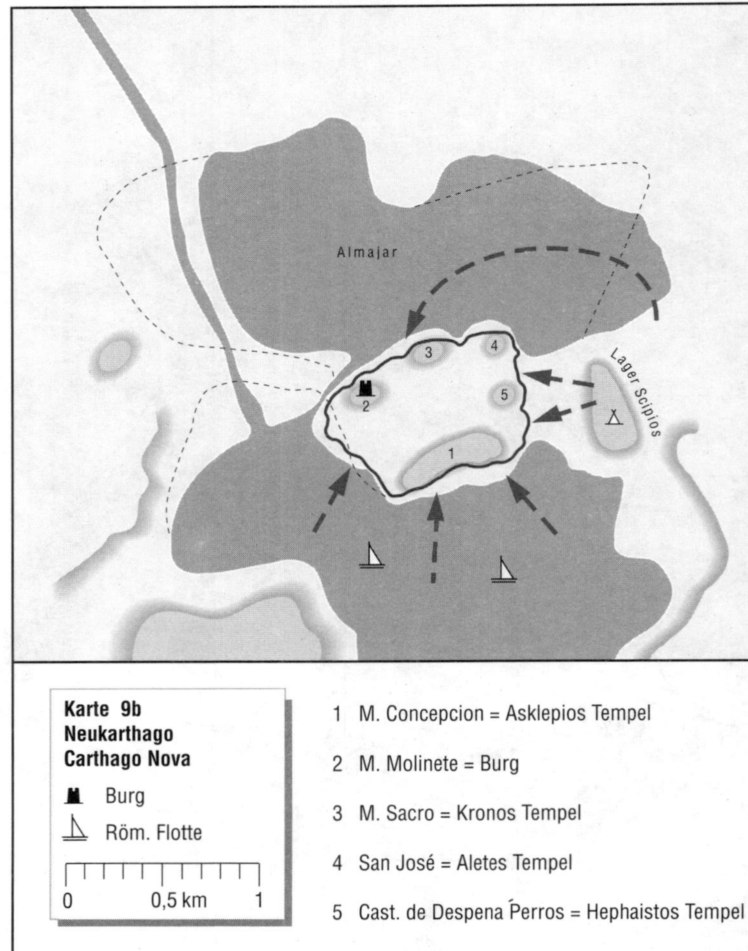
Almajar
Lager Scipios
1
2
3
4
5
Karte 9b
Neukarthago
Carthago Nova
Burg
Röm. Flotte
0
0,5 km
1
1 M. Concepcion = Asklepios Tempel
2 M. Molinete = Burg
3 M. Sacro = Kronos Tempel
4 San José = Aletes Tempel
5 Cast. de Despena ́Perros = Hephaistos Tempel

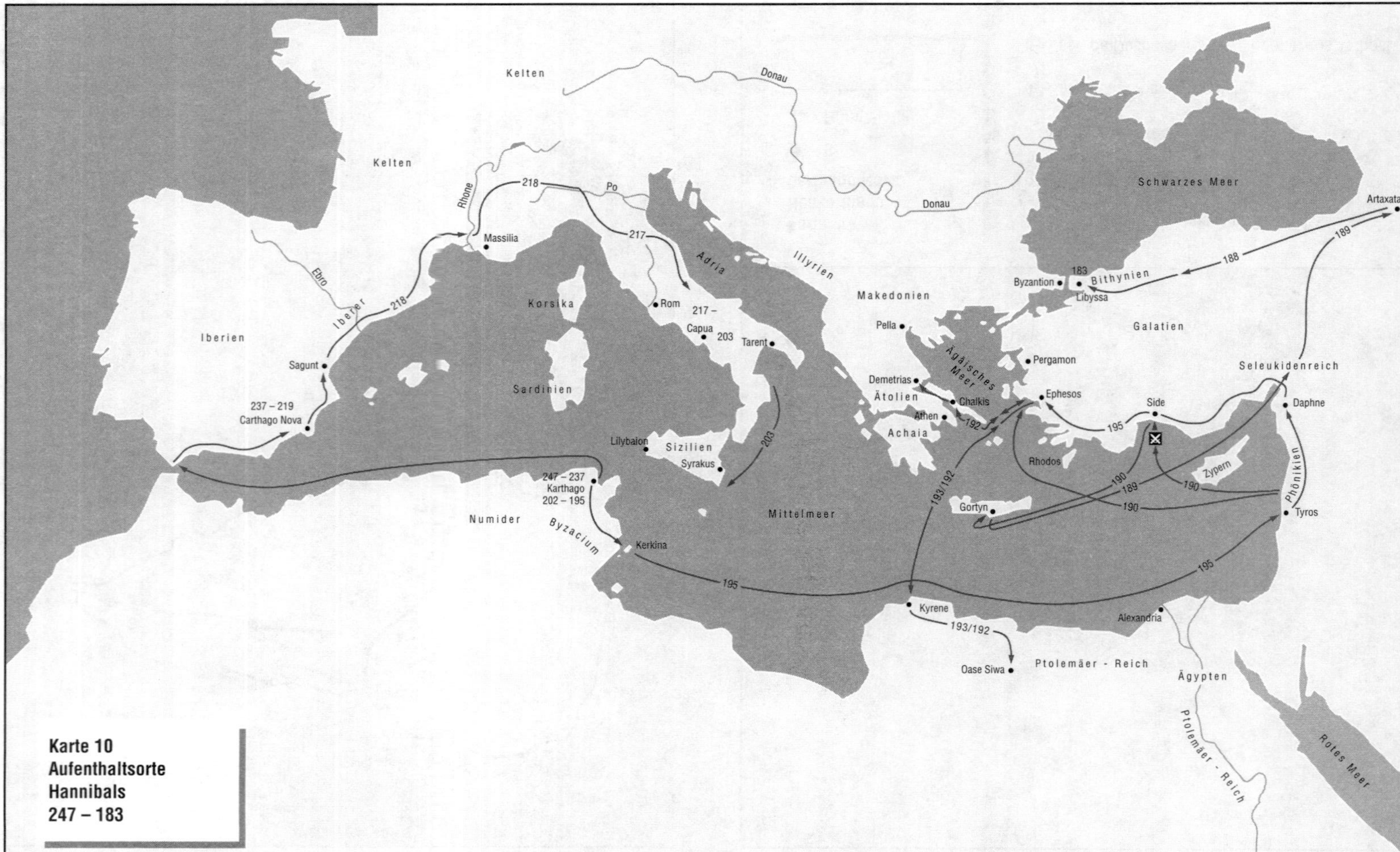

Karte 10
Aufenthaltsorte
Hannibals
247 – 183